中華古籍保護計劃

ZHONG HUA GU JI BAO HU JI HUA CHENG GUO

·成果·

(明)羅貫中　撰

醉耕堂刊毛宗崗評本三國志演義

第一册

國家圖書館出版社

圖書在版編目(CIP)數據

醉耕堂刊毛宗崗評本三國志演義:全十二册/(明)羅貫中撰.—北京:國家圖書館出版社,2022.5
(國學基本典籍叢刊)
ISBN 978-7-5013-6732-0

Ⅰ.①醉…　Ⅱ.①羅…　Ⅲ.①章回小説—中國—明代　Ⅳ.①I242.4

中國版本圖書館 CIP 數據核字(2021)第117844號

書　　名　醉耕堂刊毛宗崗評本三國志演義(全十二册)
著　　者　(明)羅貫中　撰
責任編輯　程魯潔
封面設計　徐新狀

出版發行　國家圖書館出版社(北京市西城區文津街7號　100034)
(原書目文獻出版社　北京圖書館出版社)
010-66114536　63802249　nlcpress@nlc.cn(郵購)
網　　址　http://www.nlcpress.com
印　　裝　北京市通州興龍印刷廠
版次印次　2022年5月第1版　2022年5月第1次印刷

開　　本　880×1230　1/32
印　　張　122
書　　號　ISBN 978-7-5013-6732-0
定　　價　380.00圓

《國學基本典籍叢刊》前言

國家圖書館出版社（原書目文獻出版社 北京圖書館出版社）成立三十多年來，出版了大量的中國傳統文化典籍。由於這些典籍的出版往往采用叢書的方式或綫裝形式，供公共圖書館和大學圖書館典藏使用，普通讀者因價格較高、部頭較大，不易購買使用。爲弘揚優秀傳統文化，滿足廣大普通讀者的需求，現將經、史、子、集各部的常用典籍，選擇善本，分輯陸續出版單行本。每書之前均加簡要説明，必要者加編目録和索引，總名《國學基本典籍叢刊》。歡迎讀者提出寶貴意見和建議，以使這項工作逐步完善。

編委會

二〇一六年四月

序　言

三國故事源遠流長，歷來諸多文學藝術家及民間伎藝人等都曾陸續不斷地進行再創作，在宋元時期城鄉的講唱書場和表演舞臺上俱已發出熠熠之光彩。到元末明初，杰出作家羅貫中獨具匠心，擘劃經營，在極其繁蕪的前代藝術素材基礎上，參訂史事，采摭傳説，成功地編撰了中國小説史上第一部長篇歷史小説巨構《三國志演義》。羅貫中書出，時人争相傳抄。但是，在流轉過程中，又往往再次反復整理和修飾，或變更其分卷結構，或增删其情節、細節及文字，於是在明代便已出現諸多版本。今所知見者約達三十種。

清代初年，毛宗崗重新加以修改和批評。毛宗崗所評改的《四大奇書第一種》乃是《三國志演義》版本史和批評史上的一座里程碑。自此，毛本遂替代了羅貫中原書及其他諸明刊本，成爲三百多年來最爲風行的讀物。直到近年，整理出版的《三國志演義》文本乃至改編的其他視聽藝術類的作品，也還往往以之爲底本。

一

毛宗崗生於明崇禎五年（一六三二），卒在清康熙四十八年（一七〇九）之後，字序始，號孑庵。長洲（今江蘇蘇州）人。他的生活年代，可據毛氏所寫一篇題跋的自敘來確認。清康熙四十八年（一七〇九）春，宗崗應其弟子蔣深之請，爲同里前輩鄉宦蔣燦（號雉園）的會試硃卷及遺墨而作《雉園公戊辰硃卷并遺囑手迹合裝册題跋》。毛跋説：『歲辛卯，先生延館先君子俾家孫云九世兄受業焉；於是予從先君子後，常得謁先生……予屢以拙藝請政，輒蒙嘉許。時予方弱冠耳，而今忽忽已老矣。』據此而知，毛宗崗在『歲辛卯』隨受聘爲蔣府塾師的乃父面謁蔣燦而獲之『嘉許』，這一年他正『方弱冠』二十歲。查清稿本《婁關蔣氏本支録》（清蔣祖芬輯）載：蔣燦生於明萬曆二十一年（一五九三），卒於清順治十八年（一六六一）；而在明崇禎末年便『退歸田里，閉門著書』。按宗崗之進謁在蔣燦『退歸田里』間，可見其『歲辛卯』當是清順治八年（一六五一）。由此上推二十年，乃知毛宗崗生於明崇禎五年（一六三二）。至於卒年，無疑在作《題跋》這年的春後或至其後，即清康熙四十八年的春後或其後不久，有年至少七十八歲（參見拙作《毛宗崗的生平與〈三國志演義〉毛評本的金聖歎序問題》）。

毛宗崗出生在一個貧窮的儒家知識分子家庭。父親毛綸字德音，失明後更號聲山。毛綸疑生於明萬曆三十九年（一六一一）或稍前年間[二]。有文名，浮雲客子稱許『其錦心繡腸，久爲文壇推重』（《第七才子書序》）。曾受聘坐館課徒，弟子中有後爲候選知縣的蔣之逵（字雲九，一六三六—一六八四）等。瞽目失視後，同輩深惜之學富家貧，感歎其『兩字饑寒一腐儒，空將萬卷付嗟籲』（褚人獲《堅瓠補集》卷二）。清文學家尤侗（一六一八—一七〇四）還説：『毛子以斐然之才，不得志於時，又不幸以目疾廢，僅乃闔門著書』，『寓筆削於傳奇之末』（《第七才子書序》）。此前曾評羅貫中《通俗三國志》，子宗崗也參與其事，却爲人所竊據。繼而又評高則誠《琵琶記》，『口授兒曹，使從旁筆記之，更使稍加參較』（毛綸自序）而成《第七才子書》行於世。在《第七才子書》的成書整個過程中，毛宗崗不僅筆録盲父對《琵琶記》評論的全部口述并加校定，還時時對乃父之評而發表自己的獨立見解：或對父説之意味猶未盡處則『暢言之』，或對父所『未發之旨而增補之』。他還自撰《參論》五千言，附於《第七才子書》之《前賢評語》後。宗崗始終參與乃父評論《琵琶記》的工作，從其實際作用看，可以算得上是第二作者，儘管并没有連署。凡此，實乃也是他後來評改《三國志演義》之在學術上的預期演練。

毛宗崗參加過科試，獲得好名次。據《蘇州府長、元、吴三邑諸生譜》（清錢國祥輯）卷一載『順治八年辛卯（一六五一）李宗師科試』共録取長洲縣諸生四十人，毛宗崗列於第三名。按是科試官爲監察御史李嵩陽（河南封邱人）。

毛宗崗也曾在『吴中望族』蔣府擔當過西賓。弟子蔣深（一六六八—一七三七），字樹存，號繡谷、蘇齋等。爲蔣燦曾孫、友蔣銘三子（後出爲嗣），宗崗稱之『樂安佳士』（按『樂安』乃蘇州蔣氏之郡望），關係比較密切。蔣深工詩能書畫，以參與纂修《書畫譜》等，特授餘慶知縣，官至朔州知州。有《繡谷詩鈔》《黔南竹枝詞》《雁門餘草》《鴻泥軒集》等。清沈德潛《清詩別裁集》收其詩五首，評曰：『（繡谷）詩亦時露警句，名場中交重之。』與查慎行諸名流有交。

在毛宗崗的思想和學術道路上，許多師友對他産生過較爲重要的影響。除乃父毛綸外，還有『志在《春秋》，舉冠麟經』的明代鄉宦而身後入鄉賢祠的理學家蔣燦（一五九三—一六六一），乃師浮雲客子（據李正學等考此人爲理學家彭瓏），文學批評家金聖歎（一六〇八—一六六一），《古文彙鈔》編纂者蔣銘（一六三五—一六六九），歷史小説《隋唐演義》及《堅瓠集》編撰者褚人穫（一六三五—？）等。

毛宗崗的著述，除《四大奇書第一種》（《三國志演義》評改本）外，今見多爲散篇。計分三類。

（一）理論批評：《參論》十四則，載清刊本《第七才子書》（毛聲山評《琵琶記》）。

（二）雜文與散文：《孑庵雜録》存七篇，其中《朋友不通財》《司帑有識》二篇載清刊本褚人穫《堅瓠廣集》，《僧道乞詩》《王貴學別子詩》二篇載《堅瓠補集》，《秦檜日受鐵鞭》一篇載《堅瓠秘集》，《孝道明王》《陳學究》二篇載《堅瓠餘集》。按《孑庵雜録》疑當爲宗崗所著單行本。

又有《堅瓠九集》《序言》（載清四雪草堂刊本該集卷首），《戒角篇》（載《堅瓠集》十集卷一），《貓彈鼠文》（載《堅瓠補集》卷一），《雉園公戊辰硃卷并遺囑手迹合裝册題跋》（載清抄本《婁關蔣氏本支録》中册），《題金豫音小像》（載清刊本《金氏重修家譜》卷七），《天干地支謎》四則（載《堅瓠續集》卷一）。

（三）詩詞：《庚申元旦宜振堂介五十壽》七律二首（載清刊本《金氏重修家譜》卷八），《西江月・咏蓋鶴》（載《堅瓠補集》卷二），《西江月・咏繭鶴》（載《堅瓠補集》卷二），《臨江仙・自歎》（載《堅瓠補集》卷五），《白蘋香》（載《堅瓠補集》卷六），《美女燈謎》（載《堅瓠補集》卷四）。

以上著述中的某些文字，如祝壽詩贊之類却被載入名家族譜等書，説明毛宗崗之作受到時人的重視。

二

毛宗崗評改《三國志演義》（下略稱毛評本），中國國家圖書館所藏的《四大奇書第一種》乃是其最早之刊本。《中國古籍善本書目》子部小説類加以著録。

中國國家圖書館（下略稱國圖）所藏本，六十卷一百二十回，半葉八行二十四字，四周單邊。存封面、序、凡例、總目、人物圖、讀三國志法。是書諸回首葉或末葉的板心下方，刻有『醉耕堂/

藏板』五字或『醉耕堂』三字，乃爲金陵書坊醉耕堂刊行[三]，故可稱之清醉耕堂刊本。這部刊本與後來廣泛通行之諸毛評本相比較，有幾點很可值得注意之處。

第一，此書的刊行是毛宗崗本人還在世之時，爲最早的刊本。卷首有李漁（一六一一—一六八〇）序，末題：『康熙歲次己未十有二月，李漁笠翁氏題於吴山之層園。』『康熙歲次己未』，即清康熙十八年（一六七九）。這部清康熙十八年序刊本問世之時，毛宗崗四十八歲，而他三十年後纔離世，是爲其生前刊出的重要著作，且自當十分關切。

而後來通行的毛評本却將李漁原序稍加修改而稱作『金聖歎』序，末題『時順治歲次甲申嘉平朔日，金人瑞聖歎氏題』。按『順治歲次甲申嘉平朔日』，即清順治元年農曆十二月初一（一六四四年十二月二十九日）。這一年還是明崇禎十七年，三月崇禎帝自縊死，九月清順治帝自瀋陽至北京，然而五月間明福王朱由崧已在南京即帝位而建立南明王朝（定明年年號爲弘光）；次年五月清兵下南京後，貝勒博洛乃奉命率師『徇蘇州、松江、嘉興等地，至杭州』（周沆稿本《滿洲編年紀要》）。在清兵占領南京以前，蘇州等南明統治區正繼續奉行明朝正朔而不可能使用清之年號。可見，題清『順治歲次甲申』的所謂『金聖歎序』，僅就撰寫時間這一點而言，也不難看出其僞造的馬腳。再説毛宗崗此年纔十三歲，怎麽便已能批改『三國』出書呢！

第二，書名是『四大奇書第一種』而不作『第一才子書』。清醉耕堂刊本各卷端與卷首總目俱題『四大奇書第一種』（板心亦俱如此），封面作『古本三國志』（右上）『四大奇書/第一種』（大字兩行）。這纔是毛宗崗還在世時的書名。按先前明馮夢龍（一五七四—一六四六）已有稱許小説《三國》《水滸》《西遊》與《金瓶梅》爲『四大奇書』之説，其後李漁承之而亦以毛評本爲『四大奇書第一種』（見李漁《四大奇書第一種序》）。可見，毛評本的原書名爲『四大奇書第一種』無疑。

在《三國志演義》刊行史上，最早稱『第一才子書』的是李漁自成之評閲本。李漁在爲毛評本《四大奇書第一種》作序之後不久，草率而成新評本，其兩衡堂刊本封面題名：『笠翁評閲繪像三國志第一才子書』。這是刊本書名正式稱『第一才子書』之始。李氏評閲本儘管以插圖精美著稱，但是其文本及批評文字并無特色，甚遜於毛評本。於是，後人便將『第一才子書』之書名取自李氏而冠於毛評本。有清一代，毛評本始見之原書名爲『四大奇書第一種』，毛氏身後却曾在同一刊本上并存『四大奇書第一種』與『第一才子書』兩個書名，到最後則衹題『第一才子書』而其原名反爲人們所罕知了。

第三，主撰及撰述參與者。清醉耕堂刊本署名涉及毛宗崗、杭永年、毛綸三人。先説卷端所題『茂苑毛宗崗序始氏評　吴門杭永年資能氏評定』（杭永年『評定』，或偶作『校評』『評選』）。從題署方面來看，毛宗崗無疑是此書的第一作者或主撰人，而杭永年也當曾在成書或刊板過程中參與其事，或做過某些批評文字的酌選和校訂工作。果真如此的話，這部書仍然無妨稱之『毛評本』。再説封面上欄和總目次行又題『聲山別集』四字。毛綸在清康熙初年所評《琵琶記》成書之際，曾自謂『前歲得讀其原本（即指羅貫中《通俗三國志》）』，爰以批評，『且許兒輩亦得參附末論，共贊其成』，但是『忽遭背師之徒欲竊冒此書爲己有』（毛綸《第七才子書琵琶記·總論》）。後來，毛宗崗秉承乃父遺願，在以往批評基礎上重新對《三國志演義》進行整理與評點而成新著《四大奇書第一種》。宗崗既承父願，此書中亦當存乃父某些學術成果，故出書時便在封面與總目處加署『聲山別集』。至於身處杭州的李漁聽其婿沈因伯自金陵來『索序』，乃以是書爲『聲山所評』，實因未及詳察其間曾遭人『竊』據而後毛宗崗又重新撰作之故也。但到康熙三十五年（一六九六），曲江廖燕（一六四四—一七〇五）游吴門而撰《金聖歎先生傳》，説：『先生没，效先生所評書，如長洲毛序始、徐而安、武進吴見思、許庶庵爲最著，至今學者稱焉。』（見清抄本《二十七松堂集》卷十四。按『没』當作『殁』，『而安』當作『而庵』即徐增）文學家廖燕在這裏指出：效法金聖歎『評書』者有毛宗崗諸人爲『最著』，而宗崗排名又居於位首（按廖燕排名非據年輩，如排第二的徐而庵却比宗崗大二十一歲）；宗崗之『所評』書名是文雖未直接説出，其實乃衆所周知，就是指十多年前刊行而一直風傳於世的《四大奇書第一種》。廖燕在蘇州進行訪問和實地考察的結果，與先前李漁『聲山所評』的説法不同，這部『長洲毛序始』之『所評書』《四大奇書第一種》不僅得到當地學術界的普遍承認，而且還爲『學者稱焉』。儘管毛宗崗曾經得益於乃父，但是他的主撰地位是不容動摇的。

後來隨著是書之名被偷换爲《第一才子書》，所題署的參與者名録也有所異同。今取拙藏清咸豐三年（一八五三）常熟珍藝堂重刊本《第一才子書》（下稱清珍藝堂刊本）爲例，以之與清醉耕堂刊本相比較，可以看到：其一，清珍藝堂刊本《第一才子書》雖然保留了醉耕堂刊本原題署參與者的三人名録，但是其中毛聲山、杭永年名字出現的頻率很低（衹在總目端題上顯示『聲山别集』『吴門杭永年資能氏定』各一次，而醉耕堂刊本題『聲山别集』還見於封面共計二次，署『杭永年』『評定』字樣還見於各卷端共達六十一次）。此二人之名雖保留，但予以弱化的處理。至於『茂苑毛宗崗序始氏評』在珍藝堂刊本中凡見六十一次（在總目次行及各卷端），與醉耕堂刊本出現之數相等。僅從兩種刊本的題署來看，毛宗崗在這部批評著述中具有的地位一直很突出。其二，最重要的區别還在是否存有『聖歎外書』的題署。醉耕堂刊本不見『聖歎外書』四字，而珍藝堂刊本同其他《第一才子書》一樣，除僞造首序作者爲『金人瑞聖歎氏』外，還在總目次行上方和各卷端俱題『聖歎外書』。其實金聖歎既對《三國志演義》評價非常低，并没有也不會將之列入『才子書』（參見拙作《毛宗崗的生平與〈三國志演義〉毛評本的金聖歎序問題》），儘管他與毛宗崗有過交往，宗崗也師法過金批《水滸》，但是金氏并不是這部書的參與者。『聖歎外書』云云，實乃後人的僞托。

綜前所見，最早的毛氏評改本《三國志演義》，是毛宗崗本人還在世時的清康熙十八年序刊本。這部由金陵醉耕堂刊刻的原本書名爲《四大奇書第一種》，主撰者毛宗崗。宗崗評改《三國志演義》乃秉承其父毛綸（聲山）之遺願，所著述間亦當存有乃父的學術成果。吴門杭永年也曾參與其事。但是，金聖歎并没有參與毛評本的工作，至於所謂『第一才子書』的書名以及『金聖歎題』序、署『聖歎外書』等等俱係後來的僞托。

三

對於小説《三國志演義》，毛宗崗所進行的主要工作有兩個方面：改定文本和加以評説。

在文本的整理和修改上，毛氏尤其關注儒家理念在小説作品中的貫徹。其《讀三國志法》（下略稱《讀法》）的開端，就開宗明義地提出『當知有正統、閏運、僭國之別』以作爲觀察此書的首要問題。羅貫中《三國志演義》的思想傾向於褒劉貶曹，也基本上是以蜀漢爲正統的，祇是尚有未完全盡然之處。於是毛氏『折中於紫陽《綱目》，而特於《演義》中附正之』（《讀法》）。『紫陽《綱目》』即南宋理學大師朱熹所著《資治通鑑綱目》，一反司馬光《資治通鑑》，而以正統予蜀漢。毛氏對這部小説的評改，以理學家朱熹所説爲準則，進一步突出帝蜀的正統思想。譬如在曹丕、劉備相繼稱帝的三處文字描寫中，毛宗崗做了重要的修改。今姑且以通常認爲刊刻得早的明嘉靖元年序本《三國志通俗演義》文字與之相比較，可見其異同。

例一，反對君位禪讓行爲而删減華歆等人逼迫漢獻帝禪位的某些言詞。《三國志演義》寫漢獻帝拒絶相國華歆等威逼之『效堯舜之道，以山川社稷禪與魏王』時，明嘉靖元年序刊本卷十六《廢獻帝曹丕篡漢》接著還寫道：『華歆又曰：「陛下差矣。昔日三皇五帝以德相讓，無德讓有德也。三皇次後，各傳子孫……春秋强霸，各相吞并，有福者居之。後并入秦，方歸於漢也。天下者，非一人之天下，乃天下人之天下也。非陛下祖公公傳繼天下，宜早退之，不可久疑，遲則生變矣。」』華歆這裏强調，上古帝王『無德讓有德』，今漢室江山『非陛下祖公公傳繼天下，宜早退之』，反正統的思想十分突出。毛本第八十回則將『華歆又曰』『宜早退之(位)』等等説詞統統删除，這些重要修改既没有改變華歆諸人的奸逆形象，却又大大冲淡了明嘉靖元年序刊本的某些文字不能盡合儒家禮制觀念之色彩。

按毛宗崗在此回回首評明確地説，三代以後，『學舜禹之受禪則非』。他指出『若夫受禪之舉，一學之而謬者有王莽，再學之而謬者有曹丕』云云，明確反對效法上古君位禪讓的行爲。

例二，譴責曹魏取代漢室舉動，改曹后怒罵漢獻帝而爲斥責其兄曹丕等人。

明嘉靖元年序刊本卷十六《廢獻帝曹丕篡漢》寫獻帝泣告『汝兄欲篡漢室』時，曹后聽而大怒曰：『汝言吾兄爲篡國之賊，汝高祖祇是豐沛一嗜酒匹夫、無籍小輩，尚且劫奪秦朝天下。吾父掃清海內，吾兄累有大功，有何不可爲帝？汝即位三十餘年，若不得吾父兄，汝爲齏粉矣。』這裏寫獻帝妻曹后完全站在曹魏家族立場而公然支持取代漢室的行動。但是，毛本第八十回則改爲曹后怒其兄，斥之曰：『吾兄奈何爲此亂逆之事耶！』當見曹洪等帶劍入宫逼迫，她又大罵：『俱是汝等亂賊，希圖富貴，共造逆謀。吾父功蓋寰區，威震天下，然且不敢篡竊神器。今吾兄嗣位未幾，輒思篡漢，皇天必不祚爾。』（按毛本還有夾評稱贊云：『曹后深明大義，不是女生向外。』『比孫夫人之叱吳將更爲激烈，不意曹瞞老賊却有如此一位賢女。』）毛本極寫曹后指責其兄『亂逆』『篡漢』而『痛哭』，於是她便從明本之蔑視漢帝而贊同其兄奪位的撒潑婦人形象乃一變爲大義凜然的漢室正統維護者。

例三，强調諸葛亮之勸進是爲續漢統、延漢祀。《三國志演義》寫孔明勸漢中王即帝位的兩番當面進言，毛本第八十回與明嘉靖元年序刊本卷十六《漢中王成都稱帝》語意的側重點有所異同。明嘉靖元年序刊本寫孔明對劉備的第一番進言説：『曹丕豎子尚且自立，何況王上乃漢室之苗裔乎！』諸葛亮這裏指曹丕爲『豎子』，意思説這個小子尚自立爲帝，而劉備作爲漢家子孫更應具有稱帝的資格。此語雖也有尊劉貶曹之意，但是畢竟難免於『何必相比并』（見《二刻英雄譜》第一百六十回旁批）之譏。然而，毛本第八十回便對諸葛亮的勸進語加以修飾作『曹丕篡漢自立，王上乃漢室苗裔，理合繼統以延漢祀』。於是重點突出了劉備之稱帝是爲『繼統以延漢祀』。

明嘉靖元年序刊本寫孔明對劉備的第二番進言，説：『今主上所有文武官僚數百餘員，皆欲主上爲君，共圖爵禄，光顯祖宗。不想主公堅執不肯，多官皆有怨心，不久必盡散矣。』着重指出蜀漢多官之欲擁主上（劉備）爲君，是爲『共圖爵禄，光顯祖宗』。但是，毛本則將如此文字加以改寫，諸葛亮説：『目今曹丕篡位，漢祀將斬，文武官僚，欲奉大王爲帝，滅魏興劉，共圖功名。不想大王堅執不肯，衆官皆有怨心，不久必盡散矣。』毛本雖然也寫及衆官可能會有『怨心』『必盡散』，但是他們擁奉劉備是由於『漢祀將斬』而要求『滅魏興劉，共圖功名』，這與嘉靖元年序刊本所寫『共圖爵禄，光顯祖宗』頗有差别。不僅正文修改如此，毛宗崗還把原段目『漢中王成都稱帝』改作政治傾向更加强烈的回目：『漢中正位續大統』，以突出劉備之被勸進稱帝是完全合乎儒家禮制規範的『正位續大統』行爲。

在《四大奇書第一種》中，毛宗崗主要通過整理回目、增删細節、修改文辭、削除論贊、更换詩賦等，來突出宣揚帝蜀寇魏的正統觀念以及古代君主制度下的宗法倫理道德，同時也在一定程度上表達對儒家民本思想的要求。在叙事技巧、語言文字修飾等方面也都有顯著的提高，增强了整部小説的藝術表現力。

四

毛宗崗最突出的成就，還在於對小説《三國志演義》所作的理論批評。

諸明刊本《三國志演義》從早期的注解到評點，曾經做過多種嘗試性的評釋工作，但還祇是初步而不够成熟。直到毛宗崗纔通過《讀三國志法》及回首評、夾批等方式，進行全面而系統的批評。除了思想性的評述外，還從理論的角度，提出了一些獨到的重要見解。

第一，提出『一定』史事與『匠心』相結合的歷史小説觀。

在《讀法》中，毛宗崗既指出《三國志演義》與歷史著作《史記》的區別，又認爲與藝術創作《水滸傳》也有很大的不同。他説：『（《水滸》）無中生有，任意起滅，其匠心不難。終不若《三國》叙一定之事，無容改易，而卒能匠心之爲難也。』所謂『一定之事』，即指歷史上已發生而不能『改易』之事實依據。有無『一定』史實依據，是歷史小説與其他創作小説（包括《水滸》）的區別。

對《三國志演義》評價的分歧，其中一個重要原因是出於對歷史小説特點認識上的不一致。毛宗崗所師法的金聖歎雖已正確分別歷史著作與藝術創作的界限，指出『《史記》是以文運事，《水滸》因文生事』，但對特殊形態的《三國志演義》評價不高，而責之不能『因文生事』去『改易』『一定之事』，説它『如官府傳話奴才』一般（《讀第五才子書法》）。民國間，胡適也有類似看法，認爲這部小説『拘守歷史的故事太嚴，而想像力太少，創造力太薄弱』（《三國志演義序》）。但是史學家章學誠則又從『實則概從其實』出發，指責《三國志演義》『七分實事，三分虛構』，以致虛實『錯雜』而『淆人』視聽（《丙辰劄記》）。其實，他們對歷史小説這種特殊的藝術形式都缺乏真切的瞭解。

在毛宗崗看來，《三國志演義》這部歷史題材的藝術作品，所叙的雖是歷史上的『一定之事』，但畢竟又還是作家運用藝術『匠心』再創作出來的小説。正因爲如此，就不能以『實則概從其實』爲準則來衡量。然而，《三國志演義》編撰者『匠心』的運作必須限於『一定之事』這個大範疇內，即衹容許在史實基礎上發揮其藝術創造的能動性，却不能像《水滸傳》那樣任意想像與虛構。其間的難度自然要更大些。毛宗崗關於歷史小説的這些獨到見解，對小説批評發展史作出了很有價值的理論貢獻。

第二，構建《三國志演義》人物論。

歷史小説同其他叙事作品一樣，成功的關鍵在於人物形象之塑造。毛宗崗對此深有認識。在《讀法》中，他明確指出『人獨貪看《三國志》者』是因爲這部小説出色的人物描寫。由此，他的批評較爲全面而系統地構建了自己的《三國志演義》人物論。其内容大致包括以下幾個要點：

明確提出這部小説成功地塑造『三絶』典型性格。在所有的人物描寫中，他説：『吾以爲《三國》有三奇，可稱三絶。』進而分析了諸葛亮形象的出處行爲，認爲『歷稽載籍，賢相林立，名高萬古者莫如孔明』，『是古今來賢相中第一奇人』；分析關羽形象，認爲『歷稽載籍，名將如雲，而絶倫超群者莫如雲長』，『是古今來名將中第一奇人』；又分析曹操形象，認爲『歷稽載籍，奸雄接踵，而智足以攬人才而欺天下者莫如曹操』，『是古今來奸雄中第一奇人』。毛宗崗說，『有此三奇，乃前後史之絶無者』，故能使人『愈不得不喜讀《三國志》也』。以《三國志演義》所描寫的這三個典型性格爲『三奇』『三絶』之說，是小說批評史上的一大創獲，儘管難免有所偏頗，但是其影響十分深遠。

毛宗崗對《三國志演義》所寫的重要人物性格，認爲既具有高度概括性，又有顯著的個性特徵。例如前面所說到的『奸絶』曹操，被描寫成『有似乎忠』『似乎順』『似乎寬』『似乎義』，具有前代王莽以至後來李林甫、韓侂胄等人的共同性格，是一個被集中概括起來的古今歷史上的奸雄形象，然而又超越其中任何一人。與同時代的董卓相比較，他又說：『觀董卓行事，是愚蠢强盜，不是權詐奸雄。奸雄必要結民心，奸雄必假行仁義……後人并稱卓、操，孰知卓之不及操也遠甚。』（第六回回首評）於是深入地揭示曹操之『奸雄』的最基本個性特徵，在於其『欺天下』的『權詐』行爲，而且至死不改。毛宗崗評說小說中的曹操遺命：『曹操平生無真，至死猶假，則分香賣履是也；臨死無真，死後猶假，則疑塚七十二是也。』深刻地暴露其『真奸雄之尤』的面目（第七十八回回首評）。至於對其他重要人物的評說，也多類此。又如在對付曹軍徐州守將車冑問題上，小說寫劉備之『不欲』殺而關羽却已先殺之。毛宗崗指出：『英雄作事須要審勢量力，性急不得。玄德深心人，故有此等算計，雲長直心人，別無此等肚腸，兩人同是豪杰，却各自一樣性格。雲長之不及玄德者在此，玄德之不及雲長者亦在此。』（第二十一回回首評）既説劉備與關羽『同是豪杰』，又揭示他們的不同個性：一個是『深心人』，一個是『直心人』。再如第三十五回回首評比較了關羽、張飛與趙雲的性格，指出：『三人忠勇一般，而子龍爲人又極精細、極安頓。一人有一人性格，各各不同，寫來真是好看。』毛宗崗關於『一人有一人性格』的人物描寫個性化的這些見解，是對葉晝、金聖歎的典型學説的豐富與發展。

毛宗崗在批評中，認爲這部小説還善於刻劃衆多以其性格行爲之專擅而奪人耳目的特色人物。例如有善於『行軍用兵』的周瑜、陸遜、司馬懿，有明於『料人料事』的郭嘉、程昱、荀彧、賈詡等，有『武功將略，邁等越倫』的張飛、趙雲、黄忠、張遼、徐晃、徐盛、朱桓，有『衝鋒陷陣，驍鋭莫當』的馬超、許褚、典韋、張郃、夏侯惇、黄蓋、周泰、甘寧、太史慈等。又有姜維、鄧艾的『智勇』，曹植、楊修的『穎捷』，諸葛恪、鍾會的『早慧』，司馬徽的『知賢』，孔融的『忤奸』，禰衡的『斥惡』，吉平的『罵賊』等等。這些人物的性格與行爲，也都給讀者留下十分深刻的印象。

《三國志演義》中燦若群星的人物形象，毛宗崗認爲乃來自三國時代人才『大都會』。他説『古今人才之聚，未有盛於三國者也』；各色人物群，『分見於各朝之千百年者，奔合輻輳於三國之一時』。《三國》編撰者正是從這個時代的『人才一大都會』出發，『入鄧林而選名材，游玄圃而見積玉』。因此，據之而描寫出來的種種人物形象的光彩，則能使『吾於《三國》有觀止之歎矣』（《讀法》）。

第三，關於藝術結構論。

結構問題是文學藝術創作中的一個十分重要的問題。毛宗崗對此非常重視，進行了多方面的研究和探討，提出一些新見解。

毛宗崗提出，《三國志演義》具有藝術結構完美的整體統一性問題。首先從叙事的分合角度來看，他認爲『《三國》叙事之佳，直與《史記》仿佛，而其叙事之難，則有倍難於《史記》者。』因爲『《史記》各國分書、各人分載』，而『分則文短而易工』；《三國》則不然，合各傳而『總成一篇』，『合則文長而難好也』（《讀法》）。他還説，《三國》優勝於其他諸多小説。歷史小説《列國志》『因國多事煩，其段落處，到底不能貫串』。意指其各段分説而未能聯絡成一個有機整體。而《三國志演義》『自首至尾，讀之無一處可斷其書，又在《列國志》之上』。《三國》結構，也比《水滸傳》《西遊記》好。衆所周知，《水滸傳》是各自獨立故事（如武十回、宋十回）的聯綴，帶有紀傳體的痕迹。至於《西遊記》其間缺乏貫串，如金聖歎所説的『衹是逐段捏捏撮撮，譬如大年夜放煙火，一陣一陣過，中間全没貫串，便使人讀之，處處可住』（《讀第五才子書法》）。毛宗崗關於《三國志演義》藝術結構完美統一的見解得到後人的贊同。清謝鴻申在《答周同甫書》中也談《三國》的結構勝過《水滸》《列國志》諸書，説：『愚謂《水滸》非《三國》匹也。』又説：『《三國》人才既多，事迹更雜，且真迹十居八九，如一團亂絲，既不能寸寸斬斷，復不能處處添設，若自首至尾有條不紊，固極難矣，而又各各描摹，能不遺漏，似覺更難。乃作者好整以暇，安置妥帖，令人不覺事迹之繁多，而但覺頭緒之清楚，以《列國志》較之，優劣自見矣。』（《東池草堂尺牘》卷一）洪秋蕃贊許《紅樓夢》組織結構嚴謹，而以與《三國志演義》相并比，説：『《紅樓》妙處，又莫如穿插之妙。全傳百餘人，瑣事百餘件，其中穿插鬬筍，如無縫天衣，組織之工，可與《三國志演義》并駕。』（《紅樓夢抉隱》）

對於《三國志演義》的結構布局，毛宗崗在《讀法》中説：『《三國》一書總起總結之中，又有六起六結。』所謂『總起總結』，即指小説所寫的總體結構：『叙三國不自三國始也』，『始之以漢帝』；『叙三國不自三國終』，『終之以晉國』。就是説，全書不直接以三國事爲其始末，而起於漢末止於晉初。所謂『六起六結』，是指小説所寫故事的布局内容有六條綫索，即其一叙獻帝則以董卓廢立爲起而以曹丕簒奪爲結，其二叙西蜀則以成都稱帝爲起而以綿竹出降爲結，其三叙劉關張三人則以桃園結義爲起而以白帝托孤爲結，其四叙諸葛亮則以三顧草廬爲起而以六出祁山爲結，其五叙魏國則以黄初改元爲起而以司馬受禪爲結，其六叙東吴則以孫堅匿璽爲起而以孫皓銜璧爲結。他指出：『凡此數段文字，聯絡交互於其間，或此方起而彼已結，或此未結而彼又起，讀之不見其斷續之迹，而按之則自有章法之可知也。』

毛宗崗還深刻地指出，藝術結構方法來源於作家對客觀世界的洞識。他説：『觀天地古今自然之文，可以悟作文者結構之法矣。』（第九十二回回首評）

第四，關於藝術表現方法論問題。

毛宗崗對《三國志演義》的藝術表現方法，進行全面、系統而深入的分析與批評，取得了令人矚目的豐碩成果。儘管有些批評曾經借鑒前人（包括金聖歎）的見解，但是他加以綜合和融化之後，則帶有自己的鮮明的理論色彩。

毛宗崗在批評中，較爲科學地總結出《三國志演義》叙事十二法（見《讀法》）。其中不無前人未所道及的新見。例如論説叙事十二法之『補錦』『勻錦』法時，他指出：『《三國》一書有添絲補錦、移針勻錦之妙。凡叙事之法，此篇所缺者補之於彼篇，上卷所多者勻之於下卷，不但使前文不沓拖，而亦使後文不寂寞；不但使前事無遺漏，而又使後事增絢染。此史家妙品也。』變更時間順序而進行穿插，以求得叙事文字在結構上的均衡與勻稱，文字既『不沓拖』而叙事又『無遺漏』，氛圍既『不寂寞』而却能更『增絢染』。這些是金聖歎未所論及的。

對於這部小説藝術描寫的分析具體而細膩，其批評時出精到之論。例如《三國志演義》所寫諸葛亮之將要出場，毛宗崗認爲編撰者的藝術表現是用虛筆而先聲奪人。第三十五回回首評説道：『將有南陽諸葛廬，先有南漳水鏡莊以引之，將有孔明爲軍師，先有單福以引之，而單福亦不肯自道其真姓名，所寫「隱隱躍躍，如簾内美人，不露全身，衹露半面，而令人心神恍惚，猜測不定。至於諸葛亮三字，通篇更不一露，又如隔墻聞環佩聲，并半面亦不得見。用虛筆，真絶世妙文」。』至第三十六回回首評，又説：『徐庶往見而孔明作色，却又落落難合。寫來如海上仙山將近忽遠。』第三十七回回首評還道：『此篇極寫孔明，而篇中却無孔明。蓋善寫妙人者不於有處寫，正於無處寫……孔明雖未得一遇，而見孔明之居則極其幽秀，見孔明之童則極其古澹，見孔明之友則極其高超，見孔明之弟則極其曠逸，見孔明之丈人則極其清韻，見孔明之題咏則極其俊妙。不待接席言歡，而孔明之爲孔明，於此領略過半矣。』毛宗崗的批評，將《三國志演義》所寫諸葛亮正式登場前的文字表現劃分爲三個層次。第一層是『半面』不見，『如隔墻聞環佩聲』；第二層是其人『如海上仙山將近忽遠』；第三層是在『無處寫』，雖仍未得一遇，却見到其居、其童、其友、其弟、其丈人，讀者至此則對其人『領略過半』。諸葛亮是全書的中心人物，毛宗崗如此深刻地揭示編撰者以『虛筆』來渲染這個人物出場的藝術表現手法，評析十分細緻而精當。

此外，毛宗崗對於『用逆』（即對比）、『襯染』『數層出落』（即層層顯現）、『歷落參差』等等藝術手法，都有獨到的精闢論述。這些不僅發原著的幽微，而且也極大地有助於提高讀者的藝術鑒賞力。

毛宗崗是十七世紀中國的一大小説批評家。他具有濃厚的正統觀念，同時又有故國之思的民族情感；師法於金聖歎評書，而有精到的獨自見解。他所改定的《三國志演義》（即《四大奇書第一種》）流傳至今，一向受到讀者的歡迎。他通過批評而建立起來的歷史小説理論，填補了中國小説研究史上的一個空白。

陳翔華

二〇一八年六月改畢於望京東園

注釋：

〔一〕褚人穫《堅瓠補集》卷二《汪嘯尹祝壽詩》條載汪嘯尹祝毛宗崗父母六秩雙壽詩，其第三首贊毛綸妻（即宗崗母）云：『荆布齏鹽四十年，誰人知得孟光賢。至今還舉齊眉案，辛苦終身實可憐。』宗崗父母同齡，至六十歲祝壽時已結婚四十年，可見他們是在二十歲成親的。如若婚後次年（即二十一歲時）便産子，今知宗崗明崇禎五年（一六三二）生，那麼其父母的生年則當在明萬曆四十年（一六一二）。真若如此，當父母六秩雙壽之時，再加上宗崗四十歲，毛家便是一門三慶，毛氏友朋對此不會緘口不言及。今既不見汪嘯尹祝壽詩説及宗崗此年四十歲，而多記毛家事的『同學』好友褚人獲也無一語。故此，應當排除毛綸明萬曆四十年生的可能性。今姑且假定毛綸二十二歲（婚後第三年）或稍後得宗崗，則其當生於明萬曆三十九年（一六一一）或稍前。

［二］國圖此藏本諸回之首葉AB面板心下刻有『醉耕堂／藏板』五字者，見第二十一回、第二十九回、第三十九回、第五十九回、第六十九回、第八十三回；首葉A面下刻有『醉耕堂』三字者，見第三十七回、第四十三回、第四十五回、第五十七回、第六十一回、第六十三回、第六十七回、第七十三回、第七十九回、第八十五回、第九十一回、第九十三回、第九十七回、第一百一回、第一百五回、第一百七回、第一百九回、第一百十九回。又第二回末葉A面板心刻『□耕堂』三字。

關於金陵醉耕堂書坊，明末周文煒（一五八四—一六五八）『大業堂重梓』本《梨雲館類定袁中郎全集》已鈐『醉耕堂藏板』。據陸林《周亮工參與刊刻金聖歎批評〈水滸〉、古文考論》一文所說：清順治間『醉耕堂』刊布的書籍，計有清初周亮節（文煒次子，亮工弟，一六二二—一六七〇）『較正』刊行的唐孫思邈輯《銀海精微》、順治十四年（一六五七）刊《第五才子書水滸傳》、順治十八年周亮節『新鐫』《傷寒六書纂要辨疑》。陸林認爲：『醉耕堂藏板』是始自文煒大業堂的一個周家出書標記，『醉耕堂』是其父子共用之坊號。他還說：『可以推測毛批《三國志演義》當爲亮工子在浚（一六四〇—？）兄弟所刻。』（見《社會科學戰綫》雙月刊二〇〇三年第四期）

總目録

第一册

第二册

第三册

第四册

第五册

第六册

第七册

第八册

第九册

第一〇册

第一册

第一二册

第一册目録

據國家圖書館藏清醉耕堂刻本影印原書版框高十八點九厘米寬十一點三厘米

聲山別集

古本三國志

四大奇書第一種

序

昔弇州先生有宇宙四大奇書之目曰史記也南華也水滸與西廂也馮猶龍亦有四大奇書之目曰三國也水滸也西遊與

金瓶梅也兩人之論各異愚謂
書之奇當從其類水滸在小說
家與經史不類西廂係詞曲與
小說又不類今將從其類以配
其奇則馮說爲近已矣野史類

參鑒空易於逞長若三國演義則據實指陳非屬臆造堪與經史相表裏由是觀之奇又莫奇於三國矣或曰凡自周秦而上漢唐而下依史以演義者無不

與三國相仿何獨奇乎三國曰三國者乃古今爭天下之一大奇局而演三國者又古今爲小說之一大奇手也異代之爭天下其事較平取其事以爲傳其

手又較庸故迥不得與三國並也吾嘗覽三國爭天下之局而歎天運之變化眞有所莫測也當漢獻失柄董卓擅權羣雄並起四海鼎沸使劉皇叔早偕魚

水之歡先得荊襄之地長驅河北傳檄淮南江東秦雍以次畧定則仍一光武中興之局而不見天運之善變也惟卓不遂其篡以誅死曹操又得挾天子以

令諸侯名位雖虛正朔未改皇
叔宛轉避難不得蚤建大義於
天下而大江南北已爲吳魏之
所攘獨留西南一隅爲劉氏托
足之地然不得孔明出而東助

赤壁一戰西爲漢中一摧則梁益亦幾折而入於曹而吳亦不能獨立則又成一王莽篡漢之局而天運猶不見其善變也逮于華容遁去雖功歸來鼎足而

居權侔力敵而三分之勢遂成尋彼曹操一生罪惡貫盈神人共怒檄之罵之刺之藥之燒之劫之割鬚折齒墮馬落塹瀕死者數而卒免於死爲敵者衆而

爲輔亦衆此又天之若有意以成三分而故留此奸雄以爲漢之蟊賊且天生瑜以爲亮對又生懿以繼曹後似皆恐鼎足之中折而叠出其人才以相持也

自古割據者有矣分王者有矣爲十二國爲七國爲十六國爲南北朝爲東西魏爲前後梁其間乍得乍失或亾或存遠或不能一紀近或不踰歲月從未有

六十年中興則俱興滅則俱滅如三國爭天下之局之奇者也然三國之局固奇而非得奇手以傳之則其奇亦不著於天下後世之耳目前此雖有陳壽一

志較之荀勗裴頠魏晉諸紀差爲此善於彼而質以文掩事以意晦而又愛憎自私去取失實覽者終爲鬱抑不快則又未有如演義一書之奇足以使學士

讀之而快委巷不學之人讀之而亦快英雄豪傑讀之而快凡夫俗子讀之而亦快拊髀扼腕有志乘時者讀之而快據梧面壁無情用世者讀之而亦快也

昔者蒯通之說韓信已有鼎足三分之說其時信已臣漢義不可背項羽粗暴無謀有一范增而不能用勢不得不一統于羣策羣力之漢三分之幾虛兆于

漢室方興之時而卒成于漢室
衰微之際且高祖以王漢興而
先主以王漢亾一能還定三秦
一不能取中原尺寸若彼蒼之
造漢以如是起以如是止蛋有

其成局於冥冥之中遂致當世之人之事才謀各别境界獨殊以迥異於千古此非天事之最奇者歟作演義者以文章之奇而傳其事之奇而且無所事于

穿鑿牽貫穿其事寔錯綜其始末而已無之不奇此又人事之未經見者也獨是事奇矣書奇矣而無有人焉起而評之即或有人而使心非錦心口非繡口

不能一二代古人傳其胸臆則
是書亦終與周秦而上漢唐而
下諸演義等人亦烏乎知其奇
而信其奇哉水滸之奇聖嘆嘗
批之矣而三國之評獨未之及

予嘗欲探索其奇以正諸世乃

酬應日煩又多出遊少暇年來

欲踐其志會病未果適予婿沈

因伯歸自金陵出聲山所評書

示予觀其筆墨之快心思之靈

堪與聖嘆水滸相頡頏極鉥心
抉髓之談而更無靡漫沓拖之
病則又似過之因稱快者再因
伯復索序聲山既已先我而評
矣而予又爲之序不亦贅乎雖

然予歷觀三國之局見天之始之終之所以造其奇者如此讀三國演義又能貫穿其事實錯綜其始末而已匠心獨運無之不奇如此今聲山又布其錦心

出其繡口條分句析揭造物之秘藏宣古人之義蘊開卷井井寔獲我心且使讀是書者知第一奇書之目果在三國也因以證予説之不謬則又何可以無

言是爲序

康熙歲次己未十有二月李漁笠翁氏題於吳山之層園

凡例

一俗本之乎者也等字大半齟齬不通又詞語冗長每多複沓處今悉依古本改正頗覺直捷痛快

一俗本紀事多訛如昭烈聞雷失筯及馬騰入京遇害關公封漢壽亭侯之類皆與古本不合又曹后罵曹丕詳于范曄後漢書中而俗本反誤書其黨惡孫夫人投江而死詳于梟姬傳中而俗本但紀其歸吳今悉依古本辨定

一事有不可闕者如關公秉燭達旦管寧割席分坐曹操分香

賣履于禁陵廟見書以至武侯夫人之才康成侍兒之慧鄧艾鳳兮之對鍾會不汗之荅杜預左傳之癖俗本皆删而不錄今悉依古本存之使讀者得窺全豹

一三國文字之佳其錄于文選中者如孔融薦禰衡表陳琳討曹操檄寔可與前後出師表並傳俗本皆闕而不載今悉依古本增入以備好古者之覽觀焉

一俗本題綱參差不對錯亂無章又于一回之中分上下兩截今悉體作者之意而聯貫之每回必以二語對偶爲題務取精

工以快悅者之目○

一俗本謬托李卓吾先生批閱而究竟不知出自何人之手其評中多有唐突昭烈謾罵武侯之語今俱削去而以新評校正之○

一俗本之尤可笑者于事之是者則圈點之于事之非者則塗抹之不論其文而論其事則春秋弑君三十六亡國五十二將盡取聖人之經而塗之抹之耶今斯編評閱處有圈點而無塗抹一洗從前之陋

一敘事之中夾帶詩詞本是文章極妙處而俗本每至後人有詩嘆曰便處處是周靜軒先生而其詩又甚俚鄙可笑今此編悉取唐宋名人作以實之與俗本大不相同

一七言律詩起于唐人若漢則未聞有七言律也俗本往往捏造古人詩句如鍾繇王朗頌銅雀臺蔡瑁題館驛屋壁皆僞作七言律體殊爲識者所笑今悉依古本削去以存其眞

一後人捏造之事有俗本演義所無而今日傳奇所有者如關公斬貂蟬張飛捉周瑜之類此其誣也則今人之所知也有古

本三國志所無而俗本演義所有者如諸葛亮欲燒魏延于上方谷諸葛瞻得鄧艾書而猶豫未決之類此其誣也則非今人之所知也不知其誣妄乃寃古人太甚今皆削去使讀者不爲齊東所誤

齊桓所謀。
之所知也不知其詳故乃究古人太甚今者恂去彼讀者不為
不者持論以為膚淺能又言而猶豫未決之類此其詳也則非今人
亦曰因其心所無而條本演義所有者如諸葛亮欲燒魏延于上

四大奇書第一種總目

聲山別集

茂苑毛宗崗序始氏
吳門杭永年資能氏　評定

第五卷

第八卷

第九卷

第十卷

第二十四卷

六十八回

甘寧百騎劫魏營　左慈擲盃戲曹操

第三十五卷

六十九回

卜周易管輅知幾　討漢賊五臣死節

七十回

猛張飛智取瓦口隘　老黃忠計奪天蕩山

第三十六卷

第四十一卷

八十一回

急兄讐張飛遇害　雪弟恨先主興兵

八十二回

孫權降魏受九錫　先主征吳賞六軍

第四十二卷

八十三回

戰猇亭先主得讐人　守江口書生拜大將

第五十三卷

一百十九回

假投降巧計成虛話

再受禪依樣畫葫蘆

一百二十回

薦杜預老將獻新謀

降孫皓三分歸一統

四大奇書第一種總

昭烈帝

承肅皇之命任廓清之權偶
義徐州奸雄屈膝敷仁西蜀百
姓歸心

關羽

神威能奮武儒雅更知
文天日心如鏡春秋義薄
雲

張飛

虎牢關上聲先震長
板橋邊水逆流義釋
嚴顏安蜀境智欺張
郃定中州

麋夫人

賢哉麋氏。內助劉君。言辭無失。進退有倫。心如金石。志似松筠。身雖歸土。名不沾塵。千載之後。配湘夫人。

諸葛亮

撥亂扶危主慇勤受託孤英才過管樂妙策勝孫吳凜〻出師表堂〻八陳圖如公全盛德應歎古今無

馬超

西川馬孟起名譽

振關中孟德聞風

懼関張可並雄

黃忠

老将说黄忠收川立大功
重披金鏁甲雙挽鐵
胎弓膽氣驚河北威名
鎮蜀中

趙雲

常山參虎將忠勇匹關張漢帝
功勳並在當陽姓字彰兩義扶多
至一念答先王青史述忠烈庶
流百世芳

龐統

鳳雛吉羽自非近
觀
展其驥足南士之
冠

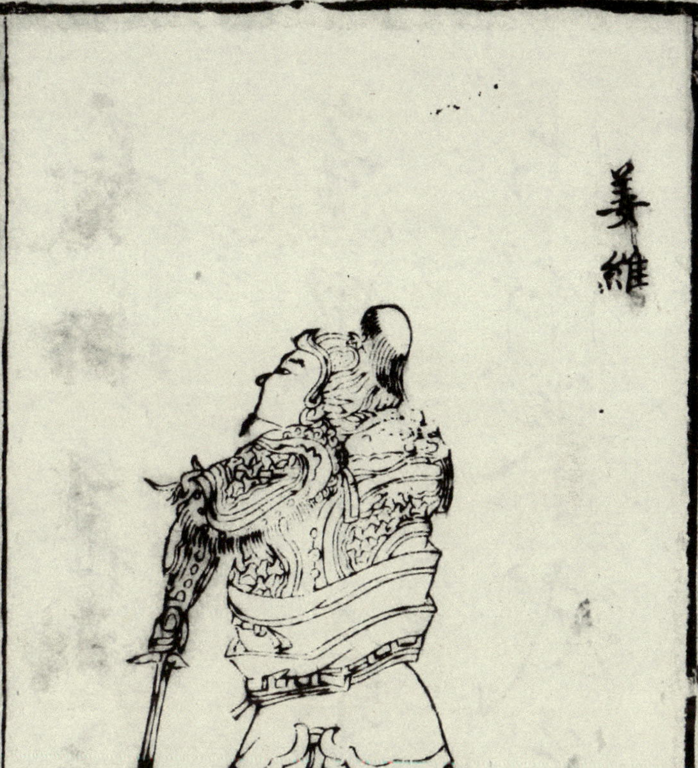
姜維

天水稱美俊涼州

產異才、系從尚文

出、術奉武侯來

張松

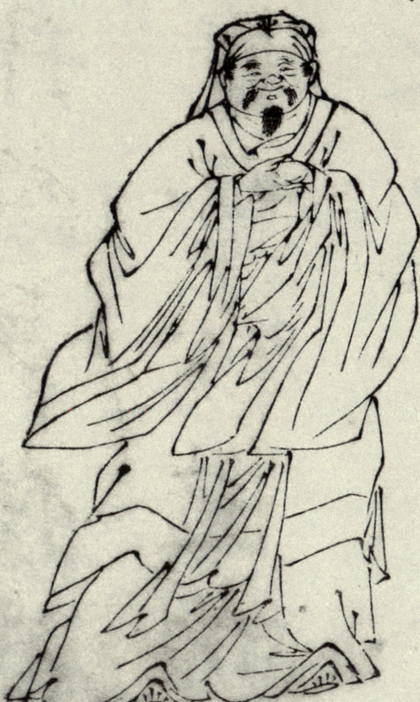

古怪形容異清高體
貌踈、膽量魁卤西蜀、文
章貫太虛

程畿

慷慨蜀中程祭酒。身畱一劍荅君王。臨危不改平生志。博得聲名萬古香。

傅彤

雖死猶能罵吳

狗傳聞不愧漢

將軍

孫夫人

先主兵歸白帝城夫人

聞難獨捐生至今江畔

遺碑在猶著千秋烈女

名

曹彬

固一世之雄
也而今安在
哉

夏侯惇

刑經歷士友屢悖綠我

叢中敬業軍援矢去

時枯一目嘆時然氣噴

隄款

荀彧

頴上首文家人
稱王佐才聲名
齊五嶽功業震
三台

荀攸

智能過甯武、懷
可恥顏淵、功扼
三分國、手踞十
二篇、

三國人物圖 十九

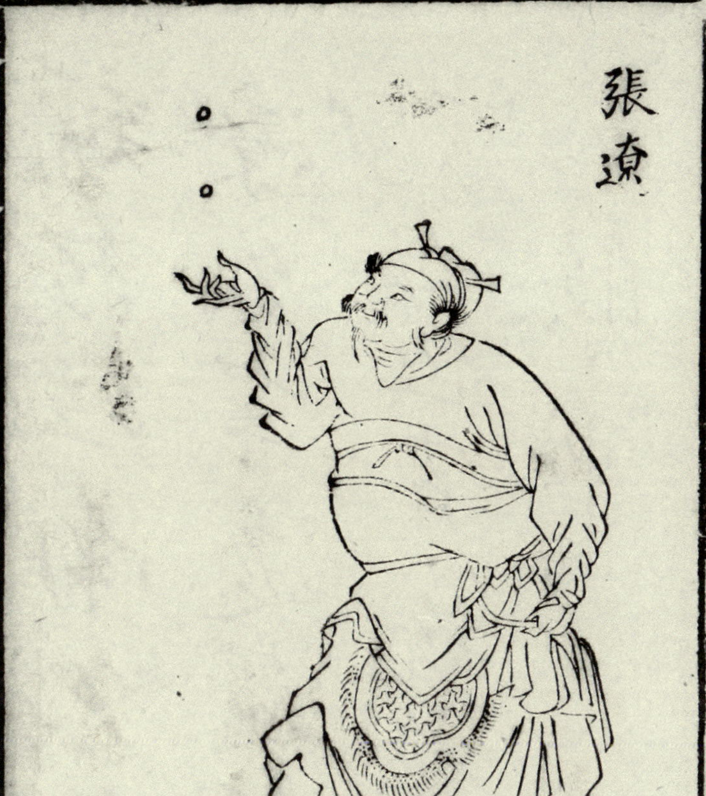

號殺江南衆小兒張
遼名字透深閨纔聞
乳母低聲說夜靜更深
不敢啼

郭嘉

天生郭奉孝豪氣冠
羣英腹內藏經史胸
中隱甲兵運謀如范
蠡決策似陳平

許褚

凜凜威風鎮九州
當年許褚果如
彪只因愛起軍前見
天況莽攝虎侯

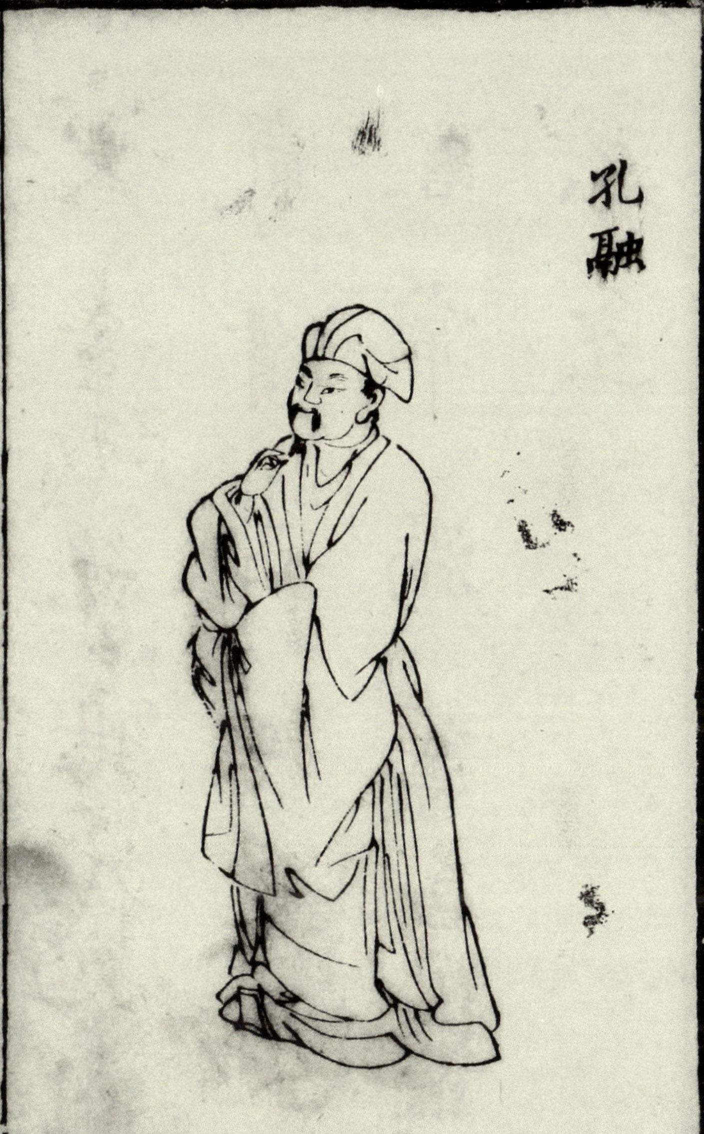
孔融

文章絕世代豪
氣貫長虹上
客常滿尊中酒
不空

典韋

鐵戟雙提八十斤漢陽城外建奇勳典韋救主傳天下勇猛當先第一人

左慈

飛步凌雲遍九州
獨憑遁甲自敖游
等閑施設神仙術
點悟曹瞞不轉頭

鄧艾

自易孫心畫易
深善用詩律
無地理但西淺
至之

禰衡

裸衣辱罵一座
皆驚
借槌打落千秋
稱快

管輅

平原秋卜霞公明孫
莫南居以斗逢見遠
見深分河鄂東表先
知是花人

華佗

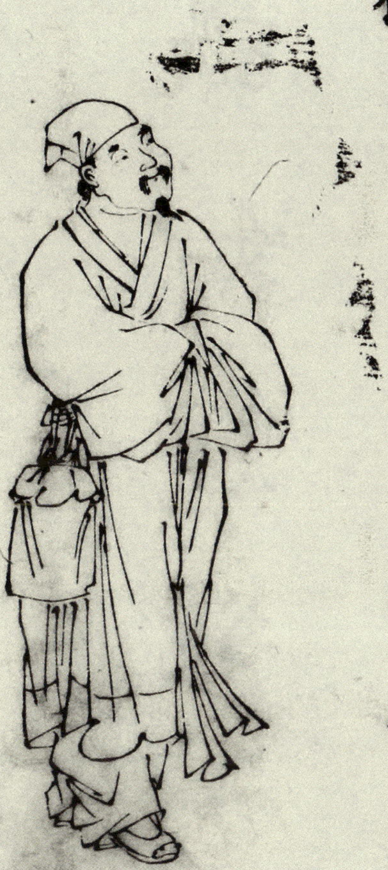

華陀仙術比長桑
神識如窺垣一方

董卓

霸業求時當帝王
不成且作富家郎
謹志之言世紀也願鴻
才識已識之

呂布

浮為神仙去百歸雲
向樹一騎錢枝落日
果然歌辰翠歸猿直
歎猿曲生

貂蟬

殄滅國賊不辱主
命漢世簪纓不及
婦人

吳大帝

紫髯碧眼號英雄能
使臣僚肯盡忠二十
四年興大業龍盤虎
踞在江東

太史慈

愛士生忠孝、東萊
古史蘇、姓名昭道
室、序焉雲處雄詩
墨癡

周瑜

莫哉以耀可喜而生於是宅覇

矣觀夢衞為林破敵素壁陳

奚而以言懷謁瑜未莫

[illegible][illegible][illegible]人

三國人物圖

三五

楫性以嚴律躬以儉
整軍治國手不釋
卷公璀之後肅為
僅見

呂蒙

白衣摇橹真奇计，一举荆襄取次收。

黃蓋

英內什識高雲長福
而招
阿瞞蹬發喜一經句
難也

甘寧

吳郡甘興霸長江
錦幔舟酬君重知己
報友化仇讎劫寨將
輕騎驅兵飲巨甌

于吉

来往東吴數十年
盡知于吉是神仙英雄
不信虛無事顯化猶
然氣觸天

司馬懿

開言崇聖與周武以子通神

三國英雄士四朝經濟屯兵

難居弱者子得麒麟張蜀

常稱箕疇能通天地表

讀三國志法

讀三國志者當知有正統閏運僭國之別正統者何蜀漢是也僭國者何吳魏是也閏運者何晉是也魏之不得爲正統者何也論地則以中原爲主論理則以劉氏爲主論地不若論理故以正統予魏者司馬光通鑑之誤也以正統予蜀者紫陽綱目之所以爲正也綱目于獻帝建安之末大書後漢昭烈皇帝章武元年而以吳魏分注其下蓋以蜀爲帝室之胄在所當予魏爲篡國之賊在所當奪是以前則書劉備起兵徐州討曹操後

則書漢丞相諸葛亮出師伐魏而大義昭然揭于千古矣夫劉氏未亡魏未混一魏固不得爲正統迨乎劉氏已亡晉已混一而晉亦不得爲正統者何也曰晉以臣弑君與魏無異而一傳之後厥祚不長但可謂之閏運而不可謂之正統也至于東晉偏安以牛易馬愈不得以正統歸之故三國之并吞于晉猶六國之混一于秦五代之混一于隋耳秦不過爲漢驅除隋不過爲唐驅除前之正統以漢爲主而秦與魏晉不得與焉亦猶後之正統以唐宋爲主而宋齊梁陳隋梁唐晉漢周俱不得與焉

耳且不特魏晉不如漢之爲正卽唐宋亦不如漢之爲正煬帝
無道而唐代之是已惜其不能顯然如周之代商而稱唐公加
九錫以蹈魏晉之陋轍則得天下之正不如漢也若夫宋以忠
厚立國又多名臣大儒出乎其間故尚論者以正統予宋然終
宋之世燕雲十六州未入版圖其規模已遜于唐而陳橋兵變
黃袍加身取天下於孤兒寡婦之手則得天下之正亦不如漢
也唐宋且不如漢而何論魏晉哉高帝以除暴秦擊楚之殺義
帝者而興光武以誅王莽而克復舊物昭烈以討曹操而存漢

祀于西川祖宗之創之者正而子孫之繼之者亦正不得但以
光武之混一爲正統而謂昭烈之偏安非正統也昭烈爲正統
而劉裕劉智遠亦皆劉氏子孫其不得爲正統者何也曰裕與
智遠之爲漢苗裔遠而無徵不若中山靖王之後近而可考又
二劉皆以篡弑得國故不得與昭烈並也後唐李存勗之不得
爲正統者何也曰存勗本非李而賜姓李其與呂秦牛晉不甚
相遠故亦不得與昭烈並也南唐李昪之亦不得繼唐而爲正
統者何也曰世遠代遐亦裕與智遠者比故亦不得與昭烈並

也南唐李昪不得繼唐而爲正統南宋高宗獨得繼宋而爲正統者何也高宗立太祖之後爲後以延宋祚于不絕故正統歸焉夫以高宗之殺岳飛用秦檜全不以二聖爲念作史者尚以其延宋祚而歸之以正統況昭烈之君臣同心誓討漢賊者乎則昭烈之爲正統愈無疑也陳壽之志未及辨此余故折衷于紫陽綱目而特于演義中附正之

古史甚多而人獨貪看三國志者以古今人才之聚未有盛于三國者也觀才與不才敵不奇觀才與才敵則奇觀才與才敵

而一才又遇衆才之匹不奇觀才與才敵而衆才尤讓一才之勝則更奇吾以爲三國有三奇可稱三絕諸葛孔明一絕也關雲長一絕也曹操亦一絕也歷稽載籍賢相林立而名高萬古者莫如孔明其處而彈琴抱膝居然隱士風流出而羽扇綸巾不改雅人深致在草廬之中而識三分天下則達乎天時承顧命之重而至六出祁山則盡乎人事七擒八陣木牛流馬旣已疑鬼疑神之不測鞠躬盡瘁志決身殲仍是爲臣爲子之用心比管樂則過之比伊呂則兼之是古今來賢相中第一奇人歷

稽載籍名將如雲而絶倫超群者莫如雲長青史對青燈則極其儒雅赤心如赤面則極其英靈秉燭達旦人傳其大節單刀赴會世服其神威獨行千里報主之志堅義釋華容酬恩之誼重作事如青天白日待人如霽月光風心則趙抃焚香告帝之心而磊落過之意則阮籍白眼傲物之意而嚴正過之是古今來名將中第一奇人歷稽載籍奸雄接踵而智足以攬人才而欺天下者莫如曹操聽荀彧勤王之說而自比周文則有似乎忠黜袁術僭號之非而願爲曹侯則有似乎順不殺陳琳而愛

其才則有似乎寬不追關公以全其志則有似乎義王敦不能用郭璞而操之得士過之桓溫不能識王猛而操之知人過之李林甫雖能制祿山不如操之擊烏桓于塞外韓侂胄雖能貶秦檜不若操之討董卓于生前竊國家之柄而姑存其號異乎王莽之顯然弑君留改革之事以俟其兒勝于劉裕之急欲篡晉是古今來奸雄中第一奇人有此三奇乃前後史之所絕無者故讀遍諸史而愈不得不喜讀三國志也

三國之有三絕固已然吾自三絕而外更遍觀乎三國之前三

國之後。問有運籌帷幄如徐庶龐統者乎。問有行軍用兵如周瑜陸遜司馬懿者乎。問有料人料事如郭嘉程昱荀彧賈詡步騭虞翻顧雍張昭者乎。問有武功將畧邁等越倫如張飛趙雲黃忠嚴顏張遼徐晃徐盛朱桓者乎。問有衝鋒陷陣驍銳莫當如馬超馬岱關興張苞許褚典韋張郃夏侯惇黃蓋周泰甘寧太史慈丁奉者乎。問有兩才相當兩賢相遇如姜維鄧艾之智勇悉敵羊祜陸抗之從容互鎮者乎。至于道學則馬融鄭玄文藻則蔡邕王粲頴捷則曹植楊修蚤慧則諸葛恪鍾會應對則秦宓張松舌辯則李恢闞澤不辱君命則趙諮鄧芝之飛書馳檄則陳琳阮瑀治煩理劇則蔣琬董允揚譽蜚聲則馬良荀爽好古則杜預博物則張華求之列籍俱未易一一見也乃若知賢則有司馬徽之哲勵操則有管寧之高隱居則有崔州平石廣元孟公威之逸忤姦則有孔融之正觸邪則有趙彥之直斥惡則有禰衡之豪罵賊則有吉平之壯殉國則有董承伏完之賢捐生則有耿紀韋晃之節子死于父則有劉諶關平之孝臣死于君則有諸葛瞻諸葛尚之忠部曲死于主帥則有趙累周倉

之義其他早計如田豐苦口如王累矢貞如沮授不屈如張任輕財篤友如魯肅事主不二心如諸葛瑾不畏强禦如陳泰視死如歸如王經獨存介性如司馬孚炳炳燐燐照耀史冊始舉前之豐沛三傑商山四皓雲臺諸將富春客星後之瀛洲學士麟閣功臣杯酒節度砦市宰相分見於各朝之千百年者奔合輻湊于三國之一時豈非人才一大都會哉入鄧林而選名材遊玄圃而見積玉收不勝收接不暇接吾于三國有觀止之嘆矣

三國一書乃文章之最妙者敘三國不自三國始也三國必有所自始則始之以漢帝敘三國不自三國終也三國必有所自終則終之以晉國而不但此也劉備以帝胄而纘統則有宗室如劉表劉璋劉繇劉辟等以陪之曹操以强臣而專制則有廢立如董卓亂國如李傕郭汜以陪之孫權以方侯而分鼎則有僭號如袁術稱雄如袁紹割據如呂布公孫瓚張揚張邈張魯張繡等以陪之劉備曹操于第一回出名而孫權則于第七回方出名曹氏之定許都在第十一回孫氏之定江東在第十二

同而劉氏之取西川則在第六十回後假令今人作稗官。欲平空擬一三國之事。勢必劈頭便敘三人。三人便各據一國。有能如是之繞乎其前。出乎其後。多方以盤旋乎其左右者哉。古事所傳。天然有此等波瀾。天然有此等層折。以成絕世妙文。然則讀三國一書。誠勝讀稗官萬萬耳。

若論三國開基之主人盡知爲劉備孫權曹操也而不知其間各有不同。備與操皆自我身而創業而孫權則藉父兄之力其不同者一。備與權皆及身而爲帝而操則不自爲而待之于其子孫其不同者二三國之稱帝也唯魏獨早而蜀則稱帝于曹操巳死曹丕巳立之餘吳則稱帝于劉備巳死劉禪巳立之後其不同者三三國之相持也吳爲蜀之鄰魏爲蜀之讐蜀與吳有和有戰而蜀與魏則有戰無和吳與蜀則和多于戰吳與魏則戰多于和其不同者四三國之傳也蜀止二世魏則自丕及奐凡五主吳則及權及皓凡四主其不同者五三國之亡也吳居其後而蜀先之魏次之魏則見奪于其臣吳蜀則見并于其敵其不同者六不寧惟是策之與權則兄終而弟及丕之與植

則舍弟而立兄備之與禪則父爲帝而子爲虜操之與丕則父爲臣而子爲君可謂參差錯落變化無方者矣今之不善畫者雖使繪兩人亦必彼此同貌今之不善歌者即使唱兩調亦必前後同聲文之合掌往往類是古人本無雷同之事而今人好爲雷同之文則何不取余所批三國志而讀之

三國一書總起總結之中又有六起六結其敘獻帝則以董卓廢立爲一起以曹丕篡奪爲一結其敘西蜀則以成都稱帝爲一起而以綿竹出降爲一結其敘劉關張三人則以桃園結義

爲一起而以白帝托孤爲一結其敘諸葛亮則以三顧草廬爲一起而以六出祁山爲一結其敘魏國則以黃初改元爲一起而以司馬受禪爲一結其敘東吳則以孫堅匿璽爲一起而以孫皓啣璧爲一結凡此數段文字聯絡交互于其間或此方起而彼已結或此未結而彼又起讀之不見其斷續之迹而按之則自有章法之可知也

三國一書有追本窮源之妙三國之分由于諸鎭之角立諸鎭角立由于董卓之亂國董卓亂國由于何進之召外兵何進召

外兵由于十常侍之專政故敘三國必以十常侍爲之端也然而劉備之初起不即在諸鎮之內而尚在草澤之間夫草澤之所以有英雄聚義而諸鎮之所以繕修兵革者由于黃巾之作亂故敘三國又必以黃巾爲之端也乃黃巾未作則有上天垂災異以警戒之更有忠謀智計之士直言極諫以預料之使當時爲之君者體天心之仁愛納良臣之讜論斷然舉十常侍而迸斥焉則黃巾可以不作草澤英雄可以不起諸鎮之兵革可以不修而三國可以不分矣故敘三國而追本于桓靈猶河源

之有星宿海云

三國一書有巧收幻結之妙設令魏而爲蜀所并此人心之所甚願也設令蜀亡而魏得一統此人心之所大不平也乃彼蒼之意不從人心所甚願而亦不出于人心之所大不平特假手于晉以一之此造物者之幻也然天既不祚漢又不予魏則何不假手於吳而必假手於晉乎曰魏固漢賊也吳嘗害關公奪荆州助魏以攻蜀則亦漢賊也若晉之奪魏有似乎爲漢報讐也者則與其一之以吳無寧一之以晉也且吳爲魏敵而晉爲

魏臣魏以臣弑君而晉卽如其事以報之可以爲戒于天下後世則使魏而見幷于其敵不若使之見幷於其臣之爲快也是造物者之巧也幻旣出人意外巧復在人意中造物者可謂善於作文矣今人下筆必不能如此之幻如此之巧然則讀造物自然之文而又何必讀今人臆造之文乎哉

三國一書有以賓襯主之妙如將敘桃園兄弟三人先敘黃巾兄弟三人桃園其主也黃巾其賓也將敘中山靖王之後先敘魯恭王之後中山靖王其主也魯恭王其賓也將敘何進先敘

陳蕃竇武何進其主也陳蕃竇武其賓也敘劉關張及曹操孫堅之出色并敘各鎮諸侯之無用劉備曹操孫堅其主也各鎮諸侯其賓也劉備將遇諸葛亮而先遇司馬徽崔州平石廣元孟公威等諸人諸葛亮其主也司馬徽諸人其賓也諸葛亮歷事兩朝乃又有先來即去之徐庶晚來先死之龐統諸葛亮其主也而徐庶龐統又其賓也趙雲先事公孫瓚黃忠先事韓玄馬超先事張魯法正嚴顏先事劉璋而後皆歸劉備備其主也公孫瓚韓玄張魯劉璋其賓也太史慈先事劉繇後歸孫策川

寧先事黃祖後歸孫權張遼先事呂布徐晃先事楊奉張郃先事袁紹賈詡先事李傕張繡而後皆歸曹操孫曹其主也劉繇黃祖呂布楊奉等諸人其賓也代漢當塗之讖本應在魏而袁公路謬以自許魏其主也袁公路其賓也三馬同槽之夢本應在司馬氏而曹操誤以爲馬騰父子司馬氏其主也馬騰父子其賓也受禪臺之說李肅以賺董卓而曹丕卽眞焉司馬炎又卽眞焉曹丕司馬炎其主也董卓其賓也且不獨人有賓主也地亦有之獻帝自洛陽遷長安又自長安遷洛陽而終乃遷于

許昌許昌其主也。長安洛陽皆賓也。劉備失徐州而得荊州荊州其主也。徐州其賓也。及得兩川而復失荊州兩川其主也。而荊州又其賓也。孔明將北伐中原而先南定蠻方意不在蠻方而在中原中原其主也。蠻方其賓也。抑不獨地有賓主也物亦有之李儒持鴆酒短刀白練以貽帝辨鴆酒其主也。短刀白練其賓也。許田打圍將敘曹操射鹿先敘玄德射兎鹿其主也。兎其賓也。赤壁鏖兵將敘孔明借風先敘孔明借箭風其主也。箭其賓也。董承受玉帶陪之以錦袍帶其主也。袍其賓也。關公拜受赤兎馬而陪之以金印紅袍諸賜馬其主也金印等其賓也曹操掘地得銅雀而陪之以玉龍金鳳雀其主也龍鳳其賓也諸如此類不可悉數善讀是書者可於此悟文章賓主之法

三國一書有同樹異枝同枝異葉同葉異花同花異果之妙作文者以善避爲能又以善犯爲能不犯之而求避之無所見其避也唯犯之而後避之乃見其能避也如紀宮掖則寫一何太后又寫一董太后寫一伏皇后又寫一曹皇后寫一唐貴妃又寫一董貴人寫甘糜二夫人又寫一孫夫人又寫一北地王妃

寫魏之甄后毛后又寫一張后而其間無一字相同紀戚畹則何進之後寫一董承董承之後又寫一伏完寫一魏之張緝又寫一吳之錢尚而其間亦無一字相同寫權臣則董卓之後又寫李傕郭汜傕汜之後又寫曹操曹操之後又寫一曹丕曹丕之後又寫一司馬懿司馬懿之後又並寫一師昭兄弟師昭之後又繼寫一司馬炎又旁寫一吳之孫綝而其間亦無一字相同其他敘兄弟之事則袁譚與袁尚不睦劉琦與劉琮不睦曹丕與曹植亦不睦而譚與尚皆死琦與琮一死一不死丕與植

皆不死。不大異乎。敍婚姻之事則如董卓求婚于孫堅袁術約婚于呂布。曹操約婚于袁譚孫權結婚于劉備又求婚于雲長而或絕而不許。或許而復絕。或僞約而反成。或眞約而不就。不大異乎。至于王允用美人計。周瑜亦用美人計而一效一不效則互異。卓布相惡。傕汜亦相惡而一靖一不靖。則互異。獻帝有兩番密詔則前隱而後彰。馬騰亦有兩番討賊則前彰而後隱此其不同者矣。呂布有兩番弑父而前動于財。後動于色。前則以私滅公。後則假公濟私。此又其不同者矣。趙雲有兩番救主而前救于陸後救于水前則受之主母之手後則奪之主母之懷此又其不同者矣若夫寫水不止一番寫火亦不止一番曹操有下邳之水又有冀州之水關公有白河之水又有罾口川之水呂布有濮陽之火曹操有烏巢之火周郎有赤壁之火陸遜有猇亭之火徐盛有南徐之火武侯有博望新野之火又有盤蛇谷上方谷之火前後曾有絲毫相犯否甚者孟獲之擒有七祁山之出有六中原之伐有九求其一字之相犯而不可得妙哉文乎譬猶樹同是樹枝同是枝葉同是葉花同是花而其

植根安蒂吐芳結子五色紛披各成異采讀者于此可悟文章有避之一法又有犯之一法也

三國一書有星移斗轉雨覆風翻之妙杜少陵詩曰天上浮雲如白衣斯須改變成蒼狗此言世事之不可測也三國之文亦猶是爾本是何進謀誅宦官却弄出宦官殺何進則一變本是呂布助丁原却弄出呂布殺丁原則一變本是董卓結呂布却弄出呂布殺董卓則一變本是陳宮釋曹操却弄出陳宮欲殺曹操則一變陳宮未殺曹操反弄出曹操殺陳宮則一變本是

王允不赦傕汜却弄出傕汜殺王允則一變本是孫堅與袁術不睦却弄出袁術致書于孫堅則一變本是劉表求救于袁紹却弄出劉表殺孫堅則一變本是昭烈從袁紹以討董卓却弄出助公孫瓚以攻袁紹則一變本是昭烈救徐州却弄出昭烈取徐州則一變本是呂布投徐州却弄出呂布奪徐州則一變本是呂布攻昭烈又弄出呂布迎昭烈則一變本是呂布絕袁術又弄出呂布求袁術則一變本是昭烈助呂布以討袁術又弄出助曹操以殺呂布則一變本是昭烈助曹操又弄出昭烈

討曹操則一變本是昭烈攻袁紹又弄出昭烈投袁紹則一變本是昭烈助袁紹以攻曹操又弄出關公助曹操以攻袁紹則一變本是關公尋昭烈又弄出張飛欲殺關公則一變本是關公許田欲殺曹操又弄出華容道放曹操則一變本是曹操追昭烈又弄出昭烈投東吳以破曹操則一變本是孫權讐劉表又弄出魯肅弔劉表又弔劉琦則一變本是孔明助周郎却弄出周郎欲殺孔明則一變本是周郎欲害昭烈却弄出孫權結婚昭烈則一變本是用孫夫人牽制昭烈却弄出孫夫人助昭

烈則一變本是孔明氣死周郎又弄出孔明哭周郎則一變本是昭烈不受劉表荆州却弄出昭烈借荆州則一變本是劉璋欲結曹操却弄出迎昭烈則一變本是劉璋迎昭烈却弄出昭烈奪劉璋則一變本是昭烈分荆州又弄出呂蒙襲荆州則一變本是昭烈破東吳又弄出陸遜敗昭烈則一變本是孫權求救于曹丕却弄出曹丕欲襲孫權則一變本是昭烈讐東吳又弄出孔明結好東吳則一變本是劉封聽孟達却弄出劉封攻孟達則一變本是孟達背昭烈又弄出孟達欲歸孔明則一變

本是馬騰與昭烈同事又弄出馬超攻昭烈則一變本是馬超救劉璋却弄出馬超投昭烈則一變本是姜維敵孔明却弄出姜維助孔明則一變本是夏侯霸助司馬懿却弄出夏侯霸助姜維則一變本是鍾會忌鄧艾却弄出衛瓘殺鄧艾則一變本是姜維賺鍾會却弄出諸將殺鍾會則一變本是羊祜和陸抗却弄出羊祜請伐孫皓則一變本是羊祜請伐吳却弄出一杜預又弄出一王濬則一變論其呼應有法則讀前卷定知其有後卷論其變化無方則讀前文更不料其有後文於其可知見

三國之文之精於其不可料更見三國之文之幻矣

三國一書有橫雲斷嶺橫橋鎖溪之妙文有宜于連者有宜于斷者如五關斬將三顧草廬七擒孟獲此文之妙于連者也如三氣周瑜六出祁山九伐中原此文之妙于斷者也葢文之短者不連敘則不貫串文之長者連敘則懼其累墜故必敘别事以間之而後文勢乃錯綜盡變後世稗官家鮮能及此

三國一書有將雪見霰將雨聞雷之妙將有一段正文在後必先有一段閒文以爲之引將有一段大文在後必先有一段小

文以爲之端如將敘曹操濮陽之火先寫糜竺家中之火一段閒文以啓之將敘孔融求救于昭烈先寫孔融通刺于李弘一段閒文以啓之將敘赤壁縱火一段大文先寫博望新野兩段小文以啓之將敘六出祁山一段大文先寫七擒孟獲一段小文以啓之是也嘗人將有事于上帝必先有事于頖宮文章之妙正復類是

三國一書有浪後波紋雨後霡霂之妙凡文之奇者文前必有先聲文後亦必有餘勢如董卓之後又有從賊以繼之黃巾之

後又有餘黨以衍之。昭烈三顧草廬之後又有劉琦三請諸葛一段文字以映帶之。武侯出師一段大文之後又有姜維伐魏一段文字以蕩漾之。是也諸如此類皆他書中所未有

三國一書有寒氷破熱凉風掃塵之妙。如關公五關斬將之時忽有鎮國寺內遇普靜長老一段文字。昭烈躍馬檀溪之時忽有水鏡莊上遇司馬先生一段文字。孫策虎踞江東之時忽有遇于吉一段文字。曹操進爵魏王之時忽有遇左慈一段文字昭烈三顧草廬之時忽有遇崔州平席地閒談一段文字。關公

水滸七軍之後忽有玉泉山月下點化一段文字。至于武侯征蠻而忽逢孟節。陸遜追蜀而忽遇黃承彥。張任臨敵而忽問紫虛丈人。昭烈伐吳而忽問青城老叟。或僧或道或隱士或高人俱于極喧鬧中求之。真足令人躁思頓清。煩襟盡滌

三國一書有笙簫夾鼓。琴瑟間鐘之妙。如正敘黃巾擾亂忽有何后董后兩宮爭論一段文字。正敘董卓縱橫忽有貂蟬鳳儀亭一段文字。正敘傕汜猖狂忽有楊彪夫人與郭汜之妻來往一段文字。正敘下邳交戰忽有呂布送女嚴氏戀夫一段文字。

正敘冀州廝殺忽有袁譚失妻曹丕納婦一段文字。正敘荊州事變忽有蔡夫人商議一段文字。正敘赤壁鏖兵忽有曹操欲取二喬一段文字。正敘宛城交攻忽有張濟妻與曹操相遇一段文字。正敘趙雲取桂陽忽有趙範寡嫂敬酒一段文字。正敘昭烈爭荊州忽有孫權親妹洞房花燭一段文字。正敘孫權戰黃祖忽有孫翊妻爲夫報讐一段文字。正敘司馬懿殺曹爽忽有辛憲英爲弟畫策一段文字。至于袁紹討曹操之時忽帶敘鄭康成之婢。曹操救漢中之日忽帶敘蔡中郎之女。諸如此類不一而足人但知三國之文是敘龍爭虎鬭之事而不知爲鳳爲鸞爲鶯爲燕篇中有應接不暇者令人于干戈隊裏時見紅裙旌旗影中常覩粉黛殆以豪士傳與美人傳合爲一書矣

三國一書有隔年下種先時伏着之妙善圃者投種于地待時而發善奕者下一閑着于數十着之前而其應在數十着之後文章敘事之法亦猶是已如西蜀劉璋乃劉焉之子而首卷將敘劉備先敘劉焉早爲取西川伏下一筆又于玄德破黃巾時并敘曹操帶敘董卓早爲董卓亂國曹操專權伏下一筆趙雲

歸昭烈在古城聚義之時而昭烈之遇趙雲早于盤河戰公孫時伏下一筆。馬超歸昭烈在葭萌戰張飛之後而昭烈之與馬騰同事早于受衣帶詔時伏下一筆。龐統歸昭烈在周郎既死之後而童子述龐統姓名早于水鏡莊前伏下一筆。武侯歎謀事在人成事在天在上方谷火滅之後而司馬懿未遇其時之語崔州平天不可強之言早于三顧草廬前伏下一筆。劉禪帝蜀四十餘年而終在一百十回之後而鶴鳴之兆早于新野初生時伏下一筆。姜維九伐中原在一百五回之後而武侯之收姜維早于初出祁山時伏下一筆。姜維與鄧艾相遇在三伐中原之後姜維與鍾會相遇在九伐中原之後而夏侯霸述兩人姓名早於未伐中原時伏下一筆。曹丕篡漢在八十回中而青雲紫雲之祥早于三十三回之前伏下一筆。孫權僭號在八十五回後而吳夫人夢日之兆早于三十八回中伏下一筆。司馬篡魏在一百十九回而曹操夢馬之兆早于五十七回中伏下一筆。自此而外凡伏筆之處指不勝屈每見近世稗官家一到摇捏不來之時。便平空生出一人。無端造出一事。覺後文與前文隔斷更不相涉。試令讀三國之文能不汗顔。

三國一書有添絲補錦移針勻繡之妙。凡叙事之法此篇所闕者。補之於彼篇。上卷所多者。勻之於下卷。不但使前文不沓拖。而亦使後文不寂寞。不但使前事無遺漏。而又使後事增綰染此史家妙品也。如呂布取曹豹之女本在未奪徐州之前却于困下邳時敘之。曹操望梅止渴。本在擊張繡之日却于青梅煮酒時敘之。管寧割席分坐本在華歆未仕之前却于破壁取后時敘之。吳夫人夢月本在將生孫策之前却于臨終遺命時敘

之武侯求黄氏爲配本在未出草廬之前却于諸葛瞻死難時敘之諸如此類亦指不勝屈前能留步以應後後能迴照以應前令人讀之眞一篇如一句

三國一書有近山濃抹遠樹輕描之妙畫家之法于山與樹之近者則濃之重之于山與樹之遠者則輕之淡之不然林巒迢遥峰嵐層叠豈能于尺幅之中一一而詳繪之乎作文亦猶是已如皇甫嵩破黄巾只在朱雋一邊打聽得來袁紹殺公孫瓚只在曹操一邊打聽得來趙雲襲南郡關張襲兩郡只在周郎

聽中耳中得來。昭烈殺楊奉韓暹只在昭烈口中敘來。張飛奪古城在關公耳中聽來。簡雍投袁紹在昭烈口中說來。至若曹丕三路伐吳而皆敗一路用實寫兩路用虛寫。武侯退曹丕五路之兵唯遣使入吳用實寫其四路皆虛寫。諸如此類又指不勝屈只一句兩句。正不知包却幾許事情。省却幾許筆墨

三國一書有奇峰對插。錦屏對峙之妙。其對之法有正對者。有反對者。有一卷之中自爲對者。有隔數十卷而遥爲對者。如昭烈則自幼便大。曹操則自幼便奸。張飛則一味性急。何進則一

求性慢議温明是董卓無君殺丁原是呂布無父袁紹盤河之戰勝敗無常孫堅峴山之役生死不測馬騰勤王室而無功不失爲忠曹操報父讐而不果不得爲孝袁紹起馬步三軍而復回是力可戰而不斷昭烈擒王劉二將而復縱是勢不敵而從權孔融薦禰衡是緇衣之好禰衡罵曹操是巷伯之心昭烈遇德操是無意相遭單福過新野是有心來謁曹丕苦逼生曹植是同氣戈矛昭烈痛哭死關公是異姓骨肉火熄上方谷是司馬之數當生燈滅五丈原是諸葛之命當死諸如此類或正對

武反對，皆一回之中而自爲對者也。如以國賊害國賊，則有何進以國賊薦國賊，則有伏完、李肅說呂布，則以智濟其惡；王允說呂布，則以巧行其忠。張飛失徐州，則以飲酒誤事；呂布陷下邳，則以禁酒受殃。關公飲魯肅之酒，是一片神威；羊祜飲陸抗之酒，是一團和氣。孔明不殺孟獲，是仁者之寬；司馬懿必殺公孫淵，是奸雄之刻。關公義釋曹操，是報其德于前；翼德義釋嚴顏，是收其用于後。武侯不用子午谷之計，是慎謀以圖全；鄧艾不懼陰平嶺之危，是行險以徼幸。曹操有病，陳琳罵便好；下朗無病孔明一罵便亡孫夫人好甲兵是女中丈夫司馬懿受巾幗是男中女子八日而取上庸則以速而神百日而取襄平則以遲而勝孔明屯田渭濱是進取之謀姜維屯田沓中是退避之計曹操受漢之九錫是操之不臣孫權受魏之九錫是權之不君曹操射鹿義乖于君臣曹丕射鹿情動于母子楊儀魏延相爭于班師之日鄧艾鍾會相忌在用兵之時姜維欲繼孔明之志人事逆乎天心杜預能承羊祜之謀天時應乎人力諸如此類或正對或反對皆不在一回之中而遙相爲對者也誠

于此較量而比觀焉豈不足快讀古之胸而長尚論之識

三國一書有首尾大照應中間大關鎖處如首卷以十常侍爲起而末卷有劉禪之寵中貴以結之又有孫皓之寵中貴以雙結之此一大照應也又加首卷以黄巾妖術爲起而末卷有劉禪之信師婆以結之又有孫皓之信術士以雙結之此又一大照應也照應既在首尾而中間百餘回之内若無有與前後相關合者則不成章法矣于是有伏完之托黄門寄書孫亮之察黄門盜蜜以關合前後又有李傕之喜女巫張魯之用左道以

關合前後凡若此者皆天造地設以成全篇之結構者也然猶不止此也作者之意自宦官妖術而外尤重在嚴誅亂臣賊子以自附于春秋之義故書中多錄討賊之忠紀弒君之惡而首篇之末則終之以張飛之勃然欲殺董卓末篇之末則終之以孫皓之隱然欲殺賈充由此觀之雖曰演義直可繼麟經而無愧耳

三國敘事之佳直與史記彷彿而其敘事之難則有倍難于史記者史記記各國分書各人分載于是有本紀世家列傳之別今

三國則不然殆合本紀世家列傳而總成一篇分則文短而易工合則文長而難好也

讀三國勝讀列國志夫左傳國語誠文章之最佳者然左氏依經而立傳經旣逐段各自成文傳亦逐段各自成文不相聯屬也國語則離經而自爲一書可以聯屬矣究竟周語魯語晉語鄭語齊語楚語吳語越語八國分作八篇亦不相連屬也後人合左傳國語而爲列國志因國多事煩其段落處到底不能貫串今三國演義自首至尾讀之無一處可斷其書又在列國志

之上

讀三國勝讀西遊記西遊捏造妖魔之事誕而不經不若三國實敘帝王之事眞而可考也且西遊好處三國已皆有之如啞泉黑泉之類何異子母河落胎泉之奇朶思大王木鹿大王之類何異牛魔鹿力金角銀角之號伏波顯聖山神指迷之類何異南海觀音之救只一卷漢相南征記便抵得一部西遊記矣至于前而鎮國寺後而玉泉山或目覩戒刀脫離火厄或望空一語有同棒喝豈必誦靈臺方寸斜月三星之文乃悟禪心乎

事。

讀三國勝讀水滸傳。水滸文字之眞，雖較勝西遊之幻，然無中生有，任意起滅，其匠心不難，終不若三國敘一定之事，無容改易，而卒能匠心之爲難也。且三國人才之盛，寫來各各出色，又有高出于吳用、公孫勝等萬萬者。吾謂才子書之目，宜以三國演義爲第一。

四大奇書第一種卷之一

茂苑毛宗崗序始氏評　吳門杭永年資能氏評定

詞曰

滚滚長江東逝水浪花淘盡英雄是非成敗轉頭空青山依舊在幾度夕陽紅　白髮漁樵江渚上慣看秋月春風一壺濁酒喜相逢古今多少事都付笑談中（以詞起以詞結）

第一回

宴桃園豪傑三結義

斬黃巾英雄首立功。

人謂魏得天時吳得地利蜀得人和乃三大國將興先有天公地公人公三小寇以引之亦如劉季將爲天子有吳廣陳涉以先之劉秀將爲天子有赤眉銅馬以先之也以三寇引出三國是全部中賓主以張角兄弟三人引出桃園兄弟三人此又一回中賓主

今人結盟必拜關帝不如桃園當日又拜何神可見盟者盟諸心非盟諸神也今人好通譜往往非族認族試觀桃

園三義各自一姓可見兄弟之約取同心同德不取同姓同宗也若不信心而信神不論德而論姓則神道設教莫如張角三人同氣連枝亦莫如張角三人矣而彼三人者其覩桃園爲何如耶

齊東絕倒之語偏是煽惑愚人如蒼天已死黃天當立是已且安知南華老仙天書三卷非張角謬言之而衆人妄信之乎愚以爲褒黃巾稱黃天由前而觀則黃門用事之應由後而觀則黃初改元之兆也

百忙中忽入劉曹二小傳一則自幼便大一則自幼便奸一則中山靖王之後一則中常侍之養孫低昂已判矣後人猶有以魏爲正統而書蜀兵入寇者何哉

許劭曰治世能臣亂世奸雄此時豈治世耶劭意在後一語操喜亦喜在後一語喜得惡喜得險喜得直喜得無禮喜得不平常喜得不懷好意只此一喜便是奸雄本色

話說天下大勢分久必合合久必分周末七國分爭并入于秦及秦滅之後楚漢分爭又并入于漢漢朝自高祖斬白蛇而起

義一統天下後來光武中興傳至獻帝遂分爲三國推其致亂之由殆始於桓靈二帝（出師表曰嘆息痛恨于桓靈故從桓靈說起桓靈不用十常侍則東漢可以不爲三國劉禪不用黃皓則蜀漢可以不爲晉國此一部大書前後照應處）桓帝禁錮善類崇信宦官及桓帝崩靈帝即位大將軍竇武太傅陳蕃共相輔佐時有宦官曹節等弄權竇武陳蕃謀誅之機事不密反爲所害中涓自此愈橫（將說何進先以陳竇二人作引）建寧二年四月望日帝御溫德殿方陞座殿角狂風驟起只見一條大青蛇從梁上飛將下來蟠于椅上（白蛇斬而漢興青蛇見而漢危青蛇白蛇遙遙相對惟虺惟蛇女子之祥寺人正女子一類也故有此兆）帝驚

五原郡

名

邕音雍

蜺音倪

墮音惰

倒左右急救入宫百官俱奔避須臾蛇不見了忽然大雷大雨加以冰雹落到半夜方止壞却房屋無數建寧四年二月洛陽地震又海水泛溢沿海居民盡被大浪捲入海中（水將滅火）光和元年雌鷄化雄（此兆光切中宫官以男子而淨身則雌化爲雌矣以閹人而干政則雌又化爲雄矣）六月朔黑氣十餘丈飛入温德殿中秋七月有虹見於玉堂五原山岸盡皆崩裂種種不祥非止一端（先説災異引起盜賊）帝下詔問羣臣以災異之由議郎蔡邕上疏以爲蜺墮鷄化乃婦寺干政之所致言頗切直（首卷書以蔡邕起以董卓結蔡邕固一代文人也使不失身董卓則三國志當成于蔡邕之手豈成于陳壽之）

手哉作者殆為中郎惜之帝覽奏嘆息因起更衣曹節在後竊視悉宣告左
右遂以他事陷邕於罪放歸田里後張讓趙忠封諝段珪曹節
侯覽蹇碩程曠夏惲音允郭勝十人朋比為奸號為十常侍帝尊信
張讓呼為阿父有此張父自然生出張角等兄弟三人來朝政日非以致天下人心
思亂盜賊蜂起時鉅鹿郡有兄弟三人以此兄弟三人引出一桃園兄弟三人來
名張角一名張寶一名張梁那張角本是箇不第秀才脫儒冠而裹黃
巾負却秀才名色因入山採藥遇一老人碧眼童顏手執藜杖喚角至
一洞中以天書三卷授之曰此名太平要術汝得之當代天宣

化普救世人若萌異心必獲惡報若無此句人不肯信角拜問姓名老人
曰吾乃南華老仙也言訖化陣清風而去此事誰見來是張角自言之而人遂信之
王與韝火狐鳴一般伎倆角得此書曉夜攻習能呼風喚雨號爲太平道人
稱謂絕奇中平元年正月內疫氣流行張角散施符水爲人治病自
稱大賢良師名號愈出愈奇角有徒弟五百餘人雲遊四方皆能書符
念咒次後徒衆日多角乃立三十六方大方萬餘人小方六七
千各立渠帥稱爲將軍書符念咒只好遣鬼爲將奈何以人爲將乎稱道人稱師又稱將軍名號愈出
愈奇訛言蒼天已死黃天當立造語不通之極如此秀才宜其不第也漢將與有赤帝白帝之奇

讖漢將亡有蒼天黃天之妖言赤白蒼黃二帝二天正遥遥相映又云歲在甲子天下大吉令人各以白土書甲子二字于家中大門上青幽徐冀荊揚兗豫八州之人家家侍奉大賢良師張角名字天子旣呼張讓爲父天下安得不奉張角爲師角遣其黨馬元義暗齎金帛結交中涓封諝以爲內應外寇必結連內寇角與二弟商議曰至難得者民心也今民心已順若不乘勢取天下誠爲可惜遂一面私造黃旗約期舉事一面使弟子唐州馳書報封諝唐州乃徑赴省中告變中涓反作奸細奸細反作首人可見內寇更惡于外寇帝召大將軍何進引出何進調兵擒馬元義斬之次收封諝

等一千人下獄何不便殺張角聞知事露星夜舉兵自稱天公將軍
張寶稱地公將軍張梁稱人公將軍隱然鼎足爲三國引子申言于衆曰
今漢運將終大聖人出汝等皆宜順天從正以樂太平四方百
姓裹黃巾從張角反者四五十萬奉黃天而裹黃巾煞是好笑賊勢浩大官
軍望風而靡何進奏帝火速降詔令各處備禦討賊立功一面
遣中郎將盧植皇甫嵩朱儁各引精兵分三路討之好且說張
角一軍前犯幽州界分幽州太守劉焉一箇姓劉的引出一箇姓劉劉的來乃江
夏竟陵人氏漢魯恭王之後也魯恭王之後引出中山靖王之後來當時聞得賊

酎音宙
正月作

兵將至召校尉鄒靖計議靖曰賊兵衆我兵寡明公宜作速招軍應敵劉焉然其說隨即出榜招募義兵榜文行到涿縣引出涿縣中一箇英雄（方入此卷正文先是一箇英雄）那人不甚好讀書（便與下第忝才不同）性寬和寡言語喜怒不形於色素有大志專好結交天下豪傑生得身長八尺兩耳垂肩雙手過膝目能自顧其耳面如冠玉唇若塗脂中山靖王劉勝之後漢景帝閣下玄孫（可如蜀漢是正統）姓劉名備字玄德昔劉勝之子劉貞漢武時封涿鹿亭侯後坐酎金失侯（漢武時宗廟祭祀命宗藩俱獻金助祭金色有不佳者輒削其封）因此遺這一枝在

酒八月乃熟名曰酎以獻宗廟

涿縣玄德祖劉雄父劉弘弘曾舉孝廉亦嘗作吏早喪玄德幼孤事母至孝然則聡烈之事母勝于高宗之事父矣家貧販屨織蓆爲業漢武用主父偃計削弱宗藩以致光武起于田間聡烈起于織蓆可勝嘆哉家住本縣樓桑村其家之東南有一大桑樹高五丈餘遥望之童童如車蓋相者云此家必出貴人只爲此一株桑遂使南陽八百株桑不能獨樂其樂玄德幼時與鄉中小兒戲於樹下曰我爲天子當乘此車蓋漢高微時見始皇車從曰丈夫不當如是耶正與此合叔父劉元起奇其言曰此兒非常人也因見玄德家貧常資給之

年十五歲母使游學嘗師事鄭玄盧植與公孫瓚等爲友

頷含上聲頤也莊俗作庄非

是玄德一篇小傳。及劉焉發榜招軍時。玄德年已二十八歲矣。當日見了榜文。慨然長嘆。此一嘆嘆出無數大事來。隨後一人厲聲言曰。大丈夫不與國家出力。何故長嘆。斗然而來。玄德回視其人。身長八尺。豹頭環眼。燕頷虎鬚。聲若巨雷。勢如奔馬。又引出一箇英雄。玄德見他形貌異常。問其姓名。其人曰。某姓張。名飛。字翼德。世居涿郡。頗有莊田。賣酒屠豬。專好結交天下豪傑。與玄德有同好。恰纔見公看榜而嘆。故此相問。玄德曰。我本漢室宗親。姓劉。名備。今聞黃巾倡亂。有志欲破賊安民。恨力不能。故長嘆耳。飛曰。吾頗有資財。當召募鄉

勇與公同舉大事如何畢竟有貴財者易于舉大事玄德甚喜遂與同入村
店中飲酒正飲間見一大漢推著一輛車子到店門首歇了入
店坐下便喚酒保快斟酒來吃我待趕入城去投軍斗然而來玄德
看其人身長九尺髯長二尺面如重棗唇若塗脂丹鳳眼臥蠶
眉相貌堂堂威風凜凜又引出一箇英雄○寫玄德先遇張公次遇關公敘法參差有致玄德
就邀他同坐叩其姓名其人曰吾姓關名羽字壽長後改雲長
河東解良人也因本處勢豪倚勢凌人被吾殺了頗與張翼德同性逃
難江湖五六年矣今聞此處招軍破賊特來應募玄德遂以己

志告之雲長大喜同到張飛莊上共議大事飛曰我莊後有一桃園花開正盛明日當於園中祭告天地我三人結爲兄弟協力同心然後可圖大事黃巾賊有三箇姓張的弟兄不如張翼德結兩箇不姓張的弟兄較勝萬倍但論兄弟不兄弟何論姓張不姓張哉玄德雲長齊聲應曰如此甚好次日於桃園中備下烏牛白馬祭禮等項三人焚香再拜而說誓曰念劉備關羽張飛雖然異姓既結爲兄弟則同心協力救困扶危上報國家下安黎庶不求同年同月同日生只願同年同月同日死千古盟書第一奇語皇天后土實鑒此心背義忘恩天人共戮誓畢拜玄

鏑本作賓爲刀甚利

德爲兄關羽次之張飛爲弟祭罷天地復宰牛設酒聚鄉中勇
士得三百餘人就桃園中痛飲一醉如此勝舉值得一醉來日收拾軍器
但恨無馬匹可乘正思慮間人報有兩箇客人引一夥伴儅趕
一羣馬投莊上來來得湊巧玄德曰此天祐我也三人出莊迎接原
來二客乃中山大商一名張世平一名蘇雙每年往北販馬近
因寇發而回玄德請二人到莊置酒管待訴說欲討賊安民之
意二客大喜願將良馬五十匹相送又贈金銀五百兩鑌鐵一
千斤以資器用大是佳客玄德謝別二客便命良匠打造雙股劍雲

長造青龍偃月刀刀名奇又名冷艷鋸更新奇重八十二斤張飛造丈八點鋼矛各置全身鎧甲共聚鄉勇五百餘人來見鄒靖鄒靖引見太守劉焉三人參見畢各通姓名玄德說起宗派劉焉大喜遂認玄德爲姪方作關張之兄又作劉焉之姪不數日人報黃巾賊將程遠志統兵五萬來犯涿郡劉焉令鄒靖引玄德等三人統兵五百看他以五百敵其五萬前去破敵玄德等欣然領軍前進直至大興山下與賊相見賊衆皆披髮以黃巾抹額當下兩軍相對玄德出馬左有雲長右有翼德揚鞭大罵反國逆賊何不早降程遠志

大怒遣副將鄧茂出戰張飛挺丈八蛇矛直出手起處刺中鄧茂心窩翻身落馬（極寫翼德）程遠志見折了鄧茂拍馬舞刀直取張飛雲長舞動大刀縱馬飛迎程遠志見了早吃一驚措手不及被雲長刀起處揮爲兩段（極寫雲長龍刀蛇矛初發利市）後人有詩讚二人曰

英雄落穎在今朝　一試矛兮一試刀
初出便將威力展　三分好把姓名標

衆賊見程遠志被斬皆倒戈而走玄德揮軍追趕投降者不計其數大勝而回劉焉親自迎接賞勞軍士次日接得青州太守

龔景牒文言黃巾賊圍城將陷乞賜救援劉焉與玄德商議玄德曰備願往救之其壯劉焉令鄒靖將兵五千同玄德關張投青州來賊衆見救軍至分兵混戰玄德兵寡不勝退三十里下寨前以五百而大勝此以五千而小挫寫得變幻若每戰必寫獲捷便不成文字矣玄德謂關張曰賊衆我寡必出奇兵方可取勝乃分關公引一千軍伏山左張飛引一千軍伏山右鳴金爲號齊出接應先寫關張斬將次寫玄德運籌敘法亦參差有致次日玄德與鄒靖引軍鼓譟而進賊衆迎戰玄德引軍便退賊衆乘勢追趕方過山嶺玄德軍中一齊鳴金左右兩軍齊出玄

德麾軍回身復殺三路夾攻賊衆大潰（極寫玄德）直趕至青州城下太守龔景亦率民兵出城助戰（帶寫青州兵一句好）賊勢大敗勦戮極多遂解青州之圍後人有詩讚玄德曰

運籌決算有神功　二虎還須遜一龍
初出便能垂偉績　自應分鼎在孤窮

龔景犒軍畢鄒靖欲回玄德曰近聞中郎將盧植與賊首張角戰於廣宗備昔曾師事盧植欲往助之（壯甚義甚）於是鄒靖引軍自回玄德與關張引本部五百人投廣宗來至盧植軍中入帳施

禮具道來意盧植大喜留在帳前聽調時張角賊衆十五萬植兵五萬相拒于廣宗未見勝負植謂玄德曰我今圍賊在此賊弟張梁張寶在潁川與皇甫嵩朱儁對壘汝可引本部人馬我更助汝一千官軍前去潁川打探消息約期勦捕玄德領命引軍星夜投潁川來（本要助盧植却使轉助皇甫嵩朱儁叙法變幻）時皇甫嵩朱儁領軍拒賊賊戰不利退入長社依草結營嵩與儁計曰賊依草結營當用火攻之遂令軍士每人束草一把暗地埋伏其夜大風忽起（正與呼風喚雨相映作趣）二更以後一齊縱火嵩與儁各引兵攻擊賊寨

火焰張天賊衆驚慌馬不及鞍人不及甲四散奔走殺到天明張梁張寶引敗殘軍士奪路而走忽見一彪軍馬盡打紅旗當頭來到截住去路讀至此必謂是玄德關張來矣不意竟不是奇絶爲首閃出一將身長七尺細眼長髯官拜騎都尉沛國譙郡人也姓曹名操字孟德忽然飛來操父曹嵩本姓夏侯氏因爲中常侍曹騰之養子故冒姓曹曹嵩生操小字阿瞞一名吉利曹操世系如此豈得與靖王後裔景帝玄孫同日論哉操幼時好游獵喜歌舞有權謀多機變操有叔父見操游蕩無度嘗怒之玄德之叔父奇其姪曹操之叔父怒其姪都是好叔父言于曹嵩嵩責操操

忽心生一計見叔父來詐倒于地作中風之狀叔父驚告嵩嵩急視之操故無恙嵩曰叔言汝中風今已愈乎操曰兒自來無此病因失愛于叔父故見罔耳歎其父歎其叔他日安得不歎其君乎○玄德孝其母曹瞞欺其父叔邪正便判嵩信其言後叔父但言操過嵩並不聽因此操得恣意放蕩時人有橋玄者謂操曰天下將亂非命世之才不能濟能安之者其在君乎南陽何顒見操言漢室將亡安天下者必此人也二人皆不識曹操青操聞之亦不喜汝南許劭有知人之名操往見之問曰我何如人劭不答又問劭曰子治世之能臣亂世之奸雄也

二語定評。操聞言大喜。稱之爲奸雄而大喜大喜便是眞正奸雄。年二十舉孝廉爲郎除洛陽北都尉初到任即設五色棒十餘條于縣之四門有犯禁者不避豪貴皆責之中常侍蹇碩之叔提刀夜行操巡夜拏住就棒責之由是內外莫敢犯者威名頗震後爲頓丘令百忙中夾叙曹操一篇小傳奇因黃巾起拜爲騎都尉引馬步軍五千前來頴川助戰正值張梁張寶敗走曹操攔住大殺一陣斬首萬餘級奪得旗旙金皷馬匹極多張梁張寶死戰得脫操見過皇甫嵩朱雋隨即引兵追襲張梁張寶去了寫曹操忽然飛來忽然飛去奇絕却說玄德引關張來潁川聽得喊殺之聲又望見火光燭天急引兵來時賊已敗散玄德見皇甫嵩朱雋具道盧植之意嵩曰張梁張寶勢窮力乏必投廣宗去依張角玄德可即星夜往助玄德領命遂引兵復回（盧植遣助皇甫嵩朱雋皇甫嵩朱雋又遣助盧植叙法變幻）到得半路只見一簇軍馬護送一輛檻車車中之囚乃盧植也（更極變幻）玄德大驚滾鞍下馬問其緣故植曰我圍張角將次可破因角用妖術未能即勝（張角妖術在盧植口中虛叙一句妙）朝廷差黃門左豐前來體探問我索取賄賂我荅曰軍粮尚缺安有餘錢奉承天使左豐挾恨回奏朝廷說

我高壘不戰惰慢軍心因此朝廷震怒遣中郎將董卓來代將我兵先伏一筆取我回京問罪張飛聽罷大怒要斬護送軍人以救盧植的是快人玄德急止之曰朝廷自有公論汝豈可造次軍士簇擁盧植去了關公曰盧中郎已被逮別人領兵我等去無所依不如且回涿郡玄德從其言遂引軍北行行無二日忽聞山後喊聲大震玄德引關張縱馬上高岡望之見漢軍大敗後面漫山塞野黃巾蓋地而來旗上大書天公將軍眞是意外出奇玄德曰此張角也可速戰玄德兩番往來本要助戰却都未戰今引兵欲回本不想戰却反得一戰敘法俱變三人

飛馬引軍而出張角正殺敗董卓乘勢趕來忽遇三人衝殺角軍大亂敗走五十餘里三人救了董卓回寨本要助盧植却反救了董卓變幻此回本叙劉關張中間却夾叙曹操末後又帶出董卓奇絕卓問三人現居何職玄德曰白身卓甚輕之不爲禮可笑可惡玄德出張飛大怒曰我等親赴血戰救了這厮他却如此無禮若不殺之難消我氣便要提刀入帳來殺董卓見盧植受屈便要救見董卓無禮便要殺畧無一毫算計寫翼德眞是當時第一快人正是

人情勢利古猶今　誰識英雄是白身
安得快人如翼德　盡誅世上負心人

畢竟董卓性命如何且聽下文分解

第二回

張翼德怒鞭督郵
何國舅謀誅宦豎

翼德要救盧植不曾救得要殺董卓不曾殺得今遇督郵更不能耐矣督郵蠹國害民是又一黃巾也柳條一頓可謂再破黃巾第二功

寫翼德十分性急接手便寫何進十分性慢性急不曾誤

事性慢誤事不小人謂項羽不能忍是性急高祖能忍是性慢此其說非也項羽刻印將封印敝而不忍與鴻門會上范增三舉玦而不忍發正病在遲疑不斷何嘗性急高祖四萬斤金可捐則捐之三齊九江大梁之地可割則割之六國印可銷則銷之鴻溝之約可背則背之正妙在果斷有餘何嘗性慢

西漢則外戚盛于宦官東漢則宦官盛于外戚惟其外戚盛也故初則產祿幾危漢祚後則王莽遂移漢鼎而宦官

如弘恭石顯輩雖嘗擅權未至如東漢之橫是西漢之亡亡於外戚也若東漢則不然外戚與宦官迭爲消長而以宦官圖外戚則常勝如鄭衆之殺竇憲單超之殺梁冀是也以外戚圖宦官則常不勝如竇武見殺于前而何進復見殺于後是也是東漢之亡亡于宦豎也然竇武不勝止于身死何進不勝遂以亡國何也曰召外兵之故也外戚圖之而不勝至召外兵以勝之而前門拒虎後門進狼國於是乎非君之國矣亂漢者宦豎也亡漢者外鎮也而咎

外鎮者外戚也然則謂東漢之亡亦亡於外戚可也
前於玄德傳中忽然夾叙曹操此又於玄德傳中忽然帶
表孫堅一爲魏太祖一爲吳太祖三分鼎足之所從來也
分鼎雖屬孫權而伏線則已在此此全部大關目處
三大國將興先有三小醜爲之作引三小醜既滅又有衆
小醜爲之餘波從來實事未嘗徑遂率直奈何今之作稗
官者本可任意添設而反徑遂率直耶

且說董卓字仲潁隴西臨洮人也官拜河東太守自來驕傲一味

驕傲便筭不得奸雄便不及曹操當日怠慢了玄德張飛性發便欲殺之玄德與關公急止之曰他是朝廷命官豈可擅殺飛曰若不殺這廝反要在他部下聽令其實不甘二兄要便住在此我自投別處去也蓋是怒後憤急語不然三人義同生死何出此言玄德曰我三人義同生死豈可相離不若都投別處去便了飛曰若如此稍解吾恨於是三人連夜引軍來投朱雋雋待之甚厚合兵一處進討張寶是時曹操自跟皇甫嵩討張梁大戰于曲陽首回夾敘曹操此處還他一句下落且爲後文伏線這裏朱雋進攻張寶張寶引賊衆八九萬屯于山後雋令玄德

音諸

盤誤成

爲其先鋒與賊對敵張寶遣副將高昇出馬搦戰玄德使張飛擊之飛縱馬挺矛與昇交戰不數合刺昇落馬玄德麾軍直衝過去張寶就馬上披髮仗劍作起妖法只見風雷大作一股黑氣從天而降黑氣中似有無限人馬殺來前張角妖術只在虛植口中虛點一句今張寶妖術卻用實叙都好玄德連忙回軍軍中大亂敗陣而歸與朱雋計議雋曰彼用妖術我來日可宰猪羊狗血令軍士伏于山頭候賊趕來從高坡上潑之其法可解玄德聽令撥關公張飛各引軍一千伏于山後高岡之上盛猪羊狗血并穢物准備次日張寶

揺旗擂鼓引軍搦戰玄德出迎交鋒之際張寶作法風雷大作飛砂走石黑氣漫天滚滚人馬自天而下玄德撥馬便走張寶驅兵趕來將過山頭關張伏軍放起號砲穢物齊潑但見空中紙人草馬紛紛墜地風雷頓息砂石不飛○太平要術甚是不濟關公當日已可與翼德並稱伏魔大帝張寶見解了法急欲退軍左關公右張飛兩軍都出背後玄德朱雋一齊趕上賊兵大敗玄德望見地公將軍旗號飛馬趕來張寶落荒而走玄德發箭中其左臂前寫關張此寫劉備張寶帶箭逃脫走入陽城堅守不出朱雋引兵圍住陽城攻打一面

差人打探皇甫嵩消息探子回報〔只如此帶筆接叙不冗不脫絕妙經營〕且說皇甫嵩大獲勝捷朝廷以董卓屢敗命嵩代之〔帶應董卓〕嵩到時張角已死〔了却張角〕張梁統其衆與我軍相拒被皇甫嵩連勝七陣斬張梁於曲陽〔了却張梁〕發張角之棺戮尸梟首送往京師餘衆俱降朝廷加皇甫嵩為車騎將軍領冀州牧皇甫嵩又表奏盧植有功無罪朝廷復盧植原官〔又帶應盧植妙〕曹操亦以有功除濟南相〔結曹操〕即日將班師赴任〔一場大事只就探子回報帶筆寫出一邊實叙一邊虛叙參差盡致〕朱雋聽說催促軍馬悉力攻打陽城賊勢危急賊將嚴政刺殺張寶獻首

投降。了却張寶。○以三寇為三國作引。而天公先亡。人公次之。地公後亡。正應着魏先亡。蜀次之。吳又次之。天然一箇小樣子。朱雋遂平數郡，上表獻捷。時又黃巾餘黨三人。三人方死。又有三人作餘波。趙弘、韓忠、孫仲聚衆數萬，望風燒劫，稱與張角報仇。朝廷命朱雋即以得勝之師討之。雋奉詔率軍前進。時賊據宛城，雋引兵攻之。趙弘遣韓忠出戰。雋遣玄德、關、張攻城西南角。韓忠盡率精銳之衆來西南角抵敵。朱雋自縱鐵騎二千，逕取東北角。賊恐失城，急棄西南而回。玄德從背後掩殺，賊衆大敗，奔入宛城。朱雋分兵四面圍定。城中斷了糧，韓忠使人出城投降，雋不許。

不許得有見。玄德曰昔高祖之得天下蓋爲能招降納順公何拒韓忠耶儁曰彼一時此一時也昔秦項之際天下大亂民無定主故招降賞附以勸來耳今海內一統惟黃巾造反若容其降無以勸善使賊得利恣意劫掠失利便投降此長寇之志非良策也此是正論。玄德曰不容寇降是矣今四面圍如鐵桶賊乞降不得必然死戰萬人一心尚不可當況城中有數萬死命之人乎不若撤去東南獨攻西北賊必棄城而走無心戀戰可即擒也兩策都是。儁然之隨撤東西二面軍馬一齊攻打西北韓忠果引軍棄城而奔雋與玄德關張率三軍掩殺射死韓忠了却韓忠餘皆四散奔走正追趕間趙弘孫仲引賊衆到與雋交戰雋見弘勢大引軍暫退弘乘勢復奪宛城雋離十里下寨方欲攻打忽見正東一彪人馬到來來得突兀爲首一將生得廣額濶面虎體熊腰吳郡富春人也姓孫名堅字文臺乃孫武子之後年十七歲時與父至錢塘見海賊十餘人劫取商人財物于岸上分贓堅謂父曰此賊可擒也遂奮力提刀上岸揚聲大叫東西指揮如喚人狀賊以爲官兵至盡棄財物奔走堅趕上殺一賊亦是自幼便奇由是郡

稽音效　盱音吁　眙音夷　邳音批

縣知名薦爲校尉後會稽妖賊許昌造反自稱陽明皇帝聚衆數萬堅與郡司馬招募勇士千餘人會合州郡破之斬許昌并其子許韶刺史臧旻上表奏其功除堅爲鹽瀆丞又除盱眙丞下邳丞（有此大功。只除一丞可笑）今見黃巾寇起聚集鄉中少年及諸商旅并淮泗精兵一千五百餘人前來接應（孫堅爲吳國孫權之父故百忙中特爲立一小傳。）朱儁大喜便令堅攻打南門玄德打北門朱儁打西門留東門與賊走孫堅首先登城斬賊二十餘人賊衆奔潰趙弘飛馬突槊直取孫堅堅從城上飛身奪弘槊刺弘下馬（了却趙弘。）却騎弘馬飛身往來殺賊寫得孫堅如此英雄可見仲謀分鼎亦非易易孫仲引賊突出北門正迎玄德無心戀戰只待奔逃玄德張弓一箭正中孫仲翻身落馬了却孫仲朱雋大軍隨後掩殺斬首數萬級降者不可勝計南陽一路十數郡皆平雋班師回京詔封爲車騎將軍河南尹雋表奏孫堅劉備等功堅有人情除別郡司馬上任去了饒他十分本事終須靠着人情爲之一嘆惟玄德聽候日久不得除授三人鬱鬱不樂上街閒行正值郎中張鈞車到玄德見之自陳功績鈞大驚隨入朝見帝曰昔黃巾造反其原皆由十常侍賣官鬻爵非親不用非

讐不誅，以致天下大亂。今宜斬十常侍，懸首南郊，遣使者布告天下，有功者重加賞賜，則四海自清平也。（不提起劉玄德，却只罵十常侍，拔本塞源之論。）十常侍奏帝曰：張鈞欺主。帝令武士逐出張鈞。十常侍共議：此必破黃巾有功者不得除授，故生怨言。權且教省家銓注微名，待後却再理會未晚。（卽伏後沙汰一着。）因此玄德除授定州中山府安喜縣尉，克日赴任。玄德將兵散回鄉里，（細。）止帶親隨二十餘人，與關張來安喜縣中到任。署縣事一月，與民秋毫無犯，民皆感化。到任之後，與關張食則同桌，寢則同床。如玄德在稠人廣坐關張侍立終日不倦今復有此結拜弟兄否到縣未及四月朝廷降詔凡有軍功爲長吏者當沙汰玄德疑在遺中無人情者如此吃虧爲之一嘆適督郵行部至縣玄德出郭迎接見督郵施禮督郵坐于馬上惟微以鞭指回荅可惡該打關張二公俱怒及到館驛督郵南面高坐玄德侍立階下良久督郵問曰劉縣尉是何出身所問與董卓如出一口勢利小人大都如是玄德曰備乃中山靖王之後自涿郡勦戮黃巾大小三十餘戰頗有微功因得除今職督郵大喝曰汝詐稱皇親虛報功績目今朝廷降詔正要沙汰這等濫官汚吏可惡該打玄德喏

喏連聲而退歸到縣中與縣吏商議吏曰督郵作威無非要賄賂耳（此等機關還是縣吏精通）玄德曰我與民秋毫無犯那得財物與他次日督郵先提縣吏去勒令指稱縣尉害民（可惡該打）玄德幾番自往求免俱被門役阻住不肯放參（不過要一紙包耳）却說張飛飲了數盃悶酒乘馬從館驛前過（來了督郵作威時定然不知有老張）見五六十箇老人皆在門前痛哭飛問其故衆老人荅曰督郵逼勒縣吏欲害劉公我等皆來苦告不得放入反遭把門人趕打張飛大怒睜圓環眼咬碎鋼牙滾鞍下馬逕入館驛把門人那裏阻擋得住直奔

後堂見督郵正坐廳上將縣吏綁倒在地飛大喝害民賊認得我麼 快人快事妙在絕無商量 督郵未及開言早被張飛揪住頭髮扯出館驛直到縣前馬樁上縛住 前日坐馬上今日縛馬樁上好笑 攀下柳條去督郵兩腿上着力鞭打 打得暢快督郵所望者恭條金耳豈意張公以柳條鞭見贈 一連打折柳條十數枝 此柳條十數枝可當甘棠之思 玄德正納悶間聽得縣前喧鬧問左右答曰張將軍綁一人在縣前痛打玄德忙去觀之見綁縛者乃督郵也 不謂南面高坐人一至于此 玄德驚問其故飛曰此等害民賊不打死等甚 快人快語絕無商量 督郵告曰玄德公救我性命 不敢不敢我本詐稱皇親

虛報功績者。安能救公耶。玄德終是仁慈的人。急喝張飛住手。傍邊轉過關公來曰。兄長建許多大功。僅得縣尉。今反被督郵侮辱。吾思枳棘叢中非棲鸞鳳之所。不如殺督郵。棄官歸鄉。別圖遠大之計。落落丈夫語。玄德乃取印綬掛于督郵之頸。可謂掛印督郵責之曰。據汝害民本當殺。却今姑饒汝命。翼德竟將打死之。關公乃欲殺之。而玄德則姑饒之。寫三人各自一樣。無不酷肖。吾繳還印綬。從此去矣。如此繳印辭官決。絕奇絕趣。督郵歸告定州太守。太守申文省府。差人捕捉玄德關張三人。往代州投劉恢。恢見玄德乃漢室宗親。留匿在家不題。按下一頭。却說十常侍既握重權互相商議但有不從已者誅之趙忠張讓差人問破黃巾將士索金帛不從者奏罷職皇甫嵩朱儁皆不肯與趙忠等俱奏罷其官帝又封趙忠等爲車騎將軍張讓等十三人皆封列侯朝政愈壞人民嗟怨於是長沙賊區星作亂又是黃巾餘波漁陽張舉張純反舉稱天子純稱大將軍又是兩箇姓張的表章雪片告急十常侍皆藏匿不奏一日帝在後園與十常侍飲宴諫議大夫劉陶逕到帝前大慟帝問其故陶曰天下危在旦夕陛下尚自與閹官共飲耶帝曰國家承平有何危急陶曰四方盜賊並起侵掠

州郡其禍皆由十常侍賣官害民欺君罔上朝廷正人皆去禍在目前矣（劉陶不媿姓劉）十常侍皆免冠跪伏於帝前曰大臣不相容臣等不能活矣願乞性命歸田里盡將家產以助軍資言罷痛哭（何異驪姬夜半之哭奸豎妖姬一般身分）帝怒謂陶曰汝家亦有近侍之人何獨不容朕耶呼武士推出斬之劉陶大呼臣死不惜可憐漢室天下四百餘年到此一旦休矣（好劉陶）武士擁陶出方欲行刑一大臣喝住曰勿得下手待我諫去衆視之乃司徒陳躭逕入宮中來諫帝曰劉諫議得何罪而受誅帝曰毀謗近臣冒瀆朕躬躭

曰天下人民欲食十常侍之肉陛下敬之如父母身無寸功皆封列侯況封諝等結連黃巾欲爲內亂（照應前文）陛下今不自省社稷立見崩摧矣（言言痛切）帝曰封諝作亂其事不明十常侍中豈無一二忠臣（謚之曰靈名稱其實）陳耽以頭撞階而諫（好陳耽）帝怒命牽出與劉陶皆下獄是夜十常侍卽於獄中謀殺之（可惜可恨）假帝詔以孫堅爲長沙太守討區星不五十日報捷江夏平（了却區星）詔封堅爲烏程侯封劉虞爲幽州牧領兵往漁陽征張舉張純代州劉恢以書薦玄德見虞虞大喜令玄德爲都尉引兵直抵賊巢與賊

大戰數日挫動銳氣張純專一凶暴士卒心變帳下頭目刺殺張純將頭納獻（了却張純）率衆來降張舉見勢敗亦自縊死（了却張舉）漁陽盡平劉虞表奏劉備大功朝廷赦免鞭督郵之罪（落得打）除下密丞遷高堂尉公孫瓚又表陳玄德前功薦爲别部司馬守平原縣令玄德在平原頗有錢糧軍馬重整舊日氣象劉虞平寇有功封太尉（前文至此一束）中平六年夏四月靈帝病篤召大將軍何進入宮商議後事（按入何進事）那何進起身屠家因妹入宮爲貴人生皇子辨遂立爲皇后進由是得權重任帝又寵幸王美人生

鴆音朕
萇音長

皇子協何后嫉妒鴆殺王美人可惡皇子協養于董太后宮中董太后乃靈帝之母解瀆亭侯劉萇之妻也初因桓帝無子迎立解瀆亭侯之子是爲靈帝靈帝入繼大統遂迎養母氏于宮中尊爲太后插敘董太后爲後文伏線○迎養則可尊爲太后非禮也若尊董氏爲太后亦將尊解瀆亭侯爲太皇乎當時無有諫者蓋由奸邪擅權言路閉塞耳董太后嘗勸帝立皇子協爲太子帝亦偏愛協欲立之當時病篤中常侍蹇碩奏曰若欲立協必先誅何進以絕後患帝然其說因宣進入宮進至宮門司馬潘隱謂進曰不可入宮蹇碩欲謀殺公進大驚急歸私宅召諸大臣欲

盡誅宦官座上一人挺身出曰宦官之勢起自冲質之時朝廷滋蔓極廣安能盡誅倘機不密必有滅族之禍請細詳之一語道破進視之乃典軍校尉曹操也進叱曰汝小輩安知朝廷大事不知後來朝廷大事都出此小輩之手正躊躇間潘隱至言帝已崩今蹇碩與十常侍商議秘不發喪矯詔宣何國舅入宮欲絶後患冊立皇子協爲帝說未了使命至宣進速入以定後事操曰今日之計先宜正君位然後圖賊扼要語進曰誰敢與吾正君討賊一人挺身出曰願借精兵五千斬關入內冊立新君盡誅閹豎掃清朝廷以

隗音危
顒音容

安天下。語亦不尋常進視之乃司徒袁逢之子袁隗之姪名紹字本初見爲司隸校尉何進大喜遂點御林軍五千紹全身披掛何進引何顒荀攸鄭泰等大臣三十餘員相繼而入就靈帝柩前扶立太子辯卽皇帝位百官呼拜已畢袁紹入宮收蹇碩碩慌走入御園花陰下爲中常侍郭勝所殺以宦官殺宦官碩所領禁軍盡皆投順紹謂何進曰中官結黨今日可乘勢盡誅之是張讓等知事急慌入告何后曰始初設謀陷害大將軍者止蹇碩一人並不干臣等事今大將軍聽袁紹之言欲盡誅臣等乞娘娘憐謂何太后曰：汝等勿憂，我當保汝。傳旨宣何進入。太后密謂曰：我與汝出身寒微，非張讓等焉能享此富貴？今蹇碩不仁，既已伏誅，汝何聽信人言，欲盡誅宦官耶？婦人悞事。何進聽罷，出謂衆官曰：蹇碩設謀害我，可族滅其家，其餘不必妄加殘害。何進如此無用流不足惜。袁紹曰：若不斬草除根，必爲喪身之本。是。進曰：吾意已決，汝勿多言。衆官皆退。次日，太后命何進叅錄尚書事，其餘皆封官職。董太后宣張讓等入宮商議曰：何進之妹，始初我擡舉他；今日他孩兒卽皇帝位，內外臣僚皆其心腹，威權太重，我將如何？

讓奏曰娘娘可臨朝垂簾聽政封皇子協爲王加國舅董重大官掌握軍權重用臣等（張讓意中只重此句）大事可圖矣董太后大喜次日設朝董太后降旨封皇子協爲陳留王董重爲驃騎將軍張讓等共預朝政何太后見董太后專權于宮中設一宴請董太后赴席酒至半酣何太后起身捧盃再拜曰我等皆婦人也參預朝政非其所宜昔呂后因握重權宗族千口皆被戮今我等宜深居九重朝廷大事任大臣元老自行商議令國家之幸也願垂聽焉（說得是惜言是而人非）董后大怒曰汝酖（音枕）死王美人設心嫉妬

惡毒分明劈心一拳。今倚汝子爲君。與汝兄何進之勢。輒敢亂言。吾勅驃騎斷汝兄首。如反掌耳。何后亦怒曰。吾以好言相勸。何反怒耶。董后曰。汝家屠沽小輩。有何見識。兩宮互相爭競。體統壞盡張讓等各勸歸宮。何后連夜召何進入宮。告以前事。何進出召三公共議。來早設朝。使廷臣奏董太后原係藩妃。不宜久居宮中。合仍遷于河間安置。限日下即出國門。一面遣人起送董后。一面點禁軍圍驃騎將軍董重府宅。追索印綬。董重知事急。自刎于後堂。家人舉哀。軍士方散。以外戚殺外戚張讓段珪見董后一枝已廢。遂皆以金珠玩好結搆何進弟何苗并其母舞陽君令早晚入何太后處善言遮蔽因此十常侍又得近幸一班女子小人六月何進暗使人酖殺董后于河間驛庭觧太后則不可然迎養宮中靈帝所以盡子情也出之外藩而又酖殺之何進之罪大矣○今日姓何的弒董后他日姓董的弒何后天之報施亦巧舉柩回京葬于文陵進托病不出司隷校尉袁紹入見進曰張讓段珪等流言于外言公酖殺董后欲謀大事乘此時不誅閹宦後必為大禍是昔竇武欲誅內豎機謀不密反受其殃今公兄弟部曲將吏皆英俊之士兄弟倒未必若使盡力事在掌握此天贊之時不可失也進

日且容商議左右寄報張讓（家人骨肉箇箇向外進之爲人可知矣。）讓等轉告何

苗又多送賄賂苗入奏何后云大將軍輔佐新君不行仁慈專

務殺伐今無端又欲殺十常侍此取亂之道也后納其言少頃

何進入白后欲誅中涓（何進眞在夢中。）何后曰中官統領禁省漢家故

事先帝新棄天下爾欲誅殺舊臣非重宗廟也進本是沒決斷

○○之人（沒決斷之人。幹得甚事。）聽太后言唯唯而出袁紹迎問曰大事若何

進曰太后不允如之奈何紹曰可召四方英雄之士勒兵來京

盡誅閹豎此時事急不容太后不從（此計壞了。）進曰此計大妙（偏是此計）

不妙。他偏說大妙。想何進胸中如漆。便發檄至各鎮。名赴京師。主簿陳琳曰。不可。俗云掩目而捕燕雀。是自欺也。微物尚不可欺以得志。況國家大事乎。今將軍仗皇威。掌兵要。龍驤虎步。高下在心。若欲誅宦官。如鼓洪爐燎毛髮耳。但當速發雷霆。行權立斷。則天人順之。却反外檄大臣。臨犯京闕。英雄聚會。各懷一心。所謂倒持干戈。授人以柄。功必不成。反生亂矣。良言碩畫。炳若日星。何進笑曰。此儒夫之見也。到底不聽好人言。傍邊一人鼓掌大笑曰。此事易如反掌。何必多議。視之乃曹操也。正是。

欲除君側宵人亂。須聽朝中智士謀。

不知曹操說出甚話來、且聽下文分解。

不守曹操說出甚話來◢且聽下文分解◢

欲除君側宵人亂　須聽朝中智士謀

四大奇書第一種卷之二

茂苑毛宗崗序始氏評　　吳門杭永年資能氏評定

第三回

議溫明董卓叱丁原

餽金珠李肅說呂布

天子者日也日而借光於螢火不成其爲日矣後人以孔明在蜀耿耿如長庚之照一方夫長庚則固勝於螢光百倍也

李肅說呂布一段文字花團錦簇凡勸人背叛勸人弒逆是最難啓齒之事今偏不說出偏要教他自說妙不可言奸在君側者除之貴密貴速董卓上表以暴其威是不密也頓兵以觀其變是不速也何進不知當密卓則知之而故爲不密何進不知當速卓則知之而故爲不速其意以爲如是而何進必死內亂必作夫然後乘釁入朝可以惟我所欲爲耳此皆出李儒之謀儒亦智矣乃勸卓收呂布爲腹心又何愚而失于計也殺一義父拜一義父爲其父

者不亦危乎卓不疑布布亦不慮卓之疑已無謀之人固不足怪儒自以爲智而慮不及此哀哉

玄德結兩異姓之弟而得其死力丁原結一異姓之子而受其摧殘其故何也一則擇弟而弟其所當弟一則不擇子而子子其所不當子故也觀呂布益服關張之篤義觀丁原益嘆玄德之知人

且說曹操當日對何進曰宦官之禍古今皆有但世主不當假之權寵使至於此若欲治罪當除元惡但付一獄吏足矣何必

壻本士字傍俗作婿非傕音覺汜音祀

紛紛召外兵乎欲盡誅之事必宣露吾料其必敗也所見大勝本初兩人優劣具見于此何進怒曰孟德亦懷私意耶操退曰亂天下者必進也進乃暗差使命齎密詔星夜往各鎮去却說前將軍鰲鄉侯西涼刺史董卓先為破黃巾無功朝議將治其罪因賄賂十常侍幸免賄賂十常侍之人安能殺十常侍後又結托朝貴遂任顯官統西州大軍二十萬常有不臣之心是時得詔大喜點起軍馬陸續便行使其壻中郎將牛輔守住陝西自已却帶李傕郭汜張濟樊稠等提兵望洛陽進發卓壻謀士李儒曰今雖奉詔中間多有暗昧

何不差人上表名正言順大事可圖（何進暗發密詔李儒乃欲顯上表章明明要激成亂）

變卓大喜遂上表其略曰

竊聞天下所以亂逆不止者皆由黃門常侍張讓等侮慢天常之故臣聞揚湯止沸不如去薪潰癰雖痛勝於養毒臣敢鳴鐘鼓入洛陽請除讓等社稷幸甚天下幸甚

何進得表出示大臣侍御史鄭泰諫曰董卓乃豺狼也引入京城必食人矣（欲去狐鼠乃名豺狼確論）進曰汝多疑不足謀大事盧植亦諫曰植素知董卓為人面善心狠一入禁庭必生禍患不如止之

澠音閔澠池縣名在河南府

勿來免致生亂進不聽鄭泰盧植皆棄官而去朝廷大臣去者大半進使人迎董卓于澠池卓按兵不動先上表以示威復按兵以觀變皆李儒之謀也張讓等知外兵到共議曰此何進之謀也我等不先下手皆滅族矣乃先伏刀斧手五十人于長樂宮嘉德門內入告何太后曰今大將軍矯詔召外兵至京師欲滅臣等望娘娘垂憐賜救太后曰汝等可詣大將軍府謝罪讓曰若到相府骨肉虀粉矣望娘娘宣大將軍入宮諭止之如其不從臣等只就娘娘前請死太后乃降詔宣進婦人謂事如此進得詔便行主簿陳琳諫曰太

后此詔必是十常侍之謀切不可去去必有禍（智哉陳琳）進曰太后詔我有何禍事袁紹曰今謀已泄事已露將軍尚欲入宮耶曹操曰先召十常侍出然後可入（真應變之策）進笑曰此小兒之見也（好箇大人）吾掌天下之權十常侍敢待如何紹曰公必欲去我等引甲士護從以防不測于是袁紹曹操各選精兵五百命袁紹之弟袁術領之袁術全身披掛引兵布列青瑣門外紹與操帶劍護送何進至長樂宮前黃門傳懿旨云太后特宣大將軍餘人不許輒入將袁紹曹操等都阻住宮門外何進昂然直入（可謂大將）

軍八面威風。至嘉德殿門張讓段珪迎出左右圍住進大驚讓厲聲責進曰董后何罪妄以酖死國母喪葬托疾不出汝本屠沽小輩我等薦之天子以致榮貴不思報効欲相謀害汝言我等甚濁其清者是誰。左傳曰惟無瑕者可以戮人何進謀殺董后其罪亦與十常侍等。進慌急欲尋出路。至此而欲尋出路真小兒之見矣。宮門盡閉伏甲齊出將何進砍為兩段

後人有詩嘆之曰

漢室傾危天數終　無謀何進作三公

幾番不聽忠臣諫　難免宮中受劒鋒

讓等既殺何進袁紹久不見進出乃于宮門外大叫曰請將軍上車讓等將何進首級從牆上擲出身不能上車而行頭乃得踰牆而出還算逃得一半宣諭曰何進謀反已伏誅矣其餘協從盡皆赦宥袁紹厲聲大叫閹官謀殺大臣誅惡黨者前來助戰何進部將吳匡便于青瑣門外放起火來袁術引兵突入宮庭但見閹官不論大小盡皆殺之勢必至此然則又何必召外兵耶袁紹曹操斬關入內趙忠程曠夏惲郭勝四箇被趕至翠花樓前剁爲肉泥宮中火焰沖天張讓段珪曹節侯覽將太后及太子并陳留王劫去內省從後道走北

宮時盧植棄官未去見宮中事變擐甲持戈立于閣下遥見段珪擁逼何后過來植大呼曰段珪逆賊安敢劫太后段珪㢠身便走太后從窗中跳出植急救得免國舅踰牆止剩一頭太后跳窗得保全身猶幸矣吳匡殺入內庭見何苗亦提劍出匡大呼曰何苗同謀害兄當共殺之衆人俱曰願斬謀兄之賊苗欲走四面圍定砍爲虀粉紹復令軍士分頭來殺十常侍家屬不分大小盡皆誅絕多有無鬚者誤被殺死此時鬍子大得便宜曹操一面救滅宮中之火請何太后權攝大事遣兵追襲張讓等尋覓少帝孟德舉動畢竟不同且說張讓

段珪劫擁少帝及陳留王冒烟突火連夜奔走至北邙山約二更時分後面喊聲大舉人馬趕至當前河南中部掾吏閔貢大呼逆賊休走張讓見事急遂投河而死帝與陳留王未知虛實不敢高聲伏於河邊亂草之内軍馬四散去趕不知帝之所在帝與王伏至四更露水又下腹中飢餒相抱而哭又怕人知覺呑聲草莽之中（寇則伏莽帝亦伏莽爲之一嘆）陳留王曰此間不可久戀須別尋活路于是二人以衣相結爬上岸邊滿地荊棘黑暗之中不見行路正無奈何忽有流螢千百成羣光芒照耀只在帝前飛

轉。炎劉之勢者如日月。今爲螢光。火德衰矣。陳留王曰。此天助我兄弟也。遂隨螢火而行。漸漸見路。行至五更。足痛不能行。山崗邊見一草堆。帝與王臥于草堆之畔。竟爲草頭皇帝矣。草堆前面是一所庄院。庄主是夜夢兩紅日墜於庄後。兩紅日。正應陳留亦爲帝之兆。驚覺。披衣出戶。四下觀望。見庄後草堆上紅光冲天。然則螢光相隨。直以光引光耳。慌忙往視。却是二人臥于草畔。庄主問曰。二少年誰家之子。帝不敢應。陳留王指帝曰。此是當今皇帝。遭十常侍之亂。逃難到此。吾乃皇弟陳留王也。庄主大驚。再拜曰。臣先朝司徒崔烈之弟崔毅也。因見十常侍賣官嫉賢故隱於此（崔烈此弟頗勝於兄）遂扶帝入庄跪進酒食却說閔貢趕上段珪拏住問天子何在珪言已在半路相失不知何往貢遂殺段珪懸頭于馬項下分兵四散尋覓自己却獨乘一馬隨路追尋偶至崔毅庄毅見首級問之貢說詳細崔毅引貢見帝君臣痛哭貢曰國不可一日無君請陛下還都崔毅庄上止有瘦馬一匹備與帝乘貢與陳留王共乘一馬（帝曰萬乘王曰千乘大夫亦曰百乘今一帝一王一臣止共騎得二馬可嘆）離庄而行不到三里司徒王允太尉楊彪左軍校尉淳于瓊右軍校尉趙萌後軍校尉鮑信中軍校

尉袁紹一行人衆數百人馬接着車駕君臣皆哭先使人將段珪首級往京師號令另換好馬與帝及陳留王騎坐細簇帝還京先是洛陽小兒謠曰帝非帝王非王千乘萬騎走北邙至此果應其讖（音寸）（後來帝廢爲王王反爲帝所謂帝非帝王非王耶此時只應得末一句那知後來却應在首二句耶）車駕行不到數里忽見旌旗蔽日塵土遮天一枝人馬到來百官失色帝亦大驚袁紹驟馬出問何人繡旗影裏一將飛出厲聲問天子何在（不荅袁紹竟問天子氣質便來得不好）帝戰慄不能言陳留王勒馬向前叱曰來者何人卓曰西涼刺史董卓也（董卓至此時始來皆李儒之計也）

陳留王曰汝來保駕耶汝來刼駕耶卓應曰特來保駕陳留王曰既來保駕天子在此何不下馬卓大驚慌忙下馬拜于道左陳留王以言撫慰董卓自初至終並無失語（獻帝此時頗强人意何後來倦憊之甚也）卓暗奇之已懷廢立之意是日還宮見何太后俱各痛哭檢點宮中不見了傳國玉璽（爲後文孫堅得璽伏線）董卓屯兵城外每日帶鐵甲馬軍入城橫行街市百姓惶惶不安卓出入宮庭略無忌憚後軍校尉鮑信來見袁紹言董卓必有異心可速除之（若欲除之不如勿名既已名之欲除則難矣）紹曰朝廷新定未可輕動鮑信見王允亦言

其事。允曰

誠信自引本部軍兵投泰山去了。董卓招誘何進兄弟部下之兵，盡歸掌握。私謂李儒曰：吾欲廢帝立陳留王，何如？（不過欲借廢立以張威。非真有愛于陳留也。）李儒曰：今朝廷無主，不就此時行事，遲則有變矣。來日于溫明園中名集百官，諭以廢立，有不從者斬之，則威權之行，正在今日。卓喜。次日大排筵會，遍請公卿。公卿皆懼董卓，誰敢不到。卓待百官到了，然後徐徐到園門下馬，（妝模做樣。可惡可笑。）帶劍入席。酒行數巡，卓教停酒止樂，乃厲聲曰：吾有一言，衆官靜聽。衆皆側耳。卓曰：天子為萬民之主，無威儀不可以奉宗廟社稷今上懦弱不若陳留王聰明好學可承大位吾欲廢帝立陳留王諸大臣以爲何如鳴鐘鼓入洛陽不是來殺十常侍是來廢皇帝耳諸官聽罷不敢出聲坐上一人推案直出立于筵前大呼不可不可汝是何人敢發大語天子乃先帝嫡子初無過失何得妄議廢立汝欲爲簒逆耶此時此人不可少卓視之乃荆州刺史丁原也卓怒叱曰順我者生逆我者死遂掣佩劍欲斬丁原時李儒見丁原背後一人生得器宇軒昂威風凜凜手執方天畫戟怒目而視先從李儒眼中虛畫一呂布此處先寫戟李儒急進曰今日飲宴之處

不可談國政來日向都堂公論未遲衆人皆勸丁原上馬而去
卓問百官曰吾所言合公道否盧植曰明公差矣昔太甲不明
伊尹放之于桐宮昌邑王登位方二十七日造惡三千餘條故
霍光告太廟而廢之今上雖幼聰明仁智並無分毫過失公乃
外郡刺史素未叅與國政又無伊霍之大才何可强主廢立之
事聖人云有伊尹之志則可無伊尹之志則篡也正論侃侃不懾爲玄德之
師卓大怒拔劍向前欲殺植議郎彭伯諫曰盧尚書海內人望
今先害之恐天下震怖卓乃止司徒王允曰廢立之事不可酒

後相商另日再議。王允此時胸中已有成算。于是百官皆散。卓按劍立于園門。忽見一人躍馬持戟于園門外往來馳驟。又從董卓眼中虛畫一呂布。前只寫戟。此處添寫馬。卓問李儒此何人也。儒曰此丁原義兒。姓呂名布。字奉先者也。在李儒口中方實叙出呂布姓名。主公且須避之。添此一句。張皇之極。卓乃入園潛避。次日人報丁原引軍城外搦戰。卓怒。引軍同李儒出迎。兩陣對圓。只見呂布頂束髮金冠。披百花戰袍。擐唐猊鎧甲。繫獅蠻寶帶。縱馬挺戟。隨丁建陽出到陣前。又雙從董卓李儒眼中實寫一呂布。看他先寫狀貌。次寫姓名。次寫裝束。先寫戟。次寫馬。次寫冠帶袍甲。都作三層出落。妙。建陽指卓罵曰。國家不幸閹官弄權以致萬民塗炭爾無尺寸之功焉敢妄言廢立欲亂朝廷董卓未及回言呂布飛馬直殺過來董卓慌走建陽率軍掩殺卓兵大敗退三十餘里下寨聚衆商議卓曰吾觀呂布非常人也吾若得此人何慮天下哉帳前一人出曰主公勿憂某與呂布同鄉知其勇而無謀見利忘義（二語說盡奉先）某憑三寸不爛之舌說呂布拱手來降可乎卓大喜觀其人乃虎賁中郎將李肅也卓曰汝將何以說之肅曰某聞主公有名馬一匹號曰赤兎日行千里（此處輕輕略贊一句）須得此馬再用金珠以利結其心

某更進說詞呂布必反丁原來投主公矣卓問李儒曰此言可乎儒曰主公欲取天下何惜一馬（看他翁壻二人口口穩取天下煞是可笑）卓欣然與之（今不惜名馬後獨惜愛姬何也）更與黃金一千兩明珠數十顆玉帶一條李肅齎了禮物投呂布寨來伏路軍人圍住肅曰可速報呂將軍有故人來見軍人報知布命入見肅見布曰賢弟別來無恙布揖曰久不相見今居何處肅曰見任虎賁中郎將之職聞賢弟匡扶社稷不勝之喜有良馬一匹日行千里渡水登山如履平地（此處又添贊一句）名曰赤兔特獻與賢弟以助虎威（且不說是董卓之馬妙甚）

布便令牽過來看果然那馬渾身上下火炭般赤無半根雜毛從頭至尾長一丈從蹄至項高八尺嘶喊咆哮有騰空入海之狀〇從呂布眼中方看出渾身上下好處層次出落得妙〇此馬將爲雲長騎坐故先于此處極寫之後人有詩單道赤兔馬曰

奔騰千里蕩塵埃　渡水登山紫霧開
掣斷絲韁搖玉轡　火龍飛下九天來

布見了此馬大喜極寫名將愛馬謝肅曰兄賜此龍駒將何以爲報肅曰某爲義氣而來豈望報乎布置酒相待酒酣肅曰肅與賢弟

少得相見令尊卻常會來。妙在同鄉人口中稱令尊必謂是姓呂之父矣。布曰兄醉矣

先父棄世多年安得與兄相會。肅大笑曰非也某說今日丁刺

史耳。妙明明羞他。布惶恐曰某在丁建陽處亦出于無奈。等他自說妙妙。肅

曰賢弟有擎天駕海之才四海孰不欽敬功名富貴如探囊取

物何言無奈而在人之下乎。看他逼入去惡極。布曰恨不逢其主耳。等他

自說妙妙。肅笑曰良禽擇木而棲賢臣擇主而事見機不早悔之晚

矣。惡極又逼入。布曰兄在朝廷觀何人爲世之英雄。等他先問妙妙。肅曰某

遍觀羣臣皆不如董卓。蘇入。董卓爲人敬賢禮士賞罰分明終成

大業。布曰某欲從之恨無門路（等他自說妙妙）肅取金珠玉帶列于布前（馬與金珠玉帶分兩番取出先後次序都妙）布驚曰何爲有此肅令叱退左右告布曰此是董公久慕大名特令某將此奉獻赤兎馬亦董公所贈也（至此方纔說明妙絕）布曰董公如此見愛某將何以報之肅曰如某之不才尚爲虎賁中郎將公若到彼貴不可言布曰恨無涓涘之功以爲進見之禮（等他自說妙妙）肅曰功在翻手之間公不肯爲耳（惡極妙極）布沉吟良久曰吾欲殺丁原引軍歸董卓何如（此句亦等他自說惡極妙極）肅曰賢弟若能如此眞莫大之功也但事不宜遲在于速

○得他心肯決便即催之。布與肅約於明日來降。肅別去。是夜二更時分。布提刀逕入丁原帳中。原正秉燭觀書。見布至。曰。吾兒來有何事。故布曰。吾堂堂丈夫。安肯爲汝子乎。堂堂丈夫不爲丁原子。然一堂堂丈夫。又何獨爲董卓子乎。總是金珠赤兔在那裏說話耳。原曰。奉先何故心變。便不敢叫吾兒了。布向前一刀砍下丁原首級。大呼左右。丁原不仁。吾已殺之。肯從吾者在此。不從者自去。軍士散其大半。次日布持丁原首級。往見李肅。肅遂引布見卓。卓大喜。置酒相待。卓先下拜曰。卓今得將軍。如旱苗之得甘雨也。布納卓坐而拜之曰。公若不棄。布請拜爲義方殺一義反。文拜一義反。反殺得容易。亦拜得容易。卓以金甲錦袍賜布暢飲而散卓自是威勢越大自領前將軍事封弟董旻爲左將軍鄠侯封呂布爲騎都尉中郎將都亭侯李儒勸卓早定廢立之計仍接叙到廢立事。卓乃于省中設宴會集公卿令呂布將甲士千餘侍衛左右是日太傅袁隗與百官皆到酒行數巡卓按劍曰今上闇弱不可以奉宗廟吾將依伊尹霍光故事特特引二故事。却是從盧植口中學來。足見其胸中無物。廢帝爲弘農王立陳留王爲帝有不從者斬羣臣惶怖莫敢對中軍校尉袁紹挺身出曰今上即位未幾並無失德汝欲廢嫡立庶。非反而何。勸名外兵者。公也。卓怒曰。天下事在我。我今日爲董卓晚矣。

爲之誰敢不從。汝視我之劍不利否。袁紹亦拔劍曰。汝劍利。吾

劍未嘗不利。兩箇在筵上對敵。正是

丁原仗義身先喪　袁紹爭鋒勢又危。

畢竟袁紹性命如何。且聽下文分解

第四回

廢漢帝陳留踐位

謀董賊孟德獻刀

呂后慘殺戚姬而惠帝無子何后鴆死王美人而少帝不終豈非天哉且也前有何進之弑董后後有董卓之弑何后天道好還於茲益信

丁管伍孚奮不顧身若使兩人當曹操之地必不肯爲獻刀之舉矣曹操欲誅人必先全我身丁管伍孚所不及曹操者智也曹操所不及丁管伍孚者忠也假令當日縣令不肯釋放伯奢果去報官而曹操竟爲董卓所殺則天下後世豈不以爲漢末忠臣固無有過于曹操者哉王莽謙

恭下士而後人有詩嘆之曰假使當年身便死一生真僞有誰知人固不易知知人亦不易也孟德殺伯奢一家誤也可原也至殺伯奢則惡極矣更說出寧使我負人休教人負我之語讀書者至此無不詬之詈之爭欲殺之矣不知此猶孟德之過人處也試問天下人誰不有此心者誰復能開此口乎至于講道學諸公且反其語曰寧使人負我休教我負人非不說得好聽然察其行事却是步步私學孟德二語者則孟德猶不失爲心

口如一之小人而此曹之口是心非反不如孟德之直捷痛快也吾故曰此猶孟德之過人處也

若使首卷張飛于路中殺却董卓此卷陳宮于店中殺却曹操豈不大快然使爾時即便殺却安得後面有許多怪怪奇奇異樣驚人文字蒼蒼者將演出無數排場此二人却是要緊脚色故特特畱之耳

且說董卓欲殺袁紹李儒止之曰事未可定不可妄殺袁紹手提寶刀辭別百官而出懸節東門奔冀州去了亦去得慷慨卓謂太

傳袁隗曰汝姪無禮吾看汝面姑恕之今既因叔恕姪後何因姪殺叔廢立之事若何隗曰太尉所見是也姪兒頗剛叔子太軟卓曰敢有阻大議者以軍法從事羣臣震恐皆云一聽尊命宴罷卓問侍中周毖校尉伍瓊曰袁紹此去若何周毖曰袁紹忿忿而去若購之急勢必爲變且袁氏樹恩四世門生故吏遍于天下倘收豪傑以聚徒衆英雄因之而起山東非公有也不如赦之拜爲一郡守則紹喜于免罪必無患矣一箇說他有用伍瓊曰袁紹好謀無斷四字定評不足爲慮誠不若加之一郡守以收民心一箇說他無用卓從之即日差人

拜紹為渤海太守九月朔請帝陞嘉德殿大會文武卓拔劍在手對衆曰天子闇弱不足以君天下今有策文一道宜為宣讀乃命李儒讀策曰

孝靈皇帝早棄臣民皇帝承嗣海內仰望而帝天資輕佻威儀不恪居喪慢惰否德既彰有忝大位皇太后教無母儀統政荒亂永樂太后暴崩衆論惑焉三綱之道天地之紀毋乃有闕陳留王協聖德偉懋規矩肅然居喪哀戚言不以邪休聲美譽天下所聞宜承洪業為萬世統兹廢皇帝為弘農王

皇太后還政請奉陳留王爲皇帝應天順人以慰生靈之望李儒讀策畢卓叱左右扶帝下殿解其璽（音徙）綬北面長跪稱臣聽命又呼太后去服候勑帝后皆號哭羣臣無不悲慘階下一大臣憤怒高叫曰賊臣董卓敢爲欺天之謀吾當以頸血濺之擲手中象簡直擊董卓（此象簡亦可云擊賊笏）卓大怒喝武士拏下乃尚書丁管也卓命牽出斬之管罵不絕口至死神色不變（此時何可無此一人）

後人有詩嘆曰

董賊潛懷廢立圖　漢家宗社委丘墟

滿朝臣宰皆囊括　惟有丁公是丈夫

卓請陳留王登殿羣臣朝賀畢卓命扶何太后并弘農王及帝妃唐氏于永安宮閒住封鎖宮門禁羣臣無得擅入昔桓靈禁錮黨人今董卓禁錮天子。可憐少帝四月登基至九月即被廢卓所立陳留王協表字伯和靈帝中子即獻帝也時年九歲改元初平董卓爲相國贊拜不名入朝不趨劍履上殿威福莫比李儒勸卓擢用名流以收人望從來權臣大都如是因薦蔡邕之才卓命徵之邕不赴初念原好卓怒使人謂邕曰如不來當滅汝族求賢之法太峻邕懼只得應命而

至冀見邕大喜一月三遷其官拜爲侍中甚見親厚孔光屈節于董賢谷永依托于王鳳楊雄失身于新莽蔡邕山應聘于蔡京古今同嘆

却說少帝與何太后唐妃困于永安宮中衣服飲食漸漸欠缺少帝淚不曾乾李後主所云此中日夕以眼淚洗面也一日偶見雙飛燕于庭中遂吟詩一首空庭飛鳥任其翔舞冷宮孱主身被牢籠觸目感憤抗聲而吟不知是詩不知是淚詩曰

嫩草綠凝烟　裊裊雙飛燕　洛水一條青　陌上人稱羨前半首咏燕興也

此

遠望碧雲深　是吾舊宮殿目斷舊宮不能奮飛誠不如雙燕之得反故巢矣傷哉也

何人仗忠義　洩我心中怨後半首自咏賦也詩好

董卓時常使人探聽。是日獲得此詩來呈董卓。卓曰怨望作詩。殺之有名矣。殺之何名。請教。天子亦以文字取禍。千古異聞。遂命李儒帶武士十人入宮弒帝。帝與后妃正在樓上。宮女報李儒至。帝大驚。儒以鴆酒奉帝。賦詩飲酒。最是雅事。不意有此燕詩鴆酒之慘毒也。帝問何故。儒曰春日融和。是雙燕飛庭時節。董相國特上壽酒。好箇壽酒。太后曰既云壽酒。汝可先飲。此酒豈可相勸。儒怒曰汝不飲耶。呼左右持短刃白練于前曰壽酒不飲。可領此二物。鴆酒可曰壽酒。則二物亦可曰壽練。唐妃跪告曰妾身代帝飲酒。願公存母子性命。滿朝文武不如此一女子。儒叱曰汝何人。可代王死。乃舉酒

與何太后曰汝可先飲后欲儒先飲儒亦欲后大罵何進無謀
引賊入京致有今日之禍此時方悟何進誤事不識儒催逼帝
亦念及董太后王美人否甚矣帝之多文也既作
帝曰容我與太后作別乃大慟而作歌感懷詩于前復作絕命
詞于後文章無救于禍患我
爲天子一哭更爲文章一哭其歌曰
天地易兮日月翻棄萬乘兮退守藩爲臣逼兮命不久大勢
去兮空淚潸音〇山
唐妃亦作歌曰
皇天將崩兮后土頹身爲帝姬兮恨不隨生死異路兮從此

畢。奈何兮速兮心中悲。

歌罷相抱而哭李儒叱曰相國立等回報汝等俄延望誰救耶太后大罵董賊逼我母子皇天不佑汝等助惡必當滅族儒大怒雙手扯住太后直攛下樓叱武士絞死唐妃以鴆酒灌殺少帝（慘極李儒之罪浮于董卓）還報董卓卓命葬于城外自此每夜入宮姦淫宮女夜宿龍床（便是强盗所為不成氣候）嘗引軍出城行到陽城地方時當二月村民社賽男女皆集卓命軍士圍住盡皆殺之掠婦女財物裝載車上懸頭千餘顆于車下連軫還都揚言殺賊大勝而

同末世官軍捕盜往往如此堂堂宰相亦爲是耶于城門下焚燒人頭以婦女財物分散衆軍越騎校尉伍孚字德瑜見卓殘暴憤恨不平嘗于朝服內披小鎧藏短刀欲伺便殺卓一日卓入朝孚迎至閣下拔刀直刺卓將敘曹操行刺却先有伍孚行刺作引天然奇妙孚之勇往直前較勝于操蓋曹操頷身伍孚不頷身也卓氣力大兩手摳住呂布便入揪倒伍孚卓問曰誰教汝反孚瞪目大喝曰汝非吾君吾非汝臣何反之有反字駁得快暢汝罪惡盈天人人願得而誅之吾恨不車裂汝以謝天下卓大怒命牽出剖剮之孚比死罵不絕口後人有詩讚之曰

漢末忠臣說伍孚。冲天豪氣世間無。
朝堂殺賊名猶在。萬古堪稱大丈夫。
董卓自此出入常帶甲士護衛。時袁紹在渤海。聞知董卓弄權。乃差人齎密書來見王允。夾寫袁紹發書前應懸節出奔後伏興兵會盟妙甚。接敘出王允尤妙書略曰。

卓賊欺天廢主。人不忍言。而公恣其跋扈。如不聽聞。豈報國效忠之臣哉。紹今集兵練卒。欲掃清王室。未敢輕動。公若有心。當乘間圖之。倘有驅使。即當奉命。

王允得書尋思無計一日于侍班閣子內見舊臣俱在允曰今日老夫賤降晚間敢屈衆位到舍小酌非請衆官吃司徒壽酒正爲天子前日曾吃李傕壽酒耳衆官皆曰必來祝壽當晚王允設宴後堂公卿皆至酒行數巡王允忽然掩面大哭絕不說起胸中心事突然放聲大哭一則引出今日衆人吃壽酒一則想着前日天子吃壽酒之眼淚也是至情亦是妙用衆官驚問曰司徒貴誕何故發悲允曰今日並非賤降因欲與衆位一敘恐董卓見疑故托言耳董卓欺主弄權社稷旦夕難保想高皇誅秦滅楚奄有天下誰想傳至今日乃喪于董卓之手此吾所以哭也于是衆官皆哭

徒作楚囚相對亦何益耶坐中一人獨撫掌大笑衆人皆哭我獨笑的的妙人曰滿朝公卿夜哭到明明哭到夜還能哭死董卓否妙語解頤允視之乃驍騎校尉曹操也畢竟出公全別允怒曰汝祖宗亦食祿漢朝今不思報國而反笑耶操曰吾非笑別事笑衆位無一計殺董卓耳操雖不才願即斷董卓頭懸之都門以謝天下其言甚壯允避席問曰孟德有何高見操曰近日操屈身以事卓者實欲乘間圖之耳有心人今卓頗信操操因得時近卓聞司徒有七寶刀一口願借與操入相府刺殺之雖死不恨袁紹致書孟德獻刀一樣憤激而操更壯允曰孟德果有

是心天下幸甚遂親自酌酒奉操操瀝酒設誓允隨取寶刀與之操藏刀飲酒畢即起身辭別衆官而去寫得慷慨動色彷彿荊卿渡易水時衆官又坐了一回亦俱散訖次日曹操佩着寶刀來至相府問丞相何在從人云在小閣中操逕入見董卓坐于床上呂布侍立于側讀書者至此爲曹操捏一把汗卓曰孟德來何遲操曰馬羸行遲耳虧此一句後來好逃走卓顧謂布曰吾有西涼進來好馬奉先可親去揀一騎賜與孟德多謝少停當以寶刀奉答布領命而出好機會操暗忖曰此賊合死我亦謂然即欲拔劍刺之懼卓力大未敢輕動有鑒于伍孚之事也卓胖大不

耐久坐遂倒身而臥轉面向內一發湊巧操又思曰此賊當休矣我亦謂然急掣寶刀在手讀至此又為董卓捏一把汗恰待要刺不想董卓仰面看衣鏡中照見曹操在背後拔刀意外出奇之事寫得情景如畫急回身問曰孟德何為讀書者至此大為曹操捏一身汗時呂布已牽馬至閣外夾寫此句更令讀者吃驚不小操惶遽乃持刀跪下曰操有寶刀一口獻上恩相好權變的是奸雄賜馬獻刀大好酧酢○刺卓何必寶刀其所以請寶刀者預為地也獻刀之舉未必不在曹操算中卓接視之見其刀長尺餘七寶嵌音欠飾極其鋒利果寶刀也補寫寶刀心中關筆○如此寶刀固不當以董卓之頸血汙之遂遞與呂布收了操解鞘付布先拔刀後解鞘明明行刺董卓愚莽

故不肯得卓引操出閣看馬操謝曰願借試一騎妙適未及試試刀今不得不急試馬卓就教與鞍轡細操牽馬出相府加鞭望東南而去來便遲去便快○推托馬羸未必不為此時地也奸雄妙算如神布對卓曰適來曹操似有行刺之狀及被喝破故推獻刀畢竟呂布略乖覺些卓曰吾亦疑之此是順口說適纔並不曾疑正說話間適李儒至此君若早來孟德休矣卓以其事告之儒曰操無妻小在京唯其如此所以去得放心去得乾淨此句在李儒口中帶敘出來省筆只獨居寓所今差人往召如彼無疑而便來則是獻刀如推托不來則必是行刺便可擒而問也李儒甚有機變惜為董卓令也卓然其說即差獄卒四人往喚操

差獄卒便是擒提之狀。去了良久孟德去遠矣。回報曰操不曾回寓乘馬飛出東門門吏問之操曰丞相差我有緊急公事縱馬而去矣此段在獄卒口中補敘出來省筆。儒曰操賊心虛逃竄行刺無疑矣卓大怒曰我如此重用反欲害我儒曰此必有同謀者待拏住曹操便可知矣讀書者至此。又為王允擔憂。卓遂令偏行文書畫影圖形提拏曹操擒獻者賞千金封萬戶侯窩藏者同罪且說曹操逃出城外飛奔譙郡路經中牟縣為守關軍士所獲讀書者至此。不特為曹操着急。且益為王允擔憂。擒見縣令且不說出縣令是誰。好。操言我是客商覆姓皇甫何不云覆姓夏侯。縣令熟視曹操沉吟半晌（是何故耶令人驚疑不定）乃曰吾前在洛陽求官時曾認得汝是曹操如何隱諱且把來監下明日解去京師請賞（熟視沉吟後却說出此數語孟德奈何）把關軍士賜以酒食而去（細）至夜分縣令喚親隨人暗地取出曹操直至後院中審究（精細此熟視沉吟時算定者）問曰我聞丞相待汝不薄何故自取其禍操曰燕雀安知鴻鵠志哉汝既拏住我便當解去請賞何必多問（此縣令須以此言動之奸雄眼力過人）縣令屏退左右（精細）謂操曰汝休小覷我我非俗吏奈未遇其主耳（是有心人）操曰吾祖宗世食漢祿若不思報國與禽獸何異（偏是奸雄會說道學）

語。吾屈身事卓者欲乘間圖之爲國除害耳今事不成乃天意也。曹操此時竟是一位正人。縣令曰孟德此行將欲何往問得緊要。操曰吾將歸鄉里發矯詔召天下諸侯興兵共誅董卓吾之願也詞直氣壯後文事先逗露于此。縣令聞言乃親釋其縛扶之上坐再拜曰公眞天下忠義之士也微獨縣令信之讀書者至此亦幾信之。寫縣令先沉吟次審語後拜服最有次序。曹操亦拜問縣令姓名縣令曰吾姓陳名宮字公臺至此方出姓名好。老母妻子皆在東郡此處先說老母妻子。遙對後白門樓中語。今感公忠義願棄一官從公而逃不特相救且復相從宮之于操其恩不可謂不厚矣操甚喜是夜陳宮收拾盤費與曹操更衣易服，各背劒一口，（細。）乘馬投故鄉來。行了三日，至成臯地方，天色向晚。操以鞭指林深處（二語是絕妙一幅畫景。）謂宮曰：「此間有一人姓呂，名伯奢，是吾父結義弟兄。就往問家中消息，覓一宿如何？」（闖開而來。）宮曰：「最好。」二人至莊前下馬，入見伯奢。奢曰：「我聞朝廷遍行文書，捉汝甚急，汝父已避陳留去了。（應上家中消息句。）汝如何得至此？」操告以前事，曰：「若非陳縣令，已粉骨碎身矣。」（異日白門樓中何不記此一語。）伯奢拜陳宮曰：「小姪若非使君，曹氏滅門矣。（曹氏幸不滅門，君家却刻有滅門之禍。）使君寬懷安坐，今晚便可下榻草舍。」（應上覓宿句。）說罷，即起身入內良久乃出（寫得舉動可疑）謂陳宮曰老夫家無好酒容往西村沽一樽來相待言訖匆匆上驢而去（更是可疑）操與宮坐久忽聞莊後有磨刀之聲（一發驚疑）操曰呂伯奢非吾至親（應上結義弟兄句）此去可疑當竊聽之（微獨操疑之讀書者至此亦深疑之）二人潛步入草堂後但聞人語曰縛而殺之何如（嚇殺）操曰是矣（二字摹神）今若不先下手必遭擒獲遂與宮拔劍直入不問男女皆殺之（不曾在董家試刀却來呂家試劍）一連殺死八口（八口之家無一存矣）搜至廚下却見縛一豬欲殺（昔呂后曾以人爲彘今曹操誤認彘爲人而呂氏全家被殺伯奢豈呂氏苗裔與否則何以有此惡報也）宮曰孟德心多誤殺好人

矣。急出莊上馬而行。行不到二里。只見伯奢驢鞍前鞽懸酒二瓶。手携菓菜而來。又是一幅画圖。叫曰。賢姪與使君何故便去。操曰。被罪之人。不敢久住。伯奢曰。吾已分付家人宰一猪相款。適來入內良久。正爲分付此耳。丈人止宿子路。不過雞黍是供。今何必殺猪相款乎。伯奢眞奢矣。賢姪使君何憎一宿。速請轉騎。操不顧。策馬便行。行不數步。忽抜劒復回。叫伯奢曰。此來者何人。伯奢回頭看時。操揮劍砍伯奢于驢下。乃翁之結義兄弟也。而既殺其家。復殺其身。咄哉阿瞞。豈堪復與劉關張三人作狗彘耶。宮大驚曰。適纔誤耳。今何爲也。操曰。伯奢到家。見殺死多人。安肯干休。若率衆來追。必遭其禍矣此等見識在曹操原自不差宮曰知而故殺大不義也操曰寧教我負天下人休教天下人負我曹操從前竟似一箇好人到此忽然說出奸雄心事此二語是開宗明義章第一陳宮默然當夜行數里月明中敲開客店門投宿又是一幅絕妙畫景此中偏有此點綴妙喂飽了馬曹操先睡陳宮尋思我將謂曹操是好人棄官跟他原來是箇狠心之徒今日留之必為後患不差便欲拔劍來殺曹操該殺正是

設心狠毒非良士　操卓原來一路人

畢竟曹操性命如何且聽下文分解

終

(明)羅貫中　撰

醉耕堂刊毛宗崗評本三國志演義

第六册

國家圖書館出版社

第六册目録

四大奇書第一種卷二十五

茂苑毛宗崗序始氏評　　吳門杭永年資能氏評定

第四十九回

七星壇諸葛祭風

三江口周瑜縱火

曹操假病吉平以藥藥之而不死不知其假也周郎真病孔明以不藥藥之而得生獨識其真也北軍之病病在畏水龐統鎮以金而平其水至水症平而火症發則水不能

制矣周郎之病病在巽風孔明順其氣而疏其風使寒風息而溫風生則風適爲用矣病若周郎人所莫識醫如孔明亦世所罕聞

吾嘗讀易觀風火之爲家人火風之爲鼎竊以爲可與赤壁之戰相況也惟孫劉合爲一家而鼎足之形成孫之合於劉亦如火之合於風風因火力而風愈揚火藉風力而火乃烈瑜之不可無亮猶亮之不可無瑜耳

孔明之祭風其孔明之用兵乎杖劍登壇號令嚴肅彷彿

與命將相似按二十八宿與六十四卦彷彿與布陣相似下一層以青紅黑白分列四方旗幟彷彿與四路奇兵相似中一層又以五色間雜分布八方彷彿與八路奇兵相似上一層以四人分左右兩翼又彷彿與兩隊奇兵相似雖未用兵而有同於用兵者只一百二十八人不異千軍萬馬之勢其視彼八十三萬大軍不曾如腐草敗葦摧而折之真不費力矣

寫周郎用兵不於既戰時寫之正於將戰未戰時寫之一

寫其東風未發之前各處打點各人準備秣馬厲兵治舟束甲未戰而已勃勃乎有欲戰之勢一寫其東風既發之後諸將聽令各軍赴敵按部分班星馳電走將戰而已森森然有必勝之形蓋用兵之勝決之於將戰未戰之時而不待於既戰之後也若但觀其戰不過某人射某人於水中某人砍某人於馬下而已又何以見江東士氣之壯而周郎兵畧之善哉

周郎赤壁一戰未調破曹操之兵而先調取孔明之兵以

水陸十二隊分取八十三萬人而獨以兩隊當孔明一人蓋以孔明一人爲大敵又在八十三萬人之上也乃八十三萬人可勝而孔明終不可勝忌其不可勝而欲殺之人以病周郎之刻知其不可勝而强欲殺之吾以笑周郎之愚

赤壁之火不自赤壁始也其下種在二回之前矣以大江爲竈以赤壁爲爐而黄蓋其擔柴者也闞澤其送炭者也龐統其添油者也况更有蔣幹之乞薪於人以佐其炊二

祭之採樵於外以資其爨者乎迨乎孔明執扇而從之周瑜因人而爇之而風伯施威祝融憑怒殆又其後事云

周郎調兵分作兩段諸葛調兵亦分作兩段如周郎於調兵之先另取孔明而孔明亦於調兵之後別命雲長是也然周郎既不知玄德之當結又不知孔明之不死則不知人而亦不知天孔明既知曹操之不死而又知雲長之必釋則能知天而更能知人由是觀之則周郎之不及孔明也遠甚

寫風寫火此卷可謂奇矣而定謀之初則機密之至周郎命各書一字於掌中孔明亦暗寫一方於紙上而不知紙上之風風之始也掌中之火火之原也從來燎原之威必始於熒熒之細土囊之口必始於青蘋之末其猶此夫此卷寫風之將來有無數曲折寫風之既至又有無數點染所云曲折者如孔明上壇三次下壇三次並無動靜是也又如等到天晚不見風起周瑜疑惑言此時安得有東風是也又如等到三更先聽風聲響出帳視之旗帶忽飄

西北是也又如周瑜嘆荒爲奇而曹操一邊見之又以爲一陽初生偶亦有之不足爲奇是也所云點染者如丁奉徐盛迎風而走守壇將士當風而立是也又如趙雲扯篷其船如飛小校望見遠帆忽而孔明已到是也又如曹操見月射波浪金蛇萬道是也又如黄蓋隔二里放火又如風聲正大不聽得弓弦響是也至於此卷有風却於前卷先寫霧於後卷又寫雨其餘寫月寫星寫雲不一而足但與風相映射吾嘗嘆今之善畫者能畫花畫雪畫月而獨

不能畫風今讀七星壇一篇而如見乎丹青矣

却說周瑜立於山頂觀望良久忽然望後而倒口吐鮮血不省人事左右救回帳中諸將皆來動問盡皆愕然相顧曰江北百萬之衆虎踞鯨吞不爭都督如此儻曹兵一至如之奈何慌忙差人申報吳侯一面求醫調治（北軍求醫周瑜又求醫）却說魯肅見周瑜臥病心中憂悶來見孔明言周瑜卒病之事孔明曰公以爲何如肅曰此乃曹操之福江東之禍也孔明笑曰公瑾之病亮亦能醫（北軍之病龐統醫之周瑜之病必須孔明治之）肅曰誠如此則國家萬幸即請孔

明同去看病肅先入見周瑜瑜以被蒙頭而卧肅曰都督病勢若何（魯肅是真問病）周瑜曰心腹攪痛時復昏迷肅曰曾服何藥餌瑜曰心中嘔逆藥不能下肅曰適來去望孔明言能醫都督之病見在帳外煩來醫治何如瑜命請入教左右扶起坐於床上孔明曰連日不晤君顏何期貴體不安（孔明是假問病）瑜曰人有旦夕禍福豈能自保孔明笑曰天有不測風雲人又豈能料乎（一語道着心病巧絕妙絕）瑜聞失色乃作呻吟之聲孔明曰都督心中似覺煩積否瑜曰然孔明曰必須用凉藥以解之瑜曰已服凉藥全然無效

孔明曰須先理其氣氣若順則呼吸之間自然痊可都是隱語妙語瑜料孔明必知其意乃以言挑之曰欲得順氣當服何藥大家皆病說啞謎寫來眞是好看孔明笑曰亮有一方便教都督氣順此等順氣方訣用不若陳皮幾分烏藥幾錢也瑜曰願先生賜教孔明索紙筆屏退左右密書十六字曰欲破曹公宜用火攻萬事俱備只欠東風直是四句藥性歌恐難經脉訣萬病回春未必有此奇方寫畢遞與周瑜曰此都督病源也此等病源近世醫家寫不出瑜見了大驚暗思孔明眞神人也早已知我心事只索以實情告之乃笑曰先生已知我病源將用何藥治之事在危急望即賜

教特求急救良方孔明曰亮雖不才曾遇異人傳授八門遁甲天書可以呼風喚雨雲從龍風從虎孔明爲卧龍文爲虎矣都督若要東南風時可於南屏山建一臺名曰七星壇高九尺作三層用一百二十人手執旗旛圍繞亮於臺上作法借三日三夜東南大風助都督用兵何如病貴驅風今反以風治病蓋三日之風勝於七年之艾矣瑜曰休道三日三夜只一夜大風大事可成矣只是事在目前不可遲緩不欲遲而多但願速而少今人服藥往往如此孔明曰十一月二十日甲子祭風至二十二日丙寅風息如何周以甲子興紂以甲子亡赤壁之戰幾同牧野之師瑜聞言大喜矍然而起只瞞其風肆妬

遂爾勿藥有喜便傳令差五百精壯軍士往南屏山築壇撥一百二十人執旗守壇聽候使令孔明辭別出帳與魯肅上馬來南屏山相度地勢令軍士取東南方赤土築壇東南巽地與風相取方色尚其赤與火相照方圓二十四丈每一層高三尺共是九尺下一層插二十八宿旗東方七面青旗按角亢氐房心尾箕布蒼龍之形北方七面皂旗按斗牛女虛危室壁作玄武之勢西方七面白旗按奎婁胃昴畢觜參踞白虎之威南方七面紅旗按井鬼柳星張翼軫成朱雀之狀前卷曹操調兵用五色旗號以按五方今孔明祭風亦用四方旗號以按列宿前後正相映射第二

層週圍黃旗六十四面，按六十四卦，分八位而立。（曹操調兵以黑白青紅列前後左右，而以黃旗立於中央。孔明祭風以黑白青紅列臺下四面，而以黃旗立於中層，前後又復映射。）上一層用四人，各人戴束髮冠，穿皂羅袍，鳳衣博帶，朱履方裙。前左立一人，手執長竿，竿尖上用雞羽為葆，以招風信；前右立一人，手執長竿，竿上繫七星號帶，以表風色；後左立一人，捧寶劍；後右立一人，捧香爐。（曹操調兵分水陸二處，孔明祭風分上中下三層。曹操於水軍五隊、旱軍四隊之外，又添設兩隊；孔明於二十八宿、六十四卦之上，又設立四人，前後又相映射。）壇下二十四人，各持旌旗、寶蓋、大戟、長戈、黃旄、白鉞、朱旛、皂纛，環遶四面。（第一層用四人，第二層六十四人，第三層二十八人。今又加以二十四人。恰好是一百二十人之數。看他調度井然不亂。參差有法。或按八方。或按七星。雖一百二十人如有千軍萬馬之勢。孔明於十一月二十日甲子吉辰沐浴齋戒身披道衣跣足散髮來到壇前。〔儼似新雨道士模樣〕分付魯肅曰子敬自往軍中相助公瑾調兵。儻亮所祈無應。不可有怪。〔反說一句愈襯下文之奇〕魯肅別去孔明囑付守壇將士不許擅離方位。嗄。不許交頭接耳。嗄。不許失口亂言。嗄。不許失驚打怪。嗄。如違令者斬。嗄。〔○孔明築壇祭風與韓信登壇點將一樣聲勢〕眾皆領命孔明緩步登壇觀瞻方位已定焚香於爐注水於盂仰天暗祝下壇入帳中少歇令軍士更替吃飯孔明

舸歌上 聲譜

一日上壇三次下壇三次却並不見有東南風先反寫一句妙且說周瑜請程普魯肅一班軍官在帳中伺候只等東南風起便調兵出寫周瑜一面等候十分聲勢一面關報孫權接應好黃蓋已自准備火船二十隻船頭密布大釘船內裝載蘆葦乾柴灌以魚油上鋪硫黃焰硝引火之物各用青布油單遮蓋船頭上插青龍牙旗船尾各繫走舸在帳下聽候只等周瑜號令又寫黃蓋一面准備十分聲勢甘寧闞澤窩盤蔡和蔡中在水寨中每日飲酒不放一卒登岸妙週圍盡是東吳軍馬把得水泄不通只等帳上號令下來又寫甘寧

闞澤一面打點十分周密十分聲勢。周瑜正在帳中坐議，探子來報吳侯船隻離寨八十五里停泊，只等都督好音。又寫孫權一面等候，更覺十分聲勢。瑜即差魯肅遍告各部下官兵將士，俱各收拾船隻、軍器、帆櫓等物，號令一出，時刻休違，儻有違誤，即按軍法。又寫魯肅傳令遍衆兵將告文，是十分聲勢。衆兵將得令，一個個磨拳擦掌，準備廝殺。又寫衆兵將一句，加倍聲勢。是日看看近夜，天色晴明，微風不動。再反寫一句，以見下文之奇。近日道士祈雨，反祈出晴來，此不能學七星壇上下半夜之孔明，只學得上半日之孔明也。瑜謂魯肅曰：孔明之言謬矣，隆冬之時，怎得東南風乎？再借周瑜口中極力反寫一句，以見下文之奇。萬一此時無風柰何，或笑曰：從來南風極盛不必

周郎有如此之心所以後來有三氣之禍正該々々

慮也。肅曰吾料孔明必不謬談。將近三更時分，忽聽風聲響，旗旛轉動。瑜出帳看時，旗腳竟飄西北。霎時間東南風大起。將寫風起先寫響聲次寫旗腳以漸而來妙甚瑜駭然曰：此人有奪天地造化之法，鬼神不測之術！若留此人，乃東吳禍根也。及早殺却，免生他日之憂。纔借得風來便欲殺借風之人周郎可謂狠矣不知風尚能借殺豈不能避乎急喚帳前護軍校尉丁奉、徐盛二將，各帶一百人。徐盛從江內去，丁奉從旱路去，都到南屏山七星壇前，休問長短，拏住諸葛亮便行斬首，將首級來請功。未調各路破曹操之兵先調兩路殺孔明之兵周郎之視孔明重於曹操重於八十三萬大兵也○今日道士來得雨來便要謝將孔明借得風來。周郎却以斬首爲謝。將可發一笑。二將領命。徐盛下船。一百刀斧手蕩開棹槳。丁奉上馬。一百弓弩手各跨征駒。往南屏山來。讀書至此爲孔明捏一把汗。於路正迎着東南風起。但於有火處寫風不於無火處寫風則疎矣今去殺孔明初不賴風力而於此處閒寫一句。正見敘事筆法之密。後人有詩曰

七星壇上臥龍登。一夜東風江水勝。
不是孔明施妙計。周郎安得逞才能。

丁奉馬軍先到。見壇上執旗將士。當風而立。又寫一句風。妙甚。丁奉下馬提劍上壇。不見孔明。先生將亦化作旋風去矣。慌問守壇將士。答曰。恰纔

下壇去了。周瑜旱路一軍無用丁奉忙下壇尋時徐盛船已到二人聚於江邊小卒報曰昨晚一隻快船停在前面灘口適間却見孔明披髮下船那船望上水去了。周瑜水路一軍無用丁奉徐盛便分水陸兩路追襲徐盛教拽起滿帆搶風而使遥望前船不遠徐盛在船頭上高聲大叫軍師休去都督有請讀書至此又為孔明一急只見孔明立於船尾大笑曰上覆都督好好用兵諸葛亮暫回夏口異日再容相見寫得孔明從容不迫的是妙人徐盛曰請暫少住有緊話說孔明曰吾已料定都督不能容我必來加害預先教趙子龍來相接將軍不必追趕（第一次不說破第二次方纔說破妙甚）徐盛見前船無蓬（妙）只顧趕上看看至近趙雲拈弓搭箭立於船尾大叫曰吾乃常山趙子龍也奉令特來接軍師你如何來追趕本待一箭射死你來顯得兩家失了和氣教你知我手段（孔明妙在第二次方說破趙子龍妙在第三次方出來）言訖箭到處射斷徐盛船上蓬索那蓬墮落下水其船便橫趙雲却教自已船上拽起滿帆（更妙）乘順風而去其船如飛追之不及（不是寫蓬是寫風既借風破曹兵又借風歸夏口可謂一事兩用）岸上丁奉喚徐盛船近岸言曰諸葛亮神機妙算人不可及更兼趙雲有萬夫不當之勇汝

知僞當陽長坂時否。又將前事一提。吾等只索回報便了。於是二人回見周瑜言孔明預先約趙雲迎接去了。周瑜大驚曰此人如此多謀使吾曉夜不安矣。周瑜第一次調撥兩路軍出去而丁徐二人空身來見竟無成功是曹操可勝八十三萬大兵可勝而孔明一人必不可勝也。魯肅曰且待破曹之後却再圖之瑜從其言。此處接下孔明一邊以下单叙周郎調撥之事。喚集諸將聽令先教甘寧帶了蔡中。妙甚。并降卒沿南岸而走只打北軍旗號直取烏林地面正當曹操屯糧之所深入軍中舉火爲號。第一隊旱路大軍。只留下蔡和一人在帳下我有用處。只蔡和蔡中二人分作兩處用之妙甚。第二喚太史慈分付你可領三千兵直奔黃州地界斷曹操合淝接應之兵就逼曹兵放火爲號只看紅旗便是吳侯接應兵到（第二隊旱路火軍）這兩隊兵最遠先發（又總叙一句作一頓）第三喚呂蒙領三千兵去烏林接應甘寧焚燒曹操寨柵（第三隊旱路火軍）第四喚凌統領三千兵直截彝陵界首只看烏林火起以兵應之（第四隊旱路火起）第五喚董襲領三千兵直取漢陽從漢川殺奔曹操寨中看白旗接應（第五隊旱路火軍）第六喚潘璋領三千兵盡打白旗往漢陽接應董襲（第六隊旱路火軍）六隊船隻各自分路去了（又總叙一句作一頓）却令黃蓋安排火船使小卒

馳書約曹操今夜來降以上先調旱路放火之軍此處却是水路先鋒第一個放火的一面撥戰船四隻隨於黃蓋船後接應爲下文黃蓋下小船挺曹操張本第一隊領兵軍官韓當第二隊領兵軍官周泰第三隊領兵軍官蔣欽第四隊領兵軍官陳武四隊各引戰船三百隻前面各擺列火船二十隻將水路大軍四隊一齊敘出文法一樣筆法周瑜自與程普在大艨艟上督戰徐盛丁奉爲左右護衛以上旱軍六隊水軍連黃蓋與周瑜亦是六隊共是十二隊與前卷曹操水軍五隊旱軍六隊正復相對只留魯肅共闞澤及衆謀士守寨程普見周瑜調軍有法甚相敬服忙中又與前文映合却說孫權差使命持兵符至說巳

差陸遜爲先鋒直抵蘄黃地面進兵吳侯自爲後應此處寫權又是正隊只五六萬兵敘得嚴整有法隱然有百萬之勢瑜又差人西山放火炮南屏山舉號旗各各準備停當只等黃昏舉動甲子日夜半有風至乙丑日黃昏發火黃昏以前却是周瑜調撥一一語分兩頭且說劉玄德在夏口專候孔明回來忽見一隊船到乃是公子劉琦自來探聽消息玄德請上敵樓坐定說東南風起多時子龍去接孔明至今不見到吾心甚憂小校遥指樊口港上一帆風送扁舟來到必軍師也遥指而便到是寫風之順也玄德與劉琦下樓迎接須臾船到須臾亦是風到孔明子龍登岸玄德大

壹問候畢孔明曰且無暇告訴別事前者所約軍馬戰船皆已
辦否不說上項事正作者補點上項事也妙甚玄德曰收拾久矣只候軍師調用孔
明便與玄德劉琦升帳坐定謂趙雲曰子龍可帶三千軍馬渡
江徑取烏林小路揀樹木蘆葦密處埋伏第一隊亦取烏林與周瑜相合今夜
四更已後曹操必然從那條路奔走算定四更則非周瑜之所及也等他軍馬
過就半中間放起火來雖然不殺他盡絶也殺一半第一隊畢路火軍
說提不得曹操正爲下文關公伏筆雲曰烏林有兩條路一條通南郡一條取荊
州不知向那條路來孔明曰南郡勢迫曹操不敢往必來荊州

然後大軍投許昌而去（料如指掌）雲領計去了又喚張飛曰翼德可領三千兵渡江截斷彝陵這條路去葫蘆谷口埋伏（第二隊亦取彝陵與周瑜相合）曹操不敢走南彝陵必望北彝陵去來日雨過必然來埋鍋造飯（預知有雨更非周瑜之所及也）只看烟起便就山邊放起火來雖然不捉得曹操翼德這場功料也不小（第二隊旱路水軍又說捉不得曹操正爲下文關公伏筆）飛領計去了又喚糜竺糜芳劉封三人各駕船隻遶江勦擒敗軍奪取器械（第一隊水軍）三人領計去了孔明起身謂公子劉琦曰武昌一望之地最爲緊要公子便請回率領所部之兵陳於

岸口操一敗必有逃來者就而擒之却不可輕離城郭第二隊水軍

劉琦便辭玄德孔明去了孔明謂玄德曰主公可於樊口屯兵凭高而望坐看今夜周郎成大功也前遣過兩路旱軍兩路水軍却於此處故作一頓獨留一隊旱軍在後與前周瑜調撥大是不同時雲長在側孔明全然不睬本要重用他却反不睬他妙甚雲長忍耐不住乃高聲曰關某自隨兄長征戰許多年來未嘗落後今日逢大敵軍師却不委用此是何意待關公自問妙甚無此憤激不見後文之奇孔明笑曰雲長勿怪某本欲煩足下把一個最緊要的隘口怎奈有些違礙處不敢教去不即說出妙甚無此留難不見後文之奇雲長

曰有何違碍願即見諭孔明曰昔日曹操待足下甚厚足下當有以報之今日操兵敗必走華容道若令足下去時必然放他過去因此不敢教去言公必放者不是激之使不放正料定其必不肯不放也雲長曰軍師好心多當日曹操果是重待某某已斬顏良誅文醜解白馬之圍報過他了今日撞見豈肯輕放前既憤激此又辨白愈顯後文之奇孔明曰倘若放了將如何雲長曰願依軍法孔明曰如此立下文書雲長便與了軍令狀此寫關公之決雲長曰若曹操不從那條路上來如何孔明曰我亦與你軍令狀此寫孔明之智雲長大喜孔明曰雲長可

於華容小路高山之處堆積柴草放起一把火烟引曹操來（周郎既以火逐之孔明又以火迎之周郎善於用火孔明更工於用火也）雲長曰曹操望見烟知有埋伏如何肯來孔明笑曰豈不聞兵法虛虛實實之論操雖能用兵只此可以瞞過他也他見烟起將謂虛張聲勢必然投這條路來（奇絕妙絕）將軍休得容情（前既留難此又切囑愈顯後文之奇）雲長領了將令引關平周倉并五百校刀手投華容道埋伏去了（前寫周瑜調撥後寫孔明調撥至此方完）玄德曰吾弟義氣深重若曹操果然投華容道去時只恐端的放了（不惟孔明料之玄德已料之矣）孔明曰亮夜觀乾象操賊未合身亡

留這人情教雲長做了亦是美事（孔明既知人又知天）玄德曰先生神算
世所罕及孔明遂與玄德往樊口看周瑜用兵留孫乾簡雍守
城（此俗諺所云雲端裏看厮殺也）却說曹操在大寨中與衆將商議只等黃蓋
消息當日東南風起甚緊程昱入告曹操曰今日東南風起宜
預隄防（程昱亦甚精細）操笑曰冬至一陽生來復之時安得無東南風
何足為怪（若曹操見風而驚便不奇矣正妙在處之泰然乃見後文之出其不意也）軍士忽報江東
一隻小船來到說有黃蓋密書操急喚入其人呈上書書中訴
說周瑜關防得緊因此無計脫身今有鄱陽湖新運到糧周瑜

差蓋巡哨已有方便好歹殺江東名將獻首來降只在今晚二更船上插青龍牙旗者即糧船也大軍當插紅旗而用青旗者何也曰木生火也曹軍黃旗居中而以青旗勝之木尅土也操大喜遂與衆將來水寨中大船上觀望黃蓋船到且說江東天色向晚周瑜喚出蔡和令軍士縛倒和叫無罪瑜曰汝是何等人敢來詐降吾今缺少福物祭旗願借你首級送箭人情已令江東拜賜祭旗福物又承曹操饋來和抵賴不過大叫曰汝家闞澤甘寧亦曾與謀可發一笑瑜曰此乃吾之所使也蔡和悔之無及瑜令捉至江邊皂纛旗下奠酒燒紙一刀斬了蔡和用血祭旗畢便

令開船黃蓋在第三隻火船上獨披掩心手提利刃旗上大書先鋒黃蓋蓋乘一天順風望赤壁進發（周郎既獻了活三牲黃蓋便去燒順風紙矣）是時東風大作波浪洶湧操在中軍遙望隔江看看月上照耀江水如萬道金蛇翻波戲浪（偏有閒筆寫月寫波以點染風勢）操迎風大笑自以爲得志（此時老奸尚在夢中）忽一軍指說江南隱隱一簇帆幔使風而來操凭高望之報稱皆插青龍牙旗內中有大旗上書先鋒黃蓋名字操笑曰公覆來降此天助我也來船漸近程昱觀望良久謂操曰來船必詐且休教近寨（北軍未嘗無人）操曰何以知之程昱

曰糧在船中船必穩重今觀來船輕而且浮更兼今夜東南風甚緊倘有詐謀何以當之（可惜知覺得遲了。操省悟有下文之奇。曹操大笑乃見有曹操省悟愈見下文之奇）便問誰去止之文聘曰某在水上頗熟願請一往言畢跳下小船用手一指十數隻巡船隨文聘船出聘立於船頭大叫丞相鈞旨南船且休近寨就江心拋住衆軍齊叫快下了蓬言未絕弓弦響處文聘被箭射中左臂倒在船中（受了十萬枝箭後先有此一箭回禮）船上大亂各自奔回南船距操寨止隔二里水面黃蓋用刀一招前船一齊發火火趂風風威風助火勢船如箭發烟焰漲天二十隻火船撞入水寨。寫火猛風猛船猛曹寨中船隻一時盡着又被鐵環鎖住無處逃避。人猛。十分聲勢。方見連環計之妙。隔江砲響四下火船齊到但見三江面上火逐風飛一派通紅漫天徹地。適纔見萬道金蛇。此時却變作千條火龍矣。曹操回觀岸上營寨幾處烟火黃蓋跳在小船上背後數人駕舟冐烟突火來尋曹操操見勢急方欲跳上岸忽張遼駕一小脚船扶操下得船時那隻大船巳自着了。前以五十隻小船。為往來巡警之用。至此却為曹操救命之用。張遼與十數人保護曹操飛奔岸口黃蓋望見穿絳紅袍者下船料是曹操乃催船速進手提利刀高聲大叫曹賊休走黄蓋在此操叫苦連聲張遼拈弓搭箭覷着黄蓋較近一箭射去此時風聲正大黄蓋在火光中那裡聽得弓弦響正中肩窩翻身落水正寫曹操被火忽寫黄蓋落水正快意時又見此不快意事令人閱至此不得不急欲看後文也正是

火厄盛時遭水厄　棒瘡愈後患金瘡

未知黄蓋性命如何且看下文分解

第五十回

諸葛亮智算華容

關雲長義釋曹操

凡計之中人必度彼之爲何如人而後中之則未有不中者也又度彼之料我爲何如人而後中之則又未有不中者也彼方自以爲智而我即中之以其智則正迎乎彼之意中彼方料我之智而我反中之以我之愚則又出乎彼之意外如孔明之料曹操於華容是也夫舉火於此而伏兵於彼則智人之所爲而爲彼之所知舉火在此而伏兵即在此此愚人之所爲而爲彼之不及料操固熟知有兵

家虛實之法而又熟知孔明之知有兵家虛實之法此其所以爲孔明之所中與

或疑關公之於操何以欲殺之於許田而不殺之於華容曰許田之欲殺忠也華容之不殺義也順逆不分不可以爲忠恩怨不明不可以爲義如關公者忠可干霄義亦貫日真千古一人

懷惠者小人之情報德者烈士之志雖其人之大奸大惡得罪朝廷得罪天下而彼能不害我而以國士遇我是卽

殺之知巳也我殺我之知巳此在無意氣丈夫則然豈血
性男子所肯爲乎使關公當日以公義滅私恩曰吾爲朝
廷斬賊吾爲天下除兇其誰曰不宜而公之心以爲他人
殺之則義獨我殺之則不義故寧死而有所不忍耳曹操
可以釋陳宮而不釋關公可以殺曹操而不殺是關公之
仁異於曹操蔡邕哭董卓而王允罪之關公釋曹操而孔
明諒之則孔明之見高於王允矣
孔明既知關公之不殺操則華容之役何不以翼德子龍

當之曰孔明知天者也天未欲殺操則雖當之以翼德子龍必無成功故孔明之使關公者所以成關公之義而其不使翼德子龍者亦以掩翼德子龍之短也然則關公之釋操非公釋之而孔明釋之又非孔明釋之而實天釋之耳

前回寫江中之火此回寫岸上之火前回止寫周郎之火此回續寫孔明之火前回是寫帆檣之風此回是寫林木之風前回是寫孔明之以風助火此回是寫孔明之以火

繼風而至於風止火息之後又有風之餘勢火之餘威以點綴之於風之後而遇雨火之後而見烟烟與雨正風與火之餘也且其後文又有與前文相反者衣甲盡濕又當燥之以風軍士乏食又當炊之以火葢即一回之中而前之風爲害後之風爲利前之火爲讐後之火又爲恩云操之習水戰而鑿池於北方其名則玄武也其象則習坎也而龐統進之以勾陳周郎則應之以朱雀孔明當之以重巽周郎則應之以重離至於走彝陵奔華容則又爲騰

蛇之驚白虎之凶明夷之於行不食旅人之先笑後號咷
曹操於舟中舞槊之時既大笑今在華容敗走之前又大
笑前之笑是得意後之笑是強顏前之笑是適已後之笑
是罵人前之笑既樂極生悲後之笑又非苦中得樂前之
笑與後之笑都無是處千古而下又當笑其所笑
曹操前哭典韋而後哭郭嘉哭雖同而所以哭則異哭典
韋之哭所以感衆將士也哭郭嘉之哭所以愧衆謀士也
前之哭勝似賞後之哭勝似打不謂奸雄眼淚既可作錢

帛用叉可作挺杖用奸雄之奸真是奸得可愛

却說當夜張遼一箭射黃蓋下水救得曹操登岸尋着馬匹走時軍已大亂（舍大舟就小舟又舍水路奔旱路寫一時倉忙之甚）韓當冒烟突火來攻水寨忽聽得士卒報道後梢舵上一人高叫將軍表字韓當細聽但聞高叫公義救我當曰此黃公覆也急教救起見黃蓋負箭着傷咬出箭桿箭頭陷在肉內韓當急爲脫去濕衣用刀剜出箭頭扯旗束之脫自已戰袍與黃蓋穿了先令別船送回大寨醫治原來黃蓋深知水性故大寒之時和甲墮江也逃得性命

黄蓋苦肉於前。又苦肉於後。勇不避難。極寫其忠。却說當日滿江火滾喊聲震地左邊是韓當蔣欽兩軍從赤壁西邊殺來右邊是周泰陳武兩軍從赤壁東邊殺來先鋒已去。將四隊水軍合作兩隊。正中是周瑜程普徐盛丁奉船隻都到此是中軍一隊。火須兵應兵仗火威此正是三江水戰着鎗中箭火焚水溺者不計其數後人有詩曰

魏吳爭鬬決雌雄　赤壁樓船一掃空
烈火初張照雲海　周郎曾此破曹公

又有一絕云

山高月小水茫茫　追嘆前朝割據忙
南士無心迎魏武　東風有意便周郎

不說江中鏖兵且說甘寧令蔡中引入曹寨深處寧將蔡中一刀砍於馬下只蔡中蔡和兩人却有兩樣殺法妙就草上放起火來第一隊早軍出現呂蒙遙望中軍火起也放十數處火接應甘寧第三隊早軍出現潘璋董襲分頭放火吶喊第五隊第六隊早軍出現四下裏鼓聲大震前已寫過水軍此處寫早軍却又先寫四隊曹操與張遼引百餘騎在火林內走火林字甚奇看前面無一處不着正走之間毛玠救得文聘引十數騎到韓當救黃蓋即敘在

前毛玠救文聘補敘在後筆法甚變操令軍尋路張遼指道只有烏林地面空濶可走操徑奔烏林正走間背後一軍趕到大叫曹賊休走火光中現出呂蒙旗號在曹操眼中看出帶寫火光之盛操催軍馬向前留張遼斷後抵敵呂蒙却見前面火把又起從山谷中擁出一軍大叫凌統在此第四隊早軍出現却在凌統口中叫出曹操肝膽皆裂忽刺斜裡一彪軍到大叫丞相休慌徐晃在此彼此混戰一塲奪路望北面走忽見一隊軍馬屯在山坡前徐晃出問乃是袁紹手下降將馬延張顗有三千北地軍馬列寨在彼當夜見滿天火起未敢轉動

恰好接着曹操。兩個替死鬼來了。操教二將引一千軍馬開路，其餘留着護身。操得這枝生力軍馬，心中稍安。馬延、張顗二將飛騎前行，不到十里，喊聲起處，一彪軍出，爲首一將大呼曰：吾乃東吳甘興霸也。甘寧忽没忽現，分兩番寫，極其聲勢。馬延正欲交鋒，早被甘寧一刀斬於馬下。張顗挺鎗來迎，寧大喝一聲，顗措手不及，被寧手起一刀，翻身落馬。後軍飛報曹操。操此時指望合淝有兵救應，不想孫權在合淝路口，望見江中火光，知是我軍得勝，便教陸遜舉火爲號，太史慈見了，與陸遜合兵一處，衝殺將來。又是兩路旱軍。周瑜調

擒第二隊是太史慈今卻於末後出現敘得參差有致操只得望彝陵而走路上撞見張
郃操令斷後縱馬加鞭走至五更回望火光漸遠操心方定
寫曹操脫火正是寫火勢猛烈問曰此是何處左右曰此是烏林之西宜都之
北操見樹木叢雜山川險峻乃於馬上仰面大笑不止且不要笑理會
哭着諸將問曰丞相何故大笑操曰吾不笑別人單笑周瑜無謀
諸葛亮少智若是吾用兵之時預先在這裡伏下一軍如之奈
何不要忙孔明已先合着你意了說猶未了兩邊鼓聲震響火光竟天而起前是
周郎之火此是孔明之火前是孔明以風助火此是孔明以火繼風驚得曹操幾乎墜馬嚇殺刺斜

裏一彪軍殺出大叫我趙子龍奉軍師將令在此等候多時了前孔明所撥第一隊於此出現操教徐晃張郃雙敵趙雲自已冒烟突火而去子龍不來追趕只顧搶奪旗幟曹操得脫天色微明黑雲罩地東南風尚不息前寫風是在有火處寫此寫風又在無火處寫忽然大雨傾盆濕透衣甲可謂水火既濟操與軍士冒雨而行諸軍皆有飢色操令軍士往村落中劫掠糧食尋覓火種火能為利亦能為害方脫其害又求其利前則遍地是火此處却要尋覓亦火之有盛必有衰也方欲造飯後面一軍趕到操心甚慌原來却是李典許褚保護着衆謀士來到寫曹軍七零八落續奏合叙法絕佳操大喜令軍

馬且行問前面是那裡地面人報一邊是南彝陵大路一邊是彝陵北山路操問那裡投南郡江陵去近軍士禀曰取南彝陵過葫蘆口去最便操教走南彝陵行至葫蘆口軍皆飢餒行走不上馬亦困乏多有倒於路者操教前面暫歇馬上有帶得鑼鍋的也有村中掠得糧米的便就山邊揀乾處埋鍋造飯割馬肉燒吃回思橫槊賦詩之時眞所謂昨日今朝大不同盡皆脫去濕衣於風頭吹晒馬皆摘鞍野放咽咬草根操坐於疎林之下仰面大笑宜哭又笑想亦哭不得而笑耳衆官問曰適來丞相笑周瑜諸葛亮引惹出趙子龍來又

折了許多人馬恰像笑出來的如今爲何又笑操曰吾笑諸葛亮周瑜畢竟智謀不足若是我用兵時就這個去處也埋伏一彪軍馬以逸待勞我等縱然脫得性命也不免重傷矣彼見不到此我是以笑之不要忙孔明又合着你意了正說間前軍後軍一齊發喊又笑出一個來了操大驚棄甲上馬衆軍多有不及收馬者早見四下火烟布合山口又是孔明之火此時不消尋覔大匯矣一軍擺開爲首乃燕人張翼德橫矛立馬大叫操賊走那裡去此是孔明所撥第二隊出現諸軍衆將見了張飛盡皆膽寒許褚騎無鞍馬來戰張飛張遼徐晃二將縱馬也

來夾攻兩邊軍馬混戰做一團操先撥馬走脫諸將各自脫身張飛從後趕來操迤逦奔逃追兵漸遠回顧衆將多已帶傷正行間軍士禀曰前面有兩條路請問丞相從那條路去操問那條路近軍士曰大路稍平却遠五十餘里小路投華容道却近五十餘里只是地窄路險坑坎難行操令人上山觀望回報小路山邊有數處烟起大路並無動靜操教前軍便走華容道小路（不向無火處走反向有烟處走想尚燒得不快活也）諸將曰烽烟起處必有軍馬何故反走這條路操曰豈不聞兵書有云虛則實之實則虛之諸葛

亮多謀故使人於山僻燒烟使我軍不敢從這條山路走他却伏兵在大路等着吾料已定偏不教中他計不要忙却已中他計了諸將皆曰丞相妙算人不可及且慢讚着遂勒兵走華容道此時人皆飢倒馬盡困乏焦頭爛額者扶策而行中箭着鎗者勉强而走衣甲濕透箇箇不全此時又已不得以火烘之矣軍器旗旛紛紛不整大半皆是彝陵道上被趕得慌只騎得秃馬鞍轡衣服盡皆拋棄正值隆冬嚴寒之時其苦何可勝言極寫曹操狼狽以襯關公釋放之義操見前軍停馬不進問是何故回報曰前面山僻小路因早晨下雨坑塹内

積水不流，泥陷馬蹄，不能前進。（前若于火，今若于水。）操大怒。（前大笑，笑得不情；此大怒，怒得無理。）叱曰：軍旅逢山開路，遇水叠橋，豈有泥濘不堪行之理？傳下號令，教老弱中傷軍士在後慢行，强壯者擔土束柴，搬草運蘆，填塞道路，務要即時行動，如違令者斬。衆軍只得都下馬，就路傍砍伐竹木，填塞山路。操恐後軍來趕，令張遼、許褚、徐晃引百騎執刀在手，但遲慢者便斬之。（既死於敵之火，又死於我之刀，操軍幾無孑遺矣。）操喝令人馬沿淺而行，死者不可勝數，號哭之聲於路不絕。操怒曰：死生有命，何哭之有？如再哭者立斬。（只許自已笑，不許別人哭。）三停人馬一停落後一停填了溝壑一停跟隨曹操過了險峻路稍平坦操回顧止有三百餘騎隨後並無衣甲袍鎧整齊者（八十三萬大軍只剩得三百餘騎）操催速行眾將曰馬盡乏矣只好少歇操曰趕到荊州將息未遲又行不到數里操在馬上揚鞭大笑（第三番又笑一發笑得可笑）眾將問丞相何又大笑操曰人皆言周瑜諸葛亮足智多謀以吾觀之倒底是無能之輩若使此處伏一旅之師吾等皆束手受縛矣（有此一句乃見下文關公之義）言未畢一聲砲響兩邊五百校刀手擺開為首大將關雲長提青龍刀跨赤兔馬截住去路（又笑出個來了）

沓笑出此人來不但笑不得哭亦哭不得矣操軍見了亡魂喪膽面面相覷操曰既到此處只得決一死戰衆將曰人縱然不怯馬力已乏安能復戰程昱曰某素知雲長傲上而不忍下欺強而不凌弱恩怨分明信義素著丞相舊日有恩於彼今只親自告之可脫此難不但孔明能料雲長程昱亦能料之操從其說即縱馬向前欠身謂雲長曰將軍別來無恙雲長亦欠身答曰關某奉軍師將令等候丞相多時不罵操賊而稱丞相便有不殺之意操曰曹操兵敗勢危到此無路望將軍以昔日之情為重可謂哀鳴雲長曰昔日關某雖蒙丞相厚恩然已斬顏良

誅文醜，解曰馬之危，以奉報矣。今日之事，豈敢以私廢公？今日之事，君事也。凡庾公對孺子之語耳。關公效之，便有不殺之意。操曰：「五關斬將之時，還能記否？此事在白馬解圍之後，則公之未及報也。大丈夫以信義為重。將軍深明春秋，豈不知庾公之斯追子濯孺子之事乎？公明春秋，即以春秋動之。小人之乞憐於君子，必不以小人之情動君子，而必以君子之道望君子也。雲長是個義重如山之人，想起當日曹操許多恩義，與後來五關斬將之事，如何不動心？又見曹軍惶惶，皆欲垂淚，一發心中不忍。妙在不言處寫。於是把馬頭勒回，謂衆軍曰：「四散擺開。」這個分明是放曹操的意思。操見雲長回馬，便和衆將一齊衝將過去雲長回身時曹操已與衆將過去了雲長大喝一聲衆軍皆下馬哭拜於地雲長愈加不忍正猶豫間張遼驟馬而至雲長見了又動故舊之情張遼無言關公亦無言都妙在不言處寫長嘆一聲並皆放去一喝一嘆寫得有勢有情後人有詩曰

曹瞞兵敗走華容　正與關公狹路逢
只爲當初恩義重　放開金鎖走蛟龍

曹操既脫華容之難行至谷口回顧所隨軍兵止有二十七騎三百餘騎殘兵又只剩得二十七人比及天晚已近南郡火把齊明一簇人馬攔

路。此處尚有火之餘燼。操大驚曰：吾命休矣。操之見火而驚，如牛之望月而喘也。只見一簇哨馬衝到，方認得是曹仁軍馬，操纔安心。曹仁接着，言雖知兵敗，不敢遠離，只得在附近迎接。操曰：幾與汝不相見也。於是引衆入南郡安歇。隨後張遼也到，說雲長之德。操點將校，中傷者極多，操皆令將息。曹仁置酒與操解悶，衆謀士俱在座。操忽仰天大慟。宜哭反笑，宜笑反哭。奸雄哭笑與人不同。衆謀士曰：丞相於虎窟中逃難之時，全無懼怯；今到城中，人已得食，馬已得料，正須整頓軍馬復讎，何反痛哭？操曰：吾哭郭奉孝耳！若奉孝在，決不使吾有此大失也遂搥胸大哭曰哀哉奉孝痛哉奉孝惜哉奉孝（哭死的如活的看官甚○周郎知二蔡之詐並非有人往江北探來曹操信黃蓋之真自是有人到江東報去捻偽書之蔣幹有誰請到江東獻連環之士元問孰引歸江北不當哭郭嘉還該笑自己）衆謀士皆默然自慚次日操喚曹仁
曰吾今暫回許都收拾軍馬必來報讎汝可保全南郡吾有一
計密留在此非急休開急則開之依計而行使東吳不敢正視
南郡（為後文周瑜中箭伏線）仁曰合淝襄陽誰可保守操曰荊州托汝管
領襄陽吾已撥夏侯惇守把合淝最為緊要之地吾令張遼為
主將樂進李典為副將保守此地但有緩急飛報將來（為後文孫權戰

但曹操分撥已定遂上馬引衆奔回許昌荊州原降文武各官俱帶回許昌調用曹仁自遣曹洪據守彝陵南郡以防周瑜上放下曹操。下接敘關公。却說關雲長放了曹操引軍自回此時諸路軍馬皆得馬匹器械錢糧已回夏口獨雲長不獲一人一騎空身回見玄德關公無所得其所得者義耳。孔明正與玄德作賀忽報雲長至孔明忙離坐席執盃相迎曰且喜將軍立此蓋世之功與普天下除萬人害合宜遠接慶賀若果然殺得曹操真當酌酒相賀矣。雖未有此事。然不可無此文。雲長默然孔明曰將軍莫非因吾等不曾遠接故爾不樂回顧左右曰汝等緣何不先報(雖孔明未必如此之詐而作文者不可無如此之曲)雲長曰關某特來請死孔明曰莫非曹操不曾投華容道上來(若不肯釋曹操便不是關公若不定華容不是孔明)雲長曰是從那裡來關某無能因此被他走脫孔明曰拏得甚將士來雲長曰皆不曾拏(既失其主何問其從)孔明曰此是雲長想曹操昔日之恩故意放了但既有軍令狀在此不得不按軍法遂叱武士推出斬之(好做作)正是

捹將一死酬知己　致令千秋仰義名

未知雲長性命如何且看下文分解

四大奇書第一種卷二十六

茂苑毛宗崗序始氏評　吳門杭永年資能氏評定

第五十一回

曹仁大戰東吳兵

孔明一氣周公瑾

君子觀於南郡之戰而嘆兵家勝負之不可知也曹操于赤壁大敗之後而遺計於曹仁遂使周郎於赤壁大勝之後而中箭於南郡以八十三萬之衆不能勝瑜而一曹仁

足以勝之以江口烏林之兵未嘗失利而一南郡則失之斯已奇矣更可異者由前而觀則黃蓋之中箭爲大勝中之小挫周瑜之中箭又爲大勝後之小挫由後而觀則曹操之算周瑜爲大挫後之小勝曹仁之失南郡又爲小勝後之大挫夫事之難料至於如此用兵者其何得以敗而沮勝而驕乎

讀前卷而見孫劉之合讀此卷而見孫劉之離蓋同患則相恤同利則相爭凡人之情大抵然矣當曹操之來氣吞

吳會赤壁之戰吳非爲劉實以自爲耳迨乎曹操巳破北軍巳還而荆州九郡劉備欲之孫權又欲之孔明欲爲玄德取之周郎魯肅又欲爲孫權取之於是乃以破曹而德色於劉因以索謝而取償於荆遂致孫與劉終不得爲好相識良可嘆也

荆州之地孔明讓吳先攻而玄德患之周瑜許劉後取而魯肅又患之蓋玄德之不欲奪劉表不欲奪劉琮與魯肅之不欲殺玄德不欲殺孔明同一仁人之心而其不欲以

荆州讓人則皆仁者之智耳然玄德不知孔明之已有定算魯肅不知周瑜之假做人情則智尚有所未及也可見忠厚人垂覺極垂覺處正是極忠厚處老實人使心極使心處正是極老實處

吕布在濮陽開城賺曹操曹仁在南郡亦開城賺周瑜同一賺也一則賺使入城而燒之一則賺使入城而射之一則使人詐降而賺之一則以詐走而賺之斯則其不同者矣乃吕布使人詐降其後乃至於真降曹仁詐走其後乃

至於眞走是不同中又有相同處眞妙事妙文曹仁以詐走賺周瑜周瑜卽以詐死賺曹仁同一詐也而曹仁之詐是曹操之所教周瑜之詐則是周瑜之所自爲斯則其不同者矣且周瑜以詐死賺曹仁曹操亦曾以詐死賺呂布則曹仁之智不及周瑜而周瑜之智同于曹操耳乃曹操詐死未便眞死而周瑜之詐則若有預兆焉周瑜做作墮馬金瘡假裂其後至于眞墮馬金瘡眞裂其初佯怒佯病佯死後乃至于眞怒眞病眞死是相同中更有

不同處眞妙事妙文

觀孔明之襲南郡其郎呂蒙襲荆州之事所由伏乎周瑜力戰而任其勞孔明安坐而享其利瑜卽欲不怒安得而不怒吳郎欲不報安得而不報然而孔明則巳有辭矣孔明襲之于曹氏非襲之于東吳取東吳之所將取非取東吳之所旣取則雖同一襲而孔明之襲又大異于呂蒙之襲矣

周瑜之失南郡不當怒孔明當自懲其計之踈耳昔趙人

空壁逐韓信而信先使人立赤幟于趙城令瑜當亦作劫寨之時預伏一軍于南郡之側則何至爲子龍所襲乎始之中箭既輕進于前繼之失地又遲發於後是瑜之智殆出韓信之下。

當周瑜戰曹仁之時正孔明遣將取三城之時妙在周瑜一邊實寫孔明一邊虛寫又妙在趙子龍一邊在周瑜眼中實寫雲長翼德兩邊在周瑜耳中虛寫此叙事虛實之法

却説孔明欲斬雲長玄德曰昔吾三人結義時誓同生死又入將首卷中事一提今雲長雖犯法不忍違却前盟望權記過容將功贖罪孔明方纔饒了兩人先自商通此時却一箇做好一箇做惡且說周瑜收軍點將各各叙功申報吳侯所得降卒盡行發付渡江大犒三軍遂進兵攻取南郡前隊臨江下寨前後分五營周瑜居中瑜正與衆商議征進之策忽報劉玄德使孫乾來與都督作賀瑜命請入乾施禮畢言主公特命乾拜謝都督大德有薄禮上獻劉謝孫孫瑜亦當謝劉問曰玄德在何處乾答曰見移兵屯油江口瑜驚曰孔明亦在

油江否此時吃驚誰知後來還要吃驚乾曰孔明與主公同在油江瑜曰足下

先回某親來相謝也劉謝孫謝周郎之火孫謝劉當謝孔明之風瑜收了禮物發付

孫乾先回肅曰却纔都督為何失驚瑜曰劉備屯兵油江必有

取南郡之意我等費了許多軍馬用了許多錢糧目下南郡反

手可得彼等心懷不仁要就見成誰知後文偏加倍見成須放着周瑜不

死誰知後來就見成偏在公活時肅曰當用何策退之瑜曰吾自去和他說話

好便好不好時不等他取南郡先結果了劉備須放着孔明不死肅曰

某願同往於是瑜與魯肅引三千輕騎徑投油江口來先說孫

乾回見玄德言周瑜將親來相謝玄德乃問孔明曰來意若何孔明笑曰那裏爲這些薄禮肯來相謝止爲南郡而來一箇乘似一個玄德曰他若提兵來何以待之孔明曰他來便可如此如此應答。須知下文玄德之言皆是孔明之言遂於油江口擺開戰船岸上列着軍馬人報周瑜魯肅引兵到來孔明使趙雲領數騎來接瑜見軍勢雄壯心甚不安須結果劉備不得行至營門外玄德孔明迎入帳中各敘禮畢設宴相待玄德舉酒致謝鏖兵之事酒至數巡瑜曰豫州移兵在此莫非有取南郡之意否只得直說出來玄德曰聞都督欲取南郡故來相助。孰知乃是玄德欲取南郡。周郎來相助乎。若都督不取。備必取之。妙甚。瑜笑曰。吾東吳久欲吞併漢江。今南郡已在掌中。如何不取。只怕捏不牢。玄德曰。勝負不可預定。曹操臨歸。令曹仁守南郡等處。必有奇計。暗照錦囊。更兼曹仁勇不可當。但恐都督不能取耳。反激一句。惡甚。瑜曰。吾若取不得。那時任從公取。妙甚。玄德曰。子敬孔明在此爲證。都督休悔。妙在又料一句。絶。魯肅躊躇未對。瑜曰。大丈夫一言既出。何悔之有。孔明曰。都督此言甚是公論。先讓東吳去取。若不下。主公取之。有何不可。惡甚。妙甚。瑜與肅辭別玄德孔明。上馬而去。玄德問孔明曰卻纔先生教備如此回答雖一時說了展轉尋思于理未然我今孤窮一身無置足之地欲得南郡權且容身若先教周瑜取了城池已屬東吳矣卻如何得住一向不要荊州此時卻說出實話來孔明大笑曰當初亮勸主公取荊州主公不聽照應劉表病時劉琮降時之事今日卻想取耶趣甚玄德曰前為景升之地故不忍取今為曹操之地理合取之孔明曰不須主公憂慮儘着周瑜去廝殺早晚教主公在南郡城中高坐玄德是讓曹操先取而後取之孔明是讓周郎先取而後取之弟未識如何早晚便得高坐令人不測玄德曰計將安出孔明曰只須如此如此妙在此處

不叙明。却于後文始見。玄德大喜只在江口屯劄按兵不動却說周瑜與肅同寨肅曰都督如何亦許玄德取南郡畢竟魯肅是實心人。瑜曰吾彈指可得南郡。不要忒德了。落得虛做人情誰知後來却實做了人情。遂問帳下將士誰敢先取南郡一人應聲而出乃蔣欽也瑜曰汝爲先鋒徐盛丁奉爲副將撥五千精鋭軍馬先渡江吾隨後引兵接應且說曹仁在南郡分付曹洪守彝陵以爲犄角之勢人報吳兵已渡漢江仁曰堅守勿戰爲上。若終能堅守。則不至于失矣。驍騎牛金奮然進曰兵臨城下而不出戰是怯也況吾兵新敗正當重振鋭氣黑應赤壁之事某願借精兵五百決一死戰仁從之令牛金引五百軍出戰丁奉縱馬來迎約戰四五合奉詐敗牛金引軍追趕入陣奉指揮衆軍一裹圍牛金於陣中金左右衝突不能得出曹仁在城上望見牛金困在垓心遂披甲上馬引麾下壯士數百騎出城奮力揮刀殺入吳陣徐盛迎戰不能抵當曹仁殺到垓心救出牛金回顧尚有數十騎在陣不能得出遂復翻身殺入救出重圍爲曹仁如此之勇以見下文周瑜之勝不易正遇蔣欽攔路曹仁與牛金奮力衝散丁奉徐盛蔣欽二人點次錯落仁弟曹純亦引兵接應混殺一陣吳軍敗

走曹仁得勝而回蔣欽兵敗回見周瑜瑜怒欲斬之寫周瑜一次失利爲下文怒孔明張本衆將告免瑜即點兵要親與曹仁決戰甘寧曰都督未可造次今曹仁令曹洪據守彝陵爲犄角之勢某願以精兵三千徑取彝陵都督然後可取南郡計亦甚善瑜服其論先教甘寧領三千兵攻打彝陵寫周瑜分兵如此之勢以見下文之勝不易早有細作報知曹仁仁與陳矯商議矯曰彝陵有失南郡亦不可守矣宜速救之仁遂令曹純與牛金暗地引兵救曹洪曹純先使人報知曹洪令洪出城誘敵將寫南郡棄城誘敵先有彝陵出城誘敵爲之作引甘寧引兵至彝陵洪

出與甘寧交鋒戰有二十餘合洪敗走寧奪了彝陵至黃昏時曹純牛金兵到兩下相合圍了彝陵（寫周瑜第二次失利爲下文怒孔明張本）探馬飛報周瑜說甘寧困於彝陵城中瑜大驚程普曰可急分兵救之瑜曰此地正當衝要之處若分兵去救倘曹仁引兵來襲奈何呂蒙曰甘興霸乃江東大將豈可不救瑜曰吾欲自往救之但留何人在此代當吾任蒙曰留凌公績當之蒙爲前驅都督斷後不須十日必奏凱歌瑜曰未知凌公績肯暫代吾任否凌統曰若十日爲期可當之十日之外不勝其任矣（又寫周瑜分兵如此之難）

以見下文之勝不易瑜大喜遂留兵萬餘付與淩統即日起大兵投彝陵來蒙謂瑜曰彝陵南僻小路取南郡極便可差五百軍去砍倒樹木以斷其路彼軍若敗必走此路馬不能行必棄馬而走吾可得其馬也得馬之利恐不足償後文失地之辱瑜從之差軍去訖大兵將至彝陵瑜問誰可突圍而入以救甘寧周泰願往即時綽刀縱馬直殺入曹軍之中徑到城下甘寧望見周泰至自出城迎之泰言都督自提兵至寧傳令教軍士嚴裝飽食準備內應又寫周瑜分兵如此之勢以見下文之勝不易却說曹洪曹純牛金聞周瑜兵將至先使人往南

郡報知曹仁一面分兵拒敵及吳兵至曹兵迎之比及交鋒甘寧周泰分兩路殺出曹兵大亂吳兵四下掩殺曹洪曹純牛金果然投小路而走却被亂柴塞道馬不能行盡皆棄馬而走吳兵得馬五百餘匹（兩次失利纔得一勝）周瑜驅兵星夜趕到南郡正遇曹仁軍來救彝陵兩軍接着混戰一塲天色已晚各自收兵曹仁回城中與衆商議曹洪曰目今失了彝陵勢已危急何不拆丞相遺計觀之以解此危（此處妙在暗寫）曹仁曰汝言正合吾意遂拆書觀之大喜便傳令教五更造飯平明大小軍馬盡皆棄城城上

遍插旌旗虛張聲勢軍分三門而出却說周瑜救出甘寧陳兵於南郡城外見曹兵分三門而出瑜上將臺觀看只見女牆邊虛搠旌旗無人守護又見軍士腰下各束縛包裹（此是曹操錦囊之計以詐走賺周瑜也方在赤壁眞走之後又教曹仁詐走之法有赤壁之眞故不疑南郡之詐耳）瑜暗忖曹仁必先准備走路遂下將臺號令分布兩軍爲左右翼如前軍得勝只顧向前追趕直待鳴金方許退步命程普督後軍瑜親自引軍取城對陣鼓聲響處曹洪出馬搦戰瑜自至門旗下使韓當出馬與曹洪交鋒戰到三十餘合洪敗走曹仁自出接戰周泰縱

馬相迎鬬十餘合仁敗走陣勢錯亂詐敗以誘之周瑜麾兩翼軍殺出曹軍大敗瑜自引軍馬追至南郡城下曹軍皆不入城望西北而走妙竟似真敗者韓當周泰引前部盡力追趕瑜見城門大開城上又無人遂令衆軍搶城數十騎當先而入瑜在背後縱馬加鞭直入甕城陳矯在敵樓上望見周瑜親自入城來暗暗喝采道丞相妙策如神一聲梆子響兩邊弓弩齊發勢如驟雨爭先入城的都攧入陷坑內周瑜急勒馬回時被一弩箭正射中左肋翻身落馬前受他十萬枝箭此一箭却受得不好牛金從城中殺出來捉周瑜

徐盛丁奉二人捨命救去城中曹兵突出吳兵自相踐踏落壍坑者無數程普急收軍時曹仁曹洪分兵兩路殺回吳兵大敗幸得凌統引一軍從剌斜裏殺來敵住曹兵曹仁引得勝兵進城程普收敗軍回寨（寫周瑜第三次失利愈見下文之勝不易）丁徐二將救得周瑜到帳中喚行軍醫者用鐵鉗子鉗出箭頭將金瘡藥敷掩瘡口疼不可當飲食俱廢（寫周瑜受如此之創又爲下文怒孔明張本）醫者曰此箭頭上有毒急切不能痊可若怒氣冲激其瘡復發（伏後文）程普令三軍緊守各寨不許輕出三日後牛金引軍來搦戰程普按兵不動

牛金罵至日暮方回次日又來罵戰程普恐瑜生氣不敢報知至第三日牛金直至寨門外叫罵聲聲只道要捉周瑜既被射又被罵以見下文之勝不易程普與衆商議欲暫且退兵回見吳侯却再理會此處文勢作一頓正應孔明取不得南郡之語却說周瑜雖患瘡痛心中自有主張已知曹兵常來寨前叫罵却不見衆將來稟一日曹仁自引大軍擂鼓吶喊前來搦戰程普拒住不出周瑜喚衆將入帳問曰何處鼓噪吶喊衆將曰軍中教演士卒瑜怒曰何欺我也吾已知曹兵常來寨前辱罵程德謀既同掌兵權何故坐視遂命人請程

普入帳問之普曰吾見公瑾病瘡醫者言勿觸怒故曹兵搦戰不敢報知瑜曰公等不戰主意若何普曰衆將皆欲收兵暫回江東待公箭瘡平復再作區處瑜聽罷於牀上奮然躍起曰大丈夫既食君祿當死於戰塲以馬革裹尸還幸也豈可爲我一人而廢國家大事乎語亦甚壯言訖即披甲上馬寫周瑜如此之勇以見下文之勝不易諸軍衆將無不駭然遂引數百騎出營前望見曹兵已布成陣勢曹仁自立馬於門旗下揚鞭大罵曰周瑜孺子料必橫夭再不敢正覷我兵罵猶未絕瑜從羣騎内突然出曰曹仁匹夫

見周郎否（妙甚趣甚）曹軍看見盡皆驚駭曹仁回顧衆將曰可大罵之衆軍厲聲大罵周瑜大怒使潘璋出戰未及交鋒周瑜忽大叫一聲口中噴血墜於馬下（有此假怒以引下文真怒）曹兵衝來衆將向前抵住混戰一場救起周瑜回到帳中程普問曰都督貴體若何瑜密謂普曰此吾之計也普曰計將安出瑜曰吾身本無甚痛楚吾所以爲此者欲令曹兵知我病危必然欺敵可使心腹軍士去城中詐降說吾已死今夜曹仁必來劫寨吾却於四下埋伏以應之則曹仁可一鼓而擒也（寫周瑜費如此之計爲下文怒孔明張本）程普曰

此計大妙隨就帳下舉起哀聲衆軍大驚盡傳言都督箭瘡大發而死各寨盡皆掛孝（赤壁江邊一片紅南郡城外一片白真紅綴白正復相對）却說曹仁在城中與衆商議言周瑜怒氣冲發金瘡崩裂以致口中噴血墜於馬下不久必亡正論間忽報吳寨內有十數箇軍士來降中間亦有二人原是曹兵被擄過去的（妙在即用其人）曹仁忙喚入問之軍士曰今日周瑜陣前金瘡碎裂歸寨即死今衆將皆已掛孝舉哀我等因受程普之辱故特歸降便報此事曹仁大喜隨即商議今晚便去劫寨奪周瑜之屍斬其首級送赴許都（不能殺活）

周郎却欲殺死周郎二笑陳矯曰此計速行不可遲慢曹仁遂令牛金爲先鋒自爲中軍曹洪曹純爲合後只留陳矯領些少軍士守城其餘軍兵盡起爲下文孔明挐住陳矯伏筆初更後出城徑投周瑜大寨來到寨門不見一人但見虛插旗鎗而已情知中計急忙退軍四下砲聲齊發東邊韓當蔣欽殺來西邊周泰潘璋殺來南邊徐盛丁奉殺來北邊陳武呂蒙殺來曹兵大敗三路軍皆被衝散以四面敵三路寫諸將如此勞苦功高文爲下文怒孔明張本首尾不能相救曹仁引十數騎殺出重圍正遇曹洪遂引敗殘軍馬一同奔走殺到五更離南郡

不遠一聲鼓響凌統又引一軍攔住去路截殺一陣曹仁引軍刺斜而走又遇甘寧大殺一陣四路之後文有兩路寫諸將如此勞苦功高文爲下文怒孔明張本曹仁不敢回南郡徑投襄陽大路而行吳軍趕了一程自回周瑜程普收住衆軍徑到南郡城下見旌旗布滿敵樓上一將叫曰都督少罪吾奉軍師將令已取城了吾乃常山趙子龍也一向忙了這幾時都爲孔明出力周瑜大怒便命攻城城上亂箭射下瑜命且回軍商議使甘寧引數千軍馬徑取荊州凌統引數千軍馬徑取襄陽然後却再取南郡未遲正分撥間忽然探馬急來報說

你這狗因該死了

諸葛亮自得了南郡遂用兵符星夜詐調荆州守城軍馬來救却教張飛襲了荆州荆州一路用虛寫又一探馬飛來報說夏候惇在襄陽被諸葛亮差人賫兵符詐稱曹仁求救誘惇引兵出却教雲長襲取了襄陽襄陽一路亦用虛寫二處城池全不費力皆屬劉玄德矣又總敘一句取者不費力敘者亦不費筆周瑜曰諸葛亮怎得兵符程普曰他拏住陳矯兵符自然盡屬之矣探馬口中不敘陳矯却在程普口中補出敘事妙品周瑜大叫一聲金瘡迸裂前是亮詐騙曹仁此番却弄出真來了正是

幾郡城池無我分　一場辛苦爲誰忙

未知性命如何且看下文分解

第五十二回

諸葛亮智辭魯肅

趙子龍計取桂陽

荆州者大漢之荆州而非劉表之荆州也非劉表之荆州何必劉表之子方可有即以爲劉表之荆州而劉表之子可有劉表同宗之弟何不可有然使孔明執此語以謝魯肅則東吳之攻我必速矣東吳攻我則我勢危曹操見我

與吳之相攻而復乘其間以圖我則我愈危故不若借劉琦以緩之緩之而彼不肯緩則以將死之劉琦暫緩之此孔明之明而熟於計也

前卷立德所取者荆州尚未半耳周瑜即能聽魯肅之言而不攻劉備安肯不分取荆州之半而遂去乎周瑜之所以去者有吳侯之召也吳侯之所以召者有合淝之戰也人但知周瑜之戰曹仁適爲孔明取三郡之助而不知孫權之戰合淝又適爲孔明取四郡之助云

三國人才絶異而其形貌亦多有異者如大耳之玄德赤面長髯之關公虎鬚環眼之翼德碧眼紫鬚之仲謀及黃鬚之曹璋斯皆奇矣而又有白眉之馬良至今稱衆中之尤者必曰白眉雖然形貌末耳舜重瞳重耳重瞳項羽亦重瞳黃巢左目亦重瞳或聖而帝或譎而霸或勇而亡或姦殺而亡人之賢不賢豈在貌之異不異哉

馬良請表劉琦爲荆州牧以安衆心可見荆州之人未忘劉表其從曹操者廹於勢耳使玄德於劉表託孤之日而

遂自取之則人心必不附人心不附則曹操來追而內變必作故知玄德之遲於取荆州未爲失算矣或曰荆州之人旣已未忘劉表益州之人豈其不念劉璋玄德不背劉表於死後而獨可奪劉璋於生前其故何歟曰荆州者東吳之所必爭也宜權借劉琦以謝東吳益州則非張魯之所敢爭也不必存劉璋以謝張魯當曹操習戰玄武之時未嘗須臾忘荆州也外患旣迫我何能猝定荆州之人心而消其內憂及曹操旣破張魯之後勢未暇遽窺益州也

外患尚遲則我可徐撫益州之人心而戢其內變是以荆州之事不得以益州律之

劉度納降只是一番趙範納降却有兩番孔明取零陵只是一番子龍取桂陽却有兩番邢道榮之詐孔明知之而縱之以行我計妙在暗寫陳應鮑龍之詐子龍知之而殺之用其帶來之人以行我計妙在明寫即一卷之中而前事與後事無一毫相犯前文與後文亦無一毫相犯闇近日稗官能有此否

劉備取劉焉之婦而趙雲不取趙範之嫂是趙雲過於劉備矣張繡耻以其嬸事曹操而趙範願以其嫂事趙雲是趙範不如張繡矣趙範之意以爲嫂復作嫂一重親何妨更做兩重親趙雲之意以爲兄同是兄一家人豈可更作兩家事

趙範之愛子龍以爲親却是極疎子龍之怒趙範以爲疎却是極親纔通譜便令見嫂是真以之爲兄也親也然纔通譜便令要嫂是原不以之爲兄也疎也纔通譜便打是

不認之爲弟也疎也然纔通譜便拜是已認之爲弟也親也自子龍一打之後而叔真是叔嫂真是嫂弟真是弟兄真是兄矣

讀子龍之事戲成數聯云太守華堂出粉面可惜奔相如負却卓王孫佳人翠袖捧金鍾又憐美玉環不遇韋節度李靖無心枉了善識人的紅拂令公有院逢着不解事的千牛老拳一擊打斷了駕鵲仙橋美酒三盃撮不合行雲巫峽雖非認義哥哥也做着雲長秉燭不學多情叔叔羞

殺他曹植思魏此數聯俱堪絕倒

話說周瑜見孔明襲了南郡又聞他襲了荊襄如何不氣（真是氣殺）氣傷箭瘡半晌方甦衆將再三勸解瑜曰若不殺諸葛村夫怎息我心中怨氣程德謀可助我攻打南郡定要奪還東吳（讀者至此必謂下文與趙子龍廝殺也）正議間魯肅至瑜謂之曰吾欲起兵與劉備諸葛亮共決雌雄復奪城池子敬幸助我魯肅曰不可方今與曹操相持尚未分成敗主公見攻合淝不下（爲前文補筆爲後文伏筆）不爭自家互相吞併儻曹兵乘虛而來其勢危矣（魯肅見識到底是結劉以拒曹）況劉

玄德舊曾與曹操相厚若逼得緊急獻了城池一同攻打東吳

如之奈何（玄德自受衣帶詔後勢不復與曹操合矣然在東吳攜之何必不然）瑜曰吾等用計策

損兵馬費錢糧他去圖見成豈不可恨（也要思量東風是誰家的）肅曰公瑾

且耐容某親見玄德將理來說他若說不通那時動兵未遲諸

將曰子敬之言甚善於是魯肅引從者徑投南郡來到城下叫

門趙雲出問肅曰我要見劉玄德有話說雲答曰吾主與軍師

在荊州城中肅遂不入南郡徑奔荊州見旌旗整列軍容甚盛

肅暗羡曰孔明真非常人也（又在魯肅眼中補寫孔明）軍士報入城中說魯

子敬要見孔明令大開城門接肅入衙講禮畢分賓主而坐茶罷肅曰吾主吳侯與都督公瑾教某再三申意皇叔前者操引百萬之衆名下江南實欲來圖皇叔（亦是實話）幸得東吳殺退曹兵救了皇叔所有荊州九郡合當歸於東吳今皇叔用詭計奪占荊襄使江東空費錢糧軍馬而皇叔安受其利恐於理未順子敬之言不激不隨的是長者孔明曰子敬乃高明之士何故亦出此言常言道物必歸主荊襄九郡非東吳之地乃劉景升之基業吾主固景升之弟也景升雖亡其子尚在以叔輔侄而取荊州有何不可

劉表乃東吳之讎而孔明權借劉表以謝東吳者以子敬曾來弔劉表之喪故耳。肅曰若果係公子劉琦占據尚有可解今公子在江夏須不在這裏孔明曰子敬欲見公子乎便命左右請公子出來○○○○○○○○○○○○○○趙雲之至南郡公子之到荊州皆不用先敘在前此省筆之法只見兩從者從屏風後扶出劉琦琦謂肅曰病軀不能施禮子敬勿罪屏風後乃蔡夫人所立之處今又換却劉琦。魯肅吃了一驚默然無語良久言曰公子若不在便如何一見便望他死是老實人語。孔明曰公子在一日守一日若不在別有商議語甚含糊妙。肅曰若公子不在須將城池還我東吳孔明曰子敬之言是也葫蘆提得妙。遂設宴相待宴罷肅辭出城連夜歸寨具言前事瑜曰劉琦正青春年少如何便得他死這荆州何日得還肅曰都督放心只在魯肅身上務要討荆襄還東吳（讀此句必謂子敬定有妙策）瑜曰子敬有何高見肅曰吾觀劉琦過於酒色病入膏肓見今面色羸瘦氣喘嘔血不過半年其人必死那時往取荆州劉備須無得推故（子敬別無妙策不過望劉琦死耳可發一笑）周瑜猶自忿氣未消忽孫權遣使至（閒筍甚妙）瑜令請入使曰主公圍合淝累戰不捷（幾番廝殺只用使者口中一句虛點）特令都督收回大軍且撥兵赴合淝相助（斷此一事按下周瑜）周瑜只得班師回柴桑養病令

程普部領戰船士卒來合淝聽孫權調用（以上按下東吳一邊）

却說劉玄德自得荊州南郡襄陽心中大喜商議久遠之計忽（以下專叙玄德一邊）見一人上廳獻策視之乃伊籍也玄德感其舊日之恩十分相敬（又將檀溪事一提）坐而問之籍曰要知荊州久遠之計何不求賢士以問之玄德曰賢士安在籍曰荊襄馬氏兄弟五人並有才名幼者名謖（謖音速）字幼常（帶叙馬謖爲後文歸蜀伏線）其最賢者眉間有白毛名良字季常（伊籍前曾諫馬此又薦馬玄德前破張武得一馬今取荊州又得一馬良馬馬良相映成趣）鄉里爲之諺曰馬氏五常白眉最良（馬良之賢不賢不在眉之白不白也若白眉而遂良則今之社日生）

者豈盡賢人耶公何不求此人而與之謀玄德遂命請之馬良至玄德
優禮相待請問保守荆襄之策良曰荆襄四面受敵之地恐不
可久守可令公子劉琦於此養病招諭舊人以守之就表奏公
子爲荆州刺史以安民心孔明借公子以謝東吳馬良亦借公子以安民心前後相應然後
南征武陵長沙桂陽零陵四郡積收錢糧以爲根本此久遠之
計也爲後文取四郡張本玄德大喜遂問四郡當先取何郡良曰湘江之
西零陵最近可先取之次取武陵然後襄江之東取桂陽長沙
爲後玄德遂用馬良爲從事伊籍副之請孔明商議送劉琦回

襄陽替雲長回荊州（照應前文）便調兵取零陵差張飛為先鋒趙雲合後孔明玄德為中軍人馬一萬五千留雲長守荊州（此處便為是雲長守荊州預為後文伏線）糜竺劉封守江陵卻說零陵太守劉度聞玄德軍馬到來乃與其子劉賢商議賢曰父親放心他雖有張飛趙雲之勇我本州上將邢道榮力敵萬人可以抵對劉度遂命劉賢與邢道榮引兵萬餘離城三十里依山靠水下寨探馬報說孔明自引一軍到來（前是暗襲此是明攻）道榮便引軍出戰兩陣對圓道榮出馬手使開山大斧厲聲高叫反賊安敢侵我境界只見對陣

中一簇黄旗出旗開處推出一輛四輪車車中端坐一人頭戴綸巾身披鶴氅手執羽扇用扇招邢道榮曰吾乃南陽諸葛孔明也曹操引百萬之衆被吾聊施小計殺得片甲不回（又將赤壁事一提）汝等豈堪與我對敵我今來招安汝等何不早降道榮大笑曰赤壁鏖兵乃周郎之謀也干汝何事敢來誑語（不知孔明風力）輪大斧竟趕孔明孔明便回車望陣中走陣門復閉道榮直衝殺過來陣勢急分兩下而走（忽開忽闔陣法縱横）道榮遥望中央一簇黄旗料是孔明乃只望黄旗而趕抹過山脚黄旗劄住忽地中央分開

不見四輪車只見一將挺矛躍馬大喝一聲直取道榮乃張翼
德也。孔明忽沒張飛忽現來得妥兀道榮輪大斧來迎戰不數合氣力不加撥
馬便走翼德隨後趕來喊聲大震兩下伏兵齊出道榮捨死衝
過前面一員大將攔住去路大叫認得常山趙子龍否。亦寫得突兀。
道榮料敵不過又無處奔走只得下馬請降子龍縛來寨中見
玄德孔明玄德喝教斬首孔明急止之問道榮曰汝若與我捉
了劉賢便准你投降。此處是孔明用計妙在不先說明。道榮連聲願往孔明曰
你用何法捉他道榮曰軍師若肯放某回去某自有巧說今晚

軍師調兵劫寨其為內應（約來劫寨便是詐言）活捉劉賢獻與軍師劉賢旣擒劉度自降矣玄德不信其言孔明曰刑將軍非謬言也（渾身是計却不敘明）遂放道榮歸道榮得放回寨將前事實訴劉賢賢曰如之奈何道榮曰可將計就計今夜將兵伏於寨外寨中虛立旗旛待孔明來劫寨就而擒之（已在孔明算中）劉賢依計當夜二更果然有一彪軍到寨只每人各帶草把一齊放火劉賢道榮兩下殺來放火軍便退（此是孔明之計不知者讀至此必謂孔明中計矣）劉賢道榮兩軍乘勢追趕趕了十餘里軍皆不見（奇絕怪絕）劉賢道榮大驚急回本寨只

見火光未滅寨中突出一將乃張翼德也全是孔明調度妙在不先敘明劉賢叫道榮不可入寨却去劫孔明寨便了於是復回軍走不十里趙雲引一軍刺斜裡殺出一鎗刺道榮於馬下全是孔明調度妙在不先敘明劉賢急撥馬奔走背後張飛趕來活捉過馬綁縛見孔明賢告曰邢道榮教某如此實非本心也孔明令釋其縛與衣穿了賜酒壓驚教人送入城說父投降待邢道榮則詐待劉賢則真如其不降打破城池滿門盡誅劉賢回零陵見父劉度備述孔明之德勸父投降度從之遂於城上豎起降旗大開城門賫捧印綬出城竟投

玄德大寨納降孔明教劉度仍爲郡守其子劉賢赴荊州隨軍辦事（隱然以子爲質）零陵一郡居民盡皆喜悅玄德入城安撫已畢賞勞三軍乃問衆將曰零陵已取了桂陽郡何人敢取（馬良之言本是零陵之後便取武陵今卻先取桂陽變換得妙）趙雲應曰某願往張飛奮然出曰飛亦願往二人相爭孔明曰終是子龍先應只教子龍去張飛不服定要去取孔明教拈鬮拈着的便去又是子龍拈着張飛怒曰我並不要人相幫只獨領三千軍去穩取城池（張飛爭先後卻用取武陵此處早爲武陵伏筆）趙雲曰某也只願三千軍去如不得城願受軍令孔明大

喜責了軍令狀遂三千精兵付趙雲去（前是兩將雙立戰功此却分開兩處）張飛不服玄德喝退趙雲領了三千人馬徑往桂陽進發早有探馬報知桂陽太守趙範範急聚衆商議管軍校尉陳應鮑龍願領兵出戰原來二人都是桂陽嶺山鄉獵戶出身陳應會使飛叉鮑龍曾射殺雙虎（忽夾敍陳應鮑龍二句忙中偏有此閒筆）二人自恃勇力乃對趙範曰劉備若來某二人願爲前部趙範曰我聞劉玄德乃大漢皇叔更兼孔明多謀關張極勇今領兵來的趙子龍在當陽長阪百萬軍中如入無人之境（又將子龍前事一提）我桂陽能有多少人馬

不可迎敵只可投降便爲下文張本應曰某請出戰若擒不得趙雲那時任太守投降不遲趙範拗不過只得應允陳應領三千人馬出城迎敵早望見趙雲領軍來到陳應列成陣勢飛馬綽叉而出趙雲挺鎗出馬責罵陳應曰吾主劉玄德乃劉景升之弟今輔公子劉琦同領荊州又將前事一點特來撫民汝何敢迎敵陳應罵曰我等只服曹丞相豈順劉備趙雲大怒挺鎗驟馬直取陳應應撚叉來迎兩馬相交戰到四五合陳應料敵不過撥馬便走趙雲追趕陳應回顧趙雲馬來相近用飛叉擲去被趙雲接住

回擲陳應應急躲過雲馬早到將陳應活捉過馬擲於地下喝軍士綁縛回寨敗軍四散奔走雲入寨叱陳應曰量汝安敢敵我我今不殺汝放汝回去說與趙範早來投降與孔明放那陳道榮不同應謝罪抱頭鼠竄回到城中對趙範盡言其事範曰我本欲降汝強要戰以致如此遂叱退陳應齎捧印綬引十數騎出城投大寨納降雲出寨迎接待以賓禮置酒共飲納了印綬酒至數巡範曰將軍姓趙某亦姓趙五百年前合是一家近日此風盛行將軍乃真定人某亦真定人又是同鄉儻得不棄結為兄弟實為萬

幸今日異鄉亦作通譜何況同鄉雲大喜各叙年庚雲與範同年雲長範四箇月範遂拜雲為兄二人同鄉同年又同姓十分相得不知者讀至此必謂二趙更賽於關張矣孰知後來却又不然至晚席散範辭回城次日範請雲入城安民雲教軍士休動只帶五十騎隨入城中第一次入城居民執香伏道而接雲安民已畢趙範邀請入衙飲宴酒至半酣範復邀雲入後堂深處洗盞更酌雲飲微醉範忽請出一婦人與雲把酒突如其來出人意外子龍見婦人身穿縞素縞衣綦巾聊樂我云有傾城傾國之色誰想此時忽然遇一文君乃問範曰此何人也範曰家嫂樊氏也不使妻拜伯獨使嫂

見根便是作怪子龍改容敬之道學之極樊氏把盞畢範令就坐親熱之極雲辭
謝道學之極樊氏辭歸後堂雲曰賢弟何必煩令嫂舉盃耶範笑曰
中間有箇緣故乞兄勿阻先兄棄世已三載正當再醮之時矣家嫂寡
居終非了局弟常勸其改嫁嫂曰若得三件事兼全之人我方
嫁之第一要文武雙全名聞天下第二要相貌堂堂威儀出衆
第三要與家兄同姓再醮婦人却如此揀擇爲之一笑你道天下那得有這般
湊巧的這樣揀法只實揀不出來今尊兄堂堂儀表名震四海又與家兄同
姓正合家嫂所言令嫂之巧則奏矣只怕令兄未必肯奏若不嫌家嫂貌陋願陪

嫁貧與將軍爲妻前呼尊兄此忽改呼將軍並恐呼兄則有得於要嫂耳結果世之親何如雲聞言大怒而起厲聲曰吾旣與汝結爲兄弟汝嫂卽吾嫂也豈可作此亂人倫之事乎趙範看得已通譜爲要趙雲看得通譜爲眞近日世俗好言通譜必得認眞如趙雲者方可通之恐天下趙範不少切宜仔細趙範羞慚滿面而荅曰我好意相待如何這般無禮遂目視左右有相害之意雲已覺一拳打倒趙範徑出府門上馬出城去了不筭打媒人還只筭打兄弟範急喚陳應鮑龍商議應曰這人發怒去了只索與他厮殺範曰但恐贏他不得鮑龍曰我兩箇詐降在他軍中太守却引兵來搦戰我二人就

陣上擒之。邢道榮是被困而詐降今兩人是自去詐降又是一樣詐法。陳應曰必須帶些人馬龍曰五百騎足矣當夜二人引五百軍徑奔趙雲寨來投降雲已心知其詐。寫趙雲精細。遂教喚入二將到帳下說趙範欲用美人計賺將軍趙範實無此心東吳將有此事一實一虛前後相映。只等將軍醉了扶入後堂謀殺將頭去曹丞相處獻功如此不仁某二人見將軍怒甚必連累於某因此投降趙雲佯喜置酒與二人痛飲二人大醉雲乃縛於帳中擒其手下人問之果是詐降邢道榮之詐孔明肚裏明白陳鮑二人之詐趙雲盤問出來。雲喚五百軍人各賜酒食傳令曰要害我者陳應鮑龍也不干衆人之事汝等聽吾行計皆有重賞衆軍拜謝將降將陳鮑二人當時斬了却教五百軍引路雲引一千軍在後連夜到桂陽城下叫門（妙在即用其人）城上聽時說陳鮑二將軍殺了趙雲回軍請太守商議事務（妙在即用其計）城上將火照看果是自家軍馬趙範急忙出城雲喝左右捉下遂入城安撫百姓已定（第二次入城）飛報玄德玄德與孔明親赴桂陽雲迎接入城推趙範於階下孔明問之範備言以嫂許嫁之事孔明謂雲曰此亦美事公何如此雲曰趙範既與某結爲兄弟今若娶其嫂惹人唾罵

一也此從兄弟起見其婦再嫁使失大節二也此從夫婦起見趙範初降其心難測三也主公新定江漢枕席未安雲安敢以一婦人而廢主公之大事此從君臣起見○當揮拳之時已不認趙範爲兄弟則得桂陽之後何妨聽軍師做媒人而子龍終不肯從是子龍之不可及也玄德曰今日大事已定與汝娶之若何雲曰天下女子不少但恐名譽不立何患無妻子乎落落丈夫語○趙範做媒不允玄德做媒亦不允樊氏可謂數奇玄德曰子龍真丈夫也遂釋趙範仍令爲桂陽太守重賞趙雲張飛大叫曰偏子龍幹得功偏我是無用之人不是眼紅却見技癢只撥三千軍與我去取武陵郡活捉太守金旋來獻誰知

後來偏不孔明大喜曰翼德要去不妨但要依一件事正是
是活捉

軍師決勝多奇策　將士爭先立戰功

未知孔明說出那一件事來且看下文分解

茂苑毛宗崗序始氏評　吳門杭永年資能氏評定

第五十三回

關雲長義釋黃漢升
孫仲謀大戰張文遠

孔明取七郡之地前三郡用襲後四郡用攻而後四郡之中兩郡太守是降兩郡太守是死零陵桂陽是太守不欲戰手下人欲戰武陵長沙是太守欲戰手下人不欲戰至

於零陵與桂陽不同武陵與長沙又異求其一筆之相犯而不可得事之天然變幻至於如此後之作稗官者即執筆效之安能彷彿耶

雲長不殺黃忠是好勝處不是慈悲處以爲殺墮馬之人不足爲勇故耳若認作慈悲則爲宋襄公之仁義豈所以論雲長哉設以宋襄公處此不但墮馬不殺即不墮馬亦不殺何也白髮黃忠已在不能二毛之例也

此處有雲長義釋黃忠後復有翼德義釋嚴顏以對之此

處有黃忠射盔纓不射關公前却有趙雲射蓬綜不射徐盛以對之然關公不殺黃忠是不便殺欲留待後殺翼德不殺嚴顏是竟不殺趙雲不殺徐盛是本當殺姑不殺黃忠不殺關公是直不忍殺四人各有一様肚腸寫來更不相犯

文章之妙有前文方於此應後文又於此伏者如魏延之獻長沙是也前在襄陽城下大戰文聘今在長沙城上殺却韓玄是前文於此應也孔明既死魏延乃有反漢之謀

魏延初降孔明已有欲殺之志是後文又於此伏也通觀全部雖人與事紛紛而伏應之妙則一篇如一句斯真有數文字

黄忠者五虎將之一也於此卷方纔出名寫來亦極出色寫其刀寫其箭猶但寫其勇耳至於不射關公知重義也敦請始出能自愛也請葬韓玄不記怨也請以劉表之姪爲郡守不忘本也不獨勇畧過人而其人品亦有不可及者與關張趙雲並列夫何愧焉

方敘玄德取四郡便接敘孫權戰合淝蓋玄德取四郡之時正孫權戰合淝之時也若不接下周瑜召去程普牽制孫權則玄德安能從容而取漢上之地故夾敘孫權一邊特爲玄德一邊發明也且孫權雖失南郡而猶能取合淝則以此之得償彼之失而索荆州之意不至於甚急耳是合淝之役不獨爲上文發明又將爲下文伏線也

周瑜破曹仁而孫權不能破張遼非獨張遼之智過於曹仁亦孫權之智不如周瑜也天下豈有一養馬之後槽而

可以殺大將又豈有一小卒爲細作而可以放火開城門者乎太史慈而死於是役使周郎而在軍中必不至此故凡權之所以敗皆以周郎怒氣中激養病柴桑之故則不但南郡之失當致怨於孔明而合淝之戰亦當歸怨於孔明耳

張遼之守合淝其眞大將之才乎赤壁之戰射黃蓋以救曹操猶不過戰將之能耳觀於此卷有大將之才三旣勝而能懼是其愼也聞變而不亂是其定也乘機以誘敵是

其謀也宜其爲關公之器重與惟大將不懼大將亦惟大將能知大將於黃忠見關公之神武於張遼亦見關公之知人

却說孔明謂張飛曰前者子龍取桂陽郡時責下軍令狀而去今日翼德要取武陵必須也責下軍令狀方可領兵去趙雲軍令狀是趙雲情愿張飛軍令狀是孔明索取張飛遂立軍令狀欣然引三千軍星夜投武陵界上來金旋聽得張飛引兵到乃集將校整點精兵器械出城迎敵從事鞏志諫曰劉玄德乃大漢皇叔仁義布於天下加

之張翼德驍勇非常不可迎敵不如納降爲上（此處獨與桂陽相反）金旋大怒曰汝欲與賊通連爲內變耶喝令武士推出斬之衆官皆告曰先斬家人於軍不利金旋乃喝退鞏志自率兵出離城二十里正迎張飛飛挺矛立馬大喝金旋旋問部將誰敢出戰衆皆畏懼莫敢向前（如此將士而欲迎敵多見其不知量也）旋自驟馬舞刀迎之張飛大喝一聲渾如巨雷金旋失色不敢交鋒撥馬便走（張飛不消戰得又與前兩處不同）飛引衆軍隨從掩殺金旋走至城邊城上亂箭射下旋驚視之見鞏志立於城上曰汝不順天時自取敗亡吾與百

姪自降劉矣言未畢一箭射中金旋面門墜於馬下將寫黃忠之箭先寫鞏志之射天然一箇引子軍士割頭獻張飛鞏志出城納降飛就令鞏志賫印綬往桂陽見玄德玄德大喜遂命鞏志代金旋之職玄德親至武陵安民畢馳書報雲長言翼德子龍各得一郡明明挑動雲長雲長乃回書上請曰聞長沙尚未取如兄長不以弟為不才教關某幹這件功勞甚好前既寫過趙張此處却寫關公玄德大喜遂教張飛星夜去替雲長守荊州令雲長來取長沙雲長既至入見玄德孔明孔明曰子龍取桂陽翼德取武陵都是三千軍去今長沙太守

韓玄固不足道只是他有一員大將乃南陽人姓黃名忠字漢升（黃忠名字却用孔明口中說出敘法變換）是劉表帳下中郎將與劉表之姪劉磐共守長沙（爲後文薦劉磐張本）後事韓玄雖今年近六旬却有萬夫不當之勇不可輕敵（先在孔明口中寫黃忠）雲長去必須多帶軍馬雲長曰軍師何故長別人銳氣滅自己威風量一老卒何足道哉關某不須用三千軍只消本部下五百名校刀手決定斬黃忠韓玄之首獻來麾下（寫雲長好勝更自出色）玄德苦擋雲長不依只領五百校刀手而去孔明謂玄德曰雲長輕敵黃忠只恐有失主公當往接

應玄德從之隨後引兵望長沙進發（獨長沙卻用孔明玄德自去與零陵相似與桂陽武陵相反）卻說長沙太守韓玄平生性急輕於殺戮衆皆惡之（爲後文百姓助魏延張本）是時聽知雲長軍到便喚老將黃忠商議忠曰不須主公憂慮憑某這口刀這張弓一千箇來一千箇死（誇刀又誇弓爲射關公伏線）原來黃忠能開二石力之弓百發百中言未畢堦下一人應聲而出曰不須老將軍出戰只就某手中定活捉關某韓玄視之乃管軍校尉楊齡韓玄大喜遂令楊齡引軍一千飛奔出城約行五十里望見塵頭起處雲長軍馬早到楊齡挺鎗出馬立

於陣前罵戰雲長大怒更不打話飛馬舞刀直取楊齡齡挺鎗來迎不三合雲長手起刀落砍楊齡於馬下（先寫楊齡之死以反襯黃忠之勇）追殺敗兵直至城下韓玄聞之大驚便教黃忠出馬玄自來城上觀看忠提刀縱馬引五百騎兵飛過吊橋雲長見一老將出馬知是黃忠把五百校刀手一字擺開橫刀立馬而問曰來將莫非黃忠否（寫得關公儒雅之極）忠曰既知我名焉敢犯我境雲長曰特來取汝首級（趣甚）言罷兩馬交鋒鬬一百餘合不分勝負（寫黃忠第一日）韓玄恐黃忠有失鳴金收軍黃忠收軍入城雲長也退軍離城

十里下寨心中暗忖老將黃忠名不虛傳鬬一百合全無破綻又在關公意中寫一黃忠來日必用拖刀計背砍贏之次日早飯畢又來城下搦戰韓玄坐在城上教黃忠出馬忠引數百騎殺過弔橋再與雲長交馬又鬬五六十合勝負不分寫黃忠第二日兩軍齊聲喝采又在衆人眼中旁寫一筆鼓聲正急時雲長撥馬便走黃忠趕來雲長方欲用刀砍去忽聽得腦後一聲響急回頭看時見黃忠被戰馬前失掀在地下不知者讀至此必謂黃忠死矣雲長急回馬雙手舉刀猛喝曰我且饒你性命快換馬來厮殺此處却寫關公黃忠急提起馬蹄飛身上

馬奔入城中玄驚問之忠曰此馬久不上陣故有此失玄曰汝箭百發百中何不射之（又借韓玄口中寫一黃忠）忠曰來日再戰必然詐敗誘到弔橋邊射之玄以自已所乘一匹青馬與黃忠忠拜謝而退尋思難得雲長如此義氣他不忍殺害我我又安忍射他（此處又寫黃忠）若不射又恐違了將令是夜躊躇未定次日天曉人報雲長搦戰忠領兵出城雲長兩日戰黃忠不下十分焦躁抖擻威風與忠交馬戰不到三十餘合忠詐敗雲長趕來忠想昨日不殺之恩不忍便射帶住刀把弓虛拽弦響（不便射妙）雲長急閃却不

見箭雲長又趕忠又虛拽又不便射更妙雲長急閃又無箭只道黃忠不會射放心趕來將近弔橋黃忠在橋上搭箭開弓弦響箭到正射在雲長盔纓根上寫黃忠第三日前是雲長義釋漢升此又是漢升義釋雲長矣前面軍齊聲喊起雲長吃了一驚帶箭回寨方知黃忠有百步穿楊之能今日只射盔纓正是報昨日不殺之恩也又在雲長意中寫一黃忠雲長領兵而退黃忠回到城上來見韓玄玄便喝左右捉下黃忠忠叫曰無罪玄大怒曰我看了三日汝敢欺我汝前日不力戰必有私心昨日馬失他不殺汝必有關通因他第三日并今日疑他前兩日

兩番虛拽弓弦第三箭却止射他盔纓如何不是外通內連若不斬汝必爲後患喝令刀斧手推下城門外斬之衆將欲告玄曰但告免黃忠者便是同情（不知者讀至此又必謂黃忠死矣）剛推到門外恰欲舉刀忽然一將揮刀殺入砍死刀手救起黃忠（救得爽兀大出人意外此句便挑動百姓）叫曰黃漢升乃長沙之保障今殺漢升是殺長沙百姓也韓玄殘暴不仁輕賢慢士當衆共殛之願隨我者便來衆視其人面如重棗目若朗星乃義陽人魏延也（前四十一回中早爲此處伏線）自襄陽趕劉玄德不着來投韓玄玄怪其傲慢少禮不肯重用

故屈沉於此（補敘得妙）當日救下黃忠，教百姓同殺韓玄，袒臂一呼，相從者數百餘人。黃忠攔當不住（又寫黃忠）。魏延直殺上城頭，一刀砍韓玄爲兩段，提頭上馬，引百姓出城，投拜雲長。雲長大喜，遂入城。安撫已畢，請黃忠相見，忠托病不出（又寫黃忠）。雲長即使人去請玄德、孔明。却說玄德自雲長來取長沙，與孔明隨後催促人馬接應。正行間，青旗倒捲，一鴉自北南飛，連叫三聲而去（曹操烏鵲南飛不是吉兆，偏有此處烏鴉却是吉兆）。玄德曰：「此應何禍福？」孔明就馬上袖占一課，曰：「長沙郡已得，又主得大將，午時後定見分曉。」（今日安得有此起課先生）

少頃見一小校飛報前來說關將軍已得長沙郡降將黃忠魏延喦等主公到彼玄德大喜遂入長沙雲長接入廳上具言黃忠之事玄德乃親往黃忠家相請忠方出降（又寫黃忠）求葬韓玄屍首於長沙之東（又寫黃忠）後人有詩讚黃忠曰

將軍氣槩與天參　白髮猶然困漢田
至死甘心無怨望　臨降低首尚懷慚
寶刀燦雪彰神勇　鐵騎臨風憶戰酣
千古高名應不泯　長隨孤月照湘潭

玄德待黃忠甚厚雲長引魏延來見孔明喝令刀斧手推下斬

之。[寫得突然可怪。]玄德驚問孔明曰。魏延乃有功無罪之人。軍師何故欲殺之。孔明曰。食其祿而殺其主。是不忠也。居其土而獻其地是不義也。[自是正論。然意却不重在此。]吾觀魏延腦後有反骨。久後必反。故先斬之。以絕禍根。[先生不惟善卜。又善相。早爲一百回後伏線。]玄德曰。若斬此人。恐降者人人自危。望軍師恕之。孔明指魏延曰。吾今饒汝性命。汝可盡忠報主。勿生異心。若生異心。我好歹取汝首級。魏延喏喏連聲而退。[翠志殺金旋而孔明不罪之。乃獨罪魏延者。知延之必反。故欲借此以殺延耳。]黃忠薦劉表姪劉磐。見在攸縣閒居。[又寫黃忠。]玄德取回教掌長沙郡。四郡已平。

總叙一句以括上文。玄德班師回荆州改油江口爲公安自此錢糧廣盛賢士歸之將軍馬四散屯於隘口以上接下玄德一邊以下接敘東吳一邊。卻說周瑜自回柴桑養病令甘寧守巴陵郡令凌統守漢陽郡二處分布戰船聽候調遣程普引其餘將士投合淝縣來原來孫權自從赤壁鏖兵之後久在合淝補敘前文。與曹兵交鋒大小十餘戰未決勝負一句包着無數文字省卻無數筆墨。不敢逼城下寨離城五十里屯兵聞程普兵到孫權大喜親自出營勞軍人報魯子敬先至權乃下馬立待之正應天以子敬賜我之語。肅慌忙滾鞍下馬施禮衆將見權如此待肅皆大驚與權請肅上馬並轡而行密謂曰孤下馬相迎足顯公否肅曰未也（魯肅大奇）權曰然則何如而後爲顯耶肅曰願明公威德加於四海總括九州克成帝業使肅名書竹帛始爲顯矣（願以其君顯非但以其身顯也）權撫掌大笑同至帳中大設飲宴犒勞鏖兵將士商議破合淝之策忽報張遼差人來下戰書權拆書觀畢大怒曰張遼欺吾太甚汝聞程普軍來故意使人搦戰來日吾不用新軍赴敵看我大戰一場（仲謀乃自好勝）傳令當夜五更三軍出寨望合淝進發辰時左右軍馬行至半途曹兵已到兩邊布成

陣勢孫權金盔金甲披掛出馬左宋謙右賈華二將使方天畫戟（先將戟一逗）兩邊護衛三通鼓罷曹軍陣中門旗兩開三員將全裝慣帶立於陣前中央張遼左邊李典右邊樂進張遼縱馬當先專搦孫權決戰權綽鎗欲自戰陣門中一將挺鎗驟馬早出乃太史慈也（太史慈一向冷落於此畧一寫之）張遼揮刀來迎兩將戰有七八十合不分勝負曹陣上李典謂樂進曰對面金盔者孫權也若捉得孫權足可與八十三萬大軍報讎（又將赤壁事一提）說猶未了樂進一騎馬一口刀從刺斜裏徑取孫權如一道電光飛至面前

手起刀落寫得駭人宋謙賈華急將畫戟遮架刀到處兩枝戟齊斷更自駭人只將戟幹望馬頭上打樂進回馬宋謙綽軍士手中鎗趕來李典搭上箭望宋謙心窩裏便射應弦落馬太史望見背後有人墮馬棄却張遼望本陣便回張遼乘勢掩殺過來吳兵大亂四散奔走張遼望見孫權驟馬趕來看看趕上更自駭人刺斜裡撞出一軍為首大將乃程普也來得突兀截殺一陣救了孫權張遼收軍自回合淝程普保孫權歸大寨敗軍陸續回營孫權因見折了宋謙放聲大哭長史張紘曰主公恃盛壯之氣輕視大敵

三軍之衆莫不寒心即使斬將搴旗威振疆場亦偏將之任非主公所宜也願抑賁育之勇懷王霸之計且今日宋謙死於鋒鏑之下皆主公輕敵之故今後切宜保重孫堅以輕進而被箭孫策以輕出而受創前車之覆後車之鑒權曰是孤之過也從今當改之少頃太史慈入帳言某手下有一人姓戈名定與張遼手下養馬後槽是弟兄後槽被責懷怨今晚使人報來舉火爲號刺殺張遼以報宋謙之讐作奸細者不過一小卒爲内應者亦只一養馬後槽可發一笑某請引兵爲外應權曰戈定何在太史慈曰已混入合淝城中去了某願乞五千兵去諸葛瑾

曰張遼多謀恐有准備不可造次太史慈堅執要行孫權要出太史慈又輕進君臣皆輕安得不敗權因傷感宋謙之死急要報讐遂令太史慈引兵五千去爲外應却說戈定乃太史慈鄉人當日雜在軍中隨入合淝城尋見養馬後槽兩箇商議戈定曰我已使人報太史慈將軍去了今夜必來接應你如何用事此等人有甚計策商量出來後槽曰此間離軍中較遠夜間急不能進只就草堆上放起一把火你去前面叫反城中兵亂就裏刺殺張遼說得忒容易了餘軍自走也戈定曰此計大妙是夜張遼得勝回城賞勞三軍傳令不許解甲

宿驛（既勝而能慎是大將不是戰將）左右曰今日全勝吳兵遠遁將軍何不卸甲安息遼曰非也爲將之道勿以勝爲喜勿以敗爲憂儻吳兵度我無備乘虛攻擊何以應之今夜防備當比每夜更加謹慎（不但爲將之道爲然也立身處世大抵宜爾）說猶未了後寨火起一片聲叫反報者如麻張遼出帳上馬喚親從將校十數人當道而立左右曰賊聲甚急可往觀之遼曰豈有一城皆反者此是造反之人故驚軍士耳如亂者先斬（其智能謀其靜能鎮）無移時李典擒戈定并後槽至遼詢得其情立斬於馬前只聽得城門外鳴鑼擊鼓喊聲大震

遼曰此是吳兵外應可就計破之便令人於城門內放起一把火衆皆叫反大開城門放下弔橋（曹仁在南郡賺周瑜是白日張遼在合淝賺太史慈是黑夜前後相映）太史慈見城門大開只道內變挺鎗縱馬先入城上一聲砲響亂箭射下太史慈急退身中數箭（太史慈中箭與周瑜中箭前後又相似）背後李典樂進殺出吳兵折其大半乘勢直趕到寨前陸遜董襲殺出救了太史慈曹兵自回孫權見太史慈身帶重傷愈加傷感張昭請權罷兵權從之遂收兵下船回南徐潤州比及屯住軍馬太史慈病重權使張昭等問安太史慈大叫曰大丈夫

生於亂世當帶三尺劍立不世之功今所志未遂奈何死乎人人有此志不能人人遂此志爲之三嘆言訖而亡年四十一歲後人有詩讚曰

矢志全忠孝　東萊太史慈　姓名昭遠塞　弓馬震雄師

北海酬恩日　神亭酣戰時　臨終言壯志　千古共嗟咨

孫權聞慈死傷悼不已命厚葬於南徐北固山下養其子太史亨於府中以上按下孫權一邊以下再敘玄德一邊却說玄德在荊州整頓軍馬聞孫權合淝兵敗已回南徐與孔明商議孔明曰亮夜觀星象見西北有星墜地必應折一皇族方敘太史慈死只疑東南有將星墜地乃忽然接出西北劉琦

（接筆甚幻）正言間，忽報公子劉琦病亡。玄德聞之，痛哭不已。孔明勸曰：「生死分定，主公勿憂，恐傷貴體。且理大事，可急差人到彼守禦城池，并料理葬事。」玄德曰：「誰可去？」孔明曰：「非雲長不可。」即時便教雲長前去襄陽保守。玄德曰：「今日劉琦已死，東吳必來討荊州，如何對答？」孔明曰：「若有人來，亮自有言對答。」過了半月，人報東吳魯肅特來弔喪。正是：

先將計策安排定，只等東吳使命來。

未知孔明如何對答，且看下文分解。

第五十四回

吳國太佛寺看新郎
劉皇叔洞房續佳偶

文章之奇有不越半幅而倏而弔喪倏而作伐倏而掛孝倏而結親斯亦奇矣然而凶則是凶吉則是吉猶未足爲奇也奇莫奇於戈矛劍戟之内忽然花燭洞房又莫奇於洞房花燭之中仍是戈矛劍戟凶即是吉吉即是凶吉伏於凶凶又伏於吉即此一篇眞爲人意計之所不及耳

觀孫權之使魯肅弔喪而嘆今日之人情大抵如斯矣前之弔劉表非爲劉表而弔也爲劉備而弔也後之弔劉琦又非爲劉備而弔也爲荆州而弔也弔本爲死乃以爲生弔本爲人乃以爲我弔之而無益於我則雖當弔而不弔焉弔之而有益於我則雖不必弔而亦弔焉豈獨東吳爲然哉又豈獨弔喪爲然哉凡近世之紛紛往來皆當作東吳弔喪觀也

孔明之辭魯肅也劉琦未死則以劉琦謝之劉琦旣死則

以取西川謝之而第二番措詞又與第一番不同前則止用緩詞耳今則先折之以正論既明示不還之情後乃應之以權宜姑托為暫借之說其云借也是即其不還之意也孔明嘗借箭於敵矣嘗借風於天矣借箭亦將還箭借風亦將還風耶

凡借物於人者以己之所有借之乃謂之借荆州非孫氏之有也何謂借乎及授契於人者先立契而後取物乃以契為信荆州劉氏之所先取也何契之有乎近世有謀人

之美産而必爲借契者矣亦有謝人之索逋而虚以抵券搪塞者矣魯肅孔明毋乃類是至於兩家互相欺誑一則假寫借契一則假立婚書借契疑眞實假婚書弄假成眞一對空頭眞堪捧腹

孔明誦銅雀臺賦是以孫權之嫂周瑜之妻激東吴也今援錦囊寄計是又以孫權之母周瑜之丈人助玄德也其子之策其母破之其壻之策其丈人又破之妙在卽用他自家人教他怪別人不得

袁術遣媒於呂布認眞做媒。却做不成。孫權遣媒於劉備假意做媒倒做成了。然則呂範非媒也。孫乾亦非媒也。喬國老乃眞媒也。而喬國老之爲媒又孔明實使之是成就此一段婚姻者。大媒惟孔明一人而已。

燒了外太公的香。不怕舅爹作梗。倚了老丈母的勢。便甚女婿放刁。和尚寺中相女婿禪堂倩作藍橋。新人房裡接將軍錦帳又成赤壁。廻廊下執斧鍵兒須不是伐柯之斧。繡幃前持兵侍女却可助行雨之兵。有成就良姻的太太

吳夫人不比崔夫人過不懷好意的哥哥孫仲謀險做孫飛虎此數聯俱絕倒

却說孔明聞魯肅到與玄德出城迎接接到公廨相見畢肅曰主公聞令姪棄世特具薄禮遣某前來致祭周都督再三致意劉皇叔諸葛先生玄德孔明起身稱謝收了禮物置酒相待肅曰前者皇叔有言公子不在卽還荊州今公子已去世必然見還不識幾時可以交割（第二次索荊州）玄德曰公且飲酒有一箇商議（此是孔明所教）肅强飲數盃又開言相問玄德未及回答孔明變色曰

子敬好不通理。直須待人開口。（前番用柔此番用剛忽柔忽剛令人不測）自我高皇帝斬蛇起義。開基立業。（先撞出高皇帝來壓倒東吳）傳至於今。不幸奸雄並起。各據一方。少不得天道好還。復歸正統。我主人乃中山靖王之後。孝景皇帝玄孫。（又撞出孝景皇帝來壓倒東吳）今皇上之叔。（又撞出今皇上來壓倒東吳）豈不可分茅裂土。況劉景升乃我主之兄也。弟承兄業。有何不順。（說到劉表已是第四層意）汝主乃錢塘小吏之子。素無功德於朝廷。今倚勢力。占據六郡八十一州。尚自貪心不足。而欲并吞漢土。（前尚撞皇叔此既又明罵孫權）劉氏天下。我主姓劉。倒無分。汝主姓孫。反要強爭。

且赤壁之戰我主多負勤勞衆將並皆用命豈獨是汝東吳之力此言我不勦東吳若非我借東南風周郎安能展半籌之功此言東吳反勦我江南一破休說二喬置於銅雀宮照應四十四回中語雖公等家小亦不能保惡極妙極適來我主人不即荅應者以子敬乃高明之士不待細說何公不察之甚也脚頭纔立得定便會變面便會說硬話今人多有之矣但本事不及孔明耳一席話說得魯子敬緘口無言半晌乃曰孔明之言怕不有理爭奈魯肅身上甚是不便理上說不去只得以情告之孔明曰有何不便處肅曰昔日皇叔當陽受難時是肅引孔明渡江見我主公將四

十三回中事一提。後來周公瑾要興兵取荊州，又是肅擔住；至說待公
子去世還荊州，又是肅擔承。又將五十二回中事一提。今却不應前言，教魯
肅如何回覆？主人面上說不去。只得以自己情分告之。我主與周公瑾必然見罪。肅
死不恨，只恐惹惱東吳，興動干戈，皇叔亦不能安坐荊州，空為
天下恥笑耳。既告之以情，又動之以勢。孔明曰：曹操統百萬之衆，動以天子
為名，吾亦不以為意，豈懼周郎一小兒乎！前是論理，此又論勢。若恐先生
面上不好看，我勸主人立紙文書，暫借荊州為本。豈有城池而可以莫借者
乎？若云為本，正不知起利幾分算。待我主別圖得城池之時，便交付還東吳。此

論如何。極似賴債者並不回絕只用活脫。肅曰：孔明待奪得何處還我荊州？孔明曰：中原急未可圖，西川劉璋闇弱，我主將圖之，若圖得西川，那時便還。以荊州為本，以西川為利，待得利之後，單還本錢，則是不起利者矣。肅無奈，只得聽從。玄德親筆寫成文書一紙，押了字，保人諸葛孔明也押了字。妙極。孔明曰：亮是皇叔這裏人，難道自家作保？煩子敬先生也押個字，回見吳侯也好看。妙極，惡極。肅曰：某知皇叔乃仁義之人，必不相負。遂押了字。如此作中，不知可有中物相謝。收了文書，宴罷，辭回。玄德孔明送到船邊，孔明囑曰：子敬回見吳侯，善言伸意，休生妄想。若不准我文書我翻了面皮連八十一州都奪了一句硬今只要兩家和氣休教曹賊笑話又一句軟肅作別下船而回先到柴桑郡見周瑜瑜問曰子敬討荊州如何肅曰有文書在此呈與周瑜瑜頓足曰子敬中諸葛之謀也名爲借地實是混賴從來文書不足據不獨荊州爲然也他說取了西川便還知他幾時取西川假如十年不得西川十年不還這等文書如何中用你却與他做保從來保人難做不獨魯肅爲然也他若不還時必須連累足下儻主公見罪奈何肅聞言呆了半晌曰恐玄德不負我活寫老實人瑜曰子敬乃誠實人也劉備梟雄

之輩諸葛亮奸猾之徒恐不似先生心地肅曰若此如之柰何瑜曰子敬是我恩人想昔日指囷相贈之情如何不救你指囷時周郎原不曾有借契你且寬心住數日待江北探細的回別有區處魯肅躊躇不安過了數日細作回報荊州城中揚起布旛做好事城外別建新墳軍士各掛孝瑜驚問曰沒了甚人細作曰劉玄德沒了甘夫人即日安排殯葬劉琦之死在荊州一邊敘來甘夫人之死在東吳一邊聽得文法變換瑜謂魯肅曰吾計成矣使劉備束手受縛荊州反掌可得妙極令人不測肅曰計將安出瑜曰劉備喪妻必將續娶主公有一妹極

其關勇侍婢數百居常帶刀房中軍器擺列遍滿雖男子不及（爲後文玄德驚恐張本）我今上書主公教人去荊州爲媒說劉備來入贅（讀者至此疑是成親之後教孫夫人討荊州也）賺到南徐妻子不能勾得幽囚在獄中却使人去討荊州換劉備（原來却不用夫人）等他交割了荊州城池我別有主意於子敬身上須無事也魯肅拜謝周瑜寫了書呈遞快船送魯肅投南徐見孫權先說借荊州一事呈上文書權曰你却如此糊塗這樣文書要他何用（諺云不做媒人不做保一世無煩惱子敬作保既受埋怨只怕周郎做媒終須陶氣）肅曰周都督有書呈在此說用此計可得荊州

權看畢點頭暗喜尋思誰人可去猛然省曰非呂範不可遂召呂範至謂曰近聞劉玄德喪婦吾有一妹欲招贅玄德爲壻永結姻親同心破曹以扶漢室非子衡不可爲媒望即往荆州一言。做媒不用魯肅却用呂範正恐識破討荆州耳。範領命即日收拾船隻帶數箇從人望荆州來却說玄德自沒甘夫人晝夜煩惱一日正與孔明閒敘人報東吳差呂範到來孔明笑曰此乃周瑜之計必爲荆州之故亮只在屏風後潛聽也學蔡夫人身段。但有甚說話主公都應承了。想孔明此時已料着七八分了。留來人在館驛中安歇別作商議玄德教請吕範入禮畢坐定萃罷玄德問曰子衡來必有所論劉琦之死則弔昔夫人之死則不弔不弔喪而便作伐便知作伐之非真也範曰範近聞皇叔失偶有一門好親故不避嫌特來作媒未知尊意若何玄德曰中年喪妻大不幸也骨肉未寒安忍便議親範曰人若無妻如屋無梁豈可中道而廢人倫吾主吳侯有一妹美而賢堪奉箕箒若兩家共結秦晉之好則曹賊不敢正視東南也此事家國兩便請皇叔勿疑但我國太吳夫人甚愛幼女不肯遠嫁必求皇叔到東吳就婚先說聯姻次說入贅語有次第玄德曰此事吳侯知否已疑是周郎之計故有此問範曰

不先禀吳侯如何敢造次來說玄德曰吾年已半百鬢髮班白吳侯之妹正當妙齡恐非配偶範曰吳侯之妹身雖女子志勝男兒常言若非天下英雄吾不事之（極似趙範對子龍之語今一實一虛前後相映。）皇叔名聞四海正所謂淑女配君子豈以年齒上下相嫌乎玄德曰公且少留來日回報是日設宴相待留於館舍至晚與孔明商議孔明曰來意亮已知道了（總瞞不過此老）適間卜易得一大吉大利之兆（卦象之辭必是老夫得其女妻）主公便可應允先教孫乾和呂範同見吳侯（立契時兩邊都有保人說親時兩家亦各有媒人）面許已定擇日便去就親玄德曰周瑜定計欲害劉備豈可以身輕入危險之地孔明大笑曰周瑜雖能用計豈能出諸葛亮之料乎其實說得嘴響不似今人單會說大話略用小謀使周瑜半籌不展吳侯之妹又屬主公荆州萬無一失玄德將與孫夫人成魚水之歡終賴有如魚得水之孔明也玄德懷疑未決孔明竟教孫乾往江南說合親事孫乾領了言語與呂範同到江南來見孫權權曰吾願將小妹招贅玄德並無異心孫乾拜謝回荆州見玄德言吳侯專候主公去結親玄德懷疑不敢往孔明曰吾已定下三條計策非子龍不可行也雄媳婦全虧此男瞞嫁遂喚趙雲近前

附耳言曰汝保主公入吳當領此三箇錦囊囊中有三條妙計依次而行仲謀公瑾皆入孔明囊中矣即將三箇錦囊與雲貼肉收藏孔明先使人赴東吳納了聘一切完備時建安十四年冬十月小春之吉可詠桃夭玄德與趙雲孫乾取快船十隻隨行五百餘人離了荊州前往南徐進發荊州之事皆聽孔明裁處玄德心中怏怏不安不是新郎怕羞却是贅婿膽怯到南徐州船已傍岸雲曰軍師分付三條妙計依次而行今已到此當先開第一箇錦囊來看於是開囊看了計策便喚五百隨行軍士一一分付如此如此衆軍領命而去

又教玄德先往見喬國老（不是趙雲教玄德却是孔明教趙雲）那喬國老乃二喬之父居於南徐玄德牽羊擔酒先往拜見說呂範爲媒娶夫人之事（先打外太公的關節）隨行五百軍士都披紅掛綵入南郡買辦物件傳說玄德入贅東吳城中人盡知其事（方知用五百人妝虞不然以之防患則尚少以之贈嫁則已多）孫權知玄德已到教呂範相待且就館舍安歇却說喬國老既見玄德便入見吳國太賀喜（已在孔明算中）國太曰有何喜事喬國老曰令愛已許劉玄德爲夫人今玄德已到何故相瞞（周瑜一個丈人反爲孔明用了）國太驚曰老身不知此事便使人請吳侯問虛實

一面先使人於城中探聽人皆回報果有此事女婿已在館驛安歇五百隨行軍士都在城中買猪羊菓品准備成親在報事人口中吳國太耳中寫得熱鬧做媒的女家是呂範男家是孫乾俱在館驛中相待國太吃了一驚少頃孫權入後堂見母親國太搥胸大哭孫權一個母親文爲孔明用了權曰母親何故煩惱國太曰你直如此將我看承得如無物我姐姐臨危之時分付你甚麼話來照應前文孫權失驚曰母親有話明說何苦如此國太曰男大須婚女大須嫁古今常理我爲你母親事當禀命於我你招劉玄德爲婿如何瞞我

女兒須是我的俱在孔明算中權吃了一驚問曰那裏得這話來國太曰若要不知除非莫爲滿城百姓那一箇不知你倒瞞我喬國老曰老夫已知多日了今特來賀喜妙在又夾喬國老一句權曰非也此是周瑜之計因要取荊州故將此爲名賺劉備來拘囚在此要他把荊州來換若其不從先斬劉備此是計策非實意也國太大怒罵周瑜曰汝做六郡八十一州大都督直恁無條計策去取荊州罵得是却將我女兒爲名使美人計殺了劉備我女便是望門寡明日再怎的說親須悞了我女兒一世你們好做作前既

大哭。此又大怒。俱在孔明算中。喬國老曰若用此計便得荆州也被天下人耻笑此事如何行得妙在又夾喬國老一句。兩個老頭兒真是一吹一唱說的孫權默然無語國太不住口的罵周瑜罵周瑜便是罵孫權喬國老勸曰事已如此劉皇叔乃漢室宗親不如真箇招他爲婿免得出醜外太公做媒人。一拍一上。權曰年紀恐不相當國老曰劉皇叔乃當世豪傑若招得這箇女婿也不辱了令妹國太曰我不曾認得劉皇叔明日約在甘露寺相見如不中我意任從你們行事若中我的意我自把女兒嫁他不由孫權做主孫權乃大孝之人見母親如此言語隨卽應承出外喚呂範分付來日甘露寺方丈設宴國太要見劉備呂範曰何不令賈華部領三百刀斧手伏於兩廊若國太不喜時一聲號舉兩邊齊出將他拏下（讀者至此文爲玄德揑一把汗然國太定然相得中亦在孔明算中矣）權遂喚賈華分付預先準備只看國太舉動却說喬國老辭吳國太歸使人去報玄德言來日吳侯國太親自要見好生在意（活是一個媒人）玄德與孫乾趙雲商議雲曰來日此會多凶少吉雲自引五百軍保護（贈嫁甚是精細）次日吳國太喬國老先在甘露寺方丈裏坐定孫權引一班謀士隨後都到却教呂範來館驛中請

玄德。玄德內披細鎧，外穿錦袍，新郎打扮簇新，但不知可曾用烏鬚藥。從人背劍緊隨，上馬投甘露寺來。趙雲全裝慣帶，引五百軍隨行。來到寺前下馬，先見孫權。權觀玄德儀表非凡，心中有畏懼之意。阿兄則畏，令妹必愛矣。二人叙禮畢，遂入方丈見國太。國太見了玄德，大喜，謂喬國老曰：「真吾壻也。」中了丈母意，自然中夫人意。國老曰：「玄德有龍鳳之姿，天日之表，更兼仁德布於天下。國太得此佳壻，真可慶也。」喬國老此等言語，丈壻知之，一定埋怨。然女壻計策出醜，還賴丈人爲之斡旋耳。玄德拜謝，共宴於方丈之中。少刻，子龍帶劍而入，立於玄德之側。國太問曰：「此是何人？」玄德答曰常山趙子龍也國太曰莫非當陽長坂抱阿斗者乎照應四十一回中事玄德曰然國太曰眞將軍也遂賜以酒趙雲所飲者喜酒與鴻門會樊噲之酒不同趙雲謂玄德曰却纔其於廊下巡視見房內有刀斧手埋伏必無好意可告知國太玄德乃跪於國太席前未覺夫人先跪丈母是借丈母操演也泣而告曰若殺劉備就此請誅纔做女婿便爾放刁國太曰何出此言玄德曰廊下暗伏刀斧手非殺備而何國太大怒責罵孫權難爲了舅子今日玄德既爲我婿卽我之兒女也親愛之極何故伏刀斧手於廊下權推不知喚呂範問之範推賈華國太喚賈華

責罵華歆無言國太喝令斬之玄德告曰若斬大將於親不利備難久居膝下矣又是他討饒一發見得女婿好處喬國老也相勸國太方叱退賈華刀斧手皆抱頭鼠竄而去玄德更衣出殿前見庭下有一石塊玄德拔從者所佩之劍仰天祝曰若劉備得勾回荊州成王霸之業一劍揮石爲兩段如死於此地劍剁石不開言訖手起劍落火光迸濺砍石爲兩段藍田之玉方種爲雙寺門之石忽分爲二孫權在後面看見問曰玄德公如何恨此石玄德曰備年近五旬不能爲國家勦除賊黨心常自恨今蒙國太招爲女婿此平生之

際遇也恰纔問天買卦如破曹與漢欲斷此石今果然如此權暗思劉備莫非用此言瞞我亦掣劒謂玄德曰吾亦問天買卦若破得曹賊亦斷此石却暗暗祝告曰若再取得荆州興旺東吳砍石爲兩半手起劒落巨石亦開（大家暗祝心事俱爲後文伏線）至今有十字紋恨石尚存後人觀此勝蹟作詩讚曰

寶劒落時山石斷　金環響處火光生

兩朝旺氣皆天數　從此乾坤鼎足成

二人棄劒相携入席又飲數巡孫乾目視玄德玄德辭曰備不

勝混力告退孫權送出寺前二人並立觀江山之景玄德曰此乃天下第一江山也一語品題遂成佳話至今甘露寺牌上云天下第一江山後人有詩讚曰

江山雨霽擁青螺　境界無憂樂最多
昔日英雄凝目處　巖崖依舊抵風波

二人共覽之次江風浩蕩洪波滚雪白浪掀天忽見波上一葉小舟行於江面上如行平地可作一幅江景圖玄德嘆曰南人駕船北人乘馬信有之也孫權聞言自思曰劉備此言戲我不慣乘馬

耳乃令左右牽過馬來飛身上馬馳驟下山復加鞭上山來[illegible]

玄德曰南人不能乘馬乎玄德聞言撩衣一躍躍上馬背飛丸

下山復馳騁而上二人立馬於山坡之上揚鞭大笑權能試馬玄德不能試舟車竟讓身節一步至今此處名為駐馬坡後人有詩曰

馳驟龍駒氣槩多　二人並轡望山河

東吳西蜀成王霸　千古猶存駐馬坡

當日二人並轡而回南徐之民無不稱賀玄德自回館驛與孫乾商議乾曰主公只是哀求喬國老早早畢姻免生別事是媒人話

但不知如何謝媒次日玄德復至喬國老宅前下馬國老接入禮畢茶罷玄德告曰江左之人多有要害劉備者恐不能久居國老曰玄德寬心吾為公告國太令作護持國老可謂撮合山畢竟小媒人不如大媒人玄德拜謝自回喬國老入見國太言玄德恐人謀害急急要回國太大怒曰我的女婿誰敢害他即時便教搬入書院暫住擇日畢姻竟似養女婿矣玄德自入告國太曰只恐趙雲在外不便軍士無人約束國太教盡搬入府中安歇玄德處處賴丈母之力休留在館驛中免得生事玄德暗喜數日之內大排筵會孫夫人與玄德結親

至晚客散兩行紅炬接引玄德入房燈光之下但見鎗刀簇滿侍婢皆佩劍懸刀立於兩傍諕得玄德魂不附體讀至此又疑是甘露寺之兵矣正是

驚看侍女橫刀立　疑是東吳設伏兵

畢竟是何緣故且看下文分解

茂苑毛宗崗序始氏評　吳門杭永年資能氏評定

第五十五回

玄德智激孫夫人
孔明二氣周公瑾

王允以美人計賺兩人只是一番周瑜以美人計賺一人卻有兩番王允則專用實周瑜則前虛而後實也始之許言入贅誘其至吳是虛以美人賺之繼欲娛其耳目惑其

心志是實以美人賺之計亦巧矣孰知王允賺兩人而皆得周瑜賺一人而亦失王允一用而輒得周瑜兩用而終失乎

孫夫人房內設兵而玄德心常凜凜玄德非畏兵而畏夫人之兵亦非畏夫人而畏好兵之夫人也每怪今之懼內者其夫人未嘗好兵而亦畏之何也曰雖不好兵而未嘗不好戰好戰甚於好兵也只夫人便是兵又何必房中設兵而後謂之兵耶

甚矣孔明之計之妙也既借孫權之母周瑜之丈人爲玄德成婚之助又即借孫權之妹爲玄德歸荆州之助不但喬國老吳國太爲孔明所借即孫夫人亦爲孔明所借矣國老可借國母可借夫人可借而荆州又何不可借哉

孫夫人之配玄德如齊姜之配重耳皆丈夫女也重耳不欲去而齊姜遣之玄德欲去而孫夫人從之齊姜聽重耳獨去不獨去恐去不成孫夫人與玄德同去不同去也去不成重耳之去齊姜不告於其父玄德之去孫夫人不告

於其兒一則殺採桑之女是英雄手段一則退攔路之兵亦是英雄手段

玄德在車前哀告夫人涕泣請死活似婦人乞憐取妍在丈夫而前放刁模樣以英雄人作此兒女態是特孔明之所教耳不想今日風俗夫綱不振竟若深得孔明妙計者第三箇錦囊更不消卧龍先生傳授得也

呂布送女送不過去爲撞着拉親的曹老瞞孫權追妹追不轉來爲遇着接親的諸葛亮袁術討不成媳婦止折了

一個媒人孫權殺不得妹夫乾賠了一個妹子前後逕逕映射成趣

老新郎學作婦人腔宛然弱壻小媳婦偏饒男子氣壯矣賢妻一個向娘子身邊長跪顧不得膝下有黃金一個爲丈夫而宜生嗔那怕他車前排白刃家將畏主人而尤畏其妹贅壻之懼內可知新娘聽丈夫而不聽其兄女生之向外益信前日單身入贅贈嫁的只有趙子龍今日兩口回門送親的却是周公瑾化難生恩的劉備闌干貫索翻

成天喜紅鸞弄巧成拙的周郎賜錯陪差引出喪門弔客。

此數聯俱絕倒。

却說玄德見孫夫人房中兩邊鎗刀森列，侍婢皆佩劒，不覺失色。管家婆進曰：貴人休得驚懼，夫人自幼好觀武事，居常令侍婢擊劒爲樂，故爾如此。（今人婦人所樂之兵器又是一様。）玄德曰：非夫人所觀之事，吾甚心寒，可命暫去。管家婆稟覆孫夫人曰：房中擺列兵器，嬌客不安，今且去之。孫夫人笑曰：厮殺半生，尚懼兵器乎。（雖然厮殺半生，却不曾與女將軍厮殺。）命盡撤去，令侍婢解劒伏侍。當夜玄德與孫夫人成親兩情歡洽中間藏着無數歡洽玄德又將金帛散給侍婢以買其心不但欲夫人歡洽并欲侍婢歡洽妙先教孫乾回荊州報喜自此連日飲酒國太十分愛敬女婿得岳母喜歡那得做不起却說孫權差人來柴桑郡報周瑜說我母親力主已將吾妹嫁劉備不想弄假成真此事還復如何瑜聞大驚撮合者乃是令岳行坐不安乃思一計修密書付來人持回見孫權權折書視之書畧曰

瑜所謀之事不想反覆如此既已弄假成真又當就此用計劉備以梟雄之姿有關張趙雲之將更兼諸葛用謀必非久

屈人下者愚意莫如軟困之於吳中盛爲築宮室以喪其心志多送美色玩好以娛其耳目使分開關張之情隔遠諸葛之勢各置一方然後以兵擊之大事已定矣今若縱之恐蛟龍得雲雨終非池中物也願明公熟思之

孫權看畢以書示張昭昭曰公瑾之謀正合愚意劉備起身微末奔走天下未嘗受享富貴今若以華堂大廈子女金帛令彼享用自然疎遠孔明關張等使彼各生怨望然後荊州可圖也主公可依公瑾之計而速行之前是假用美人計此却眞用美人計矣權大喜即

日修整東府廣栽花木盛設器用請玄德與妹居住又增女樂數十餘人并金玉錦綺玩好之物國太只道孫權好意喜不自勝（爲丈母者不但望壻女相得尤喜郎舅相得）玄德果然被聲色所迷全不想回荆州（已入溫柔鄉矣）却說趙雲與五百軍在東府前住終日無事（玄德太忙子龍甚閒）只去城外射箭走馬看看年終雲猛省孔明分付三個錦囊與我教我一到南徐開第一個住到年終開第二個臨到危急無路之時開第三個於內有神出鬼沒之計可保主公回家（孔明附耳分付語至此方纔補出）此時歲已將終主公貪戀女色並不見面何不

折開第二個錦囊看計而行玄德戀着貼肉的錦被窩得趙雲有貼肉的錦囊遂折開覷之原來如此神策即日徑到府堂要見玄德侍婢報曰趙子龍有緊急事來報貴人玄德喚入問之雲佯作失驚之狀第一個錦囊用着喬國老并五百個軍士第二個錦囊却只用趙雲一人曰主公深居書堂不想荆州耶玄德曰有甚事如此驚怪雲曰今早孔明使人來報說曹操要報赤壁鏖兵之恨又將四十九回中事一提起精兵五十萬殺奔荆州甚是危急請主公便回此是錦囊定計玄德曰必須與夫人商議雲曰若和夫人商議必不肯教主公回不如休說今晚便好起程遲則悞

事。此是子龍激語。玄德曰。你且暫退。我自有道理。雲故意催逼數番而出。妙甚。玄德入見孫夫人。暗暗垂淚。孫夫人曰。丈夫何故煩惱。玄德曰。念備一身飄蕩異鄉。生不能侍奉二親。又不能祭祀宗祖。乃大逆不孝也。今歲旦在邇。使備悒怏不已。且說三分話。孫夫人曰。你休瞞我。我已聽知了也。方纔趙子龍報說荊州危急。你欲還鄉。故推此意。已知一片心。玄德跪而告曰。夫人既知。備安敢相瞞。備欲不去。使荊州有失。被天下人恥笑。欲去又捨不得夫人。因此煩惱。前跪丈母。今跪夫人。前在有人處跪。今在無人處跪。此是從來做丈夫的衣鉢。今日流傳更廣。夫人曰妾已事君任君所之妾當相隨（此時夫人亦是孔明囊中之物矣）玄德曰夫人之心雖則如此爭奈國太與吳侯安肯容夫人去夫人若可憐劉備暫時辭別言畢淚如雨下（實是要他同去反說暫時辭別詐甚妙甚）孫夫人勸曰丈夫休得煩惱妾當苦告母親必放妾與君同去玄德曰縱然國太肯時吳侯必然阻擋（是要他瞞着哥哥）孫夫人沉吟良久乃曰妾與君正旦拜賀時推稱江邊祭祖不告而去若何玄德又跪而謝曰若如此生死難忘切勿漏泄（善哭又善跪夫人安得不入其彀中）兩個商議已定玄德密喚趙雲分付正旦日你先引軍士出城於官道

等候吾推祭祖與夫人同走雲一領諸建安十五年春正月元旦吳侯大會文武於堂上玄德與孫夫人入拜國太孫夫人曰夫主想父母宗祖墳墓俱在涿郡晝夜傷感不已今日欲往江邊望北遙祭須告母親得知（聽着士人夫之語・連母親而前亦無會人語・今由此風亦盛）國太曰此孝道也豈有不從汝雖不識舅姑可同汝夫前去祭拜亦見爲婦之禮（俱在孔明算中）孫夫人同玄德拜謝而出此時只瞞着孫權夫人乘車止帶隨身一應細軟玄德上馬引數騎跟隨出城與趙雲相會五百軍士前遮後擁離了南徐趲程而行（掠元旦回門・既是新

春吉日揀元旦逃走，妙在出其不意。當日孫權大醉，左右近侍扶入後堂，文武皆散。比及眾官採得玄德夫人逃遁之時，天色已晚，要報孫權，權醉不醒。及至睡覺，已是五更。妹夫去遠了。次日孫權聞知走了玄德，急喚文武商議。張昭曰：今日走了此人，早晚必生禍亂，可急追之。孫權令陳武、潘璋選五百精兵，無分晝夜，務要趕上拏回。二將領命去了。孫權深恨玄德，將案上玉硯摔為粉碎。為破曹而砍案，為追劉而摔硯。為曹可破，劉不可追，非若甘露寺中之石，可以隨我所願也。程普曰：主公空有沖天之怒，某料陳武、潘璋必擒此人不得。權曰：焉敢違我令！普曰：郡主自幼好觀武事嚴毅剛正諸將皆懼旣然肯順劉備必同心而去所追之將若見郡主豈肯下手權大怒掣所佩之劍喚蔣欽周泰聽令曰汝二人將這口劍去取吾妹并劉備頭來違令者立斬（孫權此時已無兄妹之情孰知夫人此時止有夫妻之愛）蔣欽周泰領命隨後引一千軍趕來却說玄德加鞭縱轡趲程而行當夜於路暫歇兩個更次慌忙起行看看來到柴桑界首望見後面塵頭大起人報追兵至矣（讀至此爲玄德着急）玄德慌問趙雲曰追兵旣至如之奈何趙雲曰主公先行某願當後轉過前面山脚一彪軍馬攔住去路當

先兩員大將厲聲高叫曰劉備早早下馬受縛吾奉周都督將令守候多時（讀至此一發為玄德着急）原來周瑜恐玄德走透先使徐盛丁奉引三千軍馬於衝要之處劄營等候時常令人登高遙望料得玄德若投旱路必徑此道而過當日徐盛丁奉瞭望得玄德一行人到各綽兵器截住去路（七星壇追孔明之時此二人分作水旱二路此處卻都在旱路前是追在背後此是擋在面前其勢比前更是可畏）玄德驚慌勒回馬問趙雲曰前有攔截之兵後有追趕之兵前後無路如之奈何雲曰主公休慌軍師有三條妙計多在錦囊之中已拆了兩個並皆應驗今尚有

第三個在此分付遇危難之時方可拆看今日危急當拆觀之侯將錦囊拆開獻與玄德前兩個錦囊皆是趙雲自看第三個錦囊却送與玄德自看蓋求夫人須是丈夫去求也玄德看了急來車前泣告孫夫人曰備有心腹之言至此盡當實訴夫人曰丈夫有何言語實對我說玄德曰昔日吳侯與周瑜同謀將夫人招嫁劉備實非爲夫人計乃欲幽困劉備而奪荆州耳奪了荆州必將殺備是以夫人爲香餌而釣備也今香餌既得金釣可脫備不懼萬死而來蓋知夫人有男子之胸襟必能憐備妙甚昨聞吳侯將欲加害故托荆州有難以圖歸計一片心和

盤托出。幸得夫人不棄同至於此今吳侯又令人在後追趕周瑜又使人於前截住非夫人莫解此禍如夫人不允備請死於車前以報夫人之德。前在丈母面前請死今又在夫人面前請死此是從來婦人嚇丈夫妙訣不意玄德亦作此態。詐甚。妙甚。夫人怒曰吾兄既不以我為親骨肉我有何面目重相見乎今日之危我當自解於是叱從人推車直出捲起車簾親喝徐盛丁奉曰你二人欲造反耶孔明妙計安天下只用夫人不用兵。徐丁二將慌忙下馬棄了軍器聲喏於車前曰安敢造反為奉周都督將令屯兵在此專候劉備對夫人而呼玄德之名。煞時可惡。孫夫人大怒曰周瑜逆賊我東吳不曾虧負你玄德乃大漢皇叔是我丈夫（只此八字便足壓倒丁徐二將）我已對母親哥哥說知回荊州去（因二將爲周瑜所使故連哥哥亦說在內）今你兩個於山脚去處引着軍馬攔截道路意欲劫掠我夫妻財物耶（竟說他是劫掠語甚可畏）徐盛丁奉喏喏連聲口稱不敢請夫人息怒這不干我等之事乃是周都督的將令（先喝倒了兩個）孫夫人叱曰你只怕周瑜獨不怕我周瑜殺得你我豈殺不得周瑜把周瑜大罵一場（國大罵周瑜是爲女兒夫人罵周瑜是爲丈夫）喝令推車前進徐盛丁奉自思我等是下人安敢與夫人違拗又見趙雲十分怒氣（在徐丁二人眼

中寫一趙雲。若只寫夫人。不寫趙雲。便有遺漏。只得把軍喝住。放條大路。教過去。已在孔明算中。恰纔行不得五六里。背後陳武潘璋趕到。徐盛丁奉備言其事。陳潘二將曰。你放他過去差了。且慢埋怨着。我二人奉吳侯旨意。特來追捉他回去。於是四將合兵一處。趲程趕來。玄德正行間。忽聽的背後喊聲大起。玄德又告孫夫人曰。後面追兵又到。如之柰何。夫人曰。丈夫先行。我與子龍當後。前既仗夫人爲開路先鋒。此又仗夫人爲斷後猛將。玄德先引三百軍。望江岸去了。子龍勒馬於車傍。將士卒擺開。專候來將。四員將見了孫夫人。只得下馬。叉手而立。夫人曰陳武潘璋來此何幹二將荅曰奉主公之命請夫人玄德回（不呼劉備而稱玄德不說追而說請與徐丁二將又自不同）夫人正色叱曰都是你這夥匹夫離間我兄妹不睦（不罵孫權反罵二將妙甚）我已嫁他人今日歸去須不是與人私奔我奉母親慈旨令我夫婦回荊州（因二將爲孫權所使故又不說）哥哥只說母親妙甚）便是我哥哥來也須依禮而行（前只罵周瑜此處你并將孫權壓倒）二人倚仗兵威欲待殺害我耶罵得四人面面相覷各自尋思總一萬年也只是兄妹更兼國太作主吳侯乃大孝之人怎敢違逆母言明日翻過臉來只是我等不是不如做個人情（又喝倒了）

南領軍中又不見玄德，但見趙雲怒目睜眉，只待厮殺。又在陳潘二人眼中帶寫趙雲。因此四將喏喏連聲而退。巳在孔明算中。孫夫人令推車便行。徐盛曰：我四人同去見周都督，告禀此事。四人猶豫未定，忽見一軍如旋風而來。來得聲勢。視之，乃蔣欽、周泰。逐一對差來，只算送親的高燈旺相耳。二將問曰：你等曾見劉備否？四將曰：早晨過去，巳半日矣。蔣欽曰：何不拏下？四人各言孫夫人發話之事。蔣欽曰：便是吳侯怕道如此，封一口劍在此，吳侯一劍，怎敵孔明三囊。教先殺他妹，後斬劉備。違者立斬。四將曰：去之巳遠，怎生奈何？蔣欽曰：他終是步軍，急行

郎浦州縣

不上徐丁二將軍可飛報都督教水路撑快船追趕我四人在岸上追趕無問水旱之路趕上殺了休聽他言語於是徐盛丁奉飛報周瑜蔣欽周泰陳武潘璋四個領兵沿江趕來却說玄德一行人馬離柴桑較遠來到劉郎浦（到了劉郎浦便不怕孫家港矣）心纔稍寬沿着江岸尋渡一望江水瀰漫並無船隻玄德俯首沉吟趙雲曰主公在虎口中逃出今已近本界吾料軍師必有調度何用憂疑玄德聽罷驀（音脉）然想起在吳繁華之事不覺凄然淚下（又將前文回顧叙事妙品）後人有詩嘆曰

吳蜀成婚此水濤　明珠步障屋黃金
誰知一女輕天下　欲易劉郎鼎峙心

玄德令趙雲望前哨探船隻忽報後面塵土冲天而起玄德登高望之但見軍馬蓋地而來嘆曰連日奔走人困馬乏追兵又到死無地矣看看喊聲漸近（與檀溪躍馬時一樣危急）正慌急間忽見江岸邊一字兒拋着拖蓬船二十餘隻趙雲曰天幸有船在此何不速下掉過對岸再作區處玄德與孫夫人便奔上船子龍引五百軍亦都上船只見船艙中一人綸巾道服大笑而出曰主公

且喜諸葛亮在此等候多時。接親的船中扮作客人的皆是荆州水軍。玄德大喜。不移時四將趕到。孔明笑指岸上人言曰。吾已算定多時矣。有得他說嘴。汝等回去傳示周郎。教休再使美人局手段。若要再使。除非再送一個夫人。岸上亂箭射來。船已開的遠了。蔣欽等四將只好呆看。玄德與孔明正行間。忽然江聲大振。回頭視之。只見戰船無數。帥字旗下周瑜自領慣戰水軍。左有黃蓋。右有韓當。勢如飛馬。疾似流星。看看趕上。丈人成就了好事。女婿乾做了冤家。孔明教掉船投北岸。棄了船。盡皆上岸而走。車馬登程。周瑜趕到江邊。亦

皆上岸追襲大小水軍盡是步行。止有爲首官軍騎馬。周瑜當
先。黄蓋韓當徐盛丁奉緊隨。周瑜曰。此處是那裡。軍士荅曰。前
面是黄州界首。望見玄德車馬不遠。瑜令併力追襲。豈因玄德嬋娟之從
普淹
不曾與大舅姨公會親。正趕之間。一聲鼓響。山菴內一彪刀手
故特若若追逼耶。一笑。
擁出爲首一員大將乃關雲長也。又是一個接親的。周瑜舉止失措急
擬馬便走。雲長趕來。周瑜縱馬逃命。正奔走間。左邊黄忠。右邊
魏延兩軍殺出。又是兩個接親的。吳兵大敗。周瑜急急下得船時。岸上
軍士齊聲大叫曰。周郎妙計安天下。陪了夫人又折兵。前在南郡時。則

送了城池又折兵，猶可言也；今陪了夫人又折兵，則大不堪矣。瑜怒曰：「可再登岸決一死戰。」黃蓋、韓當力阻。瑜自思曰：「吾計不成，有何面目去見吳侯！」項王不曾把虞姬送與別人，猶云無面見江東父老；今周郎平白地把夫人送與玄德，更有何面見江東主人。大叫一聲，金瘡迸裂，倒於船上。眾將急救，却早不省人事。此時即死，倒省了後文多少氣。正是：

兩番弄巧翻成拙，此日含嗔却帶羞。

未知周郎性命如何，且看下文分解。

第五十六回

曹操大宴銅雀臺

孔明三氣周公瑾

曹操赤壁賦詩在未敗之前是賞心樂事銅臺大宴在旣敗之後只算解悶消愁未敗之前其語驕旣敗之後其語遜然其曰願題墓道云曹侯之墓則奸雄欺人之語也心則奸雄口則聖賢不但瞞衆人又欲瞞君子不但瞞一時直欲瞞盡天下後世其斯之謂老瞞乎

操以備之得荆州比龍之得水其視備一龍也乃自青梅煑酒之時以龍比英雄而曰英雄惟使君與操則其自視

亦一龍也向則一龍失水一龍得水失水之龍猶受制於得水之龍而今則兩龍皆得水矣操以兗許爲水而玄德以荆襄爲水然玄德之得荆州猶是借來之水不若得西川方爲自有之水是得荆州猶未可云得水也乃玄德不以荆州爲水亦不以西川爲水而直以孔明爲水耳以西川爲水則得水尚在荆州之後以孔明爲水則得水已在荆州之前況孔明固所稱卧龍也玄德遇孔明如龍得水孔明遇玄德亦如龍得水其卧南陽則爲勿用之潛龍其

出茅廬則爲在田之見龍其助玄德以討曹操則奉應運之飛龍以敵戰野之孽龍水以濟水龍以輔龍曹操雖如鬼如蜮安能以一水敵二水一龍當二龍哉

孫權之表劉備爲荊州牧非結備也正欲使操之忌備而攻備也操攻備而我得乘間以取荊州是佯以己之所欲者讓備而實欲以備之所有者歸我也操之以周瑜爲南郡守非畏瑜也正畏備而欲使瑜之攻備也瑜攻備而我亦得乘間以取荊州是名以備之所得者授瑜而實欲以

我之所失者還歸我也然則以荊州表劉備即是魯肅受荊州之心以南郡授周瑜無異曹仁守南郡之意兩樣機詐一樣詭譎戰國策中多有此等文字不謂於三國往往見之

魯肅之索荊州者三孔明之辭魯肅者亦三初以劉琦未死辭之繼以候取西川辭之終又以不忍取西川辭之前既候取西川而忽云不忍取西川既云不忍取西川而其後乃卒取西川是前與後相謬也詐也孫權既使魯肅索

荆州而又表劉備爲荆州牧既表劉備爲荆州牧而又使魯肅索荆州是前與後亦相謬也詐也彼以詐來故此以詐往耳孫權之上表既不足據而劉備之立契又何足憑周瑜之做媒既非好意而魯肅之作保又何必不受騙耶魯肅見玄德之哭而不忍是以玄德之假不忍動其真不忍也周瑜聞玄德之喜而得意是以玄德之假得意賺其真得意也周瑜詐言取蜀而魯肅誤以爲真是老實人不曉得弄虛頭孔明詐許犒師而周瑜不知其詐是聰明人

又撞了操空手寫來眞是好看

三顧草廬之文妙在一連寫去三氣周瑜之文妙在斷續敘來一氣周瑜之後則有張遼合淝之戰孔明漢上之攻玄德南徐之攻以間之二氣周瑜之後則又有曹操銅雀臺之宴以間之其間斷續之處或長或短正以參差入妙

周瑜之欲殺玄德者三矣誘令犒師江上一也誘使就婚南郡二也劉郎浦之追三也其欲殺孔明者亦三矣先使斷糧是欲令曹操殺之也一也繼使造箭是欲自以軍令

殺之也二也七星壇之遣將是不以軍令而直欲以無罪殺之也三也彼有三殺此有三氣亦相報之道宜然耳況以氣報殺以一報兩報之猶爲厚矣

却說周瑜被諸葛亮預先埋伏關公黃忠魏延三枝軍馬一擊大敗黃蓋韓當急救下船折却水軍無數遥觀玄德孫夫人車馬僕從都停住於山頂之上瑜如何不氣（不該氣別人只該氣自已）箭瘡未愈因怒氣冲激瘡口迸裂昏絶於地衆將救醒開船逃去孔明教休追趕自和玄德歸荆州慶喜賞賜衆將周瑜自回柴桑蔣

欽等一行人馬自歸南徐報孫權權不勝忿怒欲拜程普爲都督起兵取荆州周瑜又上書請興兵雪恨張昭諫曰不可曹操日夜思報赤壁之恨因恐孫劉同心故未敢興兵今主公若以一時之忿自相吞併操必乘虛來攻國勢危矣（以此時論之則張昭之見勝於周瑜）顧雍曰許都豈無細作在此若知孫劉不睦操必使人勾結劉備備懼東吳必投曹操若此則江南何日得安爲今之計莫若使人赴許都表劉備爲荆州牧曹操知之則懼而不敢加兵於東南且使劉備不恨於主公然後使心腹用反間之計令曹

劉相攻吾乘隙而圖之斯爲得耳（顧雍之見更勝張昭）權曰元歎之言甚善但誰爲可使雍曰此間有一人乃曹操敬慕者可以爲使權問何人雍曰華歆在此何不遣之權大喜即遣歆齎表赴許都（曹操恨劉備之取徐州而反詔劉備爲徐州牧欲使呂布忌之也今東吳亦恨劉備之取荆州而反表劉備爲荆州牧欲使曹操忌之也同是一樣機謀）歆領命起程逕到許都求見曹操聞操會羣臣於鄴郡慶賞銅雀臺歆乃赴鄴郡候見操自赤壁敗後常思報讐只疑孫劉併力因此不敢輕進時建安十五年春造銅雀臺成（築臺是三十四回中事至此始成其勞民傷財可知曹操之有銅臺猶董卓之有郿塢也）操乃大會文武於

鄴郡讌宴慶賀其臺正臨漳河中央乃銅雀臺左邊一座名玉龍臺右邊一座名金鳳臺各高十丈上橫二橋相通千門萬戶金碧交輝（八言可抵一篇阿房宮賦）是日曹操頭戴嵌寶金冠身穿綠錦羅袍（宗族都命穿紅自己却又穿綠）玉帶珠履憑高而坐文武侍立臺下操欲觀武官比試弓箭乃使近侍將西川紅錦戰袍一領掛於垂楊枝上（以一錦袍引出無數錦袍人來○玄武池中習水戰是演武於赤壁未敗之前銅雀臺前掛錦袍是演武於赤壁既敗之後）下設一箭垛以百步爲界分武官爲兩隊曹氏宗族俱穿紅其餘將士俱穿綠（前在赤壁江中分五色旗號今在銅雀臺邊分紅綠兩班）各帶雕弓長箭

跨鞍勒馬聽候指揮。此日其寔好看。操傳令曰有能射中箭垜紅心者即以錦袍賜之如射不中罰水一杯號令方下紅袍隊中一個少年將軍驟馬而出一個紅。衆視之乃曹休也休飛馬往來奔馳三次第一個出來射箭的却不便射先往來馳驟作勢寫得好看。扣上箭拽滿弓一箭射去正中紅心好看。金鼓齊鳴夾寫金鼓。衆皆喝采夾寫衆人。曹操於臺上望見大喜曰此吾家千里駒也又夾寫曹操語。方欲使人取錦袍與曹休只見綠袍隊中一騎飛出問一個綠。叫曰丞相錦袍合讓俺外姓先取宗族中不宜攙越操視其人乃文聘也衆官曰且看文仲業射

郃音合

法。又夾寫衆官語。文聘拈弓縱馬一箭亦中紅心好看。衆皆喝采金鼓亂鳴。二句倒寫。又與前變。聘大呼曰快取袍來只見紅袍隊中又一將飛馬而出。又一個紅。厲聲曰文烈先射汝何得爭奪看我與你兩個解箭拽滿弓一箭射去也中紅心好看。衆人齊聲喝采只寫衆人不寫金鼓。文法又變。視其人乃曹洪也。先寫箭後寫人。文法又變。洪方欲取袍只見綠袍隊裏又一將出。又間一個綠。揚弓叫曰你三人射法何足爲奇看我射來衆視之乃張郃也郃飛馬翻身背射一箭也中紅心更好看。四枝箭齊齊的攢在紅心裏又總寫四箭一句。衆人都道好射法寫衆人喝采。又變一法。

亦只寫衆人。不寫金鼓。卻曰錦袍須該是我的言未已紅袍隊中一將飛
馬而出又一個紅。大叫曰汝翻身背射何足稱異看我奪射紅心衆
視之乃夏侯淵也淵驟馬至界口紐回身一箭射去正在四箭
當中更好看。金鼓齊鳴只寫金鼓。不寫衆人。文法又變。淵勒馬按弓大叫曰此箭
可奪得錦袍麼只見綠袍隊裏一將應聲而出又一個綠。大叫且
留下錦袍與我徐晃出徐晃名字。文是一樣寫法。淵曰汝更有何射法可奪
我袍晃曰汝奪射紅心不足為異看吾單取錦袍拈弓搭箭遥
望柳條射去恰好射斷柳條錦袍墜地一發好看。徐晃飛取錦袍披

於身上綠袍人變做紅袍人矣驟馬至臺前聲喏曰謝丞相袍看至此疑已結奪袍之局矣不謂其事未已也曹操與衆官無不稱美又總寫曹操與衆官一句晃纔勒馬要囘猛然臺邊躍出一個綠袍將軍敘法又變大呼曰你將錦袍那裏去早早留下與我衆視之乃許褚也晃曰袍已在此汝何敢强奪褚更不囘荅竟飛馬來奪袍妙在奪得無理以前都是紅袍人與綠袍人相爭此却是綠袍隊裏自相爭奪然此是徐晃身上已不是綠袍恰好與許褚一紅一綠相爭真是好看兩馬相近徐晃便把弓打許褚褚一手按住弓把徐晃拖離鞍鞽晃急棄了弓翻身下馬褚亦下馬兩個揪住厮打射箭起頭厮打結局可發一笑操急使人解

開那領錦袍已是扯得粉碎。人人射箭奪此袍，卻被一不曾射箭人扯得粉碎，妙極妙極。操
令二人都上臺。徐晃睜眉怒目，許褚切齒咬牙，各有相鬭之意。
操笑曰：孤特視公等之勇耳，豈惜一錦袍哉。便教諸將盡都上
臺，各賜蜀錦一疋。老瞞最會和事。諸將各各稱謝。操命各依位次而坐。
樂聲競奏，水陸並陳，文官武將輪次把盞，獻酬交錯。與釃酒臨江之時正
復相類。操顧謂眾文官曰：武將既以騎射為樂，足顯威勇矣。公等
皆飽學之士，登此高臺，可不進佳章以紀一時之勝事乎。眾官
皆躬身而言曰：願從鈞命。前者橫槊賦詩，橫槊是武，賦詩是文，此一人兼文武。今則使眾人分奏之。

將有王朗鍾繇王粲陳琳一班文官進獻詩章詩中多有稱頌曹操功德巍巍合當受命之意（王莽之時劇秦美新只是一個此日乃有無數楊雄）曹操遂一覽畢笑曰諸公佳作過譽甚矣孤本愚陋始舉孝廉（出身是文）後值天下大亂築精舍於譙東五十里欲春夏讀書（一句文）秋冬射獵（一句武）以待天下清平方出仕耳不意朝廷徵孤爲點軍校尉（出仕是武）遂更其意專欲爲國家討賊立功圖死後得題墓道曰漢故征西將軍曹侯之墓平生願足矣（後來稱魏公稱魏王者誰耶）念自討董卓勦黃巾以來除袁術破呂布滅袁紹定劉表遂平天下（武功）

絕頂身為宰相人臣之貴已極又復何望哉文官極品如國家無孤一人正不知幾人稱帝幾人稱王別人稱帝稱王未必弑[illegible]后殺貴妃而大肆其惡也或見孤權重妄相忖度疑孤有異心此大謬也孤常念孔子稱文王之至德此言耿耿在心自此周文王惟不奸人與子孫做但欲孤委捐兵衆歸就所封武平侯之國實不可耳誠恐一解兵柄為人所害此是實話亦騎虎難下之勢矣孤敗則國家傾危是以不得慕虛名而處實禍也又將國家推頭奸甚諸公必無知孤意者衆皆起拜曰雖伊尹周公不及丞相矣曹操欲為文王而衆人比之伊尹周公文非其意後人有詩曰

周公恐懼流言日。王莽謙恭下士時。

假使當年身便死。一生眞僞有誰知。

曹操連飲數盃不覺沉醉喚左右捧過筆硯亦欲作銅雀臺詩剛纔下筆忽報東吳使華歆表奏劉備爲荊州牧孫權以妹嫁劉備漢上九郡大半已屬備矣操聞之手脚慌亂投筆於地（滿城風雨近重陽爲催租人所阻今曹操連一句也無何其憊也）程昱曰丞相在萬軍之中矢石交攻之際未嘗動心今聞劉備得了荊州何故如此失驚操曰劉備人中之龍也平生未嘗得水今得荊州是困龍入大海矣

孤安得不動心哉。（孰知其未得荆州之時，早已得水矣。何也？彼固以孔明爲水也。）程昱曰：丞相知華歆來意否？操曰：未知。昱曰：孫權本忌劉備，欲以兵攻之，但恐丞相乘虛而擊，故令華歆爲使，表薦劉備，乃安備之心，以塞丞相之望耳。（當時乖人一個賽一個。）操點頭曰：是也。昱曰：某有一計，使孫劉自相吞併，丞相乘間圖之，一鼓而二敵俱破。操大喜，遂問其計。程昱曰：東吳所倚者，周瑜也。丞相令表奏周瑜爲南郡太守，程普爲江夏太守，留華歆在朝重用之，瑜必自與劉備爲讐敵矣。（此荀彧所謂二虎爭食之計。）我乘其相併而圖之，不亦善乎？操曰：仲德之言正合孤意遂召華歆上臺重加賞賜當日筵散操卽引文武回許昌表奏周瑜爲總領南郡太守程普爲江夏太守（嫌他人之慨）封華歆爲大理少卿留在許都（爲六十六回伏線）使命至東吳周瑜程普名受職訖（有職而無地竟是掛名太守）周瑜旣領南郡愈思報讐遂上書吳侯乞令魯肅去討還荆州孫權乃命肅曰汝昔保借荆州與劉備今備遷延不還等待何時肅曰文書上明白寫着得了西川便還權叱曰只說取西川到今又不動兵不等老了人肅曰某願往言之遂乘船投荆州而來（第三次討荆州）却說玄德與孔明在

荆州廣聚糧草調練軍馬遠近之士多歸之忽報魯肅到玄德問孔明曰子敬此來何意孔明曰昨者孫權表主公爲荆州牧此是懼曹操之計操封周瑜爲南郡太守此欲令我兩家自相吞併他好於中取事也又是一個乖的一個賽一個今魯肅此來又是周瑜旣受太守之職要來索荆州之意玄德曰何以答之孔明曰若肅提起荆州之事主公便放聲大哭前來弔孝不哭此非弔孝反哭奇絶怪絶哭到悲切之處亮自出來解勸討會已定接魯肅入府禮畢叙坐肅曰今日皇叔做了東吳女壻便是魯肅主人如何敢坐玄德笑

曰子敬與我舊交何必太謙肅乃就坐茶罷肅曰今奉吳侯鈞命專爲荆州一事而來皇叔已借住多時未蒙見還今旣兩家結親當看親情面上早早交付（妹夫借阿舅的東西又與外人不同了）玄德聞言掩面大哭（虧他那裏來這副急淚）肅驚曰皇叔何故如此玄德哭聲不絕孔明從屏後出曰亮聽之久矣子敬知吾主人哭的緣故麼肅曰某實不知孔明曰有何難見當初我主人借荆州時許下取得西川便還仔細想來益州劉璋是我主人之弟一般都是漢朝骨肉若要興兵去取他城池將恐被外人唾罵（儼曰）一若要不取

還了荊州何處安身。二層若不還時於尊舅面上又不好看。三層事
實兩難因此淚出痛腸。孔明說罷觸動玄德衷腸真個捶胸頓
足放聲大哭越妝越像。魯肅勸曰皇叔且休煩惱與孔明從長計議
孔明曰有煩子敬回見吳侯勿惜一言之勞將此煩惱情節懇
告吳侯再容幾時妙在只用緩兵之計。肅曰儻吳侯不從如之奈何孔明
曰吳侯既以親妹聘嫁皇叔安得不從乎望子敬善言回覆第三
次索荊州俱用孔明回答。魯肅是個寬仁長者見玄德如此哀痛只得應允
定然陪出了幾點眼淚矣。玄德孔明拜謝宴畢送魯肅下船逕到柴桑見了

周瑜具言其事周瑜頓足曰子敬又中諸葛亮之計也當初劉備依劉表時常有吞併之意何況西川劉璋乎似此推調未免累及老兄矣此時魯肅亦該哭吾有一計使諸葛亮不能出吾算中子敬便當一行肅曰願聞妙策瑜曰子敬不必去見吳侯再去荆州對劉備說孫劉兩家既結爲親便是一家若劉氏不忍去取西川我東吳起兵去取取得西川時以作嫁資却把荆州交還東吳何不即以荆州爲嫁資肅曰西川迢遞取之非易都督此計莫非不可老實人說實心話瑜笑曰子敬眞長者也長者是無用之別名你道我眞箇去

取西川與他我只以此為名實欲去取荊州且教他不做準備東吳軍馬收川路過荊州就問他索要錢糧劉備必然出城勞軍那時乘勢殺之奪取荊州雪吾之恨解兒下之禍此等計策周郎甚是不濟魯肅大喜便再往荊州來玄德與孔明商議孔明曰魯肅必不曾見吳侯只到柴桑和周瑜商量了甚計策來誘我耳但說的話主公只看我點頭便滿口應承或教他不應或教他哭或教他應承皆是孔明扯線計會已定魯肅入見禮畢曰吳侯甚是稱讚皇叔盛德遂與諸將商議起兵替皇叔收川取了西川卻換荊州以西川權當嫁

荆州是現成耕種者何必舍近而求遠但軍馬經過却望應些錢糧孔明聽了忙點頭曰難得吳侯好心玄德拱手稱謝曰此皆子敬善言之力一個點頭一個會意孔明曰如雄師到日即當遠接犒勞魯肅嗜喜宴罷辭回玄德問孔明曰此是何意孔明大笑曰周郎死日近矣這等計策小兒也瞞不過玄德又問如何小兒瞞不過大人倒不曉得孔明曰此乃假途滅虢之計也虛名收川實取荆州等主公出城勞軍乘勢拏下殺入城來攻其無備出其不意也周郎乖孔明又乖玄德曰如之奈何孔明曰主公寬心只顧准備窩弓以擒猛虎安排香

餌以釣鰲魚等周瑜到來他便不死也九分無氣（孔明只是頑皮作樂）便喚趙雲聽計如此如此其餘我自有布擺玄德大喜後人有詩嘆云

周瑜決策取荊州　諸葛先知第一籌

指望長江香餌穩　不知暗裏釣魚鈎

却說魯肅回見周瑜說玄德孔明歡喜一節准備出城勞軍周瑜大笑曰原來今番也中了吾計（且慢笑准備氣着）便教魯肅稟報吳侯并遣程普引軍接應周瑜此時箭瘡已漸平愈身軀無事使

甘寧爲先鋒，自與徐盛、丁奉爲第二隊，綂呂蒙爲後隊。水陸大兵五萬，望荆州而來。周瑜在船中，時復歡笑，以爲孔明中計。周瑜對蔣幹時嘗詐說夢話，此則真說夢話矣。前軍至夏口，周瑜問：「荆州有人在前面接否？」人報：「劉皇叔使糜竺來見都督。」瑜喚至，問勞軍如何。糜竺曰：「主公皆準備安排下了。」準備窩弓以射猛虎，安排香餌以釣鰲魚。瑜曰：「皇叔何在？」竺曰：「在荆州城門外相等，與都督把盞。」只怕周郎吃不得這一盞。瑜曰：「今爲汝家之事，出兵遠征，勞軍之禮，休得輕易。」糜竺領了言語先回。戰船密密排在江上，依次而進。看看至公安，並無一隻軍船，又無一人遠接周瑜催船速行離荆州十餘里只見江面上静蕩蕩的哨探的回報荆州城上插兩面白旗○○○○○送嫁資來如何反插白旗想預爲周郎弔孝耳並不見一人之影瑜心疑教把船傍岸親自上岸乘馬帶了甘寧徐盛丁奉一班軍官引親隨精軍三千人逕望荆州來既至城下並不見動静瑜勒住馬令軍士叫門城上問是誰人○○○○○只做不認得妙吳軍答曰是東吳周都督親自在此言未已忽一聲梆子響城上軍一齊都豎起鎗刀敵樓上趙雲出曰都督此行端的爲○○○○○何○不即說破先問一句妙瑜曰吾替汝主取西川汝豈猶未知耶雲曰孔

明軍師已知都督假途滅虢之計故留趙雲在此吾主公有言孤與劉璋皆漢室宗親安忍背義而取西川若汝東吳端的取蜀吾當披髮入山不失信於天下也偏與後文州反周瑜聞之勒馬便回只見一人打着令字旗於馬前報說探得四路軍馬一齊殺到關某從江陵殺來張飛從秭音姊歸殺來黃忠從公安殺來魏延從孱陵小路殺來四路正不知多少軍馬喊聲遠近震動百餘里皆言要捉周瑜此是把盞勞軍的瑜馬上大叫一聲箭瘡復裂墜於馬下正是

一着棋高難對敵、幾番筭定總成空、
未知性命如何、且看下文解、

四大奇書第一種卷二十九

茂苑毛宗崗序始氏評　吳門杭永年資能氏評定

第五十七回

柴桑口臥龍弔喪

耒陽縣鳳雛理事

天下當治人才輩出天下當亂人才亦輩出君子觀於生瑜生亮之嘆而竊以爲當日人才之並生不獨此二人爲然也其並生而相濟者如庶之先亮統之贊亮維之繼亮

肅蒙遜抗之嗣瑜嘉昱彧攸之佐操皆是矣其並生而相難者如備之遇操亮之遇懿維之遇艾皆是矣天生一非常之人必更生非常之人以濟之而天生一非常之才亦必更生一非常之才以難之夫旣生備何生操旣生亮何生懿旣生維又何生艾哉

孔明弔公瑾之言曰從此天下更無知音葢不獨愛我者爲知己能忌我者亦知己也不獨欲用我者爲知音欲殺我者亦知音也不寧唯是苟能愛我而不能用用我而用

之不盡其才反不如忌我殺我者之知我耳。

孔明弔公瑾之後忽然遇着龐統與龐統見曹操之後忽然遇着徐庶正復相似前是將徐庶放去此是將龐統引來一樣文法兩樣局面真叙事妙品。

元直德操並稱伏龍鳳雛名字已在三十六回之前至此已隔二十回矣而鳳雛方與卧龍會於一處其先則忽隱忽現若滅若沒踪跡又自不同始之爲周瑜獻連環極似四皓爲子房定太子繼之見孫權極似王猛之見桓溫後

之謂玄德極似鄧禹之謁光武雖未及孔明而寫來亦甚出色

龐統走謁荆州與徐庶之走謁新野皆不如孔明之高卧南陽三顧而後出也徐庶後歸曹操龐統亦先投孫權又不如孔明之以草廬始以五丈原終前後無二也然龐統有薦書二封初時並不取出直待耒陽縣中顯過本事然後將書呈送可見有本事人不藉薦書之力今之求討薦牘專靠吹噓者恐爲龐統所笑矣

孫權旣失一周瑜又失一龐統是再失也玄德旣得一孔明又得一龐統是兩得也周瑜不能薦統而肅乃薦統周瑜忌孔明之助劉而魯肅則薦統以助劉不但龐統所學與周瑜大不相同而魯肅所見亦與周瑜大不相同

董承等七人同立義狀至此已隔三十餘回矣獨馬騰一去西京杳無動靜令讀者意甚懸懸今忽於此卷中照應出來并與赤壁以前龐統教徐庶之語暗相關合如此敘事眞有一篇如一句者不似今人之作稗官如理詞譜而

見雜曲如觀演戲而點雜劇逐段皆斷更不聯絡也

事有前文所未載而觀於後文可以識前文者如曹操之殺苗澤是也即其後之殺苗澤而前之殺秦慶童可知豈有不赦黃奎之親戚而獨縱董承之家奴者乎小人不獨不容於君子而並不見容於小人不獨以小人謀小人而不容於小人即以小人助小人而亦不容於小人讀此可為小人之戒

却說周瑜怒氣塡胸墜於馬下左右急救歸船軍士傳說玄德

孔明在前山頂上飲酒取樂。但自飲酒更不來把盞。瑜大怒咬牙切齒曰。你道我取不得西川。吾誓取之。正恨間。人報吳侯遣弟孫瑜到。周瑜接入。具言其事。孫瑜曰。吾奉兄命來助都督。遂令催軍前行。行至巴丘。人報上流有劉封關平二人領軍截住水路。周瑜愈怒。忽又報孔明遣人送書至。催死文書到了。周瑜拆封視之。書曰。

漢軍師中郎將諸葛亮。致書於東吳大都督公瑾先生麾下。亮自柴桑一別。至今戀戀不忘。聞足下欲取西川。亮竊以為不可。益州民強地險。劉璋雖暗弱。足以自守。今勞師遠征。轉運萬里欲收全功雖吳起不能定其規孫武不能善其後也惡極妙極曹操失利於赤壁志豈須臾忘報讐哉今足下興兵遠征價操乘虛而至江南虀粉矣亮不忍坐視惡極妙極特此告知

幸垂照鑒

周瑜覽畢長嘆一聲怨極而嘆嘆甚於怨喚左右取紙筆作書上吳侯乃聚衆將曰吾非不欲盡忠報國奈天命已絕矣汝等善事吳侯共成大業言訖昏絕徐徐又醒仰天長嘆曰既生瑜何生亮連叫數聲而亡周瑜少年經怨不起蓋其讀書養氣之學不及孔明耳壽三十六歲後

詩嘆曰

赤壁遺雄烈　青年有俊聲　弦歌知雅意　盃酒謝良朋
曾謁三千斛　常驅十萬兵　巴丘終命處　憑弔欲傷情

周瑜停喪於巴丘衆將將所遺書緘遣人飛報孫權權聞瑜死放聲大哭折視其書乃薦魯肅以自代也書畧曰瑜以凡才荷蒙殊遇委任腹心統御兵馬敢不竭股肱之力以圖報效奈死生不測修短有命愚志未展微軀已殞遺恨何極方今曹操在北疆埸未靜劉備寄寓有似養虎（曹操以備爲龍）

周郎又以備爲虎天下之事尚未可知此正朝士旰食之秋至尊垂慮之日也魯肅忠烈臨事不苟可以代瑜之任人之將死其言也善儻蒙垂鑒瑜死不朽矣

孫權覽畢哭曰公瑾有王佐之才今忽短命而死孤何賴哉既遺書特薦子敬孤敢不從之即日便命魯肅爲都督總統兵馬一面教發周瑜靈柩回葬却說孔明在荊州夜觀天文見將星墜地乃笑曰周瑜死矣至曉白於玄德玄德使人探之果然死了玄德問孔明曰周瑜既死還當如何孔明曰代瑜領兵者必

魯肅也。能料死。又亮觀天象將星聚於東方亮當以弔喪爲由往江東走一遭就尋賢士佐助主公。預置龐統伏線。玄德曰只恐吳中將士加害於先生孔明曰瑜在之日亮猶不懼今瑜已死又何患乎。孔明弔喪與關公赴會一樣有胆。乃與趙雲引五百軍具祭禮下船赴巴丘弔喪於路探聽得孫權已令魯肅爲都督周瑜靈柩已回柴桑孔明逕至柴桑魯肅以禮迎接周瑜部將皆欲殺孔明因見趙雲帶劍相隨不敢下手孔明教設祭物於靈前親自奠酒跪於地下讀祭文曰

嗚呼公瑾不幸夭亡修短故天人豈不傷我心實痛（音類）酹酒一
觴君其有靈享我烝嘗弔君幼學以交伯符仗義疎財讓舍
以居弔君弱冠萬里鵬摶定建霸業割劇江南弔君壯力遠
鎮巴丘景升懷慮討逆無憂弔君丰度佳配小喬漢臣之壻
不愧當朝弔君氣槩諫阻納質始不垂翅終能奮翼弔君鄱
陽蔣幹來說揮洒自如雅量高志弔君弘才文武籌畧火攻
破敵挽强爲弱想君當年雄資英發哭君早逝俯地流血忠
義之心英靈之氣命終三紀名垂百世哀君情切愁腸千結

惟我肝膽悲無斷絕昊天昏暗三軍愴然主爲哀泣友爲

漣亮也不才丐計求謀助吳拒曹輔漢安劉犄角之援首尾

相儔若存若亡何慮何憂嗚呼公瑾生死永別朴守其貞冥

冥滅滅魂如有靈以鑑我心從此天下更無知音此是實語嗚呼

痛哉伏惟尚饗

孔明祭畢伏地大哭淚如湧泉哀慟不已哭其不能助我以攻曹方真哭非假哭也

衆將相謂曰人盡道公瑾與孔明不睦今觀其祭奠之情人皆

虛言也魯肅見孔明如此悲切亦爲感傷自思曰孔明自是

情乃公瑾量窄自取死耳寫魯肅處處是實心人後人有詩嘆曰

卧龍南陽睡未醒　又添列曜下舒城

蒼天既已生公瑾　塵世何須出孔明

魯肅設宴欵待孔明宴罷孔明辭回方欲下船只見江邊一人道袍竹冠皂縧素履一手揪住孔明大笑曰汝氣死周郎却又來弔孝明欺東吳無人耶孔明急視其人乃鳳雛先生龐統也孔明此來正爲尋訪賢士乃不用孔明去尋偏用龐統自來又不用順寫而用逆接妙甚孔明亦大笑兩人攜手登舟各訴心事孔明乃留書一封與統囑曰吾料孫仲謀

必不能重用足下稍有不如意可來荊州共扶玄德此人寬仁厚德必不負公平生之所學繞允諾而別（不便偕歸妙有曲折）孔明自回荊州却說魯肅送周瑜靈柩至蕪湖孫權接着哭祭於前命厚葬於本鄉（了却周瑜）瑜有兩男一女長男循次男胤權皆厚恤之魯肅曰肅碌碌庸才誤蒙公瑾重薦其實不稱所職願舉一人以助主公此人上通天文下曉地理謀略不減於管樂樞機可並於孫吳往日周公瑾多用其言孔明亦深服其智見在江南何不重用（借魯肅口極力寫龐統）權聞言大喜便問此人姓名肅曰此人乃

襄陽人姓龐名統字士元道號鳳雛先生權曰孤亦聞其名久矣今既在此可即請來相見於是魯肅邀請龐統入見孫權施禮畢權見其人濃眉掀鼻黑面短髯形容古怪心中不喜以貌取人失之子羽獨不思碧眼紫髯亦自形容古怪耶乃問曰公平生所學以何爲主統曰不必拘執隨機應變權曰公之才學比公瑾何如統笑曰某之所學與公瑾大不相同權平生絕喜周瑜見統輕之心中愈不樂既厭其貌又怪其言乃謂統曰公且退待有用公之時却來相請統長嘆一聲而出魯肅曰主公何不用龐士元權曰狂士也用之何益

肅曰赤壁鏖兵之時此人曾獻連環策成第一功（照應四十七回中事）主公想必知之權曰此時乃曹操自欲釘船未必此人之功也吾誓不用之魯肅出謂龐統曰非肅不薦足下奈吳侯不肯用公公且耐心統低頭長嘆不語肅曰公莫非無意於吳中乎統不答肅曰公抱匡濟之才何往不利可實對肅言將欲何往統曰吾欲投曹操去也（反言以激之）肅曰此明珠暗投矣可往荊州投劉皇叔必然重用統曰統意實欲如此前言戲耳肅曰某當作書奉薦公輔玄德必令孫劉兩家無相攻擊同力破曹（見識勝周郎十倍）

統曰此某平生之素志也乃求肅書逕往荆州來見玄德此時孔明按察四郡未回（妙有此折）門吏傳報江南名士龐統特來相投玄德久聞統名便教請入相見統見玄德長揖不拜玄德見統貌陋心中亦不悅（曹操初見龐統恭敬之極仲謀玄德反不如之）乃問統曰足下遠來不易統不即取出魯肅書幷孔明投呈但答曰聞皇叔招賢納士特來相投（妙有身分若今之挾薦書投人者未入門而先傳進矣）玄德曰荆楚稍定苦無閒職此去東北一百三十里有一縣名耒陽縣缺一縣宰屈公任之如後有缺却當重用統思玄德待我何薄欲以才學動

之見孔明不在只得勉强相辭而去（妙有曲折）統到耒陽縣不理政事終日飲酒爲樂（醉翁之意不在酒）一應錢糧詞訟並不理會有人報知玄德言龐統將耒陽縣事盡廢玄德怒曰豎儒焉敢亂吾法度遂喚張飛分付引從人去荊南諸縣巡視如有不公不法者就便究問恐於事有不明處可與孫乾同去張飛領了言語與孫乾前至耒陽縣軍民官吏皆出郭迎接獨不見縣令（以飲酒廢事猶勝於以迎接廢事若善於迎接者便非好縣令）飛問曰縣令何在同僚覆曰龐縣令自到任及今將百餘日縣中之事並不理問每日飲酒自旦及夜

只在醉鄉今日宿酒未醒猶卧不起。既有卧龍安得無卧鳳卧治有餘卧亦是醒彼闇於治者雖日日醒猶日日卧耳。張飛大怒欲擒之孫乾曰龐士元乃高明之人未可輕忽且到縣問之如果於理不當治罪未晚飛乃入縣正廳上坐定教縣令來見統衣冠不整扶醉而出故作偃蹇之態飛怒曰吾兄以汝爲人令作縣宰汝焉敢盡廢縣事統笑曰將軍以吾廢了縣中何事奇絕妙絕。飛曰汝到任百餘日終日在醉鄉安得不廢政事統曰量百里小縣些小公事何難決斷此不足爲先生事。將軍少坐待我發落隨即喚公吏將百餘日所積公務都取來剖斷吏皆紛然齎抱案卷上廳訴詞，被告人等環跪階下。統手中批判，口中發落，耳內聽詞（劉穆之不足爲奇），曲直分明，並無分毫差錯。民皆叩首拜伏。不到半日，將百餘日之事盡斷畢了（誰云大受者不可小知）。投筆於地而對張飛曰：所廢之事何在（妙極）？曹操、孫權，吾視之若掌上觀文（出圭角），一語便露。量此小縣，何足介意！飛大驚，下席謝曰：先生大才，小子失敬。吾當於兄長處極力舉薦（前倨後恭，粗中有細）。統乃將出魯肅薦書（兩封薦書，又只先取一封。藏却一封，妙有曲折）。飛曰：先生初見吾兄，何不將出？統曰：若便將出，似乎專藉薦書來干謁矣（今之求討薦書自一味鑽刺者讀不媿死。飛顧謂孫乾曰：非公則失一大賢也。遂辭統回荊州，見玄德，具說龐統之才。玄德大驚曰：屈待大賢，吾之過也。飛將魯肅薦書呈上。不消魯肅薦，先生先自薦矣。玄德折視之，書畧曰：

龐士元非百里之才，使處治中、別駕之任，始當展其驥足。如以貌取之，恐負所學，有鑒於孫權，而先爲是言也。終爲他人所用，實可惜也。

玄德看畢，正在嗟呀，忽報孔明回。玄德接入，禮畢，孔明先問曰：龐軍師近日無恙否？問得妙。玄德曰：近治耒陽縣，好酒廢事。孔明矣曰士元非百里之才胸中所學勝亮十倍（此句是過譽足見孔明之謙不似今人之妄自矜誇也）亮曾有薦書在士元處曾達主公否玄德曰今日方得子敬書却未見先生之書孔明曰大賢若處小任往往以酒糊塗倦於視事玄德曰若非吾弟所言險失大賢隨即令張飛往耒陽縣敬請龐統到荊州玄德下堦請罪統方將出孔明所薦之書（兩封書分兩次取出寫龐統極有身分）玄德看書中之意言鳳雛到日宜即重用玄德喜曰昔司馬德操言伏龍鳳雛兩人得一可安天下（照應三十五回中語）今吾二人皆得漢室可興矣遂拜龐統為副軍師

中郎將與孔明共贊方畧教練軍士聽候征伐（以上按下玄德一邊以下後敘曹操一邊）早有人報到許昌言劉備有諸葛亮龐統爲謀士招軍買馬積草屯糧連結東吳早晚必興兵北伐曹操聞之遂聚衆謀士商議南征荀攸進曰周瑜新死可先取孫權次攻劉備操曰我若遠征恐馬騰來襲許都前在赤壁之時軍中有訛言亦傳西京入寇之事（照應四十入回中事）今不可不防也荀攸曰以愚所見不若降詔加馬騰爲征南將軍使討孫權誘入京師先除此人則南征無患矣（本因劉備轉出孫權又因孫權轉入馬騰將二十回中事至此忽然歸結）操大喜即曰

遣人賫詔至西凉召馬騰却說騰字壽成漢伏波將軍馬援之後父名肅字子碩桓帝時爲天水蘭干縣尉後失官流落隴西與羌人雜處遂娶羌女生騰騰身長八尺體貌雄異禀性溫良人多敬之靈帝末年羌人多叛騰召募民兵破之初平中年因討賊有功拜征西將軍與鎮西將軍韓遂爲弟兄（又補叙馬騰來歷是續前文之所未及）當日奉詔乃與長子馬超商議曰吾自與董承受衣帶詔以來與劉玄德約共討賊不幸董承已死玄德屢敗我又僻處西凉未能協助玄德（馬騰一向冷落不見出頭得此兩句叙明）今聞玄德已得荊

州我正欲展昔日之志而曹操反來召我當是如何馬超曰操奉天子之命以召父親今若不往彼必以逆命責我矣當乘其來召竟往京師於中取事則昔日之志可展也有馬超之言方見馬騰此去不是疎虞馬騰兄子馬岱諫曰曹操心懷叵測叔父若往恐遭其害爲下文伏筆超曰兒願盡起西涼之兵隨父親殺入許昌爲天下除害有何不可是馬超聲口騰曰汝自統羌兵保守西涼只教次子馬休馬鐵并姪馬岱隨我同往曹操見有汝在西涼又有韓遂相助諒不敢加害於我也爲後文韓遂助馬超伏線超曰父親若往切不可輕

入京師當隨機應變觀其動靜騰曰吾自有處不必多慮於是馬騰乃引西涼兵五千先教馬休馬鐵爲前部留馬岱在後接應。爲馬岱逃回伏筆。迤邐望許昌而來離許昌二十里屯住軍馬曹操聽知馬騰已到喚門下侍郎黃奎分付曰目今馬騰南征吾命汝爲行軍參謀先至馬騰寨中勞軍可對馬騰說西涼路遠運糧甚難不能多帶人馬我當更遣大兵協同前進來日教他入城面君賺他入城使是誘殺之計吾就應付糧草與之奎領命來見馬騰騰置酒相待奎酒半酣而言曰吾父黃琬死於李傕郭汜之難嘗懷痛恨又將數十回前之事於此一提不想今日又遇欺君之賊騰曰誰爲欺君之賊奎曰欺君者操賊也公豈不知之而問我耶騰恐是操使來相探急止之曰耳目較近休得亂言奎叱曰公竟忘却衣帶詔乎前馬騰見董承時馬騰正言董承隱諱今黄奎見馬騰又是黄奎正言馬騰隱諱前後遥遥相對騰見他說出心事乃密以實情告之奎曰操欲公入城面君必非好意公不可輕入來日當勒兵城下待曹操出城點軍就點軍處殺之大事濟矣二人商議已定黄奎回家恨氣未息其妻再三問之奎不肯言不告其妻而獨告其妾何也不料其妾李春香與奎妻弟苗

澤私通澤欲得春香正無計可施與董承家秦慶童事文相彷彿妾見黃奎情慌遂對澤曰黃侍郎今日商議軍情回意甚憤恨不知爲誰澤曰汝可以言挑之曰人皆說劉皇叔仁德曹操奸雄何耶看他說甚言語是夜黃奎果到春香房中妾以言挑之奎乘醉言曰汝乃婦人尚知邪正何況我乎吾所恨者欲殺曹操也妾曰若欲殺之如何下手奎曰吾已約定馬將軍明日在城外點兵時殺之謀及婦人宜其死耳妾告於苗澤澤報知曹操操便密喚曹洪許褚分付如此如此又喚夏侯淵徐晃分付如此如此各人領命去

了一面先將黄奎一家老小拏下次日馬騰領着西凉兵馬將
次近城只見前面一簇紅旗打着丞相旗號馬騰只道曹操自
來點軍拍馬向前忽聽得一聲砲響紅旗開處弓弩齊發一將
當先乃曹洪也馬騰急撥馬回時兩下喊聲又起左邊許褚殺
來右邊夏侯淵殺來後面又是徐晃領兵殺至截斷西凉軍馬
兩起調撥却与將馬騰父子三人困在垓心馬騰見不是頭奮
作四處出現三人中先馬休隨着馬騰左衝右
力衝殺馬鐵早被亂箭射死死了一個
突不能得出二人身帶重傷坐下馬又被箭射倒父子二人俱

被執曹操教將黃奎與馬騰父子一齊綁至（董承七人之外添出一吉平馬騰父子之外添出一黃奎前後遥遥相對）黃奎大叫無罪操教苗澤對證馬騰大罵曰豎儒誤我大事我不能爲國殺賊是乃天也操命牽出馬騰罵不絕口與其子馬休及黃奎一同遇害後人有詩嘆馬騰曰

父子齊芳烈　忠貞著一門　捐生圖國難　誓死答君恩
嚼血盟言在　誅奸義狀存　西凉推世胄　不愧伏波孫

苗澤告操曰不願加賞只求李春香爲妻操笑曰你爲了一婦人害了你姐夫一家留此不義之人何用（奸雄快語可見可見）便教將苗

澤李春香與黃奎一家老小並斬於市觀者無不嘆息後人有詩嘆曰

苗澤因私害藎臣　春香未得反傷身

奸雄亦不相容恕　枉自圖謀作小人

曹操教招安西凉兵馬諭之曰馬騰父子謀反不干衆人之事一面使人分付把住關隘休教走了馬岱且說馬岱自引一千兵在後早有許昌城外逃回軍士報知馬岱岱大驚只得棄了兵馬扮作客商連夜逃遁去了（以上按下西凉一邊　以下再叙許昌一邊）曹操殺了

馬騰等便決意南征忽人報曰劉備調練軍馬收拾器械將欲取川操驚曰若劉備收川則羽翼成矣將何以圖之言未畢堦下一人進言曰某有一計使劉備孫權不能相顧江南西川皆歸丞相正是

西川豪傑方遭戮　南國英雄又受殃

未知獻計者是誰且看下文分解

第五十八回

○○○○○○○

馬孟起興兵雪恨

曹阿瞞割鬚棄袍

周瑜在而孫劉離周瑜死而孫劉合曹操去而孫劉離曹操欲至而孫劉又合此兩家離合之機也乃孫方借劉以拒操而劉忽借馬以救孫則奇劉方約馬以拒操而操忽約韓以取馬則更奇韓不爲操以攻馬而馬得合韓以攻曹則愈奇至於劉不助馬而助馬者乃是韓劉不約韓而約韓者乃是操馬非救孫而救孫者實是馬馬非應劉而借馬者實是劉是又事之最巧而文之至幻者矣

曹操孫權之欲報父讎爲父也非爲君也私也馬超之欲報父讎爲父也亦爲君也公也馬騰爲衣帶詔而死則騰爲忠臣超爲父之死於衣帶詔而討操則超爲孝子而亦爲忠臣而前史誤書之爲賊誤書之爲反則大謬矣若斷以春秋之義直當書曰馬超起兵西凉討曹操斯爲得之曹操不能殺陶謙而以呂布回兵孫權不能殺劉表而反使魯肅弔孝烏覩所謂不共天地不同日月者乎若馬超者是眞能報讎矣遶樹之鎗渡河之箭操之不死間不容

髮雖天方助操不能遽斬國賊而使之心寒膽落魄散魂飛則謂馬超已誅曹操可也

君子觀於割鬚棄袍之事而竊以爲是漢帝之威靈也何也衣帶詔不降則義狀不立義狀不立則馬騰不死馬騰不死則馬超不來惟有帝之刺血所以有操之割鬚惟有帝之解帶所以有操之棄袍耳

曹操每至危急時有曹洪救之有許褚救之有丁斐救之然而曹洪許褚之救是以救救也丁斐之救是以不救救

也延津之戰棄糧與馬渭橋之戰放馬與牛前之餌敵所以取勝後之餌敵所以救敗則洪與褚之勇又不若丁斐之智耳

當馬超戰潼關之時孫劉兩家若能虛而襲許都此大快事而孫權不爲劉備亦不爲其故何也蓋東吳之兵但能應敵而不能取敵一合淝且不下而何有於許昌乎且其所欲得者荊州耳志固不在中原也劉備則欲養其兵力以取西川卽東吳求救且不肯輕勞我師而何暇於襲許

昌乎是其志雖在中原而西川未得不敢遽圖中原也曹操有可乘之勢而兩家未有能乘之力嗚呼豈非天哉

赤壁鏖兵之日徐庶曾乞一兵守潼關矣而此卷但見鍾繇不見徐庶何也意者徐庶此時已死乎不然庶縱不肯爲操設謀而身在潼關恐不能謝其責也自赤壁一去更不見徐庶下落庶卽不死我知其必託病而歸田里耳

却說獻策之人乃治書侍御史陳羣字長文操問曰陳長文有何良策羣曰今劉備孫權結爲唇齒若劉備欲取西川丞相可

命上將提兵會合淝之衆逕取江南則孫權必求救於劉備備意在西川必無心救權權無救則力乏兵衰江東之地必爲丞相所得前欲使馬騰伐吳意不在吳而在騰也至此則眞伐吳矣若得江東則荊州一鼓可平也荊州既平然後徐圖西川天下定矣操曰長文之言正合吾意即時起大兵三十萬逕下江南令合淝張遼準備糧草以爲供給早有細作報知孫權權聚衆將商議張昭曰可差人往魯子敬處教急發書到荊州使玄德同力拒曹子敬有恩於玄德其言必從且玄德既爲東吳之壻亦義不容辭若玄德來相

助江南可無慮矣事急則孫劉復合但內兄不致書於妹丈而必欲煩魯肅修書者以上有江上之追故耳故曰凡事留人情後來好相見權從其言即遣人諭魯肅使求救於玄德肅領
命隨即修書使人送玄德玄德看了書中之意留使者於館舍
差人往南郡請孔明孔明到荊州玄德將魯肅書與孔明看畢
孔明曰也不消動江南之兵也不必動荊州之兵自使曹操不
敢正覷東南便回書與魯肅教高枕無憂若但有北兵侵犯皇
叔自有退兵之策妙在不即說明令人測摸不出使者去了玄德問曰今操起
三十萬大軍會合淝之衆一擁而來先生有何妙計可以退之

孔明曰操平生所慮者乃西涼之兵也今操殺馬騰其子馬超見統西涼之衆必切齒操賊主公可作一書往結馬超使超與兵入關則操又何暇下江南乎（馬騰死後便當接出馬超却偏因曹操伐吳孫權求救然後轉將出來事曲而文亦曲）玄德大喜卽時作書遣一心腹人逕往西涼州投下却說馬超在西涼州夜感一夢夢見身臥雪地羣虎來咬驚懼而覺心中疑惑聚帳下將佐告說夢中之事帳下一人應聲曰此夢乃不祥之兆也衆視其人乃帳前心腹校尉姓龐名德字令名超問令名所見若何德曰雪地遇虎夢兆殊惡莫非老

將軍在許昌有事否言未畢一人踉蹌而入（接筍甚緊）哭拜於地曰叔父與弟皆死矣超視之乃馬岱也超驚問何爲岱曰與侍郎黃奎同謀殺操不幸事泄皆被斬於市二弟亦遇害惟岱扮作客商星夜走脫超聞言哭倒於地衆將救起超咬牙切齒痛恨操賊（即無玄德書超之起兵決矣）忽報荊州劉皇叔遣人賫書至（馬超正說夢馬岱忽來馬超正哭玄德書又來忽來接筍處俱極緊）超拆視之書畧曰伏念漢室不幸操賊專權欺君罔上黎民凋殘備昔與令先君同受密詔誓誅此賊（照應二十回中事）今令先君被操所害此將

軍不共天地不同日月之讐也若能率西凉之兵以攻操之右備當舉荊襄之衆以遏操之前句虛則逆操可擒姦黨可滅讐辱可報漢室可興矣書不盡言立待回音

馬超看畢即時揮涕回書發使者先回隨後便起西凉軍馬正欲進發忽西凉太守韓遂使人請馬超往見馬超正欲起兵韓遂之使忽來接筍又甚緊超至遂府遂將出曹操書視之內云若將馬超擒赴許都即封汝爲西京侯玄德致書於馬超用實寫曹操致書於韓遂用虛寫一實一虛筆法變化有此書札往來便爲下文詐書張本超拜伏於地曰請叔父就縛俺兄弟二人解赴許

豈免叔父戈戟之勞（文勢便曲）有此一逆韓遂扶起曰吾與汝父結爲兄弟安忍害汝汝若興兵吾當相助（玄德之助是虛韓遂之助是實）馬超拜謝韓遂便將操使者推出斬之乃點手下八部軍馬一同進發那八部乃侯選程銀李堪張横梁興成宜馬玩楊秋也八將隨着韓遂合馬超手下龐德馬岱共起二十萬大兵殺奔長安來（寫得聲勢）長安郡守鍾繇飛報曹操一面引軍拒敵布陣於野西凉州前部先鋒馬岱引軍一萬五千浩浩蕩蕩漫山遍野而來鍾繇出馬答話岱使寶刀一口與繇交戰不一合繇大敗奔走（只會寫字那裏）

曾斷殺我有筆如刀不若別人懷寶劍伏出提刀趕來。馬超韓遂引大軍都到，圍住長安。鍾繇上城守護。長安乃西漢建都之處，城郭堅固，壕塹險深，急切攻打不下。一連圍了十日，不能攻破。龐德進計曰：「長安城中土硬水鹹音減，甚不堪食；更兼無柴。今圍十日，軍民饑荒。不如暫且收軍，只須如此如此，長安唾手可得。」此時妙在不敘明白至後方知其計馬超曰：「此計大妙。」即時差令字旗傳與各部，盡教退軍。馬超親自斷後。各部軍馬漸漸退去。鍾繇次日登城看時，軍皆退了。只恐有計，令人哨探；果然遠去，方纔放心。縱令軍民出城打柴取水大開城門放人出入（即此便是計策）至第五日人報馬超兵又到軍民競奔入城（此時龎德已雜其中矣）鍾繇仍復閉城堅守却說鍾繇弟鍾進守把西門約近三更城門裏一把火起鍾進急來救時城邊轉過一人舉刀縱馬大喝曰龎德在此（龎德入城不用明叙至此突如其來如亞夫將軍從天而下）鍾進措手不及被龎德一刀斬於馬下殺散軍校斬關斷鎖放馬超韓遂軍馬入城鍾繇從東門棄城而走馬超韓遂得了城池賞勞三軍鍾繇退守潼關飛報曹操操知失了長安不敢復議南征（照應前文東吳求救事此馬超救之而實玄德救之也）遂喚曹洪徐晃分付

先帶一萬人馬替鍾繇緊守潼關如十日內失了關隘皆斬十日外不干汝二人之事我統大軍隨後便至二人領了將令星夜便行曹仁諫曰洪性躁誠恐悞事（預爲此人潼關伏脈筆）操曰你與我押送糧草便隨後接應却說曹洪徐晃到潼關替鍾繇堅守關隘並不出戰馬超領軍來關下把曹操三代毀罵（陳琳又一）曹洪大怒要提兵下關廝殺徐晃諫曰此是馬超要激將軍廝殺切不可與戰待丞相大軍來必有主畫馬超軍日夜輪流來罵（陳琳罵操以筆馬超罵操以口筆止一筆口有萬口）曹洪只要廝殺徐晃苦苦擋住至第九日在

迤（音夷）邐

關上看時西凉軍都棄馬在於關前草地上坐多半困乏就於地上睡臥（誘敵之計）曹洪便教備馬點起三千兵殺下關來西凉兵棄馬拋戈而走洪迤邐追趕時徐晃正在關上點視糧車聞曹洪下關廝殺大驚急引兵隨後趕來大叫曹洪回馬忽然背後喊聲大震馬岱引軍殺至（城外見馬岱與城中見龐德皆突如其來寫得聲勢）曹洪徐晃急回走時一棒鼓響山背後兩軍截出左是馬超右是龐德混殺一陣曹洪抵當不住折軍大半撞出重圍奔到關上西凉兵隨後趕來洪等棄關而走龐德直追過潼關撞見曹仁軍馬救

了曹洪等一軍馬超接應龐德上關曹洪失了潼關奔見曹操操曰與你十日限如何九日失了潼關洪曰西京軍兵百般辱罵因見彼軍懈怠乘勢趕去不想中賊奸計操曰洪年幼躁暴徐晃你須曉事晃曰累諫不從當日晃在關上點糧車比及知道小將軍已下關了晃恐有失連忙趕去已中賊奸計矣操大怒喝斬曹洪（忘却寧可無洪不可無公之時耶）衆官告免曹洪服罪而退操進兵直抵潼關曹仁曰可先下定寨柵然後打關未遲操令砍伐樹木起立排柵分作三寨左寨曹仁右寨夏侯淵操自居中寨

次日操引三寨大小將校殺奔關隘前去正遇西京軍馬兩邊各布陣勢操出馬於門旗下看西京之兵人人勇健箇箇英雄又見馬超生得面如傅粉唇若抹朱腰細膀寬聲雄力猛白袍銀鎧手執長鎗立馬陣前借曹操眼中極寫馬超上首龐德下首馬岱操暗暗稱奇自縱馬謂超曰汝乃漢朝名將子孫何故背反耶超咬牙切齒大罵操賊欺君罔上罪不容誅害我父弟不共戴天之讐吾當活捉生啖汝肉前是背後罵此是當面罵只此數語亦抵得一篇檄文說罷挺鎗直殺過來曹操背後于禁出迎兩馬交戰鬭到八九合于禁

敗走張郃出迎戰二十合亦敗走李通出迎超奮威交戰數合之中一鎗刺李通於馬下超把鎗望後一招西京兵一齊衝殺過來操兵大敗西京兵來得勢猛左右將佐皆抵當不住馬超龐德馬岱引百餘騎直入中軍來捉曹操操在亂軍中只聽得西凉軍大叫穿紅袍的是曹操操就馬上急脫下紅袍（暢絶。快絶。馬超掛孝。曹操何敢穿紅。操之去紅。只算替馬超帶孝。）又聽得大叫長髯者是曹操操驚慌掣所佩刀斷其髯（袁紹入宮時鬚子大得便宜。馬超追操時鬚子又極受累。）軍中有人將曹操割髯之事告知馬超超遂令人叫拏短髯者是曹操操聞知

即扯旗角包頭而逃（暢絶快絶關公囊長鬚曹操包短鬚若云裹頭的是曹操則將斷其頭乎）後人有詩曰

潼關戰敗望風逃　孟德愴惶脫錦袍
劍割髭髯應喪膽　馬超聲價蓋天高

曹操正走之間背後一騎趕來回頭視之正是馬超（嚇煞）操大驚左右將校見超趕來各自逃命只撇下曹操超厲聲大叫曰曹操休走操驚得馬鞭墜地看看趕上馬超從後使鎗搠來操遶樹而走超一鎗搠在樹上急拔下時操已走遠（或曰惡人不死天之道也予曰

此非天道。特天數耳。超縱馬趕來。山坡邊轉過一將大叫。勿傷吾主。曹洪在此。輪刀縱馬攔住馬超。操得命走脫。與滎陽救操。彷彿相似。洪與馬超戰到四五十合。漸漸刀法散亂。氣力不加。夏侯淵引數十騎隨到。馬超獨自一人。恐被所算。乃撥馬而回。夏侯淵也不來趕。曹操回寨。卻得曹仁死據定了寨柵。因此不曾多折軍馬。操入帳歎曰。吾若殺了曹洪。今日必死於馬超之手也。不是寫曹洪。是寫馬超。遂喚曹洪重加賞賜。收拾敗軍。堅守寨柵。深溝高壘。不許出戰。超每日引兵來寨前。辱罵搦戰。操傳令教軍士堅守。如亂動者斬。

諸將曰西京之兵盡使長鎗當選弓弩迎之操曰戰與不戰皆在於我非在賊也賊雖有長鎗安能便刺諸公但堅壁觀之賊自退矣諸將皆私相議曰丞相自來征戰一身當先今敗於馬超何如此之弱也弱得作怪過了幾日細作報來馬超又添二萬生力兵來助戰乃是羌人部落操聞知大喜喜得作怪諸將曰馬超添兵丞相反喜何也操曰待吾勝了却對汝等說三日後又報關上又添軍馬操又大喜就於帳中設宴作賀賀得作怪諸將皆暗笑操曰諸公笑我無破馬超之謀公等有何良策徐晃進曰今丞

相盛兵在此賊亦全部見屯關上此去河西必無準備若得一軍暗渡蒲阪津先截賊歸路丞相逕發河北擊之賊兩不相應勢必危矣（因曹操分兵故韓與馬亦分兵分則易問也）操曰公明之言正合吾意便教徐晃引精兵四千和朱靈同去逕襲河西伏於山谷之中待我渡河北同時擊之徐晃朱靈領命先引四千軍暗暗去了操下令先教曹洪於蒲阪津安排船筏留曹仁守寨操自領兵渡渭河早有細作報知馬超超曰今操不攻潼關而使人準備船筏欲渡河北必將遏吾之後也吾當引一軍抑河拒住岸北操

兵不得渡不消二十日河東糧盡操兵必亂却備河南而擊之操可擒矣長江不可渡渭河亦幾不可渡韓遂曰不必如此豈不聞兵法有云兵半渡可擊待操兵渡至一半汝却於南岸擊之操兵皆死於河內矣不死於陸必死於水其不死者天也超曰叔父之言甚善即使人探聽曹操幾時渡河却說曹操整兵已畢分三停軍前渡渭河比及人馬到河口時日光初起操先發精兵渡過北岸開創營寨操自引親隨護衛軍將百人按劍坐於南岸看軍渡河忽然人報後邊白袍將軍到了白虎來不臨騰蛇發動衆皆認得是馬超一擁下船河邊

軍爭上船者聲喧不止操猶坐而不動按劒指約休閙只顧其前不顧

其後烏巢燒糧時亦用此法只聽得人喊馬嘶蜂擁而來船上一將躍身上

岸呼曰賊至矣請丞相下船操視之乃許褚也操口內猶言賊

至何妨回頭視之馬超已離不得百餘步嚇殺許褚揹操下船時

船已離岸一丈有餘褚負操一躍上船隨行將士盡皆下水扳

住船邊爭欲上船逃命船小將翻褚掣刀亂砍傍船手盡折倒

於水中舟中之指可掬急將船望下水棹去許褚立於梢上忙用木篙

撑之操伏在許褚脚邊許褚爲曹操手下將曹操反爲許褚脚下人馬超趕到河岸

見船已流在半河遂拈弓搭箭喝令驍將遶河射之矢如雨急褚恐傷曹操以左手舉馬鞍遮之（操無洪則死於陸無褚則死於水其不死者天也）馬超箭不虛發船上駕舟之人應弦落水船中數十人皆被射倒其船反撐不定於急水中旋轉許褚獨奮神威將兩腿夾艣搖撼一手使篙撐船一手舉鞍遮護曹操（以旗包頭以鞍遮身不謂旗與鞍却有如此用法）時有渭南縣令丁斐在南山之上見馬超追操甚急恐傷操命遂將寨內牛隻馬匹盡驅於外漫山遍野皆是牛馬西涼兵見之都回身爭取牛馬無心追趕曹操因此得脫（曹操不死虧了樹虧了旗）

（虧了載又虧了牛馬○虧了放牛救了水中一老牛虧了放馬退了岸上一怒馬）方到北岸便把船筏鑿沉諸將聽得曹操在河中逃難急來救時操已登岸許褚身披重鎧箭皆攢在甲上衆將保操至野寨中皆拜於地而問安操大笑曰我今日幾爲小賊所困（每敗必笑奸雄故態）褚曰若非有人縱馬放牛以誘賊賊必努力渡河矣操問曰誘賊者誰也有知者荅曰渭南縣令丁斐也少頃斐入見操謝曰若非公之良謀則吾被賊所擒矣遂命爲典軍校尉斐曰賊雖暫去明日必復來須以良策拒之操曰吾已准備了也遂喚諸將各分頭循河築

起甬道暫爲寨脚賊若來時陳兵於甬道外內虛立旌旗以爲疑兵更沿河掘下壕塹虛土棚葢河內以兵誘之賊急來必陷賊陷便可擊矣（但爲自守之計是示之以弱）卻說馬超回見韓遂說幾乎捉住曹操有一將奮勇負操下船去了不知何人遂曰吾聞曹操選極精壯之人爲帳前侍衛名曰虎衛軍以驍將典韋許褚領之（因許褚并提起典韋照應擊張繡時事）典韋已死今救操者必許褚也此人勇力過人人皆稱爲虎痴如遇之不可輕敵超曰吾亦聞其名久矣遂曰今操渡河將襲我後可速攻之不可令他創業營寨若

立營寨急難剿除超曰以姪愚意還只拒住北岸使彼不得渡河乃爲上策遂曰賢姪守寨吾引軍循河戰操若何超曰令龐德爲先鋒跟叔父前去於是韓遂與龐德將兵五萬直抵渭南操令衆將於甬道兩傍誘之龐德先引鐵騎千餘衝突而來喊聲起處人馬俱落於陷馬坑內龐德踴身一跳躍出土坑立於平地立殺數人步行砍出重圍（寫龐德聲勢爲後文戰關公伏筆）韓遂已被困在垓心龐德步行救之正遇着曹仁部將曹永被龐德一刀砍於馬下奪其馬殺開一條血路救出韓遂投東南而走（龐德失馬奪馬）

許褚跳船撑船兵勇相似背後曹兵趕來馬超引軍接應殺敗曹兵復救出大半軍馬戰至日暮方回計點人馬折了將佐程銀張橫陷坑中死者二百餘人韓遂入將中折了二人超與韓遂商議若遷延日久操於河北立了營寨難以退敵不若乘今夜引輕騎去劫野營遂曰須分兵前後相救於是超自爲前部令龐德馬岱爲後應當夜便行却說曹操收兵屯渭北喚諸將曰賊欺我未立寨柵必來劫野營可四散伏兵虛其中軍號砲響時伏兵盡起一鼓可擒也超遂之謀早爲老賊所覺衆將依令伏兵已畢當夜馬超却先使成宜

引三十騎徑前哨探。成宜見無人馬、逕入中軍。操軍見西京兵到、遂放號砲。四面伏兵皆出、只圍得三十騎。成宜被夏侯淵所殺。韓遂八將中又折了一人。馬超却自從背後與龐德馬岱出兵分三路蜂擁殺來。正是

縱有伏兵能候敵、怎當健將共爭先。

未知勝負若何、且看下文分解。

（明）羅貫中　撰

醉耕堂刊毛宗崗評本三國志演義

第五册

國家圖書館出版社

第五册目録

卷十九

卷二十

卷二十一

卷二十二

卷二十三

卷二十四

四大奇書第一種卷十九

茂苑毛宗崗序始氏校評　吳門杭永年資能氏評定

第三十七回

司馬徽再薦名士

劉玄德三顧草廬

徐庶之母與王陵之母皆賢母也陵母之死恐其子之歸楚庶母之死怒其子之歸曹然庶母不死於曹操𠋣見之初而死於徐庶既歸之日或恨其死之晚矣予曰不然曹

操非項羽比也羽直而操詐庶母卽欲先死以絕庶之望而奸詭如操何難秘之而不使庶知又何難於母死之後假作母書以召庶乎此不得爲庶母咎也

水鏡之薦孔明與元直之薦孔明又自不同元直則相告相囑唯恐玄德之無人唯恐孔明之不出是極忙極熱者也水鏡則自言自語反以元直之薦爲多事反以孔明之出爲可惜是極閒極冷者也一則特爲薦孔明而返一則偶因訪元直而來一有心一無意無爲來更無一筆相似而

各各入妙

玄德望孔明之急聞水鏡而以爲孔明見崔州平而以爲孔明見石廣元孟公威而以爲孔明見諸葛均黃承彥而又以爲孔明正如永夜望曙者見燈光而以爲曙也見月光而以爲曙也見星光而又以爲曙也又如旱夜望雨者聽風聲而以爲雨也聽泉聲而以爲雨也聽簷聲而又以爲雨也西廂曲云風動竹聲只道金珮響月移花影疑是玉人來玄德求賢如渴之情有類此者孔明卽欲不出安

得而不出乎

順天者逸逆天者勞無論徐庶有始無終不如不出即如孔明蓋瘁至死畢竟魏未滅吳未吞濟得甚事然使春秋賢士盡學長沮桀溺接輿丈人而無知其不可而爲之仲尼則誰著尊周之義于萬年使三國名流盡學水鏡州平廣元公威而無志於身藏不計利鈍之孔明則誰傳扶漢之心于千古玄德之言曰何敢委之數與命孔明其同此心與

淡泊寧靜之語是孔明一生本領淡泊則其人之冷可知寧靜則其人之閒可知天下非極閒極冷之人做不得極忙極熱之事後來自博望燒屯以至六出祁山無數極忙極熱文字皆從極閒極冷中積蓄得來

此卷極寫孔明而篇中卻無孔明蓋善寫妙人者不於有處寫正於無處寫寫其人如閒雲野鶴之不可定而其人始遠寫其人如威鳳祥麟之不易覩而其人始尊且孔明雖未得一遇而見孔明之居則極其幽秀見孔明之童則

極其澹淡見孔明之友則極其高超見孔明之弟則極其曠逸見孔明之丈人則極其清韵見孔明之題咏則極其俊妙不待接席言歡而孔明之爲孔明于此領畧過半矣玄德一訪再訪巳不覺入其玄中又安能巳于三顧耶

每到玄德訪孔明處必夾寫張翼德幾句性急語以襯之

或謂孔明難瞞玄德做勢一對空頭不若張翼德十分老實予笑曰爲此言者以論今人則可以論玄德孔明則不可孔明眞正養重非比今人之奔競求售只因索價甚高

畱難玄德眞正慕賢非比今人之本不愛客只因好名虛修禮貌也

觀水鏡未得其時之言及州平徒費心力之語令讀者眼光直射注五丈原一篇蓋在孔明未起手時早為他結尾伏下一筆矣今有作稗官者往往前不顧後後不顧前更有鬧稗官者亦往往前忘其後後忘其前或曰此等人當令其讀三國予曰此等人正未許其讀三國

却說徐庶趲程赴許昌曹操知徐庶已到遂命荀彧程昱等一

班謀士往迎之庶入相府拜見曹操（爲親屈非爲操屈也）操曰公乃高明之士何故屈身而事劉備乎庶曰某幼逃難流落江湖偶至新野遂與玄德交厚老母在此幸蒙慈念不勝愧感（人欲殺其母而反謝其慈念眞萬不得已之言）操曰公今至此正可晨昏侍奉令堂吾亦得聽淸誨矣（孰知此後晨昏永不得侍奉而淸誨亦誓不賜教乎）庶拜謝而出急往見其母泣拜于堂下母大驚曰汝何故至此庶曰近于新野事劉豫州因得母書故星夜至此徐母勃然大怒拍案罵曰辱子飄蕩江湖數年吾以爲汝學業有進何其反不如初也（元直始不過爲俠客繼則居然作名士本是從

勝于初乃責其汝既讀書須知忠孝不能兩全豈不識曹操欺

汝不知初妙甚

君罔上之賊劉玄德仁義布于四海況又漢室之胄汝既事之

得其主矣今憑一紙偽書更不詳察遂棄明投暗自取惡名真

愚夫也吾有何面目與汝相見汝玷辱祖宗空生于天地間耳

前罵曹操可敬今罵徐庶更可敬罵庶深于罵操矣罵得徐庶拜伏于地不敢仰視母自

轉入屏風後去了少頃家人出報曰老夫人自縊于梁間徐庶

慌入救時母氣已絕本欲全母之生以歸乃歸而反速母之死元直其抱恨終天乎後人有徐

母讚曰

賢哉徐母，流芳千古，守節無虧，于家有補，教子多方，處身自苦，氣若丘山，義出肺腑，讚美豫州，毀觸魏武，不畏鼎鑊，不懼刀斧，唯恐後嗣，玷辱先祖，伏劍同流，斷機堪伍，生得其名，死得其所，賢哉徐母，流芳千古。

徐庶見母已死，哭絕于地，良久方甦，曹操使人齎禮弔問，又親往祭奠。母而有靈，母其吐之。徐庶葬母柩于許昌之南原，居喪守墓，凡操有所賜，庶俱不受。以上了却徐庶 以下專叙孔明 時操欲商議南征，荀彧諫曰：○○○○○○天寒未可用兵，天寒二字 照後風雪 姑待春煖，方可長驅大進。操從之，乃引漳河之水作一池名玄武池于內教練水軍准備南征漢武習水戰于昆明池是天子窮兵外國曹操習水戰于玄武池是權臣黷武中華○以下按下曹操以下叙玄德却說玄德正安排禮物欲往隆中謁諸葛亮忽人報門外有一先生峩冠博帶道貌非常特來相探伊何人乎玄德曰此莫非即孔明否不獨玄德疑是孔明即讀者至此亦疑是孔明矣然孔明決不如此容易見也遂整衣出迎視之乃司馬徽也○突如其來幻絕玄德大喜請入後堂高坐拜問曰備自別仙顏日因軍務倥偬有失拜訪今得光降大慰仰慕之私徽曰聞徐元直在此特來一會不是來薦孔明却是來尋徐庶妙在極開玄德曰近因曹操囚其

母徐母遣人馳書與回許昌去矣只答還他尋徐庶尚不提起薦孔明亦妙在極閒徽曰此中曹操之計矣吾素聞徐母最賢雖為操所囚必不肯馳書召其子此書必詐也元直不去其母尚存今若去母必死矣水鏡之明于知人與徐母之勇于死義可稱雙絕玄德驚問其故徽曰徐母高義必羞見其子也其子不知而其友知之所謂關心者亂旁觀者清玄德曰元直臨行薦南陽諸葛亮其人若何此處方是正文以上只算開話徽笑曰元直欲去自去便了何又惹他出來嘔心血也不薦之薦不讚之讚妙在極閒極冷玄德曰先生何出此言徽曰孔明與博陵崔州平潁州石廣元汝南孟公威與徐

元直四人爲密友。本因徐庶知孔明，卻又于徐庶之外帶帶出三人。前者一人好名不肯道，今則連并說出，奇妙。此四人務于精純，惟孔明獨觀其大略。藏精純于大略之中。嘗抱膝長吟，而指四人曰：公等仕進可至刺史郡守。衆問孔明之志若何，孔明但笑而不答。既述其言，又述其所不言。其言可知，其所不言不可知。此補徐庶語中所未及。每常自比管仲、樂毅，其才不可量也。此中徐庶語中所已及。玄德曰：何潁州之多賢乎。徽曰：昔有殷馗善觀天文，嘗謂羣星聚于潁分，其地必多賢士。玄德所求，水鏡所薦，止一賢耳。乃舍一賢而美多賢。一稱地靈，一稱天文，妙在極忙中夾此閒筆。時雲長在側曰：某聞管仲、樂毅乃春秋戰國名人，功蓋寰宇，孔明白此此二人毋乃太過【雲長高臺管樂將孔明一抑】徽笑曰以吾觀之不當比此二人我欲另以二人比之【極似順雲長語氣】雲長問那二人徽曰可比興周八百年之姜子牙旺漢四百年之張子房也【雲長意中必謂于管樂之下更求其次矣不想水鏡却于管樂之上請衆出太公留侯來索性抹倒管樂將孔明極力一揚妙極妙極】皆愕然徽下堦相辭欲行玄德留之不住徽出門仰天大笑曰臥龍雖得其主不得其時惜哉【預爲後文伏筆】言罷飄然而去【寫水鏡卻閒雲野鶴忽然飛來忽然飛去瀟洒之極】玄德歎曰眞隱居賢士也次日玄德同關張并從人等來隆中遙望山畔數人荷鋤耕于田間而作歌曰

蒼天如圓蓋陸地如碁局世人黑白分往來爭榮辱榮者自
安安辱者定碌碌南陽有隱居高眠卧不足的是好歌
玄德聞歌勒馬喚農夫問曰此歌何人所作答曰乃卧龍先生
所作也未見其人先聞其歌玄德曰卧龍先生住何處農夫曰自此山之
南一帶高岡乃卧龍岡也岡前疎林內茅廬中即諸葛先生高
卧之地玄德謝之策馬前行不數里遥望卧龍岡果然清景異
常未見其人先觀其地後人有古風一篇單道卧龍居處詩曰
襄陽城西二十里一帶高岡枕流水高岡屈曲壓雲根流水

潺湲飛石體勢若困龍石上蟠形如單鳳松陰翼葉門半掩閑茅廬中有高人卧不起修竹交加列翠屏四時籬落野花馨床頭堆積皆黃卷座上往來無白丁叩户蒼猿時獻菓守門老鶴夜聽經囊裏名琴藏古錦壁間寶劍映松文廬中先生獨幽雅閒來親自勤耕稼專待春雷驚夢回一聲長嘯安天下。詩亦不俗。

玄德來到莊前下馬親叩柴門一童出問玄德曰漢左將軍宜城亭侯領豫州牧皇叔劉備特來拜見先生面見一簡與色千本童子曰

我記不得許多名字。每見人家閽奴。接着一大字名帖。輒便嚇。今童子聽得如許官銜。竟似不聞也者。眞不愧爲臥龍先生之童也。玄德曰。你只說劉備來訪。漸各而去其官。則得之矣。童子曰。先生今早少出。第一番不遇。玄德曰。何處去了。童子曰。蹤跡不定。不知何處去了。只在此山中。雲深不知處。玄德曰。幾時歸。童子曰。歸期亦不定。或三五日。或十數日。寫童子閒冷之甚。玄德惆悵不已。張飛曰。既不見自歸去罷了。玄德曰。且待片時。雲長曰。不如且歸。再使人來探聽。玄德從其言。囑付童子。如先生回。可言劉備拜訪。臨行再囑。極寫慇懃。遂上馬。行數里。勒馬回觀隆中景物。果然山不高而秀雅。水不深而澄清地不廣而平坦林不大而茂盛猿鶴相親松篁交翠觀之不已（再將卧龍所居之處賞鑒一番妙在勒馬回觀恭玩山色者宜于遥看遊勝地者不忍遽别也）忽見一人容貌軒昂丰姿俊爽頭戴逍遥巾身穿皂布袍杖藜從山僻小路而來（伊何人乎）玄德曰此必卧龍先生也（我亦疑是卧龍先生）急下馬向前施禮問曰先生非卧龍否其人曰將軍是誰（妙在不即通名先問玄德）玄德曰劉備也其人曰吾非孔明乃孔明之友博陵崔州平也（妙在此人不是孔明使玄德望箇空）玄德曰久聞大名幸得相遇乞即席地權坐請教一言二人對坐于林間石上關張侍立于側（忙中偏有州此閒筆）

平曰將軍何故欲見孔明玄德曰方今天下大亂四方雲擾欲見孔明求安邦定國之策耳州平笑曰公以定亂爲主雖是仁心但自古以來治亂無常自高祖斬蛇起義誅無道秦是由亂而入治也至哀平之世二百年太平日久王莽篡逆又由治而入亂光武中興重整基業復由亂而入治至今二百年民安已久故干戈又復四起此正由治入亂之時未可猝定也將軍欲使孔明斡旋天地補綴乾坤恐不易爲徒費心力耳豈不聞順天者逸逆天者勞數之所在理不得而奪之命之所定人不得

而強之乎。妙在極熱之時偏聽此極閒極冷之語。○說孔明徒費心力，是于孔明未出山時早爲他臨終結局伏下一筆，妙。玄德曰：先生所言誠爲高見，但備身爲漢胄，合當匡扶漢室，何敢委之數與命？與孔明成敗利鈍非所逆覩之言一樣意思。州平曰：山野之夫不足與論天下事，適承明問，故妄言之。州平更不往復，便作收科。玄德曰：蒙先生見教，但不知孔明往何處去了？玄德見話不投機，亦借問孔明作收科。州平曰：吾亦欲訪之，正不知其何往。愈閒愈冷。玄德曰：請先生同至敝縣若何？如此閒冷之人，安肯到縣？玄德此言不過了世事語。州平曰：愚性頗樂閒散，無意功名久矣，容他日再見。既無意功名，安肯他日再見？州平此言亦是了世事。言訖，長揖而去去得䬻酒與水鏡一般玄德與關張上馬而行張飛曰孔明又訪不着却遇此腐儒閒談許久偏是腐儒最喜閒談翼德罵之誠爲暢快但州平非其人耳玄德曰此亦隱者之言也昔之隱士翼德見之猶以爲腐儒若今之腐儒恐玄德見之必不以爲隱士也三人回至新野過了數日玄德使人探聽孔明回報曰卧龍先生已回矣玄德便教備馬張飛曰量一村夫何必哥哥自去可使人喚來便了有翼德阻擋愈襯得玄德慇懃玄德叱曰汝豈不聞孟子云欲見賢而不以其道猶欲其入而閉之門也孔明當世大賢豈可召乎孔明能比管樂玄德能讀孟子遂上馬再往訪孔明關張亦乘馬相隨時值隆

冬天氣嚴寒彤雲密布行無數里忽然朔風凜凜瑞雪霏霏山
如玉簇林似銀粧臥龍岡雪景必更可觀張飛曰天寒地凍尚不用兵正與
前荀彧天寒不可用兵二語相反而相應豈宜遠見無益之人乎不如回新野以避
風雪寫翼德愈襯出玄德玄德曰吾正欲使孔明知我慇懃之意如弟輩
怕冷可先回去飛曰死且不怕豈怕冷乎但恐哥哥空勞神思
用兵不怕冷訪客却怕冷一笑玄德曰勿多言只相隨同去將近茅廬忽聞路
旁酒店中有人作歌此何人玄德立馬聽之其歌曰
壯士功名尚未成嗚呼久不遇陽春君不見東海老叟辭荆

秦後東遂與文王親八百諸侯不期會白魚入舟涉孟津牧
野一戰血流杵鷹揚偉烈冠武臣又不見高陽酒徒起草中
長揖芒碭隆準公高談王霸驚人耳輟洗延坐欽英風東下
齊城七十二天下無人能繼踪兩人非際聖天子至今誰復
識英雄歌中之意獨有取于呂望與酈生者隱然合著管仲樂毅也管仲相于齊而呂望封于齊樂毅下齊七十餘城而酈生亦下齊七十餘城孔明自比管樂而其作歌之人與孔明相彷彿故其所歌之人亦與管樂相彷彿耳
歌罷又有一人擊桌而歌此又何人其歌曰
吾皇提劍清寰海創業垂基四百載桓靈季業火德衰姦臣

賊子調鼎鼐青蛇飛下御座旁又見妖虹降玉堂首卷中事忽于此處一提羣盜四方如蟻聚奸雄百輩皆鷹揚吾儕長嘯空拍手悶來村店飲村酒獨善其身盡日安何須千古名不朽前歌是弔古此歌是感今前歌是嘆遇此歌是自慰一唱一和如相贈答

二人歌罷撫掌大笑玄德曰臥龍其在此間乎我亦疑二人也必有一臥龍遂下馬入店見二人憑桌對飲上首者白面長鬚下首者清奇古貌先聞其歌後見其貌玄德揖而問曰二公誰是臥龍先生長鬚者曰公何人欲尋臥龍何幹亦妙在不即通名先問玄德玄德曰某乃劉備也欲

訪先生求濟世安民之術。長鬚者曰。吾等非卧龍。皆卧龍之友也。又妙在兩人都不是孔明。便玄德又望一箇空。吾乃潁州石廣元。此位是汝南孟公威。水鏡說孔明之友。自徐庶而外。更有崔石孟三人。今玄德俱不期而會。一則遇于初訪孔明之後。一則遇于再訪孔明之前。或一人獨遇。或兩人並遇。參差錯落。妙事妙文。玄德喜曰。備久聞二公大名。幸得邂逅。今有隨行馬匹在此。敢請二公同往卧龍莊上一談。廣元曰。吾等皆山野慵懶之徒。不省治國安民之事。不勞下問。明公請自上馬。尋訪卧龍。又妙在極閒極冷。玄德乃辭二人。上馬投卧龍岡來。到莊前下馬。扣門問童子曰。先生今日在莊否。童子曰。現在堂上讀書。讀者至此疑其只有兩顧不消三顧矣。玄德大喜，遂跟童子而入，至中門，只見門上大書一聯云：淡泊以明志，寧靜以致遠。觀此二語想見其爲人。玄德正看間，忽聞吟咏之聲，乃立于門側窺之。不即入見且窺聽之，爲尋紆徐有致。見草堂之上，一少年擁爐抱膝，歌曰：

鳳翺翔于千仞兮，非梧不棲。疑其人之爲龍，而聽其歌則又以鳳自況。士伏處于一方兮，非主不依。樂躬耕于隴畝兮，吾愛吾廬。聊寄傲于琴書兮，以待天時。

玄德待其歌罷，上草堂施禮曰：「備久慕先生，無緣拜會。昨因徐元直稱薦敬至仙莊不遇空回今特冒風雪而來得瞻道貌實爲萬幸此時玄德意中祗爲既遇孔明即今讀者意中亦以爲既遇孔明矣那少年慌忙答禮曰將軍莫非劉豫州欲見家兄否妙在又不是孔明又使玄德空歡喜玄德驚訝曰先生又非臥龍耶少年曰某乃臥龍之弟諸葛均也愚兄弟三人長兄諸葛瑾現在江東孫仲謀處爲幕賓孔明乃二家兄前徐庶止敘孔明之弟而未及其兄今卻在諸葛均口中補敘出諸葛瑾只一兄一弟分作兩番出落真敘事妙品玄德曰臥龍今在家否均曰昨爲崔州平相約出外閒游去矣第二番又不遇○方欲邀石孟同來誰知反爲州平約去玄德曰何處閒遊均曰或駕小舟游于江

湖之中或訪僧道于山嶺之上或尋朋友于村落之間或樂琴棊于洞府之內往來莫測不知去所（讀出高人韵事又妙在極閒極冷）玄德曰劉備直如此緣分淺薄兩番不遇大賢均曰少坐獻茶張飛曰那先生既不在請哥哥上馬（我知翼德此時決耐不得矣）玄德曰我既到此間如何無一語而回因問諸葛均曰聞令兄卧龍先生熟諳韜畧日看兵書可得聞乎均曰不知（又答得極閒極冷）張飛曰問他則甚風雪甚緊不如早歸（又借翼德焦燥襯出玄德謙恭）玄德叱止之均曰家兄不在不敢久留車騎容日却來回禮玄德曰豈敢望先生枉駕數

門之後。備當再至廟。借紙筆作一書。留達令兄。以表劉備惓惓之意。第一次通名。第二次致書。以後而來。漸漸相近。門遂進文房四寶。立德呵開凍筆。拂展雲箋。寫書曰。

備久慕高名。兩次晉謁。不遇空回。惆悵何似。竊念備漢朝苗裔。濫叨名爵。伏覩朝廷陵替。綱紀崩摧。羣雄亂國。惡黨欺君。備心膽俱裂。雖有匡濟之誠。實乏經綸之策。仰望先生仁慈忠義。慨然展呂望之大才。施子房之鴻略。稱呂望子房。正與司馬徽徐元直所言相應。天下幸甚。社稷幸甚。先此布達。再容齋戒薰沐。特拜尊

顏面傾鄙帽繞希鬖原

玄德寫罷遞與諸葛均收了拜辭出門均送出玄德再三慇懃致意而別第一次囑其童第二次囑其弟以次而來文漸漸相近方上馬欲行忽見童子招手籬外叫曰老先生來也此必孔明無疑矣玄德視之見小橋之西一人煖帽遮頭狐裘蔽體騎着一驢後隨一青衣小童携一葫蘆酒踏雪而來絕妙一幅畫圖轉過小橋口吟詩一首又寫得極閒極冷詩曰

一夜北風寒萬里彤雲厚長空雪亂飄改盡江山舊仰面觀太虛疑是玉龍鬬紛紛鱗甲飛頃刻遍宇宙堂上之歌有風雪中之歌有[illegible]

鳳與龍文
閒閒相對騎驢過小橋獨歎梅花瘦通篇詠雪末句映梅此石孟二人弔古感今之歌更覺瀟洒

玄德聞歌曰此眞臥龍矣我亦以爲此番定然不謬滾鞍下馬向前施禮曰先生冒寒不易劉備等候久矣那人慌忙下驢答禮諸葛均在後曰此非臥龍家兄乃家兄岳父黃承彥也妙在又不是孔明又使玄德望箇空○不用黃承彥通名却用諸葛均代說文變一樣文法玄德曰適間所吟之句極其高妙承彥曰老夫在小壻家觀梁父吟記得這一篇適過小橋偶見籬落間梅花故感而誦之不期爲尊客所聞宋太祖雪中訪趙普見了論語半部

劉玄德雪中訪孔明。聽了詩歌幾篇。然半部致太平。是趙普欺人之語。不若詩歌之足以動聽也。玄德曰。曾見令婿否。承彥曰。便是老夫也。來看他。又妙在荅得極閒極冷。玄德聞言辭別承彥上馬而歸。正值風雪又大。回望臥龍岡。悒快不已。前番玩景。此番無心玩景。惟有悒快。寫得有情致。後人有詩單道玄德風雪訪孔明詩曰。

一天風雪訪賢良。不遇空回意感傷。
凍合溪橋山石滑。寒侵鞍馬路途長。
當頭片片梨花落。撲面紛紛柳絮狂。
回首停鞭遙望處。爛銀堆滿臥龍岡。

玄德回新野之後光陰荏苒又早新春（冬季則龍蟄春雷則龍起動臥龍者當乎春時動之）乃命卜者揲蓍選擇吉期齋戒三日薰沐更衣再往臥龍岡謁孔明（明禋休享成王以敬神之道敬周公齋戒薰沐昭烈亦以敬神之道敬孔明）關張聞之不悅遂一齊入諫玄德正是

高賢未服英雄志　屈節偏生傑士疑

未知其言若何下文便曉

第三十八回

定三分隆中決策

戰長江孫氏報仇

玄德第三番訪孔明已無阻隔然使一去便見一見便允文徑直沒趣矣妙在諸葛均不肯引見待玄德自去于此作一曲及令童子通報正值先生晝眠則又一曲玄德不敢驚動待其自醒而先生只是不醒則又一曲及半晌方醒只不起身却自吟詩則又一曲童子不即傳言直待先生問有俗客來否然後說知則又一曲及既知之却不即見直待入內更衣然後出迎則又一曲此未見以前之曲

折也及初見時玄德稱譽再三孔明謙讓再三只不肯出教于此作一曲及玄德又懇懇方問其志若何直待玄德促坐細陳衷悃然後爲之畫策則又一曲及孔明既畫策而玄德不忍取二劉孔明復決言之而後玄德始謝教則又一曲孔明雖代爲畫策却不肯出山直待玄德涕泣以請然後許諾則又一曲既已許諾却復固辭聘物直待玄德慇懃致意然後肯受聘則又一曲及既受聘却不即行直待留宿一宵然後同歸新野則又一曲此既見以後之曲折

也文之曲折至此雖九曲武夷不足擬之

孔明既云曹操不可與爭鋒而又曰中原可圖其故何哉蓋漢賊不兩立雖知天時必盡人事所以明大義于天下耳且其言有應有不應三分鼎足言之應者也功成歸田言之不必應者也其必應者酬三顧之恩其不必應者念托孤之重大段規模固已算定于前而相機制宜不妨變通于後如必說一句定是一句天下豈有印板事體古人豈有印板言語書中豈有印板文章乎

或曰孔明不勸玄德取孫曹之地而勸玄德取二劉之地將欲扶漢而反自翦其宗室毋乃不可乎予曰不然二劉之地玄德不取必爲孫曹所有故爭荆州于孫權何如受荆州于劉表此玄德之失計于先也取西川于劉璋無異取西川于曹操此孔明之預規其後也不得以此爲孔明病

正敘孔明出草廬之後讀者方欲拭目而觀孔明之事乃忽然舍却新野夾敘東吳不但爲孫權一邊不當冷落亦

將爲孔明遊說東吳張本也且其間文字亦有相連而及者孔明爲玄德畫策便有周瑜爲孫權畫策以配之孫權爲孫堅報仇便有徐氏爲孫翊報仇以配之又玄德得賢相孫權亦得良將孔明欲圖荆益甘寧亦請圖荆益凡如此類皆天然成對豈非妙文

前太子辨與皇子協卧草堆之中而崔毅有兩日之夢今孫策與孫權領江東之衆而其母亦有一日一月之夢夫日爲君象民無二君天無二日辨既廢而協始立一日沒

而後一日升原無兩日並出之理也若以孫權爲日則曹與蜀魏之君並出而爲三日矣吾以爲正統之主則當日之僭號之主則但當月之就江東而論則權爲日而策爲月若就天下而論則宜以劉備爲日而曹丕與孫權皆月耳

二喬姊妹分嫁二婿二吳姊妹同歸一夫權母謂權曰吾死之後汝事吾妹如事我然則母死之前權以母姨爲庶母母死之後權即以母姨爲繼母矣以母姨爲庶母與尋

常之庶母不同以母姨爲繼母與尋常之繼母不同權即欲不盡孝而不可得矣雖然不獨孫權宜然也凡繼母之與前母亦姊妹行也即庶母之與嫡母亦姊妹行也曾必母姨而後爲母之姊妹豈必事母之姊妹而後盡孝哉

唐徐世勣起于盜賊之中而甘寧亦起于盜賊之中世勣初號無賴賊繼號難當賊末號佳賊而甘寧亦號錦帆賊然世勣阿附武后而甘寧忠事孫權則世勣之佳不必佳而甘寧之錦乃眞錦也

今之學孔明者不能學其決策草廬而但學其晝寢學甘寧者不能學其改邪歸正而但學其銅鈴錦帆學孫權者不能學其尊賢禮士爲父報仇而但學其喪中爭戰學徐氏者不能學其智謀節義而但學其濃粧艷裹言笑自若爲之一笑

却說玄德訪孔明兩次不遇欲再往訪之關公曰兄長兩次親往拜謁其禮太過矣想諸葛亮有虛名而無實學故避而不敢見（今有請名士作文請名醫治病而遲遲不赴者乃當以此請之）兄何惑于斯人之甚也玄德

曰不然昔齊桓公欲見東郭野人五反而方得一面關公愛讀春秋便對他說一春秋故事況吾欲見大賢耶張飛曰哥哥差矣量此村夫何足爲大賢今番不須哥哥去他如不來我只用一條麻繩縛將來將欲以麻繩當于麾之素絲耶將欲以一縛嘗白駒之縶維耶如此請客可發一笑玄德叱曰汝豈不聞周文王謁姜子牙之事乎既引齊桓又述周文每況愈高可見玄德之卑以自牧正其高于自待也文王且如此敬賢汝何太無禮今番汝休去我自與雲長去飛曰既兩位哥哥都去小弟如何落後玄德曰汝若同往不可失禮麻繩一條不勞帶得飛應諾于是三人乘馬引從者往隆中離草廬半

里之外。玄德便下馬步行。其恭也如是。正遇諸葛均。玄德忙施禮問曰。令兄在莊否。均曰。昨暮方歸。將軍今日可與相見。言罷飄然自去。玄德訪孔明必帶着兩箇兒弟同去孔明見玄德更不消一箇兒弟陪來。勞者自勞逸者自逸。玄德曰。今番僥倖得見先生矣。張飛曰。此人無禮。便引我等到莊也不妨何故竟自去了。玄德曰。彼各有事。豈可相強。若使諸葛均一見玄德便連忙回轉報出孔明迎門相揖則不成其爲卧龍兒弟矣。三人來到莊前叩門。童子開門出問。玄德曰。有勞仙童轉報。劉備專來拜見先生。童子曰。今日先生雖在家。但今在草堂上晝寢未醒。惟其爲卧龍。故不妨晝寢。今有瞌睡漢不能學孔明而但學其晝寢豈得謂之卧龍哉直是卧牛卧犬耳玄德曰既如此且休通報分付關張二人只在門首等着玄德徐步而入見先生仰卧于草堂几席之上玄德拱立堦下西廂之佇立聞堦是未見其人而候之玄德之竚立階堦是既見其人而候之半晌先生未醒關張在外立久不見動靜入見玄德猶然侍立張飛大怒謂雲長曰這先生如何傲慢見我哥哥侍立堦下他竟高卧推睡不起等我去屋後放一把火看他起不起先生一生最善火攻翼德乃欲以此法施之于先生是班門弄斧矣一笑雲長再三勸住玄德仍命二人出門外等候望堂上時見先生翻身將起忽又朝裏壁睡着妙在此時還不便醒童

綸關

子欲報玄德曰且勿驚動又立了一箇時辰孔明纔醒口吟詩曰妙在還不便起且自吟詩

大夢誰先覺　平生我自知　草堂春睡足　窗外日遲遲

或問先生何所夢予曰仲尼之夢是夢周公孔明之夢定是夢伊尹

孔明吟罷翻身問童子曰有俗客來否妙在童子不即通報待先生先問客曰俗客太難爲人能來此地者其客亦不俗矣童子曰劉皇叔在此立候多時孔明乃起身曰何不早報尚容更衣還要更衣妙遂轉入後堂又半晌又是半晌妙方整衣冠出迎玄德見孔明身長八尺面如冠玉頭戴綸巾身

披鶴氅飄飄然有神仙之概。在玄德眼中畫出一孔明。玄德下拜曰漢室末冑涿郡愚夫久聞先生大名如雷貫耳昨兩次晉謁不得一見已書賤名于文几未審得入覽否孔明曰南陽野人疎懶成性屢蒙將軍枉臨不勝愧赧乍見之時卻用玄德開談孔明回答一述其來情一謝其過訪都是套語是第一段。二人叙禮畢分賓主而坐童子獻茶茶罷孔明曰昨觀書意足見將軍憂民憂國之心但恨亮年幼才疎有悞下問玄德曰司馬德操之言徐元直之語豈虛談哉望先生不棄鄙賤曲賜教誨茶罷之後卻用孔明開談玄德回答一自謙才德一稱讚大名其語尚遠是第二段。孔明曰德操元直世之高士亮乃一畊夫耳安敢談天下事二公謬舉矣捨單奈何舍美玉而求頑石乎玄德曰大丈夫抱經世奇才豈可空老于林泉之下願先生以天下蒼生爲念開備愚魯而賜教第三段是孔明再三推辭玄德再三請教其語漸近孔明笑曰願聞將軍之志玄德屏人○促席而告曰漢室傾頹奸臣竊命備不量力欲伸大義于天下而智術淺短迄無所就唯先生開其愚而拯其厄實爲萬幸第四段是孔明問志玄德言懷方是深談孔明曰自董卓造逆以來天下豪傑並起曹操勢不及袁紹而竟能克紹者非唯天時抑亦人謀也今操已

擁百萬之衆挾天子以令諸侯此誠不可與爭鋒先說曹操不可取孫權據有江東已歷三世國險而民附此可用爲援而不可圖也次說孫權不可取荊州北據漢沔利盡南海東連吳會西通巴蜀此用武之地非其主不能守是殆天所以資將軍將軍豈有意乎此言荊州可取益州險塞沃野千里天府之國高祖因之以成帝業今劉璋闇弱民殷國富而不知存恤智能之士思得明君此言益州可取將軍既帝室之冑信義著於四海總攬英雄思賢如渴若跨有荊益保其巖阻西和諸戎南撫彝越外結孫權內修政理孫權不可取與

結之待天下有變則命一上將將荊州之兵以向宛洛將軍身率益州之衆以出秦川百姓有不簞食壺漿以迎將軍者乎曹操雖不可取而終當伐之誠如是則大業可成漢室可興矣此亮所以爲將軍謀者也唯將軍圖之未下棋時先將一盤局勢算得停停當當豈非天下第一手言罷命童子取出畫一軸掛于中堂指謂玄德曰此西川五十四州之圖也正不知先生幾時覓下此一軸畫可見其一向高卧非真正睡着也將軍欲成霸業北讓曹操占天時南讓孫權占地利將軍可占人和天時地利人和分得奇先取荊州爲家後即取西川建基業以成鼎足之勢然後可圖中原也

既曰成鼎足又曰圖中原蓋成鼎足是順天時圖中原是盡人事孔明畫策已盡于此玄德聞言避席拱手謝曰先生之言頓開茅塞使備如撥雲霧而覩青天但荊州劉表益州劉璋皆漢室宗親備安忍奪之此孔明賜教之後而玄德躊躇又作一折孔明曰亮夜觀天象劉表不久人世劉璋非立業之主久後必歸將軍玄德聞言頓首拜謝此孔明重言以決而玄德謝教乃作一收只這一席話乃孔明未出茅廬已知三分天下眞萬古之人不及也後人有詩讚曰

豫州當日嘆孤窮　何幸南陽有臥龍

欲識他年分鼎處　先生笑指畫圖中

玄德拜請孔明曰備雖名微德薄願先生不棄鄙淺出山相助備當拱聽明誨孔明曰亮久樂畊鋤懶于應世不能奉命此孔明了決策之後忽然不肯出山文作一折玄德泣曰先生不出如蒼生何言畢淚沾袍袖衣襟盡濕前至水鏡莊上衣襟盡濕今在臥龍莊上衣襟亦盡濕前之濕濕是水今之濕是淚前遇難而不淚今爲求賢而反淚者前不爲一身而淚今則爲蒼生而淚也孔明見其意甚誠乃曰將軍既不相棄願效犬馬之勞此孔明因玄德意誠而許諾文作一收玄德大喜遂命關張入拜獻金帛禮物孔明固辭不受孔明不肯受聘文作一折玄德曰此非聘

大賢之禮但表劉備寸心耳孔明方受此因玄德又懇而孔明方受又人作一收于是玄德等在莊中共宿一宵前宿水鏡莊上為想伏龍鳳雛一夜睡不着今此夜與前不同定然睡着矣次日諸葛均囘孔明囑付曰吾受劉皇叔三顧之恩不容不出汝可躬畊于此勿得荒蕪田畝待吾功成之日卽當歸隱方出山便思退步是真淡泊寧靜之人後人有詩歎曰

身未升騰思退步　功成應憶去時言
只因先主丁寧後　星落秋風五丈原

又有古風一篇曰

高皇手提三尺雪芒碭白蛇夜流血平秦滅楚入咸陽二百年前幾斷絕大哉光武興洛陽傳至桓靈又崩裂獻帝遷都幸許昌紛紛四海生豪傑曹操專權得天時江東孫氏開鴻業孤窮玄德走天下獨居新野愁民危南陽臥龍有大志腹內雄兵分正奇只因徐庶臨行語茅廬三顧心相知先生爾時年三九（亮出山時年方二十七歲）收拾琴書離隴畝先取荊州後取川大展經綸補天手縱橫舌上鼓風雷談笑胸中換星斗龍驤虎視安乾坤萬古千秋名不朽

玄德等三人別了諸葛均與孔明同歸新野玄德待孔明如師食則同桌寢則同榻終日共論天下之事孔明曰曹操于冀州作玄武池以練水軍必有侵江南之意可密令人過江探聽虛實玄德從之使人往江東探聽[下文將敘東吳事此乃過枝接葉處]却說孫權自孫策死後據住江東承父兄基業廣納賢士開賓館于吳會命顧雍張紘延接四方賓客[上方寫玄德求賢又接寫孫權好士]連年以來你我相薦時有會稽闞澤字德潤彭城嚴畯字曼才沛縣薛綜字敬文汝南程秉字德樞吳郡朱桓字休穆陸績字公紀吳人張溫字

惪恕。張温有二。前董卓所殺之張温。乃洛陽張温。此張温則吳郡張温。會稽凌統字公績烏程吳粲字孔休此數人皆至江東孫權敬禮甚厚又得良將數人乃汝陽呂蒙字子明吳郡陸遜字伯言瑯琊徐盛字文嚮東郡潘璋字文珪廬江丁奉字承淵文武諸人共相輔佐由此江東稱得人之盛方寫玄德得一臥、接寫孫權得多士。○程普黄蓋周泰韓當。則孫堅所得。周瑜張昭張紘虞翻太史慈等。則孫策所得。若魯肅諸葛瑾顧雍。則孫權初立時所得。今闞澤呂蒙等數人。又獨後至。前分敍此總敍。或詳或畧。筆法各妙。建安七年曹操破袁紹遣使往江東命孫權遣子入朝隨駕袁術欲使呂布質女。曹操欲使孫權質子。一樣意思。權猶豫未決吳太夫人命周瑜張昭等面議張昭曰操欲令我遣子入朝是牽制諸侯之法也然若不令去恐其興兵下江東勢必危矣（旣知遣質之爲牽制而又憂不遣質之將危是首鼠兩端之語）周瑜曰將軍承父兄餘資兼六郡之衆兵精糧足將士用命有何逼迫而欲送質於人質一入不得不與曹氏連和彼有命召不得不往如此則見制於人也不如勿遣徐觀其變若以良策禦之（孔明爲玄德畫策只數語決疑周瑜爲孫權畫策亦只數語決疑）吳夫人曰公瑾之言是也權遂從其言謝使者不遣子自此曹操有下江南之意但正値北方未寧無暇南征（此按下曹操而接敘東吳）建安八年十一月孫

權引兵伐黃祖戰於大江之中祖軍敗績權部將凌操輕舟當先殺入夏口被黃祖部將甘寧一箭射死凌操子凌統時年方十五歲奮力往奪父屍而歸（前孫策求父屍今凌統奪父屍遙遙相對）權見風色不利收軍還東吳却說孫權弟孫翊爲丹陽太守翊性剛好酒醉後嘗鞭撻士卒（前則有宋憲魏續之叛呂布後則有范疆張達之刺張飛皆爲此也）丹陽督將嬀覽郡丞戴員二人常有殺翊之心乃與翊從人邊洪結爲心腹共謀殺翊時諸將縣令皆集丹陽翊設宴相待翊妻徐氏美而慧極善卜易（女先生起課則言之矣卒翊不[illegible]不驗論言本是）是日卜一卦其象大凶勸

翊勿出會客翊不從（不聽婦言本是好處不聽慧夫人言却是蠢處不信卜只是莽處不信慧夫人卜却是俗處）遂與衆大會至晚席散邊洪帶刀跟出門外即掣刀砍死孫翊嬀覽戴員乃歸罪邊洪斬之於市（與後文司馬昭之歸罪成濟正復相同）二人乘勢擄翊家貲侍妾嬀覽見徐氏美貌乃謂之曰吾為汝夫報仇汝當從我不從則死徐氏曰夫死未幾不忍便相從可待至晦日設祭除服然後成親未遲（既不從又不死權變之極）覽從之徐氏乃密召孫翊心腹舊將孫高傅嬰二人入府泣告曰（對嬀覽不泣對孫高二人則泣權變之極）先夫在日常言二公忠義今嬀戴二賊謀殺我夫只歸

非邊洪將我家資童婢盡皆分去嫣鸞又欲强占妾身妾已姑許之以安其心二將軍可差人星夜報知吳侯一面發密計以圖二賊雪此侁辱生死啣恩言畢再拜孫高傅嬰皆泣曰我等平日感府君恩遇今日所以不即死難者正欲爲復仇計耳此二語即徐氏之意夫人所命敢不效力於是密遣心腹使者往報孫權至晦日徐氏先召孫傅二人伏於密室幃幙之中今之婦人有丈夫新死而學徐氏之藏人于幃幙者矣吾不知其有何仇之欲報而爲此設伏也然後設祭於堂上祭畢即除去孝服沐浴薰香濃粧艷裹言笑自若今之婦人有丈夫新死而學徐氏之濃粧艷裹

言笑自若者矣。我不知其有何仇之欲報，而爲此權詐也。○古之寡婦濃粧艷裹言笑自若是假，披麻戴孝掩面長號是眞。今之寡婦濃粧艷裹言笑自若是眞，披麻戴孝掩面長號是假。古今人不相及。栢舟之詩、黄鵠之咏，其不可復作乎。

嬀覽聞之甚喜。至夜，徐氏遣婢妾請覽入府。倒先去請。權變之極。設席堂中飲酒。飲既醉，徐氏乃邀覽入寢室。覽喜，乘醉而入。徐氏大呼曰：「孫、傅二將軍何在？」二人即從幃幙中持刀躍出。嬀覽措手不及，被傅嬰一刀砍倒在地，孫高再復一刀，登時殺死。不殺之於席間，而殺之於寢室者，恐戴員知之而不來故也。精細之極。徐氏復傳請戴員赴宴。何等機智。員入府來至堂中，亦被孫、傅二將所殺。一殺之于寢室，一殺之于堂中，各自一樣殺法，妙甚。一面使人誅戮二賊家小及其餘黨（更是快暢）徐氏遂重穿孝服（周書曰王麻冕反喪服暫替從吉云）將媯覽戴員首級祭於孫翊靈前（此方是真正設祭）不一日孫權自領軍馬至丹陽見徐氏已殺媯戴二賊（比及孫權兵到女將軍早已殺賊矣）（其卜易則是女先生其用兵則是女軍師如此奇婦人恐不讓南陽卧龍也）乃封孫高傅嬰為牙門將令守丹陽取徐氏歸家養老江東人無不稱徐氏之德後人有詩讚曰

才節雙全世所無　姦回一旦受摧鋤
庸臣從賊忠臣死　不及東吳女丈夫

且說東吳各處山賊盡皆平復大江之中有戰船七千餘隻孫權拜周瑜爲大都督總統江東水陸軍馬爲後赤壁鏖兵伏線建安十二年冬十月權母吳太夫人病危召周瑜張昭二人至謂曰我本吳人幼亡父母與弟吳景徙居越中後嫁於孫氏生四子長子策生時吾夢月入懷後生次子權又夢日入懷日勝於月爲後孫權稱帝伏線○劉禪之母夢斗郎敘于其母分娩之初孫權之母夢日補敘于其母臨終之頃敘法各變妙甚卜者云夢日月入懷者其子大貴不幸策早喪今將江東基業付權望公等同心助之吾死不朽矣又囑權曰汝事子布公瑾以師傅之禮

不可怠慢吾妹與我共嫁汝父則亦汝之母也吾死之後事吾妹如事我汝妹亦當恩養擇佳婿以嫁之爲後玄德入贅伏線看他先囑其臣後囑其子及其囑子之言又先囑其以師傅之禮待臣而後及其妹與女蓋先公而後私先尊賢而後親親也何東吳奇女子之多乎言訖遂終孫權哀哭具喪葬之禮自不必說至來年春孫權商議欲伐黃祖張昭曰居喪未及期年不可動兵周瑜曰報仇雪恨何待期年伐人之喪不可喪中伐人亦不可然以報父仇則無不可也若論報仇正當服縞素而興師向待服除之有張昭之見往往不及周瑜權猶豫未定適北平都尉呂蒙入見告權曰某把龍湫水口忽有黃祖部將甘寧來降某細詢之寧字興

霸巴郡臨江人也頗通書史有氣力好遊俠嘗招合亡命縱橫於江湖之中腰懸銅鈴人聽鈴聲盡皆避之響馬賊有鈴前響船賊亦有帆鈴然則賊之不響者必無用之賊也又嘗以西川錦作帆幔時人皆稱為錦帆賊賊以錦帆為名其賊甚趣不唱大江東却唱錦帆開矣後悔前非改行從善引衆投劉表見表不能成事即欲來投東吳却被黃祖留住在夏口前東吳破祖時祖得甘寧之力救回夏口乃待寧甚薄都督蘇飛屢薦寧於祖祖曰寧乃劫江之賊豈可重用周倉起於黃巾關公用為親隨甘寧起於劫江而黃祖不肯用為心腹君子用人最足通融小人用人偏極拘執寧因此懷恨為殺黃祖伏誅蘇飛知

其意乃置酒邀寧到家謂之曰吾薦公數次奈主公不能用日月逾邁人生幾何宜自遠圖吾當保公爲鄂縣長自作去就之計蘇飛之薦甘寧於黃祖爲甘寧也非爲黃祖也若爲黃祖則當告祖甘不重用則殺之勿以資敵國何乃導之入吳耶飛之爲友謀則忠矣爲主謀則不忠寧因此得過夏口欲投江東恐江東恨其救黃祖殺凌操之事某具言主公求賢若渴不記舊恨況各爲其主又何恨焉寧欣然引衆渡江來見主公乞鈞旨定奪甘寧一段來歷不向黃祖一邊敘去却向呂蒙口內述來最是省筆孫權大喜曰吾得興霸破黃祖必矣遂命呂蒙引甘寧入見參拜已畢權曰興霸來此大獲我心豈

有記恨之理。黃祖不録甘寧之功。孫權不記甘寧之怨。彼此正相反。請無懷疑。願教我以破黃祖之策。寧曰。今漢祚日危。曹操終必篡竊。南荊之地。操所必爭也。劉表無遠慮。其子又愚劣。不能承業傳基。明公宜蚤圖之。若遲則操先圖之矣。孔明勸玄德取荊州。甘寧亦勸孫權取荊州。今宜先取黃祖。祖今年老昏邁。務於貨利。侵求吏民。人心皆怨。戰具不修。軍無法律。明公若往攻之。其勢必破。既破祖軍。鼓行而西。據楚關而圖巴蜀。霸業可定也。孔明勸玄德取巴蜀。甘寧亦勸孫權取巴蜀。○如此見識。豈得以劫江之賊目之耶。孫權曰。此金玉之論也。遂命周瑜為大都督。總水陸軍兵。呂蒙爲前部先鋒董襲與甘寧爲副將權自領大軍十萬征討黃祖細作探知報至江夏黃祖急聚衆商議令蘇飛爲大將陳就鄧龍爲先鋒盡起江夏之兵迎敵陳就鄧龍各引一隊艨艟截住沔口艨艟上各設强弓硬弩千餘張將大索繫定艨艟於水面上（後文曹操之船用連環此處黃祖之船用貫索環環不可斷索則可斷也）東吳兵至艨艟上鼓譟弓弩齊發兵不敢進約退數里水面甘寧謂董襲曰事已至此不得不進乃選小船百餘隻每船用精軍五十人二十人撑船三十人各披衣甲手執鋼刀不避矢石直至艨艟傍邊砍斷大

索艨艟遂橫本是貫索勾陳却遇了大煞白虎本欲甘寧飛上
乘風破浪却做了野渡橫舟為之一笑
艨艟將鄧龍砍死陳就棄船而走呂蒙見了跳下小船自搖櫓
棹直入船隊旋火燒船陳就急待上岸呂蒙捨命趕到跟前當
胸一刀砍翻以上寫水軍戰功比及蘇飛引軍於岸上接應將東吳諸
將一齊上岸勢不可當祖軍大敗蘇飛落荒而走正遇東吳大
將潘璋兩馬相交戰不數合被璋生擒過去逕至船中來見孫
權以上寫陸路戰功權命左右以檻車囚之待活捉黃祖一并誅戮惱
動三軍不分晝夜攻打夏口正是

只因不用錦帆賊　致令衝開大索船

未知黄祖勝負如何且看下文分解

未知黃迪勝負如何且看下文分解

只因不用錦[illegible]賊　遂令衛[illegible]大[illegible][illegible]

四大奇書第一種卷二十

茂苑毛宗崗序始氏評定　吳門杭永年資能氏評定

第三十九回

荆州城公子三求計

博望坡軍師初用兵

文有餘波在後者。前有玄德三顧草廬一段奇文。後便有劉琦三求諸葛一段小文是也。文有作波在前者。將有孔明爲玄德用兵一段奇文。却先有孔明爲劉琦畫策一段小文是也謀人國不可輕故三顧始出謀人家亦不可輕故三請後言謀國事不可不密故屏人促坐謀家事尤不可不密故登樓去梯劉琦方懼禍孔明又懼其漏言之禍孔明未授計玄德先授以求計之計玄德孔明其眞天下有心人乎

君之適子所以奉宗廟社稷之粢盛朝夕視君膳者也故適子不可以出外不出外則得立出外則不得立然劉琦之求計於孔明者非求立也求生而已不求立而求生則

宜在外不宜在內若知其不得立而猶勉强以求立勢

至如潘崇之教商臣不止是豈仁人之所忍爲哉

或疑申生在內而死扶蘇在外而亦死似孔明之教劉琦者猶非萬全之策也予曰不然劉表之與始皇則有間矣始皇殘暴人也殘暴素著故李斯得假其威以殺扶蘇於外劉表柔懦人也柔懦素著則蔡瑁不得竊其旨以殺劉琦於外勢有相反故事有不同不可以一概論耳

前徐庶在玄德面前誇獎孔明是正筆賓筆今在曹操面

前誇獎孔明是旁筆閒筆然無旁筆閒筆則不見正筆際筆之妙不但孔明一邊愈加渲染又使徐庶一邊亦不冷落眞叙事妙品

孔明初出茅廬第一次用計便是火攻夫兵猶火也用兵如用火用火亦如用兵兵不足而以火濟之是以火濟火也乃玄德之言曰我得孔明如魚得水翼德亦曰何不使水去然則以孔明而用火是猶以水濟火矣以火濟火而火之威烈以水濟火而火之用神

博望一燒有無數襯染寫雲濃月淡是反襯寫秋飈夜壓林木蘆葦是正襯寫徐庶誇獎是順襯寫夏侯輕侮關張不信是逆襯且其間又曲折多端當趙雲誘敵則有韓浩諫追爲一折玄德誘敵則有于禁李典中途疑沮爲再折人馬走發攔當不住則又有夏侯猛省傳令勿追爲三折令讀者至此幾疑計之不成燒之不果而功且終就而敵且終破方嘆文章之妙有非猜測之所能及者若只一味直寫則竟依綱目例大書曰諸葛亮破曹兵於博望一句

可了又何勞作演義者撰此一篇哉

劉表因見黃祖被殺故欲玄德助我以防孫權孔明欲留孫權爲援故勸玄德舍權而當曹操此爲後文伏線也甘寧借江夏爲避難之地而劉琦復借江夏爲避患之地乃孔明爲劉琦謀今日安身之所而早爲玄德謀兵敗借援之所此亦爲後文伏線也不但此也晉之代魏尚隔數十卷而司馬氏之家世早詳叙於曹操未攻博望之先正如五月姤卦方當五陽强盛之時而一陰巳伏於下若必前

人去然後有後人前事畢然後有後事不獨古今無此不相貫之事亦豈有此不相貫之文乎

却說孫權督衆攻打夏口黃祖兵敗將亡情知守把不住遂棄江夏望荊州而走甘寧料得黃祖必走荊州乃於東門外伏兵等候黃祖之不用甘寧猶梁惠王之不用衛鞅也祖帶數十騎突出東門正走之間一聲喊起甘寧攔住祖於馬上謂寧曰我向日不曾輕待汝今何相逼耶寧叱曰吾昔在江夏多立功績汝乃以劫江賊待我今日尚有何說前日劫水路今日劫陸路寧不自以爲賊而黃黃祖待之以賊今日乃眞爲黃祖之賊矣

祖自知難免撥馬而走甘寧衝開士卒直趕將來只聽得後面喊聲起處又有數騎趕來寧視之乃程普也寧恐普來爭功慌忙拈弓搭箭背射黃祖祖中箭翻身落馬寧梟其首級回馬與程普合兵一處回見孫權獻黃祖首級（黃祖之死不用程普殺之必用甘寧殺之可爲不能用人之戒）權命以木匣盛貯待回江東祭獻於亡父靈前（應第七回中事）（又於前回徐氏祭夫相映射○前孫策能以活黃祖換死孫堅今孫權又能以死黃祖祭死孫堅有子如此孫堅不死矣）重賞三軍陞甘寧爲都尉商議欲分兵守江夏張昭曰孤城不可守不如且回江東劉表知我破黃祖必來報仇我以逸待勞必

敗劉表表敗而後乘勢攻之荆襄可得也意不在江夏而在荆襄是舍小而圖大向
來子布畫策雖此差强人意權從其言遂棄江夏班師回江東蘇飛在檻車
內密使人告甘寧求救寧曰飛即不言吾豈忘之今之忘恩者幸其人之不
言甚且惡其人之言之矣大軍既至吳會權命將蘇飛梟首與黃祖首級一
同祭獻甘寧乃入見權頓首哭告曰某向日若不得蘇飛則骨
填溝壑矣安能效命於將軍麾下哉今飛罪當誅某念其昔日
之恩情願納還官爵以贖飛罪甘寧非呂蒙無由見孫權然非蘇飛則無由見呂蒙也追本窮
源知恩報德是有血性男子不是無義氣丈夫權曰既彼有恩於君吾爲君赦之但彼

若逃去奈何寧曰飛得免誅戮感恩無地豈肯走乎若飛去寧願將首級獻於堦下既願以官爵贖之文願以首級保權乃赦之如此報德方不負施德之人○○○○○○○○○○○

蘇飛止將黃祖首級祭獻祭畢設宴大會文武慶功正飲酒間○○○○○○○○○○○○○○○○○○○○○○○○只見座上一人大哭而起拔劍在手直取甘寧寧忙舉坐倚以○○○○○○○○○○○○○○○○○○○○○○○○迎之權驚視其人乃凌統也因甘寧在江夏時射死他父親凌○○○○○○○○○操今日相見故欲報仇方寫孫權報讎便接寫甘寧報恩方寫甘寧報恩文接寫凌統報讎義士之義孝子之孝各各出色○○○○○○○○○○○○○○○○○○○權連忙勸住謂統曰興霸射死卿父彼時各為其主不容不盡力今既為一家人豈可復理舊讎萬事皆看吾面孫權

自欲報讐。却不許淩統報讐。似乎不情。爲甘寧而赦蘇飛。爲淩統而赦甘寧。似乎偏向。然爲報讐起見。人有恩於爲我報讐之人則赦之。人而欲殺爲我報讐之人則解之。情也。非偏也。

淩統叩頭大哭曰。不共戴天之讐。豈容不報。權與衆官再三勸之。淩統只是怒目而視甘寧。權即日命甘寧領兵五千。戰船一百隻。往夏口鎭守。以避淩統。寧拜謝。領兵自往夏口去了。此處寫甘寧往夏口。正爲後文劉琦請守夏口伏綫。權又加封淩統爲承烈都尉。統只得含恨而止。淩統不曾殺得甘寧。固是大讐未報。孫權但殺黃祖。不曾殺劉表。亦止報得一半。不若徐氏之報讐爲快也。然則不獨淩統含恨。孫權亦尚含恨。東吳自此廣造戰船。分兵守把江岸。又命孫靜引一枝軍守吳會。孫權自領大軍屯柴桑周瑜日於鄱陽湖教練水軍以備攻戰讀者至此必謂將來孫權與劉表攻戰矣孰知卻爲與曹操攻戰之地乎話分兩頭卻說玄德差人打探江東消息遥接前文回報東吳已攻殺黃祖現今屯兵柴桑玄德便請孔明計議正話間忽劉表差人來請玄德赴荊州議事不寫玄德要去卻寫劉表來請妙甚孔明曰此必因江東破了黃祖故請主公商議報讐之策也某當與主公同往相機而行自有良策讀者至此必謂孔明將爲劉表畫報讐之策矣孰知後文卻偏不與東吳交戰出人意表玄德從之留雲長守新野令張飛引五百人馬跟隨往荊州來玄德在馬上謂孔明曰今見景升當若

何對荅孔明曰當先謝襄陽之事他若令主公去征討江東切不可應允但說容歸新野整頓軍馬此孔明不欲惡識孫權正爲後文設托東吳地步玄德依言來到荊州館驛安下留張飛屯兵城外玄德與孔明入城見劉表禮畢玄德請罪於堦下表曰吾已悉知賢弟被害之事當時即欲斬蔡瑁之首以獻賢弟因衆人告免故姑恕之賢弟幸勿見罪玄德曰非干蔡將軍之事想皆下人所爲耳語將前事輕輕抹過表曰令江夏太守黃祖遇害故請賢弟共議報復之策玄德曰黃祖性暴不能用人故致此禍隱然指着甘寧然黃祖不能用甘寧劉表

不能殺蔡瑁正復何病玄德之意殆借黃祖以諷劉表乎今若興兵南征儻曹操北來又當奈何表曰吾今年老多病不能理事賢弟可來助我我死之後弟便為荊州之主也前有陶謙讓徐州此有劉表讓荊州遙遙相對玄德曰兄何出此言量備安敢當此重任孔明以目視玄德玄德曰容徐思良策遂辭出回至館驛孔明曰景升欲以荊州付主公奈何却之玄德曰景升待我恩禮交至安忍乘其危而奪之孔明嘆曰真仁慈之主也此時玄德若取了荊州省却後來無數手脚矣便非玄德仁慈安得文字曲折正商論間忽報公子劉琦來見玄德接入琦泣拜曰繼母不能相容性命只

在旦夕望叔父憐而救之（前於徐庶未來之先已早爲此處伏下一筆）玄德曰此姪家事耳奈何問我孔明微笑玄德求計於孔明孔明曰此家事亮不敢與聞少時玄德送琦出附耳低言曰來日我使孔明回拜賢姪可如此如此彼定有妙計相告（此處不即說明求計之法敘事妙品）琦謝而去次日玄德只推腹痛乃浼孔明代往回拜劉琦孔明允諾來至公子宅前下馬入見公子公子邀入後堂茶罷琦曰琦不見容於繼母幸先生一言相救（此劉琦第一番求計）孔明曰亮客寄於此豈敢與人骨肉之事儻有漏洩爲害不淺說罷起身告辭（此孔

明第一次推却。○第一次說所以不敢言之故。琦曰：既承光顧，安敢慢別。乃挽留孔明入密室共飲。飲酒之間，琦又曰：繼母不見容，乞先生一言救我。此劉琦第二番求計。孔明曰：此非亮所敢謀也。言訖，又欲辭去。此孔明第二次推却。○第二次只一語謝之。琦曰：先生不言則已，何便欲去？孔明乃復坐。琦曰：琦有一古書，請先生一觀。幻甚。乃引孔明登一小樓。自後堂而密室，自密室而小樓，寫得曲細。孔明曰：書在何處？琦泣拜曰：繼母不見容，其命在旦夕，先生忍吾一言相救乎？此劉琦第三番求計。孔明作色而起，便欲下樓。此孔明第三次推却。○第三次不荅一語。只見樓梯已撤去。此玄德附耳低言之計也，妙在此處寫出。琦告曰琦欲求教良策先生恐有泄漏不肯出言今日上不至天下不至地出君之口入琦之耳可以賜教矣此時並無隔屏竊聽之人孔明曰疏不間親亮何能為公子謀妙在此時還不肯說又作難曲折之甚琦曰先生終不幸教琦乎琦命固不保矣請即死於先生之前乃掣劍欲自刎此亦去德附耳低言之計也妙在此處寫出孔明止之曰已有良計至此方說亦是水窮山盡絕處逢生琦拜曰願即賜教孔明曰公子豈不聞申生重耳之事乎申生在內而亡重耳在外而安劉琦請孔明觀古書此却是孔明教劉琦觀古書今黃祖新亡江夏乏人守禦公子何不上言乞屯兵守江夏則可以

避禍矣。或笑孔明爲劉琦畫策，不過是三十六計走爲上計耳。何須如此作難，方纔說出。不知走非容易，使人不知是走，方是會走。若使人知其走，便走不成走，不脫矣。琦再拜謝教，乃命人取梯送孔明下樓。今之求人畫策者，偏會拔短梯。一笑。孔明辭別，回見玄德，具言其事。玄德大喜。次日，劉琦上言，欲守江夏。劉表猶豫未決，請玄德共議。玄德曰：「江夏重地，固非他人可守，正須公子自往。東南之事，兄父子當之；西北之事，備願當之。」使劉表當孫權，而自當曹操，亦孔明所教也。表曰：「近聞曹操於鄴郡作玄武池以練水軍，必有征南之意，不可不防。」劉表正欲防孫權，因玄德說出曹操，便順口說防曹操。玄德曰：「備已知之，兄勿憂慮。」遂拜辭回新

掾音硯官名

野劉表令劉琦引兵三千往江夏鎮守為後玄德地江夏張本卻說曹操罷三公之職自以丞相兼之以毛玠為東曹掾崔琰為西曹掾司馬懿為文學掾懿字仲達河內溫人也潁川太守司馬儁之孫京兆尹司馬防之子主簿司馬朗之弟也敘司馬懿獨詳其家世蓋在魏未代漢之先早為晉之代魏伏筆妙自是文官大備乃聚武將商議南征夏侯惇進曰近聞劉備在新野每日教演士卒必為後患可早圖之操即命夏侯惇為都督于禁李典夏侯蘭韓浩為副將領兵十萬直抵博望城以窺新野不窺荊襄而窺新野操固輕視劉表而重視玄德也荀彧諫曰劉備

英雄今更兼諸葛爲爲軍師不可輕敵惇曰劉備鼠輩耳吾必擒之（輕視玄德與曹操相反）徐庶曰將軍勿輕視劉玄德今玄德得諸葛亮爲輔如虎生翼矣（用徐庶說妙徐庶不對曹操說却對夏侯惇說又妙）操曰諸葛亮何人也庶曰亮字孔明道號臥龍先生有經天緯地之才出鬼入神之計眞當世之奇士非可小覷（此處徐庶讚孔明與前程昱讚徐庶遥遥相對）操曰比公若何庶曰庶安敢比亮庶如螢火之光亮乃皓月之明也（不愧名亮字孔明）夏侯惇曰元直之言謬矣吾看諸葛亮如草芥耳何足懼哉（輕視孔明與徐庶相抝）吾若不一陣生擒劉備活捉諸葛願將首

敘獻與丞相操曰汝早報捷書以慰吾心惇奮然辭曹操引軍登程卻說玄德自得孔明以師禮待之關張二人不悅曰孔明年幼有甚才學兄長待之太過又未見他眞實效驗玄德曰吾得孔明猶魚之得水也徐庶比孔明以月玄德比孔明以水月可以無螢魚不可以無水兩弟勿復多言關張見說不言而退一日有人送犛牛尾至玄德取尾親自結帽孔明入見正色曰明公無復有遠志但事此而已耶玄德投帽於地而謝曰吾聊假此以忘憂耳種菜所以避禍結帽所以忘憂遥遥相對孔明曰明公自度比曹操若何玄德曰不如也孔明曰明

公之衆不過數千人萬一曹兵至何以迎之玄德曰吾正愁此
事未得良策孔明曰可速招募民兵亮自教之可以待敵玄德
遂招新野之民得三千人孔明朝夕教演陣法（此處民兵正爲後文誘敵之用）
忽報曹操差夏侯惇引兵十萬殺奔新野來了張飛聞知謂雲
長曰可着孔明前去迎敵便了正說之間玄德召二人入謂曰
夏侯惇引兵到來如何迎敵張飛曰哥哥何不使水去（張飛欲使水去
孔明却使火去水火二字前後相照成趣）玄德曰智賴孔明勇須二弟何可推調關
張出玄德請孔明商議孔明曰但恐關張二人不肯聽吾號令

主公若欲亮行兵乞假劍印韓信非劍印登壇不能令樊、孔明非假劍印不能令關張。玄德便以劍印付孔明孔明遂聚集衆將聽令張飛謂雲長曰且聽令去看他如何調度未聽令之前先寘翼德要看他如何孔明令曰博望之左有山名曰豫山右有林名曰安林可以埋伏軍馬不識地理者不可以爲軍師雲長可引一千軍往豫山埋伏等彼軍至放過休敵其輜重糧草必在後面但看南面火起可縱兵出擊就焚其糧草翼德可引一千軍去安林背後山谷中埋伏只看南面火起便可出向博望城舊屯糧草處縱火燒之關平劉封可引五百軍預備引火之物于博望坡後兩邊等候至初更兵到便可放火矣又命于樊城取回趙雲令爲前部不要贏只要輸主公自引一軍爲後援各須依計而行勿使有失前叙单福定計取樊城在後文始見今叙孔明用計燒博望在前文說明又是一樣筆法雲長曰我等皆出迎敵未審軍師却作何事孔明曰我只坐守縣城張飛大笑曰我們都去厮殺你却在家裡坐地好自在總爲後文作襯染孔明曰劒印在此違令者斬玄德曰豈不聞運籌帷幄之中決勝千里之外二弟不可違令張飛冷笑而去雲長曰我們且看他的計應也不應那時却來問他未遲

（既聽令之後，文又寫雲長要看他如何。）二人去了，衆將皆未知孔明韜畧，今雖不言，却都疑惑不定。（又寫衆將多未信。前夏侯惇輕孔明，是敵人不肯信；今衆將疑孔明，是自家人亦不肯信。先有此兩處不信，愈顯得下文奇妙。）孔明謂玄德曰：「主公今日可便引兵就博望山下屯住。來日黃昏，敵軍必到，主公便棄營而走；但見火起，即回軍掩殺。亮與糜竺、糜芳引五百軍守縣。」命孫乾、簡雍准備慶喜筵席，安排功勞簿伺候。（妙極。趣極。前後調度，用兩番寫，敘事入妙。）派撥已畢，玄德亦疑惑不定。（不惟衆人不信，連玄德亦未信。愈顯得下文奇妙。）

却說夏侯惇與于禁等引兵至博望，分一半精兵作前隊，其餘盡護糧車而行。（糧車在後。）

正應孔明所言時當秋月商飈徐起此非閒筆正爲後文火勢襯染人馬趲行之間望見前面塵頭忽起惇便將人馬擺開問鄉導官曰此間是何處荅曰前面便是博望坡後面是羅口川惇令于禁李典押住陣脚親自出馬陣前遙望軍馬來到惇忽然大笑衆問將軍爲何而笑惇曰吾笑徐元直在丞相面前誇諸葛亮爲天人今觀其用兵乃以此等軍馬爲前部與吾對敵正如驅犬羊與虎豹鬭耳此是正兵誇敵之故吾於丞相前誇口要活捉劉備諸葛亮今必踐吾言矣極寫夏侯惇之驕以反襯後文之敗遂自縱馬向前趙雲出馬惇罵曰汝等

隨劉備如孤魂隨鬼耳（躡極矣）雲大怒縱馬交戰兩馬相交不數合雲詐敗而走夏侯惇從後追趕雲約走十餘里回馬又戰不數合又走韓浩拍馬向前諫曰趙雲誘敵恐有埋伏（韓浩一諫文勢一曲）惇曰敵軍如此雖十面埋伏吾何懼哉遂不聽浩言直趕至博望坡一聲砲响玄德自引軍衝將過來接應交戰夏侯惇笑謂韓浩曰此即埋伏之兵也（誰知此處伏兵亦是誘敵）吾今晚不到新野誓不罷兵乃催軍前進玄德趙雲退後便走時天色已晚濃雲密布又無月色晝風既起夜風愈大（先寫月色之暗以反襯後文火光之明先寫風力之大以正襯）

後文火勢之猛夏侯惇只顧催軍趕殺于禁李典趕到窄狹處兩邊都是蘆葦典謂禁曰欺敵者必敗南道路狹山川相逼樹木叢雜儻彼用火攻奈何禁曰君言是也吾當往前爲都督言之君可止住後軍前有韓浩之諫此有于禁李典之言文勢又一曲李典便勒回馬大叫後軍慢行人馬走發那裡攔當得住于禁驟馬大叫前軍都督且住夏侯惇正走之間見于禁從後軍奔來便問何故禁曰南道路狹山川相逼樹木叢雜可防火攻夏侯惇猛省即回馬令軍士勿進前一路寫風寫林木寫蘆葦讀者至此急欲觀其燒矣乃忽有夏侯惇猛省欲回一段竟似下文燒不成也者如此

曲折試擬卷猜之決猜不着也言未已只聽背後喊聲震起早望見一派火光燒着隨後兩邊蘆葦亦着一霎時四方八面盡皆是火先寫背後次寫兩邊然後寫四方八面極忙之中却有次第又值風大火勢愈猛方信前寫秋月商飈不是閒筆曹家人馬自相踐踏死者不計其數趙雲回軍趕殺夏侯惇冒烟突火而走且說李典見勢頭不好急奔回博望城時火光中一軍攔住當先大將乃關雲長也李典縱馬混戰奪路而走于禁見糧草車輛都被火燒便投小路奔逃去了夏侯蘭韓浩來救糧車正遇張飛前調諸將此處逐一叙出前是布置此是收着戰不數合張飛一鎗刺夏

侯蘭於馬下。韓浩奪路走脫。直殺到天明。却纔收軍。殺得屍橫遍野。血流成河。後人有詩曰。

博望相持用火攻。指揮如意笑談中。
直須驚破曹公胆。初出茅廬第一功。

夏侯惇收拾殘軍。自回許昌。却說孔明收軍。關張二人相謂曰。孔明真英傑也。雖有前番疑惑。乃有此處稱歎。行不數里。見糜竺糜芳引軍簇擁着一輛小車。車中端坐一人。乃孔明也。關張下馬拜伏於車前。惟有前番輕傲。乃有此處拜伏。須臾。玄德趙雲劉封關平等皆至。收聚衆軍把所獲糧草輜重分賞將士班師回新野新野百姓望塵遮而拜曰吾屬生全皆使君得賢人之力也（不寫玄德奬孔明卻寫百姓頌玄德頌玄德甚于頌孔明也）孔明回至縣中謂玄德曰夏侯惇雖敗去曹操必自引大軍來玄德曰似此如之奈何孔明曰亮有一計可敵曹軍正是

破敵未堪息戰馬　避兵又必賴良謀

未知其計若何且看下文分解

第四十回

蔡夫人議獻荆州

諸葛亮火燒新野

前自三顧草廬之後便當接火燒博望一篇却夾叙孫權殺黄祖劉琦屯江夏以間之至火燒博望之後便當接火燒新野一篇却夾叙曹操殺孔融劉琮獻荆州以間之葢幾處同時之事不得詳却一處畧却數處也看他叙新野又叙荆州叙荆州又叙東吳與許昌頭緒多端如一線穿却不見斷續之痕尤妙在叙孔融處補叙禰衡往事叙荆

州處詳敘王粲生平偏能於極忙中著此閒筆

劉景升家難與袁本初家難正自彷彿而寫來却無一筆相類者何也蓋本初始終愛少子而景升則有臨終立長子之命其不同一也譚尚相攻而劉琮則本有讓琦之心劉琦亦初無伐琮之舉其不同二也譚之降操以長子不得立之故琮之降操則以幼子僭立之故其不同三也譚之降操其臣教之琮之降操雖其臣教之而實其母成之其不同四也冀州爲曹操所自奪而荆州則劉琮所獻其

不同五也本初之死尚未嘗不訃告諱而景升之死劉琮竟匿而不發其不同六也種種不同求一筆之相犯而不可得豈非天然有此變化之事以成此變化之文哉

玄德取荆州於劉表病危之時則不正取荆州於劉琮僭立之後則無不正也即謂取荆州於劉琮僭立之時或有不正而取荆州於劉琮降操之日則更無不正也失此不取而使荆州爲曹操所有之荆州又爲孫權所欲得之荆州於是借荆州分荆州索荆州還荆州遂至遺無數葛藤

於後則皆此卷中一著之緒耳

孔融才大名高意所予奪天下從之此曹操之所深忌奸雄必去其所忌而後可以惟我欲爲故稱魏王加九錫之事必待於融死之後也當時即無郗慮之譖而操之欲殺之久矣綱目書操殺融而存其官盖重予之云

或謂文人無行文如蔡邕而失身董卓文如王粲而勸降曹操斯固然矣然如孔融禰衡之互相稱許則豈非名稱其實者哉兩人之志節實足動義槩而忤雄風然則無行

文人之說其賴此二人而一雪斯言歟

凡用計之難不難在第一次而難在第二次當敵人經過

一番之後仍以前法施之而敵人依舊不覺則奇莫奇於

斯矣然其前後用法亦微有不同者前之火純用火後之

火兼用水若以卦象論之前卦只是巽爲風□爲火後卦

乃變成水火既濟惜乎曹操出兵之時不發令管轄下之

也

博望之火易料新野之火難料何也博望之火在城外新

陽之火在城中博望之火在林木新野之火在房屋孔明新野之火是城中房屋之火呂布濮陽之火亦是城中房屋之火而呂布伏兵城中孔明伏兵城外火中之伏兵可見火外之伏兵不可知則新野之燒更甚於濮陽矣况火不足而繼以水水下邳之水是白日白河之水是黑夜冀州之水是灌城白河之水是灌軍愈用愈幻愈出愈奇今日讀者見之猶目眩神搖安得當日戰者遇之不魂飛膽落乎

却說玄德問孔明求拒曹兵之計孔明曰新野小縣不可久居近聞劉景升病在危篤可乘此機會取彼荆州爲安身之地庶可拒曹操也玄德曰公言甚善但備受景升之恩安忍圖之孔明曰今若不取後悔何及爲後文爭荆州之線玄德曰吾寧死不忍作負義之事孔明曰且再作商議却說夏侯惇敗回許昌自縛見曹操伏地請死操釋之惇曰惇遭諸葛亮詭計用火攻破我軍操曰汝自幼用兵豈不知狹處須防火攻惇曰李典于禁曾言及此悔之不及操乃賞二人兵敗而有賞是曹瞞勝人處惇曰劉備如此猖

眞腹心之患也不可不急除操曰吾所慮者劉備孫權耳餘皆不足介意今當乘此時掃平江南同攻劉備就勢帶出孫權爲後文赤壁伏線便傳令起大兵五十萬令曹仁曹洪爲第一隊張遼張郃爲第二隊夏侯淵夏侯惇爲第三隊于禁李典爲第四隊仍用夏侯于李如秦穆公之再明三帥操自領諸將爲第五隊每隊各引兵十萬又令許褚爲折衝將軍引兵三千爲先鋒先鋒兵只敘在後敘出變幻選定建安十三年秋七月丙午日出師并紀其日重其事也太中大夫孔融諫曰劉備劉表皆漢室宗親不可輕伐言以理孫權虎踞六郡且有大江之險亦不易

取以勢言○融意重在二劉帶言孫權今丞相興此無義之師恐失天下之望操怒曰劉備劉表孫權皆逆命之臣豈容不討前操止言劉備孫權今亦帶言劉表遂叱退孔融下令如有再諫者必斬孔融出府仰天嘆曰以至不仁伐至仁安得不敗乎至仁獨指劉備而表與權又在所輕時御史大夫郗慮家客聞此言報知郗慮慮常被孔融侮慢心正恨之乃以此言入告曹操且曰融平日每每狎侮丞相平日狎侮却借郗慮口中帶敘出來又與禰衡相善衡贊融曰仲尼不死融贊衡曰顏回復生孔融交譽語亦借郗慮口中敘出向者禰衡之辱丞相乃融使之也又將禰衡前事一提操大怒

命廷尉捕捉孔融。融有二子，年尚少，時方在家對坐弈棋，左右急報曰：「尊君被廷尉執去，將斬矣。二公子何不急避？」二子曰：「破巢之下，安有完卵乎？」操之殘惡，二子早已習透。言未已，廷尉又至，盡收融家小，并二子皆斬之。操之殺禰衡，必假手於他人；今殺孔融，則竟自殺之，更不避殺賢士之名矣。號令融屍於市。京兆脂習伏屍而哭。操聞之大怒，欲殺之。荀彧曰：「彧聞脂習常諫融曰：『公剛直太過，乃取禍之道。』脂習諫融語，却在荀彧口中補叙出。來今融死而來哭，乃義人也，不可殺。」脂習之哭孔融，與王修之哭袁譚正復相似。操乃止。習收融父子屍首，皆葬之。後人有詩讚孔融曰：

孔融居北海，豪氣貫長虹。坐上客常滿，樽中酒不空。此係融幼時語，應第十一回中。文章驚世俗，談笑侮王公。史筆褒忠直，存官紀大中。綱目書曰：殺大中大夫孔融，存其官也。

曹操既殺孔融，傳令五隊軍馬次第起行，只留荀彧等守許昌。

卻說荊州劉表病重，使人請玄德來托孤。玄德引關、張至荊州見劉表。表曰：我病已入膏肓，不久便死矣。特托孤於賢弟。我子無才，恐不能承父業。我死之後，賢弟可自領荊州。陶謙三讓徐州，劉表可謂再讓荊州矣。玄德泣拜曰：備當竭力以輔賢侄，安敢有他意乎？正間人報曹操自統大兵至玄德急辭劉表星夜同新野劉表病中聞此信吃驚不小商議寫遺囑令玄德輔佐長子劉琦爲荊州之主劉表臨死不聽婦人言而立少子雖不能正其始猶能正其終也蔡夫人聞之大怒關上內門使蔡瑁張允二人把住外門時劉琦在江夏知父病危來至荊州探病方到外門蔡瑁當住曰公子奉父命鎮守江夏其任至重今擅離職守倘東吳兵至如之奈何若入見主公主公必生嗔怒病將轉增非孝也宜速回蔡瑁此時但阻琦之見父而不敢害琦者畏玄德之在新野耳劉琦立於門外大哭一場上馬仍回江夏劉表病勢危

篤望劉琦不來至八月戊申日大叫數聲而死劉表欲立劉琦而不能絀蔡瑁以至於此

後人有詩嘆劉表曰

昔聞袁氏居河朔　又見劉君霸漢陽

總爲牝晨致家累　可憐不久盡銷亡

劉表既死蔡夫人與蔡瑁張允商議假寫遺囑令次子劉琮爲荊州之主○○○○袁紹之妻立少子是順夫之命劉表之妻立少子是逆夫之命蔡氏更劣於劉氏矣然後舉哀報喪時劉琮年方十四歲頗聰明乃聚衆言曰吾父棄世吾兄現在江夏更有叔父玄德在新野汝等立我爲主倘兄與叔興

兵問衆如何解釋劉琮賢於袁尚衆官未及對幕官李珪荅曰公子之言甚善今可急發哀書至江夏請大公子爲荊州之主就命玄德一同理事北可以敵曹操南可以拒孫權此萬全之策也劉表有如此之臣而平日不能重托之乃使蔡瑁掌兵權何其用人之外謀也蔡瑁叱曰汝何人敢亂言以遂主公遺命李珪大罵曰汝內外朋謀假稱遺命廢長立幼眼見荊襄九郡送於蔡氏之手故主有靈必當殛汝蔡瑁大怒喝令左右推出斬之李珪至死大罵不絕李珪其洩冶之流乎於是蔡瑁遂立劉琮爲主蔡氏宗族分領荊州之兵令治中鄧義別駕劉

先守荊州蔡夫人自與劉琮前赴襄陽駐扎以防劉琦劉備就葬劉表之柩於襄陽城東漢陽之原竟不訃告劉琦與玄德自死至葬而竟不訃告婦人作事外備至此宜其亡之速也劉琮至襄陽方纔歇馬忽報曹操引大軍逕望襄陽而來琮大驚遂請蒯越蔡瑁等商議東曹掾傅巽進言曰不特曹操兵來爲可憂今大公子在江夏玄德在新野我皆未往報喪若彼興兵問罪荊襄危矣巽有一計可使荊襄之民安如泰山又可保全主公名爵不憂曹操而憂玄德劉琦則其計可知矣琮曰計將安出巽曰不如將荊襄九郡獻與曹操操必重待主

公也李珪既殺此傅巽之言所由來也琮叱曰是何言也孤受先君之基業坐尚未穩豈可便棄之他人劉琮賢於袁譚蒯越曰傅公悌之言是也夫逆順有大體強弱有定勢今曹操南征北討以朝廷爲名主公拒之其名不順且主公新立外患未寧內憂將作荊襄之民聞曹兵至未戰而膽先寒安能與之敵哉蒯越常助蔡瑁謀害玄德宜其有此論若蒯良在而必不至此琮曰諸公善言非我不從但以先君之業一旦棄與他人恐貽笑於天下耳傅蒯二人志不及此十四歲見言未已一人昂然而進曰傅公悌蒯異度之言甚善何不從之衆視之乃山陽高平人姓

王名粲字仲宣粲容貌瘦弱身材短小幼時往見中郎蔡邕時邕高朋滿座聞粲至倒履迎之賓客皆驚曰蔡中郎何獨敬此小子耶邕曰此子有異才吾不如也（蔡邕之敬王粲如孔融之重禰衡然王蔡二人不如孔禰二人多矣）粲博聞强記人皆不及嘗觀道旁碑文一過便能記誦觀人奕棋棋局亂粲復爲擺出不差一子又善筭術其文詞妙絕一時年十七辟爲黃門侍郎不就後因避亂至荆襄劉表以爲上賓（忽叙王粲生平中偏有此閒筆）當日謂劉琮曰將軍自料比曹公何如琮曰不如也（與玄德孔明問荅語相似一則商議備敵一則商議降敵語同而意不同）粲曰曹公

兵強將勇足智多謀擒呂布於下邳摧袁紹於官渡逐劉備於隴右破烏桓於白登（又將曹操前事於此總叙一遍）梟除蕩定者不可勝計今以大軍南下荆襄勢難抵敵傅巽二君之謀乃長策也將軍不可遲疑致生後悔（文人不可與謀國事如此）琮曰先生見教極是但須稟告母親知道只見蔡夫人從屏後轉出（慣立屏後竊聽人語此婦人恣態）謂琮曰既是仲宣公悌異度三人所見相同何必告我（我不怪婦人同此三人之見却怪三人不異婦人之見）於是劉琮意決便寫降書令宋忠潛地往曹操軍前投獻宋忠領命直至宛城接著曹操獻上降書操大喜重賞

宋忠分付教劉琮出城迎接便着他永爲荆州之主假話騙宋小兒忠拜辭曹操取路回荆襄將欲渡江忽見一枝人馬到來視之乃關雲長也宋忠廻避不迭被雲長喚住細問荆州之事忠初時隱諱後被雲長盤問不過只得將前後事情一一實告雲長大驚隨捉宋忠至新野見玄德備言其事玄德聞之大哭此哀劉表而哭非畏曹操而哭也張飛曰事已如此可先斬宋忠隨起兵渡江奪了襄陽殺了蔡氏劉琮然後與曹操交戰快人快語玄德曰你且緘口我自有斟酌乃叱宋忠曰你知衆人作事何不早來報我今雖

斬汝無益於事，可速去。宋忠且不殺，豈肯殺劉琮母子乎。忠拜謝，抱頭鼠竄而去。玄德正憂悶間，忽報公子劉琦差伊籍到來。玄德感伊籍昔日相救之恩，降階迎之，再三稱謝。照應前文。籍曰：大公子在江夏，聞荊州已故，蔡夫人與蔡瑁等商議，不來報喪，竟立劉琮為主。公子差人往襄陽探聽，回說是實。恐使君不知，特差某賫哀書呈報，并求使君盡起麾下精兵，同往襄陽問罪。劉琦求助於劉備，與袁譚之求助於曹操大不相同。玄德看書畢，謂伊籍曰：機伯只知劉琮僭立，更不知劉琮已將荊襄九郡獻與曹操矣。本是伊籍報玄德信，却反是玄德報伊籍信。籍大驚曰使君何從知之玄德具言拿獲宋忠之事籍曰若如此使君不如以弔喪爲名前赴襄陽誘劉琮出迎就便擒下誅其黨類則荆州屬使君矣（最是善策）孔明曰機伯之言是也主公可從之玄德垂淚曰吾兄臨危托孤於我今若執其子而奪其地異日死於九泉之下何面目復見我兄乎（劉琮既降曹操則玄德非取荆州於劉琮而取荆州於曹操也何尚以劉表爲言乎前劉表讓之而不取失一機會今劉琮失之而不取又失一機會）孔明曰如不行此事今曹兵已至宛城何以拒敵玄德曰不如走樊城以避之（幾與屯小沛時同一局面）正商議間探馬飛報曹兵已到博望了玄德慌忙

發付伊籍回江夏整頓軍馬一面與孔明商議拒敵之計孔明曰主公且寬心前番一把火燒了夏侯惇大半人馬今番曹軍又來必教他中這條計不說出何計正使人猜測不着我等在新野住不得了不如早到樊城去便差人四門張榜曉諭居民無問老幼男女願從者即於今日皆跟我往樊城暫避不可自悞挈民同走又是一樣走法差孫乾往河邊調撥船隻救濟百姓差麋竺護送各官家眷到樊城先言百姓後及各官家眷足見愛民之至一面聚諸將聽令先教雲長引一千軍去白河上流頭埋伏各帶布袋多裝沙土遏住白河之水至

來日三更後只聽下流頭人喊馬嘶急取起布袋放水渰之却順水殺將下來接應（前翼德曰何不使水去今番眞是使水去了）又喚張飛引一千軍去博陵渡口埋伏此處水勢最慢曹軍被渰必從此逃難可便乘勢殺來接應（第二次調撥又在水邊）又喚趙雲引軍三千分爲四隊自領一隊伏於東門外其三隊分伏西南北三門却先於城內人家屋上多藏硫黄焰硝引火之物曹軍入城必安歇民房來日黄昏後必有大風（不知天時者不可以爲軍師）但看風起便令西南北三門伏軍盡將火箭射入城去待城中火勢大作却於城外吶喊

助威。第三次調撥。方用火攻。○既以風力助火勢。又以人聲助火威。自然分外猛烈。只留東門放他走。汝卻於東門外從後擊之。從後擊之妙。趕他到水邊去。天明會合關、張二將。收軍回樊城。又先算定收兵時候。再令糜芳、劉封二人。帶二千軍。一半紅旗。一半青旗。紅屬火。青屬木。木能生火。去新野城外三十里鵲尾坡前屯住。一見曹軍到。紅旗軍走在左。青旗軍走在右。他心疑。必不敢追。汝二人卻去分頭埋伏。只望城中火起。便可追殺敗兵。然後卻來白河上流頭接應。前三次調撥已完。不想又有此一段在後。奇妙。○前一人一撥。此兩人同撥。孔明分撥已定。乃與玄德登高瞭望。只候捷音。○為下文登高對坐飲酒伏筆。

却說曹仁曹洪引軍十萬爲前隊前面已有許褚引三千鐵甲軍開路浩浩蕩蕩殺奔新野來是日午牌將分來到鵲尾坡（午爲火伍鵲應朱雀）望見坡前一簇人馬盡打青紅旗號許褚催軍（正爲下文點染）向前劉封糜芳分爲四隊青紅旗各歸左右（前於第四次調撥此却於第一次出現）許褚勒馬教且休進前面必有伏兵我兵只在此處住下許褚一騎馬飛報前隊曹仁曹仁曰此是疑兵必無埋伏可速進兵我當催軍繼至許褚復回坡前提兵殺入至林下追尋時不見一人時日已墜西（自午至晚漸漸叙到夜來却有次第）許褚方欲前進只聽得

山上大吹大擂臺頭看時只見山頂上一簇旗旛中兩把傘蓋左玄德右孔明二人對坐飲酒相對飲酒不是實紀只是看烟火許褚大怒引軍尋路上山山上擂木砲石打將下來不能前進又聞山後喊聲大震欲尋路厮殺天色已晚已晚曹仁領兵到教且奪新野城歇馬軍士至城下時只見四門大開曹兵突入並無阻當城中亦不見一人竟是一座空城了誰知以此空城作爐灶曹洪曰此是勢孤計窮故盡帶百姓逃竄去了我軍權且在城安歇來日平明進兵此時各軍走乏都已飢餓皆去奪房造飯曹仁曹洪就在

衙內安歇已入火甕中矣初更已後狂風大作未寫火先寫風守門軍士飛報火起曹仁曰此必軍士造飯不小心遺漏之火不可自驚說猶未了接連幾次飛報西南北三門皆火起不見兵只見火奇幻曹仁急令衆將上馬時滿縣火起上下通紅是夜之火更勝前日博望燒屯之火忽將前事對照以應上文妙甚後人有詩歎曰

奸雄曹操守中原　九月南征到漢川

風伯怒臨新野縣　祝融飛下焰摩天

曹仁引衆將突烟冒火尋路奔走聞說東門無火急急奔出東

門軍士自相踐踏死者無數曹仁等方纔脫得火厄背後一聲喊起趙雲引軍趕來混戰（前於第三次調撥此於第二次[illegible]）敗軍各逃性命誰肯回身廝殺正奔走間糜芳引一軍攔住又殺一陣曹仁大敗奪路而走劉封又引一軍截殺一陣（芳封二人皆已於第一次出現前則一齊出出[illegible]三第四次又現此則次第出現）到四更時分（四更）人困馬乏軍士大半焦頭爛額奔至白河邊喜得河水不甚深（上流頭有人[illegible]布袋故也）人馬都下河喫水人相喧嚷馬盡嘶鳴却說雲長在上流用布袋遏住河水黃昏時分望見新野火起（補黃昏句句佳妙）一至四更忽聽得下流頭人語

馬嘶急令軍士一齊掣起布袋水勢滔天望下流衝去曹軍人馬俱溺於水中死者極多前於第一次調撥今却於第五次出現○既用火燒又用水浸十萬之衆不爲炭定爲泥矣。曹仁引衆將望水勢慢處奪路而走行到博陵渡口只聽喊聲大起一軍攔路當先大將乃張飛也大叫曹賊來納命前於第二次調撥今却於第六次出現○看他叙得前後參差有勢却又一筆不亂曹軍大驚正是

城內纔看紅焰吐　水邊又遇黑風來

未知曹仁性命如何且看下文分解

四大奇書第一種卷二十一

茂苑毛宗崗序始氏評　吳門杭永年資能氏評定

第四十一回

劉玄德携民渡江

趙子龍單騎救主

前孔明教劉琦是走爲上計今教玄德亦是走爲上計然劉琦之走得免於難玄德之走幾不免於難其故何也則皆玄德不忍之心爲之累耳若非不忍於劉表則可以不

走若非不忍於劉琮則又可以不走即走矣若非不忍於百姓則猶可以輕於走捷於走脫然於走其走而及於難者乃玄德之過於仁而非孔明之踈於計也

蔡氏之死天不假手於玄德劉琮之死天不假手於劉琦而殺之者乃是曹操此造物者之巧也然操于張繡之降則不殺于張魯之降則不殺即于袁譚之初降而未叛則亦不遽殺而獨于劉琮母子則必殺之而後已其故何居曰琮之意在求保荊州失之則悔悔則必怨怨則舊臣之

未降者或將爐枯爐以復燃則可慮者一即其臣之已降者見故主尚在亦將懷二心以圖我則可慮者二且操方欲下江南而琮或復與琦合將結劉備以爲我肘腋之患則可慮者三操之籌此至熟矣琮即欲不死豈可得哉檀溪之役子龍以三百人而不能救玄德長坂之役子龍以一單騎而獨能救阿斗事之不可知者也關公之保二夫人歷過五關而皆得無恙子龍之保二夫人止過長坂而不能兩全又事之不可知者也或謂檀溪不關龍馬之

力當陽亦豈虎將之功天也非人也我謂關公盡事兄之節子龍竭救主之忠天也亦人也玄德棄荆州既失其地利猶幸邀天之祐得人之助爾

孫策之知太史慈不以新降而疑其詐玄德之信子龍不以臨難而疑其違一則投契于一時一則孚信于平日也

大約文字之妙多在逆翻處不有糜芳之昔翼德之疑則玄德之識不奇子龍之忠亦不顯三國敘事之法往往善于用逆所以絶勝他書

文有伏線之妙玄德之取長沙魏延之救黄忠尚隔數而此處襄陽城外早有一魏延忽然而來忽然而去在此時初無補于玄德初無益於襄陽而孰知預爲後日之用眞奇事奇文

徐氏以不死報夫讐糜氏以一死全夫嗣皆賢妻也吳夫人臨死托壯子于良臣糜夫人臨死托幼子于猛將皆賢母也然死更難于不死臨難之托子更難于平時之托子則糜夫人之賢又在東吳兩婦人之上

凡敘事之難不難在聚處而難在散處如當陽長坂一篇玄德與衆將及二夫人并阿斗東三西四七斷八續詳則不能加詳畧又不可偏畧庸筆至此幾于束手今作者將糜芳中箭在玄德眼中敘出簡雍着鎗糜竺被縛在趙雲眼中敘出二夫人棄車步行在簡雍口中敘出簡雍報信在翼德口中敘出甘夫人下落則借軍士口中詳之糜夫人及阿斗下落則借百姓口中詳之歷落參差一筆不忙一筆不漏又有旁筆寫秋風寫秋夜寫曠野哭聲將數十

兵及數萬百姓無不點綴描畫予嘗讀史記至項羽垓下一戰寫項羽寫虞姬寫楚歌寫九里山寫八千子弟寫韓信調軍寫衆將十面埋伏寫烏江自刎以爲文章紀事之妙莫有奇于此者及見三國當陽長坂之文不覺嘆龍門之復生也

却說張飛因關公放了上流水遂引軍從下流殺將來截住曹仁混殺忽遇許褚便與交鋒許褚不敢戀戰奪路走脫張飛趕來接着玄德孔明一同沿河到上流劉封糜芳已安排船隻等

候遂一齊渡河盡望樊城而去孔明教將船筏放火燒毀木上之火又其餘勢却說曹仁收拾殘軍就新野屯住使曹洪去見曹操具言失利之事操大怒曰諸葛村夫安敢如此催動三軍漫山塞野盡至新野下寨傳令軍上一面搜山一面填塞白河令大軍分作八路一齊去取樊城前是五隊今變作八路劉曄曰丞相初至襄陽必須先買民心今劉備盡遷新野百姓入樊城若我兵徑進二縣爲虀粉矣不如先使人招降劉備備即不降亦可見我愛民之心此句是正意若其來降則荊州之地可不戰而定也此句是陪說操從

其言便問誰可爲使劉曄曰徐庶與劉備至厚今現在軍中何不命他一往操曰他去恐不復來曄曰他若不來貽笑于人矣丞相勿疑（前者賺徐庶程昱料其必來今者遣徐庶劉曄料其必返前後相映）操乃召徐庶至謂曰我本欲踏平樊城奈憐衆百姓之命公可往說劉備如肯來降免罪賜爵若更執迷軍民共戮玉石俱焚吾知公忠義故特使公往願勿相負（明知備之不降而招之又明知庶之不勸備降而遣之皆詐也不過先禮後兵以示虛惠于百姓耳）徐庶受命而行至樊城玄德孔明接見共訴舊日之情庶曰曹操使庶來招降使君乃假買民心也今彼分兵八路填白

河而進樊城恐不可守宜速作行計不待徐庶教之行而孔明之行計已定矣玄德欲留徐庶庶謝曰某若不還恐惹人笑某今老母已喪抱恨終天身雖在彼誓不為設一謀公有卧龍輔佐何愁大業不成庶請辭若無卧龍輔佐此時徐庶亦不留乎或曰徐庶孝子也母雖死而墳墓在焉故不敢絕操耳玄德不敢强留徐庶辭回見了曹操言玄德並無降意操大怒即日進兵

玄德問計于孔明孔明曰可速棄樊城取襄陽暫歇本意在襄陽孰知下文偏不是襄陽玄德曰奈百姓相隨許久安忍棄之孔明曰可令人遍告百姓有願隨者同去不願者留下先使雲長往江岸准頓船

隻令孫乾簡雍在城中聲揚曰今曹兵將至孤城不可久守百姓願隨者便同過江若使此時不告百姓潛師宵遁則後來必不爲曹操所追及矣兩縣之民齊聲大呼曰我等雖死亦願隨使君此之謂人和即日號泣而行扶老携幼將男帶女滚滚渡河兩岸哭聲不絕玄德于船上望見大慟曰爲吾一人而使百姓遭此大難吾何生哉欲投江而死或曰玄德之欲投江與曹操之買民心一樣都是假處然曹操之假百姓知之玄德之假百姓偏不以爲假雖同一假也而玄德勝曹操多矣左右急救止聞者莫不痛哭船到南岸回顧百姓有未渡者望南而哭玄德急令雲長催船渡之方纔上馬不携百姓則已既已

携之豈可携其半而棄其半則催船更渡乃必然之勢也行至襄陽東門只見城上遍插旌旗壕邊密布鹿角玄德勒馬大叫曰劉琮賢姪吾但欲救百姓並無他念可快開門亦以百姓動之劉琮聞玄德至懼而不出蔡瑁張允逕來敵樓上叱軍士亂箭射下城外百姓皆望敵樓而哭劉琮拒玄德則不義棄百姓則不仁城中忽有一將引數百人逕上城樓大喝蔡瑁張允賣國之賊劉使君乃仁德之人今爲救民而來投何得相拒突如其來伊何人哉衆視其人身長八尺面如重棗乃義陽人也姓魏名延字文長魏延之歸玄德尚在十數回之後却早于此處現出妙當下魏延輪刀砍死

守門將士開了城門放下弔橋大叫劉皇叔快領兵入城共殺賣國之賊（讀者至此必謂蔡瑁張允此時必死而玄德此時必入襄陽矣）張飛便躍馬欲入玄德急止之曰休驚百姓（處處以百姓爲重）魏延只顧招呼玄德軍馬入城只見城內一將飛馬引軍而出大喝魏延無名小卒安敢造亂認得我大將文聘麼（忽然又遇一阻隔奇絕）魏延大怒挺鎗躍馬便來交戰兩下軍兵在城邊混殺喊聲大震玄德曰本欲保民反害民也吾不願入襄陽（處處以百姓爲重）孔明曰江陵乃荊州要地不如先取江陵爲家（本要取江陵誰知後文又不是江陵）玄德曰正合吾心於是引着

百姓盡離襄陽大路望江陵而走襄陽城中百姓多有乘亂逃出城來跟玄德而去（此之謂人和）魏延與文聘交戰從巳至未手下兵卒皆已折盡延乃撥馬而逃却尋不見玄德自投長沙太守韓玄去了（爲後救黄忠伏線）却說玄德同行軍民共數萬大小車數千輛挑擔背包者不計其數路過劉表之墓玄德率衆將拜于墓前哭告曰辱弟備無德無才負兄寄托之重罪在備一身與百姓無干望兄英靈垂救荆襄之民言甚悲切軍民無不下淚（曹操哭袁紹之墓是假哭玄德哭劉表之墓是真哭○雖爲劉表而哭却爲百姓而哭處處以百姓爲重）忽哨馬報說曹

操大軍已屯樊城、使人收拾船筏、即日渡江趕來也、衆將皆曰、江陵要地、足可拒守、今擁民衆數萬、日行十餘里、似此幾時得至江陵、倘曹兵到、如何迎敵、不如暫棄百姓、先行爲上、玄德泣曰、舉大事者必以人爲本、今人歸我、奈何棄之、不携百姓則已、既已携之、豈可携于前而棄于後、到底同行、亦必然之勢也、百姓聞玄德此言、莫不傷感、後人有詩讚之曰、

臨難仁心存百姓、登舟揮淚動三軍、
至今憑弔襄江口、父老猶然憶使君、

却說玄德擁着百姓緩緩而行孔明曰追兵不久即至可遣雲長往江夏求救于公子劉琦教他速起兵乘船會于江陵（方知前日爲劉琦畫策已早爲今日玄德伏着）玄德從之即修書令雲長同孫乾同五百軍往江夏求救令張飛斷後（爲長坂橋伏線）趙雲保護老小（爲當陽伏筆）其餘俱管顧百姓而行（處處以百姓爲重）每日只走十餘里便歇却說曹操在樊城使人渡江至襄陽召劉琮相見琮懼怕不敢往見蔡瑁張允請行王威密告琮曰將軍既降玄德又走曹操必懈弛無備願將軍奮整奇兵設于險處擊之操可獲矣獲操則威震天

下中原雖廣可傳檄而定此難遇之機不可失也王威此計妙不可言劉琮若能行之是一時快事劉琮卽不行之亦千古快談琮以其言告蔡瑁瑁叱王威曰汝不知天命安敢妄言威怒罵曰賣國之徒吾恨不生啖汝肉瑁欲殺之蒯越勸止李珪死而王威不死亦僥倖耳瑁遂與張允同至樊城拜見曹操瑁等辭色甚是諂佞操問荊州軍馬錢糧今有多少瑁曰馬軍五萬步軍十五萬水軍八萬共二十八萬錢糧大半在江陵其餘各處亦足供給一載既有如此之兵糧而不修戰具蔡瑁非人哉操曰戰船多少原是何人管領瑁曰大小戰船共七千餘隻原是瑁等二人

掌管操遂加瑁為鎮南侯水軍大都督張允為助順侯水軍副

都督（為赤壁伏線）二人大喜拜謝（狗才）操又曰劉景升既死其子降順

吾當表奏天子使永為荊州之主（蓮許兩番誰知都是假話）二人大喜而退

荀攸曰蔡瑁張允乃諂佞之徒主公何遂加以如此顯爵更教

都督水軍乎操笑曰吾豈不識人止因吾所領北地之衆不習

水戰故且權用此二人待成事之後別有理會（奸雄用人全是權詐可恨可愛）

却說蔡瑁張允歸見劉琮具言曹操許保奏將軍永鎮荊襄琮

大喜次日與母蔡夫人齎捧印綬兵符親自渡江拜迎曹操（大事

去。操撫慰畢。即引隨征軍將進屯襄陽城外。蔡瑁張允令襄陽

矣。百姓焚香拜接曹操。俱用好言撫諭。百姓焚香是没奈何入城曹操撫諭是了世事

至府中坐定。即召蒯越近前撫慰曰。吾不喜得荆州。喜得異度

也。老奸遂封蒯越爲江陵太守樊城侯。傅巽王粲等皆爲關内侯。

三人前勸劉琮降操正爲此耳而以劉琮爲青州刺史便教起程。兩次詐許令番變卦惡極

琮聞命大驚。辭曰。琮不願爲官。願守父母鄉土。操曰。青州近帝

都。教你隨朝爲官。免在荆襄被人圖害。琮再三推辭。曹操不准。

琮只得與母蔡夫人同赴青州。只有故將王威相隨。其餘官員

俱送至江口而回。劉琮此時行旅之況更慘于立德矣。操唤于禁囑付曰：你可引輕騎追劉琮母子殺之，以絕後患。惡極。然亦勢所必然。于禁得令，領衆趕上，大喝曰：我奉丞相令，教來殺汝母子！可早納下首級。蔡夫人抱劉琮而大哭。早知今日，悔不當初。欲再從屛風後竊聽賓客之語，豈可得哉？雖然，呂布之妻嚴氏、袁紹之妻劉氏，皆彼曹操取至許都，則蔡夫人之見殺，猶爲死得乾净也。于禁喝令軍士下手。王威忿怒，奮力相鬪，竟被衆軍所殺。冀州死節者有沮受、審配，荆州死節者惟王威一人。軍士殺死劉琮及蔡夫人，于禁回報曹操，操重賞于禁。便使人往隆中搜尋孔明妻小，却不知去向。原來孔明先已令人搬送至三江內隱避矣。徐庶之母被執，而孔明之家杳然。畢竟卧龍妙人，勝元直十倍。操深恨之。襄陽既定，荀攸進言曰：江陵乃荆襄重地，錢糧極廣，劉備若據此地，急難動揺。操曰：孤豈忘之。隨命于襄陽諸將中選一員引軍開道。諸將中却獨不見文聘。操使人尋問，方纔來見。操曰：汝來何遲？對曰：爲人臣而不能使其主保全境土，心實悲慙，無顏蚤見耳。言訖，欷歔流涕。與袁紹之客王修等相類。操曰：真忠臣也。除江夏太守，賜爵關內侯，便教引軍開道。探馬報説：劉備帶領百姓，日行止十數里，計程只有三百餘里。已行過一月矣。操教各部下精選五千鐵騎，星夜前進限一日一夜趕上劉備以一日一夜趕一月之程，兵雖銳而亦疲矣。大軍陸續隨後而進。却說玄德引十數萬百姓、三千餘軍馬，一程程挨着往江陵進發。趙雲保護老小，張飛斷後。將二人再點一句，爲後文伏線。孔明曰：「雲長往江夏去了，絕無回音，不知若何？」玄德曰：「敢煩軍師親自走一遭。劉琦感公昔日之教，今若見公親至，事必諧矣。」孔明允諾，便同劉封引五百軍先往江夏求救去了。關公既去，孔明又行，止剩張、趙二將矣。當日玄德自與簡雍、糜竺、糜芳同行。正行間，忽然一陣狂風就馬前刮起，塵土沖天，平遮紅日。未寫兵來，先寫風報，使人凜凜。玄德驚曰：「此何兆也簡雍頗明陰陽袖占一課失驚曰此此大凶之兆也應在今夜主公可速棄百姓而走玄德曰百姓從新野相隨至此吾安忍棄之（處處以百姓爲重）雍曰主公若戀而不棄禍不遠矣玄德問前面是何處左右荅曰前面是當陽縣有座山名爲景山玄德便教就此山扎住時秋末冬初涼風透骨黃昏將近哭聲遍野（當讀李陵書曰涼秋九月時聞悲風蕭條之聲又讀李華弔古戰場文曰往往鬼哭天陰則聞未嘗不愀然悲也今此處兼彼二語倍覺淒涼○秋末冬初二句早爲後文赤壁借風作襯）至四更時分只聽得西北喊聲震地而來玄德大驚急上馬引本部精兵二千餘人迎敵曹兵掩

至勢不可當玄德死戰正在危迫之際幸得張飛引軍至殺開一條血路救玄德望東而走文聘當先攔住玄德驚曰背主之賊尚有何面目見人文聘羞慚滿面引兵自投東北去了（文聘尚有良心）張飛保着玄德且戰且走奔至天明聞喊聲漸漸遠去玄德方纔歇馬看手下隨行人止有百餘騎百姓老小并糜竺糜芳簡雍趙雲等一千人皆不知下落（此處寫得七零八落後文一一點出）玄德大哭曰十數萬生靈皆因戀我遭此大難諸將及老小皆不知存亡雖土木之人寧不悲乎（先言百姓次言諸將老小處處以百姓爲重）正悽惶時忽見

糜芳面帶數箭。踉蹌而來。（糜芳帶箭。在玄德眼中敘出。極省筆。）口言趙子龍反投曹操去了也。（將寫趙雲盡忠。却報趙雲降操。是借糜芳口中反襯下文。）玄德叱曰。子龍是吾故交。安肯反乎。（玄德之言。是正襯下文。）張飛曰。他今見我等勢窮力盡。或者反投曹操。以圖富貴耳。（糜芳不知趙雲。張飛亦疑趙雲。不獨反襯玄德之識。正反襯趙雲之忠。）玄德曰。子龍從我于患難。心如鐵石。非富貴所能動搖也。（如心之語。）糜芳曰。我親見他投西北去了。（此却何故。）張飛曰。待我親自尋他去。若撞見時。一鎗刺死。（讀者至此。爲趙雲寒心。）玄德曰。休錯疑了。豈不見你二兄誅顏良文醜之事乎。（白馬解圍事。已隔數回。至此忽然一提。）子龍此去必有事故吾料子龍必不棄我也張飛那裏肯聽引二十餘騎至長坂橋見橋東有一帶樹木飛生一計教所從二十餘騎都砍下樹枝拴在馬尾上在樹林內往來馳騁冲起塵土以爲疑兵翼德漸能用智想爲孔明陶鎔故也飛却親自横矛立馬于橋上向西而望寫得有聲勢〇此處權接下張飛以下单敘趙雲却說趙雲自四更時分與曹軍厮殺往來衝突殺至天明尋不見玄德又失了玄德老小雲自思曰主人將甘糜二夫人與小主人阿斗托付在我身上今日軍中失散有何面目去見主人不如去决一死戰好歹要尋主母與小主人

下落。方敘明不歸東南投轉西北之故。回顧左右只有三四十騎相隨雲拍馬在亂軍中尋覓二縣百姓嚎哭之聲震天動地中箭着鎗抛男棄女而走者不計其數。將寫二夫人先寫兩縣百姓是以旁筆佐正筆趙雲正走之間見一人臥在草中視之乃簡雍也。借趙雲眼中敘出簡雍又省筆雲急問曰曾見兩位主母否雍曰二主母棄了車仗抱阿斗而走我飛馬趕去轉過山坡被一將刺了一鎗跌下馬來馬被奪了去我爭鬪不得故臥在此。只糜芳中箭簡雍着鎗作兩樣敘法又妙在二夫人先借簡雍口中點出雲乃將從卒所騎之馬借一匹與簡雍騎坐又着二卒扶護簡雍先去報與主人我上天入地好歹尋主母與小主人來如尋不見死在沙塲上也說罷拍馬望長坂坡而去妙在不敘簡雍一邊歸忽報只敘趙雲一面去尋一人大叫趙將軍那裏去雲勒馬問曰你是何人答曰我乃劉使君帳下護送車仗的軍士被箭射倒在此趙雲便問二夫人消息軍士曰恰纔見甘夫人披頭跣足相隨一夥百姓婦女投南而走甘夫人下落借軍士口中敘出又省筆簡雍說兩個夫人却未有下落軍士只說一個夫人却有下落俱妙雲見說也不顧軍士急縱馬望南趕去寫趙雲心忙無暇更救軍士不獨簡雍與軍士輕重有別且夫人與軍士緩急更殊也只見一夥百姓男女數百人相攜而走雲

大叫曰內中有甘夫人否夫人在後面望見趙雲放聲大哭雲下馬插鎗而泣曰使主母失散雲之罪也糜夫人與小主人安在甘夫人曰我與糜夫人被逐棄了車仗雜于百姓內步行。與簡雍語相應又撞見一枝軍馬衝散糜夫人與阿斗不知何往我獨自逃生至此。糜夫人失散借甘夫人口中點出又省筆。正言間百姓發喊又撞出一枝軍來趙雲拔鎗上馬看時面前馬上綁着一人乃糜竺也。糜竺被縛借趙雲眼中點出又省筆。○糜芳中箭簡雍着鎗糜竺被縛寫得參差歷落妙。背後一將手提大刀引着千餘軍乃曹仁部將淳于導拿住糜竺正要解去獻功補敘明白。

筆法變換趙雲大喝一聲挺鎗縱馬直取淳于導導抵敵不住被雲一鎗刺落馬下向前救了糜竺奪得馬二匹雲請甘夫人上馬殺開條大路直送至長坂坡只見張飛橫矛立馬于橋上大叫子龍你如何反我哥哥此時已知不反又問一句爲前文餘波雲曰我尋不見主母與小主人因此落後何言反耶飛曰若非簡雍先來報信我今見你怎肯干休也簡雍報信借翼德口中補敘出來又極省筆雲曰主公在何處飛曰只在前面不遠雲謂糜竺曰糜子仲保甘夫人先行待我仍去尋糜夫人與小主人去言罷引數騎再回舊路妙在此時不即見玄

德。正走之間，見一將手提鐵鎗，背着一口劍，引十數騎躍馬而來。趙雲更不打話，直取那將。交馬只一合，把那將一鎗刺倒，從騎皆走。原來那將乃曹操隨身背劍之將夏侯恩也。本爲曹操背劍，今爲趙雲送劍。曹操有寶劍二口：一名倚天，一名青釭（音公）。倚天劍自佩之，青釭劍令夏侯恩佩之。那青釭劍砍鐵如泥，鋒利無比。補敘寶劍來歷，又以倚天陪青釭。急中偏有此緩筆，忙中偏有此閒筆。當時夏侯恩自恃勇力，背着曹操，只顧引人搶奪擄掠，不想撞着趙雲，被他一鎗刺死，奪了那口劍。看靶上有金嵌「青釭」二字，方知是寶劍也。再補寫寶劍一句。雲插劍提鎗復殺入重圍回顧手下從騎已沒一人只剩得孤身得了寶劍失了從騎雲並無半點退心只顧往來尋覓但逢百姓便問糜夫人消息忽一人指曰夫人抱着孩兒左腿上着了鎗行走不得只在前面墻缺內坐地甘夫人下落用軍士報信糜夫人下落又用百姓報信俱省筆趙雲聽了連忙追尋只見一箇人家被火燒壞土墻糜夫人抱着阿斗坐于墻下枯井之傍啼哭先將土墻枯井于此一逗妙雲急下馬伏地而拜夫人曰妾得見將軍阿斗有命矣望將軍可憐他父親飄蕩半世只有這點骨血將軍可護持此子教他得見父面妾死無恨言之傷心

聞之酸鼻。○阿斗乃甘夫人所生。而患難之中。糜夫人能攜持付托。勝如己出。更自難得。雲曰。夫人受難。雲之罪也。不必多言。請夫人上馬。雲自步行死戰。保夫人透出重圍。糜夫人曰。不可。將軍豈可無馬。人知玄德過檀溪不可無馬。不知趙雲過當陽亦不可無馬。此子全賴將軍保護。妾已重傷。死何足惜。望將軍速抱此子前去。勿以妾爲累也。好夫人雲曰。喊聲將近。追兵已至。請夫人速速上馬。糜夫人曰。妾身委實難去。休得兩悞。乃將阿斗遞與趙雲曰。此子性命。全在將軍身上。人知昭烈在白帝城托阿斗于孔明。不知糜夫人在長坂坡托阿斗于子龍。一様付托之重。趙雲三回五次請夫人上馬。夫人只不肯上馬。

四邊喊聲又起雲厲聲曰夫人不聽吾言追軍若至爲之奈何勢迫事險心忪糜夫人乃棄阿斗于地翻身投入枯井中而死語急寫來如畫人但知趙雲不惜死以保其主不知糜夫人不惜死以保其子趙雲固奇男子糜夫人亦奇婦人 後人有詩讚之曰

戰將全憑馬力多　步行怎把幼君扶
拚將一死存劉嗣　勇决還虧女丈夫

趙雲見夫人已死恐曹軍盜屍便將土墻推倒掩蓋枯井土墻枯井前先點出此處便不突然可見其用筆閒細掩訖解開勒甲縧放下掩心鏡將阿斗

抱護在懷呂布馱女兒在背甚是累墜趙雲褁阿斗在懷頗覺輕便綽鎗上馬早有一將引一隊步軍至來得如此危急愈足見糜夫人一死之妙乃曹洪部將晏明也持三尖兩刃刀來戰趙雲不三合被趙雲一鎗刺倒殺散衆軍衝開一條路正走間前面又一枝軍馬攔路當先一員大將旗號分明大書河間張郃雲更不答話挺鎗便戰約十餘合雲不敢戀戰奪路而走背後張郃趕來雲加鞭而行不想趷躂一聲連馬和人顛入土坑之內讀者至此必謂趙雲不免矣張郃挺鎗來刺忽然一道紅光從土坑中滾起那匹馬平空一躍跳出坑外亦大奇事本是趙雲保阿斗此

却是阿斗保趙雲矣。○與玄德檀溪躍馬彷彿相似。後人有詩曰

紅光罩體困龍飛　征馬衝開長坂圍
四十二年真命主　將軍因得顯神威

張郃見了大驚而退趙雲縱馬正走背後忽有二將大叫趙雲休走前面又有二將使兩般軍器截住去路後面趕的是馬延張顗前面阻的是焦觸張南都是袁紹手下降將○○○○○○○袁紹降將正與子龍映射趙雲力戰四將曹軍一齊擁至雲乃拔青釭劍亂砍手起處衣甲平過血如湧泉殺退衆軍將直透重圍玄德逃難賴良馬。子龍殺將賴寶劍。二馬

一六六

一劍正復相對却說曹操在景山頂上望見一將所到之處威不可當急問左右是誰曹洪飛馬下山大叫曰軍中戰將可留姓名雲應聲曰吾乃常山趙子龍也曹洪回報曹操操曰眞虎將也吾當生致之遂令飛馬傳報各處如趙雲到不許放冷箭只要活捉的因此趙雲得脫此難此亦阿斗之福所致也曹操要捉生趙雲却使趙雲保得活阿斗這一場殺趙雲懷抱後主直透重圍砍倒大旗兩面奪槊三條前後鎗刺劒砍殺死曹營名將五十餘員總敘一句省却無數筆墨後人有詩曰

血染征袍透甲紅、當陽誰敢與爭鋒、

古來衝陣扶危主、只有常山趙子龍、

趙雲當下殺透重圍、已離大陣、血滿征袍、正行間、山坡下又撞出兩枝軍、乃夏侯惇部將鍾縉鍾紳兄弟二人、一個使大斧、一個使畫戟、大喝趙雲快下馬受縛、（上已作一收不想此處又起）正是

纔離虎窟逃生去、又遇龍潭鼓浪來、

畢竟子龍怎地脫身、且聽下文分解、

第四十二回

張冀德大鬧長坂橋
劉豫州敗走漢津口

前回寫趙雲此回寫張飛寫趙雲是幾番血戰寫張飛只是一聲叱喝天下事亦有虛聲而可當實際者然必其人平日之實際足以服人而後臨時之虛聲足以聳聽所以張飛之功與趙雲等非若今人之全靠虛聲渾無實際他人弊盡老力我只出一張寡嘴也

冀德喝退曹軍若非有雲長昔日誇奬之語曹操常時未

必如此之懼也不但此也翼德橫矛立馬于橋上而曹兵疑爲誘敵之計若非有孔明兩番火攻驚破曹兵之膽當時曹操又未必如此之疑也則非翼德之先聲奪人而實則雲長之先聲足以奪人又非雲長之先聲奪人而實則孔明之先聲足以奪人耳

玄德將阿斗擲地亦擲得不差由後觀之以一英雄之趙雲救一無用之劉禪誠不如勿救矣然從來豪傑不遇時庸人多厚福禪之智則劣于父而其福則過于父玄德勞

苦一生甫登大寶未幾而殂反不如庸庸之子安享四十二年南面之福也長坂之役本是庸主賴虎將之力而得生人反謂虎將賴庸主之福而不死爲之一嘆

文章之妙妙在猜不着如玄德本欲投襄陽忽變而江陵既欲投江陵又忽變而漢津此猜測之所不及也劉表爲孫權之讐劉表未死孫權方欲攻之劉表既死權忽使人弔之又猜測之所不及也唯猜測不及所以爲妙若觀前事便知其有後事則必非妙事觀前文便知其有後文則

必非妙文。

讀書之樂，不大驚則不大喜，不大疑則不大快，不大急則不大慰。當子龍殺出重圍，人困馬乏之後，又遇文聘追來，是一急。及見玄德之時，懷中阿斗不見聲息，是一疑。至翼德斷橋之後，玄德被曹操追至江邊，更無去路，又一急。及雲長旱路接應之後，忽見江上戰船攔路，不知是劉琦，又一驚。及劉琦同載之後，忽又見戰船攔路，不知是孔明，又一疑一急。今讀者眼中如猛電之一去一來，怒濤之一起一落不意尺幅之內乃有如此變幻也。

孔明勸玄德結孫權爲援魯肅亦勸孫權結玄德爲援所見畧同而孔明巧處不用我去求人偏使人來求我若魯肅一至孔明慌忙出迎便沒趣矣妙在魯肅求見然後肯出此孔明之巧也一見之後若孔明先下說詞又沒趣矣妙在孔明並不挑撥魯肅魯肅先來勾搭孔明又孔明之巧也魯肅欲邀孔明同去若使孔明欣然應允又沒趣矣妙在玄德假意作難孔明勉强一行又孔明之巧也求人

之意甚急，故作不屑求人之態，胸中十分要緊，口內十分遲疑。寫來真是好看煞人。

前看李肅說呂布殺丁原，偏等呂布自說出來，是一段絕妙文字；又看王允說呂布殺董卓，亦等呂布自說出來，又是一段絕妙文字。今看孔明欲往東吳見孫權，必待魯肅說出，比前二段文字更是奇妙。前二段止是兩人往復，此則夾一玄德在中。前二段一等呂布說出來時，便隨口贊成；此則既等魯肅說出來時，却又詐言不肯。愈出愈幻愈轉愈曲。賞心悅目。蔑以過茲。

却說鍾縉鍾紳二人攔住趙雲厮殺。趙雲挺鎗便刺。鍾縉當先揮大斧來迎。兩馬相交。戰不三合。被雲一鎗刺落馬下。奪路便走。背後鍾紳持戟趕來。馬尾相啣。那枝戟只在趙雲後心內弄影。雲急撥轉馬頭。恰好兩胸相拍。雲左手持鎗隔過畫戟。右手拔出青釭寶劍砍去。帶盔連腦。砍去一半。紳落馬而死。既寫趙雲。又寫寶劍。○趙雲既斬曹營名將五十餘員矣。不想五十餘員後。又有續案。餘衆奔散。趙雲得脫。望長坂橋而走。只聞後面喊聲大震。原來文聘引軍趕來。趙雲到得橋邊人困馬乏。（人困馬乏矣，偏又有追軍至，令讀者着着急。○此處寫趙雲人困馬乏，愈見其適間威勇莫當。）見張飛挺矛立馬于橋上。雲大呼曰：「翼德援我。」飛曰：「子龍速行，追兵我自當之。」（本欲殺子龍而來，今反得爲子龍之援。妙。）雲縱馬過橋，行二十餘里，見玄德與衆人憩于樹下。雲下馬伏地而泣，玄德亦泣。（幾不得見而復見，故不得不泣。相見之泣，悲其前之相失也。寫得惻惻入情。）雲喘息而言曰：（此處寫趙雲喘息，愈見上文勞苦功高。）「趙雲之罪，萬死猶輕。糜夫人身帶重傷，不肯上馬，投井而死，雲只得推土牆掩之。懷抱公子，身突重圍，賴主公洪福，幸而得脫。適來公子尚在懷中啼哭，此一回不見動靜，也（此處又着此疑人之筆。曲折之甚。）遂解視之。原來阿斗正睡着未醒。（阿斗一生只是睡着未醒耳。）雲喜曰。幸得公子無恙。雙手遞與玄德。玄德接過。擲之于地曰。為汝這孺子。幾損我一員大將。（袁紹憐幼子而拒田豐之諫。玄德擲幼子以結趙雲之心。一智一愚。相去天壤。）趙雲忙向地下抱起阿斗。泣拜曰。雲雖肝腦塗地。不能報也。後人有詩曰。

曹操軍中飛虎出。趙雲懷內小龍眠。
無由撫慰忠臣意。故把親兒擲馬前。

却說文聘引軍追趙雲至長坂橋。只見張飛倒豎虎鬚。圓睜環眼。手綽蛇矛，立馬橋上。（借文聘眼中寫一張飛。此處撥下趙雲，只寫張飛。）又見橋東樹林之後塵頭大起，疑有伏兵，便勒住馬，不敢近前。（可知繫樹枝于馬尾馳騁林間的是妙計。）俄而曹仁、李典、夏侯惇、夏侯淵、樂進、張遼、張郃、許褚等都至，見飛怒目橫矛，立馬于橋上，（又描一句，在諸將眼中再寫一張飛。）又恐是諸葛孔明之計，都不敢近前。（正寫張飛，又帶寫孔明。）扎住陣脚，一字兒擺在橋西，使人飛報曹操。操聞知，急上馬，從陣後來。張飛睜圓環眼，隱隱見後軍青羅傘蓋、旄鉞旌旗來到，料得是曹操心疑，親自來看。（前在諸將眼中寫張飛，此又在張飛眼中寫曹操。）飛乃厲聲大喝曰：（半日不喝，此時方喝，妙。）

我乃燕人張翼德也誰敢與我决一死戰（二我字聲如巨雷響甚）軍聞之盡皆股栗（不獨當時聞者股栗即今日讀之猶覺其聲如在紙上）曹操急令去其傘蓋（第一喝早喝去了曹操傘蓋）回顧左右曰吾向曾聞雲長言翼德于百萬軍中取上將之首如探囊取物（忽將白馬解圍時語于此處提照出來）今日相逢不可輕敵言未已張飛睜目又喝曰燕人張翼德在此誰敢來决死戰（其聲愈猛）曹操見張飛如此氣概頗有退心（又在曹操眼中寫一張飛）飛望見曹操後軍陣脚移動（第二喝又喝退了曹操後軍）乃挺矛又喝曰戰又不戰退又不退却是何故（此一喝更極嘲笑）喊聲未絕曹操身邊夏

倈傑驚得肝膽碎裂倒撞于馬下第三喝直喝死了曹操近將操便回馬而走于是諸軍衆將一齊望西逃奔正是黃口孺子怎聞霹靂之聲病體樵夫難聽虎豹之吼一時棄鎗落盔者不計其數人如潮湧馬似山崩自相踐踏前回寫趙雲死戰有死戰之勇此回寫張飛不戰有不戰之威兩樣文章一樣出色後人有詩讚曰

長坂橋頭殺氣生　橫鎗立馬眼圓睜

一聲好似轟雷震　獨退曹家百萬兵

却說曹操懼張飛之威驟馬望西而走冠簪盡落披髮奔逃與衆

紹磐河遇關張特一般光景。張遼許褚趕上扯住轡環曹操倉皇失措。備郤被翼德追獲。張遼曰丞相休驚料張飛一人何足深懼今急回軍殺去劉備可擒也曹操方纔神色稍定前寫趙雲喘息未定是寫趙雲餘勇。此寫曹操神色方定是寫張飛餘威。乃令張遼許褚再至長坂橋探聽消息且說張飛見曹軍一擁而退不敢追趕速喚回原隨二十騎摘去馬尾樹枝細甚。令將橋梁拆斷失算矣。然後回馬來見玄德具言斷橋一事玄德曰吾弟勇則勇矣惜失于計較飛問其故玄德曰曹操多謀汝不合拆斷橋梁彼必追至矣妙在不即說明。飛曰他被我一喝倒退數

此時不帶今百姓何也

里何敢再追玄德曰若不斷橋彼恐有埋伏不敢進兵今折斷了橋彼料我無軍而怯必來追趕彼有百萬之衆雖涉江漢可填而過豈懼一橋之斷耶方說明緣故○馬尾樹枝是翼德巧處拆斷橋梁是翼德拙處莽人使乖到底是莽於是即刻起身從小路斜投漢津望沔陽路而走卻說曹操使張遼許褚探長坂橋消息回報曰張飛已拆斷橋梁而去矣操曰彼斷橋而去乃心怯也曹操料張飛玄德料曹操都各不差遂傳令差一萬軍速搭三座浮橋只今夜就要過李典曰此恐是諸葛亮之詐謀不可輕進操曰張飛一勇之夫豈有詐謀李典之疑是疑孔明曹操之信

（是信張飛）遂傳下號令，火速進兵。卻說玄德行近漢津，忽見後面塵頭大起，鼓聲連天，喊聲震地。玄德曰：「前有大江，後有追兵，如之奈何。」（幾於檀溪之危相似）急命趙雲準備抵敵。曹操下令軍中曰：「今劉備釜中之魚，穽中之虎，若不就此時擒捉，如放魚入海，縱虎歸山矣。眾將可努力向前。」眾將領命，一個個奮威追趕。（有此一遍更使讀者寒心）忽山坡後鼓聲響處，一隊軍馬飛出，大叫曰：「我在此等候多時了。」（又是絕處逢生）當頭那員大將，手執青龍刀，坐下赤兔馬，原來是關雲長，去江夏借得軍馬一萬，探知當陽長坂大戰，特地從此路截出雲長一邊事。于此處方纔補出。正妙在突如其來。曹操一見雲長，即勒住馬回頭，衆將曰：又中諸葛亮之計也。與李典之言相照。傳令大軍速退。雲長追趕十數里，即回軍保護玄德等到漢津。已有船隻伺候。雲長請玄德并甘夫人阿斗至船中坐定。雲長問曰：二嫂嫂如何不見？玄德訴說當陽之事。敘得一筆不漏。雲長嘆曰：曩日獵于許田，若從吾意，可無今日之患。第二十回中事。忽于此提照出來。玄德曰：我於此時亦投鼠忌器耳。又追解前事。正說之間，忽見江南岸戰鼓大鳴，舟船如蟻，順風揚帆而來。故作驚人之筆。玄德大驚。不特玄德喫驚，讀者至此亦為喫驚。船來至近只見一人白袍銀鎧立于船頭上大呼曰叔父別來無恙小侄得罪玄德視之乃劉琦也先聽其言後見其人敘得變化琦過船哭拜曰聞叔父困于曹操小侄特來接應玄德大喜遂合兵一處放舟而行在船中正訴情由江西南上戰船一字兒擺開乘風唿音忽哨而至又作驚人之筆令讀者再喫一驚劉琦驚曰江夏之兵小侄已盡起至此矣今有戰船攔路非曹操之軍即江東之軍也如之奈何不但疑是曹軍且又疑是吳軍此在劉琦意中想出正與下文魯肅至江夏反照玄德出船頭視之見一人綸巾道服坐在船頭上乃孔明也背後立着孫乾只雲長劉琦孔明三人分作三次相

見皆故作驚人之筆。玄德慌請過船問其何故却在此孔明曰亮自至江夏先令雲長于漢津登陸地而接我料曹操必來追趕主公必不從江陵來必斜取漢津矣故特請公子先來接應我竟往夏口盡起軍前來相助。孔明一邊事即借孔明口中補出極省筆。玄德大悅合為一處商議破曹之策孔明曰夏口城險頗有錢糧可以久守請主公且到夏口屯住公子自回江夏整頓戰船收拾軍器為犄角之勢可以抵當曹操若共歸江夏則勢反孤矣特約劉琦接應却又不到江夏變化之極。劉琦曰軍師之言甚善但愚意欲請叔父暫至江夏整頓軍

馬停當再回夏口不遲玄德曰賢侄之言亦是遂留下雲長引五千軍守夏口玄德孔明劉琦共投江夏（既欲往夏口却又重到江夏變化之極）

却說曹操見雲長在旱路引軍截出疑有伏兵不敢來追又恐水路先被玄德奪了江陵便星夜提兵赴江陵來荊州治中鄧義別駕劉先已備知襄陽之事料不能抵敵曹操遂引荊州軍民出郭投降（本是玄德欲取江陵却反是曹操取江陵變化之極）曹操入城安民已定釋韓嵩之囚加為大鴻臚（韓嵩之囚在二十三回中至此方照應）其餘衆官各有封賞曹操與衆將議曰今劉備已投江夏恐結連東吳是滋蔓也（音萬）

結連東吳一句早爲下文伏線當用何計破之荀攸曰我今大振兵威遣使馳檄江東請孫權會獵于江夏共擒劉備分荊州之地永結盟好孫權必驚疑而來降則吾事濟矣此李左車所謂先聲而後實者也操從其計一面發檄遣使赴東吳一面計點馬步水軍共八十三萬詐稱一百萬水陸並進船騎雙行沿江而來西連荊陝東接蘄音奇黃寨柵聯絡三百餘里極寫曹操軍威正爲下文赤壁襯染話分兩頭却說江東孫權屯兵柴桑郡聞曹操大軍至襄陽劉琮已降今又星夜兼道取江陵乃集衆謀士商議禦守之策魯肅曰荊州與國鄰接江山

險固士民殷富吾若據而有之此帝王之資也今劉表新亡劉備新敗肅請奉命往江夏弔喪因說劉備使撫劉表衆將同心一意共破曹操備若喜而從命則大事可定矣孔明欲得荆州魯肅亦欲得荆州孔明欲合東吳以破曹操魯肅亦欲合劉備以破曹是魯肅識見過人處權喜從其言即遣魯肅齎禮往江夏弔喪却說玄德至江夏與孔明劉琦共議良策孔明曰曹操勢大急難抵敵不如往投東吳孫權以為應援正寫魯肅一邊要來却又寫孔明一邊要去機括相投接筍甚妙的的可妙算使南北相持吾等于中取利有何不玄德曰江東人物極多必有遠謀安肯相容耶孔明笑

曰今操引百萬之衆虎踞江漢江東安得不使人來探聽虛實若有人到此亮借一帆風直至江東憑三寸不爛之舌說南北兩軍互相吞并若南軍勝共誅曹操以取荊州之地（此句是主）若北軍勝則我乘勝以取江南可也（此句是賓）玄德曰此論甚高但如何得江東人到正說間人報江東孫權差魯肅來弔喪船已傍岸孔明笑曰大事濟矣（寫孔明之智倍覺出色）遂問劉琦曰往日孫策亡時襄陽曾遣人去弔喪否（問得筋節○孫策之死在二十九回中忽于此處提照）琦曰江東與我家有殺父之讐安得通慶弔之禮（孫堅之死在第七回中又忽于此處提照）孔

明曰然則魯肅此來非爲弔喪乃來探聽軍情也以讐家而忽來通禮是情測不到之事然其來意則可猜測矣遂謂玄德曰魯肅至若問曹操動靜主公只推不知再三問時主公只說可問諸葛亮此今俗諺所云門角落裏之人也一笑計會已定使人迎接魯肅肅入城弔喪收過禮物劉琦請肅與玄德相見魯肅此來非爲見劉琦正爲見玄德禮畢邀入後堂飲酒肅曰久聞皇叔大名無緣拜會今幸得見實爲欣慰近聞皇叔與曹操會戰必知彼虛實敢問操軍約有幾何欲問江夏動靜先問北軍虛實玄德曰備兵微將寡一聞操至即走竟不知彼虛實魯肅曰聞皇叔用諸葛

孔明之謀（皆爲孔明四字不消玄德說出却好魯肅先說妙甚）兩塲火燒得曹操魂亡膽落何言不知耶玄德曰除非問孔明便知其詳肅曰孔明安在願求一見玄德教請孔明出來相見（只劉琦玄德孔明分作三次相見妙甚）肅見孔明禮畢問曰向慕先生才德未得拜晤今幸相遇願聞目今安危之事孔明曰曹操奸計亮已盡知但恨力未及故且避之（曰亮已盡知隱然要孫權請教曰力未及隱然要孫權助力却妙在不直說出來）肅曰皇叔今將止于此乎（魯肅逼近一句）孔明曰使君與蒼梧太守吳臣有舊將往投之（偏不說要投孫權偏說要投吳臣此等說話今人多有學之者今之醫生遇人相請本是閑坐在家只說要到别家看病今之先生

求人薦舘。本是沒人聘他。只說又有別家致聘。可發一笑也。

肅曰吳臣糧少兵微。自不能保。焉能容人。

又逼近一句。

孔明曰吳臣處雖不足久居。今且暫依之。別有良圖。

魯肅只言吳臣不足依。還未說出孫權來。孔明亦言吳臣只可暫依。亦倂不提起孫權。妙甚。

肅曰孫將軍虎踞六郡。兵精糧足。又極敬賢禮士。江表英雄多歸附之。今爲君計。莫若遣心腹往結東吳。以共圖大事。

魯肅此時更耐不得。只得自說出孫將軍來矣。

孔明曰劉使君與孫將軍自來無舊。恐虛費詞說。且別無心腹之人可使。

見他說出孫權來。又故意漾開一句。然正是逼近一句。言無心腹之人可使。隱然除却自已更無人可去矣。妙在只不[illegible]出來。

肅曰先生之兄現爲江東參謀。日望與先生

相見。肅不才，願與公同見孫將軍，共議大事。（孔明自已要去，却待魯肅請他，連諸葛瑾在彼並不提起，亦待魯肅說出，妙不可言。）玄德曰：孔明是吾之師，頃刻不可相離，安可去也。（半晌只是孔明、魯肅兩人往復之語耳，此時玄德從旁會孔明之意，便夾此一句，針鋒相湊。）肅堅請孔明同去，玄德佯不許。孔明曰：事急矣，請奉命一行。玄德方纔許諾。（寫魯肅一味老實，孔明、玄德兩下會意，裝腔做勢，好看之極。）魯肅遂別了玄德、劉琦，與孔明登舟，望柴桑郡來。正是：

只因諸葛扁舟去，致使曹兵一旦休。

不知孔明此去畢竟如何，且看下文分解。

終

四大奇書第一種卷二十二

茂苑毛宗崗序始氏評　吳門杭永年資能氏評定

第四十三回

諸葛亮舌戰群儒
魯子敬力排衆議

孔明將欲以東吳之兵破曹操之兵而此回則是孔明之以舌爲兵也其戰群儒以舌其激孫權亦以舌舌如懸河則以舌爲水言揚屬火則反以舌爲火蓋雖赤壁之兵未

交而卧龍先生先有一番水戰先有一番火戰矣

劉琮之事即孫權前車之鑒也琮之臣王粲蒯越等皆爲尊官而琮獨見殺權而降操亦猶是耳善乎魯肅之言曰諸臣皆可降惟將軍不可降真金玉之言哉

文人之病患在議論多而成功少大兵將至而口中無數之乎者也詩云子曰猶刺刺不休此晉人之言談宋儒之講學所以無補于國事也張昭等一班文士得武人黄蓋叱而止之大是快事

玄德客寓荆州又值蕩析脱身南走未有所歸孫權據有江東已歷三世而孔明説權之言曰操軍破必北還則荆吳之勢強鼎足之形成矣是以荆州自處而分畫三國也不幾大言乎曰此固草廬之所以語先主者也不但荆州未取而早爲其意中所有即益州未奪而亦預爲其日中所無且其時劉表雖亡而劉璋張魯馬騰韓遂尚在觀其鼎足一語竟似未嘗有此數人者豈非英雄識見有所先定與

曹操青梅煮酒之日謂玄德曰天下英雄惟使君與操而
孫權亦曰非豫州莫與當曹操者何其言之不謀而相合
與蓋天下唯英雄能識英雄不待識之于鼎足之時而發
識之於孤窮之日每怪今人肉眼見人赫奕則畏而重之
見人淪落則鄙而笑之異哉相非同必相識英雄之不遇
識者正爲天下更無有英雄如此人者耳
此回文字曲處妙在孔明一至東吳魯肅不即引見孫權
且歇舘驛此一曲也又妙在孫權不即請見必待明日此

再曲也及至明日又不卽見孫權先見衆謀士此三曲也及見衆謀士又彼此角辯議論齟齬（音阻音語）此四曲也孔明言語餌觸衆謀士又忤孫權此五曲也迨孫權作色而起拂衣而入讀者至此幾疑玄德之與孫權終不相合孔明之至東吳竟成虛往也者然後下文峯迴路轉詞洽情投將欲通之忽若阻之將欲近之忽若遠之令人驚疑不定眞是文章妙境

孫權既聽魯肅之說定吾身之謀又聞孔明之言識彼軍

之勢此時破曹之計决矣乃復躊躇不斷寢食俱廢者何哉蓋非此一折則後文周瑜之畧不顯而孔明激周瑜之智不奇不必孫權之果出于此而作者特欲爲後文取勢耳觀此可悟文章之法

却說魯肅孔明辭了玄德劉琦登舟望柴桑郡來二人在舟中共議魯肅謂孔明曰先生見孫將軍切不可實言曹操兵多將廣魯肅第一次叮囑孔明曰不須子敬叮嚀亮自有對荅之語孔明第一次應承及船到岸肅請孔明于舘驛中暫歇先自往見孫權此時不曾引見

便有曲折權正聚文武于堂上議事聞魯肅回急召入問曰子敬往江夏體探虛實若何肅曰已知其畧尚容徐稟妙在不即說出孔明權將曹操檄文示肅曰操昨遣使齎文至此孤先發遣來使現今會衆商議未定曹操檄文之至妙在孫權口中敘出肅接檄文觀看曹操檄文之語妙在魯肅眼中看出其畧曰

孤近承帝命奉詞伐罪旄麾南指劉琮束手荊襄之民望風歸順今統雄兵百萬上將千員欲與將軍會獵于江夏共伐劉備同分土地永結盟好幸勿觀望速賜回音

魯肅看畢曰主公尊意若何權曰未有定論張昭曰曹操擁百萬之衆借天子之名以征四方拒之不順此是論理且主公大勢可以拒操者長江也今操既得荆州長江之險已與我共之矣勢不可敵此是論勢以愚之計不如納降爲萬安之策張昭第一次勸降衆謀士皆曰子布之言正合天意張昭只言地利不可恃衆人又言天意不可違孫權沉吟不語孫權第一次不荅張昭又曰主公不必多疑如降操則東吳民安江南六郡可保矣張昭第二次勸降孫權低頭不語孫權第二次不荅須臾權起更衣魯肅隨于權後權知肅意乃執肅手而言曰卿欲如何

肅曰恰纔衆人所言深誤將軍衆人皆可降曹操唯將軍不可降曹操二語是至論權曰何以言之肅曰如肅等降操當以肅還鄉黨累官故不失州郡也將軍降操欲安所歸乎位不過封侯車不過一乘騎不過一匹從不過數人豈得南面稱孤哉衆人之意各自為己不可聽也將軍宜蚤定大計衆人是就東吳全勢論子敬只就孫權一人身上說極其爽快權嘆曰諸人議論大失孤望子敬開說大計正與吾見相同此天以子敬賜我也張昭為孫策所得士周瑜亦孫策所得士惟魯肅則孫權自得之故獨私為已有但操新得袁紹之衆近又得荆州之兵恐勢大難以抵

敵。魯肅囑孔明正爲此也。肅曰。肅至江夏。引諸葛瑾之弟諸葛亮在此。主公可問之。便知虛寔。妙在至此方說出孔明。權曰。臥龍先生在此乎。肅曰。現在館驛中安歇。權曰。今日天晚。且未相見。妙在說出孔明又不卽見。來日聚文武于帳下。先教見我江東英俊。然後升堂議事。此是孫權好勝至今吳人風俗往往如此。肅領命而去。次日至館驛中見孔明。又囑曰。今見我主。切不可言曹操兵多。魯肅第二次叮囑。孔明笑曰。亮自見機而變。決不有悞。孔明第三次應承。肅乃引孔明至幕下。蚤見張昭顧雍等一班文武二十餘人。峩冠博帶。整衣端坐。衣裳楚楚蜉蝣之詩其爲諸名士咏乎。孔明遂一相見各問姓名施禮已畢坐于客位張昭等見孔明丰神飄洒器宇軒昂料道此人必來游說張昭先以言挑之曰昭乃江東微末之士久聞先生高卧隆中自比管樂此語果有之乎張昭之意即欲借管樂壓倒孔明俗諺所謂借他的拳撞他的嘴也孔明曰此亮平生小可之比也小可二字妙意謂尚不止此昭曰近聞劉豫州三顧先生于草廬之中幸得先生以為如魚得水思欲席捲荊襄今一旦以屬曹操未審是何主見亦問得惡是當面嘲笑孔明自思張昭乃孫權手下第一箇謀士若不先難倒他如何說得孫權意不在張昭而在孫權遂荅曰吾觀取

漢上之地易如反掌我主劉豫州躬行仁義不忍奪同宗之基業故力辭之（說得冠冕）劉琮孺子聽信佞言暗自投降致使曹操得以猖獗今我主屯兵江夏別有良圖非等閒可知也（亦是定話並非大言）昭曰若此是先生言行相違也先生自比管樂管仲相桓公霸諸侯一匡天下樂毅扶持微弱之燕下齊七十餘城此二人者眞濟世之才也先生在草廬之中但笑傲風月抱膝危坐今旣從事劉豫州當爲生靈興利除害勦滅[illegible]賊（不責其不降曹反責其不攻曹懸極）劉豫州未得先生之時尚且縱橫寰[illegible]據城池（此句更惡）今得

先生人皆仰望雖三尺童蒙亦謂彪虎生翼將見漢室復興曹氏即滅矣朝廷舊臣山林隱士無不拭目而待以爲拂高天之雲翳仰日月之光輝拯民于水火之中措天下于衽席之上在此時也（故意先將他極口一贊）何先生自歸豫州曹兵一出棄甲拋戈望風而竄上不能報劉表以安庶民下不能輔孤子而據疆土乃棄新野走樊城敗當陽奔夏口無容身之地是豫州既得先生之後反不如其初也（將他極口一貶說玄德反不如初是更進一層其語尤惡）管仲樂毅果如是乎愚直之言幸勿見怪（當面搶白）孔明聽罷啞然而笑曰鵬飛

萬里其志豈群鳥能識哉亦是寔話並非大言譬如人染沉疴當先用糜粥以飲之和藥以服之待其腑臟調和形體漸安然後用肉食以補之猛藥以治之則病根盡去人得全生也若不待氣脉和緩便投以猛藥厚味欲求安保誠爲難矣先生忽然講醫道隱然笑張昭是庸臣謀國如庸醫殺人也吾主劉豫州向日軍敗于汝南寄跡劉表兵不滿千將止關張趙雲而已此正如病勢尩羸已極之時也三顧草廬正是病重時求名醫耳新野山僻小縣人民稀少粮食鮮薄豫州不過暫借以容身豈眞將坐守于此耶夫以用兵不完城郭不固軍不經練

糧不繼日然而博望燒屯白河用水使夏侯惇曹仁輩心驚膽裂竊謂管仲樂毅之用兵未必過此公然自贊至于劉琮降操豫州寔出不知且又不忍乘亂奪同宗之基業此眞大仁大義也高擡玄德美其親親之仁當陽之敗豫州見有數十萬赴義之民扶老携幼相隨不忍棄之日行十里不思進取江陵甘與同敗此亦大仁大義也又高擡玄德美其愛民之德寡不敵衆勝負乃其常事昔高皇數敗于項羽而垓下一戰成功此非韓信之良謀乎夫信久事高皇未嘗累勝隱然以玄德比高皇自比韓信蓋國家大計社稷安危是有主謀非比

誇辯之徒虛譽欺人坐議立談無人可及臨機應變百無一能誠爲天下笑耳（說盡秀才之病）這一篇言語說得張昭並無一言回荅（戰勝了一個）座間忽一人抗聲問曰今曹公兵屯百萬將列千員龍驤虎視平吞江夏公以爲何如（誇稱曹操便低一着不及子布多矣）孔明視之乃虞翻也孔明曰曹操收袁紹蟻聚之兵劫劉表烏合之衆雖數百萬不足懼也虞翻冷笑曰軍敗于當陽計窮于夏口區區求救于人而猶言不懼此眞大言欺人也（亦是當面嘲笑）孔明曰劉豫州以數千仁義之師安能敵百萬殘暴之衆退守夏口所以待時

也今江東兵精糧足且有長江之險猶欲使其主屈膝降賊不顧天下恥笑由此論之劉豫州真不懼操賊者矣（借賛玄德以鄙薄江東詞令妙品）虞翻不能對（又戰勝了一個）座間又一人問曰孔明欲效儀秦之舌游說東吳耶（此人直是沒甚說）孔明視之乃步騭也孔明曰步子山以蘇秦張儀爲辯士不知蘇秦張儀亦豪傑也（自賛則管樂猶云小可罵人則儀秦亦是豪傑）蘇秦佩六國相印張儀兩次相秦皆有匡扶人國之謀非比畏强凌弱懼刀避劍之人也君等聞曹操虛發詐僞之詞便畏懼請降敢笑蘇秦張儀乎（借賛儀秦以鄙薄江東詞令妙品）步騭默然無

語又戰勝了一個忽一人問曰孔明以曹操何如人也孔明視其人乃薛綜也孔明荅曰曹操乃漢賊也又何必問綜曰公言差矣漢傳世至今天數將終今曹公已有天下三分之二人皆歸心虞翻但誇曹操之强猶可至薛綜乃辯其不是漢賊喪心蔑理此處翻又低一着劉豫州不識天時强欲與爭正如以卵擊石安得不敗乎孔明厲聲曰薛敬文安得出此無父無君之言乎稱君父二字喝倒薛綜題目正大夫人生天地間以忠孝爲立身之本公既爲漢臣則見有不臣之人當誓共戮之臣之道也今曹操祖宗叨食漢祿不思報效反懷篡逆之心天下之

所共憤公乃以天數歸之真無父無君之人也不足與語請勿復言（鑿鑿侃侃愧殺薛綜）薛綜滿面羞慚不能對荅（又戰勝了一個）座上又一人應聲問曰曹操雖挾天子以令諸侯猶是相國曹參之後劉豫州雖云中山靖王苗裔却無可稽考眼見只是織蓆販屨之夫耳何足與曹操抗衡哉（對臣罵主已爲失體況又厷祖曹操更低一着）孔明視之乃陸績也孔明笑曰公非袁術座間懷橘之陸郎乎請安坐聽吾一言（輕薄）曹操既爲曹相國之後則世爲漢臣矣今乃專權肆橫欺凌君父是不惟無君亦且蔑祖不惟漢室之亂臣亦曹氏之賊

子也。猶借曹參罵曹操。詞令妙品。劉豫州堂堂帝冑。當今皇帝按譜賜爵。何云無可稽考。其寔冠冕正大。按譜賜爵。且高祖起身亭長而終有天下。織蓆販屨。又何足爲辱乎。比玄德。又以高祖。公小兒之見。不足與高士共語。罵得暢。陸績語塞。又戰勝了一箇。座上一人忽曰。孔明所言皆強詞奪理。均非正論。不必再言。且請問孔明治何經典。一發問得沒要緊。不濟之極。孔明視之。乃嚴峻也。孔明曰。尋章摘句。世之腐儒也。何能興邦立事。且古耕莘伊尹。釣渭子牙。張良陳平之流。鄧禹耿弇之輩。皆有匡扶宇宙之才。未審其平生治何經典。豈亦效書生區區于筆硯之間數黑論黃舞文弄墨而已乎若使臥龍以文章名世亦不過蔡邕王粲陳琳楊修等輩耳何足為重嚴畯低頭喪氣而不能對又戳勝了一個忽又一人大聲曰公好為大言未必真有寔學恐適為儒者所笑耳亦即是嚴畯之論沒甚添換孔明視其人乃汝南程德樞也孔明荅曰儒有君子小人之別君子之儒忠君愛國守正惡邪務使澤及當時名留後世若夫小人之儒惟務雕蟲專工翰墨青春作賦皓首窮經筆下雖有千言胸中寔無一策看低天下多少文人學士且如楊雄以文章名世而屈身事莽不免投閣而死此所謂小人之儒

也。雖日賦萬言，亦何取哉。以楊雄事莽爲程德樞不能對。又戰當日降操者比。勝了一篇。衆人見孔明對荅如流，盡皆失色。時座上張溫、駱統二人又欲問難。忽一人自外而入，厲聲言曰：孔明乃當世奇才，君等以脣舌相難，非敬客之禮也。曹操大軍臨境，不思退敵之策，乃徒鬪口耶。彼此問難，一往一復，畢竟作何結局。得此人來喝倒，絕妙收科。衆視其人，乃零陵人，姓黃，名蓋，字公覆，現爲東吳糧官。爲後文伏線。當時黃蓋謂孔明曰：愚聞多言獲利，不如默而無言。何不將金石之論爲我主言之，乃與衆人辯論也。黃蓋數語，倒可勝得孔明。衆謀士不及也。孔明曰：諸君不知世務，互相問難不容不荅耳（未見周郎與曹操戰先見孔明與諸謀士戰周郎之戰是舟師水卒孔明之戰是舌劍唇鎗然周郎爲應兵孔明亦爲應兵耳）於是黃蓋與魯肅引孔明入至中門正遇諸葛瑾（安放諸葛瑾在此處最妙若與諸謀士一同相見將以孔明爲客乎抑將不以孔明爲客乎將亦與孔明辯乎抑獨不與孔明辯乎）孔明施禮瑾曰賢弟既到江東如何不來見我孔明曰弟既事劉豫州理宜先公後私公事未畢不敢及私望兄見諒瑾曰賢弟見過吳侯却來敘話說罷自去（去得妙若與孔明一同入見孫權則孫權與孔明坐諸葛瑾將與諸謀士侍立耶）魯肅曰適間所囑不可有悞（魯肅第三次可嘱）孔明點頭應諾（孔明第三次應承）引至堂上孫權降堦而迎優禮相待

施禮畢賜孔明坐衆文武分兩行而立魯肅立于孔明之側只看他講話孔明致玄德之意畢偷眼看孫權碧眼紫鬚堂堂一表孔明暗思此人相貌非常只可激不可說等他問時用言激之便了（先生前講醫道此又善相法）獻茶已畢孫權曰多聞魯子敬談足下之才今幸得相見敢求教益孔明曰不才無學有辱明問權曰足下近在新野佐劉豫州與曹操決戰必深知彼軍虛實（孫權之意專在欲知曹兵虛寔）孔明曰劉豫州兵微將寡更兼新野城小無粮安能與曹操相持（只說玄德兵少尚未說出曹兵多少）權曰操兵共有多少孔明曰馬

步水軍約有一百餘萬三次應承魯肅至此忽然變卦妙甚權曰莫非詐乎孔明曰非詐也曹操就兗州已有青州軍二十萬平了袁紹又得五六十萬中原新招之兵三四十萬今又得荆州之兵二三十萬以此計之不下一百五十萬亮以百萬言之恐驚江東之士也索性再說多些不怕氣壞了魯肅魯肅在旁聞言失色以目視孔明孔明只做不見妙甚權曰曹操部下戰將還有多少既問其兵又問其將者或兵雖多而將少猶不足懼也孔明曰足智多謀之士能征慣戰之將何止一二千人既誇其兵又誇其將且又誇其謀臣更不怕急壞了魯肅權曰今曹操平了荆楚復有遠圖乎

武兵將雖多而無遠志猶不足懼也孔明曰即今沿江下寨准備戰船不欲圖江東待取何地此句直逼將來權曰若彼有吞併之意戰與不戰請足下奮我一決孔明曰亮有一言但恐將軍不肯聽從勸他投降頗覺口重故先着此一句權曰願聞高論孔明曰向者宇內大亂故將軍起江東劉豫州收衆漢南與曹操並爭天下今操芟除大難畧已平矣近又新破荊州威震海內縱有英雄無用武之地故豫州遁逃至此願將軍量力而處之若能以吳越之衆與中國抗衡不如早與之絕此句反是賓若其不能何不從衆謀士之論按兵束甲北面

而事之。此句及是也。權未及荅，孔明又曰：將軍外托服從之名，內懷疑貳之見，事急而不斷，禍至無日矣。又逼一句。權曰：誠如君言，劉豫州何不降操？急問此句，已是不樂。孔明曰：昔田橫，齊之壯士耳，猶守義不辱，況劉豫州王室之胄，英才蓋世，衆士仰慕，事之不濟，此乃天也，又安能屈處人下乎？明明說孫權不及玄德，并不及田橫，惡甚。○前魯肅以爲諸臣皆可降，惟孫權不可降，高待孫權也。今孔明以爲玄德不可降，唯孫權可降，薄待孫權也。孫權聞之，安得不怒乎。孫權聽了孔明此言，不覺勃然變色，拂衣而起，退入後堂。衆皆哂笑而散。有此一折，幾疑孫劉之好不合矣，而下文忽轉出無數奇文奇事，令人不測。魯肅責孔明曰：先生何故出此言幸是吾主寬洪大度不即面責先生之言藐視吾主甚矣孔明仰面笑曰何如此不能容物耶（反責孫權妙）我自有破曹之計汝不問我我故不言（方纔說出真話然却是不曾說出）肅曰果有良策肅當請主公求教孔明曰吾視曹操百萬之衆如群蟻耳但我一舉手則皆爲虀粉矣（又說出大話然却是不曾說出）肅聞言便入後堂見孫權權怒氣未息顧謂肅曰孔明欺吾太甚肅曰臣亦以此責孔明孔明反笑主公不能容物破曹之策孔明不肯輕言主公何不求之權回嗔作喜曰原來孔明有良謀故以言詞激我我一時淺

見幾誤大事好孫權便同魯肅重復出堂再請孔明敘話孔明前在草廬必待玄德三請今在江東亦必待孫權再問權見孔明謝曰適來冒瀆威嚴幸勿見罪孔明亦謝曰亮言語冒犯望乞恕罪權邀孔明入後堂置酒相待數巡之後權曰曹操平生所惡者呂布劉表袁紹袁術豫州與孤耳今數雄已滅獨豫州與孤尚存孤不能以全吳之地受制于人吾計決矣有志氣非劉豫州莫與當曹操者此句是求玄德相助然豫州新敗之後安能抗此難乎此句是恐玄德不能相助孔明曰豫州雖新敗然關雲長猶率精兵萬人劉琦領江夏戰士亦不下萬人

言玄德之勢不爲弱曹操之衆遠來疲憊近追豫州輕騎一日夜行三百里此所謂强弩之末勢不能穿魯縞者也且北方之人不習水戰荆州士民附操者迫于勢耳非本心也言曹操之勢不足畏今將軍誠能與豫州協力同心破曹軍必矣操軍破必北還則荆吳之勢强而鼎足之形成矣隱然以荆州自處而與吳魏並列爲三成敗之機在于今日唯將軍裁之權大悅曰先生之言頓開茅塞吾意已决更無他疑即日商議起兵共滅曹操遂令魯肅將此意傳諭文武官員就送孔明於館驛安歇張昭知孫權欲興兵遂與衆議曰中了

孔明之計也急入見權曰昭等聞主公將興兵與曹操爭鋒主公自思比袁紹若何說他不如玄德尚然不樂說他不如袁紹一發不喜曹操向日兵微將寡尚能一鼓克袁紹何況今日擁百萬之衆南征豈可輕敵若聽諸葛亮之言妄動甲兵此所謂負薪救火也張昭第三次勸降孫權只低頭不語孫權第三次不答顧雍曰劉備因爲曹操所敗故欲借我江東之兵以拒之主公奈何爲其所用乎願聽子布之言舌戰之時顧雍獨無一言却在此時開口孫權沉吟未決孔明已將曹操兵勢虛寔開說明白矣何尚沉吟未決耶作者於此特欲借此逼出後文周郎耳不必孫權之果如此也張昭等出魯肅入見曰適張子布

等又勸主公休動兵力主降議此皆全軀保妻子之臣自爲謀之計耳願主公勿聽也孫權尚在沉吟（都爲後文取勢）肅曰主公若遲疑必爲衆人悞矣權曰卿且暫退容我三思（都爲後文取勢）肅乃退出時武將或有要戰的文官都是要降的議論紛紛不一（前止寫文官此處又補寫武將一句）且說孫權退入內宅寢食不安猶豫不決（都爲後文取勢）吳國太見權如此問曰何事在心寢食俱廢權曰今曹操屯兵于江漢有下江南之意問諸文武或欲降者或欲戰者欲待戰來恐寡不敵衆欲待降來又恐曹操不容（寡不敵衆是懲于劉備恐操不容是懲于劉琮）

因此猶豫不決吳國太曰汝何不記吾姐臨終之語乎忽將權母臨終遺命一提孫權如醉方醒似夢初覺想出這句話來正是

追思國母臨終語　引得周郎立戰功

畢竟說着甚的且看下文分解

第四十四回

孔明用智激周瑜

孫權決計破曹操

孫權破操之計必待周瑜決之者非決之以周瑜之言而

實決之以孫策臨終之言則謂周瑜之破操一孫策之破操可也不但此也孫策之語孫權能憶之者憶之以權母臨終之言而又憶之以母妹憶姊之言也則謂周瑜之破操一吳氏兩夫人之破操可也且周瑜破操之計必待孔明激之者非激之以孔明而激之以二喬也則謂周瑜之破操一大喬小喬之破操可也赤壁鏖兵一場大功得婦人之力居多婦人真可畏哉

張昭有負孫策付托之重或解之曰內事不決問張昭原

不當以外事問之不知天下未有能謀內事而不能謀外事者又未有不能謀外事而能謀內事者攘外乃所以安內外患至而不能捍謂之知內吾不信也

前卷孫權謂孔明曰非豫州莫與當曹操者是孔明之激怒孫權而致孫權之求助於玄德也此卷周瑜謂孔明曰望孔明助一臂之力同破曹賊是孔明之激怒周瑜而致周瑜之求助於孔明也不是玄德求助於孫權却能使孫權反求助於玄德不是孔明求助於周瑜却能使周瑜反

求助於孔明孔明之智眞妙絶千古

周瑜拒操之志早已決於胸中而詐言降操者是以言挑撥孔明欲使其求助於我也魯肅不知其詐而極力爭之孔明知其詐而隨口順之瑜亮二人各自使乖各說假話大家瞎瞎猜着大家只做不知而中間夾着一至誠之魯肅時出幾句老實語以形之寫來眞是好看煞人

人門問諱豈有入其國而不知其國之夫人者乎或疑孔明二喬之說乃演義粧點耳非眞有是言也然吾讀杜少

陵詩有東風不語周郎便銅雀春深鎖二喬之何則使孔明不借風周郎不縱火將二喬之爲二喬其不等於張濟之妻袁熙之婦者幾希矣事既非曹操之所無說何必非孔明之所有

銅雀舊賦云連二橋於東西兮若長空之蝃蝀此言東西有玉龍金鳳之兩臺而接之以橋也以蝃蝀比之即阿房賦所謂長橋臥波未雲何龍複道凌空不霽何虹者也孔明乃將橋字改作喬字將西字改作南字將連字改作攬

字而下句則全改之遂輕輕劃在二喬身上去可謂善改文章者矣劉貢父患瘋疾蘇子瞻戲改大風歌以嘲之曰大瘋起兮眉飛揚安得猛士兮守鼻梁其殆學孔明之改賦乎

以橋作喬此讀別字也孔明欲欺周郎故有意為之奈何近世孔明之多乎弄璋而以為弄麞矣伏臘而以為伏獵矣芊而以為羊金根而以為金銀矣吾不知其將賺何人將葹何許而亦學孔明之改別字也為之一笑

周瑜非忌孔明也忌玄德也孔明爲玄德所有則忌之使孔明而爲東吳所有則不忌也觀其使諸葛瑾招之之意可見矣非若龎涓之忌孫臏同事一君而必欲殺之而後快也一則在異國而招之使入我國一則在我國而驅之使入異國試以龎涓較周瑜則周瑜眞愛孔明之至耳

却說吳國太見孫權疑惑不決乃謂之曰先姊遺言云伯符臨終有言內事不決問張昭外事不決問周瑜今何不請公瑾問之國大述先姊遺言先姊却又是述伯符遺言孫策遺命是二十九回中事忽於此提照權大喜即遣使

往鄱陽請周瑜議事可知前文寫孫權沉吟猶豫不過欲逼出周瑜原來周瑜在鄱陽湖訓練水師聞曹操大軍至漢上便星夜回柴桑郡議事軍機使者未發周瑜已先到不待孫權去請却寫周瑜自來是極寫周瑜魯肅與瑜最厚先來接着將前項細事述一番不待周瑜問魯肅先寫魯肅告周瑜是極寫魯肅周瑜曰子敬休憂瑜自有主張與孔明答應魯肅一般今可速請孔明來相見魯肅上馬去了周瑜方纔歇息忽報張昭顧雍張紘步騭四人來相探瑜接入堂中坐定敘溫寒畢張昭曰都督知江東之利害否問得驚惶之極瑜曰未知也假糊塗妙昭曰曹操擁衆百萬屯於漢上

昨傳檄文至此，欲請主公會獵於江夏，雖有相吞之意，尚未露其形。昭等勸主公且降之，庶免江東之禍。不想魯子敬從江夏帶劉備軍師諸葛亮至此，彼因自欲雪憤，特下說詞以激主公。子敬却執迷不悟，正欲待都督一決。瑜曰：公等之見皆同否？顧雍等曰：所議皆同。瑜曰：吾亦欲降久矣。公等請回，明早見主公自有定議。只用順口答應妙。昭等辭去。少頃，又報程普、黃蓋、韓當等一班戰將來見。瑜迎入，各問慰訖。程普曰：都督知江東早晚屬他人否？問得憤懣之極。瑜曰：未知也。又是假糊塗。普曰：吾等自隨孫將軍開基刱業大小數百戰方纔戰得六郡城池今主公聽謀士之言欲降曹操此真可恥可惜之事吾等寧死不辱望都督勸主公決計興兵吾等願效死戰寫武將如畫前已寫過黃蓋此處却寫程普瑜曰將軍等所見皆同否黃蓋忿然而起以手拍額曰吾頭可斷誓不降曹又獨寫黃蓋眾人皆曰吾等都不願降帶表眾人瑜曰吾正欲與曹操決戰安肯投降將軍等請回瑜見主公自有定議亦只順口答應妙程普等別去又未幾諸葛瑾呂範等一班兒文官相候瑜迎入講禮畢諸葛瑾曰舍弟諸葛亮自漢上來言劉豫州欲結東吳共伐曹

操文武商議未定因舍弟爲使瑾不敢多言（是避嫌之語）專候都督來決此事瑜曰以公論之若何瑾曰降者易安戰者難保（二語妙甚）（明明說文官欲保身武官不惜死）周瑜笑曰瑜自有主張來日同至府下定議（與對魯肅語一般）瑾等辭退忽又報呂蒙甘寧等一班見來見瑜請人亦敘談此事有要戰者有要降者互相爭論（前是要降者與要戰者分作兩處相見今并作一起相見前詳此畧筆法各異）瑜曰不必多言來日都到府下公議（妙在不置可否）衆乃辭去周瑜冷笑不止（不知他葫蘆裡賣甚藥）至晚人報魯子敬引孔明來拜瑜出中門迎入敘禮罷分賓主而坐肅先問瑜曰今

曹操驅衆南侵和與戰二策主公不能決一聽於將軍將軍之意如何是老實人先開口瑜曰曹操以天子爲名其師不可拒且其勢大未可輕敵戰則必敗降則易安吾意已決來日見主公便當遣使納降此是周郎假話所以急孔明試孔明也魯肅愕然曰君言差矣江東基業已歷三世豈可一旦棄於他人伯符遺言外事付托將軍今正欲仗將軍保全國家爲泰山之靠奈何亦從懦夫之議耶周郎不過欲挑撥孔明開口却妙在孔明不言只在魯肅回答瑜曰江東六郡生靈無限若罹兵革之禍必有歸怨於我故決計請降耳孫權欲求助於豫州周瑜却欲孔明求助於我

故又反言以挑撥之。肅曰不然以將軍之英雄東吳之險固操未必便能得志也。又妙在孔明不言讓魯肅回答。二人互相爭辯孔明只袖手冷笑。前寫周瑜冷笑此又寫孔明冷笑都是滿腹春秋。瑜曰先生何故哂笑孔明曰亮不笑別人笑子敬不識時務耳。惡極妙極。肅曰先生如何反笑我不識時務孔明曰公瑾主意欲降操甚爲合理。惡極妙極。瑜曰孔明乃識時務之士必與吾有同心。大家說假話好看煞人。肅曰孔明你也如何說此。夾着魯肅一句老實話以襯之妙。孔明曰操極善用兵天下莫敢當向只有呂布袁紹袁術劉表敢與對敵今數人皆被操滅天下無人矣。句句笑落孫權

又句句奚落周瑜惡極妙極

獨有劉豫州不識時務强與爭衡今孤身江夏存亡未保將軍決計降曹可以保妻子可以全富貴國祚遷移付之天命何足惜哉惡極妙極魯肅大怒曰汝教吾主屈膝受辱於國賊乎又夾着魯肅一句老實話孔明曰愚有一計並不勞牽羊擔酒納土獻印亦不須親自渡江只須遣一介之使扁舟送兩箇人到江上操一得此兩人百萬之衆皆卸甲捲旗而退矣說到此處真奇極幻極瑜曰用何二人可退操兵孔明曰江東去此兩人如大木飄一葉太倉減一粟耳而操得之必大喜而去且不便說是何人偏要待他再問妙極

瑜又問果用何二人、孔明曰、亮居隆中時、卽聞操於漳河新造一臺、名曰銅雀、極其壯麗、廣選天下美女以實其中、先有此一句爲賓、操本好色之徒、久聞江東喬公有二女、長曰大喬、次曰小喬、有沉魚落鴈之容、閉月羞花之貌、方說出要他妻子、及其主人之嫂、操曾發誓曰、吾一願掃平四海、以成帝業、又先有一句爲賓、一願得江東二喬、置之銅雀臺、以樂晚年、雖死無恨矣、惡極矣、妙極矣、今雖引百萬之衆、虎視江南、其實爲此二女也、惡極、妙極、將軍何不去尋喬公、以千金買此二女、佯爲不知、妙、差人送與曹操、操得二女、稱心滿意、必班師矣、惡極妙極。此范蠡獻西施之計何不速爲之（妙在又借一故事爲証。）瑜曰操欲得二喬有何證驗（周瑜不即怒罵。又核實一句文勢甚曲。）孔明曰曹操幼子曹植字子建下筆成文操嘗命作一賦名曰銅雀臺賦賦中之意單道他家合爲天子（又先有一句爲實。）誓取二喬（有詩爲証。竟似千眞萬眞。）瑜曰此賦公能記否（又核實一句。不即發怒。妙甚。）孔明曰吾愛其文華美嘗竊記之瑜曰試請一誦（又核實一句。不即發怒。妙甚。）孔明即時誦銅雀臺賦云

從明后以嬉游兮登層臺以娛情見太府之廣開兮觀聖德之所營建高門之嵯峨兮浮雙闕乎太淸立中天之華觀兮

連飛閣乎西城臨漳水之長流兮望園果之滋榮立雙臺於左右兮有玉龍與金鳳攬二喬於東南兮樂朝夕之與共舊賦云。連二橋於東西兮。若長空之蝃蝀。此橋也。非喬也。今孔明易此二語。便輕輕劃在二喬身上去。俯皇都之宏麗兮瞰雲霞之浮動欣羣才之來萃兮協飛熊之吉夢仰春風之和穆兮聽百鳥之悲鳴雲天亘其既立兮家願得乎雙逞揚仁化於宇宙兮盡肅恭於上京惟桓文之爲盛兮豈足方乎聖明休矣美矣惠澤遠揚翼佐我皇家兮寧彼四方同天地之規量兮齊日月之輝光永貴尊而無極兮等君壽

於東皇御龍旂以遨遊兮廻鸞駕而周章思化及乎四海兮
嘉物阜而民康願斯臺之永固兮樂終古而未央
周瑜聽罷勃然大怒離座指北而罵曰老賊欺吾太甚至此不得不怒不得不罵孔明急起止之曰昔單于屢侵疆界漢天子許以公主和親今何惜民間二女乎偏說民間二字佯為不知惡極矣妙極矣瑜曰公有所不知知之久矣大喬是孫伯符將軍主婦小喬乃瑜之妻也孔明佯作惶恐之狀曰亮實不知失口亂言死罪死罪惡極妙極瑜曰吾與老賊誓不兩立孔明曰事須三思免致後悔既知是他妻子及其主之嫂矣又故意說此兩

何愈惡愈妙。瑜曰吾承伯符寄托安有屈身降曹之理適來所言故相試耳方說出真話。吾自離鄱陽湖便有北伐之心雖刀斧加頭不易其志也望孔明助一臂之力同破曹賊前此說假話本欲孔明來求我今却是我求孔明矣。孔明曰若蒙不棄願效犬馬之勞早晚拱聽驅策瑜曰來日入見主公便議興兵孔明與魯肅辭出相別而去次日清晨孫權升堂左邊文官張昭顧雍等三十餘人右邊武官程普黃蓋等三十餘人衣冠濟濟劍佩鏘鏘分班侍立前孔明入見止列着文官今周瑜入見兼列着武官兩番寫來各自好看。少頃周瑜入見禮畢孫權問慰罷瑜曰近聞曹操引兵屯漢上馳書至此主公尊意若何權卽取檄文與周瑜看瑜看畢笑曰老賊以我江東無人敢如此相侮耶（聽賊則怒·見檄則笑·怒極而笑·笑正其怒也·）權曰君之意若何瑜曰主公曾與衆文武商議否權曰連日議此事有勸我降者有勸我戰者吾意未定故請公瑾一決瑜曰誰勸主公降（問得懊惱之極·如見其詞色·）權曰張子布等皆主其意瑜卽問張昭曰願聞先生所以主降之意（昨日隨口答應此時忽然盤問）昭曰曹操挾天子而征四方動以朝廷爲名近又得荊州威勢愈大吾江東可以拒操者長江耳今操艨艟戰艦何止千

百水陸並進何可當之不如且降更圖後計（不知圖甚後計）瑜曰此迂儒之論也（一句罵倒張昭周瑜罵盡是孔明罵）江東自開國以來今歷三世安忍一旦廢棄權曰若此計將安出瑜曰操雖託名漢相實爲漢賊將軍以神武雄才仗父兄餘業據有江東兵精糧足正當橫行天下爲國家除殘去暴奈何降賊耶（以大義論之則不當降操）且操今此來多犯兵家之忌北土未平馬騰韓遂爲其後患而操久於南征一忌也（此處忽提馬騰爲前文董承義狀照應爲後文徐庶流言伏筆）北軍不熟水戰操捨鞍馬仗舟楫與東吳爭衡二忌也（爲後計殺蔡瑁張允伏筆）又將値隆冬盛寒

馬無藁草。二忌也。（時值隆冬。爲後借東風伏筆。）驅中國士卒遠涉江湖。不服水土。多生疾病。四忌也。（爲後獻連環計伏筆）操兵犯此數忌。雖多必敗。將軍擒操。正在今日。（以大勢論之。則又不必降操。）瑜請得精兵數千。進屯夏口。爲將軍破之。（其言甚壯）權矍然起曰。老賊欲廢漢自立久矣。所懼二袁呂布劉表與孤耳。今數雄已滅。惟孤尚存。（與對孔明語一般。）孤與老賊誓不兩立。卿言當伐。甚合孤意。此天以卿授我也。（與對魯肅語一般。）瑜曰。臣爲將軍決一血戰。萬死不辭。只恐將軍狐疑不定。（又反激孫權一句以決之。）權拔佩劍砍面前奏案一角曰。諸官將有再言降操者。

與此案同。張昭此府大難爲情言罷便將此劍賜周瑜即封瑜爲大都督

程普爲副都督魯肅爲贊軍校尉如文武官將有不聽號令者

即以此劍誅之。寫得孫權出色瑜受了劍對衆言曰吾奉主公之命率

衆破曹諸將官吏來日俱於江畔行營聽令如遲慢者依七禁

令五十四斬施行。寫得周瑜聲勢言罷辭了孫權起身出府衆文武各

無言而散周瑜回到下處便請孔明議事孔明至瑜曰今日府

下公議已定願求破曹良策孔明曰孫將軍心尚未穩不可以

决策也。接劍砍案之後又說他心未穩不是孔明看不出瑜曰何謂心不穩孔明曰心

怯曹兵之多懷寡不敵衆之意將軍能以軍數開解使其了然無疑然後大事可成（孫權屢以曹兵多寡爲問孔明便從此看出他心未穩）瑜曰先生之論甚善乃復入見孫權權曰公瑾夜至必有事故瑜曰來日調撥軍馬主公心有疑否權曰但憂曹操兵多寡不敵衆耳他無所疑（臥龍先生料事如見）瑜笑曰瑜特爲此特來開解主公主公因見操檄文言水陸大軍百萬故懷疑懼不復料其虛實今以實較之彼將中國之兵不過十五六萬且已久疲所得袁氏之衆亦止七八萬耳尚多懷疑未服（將北來軍兵平白地開銷了無數）夫以久疲之卒狐

周郎欲殺孔明之心自此始也

疑之衆其數雖多不足畏也瑜得五萬兵自足破之（其言甚壯。[illegible]）公勿以爲慮權撫瑜背曰公瑾此言足釋吾疑子布無謀深失孤望獨卿及子敬與孤同心耳（又帶罵張昭。帶表魯肅。）卿可與子敬程普即日選軍前進孤當續發人馬多載資糧爲卿後應卿前軍倘不如意便還就孤（不算勝。先算敗。其志愈堅。）孤當親與操賊決戰更無他疑（其言亦甚壯。）周瑜謝出暗忖曰孔明早已料着吳侯之心其計畫又高我一頭久必爲江東之患不如殺之（周郎欲殺孔明。正是孔明知己。）乃令人連夜請魯肅入帳言欲殺孔明之事肅曰不可今操賊未破先

殺賢士是自去其助也周郎患孔明子敬只患曹操瑜曰此人助劉備必爲

江東之患不是患孔明乃患玄德之得孔明耳肅曰諸葛瑾乃其親兄可令招此

人同事東吳豈不妙哉瑜善其言可見周郎非忌勝己者特忌勝己者之爲敵用耳次

日平明瑜赴行營升中軍帳高坐左右立刀斧手聚集文官武

將聽令原來程普年長於瑜今瑜爵居其上心中不樂是日乃

托病不出令長子程咨自代周郎初點兵時程普以年少輕周郎與孔明初點兵時關張以年少

輕孔明正復相似瑜令衆將曰王法無親諸君各守乃職方今曹操弄

權甚於董卓囚天子於許昌屯暴兵於境上吾今奉命討之諸

君等皆努力向前。大軍到處，不得擾民。賞勞罰罪，並不徇縱。督師之言，亦明大義。周郎大是可兒。令畢，即差韓當、黃蓋為前部先鋒，領本部戰船，即日起行，前至三江口下寨，別聽將令。蔣欽、周泰為第二隊。凌統、潘璋為第三隊。太史慈、呂蒙為第四隊。陸遜、董襲為第五隊。呂範、朱治為四方巡警使，催督六郡官軍，水陸並進，剋期取齊。只五萬兵，觀其調撥，卻有數十萬之勢。調撥已畢，諸將各自收拾船隻軍器起行。程咨回見父程普，說周瑜調兵動止有法。普大驚曰：吾素欺周郎懦弱，不足為將。今能如此，真將才也。我如何不服！遂親詣行營謝罪。（關張之服孔明在秦提之後。程普之服周郎即在調兵之時。又不同）瑜亦遜謝。又曰。瑜請諸葛瑾謂曰。令弟孔明有王佐之才。如何屈身事劉備。今幸至江東。欲煩先生不惜齒牙餘論。使令弟棄劉備而事東吳。則主公既得良輔。（此句爲孫權。是周郎本意）而先生兄弟又得相見。（此句爲諸葛。是周郎傍意）豈不美哉。先生幸即一行。瑾曰。瑾自至江東。愧無寸功。今都督有命。敢不效力。即時上馬。逕投驛亭來見孔明。孔明接入。哭拜各訴濶情。瑾泣曰。弟知伯夷叔齊乎。孔明暗思。此必周郎教來說我也。（開口便見雌雄）遂答曰。夷齊古之聖賢也。（閒閒答應）瑾曰。夷齊雖至

餓死首陽山下兄弟二人亦在一處我今與你同胞共乳乃省
事其主不能旦暮相聚覩夷齊之爲人能無愧乎亦善於詞令孔明
曰兄所言者情也弟所守者義也此言弟不能來從兄弟與兄皆漢人今
劉皇叔乃漢室之胄兄若能去東吳而與弟同事劉皇叔則上
不愧爲漢臣而骨肉又得相聚此情義兩全之策也此言兄可以來從弟
不識兄意以爲何如瑾思曰我來說他反被他說了我也真可笑矣
遂無言回答起身辭去回見周瑜細述孔明之言瑜曰公意若
何問得妙瑾曰吾受孫將軍厚恩安肯相背瑜曰公既忠心事主

餓死首陽山下兄弟二人亦在一處我今與你同胞共乳乃各事其主不能旦暮相聚視夷齊之為人能無愧乎亦善亦論人今孔明曰兄所言者情也弟所守者義也此言弟不進來從兄弟與兄皆漢人今劉皇叔乃漢室之冑兄若能去東吳而與弟同事劉皇叔則上不愧為漢臣而骨肉又得相聚此情義兩全之策也此言兄可以來從弟不識兄意以為何如瑾思曰我來說他反被他說了我也真可笑殺遂無言回答起身辭去回見周瑜細述孔明之言瑜曰公意若何問得妙瑾曰吾受孫將軍厚恩安肯相背瑜曰公既忠心事主

四大奇書第一種卷二十三

茂苑毛宗崗序始氏評　吳門杭永年資能氏評定

第四十五回

三江口曹操折兵

羣英會蔣幹中計

凡大功之將成必有其端之先見而所謂端者又有順有逆敵方疑我而我先小敗以驕其志此端之逆見者也敵方輕我而我先小勝以挫其鋭此端之順見者也曹操當

劉琮新降豫州新敗之後席捲荆襄氣吞吳會驕盈極矣是不可不先有以挫之周郎以江口之小勝預爲赤壁之見端殆不用逆而用順者乎

玄德有檀溪躍馬一事在前可謂險矣而此處江口勞軍之事則愈險雲長有單刀赴會一事在後可謂奇矣而此處江口相從之事則已奇險莫險於不知奇莫奇於不露蔡瑁追之而倉皇出奔是知其險者也周瑜送之而從容作別是不知其險者也却荆州之請而以言拆魯肅是戲

其奇者也立玄德之後而以不言備周瑜是不露其奇者也前後兩番極其相類又極其相反眞妙不可言

文有正襯有反襯寫魯肅老實以襯孔明之乖巧是反襯也寫周瑜乖巧以襯孔明之加倍乖巧是正襯也譬如寫國色者以醜女形之而美不若以美女形之而覺其更美寫虎將者以懦夫形之而勇不若以勇夫形之而覺其更勇讀此可悟文章相襯之法

孔明未出草廬之時即曰外結孫權故荊州之守關公欲

分兵拒吳則孔明止之關公之沒玄德欲與兵伐吳則孔明諫之至白帝托孤以後終孔明之世未嘗與吳相惡蓋欲結之以共討漢賊也惟魯肅之見與孔明合而周瑜之見獨與魯肅殊肅方引孔明以相助而瑜則欲殺孔明肅方引玄德以相助而瑜又欲殺玄德是瑜之不及魯肅遠矣雖然肅知玄德與孔明之爲人傑故欲得之以爲援周瑜亦知玄德孔明之爲人傑故必欲殺之以絕患天下非人傑不能知人傑嗚呼瑜亦人傑矣哉

玄德在水鏡莊上聽元直之語妙在句句明白蔣幹在周瑜帳中聽軍士之語妙在不甚明白玄德耳中雖甚明白心中不知元直爲誰却是不明白蔣幹耳中雖不明白眼中已見張蔡降書却是極明白兩樣聽法亦作兩樣猜法前後各各入妙

陳宮在路上拾得玄德與曹操書妙在十眞萬眞蔣幹在帳中拾得張蔡與周瑜書妙在疑眞疑假呂布見書更無不信曹操見書初信後疑陳宮所拾之書並非曹操所作

蔣幹所拾之書却是周瑜所爲一樣拾法兩樣來歷前後又各各入妙

秦慶童述董承私語只一句兩句妙在慶童不解蔣幹述周瑜私語亦只一句兩句妙在蔣幹先知慶童所聽有義狀爲証却是曹操搜出蔣幹所聽有降書爲証却是蔣幹帶來一樣述法兩樣詳法前後又各各入妙

周瑜詐睡是騙蔣幹蔣幹詐睡又騙周瑜周瑜假呼蔣幹是明知其詐睡蔣幹不應周瑜是不知其詐呼周瑜之醉

醉却是醒蔣幹之醒醒却是夢妙在先說破他是說客他開口不得又妙在說他不是說客一發使他開口不得妙在夢中呼子翼罵操賊使他十分疑惑又妙在醒來忘却呼子翼罵操賊一發使他十分疑惑周瑜假做極踈却步步是密蔣幹自道極乖却步步是呆寫來真是好看

却說周瑜聞諸葛瑾之言轉恨孔明存心欲謀殺之次日點齊軍將入辭孫權權曰卿先行孤即起兵繼後瑜辭出與程普魯肅領兵起行便邀孔明同往邀孔明不是好意孔明欣然從之孔明從之亦不

是不如。一同登舟駕起帆檣迤邐望夏口而進離三江口五六十里船依次第歇定周瑜在中央下寨岸上依西山結營週圍屯住孔明只在一葉小舟內安身孔明之舟如一葉孔明之身亦如一葉以一葉之身寄于東吳而安如泰山真神人也周瑜分撥已定使人請孔明議事孔明至中軍帳敘禮畢瑜曰昔曹操兵少袁紹兵多而操反勝紹者因用許攸之謀先斷烏巢之糧也三十回中事于此處提照今操兵八十三萬我兵只五六萬安能拒之亦必須先斷操之糧然後可破我已探知操軍糧草俱屯于聚鐵山先生久居漢上熟知地理敢煩先生與關張子龍輩吾亦助兵千人星夜往聚鐵山斷操糧道彼此各爲主人之事幸勿推調（天下惟不懷好意人最會說好話）孔明暗思此因說我不動設計害我我若推調必爲所笑不如應之別有計議乃欣然領諾（寫孔明乖覺只是不露出來）瑜大喜孔明辭出魯肅密謂瑜曰公使孔明劫糧是何意見瑜曰吾欲殺孔明恐惹人笑故借曹操之手殺之以絕後患耳（寫周瑜使乖便自己說出來）肅聞言乃往見孔明看他知也不知只見孔明畧無難色整點軍馬要行（妙人乖覺全不露出）肅不忍以言挑之曰先生此去可成功否（寫魯肅忠厚以反襯周瑜）孔明笑曰吾

水戰步戰馬戰車戰各盡其妙何愁功績不成非比江東公與周郎輩止一能也（又用反激語先生慣行此法）肅曰吾與公瑾何謂一能孔明曰吾聞江南小兒謡言云伏路把關饒子敬臨江水戰有周郎公等于陸地但能伏路把關（此句是實）周公瑾但堪水戰不能陸戰耳（此句是虛）肅乃以此言告知周瑜瑜怒曰何欺我不能陸戰耶不用他去我自引一萬馬軍往聚鐵山斷操糧道（寫孔明耐得寫周瑜耐不得）肅又將此言告孔明孔明笑曰公瑾令吾斷糧者實欲使曹操殺吾耳（方纔說破他使我之故）吾故以片言戲之公瑾便容納不下目

今用人之際只顧吳侯與劉使君同心則功可成如各相謀大事休矣此以正言教之止其害我之謀操賊多謀他平生慣斷人糧道今如何不以重兵隄備公瑾若去必爲所擒此以忠言告之平其好勝之氣今只當先決水戰挫動北軍銳氣別尋妙計破之爲下文伏筆望子敬善言以告公瑾爲幸魯肅遂連夜回見周瑜備述孔明之言瑜搖首頓足曰此人見識勝吾十倍今不除之後必爲我國之禍愈敬之愈服之愈欲殺之肅曰今用人之際望以國家爲重此句是主且待破曹之後圖之未晚此句是賓處處寫魯肅忠厚以反襯周瑜瑜然其說卻說玄德分付劉

琦守江夏自領衆將引兵往夏口遥望江南岸旗幡隱隱戈戟重重料是東吳已動兵矣乃盡移江夏之兵至樊口屯扎玄德聚衆曰孔明一去東吳杳無音信不知事體何如誰人可去探聽虛寔回報（點以八脘水妙乃洞平）糜竺曰竺願往玄德乃備羊酒禮物令糜竺至東吳以犒軍為名探聽虛實竺領命駕小舟順流而下逕至周瑜大寨前軍士入報周瑜瑜召入竺再拜致玄德相敬之意獻上酒禮瑜受訖設宴款待糜竺竺曰孔明在此已久今願與同回瑜曰孔明方與我同謀破曹豈可便去（既不放去又不令與糜竺）

相見。寫周瑜不懷好意。吾亦欲見劉豫州共議良策奈身統大軍不可暫

離若豫州肯枉駕來臨深慰所望。不放孔明去反欲賺玄德來寫周瑜一發不懷好意了。

竺應諾拜辭而回肅問瑜曰公欲見玄德有何計議。又夾寫魯肅老實以襯周瑜。

瑜曰玄德世之梟雄不可不除吾今乘機誘至殺之實爲

國家除一後患既欲殺孔明。又欲殺玄德。何其狠也。魯肅再三勸諫又寫魯肅忠厚以襯周瑜

瑜只不聽遂傳密令如玄德至先埋伏刀斧手五十人於壁衣

中看吾擲盃爲號便出下手。讀至此爲玄德擔憂。却說糜竺回見玄德具

言周瑜欲請主公到彼面會別有商議玄德便教收拾快船一

隻只今便行。又寫玄德担一直以觀周瑜。雲長諫曰：周瑜多謀之士，又無孔明
書信，精細之極。恐其中有詐，不可輕去。前襄陽赴會是關公勸行，今周郎相邀却是關公諫阻。
前相類而又相反。玄德曰：我今結東吳以共破曹操，周郎欲見我，我若
不往，非同盟之意，兩相猜忌，事不諧矣。玄德只防曹操不防周瑜。雲長曰：兄
長若堅意要去，弟願同往。寫關公。張飛曰：我也跟去。寫翼德。玄德曰：
只雲長隨我去，翼德與子龍守寨，簡雍固守鄂縣，我去便回。分
付畢，即與雲長乘小舟并從者二十餘人，飛棹赴江東。前往襄陽是子
龍隨去，今往江東是關公隨去；前是三百步卒，今只二十從人，又相類而相反。玄德觀看江東艨艟戰

艦旌旗甲兵左右分布整齊心中甚喜。文寫玄德忠厚以襯周瑜軍士飛報周瑜劉豫州來了瑜問帶多少船隻來軍士答曰只有一隻船二十餘從人瑜笑曰此人命合休矣。讀至此。文為玄德揑懸。乃命刀斧手先埋伏定然後出寨迎接玄德引雲長等二十人直到中軍帳敘禮畢瑜請玄德上坐。天下惟不懷好意人最會虛恭敬。玄德曰將軍名傳天下備不才何煩將軍重禮乃分賓主而坐周瑜設宴相待且說孔明偶來江邊聞說玄德來此與都督相會喫了一驚。此一驚不小。急入中軍帳竊看動靜只見周瑜面有殺氣兩邊壁衣中密排刀斧孔明大驚曰似此如之奈何讀者至此必疑下文定是孔明設計然後玄德得脫矣回視玄德談笑自若履危而不知使旁觀者愈着急却見玄德背後一人按劍而立乃雲長也在孔明眼中寫一雲長孔明喜曰吾主無危矣遂不復入仍回身至江邊等候妙在此時不即與玄德相見周瑜與玄德飲宴酒行數巡瑜起身把盞猛見雲長按劍立於玄德背後再在周瑜眼中寫一雲長忙問何人玄德曰吾弟關雲長也瑜驚曰非向日斬顏良文醜者乎二十五回中事忽于此處一提玄德曰然也瑜大驚汗流滿背便斟酒與雲長把盞不是寫周瑜正是寫雲長少頃魯肅入玄德問孔明何在煩子敬請

來一會。瑜曰。且待破了曹操。與孔明相會未遲。又不肯教孔明相見。寫周瑜不懷奸意。玄德不敢再言。雲長以目視玄德。寫雲長。玄德會意。即起身辭瑜曰。備暫告別。即日破敵收功之後。專當叩賀。瑜亦不留送。出轅門。玄德別了周瑜。與雲長等來至江邊。只見孔明已在舟中。寫孔明真是可愛。玄德大喜。孔明曰。主公知今日之危乎。玄德愕然曰。不知也。孔明曰。若無雲長。主公幾爲周郎所害矣。玄德方纔省悟。極寫玄德忠厚老實。便請孔明同回樊口。孔明曰。亮雖居虎口。安如泰山。唯能制虎。今主公但收拾船隻軍馬候用。以十一月二十甲子日後爲期可令子龍駕小舟來南岸邊等候切勿有悞（爲後文伏筆寫孔明真是可愛）玄德問其意孔明曰但看東南風起亮必還矣（預先算定真是奇絶妙絶）玄德再欲問時孔明催促玄德作速開船言訖自回玄德與雲長及從人開船行不數里忽見上流頭放下五六十隻船來船頭上一員大將横矛而立乃張飛也因恐玄德有失雲長獨力難支特來接應（前已寫過雲長此却極寫翼德）於是三人一同回寨不在話下却說周瑜送了玄德回至寨中魯肅入問曰公既誘玄德至此爲何又不下手瑜曰關雲長世之虎將也與玄德行坐

相隨吾若下手他必來害我此處方纔說明肅愕然忽報曹操遣使送書至瑜喚入使者呈上書看時封面上判云漢大丞相付周都督開拆瑜大怒更不開看將書扯碎擲於地上此封書亦可作銅雀臺賦觀喝斬來使肅曰兩國相爭不斬來使瑜曰斬使以示威遂斬使者將首級付從人持回此人頭回而身不回矣當贈詩一句曰頭在曹軍身在吳隨令甘寧為先鋒韓當為左翼蔣欽為右翼前分六隊起身每隊二人今遣三隊逆敵却每隊只一人與前甚是變換此之謂小試其端也瑜自部領諸將接應來日四更造飯五更開船鳴鼓吶喊而進却說曹操知周瑜毀書斬使大怒便喚蔡瑁

張允等一班荆州降將爲前部操自爲後軍催督戰船到三江口早見東吳船隻蔽江而來爲首一員大將坐在船頭上大呼曰吾乃甘寧也誰敢來與我決戰蔡瑁令弟蔡壎前進兩船將近甘寧拈弓搭箭望蔡壎射來應弦而倒（先寫先鋒立功）寧驅船大進萬弩齊發曹軍不能抵當右邊蔣欽左邊韓當直衝入曹軍隊中（次寫左右翼）曹軍大半是青徐之兵素不習水戰大江面上戰船一擺早立脚不住甘寧等三路戰船縱横水面（總寫一句）周瑜又催船助戰曹軍中箭着砲者不計其數從巳時直殺到未時周瑜

雖得利只恐寡不敵衆遂下令鳴金收住船隻此孔明所謂先挫北軍鋭氣者也。雖是周瑜之功。亦即孔明所教。曹軍敗回操登旱寨再整軍士與蔡瑁張允責之曰東吳兵少反爲所敗是汝等不用心耳爲下文曹操誤殺二人張本。蔡瑁曰荊州水軍久不操練青徐之軍又素不習水戰故爾致敗今當先立水寨令青徐軍在中荊州軍在外每日教習精熟方可用之操曰汝既爲水軍都督可以便宜從事何必禀我於是張蔡二人自去訓練水軍沿江一帶分二十四座水門以大船居於外爲城郭小船居於内可通往來爲周瑜計殺二人張本。至晚點上燈火照得天心水面通紅早寨三百餘里烟火不絕（將寫周瑜所放之火先寫曹操軍中之火襯染絕妙）却說周瑜得勝回寨犒賞三軍一面差人到吳侯處報捷當夜瑜登高觀望只見西邊火光接天左右告曰此皆北軍燈火之光也（又寫火光預為下文赤壁火光襯染）瑜亦心驚次日瑜欲親往探看曹軍水寨乃命收拾樓船一隻帶着鼓樂隨行雄將數員各帶強弓硬弩一齊上船迤邐前進至操寨邊瑜命下了（音釘）矴石樓船上鼓樂齊奏瑜暗窺他水寨大驚曰此深得水軍之妙也問水軍都督是誰左右曰蔡瑁張允瑜思曰二人久居江

東諳習水戰吾必設計先除此二人然後可以破曹（爲下文賺蔣幹張本）正窺看間早有曹軍飛報曹操說周瑜偷看吾寨操命縱船擒捉瑜見水寨中旗號動急教收起矴石兩邊四下一齊輪轉櫓棹望江面上如飛而去（極寫南船輕捷）比及曹寨中船出時周瑜的樓船已離了十數里遠追之不及回報曹操操問衆將曰昨日輸了一陣挫動銳氣今又被他深窺吾寨吾當作何計破之言未畢忽帳下一人出曰某自幼與周郎同窗交契願憑三寸不爛之舌往江東說此人來降（周瑜既觀水寨之後正欲使人渡江離間蔡瑁張允而蔣幹請往江東適

中機會恰好奏着周瑜也曹操大喜視之乃九江人姓蔣名幹字子翼見爲帳下幕賓操問曰子翼與周公瑾相厚乎幹曰丞相放心幹到江左必要成功（誰知此去倒使周瑜成功）操問要將何物去幹曰只消一童隨往二僕駕舟其餘不用操甚喜置酒與蔣幹送行幹葛巾布袍駕一隻小舟徑到周瑜寨中命傳報故人蔣幹相訪周瑜正在帳中議事聞幹至笑謂諸將曰說客至矣遂與衆將附耳低言如此如此（妙在不發明所授何計直待下文方見）衆皆應命而去瑜整衣冠引從者數百皆錦衣花帽前後簇擁而出（葛巾布袍極其淡素錦衣花帽極其絢赫相形

之下甚是好看　蔣幹引一青衣小童昂然而來瑜拜迎之幹曰公瑾別

來無恙瑜曰子翼良苦遠涉江湖爲曹氏作說客耶妙在開口便說破他

幹愕然曰吾久別足下特來敘舊奈何疑我作說客也瑜笑曰

吾雖不及師曠之聰聞絃歌而知雅意趣甚不愧稱顧曲周郎幹曰足下

待故人如此便請告退瑜笑而挽其臂曰吾但恐兄爲曹氏作

說客耳既無此心何速去也遂同入帳敘禮畢坐定即傳令悉

召江左英傑與子翼相見誇耀江東人物須臾文官武將各穿錦衣帳

下偏裨將校都披銀鎧分兩行而入誇耀江東殷富瑜都教相見畢就

列於兩傍而坐，大張筵席，奏軍中得勝之樂，輪換行酒。瑜告衆官曰：「此吾同窗契友也。雖從江北到此，却不是曹家說客，公等勿疑。」前妙在說破他是說客，此又妙在說他並不是說客，使他開口不得。遂解佩劍付太史慈曰：「公可佩我劍作監酒，今日宴飲，但敘朋友交情，如有提起曹操與東吳軍旅之事者，即斬之。」一發使他開口不得，妙甚，惡甚。太史慈應諾，按劍坐於席上。朱虛侯監酒是禁人逃席，今太史慈監酒是戒言公事，此等底官真是怕人。蔣幹驚愕，不敢多言。直是開口不得。周瑜曰：「吾自領軍以來，滴酒不飲；今日見了故人，又無疑忌，當飲一醉。」說罷，大笑暢飲。爲下文詐醉張本。座上觥籌交鏖飲至半酣瑜攜幹手同步出帳外左右軍士皆全裝慣帶持戈執戟而立。誇耀江東軍威。瑜曰吾之軍士頗雄壯否幹曰眞熊虎之士也瑜又引幹到帳後一望糧草堆如山積。又誇耀江東軍糧。瑜曰吾之糧草頗足備否幹曰兵精糧足名不虛傳瑜佯醉大笑曰想周瑜與子翼同學業時不曾望有今日幹曰以吾兄高才實不爲過瑜執幹手曰大丈夫處世遇知己之主外托君臣之義內結骨肉之恩言必行計必從禍福共之假使蘇秦張儀陸賈酈生復出口似懸河舌如利刃安能動我心哉。說得風流慷慨一發使他開口不得。

言罷大笑蔣幹面如土色瑜復攜幹入帳會諸將再飲因指諸將曰此皆江東之英傑今日此會可名羣英會（盛稱江東得士非獨誇示蔣幹正以誇示曹操也）飲至天晚點上燈燭瑜自起舞劍作歌歌曰

丈夫處世兮立功名立功名兮慰平生慰平生兮吾將醉吾將醉兮發狂吟

歌罷滿座歡笑至夜深幹辭曰不勝酒力矣瑜命徹席諸將辭出瑜曰久不與子翼同榻今宵抵足而眠於是佯作大醉之狀攜幹入帳共寢瑜和衣臥倒嘔吐狼藉蔣幹如何睡得着（妙在睡得）

佩一不能隱俾伏枕聽時軍中鼓打二更起視殘燈尚明看周瑜時

息如雷幹見帳內桌上堆着一卷文書乃起牀偷視之却都是

往來書信內有一封上寫張允蔡瑁謹封惡極妙極幹大驚暗讀之

書略曰

某等降曹非圖仕祿迫於勢耳今已賺北軍困於寨中但得

其便即將操賊之首獻於麾下早晚人到便有關報幸勿見

疑先此敬覆

幹思曰原來蔡瑁張允結連東吳遂將書暗藏於衣內再欲檢

看他書時牀上周瑜翻身幹急滅燈就寢瑜口內含糊曰子翼我數日之內教你看操賊之首旣騙之以桌上來書又騙之以帳中醉語騙法愈妙幹勉强應之瑜又曰子翼且住教你看操賊之首又複叠一句宛然是醉人聲口及幹問之瑜又睡着妙絕幹伏於牀上將近四更只聽得有人入帳喚曰都督醒否問瑜夢中做忽覺之狀妙絕故問那人曰牀上睡着何人又宛然是醉人情狀糊來逼眞答曰都督請子翼同寢何故忘却瑜懊悔曰吾平日未嘗飲醉昨日醉後失事不知可曾說甚言語旣詐醉又詐醒旣詐說又詐忘糊來逼眞那人曰江北有人到此瑜喝低聲妙絕使喚子

翼。妙絕。蔣幹只粧睡着。前是周瑜假睡。此又是蔣幹假睡。幹受人騙。又要騙人。瑜潛出帳。幹竊聽之。只聞有人在外曰。張蔡二都督道。急切不得下手。既騙之以帳中辭語。又騙之以帳外人語。騙法愈妙。後面言語頗低。聽不真實。只一句勾了。正不消多聽。少頃。瑜入帳。又喚子翼。妙絕。蔣幹只是不應。蒙頭假睡。蔣幹只道自已騙人。不料已受人騙。瑜亦解衣就寢。計策已完。可以解衣矣。幹尋思周瑜是箇精細人。天明尋書不見。必然害我。睡至五更。幹起喚周瑜。瑜却睡着。幾番詐醒。又幾番詐睡。可謂神於騙矣。幹戴上巾幘。潛步出帳。喚了小童。徑出轅門。軍士問先生那裏去。幹曰。吾在此恐悞都督事。權且告別。軍士亦不阻當皆是周瑜之計幹下船飛棹回見曹操操問子翼幹事若何幹曰周瑜雅量高致非言詞所能動也操怒曰事又不濟反爲所笑幹曰雖不能說周瑜却與丞相打聽得一件事乞退左右幹取出書信將上項事逐一說與曹操操大怒曰二賊如此無禮耶前只是蔣幹中計今曹操亦中計了即便喚蔡瑁張允到帳下操曰我欲使汝二人進兵瑁曰軍尚未曾練熟不可輕進操怒曰軍若練熟吾首級獻於周郎矣蔡張二人不知其意驚慌不能回答若使曹操出書示之責以謀反而蔡張二人猶可辨操亦不至於殺二人矣正妙在不說明白致二人驚惶失語宛然是機謀已洩不能抵對

操喝武士推出斬之。須臾獻頭帳下。操方省悟曰吾中計矣

人只好愚弄他一時 後人有詩嘆曰

曹操奸雄不可當、一時詭計中周郎、

蔡張賣主求生計、誰料今朝劍下亡、

衆將見殺了張蔡二人、入問其故、操雖心知中計、却不肯認錯

聰明人吃騙往往不肯認錯不獨曹操爲然也 乃謂衆將曰二人怠慢軍法、吾故斬之

衆皆嗟呀不已、操於衆將內選毛玠于禁爲水軍都督、以代蔡

張二人之職、想二人火星進命矣 細作探知、報過江東、周瑜大喜曰吾所

患者此二人耳今既勦除吾無憂矣肅曰都督用兵如此何愁曹賊不破乎瑜曰吾料諸將不知此計獨有諸葛亮識見勝我想此謀亦不能瞞也（瞞過蔣幹瞞過曹操安能瞞過孔明）子敬試以言挑之看他知也不知便當回報正是

還將反間成功事　去試從旁冷眼人

未知肅去問孔明還是如何且看下文分解

第四十六回

用奇謀孔明借箭

獻密計黃蓋受刑

周瑜欲斷北軍之糧明知其斷不成智也孔明欲造江東之箭明知其造不成亦智也乃周瑜不斷糧不能使北軍無糧而孔明不造箭却能使江東有箭則孔明之智爲奇矣周瑜欲借曹操之刀以殺孔明早被孔明識破而孔明借曹操之箭以與周瑜却使周瑜不知則孔明之智爲尤奇矣十日之限已可畏偏要縮至三日三日之限已甚危偏又放過兩日今讀者閲至第三日之夜爲孔明十分着

急十分擔憂幾於水盡山窮徑斷路絕而不意奏功俄頃報命一朝眞乃妙事妙文

借箭之計其利有三使東吳得十萬箭之用一利也旣得十萬箭之用而又省造十萬箭之費是以二十萬箭之利與江東也二利也我有所得則利在我我縱無所得而能使敵有所失則利亦在我今我得十萬箭之用省造十萬箭之費而又令曹軍有十餘萬箭之失是以三十餘萬箭之利與江東也三利也在孔明不過施一小計耳而其利

至於如此真不愧軍師之稱哉

孔明用計之妙善於用借破北軍者旣借江東之兵而江東者卽借北軍之箭是借於東又借於北也取箭者旣借魯肅之舟而疑操者復借一江之霧是借於人又借於天也兵可借箭可借於是乎東風亦可借荊州亦無不可借矣

周瑜以蔡瑁張允之假書賺曹操而曹操卽以蔡中蔡和之假降賺周瑜此相報之巧也曹操以二蔡之詐降賺周

瑜而周瑜即假二蔡之詐降以賺曹操又相報之巧也乃蔡瑁張允實實未嘗叛曹操而操誤信其事蔡中蔡和明明是來降周瑜而瑜巳知其非則操之巧不如瑜操使游說之客於敵國適以殺吾軍得力之人瑜納詐降之將於彼軍遂借以逼我將詐降之信則瑜之巧過於操兩智相斲兩許相敵寫來真足動心悅目

孔明掌中之字與周瑜掌中之字不約而同此合掌文字也又參之以黃蓋之言是三人之文皆爲合掌矣孔明新

野之火與博望之火大同小異此重複文字也又將[illegible]以赤壁之火是一人之文而三番重複矣然必文如公瑾方許其合掌文如孔明方不厭其重複每怪今人作文動手便合落筆便重復此只是一般前後更無添換卽何不取周瑜孔明之文而讀之耶

黄蓋苦肉之計苟非黄蓋之所自願此豈周瑜之所能使哉周瑜深欲用此計而恨未得黄蓋之一人唯黄蓋眞能舍此身而後可行苦肉之一計耳作者於此不是寫周瑜

之智正是寫黄蓋之忠亦只是寫黄蓋之忠不是寫黄蓋之智

周瑜反間之謀只好黑夜裏騙蔣幹黄蓋苦肉之計偏要白日裏瞞衆人蓋不瞞衆人恐瞞不得曹操也曹操之殺蔡瑁是真周瑜偏識二蔡之降爲假黄蓋之忤周瑜是假二蔡已信周瑜之怒爲眞蓋欲瞞曹操又必須先瞞二蔡也乃衆人可瞞二蔡可瞞曹操可瞞而孔明必不可瞞不但公瑾不能瞞孔明而孔明反囑子敬以瞞公瑾則孔明

之智又高公瑾數頭

吾嘗觀黃蓋苦肉之計而嘆其計之行亦有天意焉蓋此計之可慮者有三使黃蓋受棒太毒而至於死雖捐軀而無補於國事則長逝者魂魄私恨無窮一可慮也使衆將不知有憤激而生變者則弄假成眞未圖彼軍而先致我軍之叛二可慮也又使曹操懲於蔣幹之被欺拒蓋之降而不納則黃蓋徒然受刑周瑜枉自難爲適爲曹操所笑三可慮也乃黃蓋不死諸將不叛曹操不疑而周郎竟以

此成功豈非天哉○○○○

却說魯肅領了周瑜言語逕來舟中相探孔明孔明接入小舟對坐肅曰連日措辦軍務有失聽教孔明曰便是亮亦未與都督賀喜奇妙肅曰何喜孔明曰公瑾使先生來探亮知也不知便是這件事可賀喜耳妙在不等他開口先自說出不想黑夜之事孔明早已知之矣說得魯肅失色問曰先生何由知之孔明曰這條計只好弄蔣幹曹操雖被一時瞞過必然便省悟只是不肯認錯耳隔江之事孔明又已知之矣今蔡張二人既死江東無患矣如何不賀喜吾聞曹操換毛玠于

禁為水軍都督則這兩箇手裏好歹送了水軍性命寫後文赤壁伏線

魯肅聽了開口不得蔣幹見周瑜開口不得魯肅見孔明亦開口不得把些言語支吾了半晌別孔明而回孔明囑曰望子敬在公瑾面前勿言亮先知此事公瑾要瞞孔明孔明又要瞞公瑾妙甚恐公瑾心懷妒忌又要尋事害亮寫下文造箭伏筆魯肅應諾而去回見周瑜把上項事只得實說了寫魯肅老實瑜大驚曰此人決不可留吾決意斬之肅勸曰若殺孔明卻被曹操笑也寫魯肅忠厚瑜曰吾自有公道斬之教他死而無怨前欲使曹操殺之此直欲自殺之肅曰何以公道斬之瑜曰子敬休問來日便

見（妙在不即說出）次日聚衆將於帳下教請孔明議事孔明欣然而至坐定瑜問孔明曰即日將與曹軍交戰水路交兵當以何兵器爲先孔明曰大江之上以弓箭爲先（此語反是孔明說出妙）瑜曰先生之言甚合愚意但今軍中正缺箭用敢煩先生監造十萬枝箭以爲應敵之具此係公事先生幸勿推却（前使斷糧今使造箭前要斷糧是周瑜自說今要用箭却待孔明先說妙甚）孔明曰都督見委自當效勞敢問十萬枝箭何時要用瑜曰十日之內可完辦否（限期已促矣）孔明曰操軍即日將至若候十日必悞大事（不以爲促反以爲緩奇妙）瑜曰先生料幾日可完辦

孔明曰只消三日便可拜納十萬枝箭不惟不請寬期反欲自已立限真奇絕妙絕瑜曰軍中無戲言孔明曰怎敢戲都督願納軍令狀三日不辦甘當重罰受罰不待周瑜說偏是孔明自說妙妙瑜大喜喚軍政司當面取了文書置酒相待曰待軍事畢後自有酬勞不說罰偏說酬妙妙孔明曰今日已不及來日造起至第三日可差五百小軍到江邊搬箭已算定江邊飲了數杯辭去魯肅曰此人莫非詐乎是驚怪語瑜曰他自送死非我逼他今明白對衆要了文書他便兩脇生翅也飛不去誰知乃是萬古凌霄一羽毛耶我只分付軍匠人等教他故意遲延凡應用物件

都不與齊備如此必然悞了日期那時定罪有何理說（惡極讀者至此當爲孔明着急）公今可去探他虛實却來回報肅領命來見孔明孔明曰吾曾告子敬休對公瑾說他必要害我不想子敬不肯爲我隱諱今日果然又弄出事來三日內如何造得十萬箭子敬只得救我（不知者讀至此又爲孔明着急）肅曰公自取其禍我如何救得你孔明曰望子敬借我二十隻船每船要軍士三十人船上皆用青布爲幔各束草千餘箇分布兩邊吾別有妙用（箭料甚奇不知如何造法）第三日包管有十萬枝箭（奇妙）只不可又教公瑾得知若彼知之吾計

敗矣。此却是切囑。肅允諾、却不解其意、回報周瑜、果然不提起借船之事、前不瞞周瑜是老實處今不忍不瞞周瑜是忠厚處只言孔明並不用箭竹翎毛膠漆等物、自有道理。瑜大疑曰、且看他三日後如何回覆我。却說魯肅私自撥輕快船二十隻、各船三十餘人、并布幔草束等物、盡皆齊備、候孔明調用。第一日却不見孔明動靜。放過第一日。第二日亦只不動。又放過第二日。至第三日四更時分。放過兩日至第三日又到四更時分險到沒去處矣。孔明密請魯肅到船中、肅問曰、公召我來何意。孔明曰、特請子敬同往取箭。正不知箭在何處奇甚。肅曰、何處去取。孔明曰、子敬休問前去便見與周瑜對子敬吾同遂命將二十隻船用長索相連徑望北岸進發是夜大霧漫天長江之中霧氣更甚對面不相見此是預先算定孔明促舟前進果然是好大霧前人有篇大霧垂江賦曰

大哉長江西接岷峨南控三吳北帶九河滙百川而入海歷萬古以揚波至若龍伯海若江妃水母長鯨千丈天蜈九首鬼怪異類咸集而有蓋夫鬼神之所憑依英雄之所戰守也時而陰陽既亂昧爽不分訝長空之一色忽大霧之四屯雖輿薪而莫覩唯金鼓之可聞初若溟濛纔隱南山之豹漸而

克塞欲迷北海之鯤然後上接高天下垂厚地渺乎蒼茫
乎無際鯨鯢（音擎倪）出水而騰波蛟龍潛淵而吐氣又如梅霖收溽（音入）
春陰釀寒溟溟濛濛浩浩漫漫東失柴桑之岸南無夏口之
山戰船千艘俱沉淪于岩壑漁舟一葉驚出沒于波瀾甚則
穹昊無光朝陽失色返白晝為昏黃變丹山為水碧雖大禹
之智不能測其淺深離婁之明焉能辨乎咫尺于是馮夷息
浪屏翳收功魚鱉遁跡鳥獸潛蹤隔斷蓬萊之島暗圍閶闔
之宮恍惚奔騰如驟雨之將至紛紜雜沓若寒雲之欲同乃

能中隱毒蛇因之而爲瘴癘內藏妖魅憑之而爲禍害降疾厄于人間起風塵于塞外小民遇之夭傷大人覩之感慨蓋將返元氣于洪荒混天地爲大塊

當夜五更時候，三日之限已滿。船已近曹操水寨，孔明教把船隻頭西尾東，一帶擺開，就船上擂鼓吶喊。取箭之法甚奇。魯肅驚曰：倘曹兵齊出，如之奈何？孔明笑曰：吾料曹操于重霧中必不敢出，吾等只顧酌酒取樂，待霧散便回。酌酒是賀箭，亦是賞霧。却說曹寨中聽得擂鼓吶喊，毛玠、于禁二人慌忙飛報曹操。操傳令曰：重霧迷江，彼軍

忽至必有埋伏切不可輕動可撥水軍弓弩手亂箭射之

人往旱寨內喚張遼徐晃各帶弓弩軍三千火速到江邊助射

勝東吳工詭多矣比及號令到來毛玠于禁怕南軍搶入水寨已差弓弩手在寨前放箭先是一起送箭的少頃旱寨內弓弩手亦到又是一起送箭的約一萬餘人盡皆向江中放箭箭如雨發孔明教把船弔回頭東尾西逼近水寨受箭彼送來我受之一面擂鼓吶喊待至日高霧散孔明令收船急回二十隻船兩邊束草上排滿箭枝不消膠漆翎毛箭已完辦孔明令各船上軍士齊聲叫曰謝丞相箭曹操謹具奉申孔明則寫領謝

帖妥惡極趣極比及曹軍寨內報知曹操時這裏船輕水急已放回二十餘里追之不及曹操懊悔不已却說孔明回船謂魯肅曰每船上箭約五六千矣不費江東半分之力已得十萬餘箭明日即將來射曹軍却不甚便此時權領後即送還肅曰先生真神人也何以知今日如此大霧孔明曰為將而不通天文不識地利不知奇門不曉陰陽不看陣圖不明兵勢是庸才也天文一句是主下幾句陪說亮于三日前已算定今日有大霧因此敢任三日之限曹操正墮孔明雲霧中公瑾教我十日完辦工匠料物都不應手將這一件風流罪

過明白要殺我我命係于天公瑾焉能害我哉（此時方纔說誠）魯肅拜服船到岸時周瑜已差五百軍在江邊等候搬箭孔明教于船上取之可得十餘萬枝都搬入中軍帳交納魯肅入見周瑜備說孔明取箭之事瑜大驚慨然歎曰孔明神機妙算吾不如也

後人有詩讚曰

一天濃霧滿長江　遠近難分水渺茫
驟雨飛蝗來戰艦　孔明今日伏周郎

少頃孔明入寨見周瑜瑜下帳迎之稱羨曰先生神算使人

服孔明曰詭譎小計何足爲奇（自謙處正是自負）瑜邀孔明入帳共飲瑜曰昨吾主遣使來催督進軍瑜未有奇計願先生教我（前問用何兵器是假問今問用何奇策是眞問）孔明曰亮乃碌碌庸才安有妙計瑜曰某昨觀曹操水寨極其嚴整有法非等閒可攻思得一計不知可否先生幸爲我一決之孔明曰都督且休言各自寫于手內看同也不同瑜大喜教取筆硯來先自暗寫了却送與孔明孔明亦暗寫了兩箇移近坐榻各出掌中之字互相觀看皆大笑（八十三萬大軍已盡于兩人掌中矣）原來周瑜掌中字乃一火字孔明掌中亦一火字

以箭射船是金尅木。以火燒兵是火尅金。○二火相合。瑜曰旣

則成離卦。離者麗也。周郎正當與孔明相附麗而成功。○

我兩人所見相同更無疑矣。幸勿漏泄。孔明曰兩家公事豈有

漏泄之理。吾料曹操雖兩番經我這條計。○又將博望新野事一提。然必不

爲備。今都督儘行之可也。○操能料之于陸。不能料之于水。飲罷分散。諸將皆不

知其事。却說曹操平白折了十五六萬箭。○江東得箭十餘萬。曹操失箭十五六萬。蓋大半射在船上。小半射落水中矣。若曹操亦聱聱只失得十萬箭。不唯無此等文。亦無此等事也。心中氣悶。荀

攸進計曰。江東有周瑜諸葛亮二人用計。急切難破。可差人去

東吳詐降。爲奸細內應。以通消息。方可圖也。操曰此言正合吾

意汝料軍中誰可行此計攸曰蔡瑁被誅蔡氏宗族皆在軍中瑁之族弟蔡中蔡和現爲副將丞相可以恩結之差往詐降東吳必不見疑二蔡詐降以殺兄爲名易使人信操從之當夜密喚二人入帳囑付曰汝二人可引些少軍士去東吳詐降但有動靜使人密報事成之後重加封賞休懷二心二人曰吾等妻子俱在荆州安敢懷二心丞相勿疑曹操之不疑者在此周瑜之不信者亦在此某二人必取周瑜諸葛亮之首獻于麾下正與前文取操賊之首相應操厚賞之次日二人帶五百軍士蔣幹作說客只帶一小童二蔡爲細作乃有五百軍士駕船數隻順風望着南

岸來。且說周瑜正理會進兵之事。忽報江北有船來到江口。稱是蔡瑁之弟蔡和、蔡中特來投降。瑜喚入。二人哭拜曰。吾兄無罪。被操賊所殺。吾二人欲報兄仇。特來投降。（殺蔡瑁者周瑜也。欲報兄仇。則不當投降矣。）望賜收錄。願爲前部。瑜大喜。（大喜者非喜其眞降。正喜其詐降也。）重賞二人。即命與甘寧引軍爲前部。二人拜謝。以爲中計。瑜密喚甘寧分付曰。此二人不帶家小。非眞投降。（正與二蔡對曹操語相應。）乃曹操使來爲奸細者。吾今欲將計就計。教他通報消息。（爲黃蓋伏線。）汝可慇懃相待。就裏提防。至出兵之日。先要殺他兩箇祭旗。（後文事先伏于此。）汝切須小心不可有悞甘寧領命而去魯肅入見周瑜曰蔡中蔡和之降多應是詐不可收用（此非爲魯肅乖覺正是寫魯肅老實）瑜叱曰彼因曹操殺其兄欲報仇而來降何詐之有你若如此多疑安能容天下之士乎（二蔡詐周郎更詐）肅默然而退乃往告孔明孔明笑而不言（周郎乖孔明更乖）肅曰孔明何故哂笑孔明曰吾笑子敬不識公瑾用計耳大江隔遠細作極難往來操使蔡和蔡中詐降刺探我軍中事公瑾將計就計正要他通報消息（一一都被看破処）兵不厭詐公瑾之謀是也（并瞞着魯肅所謂兵不厭詐也）肅方纔省悟却說周瑜夜坐帳中忽

見黃蓋潛入中軍來見周瑜。來得突兀。瑜問曰。公覆夜至。必有良謀見教。蓋曰。彼衆我寡。不宜久持。何不用火攻之。孔明公瑾掌中之字。已在黃蓋意中。瑜曰。誰教公獻此計。前戒孔明勿漏洩。今問此一句。正疑掌中之字漏洩也。蓋曰。某出自己意。非他人之所教也。雖非學舌。却已合掌。瑜曰。吾正欲如此。故留蔡中蔡和詐降之人。以通消息。但恨無一人爲我行詐降計耳。自欲使人詐降。故深喜敵人來詐降。及有敵人來詐降。却恨無自家人去詐降。蓋曰。某願行此計。瑜曰。不受些苦。彼如何肯信。炎上作苦。欲用火攻。實得不苦。蓋曰。某受孫氏厚恩。雖肝腦塗地。亦無怨悔。瑜拜而謝之曰。君若肯行此苦肉計。則江東

之萬幸也周瑜苦心黄蓋苦肉苦心不易苦肉更難蓋曰某死亦無怨遂謝而出次
日周瑜鳴皷大會諸將於帳下孔明亦在座周瑜曰操引百萬
之衆連絡三百餘里非一日可破今令諸將各領三箇月糧草
准備禦敵下文破敵只在一月之內許言三月反襯下文言未訖黄蓋進曰莫說三箇
月便支三十箇月糧草也不濟事若是這箇月破的便破若是
這箇月破不的只可依張子布之言棄甲倒戈北面而降之耳
先說要降爲許降張本反將前文張昭語一提周瑜勃然變色大怒曰吾奉主公之
命督兵破曹敢有再言降者必斬將前文砍案事一提今兩軍相敵之際

汝敢出此言。慢我軍心。不斬汝首。難以服衆。喝左右將黃蓋斬訖報來。〔明知衆將必勸。故粧此花面。〕黃蓋亦怒曰。吾自隨破虜將軍縱橫東南。已歷三世。那有你來。〔前說要降。與張昭相應。此以年少輕周郎。又與程普相應。〕瑜大怒。喝令速斬。〔越粧越像。〕甘寧進前告曰。公覆乃東吳舊臣。望寬恕之。瑜喝曰。汝何敢多言。亂吾法度。先叱左右將甘寧亂棒打出。〔前收二蔡是假喜。今打黃蓋定是假怒。想甘寧早已心照矣。〕衆官皆跪告曰。黃蓋罪固當誅。但於軍不利。望都督寬恕。權且記罪。破曹之後。斬亦未遲。瑜怒未息。〔越粧越像。〕衆官苦苦告求。瑜曰。若不看衆官面皮。決須斬首。今且免死命左右拖翻打一百脊杖以正其罪。隔夜商量主意。正在于此。衆官又告免。瑜推翻案桌叱退衆官喝教行杖。越粧越像。將黃蓋剝了衣服拖翻在地打了五十脊杖衆官又復苦告求免瑜躍起指蓋曰汝敢小覷我耶。正對那有你來一語。眞乃越粧越像。且寄下五十棍再有怠慢二罪俱罰恨聲不絕而入帳中。此時苦肉計已畢若不有此餘怒恐露出破綻來。眞越粧越像。衆官扶起黃蓋打得皮開肉綻鮮血迸流扶歸本寨昏絕幾次動問之人無不下淚魯肅也往看問了來至孔明船中謂孔明曰今日公瑾怒責公覆我等皆是他部下不敢犯顏苦諫先生是客何故袖手旁觀不發一語。在魯肅口中補寫孔明適聞光景。孔明笑曰子敬欺我。不以老實待子敬却以乖覺待子敬。早疑是周郎使來相試也。肅曰肅與先生渡江以來未嘗一事相欺今何出此言。孔明曰子敬豈不知公瑾今日毒打黃公覆乃其計耶。如何要我勸他。甘寧知之而勸。勸亦是詐。孔明知之而不勸。不勸是眞。肅方悟。孔明曰不用苦肉計何能瞞過曹操。今必令黃公覆去詐降却教蔡中蔡和報知其事矣。如見子敬見公瑾時切勿言亮先知其計只說亮也埋怨都督便了。公瑾瞞不得孔明。孔明又要瞞公瑾。妙。肅辭去。入帳見周瑜。瑜邀入帳後。肅曰今日何故痛責黃公覆。瑜曰諸將怨否肅曰多有心中不安者瑜曰孔明之意若何肅曰他也埋怨都督忒情薄瑜笑曰今番須瞞過他也（誰知反被他所瞞也）肅曰何謂也瑜曰今日痛打黃蓋乃計也吾欲令他詐降先須用苦肉計瞞過曹操就中用火攻之可以取勝（前言二蔡之降非詐是欺子敬今言黃蓋之打非眞却不瞞子敬）肅乃暗思孔明之高見却不敢明言（周郎不瞞子敬那知子敬反瞞周郎）且說黃蓋臥于帳中諸將皆來動問蓋不言語但長吁而已忽報參謀闞澤來問蓋令請入臥內叱退左右闞澤曰將軍莫非與都督有仇蓋曰非也澤曰然則公之受責莫非苦肉計乎

黃蓋說明先闞澤猜破妙甚蓋曰何以知之澤曰某觀公瑾舉動已料着八九分○○○唯孔明便識得十分蓋曰某受吳侯三世厚恩無以爲報故獻此計以破曹操肉雖受苦亦無所恨吾遍觀軍中無一人可爲心腹者唯公素有忠義之心敢以心腹相告澤曰公之告我無非要我獻詐降書耳○○○○○○又不用黃蓋說明先是闞澤猜破妙甚蓋曰實有此意未知肯否闞澤欣然領諾正是

勇將輕身思報主　謀臣爲國有同心

未知闞澤所言若何且看下文分解

說明矣蓋曰何以知之澤曰某觀公瑾舉動已料著八

九分○讒得十分孔明便妙甚蓋曰某受孫氏三世厚恩無以爲報故獻此

計以破曹操吾雖受苦亦無所恨吾遍觀軍中無一人可爲心

腹惟公素有忠義之心故敢以心腹相告澤曰公之告我無非

要我獻詐降書耳○○○○○

是闞澤聰敏妙甚又不用黃蓋說明矣蓋曰實有此意未知肯否

闞澤欣然領諾正是

勇將輕身思報主　謀臣爲國有同心

四大奇書第一種卷二十四

茂苑毛宗崗序始氏評　吳門杭永年資能氏評定

第四十七回

闞澤密獻詐降書

龐統巧授連環計

欺庸人易欺奸雄難黄蓋受杖猶可不死於杖闞澤獻書宜其必死於書而卒能不死而成功者以得說奸雄之法也說奸雄之法與說英雄之法皆不當用順而當用逆英

雄所自負者義耳張遼之說關公妙在責其輕死之非義

奸雄所自負者智耳闞澤之說曹操妙在笑其料事之不

明所謂用逆而不用順者也若使遼而甘言卑說則公之

拒愈峻若使澤而伏地陳乞則澤之死愈速矣

前卷寫甘寧此卷寫闞澤而極寫闞澤必先極寫曹操不

寫曹操之奸不顯闞澤之巧若彼不知爲苦肉計而欺之

不難惟彼旣知爲苦肉計而欺之之爲難也彼不知爲詐

降書而中之不足奇惟彼旣知爲詐降書而我終能中之

之爲奇也計雖巧而無行計之人則亦拙計雖庸而有行計之人則不庸耳

蔡和蔡中之詐降兩人同來者也黃闞二人之詐降妙在一來而一未來二蔡之詐降竟以身來而不必先以書來者也黃蓋之詐降妙在身不來而書來二蔡之詐降來而不返者也闞澤之詐降妙在速返又妙在初時不肯復返而次後乃欲速返一似速返則得返不速返則不得返者

一般是降却有幾樣降法一般是詐却有幾樣詐法愈出

愈幻非復讀者意計之所及

文章之妙有各不相照者二蔡現在而黃蓋之降書初不煩二蔡爲通闞澤渡江而二蔡之報信不即使闞澤爲寄

文章之妙又有各不相照而暗暗相照者黃蓋但以其謀告闞澤而闞澤獻降書之後忽然添出一甘寧闞澤未以其謀告甘寧而甘寧欺二蔡之言有如關會乎闞澤寫來眞是變幻可喜

爲戰船之法有彼方連而我利其斷者有彼方斷而我利

其連者，黄祖之舟以大綆相連，衝之不能入，甘寧以刀斷之，而艨艟遂橫，此則利其斷也。曹操之舟散而不聚，燒之不能盡，龐統以環連之，而火攻始便，此則利其連也。兵法變化無常，孫臏以減竈勝，而虞詡又以增竈勝，隨機而應，豈可執一論哉。

連環計一見於王允，再見於龐統。前之環虛名也，後之環實事也。王允以貂蟬雙鎖董呂二人，如環之交互相連，故名連環耳。毋見近日演連環記者，乃作呂布以玉連環贈與貂蟬此又是傳奇平空粧點出來豈連環命名之意乎若龐統則不然實實以鐵環連鎖操船與取名連環者不同前以貂蟬為環止有一環後以鐵環為環乃有無數連環前虛後實前少後多各極其妙

北兵多病而龐統以連環之方治之此藥毋乃太毒乎雖然賣毒藥者不獨一龐統也黃蓋闞澤皆是也蓋之藥甚苦澤之藥甚甘統之藥甚辣合苦者甘者辣者共成一劑毒藥然後周郎煎之以火孔明扇之以風而八十三萬人

軍遂無一人有起色矣

却說闞澤字德潤會稽山陰人也家貧好學嘗借人書來看看過一遍更不遺忘口才辨給少有膽氣膽氣從讀書得來。孫權召為叅謀與黃蓋最相善百忙中畧述闞澤生平不煩不畧。蓋知其能言有膽故欲使獻詐降書澤欣然應諾曰大丈夫處世不能立功建業不幾與草木同腐乎公既捐軀報主澤又何惜微生其言大有膽氣可見無膽氣者必不是能讀書人黃蓋滚下床來拜而謝之黃蓋拜闞澤正與周瑜拜黃蓋相對澤曰事不可緩即今便行蓋曰書已修下了極寫黃蓋而文字又省筆澤領了書只就當夜扮作漁翁（以書作鈎以身作線而以八十三萬大軍爲魚也）駕小舟望北岸而行。是夜寒星滿天（閒筆點敘得妙）三更時候（半夜扁舟機密之至）早到曹軍水寨巡江軍士拏住連夜報知曹操。操曰莫非是奸細麽。軍士曰只一漁翁自稱是東吳參謀闞澤有機密事來見。操便教引將入來。軍士引闞澤至只見帳上燈燭輝煌曹操憑几危坐問曰汝旣是東吳參謀來此何幹。澤曰人言曹丞相求賢若渴今觀此問甚不相合黃公覆汝又錯尋思了也（開口便用反激語）操曰吾與東吳旦夕交兵汝私行到此如何不問。澤曰黃公覆乃東吳三世舊臣今被周瑜於衆將之前無端毒打不勝忿恨因欲投降丞相爲報讐之計特謀之於我我與公覆情同骨肉徑來爲獻密書未知丞相肯容納否操曰書在何處闞澤取書呈上操折書就燈下觀看書畧曰

蓋受孫氏厚恩本不當懷二心（妙在先說此二句）然以今日事勢論之用江東六郡之卒當中國百萬之師衆寡不敵海內所共見也東吳將吏無有智愚皆知其不可周瑜小子偏懷淺戇（音撞）自負其能輒欲以卵敵石兼之擅作威福無罪受刑有功不

賞益係舊臣無端爲所摧辱心實恨之伏聞丞相誠心待物虛懷納士益願率衆歸降以圖建功雪恥糧草軍仗隨船獻納。用計專在此二句。泣血拜白萬勿見疑。

曹操於几案上翻覆將書看了十餘次忽然拍案張目大怒曰黃蓋用苦肉計令汝下詐降書就中取事却敢來戲侮我耶。機謀被他明明道破讀者至此爲黃蓋惜又爲闞澤憂矣。便教左右推出斬之左右將闞澤簇下。令讀者急殺。澤面不改容仰天大笑。寫闞澤眞是有膽。操教牽回叱曰吾已識破奸計汝何故哂笑澤曰吾不笑你吾笑黃公覆不識人耳。（笑黃公覆正是笑你卻偏說不笑你笑黃公覆寫闞澤真是能言）操曰何不識人澤曰殺便殺何必多問（寫闞澤真是有膽）操曰吾自幼熟讀兵書深知奸偽之道汝這條計只好瞞別人如何瞞得我（奸雄自負語）澤曰你且說書中那件事是奸詐操曰我說出你那破綻教你死而無怨你既是真心獻書投降如何不明約幾時今你有何理說（闞澤待曹操問而後言曹操亦待闞澤問而後說頓跌有勢）闞澤聽罷大笑曰虧汝不惶恐敢自誇熟讀兵書還不及早收兵回去儻若交戰必被周瑜擒矣無學之輩可惜吾屈死汝手（自負有智偏要笑他無學純用反激語妙）操曰何謂我無學澤曰汝不識機謀不明道理豈非無學妙在不即說操曰你且說我那幾般不是處澤曰汝無待賢之禮吾何必言但有死而已妙在不肯說操曰汝若說得有理我自然敬服正要逼他說此一句然後說耳澤曰豈不聞背主作竊不可定期儻今約定日期急切下不得手這裏反來接應事必泄漏但可覷便而行豈可預期相訂乎汝不明此理欲屈殺好人真無學之輩也寫闞澤真是能讀書人方見孔明激孫權激周瑜又見闞澤激曹操愈出愈奇操聞言改容下席而謝曰某見事不明誤犯尊威幸勿掛懷惟聰明人能轉變亦惟聰明人偏着騙耳既已道破又被瞞過澤曰吾與黃公覆傾心

投降如嬰兒之望父母豈有詐乎操大喜曰若二人能建大功他日受爵必在諸人之上澤曰某等非爲爵祿而來實應天順人耳（先罵後讀罵則極其罵讀則極其讀）操取酒待之少頃有人入帳於操耳邊私語操曰將書來看其人以密書呈上操觀之顏色頗喜闞澤暗思此必蔡中蔡和來報黃蓋受刑消息操故喜我投降之事爲眞實也（妙在曹操不說闞澤亦不問大家心裡明白如蔣幹在周瑜帳中聽帳外人語一假一眞各各入妙）操曰煩先生再回江東與黃公覆約定先通消息過江吾以兵接應（可見不書時日之妙）澤曰某已離江東不可復還望丞相別遣機密人

去妙在不肯去竟似千真萬真。操曰若他人去事恐泄漏澤再三推辭良久乃曰若去則不敢久停便當行矣。妙在欲速去又似千真萬真。操賜以金帛澤不受辭別出營再駕扁舟重回江東來見黃蓋細說前事蓋曰非公能辯則蓋徒受苦矣黃蓋捨身。闞澤掉舌。然闞澤亦惟能捨身。故能掉舌耳。不似今人之不肯捨身。但能掉舌也。澤曰吾今去甘寧寨中探蔡和蔡中消息。先在曹操坐中識得。再向甘寧寨裡看來。前後緊緊相接。蓋曰甚善澤至甘寧寨寧接入澤曰將軍昨為救黃公覆被周公瑾所辱吾甚不平。妙在反言以試之。寧笑而不荅。寫甘寧是解人。笑者與闞澤會意也。不荅者瞞着二蔡也。正話間蔡和蔡中至澤以目送甘寧（甘寧以笑闞澤以目一笑一目如相問答）寧會意乃曰周公瑾只自恃其能不以我等為念我今被辱羞見江左諸人說罷咬牙切齒拍案大叫（粧一個像一個）澤乃虛與寧耳邊低語寧低頭不言長嘆數聲（兩個粧模做樣好看煞人）蔡和蔡中見寧澤皆有反意以言挑之曰將軍何故煩惱先生有何不平（來了）澤曰吾等腹中之苦汝豈知耶（妙在假意不言）蔡和曰莫非欲背吳投曹耶（蔡和此時更忍不住）闞澤失色甘寧拔劍而起曰吾事已為窺破不可不殺之以滅口（一個失驚一個佯怒絲粧一樣竟似千真萬真）蔡和蔡中慌曰二公勿憂吾亦當以心腹之事相告（又來了）寧曰

可速言之。蔡和曰：吾二人乃曹公使來詐降者也。二公若有歸順之心，吾當引進。騙他兩個自說出來，惡甚妙甚。寧曰：汝言果真乎？妙在詐一作不信。二人齊聲曰：安敢相欺。寧佯喜曰：若如此，是天賜其便也。前已寫過闞澤，此處單寫甘寧，故一路只用甘寧說話。二蔡曰：黃公覆與將軍被辱之事，吾已報知丞相矣。不打自招，正與闞澤於曹操帳上所見照應。澤曰：吾已爲黃公覆獻書丞相，今特來見與霸相約同降耳。此處方用闞澤說話。寧曰：大丈夫既遇明主，自當傾心相投。前既假恨周瑜，此又假諛曹操，越妝越像。於是四人共飲，同論心事。二蔡即時寫書密報曹操，說甘寧與某同爲內應。闞澤另自修書遣人密報曹操。妙在各不關會。書中具言黃蓋欲來未得其便但看船頭插青牙旗而來者即是也。爲後文赤壁伏線。却說曹操連得二書心中疑惑不定聚衆謀士商議曰江左甘寧被周瑜所辱願爲內應黃蓋受責令闞澤來納降俱未可深信。寫曹操奸猾。誰敢直入周瑜寨中探聽實信。不是又使一個人去那得又引一個人來。蔣幹進曰某前日空往東吳未得成功深懷慚愧今願捨身再往務得實信回報丞相。操大喜即時令蔣幹上船。幹駕小舟徑到江南水寨邊蔣幹第一番渡江只送兩個水軍都督第二番渡江却送了八十三萬大軍。便使人傳報周瑜聽得幹又到大喜曰吾之成功只在此人身上遂囑付魯肅請龐士元來爲我如此如此前番送去一封假書今番又要送去一個假人原來襄陽龐統字士元因避亂寓居江東魯肅曾薦之於周瑜統未及往見瑜先使肅問計於統曰破曹當用何策統密謂肅曰欲破曹兵須用火攻伏龍鳳雛所見畧同又是一篇合掌文字矣但大江面上一船着火餘船四散除非獻連環計教他釘作一處然後功可成也曹操作池練兵取名玄武誰知遇着連環則爲勾陳遇着火攻則爲朱雀乎肅以告瑜瑜深服其論因謂肅曰爲我行此計者非龐士元不可肅曰只恐曹操奸猾如何去得周瑜沉

吟未決正尋思沒個機會忽報蔣幹又來（來得湊巧蔣幹之功不小）瑜大喜一面分付龐統用計一面坐於帳上使人請幹幹見不來接心中疑慮教把船於僻靜岸口纜繫乃入寨見周瑜瑜作色曰子翼何故欺我太甚（前番盡歡有盡歡之妙今番變面有變面之妙寫得周瑜真是可愛）蔣幹笑曰吾想與你乃舊日弟兄特來吐心腹事何言相欺也瑜曰汝要說吾降除非海枯石爛前番吾念舊日交情請你痛飲一醉留你共榻你卻盜吾私書不辭而去歸報曹操殺了蔡瑁張允致使吾事不成（正該謝他反去責他不當人子）今日無故又來必不懷好意吾不

看舊日之情一刀兩段正要用他反說要殺他不留人子本待送你過去爭奈吾一二日間便要破曹賊待留你在軍中又必有泄漏便教左右送子翼往西山庵中歇息待吾破了曹操那時渡你過江來

進若不是他渡江怎能勾破曹操蔣幹再欲開言周瑜已入帳後去了左右取馬與蔣幹乘坐送到西山背後小庵歇息撥兩個軍人伏侍幹在庵內心中憂悶寢食不安是夜星露滿天與闞澤渡江時一般景致一在水邊一在山邊各有閒趣獨步出庵後只聽得讀書之聲信步尋去只見山岩畔有草屋數椽內射燈光又為燈光與後文赤壁火光襯染幹往窺之只見一人

掛劍燈前誦孫吳兵書幹思此必異人也叩戶請見其人開門出迎儀表非俗幹問姓名答曰姓龐名統字士元幹曰莫非鳳雛先生否統曰然也（在三十四卷出名却於此處方纔出現）幹喜曰久聞大名今何僻居此地答曰周瑜自恃才高不能容物吾故隱居於此（龐統燈下之語與周瑜帳中之言一是醉裏罵曹操一是醒時罵周瑜一般局面兩樣做法）公乃何人幹曰吾蔣幹也統乃邀入草庵共坐談心幹曰以公之才何往不利如肯歸曹幹當引進統曰吾亦欲離江東久矣公既有引進之心即今便當一行如遲則周瑜聞之必將見害（甘寧闞澤騙二蔡龐統又騙蔣幹部

是一片假話前後互復相對於是與幹連夜下山至江邊尋着原來船隻飛棹投江北既至操寨幹先入見備述前事操聞鳳雛先生來只道鳳雛飛來那知却是火老鴉親自出帳迎入分賓主坐定問曰周瑜年幼恃才欺衆不用良謀操久聞先生大名今得惠顧乞不吝教誨曹操見鬭處則前倨而後恭見龐統則前後相恭妙在相類而相反統曰某素聞丞相用兵有法今願一觀軍容開閘而來操教備馬先邀統同觀旱寨統與操並馬登高而望統曰傍山依林前後顧盼出入有門進退曲折雖孫吳再生穰苴復出亦不過此矣先以美言諛之似更無計之可獻操曰先生勿得

過譽尚望指教於是又與同觀水寨見向南分二十四座門皆有艨艟戰艦列爲城郭中藏小船往來有巷起伏有序瑜笑曰丞相用兵如此名不虛傳（又以美言誑之似更無計之可獻前看旱寨是賓此看水寨是主）因指江南而言曰周郎周郎尅期必亡操大喜回寨請入帳中置酒共飲同說兵機瑜高談雄辯應荅如流操深敬服慇懃相待（妙在尚不獻計只說閒話）統佯醉曰敢問軍中有良醫否（然後以微言挑之却妙在一句便住不即說明）操問何用統曰水軍多疾須用良醫治之（方纔說明其意却妙在尚不即說連環）時操軍因不服水土俱生嘔吐之疾多有死者操正慮此

事忽聞統言。如何不問。統曰丞相教練水軍之法甚妙。但可惜不全。（闞澤見曹操先激而後謾。龐統見曹操先謾而後激。又妙在相類而相反。）操再三請問。統曰某有一策。使大小水軍。並無疾病。安穩成功。（龐統特來行醫特來用藥。但恐疾雖愈而人則死耳。）操大喜。請問妙策。統曰大江之中。潮生潮落。風浪不息。北兵不慣乘舟。受此顛播。便生疾病。若以大船小船各皆配搭。或三十為一排。或五十為一排。首尾用鐵環連鎖。上鋪闊板。休言人可渡。馬亦可走矣。乘此而行。任他風浪潮水上下。復何懼哉。（風浪雖不怕。只恐還怕一件東西。○士元此來添油乎。增炭乎。惜乎老瞞竟不解也。）曹操下席而謝曰非

先生良謀安能破東吳耶（非先生良謀安能虜北軍耶）統曰愚淺之見亦相

自裁之操即時傳令喚軍中鐵匠連夜打造連環大釘鎖住船

隻諸軍聞之俱各喜悅後人有詩曰

赤壁鏖兵用火攻　運籌決策盡皆同

若非龐統連環計　公瑾安能立大功

龐統又謂操曰某觀江左豪傑多有怨周瑜者某憑三寸舌爲

丞相説之使皆來降（借此爲脱身之計既下了火種不得不爲避火地也）周瑜孤立無援

必爲丞相所擒瑜既破則劉備無所用矣（又帶照劉備一句妙）操曰先生

果能成大功操請奏聞天子封爲三公之列統曰某非爲富貴但欲救萬民耳丞相渡江慎勿殺害【又以美言驕之使之下疑妙】操曰吾替天行道安忍殺戮人民統拜求榜文以安宗族【妙】操曰先生家屬見居何處統曰只在江邊若得此榜可保全矣操命寫榜僉押付統【闞澤遞黃蓋書是送去一張大八票龐統討曹操榜是鎖欽一面大八牌】統拜謝曰別後可速進兵休待周郎知覺【龐統臨別偏有甚多言語闞澤妙在遞行龐統妙在緩行】操然之統拜別至江邊正欲下船忽見岸上一人道袍竹冠一把扯住統曰你好大膽黃蓋用苦肉計闞澤下詐降書你又來獻連環計只

恐燒不盡絶你們把出這等毒手來只好瞞曹操也須瞞我不得虒得龐統魂飛魄散每於終篇作驚人之筆令人疑惑不定正是

莫道東南能制勝　誰云西北獨無人

畢竟此人是誰且看下文分解

第四十八回

宴長江曹操賦詩

鎖戰船北軍用武

前於闞澤賺曹操一段正文之後又有賺二蔡一段旁文

以綴之今於龐統獻連環一段正文之後又有救徐庶一段旁文以綴之所重在正文而旁文不重也然以賺二蔡帶寫甘寧不但甘寧一邊不冷落而又使黃蓋一邊加渲染以救徐庶照出馬騰不但徐庶一邊不疎漏而又使馬騰一邊不遺忘有此天然妙事湊成天然妙文固今日作稗官者搆思之所不能到也

天下有最失意之事必有一最快意之事以爲之前焉將寫赤壁之敗則先寫其轆轤千里旌旗蔽空將寫華容之

莽則先寫其南望武昌西望夏口埶志不得意不滿足不高氣不揚則害不甚而禍不速也寫吳王者極寫採蓮之樂非爲採蓮寫也爲甬東寫耳寫霸王者極寫夜宴之樂非爲夜宴寫也爲烏江寫耳然則曹操之横槊賦詩其夫差之採蓮項羽之夜宴乎

曹操當舞槊作歌之時正志得意滿之時也而其歌乃曰憂思難忘又曰何以解憂又曰憂從中來何其宜樂而憂耶蓋樂者憂之所伏檀弓之言曰樂斯陶陶斯詠詠斯舞

舞斯慍慍斯慼慼斯嘆矣淳于之諷齊王亦曰樂不可極
樂極生悲是不獨烏鵲南飛爲南征失利之兆而即其釃（音詩）
酒臨江固知其憂必及之耳
古人亦有善用古人之文者橫槊之歌多引風雅之句而
坡公赤壁賦一篇亦取曹操歌中之意而用之其曰如怨
如慕如泣如訴即所謂憂從中來不可斷絕也其曰哀吾
生之須臾即所謂譬若朝露去日無多也其曰盈虛者如
彼而卒莫消長即所謂皎皎如月何時可輟也取古人之

文以爲我文旁觀其用之何如耳苟其善用豈必如今人之杜撰哉

凡計之妙欲使敵用我計而敗必有不用我計而敗者以堅敵之心則焦觸張南之敗是也吳所以愚操者連環之計耳焦觸張南敗於無環之舟使操知不用連環之不利而用連環之志愈決矣凡計之妙我欲行此計而勝必有不用此計而亦勝者以杜敵之疑則韓當周泰之勝是也吳所欲用者火攻之計耳韓當周泰勝以不火之舟使操

知東吳之不必用火而後之用火乃爲操所不及料矣人但知前卷之獻連環後卷之燒赤壁爲周郎破曹之事而此卷則似乎閒文之無當於前後也者孰知乃前後之關目也耶

火攻之策不但孔明公瑾龐統黃蓋之所知而亦徐庶程昱荀攸之所知也徐庶不爲操言之而攸與昱則爲操言之矣爲操言之而操亦未嘗不知之矣知之而終不免於犯之其故何哉蓋操知風之不東而不知風之可借知火

之不利於南而不知火之可轉於北有回天之人而天亦不可知有助人之天而人亦不可知耳

事有與下文相反者又有與下文相引者如操之臨江而歌瑜之觸風而倒此與下文相反者也劉馥以烏鵲之咏爲不祥周瑜以黃旗之折爲貞兆此與下文相引者也不相反則下文之事不奇不相引則下文之事不現可見事之幻文之變者出人意外未嘗不在人意中

却說龐統聞言吃了一驚急回視其人原來却是徐庶徐庶一向冷落

至此忽然出現統見是故人心下方定回顧左右無人乃曰你若說破我計可惜江南八十一州百姓皆是你送了也庶笑曰此間八十三萬人馬性命如何直是兩位菩薩說法統曰元直真欲破我計耶庶曰吾感劉皇叔厚恩未嘗忘報曹操送死吾母吾已說過終身不設一謀又將三十六卷中事一提今安肯破兄良策只是我亦隨軍在此兵敗之後玉石不分豈能免難君當教我脫身之術我即緘口遠避矣前以幾十萬生靈爲言今只圖逃却一身矣統笑曰元直如此高見遠識諒此有何難哉庶曰願先生賜教統去徐庶耳邊畧說數句妙在不叙

明白。庶大喜，拜謝龐統，別却徐庶，下船自回江東。且說徐庶當晚密使近人去各寨中暗布謠言。（附耳低言之計，於此始見。）次日寨中三三五五，交頭接耳而說。早有探事人報知曹操，說軍中傳言西凉州韓遂、馬騰謀反，殺奔許都來。（二人一向冷落，妙於此處提起。果有此事，真是快事；即無此事，亦是快文。）操大驚，急聚衆謀士商議曰：「吾引兵南征，心中所憂者韓遂、馬騰耳。軍中謠言，雖未辨虛實，然不可不防。」（不便信，又不得不信。）言未畢，徐庶進曰：「庶蒙丞相收錄，恨無寸功報效。請得三千人馬，星夜往散關把住隘口；如有緊急，再行告報。」（不是防兵，却是避亡。）操喜曰：「若得元直去吾無憂矣散關之上亦有軍兵公統領之目下撥三千馬步軍命臧霸爲先鋒星夜前去不可稽遲帶挈了三千人又帶挈了一個臧霸想是火星不照命耳徐庶辭了曹操與臧霸便行此便是龐統救徐庶之計○此處明寫一句以結上文後人有詩曰

曹操征南日日憂　馬騰韓遂起戈矛

鳳雛一語教徐庶　正似遊魚脫釣鉤

曹操自遣徐庶去後心中稍安遂上馬先看沿江旱寨次看水寨乘大船一隻於中央上建帥字旗號兩傍皆列水寨船上埋

伏弓弩千張操居於上時建安十二年冬十一月十五日天氣晴明平風靜浪寫一風字爲下文借風相映操令置酒設樂於大船之上吾今夕欲會諸將天色向晚東山月上皎皎如同白日長江一帶如橫素練如讀赤壁賦操坐大船之上左右侍御者數百人皆錦衣繡襖荷戈執戟文武衆官各依次而坐操見南屏山色如畫東視柴桑之境西觀夏口之江南望樊山北覷烏林四顧空闊寫江景如畫心中歡喜謂衆官曰吾自起義兵以來與國家除凶去害誓願掃清四海削平天下所未得者江南也今吾有百萬雄師

更賴諸公用命何患不成功耶收服江南之後天下無事與諸公共享富貴以樂太平（寫曹操驕盈之甚）文武皆起謝曰願得早奏凱歌我等終身皆賴丞相福蔭操大喜命左右行酒飲至半夜操酒酣遥指南岸曰周瑜魯肅不識天時今幸有投降之人爲彼心腹之患此天助吾也（寫曹操驕盈之甚）荀攸曰丞相勿言恐有泄漏（寫荀攸精細以形曹操驕盈）操大笑曰座上諸公與近侍左右皆吾心腹之人也言之何礙（不是寫其坦易正是寫其驕盈）又指夏口曰劉備諸葛亮汝不料螻蟻之力欲撼泰山何其愚耶（既笑江東又笑夏口寫曹操驕盈之甚）顧謂諸

將曰吾今年五十四歲矣如得江南竊有所喜昔日喬公與吾至契吾知其二女皆有國色後不料爲孫策周瑜所娶吾今新搆銅雀臺於漳水之上如得江南當娶二喬置之臺上以娛暮年吾願足矣（須知孔明之言不是說謊周瑜之怒亦不是錯怪）言罷大笑唐人杜牧之有詩曰

折戟沉沙鐵未消　自將磨洗認前朝

東風不與周郎便　銅雀春深鎖二喬

曹操正笑談間忽聞鴉聲望南飛鳴而去（只怕是火老鴉）操問曰此鴉

緣何夜鳴左右荅曰鴉見月明疑是天曉故離樹而鳴也鵲噪未烏吉鴉鳴亦是凶操又大笑時操已醉乃取槊立於船頭上以酒奠於江中滿飲三爵橫槊謂諸將曰吾持此槊破黃巾擒呂布滅袁術收袁紹深入塞北直抵遼東縱橫天下頗不負大丈夫之志也歷數往事畧述生平足高氣揚志得意滿寫曹操驕盈之甚今對此景甚有慷慨吾當作歌汝等和之歌曰

對酒當歌人生幾何當歌當字多有誤解之者如云對酒宜歌則非也當作該當之當乃臨當之當耳如當風當筵當場之類言人生對酒臨歌之時有幾時哉即人生幾見月當頭之意也譬若朝露去日

無多慨當以慷憂思難忘。忽着一個憂字何以解憂惟有杜康。又着一個憂字。青青子衿悠悠我心。呦呦鹿鳴食野之苹。我有嘉賓鼓瑟吹笙。皎皎如月何時可輟。憂從中來不可斷絕。又一個憂字。篇中忽着無數憂字蓋樂極生悲。已爲後文預兆矣。越陌度阡枉用相存。契闊談讌心念舊恩。月明星稀烏鵲南飛。遶樹三匝無枝可依。山不厭高水不厭深。周公吐哺天下歸心。自比周公驕盈極矣。歌罷。衆和之。共皆歡笑。忽座間一人進曰。大軍相當之際。將士用命之時。丞相何故出此不吉之言。操視之乃揚州刺史沛國相人姓劉名馥字元穎馥起自合淝創立州治聚逃散之民立學校廣屯田興治教久事曹操多立功績夾叙劉馥生平閒筆甚妙當下操橫槊問曰吾言有何不吉馥曰月明星稀烏鵲南飛遶樹三匝無枝可依此不吉之言也蘇子瞻赤壁賦亦引此四句以爲孟德之困於周郎蓋南飛而無可依主應其南征而無所得耳操大怒曰汝安敢敗吾興手起一槊刺死劉馥醉後驕盈愈甚衆皆驚駭遂罷宴次日操酒醒懊恨不已馥子劉熙告請父屍歸葬操泣曰吾昨因醉誤傷汝父悔之無及可以三公厚禮葬之又撥軍士護送靈柩即日回葬臨江飲酒橫槊賦詩忽然刺殺一人大是殺風

景況隔夜則歌。明日則泣。亦是不吉之兆。次日水軍都督毛玠于禁詣帳下請曰。大小船隻俱已配搭連鎖停當。旌旗戰具一一齊備。請丞相調遣剋日進兵。極寫北軍壯盛。操至水軍中央大戰船上坐定。喚集諸將各各聽令。水旱二軍俱分五色旗號。青黃赤黑白。按水火金木土。正與後文無數火字映射。水軍中央黃旗毛玠于禁。前軍紅旗張郃。後軍皂旗呂虔。左軍青旗文聘。右軍白旗呂通。極寫水軍嚴整。馬步前軍紅旗徐晃。後軍皂旗李典。左軍青旗樂進。右軍白旗夏侯淵。極寫旱軍嚴整。○以水軍爲主。故中央有黃旗。而旱路則無之。其餘各分前後左右者。按東西南北也。乃前軍皆用紅旗。正與火攻相映射。水陸路都接應使夏侯惇曹洪護衛往來監戰使許褚張遼九旗之後又有二隊嚴整之極其餘驍將各依隊伍令畢水軍寨中發擂三通各隊伍戰船分門而出是日西北風驟起寫西北風正與後文東風反照各船拽起風帆衝波激浪穩如平地北軍在船上踴躍施勇刺鎗使刀前後左右各軍旗旛不雜又有小船五十餘隻往來巡警催督爲下文曹操下小船逃命張本操立於將臺之上觀看調練心中大喜以爲必勝之法驕盈之甚教且收住帆幔各依次序回寨操升帳謂衆謀士曰若非天命助我安得鳳雛妙計鐵索連舟果然渡江如履平地程昱曰船

皆連鎖固是平穩但彼若用火攻難以迴避不可不防（北軍未嘗無人）操大笑曰程仲德雖有遠慮却還有見不到處荀攸曰仲德之言甚是丞相何故笑之（北軍未嘗無人）操曰凡用火攻必藉風力方今隆冬之際但有西風北風安有東風南風耶吾居於西北之上彼兵皆在南岸彼若用火是燒自巳之兵也吾何懼哉（正與後文周瑜發病孔明寫方張本）若是十月小春之時吾早已隄備矣（老賊未嘗不奸猾）諸將皆拜伏曰丞相高見衆人不及操顧諸將曰青徐燕代之衆不慣乘舟今非此計安能涉大江之險（曹操前因作歌賦詩送了一個人今因誇壞耀武又）

送了兩個人　只見班部中二將挺身出曰小將雖幽燕之人也能乘舟今願借巡船二十隻直至北江口奪旗鼓而還以顯北軍亦能乘舟也（二人舍其所長而爭其所短不亦病乎）操視之乃袁紹手下舊將焦觸張南也操曰汝等皆生長北方恐乘舟不便江南之兵往來水上習練精熟汝勿輕以性命爲兒戲也焦觸張南大叫曰如其不勝甘受軍法操曰戰船盡已連鎖惟有小舟每舟可容二十人只恐未便接戰觸曰若用大船何足爲奇乞付小舟二十餘隻其與張南各引一半只今日直抵江南水寨須要奪旗斬將

而還多大言者少成事操曰吾與汝二十隻船差撥精銳軍五百人皆長鎗硬弩到來日天明將大寨船出到江面上遠爲之勢更差文聘亦領三十隻巡船接應汝回寫曹操亦甚周密焦觸張南欣喜而退次日四更造飯五更結束已定早聽得水寨中擂鼓鳴金船皆出寨分布水面長江一帶青紅旗號交雜焦觸張南領哨船二十隻穿寨而出望江南進發却說南岸隔日聽得鼓聲喧震遙望曹操調練水軍探事人報知周瑜瑜往山頂觀之操軍已收回補叙隔日一筆不漏次日忽又聞鼓聲震天軍士急登高觀望見有

小船衝波而來飛報中軍周瑜問帳下誰敢先出韓當周泰二人齊出曰某當權爲先鋒破敵因黄蓋病故二人權爲先鋒與前後文相應瑜喜傳令各寨嚴加守禦不可輕動韓當周泰各引哨船五隻分左右而出却說焦觸張南憑一勇之氣飛棹小船而來韓當獨披掩心手執長鎗立於船頭焦觸船先到便命軍士亂箭望韓當船上射來當用牌遮隔焦觸撚長鎗與韓當交鋒當手起一鎗刺死焦觸張南隨後大叫趕來隔斜裡周泰船出張南挺鎗立於船頭兩邊弓矢亂射周泰一臂挽牌一手提刀兩船相離七八

尺泰即飛身一躍直躍過張南船上手起刀落砍張南於水中有此二人之一死愈令操信連環計之妙而更不疑連環之不可用也亂殺駕舟軍士衆船飛棹急回韓當周泰催船追趕到半江中恰與文聘船相迎兩邊便擺定船廝殺却說周瑜引衆將立於山頂遥望江北水面艨艟戰船排合江上旗幟號帶皆有次序回看文聘與韓當周泰相持韓當周泰奮力攻擊文聘抵敵不住回船而走文聘之敗又在周瑜眼中望見叙法變換韓周二人急催船追趕周瑜恐二人深入重地便將白旗招颭令衆鳴金二人乃揮棹而回此寫南軍第二次小勝亦是敗之兆周瑜於

山頂看隔江戰船盡入水寨瑜顧謂衆將曰江北戰船如蘆葦之密操又多謀當用何計以破之衆未及對忽見曹軍寨中被風吹折中央黃旗飄入江中曹軍折旗卻在周瑜眼中望見敘法變换將寫周瑜旗角拂面先寫曹操軍中折旗襯染絶佳瑜大笑曰此不祥之兆也寫周瑜大笑反襯下文大叫正觀之際忽狂風大作江中波濤拍岸一陣風過刮起旗角於周瑜臉上拂過瑜猛然想起一事在心試思猛想是何想一事是何事解人必已辨之大叫一聲往後便倒口吐鮮血諸將急救起時卻早不省人事終篇又忽作驚人之筆令人疑惑不定正是

醉耕堂刊毛宗崗評本三國志演義

（明）羅貫中　撰

第四册

國家圖書館出版社

第四册目録

卷十五

卷十六

卷十七

卷十八

四大奇書第一種卷十五

茂苑毛宗崗序始氏評　吳門杭永年資能氏評定

第二十九回

小霸王怒斬于吉

碧眼兒坐領江東

前孫堅以三十騎輕出而至於死今孫策以单騎輕出而至於傷輕而無備此吳子壽夢之所以卒於巢也萬乘至重壯者慮輕堅與策之不得爲帝王者在此

智伯之客只一許貢之客有三未知許貢之待此三人亦能如智伯之待豫讓否也又未知此三人之事許貢其先亦如豫讓之曾事他人否也乃豫讓伏橋入厠吞炭漆身未嘗損趙簡子分毫但能斬其衣袍而已若三人之箭射鎗搠孫策皆以身親受之其事比豫讓爲尤快其人亦比豫讓爲更烈雖其姓名不傳固當表而出之以愧後世之爲人臣而忘其君者

孫策不信于神仙是孫策英雄處英明如漢武猶且惑神

仙好方士而孫策不然此其識見誠有大過人者其死也亦運數當絕適逢其會耳非于吉之能殺之也世人不察以爲孫策死於于吉然則張角所云南華老仙授以太平要術亦將謂其有是事否若于吉能殺孫策何以南華老仙不能救張角乎

孫策之怒非怒于吉怒士大夫之羣然拜之也至今吳下風俗最好延僧禮道并信諸巫祝鬼神之事葢自昔日而已然矣席間耳語紛紛下樓此等光景實不可耐孫策見

之安得不怒乎若于吉果係神仙殺亦不死何索命之有其索命者或孫策將亡別有妖孽托言必非于吉正史但曰孫策爲許貢之客所刺傷重而殞並不載于吉一事所以破世人之惑也予今存而辨之亦以破世人之惑云

有父刱業以遺其子者矣未有兄刱業以遺其弟者也策無年而權有年策無嗣而權有嗣策也竭蹶而取之權也安坐而享之所以然者何也良由策之爲策衝鋒陷陣克敵之勇有餘雅俗坐鎮君人之度未足耳孫策死而以帝

積引衍
二三字

穎立横

業讓之孫權亦猶劉縯一死而以帝業讓之劉秀策於舉事之初便憂光武此其識已在孫權矣

魯肅之濟周瑜是篤友不是市恩周瑜之舉魯肅是薦賢不是酧惠試觀魯肅初見孫權數語與孔明隆中所見畧同人但知其爲謹厚而不知其慷慨但知其爲誠實而不知其英敏豈得爲知子敬者耶

人謂管仲不如鮑叔以鮑叔能薦賢而管仲不能薦賢也今周瑜薦魯肅魯肅又薦諸葛瑾張紘亦薦顧雍其轉相

汲引如此彼管仲於臨終時力短賓須無寧越等諸人而未嘗薦一賢士以自代然則如瑜如肅如紘者賢於管仲遠矣

使劉表截孫堅者袁紹也使曹仁婚孫匡者曹操也孫策欲結袁紹以拒曹操則合者忽離離者忽合孫權又却袁紹而順曹操則合者將離而終合離者將合而終離事之變幻何其不可捉摸乃爾乎前回正叙劉備脱離袁紹之事後回將叙袁紹再攻曹操之事而此回忽然夾叙東吳

如天外奇峰橫揷入來事既變敘事之文亦變三國一書誠非他書所能及

却說孫策自霸江東兵精糧足建安四年襲取廬江敗劉勳廬江太守使虞翻馳檄豫章豫章太守華歆投降後孫權使華歆至許昌先於此處伏筆王朗不降孫策而歸曹操華歆則既降孫策而又歸曹操華歆人品又在王朗之下自此聲勢大振乃遣張紘往許昌上表獻捷曹操知孫策強盛歎曰猘兒難與爭鋒也劉景升之兒如豚犬孫文臺之兒如猘遂以曹仁之女許配孫策幼弟孫匡兩家結婚曹操結婚孫策與袁術求婚呂布一樣主意留張紘在許昌伏筆孫策求爲大

司馬曹操不許策恨之常有襲許都之心呂與袁以絕婚而不睦孫與操以結婚而亦不睦兩樣局面於是吳羣太守許貢乃暗遣使赴許都上書於曹操其畧曰

孫策驍勇與項籍相似小霸王朝廷宜外示榮寵召還京師不可使居外鎮以為後患

使者齎書渡江被防江將士所獲解赴孫策處呂布獲着劉備書是荅書孫策獲着許貢書是送書荅書猶可原送書不可耐策觀書大怒斬其使遣人假意請許貢議事貢至策出書示之叱曰汝欲送我於死地耶命武士絞殺

之（孫曹之交至此愈離）貢家屬皆逃散（借家屬觀出家客妙）有家客三人欲為許貢報仇恨無其便（此三客惜不傳其姓名）一日孫策引軍會獵於丹徒之西山趕起一大鹿策縱馬上山逐之（曹操許田射鹿何其嚴整孫策丹徒逐鹿何其輕率）正趕之間只見樹林之內有三箇人持鎗帶弓而立（此豫讓伏橋更覺閃忽）策勒馬問曰汝等何人答曰乃韓當軍士也在此射鹿策方舉轡欲行一人拈鎗望策左腿便刺（寫得突兀）策大驚急取佩劍從馬上砍去劍刃忽墜止存劍靶在手一人早拈弓搭箭射來正中孫策面頰（不是射鹿却在射獅）策就拔面上箭取弓回射放箭之人應弦

面倒。御兒甚能。那二人舉鎗向孫策亂搠。大叫曰。我等是許貢家客。特來爲主人報仇。即在家客口中說明省筆。○二人來所却在兩人口中說出更妙策别無器械。只以弓拒之。前太史慈以一盔抵一戟。今孫策以一弓抵二鎗前後映射。且拒且走。二人死戰不退。策身被數鎗。馬亦帶傷。前周泰以保護孫權而被創。今孫策以無人保護而被傷又前後映射。正危急之時。程普引數人至。孫策大叫殺賊。程普引衆齊上。將許貢家客。砍爲肉泥。義哉三客。勝徐晃張遼輩多矣。看孫策時。血流滿面。被傷至重。乃以刀割袍。裹其傷處。救回吳會養病。後人有詩贊許家三客曰。

孫郎智勇冠江湄　射獵山中受困危
許客三人能死義　殺身豫讓未爲奇

却說孫策受傷而回，使人尋請華陀醫治。不想華陀已往中原去了。（華陀前醫周泰，後醫關公，故於此處更爲一提。）止有徒弟在吳，命其治療。其徒曰：箭頭有藥，毒已入骨，須靜養百日，方可無虞。若怒氣衝激，其瘡難治。（先伏一筆。）孫策爲人最是性急，恨不得即日便愈。將息到二十餘日，忽聞張紘有使者自許昌回，策喚問之。使者曰：曹操甚懼主公，其帳下謀士亦俱敬服，惟有郭嘉不服。（此在使者口中補叙，省甚。）策曰郭嘉曾有何說使者不敢言策怒且問之使者只得從實告曰郭嘉曾對曹操言主公不足懼也輕而無備性急少謀乃匹夫之勇耳他日必死於小人之手（正與射獵受傷相符嘉之料策不於射獵知之卓於戰太史慈卿之矣）策聞言大怒曰匹夫安敢料吾吾誓取許昌遂不待瘡愈便欲商議出兵張昭諫曰醫者戒主公百日休動今何因一時之忿自輕萬金之軀正話間忽報袁紹遣使陳震至（接引前卷○陳震此來恰中機會）策喚入問之震具言袁紹欲結東吳爲外應共攻曹操（正中下懷）策大喜即日會諸將於城樓上設宴款待陳震飲酒之間

忽見諸將互相偶語紛紛下樓此等光景其實可笑可惡策怪問何故左右曰有于神仙者今從樓下過諸將欲往拜之耳此時不即識明于神仙來歷留候後文敘出有情景策起身凭欄觀之見一道人身披鶴氅手携藜杖立於當道百姓俱焚香伏道而拜吳人風俗往往如此策怒曰是何妖人快與我擒來左右告曰此人姓于名吉寓居東方往來吳會普施符水救人萬病無有不驗當世呼爲神仙未可輕瀆華陀是醫中之仙于吉又是仙中之醫然則孫策被傷諸將何不即薦于吉療治之而必求華陀之徒也策愈怒喝令速速擒來違者斬左右不得已只得下樓擁于吉至樓上策叱曰狂道

怎敢煽惑人心于吉曰貧道乃瑯琊宮道士順帝時曾入山採藥得神書於曲陽泉水上號曰太平青領道凡百餘卷皆治人疾病方術此與張角得太平要術俱是自說無人看見貧道得之惟務代天宣化普救萬人未曾取人毫釐之物不取人物則與今之方士不同安得煽惑人心策曰汝毫不取人衣服飲食從何而得汝郎黃巾張角之流張角事巳隔二十餘卷忽又於此提動今若不誅必爲後患叱左右斬之張昭諫曰于道人在江東數十年並無過犯不可殺害策曰此等妖人吾殺之何異屠豬狗俗呼之爲神仙策乃罵之爲豬狗快絶衆官皆苦諫陳震亦勸策

怒未息命且囚於獄中衆官俱散陳震自歸館驛安歇孫策歸府早有內侍傳說此事與吳太夫人知道（男子或有不信術道者却又拘婦人不過）夫人喚孫策入後堂謂曰我聞汝將于神仙下於縲絏此人多曾醫人疾病軍民敬仰不可加害策曰此乃妖人能以妖術惑衆不可不除夫人再三勸解策曰母親勿聽外人妄言兒自有區處乃出喚獄吏取于吉來問原來獄吏皆敬信于吉吉在獄中時盡去其枷鎖及策喚取方帶枷鎖而出策訪知大怒痛責獄吏仍將于吉械繫下獄（策之殺吉皆衆人激之也）張昭等數十人連

名作狀拜求孫策乞保于神仙。今有寫連名保狀爲病人拜神仙而求保者矣，未有代神仙拜凡人而求保者，也可發一笑。策曰：「公等皆讀書人，何不達理？昔交州刺史張津聽信邪教，鼓瑟焚香，常以紅帕裹頭，自稱可助出軍之威，後竟爲敵軍所殺。自出作中文於張角之前，遠引一故事。張角用黃巾，張津用紅帕；張角是黃天當立，張津是赤地當興矣。兩下映射成趣。此等事甚無益，諸君自未悟耳。吾欲殺于吉，正思禁邪覺迷也。」呂範曰：「某素知于道人能祈風禱雨。方今天旱，何不令其祈雨以贖罪？」前言治病，此忽轉出祈雨，幻甚。策曰：「吾且看此妖人若何。」遂命於獄中取出于吉，開其枷鎖，令登壇求雨。吉領命，即沐浴更衣取繩自縛於烈日之中。〔前孫策欲擱囚于吉則獄吏私開其枷鎖今孫策命開其枷鎖則于吉反取繩自縛映射成趣〕百姓觀者塡街塞巷。〔夾寫百姓一句可好〕于吉謂衆人曰吾求三尺甘霖以救萬民然我終不免一死。〔神仙不死死者必非神仙〕衆人曰若有靈驗主公必然敬服。于吉曰氣數至此恐不能逃。〔極似郭璞語既知氣數難逃便不當懟孫策矣王敦之死未聞郭璞作祟然則孫策之死安得謂是于吉作祟耶〕少頃孫策親至壇中下令若午時無雨即焚死于吉先令人堆積乾柴伺候〔是亦一祈雨法〕將及午時狂風驟起風過處四下陰雲漸合。〔不便寫下雨妙有頓折前者不速之客三人來此時密雲不雨自我西郊〕策曰時已近午空有陰雲而無甘雨正是妖人。叱左右將于吉扛上柴堆。四下舉火。燄隨風起。偏有此一折。妙甚。忽見黑煙一道。冲上空中。一聲響亮。雷電齊發。大雨如注頃刻之間。街市成河。溪澗皆滿。足有三尺甘雨。遇雨之吉聲疑古也。于吉仰臥於柴堆之上。大喝一聲。雲收雨住。復見太陽。看他一時寫出風雲煙火雷電雨日。令讀者驚心悅目。於是衆官及百姓共將于吉扶下柴堆。解去繩索。再拜稱謝。孫策見官民俱羅拜於水中。不顧衣服。乃勃然大怒。此時衆人不羅拜。孫策或未必殺吉。使策果於殺吉者。皆衆人之過也。叱曰。晴雨乃天地之定數。妖人偶乘其便。爾等何得如此惑亂。若果能欲雨而雨。欲晴而晴。則亦可欲死而死。欲生而生矣。今死生既云有定數。則晴雨安得無定數。掣寶劍。左右速斬于吉。衆官力諫。策怒曰。爾等皆欲從于吉造反耶。衆官乃不敢復言。策叱武士將于吉一刀斬頭落地。能避火劫。不能避刀兵劫。畢竟不成神仙。只見一道青氣。太平青領道。投東北去了。瑯琊山在東北。策命將其屍號令於市。以正妖妄之罪。是夜風雨交作。及曉不見了于吉屍首。能於既死之後攝去其屍。何不先於未死之前遁去其身乎。守屍軍士報知孫策。策怒欲殺守屍軍士。忽見一人從堂前徐步而來。視之却是于吉。既往東北。何又來東南。策大怒。正欲拔劍砍之。忽然昏倒於地。左右急救入臥內。半晌方甦。吳太夫人來視疾，謂策曰：吾兒屈殺神仙（四字好笑），故招此禍。策笑曰：兒自幼隨父出征，殺人如麻，何曾有爲禍之理？今殺妖人，正絕大禍，安得反爲我禍？（孫策明理，畢竟英雄。）夫人曰：因汝不信，以致如此；今可作好事以禳之。（確是婦人聲口。今日吳下此風尤甚。○若云作好事，是將追薦神仙矣，豈有神仙而望人追薦者乎？好笑。）策曰：吾命在天，妖人決不能爲禍，何必禳耶？夫人料勸不信，乃自令左右暗修善事禳解。（婦人信鬼之事，慈母愛子之情。○何不并禳許貢及其家客三人？豈鬼不爲祟，而神仙反爲祟乎？）是夜二更，策臥於內宅，忽然陰風驟起，燈滅而復明。燈影之下，見于吉立於床前。（人之將死，而鬼物侮之。策非眞于吉之能爲禍也。）

大喝曰吾平生誓誅妖妄以靖天下汝旣爲陰鬼何敢近我耶床頭劍擲之忽然不見吳太夫人聞之轉生憂悶策乃扶病强行以寬母心孫策事母至孝豈有神仙而實孝子者母詔策曰聖人云鬼神之爲德其盛矣乎又云禱爾于上下神祇鬼神之事不可不信今之信佛信仙若偏會引孔孟之言爲證不獨一吳太夫人也汝屈殺于先生豈無報應吾已令人設醮於郡之玉清觀內設醮玉清前不敘明至此借吳太夫人口中說出好汝可親往拜禱自然安妥策不敢違母命只得勉强乘轎至玉清觀孫策不得已而從母命與今之信頗言而拜仙佛者不同道士接入請策焚香策焚香而不謝畢竟是强

黃忽香爐中煙起不散結成一座華蓋上面端坐着于吉種種與妖
作怪神仙必不爲此策怒喝罵之走離殿宇又見于吉立於殿門首怒目
視策種種與妖作怪神仙必不爲此策顧左右曰汝等見妖鬼否左右皆云未
見策愈怒拔佩劍望于吉擲去一人中劍而倒衆視之乃前日
動手殺于吉之小卒被劍砍入腦袋七竅流血而死小卒動手殺于吉非
小卒之意吉若恨而殺之亦不成神仙矣策命扛出葬之比及出觀又見于吉走入
觀門來種種與妖作怪神仙必不爲此策曰此觀亦藏妖之所也直以玉淸觀與琊瑯宮
側看遂坐於觀前命武士五百人折毀之武士方上屋揭瓦却見

于吉立於屋上飛瓦擲地種種與妖作怪神仙必不爲此不能禁其折毀只得反助其揭瓦亦甚若巫策大怒傳令逐出本觀道士放火燒燬殿宇火起處又見于吉立於火光之中種種與妖作怪神仙必不爲此此將何不更求甘雨以滅火耶策怒歸府又見于吉立於府門前種種與妖作怪神仙必不爲此策乃不入府隨點起三軍出城外下寨傳喚衆將商議欲出兵助袁紹夾攻曹操忙中回顧陳震通好一事妙甚衆將俱曰主公玉體違和未可輕動且待平愈出兵未遲是夜孫策宿於寨內又見于吉披髮而來種種與妖作怪神仙必不爲此披髮而來二發像鬼不像神仙策於帳中叱喝不絕次日吳太夫人傳命召

策回府策乃歸見其母夫人見策形容憔悴泣曰兒失形矣策即引鏡自照果見形容十分瘦損不覺失驚顧左右曰吾奈何憔悴至此耶言未已忽見于吉立於鏡中種種興妖作怪神仙必不爲此闇神仙有焰妖鏡不意凡人又有焰神仙之鏡策拍鏡大叫一聲金瘡迸裂昏絕於地曰金瘡迸裂則孫策仍死於許貢之客非死於于吉也夫人令扶入卧內須臾甦醒自歎曰吾不能復生矣隨召張昭等諸人及弟孫權至卧榻前囑付曰天下方亂以吳越之衆三江之固大可有爲子布等幸善相吾弟乃取印綬與孫權曰若舉江東之衆決機於兩陣之間與天

下爭衡卿不如我舉賢任能使各盡力以保江東我不如卿孫策深自知亦深知其弟卿宜念父兄創業之艱難善自圖之權大哭拜受印綬策告母曰兒天年已盡不能奉慈母今將印綬付弟望母朝夕訓之父兄舊人愼勿輕怠孫策可謂孝於父母友於兄弟母哭曰恐汝弟年幼不能任大事當復如何策曰弟才勝兒十倍足當大任儻內事不決可問張昭外事不決可問周瑜內事外事分得妙恨周瑜不在此不得面囑之也此句補得妙又喚諸弟囑曰吾死之後汝等並輔仲謀宗族中敢有生異心者衆共誅之骨肉爲逆不得入祖墳

安葬。早爲後文孫皎孫綝伏線。諸郎受命，又喚妻喬夫人謂曰：吾與汝不幸中途相分，汝須孝養尊姑。早晚汝妹入見，可囑其轉致周郎，盡心輔佐吾弟，休負我平日相知之雅。周郎之於孫策，猶樊噲之於漢高，皆兩姨之親也。○此處將二喬點叙一筆，爲後文伏線。言訖瞑目而逝，年止二十六歲。此是孫策當死，切勿認作于吉有靈。若于吉果能捉殺孫策，則後文左慈何不捉殺曹操耶。後人有詩讚曰：

獨戰東南地，人稱小霸王。
運籌如虎踞，決策似鷹揚。
威鎮三江靖，名聞四海香。
臨終遺大事，專意屬周郎。

孫策既死，孫權哭倒於床前。張昭曰：此非將軍哭時也。語亦壯。宜一面治喪事。一面理軍國大事。權乃收淚。張昭令孫靜理會喪事。請孫權出堂受衆文武謁賀。孫權生得方頤大口。碧眼紫髯。曹操有黃鬚兒。孫堅有紫髯兒。此紫髯勝黃鬚多矣。昔漢使劉琬入吳。見孫家諸昆仲。因語人曰。吾徧觀孫氏兄弟。雖各才氣秀達。然皆祿祚不永。惟仲謀形貌奇偉。骨格非常。乃大貴之表。又享高壽。衆皆不及也。百忙中忽補叙劉琬善相。是閒筆。卻又是緊筆。且說當時孫權承孫策遺命。掌江東之事。經理未定。人報周瑜自巴丘提兵回吳。權曰。公瑾已回。吾無憂矣。原來周瑜守禦巴丘。聞知孫策中箭被傷。因此回來問候。將至吳郡聞策已亡故星夜來奔喪（看他補叙處何等周緻）當下周瑜哭拜於孫策靈柩之前吳太夫人出以遺囑之語告瑜瑜拜伏於地曰敢不效犬馬之力繼之以死少頃孫權入周瑜拜見畢權曰願公無忘先兄遺命（孫策不能面囑周瑜而特自囑其妻以轉囑其妻之妹周瑜亦不能面見孫策而但聞其母與弟述策之言與自帝城托孤者文是一樣局面）瑜頓首曰願以肝腦塗地報知己之恩權曰今承父兄之業將何策以守之瑜曰自古得人者昌失人者亡為今之計須求高明遠見之人為輔然後江東可定也權曰先兄遺言內事托子布外事全賴公瑾瑜曰子布賢達

囷音窘圓廩

之士足當大任瑜不才恐負倚托之重願薦一人以輔將軍妙周郎而能推賢讓能是其大過人處權問何人瑜曰姓魯名肅字子敬臨淮東川人也周瑜始薦張昭于孫策今又薦魯肅于孫權始終以薦人爲主妙此人胸懷韜略腹隱機謀早年喪父事母至孝其家極富嘗散財以濟貧乏瑜爲居巢長之時將數百人過臨淮因乏糧聞魯肅家有兩囷米各三千斛因往求助肅即指一囷相贈其慷慨如此孝親篤友輕財好施此等人豈易于富翁中求之○能孝親篤友則必能忠君矣能輕財好施則必不私其家以負國矣平生好擊劍騎射寓居阿曲祖母亡還葬東城其友劉子揚欲約彼往巢湖投鄭寶

肅尚躊躇未往今主公可速召之權大喜卽命周瑜往聘瑜奉命親往見肅叙禮畢具道孫權相慕之意肅曰近劉子揚約某往巢湖某將就之瑜曰昔馬援對光武云當今之世非但君擇臣臣亦擇君（馬援舍隗囂而從光武魯肅亦當舍鄭寶而從孫權）今吾孫將軍親賢禮士納奇錄異世所罕有足下不須他計只同我往投東吳爲是肅從其言遂同周瑜來見孫權權甚敬之與之談論終日不倦一日衆官皆散權留魯肅共飲至晚同榻抵足而臥（極似李鄴侯見唐肅宗時）夜半權問肅曰方今漢室傾危四方紛擾孤承父兄餘業思爲

桓文之事君將何以教我肅曰昔漢高祖欲尊事義帝而不獲者以項羽為害也今之曹操可比項羽許貢以孫策比項羽是言其驍勇魯肅以曹操比項羽是言其跋扈將軍何由得為桓文乎肅竊料漢室不可復興曹操不可卒除為將軍計惟有鼎足江東以觀天下之釁今乘北方多務勦除黃祖進伐劉表竟長江所極而據守之然後建號帝王以圖天下此高帝之業也天下大勢已了然胸中其識見不在孔明之下權聞言大喜披衣起謝次日厚賜魯肅并將衣服幃帳等物賜肅之母君能推其孝以及臣則臣必將推其孝以事君肅又薦一人見孫權此人博學多才事母

至孝。君能孝。則所用之臣亦孝。臣能孝。則所薦之人亦孝。覆姓諸葛名瑾字子瑜琅琊南陽人也權拜之爲上賓瑾勸權勿通袁紹且順曹操然後乘便圖之權依言乃遣陳震回以書絕袁紹了前案。○孫策本欲通紹而攻曹今權乃通曹而絕紹纔謀轉變倏忽不同却說曹操聞孫策已死欲起兵下江南侍御史張紘諫曰用張紘諫妙。乘人之喪而伐之既非義舉若其不克棄好成仇不如因而善遇之操然其說乃即奏封孫權爲將軍兼領會稽太守即令張紘爲會稽都尉賚印往江東後文曹操獨畱華歆而此處不畱張紘者以紘之兄弟久事東吳終不爲操用耳。孫權大喜又得張紘回吳即命與張昭同理政事張紘又薦一人於孫權此人姓顧名雍字元嘆乃中郎蔡邕之徒（又是一老子之徒）其爲人少言語不飲酒嚴厲正大（雍性不飲酒孫權嘗曰顧公在座使人不樂其人之嚴正可知）權以爲丞行太守事自是孫權威震江東深得民心且說陳震回見袁紹具說孫策已亡孫權繼立曹操封之爲將軍結爲外應矣袁紹大怒遂起冀青幽并等處人馬七十餘萬復來攻取許昌正是

江南兵革方休息　冀北干戈又復興

未知勝負若何且聽下文分解

第三十回

戰官渡本初敗績

劫烏巢孟德燒糧

當曹操攻呂布之時，袁紹可以全師襲許都而不襲，一失也。當曹操攻劉備之時，袁紹又可以全師襲許都而不襲，是再失也。迨呂布已滅，劉備已敗，然後爭之，斯已晚矣。然苟能以全師屯官渡而拒其前，以偏師襲許都而斷其後，未嘗不可以取勝。而紹又不爲，是三失也。既已失之於始諒不能得之於終。此田豐之所以知其必敗耳。

項羽與高帝約割鴻溝以王而高帝欲歸若非張良勸之勿歸楚漢之勝負未可知也今袁紹與曹操相拒於官渡而操以乏糧而欲歸若非荀彧勸之勿歸袁曹之勝負亦未可知也讀書至此正是大關目處如布棋者滿盤局勢所爭只在一着而已

袁紹善疑曹操亦善疑然曹操之疑荀彧決之而不疑所以勝也袁紹之疑沮授決之而仍疑許攸決之而愈疑所

以敗也曹操疑所疑亦能信所信韓猛之糧不疑其誘敵許攸之來不疑其詐降所以勝也袁紹疑所不當疑又信所不當信見曹操致荀彧之書則疑其虛見審配罪許攸之書則信其實聽許攸襲許都之語則疑其詐聽郭圖譖張郃之語則信其眞所以敗也一敗於白馬而顏良死再敗於延津而文醜亡猶小敗耳至三敗而七十萬大軍止存八百餘騎前者十勝十敗之說不於此大驗乎哉

凡用兵之法以糧爲重然於己之糧有棄之者矣於人之

糧亦有棄之者矣或兩軍相當我棄我糧以誘敵敵爭取我糧則必亂敵亂則我勝我勝則糧仍歸我是棄未嘗棄也或大敵猝至我欲堅壁堅壁則必清野清野則必自焚其積不焚則糧爲敵資焚之則敵無所取是非棄我糧實斷寇糧也若夫糧之在敵可劫則劫之劫之而我因糧於敵是敵糧皆我糧也不可劫則焚之劫之不盡則我小受其利而敵未必大損焚之則敵之大損即我之大利是焚勝於劫也總之以少攻多以弱攻強非用奇不能取勝故

高帝有給漢糧之蕭何不可無燒楚糧之彭越曹操有能應糧之荀彧不可無請燒糧之許攸

高帝踞床洗足而見英布是過爲傲慢以挫其氣曹操披衣跣足而迎許攸是過爲慇懃以悅其心一則善駕馭一則善結納其術不同而其能用人則同也光武焚書以安反側是恕之於人心既定之後曹操焚書以靖衆疑是忍之於人心未定之時一則有度量一則有權謀其事同而其所以用心不同也帝王有帝王氣象奸雄有奸雄心事

真是好看。

袁紹兵多可分之以襲許昌曹操兵少安能分之以襲鄴郡并取黎陽乎故許攸之獻計袁紹是欲以實計破曹操使曹操不及知之荀攸之獻計曹操是欲以虛聲恐袁紹正欲使袁紹知之此兵家虛虛實實之大不同者三國一書直可作武經七書讀

韓信陳平初皆在楚而項羽驅之入漢許攸張郃初皆事袁而本初驅之歸曹良可歎也其驅之不動者在楚唯有

范增在袁惟有沮授而已嗚呼如增如授能有幾人哉

却說袁紹與兵望官渡進發夏侯惇發書告急曹操起軍七萬前往迎敵留荀彧守許都紹兵臨發田豐從獄中上書諫曰今且宜靜守以待天時不可妄興大兵恐有不利田豐第一次請緩戰第二次請急戰今第三第四次皆請勿戰權有斟酌逢紀譖曰主公興仁義之師田豐何得出此不祥之語紹因怒欲斬田豐沒上意衆官告免紹恨曰待吾破了曹操明正其罪若破了曹操倒未必殺正與後文反炤遂催軍進發旌旗遍野刀劍如林行至陽武下定寨柵沮授曰我軍雖衆而勇猛不及

彼軍彼軍雖精而糧草不如我軍彼軍無糧利在急戰我軍有糧宜且緩守若能曠以日月則彼軍不戰自敗矣（知彼知我此即賈詡勸李傕非馬騰之計也）紹怒曰田豐慢我軍心吾回日必斬之汝安敢又如此叱左右將沮授鎖禁軍中待吾破曹之後與田豐一體治罪（田豐意在不戰沮授意在緩戰不戰但可免敗緩戰實可致勝乃皆不見用而反見罪惜哉）於是下令將大軍七十萬東西南北週圍安營連路九十餘里細作探知虛實報至官渡曹軍新到聞之皆懼曹操與衆謀士商議荀攸曰紹軍雖多不足懼也我軍俱精銳之士無不以一當十但利在急

戰若遷延日月糧草不敷事可憂矣（所見與沮授同此用而彼不用者所遇之主異耳）

操曰所言正合吾意遂傳令軍將鼓譟而進紹軍來迎兩邊排成陣勢審配撥弩手一萬伏於兩翼弓箭手五千伏於門旗內約砲响齊發三通鼓罷袁紹金盔金甲錦袍玉帶立馬陣前左右擺列着張郃高覽韓猛淳于瓊等諸將旌旗節鉞甚是嚴整曹陣上門旗開處曹操出馬許褚張遼徐晃李典等各持兵器前後擁衛（前寫二人交戰俱未親身對壘此番方是大決雌雄）曹操以鞭指袁紹曰吾於天子之前保奏你為大將軍今何故謀反紹怒曰汝托名漢相

實爲漢賊惡罪彌天甚於莽卓乃反誣人造反耶操曰吾今奉詔討汝紹曰吾奉衣帶詔討賊〔只此七字抵得一篇陳琳檄文〕操怒使張遼出戰張郃躍馬來迎二將鬬了四五十合不分勝負曹操見了暗暗稱奇〔爲後收用張郃伏筆〕許褚揮刀縱馬直出助戰高覽挺鎗接住四員將捉對兒厮殺曹操令夏侯惇曹洪各引三千軍齊衝彼陣審配見曹軍來衝陣便教放起號砲兩下萬弩並發中軍內弓箭手一齊擁出陣前亂射〔袁軍贊以箭取勝此北人長技也〕曹軍如何抵敵望南急走袁紹驅兵掩殺曹軍大敗盡退至官渡袁紹移軍逼近

官渡下寨。審配曰：今可撥兵十萬守官渡，就曹操寨前築起土山，令軍人下視寨中放箭。操若棄此而去，吾得此隘口，許昌可破矣。（亦是好計。）紹從之，於各寨內選精壯軍人，用鐵鍬土擔，齊來曹操寨邊，壘土成山。曹營內見袁軍堆築土山，欲待出去衝突，被審配弓弩手當住咽喉要路，不能前進。十日之內，築成土山五十餘座，上立高櫓，分撥弓弩手於其上射箭。曹軍大懼，皆頂着遮箭牌守禦。土山上一聲梆子響處，箭下如雨。（前之箭自北而南，今之箭則自上而下。）曹軍皆蒙楯伏地，袁軍吶喊而笑。（吶喊與笑相連，此等軍聲從來未有。）曹操

見軍慌亂集衆謀士問計劉曄進曰可作發石車以破之以石禦箭

妙計操令曄進車式連夜造發石車數百乘分布營牆內正對着土山上雲梯候弓箭手射箭時營內一齊拽動石車砲石飛空往上亂打人無躲處弓箭手死者無數袁軍皆號其車爲霹靂車箭自上而下則謂之雨石自下而上則謂之雷雨從天降雷自地起由是袁軍不敢登高射箭審配又獻一計令軍人用鐵鍬暗打地道直透曹營內號爲掘子軍霹靂車是震來厲掘子軍又是明入地矣曹兵望見袁軍於山後掘土坑報知曹操操又問計於劉曄曄曰此袁軍不能攻明而攻暗發掘伏

道欲從地下透營而入耳（不能自上而下，又將自下而上）。操曰：何以禦之？曄曰：可遶營掘長塹，則彼伏道無用也（兵在山上禦之以石，兵在地中禦之以水，計更妙）。操連夜差軍掘塹。袁軍掘伏道到塹邊，果不能入，空費軍力。卻說曹操守官渡，自八月起至九月終，軍力漸乏，糧草不繼，意欲棄官渡退回許昌，遲疑未決，乃作書遣人赴許昌問荀彧。彧以書報之（此袁曹成敗關頭）。書畧曰：

承尊命，使決進退之疑。愚意袁紹悉衆聚於官渡，欲與明公決勝負。公以至弱當至強，若不能制，必爲所乘，是天下之大機也紹軍雖衆而不能用以公之神武明哲何向而不濟今軍實雖少未若楚漢在滎陽成皐間也公今畫地而守扼其喉而使不能進情見勢竭必將有變此用奇之時斷不可失惟明公裁察焉曹操此時進則勝退則敗文若一書關係非少

曹操得書大喜令將士効力死守紹軍約退三十餘里操遣將出營巡哨有徐晃部將史渙獲得袁軍細作解見徐晃晃問其軍中虛實荅曰早晚大將韓猛運糧至軍前接濟先令我等探路徐晃便將此事報知曹操荀攸曰韓猛匹夫之勇耳若遣一

人引輕騎數千從半路擊之斷其糧草紹軍自亂（我軍缺糧則必斷敵之糧自是兵家要着）操曰誰人可往攸曰可遣徐晃可也操遂差徐晃將帶史渙并所部兵先出後使張遼許褚引兵救應當夜韓猛押糧車數千輛解赴紹營正走之間山谷內徐晃史渙引軍截住去路韓猛飛馬來戰徐晃接住廝殺史渙便殺散人夫放火焚燒糧車（此是第一次燒糧小試其鋒）韓猛抵當不住撥回馬走徐晃催軍燒盡輜重袁紹軍中望見西北上火起正驚疑間敗軍報來糧草被劫紹急遣張郃高覽去截大路正遇徐晃燒糧而回恰欲交鋒

背後許褚張遼軍到兩下夾攻殺散袁軍四將合兵一處回官渡寨中曹操大喜重加賞勞又分軍於寨前結營為犄角之勢

却說韓猛敗軍還營紹大怒欲斬韓猛衆官勸免審配曰行軍以糧食為重不可不用心隄防烏巢乃屯糧之處必得重兵守之韓猛所運是行糧烏巢所積是坐糧一是糧之小者一是糧之大者與失小故思防大袁紹曰吾籌策已定汝可回鄴都監督糧草休教缺乏審配領命而去袁紹遣大將淳于瓊部領督將眭元進韓莒子呂威璜趙叡等引二萬人馬守烏巢那淳于瓊性剛好酒軍士多畏之既至烏巢終日

與諸將聚飲。（楚國子反以飲酒誤事，淳於瓊者將毋同。）且說曹操軍糧告竭，急發使往許昌教荀彧作速措辦糧草，星夜解赴軍前接濟。使者齎書而往，行不上三十里，被袁軍捉住，縛見謀士許攸。（袁家細作爲徐晃所獲，曹家使者爲許攸所獲，正復相似。乃操能用晃，而紹不能用攸，爲之一歎。）那許攸字子遠，少時曾與曹操爲友，此時却在袁紹處爲謀士。（先叙明許攸來歷。）當下搜得使者所齎曹操催糧書信，逕來見紹曰：「曹操屯軍官渡，與我相持已久，許昌必空虛；若分一軍星夜掩襲許昌，則許昌可拔，而操可擒也。今操糧草已盡，正可乘此機會，兩路擊之。」（此計若行，操無葬身之地矣。）

紹曰曹操詭計極多此書乃誘敵之計也與呂布不用陳宮之謀前後一轍攸曰今若不取後將反受其害正話間忽有使者自鄴郡來呈上審配書荀彧荅書於曹操審配致書於袁紹亦復相似書中先說運糧事後言許攸在冀州時嘗濫受民間財物且縱令子姪輩多科稅錢糧入己今已收其子姪下獄矣因運糧便借錢糧事發出罪案而又加以濫受民財一款惡甚紹見書大怒曰濫行匹夫尚有面目於吾前獻計耶善用人者使貪使詐即攸果濫行其計自是可用獨不聞陳平有受金之謗而高祖捐金以予之乎汝與曹操有舊想今亦受他財賄爲他作奸細啜賺吾軍耳此疑所不當疑是教之投操也本當斬首今權且寄

頭在項可速退出今後不許相見許攸出仰天嘆曰忠言逆耳豎子不足與謀吾子姪已遭審配之害吾何顏復見冀州之人乎遂欲拔劍自刎（此處不即寫投操又作一曲折妙）左右奪劍勸曰公何輕生至此袁紹不納直言後必爲曹操所擒公既與曹公有舊何不棄暗投明（投操之計反出自左右寫得曲折）只這兩句言語點醒許攸於是許攸逕投曹操後人有詩嘆曰

本初豪氣蓋中華　官渡相持枉歎嗟

若使許攸謀見用　山河爭得屬曹家

却說許攸暗步出營逕投曹寨伏路軍人拿住攸曰我是曹丞相故友快與我通報說南陽許攸來見軍士忙報入寨中時操方解衣歇息聞說許攸私奔到寨大喜不及穿履跣足出迎倘或所謂眞在自然與紹繁禮多儀者異也遥見許攸撫掌歡笑携手共入操先拜於地看老奸何等慇懃攸慌扶起曰公乃漢相吾乃布衣何謙恭如此操曰公乃操故友豈敢以名爵相上下乎袁紹怒罵之而曹操敬禮之許攸安得不墮其彀中耶攸曰某不能擇主屈身袁紹言不聽計不從今特棄之來見故人願賜收錄操曰子遠肯來吾事濟矣願即教我以破紹

之計攸曰吾曾教袁紹以輕騎乘虛襲許都首尾相攻操欲求破紹之
計攸乃先說明破操之計妙妙操大驚曰若袁紹用子言吾事敗矣攸曰公今
軍糧尚有幾何問得妙操曰可支一年誑得妙攸笑曰恐未必冷妙操
曰有半年耳漸減妙攸拂袖而起趨步出帳曰吾以誠相投而公
見欺如是豈吾所望哉文勢至此又一曲折操挽留曰子遠勿嗔尚容實
訴軍中糧實可支三月耳既云實訴仍是虛言妙甚攸笑曰世人皆言孟德
奸雄今果然也又笑妙操亦笑曰豈不聞兵不厭詐却又道朋友有信遂
附耳低言曰好做作軍中止有此月之糧曹操口中漸漸減來凡作四番跌頓攸大

聲曰休瞞我糧已盡矣（大聲說破正對附耳低言妙）操愕然曰何以知之攸乃出操與荀彧之書以示之曰此書何人所寫（摹寫逼真）操驚問曰何處得之攸以獲使之事相告（先問糧然後出書先出書然後說得書緣故亦作兩番跌頓）操執其手曰子遠既念舊交而來願即有以教我攸曰明公以孤軍抗大敵而不求急勝之方此取死之道也（與荀彧書中攸之意畧同）有一策不過三日使袁紹百萬之衆不戰自破明公還肯聽否（妙在不即說出何策）操喜曰願聞良策攸曰袁紹軍糧輜重盡積烏巢今撥淳于瓊守把瓊嗜酒無備公可選精兵詐稱袁將蔣奇領兵

到彼護糧，乘間燒其糧草輜重，則紹軍不三日將自亂矣。燒輜運之糧，不如燒烏巢所屯之糧。操大喜，重待許攸，留於寨中。留許[illegible]是曹[illegible]日操自選馬步軍士五千，準備往烏巢劫糧。張遼曰：袁紹屯糧之所，安得無備？丞相未可輕往，恐許攸有詐。以張遼觀出曹操之知人。文勢至此又作一曲。操曰：不然。許攸此來，天敗袁紹。今吾軍糧不給，難以久持。若不用許攸之計，是坐而待困也。善於料也。彼若有詐，安肯留我寨中？善於料人。然則操之留攸於寨，正所以試之也。且吾亦欲劫寨久矣。又爲後文伏筆。今劫糧之舉，計在必行，君請勿疑。遼曰：亦須防袁紹乘虛來襲。將欲勞人。

先使人來劫我亦是兵家要着操笑曰吾已籌之熟矣便教荀攸賈詡曹洪同許攸守大寨同許攸守寨又是精細處夏侯惇夏侯淵領一軍伏於左曹仁李典領一軍伏於右以備不虞教張遼許褚在前徐晃于禁在後操自引諸將居中居者分左右行者分前後有法共五千人馬盡打着袁軍旗號軍士皆束草負薪人啣枚馬勒口黃昏時分望烏巢進發是夜星光滿天忙中偏有此閒筆且說沮授被袁紹拘禁在軍中是夜因見衆星朗列乃命監者引出中庭仰觀天象忽見太白逆行侵犯牛斗之分正欲叙曹操燒糧却忽叙沮授觀星奇妙大驚曰禍將至矣遂連夜

求見袁紹時紹已醉卧聽說沮授有密事啓報喚入問之授曰適觀天象見太白逆行於柳鬼之間流光射入牛斗之分恐有賊兵劫掠之害烏巢屯糧之所不可不隄備宜速遣精兵猛將於間道山路巡哨免爲曹操所筭前若用許攸之言則紹可以勝今若用沮授之言則紹猶不至於敗文勢至此文作一曲紹怒叱曰汝乃得罪之人何敢妄言惑衆罵叱監者曰吾令汝拘囚之何敢放出遂命斬監者別喚人監押沮授袁紹一誤再誤矣天下事能堪幾誤耶授出掩淚歎曰我軍亡在旦夕我屍骸不知落何處也爲後曹操殯葬沮授作反焰後人有詩歎曰

逆耳忠言反見仇　獨夫袁紹少機謀

烏巢糧盡根基拔　猶欲區區守冀州

却說曹操領兵夜行前過袁紹別寨寨兵問是何處軍馬操使人應曰蔣奇奉命往烏巢護糧（此是假蔣奇去賺真淳于）袁軍見是自家旗號遂不疑惑凡過數處皆詐稱蔣奇之兵並無阻礙（畧得好）及到烏巢四更已盡（前云黃昏進發此云四更已盡時候一些不亂細甚）操教軍士將束草週圍舉火衆將校鼓譟直入時淳于瓊方與衆將飲了酒醉卧帳中（紹醉卧瓊亦醉卧是君是臣）聞鼓譟之聲連忙跳起問何故喧鬧言未已

早被撓鈎拖翻醉漢倒了眭元進趙叡運糧方回見屯上火起急來救應曹軍飛報曹操說賊兵在後請分軍拒之操大喝曰諸將只顧奮力向前待賊至背後方可回戰有進無退真善用兵於是衆軍將無不爭先掩殺一霎時火燄四起烟迷太空眭趙二將驅兵來救操勒馬回戰二將抵敵不住皆被曹軍所殺糧草盡行燒絕前後兩番燒糧前是小燒此是大燒淳于瓊被擒見操操命割去其耳鼻手指縛於馬上放回紹營以辱之醉漢此時想已醒矣却說袁紹在帳中聞報正北上火光滿天不信星光遂有火光知是烏巢有失急出帳召文武各官

商議遣兵往救。此時何不放出沮授耶。此時不放沮授，則知後日必殺田豐。張郃曰：「某與高覽同往救之。」郭圖曰：「不可。曹軍劫糧，曹操必然親往；操既自出，寨必空虛，可縱兵先擊曹操之寨；操聞之，必速還：此孫臏圍魏救韓之計也。」計非不佳，惜已爲張遼所料。張郃曰：「非也。曹操多謀，外出必爲內備，以妨不虞。郃之言正與遼之計相合。今若攻操營而不拔，瓊等見獲，吾屬皆被擒矣。」郭圖曰：「曹操只顧劫糧，豈留兵在寨耶！」再三請劫曹營。紹乃遣張郃、高覽引軍五千，往官渡擊曹營；遣蔣奇領兵一萬，往救烏巢。使眞蔣奇去，敵假蔣奇。○若此時并力盡去救烏巢，則糧或不至盡燒。紹不聽郃言，是一誤再誤而又三誤矣且說曹操殺散淳于瓊部卒盡奪其衣甲旗幟偽作淳于瓊部下敗軍回寨至山僻小路正遇蔣奇軍馬奇軍問之稱是烏巢敗軍奔回前是假蔣奇去賺眞淳于此又是假淳于來賺眞蔣奇妙奇遂不疑驅馬逕過張遼許褚忽至大喝蔣奇休走奇措手不及被張遼斬於馬下盡殺蔣奇之兵又使人當先偽報云蔣奇已自殺散烏巢兵了袁紹因不復遣人接應烏巢只添兵往官渡旣以假淳于賺眞蔣奇又以死蔣奇賺活袁紹愈出愈幻卻說張郃高覽攻打曹營左邊夏侯惇右邊曹仁中路曹洪一齊衝出三下攻擊袁軍大敗比及接應軍到曹

操又從背後殺來，四下圍住掩殺，張郃高覽奪路走脫，袁紹收得烏巢敗殘軍馬歸寨，見淳于瓊耳鼻皆無，手足盡落，紹問何失了烏巢，敗軍告說淳于瓊醉卧，因此不能抵敵，紹怒，立斬之，郭圖恐張郃高覽回寨證對是非，先於袁紹前譖曰：張郃高覽見主公兵敗，心中必喜。紹曰：何出此言？圖曰：二人素有降曹之意，今遣擊寨，故意不肯用力，以致損折士卒。審配之書是驪謀士以資敵，郭圖之譖又驪猛將以資敵矣。紹大怒，遂遣使急召二人歸寨問罪。沒主意。郭圖先使人報二人云：主公將殺汝矣。極力驪之。及紹使至，高覽問曰：主公與我等爲何使者曰不知何故覽遂拔劒斬來使郃大驚覽曰袁紹聽信讒言必爲曹操所擒吾等豈可坐而待死不如去投曹操郃曰吾亦有此心久矣於是二人領本部兵馬往曹操寨中投降曹操既得許攸又得二將（非操得之乃紹棄之耳）夏侯惇曰張高二人來降未知虛實操曰吾以恩遇之雖有異心亦可變矣（奸老）遂開營門命二人入二人倒戈卸甲拜伏於地操曰若使袁紹肯從二將軍之言不至有敗今二將軍肯來相投如微子去殷韓信歸漢也（純用甘言撫慰是老奸慣家）遂封張郃爲偏將軍都亭侯高覽爲偏將軍

東萊侯二人大喜既慰以甘言又縻以好爵二人安得不墮其術中。却說袁紹既去了許攸又去了張郃高覽又失了烏巢糧軍心皇皇許攸又勸曹操作速進兵張郃高覽請為先鋒袁家人都為曹家用可發一歎。操從之即令張郃高覽領兵往劫紹寨以敵攻敵。應前吾久欲劫寨句。當夜三更時分出軍三路劫寨混戰到明各自收兵紹軍折其大半。畧得好。荀攸獻計曰今可楊言調撥人馬一路取酸棗攻鄴郡一路取黎陽斷袁兵歸路袁紹聞之必然驚惶分兵拒我我乘其兵動時擊之紹可破也許攸勸紹襲許昌是實話荀攸勸操襲鄴郡黎陽是虛話一實一虛各是妙策。先亂其心分其勢然後乘其動而擊之此以少勝多之法。操用其計使大小三軍四遠揚言紹軍聞此信來寨中報說曹操分兵兩路一路取鄴郡一路取黎陽去也紹大驚急遣袁尚分兵五萬救鄴郡辛明分兵五萬救黎陽連夜起行。不出所料。曹操探知袁紹兵動便分大隊軍馬八路齊出直衝紹營袁軍俱無鬭志四散奔走遂大潰袁紹披甲不迭單衣幅巾上馬。與前金盔金甲錦袍玉帶立馬陣前相映成趣。幼子袁譚後隨張遼許褚徐晃于禁四員將引軍追趕袁紹紹急渡河盡棄圖書車仗金帛止引隨行八百餘騎而去袁紹官渡之敗。與曹操赤壁之敗一樣狼狽之極。操軍追之不及盡獲遺下之物所殺八萬餘人血流盈溝溺水死者不計其數操獲全勝將所得金寶緞疋給賞將士於圖書中檢出書信一束皆許都及軍中諸人與紹暗通之書左右曰可逐一點對姓名收而殺之操曰當紹之强孤亦不能自保况他人乎奸雄可愛遂命盡焚之更不再問光武嘗焚書使反側子自安曹操頗學此法却說袁紹兵敗而奔沮授因被囚禁急走不脫爲曹軍所獲擒見曹操操素與授相識授見操大呼曰授不降也沮授與許攸皆爲操故人乃攸降而授不降人品特絕操曰本初無謀不用君言君何尚執迷耶吾若早得足下天

下不足慮也因厚待之留於軍中授乃於營中盜馬欲歸袁氏操怒乃殺之授至死神色不變（有人如此可謂羣空冀北）操歎曰吾誤殺忠義之士也命厚禮殯殮爲建墳安葬於黃河渡口題其墓曰忠烈沮君之墓（袁紹不能識而曹操識之爲之一歎）後人有詩贊曰

河北多名士　忠貞推沮君　凝眸知陣法　仰面識天文
至死心如鐵　臨危氣似雲　曹公欽義烈　特與建孤墳

操下令攻冀州正是

勢弱只因多算勝　兵強却爲寡謀亡

未知勝負如何且看下文分解

四大奇書第一種卷十六

茂苑毛宗岡序始氏評定　吳門杭永年資能氏校評

第三十一回

曹操倉亭破本初

玄德荆州依劉表

前陳琳檄中未及衣帶詔一事以爾時董承謀未泄故詔未宣布耳及官渡之戰袁紹聲言曰吾奉衣帶詔討賊此語差强人意不勞陳琳再作檄文一篇矣然猶未誦此詔

於軍前也至玄德在軍前將此詔朗誦一番尤爲痛快易曰孚號有厲玄德有焉大義所在豈可以成敗論之耶蘇老泉讀書至此而嘆曰此孟德本初之所以興亡乎孟德既勝烏桓曰吾所以勝者幸也前諫吾者乃萬全之策也遂賞諫者曰後勿難言本初敗於官渡曰諸人聞吾敗必相哀惟田别駕不然幸其言之中也乃殺田豐爲明主謀而忠其言雖不驗而見褒爲庸主謀而忠其言雖已驗而見罪何其不同如此哉

玄德勢小曹操不敢小覷之本初勢大曹操偏能小覷之然徐州之役八面埋伏是小題大做固不敢小覷玄德也倉亭之戰十面埋伏是大題大做亦不敢小視本初也獅子搏兎搏象皆用全力曹操可謂能兵矣

劉備之於曹操初與之爲交而後與之爲讐者也劉備之於袁紹初與之爲敵而後托之爲援者也劉備之於呂布初與之爲敵而後與之爲交既與之爲交而又與之爲敵者也劉備之於孫權初托之爲援而後與之爲敵既與之

爲斂而終托之爲援者也在徐州則先爲主而後爲客在西川則先爲客而後爲主惟其於劉表可謂始終如一惜表之不足與有爲耳

劉備與諸將聚飲沙灘之時借衆人遣衆人正所以留衆人也亦如舅犯從重耳歸晉國之時辭公子别公子正所以要公子也遣之而其心愈堅辭之而其心愈固一是患難方深一是安樂將至一是以君慰臣一是以臣結主雖是兩樣局面却是一樣方法

此卷有伏筆有補筆有轉筆有換筆如袁氏譚尚相爭尚在後卷而在郭圖口中先伏一筆劉備投托孫權尚隔數卷而在孫乾口中先伏一筆檀溪躍馬逃難亦在後文而於蔡瑁口中先伏一筆此伏筆之法也黃星垂象本桓帝時事而於此方補一筆袁紹愛幼子已見前卷尚未說明何人而於此方補一筆袁譚守青州已見前文若袁熙高幹之守幽并未經敘明而於此方補一筆此補筆之法也袁紹兵敗心灰正議後嗣忽因二子一甥來助復與曹操

相持是忽轉一筆操欲乘勝攻紹忽因秋成在即又因劉備來襲回救許昌是忽轉一筆劉備既投荆州曹操欲攻劉表忽因程昱之諫罷表而圖紹又忽轉一筆此轉筆之法也倉亭之戰曹操設計袁紹中計前後詳叙兩番至汝南之襲但叙劉備中計不叙曹操設計前隱後現又換一樣筆法袁紹授劍田豐伏劍劉備投表劉表授備皆詳叙兩邊至劉備之敗則用實寫龔都之死却用虚寫又換一樣筆法此換筆之法也諸如此類妙不可言

却說曹操乘袁紹之敗整頓軍馬迤邐追襲袁紹幅巾单衣引八百餘騎奔至黎陽北岸大將蔣義渠出寨迎接紹以前事訴與義渠義渠乃招諭離散之衆衆聞紹在又皆蟻聚軍勢復振議還冀州軍行之次夜宿荒山紹於帳中聞遠遠有哭聲（軍中闇夜哭。秪得唐人塞上行數篇。）遂私往聽之却是敗軍相聚訴說喪兄失弟棄伴亡親之苦各各搥胸大哭（李華弔古戰場文。是聞鬼哭。袁紹此夜是聞人哭。）皆曰若聽田豐之言我等怎遭此禍（不罵袁紹。只哭想田豐。袁紹愈覺不堪。）紹大悔曰吾不聽田豐之言兵敗將亡今回去有何面目見之耶（不因其言驗而敬信之。乃因其言驗而羞見之讒人之言自此得入矣次日上馬正行間逢紀引軍來接紹對逢紀曰吾不聽田豐之言致有此敗吾今歸去羞見此人開之以譖端逢紀因譖曰來了豐在獄中聞主公兵敗撫掌大笑曰果不出吾之料哭是耳聞笑是傳說哭是實笑是虛袁紹大怒曰豎儒怎敢笑我我必殺之逢紀之譖田豐亦如郭圖之譖張郃高覽而紹皆信之是當疑而不疑也遂命使者齎寶劍先往冀州獄中殺田豐晉惠公殺慶鄭而後入慶鄭固有可死之罪也袁紹殺田豐而後歸田豐有何可死之罪乎

却說田豐在獄中一日獄吏來見豐曰與別駕賀喜用反擊法妙豐曰何喜可賀獄吏曰袁將軍大敗而回君必見重矣純用反擊豐

笑曰吾今死矣。奇。獄吏問曰人皆爲君喜君何言死也豐曰袁將軍外寬而內忌不念忠誠若勝而喜猶能赦我賀得袁紹喜方可賀得田豐喜。今戰敗則羞吾不望生矣知人必敗又知其必羞田豐眞知人哉。獄吏未信忽使者賫劍至傳袁紹命欲取田豐之首獄吏方驚豐曰吾固知必死也獄吏皆流淚軍士夜哭是思活田豐獄吏流淚是惜死田豐。豐曰大丈夫生於天地間不識其主而事之是無智也今日受死夫何足惜此紹不識豐非豐不識紹也然豐不怨紹只怨自己怨自己眞深於怨紹也。乃自刎於獄中後人有詩曰

昨朝沮授軍中失　今日田豐獄內亡

河北棟梁皆折斷　本初焉不喪家邦

田豐既死，聞者皆爲歎惜。袁紹回冀州，心煩意亂，不理政事。其妻劉氏勸立後嗣。兵敗之後，忽然勸立後嗣，正爲後文伏筆。紹所生三子：長子袁譚，字顯思，出守青州；次子袁熙，字顯奕，出守幽州；三子袁尚，字顯甫，是紹後妻劉氏所出，生得形貌俊偉，紹甚愛之，因此留在身邊。方知前日因幼子患病而不肯發兵，正是此人。自官渡兵敗之後，劉氏勸立尚爲後嗣。紹乃與審配、逢紀、辛評、郭圖四人商議。原來審、逢二人向輔袁尚，辛、郭二人向輔袁譚，四人各爲其主。一家之中，又分二黨。當下袁紹謂四人曰今外患未息內事不可不早定吾將議立後嗣長子譚為人性剛好殺次子熙為人柔懦難成三子尚有英雄之表禮賢敬士吾欲立之公等之意若何（袁紹與劉表正是一流人）郭圖曰三子之中譚為長今又居外主公若廢長立幼此亂萌也目下軍威稍挫敵兵壓境豈可復使父子兄弟自相爭亂耶（下卷事早伏於此）主公且理會拒敵之策立嗣之事毋容多議（言亦侃侃）袁紹躊躇未決忽報袁熙引兵六萬自幽州來袁譚引兵五萬自青州來外甥高幹亦引兵五萬自并州來各至冀州助戰紹喜再整人馬來

戰曹操立嗣之事至此忽然放下文勢一頓時操引得勝之兵陳列於河上有土人簞食壺漿以迎之操見父老數人鬚髮盡白乃命入帳中賜坐問之曰老丈多少年紀答曰皆近百歲矣操曰吾軍士驚擾汝鄉吾甚不安父老曰桓帝時有黃星見於楚宋之分遼東人殷馗善曉天文夜宿於此對老漢等言黃星見於乾象正照此間後五十年當有眞人起於梁沛之間前卷於百忙中忽敘沮授夜觀天象此卷於百忙中忽敘殷馗前卜星文一是當時事一是往年事文各不同今以年計之整整五十年袁本初重斂於民民皆怨之丞相興仁義之兵弔民伐罪官渡一戰

破袁紹百萬之衆。正應當時殷馗之言。兆民可望太平矣。操笑曰。何敢當老丈所言。遂取酒食絹帛賜老人而遣之。號令三軍。如有下鄉殺人家雞犬者。如殺人之罪。有將幾人如雞犬。有將貴雞犬如人。皆老奸[illegible]發處。於是軍民震服。操亦心中暗喜。喜得妙。人報袁紹聚四州之兵得二三十萬。前至倉亭下寨。操提兵前進。下寨已定。次日兩軍相對。各布成陣勢。操引諸將出陣。紹亦引三子一甥及文官武將出到陣前。操曰。本初計窮力盡。何尚不思投降。直待刀臨項上。悔無及矣。紹大怒。回顧衆將曰。誰敢出馬。袁尚欲於父前逞能便舞雙刀飛馬出陣來往奔馳操指問衆將曰此何人有識者答曰此袁紹三子袁尚也言未畢一將挺鎗早出操視之乃徐晃部將史渙也兩騎相交不三合尚撥馬刺斜而走史渙趕來袁尚拈弓搭箭翻身背射正中史渙左目墜馬而死袁紹見子得勝揮鞭一指大隊人馬擁將過來混戰大殺一塲各鳴金收軍還寨敘戰處亦先作一頓操與諸將商議破紹之策程昱獻十面埋伏之計勸操退軍於河上伏兵十隊誘紹追至河上我軍無退路必將死戰可勝紹矣十面埋伏是韓信破項羽之計背水爲陣是韓信破陳餘之計今抄兩篇舊文

（字合成一篇新文字。）操然其計。左右各分五隊。（分左右妙。）左一隊夏侯惇。二隊張遼。三隊李典。四隊樂進。五隊夏侯淵。右一隊曹洪。二隊張郃。三隊徐晃。四隊于禁。五隊高覽。中軍許褚為先鋒。（名為十面埋是十一隊名為十一隊却只是左右中三隊變化之耳。）是日十隊先進。埋伏左右已定。至半夜操令許褚引兵前進。（中軍先進。）偽作劫寨之勢。（好。）袁紹五寨人馬一齊俱起。（五寨十隊。彼此相對。）許褚回軍便走。袁紹引軍趕來。喊聲不絕。比及天明。趕至河上。曹軍無去路。操大呼曰。前無去路。諸軍何不死戰。（所謂置之死地而後生。）衆軍回身奮力向前。許褚飛馬當先。力斬十數將袁軍大亂。袁紹退軍。急回背後曹軍趕來。正行間。一聲鼓響。左邊夏侯淵。右邊高覽。兩軍衝出。第五隊為第一。袁紹聚三子一甥。死衝血路奔走。又行不到十里。左邊樂進。右邊于禁殺出。第四隊為第二。殺得袁軍屍橫遍野。血流成渠。又行不到數里。左邊李典。右邊徐晃。兩軍截殺一陣。第三隊為第三。袁紹父子膽喪心驚。奔入舊寨。令三軍造飯。方欲待食。左邊張遼。右邊張郃。徑來衝寨。第二隊為第四。紹慌上馬。前奔倉亭。人困馬乏。欲待歇息。後面曹操大軍趕來。忽說曹操大軍。幾疑忘卻一隊。不知其正是作頓跌也。袁紹拾命而走。正行之間。右邊曹洪。

左邊夏侯惇擋住去路。第一隊爲第五。以上隊隊分明前用順敘，後用倒出，不惟陣法縱橫，筆法亦甚錯落。紹大呼曰：若不決死戰，必爲所擒矣。奮力衝突，得脫重圍。袁熙、高幹皆被箭傷，軍馬死亡殆盡。紹抱三子痛哭一塲，不覺昏倒。衆人急救，紹口吐鮮血不止。此時袁紹不即死，又作一頓。歎曰：吾自歷戰數十塲，不意今日狼狽至此。此天喪吾也。汝等各回本州，誓與曹賊一決雌雄。便教辛評、郭圖火急隨袁譚前往青州整頓，恐曹操犯境。令袁熙仍回幽州，高幹仍回并州，各去收拾人馬，以備調用。袁紹引袁尚等入冀州養病，令尚與審配、逢紀暫掌軍事此時並尚之意已決却說曹操自倉亭大勝重賞三軍令人探察冀州虛實細作回報紹臥病在床袁尚審配緊守城池袁譚袁熙高幹皆回本州眾皆勸操急攻之操曰冀州糧食極廣審配又有機謀未可急拔見今禾稼在田恐廢民業姑待秋成後取之未晚前與呂布相持以歲荒解兵今與袁紹相持以秋成解兵前止為軍食計今却為民食計此皆老人拜迎之力也

正議間忽荀彧有書到報說劉備在汝南得劉辟龔都數萬之眾聞丞相提軍出征河北乃令劉辟守汝南備親自引兵乘虛來攻許昌丞相可速回軍禦之忽然接入劉玄德關節絕妙操大驚留曹洪

穰襄平聲

屯兵河上虛張聲勢操自提大兵往汝南來迎劉備前使劉岱王忠當劉備而自當袁紹今使曹洪當袁紹而自當劉備又與前照却說玄德與關張趙雲等引兵欲襲許都行近穰山地面正遇曹兵殺來玄德便於穰山下寨軍分三隊雲長屯兵於東南角上張飛屯兵於西南角上玄德與趙雲於正南立寨前曹兵分左右十隊今劉兵却分東南西南正南三隊相對成趣曹操兵至玄德鼓譟而出操布成陣勢叫玄德打話玄德出馬於門旗下操以鞭指罵曰吾待汝為上賓汝何背義忘恩玄德曰汝托名漢相實為國賊吾乃漢室宗親奉天子密詔來討反賊遂於馬

上朗誦衣帶詔〔讀至此爲之一快〕操大怒教許褚出戰玄德背後趙雲挺鎗出馬二將相交三十合不分勝負忽然喊聲大震東南角上雲長衝突而來西南角上張飛引軍衝突而來三處一齊掩殺操軍遠來疲困不能抵當大敗而走玄德得勝回營〔不是以少勝多實是以逸勝勞〕次日又使趙雲搦戰操兵旬日不出玄德再使張飛搦戰操兵亦不出玄德愈疑〔此正曹操遣兵截龔都襲汝南時也於此却不敘明令人測摸不出〕忽報龔都運糧至被曹軍圍住玄德急令張飛去救忽又報夏侯惇引軍抄背後徑取汝南〔不敘曹操一邊發兵單敘玄德一邊聞報省筆之法〕玄德大驚

曰若如此吾前後受敵無所歸矣急遣雲長救之兩軍皆去一口飛馬來報夏侯惇已打破汝南劉辟棄城而走雲長現今被圍玄德大驚又報張飛去救龔都也被圍住了俱用虛筆不用實敘妙甚玄德急欲回兵又恐操兵後襲忽報寨外許褚搦戰玄德不敢出戰候至天明教軍士飽食步軍先起馬軍後隨寨中虛傳更點玄德等離寨約行數里轉過土山火把齊明山頭上大呼曰休教走了劉備丞相在此專等來得突兀玄德慌尋走路趙雲曰主公勿憂但跟某來趙雲挺鎗躍馬殺開條路玄德掣雙股劍後

隨正戰問許褚追至與趙雲力戰背後于禁李典又到玄德見勢危落荒而走聽得背後喊聲漸遠玄德望深山僻路單馬逃生捱到天明側首一彪軍衝出讀至此爲之一急玄德大驚視之乃劉辟引敗軍千餘騎護送玄德家小前來孫乾簡雍糜芳亦至讀至此爲之一寬訴說夏侯惇軍勢甚銳因此棄城而走曹兵趕來幸得雲長當住因此得脫只在劉辟口中一敘省却無數筆墨玄德曰不知雲長今在何處急問雲長妙劉辟曰將軍且行却再理會不直說雲長被圍最得慰人之法行到數里一棒鼓響前面擁出一彪人馬當先大將乃是張郃大

叫劉備快下馬受降玄德方欲退後只見山頂上紅旗磨動一軍從山塢內擁出爲首大將乃高覽也玄德兩頭無路仰天大呼曰天何使我受此窘極耶事勢至此不如就死欲拔劍自刎讀至此爲之一急劉辟急止之曰容某死戰奪路救君讀至此爲之一寬言訖便來與高覽交鋒戰不三合被高覽一刀砍於馬下先爲劉辟之死以襯趙雲之勇玄德正慌方欲自戰讀至此又爲一急高覽後軍忽然自亂一將衝陣而來鎗起處高覽翻身落馬視之乃趙雲也讀至此又爲一寬玄德大喜雲縱馬挺鎗殺散後隊又來前軍獨戰張郃郃與雲戰

三十餘合撩馬敗走雲乘勢衝殺却被郃兵守住山隘路窄不得出（讀至此又爲一急）正奪路間只見雲長關平周倉引三百軍到兩下夾攻殺退張郃各出隘口占住山險下寨（讀至此又爲一寬）玄德使雲長尋覓張飛（急尋張飛又妙）原來張飛去救龔都龔都已被夏侯淵所殺飛奮力殺退夏侯淵迤邐趕去却被樂進引軍圍住雲長路逢敗軍尋蹤而去殺退樂進與飛同回見玄德（敘得簡淨）人報曹軍大隊趕來玄德教孫乾等保護老小先行玄德與關張趙雲在後且戰且走操見玄德去遠收軍不趕玄德敗軍不滿一千

隳音灰

彼狼狽而奔前至一江與土人問之乃漢江也玄德權且安營土人知是玄德奉獻羊酒（前老人獻酒於曹操是畏其勝今土人獻酒於玄德是憐其敗勝時之酒易得敗時之酒難當）乃聚飲於沙灘之上玄德歎曰諸君皆有王佐之才不幸跟隨劉備備之命窘累及諸君今日身無立錐誠恐有悞諸君君等何不棄備而投明主以取功名乎（數語嗚咽悽惋令人泣數行下）衆皆掩面而哭雲長曰兄言差矣昔日高祖與項羽爭天下數敗於羽後九里山一戰成功而開四百年基業勝負兵家之常何可自隳其志（玄德此時不減高祖睢水滎陽時矣）孫乾曰成敗有時不可喪志此離

荆州不遠劉景升坐鎮九州兵强糧足更且與公皆漢室宗親何不往投之此處突然接入劉表關弄又妙玄德曰但恐不容耳乾曰某願先往說之使景升出境而迎主公不用備自往却使表來迎妙甚玄德大喜便令孫乾星夜往荆州到郡入見劉表禮畢劉表問曰公從玄德何故至此乾曰劉使君天下英雄雖兵微將寡而志欲匡扶社稷汝南劉辟龔都素無親故亦以死報之明公與使君同爲漢室之冑今使君新敗欲往江東投孫仲謀此句只是虛話不意後文却成實事乾僭言曰不可背親而向疎荆州劉將軍禮賢下士士歸之如水之

琄音妹

投東何況同宗乎因此使君特使乾先來拜白唯明公命之乾

善爲說詞表大喜曰玄德吾弟也久欲相會而不可得今肯惠顧

爲幸甚蔡瑁譖曰不可劉備先從呂布後事曹操近投袁紹皆

不克終足可見其爲人今若納之曹操必加兵於我枉動干戈

不如斬孫乾之首以獻曹操操必重待主公也先言劉備不可納次言曹操不

可忤後言殺孫乾以媚曹操其言甚毒孫乾正色曰乾非懼死之人也劉使君忠

心爲國非曹操袁紹呂布等比前此相從不得已也今聞劉將

軍漢朝苗裔誼切同宗故千里相投爾何獻讒而妬賢如此耶

劉表聞言乃叱蔡瑁曰吾主意已定汝勿多言蔡瑁慙恨而出便伏後文誅害劉備事劉表遂命孫乾先往報玄德一面親自出郭三十里迎接玄德見表表執禮甚恭表亦相待甚厚玄德引關張等拜見劉表表遂與玄德等同入荊州分撥院宅居住表之迎備與紹之迎備相同然備之依紹止是一人今則與雲長等同依劉表比前又不同却說曹操探知玄德已往荊州投奔劉表便欲引兵攻之程昱曰袁紹未除而遽攻荊襄儻袁紹從北而起勝負未可知矣不如還兵許都養軍蓄銳待來年春煖然後引兵先破袁紹後取荊襄南北之利一舉可收也

（前放下袁紹。轉出劉備劉表。今又放下二劉。仍轉入袁紹。俱鬬筍妙處。）操然其言。遂提兵回許都。至建安八年春正月。操復商議興兵。先差夏侯惇滿寵鎮守汝南以拒劉表。留曹仁荀彧守許都。親統大軍前赴官渡屯扎。且說袁紹自舊歲感冒吐血症候。今方稍愈。商議欲攻許都。審配諫曰。舊歲官渡倉亭之敗。軍心未振。尚當深溝高壘。以養軍民之力。（前諫戰者田豐沮授也。勸戰者郭圖審配也。今審配亦諫。大勢可知。）正議間。忽報曹操進兵官渡來攻冀州。紹曰。若候兵臨城下。將至壕邊。然後拒敵。事已遲矣。吾當自領大軍出迎。袁尚曰。父親病體未痊。不可遠征。兒

願提兵前去迎敵紹許之遂使人往青州取袁譚幽州取袁熙并州取高幹四路同破曹操正是

纔向汝南鳴戰鼓　又從冀北動征鼙

未知勝負如何且聽下文分解

第三十二回

奪冀州袁尚爭鋒

決漳河許攸獻計

君子觀於袁氏之亂而信古來圖大事者未有兄弟不協

而能有濟者也。桃園兄弟，以異姓而如骨肉，尚無論已。但如權之於吳，則有汝不如我、我不如汝之兄；操之於魏，則有寧可無洪、不可無公之弟。同心同德，是以能成帝業。彼袁氏者，紹與術既相左於前，譚與尚復相爭於後，各自矛盾，以貽敵人之利，豈不重可惜哉。

善處人骨肉之間者，其惟王修乎。若執從父之見，則當以袁尚爲嗣；若執立長之說，則當以袁譚爲嗣。然使譚而能爲泰伯，則尚可受之；譚而不能爲泰伯，則尚不宜受之矣。

使尚而能爲叔齊則譚可取之尚而不能爲叔齊則譚不宜爭之矣故審配之助弟以攻兄者非也郭圖之助兄以攻弟者亦非也惟王修之語爲金玉之論云

甚矣朋黨之爲禍烈也以袁氏觀之初則衆謀士立黨後則兩公子亦立黨初則田豐沮授爲一黨審配郭圖爲一黨後則郭圖與審配又因譚尚而分爲二黨於是逢紀黨審配辛評又黨郭圖甚至審配之姪背其叔而黨其友辛評之弟背其兄而黨其讎然則謂袁氏之亡亡於朋黨可

也

曹操決漳河以渰冀州與決泗水以渰下邳前後兩篇十約相類然用水於南境不奇用水於北境爲奇渰下邳之計出於曹操之謀士不奇渰冀州之策即出於袁氏之舊臣爲奇且下邳之渰止一水耳若渰冀州則先遏一水通二水以運糧然後決一水以破敵是有三水矣下邳之水所以報濮陽之火兩家各用其一耳若渰冀州則先有劫韓猛燒烏巢之火於前而乃有通白溝決漳河之水於後

是一家兼用其兩矣侯成以獻酒被責而降曹馮禮亦以飲酒被責而降曹降曹同也而一降於決水之後而不死一降於決水之前而隨死則大異魏續爲友人抱憤而獻門審榮亦爲友人抱憤而獻門獻門同也而呂布在城中而被執袁尚在城外而未擒則又異就其極相類處却有極不相類處若有特特犯之而又特特避之者眞是絕妙文章

觀烏巢之焚令人追念易京樓之焚觀審配之死令人追

念耿武關純之死一冀州耳韓忽變而爲袁袁忽變而爲曹其始也馥失之瓚爭之而紹取之其既也譚失之尚爭之而操取之與古彈指得喪轉盼奪人者曾幾何時而爲人所奪讀書至此爲之三嘆

陳琳之檄罵曹嵩又罵曹騰其罵也勝似殺矣陶謙殺操之父而操欲報讎陳琳罵操之祖先勝於殺操之祖先而操不報讎何也曰琳爲袁紹而罵則非琳罵之而紹罵之也紹爲主而琳爲從不罪陳琳而歸罪於袁紹猶之不罪

張闓而歸罪於陶謙耳雖然使琳爲曹操罵紹而爲紹所獲則紹必殺琳紹不能爲此度外之事而操獨能爲此度外之事君子於此益識袁曹之優劣矣

此卷敘袁曹相攻各有三層轉變袁尚始欲救譚既而不救終而復救袁譚始欲降曹既而合尚終復降曹曹操始攻冀州既攻荊州後復仍攻冀州諸如此類皆不測之極

却說袁尚自斬史渙之後自負其勇不待袁譚等兵至自引兵數萬出黎陽與曹軍前隊相迎張遼當先出馬袁尚挺鎗來戰

不三合架隔遮攔不住大敗而走張遼乘勢掩殺袁尚不能主張急急引軍奔回冀州袁紹聞袁尚敗回又受了一驚舊病復發吐血數斗昏倒在地（尚之敗袁紹實縱之紹之死袁尚實速之也）劉夫人慌救入臥內病勢漸危劉夫人急請審配逢紀直至袁紹榻前商議後事紹但以手指而不能言劉夫人曰尚可繼後嗣否紹點頭（袁紹此時即不點頭亦不容不立尚矣）審配便就榻前寫了遺囑紹翻身大叫一聲又吐血斗餘而死（孫策死得磊磊落落袁紹死得昏昏悶悶）後人有詩曰

累世公卿立大名　少年意氣自縱橫　空招俊傑三千客

謾有英雄百萬兵　羊質虎皮功不就　鳳毛雞膽事難成
便憐一種傷心處　家難徒延兩弟兄

袁紹既死審配等主持喪事劉夫人便將袁紹所愛寵妾五人盡行殺害。（妒性倡獗矣。）又恐其陰魂於九泉之下再與紹相見（蹙極。可發一笑。）乃髠其髮刺其面毀其屍其妒惡如此。（妒至於鬼妒亦奇矣。妒其生故欲其死。如又妒其死。則何不亦從之死耶。我爲人而人終不能防鬼。不若我亦爲鬼。而鬼庶可以防鬼耳。）袁尚恐寵妾家屬爲害。并收而殺之（惠帝見人彘而泣。今袁尚助母爲虐。母亦太甚。）審配逢紀立袁尚爲大司馬將軍領冀青幽并四州牧遣書報喪此時袁譚已發兵離青州知父死便與郭圖辛評商議圖曰主公不在冀州審配逢紀必立顯甫爲主矣當速行辛評曰審逢二人必預定機謀今若速往必遭其禍袁譚曰若此當何如郭圖曰可屯兵城外觀其動靜某當親往察之譚依言郭圖遂入冀州見袁尚禮畢尚問兄何不至圖曰因抱病在軍中不能相見尚既僭立譚不奔喪尚固不弟譚亦不子尚曰吾受父親遺命立我爲主加兄爲車騎將軍目下曹軍壓境請兄爲前部吾隨後便調兵接應也圖曰軍中無人商議良策願乞審正南逢元圖二人爲輔郭圖索二謀士欲去尚之左右手也獨不

思譚而謀尚乃自去其手足耶尚曰吾亦欲使此二人早晚晝策如何離得圖曰然則於二人內遣一人去何如尚不得已乃令二人拈鬮拈着者便去逢紀拈着尚即命逢紀齎印綬同郭圖赴袁譚軍中紀隨圖至譚軍見譚無病心中不安獻上印綬譚大怒欲斬逢紀郭圖密諫曰今曹軍壓境且只欵留逢紀在此以安尚心待破曹之後却來爭冀州不遲譚從其言即時拔寨起行前至黎陽與曹軍相抵譚遣大將汪昭出戰操遣徐晃迎敵二將戰不數合徐晃一刀斬汪昭於馬下曹軍乘勢掩殺譚軍大敗譚收

敗軍入黎陽遣人求救於尚原闕哀矣兄弟求矣尚與審配計議只發兵五千餘人相助曹操探知救軍已到遣樂進于禁引兵於半路接着兩頭圍住盡殺之救如無救袁譚知尚止撥軍五千又被半路坑殺大怒乃喚逢紀責罵紀曰容吾亦作書致主公求其親自來救譚即令紀作書遣人到冀州致書尚尚與審配共議配曰郭圖多謀前次不爭而去者為曹軍在境也今若破曹必來爭冀州矣不如不發救兵借操之力以除之是何言語尚從其言不肯發兵前止少發兵後竟不發兵計愈左矣使者回報譚大怒立斬逢紀譖田豐之報議欲

降曹早有細作密報袁尚尚與審配議曰使譚降曹并力來攻則冀州危矣乃留審配并大將蘇由固守冀州自領大軍來黎陽救譚（第一次少發兵第二次不發兵第三次親自領兵其反覆無常酷肖其父）尚問軍中誰敢爲前部大將呂曠呂翔兄弟二人願去（亦[illegible]兄弟二人正[illegible]譚尚映射）尚點兵三萬使爲先鋒先至黎陽譚聞尚自來大驚遂罷降曹之議（鬩墻則鬩禦侮則禦固兄弟之常理也）譚屯兵城中尚屯兵城外爲犄角之勢不一日袁熙高幹皆領軍到城外屯兵三處每日出兵與操相持尚屢敗操兵屢勝至建安八年春二月操分路攻打袁譚袁熙袁尚

高幹皆大敗（敘四路兵交戰却甚省筆）棄黎陽而走操引兵追至冀州譚與尚入城堅守操與幹離城三十里下寨虛張聲勢（四路合成二路）操兵連日攻打不下郭嘉進曰袁氏廢長立幼而兄弟之間權力相併各自樹黨急之則相救緩之則相爭（後來遺計定遼東亦是此意）不如舉兵南向荊州征討劉表以候袁氏兄弟之變變成而後擊之可一舉而定也（正攻冀州忽作一頓匪夷所思）操善其言命賈詡為太守守黎陽曹洪引兵守官渡操引大軍向荊州進兵譚尚聽知曹軍自退遂相慶賀袁熙高幹各自辭去袁譚與郭圖辛評議曰我為長

子反不能承父業。尚乃繼母所生。反承大爵。心實不憤。不出郭嘉之料

圖曰。主公可勒兵城外。只做請顯甫、審配飲酒。伏刀斧手殺之。大事定矣。譚從其言。適別駕王修自青州來。譚將此計告之。修曰。兄弟者。左右手也。今與他人爭鬬。斷其右手。而曰我必勝。安可得乎。夫棄兄弟而不親。天下其誰親之。彼讒人離間骨肉。以求一朝之利。願塞耳勿聽也。數語抵得一篇常棣之詩。譚怒。叱退王修。使人去請袁尚。尚與審配商議。配曰。此必郭圖之計也。主公若往。必遭奸計。不如乘勢攻之。袁尚依言。便披掛上馬。引兵五萬出城。

平原今濟南府平原縣

未有帶五萬人赴席者焉之一笑袁譚見袁尚引軍來情知事泄亦即披掛上馬與尚交鋒尚見譚大罵譚亦罵曰汝藥死父親特造出一罪案凡兄弟相爭者往往如此篡奪爵位今又來殺兄耶二人親自交鋒豈復成兄弟耶袁譚大敗尚親冒矢石衝突掩殺戰操何其怯追兄何其猛譚引敗軍奔平原尚收兵還袁譚與郭圖再議進兵令岑璧為將領兵前來尚自引兵出冀州兩陣對圓旗鼓相望璧出罵陣尚欲自戰大將呂曠拍馬舞刀來戰岑璧二將戰無數合曠斬岑璧於馬下譚兵又敗再奔平原審配勸尚進兵追至平原譚抵當不住退入平

毗音皮

原堅守不出尚三面圍城攻打譚與郭圖計議圖曰今城中糧少彼軍方銳勢不相敵愚意可遣人投降曹操使操將兵攻冀州尚必還救將軍引兵夾擊之尚可擒矣若操擊破尚軍我因而斂其軍實以拒操操軍遠來糧食不繼必自退去我可以仍據冀北以圖進取也一袁尚且不能勝乃欲勝旣破袁尚譚從之曹操恐無是理何說得好聽耳其言始議降曹旣而合尚今復議降曹之議其設主意亦端背其父問曰何人可爲使圖曰辛評之弟辛毗文是兄弟二人映射成趣字佐治見爲平原令此人乃能言之士可命爲使譚即召辛毗毗欣然而至譚修書付毗使三千軍

西平今汝南西平縣

送毗出竟毗星夜齎書往見曹操時操屯軍西平伐劉表表遣玄德引兵爲前部以迎之未及交鋒辛毗到操寨見操禮畢操問其來意毗具言袁譚相求之意呈上書信操看書畢留辛毗於寨中聚文武計議程昱曰袁譚被袁尚攻擊太急不得已而來降不可准信呂虔滿寵亦曰丞相既引兵至此安可復舍表而助譚荀攸曰三公之言未善以愚意度之天下方有事而劉表坐保江漢之間不敢展足其無四方之志可知矣料劉表如是袁氏據四州之地帶甲數十萬若二子和睦共守成業天下事未

可知也今乘其兄弟相攻勢窮而投我我提兵先除袁尚後觀其變并滅袁譚天下定矣此機會不可失也荀攸欲先滅尚而後滅譚後來却先滅譚而後滅尚變化不同若說一句是一句便是今人印板文字矣操大喜便邀辛毗飲酒謂之曰袁譚之降眞耶詐耶袁尚之兵果可必勝耶毗對曰明公勿問眞與詐也只論其勢可耳袁氏連年喪敗兵革疲於外謀臣誅於內兄弟讒隙國分爲二加之饑饉並臻天災人困無問智愚皆知土崩瓦解此乃天滅袁氏之時也今明公提兵攻鄴袁尚不還救則失巢穴若還救則譚踵襲其後以明公之威擊疲

德之衆如迅風之掃秋葉也不此之圖而伐荆州荆州豐樂之地國和民順未可搖動况四方之患莫大於河北河北既平則霸業成矣願明公詳之（其言全不爲袁譚竟是爲曹操辛毗兄弟各懷一心與袁氏兄弟正復相似）操大喜曰恨與辛佐治相見之晚也即日督軍還取冀州玄德恐操有謀不敢追襲引兵自回荆州（正攻荆州文忽作一頓匪夷所思）却說袁尚知曹軍渡河急急引軍還鄴命呂曠呂翔斷後袁譚見尚退軍乃大起平原軍馬隨後趕來行不到數十里一聲砲響兩軍齊出左邊呂曠右邊呂翔兄弟二人截住袁譚譚勒馬告二將

淇水出懷慶府濟原縣白溝河名在保定府新城縣

曰吾父在日吾並未慢待二將軍今何從吾弟而見逼耶二將聞言乃下馬降譚譚曰忽降我可降曹丞相二將因隨譚歸營譚候操軍至引二將見操操大喜以女許譚爲妻即令呂曠呂翔爲媒（人謂袁譚此時失却一弟得却一妻背却一父得却一翁矣孰知後來皆成畫餅耶）譚請操攻取冀州操曰方今糧草不接搬運勞苦我由濟河遏淇水入白溝以通糧道然後進兵（運糧用水後來攻城亦用水過淇水入白溝先爲決漳河伏線）今譚且居平原操引軍退屯黎陽封呂曠呂翔爲列侯隨軍聽用郭圖謂袁譚曰曹操以女許婚恐非真意今又封賞呂曠呂翔帶去軍

上黨今潞州長子縣地

中此乃牢籠河北人心後必終爲我禍主公可刻將軍印二顆暗使人送與二呂令作內應待操破了袁尚可乘便圖之（譚欲二呂之不復爲袁氏用乎）譚依言遂刻將軍印二顆暗送與二呂（二印只算謝媒）二呂受訖徑將印來稟曹操操大笑曰譚暗送印者欲汝等爲內助待我破袁尚之後就中取事耳汝等且權受之我自有主張自此曹操便有殺譚之心（曹操許女之意既是假非真譚圖刻印之謀亦弄巧成拙）且說袁尚與審配商議今曹兵運糧入白溝必來攻冀州如之奈何配曰可發檄使武安長尹楷屯毛城通上黨運糧道令沮授之子沮

鄴今廣平府邯鄲縣。邯音寒。鄲音單。顗音以。

鶚守邯鄲。遠爲聲援。尚可進兵平原。急攻袁譚。先絕袁譚。然後破曹。不急攻鄴而先攻兄。爲計亦左。袁尚大喜。留審配與陳琳守冀州。使馬延張顗二將爲先鋒。連夜起兵攻打平原。譚知尚兵來近。告急於操。操曰。吾今番必得冀州矣。正說間。適許攸自許昌來。聞尚又攻譚。入見操曰。丞相坐守於此。豈欲待天雷擊殺二袁乎。不用震爲雷。將用坎爲水。操笑曰。吾已料定矣。遂令曹洪先進兵攻鄴。操自引一軍來攻尹楷。楷兵臨本境。楷引軍來迎。楷出馬。操曰。許仲康安在。許褚應聲而出。縱馬直取尹楷。楷措手不及。被許褚一刀斬於馬下。欲許褚戰功爲後叙許褚伏線。餘衆奔潰，操盡招降之。完却尹楷。即勒兵取邯鄲。沮鵠進兵來迎。張遼出馬與鵠交鋒，戰不三合，鵠大敗，遼從後追趕。兩馬相離不遠，遼急取弓射之，應弦落馬。操指揮軍馬掩殺，衆皆奔散。完却沮鵠。於是操引大軍前抵冀州。曹洪已近城下。操令三軍遶城築起土山，又暗掘地道以攻之。前官渡之戰袁紹用土山地道，今冀州之攻曹操亦用土山地道，孰知艮爲山，坤爲地，總不如坎爲水也。審配設計堅守，法令甚嚴。東門守將馮禮因酒醉有悞巡警。亭于瓊以酒失事，今馮禮又以酒失事，何袁將之善飲也。配痛責之。禮懷恨，潛地出城降操。操問破城之策，禮曰：突

洹音完

滏音甫

門內土厚可掘地道而入操便命馮禮引三百壯士負夜掘地道而入却說審配自馮禮出降之後每夜親自登城點視軍馬當夜在突門閣上望見城外無燈火配曰馮禮必引兵從地道而入也急喚精兵運石擊突閘門門閉馮禮及三百壯士皆死於土內操折了這一塲遂罷地道之計袁紹掘地道曹操當之以塹曹操掘地道袁兵拒之以門前後遙映退軍於洹水之上以候袁尚回兵袁尚攻平原聞曹操巳破尹楷沮鵠大軍圍困冀州乃掣兵回救部將馬延曰從大路去曹操必有伏兵可取小路從西山出滏水口去劫曹營

必解圍也。尚從其言，自領大軍先行，令馬延與張顗斷後。早有細作去報曹操，操曰：彼若從大路上來，吾當避之；若從西山小路而來，一戰可擒也。吾料袁尚必舉火爲號，袁尚之火不令城如曹操之水令城中接應，吾可分兵擊之。於是分撥已定。却說袁尚出滏水界口，東至陽平，屯軍陽平亭，離冀州十七里，一邊靠着滏水。尚令軍士堆積柴薪乾草，至夜焚燒爲號；遣主簿李孚扮作曹軍都督，直至城下，大叫開門。審配認得是李孚聲音，放入城中。說袁尚已陳兵在陽平亭，等候接應；若城中兵出，亦舉火爲號。配教城中堆草放火以通音信屢用火字引出下文木來字曰城中無糧可發老弱殘兵并婦人出降彼必不為備我即以兵繼百姓之後出攻之爾時冀州百姓未死於水而先死於兵矣配從其論次日城上豎起白旗上寫冀州百姓投降操曰此是城中無糧教老弱百姓出降後必有兵出也又早猜破操教張遼徐晃各引三千軍馬伏於兩邊操自乘馬張麾蓋至城下果見城門開處百姓扶老攜幼手持白旗而出百姓纔出盡城中兵突出操教將紅旗一招白旗紅旗映射成趣張遼徐晃兩路兵齊出亂殺城中兵只得復回操自飛馬趕來到弔橋邊

城中弩箭如雨，射中操盔，險透其頂。前在下邳城下射中麾蓋，今在冀州城下射中頭盔。兩番用水之前，其被射亦復相似。衆將急救回陣。操更衣換馬，引衆將來攻尚寨。尚自迎敵。時各路軍馬一齊殺至，兩軍混戰，袁尚大敗。尚引敗兵退往西山下寨，令人催取馬延、張顗軍來。不知曹操已使呂曠、呂翔去招安二將。二將隨二呂來降，操亦封為列侯。敘法甚省筆。即日進兵攻打西山，先使二呂、馬延、張顗截斷袁尚糧道。譚尚相攻，是以袁攻袁；操卽用袁氏之將以截袁氏之糧，亦是以袁攻袁。尚情知西山守不住，夜走濫口。安營未定，四下火光並起，伏兵齊出，人不及甲，馬不及鞍。尚

中山今屬眞定府定州

軍大潰退走五十里勢窮力極只得遣豫州刺史陰夔至操營請降操佯許之却連夜使張遼徐晃去劫寨操于譚之降則納之于尚之降則劫之又是一樣做法尚盡棄印綬節鉞衣甲緇重望中山而逃操回軍攻冀州許攸獻計曰何不決漳河之水以渰之前下邳之渰其計出于曹操之謀士郭嘉今漳河之決其計出于袁氏之客許攸是亦以袁攻袁也操然其計先差軍於城外掘壕塹週圍四十里審配在城上見操軍在城外掘塹却掘得甚淺妙配暗笑曰此欲決漳河之水以灌城耳壕深可灌如此之淺有何用哉遂不爲備當夜曹操添十倍軍士併力發掘比及天

嗔廣深二丈引漳水灌之城中水深數尺操士掘塹先淺後深詭譎可喜兼糧絕軍士皆餓死辛毗在城外用鎗挑袁尚印綬衣服招安城內之人審配大怒將辛毗家屬老小八十餘口就於城上斬之將頭擲下辛毗號哭不已審配之姪審榮素與辛毗相厚見辛毗家屬被害心中懷忿乃密寫獻門之書拴於箭上射下城來審配並收捕許攸子姪今又誅殺辛毗家屬而不能自禁其姪可發一嘆軍士拾獻辛毗毗將書獻操操先下令如入冀州休得殺害袁氏一門老小軍民降者免死次日天明審榮大開西門放操兵入前渰下邳有獻門之宋憲魏續今渰冀州有獻

門之審榮前後亦復相似辛毗躍馬先入軍將隨後殺入冀州審配在東南城樓上見操軍已入城中引數騎下城死戰正迎徐晃交馬晃生擒審配綁出城來路逢辛毗毗咬牙切齒以鞭鞭配首曰賊殺才今日死矣配大罵辛毗賊徒引曹操破我冀州我恨不殺汝也徐晃解配見操操曰汝知獻門接我者乎配曰不知操曰此汝姪審榮所獻也配怒曰小兒不行乃至於此袁氏兄弟相左審氏叔姪亦相左俱是骨肉之變操曰昨孤至城下何城中弩箭之多耶配曰恨少恨少之與張遼答濮陽之火語氣相似操曰卿忠於袁氏不容不如此今肯降吾

否。配曰：不降！不降！辛毗哭拜於地曰：家屬八百餘口，盡遭此賊殺害。願丞相戮之，以雪此恨。配曰：吾生爲袁氏臣，死爲袁氏鬼，不似汝輩讒諂阿諛之賊！可速斬我！操教牽出。臨受刑，叱行刑者曰：吾主在北，不可使吾面南而死！乃向北跪，引頸就刃。審正南緣何正北而死。一笑。後人有詩嘆曰：

河北多名士，誰如審正南。命因昏主喪，心與古人參。
忠直言無隱，廉能志不貪。臨亡猶北面，降者盡羞慚。

審配既死，操憐其忠義，命葬于城北。衆將請曹操入城。操方欲起行只見刀斧手擁一人至操視之乃陳琳也操謂之曰汝前爲本初作檄但罪狀孤可也何乃辱及祖父耶陳琳作檄事已隔數卷至此忽然一提。琳答曰箭在弦上不得不發耳以箭自比。以弦比袁紹箭非自發乃弦發之也。操若能爲琳之弦。琳亦願爲操之箭矣。○左右勸操殺之操憐其才乃赦之命爲從事殺審配極似殺陳宮。赦陳琳極似赦張遼與濟下邳一篇文字遙遙相對。○曹操頭風。虧得陳琳醫治。此時不殺。只算謝醫。

却說操長子曹丕字子桓時年十八歲丕初生時有雲氣一片其色青紫員如車蓋覆於其室終日不散有望氣者密謂操曰此天子氣也令嗣貴不可言丕八歲能屬文有逸才博古通今

善騎射好擊劒（百忙中忽入曹丕一小傳早爲文曹丕稱帝伏線○敘袁家兒子將完忽接敘曹家兒子事妙筆）時撡破冀州丕隨父在軍中先領隨身軍徑投袁紹家下馬拔劒而入有一將當之曰丞相有命諸人不許入紹府丕叱退提劒入後堂見兩箇婦人相抱而哭丕向前欲殺之正是

四世公侯已成夢　一家骨肉又遭殃

未知性命如何且聽下文分解

詩[illegible]射[illegible]掌劍百步中[illegible]人曾[illegible]

妙[illegible]伏線。○敘袁朱見才[illegible]

筆。游[illegible]囊州王隱交在通中。先領隨身軍從[illegible][illegible]殺[illegible]衆下馬。

扶劍而入。有一將當之曰。丞相有命。諸人不許入內府。喝還。

提劍入後堂。見兩箇婦人相抱而哭。王向前欲殺之。正是

四世公侯已成夢。一朝骨肉又遭殃。

未知性命如何。且聽下文分解。

[illegible]見千[illegible]

[illegible]爾[illegible]

四大奇書第一種卷十七

茂苑毛宗崗序始氏校評　吳門杭永年資能氏評定

第三十三回

曹丕乘亂納甄氏
郭嘉遺計定遼東

袁尚母劉氏之妬其酷烈也甚矣乃城破之後不能死節而獻甄氏於曹丕以圖苟全又何其無烈性至此乎可見婦之貞者必不妬妬婦之妬者必不貞呂后爲項羽所得而

不死所以有人彘之刑飛燕曾事射鳥兒所以多殺皇嗣武曌有聚麀之恥所以弑王后殺蕭妃豈非妬婦之明驗哉

袁譚不得娶曹操之女曹丕反得取袁紹之婦是曹操失一婿而得一婦袁紹失一婦而又失一婦也曹操之女未嫁而已寡猶當悼其死婿袁熙之妻未寡而再嫁毋乃負其生夫乎婚可絕婿可易曹操不妨舍譚求後婿婿可續兒不可續劉氏亦將謂丕爲繼兒乎紹妻毀既死之容熙

妻何不毀欲生之面爲紹妻者妬及於旣死之夫爲熙母者何不念及於未死之子總只因兄弟之變遂引出夫婦之變母子之變翁壻之變姑媳之變君子讀書至此益深有感於骨肉之間矣

沮授不屈審配亦不屈同一不屈也而沮授則一於事袁審配則知有袁尚而不知有袁譚審配不如沮授多矣許攸降操王修亦降操同一降也而許攸則助曹謀袁王修則不忍助曹謀袁王修賢於許攸遠矣是不可以無辨

殺許攸者曹操也非許褚也許攸數侮曹操操欲殺攸久矣欲自殺之而恐有殺故人殺功臣之名特假手於許褚耳昔顛頡焚僖負羈之家而重耳殺顛頡以徇於軍今許褚殺攸而操曾不之罪故曰非許褚殺之而曹操殺之也曹操資許攸之力以得冀州劉備資法正之力以得西川而法正恃功而橫未聞見殺於關張許攸恃功而驕遂乃見殺於許褚君子以是知劉備之厚而曹操之薄

王修和解二袁之言是眞語激語熱語劉表和解二袁之

言是假語緩語冷語然在劉表不過自解其不發兵之故而在二袁聽之則當以表之言爲良言也董卓嘗和解袁紹與公孫瓚矣曹操嘗和解劉備與呂布矣讐敵相爭猶可暫時和解況兄弟耶而二袁不能聽悲夫

曹操有時而仁有時而暴免百姓秋租仁矣而使百姓敲氷拽船何其暴也不殺逃民而縱之仁矣又戒令勿爲軍士所獲仍不禁軍之殺民何其暴也其暴處多是真其仁處多是假蓋曹操待冀州之民與其待袁紹無以異耳殺

其子奪其婦取其地而乃哭其墓然則其哭也爲眞慈悲乎爲假慈悲乎奸雄之奸非復常人意量所及

急之則合緩之則離此郭嘉所以策冀州者也其策遼東亦循是矣曹操進軍攻北而譚與尚相和及其回兵向南而譚與尚遂相鬭觀譚之與尚而熙尚之與公孫康豈異此哉但操於譚則兩滅之於熙尚與康則一存而一滅之於冀州則待其亂而我滅之於遼東則聽其自滅而更不煩我滅之此則微有不同者爾

却說曹丕見二婦人啼哭。拔劍欲斬之。忽見紅光滿目。爲甄氏立皇后伏筆。○曹操有黃星之應。曹丕有青雲紫雲之祥。正與紅光相映成趣。遂按劍而問曰。汝何人也。一婦人告曰。妾乃袁將軍之妻劉氏也。丕曰。此女何人。劉氏曰。此次男袁熙之妻甄氏也。因熙出鎮幽州。甄氏不肯遠行。故留於此。丕拖此女近前。見披髮垢面。丕以衫袖拭其面而觀之。見甄氏玉肌花貌。有傾國之色。二語包着一篇洛神賦。遂對劉氏曰。吾乃曹丞相之子也。願保汝家。汝勿憂慮。遂按劍坐於堂上。却說曹操統領衆將入冀州城。將入城門。許攸縱馬近前。以鞭指城門而呼操曰阿瞞汝不得我安得入此門驕甚淺甚操大笑甚奸衆將聞言俱懷不平爲後許褚殺許攸張本操至紹府門下問曰誰曾入此門來守將對曰世子在內操嗔出責之劉氏出拜曰非世子不能保全妾家願獻甄氏爲世子執箕箒妒婦此時何無烈性操教喚出甄氏拜於前操視之曰眞吾兒婦也遂令曹丕納之本謂袁譚得妻却弄出袁熙失妻本是袁氏欲娶曹氏之女却弄出曹氏取袁氏之婦奇絕幻絕操既定冀州親往袁氏墓下設祭再拜而哭甚哀奸雄身段顧謂衆官曰昔日吾與本初共起兵時本初問我曰若事不輯方面何所可據吾問之曰足下意欲若何

本初曰：吾南據河北，阻燕代，兼沙漠之衆，南向以爭天下，庶可以濟乎？吾答曰：吾任天下之智力，以道御之，無所不可。虎牢關以前之語，却從此處補出。此言如昨，而今本初已喪，吾不能不爲流涕也。衆皆歎息。操以金帛糧米賜紹妻劉氏，劉氏受賜，不羞愧否？乃下令曰：河北居民遭兵革之難，盡免今年租賦。此奸雄收拾民心處。一面寫表申朝，操自領冀州牧。一日，許褚走馬入東門，正迎許攸。攸喚褚曰：汝等無我，安能出入此門乎？褚怒曰：吾等千生萬死，身冒血戰，奪得城池，汝安敢誇口！攸罵曰：汝等皆匹夫耳，何足道哉！褚大怒，拔劍殺攸。攸之當死，不在此時，早在呼阿瞞之時矣。提頭來見曹操，說許攸如此無禮，某殺之矣。操曰：子遠與吾舊交，故相戲耳，何故殺之。奸雄假話。深責許褚，令厚葬許攸。都是奸雄欺人處。乃令人遍訪冀州賢士。冀民曰：騎都尉崔琰，字季珪，清河東武城人也。數曾獻計於袁紹，紹不從，因此托疾在家。操即召琰為本州別駕從事。此奸雄收拾士心處。因謂曰：昨按本州戶籍，共計三十萬眾，可謂大州。琰曰：今天下分崩，九州幅裂，二袁兄弟相爭，冀民暴骨原野，丞相不急存問風俗，救其塗炭，而先校計戶籍，豈本州士女所望於明公哉。曹操方誇其眾多，崔琰卻

惜其匱乏。賢士操聞言改容謝之待爲上賓操已定冀州使人
之名洵不虛傳
探袁譚消息時譚引兵劫掠甘陵安平渤海河間等處聞袁尚
敗走中山乃統軍攻之尚無心戰鬭徑奔幽州投袁熙譚盡降
其衆欲復圖冀州操使人召之譚不至操大怒馳書絕其婚呂布
與袁氏既絕婚而又送女曹操與袁
氏既許女而又絕婚前後遙遙相對
自統大軍征之直抵平原
譚聞操自統軍來遣人求救於劉表表請玄德商議玄德曰今
操已破冀州兵勢正盛袁氏兄弟不久必爲操擒救之無益況
操常有窺荊襄之意我只養兵自守未可妄動表曰然則何以

謝之玄德曰可作書與袁氏兄弟以和解爲名婉詞謝之正敘譚操相攻忽夾敘備表共議文勢至此又作一頓表然其言先遣人以書遺譚書略曰

君子違難不適讎國日前聞君屈膝降曹則是忘先人之讎棄手足之誼而遺同盟之恥矣若冀州不弟當降心相從待事定之後使天下平其曲直不亦高義耶先責其降操後勸其睦尚

又與袁尚書曰

青州天性峭急迷於曲直君當先除曹操以卒先公之恨事定之後乃計曲直不亦善乎若迷而不返則是韓盧東郭自

南皮
令了
南皮

困於前而遺田父之獲也。先言睦譚之利，後言攻譚之害。本爲袁譚求救，而書并致袁尚，可見善和事人，不止勸一邊也。

譚得表書，知表無發兵之意，又自料不能敵操，遂棄平原，走保南皮。曹操追至南皮，時天氣寒肅，河道盡凍，糧船不能行動，操令本處百姓敲冰拽船。百姓聞令而逃，操大怒，欲捕斬之。露出奸雄本相。百姓聞得，乃親往營中投首。操曰：若不殺汝等，則吾號令不行；若殺汝等，吾又不忍。汝等快往山中藏避，休被我軍士擒獲。已則放之，而若使軍士獲之，則曰殺人者軍士也，非我也，奸雄之極。百姓皆垂淚而去。袁譚引兵出城與曹軍相敵兩陣對圓操出馬以鞭指譚而罵曰吾厚待汝汝何生異心譚曰汝犯吾境界奪吾城池賴吾妻子（照應前文趣甚）反說我有異心耶操大怒使徐晃出馬譚使彭安接戰兩馬相交不數合晃斬彭安於馬下譚軍敗走退入南皮操遣軍四面圍住譚着慌使辛評見操約降（此時何不仍與袁尚相和求救於袁尚耶）操曰袁譚小子反覆無常吾難准信汝弟辛毗吾已重用汝亦留此可也評曰丞相差矣某聞主貴臣榮主憂臣辱某久事袁氏豈可背之○（袁譚不與弟合是爲私辛評不與弟合是爲公）操知其不可留乃遣回評回見譚言

操不准投降。譚叱曰：汝弟見事曹操，汝懷二心耶？評聞言，氣滿塡胸，昏絶於地。譚令扶出，須臾而死。（辛評之死，死勝辛毗之生。）譚亦悔之。郭圖謂譚曰：來日盡驅百姓當先，以軍繼其後，與曹操決一死戰。（不惜百姓者，能保土地乎。）譚從其言。當夜盡驅南皮百姓，皆執刀鎗聽令。次日平明，大開四門，軍在後，驅百姓在前，喊聲大舉，一齊擁出，直抵曹寨。兩軍混戰，自辰至午，勝負未分，殺人遍地。操見未獲全勝，棄馬上山，親自擊鼓。將士見之，奮力向前，譚軍大敗。百姓被殺者無數。（此將其方百姓大是當災。）曹洪奮威突陣，正迎袁譚，舉刀亂砍，譚○

竟被曹洪殺於陣中。殺袁譚者，乃是曹操之弟，何曹氏有兄弟而袁氏無兄弟耶。曹洪殺袁譚，是叔翁殺姪壻矣。一笑。郭圖見陣大亂，急馳入城中。樂進望見，拈弓搭箭，射下城壕，人馬俱陷。郭圖驅民爲兵，宜其死也。操引兵入南皮，安撫百姓。忽有一彪軍來到，乃袁熙部將焦觸、張南也。操自引軍迎之。二將倒戈卸甲，特來投降。操封爲列侯。又黑山賊張燕引軍十萬來降。操封爲平北將軍。下令將袁譚首級號令，敢有哭者斬。頭掛北門外。一人布冠衰衣，哭於頭下。左右拏來見操。操問之，乃青州別駕王修也。王修哭袁譚之首，極似欒布哭彭越之頭。因諫袁譚被逐。應前。今知譚死，故來哭之操曰汝知吾今否修曰知之操曰汝不怕死耶修曰我生受其辟命亡而不哭非義也畏死忘義何以立世乎若得收葬譚屍受戮無恨（語從血性中流出讀之可以作忠）操曰河北義士何其如此之多也可惜袁氏不能用若能用則吾安敢正眼覷此地哉（連前沮授審配辛評等總贊一句）遂命收葬譚屍禮修爲上賓以爲司金中郎將因問之曰今袁尚已投袁熙取之當用何策修不答（好王修）操曰忠臣也（明於兄弟之義者必知君臣之分）問郭嘉嘉曰可使袁氏降將焦觸張南等自攻之操用其言隨差焦觸張南呂曠呂翔馬延張顗各

遼西漢郡名故城在永平府

引本部兵分三路進攻幽州數人皆袁氏舊將一面使李典樂進會合張燕打并州攻高幹正與王修反照前此策熙尚此忽帶補高幹且說袁尚袁熙知曹兵將至料難迎敵乃棄城引兵星夜奔遼西投烏桓去了幽州刺史烏桓觸聚幽州衆官歃血為盟共議背袁向曹之事烏桓觸先言曰吾知曹丞相當世英雄今往投降有不遵令者斬依次歃血循至別駕韓珩珩乃擲劍於地大呼曰吾受袁公父子厚恩今主敗亡智不能救勇不能死於義缺矣若北面而降曹吾不為也韓珩自是奇士衆皆失色烏桓觸曰夫興大事當立大義

壺關在山西潞州城東南

事之濟否不待一人韓珩既有志如此聽其自便推珩而出烏桓

不殺韓珩亦是奇士烏桓觸乃出城迎接三路軍馬徑來降操操大喜加

爲鎮北將軍忽探馬來報樂進李典張燕攻打幷州高幹守住

壺關口不能下敘事甚省操自勒兵前往三將接着說幹拒關難擊

操集衆將共議破幹之計荀攸曰若破幹須用詐降計方可操

然之喚降將呂曠呂翔附耳低言如此如此方敘韓珩不降接敘二呂詐降文與

韓珩反照呂曠等引軍數十直抵關下叫曰吾等原係袁氏舊將不

得已而降曹曹操爲人詭譎薄待吾等吾今還扶舊主可疾開

關相納高幹未信只教二將自上關說話二將卸甲棄馬而入謂幹曰曹軍新到可乘其軍心未定今夜劫寨某等願當先幹喜從其言二呂舍尚而降譚又舍譚而降操今復舍操而降幹卻使真降亦當慮其反覆矣幹乃信而不疑宜其敗也是夜教二呂當先引萬餘軍前去將至曹寨背後喊聲大震伏兵四起高幹知是中計急回壺關城樂進李典已奪了關敘事又省筆高幹奪路走脫往投单于操領兵拒住關口使人追襲高幹幹到单于界正迎北番左賢王幹下馬拜伏於地言曹操吞併疆土今欲犯王子地面萬乞救援同力克復以保北方左賢

丕曰吾與曹操無讎豈有侵我土地汝欲使我結怨於曹氏耶叱退高幹。後有公孫康不敢納二袁此先有左賢王不肯納高幹作引。幹尋思無路只得去投劉表行至上潞被都尉王琰所殺將頭解送曹操。後有公孫康送二袁之頭此先有王琰送高幹之頭作引。操封琰爲列侯并州既定。先取青州又取冀州又取幽州今又定并州。四州於此一結。操商議西擊烏桓曹洪等曰袁熙袁尚兵敗將亡勢窮力盡遠投沙漠我今引兵西擊儻劉備劉表乘虛襲許都我救應不及爲禍不淺矣請回師勿進爲上。此言二袁投烏桓不足患而劉備投劉表爲足患。郭嘉曰諸公所言錯矣主公雖威震天下沙漠之人恃其邊遠必不設備乘其無備卒然擊之必可破也（先說烏桓可擊）且袁紹與烏桓有恩而尚與熙兄弟猶存不可不除（次說烏桓不可不擊）劉表坐談之客耳（先言劉表不足慮）自知才不足以御劉備重任之則恐不能制輕任之則備不爲用雖虛國遠征公無憂也（次言劉備可慮而不足慮）操曰奉孝之言極是遂率大小三軍車數千輛望前進發但見黃沙漠漠狂風四起道路崎嶇人馬難行（四句抵得一篇塞上行）操有回軍之心問於郭嘉嘉此時不伏水土臥病車中操泣曰因我欲平沙漠使公遠涉艱辛以至染病吾心何安嘉曰某感丞相大

盧龍古塞名即今永平府盧龍縣自檀在順天府密雲縣柳城漢縣名故城在永平府城西

恩雖死不能報萬一操曰吾見北地崎嶇意欲回軍若何嘉曰兵貴神速今千里襲人輜重多而難以趨利不如輕兵兼道以出掩其不備但須得識徑路者爲引導耳病人能作如此壯健語毋怪令之壯健人反奄奄如作病中語也遂留郭嘉於易州養病求鄉道官以引路人薦袁紹舊將田疇深知此境操召而問之疇曰此道秋夏間有水淺不通車馬深不載舟楫最難行動不如回軍從盧龍口越白檀之險出空虛之地前近柳城掩其不備冒頓可一戰而擒也地勢如在指掌操從其言封田疇爲靖北將軍作鄉道官爲前驅張遼爲

冒音墨頓敦入聲白狼山在幽州東北

次操自押後倍道輕騎而進田疇引張遼前至白狼山正遇袁熙袁尚會合冒頓等數萬騎前來張遼飛報曹操操自勒馬登高望之見冒頓兵無隊伍參差不整操謂張遼曰敵兵不整便可擊之乃以麾授遼遼引許褚于禁徐晃分四路下山奮力急攻冒頓大亂遼拍馬斬冒頓於馬下餘衆皆降袁熙袁尚引數千騎投遼東去了操收軍入柳城封田疇爲柳亭侯以守柳城疇涕泣曰某負義逃竄之人耳蒙厚恩全活爲幸多矣豈可賣盧龍之寨以邀賞祿哉死不敢受侯爵田疇爲操設謀雖不及王修之不答而不受侯

爵則高於呂曠等多矣。操義之，乃拜疇爲議郎。操撫慰單于人等，收得駿馬萬匹，即日回兵。時天氣寒且旱，二百里無水，軍又乏糧，殺馬爲食，鑿地三四十丈方得水。回想決漳河道白滿之時，何水之多；而今何水之少也。濕則極濕，乾則極乾，前後映射成趣。操回至易州，重賞先曾諫者，因謂衆將曰：「孤前者乘危遠征，僥倖成功，雖得勝，天所佑也，不可以爲法。諸君之諫乃萬安之計，是以相賞。後勿難言。」與袁紹之殺田豐眞霄壤之隔。操到易州時，郭嘉已死數日，停柩在公廨。操往祭之，大哭曰：「奉孝死，乃天喪吾也。」回顧衆官曰：「諸君年齒皆孤等輩，惟奉孝最少，吾欲託以後事不期中年夭折使吾心腸崩裂矣（方哭袁紹是假哭此哭郭嘉是真哭）嘉之左右將嘉臨死所封之書呈上曰郭公臨死親筆書此囑曰丞相若從書中所言遼東事定矣（先微露一句卻不敘明妙）操折書視之點頭嗟歎諸人皆不知其意（此處更不說明妙甚）次日夏侯惇引衆人稟曰遼東太守公孫康久不賓服（此處諸將口中點出妙甚）今袁熙袁尚又往投之必爲後患不如乘其未動速往征之遼東可得也操笑曰不煩諸公虎威數日之後公孫康自送二袁之首至矣（奇語驚煞人）諸將皆不肯信（不獨當時諸將不肯信即今讀者亦不肯信）卻說袁熙袁尚引數千騎奔

遼東遼東太守公孫康本襄平人武威將軍公孫度之子也當日知袁熙袁尚來投遂聚本部屬官商議此事公孫恭曰袁紹存日常有吞遼東之心今袁熙袁尚兵敗將亡無處依棲來此相投是鳩奪鵲巢之意也若容納之後必相圖不如賺入城中殺之獻頭與曹公曹公必重待我所言亦大是然使公孫康此時郎聽其言又不足為奇康曰只怕曹操引兵下遼東又不如納二袁使為我助有此一折方見郭嘉遺計之奇恭曰可使人探聽如曹兵來攻則留二袁如其不動則殺二袁送與曹公皆在郭嘉料中康從之使人去探消息却說袁熙袁

尚至遼東二人密議曰遼東軍兵數萬足可與曹操爭衡今暫投之後當殺公孫康而奪其地養成氣力而抗中原可復河北也（不出公孫恭之料）商議已定乃入見公孫康康留於館驛只推有病不即相見不一日細作回報曹操兵屯易州並無下遼東之意公孫康大喜乃先伏刀斧手於壁衣中使二袁入（皆在郭嘉料中）相見禮畢命坐時天氣嚴寒（袁之）尚見床榻上無裀褥謂康曰願鋪坐席康瞋目言曰汝二[illegible]之頭將行萬里何席之有（寫得突兀驚人）尚大驚康叱曰左右何不下手刀斧手擁出就坐席上砍下二人之頭

用木匣盛貯，使人送到易州，來見曹操。（皆在郭嘉料中）時操在易州，按兵不動。夏侯惇、張遼入稟曰：「如不下遼東，可回許都，恐劉表生心。」操曰：「待二袁首級至，即便回兵。」（更不說明緣故，正不卻前番埋賣甚樂。）眾皆暗笑。忽報遼東公孫康遣人送袁熙、袁尚首級至，眾皆大驚。使者呈上書信。操大笑曰：「不出奉孝之料！」重賞來使，封公孫康為襄平侯、左將軍。眾官問曰：「何為不出奉孝之所料？」操遂出郭嘉書以示之。（一路隱隱躍躍，至此方出書相示，文勢絕妙。）書略曰：

「今聞袁熙、袁尚往投遼東，明公切不可加兵。公孫康久畏袁氏吞併二袁往投必疑若以兵擊之必併力迎敵急不可下若緩之公孫康袁氏必自相圖其勢然也郭嘉遺書在衆人眼中看出妙衆皆踴躍稱善操引衆官復設祭於郭嘉靈前亡年三十八歲從征伐十有一年多立奇勲此處又補郭嘉行狀後人有詩讚曰

天生郭奉孝　豪傑冠羣英　腹內藏經史　胸中隱甲兵

運謀如范蠡　決策似陳平　可惜身先喪　中原樑棟傾

操領兵還冀州使人先扶郭嘉靈柩於許都安葬程昱等請曰北方既定今還許都可早建下江南之策操笑曰吾有此志久

矣諸君所言正合吾意早爲後文赤壁鏖兵伏線是夜宿於冀州城東角樓上凭欄仰觀天文將敘地下金光先敘天上星文關筍絕妙時荀攸在側操指曰南方旺氣燦然恐未可圖也又爲後文赤壁兵敗伏線攸曰以丞相天威何所不服正看間忽見一道金光從地而起攸曰此必有寶於地下操下樓令人隨光掘之正是

星文方向南中指　金寶旋從北地生

不知所得何物且聽下文分解

第三十四回

蔡夫人隔屏聽密語
劉皇叔躍馬過檀溪

管仲之有三歸或云是臺或云是女以今度之意者管仲喜得三歸之女而即以此名其臺未可知也然則是臺亦是女非有兩三歸也若銅雀之二橋則不然曹植所欲建者玉龍金鳳所接之二橋曹操所欲得者乃孫策周瑜所娶之二喬橋之與喬則有辨矣

此卷以雀始以馬終有曹操得雀却遂引舜母夢雀有舜

母夢雀，卻便有禪母夢斗。又因銅雀生出金鳳，又因金鳳生出玉龍。前有鳳與龍，後有鶴與馬。將有的盧之躍，先有白鶴之鳴。至於張虎喪馬，趙雲奪馬，劉備送馬，劉表還馬，蒯越相馬，伊籍諫馬，種種波瀾，無不層拆入妙，此文中佳境。

前卷百忙中忽敘曹丕生時之異，此卷百忙中忽敘劉禪生時之祥，皆為後日稱帝張本也。然敘曹丕於入冀州之時，是追敘已往；此敘劉禪於屯新野之日，是現敘目前。又是一樣筆法。

袁紹嬖後妻，劉表亦嬖後妻；袁紹愛幼子，劉表亦愛幼子；袁紹優柔不斷，劉表亦優柔不斷。兩人性情何其相似至於如此之甚也。一則以家世自矜，大而無當；一則以虛名自愛，文而無用。雖冑美三公，名高八俊，亦何益哉。然劉表亦不過於袁紹者：紹以逢紀之譖而殺田豐，表不以蔡瑁之譖而殺玄德，畢竟聲望中人猶較勝於闤闠中人。

曹操攻冀州之時，備不勸表襲許都；至操擊烏丸之時，備乃勸表襲許都其故何也從冀州回救許都也近近則不可襲從烏丸回救許都也遠遠則可襲勢不同也且有不救袁譚以示怯於前操必輕表而不設備乘其不備而襲之此所謂始如處女後若脫兔真兵家之妙算也劉表不用備言失此機會可勝歎哉

蔡夫人從屏風後竊聽大是怕人玄德襄陽赴會幾乎喪命皆此一聽所致不獨景升害怕玄德亦當害怕不獨玄德害怕即讀者至此亦爲之寒心咋舌也今日懼內之家

多有此風凡賓客至堂中敘話者切宜仔細不可妄言恐驚動屏風後竊聽之人不是耍處

天下怕老婆之人未有不緣於愛老婆者也愛極生怕怕則不敢愛則不忍不忍與不敢之心合而於是妻之旨不可違妻之鋒不可犯而妻黨之權遂牢固而不可破矣雖然今天下豈少劉景升哉笑景升者復爲景升吾正恐景升笑人耳

光武過滹沱之馬安行水上昭烈過檀溪之馬幾陷水中

李世民過澗之馬。卻有三跳。劉玄德過溪之馬。只是一躍。金太祖混同江之馬。拔轡而行。劉先主檀溪之馬。超越而過。宋高宗渡江之馬。死馬當活馬騎。漢昭烈過溪之馬。劣馬作神馬用。讀書至此。真千古奇觀。

范增欲殺沛公。而項羽不忍。蔡瑁欲殺玄德。而劉表不忍。然鴻門之宴。項羽在。故范增不能爲政。襄陽之宴。劉表不在。則蔡瑁爲政。由此言之。襄陽一會。其更險於鴻門哉。

卻說曹操於金光處掘出一銅雀。問荀攸曰。此何兆也。攸曰。昔

舜母夢玉雀入懷而生舜今得銅雀亦吉祥之兆也（後曹丕欲學舜之禪
堯於此先伏一筆）操大喜遂命作高臺以慶之乃卽日破土斷木燒瓦
磨磚築銅雀臺於漳河之上約計一年而工畢（大兵之後又興大役愛民者如
是乎）少子曹植進曰若建層臺必立三座中間高者名爲銅雀左
邊一座名爲玉龍右邊一座名爲金鳳（又生出玉龍金鳳以配銅雀更覺分外生色）
更作兩條飛橋橫空而上乃爲壯觀（此所云二橋乃橋也非喬也）操曰吾兒
所言甚善他日臺成足可娛吾老矣（爲後大宴銅雀臺及臨終時遺命伏線）原來
曹操有五子惟植性敏慧善文章（爲後七步成章伏線）曹操平日最愛之

前文敘袁紹愛少子，此又敘劉表愛少子，此又敘曹操愛少子，正與前後相映射。於是留曹植與曹丕在鄴郡造臺，使張燕守北寨，操將所得袁紹之兵共五六十萬班師回許都，大封功臣；又表贈郭嘉爲貞侯，養其子奕於府中。以上了却北方事。以下專敘南方事。復聚衆謀士商議，欲南征劉表。荀彧曰：「大軍方北征而回，未可復動。且待半年，養精蓄銳，劉表、孫權可一鼓而下也。」帶說孫權，早爲赤壁伏線。操從之，遂分兵屯田，以候調用。却說玄德自到荊州，劉表待之甚厚。一日，正相聚飲酒，忽報降將張武、陳孫在江夏擄掠人民，共謀造反。表驚曰：「二賊又反，爲禍不小。」玄德曰不須兄長憂慮備請往討之表大喜即點三萬軍與玄德前去玄德領命即行不一日來到江夏張武陳孫引兵來迎玄德與關張趙雲出馬在旗門下望見張武所騎之馬極其雄駿玄德曰此必千里馬也曹操喜得死雀劉備却愛活馬言未畢趙雲挺鎗而出逕衝彼陣張武縱馬來迎不三合被趙雲一鎗刺落馬下隨手扯住轡頭牽馬回陣子龍奏趣陳孫見了睚趕來奪張飛大喝一聲挺矛直出將陳孫刺死衆皆潰散玄德招安餘黨平復江夏諸縣班師而回此段專爲得馬而敘爲檀溪張本○此番爲得馬而敘而奪馬殺將偏用子龍翼德不用騎赤兔馬

之人。是其用筆閒處。妙處。表出郭迎接入城。設宴慶功。酒至半酣。表曰。吾弟如此雄才。荊州有倚賴也。但憂南越不時來寇。張魯孫權皆足爲慮。但慮南越張魯孫權。而獨不慮及曹操。可謂知近不知遠矣。玄德曰。弟有三將。足可委用。使張飛巡南越之境。雲長拒固子城以鎮張魯。趙雲拒三江以當孫權。何足慮哉。玄德所慮只在曹操耳。表喜。欲從其言。蔡瑁告其姊蔡夫人。夫人曰。不告姊丈而告其姊。其姊之爲姊可知。而姊丈之爲姊丈亦可知矣。劉備遣三將居外。而自居荊州。久必爲患。蔡夫人乃夜對劉表曰。夜對妙。譖得其時矣。我聞荊州人多與劉備往來。不可不防之。今容其居住城中無益。不

如遣使他往表曰玄德仁人也蔡氏曰只恐他人不似汝心呼夫
曰汝夫人〇〇〇〇之尊如此表沉吟不答此時不即遣玄德文作一頓是劉表緩處是文字曲處次日出城
見玄德所乘之馬極駿問之知是張武之馬表稱讚不已玄德
遂將此馬送與劉表玄德讚馬趙雲奏趣奪來劉表讚馬玄德又奏趣送去表大喜騎回
城中蒯越見而問之表曰此玄德所送也越曰昔先兄蒯良蒯良
之死只在蒯越口中帶出最善相馬越亦頗曉此馬眼下有淚槽額邊生白
點名為的盧騎則妨主張武為此馬而亡主公不可乘之若云亡張
武者是的盧則亡呂布者豈赤兔耶恐馬不任咎也表聽其言次日請玄德飲宴因言曰

昨承惠良馬深感厚意但賢弟不將征進可以用之敬當送還玄德起謝表又曰賢弟久居此間恐廢武事襄陽屬邑新野縣頗有錢糧弟可引本部軍馬於本縣屯扎何如數語已在前流吟不語特算定玄德領諾次日謝別劉表引本部軍馬逕往新野屯新野與從荊州移前從徐州移屯小沛同一局面方出城門只見一人在馬前長揖曰公所騎馬不可乘也玄德視之乃荊州幕賓伊籍字機伯山陽人也玄德忙下馬問之籍曰昨聞蒯異度對劉荊州云此馬名的盧乘則妨主因此還公公豈可復乘之蒯越學蒯良之相馬以告劉表伊籍又述蒯越之相馬以告玄

德只一馬耳，卻生出無數曲折。玄德曰：深感先生見愛。但凡人死生有命，豈馬所能妨哉！劉表懼妨，玄德不懼妨，即此便見兩人高下。籍服其高見，自此常與玄德往來。為後伊籍兩番救玄德伏線。玄德自到新野，軍民皆喜，政治一新。建安十二年春，甘夫人生劉禪。是夜有白鶴一隻，飛來縣衙屋上，雀從地出，鶴自天來，前後閒閒映射。高鳴四十餘聲，望西飛去。應後劉禪稱帝西川。四十餘年。臨分娩時，異香滿室。甘夫人嘗夜夢仰吞北斗，因而懷孕，故乳名阿斗。前見黃星，此夢北斗，又閒閒映射。○此中忽夾敘阿斗降生事，卻又並非閒筆。此時曹操正統兵北征。玄德乃往荊州，說劉表曰：今曹操悉兵北征，許昌空虛，若以荆襄之衆乘間襲之大事可就也。讀前卷曹操北征烏桓之時深怪劉表在荆州何便聽着今觀此處方知英雄謀略。表曰吾坐據九州足矣豈可別圖。不出前卷郭嘉所料。玄德默然。表邀入後堂飲酒。酒至半酣。表忽然長嘆。玄德曰兄長何故發嘆。表曰吾有心事未易明言。此時不即說出緣故是劉表緩處是文字曲處。玄德再欲問時。蔡夫人出立屏後。劉表乃垂頭不語。寫盡悍婦防察之嚴。闇夫畏忌之狀。○先寫蔡夫人此番竊聽。却無所聞。妙甚。須臾席散。玄德自歸新野。至是年冬。聞曹操自柳城回。玄德甚嘆表之不用其言。忽一日。劉表遣使至。請玄德赴荆州相會。玄德隨使而往。劉表接着。敘禮畢。請入後堂飲宴，因謂玄德曰：「近聞曹操提兵回許都，勢日强盛，必有吞併荆襄之心。昔日悔不聽賢弟之言，失此好機會。」九州鐵鑄不成，此一大錯。玄德曰：「今天下分裂，干戈日起，機會豈有盡乎？若能應之於後，未足爲恨也。」往者不可諫，來者猶可追。表曰：「吾弟之言甚當。」相與對飲。酒酣，表忽潸然下淚。前止長嘆，此寫下淚，文勢紆徐有致。玄德問其故。表曰：「吾有心事，前者欲訴與賢弟，未得其便。」玄德曰：「兄長有何難決之事？倘有用弟之處，弟雖死不辭。」表曰：「前妻陳氏所生長子琦，爲人雖賢，而柔懦不足立事；後妻蔡氏所生少子琮，頗聰明。此在劉表口中敘出，省筆。

吾欲廢長立幼恐礙於禮法欲立長子爭奈蔡氏族中皆掌軍務後必生亂因此委決不下前不說明此方說出文勢紆徐有致○既愛少子又憐長子既憐長子又畏蔡氏活畫一沒主意無決斷人玄德曰自古廢長立幼取亂之道若憂蔡氏權重可徐徐削之不可溺愛而立少子也自是正論表默然原來蔡夫人素疑玄德凡遇玄德與表敘論必來竊聽前既先寫蔡夫人出立屏後此處所敘便不突然是時正在屏風後聞玄德此言心甚恨之○後文孔明不對劉琦之問直至登樓去梯而後言者正恐此屬垣之有耳也玄德自知語失遂起身如廁因見已身髀肉復生亦不覺潸然流淚劉表下淚是見女態玄德下淚是英雄氣少頃

復入席表見玄德有淚容怪問之玄德長嘆曰備往常身不離鞍髀肉皆散今久不騎髀裏肉生日月蹉跎老將至矣而功業不建是以悲耳（劉表爲家庭繫情玄德爲天下發憤）表曰吾聞賢弟在許昌與曹操青梅煮酒共論英雄賢弟盡舉當世名士操皆不許而獨曰天下英雄惟使君與操耳（青梅煮酒事已隔數卷忽于此處一提）以曹操之權力猶不敢居吾弟之先何慮功業不建乎玄德乘着酒興失口答曰備若有基本天下碌碌之輩誠不足慮也（前于曹操面前假作愚人身分今在劉表面前却露出英雄本色）表聞言默然玄德自知失語托醉而起歸館舍

安歇。前寫玄德默然。後寫劉表默然。前寫劉表長嘆。後寫玄德長嘆。前寫劉表下淚。後寫玄德下淚。前云玄德自知失語起身如廁。後又云玄德自知失語託辭而起。皆故意作此兩兩相對之筆。閒甚。細甚。後人有詩讚玄德曰

曹公屈指從頭數。天下英雄獨使君。
髀肉復生猶感嘆。爭教寰宇不三分。

却說劉表聞玄德語口雖不言心懷不足別了玄德退入內宅蔡夫人曰適間我於屏後聽得劉備之言甚輕覷人足見其有吞併荊州之意今若不除必為後患。屏後所聞着怒只在前語。今激劉表。却只說他後語。婦人狡猾。表不答但搖頭而已。活畫劉表。蔡氏乃密召蔡瑁入商議此事

瑁曰請先就館舍殺之然後告知主公（讀至此爲玄德捏一把汗）蔡氏然其言瑁出便連夜點軍（蔡瑁不奉劉表之命便欲點軍殺玄德想見蔡瑁之橫蔡夫人之專而劉表之弱）

却說玄德在館舍中秉燭而坐三更以後方欲就寢忽一人叩門而入視之乃伊籍也（來得閃忽）原來伊籍探知蔡瑁欲害玄德特夤夜來報（此伊籍第一番救玄德）當下伊籍將蔡瑁之謀報知玄德催促玄德速速起身玄德曰未辭景升如何便去籍曰公若辭必遭蔡瑁之害矣玄德乃謝別伊籍急喚從者一齊上馬不待天明星夜奔回新野比及蔡瑁領軍到館舍時玄德已去遠矣瑁悔

恨無及。乃寫詩一首於壁間。幻想還入見表曰劉備有反叛之意題反詩於壁上不辭而去矣。玄德諫劉表是幾句眞詩。蔡瑁陷玄德是一首假詩。表不信親詣館舍觀之。果有詩四句。詩曰

數年徒守困　空對舊山川　龍豈池中物　乘雷欲上天

龍躍池中。正應馬躍溪中。假詩之句。已預爲之讖矣。

劉表見詩大怒。拔劍言曰。誓殺此無義之徒。行數步。猛省曰。吾與玄德相處許多時。不曾見他作詩。此必外人離間之計也。遂回步入館舍。用劍尖剷去此詩。棄劍上馬。忽而大怒。忽而猛省。忽而拔劍。忽而棄劍。

如潮起潮落是劉表好處是文字曲處蔡瑁請曰軍士已點齊可就往新野擒劉備表曰未可造次容徐圖之既識破假詩不即說明乃作此蘊藉語是劉表緩處是文字曲處蔡瑁見表持疑不決乃暗與蔡夫人商議即日大會衆官於襄陽就彼處謀之次日瑁稟表曰近年豐熟合聚衆官於襄陽以示撫勸之意請主公一行表曰吾近日氣疾作實不能行可令二子為主待客瑁曰公子年幼恐失於禮節表曰可往新野請玄德待客請玄德赴會不用蔡瑁說却用劉表說妙甚瑁暗喜正中其計便差人請玄德赴襄陽却說玄德奔回新野自知失言取禍未對衆人言

之怨使者至請赴襄陽孫乾曰昨見主公匆匆而回意甚不樂愚意度之在荆州必有事故今忽請赴會不可輕往（一箇說不該去）玄德方將前項事訴與諸人（歸時不說至此方說曲甚）雲長曰兄自疑心語失劉荆州並無嗔責之意外人之言未可輕信襄陽離此不遠若不去則荆州反生疑矣（一箇說不該不去）玄德曰雲長之言是也張飛曰筵無好筵會無好會不如休去（又一箇說不該去）趙雲曰某將馬步軍三百人同往可保主公無事（一箇願領兵隨去）玄德曰如此甚好遂與趙雲即日同赴襄陽蔡瑁出郭迎接意甚謙謹（寫蔡瑁之詐）隨從

劉琦劉琮二子引一班文武官僚出迎玄德見二公子俱在並不疑忌是日請玄德於舘舍暫歇趙雲引三百軍圍繞保護雲披甲掛劍行坐不離左右寫趙雲之忠劉琦告玄德曰父親氣疾作不能行動特請叔父待客撫勸各處守牧之官玄德曰吾本不敢當此既有兄命不敢不從次日人報九郡四十二州官員俱已到齊蔡瑁預請蒯越計議曰劉備世之梟雄久留於此後必爲害可就今日除之越曰恐失士民之望瑁曰吾已密領劉荊州言語在此蔡瑁欺劉表既用假詐欺蒯越又傳假命越曰既如此可預作準備瑁

曰東門峴山大路已使吾弟蔡和引軍守把南門外已使蔡中守把北門外已使蔡勳守把（三蔡毋兵。只在蔡瑁口中敘出。最省筆。）止有西門不必守把前有檀溪阻隔雖數萬之衆不易過也（先說得如此之險。方見後文脫難之奇。）越曰吾見趙雲行坐不離玄德恐難下手瑁曰吾伏五百軍在城內准備越曰可使文聘王威二人另設一席于外廳以待武將先請住趙雲然後可行事（與張繡欲謀曹操。先使人灌醉典韋。同一方法。）瑁從其言當日殺牛宰馬大張筵席玄德乘的盧馬至州衙命牽入後園擐繫（此處寫馬寫後園極似閒筆。卻俱暗為後文伏線。妙。）衆官皆至堂中玄德主席二公子兩邊分坐其餘各依次而坐趙雲帶劍立於玄德之側文聘王威入請趙雲赴席雲推辭不去（極寫趙雲精細）玄德令雲就席雲勉強應命而出蔡瑁在外收拾得鐵桶相似將玄德帶來三百軍都遣歸館舍只待半酣號起下手（讀至此又爲玄德捏一把汗）酒至三巡伊籍起把盞至玄德前以目視玄德低聲謂曰請更衣玄德會意即起如厠伊籍把盞畢疾入後園接着玄德附耳報曰蔡瑁設計害君城外東南北三處皆有軍馬守把惟西門可走公宜急逃（此伊籍第二番救玄德寫得又閑忽又精微）玄德大驚急解的盧馬開後園

門牽出，飛身上馬，不顧從者，匹馬望西門而走。門吏問之，玄德不答，加鞭而出。門吏當之不住，飛報蔡瑁。瑁即上馬，引五百軍隨後追趕。前云伏軍五百在城，正為此句伏線。却說玄德撞出西門，行無數里，前有大溪攔住去路。讀至此又為玄德捏一把汗。那檀溪闊數丈，水通襄江，其波甚緊。極言其險，愈見後文脫難之奇。玄德到溪邊，見不可渡，勒馬再回。若此時便寫躍馬，則無步驟矣。勒馬再回，情勢逼真。遙望城西塵頭大起，追兵將至。玄德曰：「今番死矣！」遂回馬到溪邊。回頭看時，追兵已近。急極矣。險極矣。玄德着慌，縱馬下溪。縱馬下溪，是慌極。舉動情勢逼真。行不數步，馬前蹄忽陷，浸濕衣袍不便寫躍馬。偏有此一折。愈急愈奇。愈險愈妙。玄德乃加鞭大呼曰。的盧的盧。今日妨吾。急到沒去處。險到沒去處。讀者以爲必無生路矣。下文忽然死裏逃生。眞乃出人意表。言罷那馬忽從水中湧身而起。一躍三丈。飛上西岸。玄德如從雲霧中起。文不險不奇。事不急不快。急絕險絕之際。忽翻出奇絕快絕之事。可驚可喜。後來蘇學士有古風一篇。單咏躍馬檀溪事。詩曰

老去花殘春日暮。宦遊偶至檀溪路。停驂遙望獨徘徊。眼前零落飄紅絮。暗想咸陽火德衰。龍爭虎鬬交相持。襄陽會上王孫飲。坐中玄德身將危。逃生獨出西門道。背後追兵復將

到一川烟水漲檀溪急叱征騎往前跳馬蹄踏碎青玻璃天風響處金鞭揮耳畔但聞千騎走波中忽見雙龍飛西川獨霸真英主坐上龍駒兩相遇檀溪溪水自東流龍駒英主今何處臨流三歎心欲酸斜陽寂寂照空山三分鼎足渾如夢踪跡空留在世間

玄德躍過溪西顧望東岸蔡瑁已引軍趕到溪邊大叫使君何故逃席而去（本是逃死乃云逃席）玄德曰吾與汝無仇何故欲相害瑁曰吾並無此心使君休聽人言玄德見瑁手將拈弓取箭乃急撥

馬望西南而去。爲蔡瑁尚有餘勢。玄德尚有餘驚。瑁謂左右曰。是何神助也。不特蔡瑁嗟驚。而讀者至今猶未信。方欲收軍回城。只見西門內趙雲引三百軍趕來。前頻寫趙雲隨身保護。讀者以爲玄德全仗此人矣。不謂報信者乃伊籍。躍溪者乃的盧。趙雲竟未及相助。今玄德已去。蔡瑁將歸。而趙雲忽然勢而趕來。讀者又疑後文趙雲必殺蔡瑁也。正是

躍去龍駒能救主。追來虎將欲誅仇。

未知蔡瑁性命如何。且聽下文分解。

四大奇書第一種卷十八

茂苑毛宗崗序始氏評　吳門杭永年資能氏評定

第三十五回

○○○○○○○○

玄德南漳逢隱淪

○○○○○○○

單福新野遇英主

此卷爲玄德訪孔明孔明見玄德作一引子耳將有南陽

○○○○○○○○○○○○○○○○○○○○

諸葛廬先有南漳水鏡莊以引之將有孔明爲軍師先有

○　　　　　○　　　○　　　○

單福爲軍師以引之不特此也前卷有玉龍金鳳此卷乃

○　　○　　○　　○

有伏龍鳳雛前卷有一雀一馬此卷乃有一鳳一龍是前卷又爲後卷作引也究竟一鳳一龍未曾明指其爲誰不但水鏡不肯說龍鳳姓名即單福亦不肯自道其真姓名龐統二字在童子口中輕輕逗出而玄德却不知此人之即爲鳳雛元直二字在水鏡夜間輕輕逗出而玄德却不知此人之即爲單福隱隱躍躍如簾內美人不露全身只露半面令人心神恍惚猜測不定至于諸葛亮三字通篇更不一露又如隔牆聞環珮聲并半面亦不得見紀用虛

筆眞絕世妙文

趙雲在襄陽城外檀溪水邊接連幾箇轉身不見玄德可謂急矣若使翼德處此必殺蔡瑁若使雲長處此縱不殺蔡瑁必拏住蔡瑁要在他身上尋還我兄安肯將蔡瑁輕輕放過卻自尋到新野又尋到南漳乎三人忠勇一般而子龍爲人又極精細極安頓一人有一人性格各各不同寫來眞是好看

前玄德以髀肉復生而悲何其壯也今至南漳道中見牧

童吹笛而來乃有吾不如也之嘆頓使英雄氣盡蓋馬蹄甚危牛背甚穩長鞭甚急短笛甚閒碌碌半生征鞍勞苦豈若散髮林間行吟澤畔爲足逍遥而適志耶非但玄德不如即蔵死之龐統盡瘁之孔明皆不如也水鏡先生寧老於南漳而不出有以夫

玄德於波翻浪滚之後忽聞童子吹笛先生鼓琴于電走風馳之後忽見石案香清松軒茶熟正在心驚膽戰俄而氣定神閒眞如過弱水而訪蓬莱脫苦海而遊閬苑恍疑

身在神仙境界矣至於夜半聽水鏡與元直共語彷彿王積薪聽婦姑奕碁雖極分明却費揣度可聞而不可知可聽而不可見尤神妙之至

水鏡述襄陽童謠曰泥中蟠龍向天飛是以玄德比龍也前蔡瑁揑造玄德反詩曰龍豈池中物亦以玄德比龍也蘇子瞻檀溪古風一篇有波中忽見雙龍飛之句是又謂眞主一龍駿馬亦一龍也然人但知如龍之主自有如龍之馬以救之不知如龍之主不可無如龍之士以佐之泥

中龍池中龍波中龍凡寫無數龍字總只爲引起伏龍一人而已

水鏡之薦伏龍鳳雛不肯明指其人是薦而猶未薦也然不便說出正深於薦者也何也其人鄭重而言之不甚鄭重則聽者不知其爲鄭重矣唯鄭重言之使知其人之重說且不可輕說見又不可輕見用又何可輕用耶此三顧之勤所以不敢後而百里之任所以不敢辱也

袁紹之信逢紀不知其惡也其殺田豐囚沮授不知其善

也若劉表既知玄德之賢而不能用既知蔡瑁之惡而不能去是好賢不如緇衣與不知賢者等惡惡不如巷伯與不知惡者等耳元直之辭之也宜哉

觀玄德遇元直一段文字何其紆徐而曲折也在水鏡莊上彼此各不相見水鏡與元直語並不說出玄德明白與玄德語並不說出元直及玄德歸新野元直亦更不造謁直待市上行歌馬前邂逅然後邀入縣衙讀者至此以爲此時方得遇合矣而不知其猶未即合也又借相馬作一

波瀾一則將欲事之乃先試之一則將欲用之忽欲拒之迨說明相試之故然後彼此歡洽可見人之輕率徑遂者必非妙人文之輕率徑遂者必非妙文今人作稗官每到兩人相合處便急欲其就唯恐其不就有如此之紆徐曲折者乎故讀稗官愈思三國一書之妙也

却說蔡瑁方欲回城趙雲引軍趕出城來原來趙雲正飲酒間忽見人馬動急入內觀之席上不見了玄德（前先敘蔡瑁路上見趙雲此方補敘趙雲席上不見玄德敘事妙品）雲大驚出投館舍聽得人說蔡瑁引軍望西趕

去了。雲火急綽鎗上馬，引着原帶來三百軍奔出西門，正迎着蔡瑁，急問曰：「吾主何在？」瑁曰：「使君逃席而去，不知何往。」趙雲是謹細之人，不肯造次，（此時不殺蔡瑁，是子龍精細處，然實讀者所不測。）即策馬前行，遥望大溪，別無去路，乃復回馬，喝問蔡瑁曰：「汝請吾主赴宴，何故引着軍馬追來？」瑁曰：「九郡四十二州縣官僚俱在此，吾為上將，豈可不防護？」雲曰：「汝逼吾主何處去了？」（問語一句緊一句。）瑁曰：「聞使君匹馬出西門，到此却又不見。」雲驚疑不定，直來溪邊看時，只見隔岸一帶水跡。（寫到隔岸水跡，閒甚，細甚。）雲暗忖曰：「難道連馬跳過了溪去以爲必無之事令三百軍四散觀望並不見踪跡先遙望次近看次令衆人四散觀望寫得情景逼真雲再回馬時蔡瑁已入城去了雲乃拏守門軍士追問皆說劉使君飛馬出西門而去雲再欲入城又恐有埋伏遂急引軍歸新野寫子龍四番盤問兩度到溪兩次回馬極慌張文極精細却說玄德躍馬過溪似醉如癡想此闊澗一躍而過豈非天意非惟讀者不信即玄德當日亦自不信迤邐望南漳策馬而行日將沉西正行之間見一牧童跨於牛背上口吹短笛而來忽然別出奇境玄德嘆曰吾不如也馬背不如牛背穩誰云騎馬勝騎牛遂立馬觀之牧童亦停牛罷笛熟視玄德曰將軍莫非破黃

中劉玄德否。（奇絕。妙絕。）玄德驚問曰。汝乃村僻小童。何以知吾姓字。（馬背上人。不識牛背上人。牛背上人。却偏識馬背上人。）牧童曰。我本不知。因常侍師父。有客到日。多曾說有一劉玄德。身長七尺五寸。垂手過膝。目能自顧其耳。乃當世之英雄。今觀將軍如此模樣。想必是也。（借牧童口中畫出一玄德。）玄德曰。汝師何人也。牧童曰。吾師覆姓司馬。名徽。字德操。穎州人也。道號水鏡先生。（能識英雄。不愧水鏡之目。）玄德曰。汝師與誰爲友。（不知其人。視其友。亦以其自號水鏡。故有此問也。）小童曰。與襄陽龐德公龐統爲友。（此卷敘玄德見司馬徽。正爲見諸葛亮伏線耳。乃童子口中不說諸葛。只說龐統。又添出一龐德公以陪之。奇妙。）玄德曰。

龐德公乃龐統何人童子曰叔姪也龐德公字山民長俺師父十歲龐統字士元小俺師父五歲一日我師父在樹上採桑適龐統來相訪坐於樹下共相議論終日不倦吾師甚愛龐統呼之爲弟詳述龐統略述德公俱妙玄德曰汝師今居何處牧童遙指曰前面林中便是莊院玄德曰吾正是劉玄德汝可引我去拜見你師父童子便引玄德行二里餘到莊前下馬入至中門忽聞琴聲甚美玄德教童子且休通報側耳聽之既聞笛聲又聽琴聲與從前馬蹄聲波濤聲大不同矣琴聲忽住而不彈一人笑而出曰琴韻清幽音中忽起高

掠之謂必有英雄竊聽前不必玄德通名而童子先知玄德不必童子通報而先生先出是童子眼中看出一玄德先生耳中又聽出一玄德童子指謂玄德曰此即吾師水鏡先生也玄德視其人松形鶴骨器宇不凡慌忙進前施禮衣襟尚濕點逗開細水鏡曰公今日幸免大難仙乎仙乎玄德驚訝不已小童曰此劉玄德也水鏡請入草堂分賓主坐定玄德見架上滿堆書卷窗外盛栽松竹橫琴於石牀之上清氣飄然隱然爲諸葛草廬先寫一樣子水鏡問曰明公何來玄德曰偶爾經由此地因小童相指得拜尊顏不勝欣幸水鏡笑曰公不必隱諱公今必逃難至此玄德遂以

襄陽一事告之。至此方說出曲折之甚。水鏡曰吾觀公氣色已知之矣因問玄德曰吾久聞明公大名何故至今猶落魄不偶耶玄德曰命途多蹇所以至此水鏡曰不然蓋因將軍左右不得其人耳將欲薦出兩人。先說他左右無人。是作一跌。玄德曰備雖不才文有孫乾糜竺簡雍之輩武有關張趙雲之流竭忠輔相頗賴其力。自說左右有人。並不向水鏡求人。是作一頓。水鏡曰關張趙雲皆萬人敵惜無善用之之人若孫乾糜竺輩乃白面書生非經綸濟世之才也。隱然說他左右之人不及我意中之人。又作一跌。玄德曰備亦嘗側身以求山谷之遺賢奈未遇其人何竟說山谷無人。更不向水鏡求人。又作一頓。水鏡曰。豈不聞孔子云。十室之邑。必有忠信。何謂無人。不說我意中有人。只說天下未嘗無人。又作一跌。玄德曰。備愚昧不識。願賜指教。直待水鏡說未嘗無人。然後玄德請問其人。至此方是極力一逼。水鏡曰。公聞荊襄諸郡小兒謠言乎。其謠曰。八九年間始欲衰。至十三年無子遺。到頭天命有所歸。泥中蟠龍向天飛。謠言大奇。此謠始於建安初。建安八年。劉景升喪却前妻。便生家亂。此所謂始欲衰也。無子遺者。不久則景升將逝。文武零落無子遺矣。天命有歸。龍向天飛。蓋應在將軍也。且不答所問之人。忽自述所聞之謠。又極力一縱。蔡瑁題假詩以龍比玄德。水鏡解童謠亦以龍此玄德玄德聞言驚謝曰備安敢當此不問所求之人且謝所解之謎又極力一縱水鏡曰今天下之奇才盡在於此公當往求之彼方驚謝辭之謎此則隱示以當求之人亦極力一迎玄德急問曰奇才安在果係何人直待說出此間有人然後急問何人又極力一迎水鏡曰伏龍鳳雛兩人得一可安天下只伏龍鳳雛四字凡作如許跌頓如許迎縱方纔說出何等曲折何等鄭重玄德曰伏龍鳳雛何人也水鏡撫掌大笑曰好好如此一番跌頓迎縱說出伏龍鳳雛四字卻又不明指其姓名只言好好真絕世妙文玄德再問時水鏡曰天色已晚將軍可於此暫宿一宵明日當言之此時宜說出姓名矣乃又欲遲至明日逼近之至又復漾開去妙絕即命小童具飲饌相待馬牽入

後院喂養。此等句，俗筆幾忘之。玄德飲饍畢，即宿於草堂之側。[illegible]中作一引子。玄德因思水鏡之言，寢不成寐。約至更深，忽聽一人叩門而入。寫得隱隱躍躍閃閃忽忽。水鏡曰：元直何來？將從市上相見，先在廬中聽得，此伏筆之妙。玄德起牀密聽之，聞其人答曰：久聞劉景升善善惡惡，特往謁之。及至相見，徒有虛名，蓋善善而不能用，惡惡而不能去者也。此郭公之所以亡。故遺書別之而來至此。水鏡曰：公懷王佐之才，宜擇人而事，奈何輕身往見景升乎？且英雄豪傑，只在眼前，公自不識耳。隱隱道着密聽之人。其人曰：先生之言是也。玄德聞之，大喜，竊忖此人必是伏龍鳳雛（妙在並不是伏龍鳳雛）即欲出見又恐造次（妙在不即相見）候至天曉玄德求見水鏡問曰昨夜來者是誰水鏡曰此吾友也玄德求與相見水鏡曰此人欲往投明主已到他處去了（妙在不說出將投玄德）玄德請問其姓名水鏡笑曰好好（妙在不說出姓名）玄德再問伏龍鳳雛果係何人水鏡亦只笑曰好好（昨夜不說待至明日及至明日只是不說妙妙）玄德拜請水鏡出山相助同扶漢室水鏡曰山野閒散之人不堪世用自有勝吾十倍者來助公公宜訪之（自已不出只是薦人及至薦人又待其自訪妙妙）正談論間忽聞莊外人喊馬嘶小童來報有一

軍引數百人到莊來也○○○○○○○○○讀者至此疑是蔡瑁遣兵至矣玄德大驚急出視之[illegible]

趙雲也玄德大喜雲下馬入見曰某夜來回縣尋不見主公連

夜跟問到此極寫趙雲之忠主公可作速回縣只恐有人來縣中廝殺○○○○○○○○此時只恐蔡瑁兵來後文卻是曹仁兵到玄德辭了水鏡與趙雲上馬投新野來行

不數里一彪人馬來到視之乃雲長翼德也前寫趙雲此寫關張相見大

喜玄德訴說躍馬檀溪之事共相嗟訝到縣中與孫乾等商議

乾曰可先致書於景升訴告此事玄德從其言即令孫乾齎書

至荊州劉表喚入問曰吾請玄德襄陽赴會緣何逃席而去孫

乾呈上書札，具言蔡瑁設謀相害，賴躍馬檀溪得脫。表大怒，急喚蔡瑁責罵曰：「汝焉敢害吾弟！」命推出斬之。蔡夫人出哭求免死，表怒猶未息。孫乾告曰：「若殺蔡瑁，恐皇叔不能安居於此矣。」語中有刺妙在隱而不露表乃責而釋之。所謂惡惡而不能去使長子劉琦同孫乾至玄德處請罪。琦奉命赴新野，玄德接着，設宴相待。酒酣，琦忽然墮淚。劉表席間墮淚是愛心難割劉琦席間墮淚是憂心未安玄德問其故，琦曰：「繼母蔡氏常懷謀害之心，姪無計免禍，幸叔父指教。」先爲後文求計諸葛作一引玄德勸以小心盡孝，自然無禍。是叔父語次日，琦泣別。玄德乘馬送琦出郭困，指馬謂琦曰：「若非此馬，吾已爲泉下之人矣。」（點逗禍事有情景）琦曰：「此非馬之力，乃叔父之洪福也。」說罷相別，劉琦涕流而去。玄德回馬入城，忽見市上一人，葛巾布袍，皂縧烏履，長歌而來。（一人泣而去，一人歌而來，接筆成趣）歌曰：

天地反覆兮火欲殂，大厦將崩兮一木難扶。山谷有賢兮欲投明主，明主求賢兮却不知吾。

玄德聞歌，暗思：「此人莫非水鏡所言伏龍、鳳雛乎？」（玄德自聞伏龍鳳雛之後，不知伏龍鳳雛爲誰，刻刻以此關心，處處以此猜測，妙妙）遂下馬相見，邀入縣衙，問其姓名。

答曰某乃穎上人也姓單名福妙在不說出眞名姓久聞使君納士招賢欲來投托未敢輒造故行歌於市以動尊聽耳孰知市上行歌之人即准上叩門之人乎玄德大喜待爲上賓單福曰適使君所乘之馬再乞一觀玄德方喜得人單福却先欲看馬奇妙玄德命去鞍牽於堂下單福曰此非的盧馬乎雖是千里馬却只妨主不可乘也又與蒯越相馬伊籍諫馬相應玄德曰已應之矣遂具言躍檀溪之事妨主當應在張武之死不應在檀溪之奔福曰此乃救主非妨主也終必妨一主某有一法可禳蒯越相馬伊籍諫馬單福又會禳馬妙玄德曰願聞禳法福曰公意中有仇怨之人可將此馬賜之

待妨過了此人。然後乘之自然無事。借襯馬作波瀾逆折而入。妙甚。前卷既詳敘馬此處不好便住。亦即借此一段作收科。玄德聞言變色曰公初至此不教吾以正道便教作利已妨人之事備不敢聞教。本欲相合。忽若相離。曲折之極。福笑謝曰向聞使君仁德未敢便言故以此言相試耳。本欲相拔。忽先相試。曲折之極。玄德亦改容起謝曰備安能有仁德及人唯先生教之。幾若相離。然後相合。曲折之極。福曰吾自穎上來此聞新野之人歌曰新野牧劉皇叔自到此民豐足可見使君之仁德及人也。永鏡述襄陽之謠。單福述新野之歌。前後正相對。玄德乃拜單福為軍師調練本部人馬卻說曹操自冀州回許都常有取荊州之意特差曹仁李典并降將呂曠呂翔等領兵三萬屯樊城虎視荊襄就探看虛實此處補敘曹操一邊最是省筆時呂曠呂翔稟曹仁曰今劉備屯兵新野招軍買馬積草儲糧其志不小不可不早圖之吾二人自降丞相之後未有寸功願請精兵五千取劉備之頭以獻丞相從用人偏會說大話曹仁大喜與二呂兵五千前往新野廝殺不想子龍所云廝殺却應在此探馬飛報玄德玄德請單福商議福曰既有敵兵不可令其入境便是勝算可使關公引一軍從左而出以敵來軍中路張飛引一軍從右而出以敵來軍後路

公自引趙雲出兵前路相迎敵可獲矣左軍右軍中軍分敵中路後路前路各自行營

化。玄德從其言即差關張二人去訖然後與單福趙雲等共引二千人馬出關相迎行不數里只見山後塵頭大起呂曠呂翔引軍來到兩邊各射住陣角玄德出馬於旗門下大呼曰來者何人敢犯吾境呂曠出馬曰吾乃大將呂曠也奉丞相命特來擒汝玄德大怒使趙雲出馬二將交戰不數合趙雲一鎗刺呂曠於馬下如此不耐殺之人何苦無事討事做玄德麾軍掩殺呂翔抵敵不住引軍便走正行間路傍一軍突出爲首大將乃關雲長也衝殺一陣呂翔折兵大半奪路走脫行不到十里又一軍攔住去路爲首大將挺身大叫張翼德在此（敘法與前變）直取呂翔翔措手不及被張飛一矛刺中翻身落馬而死（不耐殺）餘衆四散奔走玄德合軍追趕大半多被擒獲（此番得勝是單福第一功）玄德班師回縣重待單福犒賞三軍却說敗軍回見曹仁報說二呂被殺軍士多被活捉曹仁大驚與李典商議典曰二將欺敵而亡今只宜按兵不動申報丞相起大兵來征勦乃爲上策（早爲後文伏筆）仁曰不然今二將陣亡又折許多軍馬此仇不可不急報量新野彈丸之地何勞

承持大軍（曹仁輕視其地）典曰劉備人傑也不可輕視（李典重視其人）仁曰公何怯也典曰兵法云知彼知己百戰百勝某非怯戰但恐不能必勝耳仁怒曰公懷二心耶吾必欲生擒劉備典曰將軍若去某守樊城（爲後失樊城反照）仁曰汝若不同去眞懷二心矣典不得已只得與曹仁點起二萬五千軍馬渡河投新野而來正是

偏裨既有輿尸辱　主將重興雪恥兵

未知勝負何如且聽下文分解

第三十六回

玄德用計襲樊城
元直走馬薦諸葛

孔明乃三國志中第一妙人也讀三國志者必貪看孔明之事乃閱過三十五回尚不見孔明出現令人心癢難熬及水鏡說出伏龍二字偏不肯便道姓名愈令人心癢難熬至此卷徐庶旣去之後再回身轉來方纔說出孔明讀者至此急欲觀其與玄德相遇矣孰意徐庶往見而孔明作色却又落落難合寫來如海上仙山將近忽遠絕世妙

人須此絕世妙文〃以副之

叙單福用兵處不多〻幾筆然設伏料敵破陣取城之能已畧見一斑矣後文有孔明無數神機妙算此先有單福小試其端以引之如將[illegible]名優演名劇而此一卷則是副末登場也

卷以孔明爲主而單福其賓也即龐統亦其賓也水鏡爲伏龍鳳雛而單福專爲伏龍帶言鳳雛於孔明則詳於龐統則畧之是又有賓主之別焉蓋主爲重則賓爲

輕敘玄德既知單福之即是元直並不提起水鏡莊上先曾聽見既知鳳雛之即是龐統並不提起牧童口中先曾說出此非玄德於此有所不明言而實作者於此亦有所不暇記總之注意在正筆而旁筆皆在所省耳

龐統有叔孔明亦有叔徐庶有母孔明亦有弟龐統之叔與水鏡爲友孔明之叔與劉表爲交徐庶則母在而弟亡孔明則父在而弟亡龐統來歷在牧童口中敘出徐庶來歷在程昱口中敘出孔明來歷在徐庶口中敘出敘龐統

止及其叔叙徐庶止及其母與弟叙孔明則不但及其弟與叔并及其父與祖或先或後或[illegible]合或詳參差錯落真叙事妙品

漸離以筑擊秦皇而秦皇殺漸離徐母以硯擊曹操而曹操不敢殺徐母是徐母之威烈於漸離矣張良擊秦不中而不見執於秦徐母擊操不中而并見執於操是徐母之膽更壯於張良矣奇婦人勝似奇男子不獨列女傳中罕有之即豪士傳中亦罕有之

蔡瑁假玄德之詩而劉表疑之程昱假徐母之書而徐庶
信之豈庶之智不如表耶情切於母子故也緩則易於審
量急則不及致詳疏則旁觀者清親則關心者亂若徐庶
遲疑不決不成其爲孝子矣故君子於徐庶無譏焉
曹操不强留關公以全其兄弟之義玄德不强留徐庶以
全其母子之恩兩人之心同乎曰不同曹操之於關公佯
縱之而陰阻之及阻之不得而後送之若玄德之於徐庶
則竟送之而已且曹操深欲袁紹之殺玄德而玄德惟恐

曹操之殺徐母一詐一誠相去何啻天淵觀玄德與徐庶作別一段長亭分手腸斷陽關瞻望弗及佇立以泣勝讀唐人送別詩數十首幾令人潸然淚下矣乃忽然薦起一卧龍先生頓使玄德破涕爲歡回愁作喜一回之內半幅之間而哀樂倏變奇事奇文

却說曹仁忿怒遂大起本部之兵星夜渡河意欲踏平新野極寫曹仁聲勢以顯單福之能且說單福得勝回縣謂玄德曰曹仁屯兵樊城今知二將被誅必起大軍來戰玄德曰當何以迎之福曰彼若盡

提兵而來樊城空虛可乘間奪之寫單福宛然一武侯小樣玄德問計福附耳低言如此如此如此此處妙在不叙明白玄德大喜預先准備已定忽報馬報說曹仁引大軍渡河來了單福曰果不出吾之料遂請玄德出軍迎敵兩陣對圓趙雲出馬喚彼將答話曹仁命李典出陣與趙雲交鋒約戰十數合李典料敵不過撥馬回陣雲縱馬追趕兩翼軍射住遂各罷兵歸寨李典回見曹仁言彼軍精銳不可輕敵不如回樊城又與下文失樊城反照曹仁大怒曰汝未出軍時已慢吾軍心今又賣陣罪當斬首便喝刀斧手推出李典要斬衆

將若告方免乃請李典領後軍仁自引兵爲前部次日鳴鼓進軍布成一箇陣勢使人問玄德曰識吾陣勢（極寫曹仁乖巧以顯單福之智）單福便上高處觀看畢謂玄德曰此八門金鎖陣也（武侯八陣圖陸遜入而不覺曹仁八陣勢單福一見便知）八門者休生傷杜景死驚開如從生門景門開門而入則吉從傷門驚門休門而入則傷從杜門死門而入則亡今八門雖布得整齊只是中間通欠主持（見笑大方）如從東南角上生門擊入往正西景門而出其陣必亂（寫單福又宛然一武侯小樣）玄德傳令教軍士把住陣角命趙雲引五百軍從東南而入逕往西

出雲得令挺鎗躍馬引兵逕投東南角上吶喊殺入中軍曹仁便投北走雲不追趕却突出西門又從西殺轉東南角上來曹仁軍大亂（此非寫趙雲是寫單福）玄德麾軍衝擊曹兵大敗而退單福命休追趕收軍自回却說曹仁輸了一陣方信李典之言因復請典商議言劉備軍中必有能者（妙在此時不知是單福）吾陣竟爲所破李典曰吾雖在此甚憂樊城（又爲後文失樊城反照）曹仁曰今晚去劫寨如得勝再作計議如不勝便退軍回樊城李典曰不可劉備必有準備仁曰若如此多疑何以用兵遂不聽李典之言自引軍爲

前隊使李典爲後應當夜二更劫寨却說單福正與玄德在寨中議事忽信風驟起福曰今夜曹仁必來劫寨玄德曰何以敵之福笑曰吾已預算定了（又宛然一武侯小樣）遂密密分撥已畢至二更曹仁兵將近寨只見寨中四圍火起燒着寨柵曹仁知有準備急令退軍趙雲掩殺將來仁不及收兵回寨急望北河而走將到河邊纔欲尋船渡河岸上一彪軍殺到爲首大將乃張飛也（此皆在前附耳低言之中不是寫張飛是寫單福）曹仁死戰李典保護曹仁下船渡河曹軍大半淹死水中曹仁渡過河面上岸奔至樊城令人叫門

只見城上一聲鼓响一將引軍而出大喝曰吾已取樊城多時矣衆驚視之乃關雲長也此亦在前附耳低言之中不是寫雲長是寫單福○寫襲樊城不用實敘最省筆仁大驚撥馬便走雲長追殺過來曹仁又折了好些軍馬星夜投許昌於路打聽方知有單福爲軍師設謀定計妙在路上方知曲折之甚不說曹仁敗回許昌且說玄德大獲全勝引軍入樊城縣令劉泌出迎玄德安民已定那劉泌乃長沙人亦漢室宗親遂請玄德到家設宴相待只見一人侍立於側玄德視其人器宇軒昂因問泌曰此何人泌曰此吾之甥寇封本羅睺寇氏之子

也因父母雙亡故依於此玄德愛之欲嗣爲義子劉泌欣然後之遂使冦封拜玄德爲父改名劉封（此中夾叙劉封事却並非閒筆）玄德帶回令拜雲長翼德爲叔雲長曰兄長既有子何必用螟蛉後必生亂（雲長收關平爲子而獨不欲玄德收冦封者臣之子無爭立之嫌君之子則有爭立之嫌故也）玄德曰吾待之如子彼必事吾如父何亂之有雲長不悅（爲後孟達說劉封伏案）玄德與單福討議令趙雲引一千軍守樊城玄德領衆自回新野

却說曹仁與李典回許都見曹操泣拜於地請罪具言損將折兵之事操曰勝負乃軍家之常但不知誰爲劉備畫策（問得緊要）曹

仁言是單福之計操曰單福何人也（不但曹操不知其爲何人即玄德此時亦未知其果何人也）程昱咲曰此非單福也（奇絶）此人幼好學擊劍中平末年嘗爲人報讐殺人披髮塗面而走爲吏所獲問其姓名不荅吏乃縛於車上擊鼓行於市令市人識之雖有識者不敢言而同伴竊解救之乃更姓名而逃折節向學遍訪名師嘗與司馬徽談論（始爲豪俠繼爲名士）此人乃潁州徐庶字元直單福乃其托名耳（單福眞姓名直至此處方借程昱口中叙明妙甚）操曰徐庶之才比君何如昱曰十倍於昱（與後元直讚孔明語相似）操曰惜乎賢士歸於劉備羽翼成矣奈何昱曰徐

庶雖在彼丞相要用召來不難操曰安得彼來歸昱曰徐庶爲人至孝求忠臣必於孝子之門庶既孝子即安肯爲操用乎幼喪其父止有老母在堂現令其弟徐康已亡老母無人侍養丞相可使人賺其母至許昌令作書召其子則徐庶必至矣不以丞相召之而以母召之固知庶之不可召也操大喜使人星夜前去取徐庶母不一日取至省筆操厚待之因謂之曰聞令嗣徐元直乃天下奇才也今在新野助逆臣劉備背叛朝廷正猶美玉落於汙泥之中誠爲可惜今煩老母作書喚回許都吾於天子之前保奏必有重賞先以助逆背叛恐之繼以美玉汙泥動之而後復稱

天子以壓之。舉重賞以暗之。全是欺婦人語。遂命左右捧過文房四寶。令徐母作書。徐母曰。劉備何如人也。不便發作。先問一句妙甚。操曰。沛郡小輩。妄稱皇叔。全無信義。所謂外君子而內小人者也。先說玄德並非宗室。後說玄德並非好人。全是欺婦人語。徐母厲聲曰。汝何虛誑之甚也。吾久聞玄德乃中山靖王之後。孝景皇帝閣下玄孫。說玄德的是宗室。屈身下士。恭己待人。仁聲素著。世之黃童白叟。牧子樵夫。皆知其名。真當世之英雄也。說玄德的是好人。吾兒輔之。得其主矣。破美玉汙泥句。汝雖托名漢相。實爲漢賊。破天子之前保奏句。乃反以玄德爲逆臣。破逆臣背叛句。欲使吾兒背明投暗。豈不自恥乎【破作書與回句。○先極口讚玄德，後極口罵曹操。比禰衡吉平尤爲痛快。】言訖，取石硯便打曹操。【此一石硯抵得博浪椎。】操大怒，叱武士執徐母出，將斬之。程昱急止之，入諫操曰：「徐母觸忤丞相者，欲求死也。丞相若殺之，則招不義之名，而成徐母之德。徐母既死，徐庶必死心助劉備以報讐矣。不如留之，使徐庶身心兩處，縱使助劉備，亦不盡力也。且留得徐母在，昱自有計賺徐庶至此，以輔丞相。」【昱之爲操謀誠善。】操然其言，遂不殺徐母，送於別室養之。【操之不殺徐母者，程昱懲於王陵故事也。】程昱日往問候，詐言曾與徐庶結爲兄弟，待徐母如親母，時常餽送物件，必具手啟徐母因亦作手啟答之程昱賺得徐母筆跡乃倣其字體詐修家書一封（甚矣婦人識字之為累也為之一嘆）差一心腹人持書逕奔新野縣尋問單福行幕軍士引見徐庶庶知母有家書至急喚入問之來人曰某乃館下走卒奉老夫人言語有書附達（雲長在曹操處得兄書徐庶在玄德處得母書一真一假遥遥相對）庶折封視之書曰

近汝弟康喪舉目無親正悲悽間不期曹丞相使人賺至許昌言汝背反下我於縲絏賴程昱等救免若得汝來降能免我死如書到日可念劬勞之恩星夜前來以全孝道然後徐

圖歸耕故園（妙在此句不教他事曹操死以其母聲口）免遭大禍吾今命若懸絲專望救援更不多囑

徐庶覽畢淚如泉湧持書來見玄德曰某本潁州徐庶字元直○○○○○○○○爲因逃難更名單福（直至將去方說出眞名向來不露眞名者亦正恐曹操知之而收其母耳）前聞劉景升招賢納士特往見之及與論事方知是無用之人故作書別之夤夜至司馬水鏡莊上訴說其事水鏡深責庶不識主○○○○○○○○○○○因說劉豫州在此何不事之（只此句話玄德不會聽得至此補出妙甚）庶故作狂歌於市以動使君幸蒙不棄即賜重用爭奈老母今被曹操奸計

縣至許昌因禁將欲加害老母手書來喚庶不容不去非不欲效犬馬之勞以報使君奈慈親被執不得盡力今當告歸容圖後會。油油然孝子之言。此絶裾之溫嶠不啻天淵矣。玄德聞言大哭曰子母乃天性之親元直無以備爲念待與老夫人相見之後或者再得奉教玄德更不相留。眞善體孝子之情。徐庶便拜謝欲行玄德曰乞再聚一宵來日餞行孫乾密謂玄德曰元直天下奇才久在新野盡知我軍中虛實今若使歸曹操必然重用我其危矣主公宜苦留之切勿放去操見元直不去必斬其母元直知母死必爲母報讐力攻曹操也（此計亦妙。但非仁人所忍爲。）玄德曰不可使人殺其母而吾用其子不仁也留之不使去以絕其子母之道不義也吾寧死不爲不仁不義之事（玄德謝孫乾留庶之計與謝單福相馬之說一樣意思。）衆皆感歎玄德請徐庶飲酒庶曰今聞老母被囚雖金波玉液不能下咽矣玄德曰備聞公將去如失左右手雖龍肝鳳髓亦不甘味（龍鳳二字隱然逗下一龍一鳳）二人相對而泣坐以待旦諸將已於郭外安排筵席餞行玄德與徐庶並馬出城至長亭下馬相辭（送別光景寫得悽惻不勝）玄德舉盃謂徐庶曰備分淺緣薄不能與先生相聚望先生善事新主以成功名。還將舊來意憐取眼前人。何其言之煸也。庶泣曰。某才微智淺。深荷使君重用。今不幸半途而別。實爲老母故也。縱使曹操相逼。庶亦終身不設一謀。是血性語。其急歸見母。則依依孺子。其誓不佐操。則烈烈丈夫。玄德曰。先生旣去。劉備亦將遠遁山林矣。此句方逼出下文。庶曰。某所以與使君共圖王霸之業者。恃此方寸耳。今以老母之故。方寸亂矣。縱使在此。無益於事。眞情實話。使君宜別求高賢輔佐。共圖大業。何便灰心如此。此處但說不宜灰心。尚不提起孔明。玄德曰。天下高賢。恐無出先生右者。此句宜逼出孔明矣。庶曰。某樗櫟庸材。何敢當此重譽。只自謙遜。尚不提起孔明。臨別又顧謂諸將曰願諸公善事使君以圖名垂竹帛功標青史切勿效庶之無始終也哀痛之詞令人酸鼻諸將無不傷感玄德不忍相離送了一程又送一程庶辭曰不勞使君遠送庶就此告別此時還只辭遠送不提起孔明玄德就馬上執庶之手曰先生此去天各一方未知相會却在何日說罷淚如雨下依依不捨極寫玄德愛賢之篤庶亦涕泣而別玄德立馬于林畔看徐庶乘馬與從者匆匆而去匆匆而去極寫元直念母之孝元直匆匆之狀在玄德眼中看出妙甚玄德哭曰元直去矣吾將奈何只此二語抵得江淹文通別賦一篇淚而望却被一樹林隔斷玄德以鞭指曰吾欲盡伐此處樹木

衆問何故玄德曰因阻吾望徐元直之目也西廂曲云青山隔送行疎林不做美玄德之望元直也似之正望間忽見徐庶拍馬而回上文寫到徐庶去後已是水窮山盡疑無他望矣此處忽然拍馬而回如絕處逢生真奇妙之筆玄德曰元直復回莫非無去意乎此元直必無之事玄德必有之想遂欣然拍馬向前迎問曰先生此回必有主意庶勒馬謂玄德曰某因心緒如麻忘却一語此間有一奇士只在襄陽城外二十里隆中使君何不求之此時方說出一句要緊話薦出一個要緊人却又不言其名先言其地玄德曰敢煩元直爲備請來相見此語正與後文三顧草廬反映成趣庶曰此人不可屈致使君可親往求之若得此人無異

周得呂望、漢得張良也。只讚其人不言其名。玄德曰：此人比先生才德何如？玄德亦不問其名，先問其人。庶曰：以某比之，譬猶駑馬並麒麟、寒鴉配鸞鳳耳。此人每嘗自比管仲、樂毅，以吾觀之，管、樂殆不及此人。此人有經天緯地之才，蓋天下一人也。還只讚其人不言其名。玄德喜曰：願聞此人姓名。玄德至此方問姓名。庶曰：此人乃瑯琊陽都人，覆姓諸葛，名亮，字孔明。至此方說出孔明姓名，紆徐之極，鄭重之極。乃漢司隸校尉諸葛豐之後。其父名珪，字子貢，爲泰山郡丞，早卒。亮從其叔玄。玄與荊州劉表有舊，因往依之，遂家於襄陽。後玄卒，亮與弟諸葛均躬耕

於南陽細叙其家門履歷嘗好爲梁父吟補叙其生平所居之地有一岡名
卧龍岡補叙其住處因自號爲卧龍先生補叙其別號自比管樂與好爲梁父吟分作兩次
叙出南陽與卧龍岡姓名與別號亦都分作兩次叙出妙甚此人乃絕代奇才使君急宜枉
駕見之若此人肯相輔佐何愁天下不定乎玄德曰昔水鏡先
生曾爲備言伏龍鳳雛兩人得一可安天下今所云莫非即伏
龍鳳雛乎因卧龍二字憶起伏龍又因伏龍憶起鳳雛曲甚庶曰鳳雛乃襄陽龐統也
伏龍正是諸葛孔明水鏡贊薦兩人却並不曾說出一人元直單薦一人却早說出兩人妙極玄德
踴躍曰半晌涕泣此時踴躍悲則極悲喜則極喜今日方知伏龍鳳雛之語何期大

賢只在目前非先生言備有眼如盲也後人有贊徐庶走馬薦諸葛詩曰

痛恨高賢不再逢　臨岐泣別兩情濃

片言却似春雷震　能使南陽起卧龍

徐庶薦了孔明再別玄德策馬而去玄德聞徐庶之語方悟司馬德操之言似醉方醒如夢初覺引衆將回至新野便具厚幣同關張前去南陽請孔明（爲玄德求賢之急）且說徐庶既別玄德感其留戀之情恐孔明不肯出山輔之遂乘馬直至卧龍岡下入草

庶見孔明（寫元直爲人之忠）孔明問其來意庶曰庶本欲事劉豫州奈老母爲曹操所囚馳書來召只得捨之而往臨行時將公薦與玄德玄德即日將來奉謁望公勿推阻即展生平之大才以輔之幸甚孔明聞言作色曰君以我爲享祭之犧牲乎說罷拂袖而入（寫孔明處己之高）庶羞慚而退上馬趲程赴許昌見母正是

囑友一言因愛主　赴家千里爲思親

未知後事若何下文便見

(明)羅貫中 撰

醉耕堂刊毛宗崗評本三國志演義

第三册

國家圖書館出版社

第三册目録

四大奇書第一種卷之九

茂苑毛宗崗序始氏評　吳門杭永年資能氏評定

第十七回

袁公路大起七軍

曹孟德會合三將

澤麋虎皮便爲衆射之的袁術一僭帝號天下共起而攻之曹操所以遲遲而未發者非薄天子而不爲正畏天下而不敢耳況所樂乎爲君以其有令天下之權也權則專

之於已名則歸之於帝操之謀善矣操辭其名而取其實術無其實而冒其名豈非操巧而術拙

或曰蜀吳魏三國後來皆稱皇帝獨袁術之帝則不可何也曰真能做皇帝者每不在先而在後其爲正統混一之帝必待海內削平四方賓服又必有羣臣勸進諸侯推戴然後讓再讓三辭之不得而乃祀南郊改正朔焉則受之也愈遲而得之也愈固即爲閏統偏安之帝亦必待小邦俱已兼并大國僅存一二外而隣境息烽內而人民樂附

然而自侯而王自王而帝次第而升之斯能傳之後人周爲再世不拔之業今觀建安之初曹操雖專獻帝尚在而英雄角立如劉備孫策袁紹公孫瓚呂布張繡張魯劉表劉璋馬騰韓遂之徒曾未有一人遽敢盜竊名字者而以壽春太守漫然而僭至尊之號安得不速禍而名亡哉

愛兵而不愛民不可以爲將愛將而不愛民不可以爲君故善將兵者必能治兵兼能治他人之兵于禁是也善將將者必能治將兼能治他人之將劉備是也曹操擊繡之

兵以手扶麥而過則知操之能爲將矣袁術攻徐之將于路劫掠而來則知術之不能爲君矣民爲邦本故此卷之中三致意云

操之忌備深矣忌命亦深矣方其相合則私爲之搆以離之及其旣離又以未及攻之而姑使合之乃陽合之而又私相囑以欲其終離之初則爲二虎爭食之謀繼又爲驅虎吞狼之計末更爲掘坑待虎之策種種不懷好意呂布不知而爲其所弄劉備知之而權且應命曹操亦明知劉

備必然知之而大家只做不知真好看殺人

曹操一生無所不用其借借天子以令諸侯又借諸侯以攻諸侯至於欲安軍心則借他人之頭亦可借欲申軍令則自己之髮亦可借借之謀愈奇借之術愈幻是千古第一奸雄

却說袁術在淮南地廣糧多又有孫策所質玉璽遂思僭稱帝號如此舉動又可惡又可笑又可醜又可憐大會羣下議曰昔漢高祖不過泗上一亭長而有天下今歷年四百氣數已盡海內鼎沸吾家四世三

公久仰薄覩亭長重稱四世三公只是自矜家世醜極百姓所歸吾欲應天順人正位
九五爾衆人以爲何如主簿閻象曰不可昔周后稷積德累功
至於文王三分天下有其二猶以服事殷明公家世雖貴未若
有周之盛漢室雖微未若殷紂之暴也此事決不可行此事曹操亦不
敢行而必留待其後人者正怕此一段議論耳術怒曰吾袁姓出於陳陳乃大舜之後
然則不止四世三公矣以土承火正應其運又讖云代漢者當塗高也吾
字公路正應其讖當塗而高象魏闕也此曹操之讖袁術何得冒認又有傳國玉璽若
不爲君背天道也吾意已決多言者斬但聞有羣臣勸進而猶讓者不聞有羣臣力諫

而大怒者皇帝豈是使性做的遂建號仲氏建號仲氏想是虞舜第二房子孫立臺省等官乘龍鳳輦祀南北郊立馮方女爲后立子爲東宮因命使催取呂布之女爲東宮妃却聞布已將韓胤解赴許都爲曹操所斬補接前文乃大怒遂拜張勳爲大將軍統領大軍二十餘萬分七路征徐州第一路大將張勳居中第二路上將橋蕤居左第三路上將陳紀居右第四路副將雷薄居左第五路副將陳蘭居右第六路降將韓暹居左第七路降將楊奉居右末二路應前文伏後文各領部下健將尅日起行命兗州刺史金尚爲太尉監運七路錢糧

尚不從術殺之以紀靈爲七路都救應使術自引軍三萬使李豐梁剛樂就爲催進使接應七路之兵（寫得聲勢）呂布使人探聽得張勳一軍從大路逕取徐州橋蕤一軍取小沛陳紀一軍取沂都雷薄一軍取瑯琊陳蘭一軍取碣石韓暹一軍取下邳楊奉一軍取浚山（此一段事又從呂布探聽處補叙出好）七路軍馬日行五十里於路劫掠將來（好個皇帝兵）乃急召衆謀士商議陳宮與陳珪父子俱至陳宮曰徐州之禍乃陳珪父子所招媚朝廷以求爵祿今日移禍於將軍可斬二人之頭獻袁術其軍自退（此時即殺陳珪父子袁術必不退兵）

陳宮此謀甚左布聽其言即命擒下陳珪陳登沒主意陳登大笑曰何如是之懦也吾觀七路之兵如七堆腐草何足介意語多豪氣元龍會說大話亦會幹大事今人幹大事則不如元龍說大話則學元龍可嘆也布曰汝若有計破敵免汝死罪陳珪曰將軍若用老夫之言徐州可保無虞布曰試言之珪曰術兵雖衆皆烏合之師素不親信我以正兵守之出奇兵勝之無不成功更有一計不止保安徐州并可生擒袁術其語愈壯布曰計將安出珪曰韓暹楊奉乃漢舊臣因懼曹操而走無家可依暫歸袁術術必輕之彼亦不樂為術用若憑尺書結為內應

更連劉備爲外合。必擒袁術矣。此彼失其二路而我得其三路矣。布曰。汝須親到韓暹楊奉處下書。陳登允諾。布乃發表上許都。爲後曹操幷攻術張本。致書與豫州。爲後雲長助布張本。然後令陳登引數騎先於下邳道上候韓暹。暹引兵至下寨畢。登入見暹。問曰。汝乃呂布之人。來此何幹。登笑曰。某爲大漢公卿。四字便打動韓暹。何謂呂布之人。若將軍者。向爲漢臣。今乃爲叛賊之臣。使昔日關中保駕之功。化爲烏有。竊爲將軍不取也。揭其前功。搔着癢處。且袁術性最多疑。將軍後必爲其所害。今不早圖。悔之無及。說出後患。刺着痛處。暹嘆曰。吾欲歸漢。恨無門耳登乃出布書遲覽書畢曰吾已知之公先回吾與楊將軍反戈擊之但看火起爲號遍侯以兵相應可也前欲兩處下書今說得此一處而彼一處已不必復往如摧枯拉朽全不費力登辭遲急回報呂布布乃分兵五路高順引一軍進小沛敵橋蕤陳宮引一軍進沂都敵陳紀一將敵一將張遼臧霸引一軍出琅琊敵雷薄宋憲魏續引一軍出碣石敵陳蘭兩將敵兩將呂布自引一軍出大道敵張勳大將敵大將各領軍一萬餘者守城呂布出城三十里下寨張勳軍到料敵呂布不過且退二十里屯住待四下兵接應是夜二更時分韓暹楊奉分兵

到處放火接應呂家軍入寨勳軍大亂呂布乘勢掩殺張勳敗走呂布趕到天明正撞紀靈接應（前日替人和事今日自做對頭）兩軍相迎恰待交鋒韓暹楊奉兩路殺來紀靈大敗而走呂布引兵追殺山背後一彪軍到門旗開處只見一隊軍馬打龍鳳日月旗旛四斗五方旌幟金瓜銀斧黃鉞白旄黃羅銷金傘蓋之下袁術身披金甲腕懸兩刀立馬陣前（如澤之麋蒙虎之皮）大罵呂布背主家奴布怒挺戟向前術將李豐挺鎗來迎戰不三合被布刺傷其手豐棄鎗而走呂布麾兵衝殺術軍大亂呂布引軍從後追趕搶奪

馬匹衣甲無數袁術引着敗軍走不上數里山背後一彪軍出截住去路當先一將乃關雲長也即前日虎牢關前喝罵之馬弓手也○此時雲長獨來則知翼德是必不肯來大叫反賊還不受死袁術慌走餘衆四散奔逃被雲長大殺了一陣袁術收拾敗軍奔回淮南去了術兵甚不經戰眞如腐草呂布得勝邀請雲長并楊奉韓暹等一行人馬到徐州大排筵宴管待軍士都有犒賞次日雲長辭歸布保韓暹爲沂都牧楊奉爲瑯琊牧商議欲留二人在徐州陳珪曰不可韓楊二人據山東不出一年則山東城郭皆屬將軍也布然之遂送二將暫於

沂都瑯琊二處屯劄以候恩命。（爲後玄德殺二人張本。）陳登私問父曰何不留二人在徐州爲殺呂布之根珪曰倘二人協助呂布是反爲虎添爪牙也登乃服父之高見。（殺義父人偏有父子同心人協謀敗之。）却說袁術敗回淮南遣人往江東問孫策借兵報讐策怒曰汝賴吾玉璽僭稱帝號背反漢室大逆不道吾方欲加兵問罪豈肯反助叛賊乎。（孫策甚是正氣。）遂作書以絕之。（回思月下大哭之時今日始得一雪其憤。）使者賫書回見袁術術看畢怒曰黃口孺子何敢乃爾。（猶以年幼輕之殊屬夢夢。）吾先伐之長史楊大將力諫方止却說孫策自發書後防袁術兵來縣軍守住江口。忽曹操使至，拜策爲會稽太守，令起兵征討袁術。策乃商議，便欲起兵。長史張昭曰：術雖新敗，兵多糧足，未可輕敵。不如遺書曹操，勸他南征，吾爲後應。兩軍相援，術軍必敗。萬一有失，亦望操救援。策從其言，遣使以此意達曹操。却說曹操至許都，思慕典韋，立祀祭之，封其子典滿爲中郎，收養在府。（忙中照應前事。）忽報孫策遣使致書，操覽書畢。又有人報袁術乏糧，劫掠陳畱。（以劫掠爲事，似強盜，不似皇帝。）欲乘虛攻之，遂興兵南征，令曹仁守許都，其餘皆從征，馬步兵十七萬，糧食輜重千餘車，一面先發人會合孫策與劉備呂布兵至豫章界上玄德早引兵來迎操命請入營相見畢玄德獻上首級二顆操驚曰此是何人首級玄德曰此韓暹楊奉之首級也操曰何以得之玄德曰呂布令二人權住沂都瑯琊兩縣不意二人縱兵掠民人人嗟怨因此備乃設一宴詐請議事飲酒間擲盞為號使關張二弟殺之盡降其衆今特來請罪（此事只在玄德口中敘出省却許多筆墨）操曰君為國家除害正是大功何言罪也遂厚勞玄德（縱兵掠民者于禁治其兵玄德治其將更是痛快同當厚勞）合兵到徐州界呂布出迎操善言撫慰封為左將軍許於

還都之時換給印綬安放得始布大喜操即分呂布一軍在左玄德一軍在右自統大軍居中令夏侯惇于禁為先鋒袁術知曹兵至令大將橋蕤引兵五萬作先鋒兩軍會於壽春界口橋蕤當先出馬與夏侯惇戰不三合被夏侯惇搠死術軍大敗奔走回城忽報孫策發船攻江邊西面呂布引兵攻東面劉備關張引兵攻南面操自引兵十七萬攻北面袁術攻徐州分兵七路曹操攻壽春分兵四面術大驚急聚衆文武商議楊大將曰壽春水旱連年人皆缺食今又動兵擾民民旣生怨兵至難以拒敵不如留軍在壽春不必

與戰待彼兵糧盡必然生變陛下且統御林軍渡淮一者就熟二者暫避其鋭方纔稱帝便議遷都衛用其言留李豐樂就梁剛陳紀四人分兵十萬堅守壽春其餘將卒并庫藏金玉寶貝盡數收拾過淮去了六飛走矣却說曹兵十七萬日費糧食浩大諸郡又荒旱接濟不及操催軍速戰李豐等閉門不出操軍相拒月餘糧食將盡致書於孫策借得糧米十萬斛不敷支散管糧官任峻部下倉官王垕音后入稟操曰兵多糧少當如之何操曰可將小斛散之權且救一時之急垕曰兵士倘怨如何操曰吾自有策這策此時

（對王垕說不得）垕依命以小斛分散操暗使人各寨探聽無不嗟怨皆言丞相欺衆操乃密召王垕入曰吾欲問汝借一物以壓衆心汝必勿吝（不敢吝借但此物只好借這一次）垕曰丞相欲用何物操曰欲借汝頭以示衆耳（向孫策借糧不足卻向王垕借頭糧可借頭亦可借乎借則借矣未審何時得還）垕大驚曰某實無罪操曰吾亦知汝無罪但不殺汝軍心變矣汝死後汝妻子吾自養之汝勿慮也垕再欲言時操早呼刀斧手推出門外一刀斬訖懸頭高竿出榜曉示曰王垕故行小斛盜竊官糧謹按軍法於是衆怨始解（純用霸術）次日操傳令各營將領如三

壹脊猜

日內不併力破城皆斬操親自至城下督諸軍搬土運石填壕塞塹城上矢石如雨有兩員裨將畏避而回操掣劒親斬於城下遂自下馬接土填坑（純用霸術）於是大小將士無不向前軍威大振城上抵敵不住曹兵爭先上城斬關落鎖大隊擁入李豐陳紀樂就梁剛都被生擒操令皆斬於市焚燒僞造宮室殿宇一應犯禁之物壽春城中收掠一空（收之掠之得毋亦曰借乎）商議欲進兵渡淮追趕袁術荀彧諫曰年來荒旱糧食艱難若更進兵勞軍損民未必有利不若暫回許都待來春麥熟（暗伏後踐麥一事）軍糧足備

方可圖之操躊躇未決忽報馬到報說張繡依托劉表復肆猖獗南陽張陵諸縣復反曹洪拒敵不住連輸數陣今特來告急操乃馳書與孫策令其跨江布陣以爲劉表疑兵使不敢妄動拒劉表專使孫策妙自巳即日班師別議征張繡之事臨行令玄德仍屯兵小沛與呂布結爲兄弟互相救助再無相侵奸甚呂布領兵自回徐州操密謂玄德曰吾令公屯兵小沛是掘坑待虎之計也前二虎競食驅虎吞狠之計已領教過矣公但與陳珪父子商議勿致有失某當爲公外援陽使合陰使離奸甚話畢而別却說曹操引軍回許都人報段煨

殺了李傕伍習殺了郭汜將頭來獻文省抑無數筆墨段煨併將李傕
合族老小二百餘口活解入許都操令分於各門處斬傳首號
令真是快事快事人民稱快天子陞殿會集文武作太平筵席二賊之死天子亦酌
酒相賀封段煨爲盪寇將軍伍習爲殄虜將軍各引兵鎮守長安
二人謝恩而去操即奏張繡作亂當興兵伐之天子乃親排鑾
駕送操出師時建安三年夏四月也正是麥秋時操留荀彧在許都
調遣兵將自統大軍進發行軍之次見一路麥已熟民因兵至
逃避在外不敢刈麥操使人遠近遍諭村人父老及各處守境

官吏曰吾奉天子明詔出兵討逆與民除害方今麥熟之時不得已而起兵大小將校凡過麥田但有踐踏者並皆斬首軍法甚嚴爾民勿得驚疑（君以民爲天民以食爲天曹操可謂知天之天）百姓聞諭無不歡喜稱頌望塵遮道而拜官軍經過麥田皆下馬以手扶麥遞相傳送而過並不敢踐踏（因糧于敵可也取糧于民不可也故無糧則壽春城中不妨收掠有糧則所過麥田不許踐踏）操乘馬正行忽田中驚起一鳩那馬眼生竄入麥中踐壞了一大塊麥田操隨呼行軍主簿擬議自已踐麥之罪（權詐可愛）主簿曰丞相豈可議罪操曰吾自制法吾自犯之何以服衆即

掣所佩之劒欲自刎。(權詐可愛。)衆急救住。郭嘉曰。古者春秋之義。法不加於尊。丞相總統大軍。豈可自戕。操沉吟良久。乃曰。既春秋有法不加於尊之義。吾姑免死。(即借郭嘉口中語。輕輕將死罪抛開。)乃以劒割自已之髮。擲於地曰。割髮權代首。使人以髮傳示三軍曰。丞相踐麥本當斬首號令。今割髮以代。(前既借人代已。此又借髮代頭。無所不用其借。)於是三軍悚然。無不凜遵軍令。後人有詩論之曰。

十萬貔貅十萬心。一人號令衆難禁。
拔刀割髮權爲首。方見曹瞞詐術深。

却說張繡知操引兵來急發書報劉表使爲後應一面與雷叙張先二將領兵出城迎敵兩陣對圓張繡出馬指操罵曰汝乃假仁義無廉耻之人與禽獸何異（隱然爲其叔母發恨）操大怒令許褚出馬繡令張先接戰只三合許褚斬張先於馬下繡軍大敗操引軍趕至南陽城下繡入城閉門不出操圍城攻打見城壕甚濶水勢又深急難近城乃令軍士運土填壕又用土布袋并柴薪草把相雜於城邊作梯凳又立雲梯窺望城中操自騎馬遶城觀之如此三日傳令教軍士於西門角上堆積柴薪會集諸將

就那裏上城城中賈詡見如此光景便謂張繡曰某已知曹操之意矣今可將計就計而行正是

强中自有强中手　用詐還逢識詐人

不知其計若何且聽下文分解

第十八回

賈文和料敵決勝

夏侯惇拔矢啖睛

將在謀而不在勇賈詡之知彼知己决勝决負斯誠善矣

至於郭嘉論袁曹優劣破曹之疑不減淮陰侯登壇數語若夏侯惇拔矢啖睛不過一武夫之能未足多也

十勝十敗其言皆確吾獨於仁勝德勝則有辨焉夫操何仁何德之有假仁非仁也市德非德也但當日才勝術勝耳

操之哭典韋非爲典韋哭也哭一既死之典韋而凡未死之典韋無不感激此非曹操忠厚處正是曹操奸雄處或曰奸雄雖奸安得此一副急淚予荅之曰彼口中哭典韋

意中自哭亡兒亡姪我惡乎知之

兵有先後着此着宜在先後一着不得此着宜在後先一着不得操欲攻袁紹而懼呂布之議其後也於是舍紹而攻布布既平而後吾可安意肆志於袁紹此先後着之不可亂也

操亦巧矣哉術方攻布則助布以攻術懼布之復與術和也布既破術則約備而攻布知術之必不復與布和也備布之交合而操之患深袁呂之交合而操之患更深今備

旣離衛亦離而後布可圖矣老謀深算信不可及

却說賈詡料知曹操之意便欲將計就計而行乃謂張繡曰其在城上見曹操遶城而觀者三日他見城東南角磚土之色新舊不等鹿角多半毀壞意將從此處攻進却虛去西北上積草詐爲聲勢欲哄我撤兵守西北彼乘夜黑必爬東南角而進也虛者實之實者虛之早被賈生看破繡曰然則奈何詡曰此易事耳來日可令精壯之兵飽食輕裝盡藏於東南房屋內却教百姓假扮軍士虛守西北夜間任他在東南角上爬城俟其爬進城時一聲砲響

伏兵齊起操可破矣以詐待詐正是將計就計繡喜從其計早有探馬報曹操說張繡盡撤兵在西北角上吶喊守城東南却甚空虛操曰中吾計矣誰知反中彼計遂命軍中密備鍬钁爬城器具日間只引軍攻西北角至二更時分却領精兵於東南角上爬過壕去砍開鹿角城中全無動靜衆軍一齊擁入只聽得一聲砲響伏兵四起曹軍急退背後張繡親驅勇壯殺來曹軍大敗退出城外奔走數十里張繡直殺至天明方收軍入城曹操計點敗軍折兵五萬餘人失去輜重無數呂虔于禁俱各被傷此皆爲城中却有智囊也

安衆漢縣名今廢故城在南陽府城西南

說賈詡見操敗走急勸張繡遣書劉表使起兵截其後路表得書卽欲起兵忽探馬報孫策屯兵湖口（應前）蒯良曰策兵屯湖口乃曹操之計也今操新敗若不乘勢擊之後必有患（蒯良之智亦不在賈生下）表乃令黃祖堅守隘口自己統兵至安衆縣截操後路一面約會張繡繡知表兵已起卽同賈詡引兵襲操且說操軍緩緩而行（故意緩行便知有謀矣）至襄城到淯水操忽於馬上放聲大哭（奸雄可愛）衆驚問其故操曰吾思去年於此地折了吾大將典韋不由不哭耳（此老得將士心慣用斯法○鄒夫人不知如何下落亦當一哭）因卽下令屯住軍馬大設

祭筵弔奠典韋亡魂。操親自拈香哭拜。三軍無不感歎。其所以親自拈香哭拜者。正要使三軍無不感歎耳。祭典韋畢，方祭姪曹安民及長子曹昂。先祭將而後及姪與子。是妙用。并祭陣亡軍士。不是爲死的。正是爲活的。連那匹射死的大宛馬也都致祭。不是爲馬。正欲感人。忙中夾叙此一段事。提照前文。妙。次日忽荀彧差人報說劉表助張繡屯兵安衆，截吾歸路。操荅彧書曰：吾日行數里，非不知賊來追我；然我計畫已定，若到安衆，破繡必矣。君等勿疑。妙算先定。此時却不明言。便催軍行至安衆縣界。劉表軍已守險要，張繡隨後引軍趕來。操乃令衆軍黑夜鑿險開道，暗伏奇兵。前黑夜爬城我中彼伏兵之計今黑夜鑿險彼兵亦中我伏兵之計真正奇妙及天色微明劉表張繡軍會合見操兵少疑操遁去倶引兵入險擊之操縱奇兵出大破兩家之兵曹兵出了安衆隘口於隘外下寨彼方截險我能出險所謂用兵如神劉表張繡各整敗兵相見表曰何期反中曹操奸計繡曰容再圖之於是兩軍集於安衆且說荀彧探知袁紹欲興兵犯許都星夜馳書報曹操操得書心慌即日回兵細作報知張繡繡欲追之賈詡曰不可追也追之必敗其所以必敗之故且不說出劉表曰今日不追坐失機會矣力勸繡引軍萬餘同往追之約行十餘里趕上曹軍

後隊曹軍奮力接戰劉張兩軍大敗而還截之者繞其前追之者逐其後繞其前而不勝逐其後則宜勝矣而又不勝殊出意外繡謂詡曰不用公言果有此敗詡曰今可整兵再往追之奇語似戲繡與表俱曰今已敗奈何復追詡曰今番追去必獲大勝如其不然請斬吾首其所以必勝之故且不說出繡信之麟他劉表疑慮不肯同往繡乃自引一軍往追繡能深信詡言詡所以不忍棄信之也操兵果然大敗車馬輜重連路散棄而走不敘戰只敘敗省筆○曹兵一敗之後忽得兩勝兩勝之後又復一敗令讀者閃爍不測繡正往前追趕忽山後一彪軍擁出此處且不說是何軍需在後文補出敘法變幻繡不敢前追收軍回安衆劉表問賈詡

曰前以精兵追退兵而公曰必敗後以敗卒擊勝兵而公曰必克究竟悉如公言何其事不同而皆驗也願公明教我讀者亦亟欲請教詡曰此易知耳將軍雖善用兵非曹操敵手操軍雖敗必有勁將爲後殿以防追兵我兵雖銳不能敵之也故知必敗夫操之急於退兵者必因許都有事既破我追軍之後必輕車速回不復爲備我乘其不備而更追之故能勝也必敗必勝之故至此方說明益前之追在曹操料中後之追不在曹操料中也鑿鑿而談了了如見劉表張繡俱服其高見不特表繡服之即曹操當亦服之詡勸表回荊州繡守襄城以爲脣齒兩軍各散且說

曹操正行間聞報後軍爲繡所追急引衆將回身救應補敘前文所未及好只見繡軍已退敗兵回告操曰若非山後這一路人馬阻住中路我等皆被擒矣數語于敗軍口中點綴得好操急問何人那人綽鎗下馬拜見曹操乃鎮威中郎將江夏平春人姓李名通字文達至此方敘出姓名操問何來通曰近守汝南聞丞相與張繡劉表戰特來接應操喜封之爲建功侯守汝南西界以防表繡李通謝而去忽然來隨即去絕不費筆墨操還許都表奏孫策有功封爲討逆將軍賜爵吳侯遣使齎詔江東諭令防勦劉表操回府衆官叅見畢荀彧

問曰丞相緩行至安衆何以知必勝賊兵讀者也要請教操曰彼退無歸路必將死戰吾緩誘之而暗圖之是以知其必勝也昔日書中所言至此纔說明○前有賈詡論兵此又有曹操論兵可當兵書一則荀彧拜服不特彧服之即賈詡當亦服之郭嘉入操曰公來何暮也嘉袖出一書白操曰袁紹使人致書丞相言欲出兵攻公孫瓚特來借糧借兵操曰吾聞紹欲圖許都今見吾歸又別生他議遂拆書觀之見其詞意驕慢昔李密致書于李淵詞意驕慢淵卑詞答之今紹正與密相類乃問嘉曰袁紹如此無狀吾欲討之恨力不及如何嘉曰劉項之不敵公所知也隱然以高祖待操高祖唯智勝

項羽雖强終爲所擒今紹有十敗公有十勝妙論紹兵雖盛不足懼也紹繁禮多儀公體任自然此道勝也大英雄不拘細節紹自謂四世三公故以繁禮爲家數不知太原公子闕自不衫不履也紹以逆動公以順率此義勝也挾天子以令諸侯其名固順桓靈以來政失於寬紹以寬濟公以猛糾此治勝也前有子產治鄭後有孔明治蜀皆是猛以濟寬紹外寬內忌所任多親戚公外簡內明用人唯才此度勝也如袁紹爲盟主時不責袁術之羈縶而曹操用兵能獎于禁而責夏侯也紹多謀少決公得策輒行此謀勝也此袁曹第一優劣處紹專收名譽公以至誠待人未必此德勝也操外雖誠而內實詐算不得德紹恤近忽遠公慮無不周此

仁勝也。操何仁之有。但當日才勝耳。紹聽讒惑亂，公浸潤不行，此明勝也。紹每疑田豐沮受，而操深信郭嘉荀彧是也。紹是非混淆，公法度嚴明，此文勝也。繁禮多儀，不是文；法度嚴明，乃眞文。紹好爲虛勢，不知兵要，公以少克衆，用兵如神，此武勝也。如後文袁紹馳檄討操，乃頓兵不進，而操能以十萬之衆破紹兵八十萬是也。公有此十勝，於以敗紹無難矣。總結一句。上文只說操之十勝，而紹之十敗已舉于中。操笑曰：如公所言，孤何足以當之。荀彧曰：郭奉孝十勝十敗之說，正與愚見相合。紹兵雖衆，何足懼耶。嘉曰：徐州呂布，實心腹大患。今紹北征公孫瓚，我當乘其遠出，先取呂布，掃除東南，然後圖紹，乃爲上計。

否則我方攻紹，布必乘虛來犯許都，爲害不淺也。歎陳十勝十敗之後，讀者必將謂攻紹矣，乃忽欲舍紹而攻布，殊出意表。操然其言，遂議東征呂布。荀彧曰：可先使人往約劉備，待其回報，方可動兵。爲後漏書伏線。操從之，一面發書與玄德，一面厚遣紹使，奏封紹爲大將軍、太尉，兼都督冀、青、幽、并四州，密書答之云：公可討公孫瓚，吾當相助。奸巧。紹得書大喜，便進兵攻公孫瓚。便是謀之不勝。且說呂布在徐州，每當賓客宴會之際，陳珪父子必盛稱布德。待呂布只須如此。陳宮不悅，乘間告布曰：陳珪父子面諛將軍，其心不可測，宜善防之。凡面諛人者，必腹誹人者也。陳珪父子便

是榜樣

布怒叱曰汝無端獻讒欲害好人耶聞忠言則怒爲獻讒聞諛言則信爲好人奉先殊屬夢夢雖然世之如奉先者正復不少也

宮出歎曰忠言不入吾輩必受殃矣意欲棄布他往却又不忍又恐被人嗤笑此時若去誰來笑你不能引決爲可笑耳

乃終日悶悶不樂一日帶領數騎去小沛地面圍獵解悶忽見官道上一騎驛馬飛奔前去如此穿插接遞妙有情致

宮疑之棄了圍場引從騎從小路趕上從小路三字細甚對上官道二字說也

正問曰汝是何處使命那使者知是呂布部下人慌不能答好

宮令搜其身得玄德回答曹操寄書一封前日曹操寄書是玄德後堂取去今日玄德回書是陳宮半路得來究竟前未見回札今未見

來東。總各看得一半耳。宮卽連人與書拿見呂布。布問其故。來使曰。曹丞相差我往劉豫州處下書。今得回書。不知書中所言何事。使者差矣。那裏有寄書的反瞞着魚雁。前慌不能答。此亦答猶不答。○布乃拆書細看。陳宮不先拆。候呂布手拆。俱細甚。書略曰。

奉明命欲圖呂布。敢不夙夜用心。但備兵微將少。不敢輕動。丞相若與大師。備當爲前驅。謹嚴兵整甲。專待鈞命。

呂布見了大罵曰。操賊焉敢如此。遂將使者斬首。先使陳宮、臧霸結連泰山寇孫觀、吳敦、尹禮、昌豨。音希。結連了假皇帝。結連眞強盜。東取山東兖州諸郡令高順張遼取沛城攻玄德令宋憲魏續西取汝穎布自總中軍爲三路救應本是操欲攻布布却反致布先發作又出意表且說高順等引兵出徐州將至小沛有人報知玄德玄德急與衆商議孫乾曰可速告急於曹操玄德曰誰可去許都告急階下一人出曰某願往視之乃玄德同鄉人姓簡名雍字憲和現爲玄德幕賓玄德即修書付簡雍使星夜赴許都求援此番莫又過麋宮一面整頓守城器具玄德自守南門孫乾守北門雲長守西門張飛守東門令麋竺與其弟麋芳守護中軍原來麋竺有一妹嫁與玄德爲

次妻玄德與他兄弟有郎舅之親故令其守中軍保護妻小（忪中）（又夾叙閒事正見玄德托人不苟不似呂布妻小之托于宋憲魏續也）高順軍至玄德在敵樓上問曰吾與奉先無隙何故引兵至此順曰你結連曹操欲害吾主今事已露何不就縛言訖便麾軍攻城玄德閉門不出次日張遼引兵攻打西門雲長從城上謂之曰公儀表非俗何故失身於賊（壯士惜壯士為後白門樓相救伏案）張遼低頭不語（好張遼）雲長知此人有忠義之氣更不以惡言相加亦不出戰（豪傑愛豪傑）遼引兵退至東門張飛便出迎戰早有人報知關公關公急來東門看時只

見張飛方出城張遼軍已退（好張遼）飛欲追趕關公急召入城飛曰彼懼而退何不追之關公曰此人武藝不在你我之下因我以正言感之頗有自悔之心故不與我等戰耳（好漢識好漢）飛乃悟只令士卒堅守城門更不出戰却說簡雍至許都見曹操具言前事操即聚眾謀士議曰吾欲攻呂布不憂袁紹掣肘只恐劉表張繡議其後耳（提照前文）荀攸曰二人新破未敢輕動呂布驍勇若更結連袁術縱橫淮泗急難圖矣（表與繡合不足慮布與術合深足憂）郭嘉曰今可乘其初叛眾心未附疾往擊之操從其言即命夏侯惇與

夏侯淵呂虔李典領兵五萬先行自統大軍陸續進發簡雍隨行叙事細甚早有探馬報知高順順飛報呂布布先令侯成郝萌曹性引二百餘騎接應高順使離沛城三十里去迎曹軍自引大軍隨後接應玄德在小沛城中見高順退去知是曹家兵至乃只留孫乾守城糜竺糜芳守家自己却與關張二公提兵盡出城外分頭下寨接應曹軍空城出屯是失着却說夏侯惇引軍前進正與高順軍相遇便挺鎗出馬搦戰高順迎敵兩馬相交戰有四五十合高順抵敵不住敗下陣來惇縱馬追趕順遶陣而走惇

不捨亦遶陣追之陣上曹性看見暗地拈弓搭箭覷得親切一箭射去正中夏侯惇左目惇大叫一聲急用手拔箭不想連眼珠拔出也（好痛）乃大呼曰父精母血不可棄也遂納於口內啖之（惇此時面上一眼。腹中一眼。二眼外觀。一眼內視。已之視已。亦見其肺肝矣。若云父精母血。雖然自吃自還。算吃爹娘。）仍復提鎗縱馬直取曹性性不及隄防早被一鎗搠透面門（曹性面上及多一眼矣。）一死於馬下兩邊軍士見者無不駭然夏侯惇既殺曹性縱馬便回高順從背後趕來麾軍齊上曹兵大敗夏侯淵救護其兄而走呂虔李典將敗軍退去濟北下寨高順得勝引軍回

擊玄德恰好呂布大軍亦至布與張遼高順分兵三路來攻玄德關張三寨正是

啖睛猛將雖能戰　中箭先鋒難久持

未知玄德勝負如何且聽下文分解

四大奇書第一種卷之十

茂苑毛宗崗序始氏評　　吳門杭永年資能氏評定

第十九回

下邳城曹操鏖兵

白門樓呂布殞命

使劉備於漏書之後而小沛之戰爲布所殺則操必曰非我也布也及令備當淮南之衝若其放走呂布而操殺之則又必曰非我也軍令也欲使他人殺之而無其隙構呂

布則有其隙矣欲自殺之而無其名違軍令則有其名矣操心中步步欲害玄德而外面却處處保護玄德乃玄德心中亦步步隄防曹操而外面亦處處逢迎曹操兩雄相遇兩智相對使讀書者驚心悅目

玄德常曰元龍河海之士豪氣未除又曰元龍如卧百尺樓上則元龍之爲人其英爽高明可知乃英爽高明之人而亦喜於用詐何也曰兵不厭詐亦在用之得其宜耳不當詐而不詐則有不欺人之羊叔子當詐而詐何妨有善

騙人之陳元龍

試日玄德既知丁原董卓之事何不勸操留布以爲圖操之地予日不然操非丁原董卓比也操不殺布則必用布用布則必防布既能以利厚結之而使爲我用又能以術牢籠之而使不爲我害是爲虎添翼也操之局寄不似丁董之疎虞玄德其見及此乎

易牙殺子以饗君管仲以爲非人情不可近劉安之事將毋同乎曰不同牙爲利也安爲義也君非絕食則易牙之

烹其子爲不情君當絕食則介之推自割其肉不爲過也雖然呂布之戀妻也太愚劉安之殺妻也太忍唯玄德爲得其中不得不棄而棄之何必如兄弟之誓同生死罔不當學呂布得保則保之又誰云衣服之不及手足亦不當學劉安

曹家人截嫁攔婚並非拉着香囊酒吃呂家女空回白轉不爲少了開門錢來前日長枷釘韓偷是獨桌請了媒人今番火炬燒下邳是打燈接着新熱轎軍中得勝皷疑是娶

親的奏樂人馬前六纛旗權當迎女的衆闈帳國丈自娶着貴妃出走不顧辱沒了東宮皇帝更不教太子親迎只爲惡識了天使伐柯詩咏成破斧待大媒的是刀鋸不是酒漿血光星犯着紅鸞戰通宵的是疆場不是枕蓆此數聯皆絕倒

將欲和人飛酒先特特邀人飲酒張飛何其有禮從未請人吃酒便白白教人斷酒呂布大是不情自要吃酒却怪他人不吃酒張飛怪得高懷自不吃酒却怒他人吃酒呂

布怒得没趣送酒是好意侯成過張飛定當引爲腹心拒酒是蠢才曹豹與吕布果然可稱翁壻先飲酒後領棒以醉人受醉棒曹豹之痛好耐既折酒又折棒以醒棒打醒一人侯成之恨難消張飛借老曹打老吕實不曾打老曹吕布爲衆將打一人是分明打衆將張飛戒飲之飲比不戒飲之飲愈多翻覺戒飲爲多事吕布禁酒之害比害酒之害更甚可爲禁酒之大懲戒氣勝戒酒張飛但當戒一巳之鞭笞禁酒如禁色吕布安能禁衆人之夫婦張飛殺過

天

一夜酒風明日便戒酒不成戒倒便宜了醉漢呂布打散他人筵席自家竟與酒永别活斷送了醒人張飛徐州之失還堪以酒解其悶呂布白門樓之死誰能以酒奠其魂此數聯又絶倒

却說高順引張遼擊關公寨呂布自擊張飛寨關張各出迎戰玄德引兵兩路接應呂布分軍從背後殺來關張兩軍皆潰玄德引數十騎奔回沛城今日狼狽奔回則知前日不當盡出城外下寨呂布趕來玄德急喚城上軍士放下吊橋呂布隨後也到城上欲待放箭又恐

射了玄德敘事剔敍被呂布乘勢殺入城門把門將士抵敵不住都
四散奔避呂布招軍入城玄德見勢已急到家不及只得棄了
妻小此卷中以玄德棄妻劉安殺妻呂布戀妻相對成趣穿城而過走出西門匹馬逃難
又失了小沛城此城凡三得三失矣呂布趕到玄德家中糜竺出迎告布曰吾聞
大丈夫不廢人之妻子與將軍爭天下者曹公耳玄德常念轅
門射戟之恩不敢背將軍也今不得已而投曹公惟將軍憐之
語亦動聽布曰吾與玄德舊交豈忍害他妻子前布與袁術戰時玄德曾遣雲長助之故今以此
相報耶便令糜竺引玄德妻小去徐州安置爲後糜竺登城拒布伏案布自

引軍投山東兗州境上留高順張遼守小沛此時孫乾已逃出城外關張二人亦各自收得些人馬往山中住劄補筆應前亦便伏筆炤後且說玄德匹馬逃難正行間背後一人趕至視之乃孫乾也孫乾先至關張慢來叙法參差有致玄德曰吾今兩弟不知存亡妻小失散爲之奈何○先說兩弟後及妻小妙孫乾曰不若且投曹操以圖後計玄德依言尋小路投許都途次絕糧嘗往村中求食但到處聞劉豫州皆爭進飲食絕勝重耳過衛時○先寫此句爲後劉安殺妻供食作引一日到一家投宿其家一少年出拜問其姓名乃獵戶劉安也是喜吃野味人當下劉安聞豫州

牧至欲尋野味供食一時不能得野味難得不若家味之便乃殺其妻以食之○奇絕古名將亦有殺妻饗士者婦人不幸生亂世遂使命如草菅哀哉○玄德以妻子比衣服此人以妻子爲飲食更奇

玄德曰此何肉也安曰乃狼肉也人有溺愛悍妻者但知妻是肉不知妻是狼乃肯以劉安之法處之○若在懼內者言之當名曰獅子肉玄德不疑遂飽食了一頓曹操在呂伯奢家誤認豬是人玄德在劉安家誤認人是狼曹操不曾吃得一塊豬肉玄德飽吃一頓人肉不吃豬肉者反是惡人吃人肉者反不失爲好人天晚就宿不知劉安此夜如何睡得着至曉將去往後院取馬忽見一婦人殺於廚下不意取馬反忽見狼臂上肉已都割去昨宵深得此一臂之力○玄德髀肉可復生此婦臂肉安得復生耶玄德驚問方知昨夜食者乃其妻之肉也脫或不見不問

則劉安終不使玄德知之其立念此殺妻饗士者更奇。玄德不勝傷感洒淚上馬劉安告玄德曰本欲相隨使君因老母在堂未敢遠行又是孝子玄德稱謝而別取路出梁城忽見塵頭蔽日一彪大軍來到玄德知是曹操之軍同孫乾徑至中軍旗下與曹操相見不必直到許都即於途中相遇好。且說失沛城散二弟陷妻小之事操亦爲之下淚殷慈悲。又說劉安殺妻爲食之事其事甚奇不得不爲一述操乃令孫乾以金百兩往賜之千金買駿骨百金謝狼肉一上黃金臺一飽劉君腹○劉安得此金又可娶一妻矣但恐無人肯嫁之耳何也恐其又把作野味請客也軍行至濟北夏侯淵等迎接入寨備言兄夏侯惇損其一日卧病未痊。同覆前文好。操臨卧處視之，令先回許都調理。好安放。一面使人打探呂布現在何處，探馬回報云：呂布與陳宮臧霸結連泰山賊寇共攻兗州諸郡。照前文。操即令曹仁引三千兵打沛城，操親提大軍與玄德來戰呂布。伏後案。前至山東路近蕭關，正過泰山寇孫觀吳敦尹禮昌豨領兵三萬餘攔住去路。操令許褚迎戰。四將一齊出馬，許褚奮力死戰，四將抵敵不住，各自敗走。操乘勢掩殺，追至蕭關。探馬飛報呂布。此句過文。是時布已回徐州，欲同陳登往救小沛。小沛休矣。令陳珪守徐州。徐州休矣。陳登臨行，珪

下邳即今淮安府下邳縣

謂之曰：昔曹公曾言東方事盡付與汝，今布將敗，可便圖之。照應前文。登曰：外面之事，兒自爲之；倘布敗回，父親便請糜竺一同守城，休放布入，兒自有脫身之計。埋伏後文。珪曰：布妻小在此，心腹頗多，爲之奈何？思慮周匝。登曰：兒亦有計了。是父是子。乃入見呂布曰：徐州四面受敵，操必力攻，我當先思退步，可將錢糧移於下邳。只說錢糧，不說妻小，妙甚。儻徐州被圍，下邳有糧可救，主公盍早爲計。布曰：元龍之言甚善，吾當并妻小移去。此句待他自說，甚妙。遂令宋憲、魏續保護妻小與錢糧移屯下邳。妻小休矣。此處點出宋憲、魏續，筆法閒警。一面自引軍與陳登往救蕭關到半路登曰容某先到關探曹兵虛實主公方可行休矣此關布許之登乃先到關上陳宮等接見登曰溫侯深怪公等不肯向前要來責罰反閒得妙宮曰今曹兵勢大未可輕敵吾等緊守關隘可勸主公深保沛城乃爲上策陳登唯唯至晚上關而望見曹兵直逼關下乃乘夜連寫三封書拴在箭上射下關去書中約他放火爲號殺入關中也此處尚不說明次日辭了陳宮飛馬來見呂布曰關上孫觀等皆欲獻關某已畱下陳宮守把將軍可於黃昏時殺去救應又反閒得妙蓋孫觀等皆新結之寇且又新敗而陳宮實爲呂布心腹故必作如此語以誘布而布乃無

（不信矣。黃昏時二字，更有針線。）布曰：非公則此關休矣。（非公則此關安得休。）便教陳登飛騎先至關，約陳宮爲內應，舉火爲號。（正暗合陳登書中之意，亦是黃昏時三字有以啓之也。）登徑往報宮曰：曹兵已抄小路到關內，恐徐州有失，公等宜急回。（騙呂布，又騙陳宮。兩邊夾叙，都用實筆，妙。）宮遂引衆棄關而走。（也着了。適見。）登就關上放起火來。（不負書中之約，亦可謂不背呂布之令。）呂布乘黑殺至，陳宮軍和呂布軍在黑暗裏自相掩殺。（只一陳登弄得他七顛八倒，可知曹操用間之妙。）曹兵望見號火，一齊殺到，乘勢攻擊。（陳登箭上三書中語，暗補於此，妙。）孫觀等各自四散逃避去了。（易聚易散，是賊寇身分。此句伏後招安一案。）呂布直殺到天明，方知是計（呆鳥）急與陳宮回徐州到得城邊叫門時城上亂箭射下（前日小沛城上之箭當移於此日射之）糜竺在敵樓上喝曰汝奪吾主城池今當仍還吾主汝不得復入此城也（陳珪不出使糜竺答話妙甚）布大怒曰陳珪何在竺曰吾已殺之矣（假話妙若不如此說恐陳登在呂布軍中爲其所害也然不知登已早脫身去矣）布回顧宮曰陳登安在（已往小沛賺高順張遼去了）宮曰將軍尚執迷而問此佞賊乎（真是呆鳥）布令遍尋軍中却只不見（好笑）宮勸布急投小沛布從之行至半路只見一彪軍驟至視之乃高順張遼也（奇）布問之答曰陳登來報說主公被圍令某等急來救解（不向陳登那邊叙去却從）

呂布這邊聽來。是宮曰。此又佞賊之計也。布怒曰。吾必殺此賊用虛筆。與前文變。只怕殺他不得了。急驅馬至小沛只見小沛城上盡插曹兵旗號原來曹操已令曹仁襲了城池引軍守把。敘法虛實俱佳。呂布於城下大罵陳登登在城上指布罵曰。吾乃漢臣。安肯事汝反賊耶。此時却不面諛布大怒。正待攻城。忽聽背後喊聲大起。一隊人馬來到。當先一將乃是張飛。突如其來。來得奏巧。高順出馬迎敵。不能取勝。布親自接戰。正鬪間。陣外喊聲復起。曹操親統大軍衝殺前來。寫張飛後不即寫雲長忽又夾敘曹操。用筆錯落。呂布料難抵敵。引軍東走。曹兵隨後追趕。呂布走得人困馬乏。忽又閃出一彪軍，攔住去路，為首一將，立馬橫刀，大喝：「呂布休走！關雲長在此！」（突如其來，來得湊巧。看他寫關張之來，敘法各變，妙甚。）呂布慌忙接戰，背後張飛趕來。布無心戀戰，與陳宮等殺開條路，徑奔下邳。侯成引兵接應去了。（畧作一頓。此處點出侯成，用筆閒警。）關張相見，各洒淚言失散之事。（寫得有情致。）雲長曰：「我在海州路上住劄，探得消息，故來至此。」張飛曰：「弟在芒碭山住了這幾時，今日幸得相遇。」（補寫二公踪跡，只在二公口中自敘，省筆。）兩箇敘話畢，一同引兵來見玄德，哭拜於地。玄德悲喜交集，（敘得有情致。）引二人見曹操，便隨操入徐州。糜竺接見具言家屬無恙玄德甚喜陳珪父子亦來參拜曹操（叙事簡到）（一筆不漏）操設一大宴犒勞諸將操自居中使陳珪居右玄德居左（亦學呂布生法耶）其餘將士各依次坐宴罷操嘉陳珪父子之功加封十縣之祿授登爲伏波將軍（完陳珪父子）且說曹操得了徐州心中大喜（可知其在兖州時未嘗須臾忘徐州也）商議起兵攻下邳程昱曰布今止有下邳一城若逼之太急必死戰而投袁術矣（遠慮）布與術合其勢難攻今可使能事者守住淮南徑路內防呂布外當袁術（此是正意）況今山東尚有臧霸孫觀之徒未曾歸順防之亦不可忽也（此是

餘意操曰吾自當山東諸路其淮南徑路請玄德當之使玄德當袁呂往來之要衝亦即驅虎吞狼之計也玄德曰丞相將令安敢有違玄德此時不得不應次日玄德留糜竺簡雍在徐州帶孫乾關張引軍往守淮南徑路曹操自引兵攻下邳且說呂布在下邳自恃糧食足備應前移屯錢糧且有泗水之險照後曹操決水安心坐守可保無虞陳宮曰今操兵方來可乘其寨柵未定以逸擊勞無不勝者布曰吾方屢敗不可輕出待其來攻而後擊之皆落泗水矣豈知此水反爲我害遂不聽陳宮之言過數日曹兵下寨已定操統衆將至城下大叫呂布答話布上

城而立操謂布曰聞奉先又欲結婚袁術吾故領兵至此夫術有反逆大罪而公有討董卓之功今何自棄其前功而從逆賊耶儻城池一破悔之晚矣若早來降共扶王室當不失封侯之位此非誘布實欲用布也玄德在白門樓時正慮此耳布曰丞相且退尚容商議主張不定陳宮在布側大罵曹操奸賊一箭射中其麾蓋今日城上之一箭不如前日席中之一劍操指宮恨曰吾誓殺汝為白門樓伏案呂布轅門之射玄德不必報恩陳宮摩蓋之射曹操安得懷恨耶遂引兵攻城宮謂布曰曹操遠來勢不能久將軍可以步騎出屯於外宮將餘衆閉守於內操若攻將軍宮引兵擊其背

若來攻城將軍爲救於後不過旬日操軍食盡可一鼓而破此乃犄角之勢也〔玄德屯兵城外而致失小沛者爲與關張俱出而城中空虛也若今陳宮所言則誠大善矣〕布曰公言極是遂歸府收拾戎裝時方冬寒分付從人多帶綿衣布妻嚴氏聞之〔百忙中忽閃出一婦人正應前稽遲妻小句〕出問曰君欲何往布告以陳宮之謀嚴氏曰君委全城捐妻子孤軍遠出倘一旦有變妾豈得爲將軍之妻乎〔汝若肯死安得爲他人妻只此一語便非貞婦〕布躊躇未決三日不出〔沒主意〕宮入見曰操軍四面圍城若不早出必受其困布曰吾思遠出不如堅守〔沒主意〕宮曰近聞操軍糧少遣人往許都

去取早晚將至。又在陳宮口中。帶叙曹操軍中事。將軍可引精兵往斷其糧道此計大妙布然其言復入內對嚴氏說知此事。婚姻之事。謀及婦人猶可言也。軍旅之事。謀及婦人不可言也。嚴氏泣曰將軍若出陳宮高順安能堅守城池儻有差失悔無及矣。妾昔在長安已為將軍所棄幸賴龐舒私藏妾身再得與將軍相聚。頓提前事。如千丈瀑綫忽然一落。孰知今又棄妾而去乎。將軍前程萬里請勿以妾為念言罷痛哭先以危詞動之。又以哀詞款之。然後繼之以哭。不由丈夫不聽。布聞言愁悶不決入告貂蟬。貂蟬別來無恙。既謀之妻。又謀之妾。總是沒主張。貂蟬曰將軍與妾作主勿輕騎自出嚴氏之言詳。貂蟬之言畧。叙法俱佳。

布曰汝無憂慮吾有畫戟赤兔馬誰敢近我頗誇戟馬正爲後文盜馬盜戟作反襯乃出謂陳宮曰操軍糧至者詐也操多詭計吾未敢動懼內人偏不肯說是懼內偏有許多解說宮出歎曰我等死無葬身之地矣極似李儒歎董卓語布於是終日不出只同嚴氏貂蟬飲酒解悶飲酒二字悶悶而起謀士許汜王楷入見布進計曰今袁術在淮南聲勢大振將軍舊曾與彼約婚今何不仍求之彼兵若至內外夾攻操不難破也此計不出程昱所料布從其計即日修書就着二人前去許汜曰須得一軍引路衝出方好布令張遼郝萌兩個引兵一千送出隘口是夜二更

張遼在前郝萌在後保着許汜王楷殺出城去抹過玄德寨將追趕不及已出隘口讀者至此爲玄德着急郝萌將五百人跟許汜王楷而去張遼引一半軍回一軍忽分兩隊一去一回自得變幻到隘口時雲長攔住未及交鋒高順引兵出城救應接入城中去了此時捉住張遼不如後日捉住郝萌且說許汜王楷至壽春拜見袁術呈上書信術曰前者殺吾使命賴我婚姻今又來相問何也汜曰此爲曹操奸計所誤願明公詳之術曰汝主不因曹兵困急豈肯以女許我楷曰明公今不相救恐脣亡齒寒亦非明公之福也術曰奉先反覆

無信可先送女然後發兵發業借兵得他玉璽爲質呂布借兵又要他女兒爲質一是死寶一是活寶許汜王楷只得拜辭和郝萌回來到玄德寨邊汜曰日間不可過夜半吾二人先行郝將軍斷後商量停當夜過玄德寨許汜王楷先過去了郝萌正行之次張飛出寨攔路郝萌交馬只一合被張飛生擒過去五百人馬盡被殺散本恐許汜王楷有失故郝萌引軍送之不意彼二人反走脫郝萌反被擒寫得變幻○走張遼則寫雲長擒郝萌則寫張飛都好張飛解郝萌來見玄德玄德押往大寨見曹操郝萌備說求救許婚一事操大怒斬郝萌於軍門又殺了呂家一個媒人使人傳諭各寨小心防守如有

走透呂布及彼軍士者依軍法處治（玄德亦在約束之內）各寨悚然玄德回營分付關張曰我等正當淮南衝要之處二弟切宜小心在意勿犯曹公軍令飛曰捉了一員賊將曹操不見有甚褒賞却反來誆嚇何也（幾乎又惹此公發作）玄德曰非也曹操統領多軍不以軍令何能服人弟勿犯之（玄德之意不過在他簷下過不敢不低頭耳然若以此語勸張飛飛必不服故以軍令當嚴爲辭蓋假話也）關張應諾而退却說許汜王楷回見呂布具言袁術先欲得婦然後起兵救援布曰如何送去汜曰今郝萌被獲操必知我情須作準備若非將軍親自護送誰能突出重圍

布曰今日便送去如何又何倉卒至此汜曰今日乃凶神值日不可去明日大利宜用戌亥時不唯會做媒又會選日布命張遼高順引三千軍馬安排小車一輛我親送至一百里外却使你兩個送去次夜二更時分是戌末亥初呂布將女以綿纏身用甲包裹負於背上提戟上馬只有隨新人的送娘那有背新人的送爺只有蓋新人的紅羅那有裹新人的鐵甲只有坐新人的花轎那有騎新人的戰馬可發一咲放開城門布當先出城張遼高順跟着將女到玄德寨前一聲鼓響關張二人攔住去路大叫休走布無心戀戰只顧奪路而行玄德自引一軍殺來兩軍混戰呂布雖勇終是

縛一女在身上只恐有傷不敢衝突重圍（趙雲懷小兒卽能衝陣呂布背女子不能突劉意者玄德之子紫微早已臨身奉先之女紅鸞未曾照命耶）後面徐晃許褚皆殺奔衆軍皆大叫曰不要走了呂布布見軍來太急只得仍退入城（前番是自已追轉今番是別人趕囘）玄德收軍徐晃等各歸寨端的不曾走透一個呂布囘到城中心內憂悶（不獨呂布憂悶女兒當亦憂悶）只是飲酒（聊當送親酒）却說曹操攻城兩月不下忽報河內太守張揚出兵東市欲救呂布部將楊醜殺之欲將頭獻丞相却被張揚心腹將眭固所殺反投大城去了（此事只在報人口中叙過省筆）操聞報卽遣史渙追斬眭固（音爲）（只一句了）

却更省筆因聚衆將曰張揚雖幸自滅然北有袁紹之憂東有表繡之患下邳久圍不克吾欲舍布還都暫且息戰何如荀攸急止曰不可呂布屢敗銳氣已墮軍以將爲主將衰則軍無戰心彼陳宮雖有謀而遲確評今布之氣未復宮之謀未定作速攻之布可擒也機會良不可失若在袁紹必不肯聽此言郭嘉曰某有一計下邳城可立破勝於二十萬師荀彧曰莫非決沂泗之水乎嘉笑曰正是此意不消郭嘉說出荀彧早已道着二口如出一心操大喜即令軍士決兩河之水曹兵皆居高原坐視水淹下邳濮陽城中呂布贈操以火下邳城中曹操笑布以水畢竟火不勝水下邳

一城只剩得東門無水為後侯成盜馬出東門伏案其餘各門都被水淹衆
軍飛報呂布布曰吾有赤兎馬渡水如平地又何懼哉公則無懼矣妻小奈何恐不能盡馱在背上也乃日與妻妾痛飲美酒只顧自己吃酒不顧他人吃水因酒色
過傷形容銷減一日取鏡自照驚曰吾被酒色傷矣自今日始
當戒之遂下令城中但有飲酒者皆斬不戒色只戒酒自己害酒却戒別人飲酒可笑
却說侯成有馬十五匹被後槽人盜去欲獻與玄德將為侯成盜馬獻曹操先寫後槽人盜馬獻玄德天然奇妙侯成知覺追殺後槽人將馬奪回諸將與
侯成作賀失馬安知非福得馬安知非禍嗟哉諸將不若塞翁之高見矣侯成釀得五六斛酒

欲與諸將會飲。戀妻妾者。旣爲滸釜之魚。曾賓客者。亦作處堂之燕。有其上必有其下也。恐呂布見罪。乃先以酒五瓶詣布府稟曰。托將軍虎威。追得失馬。衆將皆來作賀。釀得些酒。未敢擅飲。特先奉上微意。亦可謂詞禮交至矣。布大怒曰。吾方禁酒。汝却釀酒會飲。莫非同謀伐我乎。此語實啟其殺機。命推出斬之。罪不至此。酒誥註曰。寻其殺者。未必殺也。宋憲魏續等諸將俱入告饒。布曰。故犯吾令。理合斬首。今看衆將面。且打一百。衆將又哀告。打了五十背花。與張飛打曹豹一樣打法。但打曹豹是醉棒。打侯成是醒棒。然後放歸。衆將無不喪氣。宋憲魏續至侯成家來探視。侯成泣曰。非公等則吾死矣。

憲曰布只戀妻子視吾等如草芥續曰軍圍城下水遶壕邊吾等死無日矣然則水可弔也馬何弔賀憲曰布無仁無義我等棄之而走何如續曰非丈夫也不若擒布獻曹公一個商量要走一個決計要擒敘法又參差又交序侯成曰我因追馬受責而布所倚恃者赤兔馬也因馬想到馬汝二人果能獻門擒布吾嘗先盜馬去見曹公因盜馬想到盜馬侯成馬後槽人不曾盜得呂布馬反要盜去奇幻侯成三人商議定了三人者或則托其防護妻小或則賴其引兵接應皆布之心腹也而布卒死於此三人之手異哉○回思呂布同謀伐吾一語竟是出口成讖是夜侯成騎至馬院盜了那匹赤兔馬張飛奪馬是一百五十匹後槽偷馬○是一十五匹今侯成盜馬却只一匹飛奔東

門來東門無水故也。魏續便開門放出却佯作追趕之狀若眞追轉害布也該歛滿

賀喜。侯成到曹操寨獻上馬匹。侯成馬不曾獻與玄德呂布馬反先獻與曹操奇幻。備言宋憲魏續插白旗爲號準備獻門。濮陽城中白旗是詐下邳城上白旗是真。白旗之說前三人商議時所畫之策。乃却於此處補出。曹操聞此信便押榜數十張射入城去。一則惑其軍心。一則瞞約宋魏二人。○前陳登射書。今曹操射榜。陳登書連射三封。曹操榜又連射數十。正相對成趣。其榜曰

大將軍曹特奉明詔征伐呂布如有抗拒大軍者破城之日滿門誅戮上至將校下至庶民有能擒呂布來獻或獻其首級者重加官賞爲此榜諭各宜知悉前叙陳登書用瞞備法。今叙曹操榜。却明寫其

詞都好

次日平明城外喊聲震地呂布大驚提戟上城各門點視責罵魏續走透侯成失了戰馬欲待治罪城下曹兵望見城上白旗竭力攻城布只得親自抵敵從平明直打到日中曹兵稍退此時宋魏二人不卽獻門者懼布之勇也布少憩門樓此門樓卽白門樓耶不覺睡着在椅上旣非酒醉何便睡着宋憲趕退左右先盜其畫戟侯成盜馬宋憲盜戟正相對被責者侯成而首欲擒布者反是魏續首謀者魏續先盜戟者反是宋憲叙得參差變幻便與魏續一齊動手將呂布繩纏索綁緊緊縛住不意呂布竟被縛於二人夫非二人之能縛布也布實自縛於其妻妾耳

（○緊緊二字，對後縛太急句。）布從睡夢中驚醒，急喚左右，却都被二人殺散，把白旗一招，曹兵齊至城下。魏續大叫：「已生擒呂布矣！」夏侯淵尚未信，宋憲在城上擲下呂布畫戟來。（典韋之死，雙戟先亡；呂布之擒，一戟先落。）大開城門，曹兵一擁而入。高順、張遼在西門，水圍難出，爲曹兵所擒。陳宮奔至南門，爲徐晃所獲。曹操入城，即傳令退了所決之水，出榜安民。（叙事周緻。）一面與玄德同坐白門樓上，關、張侍立於側，提過擒獲一干人來。呂布雖然長大，却被繩索綑做一團。（眞如綑布。）布叫曰：「縛太急，乞緩之！」（既已被縛，何爭緩急。）操曰：「縛虎不得不急。」（陳登說他是鷹，

（曹操偏說他是虎）布見侯成魏續宋憲皆立於側乃謂之曰我待諸將不薄汝等何忍背反憲曰聽妻妾言不聽將計何謂不薄（責備得是）布默然（其實沒得說）須臾衆擁高順至操問曰汝有何言順不答（亦好）操怒命斬之徐晃解陳宮至操曰公臺別來無恙（輕薄語）宮曰汝心術不正吾故棄汝操曰吾心不正公又奈何獨事呂布（亦責備得不差）宮曰布雖無謀不似你詭詐奸險操曰公自謂足智多謀今竟何如（好嘲咲）宮顧呂布曰恨此人不從吾言若從吾言未必被擒也操曰今日之事當如何（問得惡）宮大聲曰今日有死而已（操如

武問宮必如此答使操而有良心者念其昔日活我之恩則竟
釋之釋之而不降則竟縱之縱之而彼又來圖我而又獲之然
後聽其自殺此則仁人君子
之用心也而操非其倫也操曰公如是奈公之老母妻子何
又問得惡中牟縣初遇時曾
談及老母妻子此處遙應前文宮曰吾聞以孝治天下者不害
人之親施仁政於天下者不絕人之祀老母妻子之存亡亦在
於明公耳吾身既被擒請即就戮並無掛念並無一弱語操有留戀
之意假惺惺不記前城上射箭將發狠要殺之耶宮徑步下樓左右牽之不住便漢操
起身泣而送之假惺惺宮並不回顧硬漢操謂從者曰即送公臺老
母妻子回許都養老怠慢者斬一味權詐諄諄母妻亦爲卷中殺妻戀妻等事作餘波宮

聞言亦不開口伸頭受刑。硬漢。衆皆下淚操以棺槨盛其尸葬於許都（宫初獲操而不殺客店欲殺而不果宫之活操者再矣而操不一活之操眞狠人哉）後人有詩嘆之曰

生死無二志　丈夫何壯哉　不從金石論　空負棟梁材
輔主眞堪敬　辭親實可哀　白門身死日　誰肯似公臺

方操送宫下樓時布告玄德曰公爲坐上客布爲階下囚何不發一言而相寬乎（宫何硬布何軟）玄德點頭及操上樓來布叫曰明公所患不過於布布今已服矣公爲大將布副之天下不難定也

布言如此備愈不肯出言相寬矣。操回顧玄德曰何如。操意已動。玄德答曰公不見丁建陽董卓之事乎。妙極似爲操語。布目視玄德曰是兒最無信者。耶以故類。操令牽下樓縊之。布回顧玄德曰大耳兒不記轅門射戟時耶。卽不轅門射戟備未必死。操則負宮備不爲負布。忽一人大叫曰呂布匹夫死則死耳何懼之有。未罵曹操先罵呂布未說自巳不怕死先罵呂布怕死大是妙人。衆視之乃刀斧手擁張遼至。寫呂布陳宮張遼高順陸續擒至各有一樣身分。操令將呂布縊死然後梟首後人有詩嘆曰

洪水滔滔淹下邳　當年呂布受擒時
空如赤兔馬千里

漫有方天戟一枝　縛虎望寬今太懦　養鷹休飽昔無疑
戀妻不納陳宮諫　枉罵無恩大耳兒
又有詩論玄德曰
傷人餓虎縛休寬　董卓丁原血未乾
玄德既知能啖父　爭如留取害曹瞞
却說武士擁張遼至操指遼曰這人好生面善遼曰濮陽城中曾相遇如何忘却操笑曰你原來也記得遼曰只是可惜奇語怒發操曰可惜甚的遼曰可惜當日火不大不曾燒死你這國賊因今

日之水提起昔日之火妙甚　操大怒曰敗將安敢辱吾援劍在手親自來殺

張遼不覺露出恨惡身段遼全無懼色引頸待殺所謂死則死耳何懼之有曹操背後

一人攀住臂膊一人跪於面前說道丞相且莫動手正是

乞哀呂布無人救　罵賊張遼反得生

畢竟救張遼的是誰且聽下文分解

第二十回

曹阿瞞許田打圍

董國舅內閣受詔

趙高以指鹿察左右之順逆曹操以射鹿驗衆心之從違奸臣心事何其前後如出一轍也至於借弓不還始而假借旣且實受豈獨一弓爲然哉即天位亦猶是爾

河陽之狩以臣名君許田之獵以上從下皆非天子意也然重耳率諸侯以朝王曹操代天子而受賀操於是不得復爲重耳矣

雲長之欲殺操爲人臣明大義也玄德之不欲殺爲君父謀萬全也君側之惡除之最難前後左右皆其腹心爪牙

殺之而禍及我身猶可耳殺之而禍及君父則不爲功之首而反爲罪之魁矣可不慎哉

董承前曾拒傕汜以救駕今若能誅曹操是再救駕也馬騰前同韓遂攻傕汜曾受密詔今同董承謀曹操是再受詔也前之救駕是實事而後之救駕是虛談前之受詔用虛叙而後之受詔用實寫一虛一實參差變換各各入妙又妙在七人受詔處或自受或因人所受以爲受或先見詔或後見詔或約來或自至或兩人同來或一人獨至或

潸然淚下或咬牙切齒文官有文官身分武臣有武臣氣概人人不同人人如畫眞叙事妙品

曹操無君之罪至許田射鹿而大彰明較著矣人臣無將將而必誅袁術之僭其既然者也曹操之篡其將然者也將之與既厥罪維均故自有衣帶詔之後凡興兵討操者俱大書討賊以予之

前有謀誅官豎之何國舅後有謀誅奸相之董國舅遥遥相對然二人不可同年而語矣進有鴆董后之罪承有拒

李傕之功進則靈帝嘗欲殺之承則獻帝傾心托之乃二人之賢否不同而同於敗者進之失在不斷承之失在不容君不容則失臣臣不容則失身事欲其秘何必插血會飲跡恐其露何必立券書名雖然謀事在人成事在天天不祚漢無徒爲董承咎也

話說曹操拳劍欲殺張遼玄德攀住臂膊雲長跪於面前玄德曰此等赤心之人正當要用雲長曰關某素知文遠忠義之士願以性命保之（爲後文張遼土山救關公張本）操擲劍笑曰我亦知文遠忠義

故戲之耳。（恐他人做了人情。便說自己家是戲。奸雄權變。真不可及。）乃親釋其縛。解衣衣之。延之上坐。（要殺則親自拔劍。不殺則解衣延坐。怒使加一倍怒。愛亦加一倍愛。奸雄權變。真不可及。）遼感其意遂降。操拜遼為中郎將。賜爵關內侯。使招安臧霸。霸聞呂布已死。張遼已降。遂亦引本部軍投降。操厚賞之。臧霸又招安孫觀吳敦尹禮來降。獨昌豨未肯歸順。操封臧霸為瑯琊相。孫觀等亦各加官。令守青徐沿海地面。將呂布妻女載回許都。（未識貂蟬亦在其中否。自此之後。不復知貂蟬下落矣。）大犒三軍。拔寨班師。路過徐州。百姓焚香遮道。請留劉使君為牧。操曰。劉使君功大。且待面君封爵。回

來未遲。操自欲取徐州，而百姓叩謝操，喚車騎將軍車冑權領
徐州，爲後文關公斬車冑張本。操軍回許昌，封賞出征人員，留玄德在相府
左近宅院歇定。次日，獻帝設朝，操表奏玄德軍功，引玄德見帝。
玄德具朝服拜於丹墀。帝宣上殿，問曰：卿祖何人？玄德奏曰：臣
乃中山靖王之後，孝景皇帝閣下玄孫，劉雄之孫，劉弘之子也。
首卷中已叙過，此又於　帝教取宗族世譜檢看，令宗正卿宣讀
玄德口中自叙一番。
曰：
孝景皇帝生十四子，第七子乃中山靖王劉勝，勝生陸城亭

侯劉貞貞生沛侯劉昂昂生漳侯劉祿祿生沂水侯劉戀戀生欽陽侯劉英英生安國侯劉建建生廣陵侯劉哀哀生膠水侯劉憲憲生祖邑侯劉舒舒生祁陽侯劉誼誼生原澤侯劉必必生潁川侯劉達達生豐靈侯劉不疑不疑生濟川侯劉惠惠生東郡范令劉雄雄生劉弘弘不仕劉備乃劉弘子也

帝排世譜則玄德乃帝之叔也歷按宗譜章章可考正爲後文繼漢正統張本帝大喜請入偏殿叙叔姪之禮帝暗思曹操弄權國事都不由朕主今

得此英雄之叔朕有助矣（帝亦有眼力）遂拜玄德爲左將軍宜城亭侯（皇帝面封封得冠冕）設宴款待畢玄德謝恩出朝自此人皆稱爲劉皇叔曹操回府荀彧等一班謀士入見曰天子認劉備爲叔恐無益於明公操曰彼既認爲皇叔吾以天子之詔令之彼愈不敢不服矣况吾留彼在許都名雖近君實在吾掌握之內吾何懼哉（操不使備留徐州正是此意）吾所慮者太尉楊彪係袁術親戚倘與二袁爲內應爲害不淺當即除之乃密使人誣告彪交通袁術遂收彪下獄命滿寵按治之（前彪實勸帝名操今操即害彪老賊大是忘本）時北海太守孔

融在許都。孔融自玄德北海解圍後至此第二番出現。因諫操曰楊公四世清德豈可因袁氏而罪之乎操曰此朝廷意也融曰使成王殺召公周公可得言不知耶操不得已乃免彪官放歸田里。彪則幸免而操之忌融自此始矣。議郎趙彥憤操專橫上疏劾操不奉帝旨擅收大臣之罪操大怒即收趙彥殺之。殺趙彥收楊彪二事俱見陳琳檄中。於是百官無不悚懼謀士程昱說操曰今明公威名日盛何不乘此時行王霸之事操曰朝廷股肱尚多未可輕動吾當請天子田獵以觀動靜觀動靜者觀左右之順逆也。於是揀選良馬名鷹俊犬弓矢俱備先聚兵城外操入請天子田獵，帝曰：「田獵恐非正道。」絶非古國之君之言。操何天之不祚漢也。

曰：「古之帝王，春蒐、夏苗、秋獮、冬狩，四時出郊，以示武於天下。今四海擾攘之時，正當借田獵以講武。」帝不敢不從。周宣王之獵於東都，是天子當陽；漢獻帝之獵於許田，是權臣耀武。隨即上逍遥馬，帶寶雕弓、金鈚箭，排鑾駕出城。玄德與關、張各彎弓插箭，內穿掩心甲，手持兵器，引數千騎隨駕出許昌。滿朝文武，獨詳叙劉、關、張，正爲關公欲殺曹操張本。曹操騎爪黃飛電馬，引十萬之衆，與天子獵於許田。軍士排開圍場，週廣二百餘里。操與天子並馬而行，只爭一馬頭。背後都是操之心腹將校。可知

一〇〇

此時敘曹操不得。文武百官遠遠侍從誰敢近前當日獻帝馳馬到許田劉玄德起居道傍帝曰朕今欲看皇叔射獵玄德領命上馬忽草中趕起一兎玄德射之一箭正中那兎將有曹操射鹿先有玄德射兎以引之帝喝采轉過土坡忽見荊棘叢中趕出一隻大鹿帝連射三箭不中顧謂操曰卿射之操就討天子寶雕弓金鈚箭扣滿一箭正中鹿背倒於草中漢失其鹿爲操所得正魏代漢之兆也羣臣將校見了金鈚箭只道天子射中都踴躍向帝呼萬歲曹操縱馬直出遮於天子之前以迎受之弓箭可借萬歲亦可借乎操之傲然迎受正以覘衆人之動靜也衆皆失色此句內伏下馬騰一坐人玄德背後雲長大怒剔起卧蠶眉睜開丹鳳眼提刀拍馬便出要斬曹操義氣凜凜鬚眉如覩玄德見了慌忙搖手送目關公見兄如此便不敢動玄德欠身向操稱賀曰丞相神射世所罕及如此涵養是英雄權變是帝王度量操笑曰此天子洪福耳乃回馬向天子稱賀竟不獻還寶雕弓就自懸帶袁術竊玉曹操竊弓不圖意一時遂有二陽貨場已罷宴於許田宴畢駕回許都衆人各自歸歇雲長問玄德曰操賊欺君罔上我欲殺之為國除害兄何止我玄德曰投鼠忌器操與帝相離只一馬頭其心腹之人週廻擁侍吾弟若逞

一時之怒輕有舉動倘事不成有傷天子罪反坐我等矣大有斟酌雲長曰今日不殺此賊後必爲禍玄德曰且宜秘之不可輕言雲長耐不得。玄德偏耐得。却說獻帝回宮泣謂伏皇后曰朕自即位以來奸雄並起先受董卓之殃後遭傕汜之亂常人未受之苦吾與汝當之後得曹操以爲社稷之臣逆應前文不意專國弄權擅作威福朕每見之背若芒刺今日在圍場上身迎呼賀無禮已極早晚必有異謀吾夫婦不知死所也異日曹操行兇先害董妃後及伏后此時獻帝畜謀却因伏后乃及董妃伏皇后曰滿朝公卿俱食漢祿竟無一人能救國難乎言未畢忽一人自外而入曰帝后休憂吾舉一人可除國害帝視之乃伏皇后之父伏完也伏完之死在後董承之死在先今却於董承之前先將伏完引線叙事妙品帝掩淚問曰皇丈亦知操賊之專橫乎完曰許田射鹿之事誰不見之但滿朝之中非操宗族則其門下若非國戚誰肯盡忠討賊老臣無權難行此事車騎將軍國舅董承可托也因一國戚又引出一國戚帝曰董國舅多赴國難朕躬素知可宣入內共議大事完曰陛下左右皆操賊心腹倘事泄爲禍不淺帝曰然則奈何完曰臣有一計陛下可製衣一領取玉帶一條密賜董承却於

帶襯內縫一密詔以賜之令到家見詔可以晝夜畫策神鬼不覺矣（衣帶詔之謀出自伏完而伏完偏不在董承等七人之內却留在後文另作一事讀者所不能測也）帝然之伏完辭出帝乃自作一密詔咬破指尖以血寫之（臣有刺血上表者矣未有天子而刺血下詔者也此亦千古奇事）暗令伏皇后縫於玉帶紫錦襯內却自穿錦袍自繫此帶令內史宣董承入承見帝禮畢帝曰朕夜來與后說霸河之苦念國舅大功故特宣入慰勞承頓首謝帝引承出殿到太廟轉上功臣閣內帝焚香禮畢引承觀畫像中間畫漢高祖容像帝曰吾高祖皇帝起身何地如何創業（將說自己先問高皇）

承大驚曰陛下戲臣耳聖祖之事何爲不知高皇帝起自泗上亭長提三尺劍斬蛇起義縱横四海三載亡秦五年滅楚遂有天下立萬世之基業（與首卷起處遥遥相應）帝曰祖宗如此英雄子孫如此懦弱豈不可嘆因指左右二輔之像曰此二人非留侯張良鄧侯蕭何耶（將命董承先說留侯鄧侯）承曰然也高祖開基創業實賴二人之力帝回顧左右較遠乃密謂承曰卿亦當如此二人立於朕側（正意）方入承曰臣無寸功何以當此帝曰朕想卿西都救駕之功未嘗少忘無可爲賜因指所着袍帶曰卿當衣朕此袍繫朕此

帶常如在朕左右也承頓首謝帝解袍帶賜承意只在帶却密以袍帶之語曰卿歸可細觀之勿負朕意承會意穿袍繫帶辭帝下閣早有人報知曹操曰帝與董承登功臣閣說話操即入朝來看董承出閣纔過宮門恰遇操來急無躲避處急殺只得立於路側施禮操問曰國舅何來承曰適蒙天子宣召賜以錦袍玉帶操問曰何故見賜承曰因念某舊日西都救駕之功故有此賜操曰○○○○○○○○○○○○○○○○○○○解帶我看急殺急殺承心知衣帶中必有密詔恐操看破遲延不解○○○○○○○操叱左右急解下來急殺急殺如何如何看了半晌笑曰果然是條好玉

帶再脫下錦袍來借看承心中畏懼不敢不從遂脫袍獻上帶不自解袍却自脫形容畏懼之態如畫操親自以手提起對日影中細細詳看看畢自已穿在身上繫了玉帶回顧左右曰長短如何一邊着急一邊故意賣弄左右稱美操謂承曰國舅即以此袍帶轉賜與吾何如急殺急殺好看承告曰君恩所賜不敢轉贈容某別製奉獻操曰國舅受如何如何此衣帶莫非其中有謀乎嚇殺承驚曰某焉敢丞相如要便當留下操曰公受君賜吾何相奪聊爲戲耳遂脫袍帶還承董承不肯獻操却偏要董承願獻操便不要奸雄真奸猾之極承辭操歸家至夜獨坐書院中將袍仔

細反覆看了。並無一物。曹操細看袍承亦先看袍董承思曰。天子賜我袍帶。命我細觀。必非無意。今不見甚踪跡。何也。隨又取玉帶檢看。乃白玉玲瓏。碾成小龍穿花。背用紫錦為襯。縫綴端整。亦並無一物。承心疑。放於桌上。反覆尋之。操見袍中無物故不更疑及帶承正以袍中無物故更猜及帶良久倦甚。正欲伏几而寢。忽然燈花落於帶上。燒着背襯。承驚拭之。已燒破一處。微露素絹。隱見血跡。急取刀拆開視之。乃天子手書血字密詔也。不用自己尋着却用燈花燒出曲折之甚詔曰。

朕聞人倫之大。父子為先。尊卑之殊。君臣為重。近日操賊弄權欺壓君父結連黨伍敗壞朝綱勅賞封罰不由朕主朕夙夜憂思恐天下將危卿乃國之大臣朕之至戚當念皇帝創業之艱難糾合忠義兩全之烈士殄滅奸黨復安社稷祖宗幸甚破指洒血書詔付卿再四慎之勿負朕意建安四年春三月詔

董承覽畢涕淚交流一夜寢不能寐（為下文隱几而臥伏線。）晨起復至書院中將詔再三觀看無計可施乃放詔於几上沉思滅操之計忖量未定隱几而臥（因一夜不寐之故。）忽侍郎王子服至門吏知子服與董承交厚不敢攔阻竟入書院見承伏几不醒袖底壓着素絹微露朕字形容得妙與董承于燈花燒破處窺見血跡一樣驚人子服疑之默取看畢藏於袖中又爲董承吃一嚇呼承曰國舅好自在虧你如何睡得着只因一夜睡不着故此時睡着耳承驚覺不見詔書魂不附體手脚慌亂子服曰汝欲殺曹公吾當出首急殺承泣告曰若兄如此漢室休矣子服曰吾戲耳吾祖宗世食漢祿豈無忠心願助兄一臂之力共誅國賊承曰兄有此心國之大幸子服曰當於密室同立義狀開口便要立盟書頗覺書生氣是文官身分各捨三族以報漢君其言不祥承大喜取白絹

一幅先書名畫字子服亦卽書名畫字書畢子服曰將軍吳子蘭與吾至厚可與同謀（子服引出一人）承曰滿朝大臣惟有長水校尉种輯議郎吳碩是吾心腹必能與我同事（董承又引出二人）正商議間家僮入報种輯吳碩來探（來得湊巧省筆之極）承曰此天助我也教子服暫避於屏後（避得妙）承接二人入書院坐定茶畢輯曰許田射獵之事君亦懷恨乎承曰雖懷恨無可奈何碩曰吾誓殺此賊恨無助我者耳輯曰爲國除害雖死無怨（不用董承先說却用二人自說妙）王子服從屏後出曰汝二人欲殺曹丞相我當出首董國舅便是證

見亦用逆挑不用順接妙种輯怒曰忠臣不怕死吾等死做漢鬼强似你阿附國賊同一逆挑之語而董承聞之着急种輯聞之着惱各各不同承笑曰吾等正為此事欲見二公王侍郎之言乃戲耳使於袖中取出詔來與二人看二人讀詔揮淚不止承遂請書名子服曰二公在此少待吾去請吳子蘭來子服去不多時即同子蘭至兩人自來二人請至又各不同與衆相見亦書名畢承邀於後堂會飲忽報西凉太守馬騰相探又一個自來的承曰只推我病不能接見門吏回報騰大怒曰我夜來在東華門外親見他錦袍玉帶而出又將袍帶一提何故推病耶吾非

無事而來奈何拒我門吏入報備言騰怒承起曰諸公少待暫容承出迎即出廳延接禮畢坐定騰曰騰入覲將還故來相辭何見拒也承曰賤軀暴疾有失迎候罪甚騰曰面帶春色未見病容承無言可荅騰拂袖便起自來的義乎又自去嗟嘆下堦曰皆非救國之人也承感其言挽留之彼來則拒之彼去則留之俱用逆寫問曰公謂何人非救國之人騰曰許田射獵之事吾尚氣滿胸膛公乃國之至戚猶自殢於酒色而不思討賊安得爲皇家救難扶災之人乎承恐其詐佯驚曰曹丞相乃國之大臣朝廷所倚賴公何出此

言。純用逆挑。妙。騰大怒曰：汝尚以曹賊爲好人耶？承曰：耳目甚近，請公低聲。前用王子服反說董承正告。此用馬騰正告董承反說。又[illegible]同。騰曰：貪生怕死之徒，不足以論大事。說罷，又欲起身。[illegible]之若前四人之一說便是也。妙。騰與董承落落難合。又非

承知騰忠義，乃曰：公且息怒，某請公看一物。遂邀騰入書院，取詔示之。騰讀畢，毛髮倒豎，咬齒嚼脣，滿口流血。寫馬騰又是馬騰身分。與前五人不同。謂承曰：公若有舉動，吾即統西涼兵爲外應。承請騰與諸公相見，取出義狀，教騰書名。騰乃取酒歃血爲盟。天子刺血，馬騰嚼血，六人歃血，只因一紙血詔，引動一片血誠。曰：吾等誓死不負所約。其言亦不祥。指坐上五人

言曰：若得十人，大事諧矣。承曰：忠義之士不可多得，若所與非人，則反相害矣。人少做不得，人多亦做不得。騰教取鴛行鷺亭簿來檢看。檢到劉氏宗族，乃拍手言曰：何不共此人商議？因外戚薦出一外戚，又因一外戚引出一宗室。衆皆問何人。馬騰不慌不忙說出那人來。正是：

本因國舅承明詔，又見宗潢佐漢朝。

畢竟馬騰之言如何，且聽下文分解。

四大奇書第一種卷十一

茂苑毛宗崗序始氏評　吳門杭永年資能氏評定

第二十一回

曹操煮酒論英雄

關公賺城斬車冑

天子血詔從許田起見諸臣定盟亦從許田起見馬騰之知玄德以雲長而知之馬騰之知雲長以許田而知之相見許田當日曹操之橫氣焰逼入雲長之怒鬚眉皆動文

有叙事在後幅而適爲前篇加倍襯染者此類是也

兩雄不竝立不竝立則必相圖操以備爲英雄是操將圖備矣又逆知備之必將圖我矣備方與董承等同謀而忽聞此言安得不失驚落筯耶是因落筯而假託聞雷非因聞雷而故作落筯也若因聞雷而故作落筯以之欺小兒則可豈所以欺曹操者俗本多訛故依原本校正之

一震之威乃至于此只淡淡一語輕輕溜過妙在有意無之間豈眞與學小兒掩耳縮頸之態耶古史所載後人多

藏版

有誤解之者即如項羽困于垓下聞漢兵四面皆楚歌大驚曰漢巳盡得楚乎何楚人之多也是張良韓信欲使羽疑彭城巳失亂其軍心耳今人看千金記誤以楚歌爲思家之曲勸楚人還鄉夫楚人有家漢人亦有家將解散客兵而先解散我兵爲之柰何不知作傳奇者不過分外妝點以圖悦目而乃錯認其事訛以傳訛寧不爲識者所笑

此時孫策在江東曹操更不以英雄許之直待後來孫權承襲乃始歎曰生子當如孫仲謀然則此老眼力大是不

謬當青梅煮酒之日英雄只有兩人鼎足尚缺其一也自車胄爲雲長所殺而曹操之兵端起矣玄德之不欲殺胄者以此時衣帶詔未洩董承謀未露尚欲與操羈縻勿絕陽和而陰圖之耳英雄作事須要審勢量力性急不得玄德深心人故有此等算計雲長直心人別無此等肚腸兩人同是豪傑却各自一樣性格雲長之不及玄德者在此玄德之不及雲長者亦在此

此卷叙劉曹相攻之始而中間夾寫公孫瓚并袁術二段

文字贊之事只在滿寵口中虛寫術之事却用一半虛寫一半實寫不獨贊術兩人于此卷中收場而玉璽下落亦于此卷中結局前者漢帝失玉璽今者玉璽歸漢帝相去十數卷遥遥相對而又預伏七十回後曹丕受璽簒漢之由有應有伏一筆不漏一筆不繁每見近人紀事叙却一頭抛却一頭失枝脱節病在遺忘未說這邊又説那邊手忙脚亂病在冗雜今試讀三國演義其亦可以閣筆矣

董承義狀上大書左將軍劉備備之繼正統而無愧者此

也只左將軍劉備五字消得漢昭烈皇帝五字昔漢高祖項羽詔曰願從諸侯王擊楚之殺義帝者于是名正言順海內歸心今玄德旣奉衣帶詔以討賊則仗義執言武侯之六出祁山姜維之九伐中原皆自此詔始矣然備于斬車胄之後何不便將此詔布告天下乎曰詔詞本以賜董承者也董承在內若遽暴之恐害董承故也待承死而後此詔乃昭然共被于海內耳

費之亡也積粟三十萬術之亡也剩麥三十斛糧多亦亡

糧少亦亡何也曰二人之無謀等也無謀等則糧之多少無與也然瓚生平尚有薦玄德之一節可取若袁術生平直是一無足取初以不發糧而誤人既乃以絕糧而自斃天之報施誠不爽哉

却說董承等問馬騰曰公欲用何人馬騰曰見有豫州牧劉玄德在此何不求之因董承轉出馬騰因馬騰轉出玄德玄德爲主董馬二人不過做一引子耳承曰此人雖係皇叔今正依附曹操安肯行此事耶玄德依附曹操與曹操依附董卓同一識見騰曰吾觀前日圍塲之中曹操迎受衆賀之時雲長在

玄德背後挺刀欲殺操玄德以目視之而止（前卷事又在馬騰眼中口中讀寫一篇）玄德非不欲圖操恨操牙爪多恐力不及耳（玄德心事馬公騰一語道着）識求之當必應允吳碩曰此事不宜太速當從容商議衆皆散去次日黑夜裏董承懷詔徑往玄德公館中來門吏入報玄德出迎請入小閣坐定關張侍立于側玄德曰國舅夤夜至此必有事故承曰白日乘馬相訪恐操見疑故黑夜相見玄德命取酒相待承曰前日圍場之中雲長欲殺曹操將軍動目搖頭而退之何也（問得突兀）玄德失驚曰公何以知之承曰人皆不見某獨

見之不說馬騰看見竟說自巳有見好玄德不能隱諱遂曰舍弟見操僭越故不覺發怒耳承掩面而哭曰朝廷臣子若盡如雲長何憂不太平哉語殊慷慨淋漓玄德恐是曹操使他來試探乃佯言曰曹丞相治國爲何憂不太平前馬騰正說董承反說以試之今董承正說玄德反說以試之妙甚承變色而起曰公乃漢朝皇叔故剖肝瀝膽以相告公何詐也玄德曰恐國舅有詐故相試耳於是董承取衣帶詔令觀之玄德不勝悲憤又將義狀出示上止有六位一車騎將軍董承二工部侍郎王子服三長水校尉种輯四議郎吳碩五昭信將軍吳子蘭六

西涼太守馬騰忽將前六人于此處歷歷敘玄德曰公既奉詔討賊備敢不效犬馬之勞承拜謝便請書名玄德亦書左將軍劉備大書特書五字甚傳千古押了字付承收訖承曰尚容再請三人共聚十義以圖國賊劉備一人可當百矣何必湊足十人耶玄德曰切宜緩緩施行不可輕洩共議到五更相別去了玄德也防曹操謀害就下處後園種菜親自澆灌以爲韜晦之計郤平種瓜是無聊玄德種菜是有意關張二人曰兄不留心天下大事而學小人之事何也玄德曰此非二弟所知也此處且不說明留在後文補出二人乃不復言一日關張不在玄德正

易夫聲

在後園澆菜許褚張遼引數十人入園中曰丞相有命請使君便行玄德驚問曰有甚緊事不特玄德驚疑即讀者亦爲驚疑許褚曰不知只教我來相請嚇殺玄德只得隨二人入府見操操笑曰在家做得好大事嚇殺讀者至此必謂衣帶詔洩矣諕得玄德面如土色讀者亦吃一大嚇操執玄德手直至後園曰玄德學圃不易玄德方纔放心如水上驚濤忽起忽落答曰無事消遣耳操曰適見枝頭梅子青青忽感去年征張繡時道上缺水將士皆渴吾心生一計以鞭虛指曰前面有梅林軍士聞之口皆生唾由是不渴征張繡事已隔數卷忽于此處補出一段閑文妙絕妙絕

令見此梅不可不賞（令見此梅亦還想張濟妻否）又值煑酒正熱故邀使君小亭一會（恐是觀物懷人未能忘情故欲以酒解之耳）玄德心神方定隨至小亭已設樽俎盤置青梅一樽煑酒二人對坐開懷暢飲（叙得閒閒雅雅與董承黑夜飲酒目不同）又酒至半酣忽陰雲漠漠驟雨將至從人遙指天外龍挂（有景）操與玄德凭欄觀之（儼如一幅畫圖）操曰使君知龍之變化否（閒閒說來）玄德曰未知其詳（假呆得妙）操曰龍能大能小能升能隱大則興雲吐霧小則隱介藏形升則飛騰于宇宙之間隱則潛伏于波濤之內方今春深龍乘時變化猶人得志而縱橫四海龍之爲

物可比世之英雄玄德久歷四方必知當世英雄請試指言之從龍說起漸漸說到英雄又漸漸說到當世人物亦如雨之將至而先有雷雷之將至而先有龍挂也玄德曰備肉眼安識英雄一發假呆得妙操曰休得過謙玄德曰備叨恩庇得仕于朝天下英雄實有未知一味妝呆許癡即種菜之意操曰即不識其面亦聞其名玄德曰淮南袁術兵糧足備可爲英雄因術稱帝故首舉術爲問不知術之龍非眞龍備之問亦是假問操笑曰塚中枯骨吾早晚必擒之袁術即于此卷中結局與後文正相應玄德曰河北袁紹四世三公門多故吏今虎踞冀州之地部下能事者極多可爲英雄爲後文求救袁紹伏筆操笑曰袁紹色

厲膽薄好謀無斷幹大事而惜身見小利而忘命非英雄也為後文破袁紹伏線玄德曰有一人名稱八俊威鎮九州劉景升可為英雄為後文係託劉表伏筆此下二段又變一樣文法操曰劉表虛名無實非英雄也看低當世多少名士玄德曰有一人血氣方剛江東領袖孫伯符乃英雄也為後文借寫江東伏筆操曰孫策藉父之名非英雄也看低當世多少公子玄德曰益州劉季玉可為英雄乎為後文入川伏筆又變一樣文法操曰劉璋雖係宗室乃守戶之犬耳何足為英雄看低天下多少宗室玄德曰如張繡張魯韓遂等輩皆何如連問三人又變一樣文法言韓遂而不及馬騰者正與備共立義狀故隱之耳袁術袁紹劉

表孫策張繡韓遂事之已見前文者也劉璋張魯事之尚在後文者也前文于此再一總後文于此先一提操鼓掌大笑曰此等碌碌小人何足挂齒後三人皆降操玄德曰舍此之外備實不知只是一味散呆操曰夫英雄者胸懷大志腹有良謀有包藏宇宙之機吞吐天地之志者也滿懷自負玄德曰誰能當之倒問一句妙甚不但不自以為英雄且似並不知曹操為英雄者操以手指玄德後自指曰今天下英雄惟使君與操耳曹操自以為英雄又心畏玄德為英雄一向只是以心相待不曾當面說出今番酒後不覺一語道破玄德聞言吃了一驚手中所執匙筯不覺落于地下半晌妝呆卻被一語道破安得不驚時正值天雨將至雷聲大作玄德乃從容俯首拾

飾曰一震之威乃至于此爲甚說破英雄便爾舉止失錯曹操心多安得不疑虧此一語隨機應變平白地拚飾過去操笑曰丈夫亦畏雷乎玄德曰聖人迅雷風烈必變安得不畏淡淡一語妙在有意無意之間將聞言失筯緣故輕輕拚飾過了眞是靈警操遂不疑玄德竟被瞞過後人有詩讚曰

勉從虎穴暫趨身　說破英雄驚殺人

巧借聞雷來拚飾　隨機應變信如神

天雨方住見兩箇人撞入後園手提寶刀突至亭前左右攔擋不住操視之乃關張二人也與鴻門會樊噲排肩而入一樣聲勢原來二人從城

外射箭方回聽得玄德被許褚張遼請將去了慌忙來相府打聽此處不說二公吃驚留在後文雲長口中補出好聞說在後園只恐有失故衝突而入真好兄弟却見玄德與操對坐飲酒二人按劍而立方說天上之龍虎間忽然來了二虎操問二人何來雲長曰聽知丞相和兄飲酒特來舞劍以助一笑操笑曰此非鴻門會安用項莊項伯乎語甚趣玄德亦笑倒底只是假來面孔妙操命取酒與二樊噲壓驚語更趣甚樊噲不容有二个乃與樊噲有三矣關張拜謝須臾席散玄德辭操而歸雲長曰險些驚殺我兩箇補前一筆不獨二公吃驚即讀者亦會吃驚玄德以落筯事說與關張關張問是何

易京樓在保定府雄縣南臨易水

意玄德曰吾之學圃正欲使操知我無大志（前此不說明今乃補解之）不意操竟指我爲英雄我故失驚落箸又恐操生疑故借懼雷以掩飾之耳（于玄德口中將前文下一註脚）關張曰兄眞高見操次日又請玄德正飲間人報滿寵去探聽袁紹而回操召入問之寵曰公孫瓚已被袁紹破了（一段大文只在滿寵口中一句點出省筆之甚）玄德急問曰願聞其詳（前磐河之戰玄德曾救公孫此處不得不急問）寵曰瓚與紹戰不利築城圍圈圈上建樓高十丈名曰易京樓積粟三十萬以自守戰士出入不息或有被紹圍者衆請救之瓚曰若救一人後之戰者只望人救不肯

死戰矣遂不肯救（瓚之失事在此）因此袁紹兵來多有降者瓚勢孤使人持書赴許都求救不意中途爲紹軍所獲（後陳琳檄中以此罪瓚）瓚又遺書張燕暗約舉火爲號裏應外合下書人又被袁紹擒住却來城外放火誘敵瓚自出戰伏兵四起軍馬折其大半退守城中被袁紹穿地直入瓚所居之樓下放起火來瓚無走路先殺妻子然後自縊全家都被火焚了（前文曹操破呂布却用實寫此處袁紹破公孫都用虛述一詳一略皆叙事妙品）今袁紹得了瓚軍聲勢甚盛紹弟袁術在河南驕奢過度不恤軍民衆皆背反術使人歸帝號于袁紹紹欲取玉

與術約親自送至見今棄淮南欲歸河北若二人協力急難收復乞丞相作急圖之本是探聽袁紹却并接入袁術妙玄德聞公孫瓚已死追念昔日薦巳之恩不勝傷感回顧前文如千丈游絲忽又一落又不知趙子龍如何下落放心不下不獨玄德欲知其下落即讀者亦急欲知其下落乃此處偏不叙明直至後古城聚義時方纔出現叙事真有草蛇灰線之奇因暗想曰我不就此時尋箇脫身之計更待何時遂起身對操曰術若投紹必從徐州過備請一軍就半路截擊術可擒矣可見青梅煑酒時第一句便說他英雄真是假話操笑曰來日奏帝即便起兵次日玄德面奏君操令玄德總督五萬人馬又差朱

靈路將二人同行奸狡之極玄德辭帝帝泣送之此時董承想已通消息于帝帝與備已心照矣玄德到寓星夜收拾軍器鞍馬挂了將軍印催促便行慌速之極董承趕出十里長亭來送玄德曰國舅寧耐某此行必有以報命承曰公宜留意勿負帝心二人分別完却上文立義狀一段事情關張在馬上問曰兄今番出征何故如此慌速玄德曰吾乃籠中鳥網中魚此一行如魚入大海鳥上青霄不受籠網之羈絆也曹操比備爲龍然龍在網羅之中與魚鳥無異故急欲脫此羈絆因命關張催朱靈路昭軍馬速行此句亦少不得時郭嘉程昱考較錢糧方回虧得二人出外玄德故能脫然而去知曹

操已遣玄德進兵徐州慌入諫曰丞相何故令劉備督軍操曰欲截袁術耳程昱曰昔劉備爲豫州牧時某等請殺之丞相不聽又將前文一提今日又與之兵此放龍入海縱虎歸山也後欲治之其可得乎程昱直欲殺備郭嘉曰丞相縱不殺備亦不當使之去古人云一日縱敵萬世之患望丞相察之郭嘉只欲留備操然其言遂令許褚將兵五百前往務要追玄德轉來許褚應諾而去讀者至此又爲玄德着急却說玄德正行之間只見後面塵頭驟起謂關張曰此必曹兵追至也遂下了營寨令關張各執軍器立于兩邊如欲廝殺狀捹卷備

之必謂下文與許褚交戰矣。許褚至見嚴兵整甲乃下馬入營見玄德玄德曰公來此何幹褚曰奉丞相命特請將軍回去別有商議玄德曰將在外君命有所不受吾面過君又蒙丞相鈞語今別無他議公可速回爲我稟覆丞相數語亦不激不隨。許褚尋思丞相與他一向交好今番又不曾教我來厮殺只得將他言語回覆另候裁奪便了遂辭了玄德領兵而回許褚一來如江潮忽起許褚一去又如江潮忽落回見曹操備述玄德之言操猶豫未決程昱郭嘉曰備不肯回兵可知其心變矣操曰我有朱靈路昭二人在彼料玄德未必敢心

變遣二人同去之意此處方說出。況我既遣之何可復悔遂不復追玄德了却曹操一邊

後人有詩歎玄德曰

東兵秣馬去匆匆　心念天言衣帶中

撞破鐵籠逃虎豹　頓開金鎖走蛟龍

却說馬騰見玄德已去邊報又急亦回西涼州去了。又安放馬騰一句

玄德兵至徐州刺史車胄出迎公宴畢孫乾糜竺等都來參見

回家探視老小一向空身在京家小自在徐州至此補照出來極周密。一面差人探

聽探子回報袁術奢侈太過雷薄陳蘭皆投嵩山去了。為後

劫糧伏綫術勢甚衆乃作書讓帝號於袁紹紹命人召術術乃收拾人馬宮禁御用之物先到徐州來玄德知袁術將至乃引關張朱靈路昭五萬軍出正迎著先鋒紀靈至張飛更不打話直取紀靈鬭無十合張飛大喝一聲刺紀靈于馬下看紀靈如此無用卻轅門射戟時玄德非真了不得而必望呂布救之也敗軍奔走袁術自引軍來鬭玄德分兵三路朱靈路昭在左關張在右玄德自引兵居中與術相見在門旗下責罵曰汝反逆不道吾今奉明詔前來討汝汝當束手受降免你罪犯袁術罵曰織席編履小輩安敢輕我還是虎牢關前面孔今日

恐用不着麾兵赶來玄德暫退讓左右兩路軍殺出殺得術軍屍橫徧野血流成渠士卒逃亡不可勝計又被嵩山雷薄陳蘭劫去錢糧草料欲回壽春又被羣盜所襲代漢當塗竟成虛讖公路公路竟是走頭無路矣只得住于江亭止有一千餘衆皆老弱之輩時當盛暑糧食盡絕只剩麥三十斛分派軍士家人無食多有餓死者術嫌飯粗不能下咽昨日推位讓國無復垂拱平章不得飽饍湌飯只得飢饜糟糠乃命庖人取蜜水止渴庖人曰止有血水安有蜜水術坐于牀上大叫一聲倒于地下吐血斗餘而死未曾吃血水奈何就還席時建安四年六月也後人有詩

曰

漢末刀兵起四方　無端袁術太猖狂　不思累世爲公相

便欲孤身作帝王　强暴枉誇傳國璽　驕奢妄說應天祥

渴思蜜水無由得　獨臥空牀嘔血亡

袁術已死姪袁胤將靈柩及妻子奔廬江來被徐璆盡殺之璆奪得玉璽赴許都獻于曹操操大喜封徐璆爲高陵太守此時玉璽歸操（爲後文曹丕受璽篡漢張本）却說玄德知袁術已喪寫表申奏朝廷書呈曹操令朱靈路昭回許都留下軍馬保守徐州一面親

自出城招諭流散人民復業愛民是玄德第一作用且說朱靈路昭回許都見曹操說玄德留下軍馬操怒欲斬二人荀彧曰權歸劉備二人亦無奈何操乃赦之彧又曰可寫書與車胄就內圖之朱靈路昭既無可奈何車胄又復何用操從其計暗使人來見車胄傳曹操鈞旨胄隨即請陳登商議此事登曰此事極易今劉備出城招民不日將還將軍可命軍士伏于甕城邊只作接他待馬到來一刀斬之某在城上射住後軍大事濟矣胄從之陳登回見父陳珪備言其事珪命登先往報知玄德登領父命飛馬去報曹操寫書與車胄而

不寫書與陳登父子者以其素與玄德相善故耳車胄無謀乃反與登商議宜其死也正迎著關張報說如此如此本要報玄德却先報了關張變幻原來關張先回玄德在後註一句張飛聽得便要去廝殺雲長曰他伏甕城邊待我去必有失我有一計可殺車胄乘夜扮做曹軍到徐州引車胄出迎襲而殺之飛然其言那部下軍原有曹操旗號衣甲都同本是朱靈路昭之兵不消扮得當夜三更到城邊叫門城上問是誰衆應是曹丞相差來張文遠的人馬報知車胄胄急請陳登議曰若不迎接誠有疑若出迎之又恐有詐胄乃上城回言黑夜難以分辨平明了相見車胄

此時頗有主意。曹操所以託爲心腹。城下荅應。只恐劉備知道。疾快開門。奴。車冑猶豫未定。城外一片聲叫開門。車冑只得披挂上馬。引一千軍出城。跑過吊橋大叫。文遠何在。火光中只見雲長提刀縱馬直迎車冑大叫曰。匹夫安敢懷詐。欲殺吾兄。車冑大驚。戰未數合。遮攔不住。撥馬便回。到吊橋邊。城上陳登亂箭射下。前曾說過。我在城上射住後軍。車冑繞城而走。雲長趕來。手起一刀。砍于馬下。陳登本欲先報玄德。關張却先斬車冑。變幻之極。割下首級。提回望城上呼曰。反賊車冑吾已殺之。衆等無罪。投降免死。諸軍。倒戈投降。軍民皆安。雲長將冑頭去迎玄德具言車胄欲害之事今已斬首玄德大驚曰曹操若來如之奈何（是深心人）雲長曰余與張飛迎之（是直心人）玄德懊悔不已遂入徐州百姓父老伏道而接玄德到府尋張飛飛已將車胄全家殺盡玄德曰殺了曹操心腹之人如何肯休陳登曰某有一計可退曹操正是

既把孤身離虎穴　還將妙計息狼烟

不知陳登說出甚計來且聽下文分解

第二十二回

袁曹各起馬步三軍
關張共擒王劉二將

薦劉備者公孫瓚也殺公孫瓚者袁紹也歸袁紹者袁術也攻袁術者劉備也然則欲使袁紹救劉備不獨劉備意中以爲必無之事即讀者意中亦以爲必無之事矣乃劉備偏往求之袁紹偏肯救之操之與備合而忽離紹之與備離而忽合讀其前卷更不料有後卷事之變文之幻真令讀者夢亦夢不到也

陳登欲求援兵試掩卷猜之必以爲求救於馬騰矣乃舍馬騰而求袁紹何也曰馬騰雖同受衣帶詔而徐州之發使於西凉也遠冀州之進兵於許都也近且馬騰勢小袁紹勢大舍其遠者小者求其大者近者亦是英雄見識

玄德之求袁紹也以鄭玄爲之介紹而首卷叙述玄德生平早有師事鄭玄一語遥遥伏線且鄭玄盧植俱爲玄德所師而盧植詳見前文鄭玄直至此處方纔出現一先一後參差錯落極叙事筆法之妙况又於關公斬將之後袁

紹興兵之前忽然夾叙馬氏歌姬鄭家詩婢一段風流文字眞如霹靂火中偶雜一片清冷雲也

曹操十勝袁紹十敗之説於第十八卷中見之竊謂繼此以後必叙袁曹交鋒之事乃隔着數卷直至斯篇方始起兵相持而猶未交鋒也各各奮勇而來各各解散而去虎頭蛇尾可發一笑只因袁紹性格不出謀士料中遂使三國文字竟出今人意外

或疑曹操見檄必怒似宜增病而病反因之而愈其故何

也曰此與聞許劭之言而大喜同一意也人莫能識其奸
雄而有人焉能識之彼亦自以爲知巳人莫能斥其罪惡
而有人焉能斥之彼亦自以爲快心今有譏人者譏得不
着痛癢受譏者必不樂然則罵人者罵得切中要害受罵
者豈不覺爽乎武曌見駱賓王檄嘆曰有如此才而不用
宰相之過也使武曌見檄而怒罵賓王便不成武曌使曹
操見檄而怒罵陳琳便不成曹操矣
事之成敗不足論而文人之筆千古常伸袁本初雖不能

勝曹操徐敬業雖不能除武曌而陳琳賓王之文至今膾炙人口即謂曹操已爲陳琳所殺武曌已爲賓王所誅可也吾所惜者賓王數武曌之惡已盡陳琳數曹操之惡未盡蓋陳琳草檄之時董妃尚未死伏后尚未弑董承等七人及孔融耿紀等尚未遇害故數操之惡止數得一半耳然而操已聞而汗下矣若使於董妃既死伏后既弑董孔諸人既遇害之後再邀陳琳之筆以駡之其痛快又當何如哉

當劉備立公孫瓚背後之時劉岱固儼然座上一諸侯也孰意今日乃俯首而爲曹操爪牙又被關張提起放倒呼來喝去直如小兒豈不可恥之甚乎今之居上座者切宜仔細愼勿聞立人背後者所竊笑也

玄德獲岱忠二人而不殺尚欲留爲講和之地其與袁紹之頓兵河朔遷延不進毋乃同耶曰否紹之力足以戰而不戰備之力不足以戰故不欲戰袁紹性慢是無主意劉備性慢是有斟酌

却說陳登獻計於玄德曰曹操所懼者袁紹紹虎踞冀青幽并諸郡帶甲百萬文官武將極多今何不寫書遣人到彼求救回想磐河一戰則此番求紹似乎極難乃陳登偏計及此奇絕玄德曰紹向與我未通往來今又新破其弟安肯相助登曰此間有一人與袁紹三世通家若得其一書致紹紹必來相助奇絕此何人耶玄德問何人登曰此人乃公平日所折節欽禮者何故忘之奇絕此何人耶玄德猛省曰莫非鄭康成先生乎不用陳登說出却用玄德想出登笑曰然也原來鄭康成名玄好學多才嘗受業於馬融融每當講學必設絳（絳音降）帳前聚生徒後陳聲

婢侍女環列左右玄聽講三年目不邪視風流先生偏有此道學門生融甚
奇之及學成而歸融歎曰得我學之秘者惟鄭玄一人耳玄家
中侍婢俱通毛詩一婢嘗忤玄意玄命長跪階前一婢戲謂之
曰胡爲乎泥中此婢應聲曰薄言往愬逢彼之怒其風雅如此
道學主人偏有此風流侍婢或曰先生有歌姬弟子亦有詩婢
是先生風流弟子亦風流也予笑謂不然有如此婢而忍使跪
於泥中是道學不是風流忙中夾叙此一段閒文趣甚桓帝朝玄官至尚書後因十常侍
之亂棄官歸田居於徐州補應前文玄德在涿郡時已曾師事之與第
一卷中照應又如千丈游絲至此一落及爲徐州牧時時造廬請教敬禮特甚玄德

初到徐州時事，卻從此處補出。當下玄德想出此人，大喜，便同陳登親至鄭玄家中，求其作書。玄德慨然依允，寫書一封，付與玄德。玄德便差孫乾星夜齎往袁紹處投遞。紹覽畢，自忖曰：玄德攻滅吾弟，本不當相助，但重以鄭尚書之命，不得不往救之。袁劉素不相親，卻用鄭玄聯絡之，事出意外。遂聚文武官商議興兵伐曹操。謀士田豐曰：兵起連年，百姓疲弊，倉廩無積，不可復興大軍。宜先遣人獻捷天子，獻滅公孫瓚之捷也。若不得通，乃表稱曹操隔我王路，然後提兵屯黎陽，更於河內增益舟楫，繕置軍器，分遣精兵屯劄邊鄙，三年之中，大事可定也。一箇不要興兵。是意在緩戰。謀士審配曰。不然。以明公之神武。撫河朔之强盛。興兵討曹賊。易如反掌。何必遷延日月。一箇要興兵。是以勢言。意在速戰。謀士沮受曰。制勝之策。不在强盛。曹操法令旣行。士卒精練。比公孫瓚坐受困者不同。提照公孫瓚。一句應前文。今棄獻捷良策。而興無名之兵。竊爲明公不取。又一箇不要興兵。是在不戰。謀士郭圖曰。非也。兵加曹操。豈曰無名。公正當及時早定大業。願從鄭尚書之言。與劉備共仗大義。勦滅操賊。上合天意。下合民情。實爲幸甚。又一箇要興兵。是以理言。意在宜戰。四人爭論未定。袁紹躊躇不決。沒主意。忽許攸荀諶自外而入紹曰二人多有見識且看如何主張二人施禮畢紹曰鄭尚書有書來令我起兵助劉備攻曹操起兵是乎不起兵是乎二人齊聲應曰明公以衆克寡以强攻弱○是以勢言是以討漢賊以扶漢室是以理言起兵是也○又兩箇要興兵的是合理勢而言紹曰二人所見正合我心便商議與兵三人占則從二人之言六人謀則依四人之論先令孫乾回報鄭玄并約玄德准備接應一面令審配逢紀爲統軍田豐荀諶許攸爲謀士顏良文醜爲將軍起馬軍十五萬步兵十五萬共精兵三十萬望黎陽進發分撥以定郭圖進曰明公大舉伐操必須數

操之惡馳檄各郡聲罪致討然後名正言順（只因郭圖數語引出一篇絕世妙文來）紹從之遂令書記陳琳草檄琳字孔璋素有才名桓帝時爲主薄因諫何進不聽（遥應第二卷中事）復遭董卓之亂避難冀州紹用爲記室（恰中又夾敘陳琳事極閒極警）當下領命草檄援筆立就其文曰

蓋聞明主圖危以制變忠臣慮難以立權是以有非常之人然後有非常之事有非常之事然後立非常之功夫非常者固非常人所擬也（數句作一冒）曩者強秦弱主趙高執柄專制朝權威福由已時人迫脅莫敢正言終有望夷之敗祖宗焚滅

作音管

饕音滔

餮音鐵

匄與丐同

污辱至今永爲世鑒（將數操祖曹騰之惡故先以趙高作一樣子）及臻呂后季年產（呂產）祿（呂祿）專政內兼二軍外統梁趙擅斷萬機決事省禁下陵上替海內寒心於是絳侯（周勃）朱虛（劉章）興兵奮怒誅夷逆暴尊立大宗（漢文帝）故能王道興隆光明顯融此則大臣立權之明表也（將數曹操之惡又先以呂產呂祿作一樣子紹隱然以絳侯自比而以朱虛比玄德也以上泛論往昔以下方入本題）司空曹操祖父中常侍騰與左悺徐璜並作妖孽饕餮放橫傷化虐民（言騰與十常侍同惡以上先罵其祖）父嵩乞匄攜養（嵩本姓夏侯騰乞爲巳子故曰乞匄攜養事見第一卷中）因贓假位輿金輦璧輸貨權門竊盜鼎

衄音辱
數讀朔

司傾覆重器（言嵩以賄賂官至太尉以上罵其父紹自以四世三公家世甚大故先將曹氏家世醜詆一番）操贅閹遺醜（贅指嵩閹指騰）本無懿德，㺃狡鋒協，好亂樂禍（此方數操惡）幕府（紹自謂）董統鷹揚，掃除凶逆。續遇董卓侵官暴國，於是提劍揮鼓，發命東夏，收羅英雄，棄瑕取用，故遂與操同諮合謀，授以裨師，謂其鷹犬之才，爪牙可任（此敘紹與操共事之由事見第五回中○本是操先起兵請紹爲盟主今反說紹自起兵用操爲偏將此文人曲筆也）至乃愚佻短畧，輕進易退，傷夷折衄，數喪師徒（指滎陽之敗）幕府輒復分兵命銳，修完補輯，表行東郡，領兗州刺史（操自領兗州而紹居功亦是曲筆）被以虎文，奬蹙威柄冀獲秦師一尅之報此言紹第二番不棄曹操謂操實羊質而被以虎文乃紹獎成其威福也秦師是引用孟明事而操遂承資跋扈恣行凶忒割剝元元殘賢害善故九江太守邊讓英才俊偉天下知名直言正色論不阿諂身首被梟懸之誅妻孥受灰滅之咎事見第十回中自是士林憤痛民怨彌重一夫奮臂舉州同聲故躬破於徐方地奪於呂布事見第十一回中彷徨東裔蹈據無所幕府惟強幹弱枝之義且不登叛人之黨叛人指呂布故復援旌擐甲席卷起征金鼓響振布衆奔沮事在第十四回中拯其死亡之患復其方伯之位此言紹第三番

（不棄曹操）則幕府無德於兗土之民而有大造於操也（總頓一筆歷言操無狀而紹包容之與呂相絕秦書一樣入妙）後會鸞駕反旆羣賊寇攻時冀州方有北鄙之警匪遑離局（雀汜之亂紹未勤王此處斡旋得好北鄙之警指公孫瓚磐河之戰）故使從事中郎徐勛就發遣操使繕修郊廟翊衛幼主（本係楊彪請帝召操而乃謂是紹所使亦是曲筆）操便放志專行脅遷當御省禁（當御謂駕馭也）卑侮王室敗法亂紀坐領三臺專制朝政爵賞由心刑戮在口所愛光五宗所惡滅三族羣談者受顯誅腹議者蒙隱戮百寮鉗口道路以目尚書記朝會公卿充員品而已故太尉楊

彪典歷二司（彪爲司空，又爲司徒。）享國極位，操因緣眥睚，被以非罪，榜楚參并，五毒備至，觸情任忒，不顧憲綱。（事見第二十回中。）又議郎趙彥，忠諫直言，義有可納，是以聖朝含聽，改容加飾，操欲迷奪時明，杜絕言路，擅收立殺，不俟報聞。（事亦見第二十回中。）又梁孝王，先帝母昆，（同母兄弟。）墳陵尊顯，桑梓松柏，猶宜肅恭，而操帥將吏士，親臨發掘，破棺裸屍，掠取金寶，至令聖朝流涕，士民傷懷。（操攻徐州，所過發冢，梁孝王冢亦被發，操知而不問。）操又特置發丘中郎將、摸金校尉，（此等名色，乃時人呼之耳，非操所立也。今竟云操之特置，亦是深文。）所過隳突，無骸不露。身處三

詰音乞

公之位而行盜賊之態汙國害民毒施人鬼操初時無賴後頗好名深諱前事今斥言之安得不汙下乎如其細政慘苛科防互設罾繳充蹊坑阱塞路舉手掛網羅動足觸機陷是以兗豫有無聊之民帝都有吁嗟之怨歷觀載籍無道之臣貪殘酷烈於操為甚三句將前文一總幕府方詰外姦未及整訓加緒含容冀可彌縫言紹至此猶不棄操頓筆絶佳而操豺狼野心潛包禍謀乃欲摧撓棟梁孤弱漢室除滅忠正專為梟雄往者伐鼓北征公孫瓚強寇桀逆拒圍一年操因其未破陰交書命外助王師內相掩襲會其行人發

敖倉地名在滎陽西北中有太倉傍臨黃河 太行山在河內野王縣 漯音沓 宛葉二縣名 掎音已 慓音瓢

露𤣄亦梟夷故使鋒芒挫縮厥圖不果事見第二十一回中以上言紹屢次包容曹操而操無禮特甚是直在我而曲在彼也今乃屯據敖倉阻河為固欲以螳螂之斧禦隆車之隧螳螂當車語見莊子螳螂舉前兩足狀如執斧故云斧隆車雷車也雷神名豐隆故云隆車隧轍也幕府奉漢威靈折衝宇宙長戟百萬驍騎千羣奮中黃育獲之士中黃夏育烏獲皆古力士騁良弓勁弩之勢并州越太行青州涉濟漯紹甥高幹為并州紹子譚為青州大軍汎黃河而角其前荊州下宛葉而掎其後荊州劉表與紹相結犄擊也雷震虎步若舉炎火以焫飛蓬覆滄海以沃熛炭有何不滅者哉前言我直彼曲是理勝此言我強彼弱是勢勝

揭擔入聲

也。又操軍吏士其可戰者皆出自幽冀或故營部曲咸怨曠思歸流涕北顧其餘兗豫之民及呂布張楊之餘衆覆亡迫脅權時苟從各被創夷人爲讎敵若回旆反徂登高岡而擊鼓吹揚素揮以啟降路必土崩瓦解不俟血刃（此言操無可戰之將勢固易破。素白也。揮旛也。）方今漢室陵遲綱維弛絕聖朝無一介之輔股肱無折衝之勢方畿之內簡練之臣皆垂頭搨翼莫所憑恃雖有忠義之佐脅於暴虐之臣焉能展其節又操持部曲精兵七百圍守宮闕外託宿衛內實拘執懼其篡逆之萌因斯而作此乃忠臣肝腦塗地之秋烈士立功之會可不勗哉此言操有篡逆之漸理又難容語殊悲壯操又矯命稱制遣使發兵恐邊遠州郡過聽給與違衆旅叛旅助也言助叛人舉以喪名爲天下笑則明哲不取也此段絕彼之黨即日幽并青冀四州並進紹子熙領幽州書到荊州便勒見兵與建忠將軍協同聲勢建忠將軍指張繡言荊州劉表已與張繡勒兵來助矣州郡各整義兵羅落境界舉師揚威並匡社稷則非常之功於是乎著此段責我之助又應起處非常之人立非常之功意其得操首者封五千戶侯賞錢五千萬部曲偏裨將校諸吏降者勿有所問廣宣恩

信班揚符賞布告天下咸使知聖朝有拘偪之難如律令紹覽檄大喜即命使將此檄遍行州郡并於各處關津隘口張掛檄文傳至許都時曹操方患頭風臥病在床（頭風二字近爲吉平事作引遠爲華陀事伏線）左右將此檄傳進操見之毛骨悚然出了一身冷汗不覺頭風頓愈從床上一躍而起（陳琳之文勝是華陀之藥）顧謂曹洪曰此檄何人所作洪曰聞是陳琳之筆操笑曰有文事者必須以武畧濟之陳琳文字雖佳其如袁紹武畧之不足何（方嚇得汗出便强言笑語真是奸雄）遂聚衆謀士商議迎敵孔融聞之來見操曰袁紹勢大（不說埋願）

只說勢大猶婉詞也不可與戰只可與和荀彧曰袁紹無用之人何必議和融曰袁紹土廣民強其部下如許攸郭圖審配逢紀皆智謀之士田豐沮授皆忠臣也顏良文醜勇冠三軍其餘高覽張郃淳於瓊等俱世之名將何謂紹爲無用之人乎孔融此時便有左袒袁紹之意爲後文曹操殺融伏線彧笑曰紹兵多而不整田豐剛而犯上許攸貪而不智審配專而無謀逢紀果而無用此數人者勢不相容必生內變歷詆衆謀士之短俱確中其病可見知已知彼不獨能知彼之主亦能知彼之輔也顏良文醜匹夫之勇一戰可擒其餘碌碌等輩縱有百萬何足道哉荀彧此一段話與十

勝十敗之說逞應。孔融默然。操大笑曰：首不出荀文若之料。遂與前軍劉岱、後軍王忠引兵五萬，打着丞相旗號，去徐州攻劉備。原來劉岱舊為兗州刺史，及操取兗州，岱降於操，操用為偏將，故今差他與王忠一同領兵。百忙中夾補前文之所未及。操卻自引大軍二十萬進黎陽，拒袁紹。程昱曰：恐劉岱、王忠不稱其使。操曰：吾亦知非劉備敵手，為劉岱二人被擒的伏線。權且虛張聲勢。分付不可輕進，待我破紹，再勒兵破備。劉岱、王忠領兵去了。曹操自引兵至黎陽。兩軍隔八十里，各自深溝高壘，相持不戰。自八月守至十月。原來許攸

河上黃河南岸地即滄德二州界 官渡城名在開封府中牟縣北

不樂審配領兵沮授又又恨紹不用其謀各不相和不圖進取果應荀彧之言袁紹心懷疑惑不思進兵方起兵時先無主張今進兵時亦沒要緊故操乃與呂布手下降將臧霸守把青徐于禁李典屯兵河上曹仁總督大軍屯於官渡操自引一軍竟回許都袁曹究竟未嘗交手○按住袁紹一邊以下獨敘劉備一邊且說劉岱王忠引軍五萬離徐州一百里下寨中軍虛打曹丞相旗號未敢進兵只打聽河北消息這裡玄德也不知曹操虛實未敢擅動亦只打聽河北忽曹操差人催劉岱王忠進戰二人在寨中商議岱曰丞相催促攻城你可先去王忠曰

鬮音鳩

丞相先差你。岱曰。我是主將。如何先去。二人互相推委。亦如審配許攸等互相疑沮。竟是一樣局面。好笑。忠曰。我和你同引兵去。岱曰。我與你拈鬮。拈着的便去。王忠拈着先字。袁紹與六人謀。則從其後者。曹操使二人戰。則拈其先者。只得分一半軍馬來攻徐州。玄德聽知軍馬到來。請陳登商議曰。袁本初雖屯兵黎陽。奈謀臣不和。尚未進取。曹操不知在何處。聞黎陽軍中無操旗號。此事却從玄德口中補出妙。如何這裡却反有他旗號。登曰。操詭計百出。必以河北為重。親自監督。却故意不建旗號。乃於此處虛張旗號。吾意操必不在此。登之料操。亦如彧之料紹。玄德曰。兩弟誰可探聽虛實張飛曰小弟願往玄德曰汝爲人躁暴不可去飛曰便是有曹操也拏將來（快人快語）雲長曰待弟往觀其動靜玄德曰雲長若去我却放心於是雲長引三千人馬出徐州來時直初冬陰雲布合雪花亂飄（纔見青梅如荳又早白雪如花忽而盃酒忽而干戈一年之中不獨天時變人事亦變矣）軍馬皆冒雪布陣雲長驟馬提刀而出（想見赤面綠袍人在雪光中分外照耀）大叫王忠打話忠出曰丞相到此緣何不降雲長曰請丞相出陣我自有話說忠曰丞相豈肯輕見你雲長大怒驟馬向前王忠挺鎗來迎兩馬相交雲長撥馬便走王忠趕來轉過山坡雲

長回馬大叫一聲舞刀直取王忠攔截不住恰待驟馬奔逃雲長左手倒提寶刀右手揪住王忠勒甲絛拖下鞍鞽橫擔於馬上回本陣來王忠直如此易捉可笑王忠軍四散奔走以雲長提散王忠兵亦如湯潑雪雲長押解王忠回徐州見玄德玄德問爾乃何人見居何職敢詐稱曹丞相忠曰焉敢有詐奉命教我虛張聲勢以爲疑兵丞相實不在此老實人老實原是沒用表德玄德教付衣服酒食且暫監下待捉了劉岱再作商議雲長曰某知兄有和解之意故生擒將來玄德曰吾恐翼德躁暴殺了王忠故不教去此等人殺之無益

留之可爲解和之地此時尚欲求和以袁紹旣不決戰而自審其力未足拒操也張飛曰二
哥捉了王忠我去生擒劉岱來玄德曰劉岱昔爲兖州刺史虎
牢關伐董卓時也是一鎮諸侯今日爲前軍不可輕敵虎牢關事已隔
十餘回此處忽然提照出來飛曰量此輩何足道哉我也似二哥生擒將來
便了玄德曰只恐壞了他性命悞我大事飛曰如殺了我償他
命快人快語玄德遂與軍三千飛引兵前進却說劉岱知王忠被擒
堅守不出張飛每日在寨前叫罵岱聽知是張飛越不敢出如此
人使當劉備阿瞞亦殊失計飛守了數日見岱不出心生一計莽人忽然用計未嘗莽也

且正妙在以禁戒人耳傳令今夜二更去劫寨日間却在帳中飲酒（奇絕 妙絕）詐醉尋軍士罪過打了一頓縛在營中曰待我今夜出兵時將來祭旗却暗使左右縱之去（奇絕 妙絕）軍士得脫偷走出營徑往劉岱營中來報劫寨之事劉岱見降卒身受重傷遂聽其說虛劄空寨伏兵在外是夜張飛却分兵三路中間使三十餘人劫寨放火却教兩路軍抄出他寨後看火起為號夾擊之三更時分張飛自引精兵先斷劉岱後路中路三十餘人搶入寨中放火劉岱伏兵恰待殺入張飛兩路兵齊出岱軍自亂正不知飛兵

多少各自潰散〔前在雪光中照耀赤面今在火光中照耀黑臉一樣怕人敵軍安得不潰〕劉岱引一隊殘軍奪路而走正撞見張飛狹路相逢急難迴避交馬只一合早被張飛生擒過去餘衆皆降飛使人先報入徐州玄德聞之謂雲長曰翼德自來粗莽今亦用智吾無憂矣乃親自出郭迎之〔非獎勵其勇獎勵其智也〕飛曰哥哥道我躁暴今日如何〔其實〕玄德曰不用言語相激如何肯使機謀〔柔人激之則剛直人激之則反曲奇甚〕飛大笑玄德見縛劉岱過來慌下馬解其縛曰小弟張飛誤有冒瀆望乞恕罪〔比王忠畧有體面〕還以兗州刺史待之遂迎入徐州放出王忠一同管待玄

德曰前因車胄欲害備故不得不殺之丞相錯疑備反遣二將軍前來問罪備受丞相大恩正思報效安敢反耶二將軍至許都望善言爲備分訴備之幸也偏言卑詞一味虛假還用靑梅煑酒時身分劉岱王忠曰深荷使君不殺之恩當於丞相處方便以某兩家老小保使君玄德稱謝次日盡還原領軍馬送出郭外劉岱王忠行不上十餘里一聲鼓響張飛攔路大喝曰我哥哥忒沒分曉捉住賊將如何又放了諕得劉岱王忠在馬上發顫張飛睜眼挺鎗趕來背後一人飛馬大叫不得無禮視之乃雲長也劉岱王忠

方纔放心雲長曰既兄長放了吾弟如何不遵法令飛曰今番放了下次又來雲長曰待他再來殺之未遲（關張二人一收一放定是玄德作用）劉岱王忠連聲告退曰便丞相誅我三族也不來了望將軍寬恕（二人見雲長之刀翼德之謀亦如曹操見陳琳之檄不得不汗下也）飛曰便是曹操自來也殺他片甲不回今番權且寄下兩顆頭（快人快語）劉岱王忠抱頭鼠竄而去雲長翼德回見玄德曰曹操必然復來孫乾謂玄德曰徐州受敵之地不可久居不若分兵屯小沛守邳城爲犄角之勢以防曹操玄德用其言令雲長守下邳甘糜二夫人亦於下邳

安置前吕布以家小住下邳而殞命今玄德亦以家小住下邳而出奔婆子氣人又要怨風水不好矣甘夫人乃小沛人也糜夫人乃糜竺之妹也忽然夾敘二夫人出處筆極閒極警孫乾簡雍糜竺糜芳守徐州玄德與張飛屯小沛劉岱王忠回見曹操具言劉備不反之事操怒罵辱國之徒留你何用喝令左右推出斬之正是

犬豕何堪共虎鬬　魚鰕空自與龍爭

不知二人性命如何且聽下文分解

茂苑毛宗崗序始氏評　吳門杭永年資能氏評定

第二十三回

禰正平裸衣罵賊
吉太醫下毒遭刑

禰衡孔融楊修三人才同而其品則有不同楊修事操者也孔融不事操而猶與操周旋者也禰衡則不事操而并不屑與操周旋者也三人皆爲操所殺而三人之中惟衡

最剛故三人之死亦惟衡獨蚤操自負奸雄其才力足以推倒一世而禰衡鄙夷傲睨視若無物非膽勇過人安能如此生前既駡曹操死後又駡王敦至今鸚鵡洲英靈不泯豈得僅以文人才士目之耶

或謂駡操如陳琳而不殺之何以獨忌禰正平乎操之出使正平干諸侯者以正平恃才而狂欲使人磨折他一番挫其鋭氣然後用之耳不虞黃祖之遽殺之也先儒有代曹操責黃祖書備言此意予曰不然爲此說者未知禰陳

兩人之優劣也禰衡罵操以口陳琳罵操以筆雖同一罵而衡之罵操自罵者也琳之罵操代人罵者也夫自罵之與代人罵則有間矣琳之言曰箭在弦上不得不發使操用之以射人則其代操罵敵亦猶是也陳琳罵操而終于事操禰衡罵操則必不事操代人罵者可降自罵者斷不降此操之所爲不殺琳而必殺衡與

爲劉表計者既知曹操使禰衡之意便不當使衡見黃祖當仍令衡還許都方是高曹操一頭地今操借刀于表表

復借刀于祖是與操一般見識終在曹操術中耳

董承元宵一夢何其快心奈此夢不應可爲悵惜雖然天地夢藪也古今夢緣也人生夢魂也漢之變而爲三國三國之變而爲晉猶之蕉耳鹿耳蝴蝶耳邯鄲與南柯耳事之眞者何必非夢則事之夢者何必非眞夢如董承直謂之眞焉可矣

嘗讀曇花記見冥王坐勘曹操拷之問之打之罵之或曰此後人欲洩其憤無聊之極思耳予曰不然理應如是不

可謂之戲也古來缺陷不平之事有欲反其事以補之者一日鄧伯道父子團圓一日荀奉倩夫妻偕老一日屈大夫重與楚國一日燕太子克復秦讐一日王明妃再入漢關一日侯夫人生逢煬帝一日岳武穆寸斬秦檜一日南霽雲立滅賀蘭斯皆以天數俛從人心以人心挽回天數然則董承劍起曹操頭落忠魂所結竟當作如是觀

上醫醫國其吉平之謂乎若吉平者豈不愧爲太醫矣以其藥醫曹操之頭風是毒藥也以其藥醫獻帝之心病是良

藥也人謂其誤以許病爲眞病不得謂之知病我謂其能以毒藥爲良藥斯眞謂之知醫惜乎其藥不行耳欲生人則生之欲殺人則殺之能生人是良醫能殺人亦是良醫獨怪今之醫家心則華陀救周泰之心藥則吉平毒曹操之藥殺人而猶執生人之方生人而適作殺人之孽吾不知其醫術居何等也

孔融薦禰衡一篇文字十分光彩閱至此撚髯稱快當滿引一大白禰衡鼓擊三撾令人泣下吉平血流九竅令人

眦裂閲至此慷慨悲懷又當滿引一大白

此卷起處正是曹操欲攻劉備却因招安表繡放下劉備忽然接入董承及董承事露而首人不知有劉備至接出義狀而曹操始知與承同謀者之有劉備于是下文攻劉備更不容緩矣然則此卷雖無劉備之事而實劉備傳中一大關目也

却說曹操欲斬劉岱王忠孔融諫曰二人本非劉備敵手若斬之恐失將士之心操乃免其死黜罷爵禄欲即起兵伐玄德孔

融曰方今隆冬盛寒（應前雪花飄句）未可動兵待來春未爲晚也（孔融心向玄德來春之說乃緩詞耳）可先使人招安張繡劉表然後再圖徐州操然其言先遣劉曄往說張繡曄至襄城先見賈詡陳說曹公盛德詡乃留曄于家中次日來見張繡說曹公遣劉曄招安之事正議間忽報袁紹有使至繡命入使者呈上書信繡覽之亦是招安之意詡問來使曰近日興兵破曹操勝負何如使曰隆冬寒月權且罷兵（與孔融之言相合）今以將軍與荊州劉表俱有國士之風故來相請耳（使者口中就便帶出劉表正與陳琳檄文中相應）詡大笑曰汝可便回見本

初道汝兄弟尚不能容，何能容天下國士乎。袁術始而謀僭，紹不能以軍法斬之。繼而僭號，紹不能以大義誅之。責紹者，正當責其不能討術，不當責其不能容術也。賈詡初隨李傕，後隨曹操，雖有知謀，不知順逆，故其言如此。當面扯碎書，叱退來使。張繡曰：方今袁彊曹弱，今毀書叱使，袁紹若至，當如之何。詡曰：不如去從曹操。繡曰：吾先與操有讎，安得相容。應前第十六回中事。詡曰：從操其便有三。夫曹公奉天子明詔，征伐天下，其宜從一也。紹強盛，我以少從之，必不以我為重；操雖弱，得我必喜，其宜從二也。今之錦上添花者，好向富厚處納款，不樂向寡乏處通情，請聽賈詡之論。曹公五霸之志，必釋私怨以明德于四海，其宜從三

也願將軍無疑焉繡從其言請劉曄相見曄盛稱操德且曰丞
相若記舊怨安肯使某來結好將軍乎繡大喜即同賈詡等赴
許都投降繡見操拜于階下操忙扶起執其手曰有小過失勿
亂其叔母乃曰小過遂封繡爲揚武將軍封賈詡爲執
記于心失虧他這副老面皮
金吾使操又得操即命繡作書招安劉表賈詡進曰劉景升好
一謀士
結納名流今必得一有文名之士往說之方可降耳只此一句
引出禰正
平操問荀攸曰誰人可去攸曰孔文舉可當其任操然之攸出
來
見孔融曰丞相欲得一有文名之士以備行人之選公可當此

任否融曰吾友禰衡字正平其才十倍於我此人宜在帝左右不但可備行人而已我當薦之天子（不曰薦之丞相而曰薦之天子我知正平固不爲操用者也）於是遂上表奏帝其文曰

臣聞洪水橫流帝思俾乂旁求四方以招賢俊昔世宗繼統（指漢武帝）將弘基業疇咨熙載羣士響臻（音冒）陛下叡聖纂承基緒遭遇厄運勞謙日昃維嶽降神異人竝出竊見處士平原禰衡年二十四字正平淑質貞亮（一句言其品）英才卓躒（音力）（一句言其才）初涉藝文升堂覩奧目所一見輙誦之口耳所暫聞不忘于心性

坌焚上声

與道合思若有神弘羊潛計桑弘羊武帝時人安世默識張安世宣帝時人以衡準之誠不足怪一段美其才忠果正直志懷霜雪見善若驚嫉惡若讐任座抗行任座魏文侯時人史魚厲節殆無以過也一段美其品只此數語便爲禰衡罵曹操張本鷙鳥類百不如一鶚郭嘉程昱等皆鷙鳥耳使衡立朝必有可觀飛辯聘詞溢氣坌涌解疑釋結臨敵有餘昔賈誼求試屬國詭係單于詭責也終軍欲以長纓牽制勁越弱冠慷慨前世美之近日路粹嚴象亦用異才擢拜臺郎衡宜與爲比一段言其少年有志應前年二十四句如得龍躍天衢振翼雲漢揚聲紫

徵垂光虹蜺足以昭近署之多士增四門之穆穆鈞天廣樂必有奇麗之觀帝室皇居必畜非常之寶（評亦奇 麗非常）若衡等輩不可多得激楚（清 辭）陽阿（曲名）至妙之容掌伎者之所貪飛兔騕褭（音鳥 古良馬）絕足奔放良（王良）樂（伯樂）之所急也臣等區區敢不以聞

陛下篤慎取士必須效試乞令衡以褐衣召見如無可觀采

臣等受面欺之罪

帝覽表以付曹操操遂使人名衡衡至禮畢操不命坐（無禮 惹罵）禰衡仰天歎曰天地雖闊何無一人也（開口 便罵）操曰吾手下有數十人

皆當世英雄何謂無人高祖距見酈生生責之高祖便起謝今曹操不謝宜正平之終怒也衡曰
願聞操曰荀彧荀攸郭嘉程昱機深智遠雖蕭何陳平不及也
張遼許褚李典樂進勇不可當雖岑彭馬武不及也呂虔滿寵
為從事于禁徐晃為先鋒夏侯惇天下奇才曹子孝世間福將
安得無人曹操自誇其衆臣戰將敘得參差有勢衡笑曰公言差矣此等人物吾
盡識之荀彧可使弔喪問疾荀攸可使看墳守墓程昱可使關
門閉戶郭嘉可使白詞念賦張遼可使擊鼓鳴金許褚可使牧
牛放馬樂進可使取狀讀招李典可使傳書送檄呂虔可使磨

刀鑄劍滿寵可使飲酒食糟于禁可使負版築牆徐晃可使屠猪殺狗夏侯惇稱爲完體將軍曹子孝呼爲要錢太守完體反言之也要錢正言之也然恐天下不獨一曹子孝矣其餘皆是衣架飯囊酒桶肉袋耳罵得暢快操怒曰汝有何能衡曰天文地理無一不通三教九流無所不曉上可以致君爲堯舜下可以配德于孔顔與人處只在此二句豈與俗子共論乎禰衡自贊亦如孔融之贊衡時止有張遼在側掣劍欲斬之操曰吾正少一鼓吏早晚朝賀宴享可令禰衡充此職衡欲使張遼擊鼓喝金操卽以其鄙薄張遼者命衡也衡不推辭應聲而去玩世不恭有詩人簡兮之風遼曰此人

出言不遜何不殺之操曰此人素有虚名遠近所聞今日殺之天下必謂我不能容物彼自以爲能故令爲鼓吏以辱之奸雄作用故欲辱衡誰知反爲衡所辱也來日操于省廳上大宴賓客令鼓吏撾鼓舊吏云撾鼓必換新衣衡穿舊衣而入遂擊鼓爲漁陽三撾音節殊妙淵淵有金石聲於革木之器能作金石之音正所謂激楚陽阿掌伎所貪者也禰正平漁陽撾與嵇叔夜廣陵散並稱絶調惜于今不傳坐客聽之莫不慷慨流涕左右喝曰何不更衣衡當面脫下舊破衣服裸體而立渾身盡露孟嘉落帽以傲桓溫禰衡裸衣以辱曹操奸雄而過狂上大有可觀坐客皆掩面衡乃徐徐著褲顏色不變眞是目中無人

操叱曰：廟堂之上，何太無禮？衡曰：欺君罔上，乃謂無禮。明明道著老賊。吾露父母之形，以顯清白之體耳。既聽伐鼓淵淵，又見白鳥鶴鶴。操曰：汝爲清白，誰爲汙濁？衡曰：汝不識賢愚，是眼濁也；不讀詩書，是口濁也；不納忠言，是耳濁也；不通古今，是身濁也；不容諸侯，是腹濁也；常懷簒逆，是心濁也。前既力詆其謀臣將士，今卻指名獨罵曹操，又罵之于伐鼓之後，可謂鳴鼓而攻之矣。孔融薦禰衡一篇文字，十分光彩；禰衡罵曹操一篇言語，十分鋒鋩。可稱雙絕。吾乃天下名士，用爲鼓吏，是猶陽貨輕仲尼，臧倉毀孟子耳。索性罵箇盡情暢絕。欲成王霸之業，而如此輕人耶？時孔融在坐，恐操殺衡，乃從容進曰：禰衡罪同胥靡不足發明王之夢用高宗夢傅說事古使有罪者充役謂之胥靡傅說築牆于傅岩之野是代罪人役也操指衡而言曰令汝在荆州爲使如劉表來降便用汝
作公卿衡不肯往操教備馬三匹令二人扶挾而行禰衡倔强之態可掬
却教手下文武整酒于東門外送之荀彧曰如禰衡來不可起
身衡至下馬入見衆皆端坐衡放聲大哭荀彧問曰何爲而哭
衡曰行于死柩之中如何不哭鼓音之悲正爲此耳衆皆曰吾等是死屍
汝乃無頭狂鬼耶衡曰吾乃漢朝之臣不作曹瞞之黨安得無
頭禰衡以漢帝爲頭不似彼衆人以曹操爲頭也衆欲殺之荀彧急止之曰量鼠雀之

輩何足汙刀衡曰吾乃鼠雀尚有人性汝等只可謂之螺蟲其事曹操不過如蟻中之王蜂中之長耳衆恨而散衡至荊州見劉表畢雖頌德實譏諷表不喜表好名士而不喜禰衡如葉公之好龍好夫似龍而非龍者也令去江夏見黃祖或問表曰禰衡戲謔主公何不殺之表曰禰衡數辱曹操操不殺者恐失人望故令作使于我欲借我手殺之使我受害賢之名也吾今遣去見黃祖使曹操知我有識劉表使見黃祖即曹操使見劉表之意是操借刀于表而表復乞諸其鄰而與之耳衆皆稱善時袁紹亦遣使至表問衆謀士曰袁本初又遣使來曹孟德又差禰衡在此當從何便從事中

郎將韓嵩進曰今兩雄相持將軍若欲有為乘此破敵可也如其不然將擇其善者而從之今曹操善能用兵賢俊多歸其勢必先取袁紹然後移兵向江東恐將軍不能禦莫若舉荆州以附操操必重待將軍矣（與賈詡勸張繡相同）表曰汝且去許都觀其動靜再作商議嵩曰君臣各有定分嵩今事將軍雖赴湯蹈火一唯所命將軍若能上順天子下從曹公使嵩可也如持疑未定嵩到京師天子賜嵩一官則嵩為天子之臣不得復為將軍死矣（先說在前後來不得罪之）表曰汝且先往觀之吾別有主意嵩辭表到許都

見操。操遂拜嵩爲侍中。領零陵太守。果應韓嵩所言。荀彧曰。韓嵩參觀動靜。未有微功。重加此職。禰衡又無音耗。丞相遣而不問。何也。荀彧雙問韓禰二人。操曰。禰衡辱吾太甚。故借劉表手殺之。何必再問。曹操單荅禰衡一人。遂遣韓嵩回荊州說劉表。嵩回見表。稱頌朝廷盛德。勸表請子入侍。表大怒曰。汝懷二心耶。欲斬之。嵩大叫曰。將軍負嵩。嵩不負將軍。蒯良曰。嵩未去之前。先有此言矣。劉表遂赦之。人報黃祖斬了禰衡。此事不用實敘。只在使者口中虛寫。省筆。表問其故。對曰。黃祖與禰衡共飲。皆醉。祖問衡曰。君在許都有何人物。衡曰。大兒孔

鸚鵡洲在蒲城外

支舉小兒楊德祖除此二人別無人物祖曰似我何如衡曰汝似廟中之神雖受祭祀恨無靈驗祖大怒曰汝以我爲土木偶人耶衡之視人不是死屍即是木偶所以取禍遂斬之衡至死罵不絕口此非黃祖殺之而劉表殺之亦非劉表殺之而曹操殺之也劉表聞衡死亦嗟呀不已令葬于鸚鵡洲邊後人有詩歎曰

黃祖才非長者儔　禰衡喪首此江頭
今來鸚鵡洲邊過　惟有無情碧水流

却說曹操知禰衡受害笑曰腐儒舌劍反自殺矣不說自巳殺他又不說別

人殺他反說他自殺奸雄之極因不見劉表來降。便欲興兵問罪。荀彧諫曰。袁紹未平。劉備未滅。而欲用兵江漢。是猶舍心腹而顧手足也。可先滅袁紹。後滅劉備。江漢可一掃而平矣。操從之。以上按下荊州一邊以下再敘許都一邊

且說董承自劉玄德去後。日夜與王子服等商議。無計可施。建安五年元旦朝賀。見曹操驕橫愈甚。感憤成疾。將敘元宵飲酒先敘元旦染病老泉詩曰佳節每從愁裏過壯心猶傍醉中來正與此合帝知國舅染病。令隨朝太醫前去醫治。此醫乃洛陽人。姓吉名太。字稱平。人皆呼為吉平。當時名醫也。平到董承府用藥調治。旦夕不離。常見董承長吁

短歎不敢動問知其心病也但知其身病不時值元宵吉平辭去承留住二人共飲飲至更餘承覺困倦就和衣而睡前二十回中隱几而而睡乃是夜間前因隔夜未眠此乃是日裏令和衣此因病後困倦寫得有情有景忽報王子服等四人至承出接入服曰大事諧矣承曰願聞其說服曰劉表結連袁紹起兵五十萬共分十路殺來快暢之極馬騰結連韓遂起西京軍七十二萬從北殺來快暢之極曹操盡起許昌兵馬分頭迎敵城中空虛若聚五家僮僕可得千餘人乘今夜府中大宴慶賞元宵將府圍住突入殺之不可失此機會更暢快之極承大喜隨即喚家奴各人收

拾兵器自已披挂綽鎗上馬疾至此有起色矣約會都在內門前相會同時進兵夜至二鼓衆兵皆到董承手提寶劒徒步直入見操設宴後堂大叫操賊休走一劒剁去隨手而倒一路看來竟作真有此快事何其天從人願至乃如此之易也霎時覺來乃南柯一夢半晌歡喜讀至此句不覺掃興口中猶罵操賊不止吉平向前叱曰汝欲害曹公乎承驚懼不能荅楚莊王將有所謀必屏人獨寢恐夢中漏言正爲此也吉平曰國舅休慌某雖醫人未嘗忘漢某連日見國舅嗟歎不敢動問恰纔夢中之言已見真情幸勿相瞞倘有用某之處雖滅九族亦無後悔滿朝文武不及此一醫生多矣承

掩面而哭曰只恐汝非真心平遂咬下一指爲誓獻帝刺指寫詔吉平咬指爲誓二指正復相應承乃取出衣帶詔令平視之且曰今之謀望不成者乃劉玄德馬騰各自去了無計可施因此感而成疾至此方說出真正病源平曰不消諸公用心操賊性命只在某手中今日醫生之手皆如此之可畏承問其故平曰操賊常患頭風痛入骨髓纔一舉發便召某醫治如早晚有召只用一服毒藥必然死矣何必舉刀兵乎一貼藥勝是百萬兵承曰若得如此救漢朝社稷者皆賴君也方是真正良醫不但醫董承身病并醫董承心病不但醫承心病且醫獻帝心病矣時吉平辭歸承心中暗喜步入後堂

忽見家奴秦慶童同侍妾雲英在暗處私語。承大怒，喚左右捉下，欲殺之。夫人勸免其死。夫人大是誤事。各人杖脊四十，將慶童鎖于冷房。慶童懷恨，負夜將鐵鎖扭斷，跳牆而出，逕入曹操府中，告有機密事。前十回中馬宇爲家僮所首，此處董承亦同爲家僮所首。前略後詳，事雖同而文各異。操喚入密室問之。慶童云：「王子服、吳子蘭、种輯、吳碩、馬騰五人只說得五人，妙。在家主府中商議機密，必然是謀丞相。家主將出白絹一段，不知寫道甚的。近日吉平咬指爲誓，我也曾見。」秦慶童口中妙在說得不明不白，但見白絹，不見血詔；但知寫字咬指，不知所議謂何。正如曹操識斷碑之文，不甚可讀，而以意度之，自能精測而得也。

匿慶童於府中董承只道逃往他方去了也不追尋次日曹操
詐患頭風召吉平用藥吉平自思曰此賊合休暗藏毒藥入府
操之意是假病平操臥于牀上令平下藥平曰此病可一服即
之醫亦是假醫
○自然不消
愈第二服教取藥罐當面煎之藥已半乾平已暗下毒藥親
自送上操知有毒故意遲延不服平曰藥熱服之少汗即愈二水
鍾蘦三先操起曰汝既讀儒書必知禮義君有疾飲藥臣先嘗
滓不再煎
之父有疾飲藥子先嘗之汝爲我心腹之人何不先嘗而後進
先嘗則不平曰藥以治病何用人嘗平知事已泄縱步向前扯
能進矣

任操耳而灌之。操推藥潑地，磚皆迸裂。操未及言，左右已將平執下。（事雖未成，而吉平之勇過於鱄諸矣。）操曰：吾豈有疾，特試汝耳。汝果有害我之心。遂喚二十箇精壯獄卒，執平至後園拷問。（此是一拷吉平。）操坐于亭上，將平縛倒於地。吉平面不改容，略無懼怯。（想其懷藥入府時，已置死生于度外。）操笑曰：量汝是箇醫人，安敢下毒害我？必有人唆使你來。（吾已授。）你說出那人，我便饒你。平叱之曰：汝乃欺君罔上之賊，天下皆欲殺汝，豈獨我乎？（絕似施全對秦檜語。）操再三磨問。平怒曰：我自欲殺汝，安有人使我來？（先說人皆欲殺，不獨是我；又說我自欲殺，更不關人。若論有人指使，則天下人皆使我來；若論無人指使，則更無一人使我來也。今事不成，惟死而已。操怒，教獄卒痛打，打到兩箇時辰，皮開肉裂，血流滿堦。操恐打死，無可對證，令獄卒揪去靜處，權且將息。惡極。傳令次日設宴，請衆大臣飲酒。惟董承托病不來。王子服等皆恐操生疑，只得俱至。一人因恐而不來，數人因恐而皆至。操於後堂設席。酒行數巡，曰：「筵中無可爲樂，我有一人，可爲衆官醒酒。」吉平善用表汗湯，今又操用他爲醒酒湯。二十箇獄卒：「與吾牽來。」須臾只見一長枷釘著吉平，拖至堦下。此是二拷吉平。操曰：「衆官不知，此人連結惡黨，欲反背朝廷，謀害曹某。今日天敗，請聽口詞。」操教先打一頓昏絕於地以水噴面吉平甦醒吉平被水噴醒衆官却被曹操嚇醒睜目切齒而罵曰操賊不殺我更待何時操曰同謀者先有六人與汝共七人耶是七人之數者劉玄德也若添一吉平則八人矣乃自絹狀上本無吉平而慶童口中却無玄德猜測得妙平只是大罵王子服等四人面面相覷如坐鍼氊曹操意中八人認作七人曹操座上六人尚欠二人參差不齊錯落有致操教一面打一面噴平並無求饒之意硬漢操見不招且教牽去還不許他死惡極衆官席散操只留王子服等四人夜宴四人魂不附體只得留待操曰本不相留爭奈有事相問汝四人不知與董承商議何事子服曰並未商議甚事操

曰白絹中寫着何事子服等皆隱諱操教喚出慶童對證子服曰汝於何處見來慶童曰你迴避了衆人六人在一處畫字如何賴得慶童只首得六人子服曰此賊與國舅侍妾通姦被責誣主不可聽也操曰吉平下毒非董承所使而誰子服等皆言不知操曰今晚自首尚猶可恕若待事發其實難容子服等皆言並無此事操叱左右將四人拏住監禁次日帶領衆人徑投董承家探病前吉平至曹操府中看病今曹操至董承家中探病都是不懷好意承只得出迎操曰緣何夜來不赴宴承曰微疾未痊不敢輕出操曰此是憂國家病耳

曹操賺吉平是假病承愕然操曰國舅知吉平事乎承曰不知
董承患曹操是眞病竟欲以吉
操冷笑曰國舅如何不知喚左右牽來與國舅起病不三拷當
敎生七發前日醒酒是以吉平爲承舉措無地須臾二十獄
湯今日起病是又以吉平爲酒矣見曹操便操指
卒推吉平至階下此爲三吉平大罵曹操逆賊罵硬漢
拷吉平
謂承曰此人曾攀下王子服等四人吾已拏下廷尉尚有一人
未曾捉獲曹操只道一人因問平曰誰使汝來藥我可速招出
不知尚有三人妙人心所存操怒敎打身上無容刑之
平曰天使我來殺逆賊即天理也
處承在座觀之心如刀割操又問平曰你原有十指今如何只

有九指平曰嚼以爲誓誓殺國賊（絕不抵賴硬漢）操教取刀來就階下截去其九指（今之庸醫以十指殺人者亦當以此法殺之）曰一發截了教你爲誓平曰尚有口可以吞賊有舌可以罵賊（爲張睢陽齒爲顏常山舌）操令割其舌平曰且勿動手吾今熬刑不過只得供招（不知者讀至此必以爲將供出董承矣）可釋吾縛（意在此句耳）操曰釋之何礙遂命解其縛平起身望闕拜曰臣不能爲國家除賊乃天數也拜畢撞堦而死（立誓以殺曹操是其忠也至死不招董承是其義也被禍最慘性骨最烈不意醫生中乃有此人）操令分其肢體號令時建安五年正月也史官有詩曰

漢朝無起色　醫國有稱平　立誓除姦黨　捐軀報聖明
極刑詞愈烈　慘死氣如生　十指淋漓處　千秋仰異名

操見吉平已死教左右牽過秦慶童至面前操曰國舅認得此人否承大怒曰逃奴在此即當誅之操曰他首告謀反今來對證誰敢誅之承曰丞相何故聽逃奴一面之說操曰王子服等吾已擒下皆招證明白汝尚抵賴乎即喚左右拏下命從人直入董承臥房內搜出衣帶詔并義狀操看了笑曰鼠輩安敢如此（曹操一向只知有義狀今日方知有血詔一向只知有六人今日方知有七人矣）遂命將董承全家

良賤盡皆監禁休教走脫一箇操回府以詔狀示衆謀士商議要廢獻帝更立新君曹操此時竟欲爲董卓所爲矣

數行丹詔成虛望　一紙盟書惹禍殃

未知獻帝性命如何且聽下文分解

第二十四回

國賊行兇殺貴妃

皇叔敗走投袁紹

嘗咏唐人弔馬嵬詩曰可憐四紀爲天子不及羅家有莫

愁其言可謂悲矣然楊妃之死死於其兒之誤國董妃之
死死於其兒之愛君夫以兒之罪而殺楊妃今人猶爲之
惋惜況以兒之忠而殺董妃能不爲之悼嘆乎哉吾以爲
董妃之寃寃於太眞則獻帝之痛更痛於玄宗矣
以天子之尊而束縛於權臣不得已耳以方伯之重而牽
制於小兒亦不得已耶衣帶詔之事旣閼董貴妃之事甚
慘正忠臣肝腦塗地之秋義士發憤立功之日而乃遷延
歲月坐失機會天子不能保其嬪妃諸侯且欲戀其家室

巳之幼子有疾猶然繫懷君之孕嗣遭殃不爲動念以四世三公代食漢祿者反不如一醫生之盡節良可嘆也

讀徐文長四聲猿有禰衡罵曹操一篇文字將禰衡死後之事補罵一番殊爲痛快今恨不將陳琳檄後之事再教陳琳補罵一番也雖然惟無瑕者可以戮人袁紹不奉天子之命而襲取冀州欺韓馥又賣公孫瓚其罪一傕汜之亂不聞勤王其罪二袁術僭號而不能討及術歸帝號而又欲迎之其罪三爲紹計者恐我盡言以責操而操亦盡

言以責我故一駡之後不復更駡耳昔齊桓公挾天子以令諸侯行權力而假仁義尋北之救坐視邢亡楚丘之封直待衛滅又兄弟姊妹之間多慚德焉是以其責楚也不責其僭稱王號吞併諸姬而但問以包茅不貢昭王不復舍其大而責其小舍其近而責其遠其同此意也夫田豐前欲緩戰今欲急戰前則無隙可伺今則有虛可乘審時勢而爲謀惜袁紹之不能用耳然吾怪郭圖審配獨無一言何也蓋二人與田豐不和故前者豐不欲戰二人

以宜戰之說爭之今者豐既欲戰二人更不以宜戰之說助之但從自己門戶起見不從國家大事起見古來朋黨之害往往坐此唐有牛李之互持宋有朔洛蜀之角立朝廷且受其患況袁紹一隅之主乎

爲天下者不顧家玄德前敗於呂布遂棄妻小而不顧今敗於曹操又棄妻小而不顧與高祖委呂后於項羽正復相同彼袁紹室家情篤戀戀小兒豈得爲成大事之人

袁紹與玄德三番相見第一次在虎牢第二次在磐河第

三次在冀州玄德於袁紹三番求救第一次鄭玄作書第二次自巳致書第三次單騎親往紹則前倨而後恭備亦昔疎而今密非紹之賢而納備乃備之急而投紹耳前乎此者依托呂布又依托曹操後乎此者依托劉表又依托孫權㷀㷀一身常爲客子然則備之爲君殆在旅之六五云

操之敵紹能以寡勝衆備之敵操不能以寡勝衆是備之用兵不如操矣然爲將之道在能用兵爲君之道不在能

用兵而在能用用兵之人備之所以敗者以此時未遇諸葛亮耳未遇諸葛雖關張之勇無所用之旣遇諸葛雖曹操之智不能當之而諸葛不爲操操所得獨爲備所得善乎唐太宗之論操曰一將之智有餘萬乘之才不足韓信善將兵一將之智也高祖不善將兵而善將將萬乘之才也豈非操之用兵則勝於備而用人則遜於備與

却說曹操見了衣帶詔與衆謀士商議欲廢却獻帝更擇有德者立之程昱諫曰明公所以能威震四方號令天下者以奉漢

家名號故也今諸侯未平遽行廢立之事必起兵端矣關乃止操賊幾為董卓所為而卒未為者以自己曾討董卓故也只將董承等五人并其全家老小押送各門處斬死者共七百餘人城中官民見者無不下淚特當日見者下淚即今日讀者亦為酸鼻後人有詩歎董承曰

密詔傳衣帶，天言出禁門。當年曾救駕，此日更承恩。
憂國成心疾，除奸入夢魂。忠貞千古在，成敗復誰論。

又有歎王子服等四人詩曰

書名尺素矢忠謀，慷慨思將君父酬。

赤青可憐捐百口　丹心自是足千秋

且說曹操既殺了董承等衆人怒氣未消遂帶劍入宮來弒董貴妃（咄咄怪事）貴妃乃董承之妹帝幸之已懷孕五月（補叙貴妃一筆當日）帝在後宮正與伏皇后私論董承之事至今尚無音耗（點綴忽好）見曹操帶劍入宮面有怒容帝大驚失色（幸相面有怒容而天子大驚失色豈不奇絶）操曰董承謀反陛下知否帝曰董卓已誅矣（操言董承而帝故意錯言董卓蓋操乃今日之董卓也帝意不在卓矣暗指操耳帝亦善於詞令）操大聲曰不是董卓是董承帝戰慄曰朕實不知（曾讀左傳周鄭交質篇王曰無之何爲之一歎今獻帝朕寔不知四字正復相似）○

此時宰相儼如問官，天子竟似罪人矣。操曰忘了破指修詔耶。帝不能答。手跡既真，口詞難賴。操叱武士擒董妃至。帝告曰董妃有五月身孕望丞相見憐。帝因孕而欲求免其身。操曰若非天敗吾已被害豈得復留此女為吾後患。伏后告曰貶於冷宮待分娩了殺之未遲。后度不能免其身，但求全其孕。○宰相作色，帝后哀求，皆絕奇之事。操曰欲留此逆種為母報仇乎。天子之嗣方曰逆種是何言與。董妃泣告曰乞全屍而死勿令彰露。妃度身孕俱不能免，但泣求全屍矣。可憐可恨，令我不忍讀。操令取白練至面前。因乃兄列名於白絹，遂使其妹畢命於白練。帝泣謂妃曰卿於九泉之下勿怨朕躬。何言之痛也。讀者能不鼻酸而髮指否。言訖淚下如雨。

伏后亦大哭操怒曰猶作兒女態耶叱武士牵出勒死於宫門之外（魏魏至尊不能庇一女子真天翻地覆時也）後人有詩嘆董妃曰

春殿承恩亦枉然　傷哉龍種並時捐

堂堂帝主難相救　掩面徒看淚湧泉

操諭監宫官曰今後但有外戚宗族不奉吾旨輙入宫門者斬守禦不嚴與同罪（爲後文伏完事露伏筆）又撥心腹人三千充御林軍令曹洪統領以爲防察（獻帝此時如坐牢獄中）操謂程昱曰今董承等雖誅尚有馬騰劉備亦在此數不可不除昱曰馬騰屯軍西涼未可

輕取。但當以書慰勞，勿使生疑，誘入京師圖之可也。（爲後誘殺馬騰伏筆。）劉備現在徐州，分布犄角之勢，亦不可輕敵。（以上將馬劉二人並說。）況今袁紹屯兵官渡，常有圖許都之心，若我一旦東征，劉備勢必求救於紹，紹乘虛來襲，何以當之？（故于馬騰專策劉備，又因劉備轉策袁紹。）操曰：非也。備乃人傑也，今若不擊，待其羽翼既成，急難圖矣。袁紹雖强，事多懷疑不決，何足憂乎？（操以玄德爲英雄，不以本初爲英雄，正與青梅煮酒時談論相合。）正議間，郭嘉自外而入。操問曰：吾欲東征劉備，奈有袁紹之憂，如何？嘉曰：紹性遲而多疑，其謀士各相妒忌，（此操語又添出謀士一句。）不足憂也。

劉備新整軍兵衆心未服二語爲後張關部卒降曹降卒丞相許投關公襲取下邳等事伏筆引兵東征一戰可定矣操大喜曰正合吾意遂起大軍二十萬分兵五路下徐州下徐州五路分兵攻小沛八面遣將此五路只虛寫後八面却實敘俱妙細作探知報入徐州孫乾先往下邳報知關公隨至小沛報知玄德玄德與孫乾計議曰此必求救於袁紹方可解危於是玄德修書一封此時玄德竟親自寫書不必更煩鄭康成矣遣孫乾至河北乾乃先見田豐具言其事求其引進前托鄭玄致書今又托田豐引進不啻先之以子貢申之以冉有也豐即引孫乾入見紹呈上書信只見紹形容憔悴衣冠不整却又作涂豐曰今

日主公何故如此紹曰我將死矣（令人不解）豐曰主公何出此言紹

曰吾生五子唯最幼者極快吾意（婦人愛少子丈夫亦如是耶）今患疥瘡命

已垂絕（紹所患者不過小兒之病小兒所患者又不過疥癬之疾可發一笑）吾有何心更論他事

乎（可笑）豐曰今曹操東征劉玄德許昌空虛若以義兵乘虛而入

上可以保天子下可以救萬民此不易得之機會也惟明公裁

之（豐前欲緩戰今欲急戰此量時度勢之言與沮受一味言戰者不同）紹曰吾亦知此最好奈我

心中恍惚恐有不利豐曰何恍惚之有紹曰五子中唯此子生

得最異儻有疎虞吾命休矣遂決意不肯發兵（曹昂死而曹操只言哭典韋袁

熈病而袁紹不肯救劉備袁曹憂劣又見如此見前鄭玄致書之時董承未死血詔未泄今此事已露玄德書中必詳言之乃紹見書而不一發憤可謂無氣乃謂孫乾曰汝回見玄德可言其故儻有不如意可來相投吾自有相助之處為後劉備投袁紹伏筆田豐以杖擊地曰○○○○○○○○○○○○○○○○○○○○○○○○○○○○○遭此難遇之時乃以嬰兒之病失此機會大事去矣可痛惜哉○○○○○○跌足長歎而出真正可惜○玄德求救於紹紹不出程昱所料袁紹不肯發兵不出郭嘉所料孫乾見紹不肯發兵只得星夜回小沛見玄德具說此事玄德大驚曰似此如之奈何張飛曰兄長勿憂曹兵遠來必然困乏乘其初至先去劫寨可破曹操此計亦可但瞞不過曹操耳玄德曰素以汝為一勇

夫耳前者提劉岱時頗能用計（又將前事一提）今獻此策亦中兵法乃從其言分兵劫寨且說曹操引軍往小沛來正行間狂風驟至忽聽一聲响亮將一面牙旗吹折（孫堅之死有風報應曹操之勝亦有風報應）操便令軍兵且住聚衆謀士問吉凶荀彧曰風從何方來吹折甚顏色旗操曰風自東南方來吹折角上牙旗（單旗曰角旗雙旗曰門旗）乃青紅二色（董承之死只因紅詔一紙白絹一幅劉備之敗却因青紅牙旗一面）或曰不主別事今夜劉備必來劫寨（張飛之計早被荀文若占出）操點頭忽毛玠入見曰方纔東南風起吹折青紅牙旗一面主公以爲主何吉凶操曰公意若何

毛玠曰愚意以爲今夜必主有人來劫寨（謀士所見皆同）後人有詩嘆曰

吁嗟帝胄勢孤窮　全仗分兵劫寨功

爭奈牙旗折有兆　老天何故縱奸雄

操曰天報應我當即防之遂分兵九隊只留一隊向前虛托營寨餘衆八面埋伏（九里山前十面埋伏小沛城外八面埋伏）是夜月色微明（既寫風又寫月）（壯中偏有此閒筆）玄德在左張飛在右分兵兩隊進發只留孫乾守小沛且說張飛自以爲得計領輕騎在前突入操寨但見零零落落

落無多人馬四邊火光大起喊聲齊舉飛知中計急出寨外正東張遼正西許褚正南于禁正北李典東南徐晃西南樂進東北夏侯惇西北夏侯淵八處軍馬殺來（曹操分撥八面之將前不叙明至此方點出）張飛左冲右突前遮後當所領軍兵原是曹操手下舊軍見事勢已急盡皆投降去了（正是朱靈路昭及車冑所領之兵也）飛正殺間逢着徐晃大殺一陣後面樂進趕到飛殺條血路突圍而走只有數十騎跟定欲還小沛去路已斷欲投徐州下邳又恐曹軍截住尋思無路只得望芒碭山而去（按下張飛下文单叙玄德）却說玄德引兵劫寨將

近寨門忽然喊聲大震後面衝出一軍先截去了一半人馬夏侯惇又到玄德突圍而走夏侯淵又從後追來玄德回顧止有三十餘騎跟隨急欲奔還小沛叙張飛處既詳叙玄德處不得不畧然非畧也其詳已在張飛劫寨中矣早望見小沛城中火起順筆虛寫便筭是叙妙只得棄了小沛欲投徐州下邳又見曹軍漫山塞野截住去路亦虛寫一句玄德自思無路可歸想袁紹有言儻不如意可來相投今不若暫往依棲別作良圖還記磐河相遇時否正是明知不是伴事急且相隨也遂望青州路而走正逢李典攔住玄德匹馬落荒望北而逃李典擄將從騎去了李典在正北夏

侯惇在東北。夏侯淵在西北。玄德望北而逃。正當與此三路軍相遇。一筆不亂。且說玄德匹馬投青州，日行三百里，奔至青州城下叫門。門吏問了姓名，來報刺史。刺史乃袁紹長子袁譚。譚素敬玄德，聞知匹馬到來，即便開門出迎。袁譚較勝乃翁，而乃翁反愛其少子，何也。接入公廨，細問其故。玄德備言兵敗相投之意。譚乃留玄德於館驛中住下，發書報父袁紹；一面差本州人馬，護送玄德至平原界口。袁紹親自引衆出鄴郡三十里迎接玄德。回想虎牢關時，真前倨而後恭矣。玄德拜謝，紹忙答禮曰：「昨爲小兒抱病，有失救援，於心怏怏不安。今幸得相見，大慰平生渴想之繁禮多儀。思虛文無當。玄德曰。孤窮劉備。玄德此時止剩一身。自稱孤窮劉備。真不誣也。又欲投於門下。奈機緣未遇。今為曹操所攻。妻子俱陷。天子不能保其一貴妃。董承等不能保其七百餘口。玄德又安能保其二夫人乎。想將軍容納四方之士。故不避羞慚。遥來相投。望乞收錄。誓當圖報。紹大喜。相待甚厚。同居冀州。按下玄德。下文単叙雲長。且說曹操當夜取了小沛。隨即進兵攻徐州。糜竺簡雍守把不住。只得棄城而走。陳登獻了徐州。曹操大軍入城。安民已畢。隨喚衆謀士議取下邳。荀彧曰。雲長保護玄德妻小。死守此城。若不速取。恐為袁紹所竊。彧已知備之必投紹矣。操曰。吾素愛雲屬武藝人耳欲得之以爲巳用不若令人說之使降欲說降關公亦大難事郭嘉曰雲長義氣深重必不肯降曹操但知其武藝人材郭嘉獨知其義氣若使人說之恐被其害帳下一人出曰某與關公有一面之交願往說之眾視之乃張遼也回想白門樓相救之事巳隔數卷此處忽然照應程昱曰文遠雖與雲長有舊吾觀此人非可以言詞說也某有一計使此人進退無路然後用文遠說之彼必歸丞相矣正是

整備窩弓射猛虎　安排香餌釣鰲魚

未知其計若何且聽下文分解

瑩倚緣弓射猛虎　安排香餌釣鰲魚

進退無路然後用文遠說之彼必歸丞相矣正是

雖真雲長有仁舊君觀此人非可以言詞說也某未有一計使此人

說之來觀之方可議也暗數卷此處忽然將遠間想自門枝相救之事已遂接操曰文遠

人說之張遼上其言操下一人出曰某與關公有一面之交願往

事郭嘉曰雲長義氣深重必不肯降林郭嘉獨知其義氣曹操但知其試蓋人若使

關某譬人樹欲得之以爲已用若令人說之彼降公亦大聯故說降閑

四大奇書第一種卷十三

茂苑毛宗崗序始氏評　吳門杭永年資能氏評定

第二十五回

屯土山關公約三事
救白馬曹操解重圍

雲長本來事漢何云降漢降漢云者特爲不降曹三字下一註脚耳曹操借一漢字籠絡天下雲長即提一漢字壓倒曹操如張繡張魯韓遂等輩名爲降漢而實則降曹者

也呂布袁術等輩不降曹而亦不降漢者也華歆王朗郭嘉程昱張遼許褚等輩不知有漢而但知有曹者也荀彧荀攸誤以爲漢即是曹曹即是漢而不知漢必非曹曹必非漢者也漢是漢曹是曹將兩下劃然分開較然明白是雲長十分學問十分見識非熟讀春秋不能到此

關公三事之約先有張遼三罪之說以引起之張遼三罪第一是負皇叔第二是陷二嫂第三是不能匡扶漢室關公三事首言歸漢次言保嫂末言尋兄第一辨君臣之分

第二嚴男女之別第三明兄弟之義以張遼所云第三者爲第一以張遼所云第一者爲第三而曹操聽之不以第一事爲難獨以第三事爲難不知第三事即在第一事中矣操曰漢卽吾也此特奸雄欺人之語而關公以皇叔爲漢不以曹操爲漢旣云歸漢不歸曹是到底歸劉不歸操耳

劉備與董承同謀儼然列七人之數而曹操於董貴妃則殺之於五家七百口則殺之獨至甘糜二夫人不惟不殺

又加禮焉何也曰此非愛玄德而獨能忘其讎乃愛關公而以此結其心也故凡操之不殺甘糜者爲關公也使關公而死於上山之圖則甘糜二夫人其不同於董貴妃與五家七百口者幾希矣

觀雲長秉燭達旦一事操欲亂其上下內外之禮設心亦甚惡矣忌玄德讎玄德故欲以此辱玄德愛關公敬關公而又欲以此試關公奸雄之奸眞是如鬼如蜮

關公受袍則內之受馬則拜之一舉一動處處不忘兄長

何其恩義之篤耶樂莫樂於新相知凡今之人喜新而棄舊者多矣讀我行其野之篇誦習習谷風之什令人嘆想雲長之不置也

玄德既在袁紹處則袁之將即劉之將也關公而殺袁之將是即殺劉之將也使紹因顏良之死而殺玄德與關公殺之何異然此不得爲關公咎也紹之約備雖有倘不如意當來相投之語而第一次致書發兵而不戰第二次致書弁兵亦不發關公此時安知備之必投紹紹之必納備

乎曹操軍中細作料已探知而奸如曹操又何難蒙蔽關公之耳目而不使之知乎關公曰我當立功報曹而後去則其殺袁將者正謂歸劉地耳曹操知之欲借此以絕其歸劉之路關公不知欲借此以遂其歸劉之心故曰不得爲關公咎也

曹操厚待雲長袁紹亦厚待玄德然曹操則始終不渝袁紹則忽而加禮忽而欲殺主張不定袁曹優劣又見於此

卻說程昱獻計曰雲長有萬人之敵非智謀不能取之今可即

差劉備手下投降之兵入下邳見關公只說是逃回的伏於城中爲內應却引關公出戰詐敗佯輸誘入他處以精兵截其歸路然後說之可也（此計亦甚善）操聽其謀即令徐州降兵數十徑投下邳來降關公關公以爲舊兵留而不疑（程昱所以欲用降卒也）次日夏侯惇爲先鋒領兵五千來搦戰關公不出惇即使人於城下辱罵（幷罵不足以激公）關公大怒引三千人馬出城與夏侯惇交戰約戰十餘合惇撥回馬走關公趕來惇且戰且走關公約趕二十里恐下邳有失提兵便回（公亦見及此但恨稍遲耳）只聽得一聲砲響左有徐

晃右有許褚兩隊軍截住去路關公奪路而走兩邊伏兵排下硬弩百張箭如飛蝗關公不得過勒兵再回徐晃許褚接住交戰關公奮力殺退二人引軍欲回下邳夏侯惇又截住厮殺公戰至日晚無路可歸只得到一座土山引兵屯於山頭權且少歇曹兵圍團將土山圍住此時甘糜二嫂失陷城中矣前張飛失陷二嫂於徐州今關公亦失陷二嫂於下邳一是夜間一是日裏一是醉後一是醒時關公於山上遥望下邳城中火光冲天却是那許降兵卒偷開城門曹操自提大軍殺入城中只教舉火以惑關公之心不從曹操一邊特敘起卻從關公一邊帶敘出好關公見下邳

火起，心下驚惶。（不特爲失下邳着急，更爲陷二嫂着急。）連夜幾番衝下山來，皆被亂箭射回。捱到天曉，再欲整頓下山衝突，忽見一人跑馬上山來，視之，乃張遼也。關公迎謂曰：「文遠欲來相敵耶？」（以己度人，名爲其主，是關公語。）遼曰：「非也。想故人舊日之情，特來相見。」遂棄刀下馬，與關公敘禮畢，坐於山頂。公曰：「文遠莫非說關某乎？」（不是敵便是說，關公此時語氣落落難合。）遼曰：「不然。昔日蒙兄救弟，今日弟安得不救兄？」（又將白門樓事一提。）公曰：「然則文遠將欲助我乎？」（既非敵又非說，則是助矣。以己度人，朋友情重，又確是關公語。）遼曰：「亦非也。」公曰：「既不助我，來此何幹？」（語氣又落落難合。）遼曰：「立德不知存亡翼德未知生死昨夜曹公已破下邳軍民盡無傷害差人護衛玄德家眷不許驚擾先言二嫂無恙以安其心如此相待弟特來報兄三句又含吐得妙關公怒曰此言特說我也助竟是說矣不是敵不是吾今雖處絕地視死如歸汝當速去吾即下山迎戰凜凜數語至今讀之鬚眉如戟張遼大笑曰兄此言豈不爲天下笑乎公曰吾仗忠義而死安得爲天下笑遼曰兄今即死其罪有三凡說英雄人譽之不動責之則動甘言卑詞不若嚴氣正色此極得說關公法公曰汝且說我那三罪遼曰當初劉使君與兄結義之時誓同生死今使君方敗而兄即死戰倘使君復出欲求兄相助

而不可復得。豈不負當年之盟誓乎。其罪一也。是玄德若死。關公不得獨生。玄德若生。關公安得獨死。

劉使君以家眷付托於兄。兄今戰死。二夫人無所依賴。負却使君倚托之重。其罪二也。是公死而使二夫人亦死。是公有憾於死。儻公死而二夫人或未必能死。則公益有憾於死。

兄武藝超羣。兼通經史。不思共使君匡扶漢室。徒欲赴湯蹈火。以成匹夫之勇。安得爲義。其罪三也。關公心存漢室。遼卽以漢室二字動之。關公以死爲義。乃張遼偏說不是義。妙。

兄有此三罪。弟不得不告。

公沉吟曰。汝說我有三罪。欲我如何。遼曰。今四面皆曹公之兵。兄若不降則必死。徒死無益。不若且降曹公。却打聽劉使君音信如在何處即往投之（此三句方刺入關公耳中）一者可以保二夫人二者不背桃園之約三者可留有用之身有此三便兄宜詳之（三便又以三罪中第二爲第一以三罪中第一爲第二錯綜得妙古人本無印板說話今人奈何有印板文字也）公曰兄言三便吾有三約若丞相能從我即當卸甲如其不允吾寧受三罪而死（遼因三罪說出三便公又因三便說出三約）遼曰丞相寬洪大量何所不容願聞三事公曰一者吾與皇叔設誓共扶漢室吾今只降漢帝不降曹操（辨君臣之分）二者二嫂處請給皇叔俸祿養贍一應上下人等皆不許到門（嚴男女之義）三者但知劉皇叔去向不管千里萬

里便當辭去（明兄弟之義）。三者缺一，斷不肯降。望文遠急急回報。張遼應諾，遂上馬回見曹操，先說降漢不降曹之事。操笑曰：吾為漢相，漢即吾也。（曹操欺天下，而天下受其欺，正為此語。）此可從之。（第一件似難却易。）遼又言：二夫人欲請皇叔俸給，并上下人等不許到門。操曰：吾於皇叔俸內更加倍與之。至於嚴禁內外，乃是家法，又何疑焉。（第二件直是不難。）遼又曰：但知玄德信息，雖遠必往。操搖首曰：然則吾養雲長何用？此事却難從。（操之所難，正在第三件。）遼曰：豈不聞豫讓衆人國士之論乎？劉玄德待雲長不過恩厚耳，丞相更施厚恩以結其心何憂雲長之不服也。（為後文贈袍贈金贈馬諸事張本。）操曰：文遠之言甚當，吾願從此三事。張遼再往山上回報關公。關公曰：雖然如此，暫請丞相退軍，容我入城見二嫂，告知其事，然後投降。（幾於三事之後又請一事。）張遼再回，以此言報曹操。操即傳令退軍三十里。（奸雄可愛。）荀彧曰：不可，恐有詐。操曰：雲長義士，必不失信。（曹操生平以詐待人，獨於關公則信之。）遂引軍退。關公引兵入下邳，見人民安妥不動，（應前張遼所云軍民盡無傷害。）竟到府中來見二嫂。甘麋二夫人聽得關公到來，急出迎之。公拜於堦下曰：使二嫂受驚，某之罪也。二夫人曰：皇叔今在何處？公曰不知去向二夫人曰二叔今將若何公曰關某出城死戰被困土山張遼勸我投降我以三事相約曹操已皆允從故特退兵放我入城我不曾得嫂嫂主意未敢擅便（事嫂如事兄稟命于嫂如稟命于兄也）二夫人問那三事關公將上項三事備述一遍甘夫人曰昨日曹軍入城我等皆以為必死誰想毫髮不動一軍不敢入門（應前張遼所云不許驚擾）叔叔既已領諾何必問我二人只恐日後曹操不容叔叔去尋皇叔（曹操難在第三事二夫人亦疑操之難於第三事）公曰嫂嫂放心關某自有主張（為後文五關斬將伏筆）二夫人曰叔叔自家裁處凡事不必

問何女流女流偏要插口只此二語可爲女流之箴關公辭退遂引數十騎來見曹操操自出轅門相接關公下馬入拜操慌忙答禮關公曰敗兵之將深荷不殺之恩操曰素慕雲長忠義今日幸得相見足慰平生之望與袁紹接玄德語相似然紹繁禮虛文操深心厚貌各自不同關公曰文遠代稟三事蒙丞相應允諒不食言再而決一句妙操曰吾言既出安敢失信關公曰關某若知皇叔所在雖蹈水火必往從之獨將第三事再申明一遍此時恐不及拜辭伏乞見原爲後文不辭而去伏筆操曰玄德若在必從公去但恐亂軍中亡矣公且寬心尚容緝聽緩語亦妙關公拜謝操設

宴相待次日班師還許昌關公收拾車仗請二嫂上車親自護
車而行於路安歇館驛操欲亂其君臣之禮使關公與二嫂共
處一室關公乃秉燭立於戶外自夜達旦毫無倦色操以三事
試之而公男女中第二事
之辨禀然不亂操見公如此愈加敬服既到許昌操撥一府與
關公居住關公分一宅爲兩院內門撥老軍十人把守關公自
居外宅操引關公朝見獻帝帝命爲偏將軍公謝恩歸宅操次
日設大宴會衆謀臣武士以客禮待關公延之上坐禮貌不足以結之
又備綾錦及金銀器皿相送關公都送與二嫂收貯金帛不足以動之

(為後封金伏筆)關公自到許昌操待之甚厚小宴三日大宴五日又送美女十人使侍關公關公盡送入內門令伏侍二嫂(好色不足以眩之)却又三日一次於內門外躬身施禮動問二嫂安否二夫人問皇叔之事畢曰叔叔自便關公方敢退回(今天下有如此悌弟否)操聞之又歎服關公不已一日操見關公所穿綠錦戰袍已舊即度其身品取異錦作戰袍一領相贈關公受之穿於衣底上仍用舊袍罩之(衣錦尚絅非惡其文之著惡其舊之沒也)操笑曰雲長何如此之儉乎公曰某非儉也舊袍乃劉皇叔所賜某穿之如見兄面不敢以丞

相之新賜而忘兄長之舊賜故穿於上至性至情讀至操嘆曰眞義士也然口雖稱羨心實不悅此令人淚下一日關公在府忽報內院二夫人哭倒於地不知爲何請將軍速入關公乃整衣跪於內門外問二嫂爲何悲泣甘夫人曰我夜夢皇叔身陷於土坑之內覺來與糜夫人論之想在九泉之下矣是以相哭董承有夢甘夫人亦有夢董之夢似吉反凶甘之夢似凶反吉夢長夢短各自成趣關公曰夢寐之事不可憑信此是嫂嫂想念之故請勿憂愁正說間適曹操命使來請關公赴宴公辭二嫂往見操操見公有淚容前不叙關公下淚此於曹操眼中補出○關公之淚亦自

難落

問其故公曰二嫂思兄痛哭不由其心不悲操笑而寬解之頻以酒相勸公醉自綽其髯而言曰生不能報國家而背其兄徒爲人也酒後心熱乘醉綽髯寫關公如畫操問曰雲長髯有數乎不慰其言中之意而但問其手中之髯極力把閒話漾開去最得爲人解悶之法公曰約數百根每秋月約退三五根冬月多以皂紗囊裹之恐其斷也陸士能自愛其鬚惟公亦然操以紗錦作囊與關公護髯媚其人幷媚其髯媚人當如是矣次日早朝見帝帝見關公一紗錦囊垂於胸次帝問之關公奏曰臣髯頗長丞相賜囊貯之帝令當殿披拂過於其腹帝曰眞美髯公也此鬚既貯相囊又經御賞

鬚之遺際可謂獨奇。因此人皆呼爲美髯公閒筆趣甚。忽一日操請關公宴臨散送公出府見公馬瘦操曰公馬因何而瘦關公曰賤軀頗重馬不能載因此常瘦操令左右備一馬來須臾牽至那馬身如火炭狀甚雄偉操指曰公識此馬否公曰莫非呂布所騎赤兔馬乎自白門樓後此馬不知下落。今忽然出現。操曰然也遂并鞍轡送與關公人擇主。馬亦擇主。幸哉赤兔今乃得其主矣。赤面人騎赤兔馬。正如秋水長天。關公再拜稱謝操不悅曰吾累送美女金帛公未嘗下拜。公前日之不輕下拜。今在曹操口中補出。今吾贈馬乃喜而再拜何賤人而貴畜耶關公曰吾知此馬日行千里今

幸得之。若知兄長下落，可一日而見面矣。非爲馬而拜，爲兄而拜也。操愕然

而悔。關公辭去。後人有詩歎曰：

威傾三國著英豪，一宅分居義氣高。

奸相枉將虛禮待，豈知關羽不降曹。

操問張遼曰：吾待雲長不薄，而彼常懷去心，何也？遼曰：容某探

其情。次日往見關公。禮畢，遼曰：我薦兄在丞相處，不曾落後。公

曰：深感丞相厚意。只是吾身雖在此，心念皇叔，未嘗去懷。心口如一

略無隱諱

遼曰：兄言差矣。處世不分輕重，非丈夫也。玄德待兄未必

過於丞相兄何故只懷去志公曰吾固知曹公待吾甚厚奈吾受劉皇叔厚恩誓以共死不可背之吾終不留此要必立效以報曹公然後去耳（出言如金石）遼曰倘玄德已棄世公何所歸乎公曰願從於地下（不負桃園同死之盟）遼知公終不可留乃告退回見曹操具以實告操歎曰事主不忘其本乃天下之義士也（關公之義能使奸雄心折）荀彧曰彼言立功方去若不教彼立功未必便去操然之（挨住）（雲長一邊以下再敘玄德一邊）卻說玄德在袁紹處旦夕煩惱紹曰玄德何故常憂玄德曰二弟不知音耗妻小陷於曹賊（玄德處處先說兄弟後及妻小）上

不能報國下不能保家安得不憂紹曰吾欲進兵赴許都久矣方今春煖正好興兵便商議破曹之策田豐諫曰前操攻徐州許都空虛不及此時進兵今徐州已破操兵方鋭未可輕敵不如以久持之待其有隙而後可動也田豐第一次不欲戰第二次欲戰今第三次又不欲戰隨時通變正與沮受不同紹曰待我思之因問玄德曰田豐勸我固守何如玄德曰曹操欺君之賊明公若不討之恐失大義於天下玄德只以衣帶詔爲重紹曰玄德之言甚善遂欲興兵田豐又諫紹怒曰汝等弄文輕武使我失大義田豐頓首曰若不聽臣良言出師不

利紹大怒欲斬之玄德力勸乃囚於獄中（不聽其言又辱其身乎）沮受見田豐下獄乃會其宗族盡散家財與之訣曰吾隨軍（待士如此安能勝操）而去勝則威無不加敗則一身不保矣衆皆下淚送之（與蹇叔哭師相似）紹遣大將顏良作先鋒進攻白馬沮受諫曰顏良性狹雖驍勇不可獨任紹曰吾之上將非汝等可料大軍進發至黎陽東郡太守劉延告急許昌曹操急議興兵抵敵關公聞知遂入相府見操曰聞丞相起兵某願爲前部（只爲欲去故急欲立功）操曰未敢煩將軍早晚有事當來相請關公乃退操引兵十五萬分三隊而

行於路又連接劉延告急文書操先提五萬軍親臨白馬靠土山劄住（又是一座土山）遥望山前平川曠野之地顔良前部精兵十萬排成陣勢操駭然回顧呂布舊將宋憲曰吾聞汝乃呂布部下猛將今可與顔良一戰宋憲領諾綽鎗上馬直出陣前顔良橫刀立馬於門旗下見宋憲馬至良大喝一聲縱馬來迎戰不三合手起刀落斬宋憲於陣前曹操大驚曰眞勇將也魏續曰殺我同伴願去報讐操許之續上馬持矛徑出陣前大罵顔良良更不打話交馬一合照頭一刀劈魏續於馬下（呂布之馬已爲關公所騎呂布

之將又爲顏良所殺操曰今誰敢當之徐晃應聲而出與顏良戰二十合敗歸本陣寫得顏良聲勢越襯得雲長聲勢正與寫華雄一樣筆法諸將慄然曹操收軍良亦引軍退去操見連折二將心中憂悶程昱曰某舉一人可敵顏良操問是誰昱曰非關公不可操曰吾恐他立了功便去昱曰劉備若在必投袁紹今若使雲長破袁紹之兵紹必疑劉備而殺之矣備既死雲長又安往乎是直欲借雲長之手以殺玄德也昱之計亦譎矣哉操大喜遂差人去請關公關公即入辭二嫂二嫂曰叔今此去可打聽皇叔消息早爲後卷伏線關公領諸而出提青龍刀上赤兔馬此關

公第一次試馬。青龍赤兔，正復成對。引從者數人直至白馬來見曹操。操敘說顏良連誅二將，勇不可當，特請雲長商議。關公曰：容某觀之。操置酒相待。忽報顏良搦戰。操引關公上土山觀看。操與關公坐，諸將環立。所謂以客禮相待。曹操指山下顏良排的陣勢，旗幟鮮明，鎗刀森布，嚴整有威，乃謂關公曰：河北人馬，如此雄壯！關公曰：以吾觀之，如土雞瓦犬耳！語殊趣。雞犬矣，又以土瓦爲之，輕之殊甚。操又指曰：麾蓋之下，綉袍金甲，持刀立馬者，乃顏良也。關公舉目一望，謂操曰：吾觀顏良，如插標賣首耳！山前顏鋪，出賣首級，不誤主顧。關公出語亦甚風流。然則世之建虛名者犬牛皆賣首之標矣。操曰未可輕視。誇獎顏良正激怒關公不用請他。却用激他。妙甚。關公起身曰某雖不才願去萬軍中取其首級來獻丞相張遼曰軍中無戲言雲長不可忽也。亦激他一句。關公奮然上馬倒提青龍刀跑下土山來鳳目圓睜蠶眉直豎直衝彼陣河北軍如波開浪裂關公徑奔顏良顏良正在麾蓋下見關公衝來方欲問時關公赤兔馬快早已跑到面前顏良措手不及被雲長手起一刀刺於馬下。殺得出其不意所以謂之刺也。忽地下馬割了顏良首級拴於馬項之下。插標賣首今已被青龍刀買去矣。飛身上馬提刀出陣如入無人之境描寫神威眞如生龍活虎河北兵將大驚不戰自亂曹軍乘勢攻擊死者不可勝數馬匹器械搶奪極多關公縱馬上山衆將盡皆稱賀公獻首級於操前操曰將軍眞神人也關公曰某何足道哉吾弟張翼德於百萬軍中取上將之頭如探囊取物耳旣念其兄又誇其弟公固處處不忘兄弟也○探囊取物與插標賣首正映射成趣○敘關公一邊太熱覺翼德一邊太冷却從關公口中突然一提擡大驚回顧左右曰今後如遇張翼德不可輕敵令寫於衣袍襟底以記之爲長坂橋伏筆却說顏良敗軍奔回半路迎見袁紹報說被赤面長鬚使大刀一勇將不知其名但言其狀在河北軍士眼中口中畫出一關公匹馬入陣

斬顔良而去因此大敗紹驚問曰此人是誰沮受曰此必是劉玄德之弟關雲長也紹大怒指玄德曰汝弟斬吾愛將汝必通謀留爾何用喚刀斧手推出玄德斬之（使袁紹此時果殺玄德。雲長知之。必立誓報讐。務殺袁紹而後死。是既借雲長之手以殺玄德。又借雲長之手以殺袁紹也。程昱之計。眞是可畏。）正是

初見方爲座上客　此日幾同堦下囚

未知玄德性命如何且聽下文分解

第二十六回

袁本初敗兵折將

稱音依

關雲長挂印封金

今人見關公爲漢壽亭侯遂以漢爲國號而直稱之曰壽亭侯卽博雅家亦時有此此起於俗本演義之誤也俗本云曹瞞鑄壽亭侯印貽公而不受加以漢字而後受是齊東野人之語讀者不察遂爲所誤夫漢壽地名也亭侯爵名也漢有亭侯鄉侯通侯之名如孔愉爲餘不亭侯鍾繇爲東武亭侯立德爲宜城亭侯之類蜀志大將軍費禕會諸將于漢壽則漢壽亭侯猶言漢壽之亭侯耳豈可去漢

字而以壽亭侯爲名耶雖龍山關廟内題主曰漢前將軍漢壽亭侯之神本自了然余則謂當於外額亦用一漢字曰漢漢壽亭侯之祠則人人洞曉矣俗本之誤今依古本校正

曹操棄糧與馬以餌敵捐金與印以餌士同一餌也欲殺之則餌之欲用之則亦餌之然文醜爲操所餌關公必不爲操所餌操亦無可如何耳

顔良之死出其不意文醜之死則非出其不意也使醜亦

如龔都之以玄德消息告雲長則必不至於死故公之刺顔良或爲顔良惜公之誅文醜更不得爲文醜惜

關公之斬袁將者再袁紹之欲殺玄德者亦再玄德此時其不死也間不容髮而關公陷於不知直待見孫乾遇龔都而始知我之所以報曹操者幾至於殺玄德則安得不流涕北顧奮然而決去哉即使曹操追公而殺之公所不顧也即袁紹讐公而殺之亦公所不顧也前之愛一死所以全其嫂今之輕一死所以報其兄觀其見兄一面萬死

不辭之語眞一字一血淚矣

曹操一生奸僞如鬼如蜮忽然遇著堂堂正正凛凛烈烈皎若青天明若白日之一人亦自有珠玉在前覺吾形穢之愧遂不覺愛之敬之不忍殺之此非曹操之仁有以容納關公乃關公之義有以折服曹操耳雖然吾奇關公亦奇曹操以豪傑折服豪傑不奇以豪傑折服奸雄則奇以豪傑敬愛豪傑不奇以奸雄敬愛豪傑則奇夫豪傑而至折服奸雄則是豪傑中有數之豪傑奸雄而能敬愛豪傑

則是奸雄中有數之奸雄也

人情未有不愛財與色者也不愛財與色未有不重爵與祿者也不重爵與祿未有不重人之推心置腹折節敬禮者也曹操所以駕馭人才籠絡英俊者恃此數者已耳是以張遼舊事呂布徐晃舊事楊奉賈詡舊事張繡文聘舊事劉表張郃乃袁紹之舊臣龐德乃馬超之舊將無不棄故從新樂爲之死獨至關公而心戀故主堅如鐵石金銀美女之賜不足以移之偏將軍漢壽亭侯之封不足以動

之分庭抗禮杯酒交歡之異數不足以奪之夫而後奸雄之術窮矣奸雄之術既窮始駭天壤間不受駕馭不受籠絡者乃有如此之一人即欲不吁嗟景仰安可得乎

來得明白去得明白推斯志也縱無二嫂之羈絆而孑然一身亦必不紿曹操而逍去也明知袁紹爲曹操之讐而致書曹操明明說出更不隱諱不知兄在則斬其將既知兄在則歸其處心事無不可對人言者有人如此安得不與日月爭光

獬音解
豸音雉

却說袁紹欲斬玄德玄德從容進曰明公只聽一面之詞而絕向日之情耶備自徐州失散二弟雲長未知存否天下同貌者不少豈赤面長鬚之人即爲關某也明公何不察之（此時雲長尚在疑似之間故玄德只說不是雲長以解之）袁紹是箇沒主張的人聞玄德之言責沮授曰誤聽汝言險殺好人（第一次欲殺被玄德躲過）遂仍請玄德上帳坐議報顏良之讐帳下一人應聲而進曰顏良與我如兄弟今被曹賊所殺我安得不雪其恨玄德視其人身長八尺面如獬豸乃河北名將文醜也（文醜之意只在報顏良之讐更不去打聽關公消息故卒爲關公所殺也）袁紹大喜

延津在大名府滑縣境

曰非汝不能報顏良之讐吾與十萬軍兵便渡黄河追殺操賊沮受曰不可今宜留屯延津分兵官渡乃爲上策若輕舉渡河設或有變衆皆不能還矣（沮受分兵守險之說亦與田豐相合）紹怒曰皆是汝等遲緩軍心遷延日月有妨大事豈不聞兵貴神速乎（既知兵貴神速何以前番兩次不肯速戰）沮受出歎曰上盈其志下務其功悠悠黄河吾其濟乎（與田豐以杖擊地之言亦復相同）遂託疾不出議事玄德曰備蒙大恩無可報効意欲與文將軍同行一者報明公之德二者就探雲長的實信（玄德意只重在此句）紹喜喚文醜與玄德同領前部文醜曰劉玄德

屢敗之將於軍不利既主公要他去時某分三萬軍教他爲後部若使玄德在前於是文醜自領七萬軍先行令玄德引三萬軍隨後且説曹操見雲長斬了顔良倍加欽敬表奏朝廷封雲長爲漢壽亭侯（漢壽地名亭侯爵名俗本此處多訛今依古本削去）鑄印送關公（爲後挂印張本）忽報袁紹又使大將文醜渡黄河已據延津之上操乃先使人移徙居民於西河然後自領兵迎之傳下將令以後軍爲前軍以前軍爲後軍（文醜與玄德分前後軍曹操却以前軍後軍互相倒轉）糧草先行軍兵在後（譎詐得妙）呂虔曰糧草在先軍兵在後何意也操曰糧草在後多

被摽掠故令在前（此是假話）虔曰倘遇敵軍劫去如之奈何操曰且待敵軍到時却又理會（只不說明）虔心疑未決操令糧食輜重沿河塹至延津操在後軍聽得前軍發喊急教人看時報說河北大將文醜兵至我軍皆棄糧草四散奔走後軍又遠將如之何操以鞭指南阜曰此可暫避（譎詐得妙）人馬急奔土阜操令軍士皆解衣卸甲少歇盡放其馬（既棄糧又棄馬眞令人不測）文醜軍掩至衆將曰賊至矣可急收馬匹退回白馬荀攸急止之曰此正可以餌敵何故反退（荀攸獨知曹操之意）操急以目視荀攸而笑攸知其意不復言（曹操

只不要說明文醜軍既得糧草車仗又來搶馬軍士不依隊伍自相雜亂曹操却令軍將一齊下土阜擊之文醜軍大亂曹兵圍裹將來文醜挺身獨戰軍士自相踐踏文醜止遏不住只得撥回馬走曹操能兵操在土阜上指曰文醜爲河北名將誰可擒之張遼徐晃飛馬齊出大叫文醜休走文醜回頭見二將趕上遂按住鐵鎗拈弓搭箭正射張遼徐晃大叫賊將休放箭張遼低頭急躲一箭射中頭盔將簪纓射去遼奮力再趕坐下戰馬又被文醜一箭射中面頰那馬跪倒前蹄張遼落地文醜回馬復來徐

晃急輪大斧截住厮殺只見文醜後面軍馬齊到晃料敵不過撥馬而回文醜沿河趕來此亦先寫文醜聲勢以襯雲長聲勢忽見十餘騎馬旗號翩翻一將當頭提刀飛馬而來乃關雲長也突如其來與斬顏良時又自一樣氣色大喝賊將休走與文醜交馬戰不二合文醜心怯撥馬遶河而走關公馬快趕上文醜腦後一刀將文醜斬下馬來文醜此時若以玄德消息告關公則不至於死矣曹操在土阜上見關公砍了文醜大驅人馬掩殺河北軍大半落水沮受言不可渡河此處方驗糧草馬匹仍被曹操奪回如垂棘之璧屈產之乘雲長引數騎東衝西突正殺之間劉玄德領

三萬軍隨後到。（讀者至此。必謂二人相會矣。）前面哨馬探知。報與玄德云。今番又是紅面長鬚的斬了文醜。（但聞其形。未見其人。）玄德慌忙驟馬來看。隔河望見一簇人馬。往來如飛。旗上寫着漢壽亭侯關雲長七字。（但見其旗。不見其面。）玄德暗謝天地曰。原來吾弟果然在曹操處。（知其在曹前且喜者。信其必不降曹也。）欲待招呼相見。被曹兵大隊擁來。只得收兵回去。（此時宜必相見矣。而竟不相見。方喜在原之近。又恨陟岡之遠。咫尺天涯。爲之一歎。）袁紹接應至官渡。下定寨柵。郭圖審配入見袁紹。說今番又是關某殺了文醜。劉備佯推不知。袁紹大怒。罵曰。大耳賊焉敢如此。少頃玄德至。紹令推出斬之。讀者至此爲玄德吃嚇，又代關公吃嚇。玄德曰：某有何罪？紹曰：你故使汝弟又壞我一員大將，如何無罪？玄德曰：容伸一言而死。曹操素忌備，今知備在明公處，恐備助公，故特使雲長誅殺二將。公知必怒，此借公之手而殺劉備也。願明公思之。程昱所言，不出玄德之料。袁紹曰：玄德之言是也。汝等幾使我受害賢之名。第二番欲殺，又被玄德躲過。喝退左右，請玄德上帳而坐。玄德謝曰：荷明公寬大之恩，無可補報，欲令一心腹人持密書去見雲長，使知劉備消息，彼必星夜來到，輔佐明公，共誅曹操，以報顏良、文醜之讐，若何？前者雲長尚在疑似之間則玄德只言不是雲長以解之今者雲長更無疑惑矣則又言招來雲長以解之袁紹大喜曰吾得雲長勝顏良文醜十倍也還記虎牢關前盟主高坐而叱之否玄德修下書劄○○○○○未有人送去此時不即寄去又作一頓妙紹令退軍武陽連營數十里按兵不動袁紹此番又是虎頭蛇尾操乃使夏侯惇領兵守住官渡隘口自己班師回許都大宴衆官賀雲長之功因謂呂虔曰昔日吾以糧草在前者乃餌敵之計也惟荀公達知吾心耳此時方纔說明衆皆歎服正飲宴間忽報汝南有黃巾劉辟龔都甚是猖獗曹洪累戰不利乞遣兵救之雲長聞言進曰關某願施犬馬之勞破汝南

賊寇。（惟其急欲歸劉。故急欲報曹耳。）操曰雲長建立大功未曾重酬豈可復

征進。公曰關某久閒必生疾病願再一行。（英雄語。玄德髀肉復生之歎。亦是此意。）

曹操壯之。點兵五萬。使于禁樂進爲副將。次日便行。荀彧密謂

操曰雲長常有歸劉之心。倘知消息必去。不可頻令出征。操曰

今次收功。吾不復教臨敵矣。且說雲長領兵將近汝南劉辟營

寨。當夜營外拏了兩箇細作人來。雲長視之。內中認得一人。乃

孫乾也。（來得突兀。出於意外。）關公叱退左右。問乾曰公自潰散之後。一向

蹤跡不聞。今何爲在此處。乾曰某自逃難。飄泊汝南。幸得劉辟

收留孫乾一向踪跡只用他口中一句叙出極省筆今將軍爲何在曹操處未識甘糜二夫人無恙否關公因將上項事細說一遍乾曰近聞玄德公在袁紹處欲往投之未得其便今劉龔二人歸順袁紹相助攻曹天幸得將軍到此因特令小軍引路教某爲細作來報將軍來日二人當虛敗一陣公可速引二夫人投袁紹處與玄德公相見玄德寄書未到孫乾相見在前雲長欲知乃見消息不從河北知之却從汝南知之皆出意外關公曰既見在袁紹處吾必星夜而往但恨吾斬紹二將恐今事變矣恐事變者非恐袁紹殺已也恐因此而玄德又不在袁紹處耳乾曰某當先往探彼虛實再來報

將軍也。(亦探玄德尚在袁紹處與否。○為後文途中報信伏筆。)公曰吾見兄長一面雖萬死不辭。(言兄長果然在袁紹處則紹雖欲殺我亦必往也。)今回許昌便辭曹操也當夜密送孫乾去了。次日關公引兵出襲龔都披掛出陣關公曰汝等何故背反朝廷。都曰汝乃背主之人何反責我。關公曰我為何背主。都曰劉玄德在袁本初處汝卻從曹操何也。(孫乾在營中密語龔都在陣上明言。○為後文軍上報二夫人張本)關公更不打話拍馬舞刀向前龔都便走關公趕上都回身告關公曰故主之恩不可忘也公當速進我讓汝南(讓汝南者欲其立功報曹以便速去耳。)關公會意驅軍掩殺劉龔二人佯輸

詐敗四散去了雲長奪得州縣安民已定班師回許昌曹操出
郭迎接賞勞軍士宴罷雲長回家參拜二嫂於門外甘夫人曰
叔叔兩番出軍可知皇叔音信否公答曰未也此時不卽實告是精細處關
公退二夫人於門內痛哭曰想皇叔休矣二叔恐我姊妹煩惱
故隱而不言將聞喜信反先痛哭敘事至此又復一頓正哭間有一隨行老軍聽得
哭聲不絕於門外告曰夫人休哭主人見在河北袁紹處下用關公
說知卻用軍人報信事曲而文亦曲夫人曰汝何由知之軍曰跟關將軍出征有
人在陣上說來應襲都語夫人急召雲長責之曰皇叔未嘗負汝汝

今受曹操之恩頓忘舊日之義不以實情告我何也關公頓首曰兄今委實在河北未敢教嫂嫂知者恐有泄漏也（恐有泄漏者公意曹操不知玄德在河北耳豈知操固與程昱籌之熟乎）事須緩圖不可欲速（爲欲待孫乾回報也知又不說明妙）甘夫人曰叔宜上緊公退尋思去計坐立不安原來于禁探知劉備在河北報與曹操（公則必待孫乾報而後知操豈待于禁報而後知耶）操令張遼來探關公意關公正悶坐張遼入賀曰聞兄在陣上知玄德音信特來賀喜（公方欲秘之而遼已明言之妙）關公曰故主雖在未得一見何喜之有（遼既明言公即不隱諱）遼曰兄與玄德交比弟與兄交何如公曰我

與兄朋友之交也。兄與玄德是朋友而兄弟，兄弟而主臣者也。豈可共論乎。看他輕重較然，只二語中已備五倫之三矣。遼曰：今玄德在河北，兄往從否。關公曰：昔日之言，安肯背之。文遠須爲我致意丞相。直心快口。張遼將關公之言回告曹操。操曰：吾自有計留之。恐亦無甚妙計矣。且說關公正尋思間，忽報有故人相訪。讀者至此，必謂及請入却孫乾有信至矣。不相識。奇。關公問曰：公何人也。答曰：某乃袁紹部下南陽陳震也。關公大驚，急退左右，問曰：先生此來，必有所爲。震出書一緘，遞與關公。公視之，乃玄德書也。玄德寄書人直至此處方來，來得突兀，出人意外。其略

云

備與足下自桃園締盟誓以同死今何中道相違割恩斷義

君必欲取功名圖富貴願獻備首級以成全功兩番幾被袁紹所殺故言之激如此書不盡言死待來命

關公看書畢大哭曰不得不哭某非不欲尋兄奈不知所在也安肯

圖富貴而背舊盟乎既得此書則知玄德尚在袁紹處不必待孫乾回報而公之去更不容緩矣震

曰玄德望公甚切公既不背舊盟宜速往見關公曰人生天地

間無終始者非君子也吾來時明白去時不可不明白明明白白是公

一生過。令吾作書煩公先達知兄長容某辭知曹公奉二嫂來人處。

相見震曰倘曹操不允爲之奈何（陳震之意公不告而竟去公爲人明白則必告而後去）公曰吾寧死豈肯久留於此（言不死則必去不去則必死也）震曰公速作回書免致劉使君懸望關公寫書答云

竊聞義不負心忠不顧死羽自幼讀書粗知禮義觀羊角哀左伯桃之事未嘗不三歎而流涕也前守下邳內無積粟外無援兵欲卽効死奈有二嫂之重未敢斷首捐軀致負所託故爾暫且羈身冀圖後會近至汝南方知兄信卽當面辭曹

公奉二嫂歸羽但懷異心神人共戮披肝瀝膽筆楮難窮拜有期伏惟照鑒玄德來書從關公眼中看出關公荅書即從關公筆下寫出敘得參差有致

陳震得書自回關公入內告知二嫂隨即至相府拜辭曹操操知來意乃懸廻避牌於門操所謂有計留之者別無他計只是一箇不肯相見耳關公快快而回命舊日跟隨人役收拾車馬早晚伺候分付宅中所有原賜之物盡皆留下分毫不可帶去一塵不染澄然以清次日再往相府辭謝門首又挂廻避牌操此時留公之計亦窮矣關公一連去了數次皆不得見省筆乃往張遼家相探欲言其事遼亦託疾不出此當亦曹操教之也

關公思曰此曹丞相不容我去之意我去志已决豈可復留即寫書一封辭謝曹操書畧曰羽少事皇叔誓同生死皇天后土實聞斯言前者下邳失守所請三事已蒙恩諾今探知故主見在袁紹軍中（明明說出更不隱諱）囘思昔日之盟豈容違背新恩雖厚舊義難忘茲特奉書告辭伏惟照察其有餘恩未報願以俟之異日（爲後文華容道伏線）寫畢封固差人去相府投遞一面將累次所受金銀一一封置庫中懸漢壽亭侯印於堂上（封金挂印至今傳爲千古美談）請二夫人上車關

公上赤兎馬手提青龍刀率領舊日跟隨人役護送車仗徑出北門果於去勇於去更不躊躇疑沮於其去門吏擋之關公怒目橫刀大喝一聲門吏皆退避先爲五關斬將作一引關公既出門謂從者曰汝等護送車仗先行但有追趕者吾自當之勿得驚動二位夫人從者推車望官道進發却說曹操正論關公之事未定左右報關公呈書操郎看畢大驚曰雲長去矣四字有無限愛惜無限嗟呀之意○曹操見書是第一段忽北門守將飛報關公奪門而去車仗鞍馬二十餘人人數在北門守將口中補出皆望北行北門守將來報是第二段又關公宅中人來報說關公盡封所

賜金銀等物美女十人另居內室（此句又於關公宅中人口內補出）其漢壽亭侯印懸於堂上丞相所撥人役皆不帶去只帶原跟從人及隨身行李出北門去了（關公宅中人來報是第三段只關公一去用三段文字以描寫之來得昂藏去亦去得英烈）衆皆愕然一將挺身出曰某願將鐵騎三千去生擒關某獻與丞相衆視之乃將軍蔡陽也（爲後文斬蔡陽伏筆）正是

欲離萬丈蛟龍穴　又遇三千狼虎兵

蔡陽要趕關公畢竟如何且聽下文分解

四大奇書第一種卷十四

茂苑毛宗崗序始氏評　吳門杭永年資能氏評定

第二十七回

美髯公千里走单騎

漢壽侯五關斬六將

吾讀此卷而歎曹操之義又未嘗不歎曹操之奸也其於關公之去贈金贈袍親自送行而獨吝一紙文憑不即給與使關公而死於卞喜之伏兵或死於王植之縱火則操

必曰非我也守關將吏也已則居愛賢之名而但責將吏以誤殺之罪斯其奸不已甚與以小人而行君子之事則雖似君子而終懷小人之心今人但見各爲其主之語便嘖嘖曹操不置可謂不知烏之雌雄矣

文有伏線之妙滎陽城中之事先於東嶺關前伏線此即伏於一卷之內者也玉泉山頂之事早於鎮國寺中伏線此伏於數十卷之前者也其間一傳家信一敘鄉情閑閑冷冷極沒要緊處却是極要緊處如此敘事雖龍門復生

無以過之。

關公斬蔡陽在後卷而此卷先有蔡陽欲趕關公一段文字廖化歸關公尚隔十數卷而此卷先有廖化救二夫人一段文字皆所謂隔年下種者也至於關公行色匆匆途中所歷忽然遇一少年忽然遇一老人忽然遇一强盜忽然遇一和尚點綴生波殊不寂寞天然有此妙事助成此等妙文若但過一關殺一將五處關隘一味殺去有何意趣。

自二十五回至此皆爲雲長立傳而玄德翼德兩邊未免冷淡乃於白馬之役忽有翼德探囊取物一語文中雖無翼德而翼德之威靈如見至於玄德行藏或在袁紹一邊致書或在關公一邊接柬或在冀都陣上口傳或在孫乾途中備述處處提照出來更不疎漏眞叙事妙品

關公此行其難有三保二嫂車仗而行必須緩轡相隨非比獨行可以馳騁雖有千里馬無所用之一難也自許昌而出關隘重重非止一處兩處可以僥倖而越二難也文

所投之處乃曹操之警守關隘將士防禦甚嚴非比別處可以通融三難也有此三難卒能脫然而去雖遇天幸實使神威總之志不決難易者亦難志既決難難者亦易耳五關斬將非關公意也觀其不殺劉延可見矣延雖不肯借船而不敢拒公則公竟舍之而不殺推此而論使胡班救公之後王植不追公亦何必索植而殺之乎其餘或以力敵或以計害皆不得已而殺之耳故曰非公意也

却說曹操部下諸將中自張遼而外只有徐晃與雲長交厚其

餘亦皆敬服獨蔡陽不服關公故今日聞其去欲往追之操曰不忘故主來去明白眞丈夫也汝等皆當效之（操視諸將中未嘗有此人）遂叱退蔡陽不令去趕程昱曰丞相待關某甚厚今彼不辭而去亂言片楮冒瀆鈞威其罪大矣若縱之使歸袁紹是與虎添翼也不若追而殺之以絕後患（又是一箇要趕的）操曰吾昔已許之豈可失信彼各爲其主勿追也（袁紹欲殺玄德而曹操不追關公有始有終是曹操高袁紹一頭處）因謂張遼曰雲長封金掛印財賄不以動其心爵祿不以移其志此等人吾深敬之（操所以餌人者不過財賄爵祿耳今二者不足以動關公操安得不敬）想他去

此時吾當与関公哭亦當与曹操哭又當与諸將哭為之一嘆

此不遠我一發結識他做個人情汝可先去請住他待我與他送行更以路費征袍贈之使為後日記念既不追之則必餞之索性加厚一倍有心人算計往往如此張遼領命單騎先往曹操引數十騎隨後而來却說雲長所騎赤兔馬日行千里本是趕不上因欲護送車仗不敢縱馬按轡徐行忽聽背後有人大呼雲長且慢行公此時必謂追兵至矣回頭視之見張遼拍馬而至尊恙已愈乎關公教車仗從人只管望大路緊行為後被劫伏筆自己勒住赤兔馬按定青龍刀問曰文遠莫非欲追我回乎遼曰非也丞相知兄遠行欲來相送特先使我

請住台駕別無他意關公曰便是丞相鐵騎來吾願决一死戰
其言剛甚遂立馬於橋上望之見曹操引數十騎飛奔前來背後乃
是許褚徐晃于禁李典之輩操見關公橫刀立馬於橋上此時何不
掛迴避牌恐關公此時反急欲迴避矣令諸將勒住馬匹左右擺開關公見衆人
手中皆無軍器方始放心操曰雲長行何太速關公於馬上欠
身荅曰關某前曾禀過丞相今故主在河北不由某不急去累
次造府不得參見故拜書告辭封金掛印納還丞相望丞相勿
忘昔日之言言簡而意盡操曰吾欲取信於天下安肯有負前言恐

將軍途中乏用特具路資相送一將便從馬上托過黃金一盤關公曰累蒙恩賜尚有餘資畱此黃金以賞戰士（其人光明其言磊落）操曰特以少酬大功於萬一何必推辭關公曰區區微勞何足掛齒操笑曰雲長天下義士恨吾福薄不得相畱（自歎緣慳分淺乃愛極慕極之語）錦袍一領略表寸心令一將下馬雙手捧袍過來雲長恐有他變不敢下馬（精細）用青龍刀尖挑錦袍披於身上勒馬回頭稱謝曰蒙丞相賜袍異日更得相會（須賈以綈袍而得不死則曹操此袍可爲異日華容道一命矣）遂下橋望北而去（操甚殷殷公甚落落操甚款款公甚匆匆）許褚曰此人無禮太

甚何不擒之操曰彼一人一騎吾數十餘人安得不疑（代爲之解）吾言既出不可追也（又自爲解）曹操自引衆將回城於路嘆想雲長不已（見如此人安得不惜別）不說曹操自回且說關公來趕車仗約行三十里却只不見（不知者讀至此必疑是曹操使人截去矣）雲長心慌縱馬四下尋之忽見山頭一人高叫關將軍且住（與張遼背後相呼正復相似不知者讀至此又疑是曹操使人來面關公矣）關公舉目視之只見一少年黃巾錦衣持鎗跨馬馬項下懸着首級一顆引百餘步卒飛奔前來（奇）公問曰汝何人也少年棄鎗下馬拜伏於地雲長恐是詐（精細）勒馬持刀問曰壯士願

通姓名答曰吾本襄陽人姓廖名化字元儉因世亂流落江湖聚衆五百餘人劫掠為生恰纔同伴杜遠下山巡哨誤將兩夫人劫掠上山吾問從者知是大漢劉皇叔夫人且聞將軍護送在此吾即欲送下山來杜遠出言不遜被某殺之今獻頭與將軍請罪（此事只在廖化口中敘出省筆）關公曰二夫人何在化曰現在山中關公教急取下山不移時百餘人簇擁車仗前來關公下馬停刀叉手於車前問候曰二嫂受驚否二夫人曰若非廖將軍保全已被杜遠所辱（又在二夫人口中略述一遍）關公問左右曰廖化怎生救夫

人左右曰杜遠劫上山去就要與廖化各分一人為妻廖化問起根由好生拜敬杜遠不從已被廖化殺了又在左右口中詳述一遍關公聽言乃拜謝廖化廖化欲以部下人送關公關公尋思此人終是黃巾餘黨未可作伴乃謝却之精細廖化又拜送金帛關公亦不受丞相之金且不受况强盜之金乎然不受丞相之金亦不受强盜之金者其視丞相之金與强盜之金無以異也廖化拜別自引人伴投山谷中去了廖化終從關公而此處不即相從合而復離遂為後文伏綫妙雲長將曹操贈袍事告知二嫂催促車仗前行至天晚投一村莊安歇莊主出迎鬚髮皆白問曰將軍姓甚名誰關公施

禮曰吾乃劉玄德之弟關某也老人曰莫非斬顏良文醜的關公否（二人爲河北名將而公能殺之則殺名將者之爲名將其名更著矣○前卷事又從老人口中一提）公曰便是老人大喜便請入莊關公曰車上還有二位夫人老人便與妻女出迎二夫人至草堂上關公叉手立於二夫人之側老人請公坐公曰尊嫂在上安敢就坐（極似范蠡在石室中光景）老人乃令妻女請二夫人入內室款待自於草堂款待關公關公問老人姓名老人曰吾姓胡名華桓帝時曾爲議郎致仕歸鄉今有小兒胡班在滎陽太守王植部下爲從事將軍若從此處經過某有一

書寄與小兒。未至第一關先爲第四關脫難伏線。妙。關公允諾次日早膳畢請二嫂上車取了胡華書信相別而行取路投洛陽來前至一關名東嶺關。第一關。把關將姓孔名秀引五百軍兵在嶺上把守當日關公押車仗上嶺軍士報知孔秀秀出關來迎關公下馬與孔秀施禮秀曰將軍何往公曰某辭丞相特往河北尋兄秀曰河北袁紹正是丞相對頭將軍此去必有丞相文憑前曹操送行贈金贈袍而不與以文憑是不留而留送而不送也。公曰因行期慌迫不曾討得。不說曹操不給只說自已不討。秀曰既無文憑待我差人稟過丞相方可放行關公曰待去稟時須悞了我行程。秀曰：法度所拘，不得不如此。關公曰：汝肯容我過關乎？（其語漸硬。）秀曰：汝要過去，留下老小爲質。（此言無禮。）關公大怒，（不得不怒。）舉刀就殺孔秀。秀退入關去，鳴鼓聚軍，披掛上馬，殺下關來，大喝曰：汝敢過去麼？關公約退車仗，縱馬提刀，竟不打話，直取孔秀。秀挺鎗來迎。兩馬相交，只一合，鋼刀起處，孔秀屍橫馬下。（孔秀前恭後倨，關公亦先禮後兵。○斬却一將。）衆軍便走。關公曰：軍士休走。吾殺孔秀，不得已也。（可見五關斬將原非關公本意。）與汝等無干。借汝衆軍之口，傳語曹丞相，言孔秀欲害我，我故殺之。（慷切周至之極。）衆軍俱拜於馬前。

關公卽請二夫人車仗出關望洛陽進發第二關早有軍士報知洛陽太守韓福韓福急聚衆將商議牙將孟坦曰旣無丞相文憑卽係私行若不阻擋必有罪責畏曹操故不畏關公韓福曰關公勇猛顏良文醜俱爲所殺又將殺顏良文醜一提今不可力敵只須設計擒之孟坦曰某有一計先將鹿角攔定關口待他到時小將引兵和他交鋒佯敗誘他來追公可用暗箭射之若關某墜馬卽擒解許都必得重賞旣欲免罪又復貪賞商議停當人報關公車仗已到韓福彎弓插箭引一千人馬擺列關口問來者何人關公馬上欠身

言曰吾漢壽亭侯關某敢借過路韓福曰有曹丞相文憑否已知其無却又假問關公曰事冗不曾討得韓福曰吾奉丞相鈞命鎮守此地專一盤詰往來奸細若無文憑即係逃竄關公怒曰東嶺孔秀已被吾殺汝亦欲尋死耶韓福曰誰人與我擒之孟坦出馬輪雙刀來取關公關公約退車仗拍馬來迎孟坦戰不三合撥回馬便走關公趕來孟坦只指望引誘關公不想關公馬快早已趕上只一刀砍為兩段斬却二將關公勒馬回來韓福閃在門首盡力放了一箭正射中關公左臂公用口拔出箭血流不住飛

沂水關今開封府沂水縣

馬徑奔韓福，衝散衆軍。韓福急走不迭，關公手起刀落，帶頭連肩，斬於馬下。此頭與肩足以報吾臂之恨矣。○斬却三將。殺散衆軍，保護車仗。關公割帛束住箭傷，於路恐人暗筭，不敢久住，連夜投沂水關來。第三

把關將乃并州人氏，姓卞名喜，善使流星鎚，原是黃巾餘黨，廖化是強盜餘黨，卞喜亦是強盜餘黨，乃既做官之強盜，反不若未做官之強盜能識好人也。後投曹操，撥來守關。當下聞知關公將到，尋思一計：就關前鎮國寺中，埋伏下刀斧手二百餘人，誘關公至寺，約擊盞為號，欲圖相害。在佛地上謀殺好人，是強盜所為，然未必非和尚所為也。安排已定，出關迎接關公。公見卞喜來迎，

便下馬相見喜曰將軍名震天下誰不敬仰今歸皇叔足見忠義小人欺君子偏能爲君子之言關公訴說斬孔秀韓福之事卞喜曰將軍殺之是也某見丞相代稟衷曲言之太甘其中必詐關公甚喜同上馬過了沂水關到鎮國寺前下馬衆僧鳴鐘出迎原來那鎮國寺乃漢明帝御前香火院本寺有僧三十餘人內有一僧却是關公同鄉人法名普淨當下普淨已知其意向前與關公問訊胡班救關公却於胡華家先期伏線普淨救關公卽在鎮國寺當日相逢曰將軍離蒲東幾年矣關公曰將及二十年矣普淨曰還認得貧僧否雖然當日相逢却叙昔年舊識然則伏線又在二十

年之公曰離鄉多年不能相識普淨曰貧僧家與將軍家只隔前一條河〔離鄉人好與同鄉人言鄉。出家人亦與俗家人言家。意中欲報極要緊的事。口中卻說沒要緊的話。〕卞喜見普淨敘出鄉里之情恐有走泄乃叱之曰吾欲請將軍赴宴汝僧人何得多言關公曰不然鄉人相遇安得不敘舊情耶〔不是逢僧話。卻是敘鄉情。不是浮生半日閒。卻是旅況幾年濶。如唱西廂曲者。不是隨喜到。卻是望蒲東耳。〕普淨請關公方丈待茶關公曰二位夫人在車上可先獻茶普淨教取茶先奉夫人然後請關公入方丈普淨以手舉所佩戒刀以目視關公〔此僧大通是慧明。不是法聰。〕公會意命左右持刀緊隨卞喜請關公於法堂筵席。關公曰：卞若請關某是好意，還是歹意？卞喜未及回言，關公早望見壁衣中有刀斧手，乃大喝卞喜曰：吾以汝爲好人，安敢如此！卞喜知事泄，大叫左右下手。左右方欲動手，皆被關公拔劍砍之。卞喜下堂遶廊而走，關公棄劍執大刀來趕。卞喜暗取飛鎚擲打關公，關公用刀隔開鎚，趕將入去，一刀劈卞喜爲兩段。要在佛地上殺奸人，是真強盜；能在佛地上殺歹人，是真菩薩。○斬却四將。隨即回身來看二嫂，早有軍人圍住，見關公來，四下奔走。關公趕散，謝普淨曰：若非吾師，已被此賊害矣。救關公者普淨，殺卞喜者亦普淨，殺之而當，殺即生也。此僧可謂深道佛普淨曰貧僧此處難容收拾衣鉢亦往他處雲遊也後會有期將軍保重（早爲玉泉山伏筆）關公稱謝護送車仗往滎陽進發（第四關）滎陽太守王植却與韓福是兩親家聞得關公殺了韓福商議欲暗害關公（關公念兄恩王植重姻誼兩兩相對）乃使人守住關口待關公到時王植出關喜笑相迎關公訴說尋兄之事植曰將軍於路驅馳夫人車上勞困且請入城館驛中暫歇一宵來日登途未遲（與卞喜一樣騙法）關公見王植意甚殷勤遂請二嫂入城館驛中皆鋪陳了當王植請公赴宴公辭不往（前赴卞喜席今遂不赴王植席足見精細）植使人

迓筵席至館驛關公因於路辛苦請二嫂晚膳畢就正房歇定令從者各自安歇餵馬匹關公亦解甲憩息却說王植密與從事胡班聽令曰關某背丞相而逃又於路殺太守并守關將校死罪不輕此人武勇難敵汝今晚點一千軍圍住館驛一人一箇火把待三更時分一齊放火不問是誰盡皆燒死（不用壁中刀斧却用門外火把一在日裡二在夜間）吾亦自引軍接應（爲後追趕關公張本）胡班領命便點起軍士密將乾柴引火之物搬於館驛門首約時舉事胡班尋思我久聞關雲長之名不識如何模樣試往窺之乃至驛中問

驛吏曰關將軍在何處荅曰正廳上觀書者是也胡班潛至廳前見關公左手綽髯於燈下凭几看書寫得（如書）班見了失聲嘆曰真天人也（不特其人可敬其貌亦可敬）公問何人胡班入拜曰滎陽大守部下從事胡班關公曰莫非許都城外胡華之子否班曰然也公喚從者於行李中取書付班（普淨叙鄉情胡班見家信又開開相對）班看畢歎曰險些悞殺忠良遂密告曰王植心懷不仁欲害將軍暗令人四面圍住館驛約於三更放火今某當先去開了城門將軍急收拾出城（方信胡華寄書不是閑文）關公大驚忙披掛提刀上馬請二嫂上車

盡出館驛。果見軍士各執火把照候關公。急來到城邊。只見城門已開。關公催車仗急急出城。胡班還去放火。前是王植嚇關公。此則胡班嚇王植矣。關公行不到數里。背後火把照耀。人馬趕來。來送命了。當先王植大叫關某休走。關公勒馬大罵。匹夫。我與你無讎。如何令人放火燒我。王植拍馬挺鎗。逕奔關公。被關公攔腰一刀。砍為兩段。斬卻五將。人馬都趕散。關公催車仗速行。於路感胡班不已。為後文胡班歸蜀伏筆。行至滑州界首。有人報與劉延。延引數十騎出郭而迎。關公馬上欠身而言曰。太守別來無恙。照應白馬之役。延曰。公今欲何往公曰辭了丞相去尋家兄延曰玄德在袁紹處紹乃丞相讎人如何容公去公曰昔日曾言定來延曰今黃河渡口關隘夏侯惇部將秦琪據守恐不容將軍過渡（先報一信）公曰太守應付船隻若何延曰船隻雖有不敢應付（無用之人）公曰我前者誅顏良文醜亦曾與足下解厄（又在關公口中將前事一提）今所求一渡船而不與何也延曰只恐夏侯惇知之必然罪我（無用之人）關公知劉延無用之人遂自催車仗前進（有殺有不殺妙甚若逢人便殺便不成關公矣）到黃河渡口（第五關）秦琪引軍出問來者何人關公曰漢壽亭侯關某也琪曰今欲

何往關公曰欲投河北去尋兄長劉玄德敬來借渡琪曰丞相公文何在公曰吾不受丞相節制有甚公文（前托言事冗行忙此則竟說不受節制更是直提痛快）琪曰吾奉夏侯將軍將令守把關隘你便揷翅也飛不過去關公大怒曰你知我於路斬戮攔截者乎琪曰你只殺得無名下將敢殺我麼關公怒曰汝比顏良文醜若何（又將前事一提）秦琪大怒縱馬提刀直取關公二馬相交只一合關公刀起秦琪頭落（斬却六將）關公曰當吾者已死餘人不必驚走速備船隻送我渡河軍士急撐舟傍岸關公請二嫂上船渡河渡過黃河便

是袁紹地方。關公所歷關隘五處，斬將六員。將行程圖總結一筆，斬將帳總算一盤。後人有詩嘆曰：

掛印封金辭漢相，尋兄遙望遠途還。
馬騎赤兔行千里，刀偃青龍出五關。
忠義慨然沖宇宙，英雄從此震江山。
獨行斬將應無敵，今古留題翰墨間。

關公於馬上自嘆曰：「吾非欲沿途殺人，奈事不得已也。曹公知之，必以我為負恩之人矣。」觀公此語，知後日華容道相遇，定然不殺。正行間，忽見一騎自北而來，大叫：「雲長少住！」關公勒馬視之，乃孫乾也。孫乾至此方來。

來得突兀。亦來得湊巧。關公曰、自汝南相別、一向消息若何。乾曰、劉辟龔都自將軍回兵之後、復奪了汝南。此事只在孫乾口中補出。好。遣某往河北結好袁紹、請玄德同謀破曹之計。不想河北將士各相妒忌、田豐尚囚獄中、沮授黜退不用、審配郭圖各自爭權、袁紹多疑、主持不定。某與劉皇叔商議、先求脫身之計。今皇叔已往汝南會合劉辟去了。此卷敍關公一邊十分熱鬧、敘下玄德一邊未免冷落。今就孫乾口中將河北事細述一遍、章法又密又省。恐將軍不知、反到袁紹處、或爲所害。特遣某於路迎接。將軍、幸於此得見。將軍可速往汝南、與皇叔相會。陳震發書。在孫乾未至之前。孫乾報信文在關公已行之後敘得參差歷落關公教孫乾拜見夫人寫得周至夫人問其動靜孫乾備說袁紹二次欲斬皇叔前孫乾在汝南時未說此事故至此方言今幸脫身往汝南去了夫人可與雲長到此相會二夫人皆掩面垂淚寫得入情關公依言不投河北去徑取汝南來本赴河北忽轉汝南真因古人蹤跡無常遂使後人文字變幻正行之間背後塵埃起處一彪人馬趕來當先夏侯惇大叫關某休走正是

六將阻關徒受死　一軍攔路復爭鋒

畢竟關公怎生脫身且聽下文分解

第二十八回

斬蔡陽兄弟釋疑
會古城主臣聚義

曹操於關公之行不使人導之出疆者陽美其大義而陰忌其歸劉故聽彼自往若其於路阻截而復回則是不留之留也若其中途爲人所害而死則是不殺之殺也迨至斬關而出渡過黃河當此之時留之不可殺之不得矣於是又恐不見了自巳人情然後令人賫送文憑以示恩厚

斯其設心不大可見乎文憑之送不送於需用文憑之時而送於不必用文憑之後讀書者至此愼勿被曹操瞞過也

關公既遇廖化又遇周倉廖化是黃巾周倉亦是黃巾化之從公後於倉而倉之慕公切於化夫使倉而不與公遇不過綠林一豪客耳今日立廟繪像倉得捧大刀立於公之側竟附公以並垂不朽可見人貴改圖士貴擇主雖失足萑苻未嘗不可以更新而單身作僕勝似擁嘍囉稱大

王也人但知降漢不降曹爲雲長大節而不知大節如翼德始覩雲長而更烈也雲長辨漢與曹甚明翼德辨漢與曹又甚明操爲漢賊則從漢賊者亦漢賊彼誤以關公爲降曹故罵曹操并罵關公而桃園舊好所不暇顧矣蓋有君臣然後有兄弟君臣之義乖即兄弟之義亦絕衣帶詔之公憤爲重而桃園之私盟爲輕推斯志也使翼德而處土山之圍寧蹈白刃而死豈肯權宜變通姑與曹操周旋乎哉

翼德生平最怒呂布以其滅倫絕理㡬一見便呼爲三姓家奴而嗣後屢欲殺之其怒曹操亦猶是耳惡呂布以正父子之倫惡曹操以正君臣之禮如翼德者斯可謂之真孝子斯可謂之真忠臣

翼德失徐州而雲長責之雲長寄許都而翼德責之能如此以義相責方是好兄弟每怪今人好立朋黨一締私盟便互相遮護雖有大過不嫌其非此以水濟水耳豈所稱和而不同之君子乎

玄德之於關公也隔河望見旗幟而以手加額翼德之於關公也古城覿面相逢而綽鎗欲戰一兄一弟何其不同如此哉曰既不降曹而何以在曹此翼德所以責關公者也知其身雖在曹而必不降曹此玄德所以信關公者也觀弟之責其兄則能爲翼德之兄者固自不易觀兄之信其弟則能爲雲長之主者大非偶然矣

只因關公以弟尋兄以叔保嫂遂引出一派親戚來胡華與胡班爲父子韓福與王植爲姻家蔡陽與秦琪爲甥舅

不唯各主其主又復各親其親矣至於不殺郭常之子以存人祀收養關定之子以立己嗣關公父子是初相見桃園兄弟是重會合玄德夫婦是再團圓合前回與此回殆共成一篇親親文字云

玄德在許都聽滿寵報信但知公孫瓚下落不知趙子龍下落令人鬱鬱不快及關公在汝南見孫乾報信但知玄德下落並不提起張翼德下落又令人鬱鬱不快今至此卷不約而同不期而會不特當日見者快然即今日讀者亦

爲之快然矣由前而觀則桃園爲初聚義古城爲再聚義由後而觀則南陽會諸葛方爲大聚義古城合子龍已爲小聚義也

劉關張三人兩番聚散一散於呂布之攻小沛再散于曹操之攻徐州而玄德則前投曹操後投袁紹關公則前在東海後在許都翼德則兩次俱在芒碭山中乃敘事者於前之散也略關張而獨詳玄德於後之散也則略翼德稍詳玄德而獨甚詳關公所以然者三面之事不能並時同

叙故取其事之長者而備載焉取其事之短者而簡括焉

史遷筆法往往如此

前卷埋伏後文此卷收拾前文如胡班廖化普淨輩俱於

前卷埋伏糜竺糜芳簡雍趙雲等俱於此卷收拾

却說關公同孫乾保二嫂向汝南進發不想夏侯惇領三百餘騎從後追來孫乾保車仗前行關公回身勒馬按刀問曰汝來趕我有失丞相大度夏侯惇曰丞相無明文傳報汝於路殺人又斬吾部將無禮太甚我特來擒你獻與丞相發落言訖便拍

馬挺鎗欲鬬只見後面一騎飛來大叫不可與雲長交戰關公按轡不動來使於懷中取出公文謂夏侯惇曰丞相敬愛關將軍忠義恐於路關隘攔截故遣某特賫公文遍行諸處直待渡河之後公文方到此曹操奸猾處惇曰關某於路殺把關將士丞相知否來使曰此却未知第一次斬關之時關吏必已飛報許都矣豈有五關俱斬而操猶未知者乎其曰未知者曹操教之也恐知之而後發使不見了自已人情耳惇曰我只活捉他去見丞相待丞相自放他關公怒曰吾豈懼汝耶拍馬持刀直取夏侯惇惇挺鎗來迎兩馬相交戰不十合忽又一騎飛至大叫二將軍少歇惇停鎗問來

使曰丞相叫擒關某乎（此句問得更妙惇意亦以斬關之事操必知之矣）使者曰非也
丞相恐守關諸將阻擋關將軍故又差某馳公文來放行（未渡河前
一紙公文不見既渡河後公文進片而至曹操大是奸猾）惇曰丞相知其於路殺人否使者
曰未知（第二番使命猶云未知一發是詐）惇曰既未知其殺人不可放去指揮
手下軍士將關公圍住關公大怒舞刀迎戰兩箇正欲交鋒陣
後一人飛馬而來大叫雲長元讓休得爭戰衆視之乃張遼也
二人各勒住馬張遼近前言曰奉丞相鈞旨因聞知雲長斬關
殺將恐於路有阻特差我傳諭各處關隘任便放行（前兩次言不知者恐

知其斬關而後發使不見了人情也此直言已知者見得知惇其斬關而並不怒索性再賣箇人情也皆是曹操奸猾處。○○曰秦琪是蔡陽之甥他將秦琪托付我處今被關某所殺怎肯干休○○。伏後蔡陽廝殺事。遼曰我見蔡將軍自有分解既丞相大度教放雲長去公等不可廢丞相之意夏侯惇只得將軍馬約退五關俱已斬過。夏侯惇何足阻之。此時亦落得做個人情矣。遼曰雲長今欲何往關公曰聞兄長又不在袁紹處吾今將遍天下尋之遼曰既未知玄德下落且再回見丞相若何○○○○○○。本爲放行而來。卻轉出挽留一語。趣甚。關公笑曰安有是理文遠回見丞相幸爲我謝罪說畢與張遼拱手而別○○○○○○。公之來以遼始。公之去亦以遠終。於是張遼與夏侯惇領軍自回。關公趕上車仗。與孫乾說知此事。二人並馬而行。行了數日。忽值大雨滂沱。行裝盡濕。出路人每有如此苦事。遥望山崗邊有一所莊院。關公引着車仗到彼借宿。莊內一老人出迎。老人。又遇一關公具言來意。老人曰。某姓郭名常。世居於此。久聞大名。幸得瞻拜。遂宰羊置酒相待。請二夫人於後堂暫歇。郭常陪關公孫乾於草堂飲酒。此老之待客與胡華相似。一邊烘焙行李。照上行裝盡濕句。細甚。一邊喂養馬匹。開中帶出馬匹二字。為後偷馬一逗。細甚。至黃昏時候。忽見一少年。又遇一少年。引數人入莊。徑上草堂。郭常喚曰吾兒來拜將軍因謂關公曰此愚男也關公問何來常曰射獵方回（代答）少年見過關公即下堂去（寫得閃閃忽忽）常流淚言曰老夫耕讀傳家止生此子不務本業唯以遊獵爲事是家門不幸也（胡華之子賢郭常之子不肖開閒相對）關公曰方今亂世若武藝精熟亦可以取功名何云不幸常曰他若肯習武藝便是有志之人今專務遊蕩無所不爲（伏偷馬事）老夫所以憂耳關公亦爲歎息至更深郭常辭出關公與孫乾方欲就寢忽聞後院馬嘶人叫（讀者至此疑又有卞喜伏兵王植縱火之事）關公急與從人卻都不應乃與孫乾提劍往視之只

見郭常之子倒在地上呌喚。從人正與莊客厮打。（好看。）公問其故。從人曰。此人來盜赤兔馬。（前有劫車仗之盜。此又有偷馬匹之賊。赤閗閗相對。）被馬踢倒。（公不可犯。公之馬亦不可犯。）我等聞呌喚之聲。起來巡看。莊客們反來厮鬧。公怒曰。鼠賊焉敢盜吾馬。恰待發作。郭常奔至告曰。不肖子爲此歹事。罪合萬死。奈老妻最憐愛此子。（人情多愛獨子。而爲人之情又每憐不肖之子。則此子之不肖。未必非憐愛釀成之也。）乞將軍仁慈寬恕。關公曰。此子果然不肖。適纔老翁所言。眞知子莫若父也。（不知子者。又莫若母。）我看翁面。且姑恕之。遂分付從人看好了馬。喝散莊客。與孫乾回草堂歇息。次日郭常夫婦出拜於堂前謝曰犬子冒瀆虎威深感將軍恩恕關公令喚出我以正言教之常曰他於四更時分又引數個無賴之徒不知何處去了（爲後劫馬伏筆）關公謝別郭常請二嫂上車出了庄院與孫乾並馬護着車仗取山路而行不及三十里只見山背後擁出百餘人爲首兩騎馬（本爲盜一匹馬卻引出兩騎馬來）前面那人頭裹黃巾身穿戰袍後面乃郭常之子也（奇絕此子兩番忽伏忽現）黃巾者曰我乃天公將軍張角部將也來者快留下赤兔馬放你過去關公大笑曰無知狂賊汝既從張角爲盜亦知劉關張兄弟三人

名字否。第一卷中事，忽于此一提。關公口中補叙劉張，妙甚。黃巾者曰：我只鬬赤面長鬚者，名關雲長。此人口中却放下劉張，獨問關公，又妙。却未識其面。現對赤面，何云未識。汝何人也？公乃停刀立馬，解開鬚囊，出長鬚令視之。此人所以舍劉張而獨問關公者，蓋已疑公之赤面，而特未見有長鬚耳，故公即開囊示之。其人滚鞍下馬，腦揪郭常之子拜獻於馬前。前有殺杜遠之廖化，今有擒郭子之裴元紹，又遙遙相對。關公問其姓名，告曰：某姓裴，名元紹，自張角死後，一向無主，嘯聚山林，權於此處藏伏。今早這廝來報：有一客人，更不問此客姓名，這廝可謂鹵莽。騎一匹千里馬，在我家投宿。特邀某來劫奪此馬，不想却遇將軍。前杜遠事只在廖化

肋音勒

口中虛述，今郭子事亦只在元紹口中虛述，皆省筆之法。郭常之子拜伏乞命。關公曰：吾看汝父之面，饒你性命。篤于兄弟者，不絕人之父子。郭子抱頭鼠竄而去。公謂元紹曰：汝不識吾面，何以知吾名？元紹曰：離此二十里有一卧牛山，山上有一關西人，姓周名倉，兩臂有千斤之力，板肋虬髯，形容甚偉；原在黃巾張寶部下為將，張寶死，嘯聚山林。他多曾與其說將軍盛名，恨無門路相見。因郭常引出郭常之子，因郭常之子引出裴元紹，又因裴元紹引出周倉，方知郭常相見一段文字並非閑筆。郭常為周倉引頭，亦如胡華為胡班伏線耳。關公曰：綠林中非豪傑托足之處。公等今後可各去邪歸正，勿自陷其身。元紹拜謝正說話間遥望一彪人馬來到元紹曰此必周倉也關公乃立馬待之果見一人黑面長身持鎗乘馬引衆而至周倉形狀前在元紹口中叙出今又在關公眼中看出見了關公驚喜曰此關將軍也疾忙下馬俯伏道旁曰周倉參拜畫出驚喜之狀關公曰壯士何處曾識關某倉曰舊隨黃巾張寶時曾識尊顏元紹但聞公名周倉已識公面恨失身賊黨不得相隨今日幸得拜見願將軍不棄收爲步卒早晚執鞭隨鐙死亦甘心勇于從義誠于慕賢倉亦人傑矣哉公見其意甚誠乃謂曰汝若隨我汝手下人伴若何倉曰願從則俱從不願從者聽之可也

於是衆人皆曰願從關公乃下馬至車前稟問二嫂稟命而行儼然有父兄存甘夫人曰叔叔自離許都於路獨行至此歷過多少艱難並未嘗要軍馬相隨前廖化欲相投叔叔既却之夫人口中又將廖化事一提炤應前文今何獨容周倉之衆耶我輩女流淺見叔自斟酌公曰嫂嫂之言是也遂謂周倉曰非關某寡情奈二夫人不從汝等且回山中待我尋見兄長必來相招周倉頓首告曰倉乃一粗莽之夫失身爲盜今遇將軍如重見天日豈忍復錯過若以衆人相隨爲不便可令其盡跟裴元紹去倉隻身步行跟隨將軍雖萬

里不辭也。有匹馬尋兄之主人，自有隻身隨主之從者。之誠于從公如此，宜其與公同享血食于千秋也。○倉關

公再以此言告二嫂甘夫人，曰：一二人相從無妨於事。公乃令

周倉擬人伴隨裴元紹去。元紹曰：我亦願隨關將軍。周倉曰：汝

若去時，人伴皆散，且當權時統領，我隨關將軍去，但有住扎處

便來取你輩。失一元紹怏怏而別。元紹之不得從公，亦有幸有不幸也。周倉跟着關

公往汝南進發，行了數月，遥見一座山城。公問土人：此何處也？

土人曰：此名古城。數月前有一將軍，姓張名飛，引數十騎到此，

將縣官逐去。逐縣官，正與鞭督郵遥對。占住古城，招軍買馬，積草屯糧。今聚

有三五千人馬，四遠無人敢敵。（䃥碭一去，令人想殺。幸此忽然出現，為之色喜。）關公喜曰：「五弟自徐州失散，一向不知下落，誰想卻在此！」（本為尋兄，卻先遇弟，奇文幻事。）乃令孫乾先入城通報，教來迎接二嫂。（本謂尋常家數耳，不料下文幻出絕奇之事。）

卻說張飛在䃥碭山中，住了月餘，因出外探聽玄德消息，（又是一位尋見的。）偶過古城，入縣借糧，縣官不肯，（此土人所未述，這縣官大不曉事。）飛怒，因就逐去縣官，奪了縣印，（將軍權署知縣印。）占住城池，權且安身。（補敘張飛事，斷不可少。）當日孫乾領關公命，入城見飛。施禮畢，具言玄德離了袁紹處，投汝南去了，今雲長直從許都送二位夫人至此，請將軍出迎張飛聽罷更不回言隨即披掛持矛上馬引一千餘人逕出北門奇絕怪絕不解其故孫乾驚訝又不敢問只得隨出城來關公望見張飛到來喜不自勝付刀與周倉接了拍馬來迎只見張飛圓睜環眼倒竪虎鬚吼聲如雷揮矛望關公便搠奇絕怪絕一路胡華郭常廖化周倉等輩無不出庄拜迎下馬拜伏至此愛弟相見忽然挺矛便搠真與驚殺人關公大驚連忙閃過便叫賢弟何故如此豈忘了桃園結義耶首卷中事此忽一提飛喝曰你既無義有何面目來與我相見前此稱兄稱弟今忽作你我之呼蓋你我之爲兄弟本以義合也你既無義則你是你我是我你是做你的人我是做我的人你無面目見我我亦無面目見你矣說得字字憤聲聲激

○（前卷極力寫雲長。此卷極力寫翼德。）關公曰：我如何無義？飛曰：你背了兄長，降了曹操，封侯賜爵，今又來賺我。（竟說來賺我，冤屈得好。）我今與你併箇你死我活。（桃園之誓不求同生，但求同死。今你既背義，則你死我活，方爲快也。字字憤，聲聲激。）關公曰：你原來不知我也，難說，現放着二位嫂嫂在此，賢弟請自問。（公不自說，推二嫂說，情景逼眞。）二夫人聽得，揭簾而呼曰：三叔何故如此？飛曰：嫂嫂住着，且看我殺了負義的人，然後請嫂嫂入城。（嫂猶兄也。殺負兄之人于嫂之前，猶激之于兄前也。字字憤，聲聲激。○降曹即是負劉，負劉即是負義。義則兄之，負義則人之。翼德眞聖人也。）甘夫人曰：三叔因不知你等下落，故暫時棲身曹氏，今知你哥哥在汝南

特不避險阻送我們到此二叔休錯見了糜夫人曰二叔向在
許都原出於無奈【前翼德失陷二嫂于呂布則雲長責之而玄德解之今雲長失陷二嫂于曹操則翼德責
之而二嫂解之前後亦遙遙相對】飛曰嫂嫂休要被他瞞過了忠臣寧死而不
辱大丈夫豈有事二主之理【可知雲長之事翼德所不能爲亦不肯爲】關公曰賢弟
休屈了我孫乾曰雲長特來尋將軍【夾孫乾語更妙】飛喝曰如何你也
胡說他那裏有好心必是來捉我【直認雲長爲曹操心腹故作此等語】關公曰我
若捉你須帶軍馬來【借此一語帶起下文如針引線極敘法之妙幸是不曾帶得廖化裴元紹等一班
人偕來不然直是沒得辨】飛把手指曰兀的不是軍馬來也【來得突兀敘事妙品】關公

回顧果見塵埃起處一彪人馬來到風吹旗號正是曹軍關公此時眞渾身是口費分說矣張飛大怒曰今還敢支吾麼不特翼德心疑即關公亦心疑讀者至此亦心疑挺丈八蛇矛便搠將來關公急止之曰賢弟且住你看我斬此來將以表我眞心絕妙辨寃法飛曰你果有眞心我這裏三通鼓罷便要你斬來將禰衡之鼓三撾其節悲張飛之鼓三通其聲壯關公應諾須臾曹軍至爲首一將乃是蔡陽挺刀縱馬大喝曰你殺吾外甥秦琪却原來逃在此吾奉丞相命特來拿你關公更不打話舉刀便砍張飛親自擂鼓只見一通鼓未盡關公刀起處蔡陽頭已落

地。（關公事借蔡陽頭爲辨揭，蔡陽頭以張飛鼓爲邀帖。）衆軍士俱走。關公活捉執認旗的小卒過來，問取來由。小卒告說：蔡陽鬪將軍殺了他外甥，十分忿怒，要來河北與將軍交戰，丞相不肯，因差他往汝南攻劉辟。不想在這裏遇着將軍。（曹操一邊事在軍人口中補出，省筆。）關公聞言，教去張飛前告說其事。飛將關公在許都時事細問小卒，小卒從頭至尾說了一遍，飛方纔信。說借曹將頭辨心跡于目前，又借曹將口證往事于前日，張飛又不得不信矣。正說間，忽城中軍士來報：城南門外有十數騎來的甚緊，不知是甚人。（一波未平，一波又起。○讀者至此，又疑是曹兵至矣。）張飛心中疑慮，便轉出南門看時果見十數騎輕弓短箭而來見了張飛滚鞍下馬覷之乃糜竺糜芳也張飛在古城遇二糜與關公在汝南遇孫乾一樣出人意外飛亦下馬相見竺曰自徐州失散我兄弟二人逃難回鄉使人遠近打聽知雲長降了曹操主公在於河北又聞簡雍亦投河北去了又在二糜口中帶表簡雍下落妙只不知將軍在此昨於路上遇見一夥客人說有一姓張的將軍如此模樣今據古城我兄弟度量必是將軍故來尋訪幸得相見二糜蹤跡亦只借他口中叙出省筆飛曰雲長兄與孫乾送二嫂方到已知哥哥下落二糜大喜同來見關公并參見二夫人飛遂

邀請二嫂入城至衙中坐定二夫人訴說關公歷過之事張飛方纔大哭參拜雲長不知則大怒欲殺知之則大哭下拜英雄血性固應爾爾二麋亦俱傷感張飛亦自訴別後之事叙事簡到一面設宴賀喜次日張飛欲與關公同赴汝南見玄德寫張飛關公曰賢弟可保護二嫂暫住此城待我與孫乾先去探聽兄長消息保嫂尋兄之事前此關公獨任之今則與翼德分任之矣飛允諾關公與孫乾引數騎奔汝南來劉辟龔都接着關公便問皇叔何在劉辟曰皇叔到此住了數日為見軍少復往河北袁本初處商議去了前赴河北卻在汝南今至汝南又在河北古詩云人生不相見動如參與商嚴

（而求復聚。如此之難。可發一嘆。）關公怏怏不樂。孫乾曰。不必憂慮。再苦一番驅馳。仍往河北去。報知皇叔。同至古城。便了。關公依言。辭了劉辟龔都。回至古城。與張飛說知此事。張飛便欲同至河北。（寫張飛。）關公曰。有此一城。便是我等安身之處。未可輕棄。我還與孫乾同往袁紹處。尋見兄長。來此相會。賢弟可堅守此城。飛曰。兄斬他顏良文醜。如何去得。（斬顏良文醜事。又在張飛口中一提。）關公曰。不妨。我到彼。當見機而變。（為後不入境伏筆。）遂喚周倉問曰。臥牛山裴元紹處。共有多少人馬。倉曰。約計四五百。關公曰。我今抄近路去尋兄長。汝可

往臥牛山招此一枝人馬從大路上接來欲使彼接應以防不虞不意後文又殊不
然倉領命而去關公與孫乾只帶二十餘騎投河北來將至界
首乾曰將軍且未可輕入只在此間暫歇孫乾甚精細○千里尋兄及至兄所却不
即入見變幻之極待某先入見皇叔別作商議關公依言先打發孫乾
去了遥望前村有一所庄院便與從人到彼投宿庄内一老翁
携杖而出又遇一老人與關公施禮公具以實告老翁曰某亦姓關
名定久聞大名幸得瞻謁遂命二子出見又遇兩少年○此處且不叙明二子姓
款留關公并從人俱留於庄内胡華之後有郭常郭常之後有關定一樣谿徑各自出奇且

說孫乾匹馬入冀州見玄德具言前事玄德曰簡雍亦在此間（先有一稟報信此處便不突然）可暗請來同議少頃簡雍至與孫乾相見畢共議脫身之計雍曰主公明日見袁紹只說要往荊州說劉表共破曹操便可乘機而去（前在許都脫身托言攻袁術今在河北脫身托言說劉表一樣騙法）玄德曰此計大妙但公能隨我去否雍曰某亦自有脫身之計（此計且不說出）商議已定次日玄德入見袁紹告曰劉景升鎮守荊襄九郡兵精糧足宜與相約共攻曹操紹曰吾嘗遣使約之奈彼未肯相從玄德曰此人是備同宗備往說之必無推阻紹曰若得劉

表勞劉辟多矣遂命玄德行紹又曰近聞關雲長已離了曹操欲來河北吾當殺之以雪顏良文醜之恨孫乾不與關公同入確有主見玄德曰明公前欲用之吾故召之又將前事一提今何又欲殺之耶且顏良文醜比之二鹿耳雲長乃一虎也失二鹿而得一虎何恨之有若紹之優柔無斷直一羊耳羊安能用虎乎紹笑曰吾故愛之故戲言耳公可再使人召之令其速來玄德曰可遣孫乾往召之可也玄德脫身之計簡雍預先畫定孫乾脫身之計玄德隨機化出紹大喜從之玄德出簡雍進曰玄德此去必回矣其願與偕往一則同說劉表二則監住玄德妙人妙計紹然

其言便命簡雍與玄德同行（玄德請攻袁術，曹操使朱靈路昭監之。玄德請約劉表，袁紹即使簡雍監之。袁曹愚智，又判于此。）郭圖諫紹曰：劉備前去說劉辟，未見成事（此事不實敘，只用虛筆點綴。）今又使與簡雍同往荊州，必不返矣。紹曰：汝勿多疑，簡雍自有見識（可發一笑。）郭圖嗟呀而出。却說玄德先命孫乾出城回報關公，一面與簡雍辭了袁紹，上馬出城，行至界首，孫乾接着，同往關定庄上。關公迎門接拜，執手啼哭不止（劉關至此方纔相見。○啼哭二字宛然藹慕之誠。）關定領二子拜於草堂之前。玄德問其姓名。關公曰：此人與弟同姓，有二子，長子關寧學文，次子關平學武（二子姓名學業至此方補敘知用關公代說妙郭常之子不肖關定之子又賢又復開閒相對關定曰今愚意欲遣汝子跟隨關將軍未識肯容納否郭子不肖而郭常乞留之關子賢而關定欲遣之畢竟郭常不脫常情關定自有定見玄德曰年幾何矣定曰十八歲矣玄德曰既蒙長者厚意吾弟尚未有子今郎以賢郎為子若何此從同姓上想出異姓者既為兄弟同姓者豈不當為父子耶關定大喜便命關平拜關公為父呼玄德為伯父關公本為尋兄忽然得子玄德方見一弟又認一侄奇文奇事○前玄德于途中遇殺妻為食之劉安今關公于途中遇遣子為嗣之關定亦遙相映照玄德恐袁紹追之急收拾起行關平隨着關公一齊起身關定送了一程自回關公教取路往卧牛山來

止行間忽見周倉引數十人帶傷而來奇文奇事雜沓而來關公引他見了玄德細問其何故受傷倉曰某未至卧牛山之前先有一將單騎而來與裴元紹交鋒只一合刺死裴元紹關平爲養子有不必隨行之關寧以陪之周倉爲部將有不得隨行之裴元紹以陪之一虛一實天然奇妙盡數招降人伴占住山寨周倉到彼招誘人伴時止有這幾個過來餘者俱懼怕不敢擅離倉忿不忿與那將交戰被他連勝數次身中三鎗因此來報主公玄德曰此人怎生模樣姓甚名誰倉曰極其雄壯不知姓名關公遇張飛妙在先知姓名周倉見趙雲妙在不知姓名於是關公縱馬當先玄德在後

逕投卧牛山來周倉在山下叫罵只見那將全副披掛持鎗驟馬引衆下山玄德早揮鞭出馬大叫曰來者莫非子龍否（意外出奇）那將見了玄德滚鞍下馬拜伏道旁原來果然是趙子龍（徐州一别令人想殺今此處忽然出現又爲之色喜）玄德關公俱下馬相見問其何由至此雲曰雲自别使君不想公孫瓚不聽人言以致兵敗自焚（遥應第二十一回中語）袁紹屢次招雲雲想紹亦非用人之人因此未往（有見識）後欲至徐州投使君（是其生平一片之心）又聞徐州失守雲長已歸曹操使君又在袁紹處雲幾番欲來相投只恐袁紹見怪（又精細）四海飄

雩無容身之地前偶過此處適遇裴元紹下山來欲奪吾馬又被郭常之子所誤雲因殺之借此安身近聞翼德在古城欲往投之未知真實今幸得遇使君子龍一向踪跡即借他口中歷歷敘出又周至又省筆文妙在夾帶劉關張三人事玄德大喜訴說從前之事關公亦訴前事東書欲寄何由達舊事淒涼不可聽玄德曰吾初見子龍便有留戀不捨之情遥應第七回中事今幸得相遇雲曰雲奔走四方擇主而事未有如使君者今得相隨大稱平生雖肝腦塗地無恨矣剖心瀝胆之言當日就燒毁山寨率領人衆盡隨玄德前赴古城張飛糜竺糜芳迎接入城各相拜訴二夫

人共言雲長之事玄德感歎不已前劉關相見時雲長但拜手啼哭並無一語自明今二夫人代爲言之○雲長心事光明磊落玄德已深信之雖微二夫人言關將感歎不已也於是殺牛宰馬先拜謝天地宛如桃園結義之時然後遍勞諸軍玄德見兄弟重聚將佐無缺又新得了趙雲關公又得了關平周倉二人歡喜無限連飲數日其實可喜後人有詩讚之曰

當時手足似瓜分　信斷音稀杳不聞
今日君臣重聚義　正如龍虎會風雲

時玄德關張趙雲孫乾簡雍糜竺糜芳關平周倉部領馬步軍

校共四五千人上已將前事一總此又總叙一筆老甚上文单叙將此并叙矣玄德欲棄了古城去守汝南寃竟古城只作得書過文恰好劉辟龔都差人來請省却多少筆墨叙事妙品於是遂起軍往汝南住扎招軍買馬徐圖征進不在話下放下玄德一邊且說袁紹見玄德不回大怒欲起兵伐之郭圖曰劉備不足慮曹操乃勍敵也不可不除劉表雖據荊州不足爲強江東孫伯符威振三江地連六郡謀臣武士極多可使人結之共攻曹操放下劉備專重曹操又放下劉表轉出孫策此文字過枝接葉處紹從其言即修書遣陳震爲使來會孫策正是

原缺

（明）羅貫中　撰

醉耕堂刊毛宗崗評本三國志演義

第二册

國家圖書館出版社

第二册目録

卷六

卷七

卷八

四大奇書第一種卷之三

茂苑毛宗崗序始氏評　吳門杭永年資能氏評定

第五回

發矯詔諸鎮應曹公
破關兵三英戰呂布

董卓不亂諸鎮不起諸鎮不起三國不分此一卷正三國之所自來也故先敘曹操發檄舉事次敘孫堅當先戰末敘劉備三人英雄無敵其餘諸人紛紛擾擾不過如白

茅之精琬琰而已

袁術不識玄德兄弟無足責也本初亦是人豪乃亦拘牽俗見不能格外用人此孟德之所以爲可兒也今人都罵孟德奸雄吾恐奸雄非尋常人所可罵還應孟德罵人不奸雄耳

甚矣目前地位之不足量英雄也十八鎮諸侯以盟主推袁紹而後來分鼎竟屬孫曹且孫曹雖爲吳魏之祖而僭號稱尊尚在後嗣其異日堂堂天子正位繼統者乃立公

孫瓚背後之一縣令。嗚呼英雄豈易量哉。公孫瓚背後之一人爲驚天動地之人而此一人又有背後之兩人又是驚天動地之人英雄不得志時往往居人背後俗眼不能識直待其驚天動地而後嘆前者立人背後之日交臂失之孰知其背後令笑之意固已視十八路諸侯如草芥矣

却說陳宮臨欲下手殺曹操忽轉念曰我爲國家跟他到此殺之不義不若棄而他往插劍上馬不等天明自投東郡去了（陳宮不隨曹操。可謂知人。然後來却隨呂布。則猶未爲知人也。）操覺不見陳宮尋思此人見我說

了這兩句疑我不仁（操自以爲不仁可謂自知之明）棄我而去吾當急行不可久留遂連夜到陳留尋見父親備說前事欲散家資招募義兵父言資少恐不成事此間有孝廉衛弘疏財仗義其家巨富（富者必不疏財疏財者必不富今日疏財矣而又曰其家巨富何也蓋不疏財者善藏其富必不使人知其有富名其家巨富正在疏財上見得耳）若得相助事可圖矣操置酒張筵拜請衛弘到家告曰今漢室無主董卓專權欺君害民天下切齒操欲力扶社稷恨力不足公乃忠義之士敢求相助衛弘曰吾有是心久矣恨未遇英雄耳既孟德有大志願將家資相助（雖盡富人習套不愧爲孝廉矣）操大

陽平衛國今東昌府

喜於是先發矯詔馳報各道然後招集義兵豎起招兵白旗一面上書忠義二字（有聲有色古來不真正奸雄未有不借此二字而起）不數日間應募之士如雨駢集一日有一箇陽平衛國人姓樂名進字文謙來投曹操又有一箇山陽鉅鹿人姓李名典字曼成也來投曹操操皆留為帳前吏又有沛國譙人夏侯惇（音敦）字元讓乃夏侯嬰之後自小習鎗棒年十四從師學武有人辱罵其師惇殺之逃於外方聞知曹操起兵與其族弟夏侯淵兩箇各引壯士千人來會

李典樂進各自一人來夏侯惇夏侯淵却是兩人同來又帶着千人而來來法各自不同此二人本操之弟

兄操父曹嵩原是夏侯氏之子過房與曹家因此是同族忽然替曹操振親叙眷雖是再將他家世細述一番亦是作者閒中冷筆不數日曹氏兄弟曹仁曹洪各引兵千餘來助不姓曹而同族者旣有兩人今姓曹而同族者文有兩人可發一笑曹仁字子孝曹洪字子廉二人弓馬熟嫻武藝精通操大喜于村中調練軍馬衛弘盡出家財置辦衣甲旗旛兵精四方送糧食者不記其數糧足以上一段極寫曹氏時袁紹得操矯詔乃聚麾下文武引兵三萬離渤海來與曹操會盟袁紹先到正與前番致書王允相應操作檄文以達諸郡檄文曰

操等謹以大義布告天下董卓欺天罔地滅國弒君穢亂宮禁殘害生靈狼戾不仁罪惡充積今奉天子密詔大集義兵誓欲掃清華夏勦戮羣凶望興義師共洩公憤扶持王室拯救黎民檄文到日可速奉行

操發檄文去後各鎮諸侯皆起兵相應

第一鎮後將軍南陽太守袁術

第二鎮冀州刺史韓馥

第三鎮豫州刺史孔伷（伷同胄）

第四鎮兗州刺史劉岱

第五鎮河內郡太守王匡

第六鎮陳留太守張邈

第七鎮東郡太守喬瑁音妹

第八鎮山陽太守袁遺

第九鎮濟北相鮑信

第十鎮北海太守孔融

第十一鎮廣陵太守張超

第十二鎮徐州刺史陶謙

第十三鎮西凉太守馬騰

第十四鎮北平太守公孫瓚

第十五鎮上黨太守張揚

第十六鎮烏程侯長沙太守孫堅

第十七鎮祁鄉侯渤海太守袁紹

諸路軍馬多少不等有三萬者有一二萬者各領文官武將投洛陽來且說北平太守公孫瓚統領精兵一萬五千路經德州

平原縣正行之間遥見桑樹叢中一面黄旗數騎來迎瓚視之乃劉玄德也（劉玄德不列諸鎮之內却從公孫瓚路上相遇叙得有意無意就知後來虎牢關前當先出色者乃是此人）瓚問曰賢弟何故在此玄德曰舊日蒙兄保備為平原縣令今聞大軍過此特來奉候就請兄長入城歇馬瓚指關張而問曰此何人也玄德曰此關羽張飛備結義兄弟也瓚曰乃同破黃巾者乎玄德曰皆此二人之力（就從玄德帶表關張為虎牢關張本）瓚曰今居何職玄德荅曰關羽為馬弓手張飛為步弓手瓚嘆曰如此可謂埋没英雄（千古英雄往往如此為之一嘆）今黃巾作亂天下諸侯共往誅

之賢弟可棄此卑官一同討賊力扶漢室若何玄德曰願往張飛曰當時若容我殺了此賊免有今日之事快人快語又照應前文雲長曰事已至此即當收拾前去玄德關張引數騎跟公孫瓚來曹操接着衆諸侯亦陸續皆至各自安營下寨連接二百餘里操乃宰牛殺馬大會諸侯商議進兵之策太守王匡曰今奉大義必立盟主衆聽約束然後進兵操曰袁本初四世三公門多故吏漢朝名相之裔可爲盟主不過以門第推之紹再三推辭衆皆曰非本初不可紹方應允次日築臺三層遍列五方旗幟上建白旄

黄鉞兵符將印請紹登壇紹整衣佩劍慨然而上焚香再拜其盟曰

漢室不幸皇綱失統賊臣董卓乘釁縱害禍加至尊虐流百姓紹等懼社稷淪喪糾合義兵並赴國難凡我同盟齊心戮力以致臣節必無二志有渝此盟俾墜其命無克遺育皇天后土祖宗明靈實皆鑒之

讀畢歃血衆因其辭氣慷慨皆涕泗橫流歃血已罷下壇衆扶紹升帳而坐兩行依爵位年齒分列坐定操行酒數巡言曰今

曰既立盟主各聽調遣同扶國家勿以強弱計較先鳴破袁紹曰紹雖不才既承公等推為盟主有功必賞有罪必罰國有常刑軍有紀律各宜遵守勿得違犯眾皆曰惟命是聽紹曰吾弟袁術總督糧草應付諸營無使有缺與後不肯發糧相照更須一人為先鋒直抵汜水關挑戰餘各據險要以為接應長沙太守孫堅出曰堅願為前部此處極寫孫氏紹曰文臺勇烈可當此任堅遂引本部人馬殺奔汜水關來守關將士差流星馬往洛陽丞相府告急董卓自專大權之後每日飲宴李儒接得告急文書逕來稟卓卓

大驚急聚衆將商議温侯呂布挺身出曰父親勿慮關外諸侯布視之如草芥願提虎狼之師盡斬其首懸于都門卓大喜曰吾有奉先高枕無憂矣言未絕呂布背後一人（呂布背後有人那知公孫瓚背後又有人）高聲出曰割雞焉用牛刀不勞温侯親往吾斬衆諸侯首級如探囊取物耳卓視之其人身長九尺虎體狼腰豹頭猿臂關西人也姓華名雄卓聞言大喜加為驍騎校尉撥馬步軍五萬同李肅胡軫趙岑星夜赴關迎敵衆諸侯內有濟北相鮑信尋思孫堅既為前部怕他奪了頭功暗撥其弟鮑忠先將馬步

軍三千逕抄小路直到關下搦戰華雄引鐵騎五百飛下關來大喝賊將休走鮑忠急待退被華雄手起刀落斬于馬下先寫鮑忠之死。以襯孫堅之勇。生擒將校極多華雄遣人賫鮑忠首級來相府報捷卓加雄爲都督卻說孫堅引四將直至關前那四將第一箇右平北土垠人姓程名普字德謀使一條鐵脊蛇矛第二箇姓黃名蓋字公覆零陵人也使鐵鞭第三箇姓韓名當字義公遼西令支人也使一口大刀第四箇姓祖名茂字大榮吳郡富春人也使雙刀孫堅披爛銀鎧裹赤幘此處先寫赤幘爲後文伏線。横古錠刀騎

花鬃馬指關上而罵曰助惡匹夫何不早降華雄副將胡軫引
兵五千出關迎戰程普飛馬挺矛直取胡軫鬭不數合程普刺
中胡軫咽喉死於馬下寫程普正是寫孫堅副將如此主將可知堅揮軍直殺至關
前關上矢石如雨孫堅引兵回至梁東屯住使人於袁紹處報
捷就於袁術處催糧或說術曰孫堅乃江東猛虎若打破洛陽
殺了董卓正是除狼而得虎也今不與糧彼軍必散術聽之不
發糧草袁術誤事可恨可恨孫堅軍缺食軍中自亂細作報上關來李肅
爲華雄謀曰今夜我引一軍從小路下關襲孫堅寨後將軍揮

其前寨堅可擒矣雄從之傳令軍士飽餐（正與堅軍缺食映照）乘夜下關是夜月白風清（為照見赤幘伏線）到堅寨時巳是半夜鼓譟直進堅慌忙披掛上馬正遇華雄兩馬相交鬬不數合後面李肅軍到竟天價放起火來（風月之下放火風助火勢月助火光分外猛烈）堅軍亂竄衆將各自混戰止有祖茂跟定孫堅突圍而走背後華雄追來堅取箭連放兩箭皆被華雄躲過再放第三箭時因用力太猛拽折了鵲畫弓只得棄弓縱馬而奔祖茂曰主公頭上赤幘射目為賊所識可脫幘與某戴之（祖茂智勇忠義色色具足）堅就脫幘換茂盔（孫堅脫幘勝于曹操）

棄袍分兩路而走雄軍只望赤幘者追趕堅乃從小路得脫祖茂
被華雄追急將赤幘掛於人家燒不盡的庭柱上卻入樹林潛
躲華雄軍於月下遙見赤幘四面圍定不敢近前可知孫堅英勇敵所懾服
用箭射之方知是計遂向前取了赤幘祖茂于林後殺出揮雙
刀欲劈華雄雄大喝一聲將祖茂一刀砍于馬下殺至天明雄
方引兵上關程普黃蓋韓當都來尋見孫堅再收拾軍馬扎
堅為折了祖茂傷感不已星夜遣人報知袁紹紹大驚曰不想
孫文臺敗于華雄之手便聚眾諸侯商議眾人都到只有公孫

瓚後至紹請入帳列坐紹曰前日鮑將軍之弟不遵調遣擅自進兵殺身喪命折了許多軍士今者孫文臺又敢于華雄挫動銳氣爲之奈何獨不說起袁術之不發糧豈非狥私諸侯並皆不語紹舉目遍視見公孫瓚背後立着三人容貌異常都在那裡冷笑此處極寫劉關張紹問曰公孫太守背後何人瓚呼玄德出曰此吾自幼同舍兄弟平原令劉備是也曹操曰莫非破黃巾劉玄德乎偏是他記得瓚曰然即令劉玄德拜見瓚將玄德功勞并其出身細說一遍紹曰既是漢室宗派取坐來命坐袁本初只

如此三人却在人背後立着豈不可嘆豈不可怪

重家世不重功勳可笑。備遜謝紹曰吾非敬汝名爵吾敬汝是帝室之冑
耳玄德乃坐於末位關張叉手侍立於後忽探子來報華雄引
鐵騎下關用長竿挑着孫太守赤幘好炤應。來寨前大罵搦戰紹
曰誰敢去戰袁術背後轉出驍將俞涉曰小將願往紹喜便着
俞涉出馬即時報來俞涉與華雄戰不三合被華雄斬了虛寫妙。
衆大驚太守韓馥曰吾有上將潘鳳可斬華雄紹急令出戰潘
鳳手提大斧上馬去不多時飛馬來報潘鳳又被華雄斬了都用虛寫妙○寫得華雄聲勢越襯得雲長聲勢。衆皆失色紹曰可惜吾上將顏良文醜

未至得一人在此何懼華雄（觀入此數語發激惱雲長）一言未畢階下一人大呼出曰小將願往斬華雄頭獻於帳下（更耐不得矣）衆視之見其人身長九尺髯長二尺丹鳳眼卧蚕眉面如重棗聲如巨鐘立於帳前紹問何人（郎異日殺顏良文醜之人也）公孫瓚曰此劉玄德之弟關羽也（代答妙）紹問見居何職瓚曰跟隨劉玄德充馬弓手帳上袁術大喝曰汝欺吾衆諸侯無大將耶量一弓手安敢亂言與我打出（一弓手今且爲王爲帝爲天尊矣袁氏兄弟四世三公今何在哉郎爲雲長執鞭雲長之馬亦决不肯也）曹操急止之曰公路息怒此人既出大言必有勇略試教出馬如其

不勝責之未遲袁紹曰使一弓手出戰必被華雄所笑〔袁術袁紹眞乃難兄難弟〕操曰此人儀表不俗華雄安知他是弓手關公曰如不勝請斬某頭操教釃熱酒一盃與關公飲了上馬〔阿瞞的是可兒〕關公曰酒且斟下某去便來〔哉〕出帳提刀飛身上馬衆諸侯聽得關外鼓聲大震喊聲大舉如天摧地塌岳撼山崩衆皆失驚〔亦用虛寫妙〕正欲探聽鸞鈴響處馬到中軍雲長提華雄之頭擲於地上其酒尚溫〔寫得百倍聲勢〕後人有詩讚之曰

威鎮乾坤第一功　轅門畫鼓響鼕鼕

雲長停盞施英勇　酒尚溫時斬華雄

曹操大喜只見玄德背後轉出張飛高聲大叫俺哥哥斬了華雄不就這裡殺入關去活拏董卓更待何時快語快人袁術大怒喝曰俺大臣尚自謙讓量一縣令手下小卒安敢在此耀武揚威都與趕出帳去袁術俗物翼德何不以老拳斷送之世間此等俗物極多一一該以老拳斷送之也曹操曰得功者賞何計貴賤乎袁術曰既然公等只重一縣令我當告退操曰豈可因一言而誤大事耶命公孫瓚且帶玄德關張回寨眾官皆散曹操暗使人賫牛酒撫慰三人阿瞞畢竟是可兒知說

華雄手下敗軍報上關來李肅慌忙寫告急文書申聞董卓卓急聚李儒呂布等商議儒曰今失了上將華雄賊勢浩大袁紹爲盟主紹叔袁隗現爲太傅倘或裏應外合深爲不便可先除之請丞相親領大軍分撥勦捕卓然其說喚李傕郭汜領兵五百圍住太傅袁隗家不分老幼盡皆誅絕先將袁隗首級去關前號令（袁紹外不能治其弟內不能蔽其叔爲盟主何益）卓遂起兵二十萬分爲兩路而來一路先令李傕郭汜引兵五萬把住汜水關不要廝殺卓自將十五萬同李儒呂布樊稠張濟等守虎牢關這關離洛陽

五十里軍馬到關卓令呂布領三萬軍去關前扎住大寨卓自在關上屯住流星馬探聽得報入袁紹大寨裡來紹聚衆商議操曰董卓屯兵虎牢截俺諸侯中路今可勒兵一半迎敵紹乃分王匡喬瑁鮑信袁[illegible]融張揚陶謙公孫瓚八路諸侯往虎牢關迎敵操引軍[illegible]來救應八路諸侯各自起兵河内太守王匡引兵先到七[illegible]之一路人馬呂布帶鐵騎三千飛奔來迎王匡將軍馬列成陣勢勒馬門旗下看時見呂布出陣頭帶三叉束髮紫金冠體掛西川紅錦百花袍身披獸面吞頭連環鎧腰繫勒甲玲

瓏獅蠻帶弓箭隨身手持画戟坐下嘶風赤兎馬果然是人中呂布馬中赤兎（寫呂布聲勢愈覷劉關張聲勢）王匡回頭問曰誰敢出戰後面一將縱馬挺鎗而出匡視之乃河内名將方悅兩馬相交無五合被呂布一戟刺於馬下挺戟直衝過來匡軍大敗四散奔走布東西衝殺如入無人之境幸得喬瑁袁遺兩軍皆至（又是兩路人馬）來救王匡呂布方退三路諸侯各折了些人馬退三十里下寨隨後五路軍馬都至（又是五路人馬八路人馬寫得參差有勢）一處商議言呂布英雄無人可敵（此時袁術何不以四世三公四字退却呂布也）正慮間小校報來呂布搦

戰八路諸侯一齊上馬軍分八隊布在高崗遥望呂布一簇軍馬繡旗招颭先來衝陣上黨太守張揚部將穆順出馬挺鎗迎戰被呂布手起一戟刺於馬下衆大驚北海太守孔融部將武安國使鐵鎚飛馬而出呂布揮戟拍馬來迎戰到十餘合一戟砍斷安國手腕棄鎚於地而走八路軍兵齊出救了武安國呂布退回去了衆諸侯回寨商議曹操曰呂布英勇無敵可會十八路諸侯共議良策若擒了呂布董卓易誅耳正議間呂布復引兵搦戰八路諸侯齊出公孫瓚揮槊親戰呂布戰不數合瓚

敗走呂布縱赤兎馬趕來那馬日行千里飛走如風看看趕上布舉画戟望瓚後心便刺傍邊一將圓睜環眼倒豎虎鬚挺丈八蛇矛飛馬大叫三姓家奴休走燕人張飛在此殺華雄先寫雲長戰呂布先寫翼德都好呂布見了棄了公孫瓚便戰張飛飛抖擻精神酣戰呂布連鬭五十餘合不分勝負雲長見了把馬一拍舞八十二觔青龍偃月刀來夾攻呂布三匹馬丁字兒廝殺戰到三十合戰不倒呂布劉玄德掣雙股劍驟黃鬃馬刺斜裏也來助戰這三箇圍住呂布轉燈兒般廝殺今日走馬燈多用三戰呂布故事這便是燈樣八路人馬

都看得呆了其實好看此時衆人亦只好看得呂布架隔遮攔不定看着玄德面上虛刺一戟玄德急閃呂布蕩開陣角倒拖畫戟飛馬便回三箇那裡肯捨拍馬趕來八路軍兵喊聲大震一齊掩殺呂布軍馬望關上奔走玄德關張隨後趕來古人曾有篇言語單道着玄德關張三戰呂布

漢朝天數當桓靈炎炎紅日將西傾奸臣董卓廢少帝劉協懦弱魂夢驚曹操傳檄告天下諸侯奮怒皆興兵議立袁紹作盟主誓扶王室定太平温侯呂布世無比雄才四海誇英

偉護軀銀鎧砌龍鱗束髮金冠簪雉尾參差寶帶獸平吞錯
落錦袍飛鳳起龍駒跳踏起天風畫戟熒煌射秋水出關搦
戰誰敢當諸侯胆裂心惶惶踴出燕人張翼德手提蛇矛丈
八鎗虎鬚倒豎翻金線環眼圓睜起電光酣戰未能分勝敗
陣前惱起關雲長青龍寶刀燦霜雪鸚鵡戰袍飛蛺蝶馬蹄
到處鬼神嚎目前一怒應流血梟雄玄德掣雙鋒抖擻天威
施勇烈三人圍繞戰多時遮攔架隔無休歇喊聲震動天地
翻殺氣迷漫牛斗寒呂布力窮尋走路遥望家山拍馬還倒

拖畫桿方天戟亂散銷金五彩旛頓斷絨縧走赤兔翻身飛上虎牢關

三人直趕呂布到關下看見關上西風飄動青羅傘蓋張飛大叫此必董卓追呂布有甚強處不如先拏董賊便是斬草除根

快人

拍馬上關來擒董卓正是

每回之末定作異樣驚人語妙絕

快語

擒賊定須擒賊首　奇功端的待奇人

未知勝負如何且聽下文分解

第六回

焚金闕董卓行兇

匿玉璽孫堅背約

無故而遷天子則比於蒙塵無端而遷百姓則等於流竄遷天子不易遷百姓更難昔漢武徙關中豪傑擇富者而徙之其貧者不中徙也今董卓殺富戶而徙貧民富者既死於罪貧者復死於徙民生其時富亦死貧亦死詩曰周餘黎民靡有孑遺其不在周宣而在漢獻乎

平王居東而周衰光武居東而漢興其故何也一則能誅

王莽而冠履之分明。一則不能討申侯而君臣之義滅也。盤庚復成湯之故宇而殷盛，獻帝復高祖之故土而漢亡，其故何也？一則天子當陽，而曲達其延續民命之情；一則暴臣當國，而大逞其刼奪民生之惡也。總之君尊則治，君卑則亂；民安則治，民危則亂。安在西方之必勝於東，而新都之宜復其舊哉。

觀董卓行事，是愚蠢強盜，不是權詐奸雄。奸雄必要結民心，奸雄必假行仁義。今焚宮室，發陵寢，殺百姓，擄貲財，不

過如張角等所爲後人並稱卓操孰知卓之不及操也遠甚

人各一心不能成事蘇秦洹水之約所以不久而散也前者孫堅欲戰而袁術沮之今者曹操欲戰而袁紹復沮之使有志之人動而掣肘可勝嘆哉至于劉表徒負虛名不聞其得曹操之檄而討董卓但見其奉袁紹之書而截孫堅其無用可知矣

千軍易得一將難求衆將易得主將難求爲從者萬聲不

若爲首者一人之重也天下可無洪不可無公此語可垂千古

曹操幾死者三獻刀而逃爲中牟軍士所獲一死也陳宮於客店欲殺之二死也滎陽之戰中箭墮馬三死也䝉此三死人爲操幸我獨爲操恨恨其不得以一死成忠義之名天下固有生不如死者此類是也

玉璽琢自祖龍則祖龍以前夏商周之爲天子何嘗有玉璽耶况祖龍三十六年玉璽失而復得而祖龍即于明年

死則是失之不足憂得之不足喜也孫堅舉動頗有忠義之氣一得玉璽而忽懷異心亦其見之不明耳

却說張飛拍馬趕到關下關上矢石如雨不得進而回八路諸侯同請玄德關張賀功使人去袁紹寨中報捷紹遂移檄孫堅令其進兵（不奬劉關張戰捷只檄孫堅進兵但教孫堅進兵不責袁術給糧殊爲可笑）堅引程普黃蓋至袁術寨中相見堅以杖畫地曰董卓與我本無讐隙今我奮不顧身親冒矢石來決死戰者上爲國家討賊（此句責他無君）下爲將軍家門之私（指袁隗受害此句責他無親）而將軍却聽讒言不發糧草致

堅敢績將軍何安術惶恐無言命斬進讒之人以謝孫堅忽人報堅曰關上有一將乘馬來寨中要見將軍堅辭袁術歸到本寨喚來問時乃董卓愛將李傕（奇）堅曰汝來何爲傕曰丞相所敬者惟將軍耳今特使傕來結親丞相有女欲配將軍之子（匪寇婚媾突如其來）堅大怒叱曰董卓逆天無道蕩覆王室吾欲夷其九族以謝天下安肯與逆賊結親耶吾不斬汝汝當速去早早獻關饒你性命倘若遲誤粉骨碎身（孫堅是漢子與呂布大異）李傕抱頭鼠竄回見董卓說孫堅如此無禮卓怒問李儒儒曰溫侯新敗兵無戰

心不若引兵回洛陽遷帝于長安以應童謠近日街市童謠曰西頭一箇漢東頭一箇漢鹿走入長安方可無斯難童謠甚奇臣思此言西頭一箇漢乃應高祖旺于西都長安傳一十二帝東頭一箇漢乃應光武旺于東都洛陽今亦一十二帝李儒所解不合童謠蓋東頭一箇漢乃指許都西頭一箇漢乃指蜀都也天運合回丞相遷回長安方可無虞卓大喜曰非汝言吾實不悟遂引呂布星夜回洛陽商議遷都聚文武於朝堂卓曰漢東都洛陽二百餘年氣數已衰吾觀旺氣實在長安吾欲奉駕西幸汝等各宜促裝司徒楊彪曰關中殘

破落今無故捐宗廟棄皇陵恐百姓驚動天下動之至易安之至難望丞相鑒察（此從百姓起見言民居不可動搖）卓怒曰汝阻國家大計耶太尉黃琬曰楊司徒之言是也往者王莽篡逆更始赤眉之時焚燒長安盡爲瓦礫之地更兼人民流移百無一二今棄宮室而就荒地非所宜也（此從朝廷起見言荒地不可建都）卓曰關東賊起天下播亂長安有崤函之險更近隴右木石磚瓦尅日可辦宮室營造不須月餘汝等再休亂言司徒荀爽諫曰丞相若欲遷都百姓騷動不寧矣（荀爽之意亦重在百姓）卓大怒曰吾爲天下計豈惜小民

哉捨却百姓安有天下確是不通文理之言卽日罷楊彪黃琬荀爽爲庶民卓出上車只見二人望車而揖視之乃尚書周毖城門校尉伍瓊也卓問有何事毖曰今聞丞相欲遷都長安故來諫耳卓大怒曰我始初聽你兩箇保用袁紹今紹已反是汝等一黨照應前文叱武士推出都門斬首遂下令遷都限來日便行李儒曰今錢糧缺少洛陽富戶極多可籍沒入官但是袁紹等門下殺其宗黨而抄其家貲必得巨萬讀哿矣富人之詩而嘆幽厲之朝猶爲盛世矣卓卽差鐵騎五千遍行捉拏洛陽富戶共數千家插旗頭上大書反臣逆黨盡斬于

城外取其金貲。何不竟題之曰富戶，而必借逆黨爲名乎。匹夫無罪，懷璧其罪。人生亂世，不幸而富，便當族耳。陶朱公三致千金而三散之，誠懼此也。李傕郭汜盡驅洛陽之民數百萬口前赴長安。窮民死，貧民徙，所得何罪。每百姓一隊，間軍一隊，互相拖押，死于溝壑者不可勝數。又縱軍士淫人妻女，奪人糧食，啼哭之聲，震動天地。不是丞相要遷都，却是強盜撤塲矣。卓臨行，教諸門放火，焚燒居民房屋，并放火燒宗廟宮府。南北兩宮，火燄相接，長安宮庭，盡爲焦土。彷彿楚人一炬。又差呂布發掘先皇及后妃陵寢，取其金寶。軍士乘勢掘官民墳塚殆盡。黃巾賊反不如此之甚。董卓裝載金珠緞疋好物數千餘車，劫了天子并后妃等竟望長安去了。王莽知有金縢而學之。要做假聖人。董卓不知有盤庚而學之。竟做真強盜。却說卓將趙岑見卓已棄洛陽而去。便獻了汜水關。孫堅驅兵先入。玄德關張殺入虎牢關。諸侯各引軍入。且說孫堅飛奔洛陽。遥望火燄冲天。黑烟鋪地。二三百里並無雞犬人烟。堅先發兵救滅了火。令衆諸侯各于荒地上屯住軍馬。曹操來見袁紹曰。今董賊西去。正可乘勢追襲。本初按兵不動。何也。衆諸侯中畢竟孫曹二人出色。紹曰。諸兵疲困。進恐無益。庸夫無胆。操曰。董賊焚燒宮室。劫遷天子。海內震動。不知所歸。此天亡之時也。一戰而

滎陽古邑名今開封府滎陽縣

天下定矣諸公何疑而不進袁曹優劣又見于此衆諸矦皆言不可輕動俱是庸夫操大怒曰竪子不足與謀遂自引兵萬餘領夏矦惇夏矦淵曹仁曹洪李典樂進星夜來趕董卓是壯舉不是輕動且說董卓行至滎陽地方太守徐榮出接李儒曰丞相新棄洛陽防有追兵可教徐榮伏軍滎陽城外山塢之傍若有兵追來可竟放過待我這裏殺敗然後截住掩殺令後來者不敢復追若十八路齊去一徐榮何足當之可恨衆人愚懦致令孟德敗矣卓從其計又令呂布引精兵斷後布正行間曹操一軍趕上呂布大笑曰不出李儒所料也將軍馬擺開

曹操出馬大叫逆賊劫遷天子流徙百姓將欲何往呂布罵曰背主懦夫何得妄言夏侯惇挺鎗躍馬直取呂布戰不數合李傕引一軍從左邊殺來操急令夏侯淵迎敵右邊喊聲又起郭汜引軍殺到操急令曹仁迎敵三路軍馬勢不可當夏侯惇抵敵呂布不住飛馬回陣布引鐵騎掩殺操軍大敗回望滎陽而走（此敗非操之罪乃衆諸侯之罪也）走至一荒山脚下時約二更月明如晝（閒筆點綴絶佳）方纔聚集殘兵正欲埋鍋造飯只聽得四圍喊聲徐榮伏兵盡出（徐榮黨惡與李儒等）曹操慌忙策馬奪路奔逃正遇徐榮轉身便

走榮搭上箭射中操肩膊操帶箭逃命踅（音熾）過山坡兩箇軍士伏於草中見操馬來二鎗齊發操馬中鎗而倒操翻身落馬被二卒擒住（使讀者吃一嚇）只見一將飛馬而來揮刀砍死兩箇步軍下馬救起曹操（不謂竟有此一救○讀到此處方知月明如畫四字點綴得好惟其月明如畫故一來便見若黑暗中正自摸不著也）操視之乃曹洪也操曰吾死于此矣賢弟可速去洪曰公急上馬洪願步行操曰賊兵趕上汝將奈何洪曰天下可無洪不可無公（曹洪真好兄弟乃不從一家起見而以天下起見所以更奇）操曰吾若再生汝之力也操上馬洪脫去衣甲拖刀跟馬而走（天下可無洪曹操却不可無洪約

走至四更餘只見前面一條大河阻住去路後面喊聲漸近使讀者又吃一嚇操曰命已至此不得復活矣洪急扶操下馬脫去袍鎧負操渡水此時又不可無洪纔過彼岸追兵已到隔水放箭操帶水而走險殺嚇殺比及天明又走三十餘里土岡下少歇忽然喊聲起處一彪人馬趕來卻是徐榮從上流渡河來追使讀者又吃一嚇操正慌急間只見夏侯惇夏侯淵引十數騎飛至大喝徐榮勿傷吾主不謂又有此一救徐榮便奔夏侯惇惇挺鎗來迎交馬數合惇刺徐榮于馬下殺得好殺散餘兵隨後曹仁李典樂進各引兵尋到見了

曹操憂喜交集聚集殘兵五百餘人回河內（曹操此一戰却雖敗猶榮。）說衆諸侯分屯洛陽孫堅救滅宮中餘火屯兵城內設帳于建章殿基上堅令軍士掃除宮殿瓦礫凡董卓所掘陵寢盡皆掩閉于太廟基上草創殿屋三間請衆諸侯立列聖神位宰太牢祀之孫堅忙中舉祭畢皆散堅歸寨中是夜星月交輝（明月自來還自去更無人倚玉欄杆）乃按劍露坐仰觀天文見紫薇垣中白氣漫漫堅嘆曰帝星不明賊臣亂國萬民塗炭京城一空言訖不覺淚下（在瓦礫場上看月又在舊殿基上看月月色愈好人情愈悲孫堅酒淚數語可當唐人懷古詩數首）傍有軍士指曰

殿南有五色毫光起于井中。亦使讀者眼光閃爍。堅與軍士點起火把下
井打撈撈起一婦人屍首雖然日久，其屍不爛。此婦人之死。不在董卓放火之
時。却在張讓作亂之時。宮樣裝束項下帶一錦囊取開看時內有硃紅小
匣用金鎖鎖著啓視之乃一玉璽方圓四寸上鐫五龍交紐傍
缺一角以黃金鑲之上有篆文八字云受命于天既壽永昌篆云
不見了傳國玉璽。今于此處還他下落。妙補前文。堅得璽乃問程普普曰此傳國璽也
此玉是昔日卞和于荆山之下見鳳凰棲于石上載而進之楚
文王解之果得玉秦二十六年令良工琢為璽李斯篆此八字

于其上應上篆文八字句。二十八年始皇巡狩至洞庭湖風浪大作舟將覆急投玉璽于湖而止未曾入井。先曾入湖。至三十六年始皇巡狩至華陰有人持璽遮道與從者曰持此還祖龍言訖不見此璽復歸于秦始皇得璽于活人。孫堅得璽于死婦。明年始皇崩得璽即死。何取乎璽也。又後來子嬰將玉璽獻與漢高祖後至王莽篡逆孝元皇太后將印打王尋蘇獻崩其一角以金鑲之應上傍缺一角句。光武得此寶于宜陽傳位至今近聞十常侍作亂劫少帝出北邙回宮失此寶又與前失璽照應。今天授主公必有登九五之分孫堅改節。寔因程普此二語。此處不可久留宜速回江東別圖大事堅曰汝言正合吾意明日便當托疾辭歸（孫堅一得玉璽便爾心變惜哉）商議已定密諭軍士勿得洩漏（正爲下文軍人洩漏伏線）誰想數中一軍是袁紹鄉人欲假此爲進身之計連夜偷出營寨來報袁紹紹與之賞賜暗留軍中次日孫堅來辭袁紹曰堅抱小疾欲歸長沙特來別公紹笑曰吾知公疾乃害傳國璽耳（趣甚）堅失色曰此言何來紹曰今興兵討賊爲國除害玉璽乃朝廷之寶公既獲得當對眾留于盟主處（也不懷好意）候誅了董卓復歸朝廷今匿之而去意欲何爲堅曰玉璽何由在吾處紹曰建

章殿井中之物何在堅曰吾本無之何強相逼紹曰作速取出免自生禍堅指天爲誓曰吾若果得此寶私自藏匿異日不得善終死于刀箭之下今之盜物者極會賭咒孫堅英雄何亦爾爾衆諸侯曰文臺如此說誓想必無之紹喚軍士出曰打撈之時有此人否堅大怒拔所佩之劍要斬那軍士紹亦拔劍曰汝斬軍人乃欺我也紹背後顏良文醜皆拔劍出鞘堅背後程普黃蓋韓當亦掣刀在手衆諸侯一齊勸住堅隨即上馬拔寨離洛陽而去去了一箇有用人紹大怒遂寫書一封差心腹人連夜往荊州送與刺史劉表教

孟津今河南府孟津縣成皐今汜水縣敖倉山名在開封府河陽縣轘轅關名在河南府登封

就路上截住奪之伏線次日人報曹操追董卓戰于滎陽大敗而回紹令人接至寨中會衆置酒與操解悶孫堅無心對月曹操亦何心對酒飲宴間操嘆曰吾始興大義爲國除賊諸公既仗義而來操之初意欲煩本初引河內之衆臨孟津酸棗諸將固守成皐據敖倉塞轘轅大谷制其險要公路率南陽之軍駐丹析入武關以震三輔皆深溝高壘勿與戰益爲疑兵示天下形勢以順誅逆可立定也所言確是良策今遲疑不進大失天下之望操竊恥之紹等無言可對既而席散操見紹等各懷異心料不能成事自引軍投

大谷縣在河南。閿鄉縣、丹析二縣名，丹域在鄧州內鄉縣。武關，秦之南關也，在西安府商縣。三輔：京兆、左馮翊、右扶風名爲

揚州去了。又去了一箇有用人。公孫瓚謂玄德關張曰：袁紹無能爲也么，必有變，吾等且歸。遂拔寨北行。又去了三箇有用人。至平原，令玄德爲平原相，自去守地養軍。兗州太守劉岱問東郡太守喬瑁借糧，瑁推辭不與，岱引軍突入瑁營，殺死喬瑁，盡降其衆。袁紹見衆人各自分散，就領兵拔寨，離洛陽投關東去了。盟主走了。好箇盟主。却說荊州刺史劉表，字景升，山陽高平人也，乃漢室宗親，幼好結納，與名士七人爲友，時號江夏八俊。劉表徒負虛名。那七人：汝南陳翔，字仲麟；同郡范滂，字孟博；魯國孔昱，字世元；渤海范康，字仲真；山陽

三輔京兆郎今西安府馮翊今西安府同州扶風今鳳翔府俱屬陝西湧林平声

檀敷字文友同郡張儉字元節南陽岑晊字公孝劉表與此七人爲友。今之依托名流自謂名士者。皆劉表類也。有延平人蒯良蒯越襄陽人蔡瑁爲輔。當時看了袁紹書。隨令蒯越蔡瑁引兵一萬來截孫堅。既能引兵截孫堅。何不與兵勤王室。堅軍方到。蒯越將陣擺開。當先出馬。孫堅問曰。蒯異度何故引兵截吾去路。越曰。汝既爲漢臣。如何私匿傳國之寶。可速留下。放汝歸去。堅大怒。命黃蓋出戰。蔡瑁舞刀來迎。鬪到數合。蓋揮鞭打瑁。正中護心鏡。瑁撥回馬走。孫堅乘勢殺過界口。山背後金鼓齊鳴。乃劉表親自引軍來到。孫堅就馬上施禮曰景升何故信袁紹之書相逼鄰郡表曰汝匿傳國璽將欲反耶堅曰吾若有此物死于刀箭之下只管賭咒表曰汝若要我聽信將隨軍行禮任我搜看堅怒曰汝有何力敢小覷我方欲交兵劉表便退堅縱馬趕去兩山後伏兵齊起背後蔡瑁蒯越趕來將孫堅困在垓心正是

玉璽得來無用處　反因此寶動刀兵

畢竟孫堅怎地脫身且聽下文分解

施禮曰：景升何故信袁紹之書，相逼鄰郡？表曰：汝匿傳國璽，將欲反耶？堅曰：吾若有此物，死於刀箭之下。只曾都說表曰：汝若要我聽信，將隨軍行李任我搜看。堅怒曰：汝有何力，敢小覷我！方欲交兵，劉表便退。堅縱馬趕去，兩山後伏兵齊起，背後蔡瑁、蒯越趕來，將孫堅困在垓心。正是：

玉璽得來無用處　反因此寶動刀兵

畢竟孫堅怎地脫身，且聽下文分解。

茂苑毛宗崗序始氏評　　吳門杭永年資能氏評定

第七回

袁紹磐河戰公孫
孫堅跨江擊劉表

諸侯紛紛互相爭競天下已成四分五裂之勢一董卓未死而天下又生出無數董卓欲舉而一之固難欲舉而三之亦正不易也

袁紹之取冀州謀亦巧哉然人知韓馥公孫瓚爲袁紹所愚而不知袁紹又爲董卓所愚紹初爲盟主以討卓何其壯也今董卓遣一介之使以和之而遂奉命不遑嗚呼有愧曹操多矣

善盜物者最會賭兒亦惟善賭兒者最會盜物觀于孫堅故事可爲寒心

一玉璽耳孫堅匿焉袁紹爭焉劉表截焉究竟孫堅不因得璽而帝反因得璽而死若備之帝蜀未嘗得璽不之帝

魏權之帝吳亦皆不因璽噫嘻皇帝不皇帝豈在玉璽不玉璽哉

看此卷瓚與紹戰一日之間忽敗忽勝忽勝忽敗變態不測至于文弱如劉表勇壯如孫堅必以爲勝在孫敗在劉而事之相反又不可料如此嗟乎茫茫世事何常之有一部三國志俱當作如是觀微獨三國而已一部十七史俱當作如是觀

此卷叙孫堅之終叙孫策之始凡皆爲孫權而叙之也孫

權于此卷方纔出名乃出名而猶未出色止寫得孫策出色耳然與劉曹鼎立者孫權也是孫權爲主而孫堅孫策皆客也且因孫權而叙其父兄則又以孫堅孫策爲主而袁紹公孫瓚又其客也然公孫瓚文中忽有一劉備突如其來倏焉而往而公孫瓚遂表備爲平原相則因劉備而叙及公孫瓚因公孫瓚而叙及袁紹是又以袁紹之戰公孫爲主而孫堅之擊劉表爲客矣何也分漢鼎者孫權而繼漢統者劉備也以三國爲主則紹瓚等皆其客三國以

劉備爲主則孫權又其客也今此卷之目曰袁紹戰公孫而注意乃在劉備曰孫堅擊劉表而注意乃在孫權賓中有主主中又有賓讀三國志者不可以不辯

却說孫堅被劉表圍住虧得程普黃蓋韓當三將死救得脫折兵大半奪路引兵回江東自此孫堅與劉表結怨伏筆一且說袁紹屯兵河內缺少糧草冀州牧韓馥遣人送糧以資軍用袁術不發糧而致孫堅之敗韓馥以送糧而啓袁紹之謀庸人舉動俱錯謀士逄紀說紹曰大丈夫縱橫天下何待人送糧爲食冀州乃錢糧廣盛之地將軍何不取之

紹曰未有良策紀曰可暗使人馳書與公孫瓚令進兵取冀州約以夾攻瓚必興兵韓馥無謀之輩必請將軍領州事就中取事唾手可得紹大喜即發書到瓚處瓚得書見說共攻冀州平分其地大喜即日興兵紹却使人密報韓馥馥慌聚荀諶辛評二謀士商議（如此二人亦稱謀士可笑）諶曰公孫瓚將燕代之衆長驅而來其鋒不可當兼有劉備關張助之難以抵敵今袁本初智勇過人手下名將極廣將軍可請彼同治州事彼必厚待將軍無患公孫瓚矣（正中逢紀之計）韓馥即差別駕關純去請袁紹長史耿武諫

曰袁紹孤客窮軍仰我鼻息譬如嬰兒在股掌之上絕其乳哺立可餓死奈何欲以州事委之此引虎入羊羣也冀州本甞無人馥曰吾乃袁氏之故吏才能又不如本初古者擇賢者而讓之諸君何嫉妬耶耿武嘆曰冀州休矣于是棄職而去者三十餘人獨耿武與關純伏于城外以待袁紹數日後紹引兵至耿武關純拔刀而出欲刺殺紹紹將顏良立斬耿武文醜砍死關純二人烈烈可謂忠于韓馥紹入冀州以馥為奮威將軍以田豐沮授許攸逢紀分掌州事盡奪韓馥之權擇賢而讓賢者固如是乎馥懊悔無及遂棄下家小

匹馬往投陳留太守張邈去了。虎入羊羣，羊能存乎？其得去猶幸矣。却說公孫瓚知袁紹已據冀州，遣弟公孫越來見紹，欲分其地。紹曰：「可請汝兄自來，吾有商議。」越辭歸，行不到五十里，道傍閃出一彪軍馬，口稱：「我乃董丞相家將也！」亂箭射死公孫越。袁紹不能討董卓，反假作董家兵以殺人，如此舉動，有愧盟主多矣。從人逃回，見公孫瓚，報越已死。瓚大怒曰：「袁紹誘我起兵攻韓馥，他却就裏取事；今又詐董卓兵射死吾弟，此冤如何不報！」盡起本部兵，殺奔冀州來。紹知瓚兵至，亦領軍出。二軍會于磐河之上：紹軍于磐河橋東，瓚軍于橋西。瓚立馬橋上大呼曰背義之徒何敢賣我紹亦策馬至橋邊指瓚曰韓馥無才願讓冀州于吾與爾何干瓚曰昔日以汝爲忠義推爲盟主今之所爲眞狼心狗行之徒有何面目立于世間（回思向日揷血定盟可發一笑今之稱盟兄盟弟者須要仔細）袁紹大怒曰誰可擒之言未畢文醜策馬挺鎗直殺上橋公孫瓚就橋邊與文醜交鋒戰不到十餘合瓚抵擋不住敗陣而走文醜乘勢追趕瓚走入陣中文醜飛馬逕入中軍往來衝突瓚手下健將四員一齊迎戰被文醜一鎗刺一將下馬三將俱走文醜直趕公孫瓚出陣後瓚望山谷而逃

文醜驟馬厲聲大叫快下馬受降瓚弓箭盡落頭盔墜地披髮縱馬奔轉山坡其馬前失瓚翻身落于坡下文醜急撚鎗來刺讀書者至此必曰公孫瓚休矣忽見草坡左側轉出一箇少年將軍飛馬挺鎗直取文醜來得突兀公孫瓚扒上坡去看那少年生得身長八尺濃眉大眼濶面重頤威風凜凜與文醜大戰五六十合勝負未分在公孫瓚眼中看出分外聲勢瓚部下救軍到文醜撥回馬去了那少年也不追趕瓚忙下土坡問那少年姓名那少年欠身答曰某乃常山真定人也姓趙名雲字子龍此人突如其來人間當日公孫瓚得一救星却是異日劉玄德得一

報手本袁紹轄下之人因見紹無忠君救民之心故特棄彼而投麾下子龍立志高人一等不期於此處相見瓚大喜遂同歸寨整頓甲兵次日瓚將軍馬分作左右兩隊勢如羽翼馬五千餘匹大半皆是白馬因公孫瓚曾與羌人戰盡選白馬爲先鋒號爲白馬將軍羌人但見白馬便走因此白馬極多閒文錯雜得妙袁紹令顏良文醜爲先鋒各引弓弩手一千亦分作左右兩隊令在左者射公孫瓚右軍在右者射公孫瓚左軍再令麴義引八百弓手步兵一萬五千列于陣中一邊馬多一邊箭多袁紹自引馬步軍數萬于後接

應公孫瓚初得趙雲不知心腹令其另領一軍在後。（使非能知人能用人之人。）遣大將嚴綱爲先鋒瓚自領中軍立馬橋上傍竪大紅圈金線帥字旗於馬前。（有聲有色。先伏一筆。）從辰時擂鼓直到巳時紹軍不進麴義令弓手皆伏於遮箭牌下只聽砲響發箭嚴綱鼓譟吶喊直取麴義義軍見嚴綱兵來都伏而不動直到來得至近一聲砲響八百弓弩手一齊俱發。（麴義亦能軍。）綱急待回被麴義拍馬舞刀斬於馬下瓚軍大敗左右兩軍欲來救應都被顏良文醜引弓弩手射住。（馬多不如箭多。）紹軍並進直殺到界橋邊麴義馬到先

斬執旗將把繡旗砍倒。若使子龍在前必不至此公孫瓚見砍倒繡旗回馬

下橋而走。瓚軍一敗麴義引軍直衝到後軍正撞着趙雲挺鎗躍馬

直取麴義戰不數合一鎗刺麴義于馬下趙雲一騎馬飛入紹

軍左衝右突如入無人之境公孫瓚引軍殺回紹軍大敗瓚軍一勝

却說袁紹先使探馬看時回報麴義斬將搴旗追趕敗兵因此

不作準備與田豐引着帳下持戟軍士數百人弓箭手數十騎

乘馬出觀呵呵大笑公孫瓚無能之輩正說之間忽見趙雲衝

到面前弓箭手急待射時雲連刺數人衆軍皆走後面瓚軍團

鬪圍裹上來田豐慌對紹曰主公且于空墻中躲避紹以兜鍪撲地大呼曰大丈夫願臨陣鬪死豈可入墻而望活乎此時氣槩猶不用之于討董卓之時衆軍士齊心死戰趙雲衝突不入紹兵大隊擁至顏良亦引軍來到兩路并殺趙雲保公孫瓚殺透重圍回到界橋紹驅兵大進復趕過橋落水死者不計其數瓚軍又一敗處處爽寫橋妙袁紹當先趕來不到五里只聽得山背後喊聲大起閃出一彪人馬為首三員大將乃是劉玄德關雲長張翼德讀書者至此亦正想公等三人因在平原探知公孫瓚與袁紹相爭特來助戰當下三匹馬三

般兵器飛奔前來直取袁紹紹驚得魂飛天外手中寶刀墜于
馬下忙撥馬而逃四世三公奈何懼此一縣令兩弓手耶衆人死救過橋瓚軍又一勝
寫兩軍忽勝忽敗令讀者目光霍霍公孫瓚亦收軍歸寨玄德關張動問畢瓚曰
若非玄德遠來救我幾乎狼狽教與趙雲相見玄德甚相敬愛
便有不捨之心眼力絕勝公孫瓚此爲後文子龍歸劉張本却說袁紹輸了一陣堅
守不出兩軍相拒月餘有人來長安報知董卓李儒對卓曰袁
紹與公孫瓚亦當今豪傑見在磐河廝殺宜假天子之詔差人
往和解之二人感德必順太師矣卓曰善次日便使太傅馬日

御太僕趙岐齎詔前去。二人來至河北。紹出迎于百里之外。再拜奉詔。此果天子詔耶。乃董卓令耳。昔日盟衆而討之。今日再拜而奉之。紹真懦夫哉。次日二人至瓚營宣諭。瓚乃遣使致書于紹。互相講和。二人自回京復命。瓚即日班師。又表薦劉玄德爲平原相。玄德與趙雲分別。執手垂淚。不忍相離。雲嘆曰。某曩日誤認公孫瓚爲英雄。今觀所爲。亦袁紹等輩耳。玄德曰。公且屈身事之。相見有日。洒淚而別。此時子龍不即歸劉。幷子龍之戀瓚。乃玄德之愛瓚也。却說袁術在南陽。聞袁紹新得冀州。遣使來求馬千匹。紹不與。術怒。自此兄弟不睦。前日家兄弟相救。袁家兄弟相讐。袁皆傻劣。

又見於此又遣使往荊州問劉表借糧二十萬表亦不與術恨之密遣人遺書於孫堅使伐劉表袁術前以不發糧而致孫堅於敗今又恨他人之不發糧而誤孫堅以死可恨其書畧曰

前者劉表截路乃吾兄本初之謀也今本初又與表私議欲襲江東公可速興兵伐劉表吾爲公取本初是何言與二讐可報公取荊州吾取冀州切勿誤也有此一番致書便爲後文孫策投袁術張本

堅得書曰叵耐劉表昔日斷吾歸路今不乘時報恨更待何年聚帳下程普黃蓋韓當等商議程普曰袁術多詐未可准信堅

曰吾自欲報讐豈望袁術之助乎。語亦壯。便差黃蓋先來江邊安排戰舡多裝軍器糧草大舡裝載戰馬尅日興師江中細作探知來報劉表表大驚急聚文武將士商議蒯良曰不必憂慮可令黃祖部領江夏之兵爲前驅主公率荊襄之衆爲援孫堅跨江涉湖而來安能用武乎計亦通。表然之令黃祖設備隨後便起大軍却說孫堅有四子皆吳夫人所生長子名策字伯符次子名權字仲謀三子名翊字叔弼四子名匡字季佐孫堅將死其子方欲出頭故百忙中特爲叙出。吳夫人之妹即爲孫堅次妻後有二喬前有二吳二喬各配一壻二吳即共

樊城在襄陽府城漢江口

（歸夫。）亦生一子一女子名朗字早安女名仁（并叙其女為後配劉備張本。）堅又過房俞氏一子名韶字公禮堅有一弟名靜字幼臺堅臨行靜引諸子列拜於馬前而諫曰今董卓專權天子懦弱海內大亂各霸一方江東方稍寧以一小恨而起重兵非所宜也願兄詳之（文臺之弟勝是本初之弟。）堅曰弟勿多言吾將縱橫天下有讐豈可不報長子孫策曰如父親必欲往兒願隨行堅許之遂與策登舟殺奔樊城黃祖伏弓弩手於江邊見船傍岸亂箭俱發堅令諸軍不可輕動只伏於舡中來往誘之一連三日舡數十次傍岸黃祖軍只顧放箭箭已放盡堅却拔舡上所得之箭約十數萬當日正值順風堅令軍士一齊放箭（朱晦翁見此亦當詰曰即以其人之箭還射其人之兵）岸上支吾不住只得退走堅軍登岸程普黃蓋分兵兩路直取黃祖營寨背後韓當驅兵大進三面夾攻黃祖大敗棄却樊城走入鄧城（孫堅大勝）堅令黃蓋守住舡隻親自統兵追襲黃祖引軍出迎布陣於野堅列成陣勢出馬於門旗之下孫策也全副披掛挺鎗立馬於父側（本初無弟文臺有兒）黃祖引二將出馬一箇是江夏張虎一箇是襄陽陳生黃祖揚鞭大罵江東鼠賊安敢侵犯

漢水在襄陽城西北源出陝西嶓冢山

漢室宗親境界便令張虎搦戰堅陣內韓當出迎兩騎相交戰三十餘合陳生見張虎力怯飛馬來助孫策望見按住手中鎗扯弓搭箭正射中陳生面門應弦落馬張虎見陳生墜地吃了一驚措手不及被韓當一刀削去半箇腦袋程普縱馬直來陣前捉黃祖黃祖棄却頭盔戰馬雜於步軍內逃命孫堅掩殺敗軍直到漢水命黃蓋將舡隻進泊漢江。孫堅又大勝。黃祖聚敗軍來見劉表備言堅勢不可當表慌請蒯良商議良曰目今新敗兵無戰心只可深溝高壘以避其鋒却潛令人求救於袁紹此圍

峴賢上声峴山在襄陽府城南

自可解也（有袁術致書于孫堅便有劉表求救于袁紹勢所必然）蔡瑁曰子柔之言直拙計也兵臨城下將至壕邊豈可束手待斃某雖不才願請軍出城以決一戰劉表許之蔡瑁引軍萬餘出襄陽城外於峴山布陣孫策將得勝之兵長驅大進蔡瑁出馬堅曰此人是劉表後妻之兄也誰與吾擒之（蔡瑁出處從孫堅口中說出敘事妙品）程普挺鐵脊矛出馬與蔡瑁交戰不到數合蔡瑁敗走堅驅大軍殺得尸橫遍野蔡瑁逃入襄陽（孫堅又大勝）蒯良言瑁不聽良策以致大敗按軍法當斬劉表以新娶其妹不肯加刑（劉表溺愛後妻便爲後文廢劉琦立劉琮張本）却說

孫堅分兵四面圍住襄陽攻打忽一日狂風驟起將中軍帥字旗竿吹折。屢勝之後忽有此不祥之兆夫有不測風雲正應人有旦夕禍福○公孫瓚帥字旗被軍砍倒孫堅帥字旗天風吹折兩處開間相照。韓當曰此非吉兆可暫班師堅曰吾屢戰屢勝取襄陽只在旦夕豈可因風折旗竿遽爾罷兵遂不聽韓當之言攻城愈急蒯良謂劉表曰某夜觀天象見一將星欲墜以分野度之當應在孫堅又一預兆後兆在風此兆在星○孫堅前在建章殿前看月仰嘆帝星不明今于襄陽城下遇風遂使將星下墜二月一風帝星將星遙遙相對。主公可速致書袁紹求其相助劉表寫書問誰敢突圍而出健將呂公應聲願往蒯良曰汝既

趲音

乾去可聽吾計與汝軍馬五百多帶能射者衝出陣去便奔峴山他必引軍來趕汝分一百人上山尋石子準備一百人執弓弩伏於林中但有追兵到時不可逕走可盤旋曲折引到埋伏之處矢石俱發若能取勝放起連珠號砲城中便出接應（本為求救防追不謂便以此殺敵）如無追兵不可放砲趲程而去（手意在此三句今那知却是閒文）夜月不甚明黃昏便可出城呂公領了計策拴束軍馬黃昏時分審開東門引兵出城孫堅在帳中忽聞喊聲急上馬引三十餘騎出營來看軍士報說有一彪人馬殺將出來望峴山而去

堅不會諸將只引三十餘騎趕來呂公已于山林叢雜去處上下埋伏堅馬快單騎獨來前軍不遠堅大叫休走呂公勒回馬來戰孫堅交馬只一合呂公便走閃入山路去堅隨後趕入却不見了呂公堅方欲上山忽然一聲鑼響山上石子亂下林中亂箭齊發堅體中石箭腦漿迸流人馬皆死於峴山之內壽止三十七歲劉備曹操孫堅並起一時而備則及身于帝操亦及身而王獨堅不帝不王而死于不虞之鋒刃豈非有幸有不幸哉○孫堅此一死不特堅所不及料亦蒯良呂公之所不及料也呂公截住三十騎並皆殺盡放起連珠號砲城中黃祖蒯越蔡瑁分頭引兵殺出江東

諸軍大亂黃蓋聽得喊聲震天引水軍殺來正迎着黃祖戰不兩合生擒黃祖程普保着孫策急待尋路正遇呂公程普縱馬向前戰不到數合一矛刺呂公於馬下兩軍大戰殺到天明各自收軍劉表軍自入城孫策回到漢水方知父親被亂箭射死屍首已被劉表軍士扛擡入城去了放聲大哭（本欲報截路之讐今又添一段父之讐是讐上加讐矣）衆軍俱號泣策曰父屍在彼安得回鄉黃蓋曰今活捉黃祖在此得一人入城講和將黃祖去換主公屍首（讐上添讐而反欲遣使講和者重在父屍故耳）言未畢軍吏桓楷出曰某與劉表有舊願入

城爲使策許之桓楷入城見劉表具說其事表曰文臺屍首已用棺木盛貯在此可速放回黃祖兩家各罷兵再休侵犯桓楷拜謝欲行堦下蒯良出曰不可不可吾有一言令江東諸軍片甲不回請先斬桓楷然後用計正是

追敵孫堅方殞命　求和桓楷又遭殃

未知桓楷性命如何且聽下文分解

第八回

王司徒巧使連環計

董太師大鬧鳳儀亭

十八路諸侯不能殺董卓而一貂蟬足以殺之劉關張三人不能勝呂布而貂蟬一女子能勝之以衽席爲戰場以脂粉爲甲胄以盼睞爲戈矛以嚬笑爲弓矢以甘言卑詞爲運奇設伏女將軍眞可畏哉當爲之語曰司徒妙計高天下只用美人不用兵

爲西施易爲貂蟬難西施只要哄得一箇吳王貂蟬一面要哄董卓一面又要哄呂布使出兩副心腸粧出兩副面

孔大是不易我謂貂蟬之功可書竹帛若使董卓伏誅後王允不激成李郭之亂則漢室自此復安而貂蟬一女子豈不與麟閣雲臺並垂不朽哉最恨今人訛傳關公斬貂蟬之事夫貂蟬無可斬之罪而有可嘉之績特爲表而出之

此卷最妙在董卓賜金安慰呂布一段若無此一段以緩之則布之刺卓不待鳳儀亭相遇之後矣且鳳儀亭打戟墮地之時呂布何難拾戟回刺董卓而但往外急走則皆

此一緩之力也

連環計之妙不在專殺董卓也設使董卓擲戟之時刺中呂布則卓自損其一臂而卓可圖矣此皆在王允算中亦未始不在貂蟬算中王允豈獨愛呂布貂蟬亦豈獨愛呂布哉吾嘗謂西子真心歸范蠡貂蟬假意對呂布蓋貂蟬心中只有一王允爾

前卷方叙龍爭虎鬬此卷忽寫燕語鶯聲溫柔旖旎真如鐃吹之後忽聽玉簫疾雷之餘忽見好月令讀者應接不

暇令人喜讀稗官恐稗官中反無如此妙筆也

卻說蒯良曰今孫堅已喪其子皆幼乘此虛弱之時火速進軍江東一鼓可得若還屍罷兵容其養成氣力荊州之患也表曰吾有黃祖在彼營中安忍棄之良曰捨一無謀黃祖而取江東有何不可自是暢論表曰吾與黃祖心腹之交捨之不義遂送桓楷回營相約以孫堅屍換黃祖死孫堅換活黃祖人道劉表便宜我道劉表不便宜黃祖十輩不敵孫堅一人孫堅之死猶勝黃祖之生也孫策換回黃祖迎接靈柩罷戰回江東葬父於曲阿之原喪事已畢引軍居江都招賢納士屈已待人四

郿塢在鳳翔府郿縣

方豪傑漸漸投之。便有不凡。不在話下。放過孫策。接入董卓。却說董卓在長安。聞孫堅已死。乃曰。吾除却一心腹之患也。問其子年幾歲矣。或答曰十七歲。卓遂不以爲意。自此愈加驕橫。自號爲尚父。王莽欲學周公。董卓又欲學太公。可發一笑。出入僭天子儀仗。封弟董旻爲左將軍鄠侯。姪董璜爲侍中。總領禁軍。董氏宗族。不問長幼。皆封列侯。離長安城二百五十里。別築郿塢。役民夫二十五萬人築之。其城郭高下厚薄。一如長安。昔有新豐。今有小長安。內蓋宮室倉庫。屯積二十年糧食。選民間少年美女八百人實其中。金玉綵帛珍珠堆積不

橫門即長安東門也

知其數家屬都在內。（為後文伏案。）卓往來長安或半月一回或一月一回公卿皆候送於橫門外卓常設帳於路與公卿聚飲一日卓出橫門百官皆送卓留宴適北地招安降卒數百人到卓即命於座前或斷其手足或鑿其眼睛或割其舌或以大鍋煮之哀號之聲震天百官戰慄失箸卓飲食談笑自若（以殺降卒為下酒物亦甚無趣）又一日卓於省臺大會百官列坐兩行酒至數巡呂布逕入向卓耳邊言不數句卓笑曰原來如此命呂布於筵上揪司空張溫下堂百官失色不多時侍從將一紅盤托張溫頭入獻同時有兩張溫。此一張溫乃漢張溫也。後孫權使張溫至蜀。乃吳張溫也。百官魂不附體。卓笑曰。諸公勿驚。張溫結連袁術。欲圖害我。因使人寄書來。錯下在吾兒奉先處。故斬之。張溫事。即在董卓口中敘出省筆。公等無故不必驚畏。衆官聲唯而散。司徒王允歸到府中。尋思今日席間之事。坐不安席。此處又放過董卓。接入王允鬬筝俱妙。至夜深月明。策杖步入後園。立於荼蘼架側。仰天垂淚。孫堅王允一樣月下灑淚。而一是悲憤。一是憂鬱。忽聞有人在牡丹亭畔。長吁短嘆。允潛步窺之。乃府中歌伎貂蟬也。無端忽敘出一女子。不用王允想到此人。偏用此人來挑動王允妙妙。其女自幼選入府中。教以歌舞。年方二八。色伎俱佳。允以親女待之。是夜允聽良久，喝曰：「賤人將有私情耶？」一喝妙甚。不那順敘，偏那逆挑，最有波致。貂蟬驚跪答曰：「賤妾安敢有私！」允曰：「汝無所私，何夜深于此長嘆？」蟬曰：「容妾伸肺腑之言。」允曰：「汝勿隱匿，當實告我。」蟬曰：「妾蒙大人恩養，訓習歌舞，優禮相待，妾雖粉骨碎身，莫報萬一。近見大人兩眉愁鎖，必有國家大事，自曹操行刺不成以後至允日夜憂悶光景，俱于貂蟬口中暗暗補出。又不敢問。今晚又見行坐不安，因此長嘆。不想為大人窺見。倘有用妾之處，萬死不辭。」好貂蟬。允以杖擊地曰：「誰想漢天下卻在汝手中耶！」突作奇語，令人猜想不着。「隨我到畫閣中

來貂蟬跟允到閣中允盡叱出婦妾納貂蟬於坐叩頭便拜又將
特作此驚人之筆。令人一發猜想不着。貂蟬驚伏於地曰大人何故如此允曰汝
可憐漢天下生靈看官試想。一箇女子教他如何救天下生靈。言訖淚如泉湧貂蟬
曰適間賤妾曾言但有使令萬死不辭允跪而言曰百姓有倒
懸之危君臣有壘卵之急非汝不能救也賊臣董卓將欲篡位
朝中文武無計可施董卓有一義兒姓呂名布驍勇異常我觀
二人皆好色之徒今欲用連環計。計名奇。先將汝許嫁呂布後獻
與董卓汝於中取便諜間他父子分顏令布殺卓以絕大惡重

扶社稷再立江山皆汝之力也不知汝意若何此處方說出計策卻要他成功

衽席之上貂蟬曰妾許大人萬死不辭望即獻妾與彼妾自有道理

允曰事若洩漏我滅門矣此何叮囑斷不可少貂蟬曰大人勿憂妾若不

報大義死於萬刃之下允拜謝次日便將家藏明珠數顆令良

匠嵌造金冠一頂使人密送呂布本將玉女爲餌先用珠冠作餌妙布大喜親

到王允宅致謝不用王允去請卻使呂布自來又妙允預備嘉肴美饌候呂布至

允出門迎迓接入後堂延之上坐布曰呂布乃相府一將司徒

是朝廷大臣何故錯敬允曰方今天下別無英雄惟有將軍耳

允非敬將軍之職敬將軍之才也布大喜允慇懃敬酒口稱董太師并布之德不絕（極口奉承呂布妙矣却又于呂布面前褒奬太師更妙）布大笑暢飲允叱退左右只留侍妾數人勸酒酒至半酣允曰喚孩兒來（竟說是孩兒妙）少頃二青衣引貂蟬艷粧而出布驚問何人允曰小女貂蟬也允蒙將軍錯愛不異至親故令其與將軍相見便命貂蟬與呂布把盞貂蟬送酒與布兩下眉來眼去（來了）允佯醉曰孩兒央及將軍痛飲幾盃吾一家全靠着將軍哩布請貂蟬坐貂蟬假意欲入（寫得好看）允曰將軍吾之至友孩兒便坐何妨貂蟬便坐

於允側（先把盞後同坐以漸而視寫得次序）呂布目不轉睛的看又飲數盃允指蟬謂布曰吾欲將此女送與將軍爲妾還肯納否布出席謝曰若得如此布當效犬馬之報允曰早晚選一良辰送至府中布欣喜無限頻以目視貂蟬貂蟬亦以秋波送情（寫得好看不意三國志中有此段溫柔旖旎文字）少頃席散允曰本欲留將軍止宿恐太師見疑布再三拜謝而去過了數日允在朝堂見了董卓趁呂布不在側（精細）伏地拜請曰允欲屈太師車騎到草舍赴宴未審鈞意若何卓曰司徒見招卽當趨赴允拜謝歸家水陸畢陳於前廳正中設

座錦繡鋪地內外各設幃幔寫設宴此前加倍尊嚴次日晌午董卓來到
董卓呂布來法不同一箇自來一箇請來允具朝服出迎再拜起居卓下車左右持
戟甲士百餘簇擁入堂分列兩傍允于堂下再拜卓命扶上賜
坐于側允曰太師盛德巍巍伊周不能及也卓大喜進酒作樂
允極其致敬天晚酒酣允請卓入後堂請入後堂纔出貂蟬不特次序應然亦見機密
之至卓叱退甲士允捧觴稱賀曰允自幼頗習天文夜觀乾象漢
家氣數已盡太師功德振于天下若舜之受堯禹之繼舜正合
天心人意不但奉承董卓便已埋伏後文卓曰安敢望此允曰自古有道伐無

道無德讓有德豈過分乎卓笑曰若果天命歸我司徒當爲元勲先許一箇元勲穩當允拜謝堂中點上畫燭止留女使進酒供食允曰教坊之樂不足供奉偶有家伎敢使承應卓曰甚妙允教放下簾櫳笙簧繚繞簇捧貂蟬舞于簾外董卓先坐前堂次入後堂貂蟬先舞簾外轉入簾內俱布次序有詞讚之曰

原是昭陽宮裏人　驚鴻宛轉掌中身　只疑飛過洞庭春

按徹梁州蓮步穩　好花風裊一枝新　畫堂香煖不勝春

又詩曰

紅牙催拍燕飛忙。一片行雲到畫堂。眉黛促成遊子恨。臉容初斷故人腸。榆錢不買千金笑。柳帶何須白寶粧。舞罷隔簾偷目送。不知誰是楚襄王。舞罷卓命近前貂蟬轉入簾內深深再拜了卓見貂蟬顏色美麗便問此女何人允曰歌伎貂蟬也卓曰能唱否允命貂蟬執檀板低謳一曲貂蟬見呂布只把盞此時又不說是孩兒更妙見董卓便歌舞說女兒是女兒身分說歌伎是歌伎身分正是

一點櫻桃啓絳脣。兩行碎玉噴陽春。

丁香舌吐衠鋼劍　要斬姦邪亂國臣

卓稱賞不已。允命貂蟬把盞。卓擎盃問曰：青春幾何？貂蟬曰：賤妾年方二八。卓笑曰：眞神仙中人也。（拖來了。）允起曰：允欲將此女獻上太師，未審肯容納否？卓曰：如此見惠，何以報德？允曰：此女得侍太師，其福不淺。卓再三稱謝。允即命備氈車，先將貂蟬送到相府。（女將軍起兵前去了。連忙送去妙。）卓亦起身告辭。允親送董卓直到相府，然後辭回。乘馬而行，不到半路，只見兩行紅燈照道，呂布騎馬執戟而來，正與王允撞見。（看到此處爲王允吃一驚。）便勒住馬，一把揪住衣襟厲聲問曰司徒旣以貂蟬許我今又送與太師何相戲耶（嚇殺）允急止之曰此非說話處且請到草舍去（妙有機變）布同允到家下馬入後堂（也入後堂妙）敘禮畢允曰將軍何故反怪老夫布曰有人報我說你把氊車送貂蟬入相府是何意故允曰將軍原來不知昨日太師在朝堂中對老夫說我有一事明日要到你家允因此準備小宴等候太師飲酒中間說我聞你有一女名喚貂蟬已許吾兒奉先我恐你言未準特來相求并請一見老夫不敢有違隨引貂蟬出拜公公（公公二字擲心妙）太師曰今日良辰吾

郎當取此女回去配與奉先更妙將軍試思太師親臨老夫焉敢
推阻一派鬼話令人入其彀中布曰司徒少罪布一時錯見來日自當負荊
允曰小女頗有粧奩待過將軍府下便當送至此句找足得妙想呂布此時偺
儼然以新郎自待也布謝去次日呂布在府中打聽絕不聞音耗不聞配與奉先
之音耗也逕入堂中尋問諸侍妾侍妾對曰夜來太師與新人共寢
至今未起董卓做乾爺難爲了乾娘布做乾兒難爲了乾媳婦呂布大怒不怒不得潛入卓臥
房後窺探時貂蟬起于窗下梳頭忽見窗外池中照一人影極
長大頭帶束髮冠先見影後見人妙偷眼觀之正是呂布貂蟬故蹙雙

骨做憂愁不樂之態復以香羅頻拭淚眼笑亦迷人顰亦迷人呂布窺視良久乃出少頃又入卓已坐于中堂見布來問曰外面無事乎布曰無事外面無事裏面却有事侍立卓側卓方食布偷目竊望見繡簾內一女子往來觀覷微露半面以目送情此皆女將軍絕妙兵法布知是貂蟬神魂飄蕩卓見布如此光景心中疑忌曰奉先無事且退布怏怏而出董卓自納貂蟬後爲色所迷月餘不出理事卓偶染小疾貂蟬衣不解帶曲意逢迎看他待布如彼待卓又如此使出兩副心腸做出兩副面孔令我想殺女將軍矣卓心愈喜呂布入內問安正值卓睡貂蟬于床後

探半身望布以手指心又以手指董卓揮淚不止女將軍翻覆一至于此嫪毐不及也布心如碎卓朦朧雙目見布注視床後目不轉睛回身一看見貂蟬立于床後卓大怒叱布曰汝敢戲吾愛姬耶喚左右逐出今後不許入堂呂布怒恨而歸先為擲戟作引路遇李儒告知其故儒急入見卓曰太師欲取天下何故以小過見責溫侯倘彼心變大事去矣卓曰奈何儒曰來朝喚入賜以金帛好言慰之自然無事卓依言次日使人喚布入堂謂之曰吾前日病中心神恍惚誤言傷汝汝勿記心隨賜金十斤錦二十疋布謝歸此處

忽又一頓波瀾。條起條落。大有層折。然身雖在卓左右。心實繫念貂蟬。卓疾既愈。入朝議事。布執戟相隨。見卓與獻帝共談。便乘間提戟出內門。一寫戟。上馬逕投相府來。一寫馬。繫馬府前。再寫馬。提戟入後堂。再寫戟。尋見貂蟬。蟬曰。汝可去後園中鳳儀亭邊等我。布提戟逕往。三寫戟。立于亭下曲欄之傍。良久。見貂蟬分花拂柳而來。果然如月宮仙子。花下看佳人。如馬上看壯士。加倍動目。泣謂布曰。我雖非王司徒親女。然待之如己出。自見將軍。許侍箕箒。妾已平生願足。誰想太師起不良之心。將妾淫污。妾恨不即死。止因未與將軍一訣。故且忍辱偷生今幸得見妻願畢矣此身已污不得復事英雄願死于君前以明妾志（語語動人）言訖手攀曲欄望荷花池便跳（以死動之）呂布慌忙抱住泣曰（使布怒易使布泣難布而至于泣董卓不能活矣）我知汝心久矣只恨不能共語貂蟬手扯布曰妾今生不能與君為妻願相期于來世（再逼一句妙）布曰我今生不能以汝為妻非英雄也（正要逼出此句）蟬曰妾度日如年願君憐而救之（明明催殺董卓自己原不肯死）布曰我今偷空而來恐老賊見疑必當速去貂蟬牽其衣曰君如此懼怕老賊妾身無見天日之期矣（妙極悲極）布立住曰容我徐圖良策說罷提

戟欲去四寫戟。○若此時便去。那得撞着董卓讀書者至此亦惟恐其去也。貂蟬曰妾在深閨聞將軍之名如雷灌耳以爲當世一人而已誰想反受他人之制乎言訖淚下如雨諺云。請將不如激將。是絕妙說士聲口。布羞慚滿面重復倚戟五寫戟。回身摟抱貂蟬用好言安慰兩箇偎偎倚倚不忍相離此皆貂蟬故意淹留呂布要他撞著董卓。女將軍兵法神妙如許。却說董卓在殿上回頭不見呂布心下懷疑遽忙辭了獻帝登車回府見布馬繫于府前三寫馬。問門吏吏答曰溫侯入後堂去了卓叱退左右逕入後堂中尋覓不見喚貂蟬蟬亦不見急殺急問侍妾侍妾曰貂蟬在後園看花卓尋入後園正見呂布和貂蟬在鳳儀亭下共語畫戟倚在一邊（六寫戟）卓怒大喝一聲布見卓至大驚回身便走卓搶了畫戟（七寫戟）挺著趕來呂布走得快卓肥胖趕不上擲戟刺布（八寫戟）布打戟落地（九寫戟）卓拾戟再趕（十寫戟）布已走遠卓趕出園門一人飛奔前來與卓胸膛相撞卓倒于地（此何人耶令人急欲看下文矣）正是

冲天怒氣高千丈　仆地肥軀做一堆

未知此人是誰且聽下文分解

[illegible]卓亭人後園正見呂布和貂蟬在鳳儀亭下共語画戟倚在

一邊戟六寫卓怒大喝一聲布見卓至大驚回身便走卓搶了画

戟寫提著趕來呂布走得快卓肥難趕不上擲戟刺布戟八寫

布打戟落地戟几寫卓拾戟再趕戟十寫布已走遠卓趕出園門一

人飛奔前來戟與卓胸膛相撞卓倒于地此何人涇令人急欲寫下文字正是

沖天怒氣高千丈　仆地肥軀做一堆

未知此人是誰且聽下文分解

四大奇書第一種卷之五

茂苑毛宗崗序始氏評　吳門杭永年資能氏評定

第九回

除兇暴呂布助司徒

犯長安李傕聽賈詡

弑一君復立一君爲所立者未有不疑其弑我亦如前之君也弑一父復歸一父爲所歸者未有不疑其弑我亦如荊之父也乃獻帝畏董卓而董卓不畏呂布不惟不畏之

又復恃之業已恃之又不固結之而反怨怒之讐恨之及其將殺已又復望其援已而呼之嗚呼董卓真蠢人哉

王允勸呂布殺董卓一段文字一急一緩一起一落一反一正一縱一收比李肅勸殺丁建陽更是淋漓痛快

今人俱以蔡邕哭卓爲非論固正矣然情有可原事有足錄何也士各爲知已者死設有人受恩桀紂在他人固爲桀紂在此人則堯舜也董卓誠爲邕之知已哭而報之殺而殉之不爲過也猶勝今之勢盛則借其餘潤勢衰則掉

臂去之甚至爲操戈爲下石無所不至者畢竟蔡爲君子而此輩則眞小人也

呂布去後貂蟬竟不知下落何也曰成功者退神龍見首不見尾正妙在不知下落若必欲問他下落則范大夫泛湖之後又誰知西子蹤跡乎

張柬之不殺武三思而被害惡黨固不可赦遺孽固不可留也但李傕郭汜擁兵于外當散其衆而徐圖之不當太之太急以至生變耳故柬之之病病在緩王允之病病在

急。

却說那撞倒董卓的人，正是李儒。當下李儒扶起董卓，至書院中坐定。卓曰：汝為何來此？儒曰：儒適至府門，知太師怒入後園尋問呂布，因急走來，正遇呂布奔走，云太師殺我。儒慌趕入園中勸解，不意悞撞恩相，死罪死罪。（李儒此來，只在李儒口中敘明，省筆之甚。）卓曰：叵（音頗）耐逆賊戲吾愛姬，誓必殺之。儒曰：恩相差矣。昔楚莊王絕纓之會，不究戲愛姬之蔣雄，後為秦兵所困，得其死力相救。今貂蟬不過一女子，而呂布乃太師心腹猛將也。太師若就此機會以蟬賜布布感大恩必門死報太師太師請自三思（李儒幾破卓連環計）沉吟良久曰汝言亦是我當思之儒謝而出卓入後堂與貂蟬問曰汝何與呂布私通耶蟬泣曰妾在後園看花呂布突至妾方驚避布曰我乃太師之子何必相避提戟趕妾至鳳儀亭妾見其心不良恐爲所逼欲投荷池自盡却被這厮抱住正在生死之間得太師來救了性命（此等巧言溺愛者每爲所惑）董卓曰我今將汝賜與呂布何如貂蟬大驚哭曰（驚是眞驚哭是假哭）妾身已事貴人今忽欲下賜家奴妾寧死不辱遂掣壁間寶劍欲自刎（亦以死動之）今日婦人

（放刁。每以要死恐嚇其夫。是學貂蟬而誤者也。）卓慌奪劍擁抱曰。吾戲汝。（只三字如聞其聲。）貂蟬倒於卓懷。掩面大哭曰。此必李儒之計也。儒與布交厚。故設此計。却不顧惜太師體面與賤妾性命。妾當生噬（音示）其肉。（說破李儒尤妙。不特關呂布。并關李儒。）卓曰。吾安忍捨汝耶。蟬曰。雖蒙太師憐愛。但恐此處不宜久居。必被呂布所害。卓曰。吾明日和你歸郿塢去。同受快樂。慎勿憂疑。蟬方收淚拜謝。次日李儒入見曰。今日良辰。可將貂蟬送與呂布。卓曰。布與我有父子之分。不便賜與。我只不究其罪。汝傳我意。以好言慰之可也。（此處又只用一頓。是聽李儒一半言語。不然擲戟之後。）

安得虎頭蛇尾。儒曰。太師不可爲婦人所惑。卓變色曰。汝之妻肯與呂布否。貂蟬之事。再勿多言。言則必斬。李儒出。仰天嘆曰。吾等皆死於婦人之手矣。雙股劍。青龍刀。丈八蛇矛。俱不及女將軍兵器。今之好色者仔細仔細。後人讀書至此。有詩嘆之曰。

司徒妙算托紅裙。不用干戈不用兵。
三戰虎牢徒費力。凱歌却奏鳳儀亭。

董卓即日下令還郿塢。百官俱拜送。貂蟬在車上。遙見呂布於稠人之内。眼望車中。貂蟬虛掩其面。如痛哭之狀。哭是假哭。車已去遂布緩轡于土崗之上眼望車塵歎惜痛恨（恨是真恨）忽聞背後一人問曰溫侯何不從太師去乃在此遙望而發嘆（問得惡）布視之乃司徒王允也相見畢允曰老夫日來因染微恙閉門不出故久未得與將軍一見（補筆周旋得妙）今日太師駕歸郿塢只得扶病出送却喜得晤將軍請問將軍為何在此長嘆布曰正為公女耳允佯驚曰許多時尚未與將軍耶（唯托疾閉門方掩飾得此句不然王允豈有不知之理）布曰老賊自寵幸久矣允佯大驚曰不信有此事布將前事一一告允允仰面跌足半晌不語良久乃言曰不意太師作此禽

獸之行因挽布手曰且到寒舍商議布隨允歸允延入密室置
酒款待布又將鳳儀亭相遇之事細述一遍允曰太師淫吾之
女奪將軍之妻誠爲天下恥笑非笑太師笑允與將軍耳一轉妙
然允老邁無能之輩不足爲道可惜將軍蓋世英雄亦受此汚
辱也又一轉更妙更惡布怒氣冲天拍案大叫允急曰老夫失語將軍
息怒布曰誓當殺此老賊以雪吾恥允急掩其口曰將軍勿言
恐累及老夫不用順口攛掇卻用反言激惱布曰大丈夫生居天地間豈能
鬱久居人下允曰以將軍之才誠非董太師所可限制此處王允卻用

咄口
布曰吾欲殺此老賊奈是父子之情恐惹後人議論此處
擷掇○○○○○○○○○○○○○○○○○呂布
却用反
言跌頓允微笑曰將軍自姓呂太師自姓董擲戟之時豈有父
子情耶○○○擷掇之中文以擲
戟二字激惱他布奮然曰非司徒言布幾自誤允見○○○○○○○○○○○○○○
其意已決便說之曰將軍若扶漢室乃忠臣也青史傳名流芳
百世將軍若助董卓乃反臣也載之史筆遺臭萬年○○○○○○○○○○○○○○數語撇却
家門恐怒
告以朝廷大
義乃是正文布避席下拜曰布意已決司徒勿疑允曰但恐事○○○
或不成反招大禍○○○○○○當其奮怒反掩口以止之及其遲疑則正言
以動之待其應允又反言以決之允用三番
曲折王允
信是妙人布拔帶刀刺臂出血為誓允跪謝曰漢祀不斬皆出

將軍之賜也切勿洩漏臨期有計自當相報（伏筆）布慨諾而去允即請僕射士孫瑞司隸校尉黃琬商議瑞曰方今主上有疾新愈可遣一能言之人往郿塢請卓議事一面以天子密詔付呂布使伏甲兵於朝門之內引卓入誅之此上策也琬曰何人敢去瑞曰呂布同郡騎都尉李肅以董卓不遷其官甚是懷怨若令此人去卓必不疑允曰善請呂布共議布曰昔日勸吾殺丁建陽亦此人也（照應前文）今若不去吾先斬之使人密請肅至布曰昔日公說布使殺丁建陽而投董卓今卓上欺天子下虐生靈

郿音塢 鳥上声 烏

罪惡貫盈，人神共憤。公可傳天子詔往郿塢，宣卓入朝，伏兵誅之，力扶王室，共作忠臣。尊意若何？」肅曰：「吾亦欲除此賊久矣，恨無同心者耳。今將軍若此，是天賜也，肅豈敢有二心！」○○○○○慣會殺父者呂布也，慣勸人殺父者李肅也。遂折箭爲誓。允曰：「公若能幹此事，何患不得顯官。」止應董卓不還其官句，亦刺入李肅耳中。次日，李肅引十數騎，前到郿塢。人報天子有詔，卓教喚入。天子有詔，坐而受之，目中尚有天子二字乎。李肅入拜。卓曰：「天子有何詔？」肅曰：「天子病體新痊，欲會文武於未央殿，議將禪位於太師，故有此詔。」○○○○中心藏之久矣，此語亦箴刺入董卓耳中。卓曰：「王允之意若何？」卓賊胸中只得一王允想見王允平日氣槩肅曰王司徒已命人築受禪臺只等主公到來受禪臺故事却在後文於此處先虛點一筆有此處之虛乃有後文之實卓大喜曰吾夜夢一龍罩身今日果得此喜信龍罩身者帝治其罪也此老如何省得時哉不可失便命心腹將李傕郭汜張濟樊稠四人領飛熊軍三千守郿塢自已卽日排駕回京顧謂李肅曰吾爲帝汝當爲執金吾又許一箇執金吾肅拜謝稱臣卓入辭其母母時年九十餘矣此嫗老而不死只待典刑背董卓惡貫所致問曰吾兒何往卓曰兒將往受漢禪母親早晚爲太后也又許一箇太后母曰吾近日肉顫音戰心驚恐非吉兆卓曰將爲國母豈不預

有驚報。國母要做。只怕今孫不肯。遂辭母而行臨行謂貂蟬曰吾為天子當立汝為貴妃。又許一箇貴妃。貂蟬已明知就裏假作歡喜拜謝。鳳儀亭戰功將從今日奏凱矣。卓出塢上車前遮後擁望長安來行不到三十里所乘之車忽折一輪卓下車乘馬又行不到十里那馬咆哮嘶喊掣斷轡頭卓問肅曰車折輪馬斷轡其兆若何肅曰乃太師應詔漢禪棄舊換新將乘玉輦金鞍之兆也。前則其母疑而董卓解之此則董卓疑而李肅解又解之董卓解得勉強。李肅解得敏捷。卓喜而信其言次日正行間忽然狂風驟起昏霧蔽天卓問肅曰此何祥也肅曰主公登龍位必有紅光紫霧以壯天威耳。卓又喜而不疑。既至城外，百官俱出迎接。只有李儒抱病在家，不能出迎。董卓此來無人諫阻，正爲此耳。卓進至相府，呂布入賀。卓曰：吾登九五，汝當總督天下兵馬。又許一箇總督，眞是做夢。布拜謝，就帳前歇宿。是夜有數十小兒于郊外作歌，風吹歌聲入帳。歌曰：千里草，何青青；十日上，不得生。千里草乃董字，十日上乃卓字，不生者言死也。歌聲悲切。卓問李肅曰：童謠主何吉凶？肅曰：亦只是言劉氏滅、董氏興之意。葫蘆提的妙。次日侵晨，董卓擺列儀從入朝，忽見一道人，青袍白巾，手執長竿，上縛布一丈，兩頭各書一口字。明明是呂布二字。

問肅曰此道人何意肅曰乃心恙之人也呼將士驅去卓進朝羣臣各具朝服迎謁於道李肅手執寶劍扶車而行到北掖門音亦軍兵盡擋在門外獨有御車二十餘人同入董卓遙見王允等各執寶劍立於殿門驚問肅曰持劍是何意肅不應○○○到此便不消解說矣推車直入王允大呼曰反賊至此武士何在兩傍轉出百餘人持戟挺槊刺之卓裹甲不入傷臂墮車大呼曰吾兒奉先何在呂布從車後厲聲出曰有詔討賊○○○以前叫過無數父親此處一忽換一賊字可發一笑戟直透咽喉呂布孝丁原以刀孝董卓以戟或刀或戟此以用力甚勞各盡子道李肅早剁頭在

手呂布左手持戟右手懷中取詔大呼曰奉詔討賊臣董卓
餘不問將吏皆呼萬歲後人有詩嘆董卓曰
伯業成時爲帝王○不成且作富家郎○
誰知天意無私曲○郿塢方成已滅亡○
却說當下呂布大呼曰助卓爲虐者皆李儒也誰可擒之李肅
應聲願往忽聽朝門外發喊人報李儒家奴已將李儒綁縛來
獻王允命縛赴市曹斬之又將董卓尸首號令通衢
卓尸肥胖看尸軍士以火置其臍中爲燈膏流滿地百姓

過者莫不手擲其頭足踐其尸王允又命呂布同皇甫嵩李肅領兵五萬至郿塢抄籍董卓家產人口却說李傕郭汜張濟樊稠聞董卓已死呂布將至便引了飛熊軍連夜奔凉州去了呂布至郿塢先取了貂蟬（呂布心中只爲此一事）皇甫嵩命將塢中所藏良家子女盡行釋放（好）但係董卓親屬不分老幼悉皆誅戮卓母亦被殺（是弑何太后之報○董卓收得好兒子此媼養得好兒子）卓弟董旻侄董璜皆斬首號令收藉塢中所蓄黃金數十萬白金數百萬綺羅珠寶器皿糧食不計其數（刻剝民脂民膏而今安在哉可爲貪夫之戒）回報王允允乃大犒軍

士設宴於都堂，召集衆官，酌酒稱慶。正飲宴間，忽人報曰：董卓暴尸於市，忽有一人伏其尸而大哭。允怒曰：董卓伏誅，士民莫不稱賀，此何人獨敢哭耶？遂喚武士：與吾擒來。須臾擒至，衆官見之，無不驚駭。原來那人不是別人，乃侍中蔡邕也。蔡邕之哭董卓，亦如欒布之哭彭越。允叱曰：董卓逆賊，今日伏誅，國之大幸。汝亦漢臣，乃不爲國慶，反爲賊哭，何也？邕伏罪曰：邕雖不才，亦知大義，豈肯背國而向卓？只音銖因一時知遇之感，不覺爲之一哭。自知罪大，願公見原。倘得黥首刖足，使續成漢史，以贖其辜，邕之幸也。若使邕成漢史當奪范曄陳壽之席衆官惜邕之才皆力救之太傅馬日磾亦密謂允曰伯喈曠世逸才若使續成漢史誠爲盛事且其孝行素著若遽殺之恐失人望本是全孝不在忠今琵琶曲本反說他全忠不能全孝誣之甚矣允曰昔孝武不殺司馬遷後使作史遂致謗書流於後世方今國運衰微朝政錯亂不可令佞臣執筆於幼主左右使吾等蒙其訕議也子允日磾無言而退私謂衆官曰王公其無後乎所見亦是恐其敘董卓處有曲筆耳善人國之紀也制作國之典也滅紀廢典豈能久乎當下王允不聽馬日磾之言命將蔡邕下獄中縊死同一死也若前日不從董卓而爲卓所殺

豈不善乎。吾爲邕惜之。一時士大夫聞者盡爲流涕。後人論蔡邕之哭董
卓固自不是，允之殺之亦爲已甚。有詩嘆曰：

董卓專權肆不仁，侍中何自竟亡身。
當時諸葛隆中臥，安肯輕身事亂臣。

且說李傕、郭汜、張濟、樊稠逃居陝西，使人至長安上表求赦。王允曰：「卓之跋扈，皆此四人助之。今雖大赦天下，獨不赦此四人。」先赦其罪，使散其兵，而後圖之，未爲晚也。此是王允失算。使者回報李傕。傕曰：「求赦不得，各自逃生可也。」謀士賈詡曰：「諸君若棄軍單行，則一亭長能縛君

矣不然誘集陝人并本部軍馬殺入長安與董卓報讎事濟奉
朝廷以正天下若其不勝走亦未遲○只賈詡一言便使長安大亂武士兵端起于說士口
端可畏哉傕等然其說遂流言於西涼州曰王允將欲洗蕩此方之人
矣衆皆驚惶乃復揚言曰徒死無益能從我反乎衆皆願從
於是聚衆十餘萬分作四路殺奔長安來路逢董卓女壻中郎
將牛輔引軍五千人欲去與丈人報讎卓有一婿李儒誅牛輔漏網何也李傕
便與合兵使爲前驅四人陸續進發王允聽知西涼兵來與呂
布商議布曰司徒放心量此鼠輩何足數也遂引李肅將兵出

敵肅當先迎戰正與牛輔相遇大殺一陣牛輔抵敵不過敗陣而去不想是夜二更牛輔乘李肅不備竟來劫寨肅軍亂竄敗走三十餘里折軍大半來見呂布布大怒曰汝何挫吾銳氣遂斬李肅懸頭軍門（慣勸人殺父之報不用別人殺之即用殺父之人殺之此天道之巧）次日呂布進兵與牛輔對敵量牛輔如何敵得呂布仍復大敗而走是夜牛輔喚心腹人胡赤兒商議曰呂布驍勇萬不能敵不如瞞了李傕等四人暗藏金珠與親隨三五人棄軍而去（賊徒身分止堪爲董卓之胥）胡赤兒應允是夜收拾金珠棄營而走隨行者三四人將渡

一河赤兒欲謀取金珠竟殺死牛輔將頭來獻呂布（一派賊徒布問）起情由從人出首胡赤兒謀殺牛輔奪其金寶布怒即將赤兒誅殺（胡赤兒之殺牛輔亦如呂布之殺董卓也知人則明自知則暗）領軍前進正迎着李傕軍馬呂布不等他列陣便挺戟躍馬麾軍直衝過來傕兵不能抵當退走五十餘里依山下寨請郭汜張濟樊稠共議曰呂布雖勇然而無謀不足為慮我引軍守住谷口每日誘他廝殺郭將軍可領軍抄擊其後效彭越撓楚之法鳴金進兵擂鼓收兵張樊二公却分兵兩路逕取長安彼首尾不能救應必然大敗（賈詡）

回能謀李傕亦善算衆用其計却說呂布勒兵到山下李傕引兵搦戰布忿怒衝殺過去傕退走上山山上矢石如雨布軍不能進忽報郭汜在陣後殺來布急回戰只聞鼓聲大震汜軍已退布方欲收軍鑼聲響處傕軍又來未及對敵背後郭汜又領軍殺到及至呂布來時却又擂鼓收軍去了顛倒金鼓以亂之所以疲其力也激得呂布怒氣塡胸一連如此幾日欲戰不得欲止不得正在惱怒忽然飛馬報來說張濟樊稠兩路軍馬竟犯長安京城危急布急領軍回背後李傕郭汜殺來布無心戀戰只顧奔走折了好些人

馬（昔日能擋十八路諸侯，而今日不能勝李郭張樊四軍，何也？豈既得貂蟬後，勇力已不如前日矣。）比及到長安城下，賊兵雲屯雨集，圍定城池。布軍與戰不利，軍士畏呂布暴厲，多有降賊者，布心甚憂。數日之後，董卓餘黨李傕、王方在城中爲賊内應，偷開城門，四路賊軍一齊擁入。呂布左衝右突，攔擋不住，引數百騎往青鎖門外，呼王允曰：「勢急矣！請司徒上馬，同出關去，別圖良策。」（王允若去，是棄天子而去也。貽天子以危，而已則逃其難，王允決不爲矣。）允曰：「若蒙社稷之靈，得安國家，吾之願也；若不獲已，則允奉身以死。臨難苟免，吾不爲也。爲我謝關東諸公，努力以國家爲念。」呂

种音充　馗音逵　奐音喚　頎音奇

布再三相勸王允只是不肯去王允是漢子•不一時各門火燄竟天呂布只得棄却家小貂蟬也不要了•引百餘騎飛奔出關投袁術去了李傕郭汜縱兵大掠太常卿种拂太僕魯馗大鴻臚周奐城門校尉崔烈越騎校尉王頎皆死于國難賊兵圍繞內庭至急侍臣請天子上宣平門止亂李傕等望見黃蓋約住軍士口呼萬歲獻帝倚樓問曰卿不候奏請輒入長安意欲何爲李傕郭汜仰面奏曰董太師乃陛下社稷之臣無端被王允謀殺臣等特來報讐非敢造反如吳楚七國之欲殺晁錯也•但見王允臣便退兵王允時

在帝側聞知此言奏曰臣本爲社稷計事已至此陛下不可惜臣以誤國家臣請下見二賊帝徘徊不忍允自宣平門樓上跳下樓去（王允跳樓勝于楊雄跳閣）大呼曰王允在此（好王允）李傕郭汜拔劍叱曰董太師何罪而見殺允曰董賊之罪彌天亘地不可勝言受誅之日長安士民皆相慶賀汝獨不聞乎傕汜曰太師有罪我等何罪不肯相赦（本意在此句）王允大罵逆賊何必多言我王允今日有死而已（王允死之無益不如隨呂布而去然不忍棄天子而走乃其忠也）二賊手起把王允殺于樓下史官有詩讚曰

王允運機籌　奸臣董卓休　心懷安國恨　眉鎖廟堂憂

英氣連霄漢　忠心貫斗牛　至今魂與魄　猶遶鳳凰樓

衆賊殺了王允一面又差人將王允宗族老幼盡行殺害士民

無不下淚當下李傕郭汜尋思曰既到這裏不殺天子謀大事

更待何時便持劍大呼殺入內來正是

巨魁伏罪災方息　從賊縱橫禍又來

未知獻帝性命如何且聽下文分解

第十回

勤王室馬騰舉義

報父讐曹操興師

或問予曰天雷擊董卓於身後何不擊董卓於生前擊既死之元凶何不擊方興之從賊予應之曰天有天理亦有大數待其惡貫既盈而後假手於人以殺之是亦氣數使然蓋天理之天不能不聽於天數之天也

賈詡深溝高壘之謀即李左車勸陳餘之策也陳餘不能用左車之言車固遇非其人李傕雖能用賈詡之言詡亦

事非其主君子擇主而事可不愼哉
馬超如此英勇却怪虎牢關前並不見西凉兵將挺身一
戰何也意者馬超此時尚幼未隨父來又或馬騰見袁紹
不能用人袁術不肯發糧故無戰心耶不然今日討李郭
者馬騰異日受衣帶詔者亦馬騰旣已烈烈於後豈得寘
寘於前
曹操以荀彧爲吾之子房是隱然以高祖自待矣何至加
九錫而始知其有不臣之心乎文若不於此時疑之直至

後日而始疑之惜哉見之不早也

曹操殺呂伯奢一家是有意陶謙害曹嵩一家是無心曹操遷怒於陶謙猶可言也遷怒於徐州百姓則惡矣至復遷怒於昔日救命之陳宮則尤惡矣惡人有言必踐言之則必行之前日殺呂家是寧可我負人今日欲報讐是不可人負我

却說李郭二賊欲弑獻帝張濟樊稠諫曰不可今日若便殺之恐衆人不服不如仍舊奉之爲主賺諸侯入關先去其羽翼然

後殺之天下可圖也一欲殺之一不殺總是狂寇算計與曹操不同李郭二人從其言按住兵器帝在樓上宣諭曰王允既誅軍馬何故不退李傕郭汜曰臣等有功王室未嘗賜爵故不敢退軍帝曰卿欲封何爵李郭張樊四人各自寫職銜獻上勒要如此官品令道士受籙每日擬職銜以奏天庭想亦用此法也帝只得從之封李傕爲車騎將軍池陽侯領司隸校尉假節鉞郭汜爲後將軍假節鉞同秉朝政樊稠爲右將軍萬年侯張濟爲驃騎將軍平陽侯領兵屯弘農其餘李蒙王方等各爲校尉然後謝恩只算自封自何謝之有領兵出城又下令追尋董

卓屍首獲得些些零碎皮骨以香木雕成形體安湊停當大設祭
祀用王者衣冠棺槨選擇吉日遷葬郿塢臨葬之期天降大雷
雨平地水深數尺霹靂震開其棺屍首提出棺外曹操七十二疑塚矣天下一
擊之而獨擊董卓之墓者葢報其發掘陵寢之惡也李傕候晴再葬是夜又復如是三次
改葬皆不能葬零皮碎骨悉爲雷火消滅前廳中置燈是人火今雷火消滅是天火
天之怒卓可謂甚矣且說李傕郭汜既掌大權殘虐百姓密遣
心腹侍帝左右觀其動靜獻帝此時舉動荆棘朝廷官員並由
二賊陞降因採人望特宣朱儁入朝封爲太僕同領朝政董卓召蔡

邑。李郭用朱雋。一日人報西凉太守馬騰并州刺史韓遂二將
[正是一樣意思。]
引軍十餘萬殺奔長安來聲言討賊原來二將先曾使人入長
安結連侍中馬宇諫議大夫种邵左中郎將劉範三人爲內應
共謀賊黨三人密奏獻帝封馬騰爲征西將軍韓遂爲鎮西將
軍各受密詔併力討賊[此處討李郭有密詔。後文討曹操亦有衣帶詔。前後一轍。]當下李傕
郭汜張濟樊稠聞二軍將至一同商議禦敵之策謀士賈詡曰
二軍遠來只宜深溝高壘堅守而拒之不過百日彼兵糧盡必
將自退然後引兵追之二將可擒矣[此即李左車勸陳餘之計。]李蒙王方出

盩音周 厔音質 山名今西安府盩厔縣

曰此非奸計愿借精兵萬人立斬馬騰韓遂之頭獻於麾下賈詡曰今若即戰必當敗績李蒙王方齊聲曰若吾二人敗情愿斬首吾若戰勝公亦當輸首級與我詡謂李傕郭汜曰長安西二百里盩厔山其路險峻可使張樊兩將軍屯兵於此堅壁守之此似善碁者下一閒着後來却是要着待李蒙王方自引兵迎敵可也李傕郭汜從其言點一萬五千人馬與李蒙王方二人忻喜而去離長安二百八十里下寨西涼兵到兩箇引軍迎去西涼軍馬攔路擺開陣勢馬騰韓遂聯轡而出指李蒙王方罵曰反國之賊誰

去擒之言未絕只見一位少年將軍面如冠玉眼若流星虎體猿臂彪腹狼腰手執長鎗坐騎駿馬從陣中飛出寫得聲勢原來那將即馬騰之子馬超字孟起年方十七歲英勇無敵王方欺他年幼躍馬迎戰戰不到數合早被馬超一鎗刺于馬下馬超勒馬便回李蒙見王方刺死一騎馬從馬超背後趕來超只做不知馬騰在陣門下大叫背後有人追趕聲猶未絕只見馬超已將李蒙擒在馬上二人皆敗亦不出賈詡之料原來馬超明知李蒙追趕却故意俄延等他馬近舉鎗刺來超將身一閃李蒙撲箇空兩馬相

並被馬超輕舒猿臂生擒過去。馬超乃五虎將之一。此處極寫其英勇，正為後文伏線。軍士無主，望風奔逃。馬騰韓遂乘勢追殺，大獲勝捷，直逼臨臼下寨。把李蒙斬首號令。李傕郭汜聽知李蒙王方皆被馬超殺了，方信賈詡有先見之明，重用其計，只理會緊守關防，由他搦戰，並不出迎。果然西涼軍未及兩月，糧草俱乏，商議回軍。恰好長安城中馬宇家僮出首家主與劉範种邵外連馬騰韓遂，欲為內應等情。後來董承謀討曹操亦被家僮所首，前後又出一轍。李傕郭汜大怒，盡收三家老小良賤斬於市，把三顆首級直來門前號令。馬騰韓遂見軍

陳倉今鳳翔府寶鷄縣

糧已盡，勢不得不去。○起義之兵却因食盡內應又泄加一倍而沮，前有孫堅，後有韓馬，爲之一嘆，要去。

只得拔寨退軍。李傕、郭汜令張濟引軍趕馬騰，樊稠引軍趕韓遂。西涼軍大敗。馬超在後死戰，殺退張濟。畢竟馬超猛于韓遂。樊稠去趕韓遂，看看趕上，相近陳倉，韓遂勒馬向樊稠曰：吾與公乃同鄉之人，今日何太無情。國義不足以動之，而但以鄉情動之。樊稠也勒住馬荅曰：上命不可違。韓遂曰：吾此來亦爲國家耳，公何相逼之甚也。先通鄉情，後說國義。樊稠聽罷，撥轉馬頭，收兵回寨，讓韓遂去了。不提防李傕之姪李別見樊稠放走韓遂，回報其叔。李傕大怒，便欲興兵討樊稠賈詡曰目今人心未寧頻動干戈深爲不便不若設一宴請張濟樊稠慶功就席間擒稠斬之毫不費力賈詡爲傕謀每每中款惜乎事非其主李傕大喜便設宴請張濟樊稠二將忻然赴宴酒半闌李傕忽變色曰樊稠何故交通韓遂欲謀造反稠大驚未及回言只見刀斧手擁出早把樊稠斬首於案下樊稠猶知同鄉之情李傕更不念同事之情嚇得張濟俯伏於地李傕扶起曰樊稠謀反故爾誅之公乃吾之心腹何須驚懼就將樊稠軍撥與張濟管領張濟自回弘農去了張濟此時亦當心變而終從李傕非丈夫也李傕郭汜自戰敗西涼兵諸侯

莫敢誰何賈詡屢勸撫安百姓結納賢豪自是朝廷微有生意此等舉動比之李傕勸殺百姓大不相同借其黨惡至今受人吐罵不想青州黃巾又起聚衆數十萬頭目不等劫掠良民黃巾與李郭等眞是聲氣求有董卓餘黨作之于上自有黃巾餘黨應之于下太僕朱儁保舉一人可破羣賊李傕郭汜問是何人朱儁曰要破山東羣賊非曹孟德不可從李郭引出黃巾又從黃巾引入曹操文字獨詳叙曹操事此正過枝接葉處也李傕曰孟德今在何處儁曰見在東郡太守廣有軍兵若命此人討賊賊可剋日而破也李傕大喜星夜草詔差人賫往東郡命曹操與濟北相鮑信一同破賊又添出鮑信陪之操領

彧音郁

了聖旨會合鮑信一同興兵擊賊於壽陽鮑信殺入重地爲賊所害。此處了却鮑信。操追趕賊兵直到濟北降者數萬操即用賊爲前驅兵馬到處無不降順不過百餘日招安到降兵三十餘萬男女百餘萬口操擇精銳者號爲青州兵其餘盡令歸農曹操自此威名日重捷書報到長安朝廷加曹操爲鎮東將軍操在兖州招賢納士有叔侄二人來投操先來二人。乃潁州潁陰人姓荀名彧字文若荀昆之子也舊事袁紹今棄紹投操操與語大悦曰此吾之子房也隱然以高祖自待。遂以爲行軍司馬其侄荀攸字公達

昱音育　曄音葉

海內名士曾拜黃門侍郎後棄官歸鄉今與其叔同投曹操操以爲行軍教授荀彧曰某聞兖州有一賢士今此人不知何在操問是誰彧曰乃東郡東阿人姓程名昱字仲德（一人薦出一人）操曰吾亦聞名久矣遂遣人於鄉中尋問訪得他在山中讀書操拜請之程昱來見曹操大喜昱謂荀彧曰某孤陋寡聞不足當公之薦公之鄉人姓郭名嘉字奉孝（一人又薦出一人）乃當今賢士何不羅而致之彧猛省曰吾幾忘却遂啓操徵聘郭嘉到兖州共論天下之事郭嘉薦光武嫡派子孫淮南成德人姓劉名曄字子

一人又薦陽出一人操即聘曄至曄又薦二人一箇是山陽昌邑人姓
滿名寵字伯寧一箇是武城人姓呂名虔字子恪一人薦出二人曹操
亦素知這兩箇名譽就聘為軍中從事滿寵呂虔共薦一人乃
陳留平丘人姓毛名玠字孝先二人共薦一人曹操亦聘為從事又有
一將引軍數百人來投曹操又自來一人乃泰山鉅平人姓于名禁
字文則操見其人弓馬熟嫻武藝出衆命為點軍司馬一日夏
侯惇引一大漢來見前所見皆先通姓名而後引見惟夏侯惇所薦先引見而後通姓名又是一樣筆法
操問何人惇曰此乃陳留人姓典名韋勇力過人舊跟張邈與

帳下人不和，手殺數十人，逃竄山中。惇出射獵，見韋逐虎過澗，因收於軍中。今特薦之於公。（典韋來歷只在夏侯惇口中叙出，好。）操曰：「吾觀此人容貌魁梧，必有勇力。」惇曰：「他曾爲友報讎殺人，提頭直出鬧市，數百人不敢近。只今所使兩枝鐵戟，重八十斤，挾之上馬，運使如飛。」操即令韋試之。韋挾戟驟馬，往來馳騁。忽見帳下大旗爲風所吹，岌岌欲倒，衆軍士挾持不定。韋下馬，喝退衆軍，一手執定旗桿，立於風中，巍然不動。操曰：「此古之惡來也。」（惡來助紂，果然。）遂命爲帳前都尉，解上身錦襖及駿馬雕鞍賜之。（叙典韋獨詳，文字參差有法。）自是曹操部下文有謀臣武有猛將威鎮山東（總結一句）乃遣泰山太守應劭往瑯琊郡取父曹嵩（曹操但討黃巾不討李郭是重外而輕內不去勤王先去取父是先私而後公也）嵩自陳留避難隱居瑯琊當日接了書信便與弟曹德及一家老小四十餘人帶從者百餘人車百餘輛逕望兗州而來道經徐州太守陶謙字恭祖為人溫厚純篤向欲結納曹操正無其由（陶謙差矣曹操何人而必欲結納之耶）知操父經過遂出境迎接再拜致敬大設筵宴款待兩日曹嵩要行陶謙親送出郭特差都尉張闓將部兵五百護送（誰知為好反成怨）曹嵩率家小行到華費時夏

末秋初大雨驟至只得投一古寺歇宿寺僧接入嵩安頓家眷命張闓將軍馬屯於兩廊衆軍衣裝都被雨打濕同聲嗟怨張闓喚手下頭目於靜處商議曰我們本是黃巾餘黨勉強降順陶謙未有好處如今曹家輜重車輛無數你們欲得富貴不難只就今夜三更大家砍將入去把曹嵩一家殺了取了財物同往山中落草此計何如（曹操討黃巾那知又受黃巾之害。）衆皆應允是夜風雨未息曹嵩正坐忽聞四壁喊聲大舉曹德提劍出看就被搠死曹嵩慌引一妾奔入方丈後欲越墻而走妾肥胖不能出嵩慌

急與妾躲於厠中被亂軍所殺有曹操殺呂伯奢全家之報呂家害在一猪曹家胖妾亦一猪
也應劭死命逃脫投袁紹去了張闓殺盡曹嵩全家取了財物
放火燒寺與五百人逃奔淮南去了後人有詩曰

曹操奸雄世所誇　曾將呂氏殺全家
如今闔戶逢人殺　天理循環報不差

當下應劭部下有逃命的軍士報與曹操操聞之哭倒于地衆
人救起操切齒曰陶謙縱兵殺吾父此讐不共戴天吾今悉起
大軍洗蕩徐州方雪吾恨遂留荀彧程昱領軍三萬守鄄城范

鄄音因
師令東

濮陽　州范縣　今東昌　府濮州　范縣東　陶今兗　州府東　平州東　阿縣

縣東阿三縣此二人爲後來抵敵呂布伏線其餘盡殺奔徐州來夏侯惇于禁
典韋爲先鋒操令但得城池將城中百姓盡行屠戮以雪父讐
遷怒百姓殊爲無理當有九江太守邊讓與陶謙交厚聞知徐州有難自
引兵五千來救操聞之大怒使夏侯惇於路截殺之後陳琳檄中以此罪
操時陳宮爲東郡從事亦與陶謙交厚聞曹操起兵報讐欲盡
殺百姓星夜前來見操自前番客店中一去陳宮却無下落于此處補出操知是爲陶
謙作說客欲待不見又滅不過舊恩只得請入帳中相見宮曰
今聞明公以大兵臨徐州報尊父之讐所到欲盡殺百姓某因

此特來進言陶謙乃仁人君子非好利忘義之輩尊父遇害乃張闓之惡非謙罪也且州縣之民與明公何讐殺之不祥望三思而行操怒曰公昔棄我而去今有何面目復來相見遷怒陳宮更是無理陶謙殺吾一家誓當摘膽剜心以雪吾恨然則呂伯奢全家彼殺又將摘何人之肝剜何人之心以雪其恨耶公雖為陶謙游說其如吾不聽何陳宮辭出歎曰吾亦無面目見陶謙也遂馳馬投陳留太守張邈去了為後文使呂布攻徐州張本且說操大軍所到之處殺戮人民發掘墳墓此段亦在陳琳檄中陶謙在徐州聞曹操起軍報讐殺戮百姓仰天慟哭曰我獲

罪於天致使徐州之民受此大難急聚衆官商議曹豹曰曹兵既至豈有束手待死某願助使君破之陶謙只得引兵出迎遠望操軍如鋪霜湧雪中軍竪起白旗二面大書報讐雪恨四字寫得如此聲勢讀書者至此爲陶謙寒心又爲徐州百姓寒心軍馬列成陣勢曹操縱馬出陣身穿縞素揚鞭大罵陶謙亦出馬於門旗下欠身施禮曰謙本欲結好明公故托張闓護送不想賊心不改致有此事實不干陶謙之故望明公察之操大罵曰老匹夫殺吾父尚敢亂言誰可生擒老賊夏侯惇應聲而出陶謙慌走入陣夏侯惇趕來曹

劉挺鎗躍馬前來迎敵兩馬相交忽然狂風大作飛沙走石兩軍皆亂各自收兵此時亦天之不欲絕徐州百姓也陶謙入城與衆計議曰曹兵勢大難敵吾當自縛往操營任其剖割以救徐州一郡百姓之命憂在百姓仁人之言言未絕一人進前言曰府君久鎮徐州人民感恩今曹兵雖衆未能即破我城府君與百姓堅守勿出某雖不才願施小策教曹操死無葬身之地衆人大驚便問計將安出

正是

本爲納交反成怨　　那知絕處又逢生

竟此人是誰且聽下文分解

四大奇書第一種卷之六

茂苑毛宗崗序始氏評　吳門杭永年資能氏評定

第十一回

劉皇叔北海救孔融

呂溫矦濮陽破曹操

本是陶謙求救却夫出孔融求救本是太史慈救孔融却夫出劉玄德救孔融本是孔融求玄德却夫出陶謙求玄德本是玄德退曹操却夫出呂布退曹操種種變幻令人

測摸不出

看前卷曹操咬牙切齒秣馬厲兵觀者必以爲此卷中定然踏平徐州碎剮陶謙矣不意虎頭蛇尾竟自解圍而去所以然者操以兗州爲家無兗州則無家也顧家之情重遂使報父之情輕故乘便賣個人情與劉備嗟乎天下豈有報父讐而可以賣人情者乎孝子報讐不復顧身奈何顧家而遂中止乎太史慈爲母報德而終以克報慈誠孝子也曹操爲父報讐而竟不克報以操非孝子故也

劉備之辭徐州爲眞辭耶爲假辭耶若以爲眞辭則之益州且奪之而陶謙之徐州反讓之何也或曰辭之愈力則受之愈穩大英雄人往往有此筴計人自不知耳

郤說獻計之人乃東海胊（音渠）縣人姓麋名竺字子仲此人家世富豪嘗往洛陽買賣乘車而回路遇一美婦人來求同載竺乃下車步行讓車與婦人坐婦人請竺同載竺上車端坐目不邪視（其實難得）行及數里婦人辭去臨別對竺曰我乃南方火德星君也（離爲中女火固屬陰故火星化爲婦人）奉上帝勅往燒汝家感君相待以禮故明

告君君可速歸搬出財物吾當夜來言訖不見心火不動天火亦不爲害然今之能爲縻竺者幾人哉天火安能燒得許多也竺大驚飛奔到家將家中所有疾忙搬出是晚果然厨中火起盡燒其屋竺因此廣捨家財濟貧拔苦後陶謙聘爲別駕從事夾敘縻竺一段關情敘事到極急時偏用一緩當日獻計曰某願親往北海郡求孔融起兵救援更得一人往青州田楷處求救若二路軍馬齊來操必退兵矣謙從之遂寫書二封問帳下誰人敢去青州求救一人應聲願往衆視之乃廣陵人姓陳名登字元龍陶謙先打發陳元龍往青州去訖略過青州一邊下便詳敘北海一邊

然後命糜竺齎書赴北海，自已率衆守城，以備攻擊。卻說北海孔融，字文舉，魯國曲阜人也，孔子二十世孫，泰山都尉孔宙之子。自小聰明。年十歲時，往謁河南尹李膺，閽人難之。融曰：「我係李相通家。」及入見，膺問曰：「汝祖與吾祖何親？」融曰：「昔孔子曾問禮于老子，融與君豈非累世通家？」今挾刺投人者，多寫通家，想亦學孔融而誤也。膺大奇之。少頃，太中大夫陳煒至，膺指融曰：「此奇童也。」煒曰：「小時聰明，大時未必聰明。」融即應聲曰：「如君所言，幼時必聰明者。」口角尖利，咄咄逼人。煒等皆笑曰：「此子長成，必當代之偉器也。」自此得名。後爲中郎將累遷北海太守極好賓客今之寫通家帖拜客者偏多慳吝未必好客此孔融之所以不可及也常曰座上客常滿樽中酒不空吾之願也高標惜今世無孔融我亦欲寫通家帖拜投門下矣在北海六年甚得民心又來敘孔融一段閒文敘事到極急時又用一緩當日正與客坐人報徐州糜竺至融請入見問其來意竺出陶謙書言曹操攻圍甚急望明公垂救融曰吾與陶恭祖交厚子仲又親到此如何不去只是曹孟德與我無讐當先遣人送書解和如其不從然後起兵竺曰曹操倚仗兵威決不肯和融教一面點兵一面差人送書正商議間忽報黃巾賊黨管亥部領

羣寇數萬殺奔前來此數萬人实如其來怪絕孔融大驚急點本部人馬出城與賊迎戰管亥出馬曰吾知北海糧廣可借一萬石即便退兵不然打破城池老幼不留孔融叱曰吾乃大漢之臣守大漢之地豈有糧米與賊耶管亥大怒拍馬舞刀直取孔融融將宗寶挺鎗出馬戰不數合被管亥一刀砍宗寶于馬下孔融兵大亂奔入城中管亥分兵四面圍城孔融心中鬱悶糜竺懷愁更不可言糜竺此時其憤難過次日孔融登城遥望賊勢浩大倍添憂悶忽見城外一人挺鎗躍馬殺入賊陣左冲右突如入無人之境直

到城下大叫開門。此一人又奔孔融。不識其人。不敢開門。賊衆趕到壕邊。那人回身。連搠十數人下馬。如其來怪絕 賊衆倒退。融急命開門引入。其人下馬。具見英雄 棄鎗。逕到城上。拜見孔融。融問其姓名。對曰。某東萊黃縣人也。覆姓太史名慈。其名曰慈 其人則孝 字子義。老母重蒙恩顧。某昨自遼東回家省親。知賊寇城。老母說屢受府君深恩。汝當往救。某故單馬而來。曹操爲父報讐。太史慈爲母報德。孔融大喜。原來孔融與太史慈雖未識面。郤曉得他是箇英雄。因他遠出。有老母。住在離城二十里之外。融常使人遺音位以粟帛。母感融德。故特使慈來救好客而惠及其母固當得此報當下孔融重待太史慈贈與衣甲鞍馬慈曰某願借精兵一千出城殺賊融曰君雖英勇然賊勢甚盛不可輕出慈曰老母感君厚德特遣慈來如不能解圍慈亦無顏見母矣的是孝子聲口願決一死戰融曰吾聞劉玄德乃當世英雄若請得他來相救此圍自解只無人可使耳慈曰府君修書某當急往糜竺方爲陶謙求救于孔融太史慈又爲孔融求救于劉備變幻之極融喜修書付慈慈擐甲上馬腰帶弓矢手持鐵鎗飽食嚴裝城門開處一騎飛出近壕賊將率衆來戰慈連搠死數人透圍而出管亥知有人

出城料必是請救兵的便自引數百騎趕來八面圍定慈倚住鎗拈弓搭箭八面射之無不應弦落馬賊衆不敢來追英勇之極太史慈得脫星夜投平原來見劉玄德施禮罷具言孔北海被圍求救之事呈上書札玄德看畢問慈曰足下何人慈曰某太史慈東海之鄙人也與孔融親非骨肉比非鄉黨特以氣誼相投有分憂共患之意語語打動玄德妙今管亥暴亂北海被圍孤窮無告危在旦夕聞君仁義素著能救人危急故特令某冒鋒突圍前來求救玄德斂容荅曰孔北海知世間有劉備耶自負語亦謙語乃

同雲長翼德點精兵三千往北海郡進發管亥望見救軍來到親自引兵迎敵因見玄德兵少不以爲意玄德與關張太史慈立馬陣前管亥忿怒直出太史慈却待向前雲長早出（破黃巾賊却用一褁青巾者可謂以木克土。）直取管亥兩馬相交衆軍大喊量管亥怎敵得雲長數十合之間青龍刀起劈管亥于馬下太史慈張飛兩騎齊出雙鎗並舉殺入賊陣玄德驅兵掩殺城上孔融望見太史慈與關張趕殺賊衆如虎入羊羣縱橫莫當（只八字寫得何等聲勢。）便驅兵出城兩下夾攻大敗羣賊降者無數餘黨潰散（可謂慣破黃巾劉關張矣）

孔融迎接玄德入城敘禮畢大設筵宴慶賀又引糜竺來見玄德具言張闓殺曹嵩之事今曹操縱兵大掠圍住徐州特來求救玄德曰陶恭祖乃仁人君子不意受此無辜之寃孔融曰公乃漢室宗親今曹操殘害百姓倚强欺弱何不與融同往救之玄德曰備非敢推辭奈兵微將寡恐難輕動孔融曰融之欲救陶恭祖雖因舊誼亦爲大義公豈獨無仗義之心耶激厲得好玄德曰既如此請文舉先行容備去公孫瓚處借三五千人馬隨後便來融曰公切勿失信玄德曰公以備爲何如人也正與北海知世間有

劉備句相照。聖人云自古皆有死人無信不立劉備借得軍或借不得軍必然親至孔融應允教麋竺先回徐州去報融便收拾起程太史慈拜謝曰慈奉母命前來相助今幸無虞有揚州刺史劉繇與慈同郡有書來喚不敢不去容圖再見融以金帛相酬慈不肯受而歸何不留之可惜可惜其母見之喜曰我喜汝有以報北海也。子是孝子母是賢母遂遣慈往揚州去了爲後伏線不說孔融起兵且說玄德投北海來見公孫瓚具說欲救徐州之事瓚曰曹操與君無讎何苦替人出力玄德曰備已許人不敢失信瓚曰吾借與君馬步軍二千玄德曰更望借趙子龍一行（未嘗須臾忘此人）瓚許之玄德遂與關張引本部三千人爲前部子龍引二千軍隨後往徐州來却說糜竺回報陶謙言北海又請得劉玄德來助陳元龍也回報青州田楷欣然領兵來救（一邊實敘一邊虛敘妙）陶謙心安原來孔融田楷兩路軍馬懼怕曹兵勢猛遠遠依山下寨未敢輕進曹操見兩路軍到亦分了軍勢不敢向前攻城却說劉玄德軍到見孔融融曰曹兵勢大操又善于用兵未可輕戰且觀其動靜然後進兵玄德曰但恐城中無糧難以持久備令雲長子龍

領軍四千在公部下相助備與張飛殺奔曹營逕投徐州去見陶使君商議畢竟玄德英雄融大喜會合田楷爲犄角之勢雲長子龍領兵兩邊接應是日玄德張飛引一千人馬殺入曹兵大寨邊正行之間寨內一聲鼓響馬軍步軍如潮似浪擁將出來當頭一員大將乃是于禁勒馬大叫何處狂徒往那里去張飛見了更不打話直取于禁兩馬相交戰到數合玄德掣雙股劍麾兵大進于禁敗走張飛當前追殺直到徐州城下城上望見紅旗白字大書平原劉玄德陶謙急令開門玄德入城陶謙接着共到

府衙禮畢設宴相待一壁勞軍陶謙見玄德儀表軒昂語言豁達心中大喜便命糜竺取徐州牌印讓與玄德（陶恭祖一讓徐州）玄德愕然曰公何意也謙曰今天下擾亂王綱不振公乃漢室宗親正宜匡扶社稷老夫年邁無能情願將徐州相讓公勿推辭謙當自寫表文申奏朝廷玄德離席再拜曰劉備雖漢朝苗裔功微德薄爲平原相猶恐不稱職今爲大義故來相助公出此言莫非疑劉備有吞併之心耶若舉此念皇天不佑謙曰此老夫之實情也再三相讓玄德那里肯受（眞耶假耶）糜竺進曰今兵臨城

下。且當商議退敵之策，待事平之日，再當相讓可也。玄德曰：備當遺書與曹操，勸令解和。操若不從，厮殺未遲。于是傳檄三寨，且按兵不動，遣人齎書以達曹操。却說曹操正在軍中與諸將議事，人報徐州有戰書到，操折而觀之，乃劉備書也。書略曰：

備自關外得拜君顏，嗣後天各一方，不及趨侍。向者尊父曹侯，實因張闓不仁，以致被害，非陶恭祖之罪也。目今黃巾遺孽擾亂于外，董卓餘黨盤踞于內，願明公先朝廷之急而後私讐，撤徐州之兵以救國難，則徐州幸甚，天下幸甚。書好。

濮陽東郡濮陽縣古昆吾國今濮州是

曹操看書大罵劉備何人敢以書來勸我且中間有譏諷之意命斬來使一面竭力攻城郭嘉諫曰劉備遠來救援先禮後兵主公當用好言荅之以慢備心然後進兵攻城城可破也操從其言款留來使候發回書正商議間忽流星馬飛報禍事令人測摸不出怪絕操問其故報說呂布已襲破兗州進據濮陽真是意想不到原來呂布自遭李郭之亂逃出武關去投袁術術怪呂布反覆不定拒而不納投袁紹紹納之與布共破張燕于常山布自以爲得志傲慢袁紹手下將士紹欲殺之布乃去投張楊楊納之時龐

舒在長安城中私藏呂布妻小送還呂布李傕郭汜知之遂斬龐舒寫書與張揚教殺呂布布因棄張揚去投張邈呂布出關後事前補于此恰好張邈弟張超引陳宮來見張邈宮說邈曰今天下分崩英雄並起君以千里之衆而反受制于人不亦鄙乎今曹軍征東兗州空虛而呂布乃當世勇士若與之共取兗州伯業可圖也陳宮妙人張邈大喜便令呂布襲破兗州隨據濮陽止有鄄城東阿范縣三處被荀彧程昱設計死守得全虧得前番防守其餘俱破曹仁屢戰皆不能勝特此告急不是劉備救陶謙卻是呂布救陶謙亦不是呂布救陶謙仍是陳宮

救陶謙也操聞報大驚曰兗州有失使吾無家可歸矣不可不亟圖之欲報父讐奈何顧家耶郭嘉曰主公正好賣箇人情與劉備退軍去復兗州報讐何事可賣人情乎操然之即時答書與劉備拔寨退兵前爲曹操盛怒有不可嚮邇之勢不意却作如此收局奇幻且說來使回徐州入城見陶謙呈上書札言曹兵已退謙大喜差人請孔融田楷雲長子龍等赴城大會衆軍齊赴必謂有一場大戰矣不意曹兵已不戰而退奇幻飲宴既畢謙延玄德于上座拱手對衆曰老夫年邁二子不才不堪國家重任劉公乃帝室之胄德廣才高可領徐州老夫情願乞閑養病陶恭祖二讓徐州玄德

曰孔文舉令備來救徐州爲義也今無端據而有之天下將以備爲無義人矣糜竺曰今漢室陵遲海宇顛覆樹功立業正在此時徐州殷富戸口百萬劉使君領此不可辭也（糜竺亦看上玄德了）玄德曰此事決不敢應命陳登曰陶府君多病不能視事明公勿辭玄德曰袁公路四世三公海內所歸近在壽春何不以州讓之孔融曰袁公路冢中枯骨（罵得字惡）何足掛齒今日之事天與不取悔不可追玄德堅執不肯陶謙泣下曰君若捨我而去我死不瞑目矣雲長曰既承陶公相讓兄且權領州事張飛曰又

不是我強要他的州郡他好意相讓何必苦苦推辭（說得爽利）玄德曰汝等欲陷我于不義耶陶謙推讓再三玄德只是不受（真耶假耶）陶謙曰如玄德必不肯從此間近邑名曰小沛足可屯軍請玄德暫駐軍此邑以保徐州何如衆皆勸玄德留小沛玄德從之陶謙勞軍已畢趙雲辭去玄德執手揮淚而別孔融田楷亦各相別引軍自回玄德與關張引本部軍來至小沛修葺城垣撫諭居民（高祖起于沛玄德亦居小沛可稱小沛公）却說曹操回軍曹仁接着言呂布勢大更有陳宫爲輔兖州濮陽已失其鄄城東阿范縣三處賴

荀彧程昱二人設計相連死守城郭操曰吾料呂布有勇無謀不足慮也教且安營下寨再作商議呂布知曹操回兵已過滕縣召副將薛蘭李封曰吾欲用汝二人久矣汝可引軍一萬堅守兗州親自率兵前去破曹二人應諾陳宮急入見曰將軍棄兗州欲何往乎布曰吾欲屯兵濮陽以成鼎足之勢宮曰差矣薛蘭必守兗州不住具有先見此去正南一百八十里泰山路險可伏精兵萬人在彼曹兵聞失兗州必然倍道而進待其過半一擊可擒也淘是妙策布曰吾屯濮陽別有良謀汝豈知之遂不用陳

宮之言而用薛蘭守兗州而行曹操兵行至泰山險路郭嘉曰

且不可進恐此處有伏兵陳宮之言郭嘉暗暗料着曹操笑曰呂布無謀之

輩故教薛蘭守兗州自往濮陽安得此處有埋伏耶呂布不聽陳宮之言

曹操又暗暗料着教曹仁領一軍圍兗州吾進兵濮陽速攻呂布陳宮

聞曹兵至近乃獻計曰今曹兵遠來疲困利在速戰不可養成

氣力布曰吾匹馬縱橫天下何愁曹操待其下寨吾自擒之却

說曹操兵近濮陽下住寨脚次日引衆將出陳兵于野操立馬

于門旗下遥望呂布兵到陣圓處呂布當先出馬兩邊擺開八

員健將第一箇鴈門馬邑人姓張名遼字文遠第二箇泰山華陰人姓臧名霸字宣高兩將又各引六員健將郝萌曹性成廉魏續宋憲侯成布軍五萬鼓聲大震操指呂布而言曰吾與汝自來無讐何得奪吾州郡布曰漢家城池諸人有分偏爾合得（極無理語說來却甚是有理）便叫臧霸出馬搦戰曹軍內樂進出迎兩馬相交雙鎗齊舉戰到三十餘合勝負不分夏侯惇拍馬便出助戰呂布陣上張遼截住厮殺惱得呂布性起挺戟驟馬衝出陣來夏侯惇樂進皆走呂布掩殺曹軍大敗退三四十里布自收軍

曹操輸了一陣回寨與諸將商議于禁曰某今日上山觀望濮陽之西呂布有一寨約無多軍今夜彼將謂我軍敗走必不準備可引兵擊之若得寨布軍必懼此爲上策操從其言帶曹洪李典毛玠呂虔于禁典韋六將選馬步二萬人連夜從小路進發却說呂布于寨中勞軍陳宮曰西寨是箇要緊去處倘或曹操襲之奈何布曰他今日輸了一陣如何敢來宮曰曹操是極能用兵之人須防他攻我不備（于禁之謀陳宮又暗暗料着）布乃撥高順并魏續侯成引兵往守西寨却說曹操于黃昏時分引軍至西寨

四面突入寨兵不能抵擋四散奔走曹操奪了寨將及四更高順方引軍到殺將入來布兵未至而寨已奪可見曹操行軍之速曹操自引軍馬來迎正逢高順三軍混戰將及天明正西鼓聲大震人報呂布自引救軍來了操棄寨而走既奪而使之不能不棄可見陳宮應敵之妙背後高順魏續侯成趕來當頭呂布親自引軍來到于禁樂進雙戰呂布不住操望北而行山後一彪軍出左有張遼右有臧霸操使呂虔曹洪戰之不利操望西而走忽又喊聲大震一彪軍至郝萌曹性成廉宋憲四將攔住去路殺得好看陳宮兵法顛妙衆將死戰操當先衝

陣梆子響處箭如驟雨射將來操不能前進無計可施大叫誰人救我馬軍隊裡一將踴出乃典韋也手挺雙鐵戟大叫主公勿憂飛身下馬插住雙戟取短戟十數枝挾在手中呂布一戟典韋雙戟奇矣乃不用兩大戟而用無數小戟更奇顧從人曰賊來十步乃呼我奇遂放開脚步冒箭前行布軍數十騎追至從人大叫曰十步矣韋曰五步乃呼我奇從人又曰五步矣韋乃飛戟刺之一戟一人墜馬並無虛發百步箭不敵五步戟奇絕立殺十數人衆皆奔走韋復飛身上馬挺一雙大鐵戟衝殺入去忽下馬忽上馬忽用小戟忽用大戟寫典韋如生龍活虎鄉曹侯宋

四將不能抵擋，各自逃去。典韋殺散敵軍，救出曹操，衆將隨後也到，尋路歸寨。看看天色傍曉，背後喊聲起處，呂布驟馬提戟趕來，大叫：「操賊休走！」此時人困馬乏，大家面面相覷，各欲逃生。

正是：

雖能暫把重圍脫，只怕難當勁敵追。

未知曹操性命如何，且聽下文分解。

第十二回

陶恭祖三讓徐州

曹孟德大破呂布

糜竺一家中之火天火也濮陽城中之火人火亦天火也糜竺知燒而避其燒天所以全君子也曹操不知燒而亦不死於燒天所以留奸雄也全君子是天理留奸雄是天數

曹操旣據兗州且將北取冀安得不東取徐是徐州固操所必爭也今雖暫舍之而去其志豈能須臾忘徐州哉玄德雖受陶謙之讓吾知終非其有爾

荀文若曰河濟之地昔之關中河内也是隱然以高祖光

武之所爲教曹操矣待其後自加九錫而惡其不臣甚始
旣教之而後復惡之耶坡公稱文若爲聖人吾未敢信
呂布一聽陳宮之言而輙勝一不聽陳宮之言而輙敗宮
誠智矣然田氏之叛乃宮教之也何也先啟其機也若在
老手只須自用一人假作田使不必使田氏知之

曹操正慌走間正南上一彪軍到乃夏侯惇引軍來救援截住
呂布大戰鬬到黃昏時分自昨夜黃昏時分直到今夜黃昏時分好一塲大殺大雨如注
各自引軍分散操回寨重賞典韋加爲領軍都尉却說呂布到

寨與陳宮商議宮曰濮陽城中有富戶田氏家僮千百爲一郡之巨室可令彼密使人往操寨中下書言呂温侯殘暴不仁民心大怨後呂布之敗果然爲此兩句今欲移兵黎陽止有高順在城內可連夜進兵我爲內應不想後來弄假成真操若來誘之入城四門放火外設伏兵曹操雖有經天緯地之才到此安能得脫也呂布從其計密諭田氏使人逕到操寨操因新敗正在躊躇忽報田氏人到呈上密書云呂布已往黎陽城中空虛萬望速來當爲內應城上挿白旗大書義字便是暗號前日曹操在徐州城外以白旗示威今日呂布在濮陽城中以

白旗操大喜曰天使吾得濮陽也重賞來人一面收拾起兵劉行詐曄曰布雖無謀陳宮多詐只恐其中有詐不可不防明公欲去當分三軍為三隊兩隊伏城外接應一隊入城方可操之不死于是役全虧劉曄此數語操從其言分軍三隊來至濮陽城下操先往觀之見城上遍豎旗旛西門角上有一義字白旗此時只此一點白誰知少頃弄出一片紅心中暗喜是日午牌城門開處兩員將引軍出戰前軍侯成後軍高順操即使典韋出馬直取侯成侯成抵敵不過回馬望城中走韋趕到吊橋邊高順亦攔當不住都退入城中去了數內有

軍人乘勢混過陣來見操說是田氏之使呈上密書約云今夜初更時分與前兩番黃昏時分相照城上鳴鑼爲號便可進兵某當獻門操撥夏侯惇引軍在左曹洪引軍在右自己引夏侯淵李典樂進典韋四將率兵入城李典曰主公且在城外容某等先入城去李典所見亦是。操喝曰我不自往誰肯向前遂當先領兵直入時約初更月光未上將寫火光之明先寫月光之暗以形之。○前寫只黃昏有雨今寫初更無月惟中偏有此閒筆。聽得西門上吹蠃殼聲喊聲忽起門上火把燎亂城門大開弔橋放落曹操爭先拍馬而入直到州衙路上不見一人操知是計忙撥回馬大叫退兵州衙中一聲砲響四門烈火轟天而起金鼓齊鳴喊聲如江翻海沸嚇殺東巷內轉出張遼西巷內轉出臧霸夾攻掩殺操走北門道傍轉出郝萌曹性又殺一陣操急走南門高順侯成攔住典韋怒目咬牙衝殺出去高順侯成倒走出城（中計者未得出城殺敵者倒走出城好笑）典韋殺離吊橋回頭不見了曹操翻身復殺入城來門下撞着李典典問主公何在典曰吾亦尋不見韋曰汝在城外催救軍我入去尋主公李典去了典韋殺入城中尋覓不見再殺出城壕邊撞着樂進進曰主公何在

韋曰我往復兩遭尋覓不見進曰同殺入去救主語亦附兩人到門邊城上火砲滚下樂進馬不能入典韋衝烟突火又殺入去到處尋覓典韋三入火城可謂忠勇却說曹操見典韋殺出去了四下裡人馬截來不得出南門再轉北門火光裡正撞見呂布挺戟躍馬而來嚇殺讀書者至此必謂曹操死矣操以手掩面加鞭縱馬竟過妙有胆識若此非便操馬向走必反被擒矣呂布從後拍馬趕來將戟于操盔上一擊問曰曹操何在因其掩面故認不真然亦以其縱馬竟過故不疑其即操也操反指曰前面騎黃馬者是他有急智呂布聽說棄了曹操縱馬向前追趕見了曹操反問曹操捨却

曹操別提曹操謊云方說曹操走曹操就到當面錯過豈不好笑曹操撥轉馬頭望東門而走得好正逢典韋擁護曹操殺條血路到城門邊火焰甚盛城上推下柴草遍地都是火韋用戟撥開飛馬冒烟突火先出曹操隨後亦出方到門道邊城門上崩下一條火梁來正打着曹操戰馬後胯那馬撲地倒了嚇殺讀書者至此又必謂曹操死矣操用手托梁推放地上手臂鬚髮盡被燒傷曹操之鬚未割于潼關先燒于濮陽鬚不幸而為曹操之鬚鬚亦苦矣典韋回馬來救恰好夏侯淵亦到兩箇同救起曹操突火而出操乘淵馬典韋殺條大路而走直混戰到天明操方回寨衆將

拜伏問安操仰面笑曰如此一番驚唬後忽然發笑正諺所謂哭不得而笑耳惧中匹夫之計吾必當報之郭嘉曰計可速發操曰今只將計就計詐言我被火傷已經身死昨日呂布使人詐降今日曹操自已詐死你詐我我詐你好看煞人布必引兵來攻我伏兵于馬陵山中候其兵半渡而擊之布可擒矣好計好策嘉曰真良策也于是令軍士掛孝發喪昨日濮陽城內一片紅今日濮陽城外一片白紅是真紅白是假白掛孝發喪令人必以為不祥可見婆子氣人幹不得事詐言操死早有人來濮陽報呂布說曹操被火燒傷肢體到寨身死布隨點起軍馬殺奔馬陵山來將到曹寨一聲鼓響伏兵四起呂布死戰得脫

折了好些人馬敗回濮陽堅守不出是年蝗虫忽起食盡禾稻關東一境每穀一斛直錢五十貫人民相食曹操因軍中糧盡引兵回鄄城暫住呂布亦引兵出屯山陽就食因此二處權且罷兵（兩家俱因凶荒罷兵蝗虫倒是和事老）却說陶謙在徐州時年已六十三歲忽然染病看看沉重請麋竺陳登議事竺曰曹兵之去止為呂布襲兗州故也今因歲荒罷兵來春又必至矣（勢所必然）府君兩番欲讓位與劉玄德時府君尚強健故玄德不肯受今病已沉重正可就此而與之玄德不肯辭矣（麋竺一心歸玄德久矣）謙大喜使人來小

沛請劉玄德商議軍務玄德引關張帶十數騎到徐州陶謙教
請入卧内玄德問安畢謙曰請玄德公來不爲别事止因老夫
病已危篤朝夕難保萬望明公可憐漢家城池爲重（以漢家城池爲重的）
（是仁人君子之言）受取徐州牌印老夫死亦瞑目矣玄德曰君有二子
何不傳之謙曰長子商次子應其才皆不堪任老夫死後猶望
明公教誨（不但讓州兼且托子恭順可謂知人）切勿令掌州事玄德曰備一身安
能當此大任謙曰某舉一人可爲公輔係北海人姓孫名乾字
公祐此人可使爲從事又謂糜竺曰劉公當世人傑汝當善事

之。玄德終是推托。陶謙以手指心而死。陶恭祖三讓徐州。○其名曰謙。其字曰恭。其人則讓。可謂名稱其實。衆官舉哀畢。即捧牌印交送玄德。玄德固辭。次日徐州百姓擁擠府前哭拜曰。劉使君若不領此郡。我等皆不能安生矣。民心悅服如此。想見劉公平日德政。關張二公亦再三相勸。玄德乃許權領徐州事。使孫乾糜竺爲輔。陳登爲幕官。盡取小沛軍馬入城。出榜安民。一面安排喪事。玄德與大小軍士盡皆掛孝。濮陽城外有假掛孝。徐州城中有真掛孝。一假一真。前後照耀。大設祭奠。祭畢。葬于黃河之原。將陶謙遺表申奏朝廷。應前文。操在鄄城知陶謙已死。劉玄德領徐州牧。大怒曰我讐未報汝不費半箭之功坐得徐州吾必先殺劉備後戮謙屍以雪先君之怨即傳號令尅日起兵去打徐州責備人情此時不肯做人情矣荀彧入諫曰昔高祖保關中光武據河內皆深根固本以正天下進足以勝敵退足以堅守故雖有困終濟大業明公本首事兖州河濟乃天下之要地是亦昔之關中河內也文若此時已將高祖光武望曹操矣何後日九錫之加而又有所不滿乎今若取徐州多留兵則不足用少留兵則呂布乘虛寇之是無兖州也若徐州不得明公安所歸乎今陶謙雖死已有劉備守之徐州之民既已服備

必勒備死戰明公棄兖州而取徐州是棄大而就小去本而求末以安而易危也願熟思之（藥石之言洞見利害）操曰今歲荒乏糧軍士坐守于此終非良策或曰不如東畧陳地使軍就食汝南潁州黃巾餘黨何儀黃邵等刼掠州郡多有金帛糧食此等賊徒又容易破破而取其糧以養三軍朝廷喜百姓悅乃順天之事也（因糧于寇是妙策）操喜從之乃留夏侯惇曹仁守鄄城等處自引兵先畧陳地次及汝潁黃巾何儀黃邵知曹兵到引衆來迎會于羊山時賊兵雖衆都是狐羣狗黨並無隊伍行列操令强弓硬弩

射任令典韋出馬何儀令副元帥出戰不三合被典韋一戟刺
于馬下操引衆乘勢趕過羊山下寨次日黃邵自引軍來陣圓
處一將步行出戰頭裹黃巾身披綠襖手提鐵棒大叫我乃截
天夜叉何曼也確是強盜綽號誰敢與我厮鬪曹洪見了大喝一聲飛
身下馬提刀步出兩下向陣前厮殺四五十合勝負不分曹洪
詐敗而走何曼趕來洪用拖刀背砍計轉身一踃砍中何曼再
刀殺死殺得好李典乘勢飛馬直入賊陣黃邵不及隄備被
活捉過來曹兵掩殺賊衆奪其金帛糧食無數意正欲得

此耳何儀勢孤引數百騎奔走葛陂正行之間山背後撞出一軍爲頭一箇壯士身長八尺腰大十圍手提大刀截住去路横閃出此一壯士奇何儀挺鎗出迎只一合被那壯士活挾過去餘衆着忙背下馬受縛被壯士盡驅入葛陂塢中如驅牛羊却說典韋追襲何儀到葛陂壯士引軍迎住典韋曰汝亦黃巾賊耶壯士曰黃巾數百騎盡被我擒在塢內趣甚韋曰何不獻出壯士曰你若贏得手中寶刀我便獻出韋大怒挺雙戟向前來戰兩箇從辰至午不分勝負各自少歇不一時那壯士又出搦戰典韋亦出直戰到

黃昏各因馬乏暫止。可見自不乏人典韋手下軍士飛報曹操操大驚
忙引衆將來看次日壯士又出搦戰操見其人威風凜凜心中
暗喜分付典韋今日且詐敗韋領命出戰戰到三十合敗走回
陣壯士趕到陣門中弓弩射回操急引軍退五里密使人掘下
陷坑暗伏鈎手次日再令典韋引百餘騎出壯士笑曰敗將何
敢復來便縱馬接戰典韋略戰數合便回馬走壯士只顧望前
趕來不隄防連人帶馬都落于陷坑之內黃巾被驅入馬中而驅黃巾之人又陷入
坑內好笑被鈎手縛來見曹操操忙下帳叱退軍士親解其縛急取

衣衣之命坐問其鄉貫姓名（曹操得英雄心術用此法）壯士曰我乃譙國譙縣人也姓許名褚字仲康向遭寇亂聚宗族數百人築堅壁于塢中以禦之一日寇至吾令衆人多取石子準備吾親自飛石○○○○擊之無不中者○○○○（典韋飛戟許褚飛石俱可稱沒羽箭）寇乃退去又一日寇至塢中無糧遂與賊和約以耕牛換米米巳送到賊驅牛至塢外牛皆奔走回還被我雙手掣二牛尾倒行百餘步○○○○○○○○○○○○（賁神力）賊大驚不敢取牛而走因此保守此處無事○○○○○○○（此人生平須用此人自述爲稱）操曰吾聞大名久矣還肯降否褚曰固所願也遂招引宗族數百人俱降操拜

許褚爲都尉賞勞甚厚隨將何儀黃邵斬訖細汝潁悉平曹操
班師曹仁夏侯惇接見言近日細作報說兗州薛蘭李封軍士
皆出擄掠城邑空虛可引得勝之兵攻之一鼓可下操遂引軍
逕奔兗州薛蘭李封出其不意只得引兵出城迎戰許褚曰某
願取此二人以爲贄見之禮典韋已見本事此處專寫許褚操大喜遂令出戰
李封使畫戟向前來迎交馬兩合許褚斬封于馬下薛蘭急走
回陣弔橋邊李典攔住薛蘭不敢回城引軍投鉅野而去卻被
呂虔飛馬趕來一箭射于馬下果不出陳宮所料軍皆潰散曹操復得

兗州程昱便請進兵取濮陽操令許褚典韋爲先鋒夏侯淵爲左軍李典樂進爲右軍操自領中軍于禁呂虔爲合後兵至濮陽呂布欲自將出迎陳宮諫不可出戰待衆將聚會後方可呂布曰吾怕誰來遂不聽宮言引兵出陣橫戟大罵許褚便出鬬二十合不分勝負操曰呂布非一人可勝便差典韋助戰兩將夾攻左邊夏侯惇夏侯淵右邊李典樂進齊到六員將共攻呂布此可云六戰呂布布遮攔不住撥馬回城城上田氏見布敗回急令人拽起吊橋布大叫開門田氏曰吾已降曹將軍矣誰知

陶今兗州府

弄假反成真布大罵引軍奔定陶而去陳宮急開東門保護呂布老小出城不知此時貂蟬安在操遂得濮陽恕田氏舊日之罪劉曄曰呂布乃猛虎也今日困之不可少容操令劉曄等守濮陽自已引軍趕至定陶時呂布與張邈張超盡在城中高順張遼臧霸侯成巡海打糧未回巡海打糧與黃巾何異操軍至定陶連日不戰引軍退四十里下寨正值濟郡麥熟操即令軍割麥為食布軍打糧未回操軍割麥為食都照應前文救荒之糧細作報知呂布布引軍趕來將近操寨見左邊一望林木茂盛恐有伏兵而回操知布軍回去乃謂諸將曰布疑

林中有伏兵耳可多插旌旗于林中以疑之〔前義字假白旗只得一面此處假旗卻又甚多〕寨西一帶長堤無水可盡伏精兵明日呂布必來燒林〔呂布心腸早被曹操猜破〕堤中軍斷其後布可擒矣于是止留鼓手五十人于寨中擂鼓將村中擄來男女在寨吶喊〔打糧劫麥又擄村中男女民生此時亦大困矣恐凶年相尋也〕又精兵多伏堤中卻說呂布回告陳宮宮曰操多詭計不可輕敵〔曹操詭計又被陳宮猜破〕布曰吾用火攻可破伏兵乃留陳宮高順守城布次日引大軍來遥見林中有旗驅兵大進四面放火竟無一人欲投寨中卻聞鼓聲大震正自疑惑不定忽然寨後

一彪軍出呂布縱馬趕來砲響處堤內伏兵盡出夏侯惇夏侯淵許褚典韋李典樂進驟馬殺來呂布料敵不過落荒而走從將成廉被樂進一箭射死布軍三停去了二停敗卒回報陳宮宮曰空城難守不若急去遂與高順保着呂布老小棄定陶而走（處處寫呂布老小蓋因呂布所注意者在此也）曹操將得勝之兵殺入城中勢如劈竹張超自焚張邈投袁術去了山東一境盡被曹操所得安民修城不在話下却說呂布正走逢諸將皆回（打糧回也）陳宮亦已尋着布曰吾軍雖少尚可破曹遂再引軍來正是

兵家勝敗眞常事。捲甲重來未可知。

不知呂布勝負如何，且聽下文分解。

不知呂布勝負如何且聽下文分解

兵家勝敗真常事　捲甲重來未可知

傕音確　汜音祀

四大奇書第一種卷之七

茂苑毛宗崗序始氏評　吳門杭永年資能氏評定

第十三回

李傕郭汜大交兵
楊奉董承雙救駕

王允以婦人行反間。楊彪亦以婦人行反間。同一間也。允用之而亂稍平。彪用之而亂益甚。何也。蓋呂布聽允而爲允所用。郭汜則未嘗聽彪而不爲彪所用也。縱使汜能殺傕猶以董卓殺董卓耳傕與汜是二董卓也一董卓死而一董卓愈横曾何救於漢室哉況二人合而離離而復合離而天子公卿受其毒合而天子公卿亦受其毒楊彪始而反間繼而講和既欲離之又欲合之主張不定適以滋擾以是謀國亦無策之甚矣

呂布之誅董卓奉天子詔者也郭汜之攻李傕不奉天子詔而自相吞并者也一則假公義以報私讐一則但知有私讐而不知有公義故布之行事與卓異汜之肆惡與傕

同

楊奉賈詡其於李傕亦始合而終離乃一離而不復合焉則獨補過者也若郭阿多反覆無常與二人正自霄壤

或問予曰設使王允謀洩郿塢兵變其亂亦必至此予應之曰董卓不死將不止於刼天子而呂布不勝則必不至於刼公卿而亦必不至與董卓復合何以知之彼意在奪貂蟬則不得不黨王允黨王允則不得不助獻帝勢所必然耳

若使今人作稗官董卓之後便必緊接曹操而茲偏有催汜爲董卓之餘波又有李樂爲催汜之餘波夫然後以楊奉董承之救駕作一過文徐徐轉出曹操何其曲折乃爾天眞善作稗官者哉

話說曹操大破呂布於定陶布乃收集敗殘軍馬於海濱衆將皆來會集欲再與曹操決戰陳宮曰今曹兵勢大未可與爭先尋取安身之地那時再來未遲布曰吾欲再投袁紹何如未叙袁紹那邊要來先叙宮曰先使人往冀州探聽消息然後可去布從呂布這邊要去

之且說袁紹在冀州聞知曹操與呂布相持謀士審配進曰呂布豺虎也若得兖州必圖冀州不若助操攻之方可無患紹遂遣顏良將兵五萬往助曹操（後陳琳檄中以此爲功）細作報知這箇消息飛報呂布布大驚與陳宮商議宮曰聞劉玄德新領徐州可往投之布從其言竟投徐州來有人報知玄德玄德曰布乃當今英勇之士可出迎之糜竺曰呂布乃虎狼之徒不可收留收則傷人矣（爲後文奪徐州伏線）玄德曰前者非布襲兖州怎解此郡之禍（前者曹軍之退·名虧玄德·實虧呂布·今玄德明明說出·何等光明忠厚）今彼窮而投我豈有他心張

飛曰哥哥心腸忒好。雖然如此也要准備。老張却是粗中有細。玄德領衆

出城三十里接着呂布並馬入城都到州衙廳上講禮畢坐下

布曰某自與王司徒計殺董卓之後又遭傕汜之變飄零關東

諸侯多不能相容。豈非以汝連殺兩義父。故人多疑汝耶。怎因曹賊不仁侵犯徐

州蒙使君力救陶謙布因襲兖州以分其勢使有居功之意不料反墮

奸計敗兵折將今投使君共圖大事未審尊意如何玄德曰陶

使君新逝無人管領徐州因令備權攝州事今幸將軍至此合

當相讓遂將牌印送與呂布有玄德今日之讓。便有呂布後日之奪。一似先知其將奪故作此讓

呂布却待要接只見玄德背後關張二公各有怒色布乃佯笑曰量呂布一勇夫何能作州牧乎玄德又讓陳宮曰強賓不壓主請使君勿疑玄德方止遂設宴相待收拾宅院安下次日呂布回席請玄德玄德乃與關張同往飲酒至半酣布請玄德入後堂關張隨入布令妻女出拜玄德玄德再三謙讓布曰賢弟不必推讓張飛聽了瞋目大叱曰我哥哥是金枝玉葉你是何等人敢稱我哥哥爲賢弟你來我和你鬬三百合翼德生平只讓得兩箇人○○○○○○○○○○○○○○○○○○○爲兄其餘則不惟不屑兄之并不屑弟之也呂布即欲爲張公之弟且不可況欲爲其兄且欲爲其兄之兄乎宜其忿然欲鬬

三百合也。○皇帝且稱之爲叔。而呂布乃呼之爲弟。的是無禮。玄德連忙喝住關公勸飛出玄德與呂布陪話曰劣弟酒後狂言兄勿見責布黙然無語須臾席散布送玄德出門張飛躍馬橫鎗而來大叫呂布我和你併

○○○○○○○○○○○○○○○○

三百合。的是快人。○寫張飛與呂布不合。爲後失徐州張本。玄德急令關公勸止次日呂布來辭玄德曰蒙使君不棄但恐令弟輩不能相容布當別投他處玄德曰將軍若去某罪大矣劣弟冒犯另日當令陪話近邑小沛乃備昔日屯兵之處將軍不嫌淺狹權且歇馬如何糧食軍需謹當應付呂布謝了玄德自引軍投小沛安身去了玄

德自去埋怨張飛不題。却說曹操平了山東，表奏朝廷，加操爲建德將軍費亭侯。此時朝廷是李傕郭汜做，封操者傕汜也。其時李傕自爲大司馬，郭汜自爲大將軍，橫行無忌，朝廷無人敢言。太尉楊彪、大司農朱儁暗奏獻帝曰：今曹操擁兵二十餘萬，謀臣武將數十員，若得此人扶持社稷，勦除奸黨，天下幸甚。以此時大勢觀之，其才其力，足以勤王室者，必曹操也。獻帝泣曰：朕被二賊欺凌久矣，若得誅之，誠爲大幸。彪奏曰：臣有一計，先令二賊自相殘害，然後詔曹操引兵殺之，掃清賊黨，以安朝廷。獻帝曰：計將安出？彪曰：聞郭汜之妻最妒，可令

人於汜妻處用反間計則二賊自相害矣（又是女將軍出頭）帝乃書密
詔付楊彪（此名曹操之詔也）彪卽暗使夫人以他事入郭汜府（連環計陪了一
箇貂蟬此計却就用他妻子更不費力）乘間告汜妻曰聞郭將軍與李司馬夫人
有染其情甚密倘司馬知之必遭其害夫人宜絕其往來爲妙
汜妻訝曰怪見他經宿不歸却幹出如此無恥之事（是妬婦聲口）非
夫人言妾不知也當愼防之彪妻告歸汜妻再三稱謝而別（應該
謝）過了數日郭汜又將往李傕府中飲宴妻曰傕性不測況今
兩雄不並立倘彼酒後置毒妾將奈何汜不肯聽妻再三勸住

至晚間傕使人送酒筵至汜妻乃暗置毒於中方始獻入汜便欲食妻曰食自外來豈可便食乃先與犬試之犬立死（即用驪姬譖申生之術此婦想亦曾讀過左傳）自此汜心懷疑一日朝罷李傕力邀郭汜赴家飲酒至夜席散汜醉而歸偶然腹痛妻曰必中其毒矣急令將糞汁灌之一吐方定（本爲自己吃醋却教丈夫吃糞）汜乃大怒曰吾與李傕共圖大事今無端欲謀害我我不先發必遭毒手遂密整本部甲兵欲攻李傕（何不亦設一酌以邀傕如殺樊稠故事乎郭汜失算甚矣）早有人報知傕傕亦大怒曰郭阿多安敢如此遂點本部甲兵來殺郭汜兩處合兵

魏晉先

音賈詡

數萬就於長安城下混戰乘勢擄掠居民楊彪反間計，反弄出不好來了。傕姪李暹引兵圍住宮院用車二乘一乘載天子一乘載伏皇后只爲一婦人，致使禍及帝后。使賈詡左靈監押車駕其餘宮人內侍並皆步走擁出後宰門正遇郭汜兵到亂箭齊發射死宮人不知其數李傕隨後掩殺郭汜兵退車駕冒險出城不由分說竟擁到李傕營中郭汜領兵入宮盡搶擄宮嬪采女入營不畏妒妻呢。○○○○放火燒宮殿○董卓焚洛陽，郭汜焚長安，又見咸陽三月矣。次日郭汜知李傕劫了天子領軍來營前廝殺帝后都受驚恐後人有詩歎之曰

光武中興興漢世上下相承十二帝
桓靈無道宗社墮閹臣擅權爲叔季無謀何進作三公欲除社鼠招奸雄豺獺雖驅
虎狼入西州逆豎生淫凶王允赤心托紅粉致令董呂成矛
盾渠魁殄滅天下寧誰知李郭心懷憤神州荊棘爭奈何六
宮饑饉愁干戈人心既離天命去英雄割據分山河後王規
此存兢業莫把金甌等閑缺生靈糜爛肝腦塗剩水殘山多
怨血我觀遺史不勝悲今古茫茫歎黍離人君當守包桑戒
太阿誰挽全綱維

却說郭汜兵到李傕出營接戰汜軍不利暫且退去傕乃移帝后車駕於郿塢（董賊郿塢遺害至此。惜王允殺卓時不即墮之。）使姪李暹監之斷絕內使飲食不繼侍臣皆有飢色帝令人問傕取米五斛牛骨五具以賜左右傕怒曰朝夕上飯何又他求乃以腐肉朽糧與之（可惡）皆臭不可食帝罵曰逆賊直如此相欺侍中楊琦急奏曰傕性殘暴事勢至此陛下且忍之不可攖其鋒也（若必欲換好米好肉。恐亦如郭汜腹痛矣。）帝乃低頭無語淚盈龍袖忽左右報曰有一路軍馬鎗刀映日金鼓震天前來救駕（好消息。）帝教打聽是誰乃郭汜也（原來卻是此公）

帝心轉憂、只聞塢外喊聲大起、原來李傕引兵出迎郭汜、攛掮郭汜而罵曰、我待你不薄、你如何謀害我、汜曰、爾乃反賊、如何不殺你、然則公又是何等人、傕曰、我保駕在此、何為反賊、汜曰、此乃劫駕、何為保駕、傕曰、不須多言、我兩箇各不許用軍士、只自併輸贏、贏的便把皇帝取去罷了、以皇帝當賭輸贏之物、可笑可嘆。皇帝上用一把字、皇帝下用取去字。自有皇帝二字以來、未有如此之狼狽者。二人便就陣前厮殺、戰到十合、不分勝負、只見楊彪拍馬而來、大叫二位將軍少歇、老夫特邀衆官來與二位講和、楊彪欲用反間、今又欲為講和、胸中全無主意。傕汜乃各自還營、楊彪與朱儁會合朝廷官僚六十餘人先詣郭汜營中勸和郭汜竟將衆官盡行監下衆官曰我等爲好而來何乃如此相待汜曰李傕劫天子偏我劫不得公卿（極沒理語說來却是趣甚）楊彪曰一劫天子一劫公卿意欲何爲汜大怒便拔劍欲殺彪中郎將楊密力勸汜乃放了楊彪朱儁其餘都監在營中彪謂儁曰爲社稷之臣不能匡君救主空生天地間耳（固是正論惜未得匡君救主之法）言訖相抱而哭昏絕於地儁歸家成病而死（朱儁與蔡邕不同）自此之後傕汜每日厮殺一連五十餘日死者不知其數却說李傕平日最喜左道妖

邪之術常使女巫擊鼓降神於軍中郭汜聽妒妻之言李傕信女巫之說從來惡人未有不聽婦人言不信師巫邪說者可見聽婦言信邪術便非好人○○○○○賈詡屢諫不聽侍中楊琦密奏帝曰臣觀賈詡雖爲李傕心腹然實未嘗忘君陛下當與謀之正說之間賈詡來到帝乃屏退左右泣諭詡曰卿能憐漢朝救朕命乎○○○朕字兩頭恕着救命二字台有朕字以來未有如此之狠狠者詡拜伏於地曰固臣所願也陛下且勿言臣自圖之帝收淚而謝少頃李傕來見帶劍直入帝面如土色傕謂帝曰郭汜不臣監禁公卿欲劫陛下非臣則駕被擄矣帝拱手稱謝傕乃出時皇甫酈音夕入見帝帝知酈

能言又與李傕同鄉詔使往兩邊解和。前有和事公卿，此有和事天子。鄭奉詔，先至汜營說汜。汜曰：「如李傕送出天子，我便放出公卿。」鄭即來見李傕曰：「今天子以某是西涼人，與公同鄉，特令某來勸和二公。汜已奉詔，公意若何？」傕曰：「吾有敗呂布之大功，請問此是輔佐麼功勞。輔政四年，多著勳績，刼天子，擄百姓，都算是勳績。天下共知。郭阿多盜馬賊耳，乃敢擅刼公卿，與我相抗，誓必誅之。君試觀吾方略士衆，足勝郭阿多否？」一派夢話。鄭答曰：「不然。昔有窮后羿恃其善射，不思患難，以致滅亡。近董太師之強，君所目見也，呂布受恩而反圖之，斯須之間頭懸國門則強固不足恃矣將軍身爲上將持鉞仗節子孫宗族皆居顯位國恩不可謂不厚今郭阿多劫公卿而將軍劫至尊果誰輕誰重耶其詞太直不是和事人李傕大怒拔劍叱曰天子使汝來辱我乎我先斬汝頭騎都尉楊奉諫曰今郭汜未除而殺天使則汜興兵有名諸侯皆助之矣賈詡亦力勸傕怒少息詡遂推皇甫酈出酈大叫曰李傕不奉詔欲弒君自立侍中胡邈急止之曰無出此言恐於身不利酈叱之曰胡敬才汝亦爲朝廷之臣如何附賊君辱臣死吾被李傕所殺乃分也大罵

不止○鄭雖忠。然李傕可以計勝。不可以理爭也。帝知之急令皇甫酈回西京却說李傕之軍大半是西京人氏更賴羌兵爲助却被皇甫酈揚言於西京人曰李傕謀反從之者卽爲賊黨後患不淺西京人多有聽酈之言軍心漸渙。軍士肯聽同鄉人語。李傕却不肯聽同鄉人語。逆賊不知有國。並不知有鄉。傕聞酈言大怒差虎賁王昌追之昌知酈乃忠義之士竟不往追只回報曰酈已不知何往矣。王昌殊有俠氣。賈詡又密諭羌人曰天子知汝等忠義久戰勞苦密詔使汝還郡後當有重賞羌人正怨李傕不與爵賞遂聽詡言都引兵去詡又密奏帝曰李傕貪而無謀令兵散心怯可以重爵餌之帝乃降詔封傕爲大司馬傕喜曰此女巫降神祈禱之力也遂重賞女巫却不賞軍將李傕如此着邪其妻亦宜以糞汁灌之蓋郭氾是吃糞人李傕亦是吃糞人也騎都尉楊奉大怒謂宋果曰吾等出生入死身冒矢石功反不及女巫耶宋果曰何不殺此賊以救天子奉曰你於中軍放火爲號吾當引兵外應二人約定是夜二更時分舉事不料其事不密有人報知李傕傕大怒令人擒宋果先殺之楊奉引兵在外不見號火李傕自將兵出恰遇楊奉就寨中混殺到四更奉不勝引軍投西安去了爲後救駕

新豐漢縣名今西安府臨潼縣

（伏線）李傕自此軍勢漸衰更兼郭汜常來攻擊殺死者甚多忽人來報張濟統領大軍自陝西來到欲與二公解和聲言如不從者引兵擊之（不記殺樊稠之時伏地再拜耶）傕便賣箇人情先遣人赴張濟軍中許和郭汜亦只得許諾張濟上表請天子駕幸弘農帝喜曰朕思東都久矣今乘此得還乃萬幸也詔封張濟爲驃騎將軍○○○○○○○○濟進糧食酒肉供給百官（可稱大酺糧食酒肉家常物耳不意此時天子公卿得之竟成至寶）汜放公卿出營傕收拾車駕東行遣舊御林軍數百持戟護送鑾輿過新豐至霸陵時值秋天金風驟起○○○○○○○○（帝后何知宮庭春暖今昔却受用鞍馬秋風得）

霸陵橋即霸陵在陝西西安府東霸水上

華陰縣今屬西安府

此點染悲凉之極忽聞喊聲大作數百軍兵來至橋上攔住車駕厲聲問曰來者何人侍中楊琦拍馬上橋曰聖駕過此誰敢攔阻有二將出曰吾等奉郭將軍命把守此橋以防奸細既云聖駕須親見帝方可准信楊琦高揭珠簾帝諭曰朕躬在此卿何不退衆將皆呼萬歲分於兩邊駕乃得過○○○○霸陵秋景雖佳天子過橋不易二將回報郭汜曰駕已去矣汜曰我正欲哄過張濟劫駕再入郿塢郿塢竟成陷阱你如何擅自放了過去遂動二將起兵趕來車駕正到華陰縣背後喊聲震天大叫車駕且休動帝泣告大臣曰方離狼窩

終南山在西安府城南一名南山

又逢虎口如之奈何衆皆失色賊軍漸近（喊殺）只聽得一派鼓聲山背後轉出一將當先一面大旗上書大漢楊奉四字引軍千餘殺來（來得好）原來楊奉自爲李傕所敗便引軍屯終南山下今聞駕至特來保護（補應前文）當下列開陣勢汜將崔勇出馬大罵楊奉反賊奉大怒回顧陣中曰公明何在一將手執大斧飛驟驊騮直取崔勇兩馬相交只一合斬崔勇於馬下楊奉乘勢掩殺汜軍大敗退走二十餘里奉乃收軍來見天子帝慰諭曰卿救朕躬其功不小奉頓首拜謝帝曰適斬賊將者何人奉乃引此

將拜於車下曰此人河東楊郡人姓徐名晃字公明先出字後出姓名又是一樣敘法帝慰勞之楊奉保駕至華陰駐蹕將軍段煨具衣服飲膳上獻是夜天子宿於楊奉營中郭汜敗了一陣次日點軍又殺至營前來徐晃當先出馬郭汜大軍八面圍來將天子楊奉困在垓心又吃一嚇正在危急之中忽然東南上喊聲大震一將引軍縱馬殺來賊眾奔潰徐晃乘勢攻擊大敗汜軍那人來見天子乃國戚董承也楊奉董承參差而至帝哭訴前事承曰陛下免憂臣與楊將軍誓斬二賊以靖天下帝命早赴東都連夜駕起前幸弘

農却說郭汜引敗軍回撞着李傕言楊奉董承救駕往弘農去了若到山東立脚得牢必然布告天下令諸侯共伐我等三族不能保矣傕曰今張濟兵據長安未可輕動我和你乘間合兵一處至弘農殺了漢君平分天下有何不可汜喜諾看李郭二人如此一番相爭後忽又相合詩云方茂爾惡相爾矛矣既夷既懌如相酬矣小人之交固都如是二人合兵於路劫掠所過一空楊奉董承知賊兵遠來遂勒兵回與賊大戰於東澗傕汜二人商議我衆彼寡只可以混戰勝之於是李傕在左郭汜在右漫山遍野擁來楊奉董承兩邊死戰剛保帝后車出

百官宮人符册典籍一應御用之物盡皆拋棄郭汜引軍入弘農劫掠承奉保駕走陝北傕汜分兵趕來承奉一面差人與傕汜講和一面密傳聖旨往河東急召故白波帥韓暹李樂胡才三處軍兵前來救應此數人終非好相識爾時何不便名曹操耶那李樂亦是嘯聚山林之賊今不得已而召之以賊攻賊豈是善計三處軍聞天子赦罪賜官如何不來並拔本營軍士來與董承約會一齊再取弘農其時李傕郭汜但到之處劫掠百姓老弱者殺之强壯者充軍臨敵則驅民兵在前名曰敢死軍何嘗敢死只是不敢求活耳不當名爲敢死軍只當名爲替死

渭陽縣名故城在雍州涇陽縣西北

退賊勢浩大李樂軍到會於渭陽郭汜令軍士將衣服物件拋棄於道樂軍見衣服滿地爭往取之隊伍盡失傕汜二軍四面混戰樂軍大敗楊奉董承遮攔不住保駕北走背後賊軍趕來李樂曰事急矣請天子上馬先行帝曰朕不可捨百官而去衆皆號泣相隨胡才被亂軍所殺承奉見賊追急請天子棄車駕步行到黃河岸邊李樂等尋得一隻小舟作渡船時值天氣嚴寒帝與后强扶到岸（此時景象此草舉熒火之時更是悲哀前是兄弟流離此則夫婦逃難也）邊岸又高不得下船後面追兵將至楊奉曰可解馬韁繩接連拴縛

帝腰放下舡去人叢中國舅伏德挾白絹十數疋至日我於亂軍中拾得此絹可接連携輦行軍校尉尚弘用絹包帝及后令衆先掛帝往下放之乃得下船以白絹掛天子下船眞可擗白龍掛李樂仗劍立於船頭上后見伏德負后下船中岸上有不得下船者爭扯船纜李樂盡砍於水中渡過帝后再放船渡衆人其爭渡者皆被砍下手指左傳述晉敗於邲之役有云舟中之指可掬也此將毋同哭聲震天既渡彼岸帝左右止剩得十餘人楊奉尋得牛車一輛載帝至大陽絕食晩宿於瓦屋中野老進粟飯上與后共食麤糲不能下咽惟辟玉食乃有

大陽亭名在河南府陝州一名

冡津一名陜津

安邑即今解州

食麤糲之天子爲之一嘆。次日詔封李樂爲征北將軍，韓暹爲征東將軍。起駕前行，有二大臣尋至，哭拜車前，乃太尉楊彪、太僕韓融也。帝后俱哭。韓融曰：「傕、汜二賊頗信臣言，臣捨命去說二賊罷兵，陛下善保龍體。」韓融去了。李樂請帝入楊奉營暫歇。楊彪請帝都安邑縣。駕至安邑，苦無高房，帝后都居於茅屋中，又無門關閉，四邊插荆棘以爲屏蔽。帝與大臣議事於茅屋之下。茅屋上增直欲比德唐堯。諸將引兵於籬外鎮壓。李樂等專權，百官稍有觸犯，竟於帝前毆罵，故意送濁酒麤食與帝。禹嘗菲飲食矣，既使之法堯，又使之學禹，李樂真愛君哉。帝勉強納之李樂韓暹又連名奏保無徒部曲巫醫走卒二百餘名並爲校尉御史等官李傕郭汜做了官原做強盜李樂等部卒做了強盜又要做官強盜走官做官又是強盜做然則做了竟是真做了強盜也刻印不及以錐畫之全不成體統却說韓融曲說傕汜二賊二賊從其言乃放百官及宮人歸是歲大荒百姓皆食棗菜餓莩遍野河內太守張揚獻米肉河東太守王邑獻絹帛帝稍得寧董承楊奉商議一面差人修洛陽宮院欲奉車駕還東都李樂不從董承謂李樂曰洛陽本天子建都之地安邑乃小地面如何容得車駕今奉駕還洛陽是正理李

樂曰汝等奉駕去我只在此處住承奉乃奉駕起程李樂暗令人結連李傕郭汜一同劫駕（前猶以賊攻賊今則以賊合賊）董承楊奉韓暹知其謀連夜擺布軍士護送車駕前奔箕關李樂聞知不等傕汜軍到自引本部人馬前來追趕四更左側趕到箕山下大叫車駕休行李傕郭汜在此（汝果與傕汜無二）嚇得獻帝心驚膽戰山上火光遍起正是

前番兩賊分為二　今番三賊合為一

不知漢天子怎離此難且聽下文分解

第十四回

曹孟德移駕幸許都

呂奉先乘夜襲徐郡

或謂楊彪請召曹操何不請召劉備曰劉備兵少而勢弱

曹操兵多而勢强以多少强弱衡之則必舍備而取操矣

況有楊奉韓暹懷二心以爭之於內又有諸大鎮挾重兵

以爭之於外一劉備之兵力烏足以禦之乎荀或告操曰

恐有先我而爲之者抑知袁紹袁術輩可爲而不能爲劉

備能爲而不可爲舍曹操竟無有爲之者爾
操之遷帝許都與卓之遷帝長安傕汜之遷帝郿塢無以
異也然卓與傕汜之名逆而操之名順者勤王之師與劫
駕不同所以獨成氣候晉文公要天子赴河陽而諸侯賓
服眞伯者之事也
劉備不殺呂布爾以爲操敵也他日白門樓勸斬呂布恐
其爲操翼也前之不殺與後之勸殺各有深意英雄所見
非凡人可及

朱虛侯酒令正爲怪着姓呂的張翼德酒風亦爲怪着姓呂的朱虛侯意中只有一劉那管我是呂家女壻張翼德意中亦只有一劉偏怪他說呂家丈人

曹操爲自已報父讐而徐州卒未嘗爲操所破呂布爲老婆報父讐而徐州竟爲布所奪轅內父之怨更甚於殺親父之怨人情愛父不如愛妻可嘆也然愛父不如愛妻則必有愛妻不如愛妾者曹豹吃打便思爲老婆報讐獨不思王允被殺何不爲貂蟬報讐耶不筭愛貂蟬還是怕老

軹道在西安府

野王即今河內縣屬懷慶府

婁爲之一笑

却說李樂引軍詐稱李傕郭汜來追車駕天子大驚楊奉曰此李樂也遂令徐晃出迎之李樂親自出戰兩馬相交只一合被徐晃一斧砍於馬下（也算殺一李傕郭汜矣）殺散餘黨保護車駕過箕關太守張揚具粟帛迎駕於軹道帝封張揚爲大司馬揚辭帝屯兵野王去了帝入洛陽見宮室燒盡街市荒蕪滿目皆是蒿草宮院中只有頹牆壞壁（即孫堅看月之處）命楊奉且蓋小宮居住百官朝賀皆立於荊棘之中（天子一向在長安亦如居荊棘中耳）詔改興平爲建安元

年（建安二字取建都安邪之義可見天子之意固在洛陽也孰知曹操乃欲移之耶）是歲又大荒洛陽居民僅有數百家無可爲食盡去城中剝樹皮掘草根食之尚書郎以下皆自出城樵採（羣臣何罪皆爲鬼薪）多有死於頹牆壞壁之間者（生不能爲版築宰相死乃爲牆下廌紳哀哉）漢末氣運之衰無甚於此後人有詩嘆之日

血流芒碭白蛇亡　赤幟縱橫遊四方　秦鹿逐翻興社稷
楚騅推倒立封疆　天子懦弱姦邪起　氣色凋零盜賊狂
看到兩京遭難處　鐵人無淚也悽惶

太尉楊彪奏帝曰前蒙降詔未曾發遣今曹操在山東兵强將盛可宣入朝以輔王室帝曰朕前既降詔（應前文）卿何必再奏今即差人前去便了彪領旨即差使命赴山東宣召曹操却説曹操在山東聞知車駕已還洛陽聚謀士商議荀彧進曰昔晉文公納周襄王而諸侯服從（此勸以伯者之業）漢高祖爲義帝發喪而天下歸心（此直勸以王者之事）今天子蒙塵將軍誠因此時首倡義兵奉天子以從衆望不世之畧也若不早圖人將先我而爲之矣（此時此事除却曹操亦無人可爲）曹操大喜正要收拾起兵忽報有天使齎詔宣召

操接詔克日興師。却說帝在洛陽，百事未備，城郭崩倒，欲修未能。人報李傕、郭汜領兵將到。帝大驚，問楊奉曰：「山東之使未回，李、郭之兵又至，爲之奈何？」楊奉、韓暹曰：「臣愿與賊決死戰，以保陛下。」董承曰：「城郭不堅，兵甲不多，戰如不勝，當復如何？不若且奉駕往山東避之。」帝從其言，即日起駕望山東進發。前者使命未至曹操，先欲動王，此時曹操未來，天子反欲投操，寫得兩不相照，匆忙變動之極。百官無馬，皆隨駕步行。出了洛陽，行無一箭之地，但見塵頭蔽日，金鼓喧天，無限人馬來到。又吃一嚇。疑是傕、汜伏兵。帝后戰慄不能言。忽見一騎飛來，乃前差往山東之使命也至車前拜啟曰曹將軍盡起山東之兵應詔前來聞李傕郭汜犯洛陽先差夏侯惇爲先鋒引上將十員精兵五萬前來保駕帝心方安少頃夏侯惇引許褚典韋等至駕前面君俱以軍禮見帝慰諭方畢忽報正東又有一路軍到帝即命夏侯惇往探之回奏曰乃曹操步軍也須臾曹洪李典樂進來見駕通名畢洪奏曰臣兄知賊兵至近恐夏侯惇孤力難爲故又差臣等倍道而來協助帝曰曹將軍眞社稷臣也（只怕未必）遂命護駕前行探馬來報李傕郭汜領兵長驅而來帝令夏侯惇

分兩路迎之惇乃與曹洪分爲兩翼馬軍先出步軍後隨儘力攻擊傕汜賊兵大敗斬首萬餘于是請帝還洛陽故宮夏侯惇屯兵於城外次日曹操引大隊人馬來到馬軍先到步兵繼至然後大隊人馬到寫曹操來得聲勢安營畢入城見帝拜於殿階之下帝賜平身宣諭慰勞操曰臣向蒙國恩刻思圖報今傕汜二賊罪惡貫盈臣有精兵二十餘萬以順討逆無不克捷陛下善保龍體以社稷爲重帝乃封操領司隸校尉假節鉞録尚書事却說李傕郭汜知操遠來議欲速戰賈詡諫曰不可操兵精將勇不如降之求免本身

之罪傕怒曰爾敢滅吾鋭氣拔劍欲斬詡衆將勸免是夜賈詡单馬走回鄉里去了（去得是獨恨其不早耳）次日李傕軍馬來迎操兵操先令許褚曹仁典韋領三百鐵騎於傕陣中衝突三遭方纔布陣陣圓處李傕姪李暹李別出馬陣前未及開話許褚飛馬過去一刀先斬李暹李別吃了一驚倒撞下馬褚亦斬之雙挽人頭回陣曹操撫許褚之背曰子真吾之樊噲也○○○○○（又隱然以高祖自待）隨令夏侯惇領兵左出曹仁領兵右出操自領中軍衝陣鼓響一聲三軍齊進賊兵抵敵不住大敗而走操親掣寶劍押陣率衆連

夜追殺勦戮極多降者不計其數傕汜望西逃命忙忙似喪家之狗自知無處容身只得往山中落草去了。一向做官。原是做強盜。今去做強盜。原只算去做官。曹操回兵仍屯於洛陽城外楊奉韓暹兩箇商議今曹操成了大功必掌重權如何容得我等乃入奏天子只以追殺傕汜為名引本部軍屯於大梁去了帝一日命人至操營宣操入宮議事操聞天使至請入相見只見那人眉清目秀精神充足操暗想曰今東都大荒官僚軍民皆有飢色此人何得獨肥因問之曰公尊顏充腴以何調理而至此對曰某無他法只食

淡三十年矣（肥者必俗好淡却是不俗）操乃領之又問曰君居何職對曰某
舉孝廉（然則是曹操年家）原爲袁紹張楊從事今聞天子還都特來朝
覲官封正議郎濟陰定陶人姓董名昭字公仁曹操避席曰聞
名久矣幸得於此相見遂置酒帳中相待令與荀彧相會忽人
報曰一隊軍往東而去不知何人操急令人探之董昭曰此乃
李傕舊將楊奉與白波帥韓暹因明公來此故引兵欲投大梁
去耳操曰莫非疑操乎昭曰此乃無謀之輩明公何足慮也操
又曰李郭二賊此去若何昭曰虎無爪鳥無翼不久當爲明公

所擒無足介意。看得楊韓李郭四人雪淡。操見昭語言投機便問以朝廷大
事昭曰明公興義兵以誅暴亂入朝輔佐天子此五霸之功也。
但諸將人殊意異未必服從今若留此恐有不便惟移駕幸許
都為上策。此策非為朝廷專為曹操。然朝廷播越新還京師遠近仰望以冀
一朝之安今復徙駕不厭衆心夫行非常之事乃有非常之功
願將軍決計之。不似食淡人語然食塩醬人又何能知此。操執昭手而笑曰此吾之
本志也但楊奉在大梁大臣在朝不有他變否昭曰易也以書
與楊奉先安其心明告大臣以京師無糧欲車駕幸許都近魯

陽轉運糧食，庶無欠缺懸隔之憂。大臣聞之，當欣從也。操大喜。

昭謝別，操執其手曰：凡操有所圖，唯公教之。昭稱謝而去。（曹操又得一謀士。）操由是日與衆謀士密議遷都之事。時侍中太史令王立私謂宗正劉艾曰：吾仰觀天文，自去春太白犯鎮星於斗牛，過天津，熒惑又逆行，與太白會於天關，金火交會，必有新天子出。吾觀大漢氣數將終，晉魏之地，必有興者。（周詩有魏風，而魏爲晉所并，魏地遂入於晉。及晉卿魏斯求爲諸侯，與韓趙三分晉國，而魏復興焉。左傳曰：魏，大名也。故畢萬卜居於此，而子孫乃昌。魏居天下之中，中央屬土，土之色黃，正應黃天當立之讖。）又密奏獻帝曰：天命有去就，五行不常盛。

代火者土也代漢而有天下者當在魏操聞之使人告立曰知公忠於朝廷然天道深遠幸勿多言操以是告彧彧曰漢以火德王而明公乃土命也許都屬土到彼必興火能生土土能旺木正合董昭王立之言他日必有興者（雖云地利實合天時故曰曹操得天時）操意遂決次日入見帝奏曰東都荒廢久矣不可修葺更兼轉運糧食艱辛許都地近魯陽城郭宮室錢糧民物足可備用臣敢請駕幸許都唯陛下從之帝不敢不從羣臣皆懼操勢亦莫敢有異議遂擇日起駕（此時皇帝竟如雙陸象棋搬來搬去憑人安放）操引軍護行百官

皆從行不到數程前至一高陵忽然喊聲大舉楊奉韓暹領兵攔路（二人忽來奪駕使其得志未必不爲催汜所爲）徐晃當先大叫曹操欲劫駕何往操出馬視之見徐晃威風凜凜暗暗稱奇便令許褚出馬與徐晃交鋒刀斧相交戰五十餘合不分勝敗操即鳴金收軍召謀士議曰楊奉韓暹誠不足道徐晃乃真良將也吾不忍以力併之當以計招之（曹操見才便愛安得不成大業）行軍從事滿寵曰主公勿慮某向與徐晃有一面之交今晚扮作小卒偷入其營以言說之管教他傾心來降操欣然遣之是夜滿寵扮作小卒混入彼軍隊

中偷至徐晃帳前只見晃秉燭被甲而坐寵突至其前來得突兀如華元登子反之床揖曰故人別來無恙乎徐晃驚起熟視之曰子非山陽滿伯寧耶何以至此寵曰某現爲曹將軍從事今日於陣前得見故人欲進一言故特冒死而來晃乃延之坐問其來意寵曰公之勇畧世所罕有奈何屈身於楊韓之徒曹將軍當世英雄其好賢禮士天下所知也今日陣前見公之勇十分敬愛故不忍以健將決死戰特遣寵來奉邀公何不棄暗投明共成大業語甚明快晃沉吟良久乃喟然嘆曰吾固知奉暹非立業之人奈從

之久矣不忍相捨寵曰豈不聞良禽擇木而棲賢臣擇主而事
遇可事之主而交臂失之非丈夫也晃起謝曰願從公言寵曰
何不就殺奉暹而去以為進見之禮晃曰以臣弑主大不義也
吾決不為（與呂布殺丁原大相懸絕公明眞義士故後來獨與雲長公交厚）寵曰公眞義士也
晃遂引帳下數十騎連夜同滿寵來投曹操早有人報知楊奉
奉大怒自引千騎來追大叫徐晃反賊休走正追趕間忽然一
聲砲響山上山下火把齊明伏軍四出曹操親自引軍當先大
喝我在此等候多時休教走脫（滿寵去而徐晃必來徐晃來楊而楊奉必趕都在曹操算中）

奉大驚，忽待回軍，早被曹兵圍住。恰好韓暹引兵來救，兩軍混戰。楊奉走脫，曹操趁彼軍亂，乘勢攻擊，兩家軍士太半多降。楊奉、韓暹勢孤，引敗兵投袁術去了。後文伏線曹操收軍回營，滿寵引徐晃入見。操大喜，厚待之。於是迎鑾駕到許都，蓋造宮室殿宇，立宗廟社稷，省臺司院衙門，修城郭府庫。封董承等十三人為列侯，賞功罰罪，並聽曹操處置。操自封為大將軍、武平侯，帝命為司隸校尉錄尚書事，畢竟封得不暢，故不若自封之為爽快也。○李傕、郭汜自寫職銜，勒令帝封；今曹操竟自封職銜，更不勞天子費心。愈出愈奇。以荀彧為侍中尚書令，荀攸為軍師，郭嘉為司馬祭酒劉曄爲司空掾曹毛玠任峻爲典農中郎將催督錢糧程昱爲東平相范成董昭爲洛陽令滿寵爲許都令夏侯惇夏侯淵曹仁曹洪皆爲將軍呂虔李典樂進于禁徐晃皆爲校尉許褚典韋皆爲都尉其餘將士各各封官自此大權皆歸於曹操（總結一句）朝廷大務先稟曹操然後方奏天子（自此皇帝又在曹操手中過活矣）操既定大事乃設宴後堂聚衆謀士共議曰劉備屯兵徐州自領州事近呂布以兵敗投之備使居於小沛若二人同心引兵來犯乃心腹之患也公等有何妙計可圖之（方定許都遂以徐州爲心腹之患可知徐州乃心腹之患）

操所必欲爭也。許褚曰、願借精兵五萬、斬劉備呂布之頭、獻與丞相。荀彧曰、將軍勇則勇矣、不如用謀。今許都新定、未可造次用兵。彧有一計、名曰二虎競食之計。計名奇。今劉備雖領徐州、未得詔命。明公可奏請詔命、實授備爲徐州牧、因密與一書、教殺呂布。事成則備無猛士爲輔、亦漸可圖。事不成則呂布必殺劉備矣。此乃二虎競食之計也。極似戰國策士之謀。操從其言、即時奏請詔命、遣使齎往徐州、封劉備爲征東將軍宜城亭侯、領徐州牧、幷附密書一封。卻說劉玄德在徐州、聞帝幸許都、正欲上表慶賀、忽報天使至出郭迎接入郡拜受恩命畢設宴管待來使使曰君侯得此恩命實曹將軍於帝前保薦之力也玄德稱謝使者乃取出私書遞與玄德玄德看罷曰此事尚容計議（已識破機關）席散安歇來使於館驛玄德連夜與衆商議此事張飛曰呂布本無義之人殺之何礙（直心快口）玄德曰他勢窮而來投我我若殺之亦是不義張飛曰好人難做（看透世情語然見爲天下負好人者說法非要人做不好人也）玄德不從次日呂布來賀玄德教請入見布曰聞公受朝廷恩命特來相賀玄德遜謝只見張飛扯劍上廳要殺呂布玄德慌忙阻住布

大驚曰。翼德何故只要殺我。張飛叫曰。曹操道你是無義之人。教我哥哥殺你。曹操密書却被他一口喊出。玄德連聲喝退。乃引呂布同入後堂。寔告前因。就將曹操所送密書與呂布看。此是玄德妙用。布看畢泣曰。此乃曹賊欲令我二人不和耳。玄德曰。兄勿憂。劉備誓不爲此不義之事。呂布再三拜謝。備留布飲酒。至晚方回。關張曰。兄長何故不肯殺呂布。玄德曰。此曹孟德恐我與呂布同謀伐之。故用此計。使我兩人自相吞併。彼却於中取利。奈何爲所使乎。荀彧之計早被料破。可見玄德機智絕人。不是一味忠厚。關公點頭道是。張飛曰。我只要殺此賊以絕後患。本心自要殺此賊，因不因孟。玄德曰此非大丈夫之所爲也。次日玄德送使命回京，就拜表謝恩，并回書與曹操，只言容緩圖之。使命回見曹操，言玄德不殺呂布之事。操問荀彧曰此計不成奈何。彧曰又有一計，名曰驅虎吞狼之計。計名又奇。操曰其計如何。彧曰可暗令人往袁術處通問，報說劉備上密表要略南郡。術聞之必怒而攻備，公乃明詔劉備討袁術。兩邊相併，呂布必生異心，此驅虎吞狼之計也。因劉呂二人不肯相併，又弄出一袁術來。操大喜，先發人往袁術處，次假天子詔發人往徐州。却說玄德在徐州聞使命至出郭迎接開讀詔書却是要起兵討袁術玄德領命送使者先回糜竺曰此又是曹操之計玄德曰雖是計王命不可違也曹操所以能令人者只爲假托王命遂點軍馬剋日起程孫乾曰可先定守城之人玄德曰二弟之中誰人可守關公曰弟愿守此城玄德曰吾早晚欲與爾議事豈可相離張飛曰小弟愿守此城玄德曰你守不得此城你一者酒後剛强鞭撻士卒爲下文使酒伏綫二者作事輕易不從人諫爲下文不聽陳登伏綫吾不放心張飛曰弟自今以後不飲酒只爲不飲酒倒弄出酒風來不打軍士諸般聽人

勸諫便了。糜竺曰。只恐口不應心。飛怒曰。吾跟哥哥多年。未嘗

○○

失信。你如何輕料我。○玄德曰。弟言雖如此。吾終不放心。還請陳

元龍輔之。早晚令其少飲酒。○○○不曰不飲。而曰少飲。料得張公必不肯不飲酒也。勿致失

事。陳登應諾。玄德分付了當。乃統馬步軍三萬。離徐州望南陽

進發。却說袁術聞說劉備上表。欲吞其州縣。乃大怒曰。汝乃織

蓆編屨之夫。今輒占據大郡。與諸侯同列。吾正欲伐汝。汝却反

欲圖我。深爲可恨。乃使上將紀靈起兵十萬。殺奔徐州。兩軍會

盱吁・眙夷

於盱眙。玄德兵少。依山傍水下寨。那紀靈乃山東人。使一口三

盱眙秦縣名漢屬臨淮郡今屬鳳陽府

矣刀重五十斤是日引兵出陣大罵劉備村夫安敢侵吾境界玄德曰吾奉天子詔以討不臣汝今敢來相拒罪不容誅紀靈大怒拍馬舞刀來取玄德關公大喝曰匹夫休得逞強出馬與紀靈大戰一連三十合不分勝負紀靈大叫少歇關公便撥馬回陣立於陣前候之（儒雅之極。是雲長身分。不是翼德身分。）○紀靈卻遣副將荀正出馬關公曰只教紀靈來與他決箇雌雄荀正曰汝乃無名下將非紀將軍對手關公大怒直取荀正交馬一合砍荀正於馬下玄德驅兵殺將過去紀靈大敗退守淮陰河口不敢交戰只

教軍士來偷營劫寨皆被徐州兵殺敗兩軍相拒不在話下卻
說張飛自送玄德起身後一應雜事俱付陳元龍管理軍機大
務自家恭酌一日設宴請各官赴席衆人坐定張飛開言曰我
兄臨去時分付我少飲酒恐致失事衆官今日盡此一醉明日
都各戒酒（自已不能戒酒卻要衆人陪他戒酒妙）幫我守城今日卻都要滿飲言
罷起身與衆官把盞酒至曹豹面前豹曰我從天戒不飲酒（天戒
二字新你自不吃酒天何嘗戒你來）飛曰厮殺漢如何不飲酒（一死且不惜斗酒安足辭）我
要你吃一盞豹懼怕只得飲了一盃（破天戒矣）張飛把遍各官自斟

巨觥連飲了幾十盃不覺大醉却又起身與衆官把盞酒至曹豹豹曰某實不能飲矣飛曰你恰纔吃了如今為何推却豹再三不飲飛醉後使酒今人每因使酒故戒酒翼德偏因戒酒反致使酒畢竟今人俗而翼德趣便發怒曰你違我將令該打一百以將令行酒令令官不過取笑以酒令行將令將官却是認眞便喝軍士拏下陳元龍曰玄德公臨去時分付你甚來飛曰你文官只管文官事休來管我違了將令固非文官所得而管也曹豹無奈只得告求曰翼德公看我女壻之面且恕我罷飛曰你女壻是誰豹曰呂布是也正提着他對頭飛大怒曰我本不欲打你你把呂布來諕我

我偏要打你我打你便是打呂布張飛使酒罵曹豹意不在曹豹而在呂布亦如灌夫使酒罵臨汝侯意不在臨汝而在田蚡也諸人勸不住將曹豹鞭至五十此五十鞭累只算酒籌人苦苦告饒方止不怕曹豹背痛只怕呂布耳熱席散曹豹回去深恨張飛速夜差人齎書一封遥投小沛見呂布備說張飛無禮且云玄德已往淮南今夜可乘飛醉引兵來襲徐州不可錯此機會呂布見書便請陳宮來議宮曰小沛原非久居之地今徐州既有可乘之隙失此不取悔之晚矣並棲不兩雄況有陳宮爲之謀曹操爲之搆即無張飛使酒布能久居小沛哉無徒以使酒責張飛也布從之隨即披掛上馬領五百騎先行陳

宮引大軍繼進高順亦隨後進發曹操之攻徐州爲父報讎呂布之襲徐州爲妻之父報讎小沛離徐州只四十五里上馬便到呂布到城下時恰纔四更月色澄清當此月明人靜正好再飲酒如何却動兵城上便不知覺布到城門邊叫曰劉使君有機密使人至城上有曹豹軍報知曹豹上城看之便令軍士開門呂布一聲暗號衆軍齊人喊聲大舉張飛正醉卧府中左右急忙搖醒報說呂布賺開城門殺將進來了張飛大怒慌忙披掛綽了丈八蛇矛纔出府門上得馬時呂布軍馬已到正與相迎張飛此時酒猶未醒不能力戰呂布素知飛

勇。虎牢關前已曾領教。亦不敢相逼。十八騎燕將保着張飛殺出東門。玄德家眷在府中。都不及顧了。却說曹豹見張飛只十數人護從。又欺他醉。遂引百十人趕來。豈非討死。飛見豹大怒。拍馬來迎。戰了三合。曹豹敗走。飛趕到河邊。一鎗正刺中曹豹後心。此一鎗只算醉筆草草。○此時酒令已完。正好殺將。連人帶馬。死於河中。活時不肯吃酒。死時罰他吃水。飛於城外招呼士卒出城者。盡隨飛投淮南而去。呂布入城。安撫居民。令軍士一百人守把玄德宅門。諸人不許擅入。此非呂布用情。乃感玄德示以操書之情也。却說張飛引數十騎。直到盱眙來見玄德。具說曹豹與呂布裡應外合夜襲徐州衆皆失色玄德歎曰得何足喜失何足憂（落落丈夫語）關公曰嫂嫂安在（問得緊要）飛曰皆陷於城中矣玄德默然無語（聞家眷失陷只默然不語後見翼德欲自刎却放聲大哭是至情亦是妙用）關公頓足埋怨曰你當初要守城時說甚來兄長分付你甚來今日城池又失了嫂嫂又陷了如何是好張飛聞言惶恐無地掣劍欲自刎正是

舉杯暢飲情何放　拔劍捐生悔已遲

不知性命如何且聽下文分解

布裏應外合夜襲徐州。眾皆失色。玄德歎曰：「得何足喜，失何足憂。」磊落丈夫語。關公曰：「嫂嫂安在？」問得緊要。飛曰：「皆陷於城中矣。」玄德默然無語。聞之未只默然不語後見真情放 自刎卻被救大哭是至情亦是妙用 關公頓足埋怨曰：「你當初要守城時說甚來？兄長分付你甚來？今日城池又失了，嫂嫂又陷了，如何是好！」張飛聞言，惶恐無地，掣劍欲自刎。正是：

舉杯暢飲情何放，拔劍捐生悔已遲。

不知性命如何，且聽下文分解。

四大奇書第一種卷之八

茂苑毛宗崗序始氏評　　吳門杭永年資能氏評定

第十五回

太史慈酣鬬小霸王

孫伯符大戰嚴白虎

呂布襲兗州而曹操卒復兗州呂布襲徐州而劉備不能復徐州非備之才不如而實勢不如也本是呂布依劉備今反成劉備依呂布客轉爲主主轉爲客備之遇亦艱矣

哉。

孫策信太史慈而慈亦不背孫策英雄心事如青天白日。所以能相與有成耳。若劉備不聽曹操而殺呂布呂布乃聽袁術而欲攻劉備及爲袁術所欺而後召劉備何無信義乃爾翼德之欲殺之可謂知人翼德非莽人也。

玉璽得而孫堅亡玉璽失而孫策霸甚矣玉璽之無關重輕也。成大業者以收人才結民心爲寶而玉璽不與焉堅之匿之不若策之棄之策之英雄殆過其父。

或曰孫策如此英雄何不先擊劉表以報父讎予曰脚頭不立定未可報讎脚頭纔立定亦未可報讎曹操初得兖州而遽擊陶謙則呂布旋詳其後劉備未定巴蜀而遽攻曹操則關張不能爲功策固籌之熟矣

前卷叙曹氏立國之始此卷叙孫氏開國之由兩家已各自成一局面而劉備則尚煢無依然繼漢正統者備也故前卷以劉備結此卷以劉備起叙兩家必夾叙劉備葢旣以備爲正統則叙劉處文雖少是正文叙孫曹處文雖

多皆旁文於旁文之中帶出正文如草中之蛇於彼見頭於此見尾又如空中之龍於彼見鱗於此見爪記事之妙無過於是今人讀三國志而猶欲別讀稗官則是未嘗讀三國志也

却說張飛拔劍要自刎玄德向前抱住奪劍擲地曰古人云兄弟如手足妻子如衣服衛風云綠衣衣兮綠衣黄裏從來衣服比妻子衣服破尚可縫手足斷安可續但聞人有繼妻不聞有繼兄繼弟吾三人桃園結義不求同生但願同死今雖失了城池家小安忍教兄弟中道而亡況城池

本非吾有。識時達勢語。家眷雖被陷呂布必不謀害尚可設計救之

賢弟一時之誤何至遂欲捐生耶今之因妯娌不睦而致兄弟不睦者多矣。閱此且然何況異姓。觀玄德數語勝讀棠棣一篇。說罷大哭關張俱感泣且說袁術知呂布襲

了徐州星夜差人至呂布處許以糧五萬斛馬五百匹金銀一

萬兩綵段一千疋使夾攻劉備袁術前既不納呂布今又交通呂布反覆可笑。布喜令

高順領兵五萬襲玄德之後前曾為其所拒今又為其所使呂布不但無義亦無氣。玄德

聞得此信乘陰雨撤兵棄盱眙而走思欲東取廣陵比及高順

軍來玄德已去高順與紀靈相見就索所許之物靈曰公且回

軍容甚見主公計之高順乃別紀靈回軍見呂布具述紀靈語布正在遲疑忽有袁術書至書意云高順雖來而劉備未除且待捉了劉備那時方以所許之物相送（前之所許竟似商於六百里）布怒罵袁術失信欲起兵伐之陳宮曰不可術據壽春兵多糧廣不可輕敵不如請玄德還屯小沛使為我羽翼他日令玄德為先鋒那時先取袁術後取袁紹可縱橫天下矣布聽其言令人賫書迎玄德回（忽欲攻之忽欲迎之反覆無常可笑）却說玄德引兵東取廣陵被袁術劫寨折兵大半回來正遇呂布之使呈上書劄玄德大喜關張

曰呂布乃無義之人不可信也玄德曰彼旣以好情待我奈何疑之遂來到徐州（此在他人決不肯來亦決不敢來）布恐玄德疑惑先令人送還家眷甘糜二夫人見玄德具說呂布令兵把定宅門禁諸人不得入又常使侍妾送物未嘗有缺玄德謂關張曰我知呂布必不害我家眷也乃入城謝呂布張飛恨呂布不肯隨往先奉二嫂往小沛去了玄德入見呂布拜謝呂布曰吾非欲奪城因令弟張飛在此恃酒殺人恐有失事故來守之耳（多謊）玄德曰備欲讓兄久矣布假意仍讓玄德玄德力辭還屯小沛住劄（本是呂布

寄寓於劉備，今反弄成劉備寄寓於呂布，賓客反爲主，主反爲客。關張心中不忿。立德曰：「屈身守分，以待天時，不可與命爭也。」能屈然後能伸，確是至言。呂布令人送糧米段疋，自此兩家和好，不在話下。

却說袁術大宴將士於壽春，人報孫策征廬江太守陸康，得勝而回。術喚策至，策拜於堂下。問勞已畢，便令侍坐飲宴。此處接寫孫策，忽寫他在袁術堂下趨蹌拜坐，令人不解其故，直至下文方與說明，筆法妙甚。原來孫策自父喪之後，退居江南，禮賢下士。後因陶謙與策母舅丹陽太守吳景不和，策乃移母并家屬居於曲阿，自己却投袁術。術甚愛之，常嘆曰：「使術有子如孫郎，死復何恨！」因使爲懷義校尉引兵攻涇縣太師祖郎得勝衛見策勇復使攻陸康今又得勝而回。補叙間到當日筵散策歸營寨見衛席間相待之禮相傲英雄固不論年策雖少猶虎也衛雖髮白不過一老牛而巳袁術與孫堅同輩其待策之傲自以爲父執耳不知心中鬱悶乃步月於中庭因思父孫堅如此英雄我今淪落至此不覺放聲大哭昔孫堅在洛陽時曾於月下揮淚今孫策在袁術處亦於月下放聲一爲國事傷情一爲家聲發憤我有一片心訴與天邊月月之感人甚矣哉忽見一人自外而入大笑曰伯符何故如此尊父在日多曾用我君今有不決之事何不問我乃自哭耶策視之乃丹陽故鄣人姓朱名治字君理孫堅舊從事官也策收淚而延之坐曰策所哭者恨不能繼父之志耳哭得英雄治曰君何不告袁公路借兵往江東假名救吳璟實圖大業而乃久困於人之下平正商議間一人忽入曰公等所謀吾已知之吾手下有精壯百人暫助伯符一馬之力策視其人乃袁術謀士汝南細陽人姓呂名範字子衡袁術謀士爲他人用術之無成可知矣策大喜延坐共議呂範曰只恐袁公路不肯借兵策曰吾有亡父留下傳國玉璽乃翁設誓抵賴令子竟不隱諱以爲質當以無用之璽換有用之兵大有算計範曰公路欲得此久矣袁術平日妄想卻從呂範口中補出妙以此相質必肯發

兵三人計議已定次日策入見袁術哭拜曰父讐不能報今母
舅吳璟又爲揚州刺史劉繇所逼策老母家小皆在曲阿必將
被害先説報父讐實重在救母難策敢借雄兵數千渡江救難省親恐明公
不信有亡父遺下玉璽權爲質當術聞有玉璽取而視之大喜
曰吾非要你玉璽今且權留在此爲後文伏號張本我借兵三千馬五
百匹與你平定之後可速回來你職位卑微難掌大權我表你
爲折衝校尉殄寇將軍不但借得兵馬兼得一箇大官剋日領兵便行策拜謝
遂引軍馬帶領朱治呂範舊將程普黃蓋韓當等擇日起兵行

至歷陽見一軍到當先一人姿質風流儀容秀麗見了孫策下馬便拜策覷其人乃廬江舒城人姓周名瑜字公瑾（孫策是小霸王此人亦小范增也）原來孫堅討董卓之時移家舒城瑜與孫策同年交情甚密因結爲昆仲策長瑜兩月瑜以兄事策瑜叔周尚爲丹陽太守今往省親（不但同年亦且同志）到此與策相遇策見瑜大喜訴以衷情瑜曰某願施犬馬之力共圖大業策喜曰吾得公瑾大事諧矣便令與朱治呂範等相見瑜謂策曰吾兄欲濟大事亦知江東有二張乎（一人薦出二人能成大事者必能得士能助人成大事者必能薦賢）策曰何爲二

張瑜曰一人乃彭城張昭字子布一人乃廣陵張紘字子綱二人皆有經天緯地之才因避亂隱居於此吾兄何不聘之策喜即便令人賫禮往聘俱辭不至（有身分若呼之即至者周瑜亦不薦之矣）策乃親到其家與語大悅力聘之二人許允策遂拜張昭爲長史兼撫軍中郎將張紘爲參謀正議校尉商議攻擊劉繇却說劉繇字正禮東萊牟平人也亦是漢室宗親太尉劉寵之姪兗州刺史劉岱之弟舊爲楊州刺史屯於壽春被袁術趕過江東故來曲阿（叙明劉繇來歷）當下聞孫策兵至急聚衆將商議部將張英曰某領一

軍屯於牛渚縱有百萬之兵亦不能近言未畢帳下一人高叫曰某願爲前部先鋒衆視之乃東萊黄縣人太史慈也慈自解了北海之圍後便來見劉繇繇留於帳下補應前文當日聽得孫策來到願爲前部先鋒繇曰你年尚輕未可爲大將袁術以年輕孫策劉繇亦以年輕太史慈術與繇是一流人只在吾左右聽命太史慈不喜而退張英領兵至牛渚積糧十萬於邸閣孫策引兵到張英出迎兩軍會於牛渚灘上孫策出馬張英大罵黄蓋便出與張英戰不數合忽然張英軍中大亂報說寨中有人放火此放火者果何人耶事誠意外之事文亦意外

之文。張英急回軍，孫策引軍前來乘勢掩殺，張英棄了牛渚，望深山而逃。原來那寨後放火的，乃是兩員健將：一人乃九江壽春人，姓蔣名欽，字公奕；一人乃九江下蔡人，姓周名泰，字幼平。二人皆遭世亂，聚人在洋子江中，劫掠為生。久聞孫策為江東豪傑，能招賢納士，故特引其黨三百餘人前來相投。二人不待相投而後立功，乃先立功而後相投，來得甚奇。策大喜，用為車前校尉。收得牛渚邸閣糧食軍器，并降卒四千餘人，遂進兵神亭。卻說張英敗回見劉繇，繇怒欲斬之，謀士笮融、薛禮勸免，使屯兵零陵城拒敵。劉繇自領兵

神亭在鎮江府丹陽縣界

於神亭嶺南下營孫策於嶺北下營策問土人曰近山有漢光武廟否土人曰有廟在嶺上光武廟宜在洛陽奈何神亭嶺亦有之意者洛陽太廟焚毀而劉繇自以為宗室乃立廟於此耶策曰吾夜夢光武召我相見當往祈之○○○○○○○○○○孫策後來不信神仙此日獨信夢光何也長史張昭曰不可嶺南乃劉繇寨倘有伏兵奈何策曰神人佑我吾何懼焉遂披掛綽鎗上馬引程普黃蓋韓當蔣欽周泰等共十三騎出寨上嶺到廟焚香下馬參拜已畢策向前跪祝曰若孫策能於江東立業復興故父之基即當重修廟宇四時祭祀卿自欲興孫家基業與劉家何與且正與劉家宗親作對何反向漢室祖先致祝也○小霸王

欲求神力助攻劉氏。禡畢出廟上馬、回顧衆將曰、吾欲過嶺探
當求項羽廟而禡之。
看劉繇寨柵、諸將皆以爲不可、策不從、遂同上嶺、南望村林、早
有伏路小軍飛報劉繇、繇曰、此必是孫策誘敵之計、不可追之、
○○○○○○○○○○○○○○○○
太史慈踴躍曰、此時不捉孫策、更待何時、遂不候劉繇將令、竟
自披掛上馬、綽鎗出營大叫曰、有膽氣者都跟我來、諸將不動、
惟有一小將曰、太史慈眞猛將也、吾可助之、拍馬同行、此小將惜不傳
其名、可覓稱之爲小太史慈。衆將皆笑、燕雀笑鴻鵠。却說孫策看了半晌、方始回
馬、足見孫策大膽。正行過嶺、只聽得嶺上叫孫策休走、策回頭視之、見

兩匹馬飛下嶺來。策將十三騎一齊擺開，策橫鎗立馬於嶺下待之。儒雅之極。太史慈高叫曰：「那箇是孫策？」策曰：「你是何人？」答曰：「我便是東萊太史慈也，特來捉孫策。」策笑曰：「只我便是。從容之極。你兩箇一齊來併我一箇，我不懼你。我若怕你，非孫伯符也。」孫郎獨戰太史慈，此項羽所謂獨身挑戰者也。慈曰：「你便衆人都來，我亦不怕。」縱馬橫鎗，直取孫策。策挺鎗來迎。兩馬相交，戰五十合，不分勝敗。程普等暗暗稱奇。在列觀者眼中摹寫一筆妙。慈見孫策鎗法無半點兒滲漏，乃佯輸詐敗，引孫策趕來。慈却不由舊路上嶺，竟轉過山背後。策趕到大喝曰走的不算好漢慈心中自忖這厮有十二從人我只一箇便活捉了他也喫衆人奪去不愁捉不得孫策只愁捉了被人奪去可謂目無孫策矣再引一程教這厮沒尋處方好下手於是且戰且走策那裏肯捨一直趕到平川之地慈兜回馬再戰又到五十合策一鎗搠去慈閃過挾住鎗慈也一鎗搠去策亦閃過挾住鎗兩箇用力只一拖都滾下馬來殺得好看馬不知走的那里去了不惟從人失散且復喪其馬兩箇棄了鎗揪住厮打不打不成相識戰袍扯得粉碎策手快掣了太史慈背上的短戟慈亦掣了策頭上的兜鍪策把戟來刺慈慈把

兜鍪遮架。策即以慈之戟刺慈，慈亦即以策之盔禦策。同是以敵治敵，同是以我困我。忽然喊聲後起，乃劉繇接應軍到來，約有千餘。策正慌急，程普等十二騎亦衝到，策與慈方纔放手。慈於軍中討了一匹馬，細。取了鎗上馬復來。孫策的馬却是程普收得，細。策亦取鎗上馬。劉繇一千餘軍和程普等十二騎混戰，逶迤殺到神亭嶺下。喊聲起處，周瑜領軍來到。賴有此軍接應，不然孫策亦輕身陷敵矣。獨不記乃尊峴山故事耶。劉繇自引大軍殺下嶺來。時近黃昏，風雨暴至，兩下各自收軍。若非風雨，慈策二人將直殺至天明矣。

次日，孫策引軍到劉繇營前，劉繇引軍出迎。兩陣圓處，孫策把鎗挑太史慈的小戟於陣前令軍士大叫曰太史慈若不是走的快已被刺死了太史慈亦將孫策兜鍪挑於陣前前日虎牢關上挑孫堅赤幘今日神亭嶺下挑孫策兜鍪可稱落帽世家也令軍士大叫曰孫策頭已在此兩軍吶喊這邊誇勝那邊道強太史慈出馬要與孫策決箇勝負策遂欲出程普曰不須主公勞力某自擒之程普出到陣前太史慈曰你非我之敵手只教孫策出馬來程普大怒挺鎗直取太史慈兩馬相交戰到三十合劉繇急鳴金收軍太史慈曰我正要捉拏賊將何故收軍劉繇曰人報周瑜領軍襲取曲阿

有廬江松滋人陳武字子烈接應周瑜入去。此段事卽在劉繇口中敘出甚省筆吾家基業已失不可久留速往秣陵會薛禮笮融軍馬急來接應太史慈跟着劉繇退軍孫策不趕收住人馬長史張昭曰彼軍被周瑜襲取曲阿無戀戰之心今夜正好劫營孫策然之當夜分軍五路長驅大進劉繇軍兵大敗衆皆四紛五落太史慈獨力難當引十數騎連夜投涇縣去了。却說孫策又得陳武爲輔其人身長七尺面黃睛赤形容古怪前只在劉繇口中述其事今却在孫策眼中見其人補叙得好策甚敬愛之拜爲校尉使作先鋒攻薛禮武引十數騎突入陣去斬首級五十餘顆（只十數騎耳斬首如此之多足見其勇）薛禮閉門不敢出策正攻城忽有人報劉繇會合笮融去取牛渚孫策大怒自提大軍竟奔牛渚劉繇笮融二人出馬迎敵孫策曰吾今到此你如何不降劉繇背後一人挺鎗出馬乃部將于麋也與策戰不三合被策生擒過去撥馬回陣繇將樊能見捉了于麋挺鎗來趕那鎗剛搠到策後心策陣上軍士大叫背後有人暗算策回頭忽見樊能馬到乃大喝一聲聲如巨雷樊能驚駭倒翻身撞下馬來破頭而死策到門旗下將于麋丟下已被挾死一

霎時挾死一將喝死一將自此人皆呼孫策爲小霸王忙中夾註一筆
妙。○霸王無面見江東今小霸王復
霸江東或即項羽後身亦未可知當日劉繇兵大敗人馬大
半降策策斬首級萬餘劉繇與笮融走豫章投劉表去了又走到孫
策讐人處孫策還兵復攻秣陵親到城壕邊招諭薛禮投降城上暗
放一冷箭正中孫策左腿翻身落馬衆將急救起還營拔箭以
金瘡藥傅之策令軍中詐稱主將中箭身死孫堅真被射死孫
策詐作射死一真
一假一死一
生令人不測軍中舉哀拔寨齊起薛禮聽知孫策已死連夜起
城內之軍與驍將張英陳横殺出城來追之忽然伏兵四起孫

策當先出馬高聲大叫孫郎在此孫策不死無異孫堅復生衆軍皆驚盡棄鎗刀拜於地下策令休殺一人張英撥馬回走被陳武一鎗刺死陳横被蔣欽一箭射死薛禮死於亂軍之中策入秣陵安輯居民移兵至涇縣來捉太史慈却說太史慈招得精壯二千餘人并所部兵正要來與劉繇報讐孫策與周瑜商議活捉太史慈之計瑜令三面攻縣只留東門放走離縣二十五里三路各伏一軍太史慈到那里人困馬乏必然被擒原來太史慈所招軍大半是山野之民不諳紀律然則雖有二千人只太史慈一人耳原涇縣城頭

苦不甚高當夜孫策命陳武短衣持刃首先爬上城放火太史慈見城上火起上馬投東門走背後孫策引軍來趕太史慈正走後軍趕至三十里却不趕了太史慈走了五十里人困馬乏蘆葦之中喊聲忽起慈急待走兩下里絆馬索齊來將馬絆翻了生擒太史慈解投大寨策知解到太史慈親自出營喝散士卒自釋其縛將自己錦袍衣之（孫策為小霸王太史慈亦一小英布也但項羽不能用英布孫策能用慈勝項羽多矣）請入寨中謂曰我知子義真丈夫也劉繇蠢輩不能用為大將以致此敗（貶劉繇隱然誇獎自己）慈見策待之甚厚遂請降

策執慈手笑曰：神亭相戰之時，若公獲我，還相害否？慈笑曰：未可知也。（極似穿封戌對楚靈王語。）策大笑，請入帳，邀之上坐，設宴款待。慈曰：劉君新破，士卒離心，某欲自往收拾餘衆，以助明公，不識能相信否？策起謝曰：此誠策所願也。今與公約，明日日中，望公來還。慈應諾而去。諸將曰：太史慈此去必不來矣。策曰：子義乃信義之士，必不背我。衆皆未信。次日，立竿於營門以候日影。恰將日中，太史慈引一千餘衆到寨。孫策大喜。衆皆服策之知人。（有孫策之信太史慈，乃有孫權之信諸葛瑾。弟正學其兄也。）於是孫策聚數萬之衆，下江東，安民恤衆投者無數江東之民皆呼策爲孫郎但聞孫郎兵至皆喪膽而走及策軍到並不許一人擄掠鷄犬不驚人民皆悅賫牛酒到寨勞軍策以金帛答之懽聲遍野。（項羽好殺每欲屠城今小霸王絕勝老霸王矣）其劉繇舊軍願從軍者聽從不願爲軍者給賞歸農江南之民無不仰頌。（勇者不必有仁孫郎勇而能仁尤爲難得）由是兵勢大盛策乃迎母叔諸弟俱歸曲阿使弟孫權與周泰守宣城。（孫權此處方出頭）策領兵南取吳郡時有嚴白虎自稱東吳德王據吳郡遣部將守住烏城嘉興當日白虎聞策兵至令弟嚴輿出兵會於楓橋（孫郎既得陳武又得太史慈己得二虎與横刀立馬於橋上有人報入中軍策便欲出（一將何懼此一虎之勇有餘君人之度未足）張紘諫曰夫主將乃三軍之所繫命不宜輕敵小寇願將軍自重策謝曰先生之言如金石但恐不親冒矢石則將士不用命耳隨遣韓當出馬比及韓當到橋上時蔣欽陳武早駕小舟從河岸邊殺過橋裏亂箭射倒岸上軍二人飛身上岸砍殺嚴輿退走韓當引軍直殺到閶門下賊退入城裏去了策分兵水陸並進圍住吳城一圍三日無人出戰策引衆軍到閶門外招諭城上一員裨（音皮）將左手托定護梁右手指着城下大

罵。太史慈就馬上拈弓取箭。顧軍將曰。看我射中這厮左手。說聲未絕。弓弦響處。果然射箇正中。把那將的左手射透。反牢釘在護梁上。○○○○。此將但會罵人。却不能口手相應。城下城上人見者。無不喝采。城下人喜而喝采宜矣。城上人正當着急。如何也喝采。想蘇州人固應有此情興。衆人救了這人下城。白虎大驚。曰彼軍有如此人。安能敵乎。遂商量求和。交曰使嚴輿出城來。見孫策。策請輿入帳飲酒。酒酣。問輿曰。今兒意欲如何。輿曰。欲與將軍平分江東。策大怒曰。鼠輩安敢與吾相等。○○○○○○。彼自名曰虎。策乃目之曰鼠。命斬嚴輿。輿拔劍起身。策飛劍砍之。應手而倒。割下首

會稽令
紹興府

緩令人送入城中白虎料敵不過棄城而走策進兵追襲黃蕿攻取嘉興太史慈攻取烏城數州皆平白虎奔餘杭於路劫掠人遇孫家兵如遇青龍遇嚴家兵眞如遇白虎被土人凌操領鄉人殺敗望會稽而走凌操父子二人來接孫策策使爲從征校尉遂同引兵渡江嚴白虎聚寇分布於西津渡口程普與戰復大敗之連夜趕到會稽會稽太守王朗欲引兵救白虎忽一人出曰不可孫策用仁義之師白虎乃暴虐之衆還宜擒白虎以獻孫策此言甚當朗視之乃會稽餘姚人姓虞名翻字仲翔見爲郡吏朗怒叱之翻長嘆

而出朗遂引兵會合白虎同陳兵於山陰之野兩陣對圓孫策
出馬謂王朗曰吾興仁義之兵來安浙江汝何故助賊朗罵曰
汝貪心不足旣得吳郡而又强併吾界今日特與嚴氏雪讐（王朗
亦一時名士何不識好歹至此）孫策大怒正待交戰太史慈早出王朗拍馬舞
刀與慈戰不數合朗將周昕殺出助戰孫策陣中黃蓋飛馬接
住周昕交鋒兩下鼓聲大震互相鏖戰忽王朗陣後先亂一彪
軍從背後抄來（來得奇）朗大驚急回馬來迎原來是周瑜與程普
引軍剌斜殺來（孫郎舞虧周郎接應孫郎之下江東周郎之功居多）前後夾攻王朗寡不

卒音猝　查瀆地名在寧波府定

敵衆與白虎周所殺條血路走入城中拽起弔橋堅閉城門孫策大軍乘勢趕到城下分布衆軍四門攻打王朗在城中見孫策攻城甚急欲再出兵決一死戰嚴白虎曰孫策兵勢甚大足下只宜深溝高壘堅壁勿出不消一月彼軍糧盡自然退走那時乘虛掩之可不戰而破也朗依其議乃固守會稽城而不出幾如勾踐之甲楯五千。孫策一連攻了數日不能成功乃與衆將計議孫靜曰王朗負固守城難可卒拔會稽錢糧大半屯於查瀆其地離此數十里莫若以兵先據其內所謂攻其無備出其不意也孫權有兄孫堅有弟策大喜曰叔父妙用足破賊人矣即下令於各門燃火虛張旗號設爲疑兵連夜徹圍南去周瑜進曰主公大兵一起王朗必出城來趕可用奇兵勝之策曰吾今準備下了取城只在今夜遂令軍馬起行名取查瀆其意實在會稽孫郎兵法頗妙非徒勇也卻說王朗聞報孫策軍馬退去自引衆人來敵樓上觀望見城下烟火併起旌旗不雜心下持疑周昕曰孫策走矣特設此計以疑我耳可出兵襲之嚴白虎曰孫策此去莫非要去查瀆我引部兵與周將軍追之朗曰查瀆是我屯糧之所正須提防汝引兵先行

吾隨後接應。白虎與周昕領五千兵出城，追趕將近初更，離城二十餘里，忽密林裏一聲鼓響，火把齊明。白虎大驚，便勒馬回走。一將當先攔住，火光中視之，乃孫策也。周昕舞刀來迎，被策一鎗刺死。餘衆皆降。白虎殺條血路，望餘杭而走。王朗聽知前軍已敗，不敢入城，引部下奔逃海隅去了。孫策復回大軍，乘勢取了城池，安定人民。不隔一日，只見一人將着嚴白虎首級來孫策軍前投獻。策視其人，身長八尺，面方口闊。問其姓名，乃會稽餘姚人，姓董名襲，字元代。（此人亦先立功而後出姓名，與前文一樣筆法。）策喜，命爲別部司馬自是東路皆平令叔孫靜守之令朱治爲吳郡太守收軍回江東却說孫權與周泰守宣城忽山賊竊發四面殺至時値更深不及抵敵泰抱權上馬用刀來砍泰赤體步行提刀殺賊砍殺十餘人隨後一賊躍馬挺鎗直取周泰被泰扯住鎗拖下馬來奪了鎗馬殺條血路救出孫權餘賊遠遁周泰身被十二鎗有如此用命之將安得不興金瘡發脹命在須臾策聞之大驚帳下董襲曰某曾與海寇相持身遭數鎗得會稽一箇賢郡吏虞翻薦一醫者半月而愈因薦醫遂并薦一薦醫之人曲折之甚策曰虞翻莫非虞仲

翊乎龔曰然策曰此賢士也我當用之（急於求醫更急於用賢）乃令張昭與董龔同往聘請虞翻翻至策優禮相待拜為功曹因言及求醫之意（先拜官而後問醫是爲其賢士而用之非專托其請醫生也）翻曰此人乃沛國譙郡人姓華名陀字元化眞當世之神醫也當引之來見不一日引至策見其人童顏鶴髮飄然有出世之姿（華陀先於此處出現）乃待為上賓請視周泰瘡陀曰此易事耳投之以藥一月而愈策大喜厚謝華陀遂進兵殺除山賊江南皆平孫策分撥將士守把各處隘口一面寫表申奏朝廷一面結交曹操一面使人致書與袁

術取玉璽却說袁術賠有稱帝之心乃回書推托不還孫堅匿璽而不
出袁術賴璽而不還皆以此璽為奇貨急聚長史楊大將都督
不知在人不在璽猶之在德不在鼎也
張勳紀靈橋蕤上將雷薄陳蘭等三十餘人商議曰孫策借我
軍馬起事今日盡得江東地面乃不思報本而反來索璽殊為
無禮當以何策圖之長史楊大將曰孫策據長江之險兵精糧
廣未可圖也今當先伐劉備以報前日無故相攻
此卷書以備
始亦以備終
之恨然後圖取孫策未遲某獻一計使備即日就擒正是
不知江東圖虎豹　却來徐郡鬬蛟龍

不知其計若何。且聽下文分解

第十六回

呂奉先射戟轅門

曹孟德敗師淯水

操欲殺布而備出書以示布。術欲攻備而布亦射戟以救備。相報之道也。操因備之不殺布而使搆怨於術。術因布之不攻備而遂求婚于布。相取之謀也。以相報之道言之。布在玄德度内。以相取之謀論之。術亦在孟德算中。

嘗縱觀春秋時事婚姻每爲敵國辰嬴在晉而秦嘗伐晉穆姬在秦而晉嘗絕秦況呂布不有其父何有其壻袁術不有其同族之兄何有于異姓之戚安在踈不間親耶或解之曰天下儘有於父母則背之於兒女則摍之者於兄弟則背之於外戚則親之者人情顛倒往往如是此固陳宮之所必欲勸而陳珪之所必欲爭耳

毛遂對楚王曰合縱爲楚非爲趙呂布恐袁術取小沛則徐州危其勸和也爲巳非爲備也張儀勸楚絕齊歡而楚

遂爲袁所弱陳珪恐袁呂之交合則不利於劉亦不利於曹其勸絕也亦爲劉爲曹而非爲布也惟布本不爲備故奪馬求和便不許備而射戟之時曰曰爲備矜德色于備一似助備無有如布者珪不惟不爲布方父子同謀以圖布而絕婚之謀曰曰爲布諄諄愛布一似效忠于布無有如珪者三國志有戰國策之譎而戰國策無三國志之巧眞絕世妙文哉

操之忌備前既欲使呂布圖之後又使袁術攻之而決不

肯自殺之者要推惡人與別人做葢以其爲人望所歸而不欲使吾有害賢之名也此等奸雄奸到絶頂僞父不解讀書至此失聲歎曰曹操亦有好處此眞爲曹操所笑矣董卓愛婦人曹操亦愛婦人乃卓死於布而操不死于繡何也曰卓之死爲失心腹猛將之心操之不死爲得心腹猛將之助也興亡成敗止在能用人與否耳豈在好色不好色哉吳王不用子胥雖無西施亦亡吳王能用子胥雖有西施何害袁中郎先生作靈嵓記曰先齊有好內之桓

公仲文云無言霸蜀宮無傾國之美人劉禪竟爲俘虜此千古風流妙論

摹寫典韋以死拒敵淋漓痛快令人讀之凜凜有生氣是篇中出色處

却說楊大將獻計欲攻劉備袁術曰計將安出大將曰劉備軍屯小沛雖然易取奈呂布虎踞徐州前次許他金帛糧馬至今未與恐其助備今當令人送與糧食以結其心前番是賒今番是現使其按兵不動則劉備可擒先擒劉備後圖呂布徐州可得也術喜

便具粟二十萬斛令韓胤齎密書往見呂布先送後講呂布甚喜賴物
便怒得物便喜兵如小兒重待韓胤胤回告袁術術遂遣紀靈為大將雷薄
陳蘭為副將統兵數萬進攻小沛玄德聞知此信聚衆商議張
飛要出戰孫乾曰今小沛糧寡兵微如何抵敵可修書告急於
呂布張飛曰那廝如何肯來玄德曰乾之言善遂修書與呂布
書略曰
伏自將軍垂念今備於小沛容身實拜雲天之德今袁術欲
報私讐遣紀靈領兵到縣亡在旦夕非將軍莫能救望驅一

旅之師以救倒懸之急不勝幸甚

呂布看了書與陳宮計議曰前者袁術送糧致書蓋欲使我不救玄德也今玄德又來求救吾想玄德屯軍小沛未必遂能爲我害若袁術併了玄德則北連泰山諸將以圖我我不能安枕矣不若救玄德遂點兵起程呂布從來沒主張獨此番大有定見却說紀靈起兵長驅大進已到沛縣東南劄下營寨晝列旌旗遮映山川夜設火鼓震明天地形容得聲勢玄德縣中止有五千餘人也只得勉强出縣布陣安營忽報呂布引兵離縣一里西南上劄下營寨紀

靈知呂布領兵來救劉備急令人致書于呂布責其無信（袁術先曾無信今怪呂布不得）布笑曰我有一計使袁劉兩家都不怨我乃發使往紀靈劉備寨中請二人飲宴（此非飲宴時豈欲以盃酒釋兵權耶奇絕）玄德聞布相請即便欲往關張曰兄長不可去呂布必有異心玄德曰我待彼不薄彼必不害我遂上馬而行（去得有膽）關張隨往到呂布寨中入見布曰吾今特解公之危（且不明言解危之法妙）異日得志不可相忘（與白門樓相照）玄德稱謝布請玄德坐關張按劍立於背後人報紀靈到玄德大驚欲避之布曰吾特請你二人來會議勿得生疑玄

德未知其意心下不安紀靈下馬入寨却見玄德在帳上坐大驚抽身便回（同是一驚紀靈尤甚）左右留之不住呂布向前一把扯回如提童稚（數萬之衆而以童稚將之）靈曰將軍欲殺紀靈耶（此句着忙之極）布曰非也靈曰莫非殺大耳兒乎（此句又過望之極）布曰亦非也靈曰然則爲何布曰玄德與布乃兄弟也今爲將軍所困故來救之（且不明言救之之法妙）靈曰若此則殺靈也（此句更着忙得妙）布曰無有此理布平生不好鬬惟好解鬬吾今爲爾家解之（絕似今日訟師之言）靈曰請問解之之法（未入門先請問情景逼眞）布曰吾有一法從天所決（且只含吐不即說出）

妙乃拉靈入帳與玄德相見兩人不以兵戎相二人各懷疑忌
見而以酒食大奇
布乃居中坐使靈居左備居右主居中而客居左且教設宴行
右是大阿哥身分
今大阿哥慣要備酒替人和事蓋有所覩覦于其間也酒行
酒若呂布替玄德和事而不索謝勝今之大阿哥多矣
數巡布曰你兩家看我面上俱各罷兵開談且玄德無語靈曰
只如此
吾奉主公之命提十萬之兵專提劉備如何罷得張飛大怒拔
劍在手吒曰吾雖兵少覷汝輩如兒戲耳呂布提之如童稚則
張飛覷之如兒戲矣
你比百萬黃巾何如你敢傷我哥哥有玄德之無語少關公急
不得張飛之發作
止之曰且看呂將軍如何主意那時各回營寨厮殺未遲有張
公之

發作少不得關公之勸解○做好做惡呂布曰我請你兩家解自收自放令之聽處事人多用此法關須不教你厮殺是和事人聲口這邊紀靈不忿那邊張飛只要厮殺情景逼真布大怒教左右取我戟來布提畫戟在手紀靈玄德盡皆失色本是解和卻故作此驚人之筆布曰我勸你兩家不要厮殺盡在天命令左右接過畫戟去轅門外遠遠插定乃回顧紀靈玄德曰轅門離中軍一百五十步吾若一箭射中戟小枝你兩家罷兵方說出解之之法妙如射不中你各自回營安排厮殺有不從吾言者併力拒之曾仲連聊城一矢難爲了燕將只爲得一邊不若紀靈私忖呂奉先轅門一箭卻不難爲紀靈是兩邊都爲

戟在一百五十步之外，安能便中？且落得應允，待其不中，那時憑我厮殺。一箇度其未必中，一箇度其便中。一口許諾，玄德自無不允。布都教坐，再各飲一盃酒。讀者至此，將謂目觀射矣，却偏教再飲酒，頓跌絕妙。酒畢，布教取弓箭來。玄德暗祝曰：「只願他射得中便好。」一箇祝其必中，舉馬兩人心事如畫。只見呂布挽起袍袖，搭上箭，扯滿弓，叫一聲：「着！」正是：弓開如秋月行天，箭去似流星落地。絕妙好詞。一箭正中畫戟小枝。帳上帳下將校齊聲喝采。讀者至此，亦為喝采。後人有詩贊之曰：

溫侯神射世間稀，曾向轅門獨解危。落日果然欺后羿，

號猨直欲勝由基　虎觔弦響弓開處　雕羽翎飛箭到時

豹子尾搖穿畫戟　雄兵十萬脫征衣

當下呂布射中畫戟小枝呵呵大笑其實得意擲弓于地執紀靈之

德之手曰此天令你兩家罷兵也應前從天所求盡在天命等語喝教軍士斟

酒來各飲一大觥處處夾寫酒娛玄德暗稱慚愧應前暗觀意紀靈默然半

晌應前贈付告布曰將軍之言不敢不聽奈紀靈回去主人如何肯

信布曰吾自作書覆之便了一枝箭消繳二十萬斛酒又數巡紀靈求書

先回布謂玄德曰非我則公危矣玄德拜謝與關張回次日三

處軍馬都散。不說玄德入小沛。呂布歸徐州。却說紀靈回淮南見袁術。說呂布轅門射戟解和之事。呈上書信。袁術大怒曰。呂布受吾許多糧米。正項軍糧且不肯發，今白送落二十萬斛，豈不著惱。反以此兒戲之事偏護劉備。吾當自提重兵。親征劉備。兼討呂布。紀靈曰。主公不可造次。呂布勇力過人。一把如提童稚之時，實覩領教其勇力。兼有徐州之地。若布與備首尾相連。不易圖也。靈聞布妻嚴氏有一女。年已及笄。主公有一子。可令人求親於布。布若嫁女于主公。必殺劉備。此乃疎不間親之計也。賄賂不中，變爲讐敵；讐敵不便，變爲婚姻。愈出愈奇。前處處說呂布妻小，知布兒女情深袁術從之即日遣韓胤爲媒齎禮物往徐州求親胤到徐州見布稱說王公仰慕將軍欲求令愛爲兒婦永結秦晉之好布入謀于妻嚴氏原來呂布有二妻一妾先娶嚴氏爲正妻後取貂蟬爲妾及居小沛時又娶曹豹之女爲次妻曹氏先亡無出貂蟬亦無所出惟嚴氏生一女布最鍾愛補敘得好當下嚴氏對布曰吾聞袁公路久鎮淮南兵多糧廣早晚將爲天子爲後袁術稱帝伏筆若成大事則吾女有后妃之望只不知他有幾子確是婦人聲口布曰止有一子妻曰既如此即當許之縱不爲皇后吾徐州亦無

○人家婚姻多憑婦人作主憂矣只要親家富貴古今同概布意遂決厚欵韓胤許了親事韓胤回報袁術術即備聘禮仍令韓胤送至徐州呂布受了設席相待留于館驛安歇次日陳宮竟往館驛內拜望韓胤又一箇幫做媒的來了講禮畢坐定宮乃叱退左右對胤曰誰獻此計教袁公與奉先聯姻意在取劉玄德之頭乎一語道破胤失驚起謝曰乞公臺勿洩宮曰吾自不洩只恐其事若遲必被他人識破事將中變○為後陳珪說呂布絕婚伏線胤曰然則奈何願公教之宮曰吾見奉先使其即日送女就親何如一箇方來下聘一箇便去催妝胤大喜稱謝曰若如此

袁公感佩明德不淺矣宮遂辭別韓胤入見呂布曰聞公女許嫁袁公路甚善但不知于何日結親布曰尚容徐議宮曰古者自受聘至成婚之期各有定例天子一年諸侯半年大夫一季庶民一月布曰袁公路天賜國寶（玦帶玉璽好）早晚當爲帝今從天子例可乎（是何言與與嚴氏如出一口）宮曰不可布曰然則仍從諸侯例宮曰亦不可（等不及半年）布曰然則將從卿大夫例矣宮曰亦不可（又等不及一季）布笑曰公豈欲吾依庶民例耶宮曰非也（然則并一月亦等不及矣）布曰然則公意欲如何宮曰方今天下諸侯互相爭雄今公與袁

公路結親諸侯保無有嫉妒者乎若復遠擇吉期或竟乘我良辰伏兵半路以奪之如之奈何其言亦殊動聽為今之計不許便休既已許之當趁諸侯未知之時即便送女到壽春求我庶士迨其今兮另居別館然後擇吉成親萬無一失也布喜曰公臺之言甚當遂入告嚴氏連夜具辦粧奩收拾寶馬香車令宋憲魏續一同韓胤送女前去鼓樂喧天送出城外諺云朝種樹晚乘凉竟似娶妾一般可笑時陳元龍之父陳珪養老在家聞鼓樂之聲遂問左右左右告以故珪曰此乃疏不間親之計也玄德危矣遂扶病來見呂布為呂者左袒陳宮是

（也爲劉者左袒陳珪是也）布曰大夫何來珪曰聞將軍死至特來弔喪（故作驚人語婚喪賀弔映襯成文）布驚曰何出此言珪曰前者袁公路以金帛送公欲殺劉玄德而公以射戟解之今忽來求親其意蓋欲以公女爲質（質貨物猶可質人不堪質子猶可質女不堪）隨後就來攻玄德而取小沛小沛亡徐州危矣且彼或來借糧或來借兵公若應之是疲於奔命而又結怨於人若其不允是棄親而啟兵端也（言袁術將攻徐州）況聞袁術有稱帝之意是造反也彼若造反則公乃反賊親屬矣得無爲天下所不容乎（言天下皆將攻徐州）布大驚曰陳宮誤我急命張遼引

兵追赶至三十里之外將士布大驚曰陳宮諫我意命張遼引

王連韓胤都拏回監禁不放歸許反賊公乃反賊韓胤處矣得無

張說女兒妝奩未備候備畢便自送來陳也吉袁術將先間交

○○○惡極妙極○又趕許都為後文伏線布猶豫未決忽人報玄德在小沛招軍

買馬不知何意布曰此為將者本分事何足為怪正話間宋憲

魏續至告布曰我二人奉明公之命往山東買馬買得好馬三

百餘匹回至沛縣界首被强寇劫去一半打聽得是劉備之弟

張飛詐妝山賊搶劫馬匹去了此是醒時奪的不是使酒呂布聽了大怒隨

郎點兵在小沛來鬬張飛玄德聞知大驚慌忙領軍出迎兩陣
圓處玄德出馬曰兄長何故領兵到此布指罵曰我轅門射戟
救你大難你何故奪我馬匹玄德曰備因鈌馬令人四下收買
安敢奪兄馬匹布曰你便使張飛奪了我好馬一百五十匹尚
自抵賴張飛挺鎗出馬曰是我奪了你好馬你今待怎麼快人快語
布罵曰環眼賊你累次渺視我飛曰我
哥哥的徐州便不說了妙妙廿快直
亦挺鎗來迎兩箇酣戰一百

乾商議孫乾[illegible]操所
若棄城走許都投奔曹操借軍破布此爲上策
玄德曰誰可當先破圍而出張飛曰小弟情願死戰玄德令飛在
前雲長在後自居于中保護老小當夜三更乘著月明出北門

而走正遇宋憲魏續被翼德一陣殺退得出重圍後面張遼赶關公敵住呂布見玄德去了也不來趕隨即入城安民令高[illegible]仍回徐州去了玄德既失徐州又失小沛雖皆因翼德起釁然實陳宮構之也

[illegible]孫乾來見曹操□被呂

夫除一人之□以阻四
數語非爲劉
之機不可不察備實爲曹操操大喜曰君言正合
君必次日即表薦劉備領豫州牧程昱諫曰劉備終不爲人之
下不如早圖之操曰方今正用英雄之時不可殺一人而失天

宛城縣名今屬河南府 矗音觸

下之心此郭奉孝與吾有同見也○操非不欲殺備但欲使呂布殺之袁術殺之必不欲自殺之也奸雄奸雄遂不聽昱言以兵三千糧萬斛送與玄德使往豫州到任進兵屯小沛招集原散之兵攻呂布玄德至豫州令人約會曹操操正欲起兵自往征呂布忽流星馬報說張濟自關中引兵攻南陽爲流矢所中而死濟姪張繡統其衆用賈詡爲謀士結連劉表屯兵宛城欲興兵犯闕奪駕補接處如奇峰矗起操大怒欲興兵討之又恐呂布來侵許都乃問計于荀彧彧曰此易事耳呂布無謀之輩見利必喜明公可遣使往徐州加官賜賞令與玄

淯水在南陽府城東俗名白河

德解和（○○○荀彧前欲使二人相鬪今又欲使二人相和變幻一[illegible]）布喜則不思遠圖矣操曰

善遂差奉軍都尉王則齎官誥并和解書往徐州去訖一面起

兵十五萬親討張繡分軍三路而行以夏侯惇爲先鋒軍馬至

淯水下寨賈詡勸張繡曰操兵勢大不可與敵不如舉衆投降

張繡從之使賈詡至操寨通款操見詡應對如流甚愛之欲用

爲謀士詡曰某昔從李傕得罪天下○○○○（自知之明）今從張繡言聽計從

未忍棄之（爲下文攻曹操張本）乃辭去次日引繡來見操操待之甚厚引

兵入宛城屯劄餘軍分屯城外寨柵聯絡十餘里一住數日繡

每日設宴請操一日操醉退入寢所私問左右曰此城中有妓女否（因酒及色阿瞞頻露本相）操之兄子曹安民窺操意乃密對曰昨晚小姪窺見館舍之側有一婦人生得十分美麗問之即繡叔張濟之妻也（取人叔之妻以媚其叔甚不正路）操聞言便令安民領五十甲兵往取之須臾取到軍中（以軍中作桑中）操見之果然美麗問其姓婦答曰妾乃張濟之妻鄒氏也操曰夫人識吾否鄒氏曰久聞丞相威名今夕幸得瞻拜（今夕何夕見此良人）操曰吾爲夫人故特納張繡之降不然滅族矣（忽將大人情賣與婦人確是醉後狂語）鄒氏拜曰實感再生之恩操曰

今日得見夫人乃天幸也今宵願同枕席隨吾還都安享富貴何如（醜極）鄒氏拜謝是夜共宿於帳中（郭汜之妻妒張濟之妻淫鄒氏皆禀惡之報）鄒氏曰久住城中繡必生疑亦恐外人議論操曰明日同夫人去寨中住（可稱歷寨夫人）次日移于城外安歇喚典韋就中軍帳房外宿衛他人非奉呼喚不許輒入因此內外不通操每日與鄒氏取樂不想歸期（奸雄如操至此亦流連亡返色之干人甚矣哉）張繡家人密報繡繡怒曰操賊辱我太甚（張繡尚有廉恥若使勢利無恥者當認曹操為繼父矣）便請賈詡商議詡曰此事不可漏洩來日等操出帳議事如此如此次日操坐帳中

張繡入告曰新降兵多有逃亡者乞移屯中軍操許之繡乃移屯其軍分爲四寨刻期舉事（賈詡之謀甚細密）因畏典韋勇猛急切難近乃與偏將胡車兒商議那胡車兒力能負五百觔日行七百里亦異人也當下獻計于繡曰典韋之可畏者雙鐵戟耳主公明日可請他來吃酒使盡醉而歸那時某便混入他跟來軍士數內偷入帳房先盜其戟此人不足畏矣（既請吃酒何不使于酒中置毒既可偷入帳房何不使刺典韋且何不竟刺曹操耶車兒計不及此蓋天未欲死操也）繡甚喜預先準備弓箭甲兵告示各寨至期令賈詡致意請典韋到寨慇懃待酒至晚

醉歸胡車兒雜在衆人隊裏直入大寨（只叙得一半）是夜曹操于帳中與鄒氏飲酒忽聽帳外人言馬嘶（提奸的來了）操使人觀之回報是張綉軍夜巡操乃不疑時近二更忽聞寨後吶喊報說草車上火起操曰軍人失火勿得驚動（不是軍人失火只為王將要緊殺火）須臾四下裏火起操始著忙急喚典韋韋方醉卧睡夢中聽得金鼓喊殺之聲便跳起身來却尋不見了雙戟（暗補車兒偷戟事省筆）時敵兵已到轅門韋急掣步卒腰刀在手只見門首無數軍馬各挺長鎗搶入寨來韋奮力向前砍死二十餘人馬軍方退步軍又到兩邊

鎗如韋列。韋身無片甲。上下被數十鎗。兀自死戰。刀砍缺不堪
用。韋即棄刀。雙手提著兩箇軍人迎敵。以雙人當（雙戟大奇）擊死者八九
人。（眞可謂以人治人）羣賊不敢近。只遠遠以箭射之。箭如驟雨。韋猶死
拒寨門。爭奈寨後賊軍已入。韋背上又中一鎗。乃大叫數聲。血
流滿地而死。死了半晌。還無一人敢從前門而入者。（死典韋足拒生賊軍）
却說曹操賴典韋當住寨門。乃得從寨後上馬逃奔。只有曹安
民步隨。操右臂中了一箭。馬亦中了三箭。虧得那馬是大宛良
馬。熬得痛。走得快。剛剛走到淯水河邊。賊兵追至。安民被砍爲

肉泥（馬泊六死了）操急驟馬衝波過河纔上得岸賊兵一箭射來正中馬眼那馬撲地倒了操長子曹昂即以已所乘之馬奉操操上馬急奔曹昂却被亂箭射死（愛將愛子皆死十婦人之手）操乃走脫（自已便走脫只不知鄒夫人如何下落）路逢諸將收集殘兵時夏侯惇所領青州之兵乘勢下鄉劫掠民家平虜校尉于禁即將本部軍于路勦殺安撫鄉民（為民殺兵乃真將軍）青州兵走回迎操泣拜于地言于禁造反趕殺青州軍馬操大驚須臾夏侯惇許褚李典樂進都到操言于禁造反可整兵迎之却說于禁見操等俱到乃引軍射住陣角

堅齊備鑿塹安營儼如樹敵者或告之曰青州軍言將軍造反今丞相已到何不分辯乃先立營寨耶于禁曰今賊追兵在後不時即至若不先準備何以拒敵分辯小事退敵大事退敵正是分辯安營方畢張繡軍兩路殺至于禁身先出寨迎戰繡急退兵左右諸將見于禁向前各引兵擊之繡軍大敗追殺百餘里繡勢窮力孤引敗兵投劉表去了爲後伏線曹操收軍點將于禁入見備言青州之兵肆行劫掠大失民望某故殺之操曰不告我先下寨何也禁以前言對操曰將軍在匆忙之中能整兵堅壘任謗任勞使反敗

為勝雖古之名將何以加茲乃賜以金器一副封金壽亭侯責夏侯惇治兵不嚴之過（治民不嚴雖猛將如惇親族如惇且不能逃其責況不得惇者乎）又設祭祭典韋操親自哭而尊之顧謂諸將曰吾折長子愛姪俱無深痛獨號泣典韋也（此是曹操得人心處然必用自說便知其假）衆皆感歎次日下令班師不說曹操還兵許都且說王則齎詔至徐州布迎接入府開讀詔書封布為平東將軍特賜印綬又出操私書王則在呂布面前極道曹公相敬之意布大喜忽報袁術遣人至布喚入問之使言袁公早晚即皇帝位立東宮催取皇妃早到淮南

布大怒曰反賊焉敢如此遂殺來使將韓胤用枷釘了眞獨梟請媒人矣陳宮亦當陪與一梟遣陳登齎謝表解韓胤一同王則上許都來謝恩且答書于操欲求實授徐州牧操知布絕婚袁術大喜遂斬韓胤于市曹陳登密諫操曰呂布豺狼也勇而無謀輕于去就八字定評宜早圖之操曰吾素知呂布狼子野心誠難久養非公父子莫能究其情公當與吾謀之登曰丞相若有舉動某當爲內應爲後賺呂布張本操喜表贈陳珪致中二千石登爲廣陵太守登辭回操執登手曰東方之事便以相付登點頭允諾回徐州見呂布

布問之登言父贈祿某爲太守布大怒曰汝不爲吾求徐州牧而乃自求爵祿汝父教我協同曹公絕婚公路今吾所求終無一獲而汝父子俱各顯貴吾爲汝父子所賣耳遂拔劒欲斬之登大笑曰將軍何其不明之甚也（從容之極）布曰吾何不明登曰吾見曹公言養將軍譬如養虎當飽其肉不飽則將噬人曹公笑曰不如卿言吾待溫侯如養鷹耳狐兔未息不敢先飽饑則爲用飽則颺去（張良以韓信彭越英布爲虎豹以絳灌等諸將爲鷹此郎借用其語明是陳登捏出）某問誰爲狐兔曹公曰淮南袁術江東孫策冀州袁紹荊襄劉表（此四人前

支也。益州劉璋、漢中張魯。此二人前文未見，於此
見。○○○○○○○○處點出，為後文伏線。皆狐兔也。布
擲劍笑曰：曹公知我也。癡人！正說話間，忽報袁術軍取徐州呂布。
開言失驚。正是：
秦晉未諧吳越鬬，婚姻惹出甲兵來。
畢竟後事如何，聽下文分解。

（明）羅貫中 撰

醉耕堂刊毛宗崗評本三國志演義

第七册

國家圖書館出版社

第七册目録

卷三十三

四大奇書第一種卷三十

茂苑毛宗崗序始氏評　　吳門杭永年資能氏評定

第五十九回

許褚裸衣鬬馬超

曹操抹書間韓遂

馬超者蜀中五虎將之一也此卷於其未入蜀之時先寫馬超之勇而將寫馬超之勇先寫許褚之勇寫許褚正以寫馬超也然許褚但矜其勇而馬超鬬之亦不過以勇鬬

勇耳馬騰之輕入虎口同爲忠有餘而智不足馬超之徒
恃虎威其亦勇有餘而謀未足與
兵法有妙於用間者勝一人難勝兩人易以一人不可間
而兩人則可間也聚兩人於一處而勝之難分兩人於兩
處而勝之易以兩人之聚不可間而兩人之分則可間也
然而間之則非一術矣有馬上之語而書中之字可疑有
書中之字而馬上之語愈可疑間之則又非無端矣斬使
之前操先有書有塗抹之書而後之書可疑割地之時遂亦

有書有我之書而彼之書亦可疑操之所以疑超者益深

得兵家間法之妙云

周瑜之愚蔣幹妙在黑夜曹操之間韓遂又妙在白日懸

蔣幹之書妙在明白間韓遂之書又妙在糊塗周瑜帳前

之語妙在說極要緊語曹操馬上之語又妙在說極沒要

緊話騙法不同愈出愈妙寫來好看殺人

天下豈有兩陣對圓而但敘寒溫無一語及軍事者又豈

有遣使送書精密如曹操而誤封草藁者此明係反間之

計而韓遂不知乃含糊以對馬超馬超安得不怒乎然則馬超之疑雖曹操之智足以使之而亦韓遂之愚有以成之耳

馬超斷韓遂之手猶自斷其手也韓遂因馬超之疑而欲圖馬超亦猶自斷其手也兩人之相救當如左右手而乃自相矛盾使曹操拱手而享其利袖手而觀其敗豈不深可惜哉

孫權之兵事决於大都督劉備之兵事决於軍師而惟曹

操則自攬其權而獨運其謀雖有衆謀士以贊之而裁斷
出諸臣之上又非劉備孫權比也觀其每運一計其始必
爲衆將之所未知其後乃爲衆將之所歎服唐太宗題其
墓曰一將之智有餘良然良然
操每見西涼之添兵而大喜盖以兵多則糧不能繼一可
喜也兵多則心不能一二可喜也烏巢之戰以少而勝赤
壁之戰以多而敗操之料人亦以已之得失料之而已
張角之以左道惑衆已踰五十餘回矣此卷忽有一左道

之張魯以配之角有兄弟三人魯則有父子祖孫三世角有太平道人大賢良師之名魯則有師君祭酒鬼卒之號何其不謀而相類也蓋劉備之將聚桃園則以黃巾爲之始而劉備之將入西蜀則以張魯爲之端是一部大書前後關合處

却說當夜兩兵混戰直到天明各自收兵馬超屯兵渭口日夜分兵前後攻擊曹操在渭河內將船筏鎖練作浮橋三條接連南岸曹仁引軍夾河立寨將糧草車輛穿連以爲屏障馬都聞

之教軍士各挾草一束帶着火種與韓遂引軍併力殺到寨前堆積草把放起烈火（前有赤壁之燒後有渭河之燒大火之後又有小火）操兵抵敵不住棄寨而走車乘浮橋盡被燒毀西涼兵大勝截住渭河曹操立不起營寨心中憂懼荀攸曰可取渭河沙土築起土城可以堅守操撥三萬軍擔土築城馬超又差龐德馬岱各引五百馬軍往來衝突更兼沙土不實築起便倒操無計可施時當九月盡天氣暴冷彤雲密布連日不開（妙有閒筆點次時序）曹操在寨中納悶忽人報曰有一老人來見丞相欲陳說方略操請入見其人鶴骨

松姿形貌蒼古問之乃京兆人也隱居終南山姓婁名子伯道號夢梅居士操以客禮待之子伯曰丞相欲跨渭安營久矣今何不乘時築之操曰沙土之地築壘不成隱士有何良策賜教子伯曰丞相用兵如神豈不知天時乎連日陰雲布合朔風一起必大凍矣（前攻冀州之時有老叟陳說星象今戴渭橋之日又有老叟陳說天時前後遙遙相對）風起之後驅兵士運土潑水比及天明土城已就操大悅厚賞子伯子伯不受而去（不受金帛高尚高矣但不明順逆有愧隱士之名彼四皓助[illegible]不得爲安劉今夢梅助曹豈得爲安漢乎）是夜北風大作操盡驅兵士擔土潑水爲無盛水之具作

縑囊盛水澆之，隨築隨凍，比及天明，沙水凍緊，土城已築完。超之焚寨，恃有火攻；操之築寨，賴有水助。細作報知馬超，超領兵觀之，大驚，疑有神助。次日集大軍鳴鼓而進，操自乘馬出營，止有許褚一人隨後。操揚鞭大呼曰：「孟德單騎至此，請馬超出來答話。」超乘馬挺鎗而出。操曰：「汝欺我營寨不成，今一夜天已築就，汝何不早降！」老賊妄稱天命，天實爲之，謂之何哉。馬超大怒，意欲突前擒之，見操背後一人，睜圓怪眼，手提鋼刀，勒馬而立。極寫許褚英勇，以襯馬超之英勇。超疑是許褚，乃鞭揚問曰：「聞汝軍中有虎侯，安在哉？」許褚提刀大叫曰：「吾即譙郡許褚也目射神光威風抖擻超不敢動乃勒馬回（前夢衆虎而疑今見一虎而退）操亦引許褚回寨兩軍觀之無不駭然操謂諸將曰賊亦知仲康乃虎侯也自此軍中皆稱褚爲虎侯（○○○○○○○○百忙中夾註一筆）許褚曰某來日必擒馬超操曰馬超英勇不可輕敵褚曰某誓與死戰即使人下戰書說虎侯單搦馬超來日決戰超接書大怒曰何敢如此相欺耶即批次日誓殺虎癡（褚一虎也超亦一虎也虎超豈畏虎褚）次日兩軍出營布成陣勢超分龐德爲左翼馬岱爲右翼韓遂押中軍超挺鎗縱馬立於陣前高叫虎癡快出曹操在門旗下回顧衆將

曰馬超不減呂布之勇此語是激許褚言未絕許褚拍馬舞刀而出馬
超挺鎗接戰鬬了一百餘合勝負不分馬匹困乏各回軍中換
了馬匹又出陣前又鬬一百餘合不分勝負許褚性起飛回陣
中卸了盔甲渾身筋突赤體提刀翻身上馬來與馬超決戰極寫
許褚正是極寫馬超○曹操棄袍許褚棄甲棄甲亦算輸矣兩軍大駭兩箇又鬬到三十餘
合褚奮威舉刀便砍馬超超閃過一鎗望褚心窩刺來褚棄刀
將鎗挾住兩箇在馬上奪鎗許褚力大一聲響拗斷鎗桿各拏
半節在馬上亂打以廝殺始以廝打終一笑操恐褚有失遂令夏侯淵曹洪

兩將齊出夾攻龐德馬岱見操將齊出麾兩翼鐵騎橫衝直撞涠殺將來操兵大亂許褚臂中兩箭（誰叫汝赤膊）諸將慌退入寨馬超直殺到濠邊操兵折傷大半（未行反間之前操軍屢敗可見將在謀而不在勇也）操令堅閉休出馬超回至渭口謂韓遂曰吾見惡戰者莫如許褚眞虎癡也卻說曹操料馬超可以計破乃密令徐晃朱靈盡渡河西結營前後夾攻一日操於城上見馬超引數百騎直臨寨前往來如飛操觀良久擲兜鍪於地曰馬兒不死吾無葬地矣（伍員不死楚不得安曹操其有鞭墓之懼乎）夏侯淵聽了心中氣忿厲聲曰吾寧死於

此地誓滅馬賊遂引本部千餘人大開寨門直赶去操急止不住恐其有失慌自上馬前來接應馬超見曹兵至乃將前軍作後隊後隊作先鋒一字兒擺開夏侯淵到馬超接住廝殺超於亂軍中遙見曹操就撇了夏侯淵直取曹操（寫馬超志在報讐不但是勇實見其孝）操大驚撥馬而走曹兵大亂正追之際忽報操有一軍已在河西下了營寨超大驚無心追赶急收軍回寨與韓遂商議言操兵乘虛已渡河西吾軍前後受敵如之奈何部將李堪曰不如割地請和兩家且各罷兵捱過冬天到春暖別作計議韓遂

曰李堪之言最善可從之超猶豫未决馬超不欲和而韓遂欲和即此便爲下文生疑張本楊秋侯選皆勸求和於是韓遂遣楊秋爲使直往操寨下書言割地請和之事曹操反間之書未來韓遂求和之書先去操曰汝且回寨吾來日使人回報楊秋辭去賈詡入見操曰丞相主意若何操曰公所見若何詡曰兵不厭詐可僞許之然後用反間計令韓馬相疑則一鼓可破也賈詡前爲李傕策馬騰今爲曹操策馬超始終助逆雖智謀不足多也操撫掌大喜曰天下高見多有相合文和之謀正吾心中之事也於是遣人回書言待我徐徐退兵還汝河西之地一面教搭起浮橋作

退軍之意。馬超得書。謂韓遂曰。曹操雖然許和。奸雄難測。倘不准備。反受其制。超與叔父輪流調兵。今日叔向操。超向徐晃。明日超向操。叔向徐晃。分頭隄備。以防其詐。兩下分開反間之。韓遂依計而行。早有人報知曹操。操顧賈詡曰。吾事濟矣。問來日是誰合向我這邊。人報曰韓遂。次日操引衆將出營。左右圍繞。操獨顯一騎於中央。韓遂部卒。多有不識操者。出陣觀看。想是短鬚要看子。操高叫曰。汝諸軍欲觀曹公耶。吾亦猶人也。非有四目兩口。但多智謀耳。割鬚棄頸之將。惟恐被人識認。今却出面示人。好生大膽。兩目一口。只是髭鬚割去幾根耳。

一笑。諸軍皆有懼色操使人過陣謂韓遂曰承相請韓將軍會
語韓遂即出陣見操並無甲仗亦棄衣甲輕服匹馬而出二人
馬頭相交各按轡對語操曰吾與將軍之父同舉孝廉吾嘗以
叔事之吾亦與公同登仕路不覺有年矣。對陣之時忽叙年家。將軍今年
妙齡幾何既叙寒溫又叙年齒全不似對陣時語是極没要緊語卻是極要緊處。韓遂答曰四十
歲矣操曰往日在京師皆青春年少何期又中旬矣安得天下
清平共樂耶多時不見髭鬚滿面今失去髭鬚當有今昔之感。只把舊事細說並不提
起軍情。奸極妙極。說罷大笑相談有一箇時辰方回馬而別。奸極妙極。各

自歸寨早有人將此事報知馬超超忙來問韓遂曰今日曹操陣前所言何事遂曰只訴京師舊事耳超曰安得不言軍務乎遂曰曹操不言吾何獨言之超心甚疑不言而退在曹操算中却說曹操回寨謂賈詡曰公知吾陣前對語之意否詡曰此意雖妙尚未足間二人某有一策令韓馬自相讐殺操問其計賈詡曰馬超乃一勇之夫不識機密丞相親筆作一書單與韓遂中間朦朧字樣於要害處自行塗抹改易然後封送與韓遂故意使馬超知之超必索書來看若看見上面要緊去處盡皆改抹只

猜是韓遂恐超知甚機密事自行改抹正合着單騎會語之疑疑則必生亂我更暗結韓遂部下諸將使互相離間超可圖矣叙談不足繼之以書書中有塗抹則疑語中亦必有隱諱矣因前疑後因後疑前眞是絕妙疑兵之計操曰此計甚妙隨寫書一封將緊要處盡皆改抹然後實封故意多遣從人送過寨去多帶從人正欲使馬超知之下了書自回果然有人報知馬超超心愈疑逕來韓遂處索書看韓遂將書與超超見上面有改抹字樣問遂曰書上如何都改抹糊塗遂曰原書如此不知何故超曰豈有以草槀送與人耶必是叔父怕我知了詳細先改

抹了。俱在賈詡算中遂曰。莫非曹操錯將草稾誤封來了。殷皓空函曹操草稾皆咄咄怪事。超曰。吾又不信曹操是精細之人。豈有差錯。吾與叔父併力殺賊。奈何忽生異心。遂曰。汝若不信吾心。來日吾在陣前賺操說話。汝從陣內突出。一鎗刺殺便了。讀至此為曹操寒心。超曰。若如此方見叔父真心。兩人約定。次日韓遂引侯選李堪梁興馬玩楊秋五將出陣。馬超藏在門影裏。韓遂使人到操寨前高叫韓將軍請丞相攀話。操乃令曹洪引數十騎逕出陣前與韓遂相見。馬離數步。洪馬上欠身言曰。夜來丞相拜意將軍之言。切莫有謨言訖便回馬對語之後繼之以可疑之書送書之後又繼之以可疑之語前既自出後換他人奸雄機智真不可及超聽得大怒挺鎗驟馬便刺韓遂五將攔住勸解回寨遂曰賢姪休疑我無歹心馬超那裏肯信恨怨而去韓遂與五將商議曰這事如何解釋楊秋曰馬超倚仗武勇常有欺凌主公之心便勝得曹操怎肯相讓以某愚見不如暗投曹公他日不失封侯之位弄假成真俱在曹操賈詡算中遂曰吾與馬騰結為兄弟安忍背之楊秋曰事已至此不得不然遂曰誰可以通消息楊秋曰某願往遂乃寫密書遣楊秋逕來操寨說投降之事假書換得真書曹操大得

便宜。操大喜。許封韓遂爲西涼侯。楊秋爲西涼太守。其餘皆有官爵。約定放火爲號。共謀馬超。楊秋拜辭回見韓遂。備言其事。約定今夜放火。裏應外合。遂大喜。就令軍士於中軍帳後堆積乾柴。五將各懸刀劍聽候。韓遂商議。欲設宴賺請馬超就席圖之。猶豫未決。不想馬超早已探知備細。便帶親隨數人。仗劍先行。令龐德馬岱爲後應。超潛步入韓遂帳中。只見五將與韓遂密語。只聽得楊秋口中說道。事不宜遲。可速行之。蔣幹在周瑜帳中所聽之語是虛。今馬超在韓遂帳前所聽之語是實。一實一虛。前後遙遙相映。超大怒。揮劍直入。大喝曰。羣賊焉敢謀害我衆皆大驚超一劍望韓遂面門剁去遂慌以手迎之左手早被砍落韓遂手痛不是馬超手辣只緣曹操手毒耳五將揮刀齊出超縱步出帳外五將圍繞溷殺超獨揮寶劍力敵五將劍光明處鮮血濺飛砍翻馬玩剁倒梁興五將中又去其三三將各自逃生超復入帳中來殺韓遂時已被左右救去帳後一把火起各寨兵皆動超連忙上馬龐德馬岱亦至互相溷戰超領軍殺出時操兵四至前有許褚後有徐晃左有夏侯淵右有曹洪西京之兵自相併殺超不見了龐德馬岱乃引百餘騎截於渭橋之上天色

微明。方知溷殺了一夜。只見李堪領一軍從橋下過。超挺鎗縱馬逐之。李堪拖鎗而走。恰好于禁從馬超背後赶來。禁開弓射馬超。超聽得背後弦響。急閃過。却射中前面李堪。落馬而死。三將中又去其一。○曹操欲借韓遂殺馬超。誰知馬超又借于禁殺李堪。爲之一笑。超回馬來殺于禁。禁拍馬走了。超回橋上。住劄。操兵前後大至。虎衛軍當先。亂箭夾射馬超。超以鎗撥之。矢皆紛紛落地。寫得超可畏。超令從騎往來突殺。爭奈曹兵圍裹堅厚。不能衝出。超於橋上大呼一聲。殺入河北。從騎皆被截斷。超獨在陣中衝突。却被暗弩射倒坐下馬。馬超墮於地上操軍逼合正在危急忽西北角上一彪軍殺來乃龐德馬岱也（此是絕處逢生）二人救了馬超將軍中戰馬與馬超騎了翻身殺條血路望西北而走曹操聞馬超走脫傳令諸將無分曉夜務要趕倒馬兒如得首級者千金賞萬戸侯生獲者封大將軍（與前追劉豫州彷彿相似）衆將得令各要爭功迤邐追襲馬超顧不得人馬困乏只顧奔走從騎漸漸皆散步兵走不上者多被擒去止剩得三十餘騎與龐德馬岱望隴西臨洮而去（以上收下馬超以下專叙曹操）曹操親自追至安定知馬超去遠方收兵回長安衆將畢集韓遂已無

左手做了殘疾之人。韓遂無手。曹操無鬚。同病相憐。爲之一笑。操教就於長安歇
授西凉侯之職。楊秋侯選皆封列侯。令守渭口。八將止剩其二。下令班
師回許都。凉州參軍楊阜字義山。逕來長安見操。操問之。楊阜
曰。馬超有呂布之勇。深得羌人之心。今丞相若不乘勢勦絕。他
日養成氣力。隴上諸郡。非復國家之有也。望丞相且休回兵。爲後文馬超奪隴西張本。操曰。吾本欲留兵征之。奈中原多事。南方未定。不可
久留。君當爲孤保之。阜領諾。又保薦韋康爲凉州刺史。同領兵
屯冀城。以防馬超。爲後文楊阜破馬超張本。阜臨行請於操曰。長安必留重

兵以為後援操曰吾已定下汝但放心阜辭而去衆將皆問曰初賊據潼關渭北道缺丞相不從河東擊馮翊而反守潼關遷延日久而後北渡立營固守何也（老賊用兵每為諸將所不識）操曰初賊守潼關若吾初到便取河東賊必以各寨分守諸渡口則河西不可渡矣吾故盛兵皆聚於潼關前使賊盡南守而河西不准備故徐晃朱靈得渡也吾然後引兵北渡連車樹柵為甬道築冰城欲賊知吾弱以驕其心使不准備吾乃巧用反間畜士卒之力一旦擊破之正所謂疾雷不及掩耳兵之變化固非一道也

有或謂操用兵如神信然衆將又請問曰丞相每聞賊加兵添衆則有喜色何也操曰關中邊遠若羣賊各依險阻征之非一二年不可平復今皆來聚一處其衆雖多人心不一易於離間一舉可滅吾故喜也孟德新書雖不傳只此一段可當新書一則衆將拜曰丞相神謀衆不及也操曰亦賴汝衆文武之力遂重賞諸軍留夏侯淵屯兵長安所得降兵分撥各部夏侯淵保舉馮翊高陵人姓張名旣字德容爲京兆尹與淵同守長安操班師回都獻帝排鑾駕出郭迎接明明是迎賊非迎討賊之人詔操贊拜不名入朝不趨劍履上殿如漢相蕭

何故事自此威震中外以上按下曹操這消息播入漢中早驚動了漢寧太守張魯原來張魯乃沛國豐人其祖張陵在西川鵠鳴山中造作道書以惑人人皆敬之陵死之後其子張衡行之百姓但有學道者助米五斗世號米賊（妙絕綽號）張衡死張魯行之（張角與張魯一箇橫敘三人一箇豎傳三世二橫一豎前後遙遙相對）魯在漢中自號爲師君（稱謂奇絕）其來學道者皆號爲鬼卒（稱謂奇絕）爲首者號爲祭酒（愈出愈奇）領衆多者號爲治頭大祭酒（愈出愈奇）務以誠信爲主不許欺詐如有病者即設壇使病人居於靜室之中自思已過當面陳首然後

爲之祈禱主祈禱之事者號爲姦令祭酒愈曲愈奇祈禱之法書病人姓名説服罪之意作文三通名爲三官手書一通在於山頂以奏天一通埋於地以奏地一通沉於水底以申水官天公地公人公與天官地官水官如此之後但病痊可將米五斗爲謝今之僧道替人家作好事每以鋪燈饋壇騙人又蓋義舍舍内飯米柴火肉食米粟不若米賊之猶爲老實也齊備許過在人量食多少自取而食多取者受天誅天只怕不晉此等删事境内有犯法者必怨三犬不改者然後施刑所在並無官長蓋屬祭酒所管如此雄據漢中之地巳三十年國家以爲地遠

不能征伐就命魯爲鎮南中郎將領漢寧太守通進貢而已（張角
稱蒼天已死黃天當立今張魯在漢中亦別有一天）當年聞操破西涼之衆威震天下○乃
聚衆商議曰西涼馬騰遭戮馬超新敗曹操必將侵我漢中我
○○○○○何不竟稱漢中
欲自稱漢寧王（大師若大祭酒）督兵拒曹操諸君以爲何如閻
圃曰漢川之民戶出十萬餘衆財富糧足四面險固今馬超新
敗西涼之民從子午谷奔入漢中者不下數萬愚意益州劉璋
昏弱不如先取西川四十一州爲本然後稱王未遲張魯大喜
遂與弟張衛商議起兵（以上又接下張魯以下接入劉璋○張角有弟張魯亦有弟）早有細

作報入川中却說益州劉璋字季玉即劉焉之子漢魯恭王之後章帝元和中徙封竟陵支庶因居於此後焉官至益州牧興平元年患病疽而死（第一卷中便以劉焉作引至此方纔敘明來歷遙應前文）州太吏趙韙等共保璋為益州牧璋曾殺張魯母及弟因此有讐（劉表與孫權有讐劉璋與張魯有讐彼此遙遙相對○張魯劉璋在曹操青梅煑酒之時劉備已說出兩人名字至此方纔敘明來歷亦遙應前文）璋使龐義為巴西太守以拒張魯時龐義探知張魯欲興兵取川急報知劉璋璋平生懦弱聞得此信心中大憂急聚衆官商議忽一人昂然而出曰主公放心某雖不才憑三寸不爛之舌

使張魯不敢正眼來覷西川正是

只因蜀地謀臣進　致引荆州豪傑來

未知此人是誰且看下文分解

第六十回

張永年反難楊修

龐士元議取西蜀

孟德新書或有以其不傳爲可惜者不知兵不在書即使其書傳而書中之意豈書之所能傳乎得其書而化之雖

舊亦新執其書而泥之雖新亦舊得其書中之意則無以
書爲也不得其書中之意則又何以書爲也夫善兵者不
言兵曹操有書而孔明無書是以曹操之用兵不及孔明
云。

張松暗暗把一西川欲送與曹操曹操却白白把一西川
讓與玄德玄德以謙德之曹操以驕失之也許攸抑侮曹
操而操獨能忍者當未破袁紹之時故氣抑而善下張松
抑侮曹操而操不能忍者以旣破馬超之後故志滿而易

驕耳

文有隱而愈現者張松之至荆州凡子龍雲長接待之禮
與玄德對答之言明係孔明所教篇中只寫子龍只寫雲
長只寫玄德更不敘孔明如何打點如何指使而令讀者
心頭眼底處處有一孔明在焉眞神妙之筆
孔明深欲爲玄德取西川又明知張松此來是賣西川御
教玄德只做不知憑他挑撥並不提起直待張松忍耐不
住自吐衷曲最似今之巧於貿易者極欲買是物偏故作

不欲買之狀直待賣者求售然後取之寫來眞是好看

西川畫圖一軸孔明在草廬時已曾取以示玄德何待張松而後見之曰孔明之圖不過形勢之大畧也張松之圖必其險要曲折之詳備者也大略雖已可見而至於何處可以屯糧何處可以伏兵不有張松安能知其詳哉况將入一險峻之西川則必有人焉爲之先容爲之內應是其得松又不專在於得圖耳

玄德迎張松之計孔明教之而取西川之謀則龐統主之

何也葢孔明欲以守荆州之責自任而特以取川之事委之龐統也以荆州當吳魏之衝苟我方入川而吳魏乘虛來襲將奈之何故劉璋之使不來則西川不可入荆州之守不重則西川亦不可入

當劉表之迎劉備也忌之者蔡瑁一小人耳至於劉璋欲迎而黄權爭之李恢爭之劉巴爭之王累又以死爭之此數人者皆君子也未得孔明之前則一小人之忌幾爲其所中旣得龐統之後則雖君子之爭曾不以爲憂得士者

昌於茲益信

却說那進計於劉璋者乃益州別駕姓張名松字永年其人生得額钁頭尖鼻偃齒露身短不滿五尺言語有若銅鐘（龐統貌醜張松亦貌醜可見以貌取人者不可以相天下士）劉璋問曰別駕有何高見可解張魯之危松曰某聞許都曹操掃蕩中原呂布二袁皆爲所滅近又破馬超天下無敵矣主公可備進獻之物松親往許都說曹操興兵取漢中以圖張魯則魯拒敵不暇何敢復窺蜀中耶（張松自得與曹操中意誰知後來却是不然）劉璋大喜收拾金珠錦綺爲進獻之物遣張松爲

使松乃暗畫西川地理圖本藏之（畫圖爲記永年張鋪出賣西川不誤主顧）帶從人數騎取路赴許都早有人報入荊州孔明便使人入許都打探消息（有此一句暗爲下文伏線）却說張松到了許都館驛中住定每日去相府伺候求見曹操原來曹操自破馬超回傲睨得志每日飲宴無事少出國政皆在相府商議張松候了三日方得通姓名左右近侍先要賄賂却纔引入（此蘇秦所謂因鬼見帝者也然走詣大人者往往如此豈獨曹操爲然哉）操坐於堂上松拜畢操問曰汝主劉璋連年不進貢何也松曰爲路途艱難賊寇竊發不能通進操叱曰吾掃清中原有何

盜賊好言太平而惡言盜賊者秦之趙高宋之賈似道則然不謂曹操亦作此語 松曰南有孫權北有張魯西有劉備至少者亦帶甲十餘萬豈得爲太平耶（搶白得好）操先見張松人物猥瑣五分不喜又聞語言衝撞遂拂袖而起轉入後堂（曹操不以貌陋輕龐統獨以貌陋輕張松何也蓋龐統訣之而張松觸之也）左右責松曰汝爲使命何不知禮一味衝撞幸得丞相看汝遠來之面不見罪責汝可急急回去 松笑曰吾川中無諂佞之人也（身雖短而言則長）忽堦下一人大喝曰汝川中不會諂佞吾中原豈有諂佞者乎松觀其人單眉細眼貌白神清（一俊一醜相形好看）問其姓名乃太尉楊

彪之子楊修字祖德現爲丞相門下掌庫主簿此人博學能言
智識過人松知修是箇舌辨之士有心難之修亦自恃其才小
覷天下之士當時見張松言語譏諷遂邀出外面書院中分賓
主而坐謂松曰蜀道崎嶇遠來勞苦松曰奉主之命雖赴湯蹈
火弗敢辭也修問蜀中風土何如松曰蜀爲西郡古號益州路
有錦江之險地連劒閣之雄回還二百八程縱橫三萬餘里雞
鳴犬吠相聞市井閭閻不斷田肥地茂歲無水旱之憂國富民
豐時有管絃之樂所產之物阜如山積天下莫可及也 張松口中誇示

之評亦抵得一幅畫圖　修又問曰蜀中人物如何松曰文有相如之賦武有伏波之才醫有仲景之能卜有君平之隱九流三教出乎其類拔乎其萃者不可勝記豈能盡數　既誇地靈又誇人傑　修又問曰方今劉季玉手下如公者還有幾人松曰文武全才智勇足備忠義慷慨之士動以百數如松不才之輩車載斗量不可勝記　既誇先賢又誇時俊　修曰公近居何職松曰濫充別駕之任甚不稱職敢問公爲朝廷何官修曰見爲丞相府主簿松曰久聞公世代簪纓何不立於廟堂輔佐天子乃區區作相府門下一吏乎　孔融稱楊彪四世淸

德。而其子乃爲曹操所用。且操曾執辱楊彪。而修曾不以爲嫌。宜其爲松笑耳。楊修聞言。滿面羞慚。强顔而答曰。某雖居下寮。丞相委以軍政錢糧之重。早晚多蒙丞相教誨。極有開發。故就此職耳。不曰附操之勢。而曰服操之才。亦是勉强支吾之語。松笑曰。松聞曹丞相文不明孔孟之道。武不達孫吳之機。專務强霸而居大位。安能有所教誨。以開發明公耶。既笑楊修。又笑曹操。妙甚。惡甚。修曰。公居邊隅。安知丞相大才乎。吾試令公觀之。呼左右於篋中取書一卷。以示張松。松觀其題曰孟德新書。從頭至尾。看了一遍。共一十三篇。皆用兵之要法。曹操以兵爲書。張談文以吾爲兵。松看畢。問曰。公以此爲何書耶修曰此是丞相酌古準今倣孫子十三篇而作吾倣十三篇便公欺丞相無才此堪以傳後世否松大笑曰此〇不得謂之新書〇〇〇〇〇〇〇〇〇〇〇〇〇〇〇〇〇書吾蜀中三尺小童亦能暗誦何爲新書此是戰國時無名氏〇〇〇〇〇〇〇〇〇〇〇〇〇〇〇〇〇〇〇〇今之盜竊他人文所作曹丞相盜竊以爲已能止好瞞足下耳字以爲已有者恨不今張永年見之修曰丞相秘藏之書雖已成帙未傳於世公言蜀中〇〇〇〇小兒暗誦如流何相欺乎松曰公如不信吾試誦之遂將孟德〇〇〇〇〇〇〇〇〇〇〇〇〇〇〇不是曹操蹈襲他人新書從頭至尾朗誦一遍並無一字差錯文卻是曹操之文被張松蹈襲去了修大驚曰公過目不忘眞天下奇才也後人有詩讚曰

古怪形容異　清高體貌踈　語傾三峽水　目視十行書
膽量魁西蜀　文章貫太虛　百家并諸子　一覽更無餘
當下張松欲辭回修曰公且暫居館舍容某再稟丞相令公面君松謝而退修入見操曰適來丞相何慢張松乎操曰語言不遜吾故慢之修曰丞相尚容一禰衡何不納張松（照應二十三卷中事）操曰禰衡文章播於當今吾故不忍殺之松有何能修曰且無論其口似懸河辯才無礙適修以丞相所撰孟德新書示之彼觀一遍即能暗誦如此博聞強記世所罕有松言此書乃戰國時

無名氏所作蜀中小兒皆能熟記操曰莫非古人與我暗合否
令扯碎其書燒之。令人文字多有暗合古人者修曰此人可使
面君教見天朝氣象操曰來日我於西教場點軍汝可先引他
來使見我軍容之盛。楊修誇之以文曹操又耀之以武。教他回去傳說吾即日
下了江南便來收川修領命至次日與張松同至西教場操點
虎衛雄兵五萬布於教場中果然盔甲鮮明衣袍燦爛金鼓震
天戈矛耀日四方八面各分隊伍旌旗颺彩人馬騰空松斜目
覷之。斜目便有傲睨之睨不屑之意良久操喚松指而示曰汝川中會見此英雄

人物否松曰吾蜀中不曾見此兵革但以仁義治人（妙甚。惡其文不足以動之，而欲以武動之，曹操已低一着。）操變色視之松全無懼意楊修頻以目視松操謂松曰吾視天下鼠輩猶草芥耳大軍到處戰無不勝攻無不取順吾者生逆吾者死汝知之乎松曰丞相驅兵到處戰必勝攻必取松亦素知昔日濮陽攻呂布之時宛城戰張繡之日赤壁遇周郎華容逢關羽割鬚棄袍於潼關奪船避箭於渭水此皆無敵於天下也（當面嘲笑，亦大快心。聞此數語，新青卽不啻，令古人亦當燒矣。）操大怒曰豎儒怎敢揭吾短處（喝）令左右推出斬之楊修諫曰松雖可斬奈從蜀道而來入貢若斬之恐失遠人之意操怒氣未息荀彧亦諫操方免其死令亂棒打出〔有此一翻受侮愈覺下文之妙〕松歸館舍連夜出城收拾回川松自思曰吾本欲獻西川州郡與曹操誰想如此慢人〔把一箇西川亂棒打落了〕我來時於劉璋之前開了大口今日快快空回須被蜀中人所笑吾聞荊州劉玄德仁義遠播久矣不如徑由那條路回試看此人如何我自有主見〔一箇主顧不著只得再尋一箇〕

於是乘馬引僕從望荊州界上而來前至郢州界口忽見一隊軍馬約有五百餘騎為首一員大將輕妝軟扮勒馬前問曰來

者莫非張別駕乎松曰然也那將慌忙下馬聲喏曰趙雲等候

多時（明明是孔明調遣妙在不叙出來令讀者自知之）松下馬荅禮曰莫非常山趙子

龍乎雲曰然也某奉主公劉玄德命爲大夫遠涉路途鞍馬驅

馳特命趙雲聊奉酒食言罷軍士跪奉酒食雲敬進之（極其恭敬務與

曹操相反）松自思曰人言劉玄德寬仁愛客今果如此（俱在孔明算中）遂與

趙雲飲了數杯上馬同行來到荆州界首是日天晚前到館驛

見驛門外百餘人侍立擊鼓相接一將於馬前施禮曰奉兄長

將令爲大夫遠涉風塵令關某灑掃驛庭以待歇宿（又明明是孔明之）

妙在只不敘明令讀者自知之。松下馬與雲長趙雲同入館舍講禮敘坐須臾
排上酒筵二人殷勤相劝（又極其恭敬。務與曹操相反。）飲至更闌方始罷席
宿了一宵次日早膳畢上馬行不到三五里只見一簇人馬到
乃是玄德引著伏龍鳳雛親自來接遙見張松早先下馬等候
（非敬張松也。敬西川耳。）松亦慌忙下馬相見玄德曰久聞大夫高名如雷
灌耳恨雲山迢遠不得聽教今聞回都專此相接倘蒙不棄到
荒州暫歇片時以叙渴仰之思實爲萬幸（非請張松。直請得一箇西川來了。）松
大喜遂上馬並轡入城至府堂上各各叙禮分賓主依次而坐

設宴款待飲酒間玄德只說閒話並不提起西川之事（孔明教法絕妙）松以言挑之曰今皇叔守荊州還有幾郡孔明荅曰荊州乃暫借東吳的每每使人取討今我主因是東吳女壻故權且在此安身（却用孔明回荅妙甚）松曰東吳據六郡八十一州民強國富猶且不知足耶龐統曰吾主漢朝皇叔反不能占據州郡其他皆漢之蟊賊却都恃強侵占地土惟智者不平焉（又換龐統回荅妙甚○孔明只言玄德無處安身龐統便言他人合當相讓一吹一唱大家說著啞謎）玄德曰二公休言吾有何德敢多望乎（龐統不平之語漸漸說得近了却用玄德一語撈開去妙甚）松曰不然明公乃漢室宗

親仁義克塞乎四海休道占據州郡便代正統而居帝位亦非分外玄德拱手謝曰公言太過備何敢當○○○○○○○○○玄德一味謙遜只不攏來妙甚自此一連留張松飲宴三日並不提起川中之事三日後還不提起妙甚松辭去玄德於十里長亭設宴送行玄德舉酒酌松曰甚荷大夫不外留叙三日今日相別不知何時再得聽教到西川來須教便了言罷潸然淚下非爲張松而淚爲西川而淚也張松自思玄德如此寬仁愛士安可捨之不如說之令取西川乃言曰松亦思朝暮趨侍恨未有便耳松觀荊州東有孫權常懷虎踞北有曹操每欲鯨吞亦非可久

戀之地也只說荊州不可居尚未說出西川來亦自覺引路玄德曰故知如此但未有安跡之所以言鈎之松曰益州險塞沃野千里民殷國富智能之士久慕皇叔之德若起荊襄之衆長驅西指霸業可成漢室可興矣至此更耐不得只得和盤託出玄德曰備安敢當此劉益州亦帝室宗親恩澤布蜀中久矣他人豈可得而動搖乎張松明明說出已是極力相就矣妙在玄德又用一語遜開去松曰某非賣主求榮賣實是此四字偏要先辨白一句亦自覺〃重耳今遇明公不敢不披瀝肝膽劉季玉雖有益州之地稟性暗弱不能任賢用能加之張魯在北時思侵犯人心離散思得明主松此一

行事欲納款於操何期逆賊恣逞奸雄傲賢慢士故特來見明公（不打自招盡情說出）明公先取西川爲基然後北圖漢中收取中原匡正天朝名垂青史功莫大焉明公果有取西川之意松願施犬馬之勞以爲內應未知鈞意若何（連日殷勤相待正爲要鈞他這幾句話）玄德曰深感君之厚意奈劉季玉與備同宗若攻之恐天下人唾罵（又推調一句妙甚）松曰大丈夫處世當努力建功立業著鞭在先今若不取爲他人所取悔之晚矣（皆是孔明龐統意中之語却偏要逼張松口中說出妙甚）玄德曰備聞蜀道崎嶇千山萬水車不能方軌馬不能聯轡雖欲取之

用何良策此處方纔應承。却便要鈞他這本畫圖出來。松於袖中取出一圖遞與玄德曰松感明公盛德敢獻此圖但看此圖便知蜀中道路矣孔明川計至此大事已畢。玄德略展視之上面盡寫著地理行程遠近濶狹山川險要府庫錢糧一一俱載明白松曰明公可速圖之松有心腹契友二人法正孟達此二人必能相助如二人到荊州時可以心事共議又引出兩人來。一同做賊。玄德拱手謝曰青山不老綠水長存他日事成必當厚報松曰松遇明主不得不盡情相告豈敢望報乎說罷作別極似迎賓館中說分上者直待臨別時方纔露求意。孔明命雲長等送數十里方回張松回益州先見友人法正正字孝直右扶風郿人也賢士法眞之子松見正備說曹操輕賢傲士只可同憂不可同樂吾已將益州許劉皇叔矣專欲與兄共議輕輕將一國賣與人了法正曰吾料劉璋無能已有心見劉皇叔久矣此心相同又何疑焉少頃孟達至達字子慶與法正同鄉達入見正與松密語達曰吾已知二公之意將欲獻益州耶松曰是欲如此兄試猜之合獻與誰[達]曰非劉玄德不可三人撫掌大笑傲賢賣歸又合著夥了法正謂松曰兄明日見劉璋當若何松曰吾薦二公爲使可○○○○○

往荊州（不用法孟二人請往，卻用張松薦之妙。）二人應允。次日，張松見劉璋。璋問

幹事若何。松曰：操乃漢賊，欲簒天下，不可爲言。彼已有取川之

心。（先將取川誆他。）璋曰：似此如之奈何？松曰：松有一謀，使張魯、曹操必

不敢輕犯西川。（不即說何計，待他自問。）璋曰：何計？松曰：荊州劉皇叔與主

公同宗，仁慈寬厚，有長者風。赤壁鏖兵之後，操聞之而膽裂，何

況張魯乎？主公何不遣使結好，使爲外援，可以拒曹操、張魯矣。

（不須玄德自來，卻使劉璋去請，可謂善於賣國矣。）璋曰：吾亦有此心久矣。誰可爲使？松

曰：非法正、孟達不可往也。璋卽召二人入，修書一封，令法正爲

使先通情好矣遣孟達領精兵五千迎玄德入川爲援正商議間一人自外突入汗流滿面大叫曰主公若聽張松之言則四十一州郡已屬他人矣松大驚視其人乃西閬中音郎巴人姓黃名權字公衡見爲劉璋府下主簿黃權後亦從劉備而此時則忠於劉璋璋問曰玄德與我同宗吾故結之爲援汝何出此言權曰某素知劉備寬以待人柔能克剛英雄莫敵遠得人心近得民望兼有諸葛亮龐統之智謀關張趙雲黃忠魏延爲羽翼若召到蜀中以部曲待之劉備安肯伏低做小與郭嘉之度劉表其詐相同若以客禮待之又一

國不容二主今聽臣言則西蜀有泰山之安不聽臣言則主公有壘卵之危矣張松昨從荊州過必與劉備同謀其言（如見）可先斬張松後絕劉備則西川萬幸也璋曰曹操張魯到來何以拒之權曰不如閉境絕塞深溝高壘以待時淸璋曰賊兵犯界有燒眉之急若待時淸則是慢計也遂不從其言遣法正行又一人阻曰不可不可璋視之乃帳前從事官王累也（韓馥欲招袁紹耿武關純諫之劉璋欲招玄德而黃權王累諫之前後正復相類）累頓首言曰主公今聽張松之說自取其禍璋曰不然吾結好劉玄德實欲拒張魯也累曰張魯犯

界乃癬疥之疾劉備入川是心腹之大患況劉備世之梟雄先事曹操便思謀害後從孫權便奪荊州心術如此安可同處乎今若名來西川休矣〔王累之言更切於黃權故其後黃權不死而王累獨死〕璋叱曰再休亂道玄德是我同宗他安肯奪我基業便教扶二人出遂命法正便行法正離益州逕取荊州來見玄德參拜已畢呈上書信玄德拆封視之書曰

族弟劉璋再拜致書於玄德宗兄將軍麾下久伏電天蜀道崎嶇未及齎貢甚切惶愧璋聞吉凶相救患難相扶朋友尚

然、況宗族乎、今張魯在北、旦夕興兵、侵犯境界、甚不自安、專人謹奉尺書、上乞鈞聽、倘念同宗之情、全手足之義、即日興師、勦滅狂寇、永為脣齒、自有重酬（即以西川酬之）書不盡言、耑候車騎、

玄德看畢大喜、設宴相待法正、酒過數巡、玄德屏退左右、密謂正曰、久仰孝直英名、張別駕多談盛德、今獲聽教、甚慰平生、（前張松初來再三推調今日卻急於自說矣前緩後急變化不同）法正謝曰、蜀中小吏、何足道哉、蓋聞馬逢伯樂而嘶、人遇知己而死、張別駕昔日之言、將軍復

有意乎只消將張松語一提不必更說自家語玄德曰備一身寄客未嘗不傷感而歎息常思鷦鷯尚存一枝狡兎猶藏三窟何況人乎蜀中豐餘之地非不欲取奈劉季玉係備同宗不忍相圖既言欲得西川却又假意推調法正曰益州天府之國非治亂之主不可居也今劉季玉不能用賢此業不久必屬他人今日自付與將軍不可錯失豈不聞逐兎先得之語乎將軍欲取某當效死前得書圖今又得一鄉導玄德拱手謝曰尚容商議當日席散孔明親送法正歸館舍玄德獨坐沉吟龐統進曰事當決而不決者愚人也主公高明何多疑耶

玄德問曰以公之意當復何如統曰荊州東有孫權北有曹操難以得志益州戶口百萬土廣財富可資大業今幸張松法正爲內助此天賜也何必疑哉（如范蠡天以吳賜越之語）玄德曰今與吾水火相敵者曹操也操以急吾以寬操以暴吾以仁操以譎吾以忠每與操相反事乃可成（不忍取劉表正是此意）若以小利而失信義於天下吾不忍也龐統笑曰主公之言雖合天理奈離亂之時用兵爭强固非一道若拘執常理寸步不可行矣宜從權變且兼弱攻昧逆取順守湯武之道也若事定之後報之以義封爲大國

何負於信○○○○（此處說封以大國後乃欲襲殺之於涪城何耶）今日不取終被他人取耳主公幸熟思焉玄德乃恍然曰金石之言當銘肺腑於是遂請孔明同議起兵西行孔明曰荊州重地必須分兵守之玄德曰吾與龐士元黃忠魏延前往西川軍師可與關雲長張翼德趙子龍守荊州孔明應允（取川之謀惟龐統力勸求川之事亦惟龐統任之耳）於是孔明總守荊州關公拒襄陽要路當青泥隘口張飛領四郡巡江趙雲屯江陵鎮公安玄德令黃忠為前部魏延為後軍玄德自與劉封關平在中軍龐統為軍師馬步兵五萬起程西行臨行時忽廖

化引一軍來降（二十七卷中所伏之人，於此處始來）。玄德便教廖化輔佐雲長以拒曹操。是年冬月，引兵望西川進發，行不數程，孟達接着，拜見玄德，說劉益州令某領兵五千遠來迎接。玄德使人入益州，先報劉璋。璋便發書告報沿途州郡，供給錢糧。璋欲自出涪（音浮）城親接玄德，即下令準備車乘帳幔，旌旗鎧甲，務要鮮明。主簿黃權入諫曰：主公此去，必被劉備之害。某食祿多年，不忍主公中他人奸計，望三思之（既於遣使時諫之，又於出迎時諫之）。張松曰：黃權此言，疏間宗族之義，滋長寇盜之威，實無益於主公。璋乃叱權曰：吾意已決汝何逆吾權叩首流血近前叩銜璋衣而諫璋大怒扯衣而起權不放頓落門牙兩箇（黄權之齒落，黄權之心盡矣。）璋喝左右推出黄權權大哭而歸璋欲行一人叫曰主公不納黄公衡忠言乃欲自就死地耶伏於堦前而諫璋視之乃建寧兪元人也姓李名恢叩首諫曰切聞君有諍臣父有諍子黄公衡忠義之言必當聽從若容劉備入川是猶迎虎於門也（李恢後來亦事玄德，然此時則忠於劉璋。）璋曰玄德是吾宗兄安肯害吾再言者必斬叱左右推出李恢張松曰今蜀中文官各顧妻子不復爲主公效力諸將恃功驕傲各有

外意不得劉皇叔則敵攻於外民攻於內必敗之道也（偏是賣國之人）

（反說劉人不忠）璋曰公所謀深於吾有益次日上馬出榆橋門人報從

○○○○○○○○○○○○○○○○○○○

事王累自用繩索倒弔於城門之上一手執諫章一手仗劍口

○○○○○○○○○○○○○○○○○○

稱如諫不從自劉斷其繩索撞死於此地（如此諫法從來未有）劉璋教取

所執諫章觀之其略曰

益州從事臣王累泣血懇告竊聞良藥苦口利於病忠言逆

耳利於行昔楚懷王不聽屈原之言會盟於武關爲秦所困

今主公輕離大郡欲迎劉備於涪城恐有去路而無回路矣

倘能斬張松於市、絕劉備之約、則蜀中老幼幸甚、主公之基業亦幸甚、

劉璋覩畢大怒曰、吾與仁人相會、如親芝蘭、汝何數侮於吾耶、

王累大叫一聲、自割斷其索、撞死於地、黄權李恢之識、同於王累、而王累之忠、則過於此二人。後人有詩歎曰、

倒挂城門捧諫章、拚將一死報劉璋、
黄權折齒終降備、矢節何如王累剛、

劉璋將三萬人馬往涪城來、後軍裝載資糧錢帛一千餘輛來

接玄德却說玄德前軍已到鋋沮所到之處一者是西川供給二者是玄德號令嚴明如有妄取百姓一物者斬於是所到之處秋毫無犯百姓扶老攜幼滿路瞻觀焚香禮拜玄德皆用好言撫慰（初來更收人心）卻說法正密謂龐統曰近張松有密書到此言於涪城相會劉璋便可圖之機會切不可失（張松之計太狠）統曰此意且勿言待二劉相見乘便圖之若預走漏於中有變（龐統直欲并贖）（遏玄德）法正乃秘而不言涪城離成都三百六十里璋已到使人迎接玄德兩軍皆屯於涪江之上玄德入城與劉璋相見各敘

兄弟之情。禮畢。揮淚訴告衷情。初見劉表未嘗揮淚今見劉璋而揮淚者以將取其西川故意所不忍而揮淚也。飲宴畢。各回寨中安歇。璋謂衆官曰。可笑黄權王累等輩。不知宗兄之心。妄相猜疑。吾今日見之。真仁義之人也。吾得他爲外援。又何慮曹操張魯耶。非張松則失之矣。且慢謝須仔細着。乃脱所穿緑袍。并黄金五百兩。令人往成都。賜與張松。人言劉璋闇郎此便知其闇。時部下將佐劉璝。冷苞。張任。鄧賢等一班文武官曰。主公且休歡喜。劉備柔中有剛。其心未可測。還宜防之。後來此四人皆死於戰可謂璋之忠臣。璋笑曰。汝等皆多慮。吾兄豈有二心哉。衆皆嗟歎而退却說玄德歸到寨中龐統入見曰王公今日席上見劉季玉動靜乎玄德曰季玉眞誠實人也統曰季玉雖善其臣劉璝張任等皆有不平之色其間吉凶未可保也劉璋無隙可尋以手下人爲說以統之計莫若來日設宴請季玉赴席於衣壁中埋伏刀斧手一百人主公擲杯爲號就筵上殺之一擁入成都刀不出鞘弓不上弦可坐而定也勸殺劉璋孔明必不出此言玄德曰季玉是吾同宗誠心待吾二句是實吏兼吾初到蜀中恩信未立二句是主若行此事上天不容下民亦怨公此謀雖霸者亦不爲也不曰王者不爲曰霸者亦不爲拒統之甚統曰

此并統之謀是法孝直將張松密書言事不宜遲只在早晚當圖之吉未已法正入見曰某等非爲自己乃順天命也玄德曰劉季玉與吾同宗不忍取之正曰明公差矣若不如此張魯與蜀有殺母之讎必來攻取明公遠涉山川驅馳士馬既到此地進則有功退則無益若執狐疑之心遷延日久大爲失計且恐機謀一洩反爲他人所算（龐統只言取之之利法正却言不取之害更進一層）不如乘此天與人歸之時出其不意早立基業實爲上策[illegible]統亦再三相勸正是

人主幾番存厚道，才臣一意進權謀。

未知玄德心下如何，且看下文分解。

終

一

四大奇書第一種卷三十一

茂苑毛宗崗序始氏評　　吳門杭永年資能氏評定

第六十一回

趙雲截江奪阿斗

孫權遺書退老瞞

取川者玄德之心也然乘劉璋之來迎而襲殺之以奪其地不足以服西川之人心此玄德之所不欲爲也龐統以此勸之勸之不從而欲自行之若孔明處此必不然矣是

以龐統之智雖不亞於孔明而用譎而不失其正行權而不詭於道則孔明又在龐統之上歟

英雄一生出色驚人之事不可多得得其一便可傳爲美談今偏不止一番却有兩番則子龍之截江奪阿斗是也美雲長者但稱其单刀赴會而不知已有油江赴會一事以爲之前焉美子龍者但稱其長坂救主而不知又有截江奪主一事以爲之後焉常歷觀前史求其出色驚人者或代止有其一人人止有其一事孰有應接不暇如三國

者乎然則既讀三國雖有他書不敢請矣

孫夫人在荆劉備得以孫權之母牽制孫權若使阿斗入吳孫權又將以劉備之子牽制劉備矣英明如夫人豈不知東吳取阿斗之意而乃欲携之以歸耶國太病而取夫人似也其取阿斗則非國太之意可知也取阿斗非國太之意則取夫人亦未必爲國太之意可知也而夫人曾不察焉然則由前而觀不愧爲女丈夫由後而觀依然女子之見耳

荀彧之死或以殺身成仁美之者非也初之勸操取兖州
則比之於高光繼之勸操戰官渡則比之於楚漢凡其設
策定計無非助操僭逆之謀杜牧譏其教盜穴墻發櫃者
誠爲至論矣旣以盜賊之事教之後乃忽以君子之論諫
之何其前後之相謬耶蓋彧之失在從操之初而欲蓋之
以曉節毋乃爲識者所笑
父兄創業以貽子弟固難子弟能承父兄之業尤難當曹
操討董卓之時與孫堅並列權特操之後輩耳操之言曰

生子當如孫仲謀隱然以前輩自居而以後輩目權也然袁術以年少輕孫策而曹操正以年少重孫權此老奸識英雄之眼又非他人可及

孫權之擊合淝宋謙死焉太史慈又死焉至於濡須而獨能屢勝何也蓋東吳之兵長於自守而短於攻取合淝攻取之兵也濡須則自守之兵也以攻取則一城不能拔以自守雖四十萬之衆可以却之其亦長短之勢有異乎

前卷與後卷皆敘玄德入川之事而此卷忽然放下西川

更敘荆州放下荆州更敘孫權復因孫權夾敘曹操替阿
斗爲西川西十餘年之帝則取西川爲劉氏大關目奪阿
斗亦劉氏大關目也至於遷秣陵應王氣爲孫氏僭號之
由稱魏公加九錫爲曹氏僭號之本而曹操夢日孫權致
書互相畏忌又鼎足三分一大關目也以此三入關月爲
此書半部中之眼又妙在西川與荆州分作兩邊寫曹操
與孫權合在一處寫敘事用筆之精直與腐史不相上下
却說龐統法正二人勸玄德就席間殺劉璋西川唾手可得玄

德曰吾初入蜀中恩信未立此事決不可行二人再三說之玄德只是不從次日復與劉璋宴於城中彼此細敘衷曲情好甚密酒至半酣龐統與法正商議曰事已至此由不得主公了便教魏延登堂舞劍乘勢殺劉璋如范增之遣項莊延遂拔劍進曰筵間無以爲樂願舞劍爲戲龐統便呼衆武士入列於堂下只待魏延下手劉璋手下諸將見魏延舞劍筵前又見階下武士手按刀靶直視堂上從事張任亦掣劍舞曰舞劍必須有對某願與魏將軍同舞如項伯之對項莊二人對舞於筵前魏延目視劉封封亦

拔劍助舞於是劉璝冷苞鄧賢各掣劍出曰我等當羣舞以助一笑（鴻門宴上舞劍只有二人今却有無數項莊項伯更是奇絕）玄德大驚急掣左右所佩之劍立於席上曰吾兄弟相逢痛飲並無疑忌又非鴻門會上何用舞劍不棄劍者立斬劉璋亦叱曰兄弟相聚何必帶刀命侍衛者盡去佩劍衆皆紛然下堂玄德喚諸將士上堂以酒賜之（鴻門宴上止賜樊噲巵酒今却有無數樊噲更是奇絕）曰吾弟兄同宗骨血共議大事並無二心汝等勿疑諸將皆拜謝劉璋執玄德之手而泣曰吾生之恩誓不敢忘二人歡飲至晚而散玄德歸寨責龐統曰公

等奈何欲陷備於不義耶今後斷勿為此龐統法正之謀急不如玄德之緩急則不免於忍緩則不失為仁統嗟嘆而退却說劉璋歸寨劉璝等曰主公覓今日席上光景乎不如早回免生後患劉璋曰吾兄劉玄德非比他人衆將曰雖玄德無此心他手下人皆欲吞併西川以圖富貴從來帝王事業多是手下人成之璋曰汝等無間吾兄弟之情遂不聽日與玄德歡敘忽報張魯整頓兵馬將犯葭萌關劉璋便請玄德往拒之玄德慨然領諾即日引本部兵望葭萌關去了衆將勸劉璋令大將緊守各處關隘以妨玄德兵變為後文取涪關張本璋初時不

從後因衆人苦勸乃令白水都督楊懷高沛二人守把涪水關劉璋自回成都玄德到葭萌關嚴禁軍士廣施恩惠以收民心玄德不欲遽殺劉璋亦爲收民心故耳先收民心而後取西川此是玄德主意早有細作報人東吳吳侯孫權會文武商議顧雍進曰劉備分兵遠涉山險而去未易往還何不差一軍先截川口斷其歸路後盡起東吳之兵一鼓而下荊襄此不可失之機會也此計但說得好聽須知荊州有孔明關張趙雲守之未易得下也權曰此計大妙正商議間忽屏後一人大喝而出曰進此計者可斬之欲害吾女之命耶劉表屏風後之一人是玄德難星孫權屏風後之一人是玄德救星

衆驚視之乃吳國太也國太怒曰吾一生爲有一女嫁與劉備
○○○○○○○○○
今若動兵吾女性命如何前爲孫夫人不欲殺玄德今又爲孫夫人不欲取荆州因此孫
權曰汝掌父兄之業坐領八十一州尚自不足乃顧小利而不
念骨肉孫權喏喏連聲答曰老母之訓豈敢有違遂叱退衆官
國太恨恨而入孫權立於軒下自思此機會一失荆襄何日可
得孫權此時還該埋怨周郎正沉吟間只見張昭入問曰主公有何憂疑孫
權曰正思適間之事張昭曰此極易也今差心腹將一人只帶
○○○○○○○○
五百軍潛入荆州下一封密書與郡主只說國太病危欲見親

若國太聽得呪取郡主星夜回東吳玄德平生只有一子就
女他又當着㶝前日折了一箇夫人今
敎帶來那時玄德定把荆州來換阿斗日却要應他一箇公子
如其不然一任動兵更有何碍權曰此計太妙吾有一人姓周
名善最有膽量自幼穿房入戶多隨吾兄今可差他去昭曰切
勿漏洩只此便令起行於是密遣周善將五百人扮爲商人分
作五船後來吕蒙亦使人扮作客商令却於此處先有一引子更詐修國書以備盤詰船
內暗藏兵器周善領命取荆州水路而來船泊江邊善自入荆
州令門吏報孫夫人夫人命周善入善呈上密書夫人見說國

太病危洒淚動問不是太太要歸神（却是哥哥會搗鬼）周善拜訴曰國太好生病重且夕只是思念夫人黨去得遲恐不能相見就敎夫人帶阿斗去見一面（阿斗不是孫夫人養的既非國太親外孫如何要見只此便可知其捍謊）夫人曰皇叔引兵遠出我今欲回須使人知會軍師方可以行周善曰若軍師回言道須報知皇叔候了回命方可下船如之奈何夫人曰若不辭而去恐有阻當周善曰大江之中已準備下船隻只今便請夫人上車出城孫夫人聽知母病危急如何不慌便將七歲孩子阿斗藏在車中（昔日長坂坡前虧了一箇死夫人保來今日荆州城裡幾被一箇活夫人取去）

隨行帶三千餘人各跨刀劍上馬離荆州城便來江邊上船府

中人欲報時孫夫人已到沙頭鎮下在船中了周善方欲開船

○○○○○○○○○○○○○○○○○○○○

只聽得岸上有人大叫且休開船容與夫人餞行視之乃趙雲

○來得突兀○阿斗曾做趙雲懷中之原來趙雲巡哨方回聽

也物今日此去如取諸其懷而奪之矣○○○○○○○○前吳將

得這箇消息吃了一驚只帶四五騎旋風船沿江趕來追夫人

是早路今子龍追夫人是水路前是以早

追旱今是以旱追水前有六將今只一人周善手執長戈大喝

曰汝何人敢當主母吒令軍士一齊開船各將軍器出來擺列

在船上風順水急船皆隨流而去趙雲沿江趕叫任從夫人去

只有一句話拜禀周善不睬只催船速進趙雲沿江趕到十餘里忽見江灘斜纜一隻魚船在那裡趙雲棄馬執鎗跳上漁船只兩人駕船前來望着夫人所坐大船追趕（漁船只取得魚今却借他取一小龍可謂小材大用）周善教軍士放箭趙雲以鎗撥之箭皆紛紛落水離大船懸隔丈餘吳兵用鎗亂刺趙雲棄鎗在小船上掣所佩青釭劍在手分開鎗搠望吳船湧身一跳早登大船（此一躍之功抵得長坂數十戰）吳兵盡皆驚倒趙雲入艙中見夫人抱阿斗於懷中（若非昔日在子龍懷中安得今日在夫人懷中）喝趙雲曰何故無禮雲插劍聲喏曰主母欲何往

何故不令軍師知會夫人曰我母親病在危篤無暇報知雲曰主母探病何故帶小主人去夫人曰阿斗是吾子留在荊州無人看覷雲曰主母差矣主人一生只有這點骨血（極似麋夫人對子龍語）小將在當陽長坂坡百萬軍中救出今日夫人却欲抱將去是何道理（有得他說說得嚮响）夫人怒曰量汝只是帳下一武夫安敢管我家事雲曰夫人要去便去只留下小主人夫人喝曰汝半路輒入船中必有反意（宛然是昔日叱喝徐盛丁奉面孔）雲曰若不留下小主人總然萬死亦不敢放夫人去夫人喝侍婢向前揪捽（子龍前番救阿斗是殺着）

男將，今番奪阿斗，却撞着女兵。被趙雲推倒，就懷中奪了阿斗，抱出船頭上。倆等爽快。欲要傍岸，又無幫手；欲要行，竟又恐礙於道理，進退不得。夫人喝侍婢奪阿斗，趙雲一手抱定阿斗，前做了男贈嫁，今却做了雄乳娘。一手仗劍，人不敢近。周善在後，稍襪住舵，只顧放船下水，風順水急，望中流而去。趙雲孤掌難鳴，只護得阿斗，安能移舟傍岸？正在危急，忽見下流頭港內一字兒使出十餘隻船來，船上磨旗擂鼓，趙雲自思：今番中了東吳之計。不獨子龍着急，讀者至此，亦替子龍着急。只見當頭艄上一員大將，手執長矛，高聲大叫：嫂嫂留下姪兒去。先聞其聲原來張飛巡哨聽得這箇消息急來油江夾口正撞着吳船急忙截住（後見其人）當下張飛提劍跳上吳船周善見張飛上船提刀來迎被張飛手起一劍砍倒提頭擲於孫夫人前（一顆人頭權當叔叔饒行之禮）夫人大驚曰叔叔何故無禮張飛曰嫂嫂不以俺哥哥為重私自歸家這便無禮（快人快語）夫人曰吾母病重甚是危急若等你哥哥回報須悞了我事若你不放我回去我情願投江而死張飛與趙雲商議若逼死夫人非為臣下之道只護着阿斗過船去罷（前日夫婦歸荆追之者意不在婦而在夫今日母子歸吳追之者意不在母而在子）乃謂夫人曰俺

哥哥太漢皇叔也不辱沒嫂嫂今日相別若思哥哥恩義早早回來說罷抱了阿斗自與趙雲回船東吳許多將佐追不得劉備轉去今只張趙二人却奪得阿斗轉來放孫夫人五隻船去了後人有詩讚子龍曰

昔年救主在當陽　今日飛身向大江
船上吳兵皆膽裂　子龍英勇世無雙

又有詩讚翼德曰

長坂橋邊怒氣騰　一聲虎嘯退曹兵
今朝江上扶危主　青史應傳萬載名

二人歡喜回船行不數里孔明引大隊船隻接來前寫張趙今寫孔明若孔明此時不來便疎漏矣見阿斗已奪回大喜三人並馬而歸孔明自申文書往葭萌關報知玄德却說孫夫人回吳且說張飛趙雲殺了周善截江奪了阿斗孫權大怒曰今吾妹已歸與彼不親殺周善之讐如何不報喚集文武商議起軍攻取荊州此處只敘孫權取荊之謀便不敘母女怎生相見并貞病假病緣故此省筆之法正商議調兵忽報曹操起軍四十萬來報赤壁之讐曹操起兵不向曹操一邊敘來却在孫權一邊聽得文省筆之法孫權大驚且按下荊州商議拒敵曹操差人報長史張紘辭疾回家今已病

故有哀書上呈權折視之書中勸孫權遷居秣陵言秣陵山川有帝王之氣可速遷於此以爲萬世之業（爲後文稱帝張本）孫權覽書大哭謂衆官曰張子綱勸吾遷居秣陵吾如何不從即命遷治建業築石頭城（石頭城自此而始）呂蒙進曰曹操兵來可於濡須水口築塢以拒之諸將皆曰上岸擊賊跣足入船何用築城蒙曰兵有利鈍戰無必勝如猝然遇敵步騎相促人尚不暇及水何能入船乎（能守而後能戰有備而後無患呂蒙可謂善計）權曰人無遠慮必有近憂子明之見甚遠便差軍數萬築濡須塢曉夜併工刻期告竣（以下接過孫權）

僭越之極

接敘曹操却説曹操在許都威福日甚長史董昭進曰自古以來人臣未有如丞相之功者雖周公呂望莫可及也櫛風沐雨三十餘年掃蕩羣凶與百姓除害使漢室復存豈可與諸臣宰同列乎合受魏公之位加九錫以彰功德董昭前請遷都許昌今又請加九錫全乎爲曹操腹心者也不想食淡人偏不肯淡你道那九錫

一車馬大輅戎輅各一大輅金車也戎輅兵車也玄牡二駟黃馬八匹二衣服袞冕之服赤舄副焉袞冕王者之服赤舄朱履也三樂縣樂縣王者之樂也四朱戶居以朱戶紅門也五納陛納陛以登陛階也六虎賁虎賁三百人守門之軍也七鈇鉞鈇鉞各一鈇即斧也鉞斧屬八弓矢

彤弓一彤矢百彤赤色也玈弓十玈矢千玈黑色也九秬鬯圭瓚秬鬯一卣圭瓚副焉秬黑色也鬯香酒灌地以求神於陰卣中樽也圭瓚宗廟祭器以祀先王也侍中荀彧曰不可丞相本興義兵匡扶漢室當秉忠貞之志守謙退之節君子愛人以德不宜如此荀彧向爲曹操腹心今日忽然作此等語是教曹操以淡也董昭淡而不淡荀彧不淡而假淡可發一笑曹操聞言勃然變色董昭曰豈可以一人而阻衆望遂上表請尊操爲魏公加九錫操顧書墓道曰曹侯之墓今則與此言大不相同荀彧嘆曰吾不想今日見此事操聞深恨之以爲不助已也建安十七年冬十月曹操興兵下江南就命荀彧同行

彧已知操有殺巳之心，托病止於壽春，忽曹操使人送飲食一盒至。曹操有九錫，荀彧只有一錫。盒上有操親筆封記，開盒視之，並無一物。彧會其意，遂服毒而亡。漢文帝賜食於周亞夫，而不設箸，是猶無有矣。明是使彧絕食。今操以空盒賜荀彧，是并食亦無之意，彧安得不死乎。年五十歲。後人有詩嘆曰：

文若才華天下聞，可憐失足在權門。

後人漫把留侯比，臨沒無顏見漢君。

其子荀惲發哀書報曹操，操甚懊悔，命厚葬之，謚曰敬侯。且說曹操大軍至濡須，先差曹洪領三萬鐵甲馬軍，哨至江邊，回報云遥望沿江一帶旗旛無數不知兵聚何處方見藏兵在焉之妙不下自領兵前進就濡須口擺開軍陣操領百餘人上山坡遥望戰船各分隊伍依次擺列旗分五色兵器鮮明當中大船上青羅傘下坐着孫權左右文武侍立兩邊操以鞭指曰生子當如孫仲謀若劉景升兒子豚犬耳劉琮降操操而操薄之孫權拒操而操嘉之奸雄賞鑑亦自不凡忽一聲響動南船一齊飛奔過來濡須塢內又一軍出衝動曹兵曹操軍馬退後便走止喝不住忽有千百騎趕到山邊爲首馬上一人碧眼紫髯衆人認得正是孫權權自引一隊馬軍

來擊曹操操大驚急回馬時東吳大將韓當周泰兩騎馬直衝將上來操背後許褚縱馬舞刀敵住二將曹操得脫歸寨許褚與二將戰三十合方回（操軍一敗）操回寨重賞許褚責罵衆將臨敵先退挫吾銳氣後若如此盡皆斬首是夜二更時分忽寨外喊聲大震操急上馬見四下裏火起○○○○（赤壁之火於此再見）却被吳兵劫入大寨殺至天明曹兵退五十餘里下寨（操軍再敗）操心中鬱悶看兵書程昱曰丞相既知兵法豈不知兵貴神速乎丞相起兵遷延日久故孫權得以準備夾濡須水口為塢難於攻擊不若且退

兵還許都別作良圖操不應不應便有退心程昱出操伏几而臥忽聞

之情

潮聲洶湧如萬馬爭奔之狀操急視之見大江中推出一輪紅

日光華射目仰望天上又有兩輪太陽對照應鼎足之象日而有二正忽見

江心那輪紅日直飛起來墜於寨前山中其聲如雷猛然驚覺

原來在帳中做了一夢正征戰時忽然敘却一夢一部三國皆當作如是觀帳前軍報道

午時曹操教備馬引五十餘騎逕奔出寨至夢中所見落日山

邊正看之間忽見一簇人馬當先一人金盔金甲操視之乃孫

權也孫權之母夢日而生權曹操之夢正與權母之夢相合三十八回中事於此照應出來權見操至也

不慌忙在山上勒住馬以鞭指操曰丞相坐鎮中原富貴已極何故貪心不足又來侵我江南操答曰汝爲臣下不尊王室吾奉天子詔特來討汝孫權笑曰此言豈不羞乎天下豈不知你挾天子令諸侯吾非不尊漢朝正欲討汝以正國家耳（孫權題目亦自正大）操大怒叱諸將上山捉孫權忽一聲鼓響山背後兩彪軍出右邊韓當周泰左邊陳武潘璋四員將帶三千弓弩手亂射矢如雨發操急引衆將回走背後四將趕來甚急趕到半路許褚引衆虎衛軍敵住救回曹操（操軍三敗）吳兵齊奏凱歌回濡須去了

撑還營自思孫權非等閒人物紅日之應久後必爲帝王正應孫陵王氣相應於是心中有退兵之意又恐東吳恥笑進退未決兩邊又相拒了月餘戰了數場互相勝負省卻無數筆墨直至來年正月春雨連綿水港皆滿軍士多在泥水之中困苦異常赤壁連環之舟水中如在岸上濡須雨後之兵岸上如在水中操心甚憂當日正在寨中與衆謀士商議或勸操收兵或云目今春暖正好相持不可退歸操猶豫未定忽報

東吳有使齎書到操啓視之書略曰

孤與丞相彼此皆漢朝臣宰丞相不思報國安民乃妄動干

戈殘虐生靈豈仁人之所爲哉即日春水方生公當速去如其不然復有赤壁之禍矣公宜自思焉

書背後又批兩行云

足下不死孤不得安操以權爲英雄權亦以操爲英雄正是兩心相照

曹操看畢大笑曰孫仲謀不欺我也操畏權權亦畏操者云不畏便是欺人之語重賞來使遂下令班師命廬江太守朱光鎮守皖城自引大軍回許昌赤壁以遇火而退濡須以遇水而歸前後遥遥相映孫權亦收軍回秣陵權與衆將商議曹操雖然北去劉備尚在葭萌關未還何不引拒曹操之

兵以取荊州張昭獻計曰且未可動兵某有一計使劉備不能再還荊州正是

孟德雄兵方退北　仲謀壯志又圖南

不知張昭說出甚計來且看下文分解

第六十二回

取涪關楊高授首

攻雒城黃魏爭功

讀前卷而見孫與劉之相離讀此卷而見備與璋之相惡

一取妹而一奪子孫劉之所以離也一吝糧而一毀書璋備之所以惡也然孫劉之離者可以復合而璋備之惡者不可復合何也璋既迎備則已有不能更拒之勢招之來而又欲麾之去則首鼠兩端而釁必起矣備既入川則已有不能不取之勢入其境而不忍取其地則進退維谷而禍及身矣總之召虎易而遣虎難入險易而出險難耳

玄德初以徐州爲家而布奪之操又奪之繼以荊州爲家而操失之權又爭之惟至於西川則眞爲玄德之家矣然

其受陶謙之讓而不受劉表之讓者懲於徐州之得而復失故重發於劉表也不奪同宗之荊而獨奪同宗之益者懲於荊州之遲而滋議故不得復重發於劉璋也此其先後遲速之機因時而變者然也

龐統之策三一曰取成都二曰取涪關三曰回荊州夫回荊州則是兼策矣不可謂之下策也統之意本以襲殺劉璋於初迎之時爲上計而自葭萌取成都爲中計自葭萌取涪關爲下計玄德之從其中猶是從其下耳然叙劉璋

而急取之。則人心不附。而撫之也難。不殺劉璋。而緩取之。則人心可服。而享之也固。是取乎其下者。乃其所以爲上歟。

觀於張肅張松。而有慨於兄弟之間也。一則賣主求榮。而不告其兄。一則懼禍及已。而不顧其弟。在同胞之兄弟且然。而况備與璋之以同宗通譜者耶。讀書至此。爲之三嘆。

玄德其不用壯而善於用老者乎。急於取川者壯罔之謀也。緩於取川者老成之算也。魏延以壯而敗。黄忠以老而

勝老成則吉莊周則凶爲將之道固然將將者用兵之道
何獨不然
有以閒筆爲伏筆者正當干戈爭鬬之時忽有一紫虛上
人如古木寒鴉蒼巖怪石此極忙中之閒筆也乃管寧之
役龐統未死孔明未來而紫虛早有一鳳墜地一龍升天
之語則已爲後文伏筆也與雲長在鎮國寺中見普淨和
尚玄德在南漳莊上見水鏡先生一樣筆墨
文有正筆有奇筆如玄德之殺楊高士元之取涪關劉璝

之謁紫虛冷苞之議決水皆以交而及者也正筆也如黃忠之救魏延玄德之入敵寨魏延之提冷苞法正之見彭羕皆突如其來者也奇筆也正筆發明在前奇筆推原在後正筆極其交第奇筆極其突兀可謂敘事妙品

却說張昭獻計曰且休要動兵若一興師曹操必復至不如修書二封一封與劉璋言劉備結連東吳共取西川使劉璋心疑而攻劉備一封與張魯教進兵向荆州來着劉備首尾不能救應我然後起兵取之事可諧矣前者玄德欲救孫權而致書於馬超是不救之救今者孫權欲

圖劉備[illegible]書於璋．魯肅．是不圖之圖．權從之．卽發使二處去訖．且說玄德在葭萌關日久．甚得民心．忽接得孔明文書．知孫夫人已回東吳．又聞曹操興兵犯濡須．乃與龐統議曰．曹操擊孫權．操勝必將取荊州．權勝亦必取荊州矣．爲之奈何．龐統曰．主公勿憂．有孔明在彼．料想東吳不敢犯荊州．主公可馳書去劉璋處．只推曹操攻擊孫權．權求救於荊州．吾與孫權脣齒之邦．不容不相援．張魯自守之賊．決不敢來犯界．吾今欲勒兵回荊州．與孫權會同破曹操．孫權之書．以劉備結東吳爲名．玄德之書．又以東吳求劉備爲說．大家借題．互相欺誑．正是一對空頭．奈兵少糧缺，望推同宗之誼，速發精兵三四萬，行糧十萬斛相助。請勿有誤。若得軍馬錢糧，却另作商議。此處不即說明。玄德從之，遣人往成都。來到關前，楊懷、高沛聞知此事，遂教高沛守關，楊懷同使者入成都，見劉璋，呈上書信。劉璋看畢，問楊懷為何亦同來。楊懷曰：專為此書而來。劉備自從入川，廣布恩德，以收民心，其意甚是不善。今求軍馬錢糧，切不可與。如若相助，是把薪助火也。劉璋曰：吾與玄德有兄弟之情，豈可不助？一人出曰：劉備梟雄，久留於蜀而不遣，是縱虎入室矣。今更助之以軍馬錢糧，何異與虎添翼乎（一以備爲火。一以備爲虎。誰知火已熾不可滅。虎已入不可出乎。）衆視其人乃零陵烝陽人姓劉名巴字子初劉璋聞劉巴之言猶豫未決黃權又復苦諫璋乃量撥老弱軍四千米一萬斛發書遣使報玄德（是授之以隙矣。）仍令楊懷高沛緊守關隘劉璋使者到葭萌關見玄德呈上回書玄德大怒曰吾爲汝禦敵費力勞心汝今積財吝賞何以使士卒效命乎遂扯毀回書大罵而起（正欲尋鬭。得此一書。便好翻轉面皮。）使者逃回成都龐統曰主公只以仁義爲重今日毀書發怒前情盡棄矣玄德曰如此當若何龐統曰某有三條計策請主公自擇而行玄德問那三條計統曰只今便選精兵晝夜兼道逕襲成都此爲上計若只虛聞殺劉璋則此又其中計矣楊懷高沛乃蜀中名將各仗強兵拒守關隘今主公佯以回荊州爲名二將聞知必來相送就送行處擒而殺之奪了關隘先取涪城然後却向成都此中計也此中計鳳雛已爲下計矣退還白帝連夜回荊州徐圖進取此爲下計若棄葭萌而歸此玄德所必不願也龐統待以此句激之欲其行上二計耳若沉吟不去將至大困不可救矣又逼一句然實是確語玄德曰軍師上計太促下計太緩中計不遲不疾可以行之玄德不用上計而用中計猶有不忍之心於是發書致劉璋

只說曹操令部將樂進引兵至青泥鎮來，將抵敵不住，吾當親往拒之，不及面會，特書相辭。書至成都，張松聽得說劉玄德欲回荊州，只道是真心。（玄德此時不曾知會得張松。）乃修書一封，欲令人送與玄德，却值親兄廣漢太守張肅到，松急藏書於袖中，與肅相陪說話。肅見松神情恍惚，心中疑惑。松取酒與肅共飲，獻酬之間，忽落此書於地。（書圖藏得甚緊，手書何故不密。）被肅從人拾得，席散後，從人以書呈肅，肅開視之，書略曰：

松昨進言於皇叔，並無虛謬，何乃遲遲不發？逆取順守，古人所貴今大事已在掌握之中何故欲棄此而回荊州乎使松聞之如有所失書若到日疾速進兵松當為內應萬勿自誤張肅見了大驚曰吾弟作滅門之事不可不首連夜將書見劉璋具言弟張松與劉備同謀欲獻西川劉璋大怒曰吾平日未常薄待他何故欲謀反一向尚在夢中遂下令捉張松全家盡斬於市後人有詩嘆曰

一覽無遺自古稀　誰知書信泄天機

未覩玄德興王業　先向成都血染衣

劉璋既斬張松聚集文武商議曰劉備欲奪吾基業當如之何黃權曰事不宜遲即便差人告報各處關隘添兵把守不許放荊州一人一騎入關璋從其言星夜馳檄各關去訖（若依龐統上計則各關未必費力）却說玄德提兵回涪城先令人報上涪水關請楊懷高沛出關相別楊高二將聞報商議曰玄德此回若何高沛曰玄德合死我等各藏利刃在身就送行處刺之以絕吾主之患（龐統○○○○○○○○○○○○○○○○○正欲於送行時殺二將二將亦欲於送行時刺玄德彼此正是同心但二將卻已不知彼耳）楊懷曰此計大妙二人只帶隨行二百人出關送行其餘並留在關上玄德大

軍盡發前至涪水之上龐統在馬上謂玄德曰楊懷高沛若欣然而來可堤防之〔此句是主〕若彼不來便起兵逕取其關不可遲緩〔此句是賓〕正說間忽起一陣旋風把馬前帥字旗吹倒〔不必風旗告變龐統已知之矣〕玄德問龐統曰此何兆也統曰此警報也楊懷高沛二人必有行刺之意宜善防之玄德乃身披重鎧自佩寶劍防備人報楊高二將前來送行玄德令軍馬歇定龐統分付魏延黃忠但關上來的軍士不問多少馬步軍兵一箇也休放回〔爲下文賺關之用〕二將得令而去却說楊懷高沛二人身邊各藏利刃帶二百軍

兵捧羊送酒直至軍前覔並無準備心中暗喜以爲中計入至帳下見玄德正與龐統坐於帳中二將聲喏曰聞皇叔遠回特具薄禮相送遂進酒勸玄德玄德曰二將軍守關不易當先飲此盃（玄德不肯自飲致他先飲是玄德謹慎隄防處）二將飲酒畢玄德曰吾有密事與二將軍商議揮人退避遂將帶來二百人盡趕出中軍玄德叱曰左右與吾捉下二賊帳後劉封關平應聲而出楊高二人急待爭鬬劉封關平各捉住一人玄德喝曰吾與汝主是同宗兄弟汝二人何故同謀離間親情龐統叱左右搜其身畔果然各

披出利刀一口。亦將無貪助一笑乎

曰二人本意欲殺吾主罪不容誅遂叱刀斧手斬楊懷高沛於帳前黄忠魏延早將二百從人先自捉下不曾走了一箇玄德喚入各賜酒壓驚善買人心玄德曰楊懷高沛離間吾兄弟又藏利刀行刺故行誅戮爾等無罪不必驚疑衆各拜謝龐統曰吾今即用汝等引路帶吾軍取關各有重賞不欲走透一人正爲此耳衆皆應允是夜二百人先行大軍隨後前軍至關下叫曰二將軍有急事回可速開關城上聽得是自家軍即時開關大軍一擁而入兵

不血刃得了涪關甚不費力只殺得兩人蜀兵皆降玄德各加重賞隨即分兵前後守把次日勞軍設宴於公廳玄德酒酣顧龐統曰今日之會可爲樂乎未免露出眞情○玄德在劉表席間醉後失言於此復見龐統曰伐人之國而以爲樂非仁者之兵也玄德曰吾聞昔日武王伐紂作樂象功此亦非仁者之兵歟以紂比劉璋亦擬之非其倫確是醉話汝言何不合道理可速退龐統大笑而起○○○○○亦有醉意左右亦扶玄德入後堂睡至半夜酒醒左右以逐龐統之言告知玄德玄德大悔次早穿衣陞堂請龐統謝罪曰昨日酒醉言語觸忤幸勿掛懷龐統談笑自

若玄德曰昨日之言惟吾有失龐統曰君臣俱失何獨主公語一

水釋龐統亦妙玄德亦大笑其樂如初却說劉璋聞玄德殺了楊高二將襲了涪水關大驚曰不料今日果有此事始信王累之言遂聚文武問退兵之策黄權曰可連夜遣兵屯雒縣塞住咽喉之路劉備雖有精兵猛將不能過也璋遂令劉璝泠苞張任鄧賢點五千大軍星夜往守雒縣以拒劉備四將行兵之次劉璝曰吾聞錦

○○○○○○○○○○○○○○○○○○○

屏山中有一異人道號紫虛上人知人生死貴賤吾輩今日行

○○○○○○○○○○○○○○○○○

軍正從錦屏山過何不試往問之正厮殺時忽見一世外之人張任曰大丈

夫行兵拒敵，豈可問於山野之人乎。是大丈夫語。蕡曰：不然。聖人云至誠之道，可以前知。吾等問於高明之人，當趨吉避凶。一心為主文何趨避。於是四人引五六十騎至山下，問徑樵夫。樵夫指高山之有。絕頂上便是上人所居。四人上山至庵前，見一道童出迎。極與木鏡莊上。問了姓名，引入庵中，只見紫虛上人坐於蒲墩之上。四人彷彿。下拜求問前程之事。紫虛上人曰：貧道乃山野廢人，豈知休咎。劉蕡再三拜問，紫虛遂命道童取紙筆，寫下八句言語，付與劉蕡。其文曰：

左龍右鳳飛入西川雛鳳墜地（為落鳳坡伏筆）臥龍升天一得一失天數當然見機而作勿喪九泉劉璝又問曰吾四人氣數如何紫虛上人曰定數難逃何必再問（四人無一生還亦先伏下一筆）璝又請問時上人眉垂目合恰似睡着的一般並不荅應四人下山劉璝曰仙人之言不可不信張任曰此狂叟也聽之何益（張任不降之意於此以決）遂上馬前行既至雒縣分調人馬守把各處隘口劉璝曰雒城乃成都之保障失此則成都難保吾四人公議着二人守城二人去雒縣前面依山傍險劄下

兩箇寨子勿使敵兵臨城泠苞鄧賢曰某願往結寨劉璝大喜分兵二萬與泠鄧二人離城六十里下寨（玄德以二將當先劉璋亦有二將當先）劉璝張任守護雒城却說玄德旣得涪水關與龐統商議進取雒城人報劉璋撥四將前來即日泠苞鄧賢領二萬軍離城六十里劄下兩箇大寨玄德聚衆將問曰誰敢建頭功去取二將寨栅老將黃忠應聲出曰老夫願往（寫黃忠不畏廉頗馬援）玄德曰老將軍率本部人馬前至雒城如取得泠苞鄧賢營寨必當重賞黃忠大喜即領本部兵馬謝了要行（矍鑠哉是翁）忽帳下一人出曰老

將軍年紀高大如何去得小將不才願往玄德視之乃是魏延黃忠曰我已領下將令你如何敢攙越魏延曰老者不以筋骨爲能吾聞冷苞鄧賢乃蜀中名將血氣方剛恐老將軍近他不得豈不悮了主公大事魏延激惱黃忠耶黃忠之成功愈必因此願相替本是好意黃忠大怒曰汝說吾老敢與我比試武藝麼此處黃忠欲與魏延比試後文關公亦欲與馬超比試前後相映魏延曰就主公之前當面比試贏得的便去何如黃忠遂趨步下堦便叫小校將刀來人雖老寶刀不老玄德急止之曰不可吾今提兵取川全仗汝二人之力今兩虎相鬬必有

一傷須慢了我大事吾與你二人勸解休得爭論龐統曰汝二人不必相爭即今冷苞鄧賢下了兩箇營寨今汝二人日領本部軍馬各打一寨如先奪得者便爲頭功。嬴者便爲壯輸者便爲老。於是分定黄忠打冷苞寨魏延打鄧賢寨二人各領命去了龐統曰此○○○○○○○○○○○○○○○○○○○○○○○○○○○二人去恐於路上相爭主公可自引軍爲後應預知魏延必爭黄忠之功。立德留龐統守城自與劉封關平引五千軍隨後進發却說黄忠歸寨傳令來日四更造飯五更結束平明進兵取左邊山谷而進魏延却暗使人探聽黄忠甚時起兵探事人回報來日四更造飯五更起兵魏延暗喜分付衆軍士二更造飯三更起兵平明要到鄧賢寨邊廝殺將敘不得鹵莽魏延貪功亦甚壯勇軍士得令都飽飡一頓馬摘鈴人銜枚捲旗束甲暗地去劫寨三更前後離寨前進到半路魏延馬上尋思只去打鄧賢寨不顯能處不如先去打冷苞寨却將得勝兵打鄧賢寨兩處功勞都是我的就馬上傳令教軍士都投左邊山路裏去彼後我先宜右忽左魏延好勝天覩今之推讓退避者何啻天淵色微明離冷苞寨不遠教軍士少歇排擲金鼓旗旛鎗刀器械早有伏路小軍飛報入寨冷苞已有准備了如此早去又吃准備可謂夜眠清早

起。文有早行人。一聲砲響。三軍上馬。殺將出來。魏延縱馬提刀。與冷苞接戰。二將交馬。戰到三十合。川兵分兩路來襲漢軍。漢軍走了半夜。人馬力乏。抵當不住。退後便走。魏延聽得背後陣腳亂。撒了冷苞。撥馬回走。川兵隨後趕來。漢軍大敗。正爲爭功失功。走不到五里。山背後鼓聲震地。鄧賢引一彪軍從山谷裏截出來。大叫魏延快下馬受降。魏延策馬飛奔。那馬忽失前蹄。雙足跪地。將魏延掀將下來。讀者至此必謂魏延死矣。鄧賢馬奔到。挺鎗來刺魏延。鎗未到○○○○○○○○○○○○○○○○○○○○○○處。弓弦響。鄧賢倒撞下馬。後面冷苞方欲來救。一員大將從山坡上躍馬而來厲聲大叫老將黃忠在此先聞其号後見其人寫得聲勢舞刀直取冷苞冷苞抵敵不住望後便走黃忠乘勢追趕川兵大亂黃忠一枝軍救了魏延魏延在長沙城上救了黃忠此日真堪相報殺了鄧賢直趕到寨前冷苞回馬與黃忠再戰不到十餘合後面軍馬擁將上來冷苞只得棄了左寨引敗軍來投右寨只見寨中旗幟全別冷苞大驚兜住馬看時當頭一員大將金甲錦袍乃是劉玄德寫得突兀左邊劉封右邊關平大喝道寨子吾已奪下汝欲何往原來玄德引兵從後接應便乘勢奪了鄧賢寨子補敘得妙冷苞兩頭

無路取山僻小徑要回雒城行不到十里狹路伏兵忽起搭鉤齊舉把冷苞活捉了（寫得突兀）原來却是魏延自知罪犯無可解釋收拾後軍令蜀兵引路伏在這裡等箇正着（補敘得妙）用繩縛了冷苞解投玄德寨來却說玄德立起免死旗但川兵倒戈卸甲者並不許殺害如傷者償命（善買人心）又諭眾降兵曰汝川人皆有父母妻子願降者充軍不願降者放回於是歡聲動地（放回之人又將爲未取之地布其先聲耳）黃忠安下寨脚逕來見玄德說魏延違了軍令可斬玄德急召魏延魏延解冷苞至玄德曰延雖有罪此功可贖

令魏延謝黃忠救命之恩今後毋得相爭魏延頓首伏罪（善於調停）
玄德重賞黃忠（黃忠故自不老）使人押冷苞到帳下玄德去其縛賜酒
壓驚問曰汝肯降否冷苞曰既蒙免死如何不降劉璝張任與
某為生死之交若肯放某回去當即招二人來降就獻雒城玄
德大喜便賜衣服鞍馬令回雒城（總是收川將之心）魏延曰此人不可
放回若脫身一去不復來矣玄德曰吾以仁義待人人不負我
○○○○○○○○○○○
却說冷苞得回雒城見劉璝張任不說捉去放回只說被我殺
○○○○○○○○○○
了十餘人奪得馬匹逃回（今人有諱言沒體面事者往往類此）劉璝忙遣人往成

都求救劉璋聽知折了鄧賢大驚慌忙聚衆商議長子劉循進曰兒願領兵前去守雒城璋曰既吾兒肯去當遣誰人爲輔一人出曰某願往璋視之乃舅氏吳懿也璋曰得尊舅去最好誰可爲副將吳懿保吳蘭雷同二人爲副將（三人後皆爲劉備所用）點二萬軍馬來到雒城劉璝張任接着具言前事吳懿曰兵臨城下難以拒敵汝等有何高見泠苞曰此間一帶正靠涪江江水大急前面寨占山脚其形最低某乞五千軍各帶鍬鋤前去決涪江之水可盡渰死劉備之兵也（熱人用火冷人用水一笑）吳懿從其計卽令泠

苞前往決水吳蘭雷同引兵接應冷苞領命自去準備決水器械却說玄德令黄忠魏延各守一寨自回涪城與軍師龐統商議細作報說東吳孫權遣人結好東川張魯將欲來攻葭萌關○○○○○○○○○○○○○○○○○○○○○○○○○○（張魯興兵不從張魯一邊敘來却從玄德一邊聽得此省筆之法）玄德驚曰若葭萌關有失截斷後路吾進退不得當如之何龐統謂孟達曰公乃蜀中人多知地理去守葭萌關如何達曰某保一人與某同去守關萬無一失玄德問何人達曰此人曾在荊州劉表部下為中郎將乃南郡枝江人姓霍名峻表字仲邈玄德大喜即時遣孟達霍峻

四大奇書第一種卷三十二

茂苑毛宗崗序始氏評定

吳門杭永年資能氏評定

第六十三回

諸葛亮痛哭龐統

張翼德義釋嚴顏

前文之决水者二。曹操之决泗水以渰下邳。决漳河以渰冀州是也。後文之决水者一。關公之决湘江以渰七軍是也。獨此卷於涪水之决則欲决而不能决。遂不果决。有前

之二實不可無此之一虛有此之一虛然後又有後之一實文字有虛實相生之法不意天然有此等妙事以助成此等妙文

觀於龐統之死而知荆州之所以失關公之所以亡也何也龐統不死則收川之事委之龐統而孔明可以不離荆州縱使撫川之事托之孔明而荆州又可轉付龐統雖有呂蒙陸遜何所施其詭計哉故凡荆州之失與關公之亡不關於呂蒙之多智陸遜之能謀而特由於龐統之死耳

然則謂孔明之哭龐統即爲關公哭也可即爲荆州哭也可。

甚矣躁進之心不可不戒而人巳猜嫌之情不可不忘也。

龐統未死之時星爲之告變矣夢爲之告變矣馬又爲之告變矣而統乃疑孔明之忌巳欲功名之速立遂使鳳兮鳳兮反不如鴻飛冥冥足以避弋人之害嗚呼雖曰天也豈非人哉。

孔明隆中决策之語其曰外結孫權所謂東和孫權也其

曰然後中原可圖所謂北拒曹操也其告關公即以此耳況孫夫人在而孫劉暫合孫夫人去而孫劉遂離孫旣與劉離必將北與操合濡須之戰權不致書於備以求援而獨致書於操以解兵便有與操連和之機矣孫與劉離不足憂而曹與孫合則大可懼苟但知北拒曹操而不知東和孫權其又何能拒操也耶

翼德生平有快事數端前乎此者鞭督郵矣罵呂布矣喝長坂矣奪阿斗矣然前數事之勇不若擒嚴顏之智也擒

嚴顏之智又不若釋嚴顏之尤智也未遇孔明之前則勇有餘而智不足既遇孔明之後則勇有餘而智亦有餘蓋一入孔明薰陶而莽氣化焉驕氣亦化焉勇不可學而智可學翼德之勇固其素有而其智則孔明教之云

嚴將軍頭本未常斷而有斷頭將軍一語遂使千古傳爲美談文天祥正氣歌曰爲嚴將軍頭而元人弔天祥詩亦曰忠如蜀將斬顏時竟似嚴將軍責曾斷頭也者可見人雖不死不可以畏死雖不必不生不可以貪生

人但知樹林中過去之張飛是假，不知大寨中跌足大叫之張飛亦是假。後之張飛是以假張飛扮作真張飛，前之張飛是以真張飛扮作假張飛。後之以假爲假固奇，前之以真爲假尤奇。

却說法正與那人相見，各撫掌而笑。龐統問之，正曰：「此公乃廣漢人，姓彭，名羕，字永言，蜀中豪傑也。因直言觸忤劉璋，被璋髡鉗爲徒隸，因此短髮。」統乃以賓禮待之，問羕從何而來。羕曰：「吾特來救汝數萬人性命，見劉將軍方可說。」（妙在不即說明，先作此驚人之語。）法正忙報玄德玄德親自謁見請問其故羕曰將軍有多少軍馬、在前寨玄德實告有魏延黃忠在彼羕曰爲將之道豈可不知地理乎前寨緊靠涪江若決動江水前後以兵塞之一人無可逃也（冷苞之計早被猜破）玄德大悟彭羕曰罡星在西方太白臨于此地當有不吉之事切宜慎之（借決水一事照下落鳳坡方纔說地理便又說天文）玄德即拜彭羕爲幕賓使人密報魏延黃忠教朝暮用心巡警以防決水（不消移營甚妙）黃忠魏延商議二人各輪一日如遇敵軍到來互相通報卻說冷苞見當夜風雨大作引了五千軍逕循江邊而進安排决江只聽得後面喊聲鬧起冷苞知有准備急急回軍後面魏延引軍趕來川兵自相踐踏冷苞正奔走間撞着魏延交馬不數合被魏延活捉去了。冷苞第二次被擒。比及吴蘭雷同來接應時又被黄忠一軍殺退魏延解冷苞到涪關玄德責之曰吾以仁義相待放汝回去何敢背我今次難饒將冷苞推出斬之重賞魏延玄德設宴管待彭羕忽報荊州諸葛亮軍師特遣馬良奉書至此玄德召入問之馬良禮畢曰荊州平安不勞主公憂念遂呈上軍師書信玄德拆封觀之畧云亮夜筭太乙數今年歲次癸巳罡星在西方又觀歲象太白臨于雒城之分主將帥身上多凶少吉切宜謹慎彭羕之言早與孔明相合。玄德看了書便教馬良先回玄德曰吾將回荊州去論此事龐統暗思孔明怕我取了西川成了功故意將此書相阻耳此士元不及孔明處。乃對玄德曰統亦筭太乙數已知罡星在西應主公合得西川別不主凶事亦筭得着統亦占天文見太白臨於雒城先斬蜀將冷苞已應凶兆矣在姓冷的身上去。只因自己心熱知畫主公不可疑心可急進兵玄德見龐統再三催促乃引軍前進黃忠同魏延接入寨去龐統問法正曰前至雒城有多少路法正畫地作圖玄德取張松所遺圖本對之並無差錯（照應畫圖）法正言山北有條大路正取雒城東門山南有條小路却取雒城西門兩條路皆可進兵龐統謂玄德曰統令魏延為先鋒取南小路而進主公令黃忠作先鋒從山北大路而進並到雒城取齊（俱作畫中人）玄德曰吾自幼熟於弓馬多行小路軍師可從大路去取東門吾取西門龐統曰大路必有軍邀攔主公引兵當之統取小路玄德曰軍師

不可吾夜夢一神人手執鐵棒擊吾右臂覺來猶自臂疼此行莫非不佳玄德以伏龍鳳雛爲左右手士元乃其右手也龐統曰壯士臨陣不死帶傷理之自然也何故以夢寐之事疑心乎玄德曰吾所疑者孔明之書也夢是夢書是書不似今人但看夢書軍師還守涪關如何龐統大笑曰主公被孔明所惑矣彼不欲令統獨成大功故作此言以疑主公之心前只肚裏尋思今却口中説出心疑則致夢何凶之有統肝腦塗地方稱本心主公再勿多言來早准行當日傳下號令軍士五更造飯平明上馬黃忠魏延領軍先行玄德與龐統約定忽坐下馬眼

生前失把龐統撳將下來又是一個預兆玄德跳下馬自來籠住那馬玄德曰軍師何故乘此劣馬龐統曰此馬乘久不曾如此玄德曰臨陣眼生悞人性命吾所騎白馬性極馴熟軍師可騎萬無一失劣馬吾自乘之遂與龐統更換所騎之馬龐統謝曰深感主公厚恩雖萬死亦不能報也說出死字又是一箇預兆遂各上馬取路而進玄德見龐統去了心中甚覺不快怏怏而行又是一箇預兆却說雒城中吳懿劉璝聽知折了冷苞遂與衆商議張任曰城東南山僻有一條小路最爲要緊某自引一軍守之諸公緊守雒城勿

得有失。忽報漢兵分兩路前來攻城。張任急引三千軍先來抄小路埋伏。見魏延兵過。張任教儘放過去。休得驚動。後見龐統軍來。張任軍士遥指。軍中大將騎白馬者。必是劉備。的盧救了玄德。白馬送了士元。前後遥遥相對。張任大喜。傳令教如此如此。卻說龐統迤邐前進。擡頭見兩山逼窄。樹木叢雜。又值夏末秋初。枝葉茂盛。百忙中又夾此閑景。正合七夕。龐統心下甚疑。勒住馬問此處是何地。數內有新降軍士指道。此處地名落鳳坡。龐統驚曰。吾道號鳳雛。此處名落鳳坡。不利於吾。臥龍岡爲孔明之始。落鳳坡爲士元之終。前後遥遥相對。令後軍疾退。只聽山

坡前一聲砲響箭如飛蝗只望騎白馬者射來可憐龐統竟死於亂箭之下時年止三十六歲後人有詩嘆曰

古峴相連紫翠堆　士元有宅傍山隈

兒童慣識呼鳩曲　閭巷曾聞展驥才

預計三分平刻削　長驅萬里獨徘徊

誰知天狗流星墜　不使將軍衣錦回

先是東南有童謡云

一鳳并一龍相將到蜀中纔到半路裡鳳死落坡東風送雨雨隨風隆漢興時蜀道通蜀道通時只有龍○又與紫虛上人語相應○荆州

之謡曰泥中蟠龍向天飛西川之謡曰蜀道通時只有龍前之龍應在君後之龍應在臣

當日張任射死龐統漢軍擁塞進退不得死者大半前軍飛報魏延魏延忙勒兵欲回奈山路逼窄厮殺不得又被張任截斷歸路在高阜處用强弓硬弩射來魏延心慌魏延不死者天幸也而士元獨不得邀天幸惜哉有新降蜀兵曰不如殺奔雒城下取大路而進延從其言當先開路殺奔雒城來塵埃起處前面一軍殺至乃雒城守將吳蘭雷同也後面張任引兵追來前後夾攻把魏延圍在垓心魏延死戰不能得脫但見吳蘭雷同後軍自亂二將急回馬

去救魏延乘勢趕去當先一將舞刀拍馬大叫文長吾特來救汝視之乃老將黃忠也前是魏延兩擒冷苞此是黃忠兩救魏延一卷之中又自相對兩下夾攻殺敗吳雷二將直衝至雒城之下劉璝引兵殺出却得玄德在後當住接應黃忠魏延翻身便回玄德軍馬比及奔到寨中張任軍馬又從小路裏截出劉璝吳蘭雷同當先趕來玄德守不住二寨且戰且走奔回涪關鳳雛死龍亦受困蜀兵得勝迤邐追趕玄德人困馬乏那裏有心厮殺且只顧奔走將近涪關張任一軍追趕至緊幸得左邊劉封右邊關平二將引三萬生力兵截

出殺退張任還趕二十里奪回戰馬極多白馬既下玄德一行別馬何用軍馬再入涪關問龐統消息有落鳳坡逃得性命的軍士報說軍師連人帶馬被亂箭射死於坡前玄德聞言望西痛哭不已。接輿之歌是悲生鳳玄德之哭是悲死鳳。遥爲招魂設祭諸將皆哭黃忠曰今番折了龐統軍師張任必然來攻打涪關如之奈何不若差人往荊州請諸葛軍師來商議收川之計正說之間人報張任引軍直臨城下搦戰黃忠魏延皆要出戰玄德曰銳氣新挫宜堅守以待軍師來到黃忠魏延領命只謹守城池玄德寫一封書教關平分付你與我往荊州請軍師去（爲後文關公守荊州伏筆）關平領了書星夜往荊州來玄德自守涪關並不出戰却說孔明在荊州時當七夕佳節大會衆官夜宴共說收川之事只見正西上一星其大如斗從天墜下流光四散孔明失驚擲盃於地掩面哭曰哀哉痛哉衆官慌問其故孔明曰吾前者算今年罡星在西方不利於軍師天狗犯於吾軍（只因天上一狗失却人間一鳳○此句補前文所未及）太白臨於雒城已拜書主公教謹防之誰想今夕西方星墜龐士元命必休矣言罷大哭曰今吾主喪一臂矣（與玄德之夢相應）衆官皆驚未

信其言孔明曰數日之内必有消息是夕酒不盡歡而散數日之後孔明與雲長等正坐間人報關平到衆官皆驚關平入呈上玄德書信孔明視之内言本年七月初七日龐軍師被張任在落鳳坡前箭射身故（本爲渡鵲佳期却爲落鳳忌日）孔明大哭衆官無不垂淚孔明曰旣主公在涪關進退兩難之際亮不得不去（西川失了一鳳換去一龍）雲長曰軍師去誰人保守荆州荆州乃重地干係非輕孔明曰主公書中雖不明寫其人吾已知其意了（在下書人身上着眼）乃將玄德書與衆官看曰主公書中把荆州托在吾身上教我自量

才委用雖然如此今教關平賫書前來其意欲雲長公當此重任玄德差關平之意在孔明口中說出妙雲長想桃園結義之情又將首卷中事一提可竭力保守此地責任非輕公宜勉之荊州去了一龍止留一虎雲長更不推辭慨然領諾孔明設宴交割印綬雲長雙手來接孔明擎着印曰這干係都在將軍身上鄭重之至寫得如畫雲長曰大丈夫既領重任除死方休與龐統說死字前後相對孔明見雲長說個死字心中不悅欲待不與其言已出孔明曰倘曹操引兵來到當如之何雲長曰以力拒之孔明又曰倘曹操孫權齊起兵來如之柰何雲長曰分兵

拒之。孔明曰：若如此，荆州危矣。未得西川，而荆州之失，已兆於此。吾有八箇字，將軍牢記，可保守荆州。雲長問那八箇字。孔明曰：北拒曹操，東和孫權。只重在東和孫權一句。八箇字只四箇字耳。若北拒曹操，關公已知之矣。雲長曰：軍師之言，當銘肺腑。孔明遂與了印綬，令文官馬良、伊籍、向朗、糜竺，武將糜芳、廖化、關平、周倉一班兒輔佐雲長，同守荆州。自六十回中玄德入川之後，便與雲長不復相見。今自此卷中孔明入川之後，亦不得復與雲長相見。讀書至此，為之愀然。一面親自統兵入川，先撥精兵一萬，教張飛部領，取大路殺奔巴州、雒城之西，先到者為頭功。一路旱軍。又撥一枝兵，教趙雲為先鋒，泝江而上。

會於雒城。一路水軍，孔明隨後引簡雍、蔣琬等起行。那蔣琬字公琰，零陵湘鄉人也，乃荊襄名士，現爲書記。此處補敘蔣琬來歷，殊不費筆。當日孔明引兵一萬五千，與張飛同日起行。張飛臨行時，孔明囑付曰：西川豪傑甚多，不可輕敵。爲嚴顏伏筆。於路戒約三軍，勿得擄掠百姓，以失民心。所到之處，並宜存恤，勿得恣逞鞭撻士卒。望將軍早會雒城，不可有悞。張飛欣然領諾，上馬而去。迤邐前行，所到之處，但降者秋毫無犯。逕取漢川路，前至巴郡。細作回報：巴郡太守嚴顏，乃蜀中名將，年紀雖高，精力未衰，善開硬弓，使大刀，有萬夫不當之勇。（隱然又是一箇黄忠）據住城郭。不豎降旗。張飛教離城十里下住大寨。差人入城去說與老匹夫。早早來降。饒爾滿城百姓性命。若不歸順。即踏平城郭。老幼不留。卻說嚴顏在巴郡聞劉璋差法正請玄德入川。拊心而歎曰。此所謂獨坐窮山。引虎自衛者也。（可謂老識）後聞玄德據住涪關。大怒。屢欲提兵往戰。又恐這條路上有兵來。（補筆周到）當日聞知張飛兵到。便點起本部五千人馬。準備迎敵。或獻計曰。張飛在當陽長坂。一聲喝退曹兵百萬之衆。曹操亦聞風而避之。不可輕敵。（又將四十二回中事一提）今只宜深溝高壘堅守不出彼軍無糧不過一月自然退去更兼張飛性如烈火專要鞭撻士卒如不與戰必怒怒則必以暴厲之氣待其軍士軍心一變乘勢擊之張飛可擒也（以昔日張飛度之。）嚴顏從其言教軍士盡數上城把護忽見一箇軍士大叫開門嚴顏教放入問之那軍士告說是張將軍差來的把張飛言語傒直便說嚴顏大怒罵匹夫怎敢無禮吾嚴將軍豈降賊者乎借你口說與張飛喚武士把軍人割下耳鼻却放回寨（寫嚴顏如此觸怒張飛愈見下文義撑之奇。）軍人回見張飛哭告嚴顏如此毀罵張飛大怒咬牙掙目披掛上馬引數百騎來巴郡城下搦戰城上衆軍百般痛駡張飛性急幾番殺到吊橋要過護城河又被亂箭射回到晚全無一箇人出張飛忍一肚氣還寨次日早晨又引軍去搦戰那嚴顏在城敵樓上一箭射中張飛頭盔（與黃忠射關公盔纓前後相對）飛指而恨曰吾拏住你這老匹夫我親自食你肉（寫張飛如此忿怒愈見下文義釋之奇）到晚又空回第三日張飛引了軍沿城去駡原來那座城子是箇山城遇圍都是亂山張飛自乘馬登山下視城中見軍士盡皆披掛分列隊伍伏在城中只是不出又見民夫來來往往

搬磚運石相助守城張飛教馬軍下馬步軍皆坐引他出敵並無動靜又罵了一日依舊空回（至此已氣了三日）張飛在寨中自思終日叫罵彼只不出如之奈何猛然思得一計教衆軍不要前去搦戰都結束了在寨中等候却只教三五十箇軍士直去城下叫罵引嚴顔軍出來便與厮殺張飛磨拳擦掌只等敵軍來小軍連罵了三日全然不出（又氣了三日）張飛眉頭一縱又生一計傳令教軍士四散砍打柴草尋覓路徑不來搦戰（張飛此時不減孔明之謀）嚴顔在城中連日不見張飛動靜心中疑惑着十數箇小軍扮作

張飛砍柴的軍潛地出城雜在軍內入山中探聽（已在張飛算中）當日諸軍回寨張飛坐在寨中頓足大罵嚴顏老匹夫枉氣殺我（此是昔日張飛真面目却是今日張飛假腔調）只見帳前三四箇人說道將軍不須心焦這幾日打探得一條小路可以偷過巴郡張飛故意大叫曰既有這箇去處何不早來說（莽人假莽粗人假粗却正是極精極細）衆應曰這幾日却纔哨探得出張飛曰事不宜遲只今二更造飯趁三更明月拔寨都起人啣枚馬去鈴悄悄而行我自前面開路汝等依次而行傳了令便滿寨告報（妙人妙計）探細的軍聽得這箇消息盡回

城中來報與嚴顏顏大喜曰我算定這匹夫忍耐不得能料其粗不能料其細能料其莽不能料其精你偷小路過去須是糧草輜重在後我截住後路你如何得過好無謀匹夫中我之計誰知反中了張飛之計即時傳令教軍士準備赴敵今夜二更也造飯三更出城伏於樹木叢雜去處只等張飛過咽喉小路去了車仗來時只聽鼓響一齊殺出傳了號令看看近夜嚴顏全軍盡皆飽食披掛停當悄悄出城四散伏住只聽鼓響嚴顏自引十數裨將下馬伏於林中約三更後遥望見張飛親自在前橫矛縱馬悄悄引軍前進讀者至此

正不知張飛如何用計去不得三四里背後車仗人馬陸續進發嚴顏看得分曉偏說是看一齊擂鼓四下伏兵盡起正來搶奪車仗背後一聲鑼响一彪軍掩到大喝老賊休走我等的你恰好嚴顏猛回頭看時爲首一員大將豹頭環眼燕頷虎鬚使丈八矛騎深烏馬乃是張飛

若如此定爲嚴顏所算得分曉

忽然有兩張飛好生作怪讀者至此幾疑是西遊記身外身法矣

四下裏鼓聲大震衆軍殺來嚴顏見了張飛舉手無措交馬戰不十合張飛賣箇破綻嚴顏一刀砍來張飛閃過撞將入去扯住嚴顏勒甲絛生擒過來擲於地下衆軍向前用索綁縛住了

原來先過去的是假張飛（此處方纔敘明絕妙用筆）料道嚴顏擊鼓爲號張飛却教鳴金爲號金響諸軍齊到川兵大半棄甲倒戈而降張飛殺到巴郡城下後軍已自入城張飛叫休殺百姓出榜安民羣刀手把嚴顏推至飛坐於廳上嚴顏不肯跪下（便漢）飛怒目咬牙大叱曰大將到此何爲不降而敢拒敵嚴顏全無懼色回叱飛曰汝等無義侵我州郡但有斷頭將軍無降將軍（二語傳爲千古美談）飛大怒喝左右斬來嚴顏喝曰賊匹夫砍頭便砍何怒也張飛見嚴顏聲音雄壯面不改色乃回嗔作喜下堦喝退左右親解

其縛取衣衣之扶在正中高坐低頭便拜曰適來言語冒瀆幸勿見責吾素知老將軍乃豪傑之士也此處出人意外不但嚴顏所不料亦讀者所不料也嚴顏感其恩義乃降後人有詩讚嚴顏曰

白髮居西蜀　清名震大邦　忠心如皎月　浩氣捲長江
寧可斷頭死　安能屈膝降　巴州年老將　天下更無雙

又有讚張飛詩曰

生獲嚴顏勇絕倫　惟憑義氣服軍民
至今廟貌留巴蜀　社酒雞豚日日春

張飛請問入川之計。嚴顏曰。敗軍之將。荷蒙厚恩。無可以報。願施犬馬之勞。不須張弓隻箭。逕取成都。正是

只因一將傾心後。致使連城唾手降。

未知其計如何。且看下文分解。

第六十四回

孔明定計捉張任。

楊阜借兵破馬超。

張任設伏以害龐統。孔明亦設伏以捉張任。同一伏也。而

張任則在山坡孔明則在平岸張任則在林木孔明則在蘆葦張任以強弓硬弩孔明以長鎗砍刀張任之伏止一處孔明之伏不止一處張任意在射殺孔明意在活捉又有甚不同者則孔明之用兵爲獨奇

玄德獲張任正當爲龐統報讐而不忍殺之而欲降之何哉蓋欲賁其才以爲用耳章邯射殺項梁而項羽拆箭以誓之朱鮪譖殺劉縯（音引）而光武指河而誓之天下未平不敢懷怨以待人也且勿論其遠者曹操不記殺典韋之怨而

納張繡孫權不記殺淩操之怨而納甘寧亦此意也乃云
德欲任降而任終不肯降若張任者則眞斷頭將軍矣
楊阜之爲韋康報讐義也而其攻馬超以助曹操則非義
也馬騰兩番受詔兩番討賊固漢之忠臣也其子之欲雪
父恨則孝承父志而討國賊則忠奉一欺君罔上之曹操
而攻一忠孝之馬超以超爲賊而不知操之爲賊故楊阜
之義君子無取焉

或曰楊阜之助操以篡馬超與陳登之助操以篡呂布將

毋同乎予曰不同馬超孝子也呂布無父之人也由登之助操在許田射鹿之前爾時衣帶詔未發也董貴人未死也魏公未稱九錫未加也操之逆未露而惡未彰則其挾天子以令諸侯者陳登信而助之無怪也至於卑而衣帶詔發矣董貴人死矣魏公已稱九錫已加矣操為國賊而助國賊者亦賊楊阜其何說之辭

五虎將中關張趙黃皆人將才也若馬超則可為戰將而不可為大將其殺韋康屠百姓不得謂之仁矣其不疑楊

皐不得謂之智矣前既惑於曹操而攻韓遂後復歸於張魯而拒玄德此其識見當在四人之下

人謂姜敘之母同於太史慈之母慈之母勉其子以報孔融敘之母勉其子以報韋康此則其可嘉者也我謂姜敘之母異於徐庶之母庶之母知操之爲賊敘之母不知討操者之非賊而助操者之爲賊此則其可惜者也人謂趙昂之妻異於呂布之妻布之妻阻其夫之出戰昂之妻勵其夫以起兵此則其可嘉者也我謂趙昂之妻同於劉表

之妻表之妻背劉備而從曹操致其身與子俱死昂之妻助曹操以攻馬超身幸免於死而亦致其子於死此又其可惜者也雖然郭嘉程昱等輩天下所稱智謀之士猶然不明順逆而何論於婦人哉尚論者於楊氏王氏可勿譏云。

此卷自孔明捉張任之後便當接馬超攻葭萌之事而馬超攻葭萌由於張魯遣馬超張魯遣馬超由於馬超投張魯馬超投張魯則又由於楊阜破馬超夫楊阜之與劉璋

風馬牛不相及也而尋原遡委遂忽然夾敘隴西一段文字却與五十九回之末遥遥相接此等敘事宜求之左傳史記之中

却說張飛問計於嚴顏顏曰從此取雒城凡守禦關隘都是老夫所管官軍皆出於掌握之中今感將軍之恩無可以報老夫當爲前部所到之處盡皆喚出拜降只因一箇斷頭將軍。引出無數降將軍。張飛稱謝不已於是嚴顏爲前部張飛領軍隨後凡到之處盡是嚴顏所管都喚出投降有遲疑未決者顏曰我尚且投降何況汝乎，自是望風歸順，並不會厮殺一場。〔省事亦省筆。○以下改過翼德一邊，接敘玄德一邊。〕却說孔明已將起程日期申報玄德，教都會聚雒城。玄德與衆官商議：今孔明、翼德分兩路取川，會於雒城，同入成都，水陸舟車，已於七月二十日起程，此時將及待到，今我等便可進兵。黃忠曰：張任每日來搦戰，見城中不出，彼軍懈怠，不做準備，今日夜間分兵劫寨，勝如白晝厮殺。〔上既寫翼德，此又寫黃忠。〕玄德從之，教黃忠引兵取左，魏延引兵取右，玄德取中路。當夜二更，三路軍馬齊發。張任果然不做準備，漢軍擁入大寨，放起火來，烈焰騰空。蜀兵奔走連夜直趕到雒城城中兵接應入去玄德還中路下寨次日引兵直到雒城圍住攻打張任按兵不出攻到第四日（若孔明未來便能攻破雒城便不見孔明用計之妙）玄德自提一軍攻打西門令黃忠魏延在東門攻打西南門北門放軍行走原來南門一帶都是山路北門有涪水因此不圍張任望見玄德在西門騎馬往來指揮打城從辰至未人馬漸漸力乏張任教吳蘭雷同二將引兵出北門轉東門敵黃忠魏延自已却引軍出南門轉西門單迎玄德（前射白馬將是射着假玄德今出雒城門是來尋真玄德）城內盡撥民兵上城擂鼓助喊

却說玄德見紅日平西教後軍先退軍士方回身城上一片聲喊起南門內軍馬突出張任徑來軍中捉玄德玄德軍中大亂黃忠魏延又被吳蘭雷同敵住兩下不能相顧玄德敵不住張任撥馬往山僻小路而走張任從背後追來看看趕上玄德獨自一人一馬張任引數騎趕來（讀至此爲玄德一嚇）玄德正望前儘力加鞭而行忽山路一軍衝出（讀至此又爲玄德一嚇）玄德馬上叫苦曰前有伏兵後有追兵天亡我也（每于接筍處故作驚人之筆）只見來軍當頭一員大將乃是張飛原來張飛與嚴顏正從那條路上來望見塵埃

起知[illegible]川兵交戰張飛當先而來（張將軍來得突兀，來得湊巧。）正撞着張任便就交馬戰到十餘合背後嚴顏引兵大進張任（不如此不見義釋嚴顏之妙。）火速回身張飛直趕到城下張任退入城搜起吊橋張飛回見玄德曰軍師泝江而來尚且未到反被我奪了頭功（有得他說嘴。）玄德曰山路險阻如何無軍阻當長驅大進先到於此張飛曰於路關隘四十五處皆出老將嚴顏之功因此於路並不曾費分毫之力（不是義釋一人，却是智收諸郡。）遂把義釋嚴顏之事從頭說了一遍引嚴顏見玄德玄德謝曰若非老將軍吾弟安能到此即脫身上黃金鎖子甲以賜之。（為巳降者奬。又為未降者勸。）嚴顏拜謝。正待安排宴飲。忽聞哨馬回報。黃忠魏延和川將吳蘭雷同交鋒。城中吳懿劉璝又引兵助戰。兩下夾攻。我軍抵敵不住。魏黃二將敗陣投東去了。（不從黃魏一邊敘來。卻在劉張一邊聽得。省筆之法。）張飛聽得。便請玄德分兵兩路殺去救援。於是張飛在左。玄德在右。殺奔前來。吳懿劉璝見後面喊聲起。慌退入城中。吳蘭雷同只顧引兵追趕黃忠魏延。卻被玄德、張飛、截住歸路。黃忠魏延又回馬轉攻。吳蘭雷同料敵不住。只得將本部軍馬前來投降。（嚴顏之後。又是兩箇降將軍。）玄德准其降。

收兵近城下寨卻說張任失了二將心中憂慮吳懿劉璝曰兵勢甚危不決一死戰如何得兵退一面差人去成都見主公告急（雒城求救於成都·便為成都求救於漢中張本）一面用計敵之張任曰吾來日領一軍搦戰詐敗引轉城北城內再以一軍衝出截斷其中可獲勝也吳懿曰劉將軍相輔公子守城我引兵衝出助戰約會已定次日張任引數千人馬摇旗吶喊出城搦戰張飛上馬出迎更不打話與張任交鋒戰不十餘合張任詐敗遶城而走張飛盡力追之吳懿一軍截住張任引軍復回把張飛困在垓心進退

不得黃忠魏延捉張任不得張飛亦捉張任不得方見下文孔明之妙正沒奈何只見一隊軍從江邊殺出當先一員大將挺鎗躍馬與吳懿交鋒只一合生擒吳懿戰退敵軍救出張飛視之乃趙雲也趙雲此來亦來得突兀來得湊巧與上文張飛來法一樣筆墨飛問軍師何在雲曰軍師已至想此時已與主公相見了也敘法甚省二人擒吳懿回寨張任自退入東門去了張飛趙雲回寨中見孔明簡雍蔣琬已在帳中飛下馬來參軍師不向孔明一邊敘來卻從張飛一邊看出用筆之妙孔明驚問曰如何得先到玄德具述義釋嚴顏之事孔明賀曰張將軍能用謀皆主公之洪福也趙雲

戳音促

解吳懿見玄德玄德曰汝降否吳懿曰我旣被捉如何不降 又是一箇降將軍

玄德大喜親解其縛孔明問城中有幾人守城吳懿曰有劉季玉之子劉循輔將劉璝張任劉璝不打緊張任乃蜀郡人極有膽略不可輕敵 又借吳懿口中寫張任 寫張任正是寫孔明

孔明曰先捉張任然後取雒城問城東這座橋名為何橋吳懿曰金鴈橋孔明遂乘馬至橋邊遶河看了一遍回到寨中喚黃忠魏延聽令曰離金鴈橋南五六里兩岸都是蘆葦蒹葭可以埋伏 金鴈橋可為落鳳坡吝禮

魏延引一千鎗手伏於左單戳馬上將黃忠引一千刀手伏

於右翼砍坐下馬，殺散彼軍。張任必投山東小路而來，張翼趙引一千軍伏在那裏，就彼處擒之。又喚趙雲伏於金鴈橋北，待我引張任過橋，你便將橋拆斷，却勒兵於橋北，遥爲之勢，使張任不敢望北走，退投南去，却好中計。別處用計只是如此如此而已，此處詳叙在前，又是一樣筆法。調遣已定，軍師自去誘敵。却説劉璋差卓膺、張翼二將前至雒城助戰。張任教張翼與劉璝守城，自與卓膺爲前後二隊，任爲前隊，膺爲後隊，出城退敵。孔明引一隊不整不齊軍，妙在不整不齊。過金鴈橋來，與張任對陣。孔明乘四輪車，綸巾羽扇而出，兩邊百餘騎簇擁逕指張任曰曹操以百萬之衆聞吾之名望風而走今汝何人敢不投降天下惟沒用的人最會說大話不但不整不齊是誘敵卽說大話亦是誘敵。張任看見孔明軍伍不齊在馬上冷笑曰人說諸葛亮用兵如神原來有名無實把鎗一招大小軍校齊殺過來孔明棄了四輪車上馬退走過橋張任從背後趕來過了金鴈橋見玄德軍在左嚴顏兵在右衝殺將來張任知是計急回軍時橋已拆斷了過橋拆橋何今日孔明之多也一笑欲投北北去只見趙雲一軍隔岸擺開遂不敢投北逕往南遶河而走走不五七里早到蘆葦叢雜處魏延一軍從蘆中忽起都用長鈎亂攪黃忠一軍伏在蘆葦裏用長刀只剁馬蹄江邊蘆葦可爲坡邊林木答禮馬軍盡倒皆被執縛步軍那裏敢來張任引數十騎望山路而走正撞着張飛張任方欲退走張飛大喝一聲衆軍齊上將張任活捉了原來卓膺見張任中計已投趙雲軍前降了又是一箇降將軍省筆法一發都到大寨玄德賞了卓膺張飛解張任至孔明亦坐於帳中玄德謂張任曰蜀中諸將望風而降汝何不早投降張任睜目怒叫曰忠臣豈肯事二主乎玄德曰汝不識天時耳降即免死任曰今日便降久後

也不降可速殺我不肯許降是硬漢玄德不忍殺之張任厲聲高罵孔明命斬之以全其名張任倒是斷頭將軍後人有詩讚曰

烈士豈甘從二主　張君忠勇死猶生

高明正似天邊月　夜夜流光照雒城

玄德感嘆不已令收其屍首葬於金鴈橋側以表其忠不取其頭祭龐統而反葬之所以收川中之人心也不是為死正是為生次日令嚴顏吳懿等一班蜀中降將為前部直至雒城大叫早開門受降免一城生靈受苦劉璝在城上大罵嚴顏方待取箭射之忽見城上一將拔劍砍翻劉

璝開門投降。又是一箇降將軍斬斷他人之頭以來降。玄德軍馬入雒城。劉循開西門走脫投成都去了。玄德出榜安民。殺劉璝者。乃武陽人張翼也。敘明在後筆法又變。玄德得了雒城。重賞諸將。孔明曰。雒城已破。成都只在目前。唯恐外州郡不寧。可令張翼吳懿引趙雲撫外水定江犍爲等處所屬州郡。令嚴顏卓膺引張飛撫巴西德陽所屬州郡。就委官按治平靖。即勒兵回成都取齊。先得外郡便先撫外郡處置得宜。張飛趙雲領命各自引兵去了。孔明問前去有何處關隘。蜀中降將曰。止綿竹有重兵守禦。若得綿竹。成都唾手可得。孔明便商議進兵法正曰雒城既破蜀中危矣主公欲以仁義服衆且勿進兵某作一書上劉璋陳說利害璋自然降矣孔明曰孝直之言最善便令寫書遣人徑往成都（前張松致書於玄德致不過來今法正致書於劉璋却公然致去）却說劉循逃回見父說雒城已陷劉璋慌聚衆官商議從事鄭度獻策曰今劉備雖攻城奪地然兵不甚多士衆未附野穀是資軍無輜重不如盡驅巴西梓潼民過涪水以西其倉廩野穀盡皆燒除深溝高壘靜以待之彼至請戰勿許久無所資不過百日彼兵自走我乘虛擊之備可擒也（亦似李左車教陳餘之計劉

璋曰不然吾聞拒敵以安民未聞動民以備敵也此言非保全之計（劉璋雖闇亦有仁心然從來有仁心者每每吃虧每每失事為之一嘆）正議間人報法正有書至劉璋喚入呈上書璋拆開書視之其略曰

昨蒙遣差結好荊州不意主公左右不得其人以致如此今荊州眷念舊情不忘族誼主公若能幡然歸順量不薄待望三思裁示

劉璋大怒扯毀其書大罵法正賣主求榮忘恩背義之賊逐其使者出城（劉璋既不聽鄭度之策又不即從法正之言猶豫不決正是袁紹劉表一流人）即時遣妻弟

費觀提兵前去守把綿竹費觀舉保南陽人姓李名嚴字正方一同領兵當下費觀李嚴點三萬軍來守綿竹益州太守董和字幼宰南郡枝江人也上書於劉璋請往漢中借兵璋曰張魯與吾世讐安肯相救今有與斯親為仇而至欲結其仇以攻親者矣親既變仇而欲仇反變親不亦難乎為之一嘆和曰雖然與我有讐劉備軍在雒城勢在危急脣亡則齒寒若以利害說之必然肯從璋乃修書遣使前赴漢中却說馬超自兵敗入羌二載有餘結好羌兵攻拔隴西州郡所到之處盡皆歸降因劉璋求救於漢中本該接救張魯却放下張魯接入馬超蓋為馬超投張魯張魯遣馬超之由也此等

敘事。如連山斷嶺　惟冀城攻打不下刺史韋康累遣人求救於筆法。逼真龍門夏侯淵。韋康求救于夏侯淵與劉璋求救于張魯兩相映襯。淵不得曹操言語未敢動兵韋康見救兵不來與衆商議不如投降馬超參軍楊阜哭諫曰超等叛君之徒豈可降之康曰事勢至此不降何待阜苦諫不從韋康大開城門投拜馬超韋康出降與後文劉璋出降兩相映襯。超大怒曰汝今事急請降非真心也將韋康等四十餘口盡斬之不留一人馬超殺韋康而失州郡之心與後文玄德不害劉璋以收州郡之心正是相反有人言楊阜勸韋康休降可斬之超曰此人守義不可斬也復用楊阜爲參軍馬超用楊阜與後文玄德用劉巴黃權文相類而相反。皐爲梁寬趙衢二人，超盡用爲軍官。此時一似真降者。楊阜告馬超曰：阜妻死於臨洮，乞告兩箇月假，歸葬其妻便回。馬超從之。楊阜過歷城，來見撫夷將軍姜敘。敘與阜是姑表兄弟，敘之母是阜之姑，時年已八十二。當日楊阜入姜敘內宅，拜見其姑，哭告曰：阜守城不能保，主亡不能死，愧無面目見姑。馬超叛君，妄殺郡守，一州士民無不恨之。今吾兄坐據歷城，竟無討賊之心，此豈人臣之理乎？言罷，淚流出血。楊阜思報其主，當與許貢之客並稱。敘母聞言，喚姜敘入，責之曰：韋使君遇害，亦爾之罪也。又謂阜曰汝旣降人且食其祿何故又與心討之阜曰吾從賊者欲留殘生與主報冤也敍曰馬超英勇急難圖之阜曰有勇無謀易圖也吾已暗約下梁寬趙衢兒若肯與兵二人必爲內應古無所薦二人不是眞薦敍母曰汝不早圖更待何時誰不有死死於忠義死得其所也勿以我爲念汝若不聽義山之言吾當先死以絕汝念○○一箇女丈夫可此斷頭將軍敍乃與統兵校尉尹奉趙昂商議原來趙昂之子趙月見隨馬超爲裨將趙昂當日應允歸見其妻王氏曰吾今日與姜敍楊阜尹奉一處商議欲報韋康之讐吾想子

趙月見隨馬超今若興兵超必先殺吾子奈何 亦有謀及婦人

是其妻嚴聲曰雪君父之大恥雖喪身亦不惜何況一子乎君 而不失者趙昂

也 又一箇女丈夫

若顴子而不行吾當先死矣 可比斷頭將軍 趙昂乃決次日一

同起兵姜敘楊阜屯歷城尹奉趙昂屯祁山王氏乃盡將首飾

當以夫人爲主帥

資帛親自往祁山軍中賞勞軍士以勵其衆 以趙昂爲偏裨

馬超聞姜敘楊阜會合尹奉趙昂舉事大怒即將趙月斬之 趙昂

先送了一 留兒子 令龐德馬岱盡起軍馬殺奔歷城來姜敘楊阜引兵

與馬超在潼關時正相映

出兩陣圓處楊阜姜敘衣白袍而出 射 敘與阜以中表兄弟

而相仇備與璋以同宗
兄弟而相攻爲之一嘆大罵曰叛君無義之賊馬超大怒衝將過來兩軍混戰姜敘楊阜如何抵得馬超大敗而走馬超擁兵趕來背後喊聲起處尹奉趙昂殺來馬超急回將兩下來攻首尾不能相顧正鬭間刺斜裏大隊軍馬殺來原來是夏侯淵得了曹操軍令正領軍來破馬超此一路軍馬突如其來
却照應前文又是不突超如何當得三路軍馬大敗奔回走了一夜比及平明到得冀城叫門時城上亂箭射下梁寬趙衢立在城上大罵馬超將馬超妻楊氏從城上一刀砍了撇下屍首來又將馬超幼子三人并至親

千餘口都從城上一刀一箇剁將下來超氣噎塞胸幾乎墜下馬來殺了韋康一家出乎爾者反乎爾人苦不絜矩耳背後夏侯淵引兵追趕超見勢大不敢戀戰與龐德馬岱殺開一條路走前面又撞見姜敘楊阜殺了一陣衝得過去又撞着尹奉趙昂殺了一陣零零落落剩得五六十騎連夜奔走四更前後走到歷城下守門者只道姜敘兵回大開門接入超從城南門邊殺起盡洗城中百姓何𡨥所謂室於怒而市於色者也至姜敘宅拏出老母母全無懼色指馬超而大罵超大怒自取劍殺之姜敘又送了一箇母親尹奉趙昂全家老幼亦

妻被馬超所殺。尹趙又送了兩家老幼。阜妻王氏因在軍中得免於難。照應前文。次日夏侯淵大軍至馬超棄城殺出望西而逃行不得二十里前面一軍擺開為首的是楊阜超切齒而恨拍馬挺鎗刺之阜兄弟七人一齊來助戰馬岱龐德敵住後軍阜弟七人皆被馬超殺死七人楊阜又送了七箇兄弟阜身中五鎗猶然死戰後面夏侯淵大軍趕來馬超遂走只有龐德馬岱五七騎後隨而去夏侯淵自行安撫隴西諸州人民令姜敘等各各分守用車載楊阜赴許都見曹操操封阜為關內侯阜辭曰阜無捍難之功又無死難之節於法當誅何顏受職操嘉之卒與之爵可謂操知之忠臣。說馬超與龐德馬岱商議徑往漢中投張魯此處方接入漢中。張魯大喜以爲得馬超則西可以吞益州東可以拒曹操乃商議欲以女招超爲壻大將楊栢諫曰馬超妻子遭慘禍皆超之貽害也主公豈可以女與之魯從其言遂罷招壻之議張魯欲壻馬超而不果。與袁術欲婚呂布而不遂。前後遙遙相對。或以楊栢之言告知馬超超大怒有殺楊栢之意爲後文殺楊栢伏筆。楊栢知之與兄楊松商議亦有圖馬超之心爲後文楊松譖馬超伏筆。正値劉璋遣使求救於張魯魯不從忽報劉璋又遣黃權到權先來見楊松說東西兩川實爲脣齒西川若破東川亦難保矣今若肯相救當以二十州相酬與孫權援劉備而欲以荊州九郡爲謝二寳一虛又相映射松大喜即引黃權來見張魯說脣齒利害更以二十州相謝魯喜其利從之巴西閻圃諫曰劉璋與主公世讎今事急求救詐許割地不可從也忽堦下一人進曰某雖不才願乞一旅之師生擒劉備務要割地以還正是

方看眞主來西蜀　又見精兵出漢中

未知其人是誰且看下文分解

未知其人是誰且看下文分解

方有真主來西蜀　又見精兵出漢中

兵生擒劉備務要割地以還正是

詐許割地不可從也忽階下一人進曰某雖不才願乞一旅之

魯喜其利從之巴西閻圃諫曰劉璋與主公世讎今事急求救

松大喜引黃權來見張魯說脣齒利害更以二十州相酬

射

矣今若肯相救當以二十州相酬○○○○○與孫權索劉備而欲以荊州九郡為謝二十實一虛又相欺

權先來見楊松說東西兩川實為脣齒西川若破東川亦難保

四大奇書第一種卷三十三

茂苑毛宗崗序始氏評　　吳門杭永年資能氏評定

第六十五回

馬超大戰葭萌關

劉備自領益州牧

孫權與劉表爲讐劉璋亦與張魯爲讐黃權之求救於漢中，如魯肅之弔喪於江夏，所謂同舟遇風，吳越可以相濟者也。然玄德助仲謀而張魯不能助季玉，何哉？蓋孫與劉非諜之所能間也璋與魯則孔明之所能間也然使張魯不用楊松雖有間亦不能入則非孔明之能間之一張魯之自間之耳。

蔡瑁在荊州而劉備不能安其身楊松在漢中而馬超亦不能安其身是則同矣然備之依表欲以拒曹超之歸魯乃欲攻備則超之智異於備也我方欲討國賊而伐其同心討賊之人我方欲報父讐而伐其與父同事之友超其忘衣帶詔之事乎不獨內有楊松而欲立功於葭萌爲勢

之所不能縱使內無楊松而欲立功於葭萌亦爲理之所不可。

關公之欲與馬超比試非眞欲與之比試也。欲借此以壓服其心也漢高初見英布而倨傲跣腆以折之恐其驕則不爲我用耳。馬超新降其視川中諸將無出我右將不免於自矜得孔明一書方知翼德之上又有絕倫超羣如關公者而超之驕氣折矣關公見書而笑曰孔明知吾心孔明其知此心哉玄德當奔走流離之時而不忍棄百姓而一得西川乃欲以民田賞功是不可無子龍之諫也子龍愛民所以愛國愛國則不復愛家前於取桂陽之時不以妻子動其心今於入川之後不以田宅累其念有古大臣之風焉豈獨一名將之才足以盡之

子產之言曰水濡弱民狎而玩之故多死焉火烈民望而畏之故鮮死焉凡子產之用猛正其善於用寬也孔明之治蜀其得此意乎法行而知恩卽猛以濟寬之道玄德以

孔明爲水而當其治蜀則又不爲水而爲火矣

曹操徙劉琮於青州而殺其母子劉備遷劉璋於公安而歸其財物則備與操異矣劉備寬以撫蜀而收之以恩諸葛嚴以治蜀而繩之以法則亮又與備異矣蓋我與敵取其相反敵以暴我以仁敵以急我以緩以相反爲能者也君與相取其相濟君以仁相以義君以柔相以剛以相濟爲用者也不相反則無以相勝不相濟則亦無以相成

却說閻圃正勸張魯勿助劉璋只見馬超挺身出曰超感主公

之恩無可上報願領一軍攻取葭萌關生擒劉備（志了董承義狀）務要劉璋割二十州奉還主公張魯大喜先遣黃權從小路而回隨即點兵二萬與馬超此時龐德臥病不能行留於漢中（為後文歸曹操張本）張魯令楊栢監軍（正是冤家撞着對頭人）超與弟馬岱選日起程却說玄德軍馬在雒城法正所差下書人回報說鄭度勸劉璋盡燒野穀并各處倉廩率巴西之民避於涪水西深溝高壘而不戰（前既在劉璋一邊寫來此又在玄德一邊聽得是兩邊雙敘法筆有省處亦有不省處變化不同）玄德孔明聞之皆大驚曰若用此言吾勢危矣法正笑曰主公勿憂此計雖

毒劉璋必不能用也。料劉璋如見可謂知彼知已。不一日人傳劉璋不肯擾動百姓不從鄭度之言玄德聞之方始寬心。玄德一邊聽料句兩段寫妙甚。孔明曰可速進兵取綿竹如得此處成都易取矣遂遣黃忠魏延領兵前進費觀聽知玄德兵來差李嚴出迎嚴領三千兵出各布陣完黃忠出馬與李嚴戰四五十合不分勝敗孔明在陣中教鳴金收軍便有愛李嚴之意。黃忠回陣問曰正待要擒李嚴軍師何故收兵孔明曰吾已見李嚴武藝不可力取來日再戰汝可詐敗引入山峪出奇兵以勝之黃忠領計次日李嚴再引兵來黃忠又出戰不十合許敗引兵便走李嚴趕來迤邐趕入山峪猛然省悟急待回來前面魏延引兵擺開孔明自在山頭喚曰公如不降兩下已伏强弩欲與吾龐士元報讐矣○○○○○○。姓張的射死了，却尋着姓李的。真是張冠李戴。李嚴慌下馬卸甲投降。又是一箇降將軍。軍士不曾傷害一人孔明引李嚴見玄德玄德待之甚厚嚴曰費觀雖是劉益州親戚與某甚密當往說之玄德即命李嚴回城招降費觀。不疑李嚴便是待之甚厚處。嚴入綿竹城對費觀贊玄德如此仁德今若不降必有大禍觀從其言開門投降。又是一箇降將軍。玄德遂入綿竹商議分取成都。忽流星馬急報言。孟達霍峻守葭萌關。今被東川張魯遣馬超與楊栢馬岱領兵攻打甚急。救遲則關隘休矣。接筍甚緊文玄德大驚。孔明曰須是張趙二將方可與敵。玄德曰子龍引兵在外未回。翼德已在此。可急遣之。孔明曰主公且勿言。容亮激之。○○○○○○○○○○○○○○○○卻說張飛聞馬超攻關。大叫而入曰辭了哥哥便去戰馬超也。寫得張飛如畫○○○○○○○○○○○○○○○孔明佯作不聞。妙甚對玄德曰今馬超侵犯關隘無人可敵。除非往荊州取關雲長來方可與敵。為後文關公比試虛伏一筆張飛曰軍師何故小覷吾。吾曾獨拒曹操百萬之兵。照應四十二卷中事豈愁馬超一匹夫乎孔明曰翼德拒水斷橋此因曹操不知虛實耳若知虛實將軍豈得無事今馬超之勇天下皆知渭橋六戰殺得曹操割鬚棄袍幾乎喪命照應五十八卷中事非等閒之比雲長且未必可勝絶用反激妙甚飛曰我只今便去如勝不得馬超甘當軍令孔明曰既爾肯寫文書便爲先鋒請主公親自去一遭留亮守綿竹待子龍來却作商議爲後子龍守綿竹伏筆魏延八[illegible]兵亦[illegible]明令魏延帶五百哨馬先行張飛第二玄德後隊望葭萌關進發魏延哨馬先到關下正遇楊栢魏延與楊栢交戰不十合楊

栢敗走魏延要奪張飛頭功乘勢趕去前面一軍擺開爲首乃是馬岱魏延只道是馬超舞刀躍馬迎之魏延與馬岱先作一箇破題與岱戰不十合岱敗走延趕去被岱回身一箭中了魏延左臂延急回馬走馬岱趕至關前只見一將喊聲如雷從關上飛馬奔至面前原來是張飛初到關上聽得關前廝殺便來看時正見魏延中箭因驟馬下關救了魏延飛喝馬岱曰汝是何人先通姓名然後厮殺馬岱曰吾乃西凉馬岱是也張飛曰你原來不是馬超快回去非吾對手只令馬超那廝自來說道燕人張飛在

此（紙得一張通名紅單帖）馬岱大怒曰汝焉敢小覷我挺鎗躍馬直取張飛戰不十合馬岱敗走張飛欲待追趕關上一騎馬到來叫兄弟且休去飛回視之原來是玄德到來（前軍中軍後軍勻三次到寫得次第亦寫得突兀）飛遂不趕一同上關玄德曰恐怕你性躁故我隨後趕來到此既然勝了馬岱且歇一宵來日戰馬超次日天明關下鼓聲大震馬超兵到玄德在關上看時門旗影裏馬超縱騎持鎗而出獅盔獸帶銀甲白袍一來結束非凡二者人才出衆（在玄德眼中極寫一馬超）玄德嘆曰人言錦馬超名不虛傳（又在玄德口中補寫一馬超）張飛便

要下關。玄德急止之曰：且休出戰，先當避其鋭[illegible]
搦張飛出馬。關上張飛恨不得平吞馬超。（有[illegible]興。未[illegible]了[illegible]三[illegible]）三五番
皆被玄德當住。看看午後，玄德望見馬超陣上人馬皆倦，遂選
五百騎跟着張飛，衝下關來。馬超見張飛軍到，把鎗望後一招，
約退軍有一箭之地。張飛軍馬一齊扎住。關上軍馬陸續下來。
張飛挺鎗出馬，大呼：認得燕人張翼德麼？馬超曰：吾家屢世公
侯，豈識村野匹夫！（又被馬超一激。）張飛大怒。兩馬齊出，二鎗並舉，約戰
百餘合，不分勝負。（一日一無，殺得好看。）玄德觀之，歎曰：真虎將也。（連翼德稱讚在

飛
飛

內恐張飛有失，急鳴金收軍，兩將各回。（寫第一次交鋒）張飛回到陣中，略歇馬片時，不用頭盔，只裹包巾，上馬又出陣前，搦馬超厮殺。超又出，兩個再戰。玄德恐張飛有失，自披掛下關，直至陣前，看張飛與馬超又鬬百餘合，兩個精神倍加。玄德教鳴金收軍。（寫第二次交鋒）二將分開，各回本陣。是日天色已晚，玄德謂張飛曰：馬超英勇，不可輕敵，且退上關，來日再戰。張飛殺得性起，那裏肯休，大叫曰：誓死不回！○○○○玄德曰：今日天晚，不可戰矣。飛曰：多點火把，安排夜戰。（好鬬與好飲一般，既卜其晝，又卜其夜。）馬超亦換了馬，再出陣前大叫曰張飛敢夜戰麼張飛性起問玄德換了坐下馬搶出陣來叫曰我捉你不得誓不上關超曰我勝你不得誓不回寨大家立誓奇稱盟弟盟兄兩軍吶喊點起千百火把照耀如同白日兩將又向陣前鏖戰到二十餘合馬超撥回馬便走張飛大叫曰走那裏去原來馬超見贏不得張飛心生一計詐敗佯輸賺張飛趕來暗掣銅鎚在手扭回身覷着張飛便打來此戰許褚更自利害張飛見馬超走心中也隄防比及銅鎚打來時張飛一閃從耳朶邊過去張飛便勒回馬走時馬超卻又趕來張飛帶住馬拈弓搭箭回射馬

超趕。超却閃過。二將各自回陣。一鐧一箭，倘作收科；不然，將戰個不住矣。玄德自於陣前叫曰。吾以仁義待人。不施譎詐。馬孟起你收兵歇息。我不乘勢趕你。極會做人情。馬超聞言。親自斷後。諸軍漸退。玄德亦收軍上關。次日張飛又欲下關戰馬超。人報軍師來到。玄德接着孔明。孔明曰。亮聞孟起世之虎將。若與翼德死戰。必有一傷。故令子龍漢升守住綿竹。我星夜來此。綿竹之守，借孔明口中敘出，省筆之甚。可用條小計令馬超歸降主公。玄德曰。吾見馬超英勇。甚愛之。如何可得。孔明曰。亮聞東川張魯欲自立為漢寧王。手下謀士楊松極貪賄賂可差人從小路逕投漢中先用金銀結好楊松後進書與張魯云吾與劉璋爭西川是與汝報讐不可聽信離間之語事定之後保汝爲漢寧王〇〇〇〇劉璋許以地孔明許以爵二者不可得兼舍地而取爵可也令其撤回馬超兵待其來撤時便可用計招降馬超矣玄德大喜即時修書差孫乾賫金珠從小路徑至漢中先來見楊松說知此事送了金珠松大喜先引孫乾見張魯陳言方便〇〇〇全是金珠在那裏說話〇〇魯曰玄德只是左將軍如何保得我爲漢寧王楊松曰他是大漢皇叔正合保奏〇〇〇〇〇不是皇叔保得而金珠可以保得張魯大喜便差人教馬超罷

兵孫乾只在楊松家聽回信不一日使者回報馬超言未成功不可退兵（未有奸臣在內而大將能立功于外者）張魯又遣人去喚又不肯回一連三次不至楊松曰此人素無信行不肯罷兵其意必反遂使人流言云馬超意欲奪西川自為蜀主與父報讐不肯臣於漢中（全是金珠說話）張魯聞之問計於楊松松曰一面差人去說與馬超汝既欲成功與汝一月限要依我三件事若依得便有賞否則必誅一要取西川二要劉璋首級三要退荊州兵三件事不成可獻頭來（出下三箇難題目馬超關節不到如何作文）一面教張衛點軍守把關隘

防馬超兵變僭從之差人到馬超寨中說這三件事超大驚曰如何變得恁的（金珠之爲物極是善變）乃與馬岱商議不如罷兵楊松又流言曰馬超回兵必懷異心（不想金珠這等有用）於是張衛分七路軍堅守隘口不放馬超兵入超進退不得無計可施孔明謂玄德曰今馬超正在進退兩難之際亮憑三寸不爛之舌親往超寨說馬超來降玄德曰先生乃吾之股肱心腹倘有踈虞如之奈何孔明堅意要去玄德再三不肯放去正躊躇間忽報趙雲有書薦西川一人來降（接蜀甚妙）玄德召入問之其人乃建寧俞元人也

郡李名恢字德昂玄德曰向日聞公苦諫劉璋今何故歸我（照應）
（前文）恢曰吾聞良禽相木而棲賢臣擇主而事前諫劉益州者以
盡人臣之心旣不能用知必敗矣今將軍仁德布於蜀中知事
必成故來歸耳玄德曰先生此來必有益於劉備恢曰今聞馬
超在進退兩難之際恢昔在隴西與彼有一面之交願往說馬
超歸降若何（李恢來得湊巧恰好做了孔明替身）孔明曰正欲得一人替吾一往
願聞公之說詞李恢於孔明耳畔陳說如此如此孔明大喜卽
時遣行（入得孔明的耳方入得馬超的耳）恢行至超寨先使人通姓名馬超曰

吾知李恢乃辯士，今必來說我。先喚二十刀斧手伏於帳下，囑曰：「令汝砍即砍為肉醬。」須臾，李恢昂然而入。馬超端坐帳中不動，叱李恢曰：「汝來為何？」恢曰：「特來作說客。」○○○○蔣幹一見周瑜，辨明不是說客；李恢一見馬超，妙在自說是說客。超曰：「吾匣中寶劍新磨，汝試言之。其言不通，便請試劍。」恢笑曰：「將軍之禍不遠矣！但恐新磨之劍，不能試吾之頭，將欲自試也。」先以危言動之，妙在即借他題目發揮。超曰：「吾有何禍？」恢曰：「吾聞越之西子，善毀者不能閉其美；齊之無鹽，善美者不能掩其醜。日中則昃，月滿則虧：此天下之常理也。今將軍與曹操有殺父之讐而隴西又有切齒之恨前不能救劉璋而退荊州之兵後不能制楊松而見張魯之面目下四海難容一身無主若復有渭橋之敗冀城之失何面目見天下之人乎李恢言語當得金珠用一字一金一字一珠矣超頓首謝曰公言極善但超無路可行恢曰公既聽吾言帳外何故伏刀斧手超大慚盡叱退李恢舌劍可以退帳下之劍恢曰劉皇叔禮賢下士吾知其必成故捨劉璋而歸之公之尊人昔年曾與皇叔約共討賊照應二十卷中事公何不背暗投明以圖上報父讐下立功名乎馬超大喜即喚楊栢入一劍斬之方雪破婚之恨將首級共

恢一同上關來降玄德玄德親自接入待以上賓之禮趙廣頓首謝曰今遇明主如撥雲霧而見青天時孫乾已回玄德復命霍峻孟達守關便撤兵來取成都趙雲黃忠接入綿竹人報蜀將劉晙馬漢引軍到趙雲曰某願往擒此二人言訖上馬引軍出玄德在城上管待馬超與酒未曾安席子龍已斬二人之頭獻於筵前張飛顯過本事都用趙雲顯本事與馬超看馬超亦驚倍加敬重超曰不須主公軍馬廝殺超自喚出劉璋來降如不肯降超自與弟馬岱取成都雙手奉獻子龍以兩顆人頭為安席之敬馬超便欲以一座城池為進見之禮玄德大喜

是日盡歎卻說敗兵回到益州報劉璋璋大驚閉門不出人報城北馬超救兵到劉璋方敢登城望之見馬超馬岱立於城下大叫請劉季玉答話劉璋在城上問之超在馬上以鞭指曰吾本領張魯兵來救益州誰想張魯聽信楊松讒言反欲害我今已歸降劉皇叔公可納土拜降免致生靈受苦如或執迷吾先攻城矣好一個講來的救星劉璋驚得面如土色氣倒於城上衆官救醒璋曰吾之不明悔之何及不若開門投降以救滿城百姓董和曰城中尚有兵三萬餘人錢帛糧草可支一年奈何便降劉璋

勸阿斗降者亦此人也

曰吾父子在蜀二十餘年無恩德以加百姓攻戰三年血肉捐於草野皆我罪也我心何安不如投降以安百姓忠厚爲無用之別名非忠厚之無用忠厚而不精明之爲無用也劉璋失豈在仁夫在仁而不智耳衆人聞之皆墮淚忽一人進曰主公之言正合天意視之乃巴西西充國人也姓譙名周字允南此人素曉天文璋問之周曰某夜觀乾象見羣星聚於蜀郡其大星光如皓月乃帝王之象也況一載之前小兒謠云若要喫新飯須待先主來此乃預兆爲立德稱帝伏筆不可逆天道黃權劉巴聞言皆大怒欲斬之譙周慣說天文後來勸後主出降即此人也權巴欲殺之亦不爲過

劉璋當住，怨報蜀郡太守許靖踰城出降矣，劉璋大哭歸府。前不聽掛城之王累，今却哭踰城之許靖，亦遲矣。次日人報劉皇叔遣幕賓簡雍在城下喚門，璋令開門接入。雍坐車中，傲睨自若。忽一人掣劍大喝曰：小輩得志，傍若無人！汝敢藐視吾蜀中人物耶！雍慌下車迎之。此人乃廣漢綿竹人也，姓秦名宓，字子勑。秦宓後來以舌辯難吳使，於此處先露圭角。雍笑曰：不識賢兄，幸勿見責。遂同入見劉璋，具說玄德寬洪大度，並無相害之意。於是劉璋決計投降，厚待簡雍。次日，親賫印綬文籍，與簡雍同車出城投降。玄德出寨迎接，握手流涕曰：

非吾不行仁義奈勢不得已也不得已三字亦是玄德實話然古來以此三字解說者多矣如重耳之殺懷公小白之殺子糾唐太宗之殺建成元吉皆是也兄弟之變至于如此爲之一嘆共入寨交割印綬文籍並馬入城玄德入成都百姓香花燈燭迎門而接玄德到公廳陞堂坐定郡內諸官皆拜於堂下惟黃權劉巴閉門不出衆將忿怒欲往殺之玄德慌忙傳令曰如有害此二人者滅其三族漢高之封雍齒赦蒯通即此意也玄德親自登門請二人出仕不獨收二人之心正欲收衆人之心二人感玄德恩禮乃出孔明請曰今西川平定難容二主可將劉璋送去荊州玄德曰吾方得蜀郡未可令季玉遠

去孔明曰劉璋失基業者皆因太弱也主公若以婦人之仁臨事不決恐此土難以長久（一個做好一個做惡定是商量停當）玄德從之設一大宴請劉璋收拾財物佩領振威將軍印綬令將妻子良賤盡赴南郡公安住歇即日起行（玄德遷劉璋於公安與曹操遷劉琮於青州正是一樣算計但一則殺之于路一則善遣之去爲不同耳）玄德自領益州牧其所降文武盡皆重賞定擬名爵嚴顏爲前將軍法正爲蜀郡太守董和爲掌軍中郎將許靖爲左將軍長史龐義爲營中司馬劉巴爲左將軍黃權爲右將軍其餘吳懿費觀彭羕卓膺李嚴吳蘭雷同李恢張翼秦宓

譙周、呂義、霍峻、鄧芝、楊洪、周羣、費禕、費詩、孟達，文武投降官員，共六十餘人，並皆擢用（先封新降之臣。然後封舊日之臣。皆是玄德權變處）。諸葛亮為軍師，關雲長為盪寇將軍、漢壽亭侯，張飛為征遠將軍、新亭侯，趙雲為鎮遠將軍，黃忠為征西將軍，魏延為揚武將軍，馬超為平西將軍。孫乾、簡雍、糜竺、糜芳、劉封、關平、周倉、廖化、馬良、馬謖、蔣琬、伊籍，及舊日荊襄一班文武官員，盡皆陞賞（諸臣勞苦功高。至此方纔受封。良是不易）。遣使齎黃金五百斤、白銀一千斤、錢五千萬、蜀錦一千疋，賜與雲長（既賞西川從征之將。遂念荊州留守之臣。蓋不有留守。則從征不能成功。是西川之取。雲長亦與有力也）。

其餘官將給賜有差殺牛宰馬大餉士卒開倉賑濟百姓士心既收
又諸軍民大悅益州既定玄德欲將成都有名田宅分賜諸官
民心○○○○○○○○○○○○○○○○○
趙雲諫曰益州人民屢遭兵火田宅皆空今當歸還百姓令安
居復業民心方服不宜奪之爲私賞也。蕭何賤買民間田宅以
○○○○○○○○○○○○○○○○○自汙為遇猜忌之主故
然今子龍遇玄德不嫌市惠于民。玄德大喜從其言使諸葛軍師定擬治國條
例刑法頗重法正曰昔高祖約法三章黎民皆感其德願軍師
○○○○○○○○○○○○○○
寬刑法以慰民望孔明曰君知其一未知其二秦用法暴虐
○○○○○○○○○○○○○○○○○○○○○○○
萬民皆怨故高祖以寬仁得之。高祖約法是刑新國用輕典。今劉璋闇弱德

政不舉威刑不肅君臣之道漸以陵替寵之以位位極則殘順之以恩恩竭則慢所以致弊實由於此吾今威之以法法行則知恩限之以爵爵加則知榮恩榮並濟上下有節為治之道於斯著矣（孔明治蜀是刑亂國用重典）法正拜服自此軍民安堵四十一州地面分兵鎮撫並皆平定法正為蜀郡太守凡平日一餐之德睚眦之怨無不報復（二句內包著無數事情含蓄之甚）或告孔明曰孝直太橫宜稍斥之孔明曰昔主公困守荊州北畏曹操東憚孫權賴孝直為之輔翼遂翻然翱翔不可復制今奈何禁止孝直使不得少

行其意耶因竟不問繼劉璋而用猛是猛以濟寬遇法正而用寬是寬以濟猛。法正聞之亦自斂戢。法行而知恩恩行而亦知法矣。一日玄德正與孔明閒敘。忽報雲長遣關平來謝所賜金帛。玄德召入。平拜罷。呈上書信曰。父親知馬超武藝過人。要入川來與之比試高低。教就稟伯父此事。不必有此事不可無此言。玄德大驚曰。若雲長入蜀與孟起比試。勢不兩立。孔明曰。無妨。亮自作書回之。孔明已會其意。玄德只恐雲長性急。便教孔明寫了書。發付關平星夜回荊州。平回至荊州。雲長問曰。我欲與馬孟起比試。汝曾說否。平答曰。軍師有書在此。雲長拆開視之。

其書曰：亮聞將軍欲與孟起分別高下，以亮度之，孟起雖雄烈過人，亦乃黥布、彭越之徒耳，當與翼德並驅爭先，猶未及美髯公之絕倫超羣也。今公受任守荊州，不爲不重，倘一入川，若荊州有失，罪莫大焉。惟冀明照。

雲長看畢，自綽其髯笑曰：孔明知我心也。（正欲孔明將自己推高以壓服孟起耳，非喜其譽己也。）將書遍示賓客，遂無入川之意。（以下接過西川、荊州，卻兩邊接敘東吳一邊。）

說東吳孫權知玄德併吞西川，將劉璋遂於公安，遂召張昭、顧雍商議曰當初劉備借我荊州時說取了西川便還荊州今已得巴蜀四十二州須用取索漢上諸郡如其不還即動干戈玄德方纔得采。不想討債的便來。張昭曰吳中方寧不可動兵昭有一計使劉備將荊州雙手奉還主公正是

西蜀方開新日月　東吳又索舊山川

未知其計如何且看下文分解

第六十六回

○○○○○○

關雲長單刀赴會

伏皇后爲國捐生。

關公不屑屑與東吳較量爾我只將大漢二字壓倒東吳此其讀春秋得力處也呂布之對曹操曰漢家疆土人人有分惟其無父所以無君關公之對諸葛瑾曰大漢疆土豈可妄以尺寸與人惟其能爲人臣所以能爲人弟

玄德之就婚妙在授計而往關公之赴會又妙在不消授計玄德之就婚而歸妙在不別而行關公之赴會而歸又妙在公然而別張遼之請關公妙在屢請方來魯肅之請

關公又妙在一請便來關公之別曹操妙在不勞他送關公之別魯肅又妙在偏要他送前日之五關斬將妙在攔當不住今日之扁舟江上又妙在無人攔當前日之獨行千里妙在來得明白去得明白今日之單刀赴會又妙在來得軒昂去得軒昂讀書至此而嘆公之往來自得旁若無人豈但在一時爲然豈但在一國爲然哉直將獨往獨來於天地古今之中耳

觀曹操杖殺母后一事天翻地覆真前史之所絕無而僅

見者矣或爲之解曰獻帝爲高帝後身伏后爲呂后後身曹操爲韓信後身曹操女爲戚姬後身華歆爲趙王如意後身嗚呼其然耶其不然耶

以名士如華歆而助操爲惡至於如此之甚原其初不過爲榮利之心未忘耳拾金而觀之利未忘也見乘軒者而覶之榮未忘也止此貪榮慕利之心遂成其黨惡助虐之心管幼安之割席分坐殆逆料其後與

或謂管寧坐卧一樓足不履地以地爲魏地也獨不思樓

非魏地之樓乎。子曰不然賢人君子特借此以自明其高尚之志耳文丞相詩曰或爲遼東帽清操勵冰雪而綱目亦書曰漢管寧卒於魏誠以清操如管寧有非魏之所得有也者若以樓爲魏之樓則箕山亦爲唐之山潁水亦爲虞之水。首陽之薇亦爲周之薇矣。

以國戚害國戚者何進也以國戚爲國戚者伏完也以宦官害國戚者張讓也以宦官助國戚者穆順也以國戚謀國戚而勝。以國戚與國戚共謀權臣而不勝。以宦官謀國

戚而勝以宦官與國戚共謀權臣而亦不勝然則權臣之
惡其更甚於宦官國戚乎然立曹貴人爲皇后則操亦居
然國丈矣丕亦居然國舅矣王莽以國戚而爲權臣操與
丕則又以權臣而爲國戚矣國戚不足懼以權臣爲之則
可懼權臣已足懼權臣而又使之爲國戚則更可懼魏之
篡漢又何疑焉

荀彧以操之加九錫而死荀攸以操之稱魏王而死君子
惜其不死於殺董妃之時以爲死之已晚也然猶幸其能

死。於。弒。伏。后。之。前。以。爲。死。之。未。晚。也。夫。殺。董。妃。則。加。九。錫。稱。魏。主。之。漸。也。稱。魏。王。則。弒。伏。后。之。本。也。弒。伏。后。則。篡。國。之。機。也。乃。加。九。錫。則。董。昭。勸。之。稱。魏。王。則。王。粲。贊。之。弒。伏。后。則。華。歆。助。之。是。彧。與。攸。之。爲。人。其。猶。有。賢。於。董。昭。王。粲。華。歆。者。耶。

却說孫權要索荊州。張昭獻計曰。劉備所倚仗者。諸葛亮耳。其兄諸葛瑾今仕於吳。何不將瑾老小執下。使瑾入川告其弟。令勸劉備交割荊州。如其不還。必累及我老小。亮念同胞之情。必然應允。既奪不得阿斗却用着諸葛瑾不能取劉備之子以牽制劉備却借孔明之兄以牽制孔明。權耳諸葛瑾乃誠實君子，安忍拘其老小？昭曰：明教知是計策，自然放心。掩耳盜鈴。權從之，召諸葛瑾老小虛監在府，一面修書打發諸葛瑾往西川去。第四次索荊州。○係人本是魯肅文書上原無諸葛瑾名字今舍肅而使瑾又是推班出色。不數日早到成都，先使人報知玄德。玄德問孔明曰：令兄此來為何？孔明曰：來索荊州耳。玄德曰：何以答之？孔明曰：只須如此如此。○○此計會已定，孔明出郭接瑾，不到私宅，逕入賓館。參拜畢，瑾放聲大哭。老實人何處得此急淚。亮曰：兄長有事但說，何故發哀？瑾曰：吾一家老小休矣亮曰莫非爲不還荆州乎因弟之故執下兄長老小弟心何安兄休憂慮弟自有計還荆州便了兄既假哭弟亦假應二兄一弟俱不是真瑾大喜即同孔明入見玄德呈上孫權書玄德看了怒曰孫權既以妹嫁我却乘我不在荆州竟將妹子潛地取去情理難容劉玄德老小已被騙去我正要大起川兵殺下江南報我之恨却還想來索荆州乎前番只是借今番却要賴矣孔明哭拜於地妙曰吳侯執下亮兄長老小倘若不還吾兄將全家被戮兄死亮豈能獨生望主公看亮之面將荆州還了東吳全亮兄弟之情孔明

自做好人。却教玄德做難人妙。玄德再三不肯。孔明只是哭求。三箇人都是粗膛做勢。玄德。徐徐曰。既如此看軍師面。分荊州一半還之。將長沙零陵桂陽三郡與他。借債的先還一半。亮曰。既蒙見允。便可寫書與雲長。令交割三郡。玄德曰。子瑜到彼。須用善言求吾弟。吾弟性如烈火。吾尚懼之。切宜仔細。玄德又自做好人。推開公做難人妙。瑾求了書。辭了玄德。別了孔明。登途徑到荊州。雲長請入中堂。賓主相叙。瑾出玄德書曰。皇叔許先以三郡還東吳。望將軍即日交割。令瑾好回見吾主。雲長變色曰。吾與吾兄桃園結義。誓共匡扶漢室。荊州本大漢疆土豈得妄以尺寸與人。提出大漢二字辭嚴義正將在外君命有所不受雖吾兄有書來我却只不還。後文使伊籍知會關公便聽了此時只有諸葛瑾來便知是孔明之計瑾曰今吳侯執下瑾老小君不得荊州必將被誅望將軍憐之雲長曰此是吳侯譎計如何瞞得我過。玄德孔明知之而不言却被關公一口説破瑾曰將軍何太無面目雲長執劍在手曰休再言此劍上並無面目關平告曰軍師面上不好看望父親息怒關平與關公亦似約會一般雲長曰不看軍師面上教你回不得東吳瑾滿面羞慚急辭下船再往西州見孔明孔明已自出巡去了。哥哥却爲兄弟所弄瑾只得再見玄德哭告雲長欲殺之事。前是假哭。此是真哭。玄德曰吾弟性急極難與言子瑜可暫回容吾取了東川漢中諸郡調雲長往守之那時方得交付荊州取了西川又等東川極似今人賴債的最會回債。瑾不得已只得回東吳見孫權具言前事孫權大怒曰子瑜此去反覆奔走莫非皆是諸葛亮之計然也瑾曰非也吾弟亦哭告玄德方許將三郡先還又無奈雲長恃頑不肯子瑜是實心人不像兄弟乖覺孫權曰既劉備有先還三郡之言便可差官前去長沙零陵桂陽三郡赴任且看如何不曾會祖。便要管業。瑾曰主公所言極是權乃令瑾取回老小一面差官往三郡赴任。不一日。三郡差去官吏盡被逐回。告孫權曰。關雲長不肯相容。連夜趕逐回吳。遲後者便要殺。只是不肯爲承攬。逐回官吏之事。只借官吏口中說出。省筆。孫權大怒。差人召魯肅責之曰。子敬昔爲劉備作保。借吾荊州。今劉備已得西川。不肯歸還。子敬豈得坐視。此時尋着保人。卻要原中理直。肅曰。肅已思得一計。正欲告主公。權問何計。肅曰。今屯兵於陸口。使人請關雲長赴會。若雲長肯來。以善言說之。如其不從。伏下刀斧手殺之。如彼不肯來。隨卽進兵。與決勝負。奪取荊州便了。中人沒法勉强生出兩條計策。孫權曰。正合吾意。可卽行之闞澤進曰不可關雲長乃世之虎將非等閒可及恐事不諧反遭其害孫權怒曰若如此荆州何日可得便命魯肅速行此計肅乃辭孫權至陸口召呂蒙甘寧商議設宴於陸口寨外臨江亭上（只有借債的請中人如何倒要中人費酒席。）修下請書選帳下能言快語一人爲使登舟渡江江口關平問了遂引使人入荆州叩見雲長具道魯肅相邀赴會之意呈上請書雲長看書畢謂來人曰既子敬相請我明日便來赴宴（請帖上定寫着曰候教恕乏人邀。）汝可先回使者辭去關平曰魯肅相邀必無好意父親何故許之雲長笑曰吾豈不知耶此是諸葛瑾回報孫權說吾不肯還三郡故令魯肅屯兵陸口邀我赴會便索荊州吾若不往道吾怯矣若是怕討債不吃酒便是不會欠債的吾來日獨駕小舟只用親隨十餘人單刀赴會看魯肅如何近我極寫關公神威平諫曰父親奈何以萬金之軀親蹈虎狼之穴恐非所以重伯父之寄託也極寫關平細膩雲長曰吾於千鎗萬刃之中矢石交攻之際匹馬縱橫如入無人之境豈憂江東群鼠乎下戰書且不怕請吃酒何足怕馬良亦諫曰魯肅雖有長者之風但今事急不容不生異心將軍不可輕往須知中人要脫干係雲長曰昔戰國時

趙人藺相如無縛雞之力於澠池會上覷秦國君臣如無物況吾曾學萬人敵者乎○○○○○○公乃合廉藺爲一人矣既已許諾不可失信良曰縱將軍去亦當有準備雲長曰只教吾兒選快船十隻藏善水軍五百於江上等候看吾認旗起處便過江來平領命自去準備先准備候客的却說使者回報魯肅說雲長慨然應允來日准到肅與呂蒙商議此來若何蒙曰彼帶軍馬來某與甘寧各人領一軍伏於岸側放砲爲號準備廝殺如無軍來只於庭後伏刀斧手五十人就筵間殺之計會已定次日肅令人於岸口遙望辰時

後見江面上一隻船來梢公水手只數人一面紅旗風中招颭顯出一箇大關字來（寫得倩景如今日演單刀赴會者未必能如此之寫生也）船漸近岸見雲長青巾綠袍坐於船上傍邊周倉捧着大刀八九箇關西大漢各跨腰刀一口（儒雅之極英雄之極在魯肅眼中看來加倍出奇）魯肅驚疑接入亭內敘禮畢入席飲酒舉盃相勸不敢仰視雲長談笑自若酒至半酣肅曰有一言訴與君侯幸垂聽焉昔日令兄皇叔使肅於吾主之前保借荊州暫住約於取川之後歸還今西川已得而荊州未還得毋失信乎（不是講吃酒却是討債了）雲長曰此國家之事筵間

不必論之似周瑜對蔣幹語肅曰吾主只區區江東之地而肯以荆州相借者爲念君侯等兵敗遠來無以爲資故也今已得益州則荆州自應見還乃皇叔但肯先割三郡而君侯又不從恐於理上說不去前說玄德不肯還此說關公不肯還語又逼近雲長曰烏林之役左將軍親冒矢石戮力破敵豈得徒勞而無尺土相資今足下復來索地耶只略答他兩句妙在略答而不詳肅曰不然君侯始與皇叔同敗於長坂計窮慮極將欲遠竄吾主矜愍皇叔身無處所不愛土地使有所托足以圖後功而皇叔愆德隳好已得西川又占荆州貪而背義

恐爲天下所恥笑唯君侯察之此將立德與關公合說雲長曰此皆吾兄之事非其所宜與也立德推關公關公又推立德關公對諸葛瑾之詞嚴對魯肅之詞婉所以然者飲酒之時只宜如此對答肅曰某聞君侯與皇叔桃園結義誓同生死皇叔卽君侯也何得推托乎正妙在不以爲意雲長未及回答周倉在堦下厲聲言曰天下土地惟有德者居之豈獨是汝東吳當有耶忽夾周倉一語是好件當便有催起身之意雲長變色而起奪周倉所捧大刀立於庭中目視周倉而叱曰此國家之事汝何敢多言可速去妙在借周倉作一收科倉會意先到岸口把紅旗一招關平船如箭發

奔過江東來雲長右手提刀左手挽住魯肅手佯推醉曰公今請吾赴宴莫提起荊州之事吾今已醉恐傷故舊之情他日令人請公到荊州赴會另作商議（說得不激不隨絕妙收拾法）魯肅魂不附體被雲長扯至江邊呂蒙甘寧各引本部軍欲出見雲長手提大刀親握魯肅恐肅被傷遂不敢動（關公把臂不獨魯肅喪膽兼使二將寒心）雲長到船邊却纔放手早立於船首與魯肅作別肅如癡似呆看關公船已乘風而去（難得請來忽然放去魯肅此時如有所失）後人有詩讚關公曰

藐視吳臣若小兒　單刀赴會敢平欺

當年一段英雄氣　尤勝相如在澠池

雲長自回荆州，曾肅於呂蒙共議此計，又不成，如之奈何。蒙曰：

可即申報主公起兵，與雲長決戰，肅卽時使人申報孫權。權聞

之大怒，商議起傾國之兵，來取荆州，怨報曹操，又起三十萬大

軍來也。下文曹兵竟不曾來，怨於此處借作一頓。權大驚，且教曾肅休惹荆州之兵，

移兵向合淝濡須，以拒曹操。以上按下東吳一邊，以下專敘曹操一邊。卻說操將欲

起程南征，參軍傅幹，字彥材，上書諫操。書略曰：

竊聞用武則先威，用文則先德，威德相濟，而後王業成。往者

天下大亂明公用武攘之十平其九今未承王命者吳與蜀耳吳有長江之險蜀有崇山之阻難以威勝愚以爲且宜增修文德按甲寢兵息軍養士待時而動今若興數十萬之衆頓長江之濱儻賊憑險深藏使我士馬不得逞其能奇變無所用其權則天威屈矣惟明公詳察焉

曹操覽之遂罷南征（前文虛言南征竟似特爲荆州作援）興設學校延禮文士於是侍中王粲杜襲衛凱和洽四人議欲尊曹操爲魏王中書令荀攸曰不可丞相官至魏公榮加九錫位巳極矣今又進陞王

位於理不可（荀彧諫九錫已晚矣荀攸不諫九錫而諫稱王抑又晚）曹操聞之怒曰此人欲效荀彧耶（又將前事一提）荀攸知之憂憤成疾臥病十數日而卒亡年五十八歲操厚葬之遂罷魏王事（姑徐徐云爾未必因荀攸之諫而遂止也）一日曹操帶劒入宮獻帝正與伏后共坐伏后見操來慌忙起身帝見曹操戰慄不已操曰孫權劉備各霸一方不尊朝廷當如之何帝曰盡在魏公裁處（衛君所謂政由甯氏祭則寡人）操怒曰陛下出此言外人聞之只道吾欺君也帝曰君若肯相輔則幸甚不爾願垂恩相捨（語極軟又似極剛）操聞言怒目視帝恨恨而出左右或奏帝曰近

聞魏公欲自立爲王不久必將篡位帝與伏后大哭后曰妾父伏完常有殺操之心妾今當修書一封寄與父圖之天子血詔尚且無成皇后手書又復何用帝曰昔董承爲事不密反遭大禍今恐又泄漏朕與汝皆休矣照應二十三卷中事后曰旦夕如坐針氈似此爲人不如早亡妾看宦官中之忠義可託者莫如穆順當令寄此書穆順與張讓趙忠相去天壤乃即召穆順入屏後退去左右近侍帝后大哭告順曰操賊欲爲魏王早晚必行篡奪之事朕欲令后父伏完密圖此賊而左右之人俱賊心腹無可托者欲汝將皇后密書寄與伏完

量汝忠義必不負朕順泣曰臣感陛下大恩敢不以死報臣即

請行國戚是好國戚官官亦是好官官后乃修書付順順藏書於髮中潛出禁

宮帶中詔髮中書前後遥遥相對遥至伏完宅將書呈上完見是伏后親筆乃

謂穆順曰操賊心腹甚眾不可遽圖除非江東孫權西川劉備

二處起兵於外操必自往此時却求在朝忠義之臣一同謀之

內外夾攻庶可有濟董承義狀上止有劉備一人今又欲添出一孫權順曰皇丈可作

書覆帝后求密詔暗遣人往吳蜀二處令約會起兵討賊救主

伏完即取紙寫書付順何不口傳又要回書不密之甚順乃藏於頭髻內辭完

回宮原來早有人報知曹操操先於宮門等候穆順回遇曹操操問那裏去來順答曰皇后有病命求醫去（害憂國病欲求醫國手耳）操曰名得醫人何在順曰還未召至操喝左右遍搜身上並無夾帶放行忽然風吹落其帽操又喚回取帽視之遍觀無物還帽令戴穆順雙手倒戴其帽（冠履倒置之時宜其帽之倒也）操心疑令左右搜其頭髮中搜出伏完書來操看時書中言欲結連孫劉爲外應操大怒執下穆順於密室問之順不肯招（好穆順）操連夜點起甲兵三千圍住伏完私宅老幼並皆拏下（董承事泄得遲伏完事泄得快前後又自不同）搜出

伏后親筆之書。隨將伏氏三族盡皆下獄。平明。使御林將軍郗慮持節入宮。先收皇后璽綬。是日帝在外殿。見郗慮引三百甲兵直入。帝問曰。有何事。慮曰。奉魏公命收皇后璽。帝知自泄。心膽皆碎。慮至後宮。伏后方起。慮便喚管璽綬人索取玉璽而出。敢於收皇后璽。其不收傳國璽者幾希矣。伏后情知事發。便於殿後椒房內夾壁中藏躲。少頃。尚書令華歆引五百甲兵入到後殿。問宮人伏后何在。宮人皆推不知。歆教甲兵打開朱戶。尋覓不見。料在壁中。便喝甲士破壁搜尋。歆親自動手。揪后頭髻拖出。曹操搜穆順之髮。華歆揪皇其罪皆擬捽髮后曰望免我一命歆叱曰汝自見魏公訴去后披髮跣足二甲士推擁而出原來華歆素有才名向與邴原管寧相友善時人稱三人為一龍華歆為龍頭邴原為龍腹管寧為龍尾今則有尾無頭若論歆之行見則是虎頭豹頭若論歆之為操爪牙則是狗頭馬頭矣一日寧與歆共種園蔬鋤地見金寧揮鋤不顧歆拾而視之然後擲下手雖擲下心上好生捨不得若非管寧看見必然袖而藏之矣又一日寧與歆同坐觀書聞戶外傳呼之聲有貴人乘軒而過寧端坐不動歆棄書往觀今之豔羨富貴人者比比皆是我甚危之寧自此鄙歆之為人遂割席分坐不復與之為友頭尾不復

華歆助紂為虐

相連。後來管寧避居遼東，常帶白帽，坐臥一樓，足不履地，終身不肯仕魏。歆出而寧不出，是（又見頭不見尾。）而歆乃先事孫權，後歸曹操，至此乃有收捕伏皇后一事。（百忙中忽接敘華歆生平。）極似閒筆，卻不是閒筆。後人有詩嘆華歆曰：

華歆當日逞兇謀，破壁生將母后收。
助虐一朝添虎翼，罵名千載笑龍頭。

又有詩讚管寧曰：

遼東傳有管寧樓，人去樓空名獨留。

笑殺子偷貪賞貴　豈如白幘自風流

且說華歆將伏后擁至外殿。帝望見后，乃下殿抱后而哭。歆曰：

魏公有命，可速行。后哭謂帝曰：不能復相活耶？帝曰：我命亦不

知在何時也。（爲天子不能庇一渾家，爲之一哭。）甲士擁后而去。帝搥胸大慟。見

郗慮在側，帝曰：郗公！（如聞其聲。）天下寧有是事乎！哭倒在地。郗慮令

左右扶帝入宮。華歆拏伏后見操。操罵曰：吾以誠心待汝等，汝

等反欲害我耶？吾不殺汝，汝必殺我。喝左右亂棒打死。（讀至此，令人髮

豎。）上指 隨即入宮，將伏后所生二子，皆酖殺之。當晚將伏完、穆順

等宗族二百餘口皆斬於市朝野之人無不驚駭時建安十九
年十一月也後人有詩嘆曰
曹瞞兇殘世所無　伏完忠義欲如何
可憐帝后分離處　不及民間婦與夫
獻帝自從壞了伏后連日不食操入曰陛下無憂臣無異心臣
女已與陛下爲貴人大賢大孝宜居正宮獻帝安敢不從於建
安二十年正月朔就慶賀正旦之節册立曹操女曹貴人爲正
宮皇后皇后可以杖得皇后亦有何榮國丈可以殺得
國丈亦有何貴而操猶以女爲后已爲國丈耶羣下莫

敢有言此時曹操威勢日甚會大臣商議收吳滅蜀之事賈詡曰須召夏侯惇曹仁二人回商議此事操即時發使星夜喚回夏侯惇未至曹仁先到連夜便入府中見操操方被酒而卧許褚仗劍立於堂門之內曹仁欲入被許褚當住曹仁大怒曰吾乃曹氏宗族汝何敢阻當耶許褚曰將軍雖親乃外藩鎮守之官許褚雖疎見充內侍主公醉卧堂上不敢放入仁乃不敢入曹操聞之嘆曰許褚真忠臣也（逆臣手下偏有忠臣爲之一嘆）不數日夏侯惇亦至共議征伐惇曰吳蜀急未可攻宜先取漢中張魯以得勝

之兵取蜀有一鼓而下也曹操曰正合吾意遂起兵西征正是

方逞兇謀欺弱主　又驅勁卒掃偏邦

未知後事如何且看下文分解

乃[illegible]軍雖[illegible]乃[illegible]州諸[illegible]之

皆伏劍立於宮門之內曹仁欲入被許褚當住曹仁大怒曰吾

夏侯惇來[illegible]仁先到連夜使人府中見操操方被酒而卧着

曰須召夏侯惇曹仁二人同商議此事操聽罷即使星夜取回

[illegible]有言此時曹操欲要回其舊本因商議以吳蜀之事賓[illegible]

（明）羅貫中　撰

醉耕堂刊毛宗崗評本三國志演義

第八册

國家圖書館出版社

第八册目録

卷三十四

卷三十五

卷三十六

四大奇書第一種卷三十四

茂苑毛宗崗序始氏評　吳門杭永年資能氏評定

第六十七回

曹操平定漢中地

張遼威震逍遥津

操以許褚爲忠臣是賊臣亦愛忠臣也操以楊松爲賊臣是賊臣亦惡賊臣也然但以褚之助巳者爲忠猶未爲知忠臣能以松之助我者爲賊則眞能惡賊臣矣夫賊而能

見惡於賊亦何樂而爲賊以賊而亦知賊之可惡復奈何而自爲賊哉

龐德之背馬超而從曹操猶不至如楊阜之攻馬超以助曹操也而君子以爲無異不爲無異且有甚焉凡阜之所以涕泗縱横必欲破馬超而後快者不過以韋康之見殺耳阜爲康之參軍而爲康報讎至於如此之激德爲馬騰家將而乃甘心事一殺馬騰之曹操是獨何心哉君子曰龐德於是乎不及楊阜

操之得隴而不望蜀蘇子瞻以為重發於劉備而喪其功斯固然矣然操之懷懼者三前以初破袁紹之衆遠行疲敝跋涉江河致有赤壁之敗今以初平張魯之衆歷險阻越山川不恤其勞而用之安能料其必勝乎一可懼也使荆州會合東吳而乘虛北伐將奈之何二可懼也且心畏孔明之才向以博望新野蕞爾之城猶能焚我師而挫我銳況今有西川之地而欲與之抗衡三可懼也據實有此三懼而假託知足以為辭此奸雄欺人之語耳

孫劉之分荊州非孫劉之分之而曹操分之也何也曹操不下東川則荊州不可得而分也前此之許分而不果分非關公之阻之而孔明阻之也何也伊籍不至荊州則荊州又不可得而分也交割三郡但有諸葛瑾來而無蜀中之使命偕之以來關公已知孔明之佯許矣若云將在外君命有所不受何以伊籍一至關公即便交割耶

兵有遲則得速則失者郭嘉之定遼東是也兵有速則得遲則失者呂蒙之取皖城是也城有戰則失不戰則不失

者曹洪之守潼關是也城有戰則能守不戰則不能守者張遼之守合淝是也或遲或速或戰或不戰用兵之道變動不拘可當孫子十三篇讀

金鳳橋之斷孔明以此擒張任小師橋之斷張遼不能擒孫權非張遼之拙於人謀而實孫權之邀有天幸也君子於檀溪之奔知成都之景曆有歸於逍遙津之脫亦知秣陵之王氣有驗

却說曹操興師西征分兵三隊前部先鋒夏侯淵張郃操自領

諸將居中後部曹仁夏侯惇押運糧草早有細作報入漢中來張魯與弟張衛商議退敵之策（何不使鬼卒當之）衛曰漢寧最險無如陽平關可於關之左右依山傍林下十餘箇寨栅迎敵曹兵兄在漢寧多撥糧草應付（米賊豈患米之不足）張魯依言遣大將楊昂楊任與其弟即日起程軍馬到陽平關下寨已定夏侯淵張郃前軍隨到聞陽平關已有準備離關一十五里下寨是夜軍士疲困各自歇息忽寨後一把火起楊昂楊任兩路兵殺來劫寨夏侯淵張郃急上得馬四下裏大兵擁入曹兵大敗（曹兵第一次敗）退見曹

操操怒曰汝二人行軍許多年豈不知兵若遠行疲困可勝劫寨如何不作準備欲斬二人以明軍法衆官告免操次日自引兵爲前隊見山勢險惡林木叢雜不知路逕恐有伏兵即引軍回寨謂許褚徐晃二將曰吾若知此處如此險惡必不起兵來人隴且如此之懼又何心入蜀耶早爲後文不欲攻蜀伏下一筆許褚曰兵已至此主公不可憚勞次日操上馬只帶許褚徐晃二人來看張衛寨柵三匹馬轉過山坡早望見張衛寨柵操揚鞭遙指謂二將曰如此堅固急切難下初進便有退心言未已背後一聲喊起箭如雨發楊昂楊任

分兩路殺來操大驚許褚大呼曰吾當敵賊徐公明善保主公詭罷提刀縱馬向前力敵二將楊昂楊任不能當許褚之勇回馬退去其餘不敢向前徐晃保着曹操奔過山坡前面又一軍到看時却是夏侯淵張郃二將聽得喊聲故引軍殺來接應於是殺退楊昂楊任救得曹操回寨曹兵第二次又敗操重賞四將自此兩邊相拒五十餘日只不交戰曹操傳令退軍賈詡曰賊勢未見强弱主公何故自退耶操曰吾料賊兵每日隄備急難取勝

○○○○○○○○○○○○○○○○○○○○○○○

吾以退軍為名使賊懈而無備然後分輕騎抄襲其後必勝賊

矣。前欲退是真退。此欲退是假退。賈詡曰。丞相神機不可測也。於是令夏侯淵張郃分兵兩路。各引輕騎三千。取小路抄陽平關後。曹操一面引大軍拔寨盡起。楊昂聽得曹兵退。請楊任商議。欲乘勢擊之。楊任曰。操詭計極多。未知真實。不可追趕。若楊昂依得楊任。曹操未必能勝。楊昂曰。公不往。吾當自去。楊任苦諫不從。若楊任止得楊昂。曹操亦不能勝。楊昂盡提五寨軍馬前進。只留些少軍士守寨。是日大霧迷漫。對面不相見。前孔明借箭時有江中大霧。今曹兵破敵時有山中大霧。前有賦。此無賦者。只下文敘事情景。而賦已在其中矣。楊昂軍至半路。不能行。且權扎住。卻說夏侯淵一軍抄過山後見重霧垂空又聞人語馬嘶（但聞人語不見人形但聞馬嘶不見馬到抵得一篇大霧賦）恐有伏兵急催人馬行動大霧中誤走到楊昂寨前守寨軍士聽得馬蹄響只道是楊昂兵回開門納之（互相錯認妙）曹軍一擁而入見是空寨便就寨中放起火來（火在霧中則為紅霧）五寨軍士盡皆棄寨而走比及霧散楊任領兵來救與夏侯淵戰不數合背後張郃兵到楊任殺條大路奔回南鄭楊昂待要回時已被夏侯淵張郃兩箇占了寨柵（若非大霧曹操亦未必能勝）背後曹操大隊軍馬趕來兩下夾攻四邊無路楊昂欲突陣而出正撞著張郃兩箇交手

被張郃殺死敗兵回投陽平關來見張衛原來衛知二將敗走諸營已失半夜棄關奔回去了曹操遂得陽平關并諸寨若非張衛無用曹操亦未必能勝張衛楊任回見張魯衛言二將失了隘口因此守關不住自己逃走了却推在別人身上張魯大怒欲斬楊任任曰某曾諫楊昂休追操兵他不肯聽衛故有此敗任再乞一軍前去挑戰必斬曹操如不勝甘當軍令一楊任何能爲張魯取了軍令狀楊任上馬引二萬軍離南鄭下寨却說曹操提軍將進先令夏侯淵領五千軍往南鄭路上哨探正迎着楊任軍馬兩軍擺開任遣部將昌

奇出馬與淵交鋒戰不三合被淵一刀斬於馬下楊任自挺鎗出馬與淵戰三十餘合不分勝負淵佯敗而走任從後追來被淵用拖刀計斬於馬下軍士大敗而回兩箇姓楊的都死了只剩一箇姓楊的去送東川也曹操知夏侯淵斬了楊任即時進兵直抵南鄭下寨張魯慌聚文武商議張魯此時何不修書三封以告天地鬼神乎閻圃曰某保一人可敵曹操手下諸將魯問是誰圃曰南安龐德前隨馬超投降主公後馬超往西川龐德臥病不曾行見今蒙主公恩養何不令此人去在閻圃口中補出五十六回中事張魯大喜即召龐德至厚加賞勞點一萬

軍馬令龐德出離城十餘里與曹兵相對龐德出馬搦戰曹操
在渭橋戰深知龐德之勇（照應五十八回中事）乃囑諸將曰龐德乃西涼
勇將原屬馬超今雖依張魯未稱其心吾欲得此人汝等須皆
與緩鬪使其力乏然後擒之（徐晃事楊奉而操欲得之龐德事張魯而操又欲得之一則使人往說·一則命將緩鬪·前後遙遙相對·）張郃先出戰了數合便退夏侯淵也戰數合
退了徐晃又戰三五合也退了臨後許褚戰五十餘合亦退龐
德力戰四將並無懼怯各將皆於操前誇龐德好武藝（在諸將口中誇奬武藝·預爲下文戰關公伏筆·）曹操心中大喜與衆商議如何得此人投降賈

詡曰某知張魯手下有一謀士楊松其人極貪賄賂今可暗以金帛送之使譖龐德於張魯便可圖矣前玄德欲得馬超孔明想着楊松今曹操欲得龐德賈詡亦想着楊松松之貪著聞於外而魯獨不知哀哉操曰何由得人入南鄭詡曰來日交鋒詐敗佯輸棄寨而走使龐德據我寨我却於夤夜引兵劫寨龐德必退入城却選一能言軍士扮作彼軍雜在陣中便得入城操聽其計選一精細軍校重加賞賜付與金掩心甲一付秦以五羊皮換百里奚今操以一金甲換了龐德令披在貼肉外穿漢中軍士號衣先於半路上等候次日先撥夏侯淵張郃兩枝軍遠去埋伏却

教徐晃挑戰不數合敗走龐德招軍掩殺曹兵盡退龐德却奪了曹操寨柵見寨中糧草極多○○○○○○（曹操既棄甲又棄糧總爲欲丼龐德耳而寨既劫則糧仍是我糧松可殺則甲仍是我甲矣）大喜即時申報張魯一面在寨中設宴慶賀當夜二更之後忽然三路火起正中是徐晃許褚左張郃右夏侯淵三路軍馬齊來劫寨龐德不及隄備只得上馬衝殺出來望城而走背後三路兵追來龐德急喚開城門領兵一擁而入此時細作已雜到城中逕投楊松府下謁見具說魏公曹丞相久聞盛德特使某送金甲爲信更有密書呈上松大喜○○○（見金便喜不獨一楊）

松爲然也看了密書中言語謂細作曰上覆魏公但請放心某自有良策奉報打發來人先囘便連夜入見張魯說龐德受了曹操賄賂賣此一陣偏是受賄人專要謗人受賄張魯大怒嗔龐德責罵欲斬之若非張魯不明曹操亦必不能勝閻圃苦諫張魯曰你來日出戰不勝必斬龐德抱恨而退次日曹兵攻城龐德引兵衝出操令許褚交戰褚詐敗龐德趕來操自乘馬於山坡上喚曰龐令名何不早降龐德尋思拏住曹操[illegible]一千員上將遂飛馬上坡此時猶是渭橋之心一聲喊起天崩地塌連人和馬跌入陷坑內去四壁鈎索一齊上前

活捉了龐德押上坡來曹操下馬叱退軍士親釋其縛問龐德肯降否龐德尋思張魯不仁情愿拜降（此時忘却渭橋矣）曹操親扶上馬共回大寨故意教城上望見人報張魯德與操並馬而行魯益信楊松之言爲實（事有弄假成真而使人竟信爲真者往往如此）次日曹操三面竪立雲梯飛砲攻打張魯見其勢已極與弟張衛商議衛曰放火盡燒倉廩府庫出奔南山去守巴中可也（與鄭度勸劉璋一樣意思）楊松曰不如開門投降張魯猶豫不定衛曰只是燒了便行張魯曰我向本欲歸命國家而意未得達今不得已而出奔倉廩府庫國

家之有不可廢也遂盡封鎖與劉璋不欲燒涪水之橋正相彷彿是夜二更張魯引全家老小開南門殺出曹操教休追趕提兵入南鄭見魯封閉庫藏心甚憐之遂差人往巴中勸使投降張魯欲降張衛不肯楊松以密書報操便教進兵松爲內應金帛只要換龐德不想直換了漢中操得書親自引兵往巴中張魯使弟衛領兵出敵與許褚交鋒被褚斬於馬下敗軍回報張魯魯欲堅守楊松曰今若不出坐而待斃矣其守城主公當親與決一死戰魯從之劉璋能斬張松張魯到底信楊松魯之闇比璋尤甚閻圃諫魯休出魯不聽遂引軍出迎未及交鋒後軍

已走。張魯急退，背後曹兵趕來。魯到城下，楊松閉門不開。賄賂之於人甚矣哉。張魯無路可走，操從後追至，大叫何不早降。魯乃下馬投拜。操大喜，念其封倉庫之心，優禮相待。米賊終以米財免。封魯為鎮南將軍，閻圃等皆封列侯。於是漢中皆平。曹操傳令各郡分設太守，置都尉。祭酒師君之名至此一換。大賞士卒。惟有楊松賣主求榮，即命斬之於市曹示衆。與殺苗澤一般快舉。後人有詩嘆曰：

妨賢賣主逞奇功，積得金銀總是空。
家未榮華身受戮，令人千載笑楊松。

曹操已得東川主簿司馬懿進曰劉備以詐力取劉璋蜀人尚未歸心今主公已得漢中益州震動可速進兵征之勢必瓦解智者貴於乘時時不可失也一言取蜀之利曹操嘆曰人苦不知足既得隴復望蜀耶初畏山川險峻得隴已出望外借知足而止兵亦是老賊假話劉曄曰司馬仲達之言是也若少遲緩諸葛亮明於治國而爲相關張等勇冠三軍而爲將蜀民既定據守關隘不可犯矣一言不取蜀之害操曰士卒遠涉勞苦且宜存恤遂按兵不動以上按下曹操一邊以下接敘西川一邊却說西川百姓聽知曹操已取東川料必來取西川一日之間數遍

驚恐玄德請軍師商議孔明曰亮有一計曹操自退玄德問何計孔明曰曹操分軍屯合淝懼孫權也今我若分江夏長沙桂陽三郡還吳（前是假割三郡此時方欲真割）遣舌辨之士陳說利害令吳起兵襲合淝牽動其勢操必勒兵南向矣玄德問誰可為使伊籍曰某願往玄德大喜遂作書具禮令伊籍先到荆州知會雲長（可知前番不遣人知會是明明愚弄諸葛瑾）然後入吳到秣陵來見孫權先通了姓名權召籍入籍見權禮畢權問曰汝到此何為籍曰昨承諸葛子瑜取長沙等三郡為軍師不在有失交割今傳書送還（說得圓穩）所

有荆州南郡零陵本欲送還被曹操襲取東川使關將軍無容身之地前以玄德容身爲辭今又以關公容身爲辭總是活脫法今合淝空虛望君侯起兵攻之使曹操撤兵回南吾主若取了東川即還荆州全土有此一語權曰汝且歸館舍容吾商議又爲後文呂蒙襲荆州張本伊籍退出權問計於衆謀士張昭曰此是劉備恐曹操取西川故爲此謀雖然如此可因操在漢中乘勢取合淝亦是上計權從之發付伊籍回蜀去訖便議起兵攻操令魯肅收取長沙江夏桂陽三郡此時關公並不作梗則知前之不肯乃是默會孔明意也屯兵於陸口取呂蒙甘寧回又去餘杭

取凌統回不一日呂蒙甘寧先到蒙獻策曰見今曹操令廬江太守朱光屯兵於皖城大開稻田納穀於合淝以充軍實今可先取皖城然後攻合淝操之憐張魯以錢糧爲重蒙之攻皖城意亦然權曰此計甚合吾意遂教呂蒙甘寧爲先鋒蔣欽潘璋爲合後權自引周泰陳武董襲徐盛爲中軍時程普黃蓋韓當在各處鎮守都未隨征又補敘幾箇不來的却說軍馬渡江取和州逕到皖城皖城太守朱光使人往合淝求救一面固守城池堅壁不出權自到城下看時城上箭如雨發射中孫權麾蓋孫權親冒矢石皆爲蜀中所使權回寨問衆將曰

如何取得皖城董襲曰可差軍士築起土山攻之徐盛曰可豎雲梯造虹橋下觀城中而攻之呂蒙曰此法皆費日月而成合淝救軍一至不可圖矣今我軍初到士氣方銳正可乘此銳氣奮力攻擊來日平明進兵午未時便當破城（兵貴神速此類是也）權從之次日五更飯畢三軍大進城上矢石齊下甘寧手執鐵練冒矢石而上（甘寧可謂拔蝥弧以先登）朱光令弓弩手齊射甘寧撥開箭林（箭林二字新）一練打倒朱光呂蒙親自擂鼓士卒皆一擁而上亂刀砍死朱光餘衆多降得了皖城方纔辰時張遼引軍至半路哨馬回

報皖城已失遂即回兵歸合淝不出呂蒙所算孫權入皖城凌統亦引軍到權慰勞畢大犒三軍重賞呂蒙甘寧諸將設宴慶功呂蒙遜甘寧上坐盛稱其功勞酒至半酣凌統想起甘寧殺父之讎○○○○○○○○○照應三十八回中事又見呂蒙誇美之心中大怒瞪目直視良久忽拔左右所佩之劍立於筵上曰筵前無樂看吾舞劍甘寧知其意推開果卓起身兩手取兩枝戟挾定縱步出曰看我筵前使戟呂蒙見二人各無好意便一手挽牌一手提刀立於其中曰二公雖能皆不如我巧也說罷舞起刀牌將二人分於兩下與劉備劉璋筵

（前看諸將舞劒又是一樣光景）早有人報知孫權權慌跨馬直至筵前衆見權至方各放下軍器權曰吾常言二人休念舊讐今日又何如此淩統哭拜於地（寫淩統眞是孝子）孫權再三勸止至次日起兵進取合淝三軍盡發張遼爲失了皖城回到合淝心中愁悶忽曹操差薛悌送木匣一箇上有操封傍書云賊來乃發（合淝木匣與南郡錦囊遙遙相對）是日報說孫權自引十萬大軍來攻合淝張遼便開匣觀之內書云若孫權至張李二將軍出戰樂將軍守城張遼將敎帖與李典樂進觀之樂進曰將軍之意若何張遼曰主公遠征在

外。吳兵以爲破我必矣今可發兵出迎奮力與戰折其鋒鋭以安衆心然後可守也（有以守爲守者有以戰爲守者以戰爲守張遼之言是也）李典素與張遼不睦聞遼此言默然不答（吳有甘淩不睦魏有張李不睦彼此相對）樂進見李典不語便道賊衆我寡難以迎敵不如堅守張遼曰公等皆是私意不顧公事吾今自出迎敵決一死戰便教左右備馬李典慨然而起曰將軍如此典豈敢以私憾而忘公事乎願聽指揮張遼大喜曰既曼成肯相助來日引一軍於逍遥津北埋伏待吳兵殺過來可先斷小師橋（與孔明斷金鴈橋一樣方法）吾與樂文謙擊之（曹操）

只教兩人出戰。一人堅守。今却三人俱出。李典領命自去點軍可見行軍用兵。貴隨機應變。不可拘執也。埋伏。却說孫權令呂蒙甘寧爲前隊。自與淩統居中。其餘諸將陸續進發。望合淝殺來。呂蒙甘寧前隊兵進。正與樂進相迎。甘寧出馬。與樂進交鋒。戰不數合。樂進詐敗而走。張遼本說兩人誘敵。一人埋伏。今却用一人誘敵。兩人埋伏。又是變化不拘。甘寧招呼呂蒙一齊引軍趕去。孫權在第二隊。聽得前軍得勝。催兵行至逍遙津北。忽聞連珠砲響。左邊張遼一軍殺來。右邊李典一軍殺來。孫權大驚。急令人喚呂蒙甘寧回救。時張遼兵已到。讀至此。爲孫權一急。淩統手下。止有三百餘騎當不得曹軍勢如山倒凌統大呼曰主公何不速渡小師橋言未畢張遼引二千餘騎當先殺至凌統翻身死戰孫權縱馬上橋橋南已折丈餘並無一片板（讀至此文爲孫權一急）孫權驚得手足無措牙將谷利大呼曰主公可約馬退後再放馬向前跳過橋去孫權收回馬來有三丈餘遠然後縱轡加鞭那馬一跳飛過橋南（與玄德檀溪躍馬隱然相對）後人有詩曰

的盧當日跳檀溪　又見吳侯敗合淝
退後着鞭馳駿騎　逍遙津上玉龍飛

孫權跳過橋南徐盛董襲駕舟相迎玄德檀溪之奔。是出水登岸。孫權逍遙津之走。又舍陸從舟。凌統谷利抵住張遼甘寧呂蒙引軍回救却被樂進從後追來李典又截住厮殺吳兵折了大半吳人此時逍遙不得。逍遙津做了惶恐灘零丁洋矣。凌統所領三百餘人盡被殺死統身中數鎗殺到橋邊橋已折斷遶河而逃凌統不能越橋。而孫權能越。可見權之實邀天幸也。稱帝已兆於此。孫權在舟中望見急令董襲掉舟接之乃得渡回呂蒙甘寧皆死命逃過河南這一陣殺得江南人人害怕聞張遼大名小兒也不敢夜啼小兒便害怕。大人原不必害怕。大人害怕便是小兒。衆將保護孫權回營權乃重賞凌統各利收軍回濡須整頓船隻商議水陸並進一面差人回江南再起人馬來助戰（以上按下孫權以下再敘曹操）却說張遼聞孫權在濡須將欲興兵進攻恐合淝兵少難以抵敵急令薛悌星夜往漢中報知曹操求請救兵操同衆官議曰此時可收西川否劉曄曰今蜀中稍定已有隄備不可擊也不如撤兵去救合淝之急就下江南操乃留夏侯淵守漢中定軍山隘口留張郃守蒙頭巖等隘口（為後文張本）其餘軍兵拔寨都起殺奔濡須塢來正是

鐵騎甫能平隴右　旌旄又復指江南

未知勝負如何且看下文分解

第六十八回

甘寧百騎劫魏營

左慈擲盃戲曹操

魯連一矢爲人解紛不若甘寧一矢爲己解怨我能解我怨不待他人爲之解紛也廉頗怒藺相如相如讓之而廉頗之怒平賈復怒寇恂寇恂讓之而賈復之怒平若凌統殺父之讐是非一讓之所能平者故甘寧之讓凌統不難

而救凌統難蓋以讐讓讐不足奇而以讐救讐乃足爲讐者之所深感耳

荀攸諫操稱王而能暫寢稱王之舉崔琰諫操稱王而不能復遏稱王之謀然君子以爲琰之賢過於攸何也攸與彧初既黨操而繼乃規操初不知有漢而繼乃復知有漢是失之於始而正之於終者也若崔琰則無助賊之計惟有罵賊之節故尚論者當以攸爲魏之謀士而以琰爲漢之忠臣

袁譚袁尚異母兄弟也劉琦劉琮亦異母兄弟也紹與表惟愛後妻故欲立其所出其溺少子也以溺婦人故也若曹操則不然丕與植皆爲卞氏之所生而操獨以才愛植是爲子之才不才起見非爲母之愛不愛起見夫溺婦人之心不可得而奪而不溺婦人之意則可得而回此賈詡之諫所以能入與

曹操嘗稱魏王立世子江東請和孫權納貢之後正志得意滿之時也威無不加權無不遂其勢力足以刑人辱人

屠人族人而忽遇一無可奈何之左慈刑之不得辱之不得屠之族之亦不得而於是奸雄之威喪奸雄之權沮奸雄之勢詘奸雄之力盡矣且有土鼠隨金虎奸雄一旦休之語於極熱鬧中早矣其銷滅不啻於秦長脚之遇風魔令讀者快之

曹操之遇左慈與孫策之遇于吉彷彿相似而實有大不同者于吉非來謁孫策左慈特來謁曹操是于吉無意而左慈有心于吉不敢犯孫策左慈敢於侮曹操是于吉浚

趣而左慈有膽于吉索命左慈不索命是于吉死而左慈不死孫策殺一于吉便處處見有于吉曹操殺了無數左慈却不見有一箇左慈是于吉不能空而左慈能空于吉未得爲仙若左慈之仙則眞仙耳

但當空諸所有不當實諸所無左慈其借空柑點化曹操乎漢家簫鼓魏國山河不轉眄而夕陽流水吳宮花草晉代衣冠曾幾時而幽徑荒丘漢也魏也吳也晉也殆無一非空者也知過去之爲空卽知現前之亦是空不待脫手

而後空仰人手之時而未并不空操若能知此意則王位可以不貪乘輿可以不僭而漢祚可以不竊矣

卻說孫權在濡須口收拾軍馬忽報曹操自漢中領兵四十萬前來救合淝孫權與謀士計議先撥董襲徐盛二人領五十隻大船在濡須口埋伏令陳武帶領人馬往來江岸巡哨張昭曰今曹操遠來必須先挫其銳氣張昭屢欲以不戰爲主此番卻有膽氣權乃問帳下曰曹操遠來誰敢當先破敵以挫其銳氣凌統出曰某願往權曰帶多少軍去統曰三千人足矣甘寧曰只須百騎便可破

敵何必三千凌統大怒兩箇就在孫權面前爭競起來（爲上回餘波）權曰曹軍勢大不可輕敵乃命凌統帶三千軍出濡須口去哨探遇曹兵便與交戰凌統領命引着三千人馬離濡須塢塵頭起處曹兵早到先鋒張遼與凌統交鋒鬬五十合不分勝敗孫權恐凌統有失令呂蒙接應回營甘寧見凌統回即告權曰寧今夜只帶一百人馬去劫曹營若折了一人一騎也不算功（一可當百則百可當萬）孫權壯之乃調撥帳下一百精銳馬兵付寧又以酒五十瓶羊肉五十斤賞賜軍士甘寧回到營中教一百人皆列

坐先將銀碗斟酒自吃兩碗乃語百人曰今夜奉命劫寨請諸
公各滿飲一觴努力向前（或破敵而後飲或先飲酒以壯膽皆妙）衆人聞言面面
相覷甘寧見衆人有難色乃拔劍在手怒叱曰我爲上將且不
惜命汝等何得遲疑衆人見甘寧作色皆起拜曰願效死力（南人
本是無用激之則有用）甘寧將酒肉與百人共飲食盡約至二更時候取
白鵝翎一百根插於盔上爲號（前爲錦帆賊今又爲鵝翎軍矣）都披甲上馬飛
奔曹操寨邊拔開鹿角大喊一聲殺入寨中逕奔中軍來殺曹
操原來中軍人馬以車仗伏路穿連圍得鐵桶相似不能得進

既寫甘寧有膽甘寧只將百騎左衝右突曹兵驚慌正不知敵

又寫曹操能軍

兵多少自相擾亂那甘寧百騎在營內縱橫馳驟逢着便殺各

營鼓譟舉火如星喊聲大震張遼能止吳兒夜哭甘寧能使北軍夜驚一樣聲勢甘寧從

寨之南門殺出無人敢當孫權令周泰引一枝兵來接應甘寧

將百騎回到濡須操兵恐有埋伏不敢追襲後人有詩讚曰

鞞鼓聲喧震地來　吳師到處鬼神哀

百翎直貫曹家寨　盡說甘寧虎將才

甘寧引百騎到寨不折一人一騎至營門令百人皆擊鼓吹笛

口稱萬歲歡聲大震（時又是一樣氣色）鼓笛之聲此銅鈴響孫權自來迎接甘寧下馬拜伏權扶起携寧手曰將軍此去足使老賊驚駭（張遼嚇小兒不若甘寧嚇老賊）非孤相捨正欲觀卿膽耳即賜絹千匹利刀百口寧拜受訖遂分賞百人權語諸將曰孟德有張遼孤有甘興霸足以相敵也（寧善將兵權善將將）次日張遼引兵搦戰凌統見甘寧有功奮然曰統願敵張遼權許之統遂領兵五千離濡須權自引甘寧臨陣觀戰對陣圓處張遼出馬左有李典右有樂進凌統縱馬提刀出至陣前張遼使樂進出迎兩箇鬬到五十合未分勝敗曹

操聞知親自乘馬到門旗下來看見二將酣鬭乃令曹休暗放冷箭曹休便閃在張遼背後開弓一箭正中凌統坐下馬那馬直立起來把凌統掀翻在地樂進連忙持鎗來刺鎗還未到只聽得弓弦響處一箭射中樂進面門翻身落馬〔曹休明寫甘寧暗寫妙甚〕兩軍齊出各救一將回營鳴金罷戰凌統回寨中拜謝孫權權曰放箭救你者甘寧也凌統乃頓首拜寧曰不想公能如此垂恩由此與甘寧結爲生死之交再不爲惡〔甘寧不是以德報怨此乃是以直報怨耳〕

說曹操見樂進中箭令自到帳中調治次日分兵五路來襲濡

須操自領中路左一路張遼二一路李典右一路徐晃二路龐德每路各帶一萬人馬殺奔江邊來寫曹軍甚是声勢將董襲徐盛二將樓船上見五路軍馬來到顧諸軍各有懼色南人無用徐盛曰食君之祿忠君之事何懼哉遂引猛士數百人用小船渡過江邊殺入李典軍中去了甘寧百人在黑夜徐盛數百人在白日白日更難于黑夜董襲在船上令衆軍擂鼓吶喊助威忽然江上猛風大作白浪掀天波濤洶湧軍士見大船將覆爭下脚艦逃命董襲仗劍大喝曰將受君命在此防賊怎敢棄船而去立斬下船軍士十餘人須臾風急船

覆董襲竟死於江口水中（寧不畏死而不死襲不畏死而竟死有幸有不幸焉）徐盛在李典軍中往來衝突卻說陳武聽得江邊厮殺引一軍來正與龐德相遇兩軍混戰孫權在濡須塢中聽得曹兵殺到江邊親自與周泰引軍前來助戰（寫數處軍馬分頭交戰歷歷詳明一筆不亂）正見徐盛在李典軍中攪做一團厮殺便麾軍殺入接應卻被張遼徐晃兩枝軍把孫權困在垓心曹操上高阜處看見孫權被圍急令許褚縱馬持刀殺入軍中把孫權軍衝作兩段彼此不能相救（前張遼所斷者橋也今許褚所斷者兵也皆善於用截）卻說周泰從軍中殺出（殺了出來）到江邊不

見了孫權勒回馬從外又殺入陣中〔又殺入去〕問本部軍主公何在軍人以手指兵馬厚處曰主公被圍甚急周泰挺身殺入尋見孫權泰曰主公可隨泰殺出於是泰在前權在後奮力衝突泰到江邊〔又殺出來〕回頭又不見孫權乃復翻身殺入圍中〔又殺入去寫周泰如生龍活虎以前事論之此是第二番就此日論之又有第三番〕又尋見孫權權曰弓弩齊發不能得出如何泰曰主公在前某在後可以出圍孫權乃縱馬前行周泰左右遮護身被數鎗箭透重鎧救得孫權〔劫營難救主尤難〕又殺出來到江邊呂蒙引一枝水軍前來接應下船〔虧得此路水軍〕權曰吾

虧周泰三番衝殺得脫重圍但徐盛在垓心如何得脫周泰曰吾再救去救主之後猶有餘勇可賈遂輪鎗復翻身殺入重圍之中又殺入去救出徐盛又殺出來二將各帶重傷呂蒙教軍士亂箭射住岸上兵救二將下船却說陳武與龐德大戰後面又無應兵被龐德趕到峪口樹林叢密陳武再欲回身交戰被樹株抓住袍袖不能迎敵爲龐德所殺陳武之見殺於龐德與祖茂之見殺於華雄前後遥遥相對曹操見孫權走脫了自策馬驅兵趕到江邊對射呂蒙箭盡正慌間忽對江一宗船到爲首一員大將乃是孫策女婿陸遜自引十萬兵到一

陣射退曹兵虧得又有此路軍乘勢登岸追殺曹兵復奪戰馬數千疋曹兵傷者不計其數大敗而回初有甘寧之劫營後有陸遜之來救中間没與頼有兩頭於亂軍中尋見陳武屍首孫權知陳武已亡董襲又沉江而死哀痛至切令人水中尋見董襲屍首與陳武屍一齊厚塟之又感周泰救護之功設宴欵之權親自把盞撫其背淚流滿面臣之感君有流涕縱横者矣君之感臣亦涕泗縱横君臣相得莫過於此曰卿兩番相救照應十五回中事不惜性命被鎗數十膚如刻畫孤亦何心不待卿以骨肉之恩委卿以兵馬之重乎卿乃孤之功臣孤當與卿共榮辱同休戚也贊周

泰正以勵諸將言罷令周泰解衣與衆將觀之皮肉肌膚如同刀劃盤根遍體孫權手指其痕一一問之周泰具言戰鬭被傷之狀一處傷令喫一觥酒若欲以療疤痕酒吃是欲飲必先痛不痛不能飲矣若但能飲不能痛何以謂之痛飲乎以此行酒恐惜死武臣終席無一盃相及也是日周泰大醉權以青羅傘賜之令出入張蓋以爲顯耀無數瘡疤痕與得一頂羅蓋權在濡須與操相拒月餘不能取勝張昭顧雍上言曹操勢大不可力取若與久戰大損士卒不若求和安民爲上孫曹之相和自此始孫劉之相離亦自此兆孫權從其言令步騭往曹營求和許年納歲貢操見江南急未可下乃從之令孫

權先撤入馬吾然後班師步隲囘覆權只留蔣欽周泰守濡須口盡發大兵上船囘秣陵（以上按下孫權以下再敘曹操）操留曹仁張遼屯合淝班師囘許昌文武衆官皆議立曹操爲魏王尚書崔琰力言不可衆官曰汝獨不見荀文若乎琰大怒曰時乎時乎會當有變任自爲之（崔琰之阻魏王更烈於荀彧之阻九錫荀攸之阻稱王）有與琰不和者告知操操大怒收琰下獄問之琰虎目虬髯只是大罵曹操欺君奸賊（荀彧荀攸不聞其罵而崔琰能罵與二人不同）廷尉白操操令杖殺崔琰在獄中後人有讚曰

清河崔琰，天性堅剛，虬髯虎目，鐵石心腸，奸邪辟易，聲節顯昂，忠於漢主，千古名揚。

建安二十一年夏五月，羣臣表奏獻帝，頌魏公曹操功德，極天際地，伊周莫及，宜進爵爲王。獻帝即令鍾繇草詔，册立曹操爲魏王。曹操假意上書三辭。○○○○○○○自封之而自讓之，粧腔做勢，可發一笑。詔三報不許，操乃拜命受魏王之爵，冕十二旒，乘金根車，駕六馬，用天子車服鑾儀，出警入蹕，於鄴郡蓋魏王宮，議立世子。操大妻丁夫人無出；妾劉氏生子曹昂，因征張繡死於宛城；照應十八回中事。卞氏所生四子長曰丕次曰彰三曰植四曰熊自稱魏王便是其子篡濫之兆故於此處特許敘其子於是黜丁夫人而立卞氏爲魏王后第三子曹植字子建極聰明舉筆成章操欲立之爲後嗣丕與植一母所生而操獨愛植又與袁紹劉表不同紹與表是以其母起見操則但以其子起見耳長子曹丕恐不得立乃問計於中大夫賈詡詡教如此如此自是但凡操出征諸子送行曹植乃稱述功德發言成章惟曹丕辭父只是流涕而拜左右皆感傷於是操疑植乖巧誠心不及丕也今人謂劉備基業是哭成的不知曹丕帝位亦是哭來的丕又使人買囑近侍背言丕之德操欲立後嗣躊躇不定乃問賈詡

曰孤欲立後嗣當立誰賈詡不答甚妙操問其故詡曰正有所思故不能即答耳甚妙操曰何所思詡對曰思袁本初劉景升父子也言簡而意妙妙操大笑遂立長子曹丕為王世子冬十月魏王宮成差人往各處收取奇花異果栽植後苑有使者到吳地見了孫權傳魏王令旨再往溫州取柑子時孫權正尊讓魏王便令人於本城選了大柑子四十餘擔星夜送往鄴郡曹操以青梅餉劉備孫權以柑子餽老瞞前後映射成趣至中途挑擔役夫疲困歇於山脚下見一先生眇一目跛一足頭戴白藤冠身穿青懶衣來與脚夫作禮

言曰你等挑擔勞苦貧道都替你挑一肩何如衆人大喜於是先生每擔各挑五里但是先生挑過的擔見都輕了鵞籠先生。能使身輕今此先生能使擔輕。更是奇幻衆皆驚疑先生臨去與領柑子官說貧道乃魏王鄉中故人姓左名慈字元放道號烏角先生烏角紫虛。相射成趣。如你到鄴郡可說左慈申意遂拂袖而去取柑人至鄴郡見操呈上柑子操親剖之但只空殼內並無肉前以空盒賜荀彧。可謂一報還報。一笑。操大驚問取柑人取柑人以左慈之事對操未肯信門吏忽報有一先生自稱左慈求見大王操召入取柑人曰此正途中所見之人擲叱之曰汝以何妖術殺吾佳果慈笑曰豈有此事取柑剖之肉皆有肉其味甚甜但操自剖者皆空殼纔入我手便已成空此是左慈點化奸雄也稱魏王圖漢鼎皆當作如是觀操愈驚乃賜左慈坐而問之慈索酒肉操令與之飲酒五斗不醉肉食全羊不飽萬羊丞相斗酒學士皆不及矣操問曰汝有何術以至於此慈曰貧道於西川嘉陵峨嵋山中學道三十年忽聞石壁中有聲呼我之名及視不見如此者數日忽有天雷震碎石壁得天書三卷名曰遁甲天書張角三人亦言受天書上卷矣然張角以此煽惑天下左慈以此點化奸雄又自不同上卷名天遁中卷名地遁下卷名人

遁天遁能騰雲跨風飛升太虛地遁能穿山透石人遁能雲遊四海藏形變身飛劍擲刀取人首級此句便是恐嚇老瞞大王位極人臣何不退步跟貧道往峨嵋山中修行當以三卷天書相授操在銅雀臺上謂衆官曰我若解兵柄恐人謀害今若去修行便沒人謀害矣操曰吾亦久思急流勇退奈朝廷未得其人耳慈笑曰益州劉玄德乃帝室之胄何不讓此位與之不然貧道當飛劍取汝之頭也吉平罵之禰衡罵之不若左慈之快操大怒曰此正是劉備細作喝左右拏下慈大笑不止操令十數獄卒捉下拷之獄卒着力痛打看左慈時却齁齁熟睡全無痛楚

三拷吉平之威至此全無用處操怒命取大枷鐵釘釘了鐵鎖鎖了送入牢中監收令人看守只見枷鎖盡落左慈卧於地上並無傷損械繫楊彪之威至此又無用處連監禁七日不與飲食及看時慈端坐於地上面皮轉紅先生面皮紅操面皮厚矣獄卒報知曹操操取出問之慈曰我數十年不食亦不妨日食千羊亦能盡操無可奈何老賊奸詐百出至此亦有無可奈何之日暢絕快絕是日諸官皆至王宮大宴正行酒間左慈足穿木履立於筵前衆官驚怪左慈曰大王今日水陸俱備大宴羣臣四方異物極多內中欠少何物貧道願取之操曰我要龍肝作羮

汝能取否慈曰有何難哉〔捋虎鬚且不懼取龍肝又何難〕取墨筆於粉墻上畫一條龍以袍袖一拂龍腹自開左慈於龍腹中提出龍肝一副鮮血尚流〔假龍眞肝是假是眞〕操不信叱之曰汝先藏於袖中耳〔呆話〕慈曰即今天寒草木枯死大王要甚好花隨意所欲操曰吾只要牡丹花慈曰易耳令取大花盆放筵前以水噀之頃刻發出牡丹一株開放雙花〔空中有花花即是空空亦是點化好雄〕衆官大驚邀慈同坐而食少刻庖官進魚膾慈曰膾必松江鱸魚者方美操曰千里之隔安能取之〔愈呆〕慈曰此亦何難教把釣竿來於堂下魚池中釣之

頃刻釣出數十尾大鱸魚放在殿上溫州之柑既已化實成空松江之鱸何妨自無入有

操曰吾池中原有此魚更呆慈曰大王何相欺耶天下鱸魚只兩腮惟松江鱸魚有四腮此可辨也衆官視之果是四腮巨口細鱗蘇子赤壁賦中曾有之矣操見此魚亦記赤壁之事乎慈曰烹松江鱸魚須紫芽薑方可操曰汝亦能取之否慈曰易耳令取金盆一個慈以衣覆之須臾得紫芽薑滿盆進上操前操以手取之忽盆內有書一本題曰孟德新書操取視之一字不差書在張松口中不過卽問之奇今在左慈盆內更見幻術之妙操大疑慈取桌上玉盃滿斟佳釀進操曰大王可飲此酒壽有

千年。操曰。汝可先飲。慈遂拔冠上玉簪。於盃中一畫。將酒分爲兩半。奇絕。幻絕。自飲一半。將一半奉操。操叱之。慈擲盃於空中。化成一白鳩。遶殿而飛。嘗讀列仙傳。飯可爲蜂。杖可化龍。則杯之變鳩。不足奇耳。衆官仰面視之。左慈不知所往。左右忽報。左慈出宮門去了。操曰。如此妖人。必當除之。否則必將爲害。遂命許褚引三百鐵甲軍追擒之。褚上馬引軍。趕至城門。望見左慈穿木履在前。慢步而行。褚飛馬追之。却只追不上。虎衞將軍之威。于此亦全無用處。直趕到一山中。有牧羊小童趕着一羣羊而來。慈走入羊羣內。羊亦可名烏角先生。褚取箭射之。慈即不見褚盡殺羣羊而回追趕左慈不上却將羣羊出氣牧羊小童守羊而哭忽見羊頭在地上作人言喚小童曰汝可將羊頭都輳在死羊腔子上幻極小童大驚掩面而走忽聞有人在後呼曰不須驚走還汝活羊小童回顧見左慈已將地上死羊輳活趕將來了斷頭之羊既可活剖肝之龍亦未必死小童急欲問時左慈已拂袖而去其行如飛倏忽不見正與前慢步而行相對成趣小童歸告主人主人不敢隱諱報知曹操操畫影圖形各處捉拏左慈三日之內城裏城外所捉眇一目跛一足白藤冠青懶衣穿木履先生都一般模樣者有三四

四大奇書第一種卷三十五

茂苑毛宗崗序始氏評　　吳門杭永年資能氏評定

第六十九回

卜周易管輅知機

討漢賊五臣死節

前卷方寫一左慈此卷又接寫一管輅左慈術之幻者也管輅數之真者也術之屢變令人不可測識數之所定亦令人無可奈何誠知其無可奈何而竭智盡能以圖逞其

欲者亦復何爲哉故不獨左慈之術所以點化老賊而管輅之數亦所以醒悟奸雄

當麗統未死孔明未入蜀之時先有紫虛上人八句識語以爲之兆今當夏侯淵未死曹丕未篡漢之時又先有管公明八句識語以爲之兆此皆以前之閒文爲後之伏筆者也乃紫虛八句合作一篇公明八句分爲兩段紫虛則劉璝往見公明則許芝引來紫虛則略其生平公明則敘其往事或略或詳前後更無一筆相犯所以爲佳

金禕若能先約劉備俟操之出救漢中而後舉事則備自外來禕從中起其事未必無成而惜乎其發之太驟也雖然事之成敗不足論而其忠肝義膽實可對后土而告皇天安見此五賢之有異於三傑乎史官仍魏史之舊誤書爲耿紀韋晃等謀反伏誅大爲背謬自綱目正之曰耿紀韋晃討曹操不克死之春秋之旨昭於千古矣

或謂許昌失火之事管輅不先言則曹操不預防操不預防則操可以出漢中而五臣之事未必其無無成矣吉平曾

輅一醫一卜而吉氏一門忠義管輅爲操防灾毋乃管輅之卜不若吉平之醫乎雖然此不足爲管輅咎五臣之舉火數也管輅之言火亦數也曹操聽管輅之言亦數也數之既定無可復逃但在奸雄則當思一定之數以戢其篡竊之心在忠臣則不當因一定之數而沮其報國之志耳

元宵起義董承先有其夢而金禕乃實有其事是前之夢早爲後之事作引也元宵相約先有吉平飲酒於前乃有

二吉舉火於後是後之火又因前之酒而生也隔三十餘同而虛實相生父子相繼斯亦奇矣至於馬騰爲漢名臣之後金禕亦漢名臣之後而騰之事泄甚遲禕之事發甚速吉邈吉穆爲父而死馬休馬鐵亦爲父而死而馬氏三人合在一處吉氏三人分爲兩時其照耀史冊者參差不同種種各異事是可觀

觀耿韋五家之僮僕而竊嘆董承之不及此五人也董承之事以一秦慶童泄之而五家僮僕七百餘人竟無有一

人。其事者。使非五人之能用其人。而何以能若是哉。田橫傳而田橫之五百人賴以傳。乃五百人傳而田橫愈以傳。君子於五家僮僕之賢而益信五人之賢爲不可及云。

却說當日曹操見黑風中羣屍皆起。驚倒於地。須臾風定。羣屍皆不見。百化爲一。一又化爲空。眞是仙家妙理。左右扶操回宮。驚而成疾。後人有詩讚左慈曰。

飛步凌雲遍九州。獨憑遁甲自遨遊。
等閒施設神仙術。點悟曹瞞不轉頭。

曹操染病服藥無愈適太史丞許芝自許昌來見操操令芝卜易芝曰大王曾聞神卜管輅否（一箇起課先生又薦出一箇起課先生不似今之起課者自詡靈驗惟恐他人奪却道路也）操曰頗聞其名未知其術汝可詳言之芝曰管輅字公明平原人也容貌麤醜好酒疎狂其父曾爲瑯琊郎丘長輅自幼便喜仰視星辰（卜必兼星不知星者不能卜）夜不能寐父母不能禁止常云家雞野鵠尚自知時何況爲人在世乎與鄰兒共戲輒畫地爲天文分布日月星辰及稍長即深明周易仰觀風角數學通神兼善相術（卜兼星星又兼相）瑯琊太守單子春聞其名召輅

相見時有坐客百餘人皆能言之士輅謂子春曰輅年少膽氣未堅先請美酒三升飲而後言（以兵戰者以酒壯膽以舌戰者亦欲以酒壯膽）子春奇之遂與酒三升飲畢輅問子春今欲與輅為對者若府君四座之士耶子春曰吾自與卿旗鼓相當於是與輅講論易理輅辭壘而談言言精奧子春反覆辯難輅對答如流從曉至暮酒食不行（晉人清談巳兆于此）子春及衆賓客無不歎服於是天下號為神童

後有居民郭恩者兄弟三人皆得躄（音必）疾請輅卜之輅曰卦中有君家本墓中女鬼非君伯母即叔母也昔饑荒之年謀數升米

之利推之落井以大石壓破其頭孤寃痛苦自訴於天故君兄弟有此報不可禳也曹操聞之若想起董貴人、伏皇后之事當爲寒心郭恩等涕泣伏罪安平太守王基知輅神卜延輅至家適信都令妻常患頭風正與曹操頭風相映其子又患心痛若曹操不是心痛當是心黑心痛可醫心黑不可醫因請輅卜之輅曰此堂之西角有二死屍一男持矛一男持弓箭頭在壁內脚在壁外持矛者主刺頭故頭痛持弓箭者主刺胸腹故心痛乃掘之入地八尺果有二棺一棺中有矛一棺中有角弓及箭木俱已朽爛輅令徙骸骨去城外十里埋之妻與子遂無恙

（能以卜治病則又以卜而兼醫）館陶令諸葛原遷新興太守輅往送行客言輅能覆射諸葛原不信暗取燕卵蜂窠蜘蛛三物分置三盒之中令輅卜之卦成各寫四句於盒上（左慈能取石中之書管輅能猜盒中之物又相映成趣）其一曰含氣須變依乎宇堂雌雄以形羽翼舒張此燕卵也其二曰家室倒懸門戶衆多藏精育毒得秋乃化此蜂窠也其三曰觳觫長足吐絲成羅尋網求食利在昏夜此蜘蛛也滿座驚駭（管輅能猜燕卵蜂窠等物與左慈能取龍肝魚膾相映成趣）鄉中有老婦失牛求卜之輅判曰北溪之濱七人宰烹急往追尋皮肉尚存老婦果往尋之

見七人於茅舍後煮食皮肉猶存。（左慈能使死羊復活管輅能使失牛復得文相映成趣）婦告本郡太守劉邠捕七人罪之因問老婦曰汝何以知之婦告以管輅之神卜劉邠不信請輅至府取印囊及山鷄毛藏於盒中令卜之輅卜其一曰內方外圓五色成文含寶守信出則有章此印囊也其二曰巖巖有鳥錦體朱衣羽翼玄黃鳴不失晨此山鷄毛也（玉印有囊山鷄有毛與玉盃白鴉文相映成趣）劉邠大驚遂待爲上賓一日出郊閒行見一少年耕於田中輅立道傍觀之良久問之曰少年高姓貴庚答曰姓趙名顏年十九歲矣敢問先生爲誰

輅曰吾管輅也吾見汝眉間有死氣三日內必死此是相術之驗汝貌

美可惜無壽趙顏回家急告其父父聞之趕上管輅哭拜於地

曰請歸救吾子輅曰此乃天命也安可禳乎父告曰老夫止有

此子望乞垂救趙顏亦哭求輅見其父子情切乃謂趙顏曰汝

○○○○○○○○○○○○○○○○○○○○

可備淨酒一瓶鹿脯一塊來日賫往南山之中大樹之下看盤

○○○○○○○○○○○○○○○○○○○○

石上有二人奕棋一人向南坐穿白袍其貌甚惡一人向北坐

○○○○○○○○○○○○○○○○○○○○

穿紅衣其貌甚美汝可乘其奕與濃時將酒及鹿脯跪進之待

○○○○○○○○○○○○○○○○○○○○

其飲食畢汝乃哭拜求壽必得益算矣但切勿言是吾所教管輅

幼時能覩星于天畫星于地今又能使人見星于山此是星學之奇老人畱輅在家次日趙顏攜酒脯盃盤入南山之中約行五六里果有二人於大松樹下盤石上着棋全然不顧趙顏跪進酒脯二人貪着棋不覺飲酒已盡左邊飲酒食肉兩星君亦飲酒食肉想仙家原不忌酒肉也今之不飲酒不食肉者吾知之矣趙顏哭拜於地而求壽二人大驚穿紅袍者曰此必管子之言也吾二人既受其私必須憐之穿白袍者乃於身邊取出簿籍檢看謂趙顏曰汝今年十九歲當死吾今於十字上添一九字汝壽可至九十九一酒一脯換了八十年之壽則淳于髡所謂一豚蹄酒一盂而祝滿篝滿車者不爲過也回見管輅教

再休泄漏天機、不然必致天譴、穿紅者出筆添訖、一陣香風過處、二人化作二白鶴冲天而去。(與左慈騎白鶴相映成趣) 趙顏歸問管輅、輅曰。穿紅者南斗也。穿白者北斗也、顏曰吾聞北斗九星、何止一人、輅曰散而爲九、合而爲一也。(一左慈能化衆左慈、衆左慈只是一左慈、文與星君變化相映。) 北斗注死、南斗注生、今已添注壽算、子復何憂、父子拜謝、自此管輅恐泄天機、更不輕爲人卜。(以上忽借許芝口中夾敘管輅生平。百忙中偏有此等閒筆。) 此人見在平原、大王欲知休咎、何不召之、(此處方纔接入正文。) 操大喜、即差人往平原召輅、輅至參拜訖、操令卜之、輅答曰、此幻術耳、何必爲憂操心安病乃漸可操令卜天下之事輅卜曰三八縱橫黃猪遇虎定軍之南傷折一股（爲夏侯淵被斬伏筆）又令卜傳祚修短之數輅卜曰獅子宮中以安神位王道鼎新子孫極貴（爲曹丕篡漢伏筆）操問其詳輅曰茫茫天數不可預知待後自驗操欲封輅爲太史輅曰命薄相窮不稱此職不敢受也操問其故答曰輅額無主骨眼無守睛鼻無梁柱脚無天根背無三甲腹無三壬只可泰山治鬼不能治生人也（不說命但說相相窮便是命薄）操曰汝相吾若何輅曰位極人臣又何必相（相君之面位止人臣相君之背貴不可言）再三問之輅但笑

而不答操令輅遍相文武官僚輅曰皆治世之臣也皆事亂世之姦雄者也管輅不肯直言耳若許部之相曹操便直說出來操問休咎皆不肯盡言後人有詩讚

管輅曰

平原神卜管公明　能算南辰北斗星　八卦幽微通鬼竅

六爻玄奧究天庭　預知相法應無壽　自覺心源極有靈

可惜當年奇異術　後人無復授遺經

操令卜東吳西蜀二處輅設卦云東吳主亡一大將西蜀有兵犯界操不信忽合淝報來東吳陸口守將魯肅身故操大驚便

差人往漢中探聽消息、不數日、飛報劉玄德遣張飛馬超兵下辨取關。不從吳蜀兩邊敘來、却從曹操一邊聽得、省筆之甚。操大怒、便欲自領大兵再入漢中、令管輅卜之、輅曰、大王未可妄動、來春許都必有火災。爲耿紀事伏筆。操見輅言累驗、故不敢輕動、留居鄴郡、使曹洪領兵五萬、往助夏侯淵張郃同守東川、又差夏侯惇領兵三萬、於許都來往巡警、以備不虞。爲夏侯惇救火伏筆。又教長史王必總督御林軍馬、主簿司馬懿曰、王必嗜酒性寬、恐不堪任此職、操曰、王必是孤披荊棘歷艱難時相隨之人、忠而且勤、心如鐵石、最足相當、遂

耿紀乃耿弇耿純之後世代厚世与國同休戚者

委王必領御林軍馬屯於許昌東華門外時有一人姓耿名紀字季行洛陽人也舊為丞相府掾後遷侍中少府與司直韋晃甚厚見曹操進封王爵出入用天子車服心甚不平七人見許

○○○○○○○○○○○○○○○○○與董承等

馬射鹿而不平遥相對照

時建安二十三年春正月○○◎照後元宵耿紀與韋晃密議曰操賊奸惡日甚將來必為篡逆之事吾等為漢臣豈可同惡相濟韋晃曰吾有心腹人姓金名禕乃漢相金日磾之後金日磾之○○○○○○○○

後與馬伏波之後遥相對照

素有討操之心更兼與王必甚厚若得同謀大事濟矣耿紀曰他既與王必交厚豈肯與我等同謀乎韋晃曰

且往說之看是如何於是二人同至金禕宅中禕接入後堂坐定晃曰德偉與王長史甚厚吾二人特來告求（開口便妙）禕曰所求何事晃曰吾聞魏王早晚受禪將登大寶公與王長史必高遷望不相棄曲賜提攜感德非淺（先用反言以挑之）禕拂袖而起適從者奉茶至便將茶潑於地上晃佯驚曰德偉故人何薄情也禕曰吾與汝交厚爲汝等是漢朝臣宰之後今不思報本欲輔造反之人吾有何面目與汝爲友（被二人挑出心話）耿紀曰奈天數如此不得不爲耳（妙在不便正說再用反詞）禕大怒耿紀韋晃見禕果有忠義之心

乃以實情相告曰吾等本欲討賊來求足下前言特相試耳待他再怒然後說明禕曰吾累世漢臣安能從賊公等欲扶漢室有何高見晃曰雖有報國之心未有討賊之計禕曰吾欲裏應外合殺了王必奪其兵權扶助鑾輿更結劉皇叔爲外援操賊可滅矣未結外援而先謀內變事安得成二人聞之撫掌稱善禕曰我有心腹二人與操賊有殺父之仇見居城外可用爲羽翼耿紀問是何人禕曰太醫吉平之子長名吉邈字文然次名吉穆字思然操昔日爲董承衣帶詔事曾殺其父二子逃竄遠鄉得免於難今已潛歸許

是时天子在操手中且除即殺王必世事必不成

都若使相助討賊，無有不從。（馬騰與馬休馬鐵合在一處寫，吉平與吉邈吉穆分作兩處寫。一處寫只有一段事，兩處寫却有兩段事。）耿紀韋晃大喜。金禕即使人密與二吉。須臾二人至禕，具言其事。二人感憤流淚，怨氣冲天，誓殺國賊。（一忠臣之後，又有兩孝子。文與馬超報仇遙遙相對。）金禕曰：「正月十五日夜，鬧城中大張燈火，慶賞元宵。耿少府、韋司直，你二人各領家僮，殺到王必營前，只看營中火起，（趁着百姓點燈，却用州官放火。）分兩路殺入。殺了王必，徑跟我入內，請天子登五鳳樓，召百官面諭討賊。（董承是先奉詔而後謀舉事，金禕是先舉事而請發詔。文是一樣局面。）吉文然兄弟於城外殺入，放火爲號，各要揚聲叫

四大奇書第一種　卷三十五　十一

百姓誅殺國賊截住城內救軍待天子降詔招安已定便進兵殺殺鄴郡擒曹操即發使賫詔名劉皇叔今日約定至期二更舉事勿似董承自取其禍董承正月十五之夢夢疑見真金禕正月十五之事事還成夢五人對天說誓歃血爲盟與董承家歃血遥相對照各自歸家整頓軍馬器械臨期而行且說耿紀韋晃二人各有家僮三四百預備器械吉邈兄弟亦聚三百人口四家僮僕共七百餘人只推圍獵安排已定金禕先期來見王言方今海宇稍安魏王威震天下令值元宵令節不可不放燈火以示太平氣象王必然其言告諭城內居民盡

張燈結彩慶賞佳節至正月十五夜天色晴霽星月交輝六街三市競放花燈真箇金吾不禁玉漏無催百忙中偏有閒筆寫元宵佳景妙甚王必與御林諸將在營中飲宴二更以後忽聞營中吶喊人報營後火起在元宵還疑是放烟火王必慌忙出帳看時只見火光亂滾又聞喊殺連天知是營中有變急上馬出南門正遇耿紀一箭射中肩膊幾乎墜馬遂望西門而走射不殺王必便是天數背後有軍趕來王必着忙棄馬步行至金禕門首慌叩其門原來金禕一面使人於營中放火一面親領家僮隨後助戰只留婦女在家時家中

聞王必叩門之聲只道金禕歸來禕妻從隔門便問曰王必那廝殺了麼對王必問王必與呂布在濮陽城中對曹操鬪曹操正是一般王必大驚方悟金禕同謀徑投曹休家報知金禕耿紀等同謀反王必意中尚不知韋晃二吉休急披掛上馬引千餘人在城中拒敵城內四下火起燒着五鳳樓帝避於深宮百姓中又寫漢帝避火曹氏心腹爪牙死據宮門城中但聞人叫殺盡曹賊以扶漢室百姓中又寫城中百姓聽得喊聲原來夏侯惇奉曹操命巡警許昌領三萬軍離城五里屯札是夜遙望見城中火起便領大軍前來圍住許都使一枝軍入城接應曹休直混

殺至天明。既寫曹休一邊。又寫夏侯惇一邊。耿紀韋晃等無人相助。人報金禕二吉皆被殺死。金禕二吉之死。只在耿韋一邊聽得。用虛寫法。最省筆。耿紀韋晃奪路殺出城門。正遇夏侯惇大軍圍住。活捉去了。耿韋二人被擒。却用實寫。手下百餘人皆被殺。夏侯惇入城。救滅遺火。盡收五人老小宗族。主必夜裏但知有二人。天明將夏侯惇方知有五人。使人飛報曹操。操傳令教將耿韋二人及五家宗族老小。皆斬於市。并將在朝大小百官。盡行拏解鄴郡。聽候發落。五家之外。又波及衆人。慘毒已極。夏侯惇押耿韋二人至市曹。耿紀厲聲大叫曰。曹阿瞞。吾生不能殺汝。死當作厲鬼以擊賊。劊子

以刀攔其口流血滿地大罵不絕而死韋晃以面頰頓地曰可恨可恨咬牙皆碎而死二人之烈不減吉平後人有詩讚曰

耿紀精忠韋晃賢　各持空手欲扶天
誰知漢祚相將盡　恨滿心胸喪九泉

夏侯惇盡斬五家老小宗族將百官解赴鄴郡曹操於教塲立紅旗於左白旗於右下令曰耿紀韋晃等造反放火焚許都汝等亦有出救火者亦有閉門不出者如曾救火者可立於紅旗下如不曾救火者可立於白旗下衆官自思救火者必無罪於

是多弃紅旗之下三停內只有一停立於白旗下操教盡拏立於紅旗下者衆官各言無罪操曰汝當時之心非是救火實欲助賊耳盡命牽出漳河邊斬之死者三百餘員老賊至此心愈毒手愈辣矣其立於白旗下者盡皆賞賜仍令還許都時王必已被箭瘡發而死操命厚葬之令曹休總督御林軍馬鍾繇爲相國華歆爲御史大夫遂定侯爵六等十八級關中侯爵十七級皆金印紫綬又置關內外侯十六級銀印龜紐墨綬五大夫十五級銅印鐶紐綬定爵封官朝廷又換一班人物○○○○○○○○變更官制愈是篡國之兆曹操方悟

管輅火災之說遂重賞輅輅不受（以上按下許昌一邊以下再敘東川一邊）却說曹洪領兵到漢中令張郃夏侯淵各據險要曹洪親自進兵拒敵將張飛自與雷同守把巴西馬超兵至下辨令吳蘭爲先鋒領軍哨出正與曹洪軍相遇吳蘭欲退牙將任夔曰賊兵初至若不先挫其銳氣何顏見孟起乎於是驟馬挺鎗搦曹洪戰洪自提刀躍馬而出交鋒三合斬夔於馬下（將有大敗必有小勝）乘勢掩殺吳蘭大敗回見馬超超責之曰汝不得吾令何故輕敵致敗吳蘭曰任夔不聽吾言故有此敗馬超曰可緊守隘口勿與交鋒一

西申報成都聽候行止曹洪見馬超連日不出恐有詐謀引軍退回南鄭張郃來見曹洪問曰將軍既已斬將如何退兵洪曰吾見馬超不出恐有別謀且我在南鄭聞神卜管輅有言當於此地折一員大將○○○○○○○將管輅話照應誰知不是此一員却是那一員也○○○○○○○○吾疑此言故不敢輕進張郃大笑曰將軍行兵半生今奈何信卜者之言而惑其心哉○○不信卜亦是豪傑郃雖不才願以本部兵取巴西若得巴西蜀郡易耳洪曰巴西守將張飛非比等閒不可輕敵張郃曰人皆怕張飛吾視之如小兒耳○○○○○○○但曰彼丈夫我丈夫可耳乃曰而彼小兒只怕這箇老張還不認得那

箇老將也。此去必擒之、洪曰倘有疎失若何、郃曰甘當軍令、洪勸

文狀張郃進兵、正是

自古驕兵多致敗、從來輕敵少成功、

未知勝負如何、且看下文分解、

第七十回

猛張飛智取瓦口隘

老黃忠計奪天蕩山

數卷之前、方寫關公飲酒。此處又接寫翼德飲酒、單刀赴

會之飲是飲他人之酒瓦口寨前之飲是飲自己之酒關公之飲酒是膽翼德之飲酒是智關公之飲酒是豪翼德之飲酒是巧夫以膽而飲飲又可以壯膽以豪而飲飲又可以助豪若欲以酒而行其巧與智則難矣膽與豪則與酒相近者也巧與智是不與酒相近者也不與酒相近而卒能與酒中用之則飲如張公更不可及

張郃草草用兵悞以張飛之用兵爲草草耳乃郃之驕方覷人如草而飛之智則又以草爲人始知其醉之非真醉

也若使醉爲眞醉則眞張飛無異草張飛惟醉非眞醉故
草張飛能賺眞張郃而眞張郃反似草張郃耳
今日以醉取瓦口之張飛大非昔日以醉失徐州之張飛
是前後竟有兩張飛也而今日賺張郃之張飛即前日賺
嚴顏之張飛是前後原無兩張飛也乃其賺嚴顏者林木
前後張飛有兩賺張郃者寨門內外張飛又有兩疑鬼疑
神幾有同於左慈之身外身也者張公其酒中之仙乎
詩稱方叔元老易繫師貞丈人將之貴用老成人也明矣

然用老而以少者佐之，尤不若以老佐老之爲妙也。有爲首欲東之欒黶，則先縠不能行其意；有仡仡勇夫之三帥，則蹇叔不能用其謀。黃忠之請嚴顏爲副，有以哉。

兵有貴於誘敵者。彼以我爲奔，而我即誘之以粗疎；彼以我爲老，而我即誘之以怯弱，是也。然有誘兵居其前，必更有奇兵遶其後而後勝。如翼德、漢升皆以小路取關之背，斯則其兵之奇者矣。故無誘不能用奇，而無奇亦不可用誘。

却說張郃部兵三萬向分三寨各傍山險一名岩渠寨一名蒙頭寨一名蕩石寨當日張郃於三寨中各分軍一半去取巴西留一半守寨早有探馬報到巴西說張郃引兵來了張飛急喚雷同商議同曰閬中地惡山險可以埋伏將軍引兵出戰我出奇兵相助郃可擒矣彼分三寨我分兩路以兩對三將名雷同用軍却不雷同張飛撥精兵五千與雷同去訖飛自引兵一萬離閬中三十里與張郃兵相遇兩軍擺開張飛出馬單搦張郃郃挺鎗縱馬而出張與張同鎗與鎗同副將名雷同主將亦是雷同戰到二十餘合郃後軍忽然喊起原來望見山

背後有蜀兵旗旛故此擾亂（先用虛寫）雷同伏兵張郃不敢戀戰撥馬回走張飛從後掩殺前面雷同又引兵殺出兩下夾攻郃兵大敗張飛雷同連夜追襲直趕到宕渠山張郃仍舊分兵守住三寨多置擂木砲石堅守不戰張飛離宕渠十里下寨次日引兵搦戰郃在山上大吹大擂飲酒並不下山（將爲張飛飲酒先寫張郃飲酒）張飛令軍士大罵郃只不出飛只得還營次日令雷同又去山下搦戰郃又不出雷同驅軍士上山山上擂木砲石打將下來雷同急退蕩石蒙頭兩寨兵出殺敗雷同次日張飛又去搦戰張郃又

不出飛使軍人百般穢罵卻在山上亦罵彼亦罵此亦罵不是相殺竟是鬬口張飛尋思無計可施相拒五十餘日飛就在山前扎住大寨每日飲酒飲至大醉坐於山前辱罵彼飲酒此亦飲酒不是相殺竟是較量玄德差人犒軍見張飛終日飲酒使人回報玄德玄德大驚忙來問孔明孔明笑曰原來如此軍前恐無好酒成都佳釀極多可將五十甕作三車裝送到軍前與張將軍飲不是知趣卻是知机○管公明談易清酒三升張翼德破敵美酒五十甕玄德曰吾弟自來飲酒失事軍師何故反送酒與他孔明笑曰主公與翼德做了許多年兄弟還不知其爲人耶翼

德自來剛强然前于葭川之時義釋嚴顏此非勇夫所爲也（又將）

（六十三回中事一提）令與張郃相拒五十餘日酒醉之後便坐山前辱罵傍若無人此非貪盃乃敗張郃之計耳（在徐州時是真醉在巴西時是假醉玄德但知其真孔明却知其假）玄德曰雖然如此未可托大可使魏延助之孔明令魏延解酒赴軍前車上各插黃旗大書軍前公用美酒（絕妙酒旗）魏延領命解酒到寨中見張飛傳說主公賜酒飛拜受訖分付魏延雷同各引一枝人馬爲左右翼只看軍中紅旗起便各進兵（絕妙酒令）教將酒擺列帳下令軍士大開旗鼓而飲（絕妙酒場）有細作報

上山來張郃自來山頂觀望見張飛坐於帳下飲酒令二小卒於面前相撲爲戲絕妙下酒物郃曰張飛欺我太甚傳令今夜下山劫飛寨令蒙頭蕩石二寨皆出爲左右援當夜張郃乘乘月色微明引軍從山側而下逕到寨前遙望張飛大明燈燭正在帳中飲酒閱至此只道張飛親自誘敵張郃當先大喊一聲山頭擂鼓爲助直殺入中軍但見張飛端坐不動張郃驟馬到面前一鎗刺倒閱至此爲張飛一嚇爲張郃一喜却是一個草人嚇嚴顏的假張飛是活張飛嚇張郃的假張飛却是死張飛急勒馬回時帳後連珠砲起一將當先攔住去路睜圓環眼聲

若巨雷乃張飛也。前遊日見張飛飲酒，又近見張飛端坐，又刺倒張飛在地，此處又忽然走出一箇張飛，就似行者孫者行孫矣。挺矛躍馬，直取張郃。兩將在火光中戰到三五十合，張郃只盼兩寨來救，誰知兩寨救兵已被魏延、雷同兩將殺退，就勢奪了二寨。張郃不見救兵至，正沒奈何，又見山上火起，已被張飛後軍奪了寨柵。張郃三寨俱失，三寨之失只用虛寫。只得奔瓦口關去了。張飛大獲勝捷，美酒五十甕，當于此時飲之。報入成都，玄德大喜，方知翼德飲酒是計，只要誘張郃下山。方知醉張飛却是醒張飛。却說張郃退守瓦口關，三萬軍已折了二萬，遣人問曹洪求救。洪大怒曰：汝不聽吾言強要進兵失了緊要隘口却又來求救遂不肯發兵使人催督張郃出戰郃心慌（前日開大口今日也心慌恐應管公明之數）只得定計分兩軍去關口前山僻埋伏分付曰我詐敗張飛必然趕來汝等就截其歸路當日張郃引軍前進正遇雷同戰不數合張郃敗走雷同趕來兩軍齊出截斷回路張郃復回刺雷同於馬下（前次倒的是假張飛今次倒的是真雷同）敗軍回報張飛飛自來與張郃挑戰郃又詐敗張飛不趕（妙）郃又回戰不數合又敗走張飛知是計收軍回寨（飲酒後愈覺細膩想是酒量比前更進）與魏延商議曰張郃用埋伏計殺了

雷同又要賺吾何不將計就計以翼德而知人之計已奇又能將人之計就己之計尤奇延問曰如何飛曰我明日先引一軍前往汝却引精兵於後待伏兵出汝可分兵擊之用車十餘乘各藏柴草塞住小路放火燒之前既用草人此又用草車善于驅使草木吾乘勢擒張郃與雷同報讐魏延領計次日張飛引兵前進張郃兵又至與張飛交鋒戰到十合郃又詐敗張飛引馬步軍趕來前妙在不趕今又妙在趕郃且戰且走引張飛過山谷口郃將後軍為前復扎住營與飛又戰指望兩彪伏兵出要圍困張飛不想伏兵却被魏延精兵到趕入谷口將車輛截

往山路放火燒車山谷草木皆着烟迷其徑兵不得出[前張郃兵敗是霧鎖今張郃兵敗是烟迷霧自天生烟由人作]張飛只顧引軍衝突張郃大敗死命殺開條路走上瓦口關收聚敗兵堅守不出張飛和魏延連日攻打關隘不下飛見不濟事把軍退二十里却和魏延引數十騎自來兩邊哨探小路忽見男女數人各背小包於山僻路攀藤附葛而走飛於馬上用鞭指與魏延曰奪瓦口關只在這幾箇百姓身上[其言幻絕匪夷所思]便喚軍士分付休要驚恐他好生喚那幾箇百姓來軍士連忙喚到馬前飛用好言以安其心[一步細膩一步翼偲]

何營奔來。問其何來百姓告曰某等皆漢中居民今欲還鄉聽得大
軍廝殺塞閉閬中官道今過蒼溪從梓潼山檜釿川入漢中還
家去飛曰這條路取瓦口關遠近若何百姓曰從梓潼山小路
却是瓦口關背後飛大喜帶百姓入寨中與了酒食分付魏延
引兵扣關攻打我親自引輕騎出梓潼山攻關後便令百姓引
路選輕騎五百從小路而進甚得幾箇鄉導官。却說張郃爲救軍不到
心中正悶人報魏延在關下攻打張郃披掛上馬却待下山忽
報關後四五路火起不知何處兵來從天而降。如亞夫將軍。郃自領兵來

逃旗開處早見張飛郃大驚急往小路而走馬不堪行後面張飛追趕甚急郃棄馬上山尋徑而逃方得走脫（前則踴躍用兵今則反喪其馬）隨行只有十餘人步行入南鄭見曹洪洪見張郃只剩下十餘人大怒曰吾教汝休去汝取下文狀要去今日折盡大兵尚不自死還來做甚喝令左右推出斬之（前以張飛爲小兒今却被小兒騙了）行軍司馬郭淮諫曰三軍易得一將難求張郃雖然有罪乃魏王所深愛者也不可便誅可再與五千兵逕取葭萌關牽動其各處之兵漢中自安矣（前張魯使馬超取葭萌關在玄德背後今郭淮使張郃取葭萌亦在翼德背後）如不

成功二罪俱罰曹洪從之又與兵五千教張郃取葭萌關鎮領命而去却說葭萌關守將孟達霍峻知張郃兵來霍峻只要堅守孟達定要迎敵引軍下關與張郃交鋒大敗而回○○○先寫孟達之敗以反襯黃忠之勝先寫孟達之真敗以正襯黃忠之假敗霍峻急申文書到成都玄德聞知請軍師商議孔明聚衆將於堂上問曰今葭萌關緊急必須閬中取翼德方可退張郃也法正曰今翼德兵屯瓦口鎮守閬中是亦緊要之地不可取回帳中諸將內選一人去破張郃孔明笑曰張郃乃魏之名將非等閑可及除非翼德無人可當○○○○○○○○○○○○○○○○○○○慣用激將之法

忽一人厲聲而出曰軍師何輕視衆人耶吾雖不才願斬張郃首級獻於麾下衆視之乃老將黃忠也激出一箇老的來孔明曰漢升雖勇爭奈年老恐非張郃對手索性極力一激忠聽了白鬚倒竪而言曰某雖老兩臂尚開三石之弓渾身還有千斤之力豈不足敵張郃匹夫耶孔明曰將軍年近七十如何不老妙在只是反激忠趨步下堂取架上大刀輪動如飛壁上硬弓連拽折兩張廉將軍不獨善飯孔明曰將軍要去誰爲副將忠曰老將嚴顏可同我去老尚又請出一箇老的來黃忠請嚴顏爲副大有意思但有疎虞先納下這白頭白頭妙玄德大喜

郤時令嚴顏黃忠去與張郃交戰。趙雲諫曰：今張郃親犯葭萌關，軍師休爲兒戲。若葭萌一失，益州危矣。何故以二老將當此大敵乎？玄德不知張飛，子龍亦不知黃忠。一則疑其恭，一則慮其老。孔明曰：汝以二人老邁不能成事，吾料漢中必於此二人手內可得。趙雲等各各哂笑而退。却說黃忠嚴顏到關上，孟達霍峻見了，心中亦笑孔明欠調度，是這般緊要去處，如何只教兩箇老的來。有子龍笑之文，有孟達霍峻笑之，愈顯下文得勝之奇。黃忠謂嚴顏曰：你見諸人動靜麼？他笑我二人年老，今可建奇功以服衆心。老將又激老將。嚴顏曰：願聽將軍之令。兩箇商議定了黄忠引軍下關與張郃對陣張郃出馬見了黄忠笑曰你許大年紀猶不識羞尚欲出戰耶前欺張飛爲小兒以爲小兒則欺之以爲老夫則又欺之既欺小又欺老安得不敗忠怒曰豎子欺吾年老吾手中寶刀却不老妙語遂拍馬向前與郃決戰二馬相交約戰二十餘合忽然背後喊聲起原來是嚴顏從小路抄在張郃軍後兩軍夾攻張郃大敗嚴顏虛寫來得突兀此即前兩箇商議之計妙在前不明寫此方寫出連夜趕去張郃兵退八九十里黄忠嚴顏收兵入寨俱各按兵不動曹洪聽知張郃輸了一陣又欲見罪郭淮曰張郃被追必投西蜀今可遣將助之

就如監臨使不生外心（郭淮亦善於將將）曹洪從之即遣夏侯德之姪夏侯尚并降將韓玄之弟韓浩二人引五千兵前來助戰二將即時起行到張郃寨中問及軍情郃言老將黃忠甚是英雄更有嚴顏相助不可輕敵（此時却讓他一分）韓浩曰我在長沙知此老賊利害他和魏延獻了城池害吾親兄今旣相遇必當報讐（照應五十三回中事）遂與夏侯尚引新軍離寨前進原來黃忠連日哨探已知路徑嚴顏曰此去有山名天蕩山山中乃是曹操屯糧積草之地若取得那箇去處斷其糧草漢中可得也（亦是老謀深算）忠曰將軍

之言正合吾意可與吾如此如此嚴顏依計自領一枝軍去了妙在此處不叙明留待後見却說黃忠聽知夏侯尚韓浩來遂引軍馬出營韓浩在陣前大罵黃忠無義老賊捎馬挺鎗來取黃忠夏侯尚便出夾攻黃忠力戰二將各鬬十餘合黃忠敗走二將趕二十餘里奪了黃忠寨忠又草創一營次日夏侯尚韓浩趕來忠又出陣戰數合又敗走讀者至此試掩卷猜之真乎假乎二將又趕二十餘里奪了黃忠營寨喚張郃守後寨郃來前寨諫曰黃忠連退二日於中必有詭計夏侯尚叱張郃曰你如此膽怯可知屢次戰敗今

再休多言看吾二人建功。前是曹洪把細張郃粗莽今又是張郃把細夏侯尚粗莽張郃羞赧而退。次日二將又戰。黃忠又敗。退二十里。二將追趕上。次日二將兵出。黃忠望風而走。連敗數陣。省筆直退在關上。二將押關下寨。黃忠堅守不出。孟達暗暗發書申報玄德。說黃忠連輸數陣。見今退在關上。玄德慌問孔明。孔明曰。此乃老將驕兵之計也。翼德詐醉知之黃忠詐敗則又知之孔明可謂知人趙雲等不信。玄德差劉封來關上接應黃忠。忠與封相見。問劉封曰。小將軍來助戰何意。封曰。父親得知將軍數敗。故差某來。忠笑曰。此老夫驕兵之計也。與孔明如出看今夜一陣可盡復諸營奪其糧食馬匹此是借寨與一口彼屯輜重耳以空寨換實寨大得便宜今夜留霍峻守關孟將軍可與我攙糧草奪馬匹小將軍看我破敵等得定算得到寫黃忠的是妙人是夜二更忠引五千軍開關直下原來夏侯尚韓浩二將連日見關上不出盡皆懈怠被黃忠破寨直入人不及甲馬不及鞍二將各自逃命而走軍馬自相踐踏死者無數比及天明連奪三寨寨中丟下軍器鞍馬無數盡教孟達搬運入關黃忠催軍馬隨後而進劉封曰軍士力困可以暫歇忠曰不入虎穴焉得虎子策馬先

進（寶刀不老黃忠亦不老）士卒皆努力向前張郃軍兵反被自家敗兵衝動都屯扎不住望後而走盡棄了許多寨柵直奔至漢水傍張郃尋見夏侯尚韓浩議曰此天蕩山乃糧草之所更接米倉山亦屯糧之地是漢中軍士養命之源倘若疏失是無漢中也當思所以保之（魏延送酒張郃護米前後相映成趣）夏侯尚曰米倉山有吾叔夏侯淵分兵守護那裏正接定軍山不必憂慮（誰知何處正在此）天蕩山有吾兄夏侯德鎮守我等宜往投之就保此山於是張郃與二將連夜投天蕩山來見夏侯德具言前事夏侯德曰吾此處屯十

萬兵你可引去復取原寨郃曰只宜堅守不可妄動忽聽山前
金鼓大震人報黄忠兵到夏侯德大笑曰老賊不諳兵法只恃
勇耳[孰知不專恃壯力實有老謀]郃曰黄忠有謀非止勇也[已須略過矣]德曰川
兵遠涉而來連日疲困更兼深入戰境此無謀也郃曰亦不可
輕敵且宜堅守韓浩曰願借精兵三千擊之當無不克德遂分
兵與浩下山黄忠整兵來迎劉封諫曰日已西沉矣軍皆遠來
勞困且宜暫息[少年例似老人]忠笑曰不然此天賜奇功不取是逆天
也言畢鼓譟大進韓浩引兵來戰黄忠揮刀直取浩只一合斬

活於馬下入虎穴得虎子矣蜀兵大喊殺上山來張郃夏侯尚急引軍來迎忽聽山後大喊火光冲天而起上下通紅夏侯德提兵來救火時正遇老將嚴顏手起刀落斬夏侯德於馬下張飛襲瓦口關後却用明寫嚴顏襲天蕩山後却用暗寫原來黃忠預先使嚴顏引軍埋伏於山僻去處只等黃忠軍到却來放火柴草堆上一齊點着烈燄飛騰照耀山峪此處方纔敘明嚴顏既斬夏侯德從山後殺來張郃夏侯尚前後不能相顧只得棄天蕩山望定軍山投奔夏侯淵去了失了兩箇隘口黃忠嚴顏守住天蕩山捷音飛報成都玄德聞之聚衆將慶

書法正曰昔曹操降張魯定漢中不因此勢以圖巴蜀乃留夏侯淵張郃二將屯守而自引大軍北還此失計也今張郃新敗天蕩失守主公若乘此時舉大兵親往征之漢中可定也既定漢中然後練兵積粟觀釁伺隙進可討賊退可自守此天與之時不可失也（得人和亦得天時可乘此以取地利）玄德孔明皆深然之遂傳令趙雲張飛為先鋒玄德與孔明親自引兵十萬擇日圖漢中傳檄各處嚴加隄備時建安二十三年秋七月吉日玄德大軍出葭萌關下營召黃忠嚴顏到寨厚賞之玄德曰人皆言將軍老矣

糧草所獨知將軍之能今果立奇功但今漢中定軍山乃南鄭保障糧草積聚之所若得定軍山陽平一路無足憂矣將軍還敢取定軍山否黃忠慨然應諾便要領兵前去孔明急止之曰老將軍雖然英勇然夏侯淵非張郃之比也（又用反激法。）淵深通韜略善曉兵機曹操倚之為西涼藩蔽先曾屯兵長安拒馬孟起（照應五十八回中事。）今又屯兵漢中操不托他人而獨托淵者以淵有將才也今將軍雖勝張郃未卜能勝夏侯淵吾欲酌量着一人去荊州替回關將軍來方可敵之（前借張飛激他，又借關公激他。）忠奮然答曰昔廉頗年八十尚食斗米肉十斤諸侯畏其勇不敢侵犯趙界何况黄忠未及七十乎若是此說則公尚是年少軍師言吾老吾今并不用副將只將本部兵三千人去立斬夏侯淵首級納於麾下孔明○○○○○到底只是不容反激妙甚黄忠只是要去孔明曰既將軍要去吾使一人爲監軍同去若何正是

請將須行激將法　少年不若老年人

[illegible]其人是誰且看下文分解

四大奇書第一種卷三十六

茂苑毛宗崗序始氏評　吳門杭永年資能氏評定

第七十一回

占對山黃忠逸待勞

據漢水趙雲寡勝衆

夏侯淵以妙才爲字可謂實不稱其名矣夏侯非妙才若楊修庶爲妙才而有妙才之楊修先有一妙才之蔡邕有妙才之蔡邕又先有一妙才之邯鄲淳百忙中夾敘一段

開文雖極不相蒙處却有極相映合處近日稗官中未見有此

前卷與此卷方敘戰勝攻取之事幾於旌旗眩目金鼓聒耳矣忽於武功之內帶表文詞猛將之中雜見列女如曹女之孝蔡琰之聰黃絹幼婦之品題外孫虀臼之穎悟令人耳目頓換紀事之妙真不可方物

有以二老將而共建奇功者天蕩山之役是也有以一老將而再立奇功者定軍山之役是也蓋使可一不可再則

前者之功爲倖邀矣惟可一而又可再益信前者之功非倖致矣且老者報主之日短則其報主之心愈殷黃忠眞不愧忠臣哉

孔明之兩用黃忠非用其老也用其老而壯也又非專用其壯也用其壯而老也蓋有老謀而後有壯事老而壯則其老不爲弱壯而老則其壯不爲輕

上卷於黃忠之前先寫張飛此卷於黃忠之後獨寫趙雲雲之救黃忠於重圍與前之救阿斗於重圍無異也雲之

據漢水以退曹兵，與飛之拒長坂以退曹兵無異也。然救阿斗與拒長坂，以兩人分任之，不奇；救黃忠與拒漢水，以一人兼任之，則奇。救阿斗或仗後主之福，不奇；救黃忠獨賴將軍之力，則奇。拒長坂但欲止之勿來，不奇；據漢水更能追之使去，則奇。其事相同，而此前更自出色。

子龍以一身當數十萬猝至之衆，若閉寨而守則必死，即棄寨而走亦必死，乃不棄寨亦不閉寨，而掩旗息鼓，立馬在外，以疑兵勝之，非獨膽包身，直是智包身耳。若但云膽

而已則大鵬姜維何以屢敗於鄧艾耶

却說孔明分付黃忠你既要去吾教法正助你凡事計議而行絕妙法家恰好姘法吾隨後撥人馬來接應黃忠應允和法正領本部兵去了孔明告玄德曰此老將不着言語激他雖去不能成功他今既去須撥人馬前去接應乃喚趙雲將一枝人馬從小路出奇兵接應黃忠若忠勝不必出戰儻忠有失即去救應前以嚴顏助黃忠是以老助老此以趙雲助黃忠是以壯助老又遣劉封孟達領三千兵於山中險要去處多立旌旗以壯我兵之聲勢令敵人驚疑三人各自領兵

去了。為後文襲定軍山伏筆。又差人往下辦授計與馬超令他如此而行。此處不說明。為後文截曹操後路伏筆。又差嚴顏往巴西閬中守隘替張飛魏延來同取漢中。為後文襲南鄭伏筆。却說張郃與夏侯尚來見夏侯淵說天蕩山已失折了夏侯德韓浩今聞劉備親自領兵來取漢中可速奏魏王早發精兵猛將前來策應夏侯淵便差人報知曹洪以上按下西川一邊。以下再敘曹操一邊。洪星夜前到許昌稟知曹操操大驚急聚文武商議發兵救漢中長史劉曄進曰漢中若失中原震動大王休辭勞苦必須親自征討操自悔曰恨當時不用卿言以致

如此照應六十七回中語操傳令旨起兵四十萬親征時建安二十三年
秋七月也曹操兵分三路而進前部先鋒夏侯惇操自領中軍
使曹休押後三軍陸續起行操騎白馬金鞍玉帶錦衣武士手
執大紅羅銷金傘蓋左右金瓜銀鉞鐙棒戈矛打日月龍鳳旌
旗護駕龍虎官軍二萬五千分為五隊每隊五千按青黃赤白
黑五色旗旛甲馬並依本色光輝燦爛極其雄壯僭稱王號之後文是一樣
氣色兵出潼關操在馬上望見一簇林木極其茂盛問近侍曰此
何處也答曰此名藍田藍田有玉果有玉人在焉林木之間乃蔡邕莊也今

邕女蔡琰與其夫董紀居此原來操素與蔡邕相善蔡邕事至此已隔數十回忽於閒中照應前文先時其女蔡琰乃衛道玠之妻後被北方擄去於北地生二子作胡笳十八拍流入中原此亦是絕妙好辭可與曹娥碑作對操深憐之使人持千金入北方贖之左賢王懼操之勢送蔡琰還漢昭君不還而蔡琰得還有幸有不幸操乃以琰配與董紀爲妻當日到莊前因想起蔡邕之事令軍馬先行操引近侍百餘騎到莊門下馬時董紀出仕於外止有蔡琰在家琰聞操至忙出迎接操至堂琰起居畢侍立於側操偶見壁間懸一碑文圖軸起身觀之問於蔡

琰琰答曰：此乃曹娥之碑也。（女子口中又敘出一女子來。）昔和帝時上虞有一巫者，名曹旴，能婆娑樂神；五月五日，醉舞舟中，墮江而死。其女年十四歲，遶江啼哭七晝夜，跳入波中；後五日，負父之屍浮於江面；里人葬之江邊。上虞令度尚奏聞朝廷，表為孝女。（昔有姓曹的孝女，今有姓曹的奸臣，老瞞辱沒曹字多矣。）度尚令邯鄲淳作文鐫碑以記其事。時邯鄲淳年方十三歲，文不加點，一揮而就，（又是一才子。）立石墓側。時人奇之。妾父蔡邕聞而往觀，時日已暮，乃於暗中以手摸碑文而讀之，（手能看文，非手中有眼，實心中有眼耳。）索筆大書八字於其背。後人鐫石并鐫此八字操讀八字云黃絹幼婦外孫虀臼（奇文）操問琰曰汝解此意否琰曰雖先人遺筆妾實不解其意（蔡琰敏慧自能省得其不言者欲操自解之也）操回顧衆謀士曰汝等解否衆皆不能答於內一人出曰某已解其意操視之乃主簿楊修也操曰卿且勿言容吾思之遂辭了蔡琰引衆出莊上馬行三里忽省悟（未必）笑謂修曰卿試言之修曰此隱語耳黃絹乃顏色之絲也色傍加絲是絕字幼婦者少女也女傍少字是妙字（天下之妙無有過於幼婦者不獨解字之形亦可解字之義一笑）外孫乃女之子也女傍子字是好字虀臼乃受五辛之器也

受傍辛字是辭字總而言之是絕妙好辭四字操大驚曰正合孤意多應是老賊油嘴若既曉得何不寫在掌中如孔明周瑜之互寫火字者而乃虛言合我意耶讀書者莫爲他瞞過也衆皆歎羨楊修才識之敏（百忙中忽夾此一段閑文敘事妙品）不一日軍至南鄭曹洪接着備言張郃之事操曰非郃之罪勝負乃兵家常事耳洪曰目今劉備使黃忠攻打定軍山夏侯淵知大王兵至固守未曾出戰操曰若不出戰是示懦也便差人持節到定軍山敎夏侯淵進兵劉曄諫曰淵性太剛恐中奸計操乃作手書與之使命持節到淵營淵接入使者出書淵拆視之畧曰

凡爲將者當以剛柔相濟不可徒恃其勇若但任勇則是一夫之敵耳吾今屯大軍於南鄭欲觀卿之妙才勿辱二字可也。○若淵號妙才便當有才則操號孟德何以不德乎

夏侯淵覽畢大喜打發使命回訖乃與張郃商議曰今魏王率大兵屯於南鄭以討劉備吾與汝久守此地豈能建立功業來日吾出戰務要生擒黃忠只怕妙才此番有些不妙張郃曰黃忠謀勇兼備況有法正相助不可輕敵此間山路險峻只宜堅守驚弓之鳥淵曰若他人建了功勞吾與汝有何面目見魏王耶汝只守山吾去

出戰。遂下令曰：誰敢出哨誘敵？夏侯尚曰：吾願往。淵曰：汝去出哨，與黃忠交戰，只宜輸，不宜贏。吾有妙計，如此如此。（且看妙才有何妙計。）尚受令，引三千軍離定軍山大寨前行。却說黃忠與法正引兵屯於定軍山口，累次挑戰，夏侯淵堅守不出。欲要進攻，又恐山路危險，難以料敵，只得據守。是日，忽報山上曹兵下來搦戰。黃忠恰待引軍出迎，牙將陳式曰：將軍休動，某願當之。（文勢一曲。）忠大喜，遂令陳式引軍一千出山口列陣。夏侯尚兵至，遂與交鋒。不數合，尚詐敗而走。式趕去，行到半路，被兩山上擂木砲石打將下來不能前進正欲回時背後夏侯淵引兵突出陳式不能抵當被夏侯淵生擒回寨部卒多降（將有大敗必有小勝）有敗軍逃得性命回報黃忠說陳式被擒忠慌與法正商議正曰淵爲人輕躁恃勇少謀可激勸士卒拔寨前進步步爲營誘淵來戰而擒之此乃反客爲主之法（妙才未必有才法家果是有法）忠用其謀將應有之物盡賞三軍歡聲滿谷願效死戰黃忠即日拔寨而進步步爲營每營住數日又進淵聞知欲出戰張郃曰此乃反客爲主之計不可出戰戰則有失（此番又是夏侯淵粗莽張郃把細）淵不從令夏侯尚引數千兵

出戰直到黃忠寨前忠上馬提刀出迎與夏侯尚交馬只一合生擒夏侯尚歸寨餘皆敗走（爲陳式答禮）回報夏侯淵淵急使人到黃忠寨言願將陳式來換夏侯尚忠約定來日陣前相換次日兩軍皆到山谷闊處布成陣勢黃忠夏侯淵各立馬於本陣門旗之下黃忠帶着夏侯尚夏侯淵帶着陳式各不與袍鎧只穿蔽體薄衣一聲鼓響陳式夏侯尚各望本陣奔回（○○○○○○○○○○○○好看○黃祖換孫堅是活的換死的陳式換夏侯尚是活的換活的）夏侯尚比及到陣門時被黃忠一箭射中後心尚帶箭而回（多換了一箭却是便宜）淵大怒驟馬逕取黃忠忠正要

激淵厮殺兩將交馬戰到二十餘合曹營內忽然鳴金收兵淵
慌撥馬而回被忠乘勢殺了一陣淵回陣問押陣官爲何鳴金
答曰某見山凹中有蜀兵旗旛數處恐是伏兵故急招將軍回
淵信其說遂堅守不出黃忠逼到定軍山下與法正商議正以
手指曰定軍山西巍然有一座高山四下皆是險道此山上足
可下視定軍山之虛實將軍若取得此山定軍山只在掌中也
蔡邕讀文在掌中如在眼中法正取山在目中郃在掌中忠仰見山頭稍平山上有些少人
馬是夜二更忠引軍士鳴金擊鼓直殺上山頂此山有夏侯尚

部將杜襲守把止有數百餘人當將見黃忠大隊擁上只得棄山而走忠得了山頂正與定軍山相對法正曰將軍可守在半山其居山頂待夏侯淵兵至吾舉白旗爲號將軍却按兵勿動待他倦怠無備吾却舉起紅旗將軍便下山擊之以逸待勞必當取勝（曹操出兵有五色旗今法正只用紅白二旗彼此閉開相對）忠大喜從其計却說杜襲引軍逃回見夏侯淵說黃忠奪了對山淵大怒曰黃忠占了對山不容我不出戰張郃諫曰此乃法正之謀也將軍不可出戰只宜堅守（張郃此將小心之甚）淵曰占了吾對山觀吾虛實如何不出

戰。卻若諫不聽。淵分軍圍住對山大罵挑戰。法正在山上舉起白旗。任從夏侯淵百般辱罵。黃忠只不出戰。午時以後。法正見曹兵倦怠。銳氣已墮。多下馬坐息。乃將紅旗招展。鼓角齊鳴。喊聲大震。黃忠一馬當先。馳下山來。猶如天崩地塌之勢。夏侯淵措手不及。被黃忠趕到麾蓋之下。大喝一聲。猶如雷吼。淵未及相迎。黃忠寶刀已落。連頭帶肩。砍為兩段。夏侯妙才絕於此〃後是黃絹不是幼婦

有詩讚黃忠曰。

蒼頭臨大敵。　皓首逞神威。　力趁雕弓發。　風迎雪刃揮。

雄聲如虎吼。駿馬似龍飛。獻馘（音國）功勳重。開疆展帝畿。

黃忠斬了夏侯淵。曹兵大潰。各自逃生。黃忠乘勢去奪定軍山。張郃領兵來迎。忠與陳式兩下夾攻。混殺一陣。張郃敗走。忽然山傍閃出一彪人馬。當住去路。爲首一員大將。大叫常山趙子龍在此。（子龍來得突兀。）張郃大驚。引敗軍奪路望定軍山而走。只見前面一枝兵來迎。乃杜襲也。襲曰。今定軍山已被劉封孟達奪了。（劉封孟達在杜襲口中點出。與子龍是一虛一實。敘事妙品。）郃大驚。遂與杜襲引敗兵到漢水劄營。一面令人飛報曹操。操聞淵死。放聲大哭。方悟管輅所

言三八縱橫乃建安二十四年也黃猪遇虎乃歲在巳亥正月
也定軍之南乃定軍山之南也傷折一股乃淵與操有兄弟之
親情也。管輅占辭至此方悟。則知蔡邕碑文八字未必卽時悟
出。占辭雖是前定妙數。然亦魏王手書一封。寫催命
文書操令人尋管輅時不知何處去了。去得妙。天下事儘多。豈
耳。能一一全知卽知之而
不可救。徒亂人意耳。操深恨黃忠。旣是定數。
是以君子不問數。又有何恨。遂親統大軍來定
軍山與夏侯淵報讐令徐晃作先鋒行到漢水張郃杜襲接着
曹操二將曰今定軍山已失可將米倉山糧草移於北山寨中
屯積然後進兵曹操依允却說黃忠將了夏侯淵首級來葭萌

關上見玄德獻功。前戰張郃將願納下白頭今卻獻上一顆黑頭。玄德大喜加忠爲征
西大將軍設宴慶賀忽牙將張著來報說曹操自領大軍二十
萬來與夏侯淵報讐目今張郃在米倉山搬運糧草移於漢水
北山脚下孔明曰今操引大兵至此恐糧草不敷故勒兵不進
若得一人深入其境燒其糧草奪其輜重則操之銳氣挫矣直喚烏巢斷糧遥遥相應。黃忠曰老夫願當此任孔明曰操非夏侯淵之比不
可輕敵。又用反激法。玄德曰夏侯淵雖是總帥乃一勇夫耳安及張
郃若斬得張郃勝斬夏侯淵十倍也忠奮然曰吾願往斬之孔

明日你可與趙子龍同領一枝兵去凡事計議而行看誰立功又激他忠應允便行孔明就令張著爲副將同去雲謂忠曰今操引二十萬衆分屯十營將軍在主公前要去奪糧非小可之事將軍當用何策忠曰看我先去如何雲曰等我先去忠曰我是主將你是副將如何爭先雲曰我與你都一般爲主公出力何必計較我二人拈鬮拈着的先去忠依允當時黃忠拈着先去拈鬮亦是敘鬮雲曰既將軍先去某當相助可約定時刻如將軍依時而還某按兵不動若將軍過時而不還某即引軍來接應忠曰

公言是也。於是二人約定午時為期。黄忠斬夏侯利在曉刻雲趙雲約黄忠妙在午時。回本寨謂部將張翼曰：黄漢升約定明日去奪糧草，若午時不回，我當往助。吾營前臨漢水，地勢危險，我若去時，汝可謹守寨柵，不可輕動。張翼應諾。却說黄忠回到寨中，謂副將張著曰：我斬了夏侯淵，張郃喪膽，吾明日領命去劫糧草，只留五百軍守營，你可助吾。今夜三更盡皆飽食，四更離營，殺到北山脚下，先捉張郃，後劫糧草。各人分付自家副將趙雲極其精細黄忠極其勇往張著依令。當夜黄忠領人馬在前，張著在後，偷過漢水，直到北山之下。東方日出見糧積如山，有些少軍士看守，見蜀兵到，盡棄而走。黃忠敎馬軍一齊下馬，取柴堆於米糧之上。正欲放火，張郃兵到，與忠混戰一處。曹操聞知，急令徐晃接應。晃領兵前進，將黃忠困於垓心。張著引三百軍走脫，正要回寨，忽一枝兵撞出，攔住去路。爲首大將，乃是文聘；後面曹兵又至，把張著圍住。（前周郎欲取聚鐵山，孔明以爲難；今米倉山亦復不易。）却說趙雲在營中，看看等到午時，不見忠回，急忙披掛上馬，引三千軍向前接應。臨行，謂張翼曰：「汝可堅守營寨，○○○○○○○○○○○（此時已預算退步。）」翼連聲應諾。雲兩壁廂多設弓弩，以爲準備。（寫趙雲精細之極。）

挺鎗驟馬直殺往前去迎頭一將攔路乃文聘部將慕容烈也拍馬舞刀來迎趙雲被雲手起一鎗刺死曹兵敗走雲直殺入重圍又一枝兵截住爲首乃魏將焦炳雲喝問曰蜀兵何在炳曰已殺盡矣雲大怒驟馬一鎗又刺死焦炳前寫黃忠此寫趙雲殺散餘兵直至北山之下見張郃徐晃兩人圍住黃忠軍士被困多時雲大喊一聲挺鎗驟馬殺入重圍左衝右突如入無人之境那鎗渾身上下若舞梨花徧體紛紛如飄瑞雪四句是絕妙鎗贊黃忠斬夏侯有紅旗一面子龍救漢升見白光一道二紅二白相映成趣張郃徐晃心驚膽戰不敢迎敵雲

救出黃忠且戰且走所到之處無人敢阻操於高處望見驚問衆將曰此將何人也有識者告曰此乃常山趙子龍也操曰昔日當陽長坂英雄尚在（提照前事）急傳令曰所到之處不許輕敵趙雲救了黃忠殺透重圍有軍士指曰東南上圍的必是副將張著雲不回本營遂望東南殺來所到之處但見常山趙雲四字旗號曾在當陽長坂知其勇者互相傳說盡皆逃竄（先聲奪人又爲前事縇染。此在衆人眼中寫趙雲。）雲又救了張著曹操見雲東衝西突所向無前莫敢迎敵（此又在曹操眼中寫趙雲。）救了黃忠又救了張著奮然大怒自領

右右將士來𧼈趙雲雲已殺回本寨部將張翼着望見後面
塵起知是曹兵追來即謂雲曰追兵漸近可令軍士閉上寨門
上敵樓防護雲喝曰休閉寨門汝豈不知吾昔在當陽長坂時
单鎗匹馬覷曹兵八十三萬如草芥今有軍有將又何懼哉上文
是別人傳說此却是自家說英雄一生快事遂撥弓弩手於寨
不嫌自負今人亦欲自負怎奈說不得說也
外壕中埋伏將營內旗鎗盡皆倒偃金鼓不鳴雲匹馬单鎗立
於營門之外張飛在長坂橋邊以樹枝結於馬尾䟫作有兵之
狀今趙雲偏反作無兵之狀妙在極相類又極相
反却說張郃徐晃領兵追至蜀寨天色已暮見寨中偃旗息鼓

又見趙雲匹馬单鎗立於營外寨門大開二將不敢前進正疑之間曹操親到急催督衆軍向前衆軍聽令大喊一聲殺奔營前見趙雲全然不動（卓張飛端坐不動今活趙雲亦全然不動奇絕妙絕）曹兵翻身就回趙雲把鎗一招壕中弓弩齊發時天色昏黑正不知蜀兵多少操先撥回馬走只聽得後面喊聲大震鼓角齊鳴蜀兵趕來曹兵自相踐踏擁到漢水河邊落水死者不知其數（子龍一人有膽曹操數十萬軍皆喪膽）趙雲黃忠張著各引兵一枝追殺甚急操正奔走間忽劉封孟達率二枝兵從米倉山路殺來放火燒糧草（劉封孟達不期而會）

來得突兀撇棄了北山糧草，忙回南鄭。徐晃、張郃扎脚不住，亦棄本寨而走。趙雲占了曹寨，黃忠奪了糧草，漢水所得軍器無數，大獲勝捷，差人去報玄德。玄德遂同孔明前至漢水，問趙雲的部卒曰：「子龍如何廝殺？」軍士將子龍救黃忠、拒漢水之事細述一遍。玄德大喜，看了山前山後險峻之路，欣然謂孔明曰：「子龍一身都是膽也。」姜維膽大如卵，猶是身包膽耳。子龍直是膽包身，其大當不止如卵也。後人有詩讚曰：

昔日戰長坂，威風猶未減。突陣顯英雄，被圍施勇敢。

鬼哭與神號　天驚并地慘　常山趙子龍　一身都是膽

於是玄德號子龍爲虎威將軍大勞將士歡宴至晚忽報曹操復遣大軍從斜谷小路而進來取漢水玄德笑曰操此來無能爲也我料必得漢水矣乃率兵於漢水之西以迎之只因子龍有膽玄德此時亦是大膽曹操命徐晃爲先鋒前來決戰帳前一人出曰某深知地理願助徐將軍同去破蜀操視之乃巴西巖渠人也姓王名平字子均見充牙門將軍操大喜遂命王平爲副先鋒相助徐晃操屯兵於定軍山北徐晃王平引軍至漢水晃令前軍渡水

列陣。平曰。軍若渡水。儻要急退。如之奈何。晃曰。昔韓信背水爲陣。所謂致之死地而後生也。恰與後文馬謖對王平語相合。平曰。不然。昔者韓信料敵人無謀。而用此計。今將軍能料趙雲黃忠之意否。趙雲黃忠誠非陳餘之比。恰與後文諫馬謖相照。晃曰。汝可引步軍拒敵。看我引馬軍破之。遂令搭起浮橋。隨即過河來戰。蜀兵正是

魏人妄意宗韓信　蜀相那知是子房

未知勝負如何。且看下文分解

第七十二回

諸葛亮智取漢中　曹阿瞞兵退斜谷

曹操善疑而孔明卽以疑兵勝操此非孔明之疑操而操之自疑也然雖操之自疑而非孔明則不能疑之也燒於博望挫於新野困於烏林窮於華容操之畏孔明久矣見他人之疑兵未必疑惟見孔明之疑兵而不敢不疑故善用疑兵者必度其人之可以疑而疑之又必度我之可以用疑兵而後用之耳卽如韓信以背水勝徐晃以背水敗

同一法而今昔之勢異徐晃以背水敗孔明以背水勝同一時而彼此之勢又異兵之善用豈不視乎其人哉

操之不能守漢中猶備之不能守徐州也操旣取兗州則徐州爲操之所必取備旣取西川則漢中亦爲備之所必取臥榻之側豈容他人鼾（音諭）睡耶操欲䟦涉山川以與備爭此上吾知其難矣

漢高之破項王賴有彭越以擾其後先主之破曹操亦有馬超以擾其後前後殆如一轍也五虎將中關公旣守荊

州而張飛趙雲黃忠之建功又備寫於前卷獨於馬超未有及焉今觀此卷則超之功不在四人之下

孔融荀彧楊修皆爲忤操而死而修則不如融并不如彧何也不事操而以正直忤操者孔融也先以不正不直事操而後以正直忤操者荀彧也既以不正不直事操又以不正不直忤操者楊修也修爲楊彪之子而屈身事操既有愧於家門復爲曹植之故而使操心疑又不善處人骨肉夫以正直忤操則罪在操以不正不直忤操則罪在修

故修之死君子於操無責焉

或疑操以才忌楊修者非也士之才有二一曰謀士之才一曰文士之才以謀士之才而爲操用者如郭嘉程昱荀彧荀攸賈詡劉曄等是也以文士之才而爲操用者如楊修陳琳王粲阮瑀等是也文士之才不若謀士之才之爲足忌而操之忌荀彧但以阻九錫之故前此未之忌焉其餘謀士亦曾未之忌焉其視謀士之才且然而何忌於文士哉故雖罵操如陳琳而操不以爲罪蓋才而不爲我用

則忌之才而爲我用則不忌耳使修非黨植以欺曹操則操可以不怒而修可以不死彼謂修之以才見忌者殆未爲篤論矣

曹操於定軍之南折其一股又於漢川之東折其二齒股之折非真而齒之落則真矣於潼關之役割鬚數莖又於漢中之役落齒兩箇鬚之割不痛而齒之落則痛矣弟既死身又傷其兆大凶恨不再令管輅卜之鬚既短齒又缺其相已破恨不再令管輅相之

此卷敘事之法有倒生在前者其人將來而先有一語以啓之如操之誇黃鬚是也有補敘在後者其人既死而舉其未死之前追敘之如操之惡楊修是也有橫間在中者正敘此一事而忽引他事以夾之如兩軍交戰之時而雜以曹彰楊修兩人之生平是也至於曹操之平代北則因曹彰而及焉曹丕之忌曹植則又因楊修而及焉其他正文之中張遼馬魏孟達劉封諸將或於彼忽伏或於此忽現參差斷續縱橫出奇令人心驚目眩作者用筆直與孔

明用兵相去不遠。

却說徐晃引軍渡漢水王平苦諫不聽渡過漢水扎營黃忠趙雲告玄德曰某等各引本部兵去迎曹兵玄德應允二人引兵而行忠謂雲曰今徐晃恃勇而來且休與敵待日暮兵疲你我分兵兩路擊之可也（即法正教黃忠之策）雲然之各引一軍據住寨柵徐晃引兵從辰時搦戰直至申時蜀兵不動晃盡教弓弩手向前望蜀營射去黃忠謂趙雲曰徐晃令弓弩射者其軍必將退也可乘時擊之言未已忽報曹兵後隊果然退動於是蜀營鼓聲

黄忠領兵左出趙雲領兵右出兩下夾攻徐晃大敗軍士逼入漢水死者無數（晃曰置之死地而後生今則置之死地而竟死矣）晃死戰得脫回營責王平曰汝見吾軍勢將危如何不救平曰我若來救此寨亦不能保我曾諫公休去公不肯聽以致此敗晃大怒欲斬王平平當夜引本部軍就營中放起火來曹兵大亂徐晃棄營而走王平渡漢水來投趙雲雲引見玄德王平盡言漢水地理玄德大喜曰孤得王子均取漢中無疑矣遂命王平為偏將軍領鄉導使（曹操送一箇鄉導來了）却說徐晃逃回見操說王平反去降劉備

矣操大怒親統大軍來奪漢水寨栅趙雲恐孤軍難立遂退於漢水之西兩軍隔水相拒玄德與孔明來觀形勢孔明見漢水上流頭有一帶土山可伏千餘人乃回到營中喚趙雲分付汝可引五百人皆帶鼓角伏於土山之下或半夜或黃昏只聽我營中砲響砲響一番擂鼓一番只不要出戰以虛聲勝之子龍受計去了孔明却在高山上暗窺次日曹兵到來搦戰蜀營中一人不出弓弩亦都不發曹兵自回當夜更深孔明見曹營燈火方息軍士歇定遂放號砲子龍聽得令鼓角齊鳴曹兵驚慌只疑

劫寨及至出營不見一軍但聞擊鼓其鋒不見踪躡用兵方纔回營欲放號砲又響鼓角又鳴吶喊震地山谷應聲鳴鼓而攻之可也焉用戰曹兵徹夜不安一連三夜如此驚疑操心怯拔寨退三十里就空濶處扎營老賊不經嚇孔明笑曰曹操雖知兵法不知詭計遂請玄德親渡漢水背水結營徐晃背水而敗孔明又用背水而勝玄德問計孔明曰可如此如此曹操見玄德背水下寨心中疑惑使人來下戰書孔明批來日決戰次日兩軍會於中路五界山前列成陣勢操出馬立於門旗下兩行布列龍鳳旌旗擂鼓三通喚玄德答話玄德引劉封

孟達并川中諸將而出操揚鞭大罵曰劉備忘恩失義反叛朝廷之賊玄德曰吾乃大漢宗親奉詔討賊汝上弑母后自立為王僭用天子鑾輿非反而何自面誦衣帶詔之後濶別久矣今此數語又抵得一篇衣帶詔操怒命徐晃出馬來戰劉封出迎交戰之時玄德先走入陣封敵晃不住撥馬便走操下令捉得劉備便為西川之主大軍齊吶喊殺過陣來蜀兵望漢水而逃盡棄營寨馬匹軍器丟滿道上曹軍皆爭取操急鳴金收軍衆將曰某等正待捉劉備大王何故收軍操曰吾見蜀兵背漢水安營其可疑一也多棄馬匹軍

器其可疑二也可急退軍休取去物遂下令曰妄取一物者立斬火速退兵曹兵方回頭時孔明號旗舉起玄德中軍領兵便出黃忠左邊殺來趙雲右邊殺來具在前文如此如此之中曹兵大潰而逃孔明連夜追趕操傳令軍回南鄭只見五路火起原來魏延張飛得嚴顏代守閬中分兵殺來先得了南鄭在七十一回中伏着至此方見操心驚望陽平關而走玄德大兵追至南鄭褒州安民已畢玄德問孔明曰曹操此來何敗之速也孔明曰操平生爲人多疑雖能用兵疑則多敗吾以疑兵勝之曹操善疑孔明又善信惟信得眞故擊得定○操惟多疑

所以死亦有七十二疑塚玄德曰今操退守陽平關其勢已孤先生將何策
以退之孔明曰亮已算定了使差張飛魏延分兵兩路去截曹
操糧道令黃忠趙雲分兵兩路去放火燒山四路軍將各引鄉
導官軍去了此處四路兵文是第二番差遣却說曹操退守陽平關令軍哨探
回報曰今蜀兵將遠近小路盡皆塞斷砍柴去處盡放火燒絕
不知兵在何處先寫黃忠趙雲兩路操正疑惑間又報張飛魏延分兵劫
糧先寫張飛魏延兩路操問曰誰敢敵張飛許褚曰某願往操令許褚引
一千精兵去陽平關路上護接糧草解糧官接着喜曰若非將

軍到此糧不得到陽平矣恐許軍到此亦無益遂將車上的酒肉獻與許褚褚痛飲不覺大醉前醉張飛是假醉今醉許褚是真醉便乘酒興催糧車行解糧官曰日已暮矣前襄州之地山勢險惡未可過去褚曰吾有萬夫之勇豈懼他人哉今夜乘着月色正好使糧車行走醉人在月下一發動了酒興許褚當先横刀縱馬引軍前進二更已後往襄州路上而來行至半路忽山凹裏鼓角震天一枝軍當住爲首大將乃張飛也挺矛縱馬直取許褚褚舞刀來迎却因酒醉敵不住張飛戰不數合被飛一矛刺中肩膀翻身落馬軍士急忙救起

遷

退後便走。萬夫之勇原來如此。張飛盡奪糧草車輛而回。只因酒肉之故失却糧食。○燒山用虛寫捨糧用實寫然留下魏延只寫張飛實之中又有虛焉妙甚。却說衆將保着許褚回見曹操。操令醫士療治金瘡。一面親自提兵來與蜀兵決戰。玄德引軍出迎。兩陣對圓。玄德令劉封出馬。操罵曰。賣履小兒常使假子拒敵。吾若喚黃鬚兒來。汝假子爲肉泥矣。吳有紫髯翁有黃鬚正復相對。劉封大怒。挺鎗驟馬逕取曹操。操令徐晃來迎。封詐敗而走。操引兵追趕。蜀兵營中四下砲響。鼓角齊鳴。亦只是疑兵。操恐有伏兵。急教退軍。曹兵自相踐踏。死者極多。奔回陽平關方纔歇定。蜀兵

摸到城下東門放火西門吶喊南門放火北門擂鼓操大懼

棄關而走（老賊只是不經嚇）蜀兵從後追襲操正走之間前面張飛引一

枝兵截住趙雲引一枝兵從背後殺來黃忠又引兵從褒州殺

來（前所發四路先寫三路留一路在後寫得參差有勢）操大敗諸將保護曹操奪路而走

方逃至斜谷界口前面塵頭忽起一枝兵到操曰此軍若是伏

兵吾休矣及兵將近乃操次子曹彰也（正想着他來得湊巧）彰字子文少

善騎射膂力過人能手格猛獸操嘗戒之曰汝不讀書而好弓

馬此匹夫之勇何足貴乎彰曰大丈夫當學衛青霍去病立功

沙漠長驅數十萬衆縱橫天下何能作博士耶（說得博士無用數楊修王粲等一班文人何處生活）操嘗問諸子之志彰曰好爲將操問爲將何如彰曰披堅執銳臨難不顧身先士卒賞必行罰必信（頗爲老瞞肖子）操大笑建安二十三年代郡烏桓反操令彰引兵五萬討之臨行戒之曰居家爲父子受事爲君臣法不徇情爾宜深戒（即彰所云賞必行罰必信之意）彰到代北身先戰陣直殺至桑乾北方皆平因聞操在陽平陣故來助戰（百忙中忽敘曹彰生平正補前文所未及）操見彰至大喜曰我黃鬚兒來破劉備必矣（正恐未必）遂勒兵復回於斜谷界口安營有人報知

德言曹彰到立德問曰誰敢去戰曹彰劉封曰某願往孟達又說要去立德曰汝二人同去看誰成功各引兵五千來迎劉封在先孟達在後曹彰出馬與封交戰只三合封大敗而回假子不及真兒孟達引兵前進方欲交鋒只見曹兵大亂原來馬超吳蘭兩軍殺來在七十一回中伏着至此方見曹兵驚動孟達引軍來攻馬超士卒替銳日久到此耀武揚威勢不可當曹兵敗走曹彰正遇吳蘭兩箇交鋒不數合曹彰一戟刺吳蘭於馬下有曹操誇奬一番得此聊足解嘲○諺云黃鬚無弱漢果然三軍混戰操收兵於斜谷界口扎住操屯兵日久欲

要進兵又被馬超拒守欲收兵回又恐被蜀兵恥笑心中猶豫不決適庖官進雞湯許褚喫酒肉曹操喫雞湯可比太史公酒肉帳簿。操見碗中有雞肋因而有感於懷正沉吟間夏侯惇入帳禀請夜間口號操隨口曰雞肋雞肋直是席面上生風。絕妙酒令。惇傳令衆官都稱雞肋行軍主簿楊修見傳雞肋二字便教隨行軍士各收拾行裝準備歸程齊聰明。有人報知夏侯惇惇大驚遂請楊修至營中問曰公何收拾行裝修曰以今夜號令便知魏王不日將退兵歸也雞肋者食之無肉棄之有味今進不能勝退恐人笑在此無益不如早歸來日魏王必班師矣。知人之所不言。其罪十八矣。故先收拾行裝免得臨行慌亂。著云棄之有來。猶不欲遽棄也。今收拾行裝。則竟棄之矣。夏侯惇曰公真知魏王肺腑也遂亦收拾行裝於是寨中諸將無不準備歸計當夜曹操心亂不能穩睡遂手提鋼斧遶寨私行只見夏侯惇寨內軍士各準備行裝操大驚急回帳召惇問其故惇曰主簿楊德祖先知大王欲歸之意操喚楊修問之修以雞肋之意對操大怒曰汝怎敢造言亂我軍心碑文八字解得不差。不想口號二字竟解差了。喝刀斧手推出斬之將首級號令於轅門外原來楊修爲人恃才放曠數犯曹操又忌操嘗造花園一所造成操往觀之不置褒貶只取筆於門上書一活字而去人皆不曉其意修曰門內添活字乃闊字也丞相嫌園門闊耳於是再築墻圍改造停當又請操觀之操大喜問曰誰知吾意左右曰楊修也操雖稱美心甚忌之（非忌其才忌其知我意也曹操意中不言之事最畏人知）又一日塞北送酥一盒至操自寫一合酥三字於盒上置之案頭修入見之竟取匙與衆分食訖操問其故修答曰盒上明書一人一口酥豈敢違丞相之命乎操雖喜笑而心惡之（操嘗以空盒遺荀彧令楊修以空盒還曹操操安得不怨）操恐人暗中謀害己

身常分付左右吾夢中好殺人凡吾睡着汝等切勿近前（周瑜詐作夢中語只要騙得蔣幹一箇曹操之詐却欲騙盡衆人奸雄之極）一日晝寢帳中落被於地一近侍慌取覆蓋操躍起拔劍斬之復上牀睡半晌而起佯驚問何人殺吾近侍衆以實對操痛哭命厚葬之（假夢假睡假問人假哭一片是假人）皆以爲操果夢中殺人惟修知其意臨葬時指而嘆曰丞相非在夢中君乃在夢中耳操聞而愈惡之（周郎騙不得孔明曹操瞞不得楊修便一樣欲殺之）操第三子曹植愛修之才常邀修談論終夜不息操與衆商議欲立植爲世子曹丕知之密請朝歌長吳質入內府商議因

恐有人知覺乃用大簏藏吳質於中只說是絹疋在內載入府中修知其事逕來告操操即不殺修修後必爲丕所殺操令人於丕府門伺察之丕慌告吳質質曰無憂也明日用大簏裝絹再入以惑之假混眞以眞混假巧妙之極丕如其言以大簏載絹入使者搜看簏中果絹也回報曹操操因疑修譖害曹丕愈惡之其實可惡操欲試曹丕曹植之才幹一日令各出鄴城門却密使人分付門吏令勿放出曹丕先至門吏阻之丕只得退回植聞之問於修修曰君奉王命而出如有阻當者竟斬之可也植然其言及至門門吏阻住植

叱曰吾奉王命誰敢阻當立斬之於是曹操以植爲能修以殺人教人操又以殺人爲能都不是好人後有人告操曰此乃楊修之所教也操大怒因此亦不喜植楊修不善處人骨肉之間修又嘗爲曹植作答教十餘條但操有問植即依條答之子建亦倩人代筆耶操每以軍國之事問植植對答如流操心中甚疑後曹丕暗買植左右偷答教來告操操見了大怒曰匹夫安敢欺我耶此時已有殺修之心今乃借惑亂軍心之罪殺之補敘楊修生平與見殺之由又於百忙中夾敘閒事筆法殊妙修死年三十四歲

後人有詩曰

聰明楊德祖、世代繼簪纓、筆下龍蛇走、胸中錦繡成、
開談驚四座、捷對冠羣英、身死因才誤、非關欲退兵、

曹操既殺楊修、佯怒夏侯惇亦欲斬之、衆官告免、操乃叱退夏侯惇、下令來日進兵、次日兵出斜谷界口、前面一軍相迎、爲首大將乃魏延也、（魏延一路、於此處方見、）操招魏延歸降、延大罵、操令龐德出戰、二將正鬭間、曹寨內火起、人報馬超刼了中後二寨、（馬超忽沒怱現、寫來又是一樣聲勢、）操拔劍在手曰、諸將退後者斬、衆將努力上前、魏延詐敗而走、操方麾軍回戰馬超、自立馬於高阜處看兩軍爭

戰忽一彪軍撞至面前大叫魏延在此魏延忽去忽來寫得亦與馬超一樣聲勢弓搭箭射中曹操操翻身落馬延棄弓綽刀驟馬上山坡來殺曹操讀至此爲之拍案一快刺斜裏閃出一將大叫休傷吾主忘却仁主而以操爲吾主豈不羞殺視之乃龐德也德奮力向前戰退魏延保操前行讀至此爲之廢書一嘆馬超兵已退操帶傷歸寨原來被魏延射中人中折却門牙兩箇曹操此時愈嚼不得雞肋矣急令醫士調治方憶楊修之言隨將修屍收回厚葬就令班師却教龐德斷後操卧於氈車之中左右虎賁軍護衛而行忽報斜谷山上兩邊火起伏兵趕來曹兵

人人[illegible]

[illegible]昔日遭關厄　彷彿當年赤壁危

[illegible]後[illegible]分曹操性命何如且看下文分解

四大奇書第一種卷三十七

茂苑毛宗崗序始氏評　吳門杭永年資能氏評定

第七十三回

玄德進位漢中王
雲長攻拔襄陽郡

劉備之爲徐州牧爲豫州牧是曹操假天子之命以予之者也其爲荆州牧孫權佯表之而操未之予者也若其爲益州牧則備自予之者也然而自予之之勝於曹操之予之

者以操爲國賊故操之子不足重也備之爲左將軍宜城亭侯是天子爵之者也若其爲漢中王則非天子爵之而自爵之者也然而自爵之無異於天子之爵之者以備能討國賊則固天子之所欲爵也表奏獻帝之文稱與董承同受密詔既受王爵之後便令關公北伐樊城大義昭然炳若日月故綱目於備之領益州牧稱漢中王無貶辭焉

曹操稱公稱王而子孫又追稱之爲帝而稱於朝者奪於天下稱於一時者奪於後世天下後世之稱操不曰公不

曰王不曰帝直曰賊而已矣若關公之爲漢壽亭侯又爲前將軍一國爵之天下不得而議之一時爵之後世不得而議之彼時且不獨侯之將之又從而王之帝之可見爵以人重耳人豈以爵重哉

孫權之求婚於關公也當代爲公致對曰兩家之和不和不在婚與不婚也漢中王嘗受室於東吳矣吳侯能惠顧前好則有孫夫人在何必又重以某之婚姻苟其不能雖婚無益如是則辭婉而意妙不致大傷東吳之心也雖然

若謂荆州之失爲關公拒婚所致則又不然曹仁之女曾配孫權之弟而竟無解於赤壁之師曹操之女亦爲獻帝之后而究不改其篡奪之志此非其明驗耶且玄德之自吳逃歸權欲追而殺之又欲并其妹而殺之夫不以妹之故而不殺玄德安能以娶關公之女故而不奪荆州然則公之拒婚誠不爲過但犬子一語太覺不堪耳

呂範假意做媒倒弄假成真諸葛瑾好意做媒反爲好成怨或戲曰孫權之子嘗令姑娘作伐關公之女須待伯母

主婚既欲親上加親何不即使親人說親乎予笑月媒[illegible]撤却姑夫而歸伯母不顧伯父而毒去上一葷正與下一葷看樣東吳若傳孫夫人之命一發不濟矣

孔明若不使關公取樊城則荆州可以不失即欲使公取樊城而另遣一大將以代公守荆州則荆州亦可以不失而孔明計不出此此不得爲孔明咎也天也關公若能聽王甫而不用潘濬則關公可以不死若不用糜芳傅士仁則關公亦可以不死而關公又計不及此此不得爲關公

咎也天也人欲興漢而天不祚漢天實為之謂之何哉

此卷正敘得襄陽之事下卷又敘斬龐德擒于禁之事皆快事也而出兵之前乃有失火為之告凶又有惡夢為之告變是豈為七十六回伏線也夫為失意伏線而伏於將失意之時不足奇惟伏於將快意之時則深足奇此非作者有意為如此之文而實古來天然有如此之事奈何今人眼光甚短但能及寸不能及尺但能及尺不能及丈耶

却說曹操退兵至斜谷孔明料他必棄漢中而走故差馬超等

諸將分兵十數路不時攻劫（補註剪文）因此操不能久住又被魏延射了一箭急急班師三軍銳氣墮盡前隊纔行兩下火起乃是馬超伏兵追趕曹兵人人喪膽操令軍士急行曉夜奔走無停直至京兆（屬陝西）方始安心（此時頗快人意）且說玄德命劉封孟達王平等攻取上庸（屬湖廣）諸郡申耽等聞操已棄漢中而走遂皆投降玄德安民已定大賞三軍人心大悅（不獨當日人心大悅即今日讀者至此亦爲之大悅）於是衆將皆有推尊玄德爲帝之心未敢逕啟却來禀告諸葛軍師孔明曰吾意已有定奪了隨引法正等入見玄德曰今曹操專權百

姓無主主公仁義著於天下今已撫有兩川之地可以應天順人即皇帝位孔明之意非眞欲帝也始欲如唐肅宗靈武之事尊帝爲上皇耳名正言順以討國賊事不宜遲便請擇吉玄德大驚曰軍師之言差矣劉備雖然漢之宗室乃臣子也若爲此事是反漢矣玄德以在上之天子爲辭孔明曰非也方今天下分崩英雄並起各霸一方四海才德之士捨死亡生而事其上者皆欲攀龍附鳳建立功名也今主公避嫌守義恐失衆人之望願主公熟思之孔明以在下之人心爲辭玄德曰要吾僭居尊位吾必不敢可再商議長策諸將齊言曰主公若只推

却衆心解矣。（上是孔明勸進，此又寫諸將推戴。）孔明曰：主公平生以義爲本，未肯便稱尊號。今有荆襄兩川之地，可暫爲漢中王。玄德曰：汝等雖欲尊吾爲王，不得天子明詔，是僭也。（不是辭王，但欲請詔。）孔明曰：今宜從權，不可拘執常理。張飛大叫曰：異姓之人皆欲爲君，何況哥哥乃漢朝宗派，莫說漢中王，就稱皇帝有何不可！（每到玄德謙讓處，便是張飛直叫出來。）玄德叱曰：汝勿多言。孔明曰：主公宜從權變，先進位漢中王，然後表奏天子，未爲遲也。（操賊挾天子以令諸侯，天子之詔乃操主之者也，故先稱王而後奏表，乃權宜之法。）玄德再三推辭不過，只得依允。建安二十四年秋七月築壇於沔陽方圓九里分布五方各設旌旗儀仗羣臣皆依次序排列許靖法正請玄德登壇進冠冕璽綬訖面南而坐受文武官員拜賀爲漢中王稱得堂堂正正與魏王加九錫不同子劉禪立爲王世子封許靖爲太傅法正爲尚書令諸葛亮爲軍師總理軍國重事封關羽張飛趙雲馬超黃忠爲五虎大將魏延爲漢中太守其餘各擬功勳定爵玄德既爲漢中王遂修表一道差人齎赴許都表曰

備以具臣之才荷上將之任總督三軍奉辭於外不能掃除

寇難靖莊王室久使陛下聖教陵遲六合之內否而未泰惟憂反側疢如疾首（先用自責）曩者董卓僞爲亂階自是之後羣凶縱橫殘剝海內賴陛下聖德威臨人臣同應或忠義奮討或上天降罰暴逆並殪（音壹）以漸氷消（次叙董卓傕汜之亂以下方說曹操）惟獨曹操久未梟除侵擅國權恣心極亂臣昔與車騎將軍董承圖謀討操機事不密承見陷害（即奉衣帶詔一事受得一箇漢中王）臣播越失據忠義不果（自述起兵徐州以後之事）遂得使操窮凶極逆主后戮殺皇子鴆害（此二事足定操賊罪案）雖糾合同盟念在奮力懦弱不武歷年未

效常恐殞沒辜負國恩寤寐永歎夕惕若厲（又是自責之詞）今臣羣僚以爲在昔虞書敦叙九族庶明勵翼帝王相傳此道不廢周監二代並建諸姬實賴晉鄭夾輔之力高祖龍興尊王子弟大啟九國卒斬諸呂以安大宗今操惡直醜正寔繁有徒包藏禍心篡盜已顯既宗室微弱帝族無位斟酌古式依假權宜上臣爲大司馬漢中王（以上述羣下推戴之意）臣伏自三省受國厚恩荷任一方陳力未效所獲已過不宜復忝高位以重罪謗（以上自叙謙讓之懷）羣僚見逼迫臣以義臣退惟寇賊不梟國難未

以宗廟傾危社稷將墜誠臣憂心碎首之日若應權通變以寧靜聖朝雖赴水火所不得辭輒順衆議拜受印璽以崇國威（以上又述羣下復請不得復辭之故）仰惟爵號位高寵厚俯思報效憂深責重驚怖惕息如臨於谷敢不盡力輸誠獎勵六師率齊羣義應天順時以寧社稷（此又述受爵以後當討賊自效）謹拜表以聞

表到許都曹操在鄴郡聞知玄德自立漢中王大怒曰織席小兒安敢如此吾誓滅之即時傳令盡起傾國之兵赴兩川與漢中王决雌雄（操以備爲英雄自青梅煮酒之時已知有今日矣又何爲而怒耶）一人出班諫曰

大王不可因一時之怒親勞車駕遠征臣有一計不須張弓隻箭令劉備在蜀自受其禍待其兵衰力盡只須一將往征之便可成功操視其人乃司馬懿也（仲達此時漸漸出頭）操喜問曰仲達有何高見懿曰江東孫權以妹嫁劉備而又乘間竊取回去（照應六十一回事）劉備又據占荊州不還彼此俱有切齒之恨今可差一舌辯之士齎書往說孫權使興兵取荊州劉備必發兩川之兵以救荊州那時大王興兵去取漢川令劉備首尾不能相救勢必危矣（不消自家費力却去挑撥他人）操大喜即修書令滿寵為使星夜投江東來

見孫權。權知滿寵到，遂與謀士商議。張昭進曰：魏與吳本無讎，前因聽諸葛之說詞，致兩家連年征戰不息，生靈遭其塗炭。今滿伯寧來，必有講和之意，可以禮接之。獨不記二喬銅雀之事乎？是操爲讐讐而備乃婚姻也。權依其言，令衆謀士接滿寵入城相見。禮畢，權以賓禮待寵。寵呈上操書曰：吳魏自來無讐，皆因劉備之故，致生釁隙。魏王差某到此，約將軍攻取荊州；魏王以兵臨漢川，首尾夾擊。破劉之後，共分疆土，誓不相侵。玄德不肯還荊州，曹操獨肯分疆土耶。孫權覽書畢，設筵相待滿寵，送歸館舍安歇。權與衆謀士商議。顧雍曰：雖是說詞其中有理（溫州柑子四十擔前已送過今日之議敢不奉承）今可一面送滿寵回約會曹操首尾相擊一面使人過江探雲長動靜方可行事（張昭只要和魏顧雍却有兩說）諸葛瑾曰某聞雲長自到荊州劉備娶與妻室先生一子次生一女其女尚幼未許字人（雲長家事却借諸葛瑾口中補出省筆之法）某願往與主公世子求婚若雲長肯許即與雲長計議共破曹操若雲長不肯然後助曹取荊州（諸葛瑾有魯肅之風）孫權用其謀先送滿寵回許都却遣諸葛瑾爲使投荊州來入城見雲長禮畢雲長曰子瑜此來何意瑾曰特來求結兩家之好吾主吳侯有一

子甚聰明聞將軍有一女特來求親兩家結好併力破曹此誠美事請君侯思之（呂範做媒是假諸葛瑾做媒是真一是求婿二是求婦各各不同）雲長勃然大怒曰吾虎女安肯嫁犬子乎（虎女犬子太覺言重玄德曾配孫夫人矣是虎兄而配犬妹也孫夫人為公之嫂矣是虎叔而有犬嫂也）不看汝弟之面立斬汝首再休多言遂喚左右逐出（做媒的往往討怠慢）瑾抱頭鼠竄回見吳侯不敢隱匿遂以實告權大怒曰何太無禮耶便喚張昭等文武官員商議取荊州之策步騭曰曹操久欲篡漢所懼者劉備也今遣使來令吳與兵吞蜀此嫁禍於吳也（雲長不肯嫁女於吳無損曹操有意嫁禍不利於吳）權曰孤亦欲

取荆州分矣。陽曰：今曹仁見屯兵於襄陽、樊城，又無長江之險，旱路可取荆州，如何不取，却令主公動兵？只此便見其心。步隲畧有見識。張昭不如也。主公可遣使去許都見操，令曹仁旱路先起兵取荆州，雲長必掣荆州之兵而取樊城。若雲長一動，主公可遣一將暗取荆州，一鼓可得矣。為後文呂蒙襲荆州張本。權從其議，即時遣使過江上書與操，陳說此事。操大喜，發付使者先回，隨遣滿寵往樊城助曹仁為參謀官，商議動兵。吳議魏先發，是着乖處。一面馳檄東吳，令領兵水路接應，以取荆州。以上接下，吳魏兩邊；以下接應先主一邊。却說漢中王令魏延總督軍馬守禦東川遂引百官回成都差官起造宮庭又置館舍自成都至白水共建四百餘處館舍亭郵廣積糧草多造軍器以圖進取中原寫西川大起景色細作人探聽得曹操結連東吳欲取荊州即飛報入蜀漢中王忙請孔明商議孔明曰某已料曹操必有此謀然吳中謀士極多必教操令曹仁先興兵矣明見萬里是以謂之孔明漢中王曰似此如之奈何孔明曰可差使命就送官誥與雲長令先起兵取樊城使敵軍膽寒自然瓦解矣吳欲使魏先發孔明又使雲長先發一是讓先一是占先漢中王大喜即差前部司馬費詩為使賷

捧誥命投荆州來雲長出郭迎接入城至公廨禮畢雲長問曰漢中王封我何爵詩曰五虎大將之首雲長問那五虎將詩曰關張趙馬黃是也雲長怒曰翼德吾弟也孟起世代名家子龍久隨吾兄卽吾弟也位與吾相並可也黃忠何等人敢與吾同列大丈夫終不與老卒爲伍遂不肯受印公太好勝既不肯以虎配犬又不肯以虎並虎嚴顏老而翼德以爲壯黃忠不服老而雲長以爲老二公情性又自不同詩笑曰將軍差矣昔蕭何曹參與高祖同舉大事最爲親近而韓信乃楚之亡將也然信位爲王居蕭曹之上未聞蕭曹以此爲怨今漢中王雖有

五虎將之封而與將軍有兄弟之義視同一體（故以兄弟之義動之）將軍即漢中王漢中王即將軍也豈與諸人等哉將軍受漢中王厚恩當與同休戚共禍福不宜計較官號之高下願將軍熟思之（詩之善於說詞與張遼等）雲長大悟乃再拜曰某之不明非是下見教幾悞大事即拜受印綬費詩方出王旨令雲長領兵取樊城雲長領命即時便差傅士仁糜芳二人為先鋒先引一軍於荊州城外屯扎一面設宴城中款待費詩飲至二更忽報城外寨中火起雲長急披掛上馬出城看時乃是傅士仁糜芳飲酒帳後遺火

燒着火砲滿營撼動把軍器糧草盡皆燒燬便是不祥之兆雲長引兵救撲至四更方纔火滅雲長入城召傅士仁糜芳責之曰吾令汝二人作先鋒不曾出軍先將許多軍器糧草燒燬火砲打死本部軍人如此悞事要你二人何用叱令斬之爲後文二人背公伏線○於諸葛瑾當看軍師之面於糜芳當看亡嫂之面費詩告曰未曾出師先斬大將於軍不利可暫免其罪雲長怒氣不息叱二人曰吾不看費司馬之面必斬汝二人之首乃喚武士各決四十摘去先鋒印綬罰糜芳守南郡傅士仁守公安既輕待之又重託之此公之所以悞也且曰若吾得勝回

來之日稍有差池二罪俱罰二人滿面羞慚喏喏而去雲長便令廖化爲先鋒關平爲副將自總中軍馬良伊籍爲參謀一同征進先是有胡華之子胡班到荆州來投降關公公念其舊日相救之情甚愛之（胡班救關公是二十七回中事於此照應出來）令隨費詩入川見漢中王受爵費詩辭別關公帶了胡班自回蜀中去了且說關公是日祭了帥字大旗假寐於帳中忽見一猪其大如牛渾身黑色奔入帳中徑咬雲長之足（豕屬亥亥者水也其江東謀害之象乎）雲長大怒急拔劍斬之聲如裂帛霎然驚覺乃是一夢便覺左足陰陰疼痛

又是不祥之兆先主夢臂痛應在龐統關公夢足痛應在自身心中大疑喚關平至以夢告之平對曰猪亦有龍象龍附足乃升騰之意不必疑忌雲長聚多官於帳下告以夢兆或言吉祥者或言不祥者衆論不一雲長曰吾大丈夫年近六旬即死何憾○○○○說一死字亦是不祥之兆正言間蜀使至傳漢中王旨拜雲長爲前將軍假節鉞都督荊襄九郡事雲長受命訖衆官拜賀曰此足見猪龍之瑞也今日詳夢者大都類此於是雲長坦然不疑遂起兵奔襄陽大路而來曹仁正在城中忽報雲長自領兵來仁大驚欲堅守不出副將翟元曰今魏王令將軍

約會東吳取荊州今彼自來是送死也何故避之參謀滿寵諫曰吾素知雲長勇而有謀未可輕敵不如堅守乃爲上策驍將夏侯存曰此書生之言耳豈不聞水來土掩（豈知淹七軍之水竟不能以土掩乎）將至兵迎我軍以逸待勞自可取勝曹仁從其言令滿寵守樊城自領兵來迎雲長雲長知曹兵來喚關平廖化二將受計而往與曹兵兩陣對圓廖化出馬搦戰翟元出迎二將戰不多時化詐敗撥馬便走翟元從後追殺荊州兵退二十里（先退後進公亦善於用兵）次日又來搦戰夏侯存翟元一齊出迎荊州兵又敗又追殺

二十餘里（一退再退誘敵殊妙）忽聽得背後喊聲大震鼓角齊鳴曹仁急命前軍速回背後關平廖化殺來曹兵大亂曹仁知是中計先掣一軍飛奔襄陽離城數里前面繡旗招颭雲長勒馬橫刀攔住去路（寫得雲長聲勢）曹仁膽戰心驚不敢交鋒望襄陽斜路而走雲長不趕須臾夏侯存軍至見了雲長大怒便與雲長交鋒只一合被雲長砍死翟元便走被關平趕上一刀斬之乘勢追殺曹兵大半死於襄江之中曹仁退守樊城雲長得了襄陽賞軍撫民（此時取襄陽如反掌誠不料有後事）隨軍司馬王甫曰將軍一鼓而下襄陽曹

兵雖然喪膽然以愚意論之今東吳呂蒙屯兵陸口常有吞併荊州之意儻率兵逕取荊州如之奈何爲呂蒙襲荊州伏筆雲長曰吾亦念及此汝便可提調此事去沿江上下或二十里或三十里選高阜處置一烽火臺每臺用五十軍守之儻吳兵渡江夜則明火晝則舉煙爲號吾當親往擊之守之以烽火不若守之以人王甫曰糜芳傅士仁守二隘口恐不竭力必須再得一人以總督荊州爲後糜傅二人背漢伏筆雲長曰吾已差治中潘濬守之有何慮焉甫曰潘濬平生多忌而好利不可任用爲後文潘濬失事伏筆可差軍前都督糧料官

趙累代之。趙累爲人忠誠廉直，若用此人，萬無一失。（惜不用王甫之言。）雲長曰：吾素知潘濬爲人，今既差定，不必更改。趙累現掌糧料，亦是重事。汝勿多疑，只與我築烽火臺去。王甫怏怏拜辭而行。（荊州之失，實原於此。）雲長令關平准備船隻，渡襄江攻打樊城。却說曹仁折了二將，退守樊城，謂滿寵曰：不聽公言，兵敗將亡，失却襄陽，如之奈何？寵曰：雲長虎將，足智多謀，不可輕敵，只宜堅守。正言間，人報雲長渡江而來，攻打樊城。（離荊州愈遠。）仁大驚。寵曰：只宜堅守。部將呂常奮然曰：某乞兵數千，願當來軍於襄江之內。寵諫曰不可呂常怒曰據汝等文官之言只宜堅守何能退敵豈不聞兵法云軍半渡可擊兵法成語拘執不得令雲長軍半渡襄江何不擊之若兵臨城下將至壕邊急難抵當矣仁即與兵二千令呂常出樊城迎戰呂常來至江口只見前面繡旗開處雲長橫刀出馬呂常却欲來迎後面衆軍見雲長神威凜凜不戰先走寫得雲長聲勢呂常喝止不住雲長混殺過來曹兵大敗馬步軍折其大半殘敗軍奔入樊城曹仁急差人求救使命星夜至長安將書呈上曹操言雲長破了襄陽現圍樊城甚急望撥大將前來救援

曹操指班部內一人而言曰汝可去解樊城之圍其將應聲而出衆視之乃于禁也曹操此時頗無眼力禁曰某求一將作先鋒領兵同去操又問衆人曰誰敢作先鋒一人奮然出曰某願施犬馬之勞生擒關某獻於麾下操觀之大喜正是

未見東吳來伺隙　先看北魏又添兵

未知此人是誰且看下文分解

第七十四回

龐令名擡櫬決死戰

關雲長放水渰七軍

關公初欲與馬超比試而今與馬超之部將爭鋒是與戰馬超無異也馬超旣與關公爲一家而龐德乃與關公死戰是亦與戰馬超無異也以關公敵馬超猶未爲損重而以龐德鬬馬超毋乃爲背主乎其後旣不肯背曹操而降關公其初何以背馬騰而降曹操故龐德之死君子無取焉

關公以水勝者有二一爲白河之水一爲襄江之水白河

之水是奉孔明之命而小用之者也襄江之水是得孔明之意而大用之者也小用之不過火後之餘波大用之遂作軍前之勝筭蓋孔明以水濟火而關公則純用水純用水而水之功更大於前矣雖然玄德以孔明爲水孔明而用水猶之以水濟水耳若關公性烈如火面赤如火坐下之馬亦如火則雖純用水而亦可謂之以水濟火云

襄江之決可以渰七軍而不足以取樊城何也曰水之灌兵也易而灌城也難灌兵之水頓而速灌城之水漸而遲

速則敵不及防而遲則敵能自守也然則決泗水而取下邳決漳水而取冀州將毋曹操之用水獨勝於關公乎曰是又不然使下邳無侯成之納款冀州無審榮之獻門則二城未必可入操之幸勝豈盡水之力哉

關公之欲決襄江與冷苞之欲決涪江其謀無異不可以成敗論也苞之所以敗者彭羕告焉而龐統防焉公之所以勝者成何覺焉而于禁昧焉法正知之蚤故不移營而無傷龐德知之晚雖欲移營而無及同一謀而謀之成不

成亦觀敵之愚與不愚耳。

魚入罾口而關公坐享漁人之利矣乃龐德幾爲網之漏而卒爲俎之登于禁不爲梭之烹而幸爲池之畜其故何也蓋魚入罾而難脫此禁之所以被擒魚得水而不涸此禁之所以終活與

觀於樊城之不下而知天之不欲復興漢室也當單福取樊城之時其兵力不足以守樊城故其後終至於棄樊城及關公圍樊城之時其兵力將不止於取樊城則其時甚

利於得樊城而借乎其中四也讀書至此爲之三嘆

却說曹操欲使于禁赴樊城救援問衆將誰敢作先鋒一人應聲願往操視之乃龐德也操大喜曰關某威震華夏未逢對手今遇令名眞勁敵也遂加于禁爲征南將軍加龐德爲征西都先鋒大起七軍前往樊城天一生水地六成之七因水之數也這七軍皆北方強壯之士兩員領軍將校一名董衡一名董超當日引各頭目叅拜于禁董衡曰今將軍提七枝重兵去解樊城之厄期在必勝乃用龐德爲先鋒豈不悞事禁驚問其故衡曰龐德原係馬超

手下副將不得已而降魏今其故主在蜀職居五虎上將照應前事況其親兄龐柔亦在西川爲官又補敘前文所未及今使他爲先鋒是潑油救火也將軍何不啟知魏王別換一人去有此一段言語愈見下文龐德之不易禁聞此語遂連夜入府啟知曹操操省悟即喚龐德至堦下令納下先鋒印德大驚曰某正欲與大王出力何故不肯見用操曰孤本無猜疑但今馬超現在西川汝兄龐柔亦在西川俱佐劉備孤縱不疑奈衆口何操推託別人亦一激之之意龐德聞之免冠頓首流血滿面而告曰某自漢中投降大王每感厚恩雖肝腦塗

地不能補報大王何疑於德也德若在故鄉將與兄同居嫂甚不賢德棄辭殺之兄恨德入骨髓誓不相見恩已斷矣（殺嫂絕兄是爲無親）故主馬超有勇無謀兵敗椅亡孤身入川今與德各事其主舊義已絕（背主從操是爲無君）德感大王恩遇安敢萌異志惟大王察之操乃扶起龐德撫慰曰孤素知卿忠義前言特以安衆人之心耳卿可努力建功卿不負孤孤亦必不負卿也（老賊善於用人）德拜辭回家令匠人造一木櫬（亦是死兆）次日請諸友赴席列櫬於堂衆親友見之皆驚問曰將軍出師何用此不祥之物德舉杯謂親友

曰吾受魏王重恩誓以死報今去樊城與關某決戰我若不能殺彼必爲彼所殺即不爲彼所殺我亦當自殺故先備此櫬以示無空回之理若死於疆場當以馬革裹屍耳何以櫬爲眾皆嗟歎德與其妻李氏與其子龐會出謂其妻曰吾今爲先鋒義當効死疆場我若死汝好生看養吾兒吾兒有異相長大必當與吾報讐也以死自誓固是好漢惜其用之不當耳妻子痛哭送別德令扶櫬而行臨行謂部將曰吾今去與關某死戰我若被關某所殺汝等即取吾屍置此櫬中後被周倉活擒究竟此櫬無用我若殺了關某吾亦即取其首置此櫬內回獻

魏王。欄爲已設則可去（爲敵設蓋覺無謂）部將五百人皆曰將軍如此忠勇某等敢不竭力相助於是引軍前進有人將此言報知曹操操喜曰龐德忠勇如此孤何憂焉賈詡曰龐德恃血氣之勇欲與關某決死戰臣竊慮之○○○○（賈詡先料其敗）操然其言急令人傳旨戒龐德曰關某智勇雙全切不可輕敵可取則取不可取則宜謹守龐德聞命謂衆將曰大王何重視關某也吾料此去當挫關某三十年之聲價（誰知關公聲價雖死不悖乎）禁曰魏王之言不可不從德奮然趨軍前至樊城耀武揚威鳴鑼擊鼓却說關公正坐帳中忽探馬飛報曹操差于禁爲將領七枝精壯兵到來前部先鋒龐德單前擡一木櫬門出不遜之言誓欲與將軍決一死戰兵離城止三十里矣關公聞言勃然變色美髯飄動大怒曰天下英雄聞吾之名無不畏服龐德豎子何敢藐視吾耶關公好勝又遇着喚一箇不怕死的關平一面攻打樊城吾自去斬此匹夫以雪吾恨平曰父親不可以泰山之重與頑石爭高下辱子願代父去戰龐德關公曰汝試一往吾隨後便來接應關平出帳提刀上馬領兵來迎龐德兩陣對圓魏營一面皂旗上大書安南龐德四箇白字用白書字

便是掛孝之兆。龐德青袍銀鎧鋼刀白馬立於陣前背後五百頗似今之錦旂。軍兵緊隨步卒數人肩擡木櫬而出關平大罵龐德背主之賊。背主二字罵得切當。龐德問部卒曰此何人也或答曰此關公義子關平也德叫曰吾奉魏王旨來取汝父之首汝乃疥癩小兒吾不殺汝快喚汝父來龐德無兄豈祇關公有子平大怒縱馬舞刀來取龐德德橫刀來迎戰三十合不分勝負兩家各歇不是寫龐德是寫關公忽有人報知關公公大怒令廖化去攻樊城自己親來迎敵龐德關平接着言與龐德交戰不分勝負關公隨即橫刀出馬大叫曰關雲長在此龐德何不蚤來受死（龐德來討死，公乃欲以死與之。）鼓聲響處龐德出馬曰吾奉魏王旨特來取汝首恐汝不信備櫬在此汝若怕死下馬受降關公大罵曰量汝一匹夫亦何能爲可惜我青龍刀斬汝鼠賊（爲刀惜，亦當爲公惜。）縱馬舞刀來取龐德德輪刀來迎二將戰有百餘合精神倍長兩軍各看得癡獃了（在衆人眼中寫一句。）魏軍恐龐德有失急令鳴金收軍關平恐父年老亦急鳴金二將各退龐德歸寨對衆曰人言關公英雄今日方信也（德亦心服。）正言間于禁至相見畢禁曰聞將軍戰關公百合之上未得便宜何不且退軍避之德奮然曰魏王命將軍為大將何太弱也吾來日與關某共決一死誓不退避（到底只是要尋死）禁不敢阻而回却說關公回寨謂關平曰龐德刀法慣熟真吾敵手平曰俗云初生之犢不懼虎父親縱然斬了此人只是西羌一小卒耳倘有疏虞非所以重伯父之託也（關平之言深見大體）關公曰吾不殺此人何以雪恨吾意已決再勿多言次日上馬引兵前進龐德亦引兵來迎兩陣對圓二將齊出更不打話出馬交鋒鬬至五十餘合龐德撥回馬拖刀而走關公從後追趕關平恐有疎失亦隨後趕去（關平

處處精細。關公口中大罵：「龐賊欲使拖刀計，吾豈懼汝！」原來龐德虛作拖刀勢，却把刀就鞍轎掛住，偷拽雕弓，搭上箭，射將來。不能以刀勝，而欲以箭勝，亦不算英雄。關平眼快，見龐德拽弓，大叫：「賊將休放冷箭！」關平能。關公急睜眼看時，弓弦響處，箭早到來，躲閃不及，正中左臂。關平馬到，救父回營。龐德勒回馬輪刀趕來，忽聽得本營鑼聲大震。德恐後軍有失，急勒馬回。原來于禁見龐德射中關公，恐他成了大功，滅禁威風，故鳴金收軍。于禁初阻龐德，今故忌之。龐德回馬，問何故鳴金。于禁曰：「魏王有戒：關公智勇雙全，他雖中箭，只恐有許故鳴金收軍、解說得勉强。德曰、若不收軍、吾已斬了此人也。有關平相救、只怕未必。禁曰、聞行無好步、當緩圖之、龐德不知于禁之意、只懊悔不已、却說關公回營、拔了箭頭、幸得箭射不深、用金瘡藥敷之、後文有一箭射得重、此處先有一箭射得輕、爲之作引。關公痛恨龐德、謂眾將曰、吾誓報此一箭之讐、眾將對曰、將軍且待安息幾日、然後與戰未遲、

次日人報龐德引軍搦戰、關公就要出戰、眾將勸住、龐德令小軍毀罵、關平把住隘口、分付眾將休報知關公、寫關平精細之極。龐德搦戰十餘日、無人出迎、乃與于禁商議曰、眼見關公箭瘡舉發、

不能動止不若乘此機會統七軍一擁殺入寨中可救樊城之圍于禁恐龐德成功只把魏王戒肯相推不肯動兵于禁忌龐德立爲龐德背馬超之報龐德累欲動兵于禁只不允乃移七軍轉過山口離樊城北十里依山下寨禁自領兵截斷大路令龐德屯兵於谷後龐德前爲楊松之忌遂降曹操使德不能進兵成功令有于禁之忌何不降關公却說關平見關公箭瘡已合甚是喜悅忽聽得于禁移七軍於樊城之北下寨未知其謀[illegible]知關公公遂上馬引數騎上高阜處望之見樊城城上旗[illegible]不整軍士慌亂又入在關公眼中幫寫樊城一筆城北十里山

谷之內屯着軍馬又見襄江水勢甚急伏筆甚妙看了半晌喚鄉導官問曰樊城北十里山谷是何地名對曰罾口川也關公大喜曰于禁必爲我擒矣將士問曰將軍何以知之關公曰于入罾口豈能久乎坡名落鳳龐統被射川名罾口于禁被擒正復相似而龐統則自覺之于禁則不自知而關公知之諸將未信公回本寨時值八月秋天驟雨數日公令人預備船筏收拾水具關平問曰陸地相持何用水具公曰非汝所知也于禁七軍不屯於廣易之地而聚於罾口川險隘之處方今秋雨連綿襄江之水必然泛漲吾已差人堰住各處水口待水發

時乘高就船放水一淹樊城罾口川之兵皆爲魚鼈矣不獨于禁爲魚七軍皆爲魚矣關平拜服却說魏軍屯於罾口川連日大雨不止督將成何來見于禁曰大軍屯於川口地勢甚低雖有土山離營稍遠即今秋雨連綿軍士艱辛近有人報說荆州兵移於高阜處關公移兵在成何口中補出又於漢水口預備戰筏倘江水泛漲我軍危矣宜蚤爲計于禁叱曰匹夫惑吾軍心耶再有多言者斬之于禁可謂知兵今何愚昧之甚總之人不可以有私私則倣明可不戒哉成何羞慚而退却來見龐德說此事德曰汝所見甚當于將軍不肯移兵吾明日自移軍屯於

他處。只怕等明日不得。計議方定，是夜風雨大作。龐德坐於帳中，只聽得萬馬爭奔，征鼙震地。德大驚，急出帳上馬看時，四面八方大水驟至，七軍亂竄，隨波逐浪者，不計其數。平地水深丈餘。于禁、龐德與諸將各登小山避水。地水師化作水山寨。比及平明，關公及衆將皆搖旗鼓譟，乘大船而來。于禁見四下無路，左右止有五六十人，料不能逃，口稱願降。不齊○○○○○○○○乎。關公令盡去衣甲，拘收入船。初入習口今則已人無用。然後來擒龐德。時龐德并二董及成何，與步卒五百人，皆無衣甲，立在堤上。見關公來，龐德全無懼怯，奮然前來接戰。

關公將船四面圍定軍士一齊放箭射死魏兵大半董衡董超見勢已危乃告龐德曰軍士折傷大半四下無路不如投降龐德大怒曰吾受魏王厚恩豈肯屈節於人遂親斬董超董衡於前。[其初本是二董疑龐德今反是龐德殺二董出於意外。]厲聲曰再說降者以此二人為例於是眾皆奮力禦敵自平明戰至日中勇力倍增關公催四面急攻矢石如雨德令軍士用短兵接戰德回顧成何曰吾聞勇將不怯死以苟免壯士不毀節而求生[此二語在被擒於曹操時何不記之。]今日乃我死日也。[死則死矣但不知木櫬何處去耳。]汝可努力死戰成何依令向前被關公一箭射落水中衆軍皆降止有龐德一人力戰正遇荊州數十人駕小舟近隄來德提刀飛身一躍早上小船立殺十餘人（有此本事可惜用之不得其當）餘皆棄船赴水逃命龐德一手提刀一手使短棹欲向樊城而走（與許褚渭橋之舟彷彿相類）只見上流頭一將撐大筏而至將小船撞翻龐德落於水中船上那將跳下水去生擒龐德上船衆視之擒龐德者乃周倉也（先敘其功後出其名）倉素知水性又在荊州住了數年愈加慣熟更兼力大因此擒了龐德（又補敘周倉武藝）于禁所領七軍皆死於水中其會水者料無去路亦俱

投降後人有詩曰

夜半征鼙響震天、襄樊平地作深淵、
關公神算誰能及、華夏威名萬古傳、

關公回到高阜去處、升帳而坐、羣刀手押過于禁來、禁拜伏於地、乞哀請命、大失體面。關公曰汝怎敢抗吾、禁曰上命差遣身不由已、望君侯憐憫、誓以死報、公綽髯笑曰吾殺汝猶殺狗彘耳、空污刀斧、令人縛送荊州大牢內監候、荊州大牢權作放生池。待吾回別作區處、發落去訖、爲後文伏筆。關公又令押過龐德、德睜眉怒目立而不跪不肯跪關公獨肯跪曹操殊無足取關公曰汝兄現在漢中汝故主馬超亦在蜀中爲大將汝如何不蚤降絕不記被射之恨何等卓犖德大怒曰吾寧死於刀下豈降汝耶德之所以不降者想以妻子在許昌故耶然可殺兒可絕而妻子獨不可棄耶罵不絕口公大怒喝令刀斧手推出斬之德引頸受刑關公憐而葬之此時定是關公另以木櫬葬之原來之櫬不知漂汝歸何所矣於是乘水勢未退復上戰船引大小將校來攻樊城却說樊城周圍白浪滔天水勢益甚城垣漸漸浸塌男女擔土搬磚填塞不住曹仁諸將無不喪膽慌忙來告曹仁曰今日之危非力可救可趁敵軍未至乘舟夜

走。雖然失城。尚可全身。皆是怕死的。仁從其言。方欲備船出走。滿寵諫曰。不可。山水驟至。豈能長存。不旬日即當自退。成何知水之將來。滿寵知水之將去。而一見聽。一不見聽。亦有幸有不幸焉。關公雖未攻城。已遣別將在郟下。其所以不敢輕進者。慮吾軍襲其後也。今若棄城而去。黃河以南非國家之有矣。願將軍固守此城。以為保障。仁拱手稱謝曰。非伯寧之教。幾悞大事。若無滿寵。則樊城必為關公所有。關公既得樊城。則舉黃河以南。皆可據而有之。如是。則呂蒙雖襲荊州。而關公猶不至於無以自立也。而滿寵言之。曹仁聽之。豈非天哉。乃騎白馬上城。聚衆將發誓曰。吾受魏王命。保守此城。但有言棄城而去者斬。諸將皆曰某等願以死據守仁大喜就城上設弓弩數百軍士晝夜防護不敢懈怠老幼居民擔土石塡塞城垣旬日之內水勢漸退關公自擒魏將于禁等威震天下無不驚駭忽次子關興來寨內省親關興於此處出現公就令興賫諸官立功文書去成都見漢中王各求陞遷但求陞遷而不求添兵相助是亦深虞處興拜辭父親逕投成都去訖廝此一去關公留得一子了却說關公分兵一半直抵郟下公自領兵四面攻打樊城當日關公自到北門立馬揚鞭指而問曰汝等鼠輩不蚤來降更待何時正言間曹仁在敵樓上見關公身上止

[illegible]箭公急勒

回馬時右臂上中一弩箭翻身落馬正是

水裹七軍方喪膽　城中一箭忽傷身

未知關公性命如何且看下文分解

四大奇書第一種卷三十八

茂苑毛宗崗序始氏評　　吳門杭永年資能氏評定

第七十五回

關雲長刮骨療毒

呂子明白衣渡江

吉平截指罵賊是良醫爲烈漢關公刮骨療毒是烈漢遇良醫可見忠臣義士不怕疼痛若怕疼痛便做不得忠臣義士矣然臨難不怕必是平日先不怕惟平日有刮骨之

關公然後臨難有截指之吉平也
華陀醫周泰一請便到醫關公不請自來古之名醫志在濟人利物絕不似今之名醫善於拏班巧於圖利幾番邀請方纔入門先講謝儀然後動手也能慕忠臣者即是忠臣能救義士者即是義士吉平華陀是一人不是兩人
此卷方寫關公有病而如無病便即寫呂蒙無病爲詐有病方寫華陀醫眞病便接寫陸遜醫假病華陀知藥爲之毒而去其毒是以藥治藥也陸遜知呂蒙之假病而又教

之以託病是以病醫病也而又有奇焉者關公有受病之臂亦有受病之心尊己而傲物是受病之心也陸遜有去病之方亦有發病之方幣重而言甘是發病之方也呂蒙辭職而關公以爲去一疾視去臂上之疾而更快乃荆州撤備而關公又中一毒視中藥箭之毒而更深若孔明以借風醫周郎而周郎愈龐統以連環醫北軍而北軍亡二公分用之而陸遜以一人兼用之比前文更自出色

觀孫權之聽呂蒙而吳與魏皆爲僕賊矣權若乘關公之

距樊城而北取徐州以共分中原則漢室可興而操賊可滅奈何慮砍案之誓背昔日之盟而反陰與操約以圖關公乎所以然者不過爭一荆州耳劉備取荆州於曹操本未嘗假荆州於孫權其曰借曰還不過孔明一時權變之辭欲結權以爲討操之助而乃認爲眞借而望其眞還分之不足又從而襲之致使立德之志不得伸而關公之功不得就豈不重可恨哉

周瑜在而孫劉之交離周瑜死而孫劉之交合魯肅用而

孫劉之交合魯肅死而孫劉之交又離蓋周瑜之見異於魯肅而魯肅之見又異於呂蒙也肅欲結劉備以拒操與孔明所見畧同故終魯肅之世吳蜀未嘗相攻及呂蒙柄用而背盟失義至於如此悲夫

曹仁欲棄樊城而滿寵止之曹操欲離許昌而司馬懿又止之夫樊城棄而大河以南皆震動矣許都遷而大河以北亦皆震動矣乃韓信破趙之先聲足以奪燕而遂能取燕關公破襄陽之先聲足以奪操而卒不能取操豈關公

之用兵不如韓信哉遭時之不偶耳唐人詩云關張無命欲何如誠哉其無命也先主輕陸遜而敗蚤有關公輕陸遜而失以爲之樣子矣呂蒙白衣摇櫓而取荆州先有周善白衣摇櫓而取孫夫人以爲之樣子矣凡有一事於後必先有一事以見其端者故曰前事不忘後事之師

却説曹仁見關公落馬即引兵衝出城來被關平一陣殺回救關公歸寨拔出臂箭原來箭頭有藥毒已入骨右臂青腫不能

運動。龐德心毒而箭不毒。曹仁箭毒而心亦毒。關平攙與衆將商議曰父親若損此臂安能出敵不如暫回荊州調理於是與衆將入帳見關公問曰汝等來有何事衆對曰某等因見君侯右臂損傷恐臨敵致怒衝突不便衆議可暫班師回荊州調理。周郎在南郡中箭而程普勸其回軍。關公在樊城中箭而關平勸其回軍。周郎之受傷也輕。關公之受傷也重。極相似又極不相似。公怒曰吾取樊城只在目前取了樊城即當長驅大進逕到許都勦滅操賊以安漢室。不必有是事。不可無是心。既已有是心。即如有是事。壯哉關公。千古仰之。豈可因小瘡而悞大事汝等敢慢吾軍心耶平等默然而退衆將見公不肯退兵瘡久不痊只得四方訪問名醫忽一日有人從江東駕小舟而來直至寨前小校引見關平平視其人方巾濶服臂挽青囊自言姓名乃沛國譙郡人姓華名陀字元化因聞關將軍乃天下英雄今中毒箭特來醫治（不請自來脫盡近日名醫之套）平曰莫非昔日醫東吳周泰者乎（借關平口中將十五回中事一提）陀曰然平大喜即與衆將同引華陀入帳見關公時關公本是臂疼恐慢軍心無可消遣正與馬良奕棋聞有醫者至即召入禮畢賜坐茶罷陀請臂視之公袒下衣袍伸臂令陀看視陀曰此乃弩箭所傷其中有烏頭之

藥直透入骨若不早治此臂無用矣（先講病源）公曰用何物治之陀曰某自有治法但恐君侯懼耳（未說出治法先用一驚人語）公笑曰吾視死如歸有何懼哉（不懼敵豈懼醫）陀曰當於靜處立一標柱上釘大環請君侯將臂穿於環中以繩繫之然後以被蒙其首吾用尖刀割開皮肉直至於骨刮去骨上箭毒用藥敷之以線縫其口方可無事但恐君侯懼耳（既說出治法又用一驚人語）公笑曰如此容易何用柱環（不懼箭豈懼刀）令設酒席相待公飲數杯酒畢一面仍與馬良奕棋伸臂令陀割之（如此神醫難得如此病人更難得）陀取尖刀在手令一小校捧

一大盆於臂下接血陀曰某便下手君侯勿驚臨下手時再用一驚人語公曰任汝醫治吾豈比世間俗子懼痛者耶華陀之語驚人關公之語更是驚人陀乃下刀割開皮肉直至於骨骨上已青陀用刀刮骨悉悉有聲帳上帳下見者皆掩面失色今日讀者亦爲之寒心何況當日見者能不爲之失色公飲酒食肉談笑奕棋全無痛苦之色若以他人當此膚色既青面色必白青色既去面色亦失矣須臾血流盈盆陀刮盡其毒敷上藥以線縫之公大笑而起謂衆將曰此臂伸舒如故並無痛矣先生真神醫也如此醫人是神醫如此病人亦是神人陀曰某爲醫一生未嘗見此君侯真天神也病人未嘗見此

醫人。醫人亦未曾見此病人。後人有詩曰

治病須分內外科。世間妙藝苦無多。

神威罕及惟關將。聖手能醫說華陀。

關公箭瘡既愈。設席欵謝華陀。陀曰。君侯箭瘡雖治。然須愛護。切勿怒氣傷觸。過百日後。平復如舊矣。關公以金百兩酬之。陀曰。某聞君侯高義。特來醫治。豈望報乎。堅辭不受。不索謝儀。又脫盡近日名醫之套。留藥一貼。以敷瘡口。辭別而去。卻說關公擒了于禁。斬了龐德。威名大震。華夏皆驚。探馬報到許都。以上接下關公一邊。以下再敘曹操一邊。

曹操大驚聚文武商議曰孤素知雲長智勇蓋世今據荆襄如虎生翼于禁被擒龐德被斬魏兵挫鋭倘彼率兵直至許都如之奈何孤欲遷都以避之此時老賊亦膽落矣曹操欲離許都與曹仁欲棄樊城一樣怕法司馬懿諫曰不可于禁等被水所淹非戰之故於國家大計本無所損今孫劉失好雲長得志孫權必不喜大王可遣使去東吳陳說利害令孫權暗暗起兵躡雲長之後許事平之日割江南之地以封孫權則樊城之危自解矣司馬懿之止曹操與滿寵之止曹仁差足相彷主簿蔣濟曰仲達之言是也今可即發使往東吳不必遷都動衆

操依允遂不遷都因歎謂諸將曰于禁從孤三十年何期臨危反不如龐德也人固不易知知人亦不易也今一面遣使致書東吳一面遣得一大將以當雲長之銳言未畢堦下一將應聲而出曰某願往操視之乃徐晃也操大喜遂發精兵五萬令徐晃爲將呂建副之尅日起兵曹仁有援兵關公無應兵衆寡之勢不敵前到楊陵坡駐劄看東南有應然後征進以上接下曹操一邊以下接入孫權一邊却說孫權接得曹操書信覽畢欣然應允自滿寵致書以後此是第二封矣即修書發付使者先回乃聚文武商議張昭曰近聞雲長擒于禁斬龐德威震華夏此言關公未可

勝操欲遷都以避其鋒今樊城危急遣使求救事定之後恐有反覆（此言關公縱可勝，而曹操又可疑。）權未及發言忽報呂蒙乘小舟自陸口來有事面稟權召入問之蒙曰今雲長提兵圍樊城可乘其遠出襲取荊州（但筭關公一邊，不筭曹操一邊。）權曰孤欲北取徐州如何（按下關公欲取曹操。）蒙曰今操遠在河北未暇東顧徐州守兵無多往自可克然其地勢利於陸戰不利水戰縱然得之亦難保守不如先取荊州全據長江別作良圖（按下曹操欲取荊州。）權曰孤本欲取荊州前言特以試卿耳卿可速為孤圖之孤當隨後便起兵也（魯肅若在必主取徐州之議以共分中原。必不使孫權攻關公以助曹操。呂蒙辭了孫權。回至陸口。蚤有哨馬報說。沿江上下或二十里或三十里。高阜處各有烽火臺。又聞荊州軍馬整肅。預有準備。蒙大驚曰。若如此。急難圖也。我一時在吳侯面前勸取荊州。今却如何處置。尋思無計。乃託病不出。周郎感西風而病。呂蒙感烽火而病。一是風症。一是火症。使人回報孫權。權聞呂蒙患病。心甚怏怏。陸遜進言曰。呂子明之病乃詐耳。非真病也。惟孔明知周瑜之病。惟陸遜知呂蒙之病。權曰。伯言既知其詐。可往視之。陸遜領命。星夜至陸口寨中。來見呂蒙。果然面無病色。關公真病而無病色。呂蒙假病而無病色。一是神威莫及。一是

（奸僞難遮）遜曰某奉吳侯命敬探子明貴恙蒙曰賤軀偶病何勞探問遜曰吳侯以重任付公公不乘時而動空懷鬱結何也蒙目視陸遜良久不語遜又曰愚有小方能治將軍之疾未審可用否（孔明能以方治周郎之病遜亦能以方治呂蒙之病）蒙乃屏退左右而問曰伯言良方乞早賜教遜笑曰子明之疾不過因荊州兵馬整肅沿江有烽火臺之備耳（先說病源）予有一計令沿江守吏不能舉火荊州之兵束手歸降可乎（後說醫法）蒙驚謝曰伯言之語如見我肺腑願聞良策陸遜曰雲長倚恃英雄自料無敵所慮者惟將軍耳將軍

乘此機會託疾辭職要醫他真病却仍教他詐病醫法絕奇絕幻更非華陀之所能及以陸口之任讓之他人他人者自己也陸遜不好說得自己故但云他人以人視我則我是他使他人卑辭讚美關公以驕其心彼必盡撤荊州之兵以向樊城若荊州無備用一旅之師別出奇計以襲之則荊州在掌握之中矣此是去病之藥三關六部俱已看明故有此妙劑蒙大喜曰真良策也由是呂蒙託病不起上書辭職陸遜回見孫權具言前計孫權乃召呂蒙還建業養病蒙至入見權權問曰陸口之任昔周公瑾薦魯子敬以自代後子敬又薦卿自代魯肅薦子明却於孫權口中補出省筆之法今卿亦須薦一

才望兼隆者代卿爲妙蒙曰若用望重之人雲長必然隄備陸遜意思深長而未有遠名非雲長所忌若即用以代臣之任必有所濟天下有名無實之人儘多若有實無名之人正不可多得權大喜即日拜陸遜爲偏將軍右都督代蒙守陸口遜謝曰某年幼無學恐不堪大任正取其年幼爲關公所輕權曰子明保卿必不差錯卿毋得推辭遜乃拜受印綬連夜往陸口交割馬步水三軍已畢即修書一封具名馬異錦酒禮等物遣使齎赴樊城見關公藥呂蒙者是良藥藥關公者是毒藥良馬異錦等物抵得箭上烏頭時公正將息箭瘡按兵不動忽報江東陸口守將呂蒙

病危孫權取回調理近拜陸遜爲將代呂蒙守陸口今遜令人賫書具禮特來拜見關公召入指來使而言曰仲謀見識短淺用此孺子爲將（以漢升爲老卒以伯言爲孺子老與幼皆不入公之眼）來使伏地告曰陸將軍呈書備禮一來與君侯作賀二來求兩家和好幸乞笑留（幣重而言甘誘我也）公折書視之書詞極其卑謹（言之太甘其中必苦）關公覽畢仰面大笑令左右收了禮物發付使者回去使者回見陸遜曰關公欣喜無復有憂江東之意遜大喜密遣人探得關公果然撤荆州大半兵赴樊城聽調（苦言藥也甘言疾也呂蒙之疾愈關公之疾作也）只待箭瘡

痊可便欲進兵遂察知備細即差人星夜報知孫權孫權召呂蒙商議曰今雲長果撤荊州之兵攻取樊城便可設計襲取荊州卿與吾弟孫皎同引大軍前去何如孫皎字叔明乃孫權叔父孫靜之次子也蒙曰主公若以蒙可用則獨用蒙若以叔明可用則獨用叔明兼用則敗專任則勝自古而然豈不聞昔日周瑜程普爲左右都督事雖決於瑜然普自以舊臣而居瑜下頗不相睦後因見瑜之才方始敬服照應四十四回中事今蒙之才不及瑜而叔明之親勝於普恐未必能相濟也老成之見權大悟遂拜呂蒙爲大都督總

制江東諸路軍馬令孫皎在後接應糧草蒙拜謝點兵三萬快船八十餘隻選會水者扮作商人皆穿白衣在船上搖櫓（周善用此法是小用之。呂蒙用此法是大用之。）却將精兵伏於𦨴𦪇船中次調韓當蔣欽朱然潘璋周泰徐盛丁奉等七員大將相繼而進其餘皆隨吳侯爲合後救應一面遣使致書曹操令進兵以襲雲長之後（此處不寫曹操一邊是省筆。）一面先傳報陸遜（此處不再寫陸遜一邊亦是省筆。）然後發白衣人駕快船往潯陽江去晝夜趲行直抵北岸江邊烽火臺上守臺軍盤問時吳人答曰我等皆是客商因江中阻風到此一避隨將財物送與守臺軍士軍士信之遂任其停泊江邊有臺而無人與無臺等有人而無人與無人等約至二更艣艫中精兵齊出將烽火臺上官軍縛倒暗號一聲八十餘船精兵俱起將緊要去處墩臺之軍盡行捉入船中不曾走了一箇於是長驅大進逕取荊州無人知覺趙雲關張襲三郡用虛寫令呂蒙襲荊州用實寫將至荊州呂蒙將沿江墩臺所獲官軍用好言撫慰各各重賞令賺開城門縱火爲號衆軍領命呂蒙便教前導比及半夜到城下叫門門吏認得是荊州之兵開了城門衆軍一聲喊起就城門裏放起號火前有城外之火今有城中之火吳

兵齊入襲了荊州呂蒙便傳令軍中如有妄殺一人妄取民間一物者定按軍法原任官吏並依舊職此非呂蒙好處正是呂蒙好處將關公家屬另養別宅不許閒人攪擾與呂布不害玄德家小相似一面遣人申報孫權一日大雨蒙上馬引數騎點看四門忽見一人取民間箬笠以蓋鎧甲蒙喝左右執下問之乃蒙之鄉人也蒙曰汝雖係我同鄉但吾號令已出汝故犯之當按軍法只欲結荊州之人遂顧不得同鄉之人其人泣告曰某恐雨濕官鎧故取遮蓋非為私用乞將軍念同鄉之情蒙曰吾固知汝為覆官鎧然終是不應取民間之物

此左右推下斬之梟首傳示畢然後收其屍首泣而葬之與曹操割髪以示衆一樣奸詐自是三軍震肅不一日孫權領衆至呂蒙出郭迎接入衙權慰勞畢仍命潘濬爲治中掌荊州事潘濬無用果應王甫之言監内放出于禁遣歸曹操爲後文盡廟伏筆安民賞軍設宴慶賀權請呂蒙曰今荊州已得但公安傅士仁南郡麋芳此二處如何收復言未畢忽一人出曰不須引弓隻箭某憑三寸不爛之舌說公安傅士仁來降可乎衆視之乃虞翻也權曰仲翔有何良策可使傅士仁歸降翻曰其自幼與士仁交厚今若以利害說之彼必

歸矣。與李恢說馬超彷彿相似。權大喜。遂令虞翻領五百軍還奔公安來。却說傅士仁聽知荆州有失。急令閉城堅守。虞翻至見城門緊閉。遂寫書拴於箭上。射入城中。軍士拾得。獻與傅士仁。士仁拆書視之。乃招降之意。覽畢。想起關公去日恨吾之意。不如蚤降。應照七十三回中事。即令大開城門。請虞翻入城。二人禮畢。各訴舊情。翻說吳侯寬洪大度。禮賢下士。士仁大喜。即同虞翻齎印綬來荆州投降。孫權大悅。仍令去守公安。未識此時劉璋在公安作何行徑。○玄德取益州於劉璋。而荆州又爲人所奪。得無報反之道有然耶。爲之一嘆。呂蒙密謂權曰。今雲長未獲。留士仁

於公安久必有變不若使往南郡招糜芳歸降（招糜芳卽用士仁殊不費力）

權乃召傅士仁謂曰糜芳與卿交厚卿可招來歸降孤自當有重賞傅士仁慨然領諾遂引十餘騎徑投南郡招安糜芳正是

今日公安無守志　從前王甫是良言

未知此去如何且看下文分解

第七十六回

徐公明大戰沔水（音勉）

關雲長敗走麥城

徐晃聲東擊西此渡彼現只一員正將兩員副將寫來卻有千軍萬馬之勢可謂用兵之能者矣晃之戰沔水與張遼之戰合淝彷彿相類兩人皆有大將才故關公與之友善然遼能救公於患難之中晃獨窮公於患難之際則晃之爲人殆遜於遼云

田單之克復齊城也以騎劫焚城外之骨關公之不得復荆州也以呂蒙能撫城中之民此則其事之相反者矣張良之以楚歌散楚兵也欲使楚人之去呂蒙之以荆兵召

荆兵也欲使荆人之來此則其事之相類而相反者矣關
公用陽而呂蒙用陰關公用剛而呂蒙用柔其存恤將士
之家重待使命之辱極加厚處正是極奸猾處
呂蒙之算傅士仁與傅士仁之算糜芳同一機謀也蒙恐
士仁之志未堅招糜芳則士仁無貳心矣士仁恐糜芳之
意未決殺使者則糜芳無歸路矣孫權之策荆州與曹操
之策樊城各一機謀也吳致魏書而囑魏勿洩恐關公知
之而回救則荆州之襲未穩矣魏得吳書而故令公知使

荆兵知之而欲歸則樊城之圍自解矣或同或異俱極攄謀之巧

或謂關公之走麥城與前之屯土山無異也何以前不拒張遼之說而後獨拒諸葛瑾之言曰公固降漢不降曹者也操非借漢之名以招之終不能致之者也公但知有漢不知有曹不知有曹又何知有孫然則其守麥城之心猶然守土山之心耳

劉封之不發救兵孟達實教之然則劉封之罪其將覛孟

達而未減平曰是不然達故蜀之降將劉璋可背則關公何不可背我無責焉耳若劉封則漢中王之養子也王與關公爲一體負關公則是負王負關公猶可言也負漢中王不可言也此不得爲劉封恕

却說糜芳聞荊州有失正無計可施忽報公安守將傅士仁至芳忙接入城問其事故士仁曰吾非不忠勢危力困不能支持我今已降東吳將軍亦不如蚤降芳曰吾等受漢中王厚恩安忍背之（此人尚有良心）士仁曰關公去日痛恨吾二人儻一日得勝而

陋必無輕忽公細察之芳曰吾兄弟入事漢中王豈可一朝相背（不忍背玄德又不忍背糜竺）正猶豫間忽報關公遣使至接入廳上使者曰關公軍中缺糧特來南郡公安二處取白米十萬石令二將軍星夜去解軍前交割如遲立斬（分明是一道催批催入東吳）芳大驚顧謂傅士仁曰今荊州已被東吳所取此糧怎得過去士仁厲聲曰不必多疑遂拔劍斬來使於堂上（二人之罪糜芳從末減）芳驚曰公如何士仁曰關公此意正要斬我二人我等安可束手受死公今不蚤降東吳必被關公所殺正說間忽報呂蒙引兵殺至城下（又是

一道催批芳大驚乃同傳士仁出城投降（劉璋之妻弟費觀背姊夫而從玄德玄德之妻弟糜芳亦背姊夫而從東吳兩事相類）蒙大喜引見孫權權重賞二人安民已畢大犒三軍（以上按下孫權一邊以下再敘曹操一邊）時曹操在許都正與衆謀士議荊州之事忽報東吳遣使奉書至操召入使者呈上書信操折視之書中具言吳兵將襲荊州求操夾攻雲長且囑勿洩漏使雲長有備也（書在襲荊州之前此處照應前文）操與衆謀士商議主簿董昭曰今樊城被困引頸望救不如令人將書射入樊城以寬軍心且使關公知東吳將襲荊州彼恐荊州有失必速退兵却令徐晃乘

勢掩殺可獲全功。東吳囑魏勿洩，魏却欲洩之以亂關公之心。各人使乖，各人爲己，兩樣肚腸，一般權詐。操從其謀。一面差人催徐晃急戰。一面親統大兵逕往雒陽之南陽陸坡駐札以救曹仁。以上按下曹操。以下又叙徐晃。却說徐晃正坐帳中忽報魏王使至。晃接入問之。使曰。今魏王引兵已過雒陽。令將軍急戰關公以解樊城之困。正說間。探馬報說關平屯兵在偃城。廖化屯兵在四冢。前後一十二介寨柵連絡不絕。晃即差副將徐商呂建假着徐晃旗號前赴偃城與關平交戰。晃却自引精兵五百循沔（音勉）水去襲偃城之後。呂蒙襲荊州用假客船。徐晃襲偃城用假旗號。且說關平聞徐晃自引兵至遂提本部兵迎敵兩陣對圓關平出馬與徐商交鋒只三合商大敗而走呂建出戰五六合亦敗走平乘勢追殺二十餘里忽報城中火起平知中計急勒兵回救偃城正遇一彪軍擺開徐晃立馬在門旗下高叫曰關平賢姪好不知死汝荆州已被東吳奪了猶然在此狂為故意在軍前說出以亂衆軍之心平大怒縱馬輪刀直取徐晃不三四合三軍喊叫偃城中火光大起平不敢戀戰殺條大路逕奔四冢寨來廖化接着化曰人言荆州已被呂蒙襲了軍心驚慌如之奈何皆是魏軍散布此言却在廖化

口中叙出平曰此必詐言也軍士再言者斬之忽流星馬到報說北第一屯被徐晃領兵攻打此特假徐晃非真徐晃也平曰若第一屯有失諸營豈得安寧此間皆靠沔水賊兵不敢到此吾與汝同去救第一屯廖化喚部將分付曰汝等堅守營寨如有賊到即便舉火部將曰四冢寨鹿角十重雖飛鳥亦不能入何慮賊兵爲後文作反襯於是關平廖化盡起四冢寨精兵奔至第一屯住扎關平看見魏兵屯於淺山之上誘敵之計謂廖化曰徐晃屯兵不得地利今夜可引兵劫寨化曰將軍可分兵一半前去某當謹守本寨是

夜關平引一枝兵殺入魏寨不見一人平知是計火速退時左邊徐商右邊呂建兩下夾攻（但見二將不見徐晃晃此時已在四冢寨矣）徐平大敗回營魏兵乘勢追殺前來四面圍住關平廖化支持不住棄了第一屯逕投四冢寨來早望見寨中火起急到寨前只見皆是魏兵旗號（奪偃城用實寫奪四冢用虛寫）關平等退兵忙奔樊城大路而走前面一軍攔住為首大將乃是徐晃也（寫得徐晃出沒不測）平化二人奮死戰奪路而走回到大寨來見關公曰今徐晃奪了偃城等處又兼曹操自引大軍分三路來救樊城多有人言荊州已被呂蒙襲

了關公喝曰此敵人詭言以亂我軍心耳東吳呂蒙病危孺子陸遜代之不足爲慮（方知陸遜用計之妙）言未畢忽報徐晃兵至公令備馬平諫曰父體未痊不可與敵公曰徐晃與吾有舊深知其能若彼不退吾先斬之以警魏將遂披掛提刀上馬奮然而出魏軍見之無不驚懼（關公之威雖死猶在何况當日）公勒馬問曰徐公明安在魏營門旗開處徐晃出馬欠身而言曰自別君侯倏忽數載不想君侯鬚髮已蒼白矣憶昔壯年相從多蒙教誨感謝不忘今君侯英風震於華夏使故人聞之不勝歎羨茲幸得一見深慰渴

懷與曹操對韓遂語相似公曰吾與公明交契深厚非比他人今何故數窮吾兄耶晃回顧衆將厲聲大叫曰若取得雲長首級者重賞千金忽然變臉前恭後倨又與曹操對韓遂大是不同公驚曰公明何出此言晃曰今日乃國家之事某不敢以私廢公與關公在華容時何嘗天襄言訖揮大斧直取關公公大怒亦揮刀迎之戰八十餘合公雖武藝絕倫終是右臂少力關平恐公有失火急鳴金公撥馬回寨忽聞四下裏喊聲大震原來是樊城曹仁聞曹操救兵至引軍殺出城來不從曹仁一邊敘來却從關公一邊寫出省筆與徐晃會合兩下夾攻荊州兵大亂關

公上馬引衆將急奔襄江上流頭背後魏兵追至關公令奔襄江望襄陽而奔忽流星馬到報說荊州已被呂蒙所奪了被陷。此時方知荊州事。關公大驚不敢奔襄陽提兵投公安來探馬又報公安傅士仁已降東吳了。此時方知公安事。關公大怒忽催糧人到報說公安傅士仁往南郡殺了使命招糜芳都降東吳去了。此時方知南郡事。關公聞言怒氣沖塞瘡口迸裂昏絕於地衆將救醒公

○○○○○○○○○○○○○○○○○○照應七十三回中語。

顧謂司馬王甫曰悔不聽足下之言今日果有此事因問沿江上下何不舉火探馬荅曰呂蒙使水手盡穿白衣扮

作客商渡江將精兵伏於艛艫之中先擒了守臺士卒因此不得舉火公跌足嘆曰吾中奸賊之謀矣有何面目見兄長耶○○○○○○○公此時之志已誓在必死管糧都督趙累曰今事急矣可一面差人往成都求救一面從旱路去取荊州關公依言差馬良伊籍齎文三道星夜赴成都求救恨請援之不蚤耳一面引兵來取荊州自領前隊先行留廖化關平斷後按下關公再叙曹操卻說樊城圍解曹仁引衆將來見曹操泣拜請罪操曰此乃天數非汝等之罪也操重賞三軍親至四冢寨周圍閱視顧謂諸將曰荊州兵圍塹鹿角數重徐公

明深入其中竟獲全功孫用兵三十餘年未敢長驅逕入敵圍

公明眞膽識兼優者也。玄德贊子龍只是一身耳今又皆嘆服曹操贊徐晃又添一箇識字

操班師還於摩陂駐扎徐晃兵至操親出寨迎之見晃軍皆按

隊伍而行並無差亂操大喜曰徐將軍眞有周亞夫之風矣直欲以摩陂當細柳遂封徐晃爲平南將軍同夏侯尚守襄陽以遏關公之

師操因荊州未定荊州已定而云未定者以關公尚在故耳就屯兵於摩陂以候消

息按下曹操再叙關公却說關公在荊州路上進退無路謂趙累曰目今

前有吳兵後有魏兵吾在其中救兵不至如之奈何累曰昔呂

蒙在陸口時嘗致書君侯兩家約好共誅操賊（前文但叙陸遜致書未叙呂蒙致書此又補前文之所未及）今卻助操而襲我是背盟也君侯暫住軍於此可差人遺書呂蒙責之看彼如何對答關公從其言遂修書差使赴荊州來卻說呂蒙在荊州傳下號令凡荊州諸郡有隨關公出征將士之家不許吳兵攪擾按月給與糧米有患病者遣醫治療將士之家感其恩惠安堵不動（不是呂蒙好處正是呂蒙奸處）忽報關公使至呂蒙出郭迎接入城以賓禮相待（惡極）使者呈書與蒙蒙看畢謂來使曰蒙昔日與關將軍結好乃一己之私見今日之

事乃上命差遣不得自主煩使者回報將軍善言致意關公单刀赴會全用硬呂蒙此時全用軟遂設宴款待送歸館驛安歇於是隨征將士之家皆來問信有附家書者有口傳音信者皆言家門無恙衣食不缺皆在呂蒙術中使者辭別呂蒙蒙親送出城使者回見關公具道呂蒙之語并說荊州城中君侯寶眷并諸將家屬俱各無恙供給不缺公大怒曰此好賊之計也吾生不能殺此賊死必殺之以雪吾恨為後文伏線喝退使者使者出寨衆將皆來探問家中之事使者具言各家安好呂蒙極其恩恤并將書信傳送各將各將

欣喜皆無戰心俱在呂蒙衛中關公率兵取荊州軍行之次將士多有逃回荊州者關公愈加恨怒遂催軍前進忽然喊聲大震一彪軍攔住爲首大將乃蔣欽也不從東吳敘來却從關公一邊撞見省筆之法勒馬挺鎗大叫曰雲長何不早降關公罵曰吾乃漢將豈降賊乎拍馬舞刀直取蔣欽不三合欽敗走關公提刀追殺二十餘里喊聲忽起左邊山谷中韓當領軍衝出右邊山谷中周泰引軍衝出蔣欽回馬復戰三路夾攻關公急撤軍回走行無數里只見南山岡上人烟聚集一面白旗招颭上寫荊州土人四字衆人都叫

本處人速速投降。（皆催散關公兵之計）關公大怒，欲上岡殺之，山崦內又有兩軍撞出，左邊丁奉，右邊徐盛，并合蔣欽等三路軍馬，喊聲震地，鼓角喧天，將關公困在垓心。（東吳既襲荊州，可以已矣，又使衆將來攻關公，其惡已甚）手下將士漸漸消疎，比及殺到黃昏，關公遙望四山之上，皆是荊州土兵，呼兄喚弟，覓子尋爺，喊聲不住，軍心盡變，皆應聲而去。（昔在呂蒙術中）關公止喝不住，部從止有三百餘人，殺至三更，正東上喊聲連天，乃是關平、廖化分兩路兵殺入重圍，救出關公。關平告曰：軍心亂矣，必得城池暫屯，以待援兵。麥城雖小，足可屯扎關公從之催促殘軍前至麥城（此時走麥城與二十五回奔土山相似）分兵緊守四門聚將士商議趙累曰此處相近上庸現有劉封孟達在彼把守可速差人往求救兵（成都之救遠上庸之救近急則取其近者）若得這枝軍馬接濟以待川兵大至軍心自安矣正議間忽報吳兵已至將城四面圍定公問曰誰敢突圍而出往上庸求救廖化曰某願往（馬良伊籍之去也易廖化之去也難急則不避其難者）關平曰我護送汝出重圍關公即修書付廖化藏於身畔飽食上馬開門出城正遇吳將丁奉截住被關平奮力衝殺奉敗走廖化乘勢殺出重圍投上庸去

了關平入城堅守不出且說劉封孟達自取上庸太守申耽率衆歸降因此漢中王加劉封爲副將軍與孟達同守上庸接敘七十二回中事當日探知關公兵敗二人正議間忽報廖化至封令請入問之化曰關公兵敗見困於麥城被圍至急蜀中援兵不能旦夕即至特命某突圍而出來此求救望二將軍速起上庸之兵以救此危儻稍遲延公必陷矣太史慈求救於平原是實如其來廖化來救於上庸是有因而至二則言之慷慨一則言之急切封曰將軍且歇容某計議如此急事有何計議計議便不像了化乃至館驛安歇只候發兵劉封謂孟達曰叔父被困如之奈

何達曰東吳兵精將勇且荆州九郡俱已屬彼止有麥城乃彈丸之地又聞曹操親督大軍四五十萬屯於摩陂量我等山城之衆安能敵兩家之强兵不可輕敵（又是一箇傅士仁。）封曰吾亦知之奈關公是吾叔父安忍坐視而不救乎達笑曰將軍以關公爲叔恐關公未必以將軍爲姪也某聞漢中王初嗣將軍之時關公即不悦（照應前文。）後漢中王登位之後欲立後嗣問於孔明孔明曰此家事也問關張可矣漢中王遂遣人至荆州問關公關公以將軍乃螟蛉之子不可僭立（補前文之所未及。）勸漢中王遠置將軍於上庸山城之地以杜後患此是孟達挑搆之語此事人人知之將軍豈反不知耶何今日猶沾沾以叔姪之義而欲冒險輕動乎如此挑搆阻撓可恨可惡封曰君言雖是但以何詞却之達曰但言山城初附民心未定不敢造次興兵恐失所守封從其言次日請廖化至言此山城初附之所未能分兵相救又是一箇糜芳○玄德於孔融疎矣於陶謙又疎矣而能因太史慈之請而救孔融又能因孔融之請而救陶謙今劉封乃聽孟達而拒廖化安得爲肖子乎化大驚以頭叩地曰若如此則關公休矣達曰我今即往一杯之水安能救一車薪之火乎將軍速回靜候蜀兵至可也化大慟告求直欲效包

胥之哭劉封孟達皆拂袖而入（劉封之殺兆於此）廖化知事不諧尋思須
告漢中王求救遂上馬大罵出城望成都而去卻說關公在麥
城聆望上庸兵到卻不見動靜手下止有五六百人多半帶傷
城中無糧甚是苦楚忽報城下一人教休放箭有話來見君侯
公令放入問之乃諸葛瑾也禮畢茶罷瑾曰今奉吳侯命特來
勸諭將軍自古道識時務者爲俊傑今將軍所統漢上九郡皆
已屬他人矣止有孤城一區內無糧草外無救兵危在旦夕將
軍何不從瑾之言歸順吳侯復鎮荊襄可以保全家眷幸君侯

熟思之。張遼說關公是說之以理，諸葛瑾說關公但告之以勢。公爲理屈，不爲勢屈也。關公正色而言曰：吾乃解良一武夫，漢文帝與南越王書曰：朕高皇帝側室之子也。公開口一語正與相類。蒙吾主以手足相待，安肯背義投敵國乎？城若破，有死而已。玉可碎而不可改其白，竹可焚而不可毀其節。身雖殞，名可垂於竹帛也。言貫金石。汝毋多言，速請出城，吾欲與孫權決一死戰。瑾曰：吳侯欲與君侯結秦晉之好，同力破曹，共扶漢室，別無他意。君侯何執迷如是？又照應前文做媒之事。言未畢，關平拔劍而前，欲斬諸葛瑾。義氣凜然，今之立於公側，誠不愧矣。公止之曰：彼弟孔明在蜀佐汝伯父，今若殺彼傷其兄之情也。自重其兄弟以及人之兄弟，惟其能忠，所以能恕。遂令左右逐出諸葛瑾。瑾滿面羞慚，上馬出城，回見吳侯曰：關公心如鐵石，不可說也。孫權曰：眞忠臣也。似此如之奈何？呂範曰：某請卜其休咎。魏有管輅之卜，吳有呂範之卜。一則知定軍於先時，一則戮麥城於臨事。權卽令卜之。範揲蓍成象，乃地水師卦，更有玄武臨應，主敵人遠奔。權問呂蒙曰：卦主敵人遠奔，卿以何策擒之？蒙笑曰：卦象正合某之機也。關公雖有冲天之翼，飛不出吾羅網矣。正是：

龍遊溝壑遭蝦戲，鳳入牢籠被鳥欺。

畢竟呂蒙之計若何，且看下文分解。

終

四大奇書第一種卷三十九

茂苑毛宗崗序始氏評　　吳門杭永年資能氏評定

第七十七回

玉泉山關公顯聖

洛陽城曹操感神

雲長安在一語抵得一部金剛經妙義以安在二字推之微獨雲長為然也吳安在魏安在蜀安在三分事業三國人才皆安在哉凡有在者不在而惟無在者常在知其安

在而雲長乃千古如在矣

昔之和尚能感神今之和尚善搗鬼看普靜獨自一箇在玉泉山修行方是清淨法師所以能點化雲長耳每見近日有一等沒髮光棍畧誦幾句多心經輒欲升座說法盜襲幾句野狐禪便稱棒喝宗門聚徒成羣遍都越闔哄動男女塡塞街巷布施金錢和尚搗鬼衆人見鬼總是一派鬼混恨不借雲長青龍刀一斬其魔障也

雲長英靈不泯固矣而赤兎馬亦在雲中豈馬爲英雄之

馬其英靈亦勝於人耶況青巾綠袍并青龍偃月刀皆依然如故得毋衣物器械亦有魂否曰無疑也其神靈則不獨相隨之人附之而靈其所用之物亦與之而俱靈乎也倉也馬也刀也巾也袍也皆宜與雲長並垂不朽者也

或疑關張並是英雄而雲長顯聖不聞翼德顯聖何也曰翼德何嘗不顯聖相傳有在唐留姓在宋留名之說今張睢陽岳武穆聲靈赫然廟祀甚肅豈非翼德之未嘗死乎況桃園三人非三人也一人而已雲長存即謂之翼德存

可耳且謂與玄德俱存亦無不可耳

關公旣經普靜點化之後人相我相一切皆空何又有追呂蒙罵孫權驚曹操告玄德之事乎曰雲長不以生死而有異玉泉山之關公與鎮國寺之關公非有兩關公也善善惡惡因乎自然而我無與焉追所當追罵所當罵驚所當驚告所當告直以爲未嘗追未嘗罵未嘗驚未嘗告而已矣不寧惟是五關斬將直是未嘗斬水渰七軍直是未嘗渰也

却說孫權求計於呂蒙，蒙曰：「吾料關某兵少，必不從大路而逃。麥城正北有險峻小路，必從此路而去。可令朱然引精兵五千，伏於麥城之北二十里。彼軍至，不可與敵，只可隨後掩殺。彼軍定無戰心，必奔臨沮。却令潘璋引精兵五百，伏於臨沮山僻小路，關某可擒矣。權志在於得荊州耳，何必害關公而後快。昔使魯肅而在，決不爲此。令遣將士各門攻打，只空北門，待其出走。」操圍公於土山不使之走，權圍公於麥城偏欲使之走。權聞計，令呂範再卜之。管輅只有一卜，呂範一事而有再卜。卦成，範告曰：「此卦主敵人投西北而走，今夜亥時必然就擒。」亥屬水，仍合玄武臨應之兆。權大喜，遂令朱然潘璋領兩枝精兵、各依軍令埋伏去訖、且說關公在麥城、計點馬步軍兵、止剩三百餘人、糧草又盡、是夜城外吳兵招喚各軍姓名、越城而去者甚多、項羽垓下之役、八千子弟、且俱散去、何況三百人乎、救兵又不見到、心中無計、謂王甫曰、吾悔昔日不用公言、今日危急、將復何如、甫哭告曰、今日之事、雖子牙復生、亦無計可施也、孔明見在、但遠不能救耳、趙累曰、上庸救兵不至、乃劉封孟達按兵不發之故、何不棄此孤城、奔入西川、再整兵來、以圖恢復、公曰、吾亦欲如此、遂上城觀之、見北門外敵軍不多、因問本城居民、此去往北地勢若何答曰此去皆是山僻小路可通西川公曰今夜可走此路王甫諫曰小路有埋伏可走大路此處若聽王甫之言或猶可免未可知也公曰雖有埋伏吾何懼哉即下令馬步官軍嚴整裝束準備出城甫哭曰君侯於路小心保重某與部卒百餘人死據此城城雖破身不降也此言亦可貫金石與公並垂不朽矣專望君侯速來救援公亦與泣別遂留周倉與王甫同守麥城關公自與關平趙累引殘卒二百餘人突出北門公于此時不即自殺者尚欲圖後舉以報漢中王也關公橫刀前進行至初更以後是亥時了約走二十餘里只見山凹處金鼓齊鳴喊聲大

震一彪軍到爲首大將朱然驟馬挺鎗叫曰雲長休走趁蚤投降免得一死公大怒拍馬輪刀來戰朱然便走公乘勢追殺一棒鼓響四下伏兵皆起公不敢戰望臨沮小路而走朱然率兵掩殺關公所隨之兵漸漸稀少（兵之漸少非必盡死也大率爲荆州兵招去耳）走不得四五里前面喊聲又震火光大起潘璋驟馬舞刀殺來公大怒輪刀相迎只三合潘璋敗走公不敢戀戰急望山路而走背後關平趕來報說趙累已死於亂軍中（趙累之死在關平口中叙出用虛寫妙）關公不勝悲惶遂令關平斷後公自在前開路隨行止剩得十餘人

行至決石兩下是山山邊皆蘆葦敗草樹木叢雜時已五更將盡呂範卜在亥時今却到五更讀者竊幸其數之不着矣正走之間一聲喊起兩下伏兵盡出長鉤套索一齊並舉先把關公坐下馬絆倒關公翻身落馬被潘璋部將馬忠所獲讀至此令人拍案一叫關平知父被擒火速來救背後潘璋朱然率兵齊至把關平四下圍住平孤身獨戰力盡亦被執讀至此又拍案一叫至天明孫權聞關公父子已被擒獲大喜可惡聚衆將於帳中少時馬忠簇擁關公至前權曰孤久慕將軍盛德欲結秦晉之好何相棄耶原來是不肯扳親之恨一笑公平昔自以為

天下無敵今日何由被吾所擒將軍今日還服孫權否曹操敬禮關公而孫權笑之不及曹操多矣關公厲聲罵曰碧眼小兒紫髯鼠輩吾與劉皇叔桃園結義誓扶漢室豈與汝叛漢之賊爲伍耶操爲漢賊而助操攻公則吳亦叛漢之賊也罵得快暢我今誤中奸計有死而已何必多言權回顧衆官曰雲長世之豪傑孤深愛之今欲以禮相待勸使歸降何如主簿左咸曰不可昔曹操得此人時封侯賜爵三日一小宴五日一大宴上馬一提金下馬一提銀如此恩禮畢竟留之不住聽其斬關殺將而去將公往事一提照應二十七回之前致使今日反爲所逼幾

欲遷都以避其鋒獨不提起華容之事何耶今主公既已擒之若不即除恐貽後患孫權沉吟半晌曰斯言是也遂命推出於是關公父子皆遇害曹操不害關公而孫權害之不及曹操多矣時建安二十四年冬十月也關公亡年五十八歲後人有詩歎曰

漢末才無敵　雲長獨出羣　神威能奮武　儒雅更知文
天日心如鏡　春秋義薄雲　昭然垂萬古　不止冠三分

又有詩曰

人傑惟追古解良　士民爭拜漢雲長　桃園一日兄和弟

俎豆千秋帝與王　氣挾風雷無匹敵　志垂日月有光芒
至今廟貌盈天下　古木寒鴉幾夕陽

關公既歿，坐下赤兎馬被馬忠所獲，獻與孫權。權即賜馬忠騎坐。其馬數日不食草料而死。此馬不爲呂布死，而爲關公死，却死得其所矣。馬亦能擇主乎。

說王甫在麥城中，骨顫肉驚，乃問周倉曰：昨夜夢見主公渾身血汚，立於前。急問之，忽然驚覺。不知主何吉凶。前有關公之夢，此又有王甫之夢。正說間，忽報吳兵在城下，將關公父子首級招安。王甫、周倉大驚，急登城視之，果關公父子首級也。王甫大叫一聲，墮城而死。周倉自刎而亡。二人死且不朽。今人但塑周倉之像於公側。而不及王甫趙累二人。猶爲有闕也。於是麥城亦屬東吳。却說關公一魂不散。蕩蕩悠悠。直至一處。乃荊門州當陽縣一座山。名爲玉泉山。山上有一老僧。法名普靜。原是汜水關鎮國寺中長老。二十七回中之人。後因雲遊天下。來到此處。見山明水秀。就此結草爲菴。每日坐禪參道。至此忽然照出。是清淨法師。不是熱鬧和尚。身邊只有一小行者。化飯度日。小行者而忍使之化飯。便不似今之愛恤徒弟的和尚了。是夜月白風清。三更已後。普靜正在菴中默坐。忽聞空中有人大呼曰。還我頭來。既在空。何有我。本無我。何有頭。本無頭。何有還。本無頭去。何有頭來。若云無頭呼者是誰若欲還頭還於何處普靜仰面諦觀只見空中一人騎赤兔馬提青龍刀左有一白面將軍右有一黑臉虬髯之人相隨關平周倉在普靜眼中寫出妙在不知其人一齊按落雲頭至玉泉山頂普靜認得是關公遂以手中麈尾擊其戶曰雲長安在此語祗得一聲棒喝關公英魂頓悟卽下馬乘風落於菴前叉手問曰吾師何人願求法號普靜曰老僧普靜昔日汜水關前鎭國寺中曾與君侯相會今日豈遂忘之耶雲長空普靜亦空何必忘何必不忘公曰向蒙相救銘感不忘今某已遇禍而死願求清誨指點迷途普靜曰昔非今是一切休論後果

前因彼此不爽。四語抵得升座說法一塲。今將軍爲呂蒙所害大呼還我頭來。然則顏良文醜五關六將等衆人之頭又將向誰索耶。現前因果。於是關公恍然大悟稽首皈依而去。稽首則無頭而有頭。皈依則有我而無我矣。後往往於玉泉山顯聖護民鄉人感其德就於山頂上建廟四時致祭後人題一聯於其廟云

赤面秉赤心騎赤兎追風馳驅時無忘赤帝

青燈觀青史仗青龍偃月隱微處不愧青天

却說孫權既害了關公遂盡收荊襄之地賞犒三軍設宴大會

諸將慶功置呂蒙於上座顧謂諸將曰孤久不得荆州今唾手而得皆子明之功也蒙再三遜謝權曰昔周郎雄畧過人破曹操於赤壁周郎未嘗結連曹操勝於子明不幸早夭魯子敬代之子敬初見孤時便及帝王大畧此一快也曹操東下諸人皆勸孤降子敬獨勸孤召公瑾逆而擊之此二快也子敬未嘗結連曹操又勝於子明惟勸吾借荆州與劉備是其一短借備以荆州合力拒操正是長策何云短也今子明設計定謀立取荆州勝子敬周郎多矣昧討賊之義是呂蒙不如二人何得反曰勝之於是親酌酒賜呂蒙呂蒙接酒欲飲忽然擲盃於地一手揪住孫權厲

聲大罵曰碧眼小兒紫髯鼠輩還識我否令人赫殺我亦叫得響衆將大驚急救時蒙推倒孫權大步前進坐於孫權位上兩眉倒豎雙眼圓睜大喝曰我自破黃巾以來縱橫天下三十餘年今被汝一旦以奸計圖我我生不能啖汝之肉死當追呂賊之魂我乃漢壽亭侯關雲長也驚天動地之人自有此作威顯聖之事權大驚慌忙率大小將士皆下拜只見呂蒙倒於地上七竅流血而死死得快暢孫權亦險些兒衆將見之無不恐懼權將呂蒙屍首具棺安葬贈南郡太守潺陵侯命其子呂霸襲爵孫權自此感關公之事驚訝不已忽報

張昭自建業而來權召入問之昭曰今主公損了關公父子江東禍不遠矣此人與劉備桃園結義之時誓同生死今劉備已有兩川之兵更兼諸葛亮之謀張黃馬趙之勇備若知雲長父子遇害必起傾國之兵奮力報讐恐東吳難與敵也勢所必然權聞之大驚跌足曰孤失計較也似此如之奈何却纔被死呂蒙嚇了一跳今見活張昭又嚇了一跳昭曰主公勿憂某有一計令西蜀之兵不犯東吳荊州如磐石之安權問何計昭曰今曹操擁百萬之衆虎視華夏劉備急欲報讐必與操約和玄德必不與操連和但在東吳須以此度之耳若二處連兵

而來東吳危矣不如先遣人將關公首級轉送與曹操明教劉備知是操之所使必痛恨於操西蜀之兵不向吳而向魏矣雖是東吳之所謀實亦曹操之所使嫁禍於操誠不爲過吾乃觀其勝負於中取事此爲上策既欲嫁禍於人又欲取利於己人情大抵如是權從其言隨遣使者以木匣盛關公首級星夜送與曹操時操從摩陂班師回洛陽聞東吳送關公首級至喜曰雲長已死吾夜眠貼席矣夜眠今始貼席孰知席將不能久貼也階下一人出曰此乃東吳移禍之計也又蚤識破操視之乃主簿司馬懿也操問其故懿曰昔劉關張三人桃園結義之時誓同生死今

東吳害了關公懼其復讐故將首級獻與大王使劉備遷怒大王不攻吳而攻魏他却於中乘便而圖事耳（如燭照而龜卜）操曰仲達之言是也孤以何策解之懿曰此事極易大王可將關公首級刻一木香之軀以配之葬以大臣之禮劉備知之必深恨孫權盡力南征我却觀其勝負蜀勝則擊吳吳勝則擊蜀二處若得一處那一處亦不久也（乖的又撞着乖的）操大喜從其計遂召吳使入呈上木匣操開匣視之見關公面如平日操笑曰雲長公别來無恙（與華容道相見之語一般前是恭敬此是戲謔）言未訖只見關公口開目動鬚髮

皆張操驚倒。纔嚇倒孫權。又嚇倒曹操。嚇公竟未嘗死也。衆官急救良久方醒顧謂衆官曰關將軍眞天神也吳使又將關公顯聖附體罵孫權追呂蒙之事告操操愈加恐懼活關公可怕。死關公更可怕。死關公無異活關公則尤可怕。遂設牲醴祭祀刻沉香木爲軀以王侯之禮葬於洛陽南門外令大小官員送殯操自拜祭贈爲荊王差官守墓即遣吳使回江東去訖以上按下曹操。以下接敘玄德。却說漢中王自東川回成都法正奏曰王上先夫人去世孫夫人又南歸未必再來糜夫人死而糜芳叛去。孫夫人去而孫權見圖正敘西川一邊。却緊照荊州一邊。人倫之道不可廢也必納王妃以襄內政。漢中王從之。法正復奏曰。吳懿有一妹。美而且賢。嘗聞有相者相此女後必大貴。前敘卜。此敘先曾許劉焉之子劉瑁。瑁蚤殀。其女至今寡居。大王可納之爲妃。正說婚姻。却關礙兄弟。漢中王曰。劉瑁與我同宗。於理不可。篤於異姓兄弟。豈忍忘同族兄弟。法正曰。論其親疏。何異晉文之與懷嬴乎。法正做鼎。頗爲不正。漢中王乃依允。遂納吳氏爲王妃。玄德應允。大是從權。後生二子。長劉永。字公壽。次劉理。字奉孝。帶筆且敘及。說東西兩川。民安國富。田禾大成。忽有人自荊川來。言東吳求婚於關公。關公力拒之。法正議婚。東吳亦議婚。玄德應允。關公不肯應允。正相映射。孔明曰。

荆州危矣可使人替關公回。若能如此荆州不失。僧正商議乎有此言。未有此事。

荆州提報使命絡繹而至。不一日關興到具言水渰七軍之事。忽又報馬到來報說關公於江邊多設墩臺隄防甚密萬無一失。因此玄德放心。補敘玄德忽一日玄德自覺渾身肉顫行坐不安。至夜不能寧睡。起坐內室秉燭看書。覺神思昏迷。伏几而臥。就室中起一陣冷風。燈滅復明。擡頭見一人立於燈下。寫得問忽可畏玄德問曰。汝何人。夤夜至吾內室。其人不答。玄德疑怪。自起視之。乃是關公。於燈影下往來躲避。與玉泉山頂孫權處間另是一般光景。玄德曰賢弟別來無恙。夜深至此，必有大故。吾與汝情同骨肉，因何迴避？」關公泣告曰：「願兄起兵，以雪弟恨。」言訖，冷風驟起，關公不見。玄德忽然驚覺，乃是一夢。（前敘王甫一夢，此又敘玄德一夢。）時正三鼓。玄德大疑，急出前殿，使人請孔明來。孔明入見，玄德細言夢警。孔明曰：「此乃王上心思關公，故有此夢，何必多疑。」（人亦有言將信將疑，昭昭心目窺察見之。）玄德再三疑慮，孔明以善言解之。（讀者至此必疑孔明糊塗矣。）孔明辭出，至中門外，迎見許靖。靖曰：「某纔赴軍師府下報一機密，聽知軍師入宮，特來至此。」孔明曰：「有何機密？」靖曰：「某適聞外人傳說，東吳呂蒙已襲荊州關公已遇害故特來寳報軍師孔明曰吾夜觀天象見將星落於荊楚之地已知雲長必然被禍但恐主上憂慮故未敢言方知孔明心中已是明白二人正說之間忽然殿內轉出一人扯住孔明衣袖而言曰如此凶信公何瞞我孔明視之乃玄德也玄德忽見燈下一人孔明忽凡殿後一人皆寫得突兀孔明許靖奏曰適來所言皆傳聞之事未足深信願王上寬懷勿生憂慮玄德曰孤與雲長誓同生死彼若有失孤豈能獨生耶有此一語二公一發不肯說實話孔明許靖正勸解之間忽近侍奏曰馬良伊籍至接筍甚緊玄德急召入問之二

人具說荆州已失關公兵敗求救妙在只曉得一半尚不知有後事是上表章未及折觀侍臣又奏荆州廖化至接筍更緊玄德急召入化哭拜於地細奏劉封孟達不發救兵之事亦只曉得一大半尚不知有後事玄德大驚曰若如此吾弟休矣孔明曰劉封孟達如此無禮罪不容誅王上寬心亮親提一旅之師去救荆襄之急有此言不必有此事玄德泣曰雲長有失孤斷不獨生孤來日自提一軍去救雲長遂一面差人赴閬中報知翼德一面差人會集人馬預爲後文伏筆是見三人同心未至天明一連數次報說關公夜走臨沮爲吳將所獲義不屈節父

子歸神。一路俱作吞吐之事。至此方纔敘完。絕妙筆法。玄德聽罷大叫一聲昏絕於地

正是

爲念當年同誓死　忍教今日獨捐生

未知玄德性命如何且看下文分解

第七十八回

治風疾神醫身死

傳遺命奸雄數終

曹操之殺華陀以陀之將殺操也陀療操而何以云殺操

曰鑿其頭則是欲殺之也臂則刮未聞頭可鑿如鑿其頭而能活必如左慈之幻術則可若以言醫則無是理也無是理則其欲殺之無疑也曷爲療關公則療之療曹操則欲殺之曰能慕義者必惡惡於其慕關公之義而療之則知其必能殺操者耳故華陀之死當與吉平之死並傳

或惜華陀之書不傳而後世無神醫此言非篤論也醫者意也意豈書之所能傳乎不可知之謂神醫而曰神神豈書之所得而解乎以書治病者不謂之知醫猶之以書用

兵者不謂之知兵陀之書與孟德新書而俱焚焚之誠是矣吳氏之婦焚之爲其書之足以殺身若使吳氏之婦不焚之而令人學之又恐其書之足以殺人耳

曹操死於庚子之年戊寅之月而十回之前蚤有左慈土鼠金虎一言伏案矣然而數之未盡事在將來觸左慈而不死觸樹神而後死前文之左慈特爲此卷之引子也猶之合眼見關公而不死開眼見伏后諸人而後死此卷之關公特爲前卷之餘波也且樹神又爲伏后諸人之引子

而夏侯惇見伏后又爲曹操見伏后之餘波斯篇畧借鬼神之事警戒奸雄事極其妙文亦極其妙

曹操之托文王與王莽之托周公相似而曹操又巧於王莽何也簒國之事王莽身自爲之曹操不自爲之而使其子爲之則莽拙而操巧也王莽以金縢學周公又以居攝學虞舜是欲以一身而兼學兩聖人之事曹操以其身學文王而使其子學武王是欲以兩世而分學兩聖人之事嗚呼以聖人之事而乃爲奸雄之所竊豈不重可嘆耶

或見曹操分香賣履之令以爲平生奸僞死見眞性不知此非曹操之眞仍是曹操之僞也非至死而見眞乃至死而猶僞也臨終遺命有大於禪代者乎乃家人婢妾無不處置詳盡而獨無一語及禪代之事是欲使天下後世信其無篡國之心於是子孫蒙其惡名而已則避之即自比周文之意耳其意欲欺盡天下後世之人而天下後世之無識者乃遂爲其所欺操眞奸雄之尤哉

曹操平生無眞至死猶假則分香賣履是也臨死無眞死

後猶假則疑塚七十二是也以生曹操欺人不奇以死曹操欺人則奇矣以一假曹操欺人不足奇以無數假曹操欺人則更奇矣然曹操之死以假混眞雖有無數假曹操其中却有一眞曹操曹操之生有假無眞人只見得一曹操到底不曾認得一眞曹操不獨死曹操是假即活曹操亦是假不獨假曹操是假即眞曹操亦是假是其生又幻於其死云

曹操既護其生前之身又護其死後之身則疑塚七十二

是也既護其死後之形又欲娛其死後之魂則命設帷帳於銅雀臺每進食必奏樂是也其生前之作惡不畏死後之受譴者以死後之無知耳若欲娛死後之魂則是有知矣豈受譴則無知而娛樂則有知乎其殺人於生前不畏其報復於死後者以他人死後之無知耳若自娛其死後之魂則已固有知矣豈已之死則有知而他人之死則無知乎究竟果報昭然厲鬼終當殺賊地獄既設遊魂難至銅臺我嘆曹操之巧終笑曹操之愚

觀三馬同槽之夢又在馬騰旣死之後而竊嘆數之所伏有非人意計之所得防也周王以檿弧之謡殺弓人而不知其應在褒姒漢武以獄中天子氣而殺罪人而不知其應在病已王莽以易名應讖之故而殺劉歆而不知其應在光武今操之夢兆亦猶是矣若謂前之夢爲西京則馬休馬鐵固合而爲三若謂後之夢爲西京則馬超馬岱已僅存其二因後之謬并識前之非而旣識前之非更無從考其後之是讀者至此爲之喟然

却說漢中王聞關公父子遇害，哭倒於地。衆文武急救，半晌方醒，扶入內殿。孔明勸曰：「王上少憂。自古道死生有命。關公平日剛而自矜，故今日有此禍。（以不記軍師東和孫權一語，故似有埋怨之意。）王上且宜保養尊體，徐圖報仇。」玄德曰：「孤與關、張二弟桃園結義時，誓同生死。今雲長已亡，孤豈能獨享富貴乎！」言未已，只見關興號慟而來。玄德見了，大叫一聲，又哭絕於地。（羊舌見向成血泣，況玄德乎。）衆官救醒。一日哭絕三五次，三日水漿不進，只是痛哭，淚濕衣襟，斑斑成血。（是真哥哥，不是假哥哥。）孔明與衆官再三勸解。玄德曰：「孤與東吳誓不同日月也（不反兵之讎非不共戴之讎）孔明曰聞東吳將關公首級獻與曹操操以王侯禮祭葬之玄德曰此何意也孔明曰此是東吳欲移禍於曹操操知其謀故以厚禮葬關公令王上歸怨於吳也（張昭司馬懿之計總不能逃此公之明鑒）玄德曰吾今即提兵問罪於吳以雪吾恨（合魏而单舉吳）孔明諫曰不可方今吳欲令我伐魏魏亦欲令我伐吳各懷譎計伺隙而乘王上只宜按兵不動且與關公發喪待吳魏不和乘時而伐之可也（此以吳魏並說）衆官又再三勸諫玄德方纔進膳傳旨川中大小將士盡皆掛孝（發爲後文張飛伐筆）漢中王親出南

門招魂祭葬號哭終日。詩曰尚饗嫡哉血淚無死今竟死矣。祭不至招魂何依爲之一弔者能不悲哉。

○以上接下玄德。

○以下上叙曹操。却說曹操在洛陽自葬關公後每夜合眼便見關公。○○○與孫策見于吉彷彿相似。操甚驚懼問於衆官衆官曰洛陽行宮舊殿多妖可造新殿居之。操自將死。與殿何干。操曰吾欲起一殿名建始殿。當名曰命終殿。恨無良工賈詡曰洛陽良工有蘇越者最有巧思操召入令畫圖像蘇越畫成九間大殿前後廊廡樓閣呈與操操視之曰汝畫甚合孤意但恐無棟梁之材。爲巨室必使工師求大木。蘇越曰此去離城三十里有一潭名躍龍潭前有一祠名躍龍祠祠傍有一株大梨樹高十餘丈堪作建始殿之梁操大喜工師得大郎木則王喜令人工到彼砍伐次日回報此樹鋸解不開斧砍不入不能斬伐操不信自領數百騎直至躍龍祠前下馬仰觀那樹亭亭如華蓋直侵雲漢並無曲節在曹操眼中細看一番操命砍之鄉老數人前來諫曰此樹已數百年矣常有神人居其上恐未可伐因龍祠有棟梁之才躍龍祠亦有棟梁之材皆是神奇不同操大怒曰吾平生遊歷普天之下四十餘年上至天子下及庶人無不懼孤是何妖神敢違孤意好言貨訖拔所佩劍親自砍之錚然有聲血濺滿身樹亦有血奈操何人無血性

然大驚擲劒上馬回至宮內是夜二更操睡臥不安坐殿隱几而寐忽見一人被髮仗劒身穿皂衣直至面前指操喝曰吾乃梨樹之神也汝蓋建始殿意欲篡逆却來伐吾神木吾知汝數盡特來殺汝（草木非人尚能討賊人非草木却多從賊爲之一嘆）操大驚急呼武士安在皂衣人仗劒砍操操大叫一聲忽然驚覺頭腦疼痛不可忍急傳旨遍求良醫治療不能痊可衆官皆憂華歆入奏曰大王知有神醫華陀否（華歆不識曹通譜否）操曰即江東醫周泰者乎（又將十五回事提照）歆曰是也操曰雖聞其名未知其術歆曰華陀字元化沛

國譙郡人也其醫術之妙世所罕有但有患者或用藥或用鍼或用灸隨手而愈若患五臟六腑之疾藥不能効者以麻肺湯飲之令病者如醉死却用尖刀剖開其腹以藥湯洗其臟腑曹一肚皮奸猾常用何藥湯洗之病人畧無疼痛洗畢然後以藥線縫口用藥敷之或一月或二十日即平復矣其神妙如此一日陀行於道上聞一人呻吟之聲陀曰此飲食不下之病問之果然陀令取蒜虀汁三升飲之吐蛇一條長二三尺飲食即下曹操腹中毒蛇恐不止一條廣陵太守陳登心中煩懣面赤不能飲食求陀醫治陀以藥救

之吐虫三升皆赤頭首尾動搖登問其故陀曰此因多食魚膾故有此毒今日雖可三年之後必將復發不可救也後陳登果三年而死陳登在徐州事已經數十回忽以閒筆應出妙又有一人眉間生一瘤痒不可當令陀視之陀曰內有飛物人皆笑之陀以刀割開一黃雀飛去病者即愈奇絕○操之事君如贅瘤惜獻帝之不能飛也有一人被犬咬足指隨長肉二塊一痛一痒俱不可忍陀曰痛者內有針十箇痒者內有黑白棊子二枚又奇○操之能刺人能算人恐亦當生此二物人皆不信陀以刀割開果應其言此人真扁鵲倉公之流也於百忙中忽敘幾樁閒事見居金城

離此不遠大王何不召之操卽差人星夜請華陀入內令診脉視疾陀曰大王頭腦疼痛因患風而起病根在腦袋中風涎不能出枉服湯藥不可治療某有一法先飲麻肺湯然後用利斧砍開腦袋取出風涎方可除根與吉平用藥之意相同操大怒曰汝要殺孤耶陀曰大王曾聞關公中毒箭傷其右臂某刮骨療毒關公畧無懼色周泰事在曹操口中照應關公事在華陀口中照應只兩事勻作兩番寫又以華陀口中一段閒文敘之妙品今大王小可之疾何多疑焉操曰臂痛可刮腦袋安可砍開汝必與關公情熟乘此機會欲報讐耳非但爲關公報讐直將爲天子討賊呼左

右拏下獄中，拷問其情。賈詡諫曰：似此良醫，世罕其匹，未可廢也。操叱曰：此人欲乘機害我，正與吉平無異。（照應二十一回中事。）急令追拷。華佗在獄，有一獄卒，姓吳，人皆稱爲吳押獄。此人每日以酒食供奉華佗。佗感其恩，乃告曰：我今將死，恨有青囊書未傳於世。感公厚意，無可爲報。我修一書，公可遣人送與我家，取青囊書來贈公，以繼吾術。吳押獄大喜曰：我若得此書，棄了此役，醫治天下病人，以傳先生之德。（有此心便可繼華佗，不必書也。）佗即修書付吳押獄。吳押獄直至金城，問佗之妻取了青囊書，回至獄中，付與華陀檢看畢陀即將書贈與吳押獄吳押獄持回家中藏之（以酒肉換青囊大是便宜換了此書便有無數酒肉吃矣）旬日之後華陀竟死於獄中吳押獄買棺殯殮訖（只算謝師錢）脫了差役回家欲取青囊書看習只見其妻正將書在那裡焚燒（婦人不愛醫非不愛書）吳押獄大驚連忙搶奪全卷已被燒毀只剩得一兩葉吳押獄怒罵其妻妻曰縱然學得與華陀一般神妙只落得死於牢中要他何用（亦是達人之言）吳押獄嗟嘆而止因此青囊書不曾傳於世所傳者止閹雞豬等小法乃燒剩一兩葉中所載也後人有詩嘆曰

華陀仙術比長桑　神識如窺垣一方

惆悵人亡書亦絕。後人無復見青囊。

却說曹操自殺華陀之後。病勢愈重。又憂吳蜀之事。正慮間。近臣忽奏東吳遣使上書。操取書拆視之。畧曰

臣孫權久知天命已歸王上。伏望早正大位。遣將勦滅劉備。掃平兩川。臣即率羣下納土歸降矣。（孫權此府斷斷為漢賊無疑矣）

操觀畢大笑。出示羣臣曰。是兒欲使吾居爐火上耶。侍中陳羣等奏曰。漢室久已衰微。殿下功德巍巍。生靈仰望。今孫權稱臣

歸命此天人之應異氣齊聲殿下宜應天順人早正大位令人追思荀彧荀攸尚有良心操笑曰吾事漢多年雖有功德及民然位至於王名爵已極何敢更有他望苟天命在孤孤爲周文王矣隱然以篡逆之事留與曹丕。司馬懿曰今孫權既稱臣歸附王上可封〻賜爵令拒劉備。權欲使操攻備操又使權攻備。兩家之意只在於此。至於一勸進。一賜爵皆是醉翁之意不在酒。操從之表封孫權爲驃騎將軍南昌侯領荆州牧即日遣使賫誥勅赴東吳去訖操病勢轉加忽一夜夢三馬同槽而食及曉問賈詡孤向日曾夢三馬同槽疑是馬騰父子爲禍此夢在殺馬騰之前。於此補出

今騰已死昨宵復夢三馬同槽主何吉凶曹丕未篡早爲司馬氏預兆詡曰

祿馬吉兆也祿馬歸於曹王上何必疑乎與關平解猪爲龍彷彿同以今之代人詳

惡夢者大　操因此不疑後人有詩曰

抵類此

三馬同曹事可疑　不知已植晉根基

曹瞞空有奸雄畧　豈識朝中司馬師

是夜操臥寢室至三更覺頭目昏眩乃起伏几而　忽聞殿中

聲如裂帛操驚視之忽見伏皇后董貴人二皇子幷伏完董承

等二十餘人渾身血汚立於愁雲之內隱隱聞索命之聲從前作過

事没興一齊來操急拔劍望空砍去忽然一聲響亮震塌西南
角新殿造不成舊殿又遇了操驚倒於地近侍救出[illegible]於別宮[illegible]次夜又
聞殿外男女哭聲不絕呂蒙是神附於[illegible]曹操是鬼集於身然
附耳操何以不附[illegible]可附多則不[illegible]其
附故不至曉操召羣臣入曰孤在戎馬[illegible]三十餘年未嘗信
怪異之事今日爲何如此羣臣奏曰大王當命道士設醮修禳
操歎曰聖人云獲罪於天無所禱也獲罪於天[illegible]爲供[illegible]然既欲[illegible]何不更學
孔子之言曰孤天命已盡安可救乎遂不允[illegible]次日覺氣衝
某之禱久矣
上焦目不見物急召夏侯惇商議惇至殿門前忽見伏皇后董

貴人二皇子伏完董承等立在陰雲之中（曹操是雙眼見之夏侯惇是一眼見之）惇大驚昏倒左右扶出自此得病操召曹洪陳羣賈詡司馬懿等同至卧榻前囑以後事曹洪等頓首曰大王善保玉體不日定當霍然操曰孤縱橫天下三十餘年羣雄皆滅止有江東孫權西蜀劉備未曾勦除孤今病危不能再與卿等相敘特以家事相託（但言家事而不言國事是老賊奸猾處）孤長子曹昂劉氏所生不幸早年殁於宛城（又將前事一提）今卞氏生四子丕彰植熊孤平生所愛第三子植為人虛華少誠實嗜酒放縱因此不立次子曹彰勇而無

謀四子曹熊多病難保惟長子曹丕篤厚恭謹可繼我
宜輔佐之。但言立丕自繼，更不說到禪代事，奸猾之極。曹洪等涕泣領命而出。操令
近侍取平日所藏名香，分賜諸侍妾，且囑曰：吾死之後，汝等須
勤習女工，多造絲履，賣之可以得錢自給。不知操者，但謂其兒女情深，英雄氣盡。劉
又命諸妾多居於銅雀臺中，每日設祭，必令女伎奏樂上食。表
之妻妒及於鬼，恐其以鬼悅鬼。又遺命於彰德府講武城外設
也。今操之遺命，又欲以人悅鬼。以此自防，
立疑塚七十二，勿令後人知吾葬處，恐為人所發掘故也。
亦甚苦矣。若使後人將七
十二塚盡掘之，為之奈何。囑畢，長嘆一聲，淚如雨下，須臾氣絕。

而死壽六十六歲時建安二十五年春正月也（是子年宮川後正應左慈語）

人有鄴中歌一篇嘆曹操云

鄴則鄴城水漳水定有異人從此起雄謀韵事與文心君臣兄弟而父子英雄未有俗胸中出没豈隨人眼底功首罪魁非兩人遺臭流芳本一身文章有神霸有氣豈能苟爾化為羣横流築臺距太行氣與理勢相低昂安有斯人不作逆小不為霸大不王霸王降作兒女鳴無可奈何中不知非有益分香未可謂無情嗚呼古人作事無鉅

華皆有意書生輕議塚中人塚中笑爾書生氣

却說曹操身亡文武百官盡皆舉哀一面遣人赴世子鄢陵侯曹彰臨淄侯曹植蕭懷侯曹熊處報喪曹操未見四子而死為之一嘆衆官用金棺銀槨將操入殮星夜舉靈櫬赴鄴郡來曹操不死於鄴郡而死於洛陽與先主不死於成都而死於白帝相似曹丕聞知父喪放聲痛哭率大小官員出城十里伏道迎櫬入城停於偏殿官僚掛孝聚哭於殿上忽一人挺身而出曰請世子息哀且議大事衆視之乃中庶子司馬孚也孚曰魏王既薨天下震動當蚤立嗣王以安衆心何但

哭位耶羣臣曰世子宜嗣位但未得天子詔命豈可造次而行此時天子詔以屬具文而倘欲待之者欺人耳目耳兵部尚書陳矯曰王薨於外愛立彼此生變則社稷危矣遂拔劍割下袍袖厲聲曰即今日便請世子嗣位衆官有異議者以此袍爲例此時已不欲奉天子詔矣百官悚懼忽報華歆自許昌飛馬而至衆皆大驚須臾華歆入衆問其來意歆曰今魏王薨逝天下震動何不蚤請世子嗣位衆官曰正因不及候詔命方議欲以王后卞氏慈旨立世子爲王未得父令乃欲奉母令然操之所以無令者以天子詔可以取之如奇羣臣自能爲我請之故不必以已之令令之也歆曰吾

已於漢帝處索得詔命在此衆皆踴躍稱賀歆於懷中取出詔命開讀一班亂賊贊成曹丕篡漢之基原來華歆諂事魏故草此詔威逼獻帝降之與破壁取后正是一樣盡忠帝只得聽從故下詔即封曹丕為魏王丞相冀州牧丕即日登位受大小宮僚拜舞起居正宴會慶賀間忽報鄢陵侯曹彰自長安領十萬大軍來了丕大驚前華歆來衆官吃一謊今曹彰來曹丕亦吃一謊遂問羣臣曰黃鬚小弟平日性剛深通武藝今提兵遠來必與孤爭王位也如之奈何忽堦下一人應聲出曰臣請往見鄢陵侯以片言折之衆皆曰非大夫莫能解此禍也

正是
試看曹氏丕彰事　幾作袁家譚尚爭
未知此人是誰且看下文分解

（明）羅貫中　撰

醉耕堂刊毛宗崗評本三國志演義

第九册

國家圖書館出版社

第九册目録

卷四十三

卷四十四

四大奇書第一種卷四十

茂苑毛宗崗序始氏評　　吳門杭永年資能氏評定

第七十九回

兄逼弟曹植賦詩

姪陷叔劉封伏法

劉曹之相形何厚薄之懸殊乎玄德以異姓之兄而痛悼其弟之亡曹丕以同胞之兄而急欲其弟之死一則篤義弟之死而不顧其養子之恩一則欲親弟之亡而不顧其

生母之愛君子於此有天倫之感焉

甚矣名之不可竊而實之不可評也操以武王之事遺其子而自比於文王丕則不以文王之事自其身而仍謚之曰武王是身欲避殷革之名而讓之後人子又避殷革之實而歸之先世也歸之先世而魏之篡漢非丕篡之實操篡之耳操將欺人而子先不能欺操欲自掩而曲子不爲之掩嗚呼奸雄之奸亦復何用哉

文章足以殺身而有時乎亦足以救死文章足以取忌而

有時乎亦足以動人如子建之七步成章是已楊惲種豆之歌適觸君王之怒不若子建煮豆之咏能發兄弟之悲朱虛耕田之吟但寒異姓之心不若子建燃豆之詩能解同氣之怨劉勝聞樂之對自述涕泣之情又不若子建釜中之辭能隕他人之淚此豈獨當時為然哉凡今之人有以兄弟而相煎者觀於其文亦宜為之泫然矣

曹子建亦嘗倩人代筆矣楊修手數數十條是也然子建倩人代筆面試却不出醜不似今人倩人代筆面試即便

出醜面試不出醜違平日之代筆者亦信其自作面試一出醜違平日之自作者亦疑其代筆故惟才如子建可不倩人亦惟才如子建可以偶一倩人

觀曹氏之得免於內亂而知天之不欲祚漢也懦若曹熊不足論耳曹彰以勇畧自矜而擁雄兵於鄴都曹植以才名自恃而集文士於臨淄岌岌乎幾不免內亂之作矣使亦如譚與尚之相爭琦與琮之相惡而漢中王得乘隙以攻之豈不大快事哉乃熊既死彰既歸而曹植亦束手而

受縛君子以爲魏之幸而漢之不幸云

劉封之拒孟達與糜芳之從傅士仁則有異矣然既能拒之於終何不拒之於始既能斬孟達之使而不降曹操何以聽孟達之譖而不救關公乎南郡之救樊城也難糜芳不聽士仁則必死上庸之援麥城也易封不聽孟達則未必至於死惜其見之不蚤耳

劉封雖有罪而先主殺之亦未得其當也其不救關公也可罪其不降曹氏也可原其拒孟達於後也可嘉則其悔

聽孟達於前也亦可謂前喪一義弟又殺一義兒誠計之左矣且既欲殺之不即召而殺之而使喪師失地以重其辜則先主有三失焉彼自知獲戾而將兵於外安保其無降魏之心其失算者一以一劉封當徐晃夏侯尚孟達之師明知其非敵而故遣焉是棄劉封并棄五萬人其失算者二孟達已去不更令別將以守上庸而至有申耽申儀之叛使劉封進退無路是棄劉封并棄上庸之地其失算者三有此三失宜先主之終悔與

張松法正孟達彭羕四人皆賣國而各有不同初欲投曹操而繼乃向先主者張松也既歸先主而又欲叛先主者彭羕也事劉而復降曹降曹而其後又欲歸劉者孟達也其背劉璋之後始終事先主者惟法正一人而已雖然法正孟達同功一體孟達有罪法正必不自安幸其時正已死耳若正而在安保其不爲彭羕乎苟曰始終無二吾於法正未之敢信

却說曹丕聞曹彰提兵而來驚問衆官一人挺身而出願往折

服之衆視其人乃諫議大夫賈逵也曹丕大喜即命賈逵前往逵領命出城迎見曹彰彰問曰先王璽綬安在（一見便問璽綬黃鬚兒幾欲與紫鬚兒）逵正色而言曰家有長子國有儲君先王璽綬非君侯之所宜問也（意正而詞嚴）彰默然無語乃與賈逵同入城至宮門前逵問曰君侯此來欲奔喪耶欲爭位耶（本欲其退兵卻先問此二語妙甚）彰曰吾來奔喪別無異心逵曰既無異心何故帶兵入城彰即時叱退左右將士（妙在不敘之退而自退）隻身入內拜見曹丕兄弟二人相抱大哭曹彰將本部軍馬盡交與曹丕丕令彰回鄢陵自守彰拜辭

而去於是曹丕安居王位改建安二十五年爲延康元年（未踰年先改元奇絕。諺云自肚裏改年號，即此便爲篡位之兆。）封賈詡爲太尉華歆爲相國王朗爲御史大夫大小官僚盡皆陞賞諡曹操曰武王（曹操自比文王，而曹丕偏不諡之曰文，偏諡之曰武。）葬於鄴郡高陵令于禁董治陵事禁奉命到彼只見陵屋中白粉壁上圖畫關雲長水渰七軍擒獲于禁之事（文字照應之妙。）畫雲長儼然上坐龐德憤怒不屈于禁拜伏於地哀求乞命之狀（教他看曹操的墳墓，却看了自己的行樂。既看了自己的行樂，又看了關公的享神。）原來曹丕以于禁兵敗被擒不能死節既降敵而復歸心鄙其爲人故先令人圖畫陵屋粉壁。故意使之往見。以愧之。曹丕羞臣下。是一幅畫難兄弟。是一首詩。看畫所以陶情。吟詩所以遣興。自有詩畫以來。未有如于禁曹植之不堪者也。當下于禁見此畫像。又羞又惱。氣憤成病。不久而死了。後人有詩嘆曰

三十年來說舊交。可憐臨難不忠曹。

知人未向心中識。畫虎今從骨裏描。

却說華歆奏曹丕曰。鄢陵侯已交割軍馬。赴本國去了。臨淄侯植、蕭懷侯熊二人。竟不來奔喪。理當問罪。不知君臣之義者。定不善處人兄弟之間。丕從之。即分遣二使往二處問罪。不一日。蕭懷使者回報。蕭懷

侯曹熊懼罪自縊身死（先送敘了一箇兄弟）丕令厚塟之追贈蕭懷王又過了一日臨淄使者回報說臨淄侯日與丁儀丁廙兄弟二人酣飲悖慢無禮聞使命至臨淄侯端坐不動丁儀罵曰昔日先王本欲立吾主爲世子被讒臣所阻今王喪未遠便問罪於骨肉何也（是責曹丕）丁廙又曰據吾主聰明冠世自當承嗣大位今反不得立汝那廟堂之臣何不識人才若此（是責羣臣）臨淄侯因怒叱武士將臣亂棒打出（曹植之事不在臨淄一邊敘來只在鄴使口中說出筆法甚省）丕聞之大怒即令許褚領虎衛軍三千火速至臨淄擒曹植等一干人來

褚奉命引軍至臨淄城守將欄阻褚立斬之直入城中無一人敢當鋒銳逕到府堂只見曹植與丁儀丁廙等盡皆醉倒喪中醉倒雖爲孝子丕雖不見植亦不子褚皆縛之載於車上并將府下大小屬官盡行拿解鄴郡聽候曹丕發落丕下令先將丁儀丁廙等盡行誅戮丁儀字正禮丁廙字敬禮沛郡人乃一時文士及其被殺人多惜之文章不能免禍爲之一嘆却說曹丕之母卞氏聽得曹熊縊死心甚悲傷忽又聞曹植被擒其黨丁儀等已殺大驚急出殿召曹丕相見羣臣無一人爲曹植請命者而必待其母自出爲之一嘆丕見母出殿慌來拜謁卞氏哭

謂丕曰汝弟植平生嗜酒疎狂蓋因自恃胸中之才故放縱汝可念同胞之情存其性命吾至九泉亦瞑目也吳氏爲權之故而罵孫權其詞厲卞氏爲植之故而求曹丕其詞哀丕曰兒亦深愛其才安肯害他今正欲戒其性耳母親勿憂卞氏洒淚而入丕出偏殿召曹植入見華歆問曰適來莫非太后勸殿下勿殺子建乎丕曰然歆曰子建懷才智終非池中物若不早除必爲後患華歆不知有伏后何知有卞氏丕曰母命不可違歆曰人皆言子建出口成章臣未深信主上可召入以才試之若不能即殺之若果能則貶之以絕天下文人之

口不難助臣欺主丕從之何難助兄謀弟須臾曹植入見惶恐伏拜請罪丕曰

吾與汝情雖兄弟義屬君臣汝安敢恃才蔑禮昔先君在日汝常以文章誇示於人吾深疑汝必用他人代筆吾今限汝行七步吟詩一首若果能則免一死若不能則從重治罪決不姑恕縱使倩人代筆罪不至死若以此論死則天下之犯死罪者多矣植曰願乞題目時殿上懸一水墨畫畫着兩隻牛鬬於土墻之下一牛墜井而亡丕指畫曰即以此畫爲題詩中不許犯着二牛鬬墻下一牛墜井死字樣阿哥做考官乃出如此難題目植行七步其詩已成詩曰

兩肉齊道行　頭上帶凹骨　相遇由山下　欻起相搪突

二敵不俱剛　一肉卧土窟　非是力不如　盛氣不泄畢

曹丕及羣臣皆驚丕又曰七步成章吾猶以爲遲汝能應聲而作詩一首否（面試中式偏不作准又要覆試）植曰願卽命題丕曰吾與汝乃兄弟也以此爲題亦不許犯着兄弟字樣（前題在牽牛章此題在棠棣章）植畧不思索卽口占一首曰

煑豆燃豆萁　豆在釜中泣

本是同根生　相煎何太急

曹丕聞之潸然淚下。四句詩賽過一遍求通。親親表聞之安得不淚。其母卞氏從殿後出曰兄何逼弟之甚耶丕慌忙離坐告曰國法不可廢耳於是貶曹植爲安鄉侯。試了好文字猶然降等若文章不能將不止劣等矣。植拜辭上馬而去

曹丕自繼位之後法令一新威逼漢帝甚於其父早有細作報入成都以上接下曹丕。以下再敘先主。漢中王聞之大驚即與文武商議曰曹操已死曹丕繼位威逼天子更甚於操東吳孫權拱手稱臣孤欲先伐東吳以報雲長之讐以關公之讐讐之則私。以臣魏之罪罪之則公。次討中原以除亂賊言未畢廖化出班哭拜於地曰關公父子遇害實劉

封孟達之罪，乞誅此二賊。玄德便欲遣人擒之。孔明諫曰：不可。且宜緩圖之，急則生變矣。恐其不降而叛，則降魏耳。可陞此二人為郡守，分調開去，然後可擒。玄德從之，遂遣使陞劉封去守綿竹。原來彭羕與孟達甚厚，聽知此事，急回家作書，遣心腹人馳報孟達。本為欲治二人之罪，卻引出一人來。使者方出南門外，被馬超巡視軍捉獲，解見馬超。超審知此事，即往見彭羕。羕接入，置酒相待。酒至數巡，超以言挑之曰：昔漢中王待公甚厚，今何漸薄也？馬超性直，此時亦能用詐。羕因酒醉，恨罵曰：老革荒悖，吾必有以報之。超又探曰：某亦懷怨心久矣。羕因厶起本部軍。結連孟達爲外合。某領川兵爲內應。大事可圖也。（前被髡於劉璋。今髮長未幾。而復生異心。恐不但斷髮。將斷其頭矣。）超曰。先生之言甚當。來日再議。超辭了彭羕。即將人與書解見漢中王。細言其事。玄德大怒。即令擒彭羕下獄。拷問其情。羕在獄中。悔之無及。玄德問孔明曰。彭羕有謀反之意。當何以治之。孔明曰。羕雖狂士。然留之久。必生禍。於是玄德賜彭羕死於獄。（與張松事泄而死。彷彿相似。）羕旣死。有人報知孟達。達大驚。舉止失錯。忽使命至。調劉封回守綿竹去訖。孟達慌請上庸房陵都尉申耽申儀弟兄二人商議曰我與法孝直同有功於漢中王今孝直已死（法正之死在孟達口中補出）而漢中王忘我前功乃欲見害爲之奈何耽曰某有一計使漢中王不能加害於公達大喜急問何計耽曰吾弟兄欲投魏久矣公可作一表辭了漢中王投魏王曹丕丕必重用吾二人亦隨後來降也（又因孟達一人引出兩人之叛）達猛然省悟即寫表一通付與來使當晚引五十餘騎投魏去了使命持表回成都奏漢中王言孟達投魏之事先主大怒覽其表曰

臣達伏惟殿下將建伊呂之業追桓文之功大事草創假勢

吳楚。是以有爲之士。望風歸順。臣委質以來。愆戾山積。臣猶自知。況於君乎。今王朝英俊鱗集。臣內無輔佐之器。外無將領之才。列次功臣。誠足自愧。臣聞范蠡識微。浮於五湖。舅犯謝罪。逡巡河上。夫際會之間。請命乞身。何哉。欲潔去就之分也。況臣卑鄙。無元功巨勳。自絜於時。竊慕前賢。蚤思遠恥。昔申生至孝。見疑於親。子胥至忠。見誅於君。蒙恬拓境而被大刑。樂毅破齊而遭讒佞。臣每讀其書。未嘗不感慨流涕。而況當其事。益用傷悼。邇者荊州覆敗。大臣失節。百無一還。惟臣尋事自致房陵上庸而復乞身自放於外伏想殿下聖恩感悟愍臣之心悼臣之舉臣誠小人不能始終知而爲之敢謂非罪臣每聞交絶無惡聲去臣無怨辭臣過奉教於君子願君王勉之臣不勝惶恐之至

玄德看畢大怒曰匹夫叛吾安敢以文辭相戲耶即欲起兵擒之孔明曰可就遣劉封進兵令二虎相併劉封或有功或敗績必歸成都就而除之可絶兩害一舉兩得誅不費力玄德從之遂遣使到綿竹傳諭劉封封受命率兵來擒孟達却說曹丕正聚文武議

事忽近臣奏曰蜀將孟達來降丕召入問曰汝此來莫非詐降乎達曰臣爲不救關公之危漢中王欲殺臣因此懼罪來降別無他意曹丕尚未准信忽報劉封引五萬兵來取襄陽單搦孟達厮殺丕曰汝既是真心便可去襄陽取劉封首級來孤方准信與呂蒙使傅士仁招糜芳一般意思達曰臣以利害說之不必動兵令劉封亦來降也丕大喜遂加孟達爲散騎常侍建武將軍平陽亭侯領新城太守去守襄陽樊城原來夏侯尚徐晃已先在襄陽正將收取上庸諸部孟達到了襄陽與二將禮畢探得劉封離城五

十里下寨。達即修書一封，使人賫赴蜀寨，招降劉封。與傅士仁說糜芳相似。劉封覽書大怒曰：此賊悞吾叔姪之義，又間吾父子之親，使吾爲不忠不孝之人也。遂扯碎來書，斬其使。劉封此時却與糜芳大異。次日引軍前來搦戰。孟達知劉封扯書斬使，勃然大怒，亦領兵出迎。兩陣對圓，封立馬於門旗下，以刀指罵曰：背國反賊，安敢亂言。孟達曰：汝死已臨頭上，還自執迷不省。封大怒，拍馬輪刀，直奔孟達。戰不三合，達敗走。便是誘敵之計。封乘虛追殺二十餘里，一聲喊起，伏兵盡出，左邊夏侯尚殺來，右邊徐晃殺來，孟達回身復戰。

三軍夾攻，劉封大敗而走，連夜奔回上庸，背後魏兵趕來。劉封到城下叫門，城上亂箭射下。申耽在敵樓上叫曰：「吾已降了魏也！」早爲十數回後閉門射孟達作一樣了。封大怒，欲要攻城，背後追軍將至。封立脚不牢，只得望房陵而奔。見城上已盡插魏旗，申儀在敵樓上將旗一颭，城後一彪軍出，旗上大書「右將軍徐晃」。與沔水之戰相似。封抵敵不住，急望西川而走。晃乘勢追殺，劉封部下只剩得百餘騎，到了成都，入見漢中王，哭拜於地，細奏前事。玄德怒曰：「辱子有何面目復來見吾！」封曰：「叔父之難，非兒不救，因子孟達諫阻，故耳今番却推脫不乾淨了。玄德轉怒曰汝須食人食穿人衣非土木偶人安可聽讒賊所阻命左右推出斬之。此時悔聽孟達之言而不收關公又悔不聽孟達之言而不降魏矣。漢中王既斬劉封後聞孟達招之毀書斬使之事心中頗悔又哀痛關公以致染病因此按兵不動。以上按下先主且以下再敘曹丕

說魏王曹丕自即王位將文武官僚盡皆陞賞遂統甲兵三十萬南巡沛國譙縣大饗先塋鄉中父老揚塵遮道奉觴進酒效漢高祖還沛之事。正爾居喪守制却便衣錦還鄉恐不如高祖之威加海內而歸也人報大將軍夏侯惇病危丕即還鄴郡時惇已卒。照應前文見鬼事丕為掛孝以

厚禮殯壅是歲八月間報稱石邑縣鳳凰來儀臨淄城麒麟出現黃龍現於鄴郡此鳳此麟此龍不當來而來非魏之禎祥乃漢之妖孽耳於是中郎將李伏太史丞許芝商議種種瑞徵乃魏當代漢之兆可安排受禪之禮令漢帝將天下讓與魏王遂同華歆王朗辛毗賈詡劉廙劉曄陳矯陳羣桓階等一班文武官僚四十餘人直入內殿來奏漢獻帝請禪位於魏王曹丕正是

魏家社稷今將建　漢代江山忽已移

未知獻帝如何回答且看下文分解

第八十回

曹丕廢帝篡炎劉
漢王正位續大統

三代以後學湯武之征誅則是學舜禹之受禪則非盜征誅可學而受禪不可學也漢高學湯武雖未必遂可湯武而猶不失爲堂堂之陣正正之旗若夫受禪之舉一學之而謬者有王莽再學之而謬者有曹丕彼但知舜禹之事而不知舜禹之所以行其事者耳舜禹之事行之以舜禹

之心後人乃以羿浞之心而欲行舜禹之事居堯宮而逼堯子奪舜璽而逼舜禪天下有如是之舜如是之禹哉有妖孽而爲禎祥者如九年之水開聖帝七年之旱啟賢王是也有禎祥而爲妖孽者如魯桓公之書大有魯哀公之誌獲麟是也不當瑞而瑞即謂之妖不當祥而祥即謂之孽麟鳳黃龍非曹丕受命之禎乃獻帝失國之兆然則麟也鳳也龍也直等之青蛇之墮雌雞之化而已矣

觀曹丕受禪之時有怪風之警而知天心之未嘗不與人

心合也人有心天亦有心人心不予魏豈天心獨予魏哉然不與魏者天心也不予魏而終不能禁魏之篡者天數也不獨人不能違數即天亦不能自違其數數不可遷而福善禍淫之心則可懲紫陽綱目不以魏爲正統葢不以天數與之還以天心之合乎人心者奪之耳

漢高之返沛縣有大風之歌此漢初之雄風也獻帝之禪許昌有怪風之變此漢末之悲風也風在漢初而雄在漢末而悲同一風而有盛衰之異焉雖然風至漢末風斯息

矣漢本安得有風當仍歸之高祖在天之靈可也

呂雉王產祿而劉幾化呂武曌寵三思而周幾代唐若曹后者誠過之矣曹后之罵曹丕比之王后之罵王莽庶幾相似乎然以后之貴而貴其族者王后也以族之貴而貴爲后者曹后也族以后之故而得貴則后之序之也易后因族之故而得立則后之不黨其族也難雖曹后之心使其身非曹操之所出我知其必與父兄同謀討賊如伏后董妃之事耳伏完有女而曹操亦有女董承有妹而曹丕

亦有妹曹后之賢殆將與伏后董妃並列爲三云

玄德之帝成都與曹丕之帝洛陽同一帝也而史家之筆予玄德而不予曹丕者正與僭之異也若論玄德之取西川則以劉奪劉或以爲逆取而順守若論玄德之即帝位則以劉繼劉直是順取而順守矣所可議者續高光之業而不墜其統固所以尊祖乃納劉瑁之妻而立之爲后似不免於瀆祖君子於此不能無遺憾焉

玄德之稱漢中王也在曹操稱魏王之後夫曹氏可王而

劉氏獨不可王乎非劉氏而王者高祖有禁卽以獻帝臨之曹可奪而劉可予也玄德之卽帝位也在曹丕篡帝位之後夫丕可以篡漢而帝室之胄反不可以繼漢乎丕篡之而玄德繼之是獻帝廢而未廢也宋之司馬氏乃帝魏而寇蜀吾不知其作何解

却說華歆等一班文武入見獻帝歆奏曰伏覩魏王自登位以來德布四方仁及萬物越古超今雖唐虞無以過此語語喪心羣臣會議言漢祚已終望陛下效堯舜之道以山川社稷禪與魏王

上合天心下合民意則陛下安享清閒之福祖宗幸甚生靈幸甚臣等議定特來奏請東吳討一荆州關公且不肯華歆却把一皇帝輕輕討去帝聞奏大驚半晌無言覷百官而哭曰朕想高祖提三尺劒斬蛇起義平秦滅楚創造基業世統相傳四百年矣朕雖不才初無過惡安忍將祖宗大業等閒棄了汝百官再從公計議議便不妥華歆引李伏許芝近前奏曰陛下若不信可問此二人李伏奏曰自魏王即位

來儀黃龍出現嘉禾蔚生甘露下降此是

漢之象也何不竟指青龍見坐雌雞化雄之災異以爲言乎許

四十　十七

芝又奏曰臣等職掌司天夜觀乾象見炎漢氣數已終陛下帝星隱匿不明魏國乾象極天察地言之難盡更兼上應圖讖其讖曰鬼在邊委相連當代漢無可言言在東午在西兩日並光上下移以此論之陛下可早禪位鬼在邊委相連是魏字也言在東午在西乃許字也兩日並光上下移乃昌字也此是魏在許昌應受漢禪也願陛下察之（此等圖讖想亦華歆等揑造耳）帝曰祥瑞圖讖皆虛妄之事奈何以虛妄之事而遽欲朕舍祖宗之基業乎王朗奏曰自古以來有興必有廢有盛必有衰豈有不亡之國不

賢之家乎。漢室相傳四十餘年，延至陛下，氣數已盡，宜丞退避，不可遲疑；遲則生變矣。未審當日皐夔稷契如此苦勸唐堯否。帝大哭，入後殿去了。百官哂笑而退。次日，官僚又集於大殿，令宦官入請獻帝。帝憂懼不敢出。曹后曰：「百官請陛下設朝，陛下何故推阻？」帝泣曰：「汝兄欲篡位，令百官相逼，朕故不出。」曹后大怒曰：「吾兄奈何爲此亂逆之事耶！」曹后深明大義，不是女生向外。言未已，只見曹洪、曹休帶劍而入，請帝出殿。曹后大罵曰：「俱是汝等亂賊，希圖富貴，共造逆謀！吾父功蓋寰區，威震天下，然且不敢篡竊神器；今吾兄嗣位未幾，輒思篡漢，皇天必不祚爾！此孫夫人之叱吳將更爲激烈，不言意曹瞞老賊却有如此一位賢女。罷，痛哭入宮。左右侍者皆歔欷流涕。曹洪、曹休力請獻帝出殿。帝被逼不過，只得更衣出前殿。華歆奏曰：陛下可依臣等昨日之議，免遭大禍。四岳薦舜，未聞有此恐號語。帝痛哭曰：卿等皆食漢祿久矣，中間多有漢朝功臣子孫，何忍作此不臣之事？月正元日，未聞唐堯如此苦告四岳。歆曰：陛下若不從衆議，恐旦夕蕭牆禍起，非臣等不忠於陛下也。帝曰：誰敢弑朕耶？歆厲聲曰：天下之人皆知陛下無人君之福，以致四方大亂！若非魏王在朝，弑陛下者何止一人？陛下爾不知恩報德直欲令天下人共伐陛下耶使管寧而在不但割席當割其身不但分坐當分其戶矣帝大驚拂袖而起王朗以目視華歆歆縱步向前扯住龍袍變色而言曰許與不許蚤發一言語出昔日破壁面孔帝戰慄不能答曹洪曹休拔劍大呼曰符寶郎何在祖弼應聲出曰符寶郎在此曹洪索要玉璽祖弼叱曰玉璽乃天子之寶安得擅索忠臣國之寶也符寶非寶祖弼是寶洪喝令武士推出斬之祖弼大罵不絕口而死後人有詩讚曰

姦宄專權漢室亡　詐稱禪位效虞唐

滿朝百辟皆尊魏　僅見忠臣符寶郎

帝顫慄不已。只見階下披甲持戈數百餘人。皆是魏兵。帝泣謂羣臣曰。朕願將天下禪於魏王。幸留殘喘。以終天年。賈詡曰。魏王必不負陛下。陛下可急降詔。以安衆心。非安衆心。乃安一身耳。帝只得○令陳羣草禪國之詔。令華歆賫捧詔璽。引百官直至魏王宮獻納。○本是天子所賜。乃曰獻納。可嘆。曹丕大喜。開讀詔曰。朕在位三十二年。遭天下蕩覆。幸賴祖宗之靈。危而復存。原非大臣之力。然今仰瞻天象。俯察民心。炎精之數既終。行運在乎曹氏是以前王既樹神武之蹟今王又光耀明德以應其期是數昭明信可知矣夫大道之行天下爲公唐堯不私於厥子而名播於無窮朕羨慕焉今其追踵堯典禪位於丞相魏王王其毋辭

曹丕聽畢便欲受詔司馬懿諫曰不可雖然詔璽已至殿下宜且上表謙辭以絕天下之謗天下難欺與其詐讓不如從直丕從之令王朗作表自稱德薄請別求大賢以嗣天位不曰天位不可讓而曰別求大賢便是欲天子避位之意帝覽表心甚驚疑謂羣臣曰魏王謙遜如之奈何天子若信老實不更

與他看他如何再討華歆曰昔魏武王受王爵之時三辭而詔不許然後受之此是家傳奸詐衣鉢今陛下可再降詔魏王自當允從子效父之詐臣導君以詐真堪羞殺帝不得已又令桓楷草詔遣高廟使張音特節奉璽至魏王宮曹丕開讀詔曰

咨爾魏王上書謙讓朕竊爲漢道陵遲爲日已久幸賴武王操德膺符運奮揚神武芟除兇暴清定區夏今王丕纘承前緒至德光昭聲教被四海仁風扇八區天之曆數實在爾躬昔虞舜有大功二十而放勳禪以天下大禹有疏導之績而

重華禪以帝位漢承堯運有傳聖之義加順靈祇紹天[illegible]
使行御史大夫張音持節奉皇帝璽綬王其受之
曹丕接詔欣喜謂賈詡曰雖二次有詔然終恐天下後世不免篡竊之名也既畏此名何如不做詡曰此事極易可再命張音賫回璽綬却教華歆令漢帝築一臺名受禪臺前李肅董卓曾白築受禪臺矣有前之虛話乃有此之即真擇吉日良辰集大小公卿盡到臺下令天子親奉璽綬禪天下與王差人送來不荓却要天子親自送來便可以釋羣疑而絕衆議矣丕大喜即令張音捧回璽綬仍作表謙辭音回奏獻帝帝問羣臣曰

魏王又讓其意若何若天子第二次竟做假呆曹丕將如之何華歆奏曰陛下可築一臺名曰受禪臺集公卿庶民明白禪位到底不明不白則陛下子子孫孫必蒙魏恩矣帝從之乃遣太常院官卜地於繁陽築起三層高臺擇於十月庚午日寅時禪讓至期獻帝請魏王曹丕登臺受禪臺下集大小官僚四百餘員御林虎賁禁軍三十餘萬衆目昭彰其罪愈著帝親捧玉璽奉曹丕不受之臺下羣臣蹤聽册曰咨爾魏王昔者唐堯禪位於虞舜舜亦以命禹天命不於常惟歸有德漢道陵遲世失其序降及朕躬大亂滋昏羣凶恣

逆宇內顛覆賴武王神武拯茲難於四方惟清區夏以保綏我宗廟豈予一人獲乂俾九服實受其賜今王欽承前緒光於乃德恢文武之大業昭爾考之弘烈皇靈降瑞人神告徵誕惟亮采師錫朕命僉曰爾度克協於虞舜用率我唐典敬遜爾位於獻天之曆數在爾躬君其祗順大禮饗萬國以肅承天命

讀冊已畢魏王曹丕即受八般大禮登了帝位賈詡引大小官僚朝於臺下改延康元年爲黃初元年張角所云黃天當立於此始驗國號大

魏丕即傳旨大赦天下謚父曹操爲太祖武皇帝華歆奏曰天無二日民無二王漢帝既禪天下理宜退就藩服乞降明旨安置劉氏於何地言訖扶獻帝跪於臺下聽旨曰率諸侯北面而朝之方信不是孝東之語丕降旨封帝爲山陽公即日便行華歆按劍指帝厲聲而言曰立一帝廢一帝古之常道今上仁慈不忍加害封汝爲山陽公今日便行非宣召不許入朝龍頭之惡已至於此追原獻舜趾之分只在拾金一刻帝含淚拜謝上馬而去臺下軍民人等見之傷感不已旁寫一筆見獻帝之難堪丕謂羣臣曰舜禹之事朕知之矣天下有如此舜禹乎羣臣皆呼萬

歲後人觀此受禪臺有詩嘆曰

兩漢經營事頗難　一朝失却舊江山
黃初欲學唐虞事　司馬將來作樣看

百官請曹丕答謝天地丕方下拜忽然臺前捲起一陣怪風飛砂走石急如驟雨對面不見臺上火燭盡皆吹滅（此亦是祥瑞耶虞舜當日四方風動恐未必如此風也）丕驚倒於臺上百官急救下臺半晌方醒（烈風雷雨弗迷丕何以不如舜）侍臣扶入宮中數日不能設朝後病稍可方出殿受羣臣朝賀封華歆爲司徒王朗爲司空大小官僚一一陞賞丕

疾未痊疑許昌宮室多妖曹操之疾既疑洛陽有鬼曹丕之疾又疑許昌多妖究竟何鬼何妖不過因操奸如鬼故以鬼召鬼丕惡如妖故以妖召妖耳乃自許昌幸洛陽大建宮室以上按下曹丕以下接敘先主蚤有人到成都報說曹丕自立爲大魏皇帝於洛陽蓋造宮殿且傳言漢帝已遇害此傳言之誤按獻帝廢爲山陽公者十五年至曹叡青龍二年始卒漢中王聞知痛哭終日下令百官掛孝遙望設祭上尊謚曰孝愍皇帝玄德因此憂慮致染成疾不能理事政務皆託與孔明孔明與太傅許靖光祿大夫譙周商議言天下不可一日無君欲尊漢中王爲帝放下先主接敘孔明爲即帝位關節譙周曰近有祥風慶雲之

瑞成都西北角有黃氣數十丈冲霄而起帝星見於畢胃昴之分煌煌如月此正應漢中王當即帝位以繼漢統更復何疑孔明但言人事譙周兼言天象於是孔明與許靖引大小官僚上表請漢中王即皇帝位漢中王覽表大驚曰卿等欲陷孤爲不忠不義之人耶孔明奏曰非也曹丕篡漢自立王上乃漢室苗裔理合繼統以延漢祀漢中王勃然變色曰孤豈效逆賊所爲拂袖而起入於後宮曹丕逼勒天子之詔先主不受羣臣之表相去甚遠衆官皆散三日後孔明又引衆官入朝請漢中王出衆皆拜伏於前許靖奏曰今漢天子以被

曹丕所弑主上不即帝位興師討逆不得爲忠義也今天下無不欲王上爲君爲孝愍皇帝雪恨若不從臣等所議是失民望矣不以大德推之而以義責之善於勸進漢中王曰孤雖是景帝之孫並未有德澤以布於民今一旦自立爲帝與篡竊何異不言義不當立但言德不堪受漸漸相近孔明苦勸數次漢中王堅執不從孔明乃設一計謂衆官曰如此如此於是孔明託病不出漢中王聞孔明病篤親到府中直入臥榻邊問曰軍師所感何疾害着要立皇帝的病孔明答曰憂心如焚命不久矣故作可駭之語漢中王曰軍師所憂何事連問數次孔明

只推病重臥不答（先是先主作難此處却是孔明作難妙絶）漢中王再三請問孔明。胷然歎曰：臣自出茅廬，得遇大王，相隨至今，言聽計從。今幸大王有兩川之地，不負臣夙昔之言。目今曹丕簒位，漢祀將斬，文武官僚咸欲奉大王爲帝，滅魏興劉，共圖功名。不想大王堅執不肯，衆官皆有怨心，不久必盡散矣。（不以巳動之以羣臣動之）乃若文武皆散，吳魏來攻，兩川難保，臣安得不憂乎。（既以羣臣動之又以兩川動之）漢中王曰：吾非推阻，恐天下人議論耳。（不言巳德不堪但恐人心不服此前又漸漸相近）孔明曰：聖人云，名不正則言不順。今大王名正言順，有何可議。（此言人事允宜豈不聞天與弗取反受其咎此言大命當受漢中王曰待軍師病可行之未遲此句已是十分應承孔明聽罷從榻上躍然而起曹丕真病孔明假病真病難痊假病立愈將屏風一擊外面文武衆官皆入拜伏於地曰王上既允便請擇日以行大禮只露得一句口風便被衆人拾去漢中王視之乃是太傅許靖安漢將軍糜竺青衣侯尚舉陽泉侯劉豹別駕趙祚治中楊洪議曹杜瓊從事張爽太常卿賴恭光祿卿黃權祭酒何曾學士尹默司業譙周大司馬殷純偏將軍張裔少府王謀昭文博士伊籍從事郎秦宓等衆也先聞其言後詳其人不想屏風之外蚤有埋伏漢

中王驚曰陷孤於不義皆卿等也（埋怨一句　皆是應承）孔明曰主上既允所請便可築臺擇吉恭行大禮（核實一句　使雖推調）即時送漢中王還宮一面令博士許慈諫議郎孟光掌禮築臺於成都武擔之南諸事齊備多官整設鑾駕迎請漢中王登壇致祭譙周在壇上高聲朗讀祭文曰

惟建安二十五年四月丙午朔越十二日丁巳皇帝備敢昭告於皇天后土漢有天下曆數無疆曩者王莽篡盜光武皇帝震怒致誅社稷復存今曹操阻兵殘忍戮殺主后罪惡滔

天操子丕載肆凶逆竊據神器羣下將士以爲漢祀墮廢備宜延之嗣武二祖躬行天罰備懼無德忝帝位詢於庶民外及遐荒君長僉曰天命不可以不答祖業不可以久替四海不可以無主率土式望在備一人備畏天明命又懼高光之業將墜於地謹擇吉日登壇祭告受皇帝璽綬撫臨四方惟神饗祚漢家永綏歷服 魏家之詔欺人漢家之文告天詔有三道却不是真文止一篇却不是假

讀罷祭文孔明率衆官恭上玉璽漢中王受了捧於壇上再三推讓曰備無才德請擇有才德者受之 此讓雖是虛文然與曹丕之讓不同孔明

奏曰：王上平定四海，功德昭於天下，況是大漢宗派，宜即正位。已祭告天神，復何讓焉。文武各官皆呼萬歲，拜舞禮畢，改元章武元年。（與曹丕一般改元，先主却改得堂堂正正。）立妃吳氏爲皇后，長子劉禪爲太子，封次子劉永爲魯王，三子劉理爲梁王，封諸葛亮爲丞相，許靖爲司徒，大小官僚一一陞賞，大赦天下。兩川軍民無不欣躍。（一樣做皇帝，只此一語，曹丕却輸與先主。）次日設朝，文武官僚拜畢，列爲兩班。先主降詔曰：朕自桃園與關張結義，誓同生死，不幸二弟雲長被東吳孫權所害，若不報讎，是負盟也。朕欲起傾國之兵，剪伐東吳。

生擒逆賊以雪此恨篡獻帝之讐更大於害關公之讐乃先言未畢班內一人拜伏於階下諫曰不可先主視之乃虎威將軍趙雲也正是

君王未及行天討　臣下曾聞進直言

未知子龍所諫若何且看下文分解

四大奇書第一種卷四十一

茂苑毛宗崗序始氏評　　　吳門杭永年資能氏評定

第八十一回

急兄讐張飛遇害

雪弟恨先主興兵

翼德之不欲先伐魏而請先伐吳者非但知兄弟而不知君臣之義也觀其古城之役謨疑關公之降操而欲拒關公豈非君臣之義重而兄弟之情輕乎其伐吳之意以爲

魏固漢賊而吳之黨魏亦爲漢賊從來除殘去暴者必先剪其黨如殷將伐桀而先伐韋伐顧伐昆吾周將伐紂而先伐崇伐密是也葢不獨爲兄弟起見而伐吳在所當先即爲君臣起見而伐吳亦在所當先耳

觀於翼德之亡而先主伐吳之計愈不得不决矣翼德之死爲關公而死也爲關公而死則其與孫權殺之無異也殺一弟之讐不可忍殺兩弟之讐又何可忍乎爲一巳之私恩而釋曹操人不以此病關公則爲三人之義而誅孫

輩豈得以此訾先主

有關與而雲長不死有張苞而翼德復生君子觀於此二人而獨爲先主之堂構惜也使劉諶而有興苞之風則鄧艾不能越陰平鍾會不能踰劒閣而此間樂不思蜀之言不至爲晉武所笑矣嗚呼天不祚漢其謂之何哉

李意之見先主與紫虛上人公明管子正是一流人物而紫虛則有數言李意止寫一字公明推憑卦象李意自寫畫圖極相類又極不相類而皆爲後文伏筆令讀者於數

卷之後追驗前文方知其文之一線穿却也

陳震之請李意當是孔明教之先主決意伐吳孔明爭之不得故特欲借青城山老叟以相阻耳然張良能以商山四皓止儲君之廢而孔明不能以青城老叟阻伐吳之師謀之成不成蓋亦有幸有不幸焉

先主一生見畫圖者三初見孔明畫圖一幅定三分之形繼見張松畫圖一幅定入川之計最後見李意畫圖一幅爲白帝托孤之兆蓋其一生俱是畫中人也

當關公顯聖之後便當接先主殺劉封而中間忽有曹操患病華陀被殺曹丕襲爵曹植賦詩一段文字以間之及劉封既斬之後便當接翼德被刺先主伐吳而中間又有獻帝禪位曹丕篡漢成都聞變孔明勸進一段文字以間之其過枝接葉處全不見其斷續之痕而兩邊夾敘一筆不漏如此敘事真可直追遷史

却說先主欲起兵東征趙雲諫曰國賊乃曹操非孫權也今曹丕篡漢神人共怒陛下可早圖關中屯兵渭河上流以討凶逆

五谿今屬湖廣武陵郡

則關東義士必裹糧策馬以迎王師若舍魏以伐吳兵勢一交豈能驟解願陛下察之先君臣之公義而後兄弟之私讎子龍獨見其大先主曰孫權害了朕弟又兼傅士仁糜芳潘璋馬忠皆有切齒之讎啖其肉而滅其族方雪朕恨卿何阻耶雲曰漢賊之讎公也兄弟之讎私也願以天下爲重子龍見識有大臣謀臣之風不當以戰將目之先主答曰朕不爲弟報讎雖有萬里江山何足爲貴遂不聽趙雲之諫下令起兵伐吳且發使往五谿借番兵五萬共相策應一面差使往閬中遷張飛爲車騎將軍領司隸校尉封西鄉侯兼閬中牧使命賫

詔而去却說張飛在閬中聞知關公被東吳所害旦夕號泣血濕衣襟是真兄弟不是假兄弟諸將以酒勸解酒醉怒氣愈加帳上帳下但有犯者即鞭撻之多有鞭死者爲後文鞭范疆張達張本每日望南切齒睜目怒恨放聲痛哭不已其聲其淚俱從血性中流出忽報使至慌忙接入開讀詔書飛受爵望北拜畢設酒欵待來使飛曰吾兄被害讐深似海廟堂之臣何不早奏興兵使者曰多有勸先滅魏而後伐吳者飛怒曰是何言也昔我三人桃園結義誓同生死今不幸二兄半途而逝吾安得獨享富貴耶獨生且不願何況獨受富貴吾當面

見天子願爲前部先鋒掛孝伐吳。爲後文製辦白旗白甲伏筆。生擒逆賊祭
告二兄以踐前盟言訖就同使命望成都而來却說先主每日
自下教場操演軍馬尅日興師御駕親征於是公卿都至丞相
府中見孔明曰今天子初臨大位親統軍伍非所以重社稷也
此不諫征吳但諫親征。丞相秉鈞衡之職何不規諫孔明曰吾苦諫數次
只是不聽孔明之諫在孔明口中補出。今日公等隨我入教場諫太常卿孔
明引百官來奏先主曰陛下初登寶位若欲北討漢賊以伸大
義於天下方可親統六師若只欲伐吳命一上將統軍伐之可

也。何必親勞聖駕。言伐魏則當親征。伐吳則不當親征。主意又與衆官不同。先主見孔明苦諫。心中稍回。忽報張飛到。來先主急召入。飛至演武廳拜伏於地。抱先主足而哭。以手足論之。先主缺其一足矣。故抱足而哭。先主亦哭。飛曰。陛下今日爲君。早忘了桃園之誓。二兄之讐。如何不報。先主曰。多官諫阻。未敢輕舉。飛曰。他人豈知昔日之盟。若陛下不去。臣捨此軀與二兄報讐。若不能報時。臣寧死不見陛下也。只說自家要去。便是要先主去。先主曰。朕與卿同往。卿提本部兵自閬州而出。朕統精兵會於江州。共伐東吳。以雪此恨。飛臨行。先主囑曰。朕素知卿酒後暴怒鞭撻健兒而復令在左右此取禍之道也今後務宜寬容不可如前（先為下文伏筆○史稱關公善待卒伍驕于士大飛夫張飛愛君子而不恤軍人故先主以此囑之）拜辭而去次日先主整兵要行學士秦宓奏曰陛下捨萬乘之軀而徇小義古人所不取也願陛下思之先主曰雲長與朕猶一體也大義尚在豈可忘耶宓伏地不起曰陛下不從臣言誠恐有失（預為後文伏筆）先主大怒曰朕欲興兵爾何出此不利之言叱武士推出斬之（非此一怒則眾官之諫不息）宓面不改色回顧先主而笑曰臣死無恨但可惜新創之業又將顛覆耳眾官皆為秦宓告免

先主曰暫且囚下待朕報讐回時發落孔明聞知即上表救秦宓其畧曰

臣亮等切以吳賊逞奸詭之計致荊州有覆亡之禍損將星於斗牛折天柱於楚地此情哀痛誠不可忘但念遷漢鼎者罪由曹操移劉祚者過非孫權竊謂魏賊若除則吳自賓服願陛下納秦宓金石之言以養士卒之力別作良圖二句隱着伐魏早爲前後出師伏筆則社稷幸甚天下幸甚

先主看畢擲表於地曰朕意已決無得再諫先主以孔明爲求今伐吳之心其[illegible]

如火水亦不遂命丞相諸葛亮保太子守兩川時法正既歿
能制火矣明又不同往則
後來之敗驃騎將軍馬超并弟馬岱助鎮北將軍魏延守漢中
勢所必然
以當魏兵虎威將軍趙雲為後應兼督糧草因趙雲曾諫故不用為先鋒黃
權程畿為參謀馬良陳震掌理文書黃忠為前部先鋒馮習張
南為副將傅彤張翼為中軍護尉趙融廖淳為合後川將數百
員并五谿番將等共兵七十五萬擇定章武元年七月丙寅日
出師卻說張飛回到閬中下令軍中限三日內製辦白旗白甲
三軍掛孝伐吳關公之死為江上有白衣翼德之死為軍中需白甲次日帳下兩員末將

范疆張達入帳告曰白旗白甲一時無措須寬限方可飛大怒曰吾急欲報讐恨不明日便到逆賊之境義氣凛凛是眞兄弟不是假兄弟。汝安敢違我將令叱武士縛於樹上各鞭背五十前之鞭督郵是怒繼之鞭曹豹是醉今之鞭范張是痛。以痛而鞭鞭必倍痛矣。鞭畢以手指之曰來日俱要完備若違了限即教汝二人示衆打得二人滿口出血回到營中商議范疆曰今日受了刑責着我等如何辦得其人性暴如火倘來日不完你我皆被殺矣張達曰比如他殺我不如我殺他與糜芳傅士仁一段商議。前後相對。疆曰怎奈不得近前達曰我兩箇若不當死則他醉於牀上若是當死則他不醉。呂布以戒酒而爲部將所害。張飛以飲酒而爲部將所害前後相對。

二人商議停當却說張飛在帳中神思皆亂動止恍惚與關公夢豬咬足。前後相對。一則以夢爲醒時之兆。一則以醒爲夢時之兆。乃問部將曰吾今心驚肉顫坐臥不安此何意也部將答曰此是君侯思念關公以致如此飛令人將酒來與部將同飲本欲以酒節哀。誰知以酒致死。不覺大醉臥於帳中凡人飲酒易醉。悶飲更是易醉。范張二賊探知消息初更時分各藏短刀密入帳中詐言欲稟機密重事直至牀前原來張飛每睡不合眼當夜寢於帳中二賊見他鬚豎目張本不敢動手寫得張飛聲勢。可懔見關公于匣中雖死不死范張見翼德于帳中雖睡不睡因聞鼻息如雷方敢近前以短刀刺入飛腹飛大叫一聲而亡讀書至此亦爲之拍案大叫時年五十五歲後人有詩嘆曰

安喜曾聞鞭督郵　黃巾掃盡佐炎劉　虎牢關上聲先震
長坂橋邊水逆流　義釋嚴顏安蜀境　智欺張郃定中州
伐吳未克身先死　秋草長遺閬地愁

却說二賊當夜割了張飛首級便引數十人連夜投東吳去了次日軍中聞知起兵追之不及時有張飛部將吳班向自荊州

來見先主先主用爲牙門將使佐張飛守閬中吳班事補前文所未及○胡爽古本作吳班今從之當下吳班先發表章奏知天子然後令長子張苞具
棺槨盛貯令弟張紹守閬中苞自來報先主時先主已擇期出
師大小官僚皆隨孔明送十里方回孔明回至成都怏怏不樂
顧謂眾官曰法孝直若在必能制主上東行也孔明勸取西川昭烈不聽法正勸之而即聽然則法正必有所以制之之法也却說先主是夜心驚肉顫寢臥不安出
帳仰觀天文見西北一星其大如斗忽然墜地關公之死先主感尚多翼德之死先主見星前後折對先主大疑連夜令人求問孔明孔明回奏曰合損一

上將三日之內必有驚報先主因此按兵不動忽侍臣奏曰閬中張車騎部將吳班差人賫表至先主頓足曰噫三弟休矣（結義□翼德又遇關公臨終之時先喪關公次喪翼德參差不同）及至覽表果報張飛凶信先主放聲大哭昏絕於地衆官救醒次日人報一隊軍馬驟風而至先主出營觀之良久見一員小將白袍銀鎧滾鞍下馬伏地而哭乃張苞也（張飛掛孝是一重孝張苞掛孝是兩重孝）苞曰范疆張達殺了臣父將首級投吳去了先主哀痛至甚飲食不進羣臣苦諫曰陛下方欲爲二弟報讎何可先自摧殘龍體先主方纔進膳遂謂張

苞曰卿與吳班敢引本部軍作先鋒爲卿父報讐否苞曰爲國爲父萬死不辭（不但爲父又爲伯父）先主正欲遣苞起兵又報一彪軍風擁而至先主令侍臣探之須臾侍臣引一小將軍白袍銀鎧入營伏地而哭先主視之乃關興也（此是制中暮服與張苞亦是兩重孝）先主見了關興想起關公又放聲大哭衆官苦勸先主曰朕想布衣時與關張結義誓同生死今朕爲天子正欲與二弟共享富貴不幸俱死於非命見此二姪能不斷腸（張飛曾見先主爲天子關公尚不曾見先主爲天子一則乍見而死一則未見而死俱爲可痛）言訖又哭衆官曰二小將軍且退容聖上將

息龍體侍臣奏曰陛下年過六旬不宜過於哀痛陛下曰二弟俱亡朕安忍獨生言訖以頭頓地而哭先主從來善哭何況此時哭上加哭宜其哭聞不住多官商議曰今天子如此煩惱將何解勸馬良曰主上親統大兵伐吳終日號泣於軍不利陳震曰吾聞成都青城山之西有一隱者姓李名意世人傳說此老已三百餘歲能知人之生死吉凶乃當世之神仙也百忙中忽敘出一個仙人與魏之左慈吳之于吉遙相映射何不奏知天子召此老來問他吉凶勝如吾等之言遂入奏先主先主從之即遣陳震賷詔往青城山宣召震星夜到了青城令鄉

入引入山谷深處遥望仙莊清雲隱隱瑞氣非凡與卧龍崗彷彿相似忽見一小童來迎曰來者莫非陳孝起乎與水鏡童子彷彿相似震大驚曰仙童如何知我姓字童子曰吾師昨者有言今日必有皇帝詔命至使者必是陳孝起震曰真神仙也人言信不誣矣遂與小童同入仙莊拜見李意宣天子詔命李意推老不行震曰天子急欲見仙翁一面幸勿吝鶴駕再三敦請李意方行與隆中三請彷彿相似既至御營入見先主先主見李意鶴髮童顏碧眼方瞳灼灼有光身如古栢之狀李意形狀在先主眼中寫出。○寫得是李意三百歲人另是一樣光景。異人優亂相待李意曰老夫乃荒山村叟無學無識辱陛下宣召不知有何見諭先主曰朕與關張二弟結生死之交三十餘年矣今二弟被害親統大軍報讐未知休咎如何久聞仙翁通曉玄機望乞賜教（何不于關公未死之前問之）李意曰此乃天數非老夫所知也先主再三求問意乃索紙筆畫兵馬器械四十餘張畫畢便一一扯碎（此應後文連營四十皆被燒毀也）又畫一大人仰臥於地上傍邊一人掘土埋之上寫一大白字（此應後文白帝托孤之兆）遂稽首而去先主不悅謂羣臣曰此狂叟也不足爲信即以火焚之（爲後文火焚之兆）便

催軍前進張苞入奏曰吳班軍馬已至小臣乞爲先鋒先主嘉

其志即取先鋒印賜張苞苞方欲掛印又一少年將奮然出曰

留下印與我視之乃關興也二人爭印與許褚徐晃爭袍蓬相映射苞曰我已奉

詔矣與曰汝有何能敢當此任苞曰我自幼習學武業箭無虛

發先主曰朕正要觀賢姪武藝以定優劣乃令軍士於百步之

外立一面旗旗上畫一紅心旗上畫紅心是權時從吉苞拈弓取箭連射三

箭皆中紅心苞寫張衆皆稱善衆人傍寫關興挽弓在手曰射中紅心

何足爲奇正言間忽值頭上一行鴈過興指曰吾射這飛鳥第

三隻一箭射去那隻鴈應弦而落寫關興。鴈行可比兄弟。不獨失卻第三。先失卻第二。今文武官僚齊聲喝采。又寫衆人。苞大怒飛身上馬手挺父所使丈八點鋼矛大叫曰你敢與我比試武藝否興亦上馬綽家傳大砍刀縱馬而出曰偏你能使矛吾豈不能使刀。曹操銅雀臺前是一紅一綠相爭。此處卻是兩白相爭。又自不同。二將方欲交鋒先主喝曰二子休得無禮與苞二人慌忙下馬各棄兵器拜伏請罪。作者欲寫二小將英雄。故借爭印稍加點染。今既顯過本事。便當如此收科。先主曰朕自涿郡與卿等之父結異姓之交親如骨肉今汝二人亦是昆仲之分正當同心協力共報父讎奈何自相爭競失其大義父喪未遠而猶如此況日後乎（近日之喪中討利兄弟相爭者當愧死矣）二人再拜伏罪先主問曰卿二人誰年長苞曰臣長關興一歲先主即命興拜苞爲兄二人就帳前折箭爲誓永相救護（桃園之後又是番小結義）先主下詔使吳班爲先鋒令張苞關興護駕水陸並進船騎雙行浩浩蕩蕩殺奔吳國來（以上按下先主以下再敘東吳）却說范疆張達將張飛首級投獻吳侯細告前事孫權聽罷收了二人乃謂百官曰今劉玄德即了帝位統精兵七十餘萬御駕親征其勢甚大如之奈何百官盡皆失色面面相覷（南人無用爲之

一矣。諸葛瑾出曰：恭食君侯之祿久矣，無可報効，願捨殘生，去見蜀主，以利害說之，使兩國相和，共討曹丕之罪。諸葛瑾所見到底與魯肅相似。

權大喜，即遣諸葛瑾為使，來說先主罷兵。正是：

兩國相爭通使命，一言解難賴行人。

未知諸葛瑾此去如何，且看下文分解。

第八十二回

孫權降魏受九錫

先主征吳賞六軍

魏王受九錫吳侯亦受九錫君子於魏之受譏曹操之不臣於吳之受笑孫權之不君何也寧爲鷄口無爲牛後韓侯之所以自奮也江東之地豈其小於韓邪哉且降魏而有益於吳則亦已耳無益於吳而徒受屈膝之恥良足嘆矣

操之九錫操自加之者也權之九錫非孫權自加之而待魏加之者也自加之與待人加則有間矣操之九錫天子所不敢不與者也權之九錫魏欲加之而權所不敢不受

者也人所不敢不與與已所不敢不受則又有間矣且受漢之九錫則足榮受魏之九錫則足恥爲篡漢而受漢之九錫則爲强爲降魏而受魏之九錫則爲弱吾甚爲孫權惜之

孫權前後如二人前之拔劍砍案何其壯也後之俯首稱臣何其憊也所以然者失在爭荆州而開郤於劉耳其始也結劉爲援則以周郎五萬人足以西向而遏曹操百萬之師其既也與劉爲讐則以江東八十一州乃至北面而

受曹丕孺子之命君子於此嘆與國之不可絶而輔車相依之勢爲不可離云

趙咨之對曹丕有二語爲最妙其以獲于禁而不害爲仁所以暴彼之短其以屈於陛下爲略所以抑彼之驕夫七軍覆龐德死非魏之見辱於關公者乎使非東吳則于禁不得生還矣是言蜀之喪魏而吳之大有造於魏也至於稽首稱臣不曰是誠服不曰是有禮不曰是識時務而乃曰咨者明言降魏非其本心不過一時權宜之計而吳終

不爲魏下也詞令之妙至於如此真不愧行人之選哉爲國者之學不比書生尋章摘句者哉斯言乎石勒未嘗識字聞酈生勸立六國後以爲此法當失及聞張良止之乃曰賴有此耳是其能讀漢書者也宋理宗好探究理學而史彌遠以小人見用真德秀魏了翁以君子見斥則雖終日讀性理却是不曾讀得

孫策不疑太史慈孫權不疑諸葛瑾其事同乎曰不同策當兵勢方盛之時其信慈爲易權當國勢可憂之日其信

瑾爲難也龐德不以兄之在蜀而背魏諸葛瑾不以弟之在蜀而背吳其事同乎曰不同德事馬超而不終則德之義爲非義瑾事孫權而無貳則瑾之忠乃眞忠也且瑾在昔日以瑾之不往信亮之不留權在今日卽以其信亮之不留者信瑾之不往君臣之相信始於兄弟之相信決之耳

還我汶陽歸我叛人此魯之所以與齊盟也而還荆州不許還降將不許則先主之於吳毋乃已甚乎晉君朝以入

則婢子夕以死夕以入則朝以死此此秦之所以請晉侯也而送還孫夫人亦不許則先主之於吳又毋乃太甚乎然使讐自此而遂解兵自此而遂囘則不成其爲劉玄德矣今人稱結義必稱桃園玄德之爲玄德索性做兄弟朋友中立極之一人可以愧後世之朋友寒盟兄弟解體者

夔關今四川夔州府 白帝城山名在夔州府

卻說章武元年秋八月先主起大軍至夔關駕屯白帝城（白帝城三字先於此處一逗）前隊軍馬已出川口近臣奏曰吳使諸葛瑾至先主傳旨教休放入黃權奏曰瑾弟在蜀爲相必有事而來陛下何

故絕之、當召入、看他言語可從、則從、如不可、則就借彼口說與孫權、令知罪有名也、先主從之、召瑾入城、瑾拜伏於地、不似前番待吾肅之禮。先主問曰、子瑜遠來、有何事、故瑾曰、臣弟久事陛下、臣故不避斧鉞、特來奏荊州之事。先將孔明說起、要他看軍師之面、納其所言。前者關公在荊州時、吳侯數次求親、關公不允。此二句隱然責備關公。又推在關公身上。後關公取襄陽、曹操屢次致書吳侯、使襲荊州。又推在曹操身上。吳侯奉不肯許、因呂蒙與關公不睦、故擅自興兵、誤成大事、今吳侯悔之不及、此乃呂蒙之罪、非吳侯之過也。又推在呂蒙身上。今呂蒙已死、寬讐巳息孫夫人一向思歸關公死矣曹操死矣呂蒙死矣堪在三個死人身上却請出一個活夫人來又要他看夫人之面納其所言今吳侯令臣爲使願送歸夫人縛還降將并將荊州仍舊交還又恐一夫人不足以動之又說還荊州還降將以陪之降將本是漢將曰還是矣若荊州向以爲東吳所當有而借與玄德者也今亦曰還則荊州亦本是漢地不曾借矣永結盟好共滅曹丕以正篡逆之罪末句歸重伐魏前是動之以慴此則動之以義先主怒曰汝東吳害了朕弟今日敢以巧言來說乎瑾曰臣請以輕重大小之事與陛下論之陛下乃漢朝皇叔今漢帝巳被曹丕篡奪不思勦除却爲異姓之親而屈萬乘之尊是捨大義而就小義也先論義之大小

中原乃海內之地。兩都皆大漢創業之方。陛下不取。而但爭荆州。是棄重而取輕也。（次論利之重輕）天下皆知陛下即位。必興漢室。所復山河。今陛下置魏不問。反欲伐吳。竊為陛下不取。（前還在兩家情分上說。此又畢竟先主身上說。前所言是私。後所言是公。）先主大怒曰。殺吾弟之讎。不共戴天。欲朕罷兵。除死方休。（早為後文藏兆。）不看丞相之面。先斬汝首。今且放汝回去。說與孫權。洗頸就戮。諸葛瑾見先主不聽。只得自回江南。卻說張昭見孫權曰。諸葛子瑜知蜀兵勢大。故假以講和為辭。欲背吳入蜀。此去必不回矣。（有此一段議論。愈襯孫權知人之明。）權曰。孤與子弟有生死不易之盟孤不負子瑜子瑜亦不負孤昔子瑜在柴桑時孔明來吳孤欲使子瑜留之子瑜曰弟已事玄德義無二心弟之不留猶瑾之不往（補四十四卷中所未及）其言足貫神明今日豈肯降蜀乎孤與子瑜可謂神交非外言所得間也（朋友不相信而君臣之相信如此為朋友者可以愧矣）正言間忽報諸葛瑾回權曰孤言若何張昭滿面羞慚而退（真正可羞）瑾見孫權言先主不肯通和之意權大驚曰若如此則江南危矣階下一人進曰某有一計可解此危視之乃中大夫趙咨也權曰德度有何良策咨曰主公可作一表某

願爲使往見魏帝曹丕陳說利害使襲漢中則蜀兵自危矣不肯與吳共伐曹丕其勢必至於此權曰此計最善但卿此去休失了東吳氣象咨曰若有些小差失即投江而死安有面目見江南人物乎權大喜即寫表稱臣恐孫權此時亦難見江南人物令趙咨爲使星夜到了許都先見太尉賈詡等入小官僚次日早朝賈詡出班奏曰東吳遣中大夫趙咨上表曹丕笑曰此欲退蜀兵故也有急來求卽早已猜着令召入咨拜伏於丹墀丕覽表畢遂問咨曰吳侯乃何如主也咨曰聰明仁智雄略之主也自誇其語丕笑曰卿褒獎毋乃太甚咨

曰臣非過譽也吳侯納魯肅於凡品是其聰也拔呂蒙於行陣是其明也帶言魯肅呂蒙自誇其君文自誇其臣獲于禁而不害是其仁也是以己之長形彼之短為人所獲難乎為臣臣為人獲難乎為君取荊州兵不血刃是其智也據三江虎視天下是其雄也屈身於陛下是其略也略者權謀之謂也即將現前事解略字妙甚以此論之豈不為聰明仁智雄略之主乎丕又問曰吳王頗知學乎咨曰吳王浮江萬艘帶甲百萬任賢使能志存經略少有餘閒博覽書傳歷觀史籍採其大旨不效書生尋章摘句而已帝王之學與書生不同若尋章摘句即霸主亦不為也丕曰朕欲伐吳可乎咨曰

國有征伐之兵小國有禦備之策不失東吳氣象丕曰吳畏魏乎咨曰帶甲百萬江漢爲池何畏之有不失東吳氣象丕曰東吳如大夫者幾人咨曰聰明特達者八九十人如臣之輩車載斗量不可勝數前表魯肅呂蒙是借君謙臣此却單就臣說丕嘆曰使於四方不辱君命卿可以當之矣於是即降詔命太常卿邢貞齎冊封孫權爲吳王加九錫與前曹操加九錫相反而相對趙咨謝恩出城大夫劉曄諫曰今孫權懼蜀兵之勢故來請降以臣愚見蜀吳交兵乃天亡之也今若遣上將提數萬之兵渡江襲之蜀攻其外魏攻其內吳國之亡不出

旬日吳亡則蜀孤矣陛下何不早圖之（劉曄勸滅吳非所以助蜀正所以圖蜀可見二國之不宜相惡也）丕曰孫權既以禮服朕朕若攻之是沮天下欲降者之心不若納之爲是劉曄又曰孫權雖有雄才乃殘漢驃騎將軍南昌侯之職官輕則勢微尚有畏中原之心若加以王位則去陛下一階耳今陛下信其詐降崇其位號以封殖之是與虎添翼也（此則書生之見耳魏即不封吳吳豈不能自王哉魏之帝可僭吳之王何不可僭）丕曰不然朕不助吳亦不助蜀待看吳蜀交兵若滅一國止存一國那時除之有何難哉（劉曄是踏沉船曹丕是看冷鋪）朕意已決卿勿復言遂命太常卿

邢貞同趙咨捧執冊錫、逕至東吳、卻說孫權聚集百官、商議禦蜀兵之策、忽報魏帝封主公爲王、禮當遠接、顧雍諫曰、主公宜自稱上將軍九州伯之位、不當受魏帝封爵、（蓋以自稱則雖伯猶榮、受封則雖王亦辱耳。）權曰、當日沛公受項羽之封、蓋因時也、何故卻之、（亦解嘲語）遂率百官出城迎接、（孫權出醜。）邢貞自恃上國天使、入門不下車、張昭大怒、厲聲曰、禮無不敬、法無不肅、而君敢自尊大、豈以江南無方寸之刃耶、（與秦宓之叱簡雍彷彿相似。子布此時頗有些氣）邢貞慌忙下車、與孫權相見、（趙咨足以服魏君、張昭足以服魏臣。）並車入城、忽車後一人放聲哭曰、吾等

巫口屬四川巫山秭歸屬湖廣歸州

不能奮身捨命爲主併魏吞蜀乃令主公受人封爵不亦辱乎衆視之乃徐盛也趙咨之後有張昭不謂張昭之後又有徐盛邢貞聞之歎曰江東將相如此終非久在人下者也却說孫權受了封爵衆文武官僚拜賀已畢命收拾美玉明珠等物遣人賫進謝恩孫權醜極早有細作報說蜀主引本國大兵及蠻王沙摩柯番兵數萬又有洞溪漢將杜路劉寧二枝兵水陸並進聲勢震天水路軍已出巫口旱路軍已到秭歸時孫權雖登王位奈魏主不肯接應王位九錫豈足以禦應蜀兵乎一笑乃問文武曰蜀兵勢大當復如何衆皆默然權歎

曰周郎之後有魯肅魯肅之後有呂蒙今呂蒙已亡無人與孤分憂也（此是激將之語）言未畢忽班部中一少年將奮然而出伏地奏曰臣雖年幼頗習兵書願乞數萬之兵以破蜀兵權視之乃孫桓也桓字叔武其父名河本姓俞氏（與劉封本姓寇正復相似）孫策愛之賜姓孫因此亦係吳王宗族河生四子桓居其長弓馬熟閑常從吳王征討累立奇功官授武衛都尉時年二十五歲（且此中補敘孫桓來歷）權曰汝有何策勝之桓曰臣有大將二員一名李異一名謝旌俱有萬夫不當之勇乞數萬之衆往擒劉備（不過恃二勇夫便不是良策）

晉都今
湖廣荆
州府

權曰陸遜雖英勇爭奈年幼必得一人相助方可虎威將軍朱然出曰臣願與小將軍同擒劉備權許之遂點水陸軍五萬封孫桓為左都督朱然為右都督（與前遣周瑜程普為左右遙相對照）即日起兵哨馬探得蜀兵已至宜都下寨孫桓引二萬五千馬軍屯於宜都界口前後分作三營以拒蜀兵卻說蜀將吳班領先鋒之印自出川以來所到之處望風而降兵不血刃直到宜都探知孫桓在彼下寨飛奏先主時先主已到秭歸聞奏怒曰量此小兒安敢與朕抗耶（孫桓少年有可輕有不可輕此處以少年輕孫桓則可後文以少年輕陸遜則不可）關興奏曰既

孫權令此子爲將不勞陛下遣大將臣願往擒之以少年敵少年先主曰朕正欲觀汝壯氣即命關興前往典興拜辭欲行張苞出曰旣關興前去討賊臣願同行以兩少年敵一少年先主曰二姪同去甚妙但須謹愼不可造次二人拜辭先主會合先鋒一同進兵列成陣勢孫桓聽知蜀兵大至合寨多起兩陣對圓桓領李異謝旌立馬於門旗之下見蜀營中擁出二員大將皆銀盔銀鎧白馬白旗上首張苞挺丈八點鋼矛下首關興橫着大砍刀再說吳將眼中寫出小將聲勢苞大罵曰孫桓豎子死在臨時尚敢抗拒天兵乎桓亦

罵曰汝父已作無頭之鬼今汝又來討死好生不智張苞大怒挺鎗直取孫桓（此處獨寫張苞出頭未寫關興）桓背後謝旌驟馬來迎兩將戰有三十餘合旌敗走苞乘勝趕來李異見謝旌敗了慌忙拍馬輪蘸金斧接戰張苞與戰二十餘合不分勝負（寫張苞連戰二將文未寫關興）吳軍中裨將譚雄見張苞英勇李異不能勝却放一冷箭正射中張苞所騎之馬那馬負痛奔回本陣未到門旗邊撲地便倒將張苞掀在地上李異急向前輪起大斧望張苞腦袋便砍（故作驚人之筆）忽一道紅光閃處李異頭早落地（讀至此疑有神助及閱下文方知是人不是鬼）

原來關興見張苞馬回，正待接應，忽見張苞馬倒，李異趕來。興大喝一聲，劈李異於馬下。此處關興突然而出，却先見救了張苞，斬將後見其人，筆法奇甚。張苞乘勢掩殺，孫桓大敗，各自鳴金收軍。次日，孫桓又引軍來。張苞、關興齊出。關興立馬於陣前，單搦孫桓交鋒。此寫關興。桓大怒，拍馬揮刀，與關興戰三十餘合，氣力不加，大敗回陣。二小將追殺入營，吳班引着張南、馮習驅兵掩殺。張苞奮勇當先，殺入吳軍，正遇謝旌，被苞一矛刺死。此寫張苞。吳軍四散奔走。蜀將得勝收兵，只不見了關興。忽然突出，又忽然不見，寫得關興奇妙。張苞大驚曰：「安國有失，吾不獨生（此又寫張苞）言訖綽鎗上馬尋不數里只見關興左手提刀右手活挾一將（此又寫關興）苞問曰此是何人興笑答曰吾在亂軍中正遇讐人故生擒來苞視之乃昨日放冷箭的譚雄也苞大喜同回本營斬首瀝血祭了死馬（做了豪傑的馬即死也不漫然）遂寫表差人赴先主處報捷孫桓折了李異謝旌譚雄等許多將士力窮勢孤不能抵敵即差人回吳求救蜀將張南馮習謂吳班曰目今吳兵勢敗正好乘虛劫寨班曰孫桓雖然折了許多將士朱然水軍見今結營江上未曾損折（朱然一軍不見斷殺在吳班口中補敘出來）今日若

去劫寨倘水軍上岸斷我歸路如之奈何南曰此事至易可教關張二將軍各引五千軍伏於山谷中如朱然來救左右兩軍齊出夾攻必然取勝（南亦能軍）班曰不如先使小卒詐作降兵卻將劫寨事告與朱然然見火起必來救應卻令伏兵擊之則大事濟矣（前寫過與苞此文爲吳班二將）馮習等大喜遂依計而行卻說朱然聽知孫桓損兵折將正欲來救忽伏路軍引幾箇小卒上船投降然問之小卒曰我等是馮習帳下士卒因賞罰不明特來投降就報機密然曰所報何事小卒曰今晚馮習乘虛要劫孫將軍營

寨約定舉火爲號朱然聽罷即使人報知孫桓報事人行至半途被關興殺了（假報了朱然真報偏不許報孫桓）朱然一面商議欲引兵去救應孫桓部將催禹曰小卒之言未可深信倘有疎虞水陸二軍盡皆休矣將軍只宜穩守水寨某願替將軍一行（是朱然替死鬼）然從之遂令催禹引一萬軍前去是夜馮習張南吳班分兵三路直殺入孫桓寨中四面火起吳兵大亂尋路奔走且說催禹正行之間忽見火起急催兵前進剛纔轉過山來忽山谷中鼓聲大震左邊關興右邊張苞兩路夾攻催禹大驚方欲奔走正遇張

苞支馬只一合被苞生擒而回。關興殺一人，擒一人，張苞亦殺一人，擒一人，二人功勳正是相對。○關興擒譚雄用虛寫，張苞擒崔禹用實寫，文自不同。朱然聽知危急，將船往下水退五六十里去了。此寫吳兵水路。孫桓引敗軍逃走，問部將曰：前去何處城堅糧廣？部將曰：此去正北彝陵城可以屯兵。桓引敗軍急望彝陵而走。此寫吳兵陸路。方進得城，吳班等追至，將城四面圍定。關興與張苞等解崔禹到秭歸來，先主大喜，傳旨就將崔禹斬却，大賞三軍。自此威風震動江南，諸將無不膽寒。却說孫桓令人求救於吳王。吳王大驚，即召文武商議曰：今孫桓受困於彝陵，朱然大敗於江中蜀兵勢大如之奈何張昭奏曰今諸將雖多物故然尚有十餘人何慮於劉備可命韓當爲正將周泰爲副將潘璋爲先鋒淩統爲合後甘寧爲救應起兵十萬拒之權依所奏卽命諸將速行此時甘寧已患痢疾帶病從征（爲後文死于江邊伏線）卻說先主從巫峽建平起直接彝陵界分七十餘里連結四十餘寨見關興張苞屢立大功嘆曰昔日從朕諸將皆老邁無用矣復有二姪如此英雄朕何慮孫權乎（重少輕老則失之黃忠重老輕少則失之陸遜正言）間忽報韓當周泰領兵來到先主方欲遣將迎敵近臣奏曰老

將黃忠引五六人投東吳去了先主笑曰黃漢升非反叛之人也因朕失口誤言老者無用彼必不服老故奮力去相持矣先主之信漢升與孫權之信子瑜前後恰好相對即名關興張苞曰黃漢升此去必然有失賢姪休辭勞苦可去相助略有微功便可令回勿使有失二小將拜辭先主引本部軍來助黃忠正是

老臣素矢忠君志　年少能成報國功

未知黃忠此去如何且看下文分解

四大奇書第一種卷四十二

茂苑毛宗崗序始氏評　吳門杭永年資能氏評定

第八十三回

戰猇亭先主得讐人

守江口書生拜大將

關公顯聖不一而足前文既追呂蒙此卷又擒潘璋或疑爲演義糚點未必其事之果然而不知無庸疑也即公之不沒於今日可以信其不沒於當年以爲有關公何處是

關公以爲無關公何處非關公豈必拜像瞻圖見赤面長髯者而後謂之關公哉是氣所磅礴凜烈萬古存殆無日不有一關公在天地無日不有一關公在人心耳

潘璋之死妙在關公顯聖糜芳傅士仁馬忠之死又妙在不必關公顯聖若必待關公顯聖而後獲之則不勝其顯聖矣且孫權陸遜亦當顯聖以殺之連營七百里之失亦當顯聖以告之而全蜀之師可不動先主之兵可不敗魚腹浦之八陣圖可不設矣三國志本以紀人事豈盡如西

遊記從孫行者之神通賴南海觀音之相救乎雖然糜芳之欲降馬忠之被刺關公之靈實式憑焉則亦謂之關公顯聖可也不寧惟是即孫權之縛送范疆張達安知非翼德之靈實使其然則亦謂之翼德顯聖可也

觀先主之伐孫權而知其必不赦糜芳也不以孫夫人之尚在而寬孫權豈肯以糜夫人之既死而赦糜芳乎又觀先主之殺糜芳而知其必不釋東吳也不以殉難而亡之糜夫人而赦其弟豈肯以不告而歸之孫夫人而恕其兄

乎凡人妻子之情每足奪其兄弟之情而愛兄弟之情每不如其愛妻子之情觀於先主亦可以風矣

書生而有大將之才不得以書生目之亦惟書生而有大將之才則正以其書生而取之先軫悅禮樂而敦詩書晉之名將一書生也張巡讀書過目不忘唐之名將一書生也岳飛歌雅投壺孟珙掃地焚香宋之名將一書生也每怪今人以書生相詬詈見其人之文而無用者輒笑之爲書生氣試觀儲懋之爲書生奈何輕量書生哉

從來未有不忍辱而能負重者。韓信非為胯下之夫，則不能成興漢之烈；張良非進圯橋之履，則不能成報韓之功。又未有不能負重而能忍辱者。子胥惟懷破楚之略，故能乞食於丹陽；范蠡惟懷治吳之謀，故甘受屈於石室。古今大有為之人，一生力量只在負重二字，一生學問只在忍辱二字。熟讀一卷老子，便當得一卷陰符經。

愛老而不愛少者，不可以用才；愛少而不愛老者，亦不可以用才。孔明之用黃忠，非以其老而用之也，直以為是講纓之終軍破浪之宗愨三表五餌之賈誼而用之也闞澤之薦陸遜非以其少而薦之也直以爲是皓首之子乎白髮之充國者英之文彦博而薦之也總之人而才則老亦可少亦可人而不才則老亦不可少亦不可但當論其才與不才不當論其少與不少云

周郎之戰赤壁龐統與有力焉呂蒙之襲荆州陸遜亦與有力焉乃魯肅薦統而孫權不聽闞澤薦遜而孫權聽之豈信魯肅不如其信闞澤哉亦前後之勢有不同耳一當

赤壁大勝之後故氣驕而言難入一當猇亭新敗之日故心小而謀易從也

却說章武二年春正月（正月叙起時序分明）武威後將軍黃忠隨先主伐吳忽聞先主言老將無用即提刀上馬引親隨五六人逕到彝陵營中（此老倔強猶昔）吳班與張南馮習接入問曰老將軍此來有何事故忠曰吾自長沙跟天子到今多負勤勞今雖七旬有餘尚食肉十斤臂開二石之弓能乘千里之馬未足爲老昨日主上言吾等老邁無用故來此與東吳交鋒看吾斬將老也不老（黃

不服老陸遜不服少。正與後文相對。正言間忽報吳兵前部已到哨馬臨營忠在然而起出帳上馬馮習等勸曰老將軍且休輕進忠不聽縱馬而去吳班令馮習引兵助戰忠在吳軍陣前勒馬橫刀單搦先鋒潘璋交戰。意在得仇人。璋引部將史蹟出馬蹟欺忠年老挺鎗出戰鬬不三合被忠一刀斬於馬下潘璋大怒揮關公使的青龍刀。為前孫權賜刀照應。為後關興得刀伏筆。來戰黃忠交馬數合不分勝負忠奮力惡戰璋料敵不過撥馬便走忠乘勢追殺全勝而回。第一日黃忠[illegible]路逢關興與張苞興曰我等奉聖旨來助老將軍既已立[illegible]

請回營忠不聽次日潘璋又來搦戰黄忠奮然上馬與苞二人要助戰忠不從吳班要助戰忠亦不從譬之善奕棋者有人只從旁幫之雖贏不喜自引五千軍出迎戰不數合璋拖刀便走忠縱馬追之厲聲大呌曰賊將休走吾今爲關公報讐第二日黄忠又不老追至三十餘里四面喊聲大震伏兵齊出右邊周泰左邊韓當前有潘璋後有凌統把黄忠困在垓心忽然狂風大起忠急退時山坡上馬忠引一軍出一箭射中黄忠肩窩險些兒落馬中箭後偏能不落是馬亦是他不老處兵見忠中箭一齊來攻讀者至此爲黄忠着急忽後面喊聲大起兩路軍

殺來。吳兵潰散。救出黃忠。乃關興張苞也。來得突兀。烏得聲勢。二小將[illegible]送黃忠逕到御前營中。忠年老血衰。箭瘡痛裂。病甚沉重。先主御駕自來看視。撫其背曰。令老將軍中傷。朕之過也。忠曰。臣乃一武夫耳。幸遇陛下。臣今年七十有五。壽亦足矣。望陛下善保龍體。以圖中原。不以江東為重。而以中原為重。與趙雲一樣見識。言訖。不省人事。是夜殞於御營。後人有詩嘆曰。

老將說黃忠。收川立大功。重披金鎖甲。雙挽鐵胎弓。
膽氣驚河北。威名鎮蜀中。臨亡頭似雪。猶自顯英雄。

先主見黃忠氣絕哀傷不已勅具棺槨葬於成都先主歎曰五虎大將已亡三人朕尚不能復讐深可痛哉又因黃忠并念關張畢竟黃忠是客關張是主乃引御林軍直至猇亭大會諸將分軍八路水陸俱進水路令黃權領兵先主自率大軍於旱路進發時章武二年二月○○中旬也○○○自正月序至二月時序分明正爲下文夏月燒營伏線韓當周泰聽知先主御駕來征引兵出迎孫權屢次自臨陣前獨至此時不敢出面可謂怯矣兩陣對圓韓當周泰出馬只見蜀營門旗開處先主自出黃羅銷金傘蓋左右白旄黃鉞金銀旌節前後圍繞自爲帝之後須此一番渲染與受魏九錫者不同當大叫曰

陛下今爲蜀主何自輕出倘有疎虞悔之何及先主遥指罵曰汝等吳狗傷朕手足誓不與立於天地之間回顧衆將曰誰敢衝突蜀兵部將夏恂挺鎗出馬先主背後張苞挺丈八矛縱馬而出大喝一聲直取夏恂恂見苞聲若巨雷心中驚懼恰待要走周泰弟周平見恂抵敵不住揮刀縱馬而來關興見了躍馬提刀來迎張苞大喝一聲一矛刺中夏恂倒撞下馬周平大驚措手不及被關興一刀斬了（此處雙寫二將）二小將便取韓當周泰韓周二人慌退入陣先主見之嘆曰虎父無犬子也（先主處處念着兄弟）

又與關公虎女犬子評遥遥相應。用御鞭一指，蜀兵一齊掩殺過去，吳兵大敗。那八路兵勢如泉湧，殺的那吳軍屍橫遍野，血流成河。却說甘寧正在船中養病，聽知蜀兵大至，火急上馬，正遇一彪蠻兵，人皆披髮跣足，皆使弓弩長鎗搪牌刀斧。爲首乃是番王沙摩柯，生得面如噀血，碧眼突出，使一箇鐵蒺藜骨朶，腰帶兩張弓，威風抖擻。寫得番王可畏，早爲南蠻孟獲伏筆。甘寧見其勢大，不敢交鋒，撥馬而走，被沙摩柯一箭射中頭顱。寧帶箭而走。甘寧病中中箭，猶能帶箭而走。黃忠雖老不老。甘寧雖病不病。兩人雖死不死矣。到於富池口，坐於大樹之下而死。樹上羣鴉

數百圍繞其屍吳王聞之哀痛不已具禮厚葬立廟祭祀至今富池口有甘興霸廟往來客商祭祀有神鴉送客一程。後人有詩嘆曰

吳郡甘興霸　長江錦幔舟　酬君重知己　報友化仇讐

劫寨將輕騎　驅兵飲巨甌　神鴉能顯聖　香火永千秋

○○○却說先主乘勢追殺遂得猇亭吳兵四散逃走先主收兵只不見關興○○○第二次又不見關興。興尋得出没不測。先主慌令張苞等四面跟尋原來關興殺入吳陣正遇讐人潘璋驟馬追之璋大驚奔入山谷內不知所往興尋思只在山裏往來尋覓不見看看天晚迷踪失路

幸得星月有光。正與二月中旬相應用筆閒警。追至山僻之間時已二更到一莊上下馬叩門一老者出問何人興曰吾是戰將迷路到此求一飯充飢老人引入與見堂內點着明燭中堂繪畫關公神像當年便已如此何況今日。興大哭而拜老人問曰將軍何故哭拜興曰此吾父也老人聞言即便下拜興曰何故供養吾父老人答曰此間皆是尊神地方在生之日家家侍奉何況今日爲神乎。近來造生祠者生則祠之沒則已焉與關公大不同矣。老夫只望蜀兵早早報讐今將軍到此百姓有福矣遂置酒食待之卸鞍喂馬三更已後忽門外又一人擊戶，老人出而問之，乃吳將潘璋亦來投宿。狹路相逢，（天道之巧，往往如此，可不畏哉。）恰入草堂，關興見了，按劍大喝曰：「反賊休走！」璋回身便出。忽門外一人，面如重棗，丹鳳眼，臥蠶眉，飄三縷美髯，綠袍金鎧，按劍而入。（潘璋門外所見，與老人堂中所供，有兩關公乎？曰：是一不是二。）璋見是關公顯聖，大叫一聲，神魂驚散；欲待轉身，早被關興手起劍落，斬於地上，取心瀝血，就關公神像前祭祀。（非關興殺之，而關公殺之也。）興得了父親的青龍偃月刀。（大刀亦大刀環矣。）却將潘璋首級擐於馬項之下，辭了老人，就騎了潘璋的馬，望本營而來。老人自將潘璋之屍拖出燒化。（細詳出郭關興行無數里忽聽得人言馬嘶一彪軍來到爲首一將乃潘璋部將馬忠也。又恰好遇着讐人。忠見興殺了主將潘璋將首級撮於馬項之下青龍刀又被興得了勃然大怒縱馬來取關興興見馬忠是害父讐人氣冲牛斗舉青龍刀望忠便砍忠部下三百軍併力上前一聲喊起將關興圍在垓心興力孤勢危讀者至此又必謂關公此時顯聖殺馬忠矣。忽見西北上一彪軍殺來乃是張苞馬忠見救兵到來慌忙引軍自退關興張苞一處趕來趕不數里前面糜芳傅士仁引兵來尋馬忠兩軍相合混戰一處苞興二人兵少慌忙徹退。此時馬忠即死。糜芳傅士仁一併就擒。豈不甚快。然事如此便不曲。文如此便不奇。回至猇亭來見先主獻上首級具言此事先主驚異賞犒三軍卻說馬忠回見韓當周泰收聚敗軍各分頭守把軍士中傷者不計其數馬忠帶傅士仁糜芳於江渚屯劄當夜三更軍士皆哭聲不止。既寫老人。又寫衆軍。想見關公舊德不泯。糜芳暗聽之有一夥軍言曰我等皆是荊州之兵被呂蒙詭計送了主公性命今劉皇叔御駕親征東吳早晚休矣所恨者糜芳傅士仁也我等何不殺此二賊去蜀營投降功勞不小又一夥軍言曰不要性急等箇空見便就下手。聽得歷歷分明。聲聲仔細。與蔣幹聽周瑜。先主聽徐庶。更是不同。糜芳聽畢大驚。遂與傅士仁商議曰。軍心變動。我二人性命難保。今蜀主所恨者馬忠耳。何不殺了他。將首級去獻蜀主。此時不消關公顯聖。却假手于糜芳。乃見天道之巧。告稱我等不得已而降吳。今知御駕前來。特地詣營請罪。仁曰。不可去。必有禍。芳曰。蜀主寬仁厚德。目今阿斗太子是我外甥。彼但念我國戚之情。必不肯加害。有此數語。愈見下文先主之篤于兄弟也。二人計較已定。先備了馬。三更時分。入帳刺殺馬忠。將首級割了。二人帶數十騎。逕投猇亭而來。糜傅之殺馬忠。與范張之刺張飛。相類而相反。伏路軍人先引見張南馮習具說其事次日到御營中來見先主獻上馬忠首級哭告於前曰臣等實無反心被呂蒙詭計稱言關公已亡賺開城門臣等不得已而降今聞聖駕前來特殺此賊以雪陛下之恨伏乞陛下恕臣等之罪糜芳之重投先主，與劉封之不降曹操，又相類而相反。先主大怒曰朕自離成都許多時你兩箇如何不來請罪今日勢危故來巧言欲全性命朕若饒你至九泉之下有何面目見關公乎。更不思九泉之下有糜夫人。言訖令關興在御營中設關公靈位先主親捧馬忠首級詣前祭祀一箇死三牲。又令關興將糜芳傅士仁剝去衣服跪於靈前親自用刀剮之以祭關公兩箇活三牲忽張苞上帳哭拜於前曰二伯父讐人皆已誅戮臣父寃讐何日可報接筍甚緊先主曰賢姪勿憂朕當削平江南殺盡吳狗務擒二賊與汝親自臨之以祭汝父范彊張達在吳而先主伐吳不獨為關公報讐亦為翼德報讐耳苞涕謝而退此時先主威聲大振江南之人盡皆膽裂日夜號哭韓當周泰大驚急奏吳王具言糜芳傅士仁殺了馬忠去歸蜀帝亦被蜀帝殺了孫權心怯遂聚文武商議步騭奏曰蜀主所恨者乃呂蒙潘璋馬忠糜芳傅士仁也今此數人皆亡獨有范彊張達

二人見在東吳，何不擒此二人，并張飛首級，遣使送還，步騭爲此語，却是翼德有靈。交與荊州，送歸夫人，上表求和，再會前情，共圖滅魏，則蜀兵自退矣。諸葛瑾已曾與先主言之矣。權從其言，遂具沉香木匣，盛貯飛首，綁縛范疆、張達，因於檻車之內，馬忠是送死的，范張是送活的。一是孤送，一是公送。令程秉爲使，齎國書，望猇亭而來。却說先主欲發兵前進，忽近臣奏曰：東吳遣使送張車騎之首，并囚范疆、張達二賊至。先主兩手加額曰：此天之所賜，亦由三弟之靈也。即令張苞設飛靈位。先主見張飛首級在匣中，面不改色，與曹操在木匣中見關公，正是相對。放聲大

哭張飛自仗利刃將范疆張達萬剮凌遲祭父之靈亦是一副祭三牲

祭畢先主怒氣不息定要滅吳馬良奏曰讐人盡戮其恨可雪矣吳大夫程秉到此欲還荊州送回夫人永結盟好共圖滅魏伏候聖旨先主怒曰朕切齒讐人乃孫權也今若與之連和是負二弟當日之盟矣今先滅吳次滅魏不肯得風便轉却是不識時務便欲斬來使以絕吳情多官苦告方免程秉抱頭鼠竄回奏吳主曰蜀不從講和誓欲先滅東吳然後伐魏衆臣苦諫不聽如之奈何權大驚舉止失措闞澤出班奏曰見有擎天之柱如何不用耶

只因先主不見機。就引出這箇人來。權急問何人。澤曰。昔日東吳大事。全任周郎。後魯子敬代之。子敬亡後。決於呂子明。今子明雖喪。見有陸伯言在荊州。此人名雖儒生。實有雄才大略。儒生誠不可小覷。以臣論之。不在周郎之下。以今論之。當在周郎之上。前破關公。其謀皆出於伯言。補照七十五回中事。主上若能用之。破蜀必矣。如或有失。臣願與同罪。權曰。非德潤之言。孤幾誤大事。張昭曰。陸遜乃一書生耳。非劉備敵手。恐不可用。張昭不如諸葛瑾。安能知陸遜。顧雍亦曰。陸遜年幼望輕。恐諸公不服。若不服則生禍亂。必誤大事。昭以書生輕之。雍又以年幼輕之。步騭亦曰。遜才堪治郡耳若託以大事非其宜也（雍謙其望輕陽又謙其才短人固以多知人知人不易也）闞澤大呼曰若不用陸伯言則東吳休矣臣願以全家保之（前止以一身保此又以全家保如此薦人薦得着力）權曰孤亦素知陸伯言乃奇才也孤意已決卿等勿言（前不聽虞翻而用麋芳今獨聽闞澤而用陸遜可謂昔非今是）於是命召陸遜遜本名陸議後改名遜字伯言乃吳郡吳人也漢城門校尉陸紆之孫九江都尉陸駿之子身長八尺面如美玉官領鎮西將軍（百忙中補敘陸遜生平）當下奉召而至參拜畢權曰今蜀兵臨境孤特命卿總督軍馬以破劉備遜曰江東文武皆大王故舊之臣

臣年幼無才安能制之。陸遜故意作難。便有遜求築壇賜劍之意。權曰闞德潤以全家保卿孤亦素知卿才今拜卿為大都督卿勿推辭遜曰倘文武不服何如權取所佩劍與之曰如有不聽號令者先斬後奏與前賜劍剮喻相似。遜曰荷蒙重托敢不拜命但乞大王於來日會聚衆官然後賜臣。意在壓服衆人故要衆人面前受之。闞澤曰古之命將必築臺會衆賜白旄黃鉞印綬兵符然後威行令肅今大王宜遵此禮擇日築壇拜伯言為大都督假節鉞則衆人自無不服矣如蕭何薦韓信故事。權從之命人連夜築壇完備大會百官請陸遜登壇拜為大都督右護軍鎮西將軍進封婁侯賜以寶劍印綬令掌六郡八十一州兼荆楚諸路軍馬吳王囑之曰閫以內孤主之閫以外將軍制之。此周郎爲都督時倍覺冠冕。遜領命下壇令徐盛丁奉爲護衛即日出師一面調諸路軍馬水陸並進文書到猇亭韓當周泰大驚曰主上如何以一書生總兵耶韓當周泰乃孫堅舊將周郎尚是後輩況陸遜乎以今世俗論之當爲春疏生名怖者安得不驚。比及遜至衆皆不服韓信拜大將而一軍皆驚今衆人之輕陸遜彷彿似之。遜升帳議事衆人勉強叅賀遜曰主上命吾爲大將督軍破蜀軍有常法公等各宜遵守違者王法無親勿致後悔衆皆默然。周泰曰：「日今安東將軍孫桓，乃主上之姪，見困於彝陵城中，內無糧草，外無救兵，請都督早施良策，救出孫桓，以安主上之心。」遜曰：「吾素知孫安東深得軍心，必能堅守。（又在陸遜口中帶表孫桓。）不必救之。待吾破蜀後，彼自出矣。」（早已算定。）衆皆暗笑而退。韓當謂周泰曰：「命此孺子爲將，東吳休矣！公見彼所行乎？」泰曰：「吾聊以言試之，早無一計，安能破蜀也！」（前不服周郎，只是程普一人；今不服陸遜，却是韓、周二人。）次日，陸遜傳下號令，教諸將各處關防，牢守隘口，不許輕敵。衆皆笑其懦，不肯堅守。次日，陸遜升帳喚諸將曰：「吾欽承王命，總督諸軍罪已三令五申。令汝等各處堅守。俱不遵吾令。何也。此時陸遜將將亦大驚事韓當曰吾自從孫將軍平定江南經數百戰其餘諸將或從討逆將軍或從當今大王皆披堅執銳出生入死之士今主上命公為大都督令退蜀兵宜早定計調撥軍馬分頭征進以圖大事乃只令堅守勿戰豈欲待天自殺賊耶吾非貪生怕死之人奈何使吾等墮其銳氣韓當以言觸陸遜與黃蓋以言觸周郎一假一真前後相映於是帳下諸將皆應聲而言曰韓將軍之言是也吾等情願決一死戰陸遜聽畢掣劍在手厲聲曰僕雖一介書生今蒙主上托以重任者，以吾有尺寸可取，能忍辱負重故也。忍辱負重四字，從來成大事人無不由此。汝等只各守險口，牢把險要，不許妄動。如違令者皆斬。此所謂始如處女，敵人開戶者也。衆皆憤憤而退。卻說先主自猇亭布列軍馬，直至川口，接連七百里，前後四十營寨，晝則旌旗蔽日，夜則火光耀天。與曹操赤壁一樣聲勢。○此處火光二字，與後文火光相映射。忽細作報說：東吳用陸遜爲大都督，總制軍馬。遜令諸將各守險要不出。先主問曰：陸遜何如人也？馬良奏曰：遜雖東吳一書生，然年幼多才，深有謀略，前襲荊州，皆係此人之詭計。又在馬良口中，照應七十五卷中事。先主大怒曰：豎子詭計損朕二弟今當擒之便傳令進兵馬良諫曰陸遜之才不亞周郎未可輕敵（馬良與闞澤之見相同）先主曰朕用兵老矣豈反不如一黃口孺子耶（先主與張昭周泰等之見相似）遂親領前軍攻打諸處關津隘口韓當見先主兵來差人報知陸遜遜恐韓當妄動急飛馬自來觀看正見韓當立馬於山上遠望蜀兵漫山遍野而來軍中隱隱有黃羅蓋傘韓當接着陸遜並馬而觀當指曰軍中必有劉備吾欲擊之（寫韓當之猛襯彼驅之戰而不戰者又復天淵矣）遂曰劉備舉兵東下連勝十餘陣銳氣正盛今只乘高守險不可輕出出則不利

但宜獎勵將士，廣布守禦之策，以觀其變。今彼馳騁於平原曠野之間，正自得志；我堅守不出，彼求戰不得，必移屯於山林樹木間，吾當以奇計勝之。爲後文伏筆。韓當口雖應諾，心中只是不服。先主使前隊搦戰，辱罵百端，遜令塞耳休聽，不許出迎，親自遍歷諸關隘口，撫慰將士，皆令堅守。的是忍辱負重之人。先主見吳軍不出，心中焦躁。馬良曰：「陸遜深有謀略。今陛下遠來攻戰，自春歷夏，彼之不出，欲待我軍之變也。願陛下察之。」馬良之智亦不輸于陸遜。先主曰：「彼有何謀？但怯敵耳。向者數敗，今安敢再出！」先鋒馮習奏曰：「卯今天氣炎熱，軍屯於赤火之中。誰知避赤火，又遇赤火耶。取水日之火易耐，火之火難當。深爲不便。先主遂命各營皆移於山林茂盛之地，近溪傍澗，待過夏到秋，併力進兵。馮習遂奉旨，將諸寨皆移於林木陰密之處。馬良奏曰：「吾軍若動，倘吳兵驟至，如之奈何？」不言移營之不可，而但言移營之難，猶是第二着。先主曰：「朕令吳班引萬餘弱兵，近吳寨平地屯住；朕親選八千精兵，伏於山谷之中。若陸遜知朕移營，必乘勢來擊，却令吳班詐敗；遜若追來，朕引兵突出，斷其歸路，小子可擒矣。」若不遇陸遜，則此計未嘗不妙。文武皆賀曰：「陛下神機妙算，諸臣不及也。」馬良曰近聞諸葛丞相在東川點看各處隘口恐魏兵入寇陛下何不將各營移居之地畫成圖本問於丞相先主曰朕亦頗知兵法何必又問丞相良曰古云兼聽則明偏聽則蔽望陛下察之先主曰卿可自去各營畫成四至八道圖本親到東川去問丞相知有不便可急來報知（只怕來不及了）馬良領命而去於是先主移兵於林木陰密處避暑早有細作報知韓當周泰二人聽得此事大喜來見陸遜曰目今蜀兵四十餘營皆移於山林密處依溪傍澗就水歇涼都督可乘虛擊之正是

蜀主有謀能設伏　吳兵好勇定遭擒

未知陸遜可聽其言否且看下文分解

第八十四回

陸遜營燒七百里

孔明巧布八陣圖

前有火攻破魏之周郎後復有火攻破蜀之陸遜同一火也而陸遜之事難於周郎周郎受命於吳師方銳之時陸遜受命於吳師屢挫之後一難也周郎則有同心拒敵之

劉備陸遜則有乘間窺我之曹丕二難也周郎則孔明助之龐統助之黃蓋闞澤甘寧又助之陸遜則張昭疑之顧雍步騭疑之韓當周泰又疑之三難也故曰陸遜之事難於周郎也然言其易則亦有較前而獨易者瑜之火在冬月遜之火在夏夫冬月風逆必待借風而後燒夏天風順不必待借風而後燒則燒之易瑜之火在水上遜之火在林間水寨隔絕必使人詐降而後可燒旱路通達不必使人詐降而後可燒則燒之易又曹操之船不自連鎖玄德

之營先自連屬不自連者必使人賺之使連而後可燒先自連者不必使人賺之使連而後可燒則燒之易有此三易以濟其三難故遜之成功與周郎等爾

兵有挫敵人之銳者將有大戰先有小戰以挫之將有大戰而勝先有小戰而勝以挫之是也此法周郎用焉兵有驕敵人之志者將有大出先有不出以驕之將有大出而勝先有小出而不勝以驕之是也此法陸遜用焉當敵人初來之時宜避其銳而反挫其銳則周郎用法之奇當敵

人屢勝之後宜破其驕而反益其驕則陸遜用法之變
關公之失只因不聽孔明東和孫權一語耳先主之敗與關公豈有異哉不但此也諸葛瑾兩次說關公一次說玄德亦止此一語之意也可見子瑜之才雖不及孔明而其識見大略相同真不愧難兄難弟
曹操赤壁之兵驕兵也先主猇亭之兵憤兵也驕亦敗憤亦必敗況以陸遜爲年少書生而心輕之則憤而益之以驕矣制勝之道在小其心而平其氣善乎先師之言曰臨

事而懼好謀而成小其心故能懼平其氣故能謀苻堅之敗也王猛已亡先主之敗也孔明自在似孔明之智不如王猛矣然八公山之草木初非謝安能使之爲兵魚腹浦之石塊實係孔明能布之作陣是孔明之才高於謝安矣況在入川時已逆知白帝城之奔而預設陣圖以待陸遜又逆知遜之數不當絕而特令丈人黃老做嚮人情其神機妙算至於如此諸葛公眞神仙中人豈後世智謀之士所能及哉

吳之勝蜀孔明知之而曹丕亦先知之魏之襲吳陸遜知之而孔明亦先知之斯已奇矣陸遜又知孔明之必知吳之勝孔明又知陸遜之必知魏之襲料人料事彼此奇中至於如此真非他書所有

一部書中前後兩篇大文特特相犯而更無一筆相犯如周郎陸遜之兩番用火是矣然周郎止做得半篇孔明接了後半篇則華容道乃文之正接者也陸遜亦只做得半篇亦有孔明接了後半篇則魚腹浦乃文之反接者也操

不能設伏以待追兵卻是孔明設伏以待敗兵陸遜不能設伏以待敗兵卻是孔明設伏以待追兵曹操從江邊有烟火處逃來又向路傍有烟火處走去以前之烟火爲眞而誤以後之烟火爲假陸遜向山中有殺氣處隄防不向水邊有殺氣處躲避以前之殺氣爲實而誤以後之殺氣爲虛華容道勝周郎十二隊之雄師卻只是五百兵捧着一將魚腹浦勝先主七百里之勁卒卻到底十萬兵不見一人種種變幻眞天地有數文字

却說韓當周泰探知先主移營就涼急來報知陸遜遜大喜（韓當周泰喜而欲出陸遜喜而不出另有喜處）遂引兵自來觀看動靜只見平地一屯不滿萬餘人大半皆是老弱之衆大書先鋒吳班旗號（吳班軍在陸遜眼中看出）周泰曰吾視此等兵如兒戲耳願同韓將軍分兩路擊之如其不勝甘當軍令陸遜看了良久以鞭指曰前面山谷中隱隱有殺氣起（此處望山中殺氣與後文望水邊殺氣正相映）其下必有伏兵故於平地設此弱兵以誘我耳諸公切不可出（棋高一着先被猜破）衆將聽了皆以爲懦次日吳班引兵到關前搦戰耀武揚威辱罵不絕多有解衣

卸甲赤身裸體或睡或坐（與馬超之誘曹仁前後相似）徐盛丁奉入帳稟陸遜曰蜀兵欺我太甚某等願出擊之遜笑曰公等但恃血氣之勇未知孫吳妙法此彼誘敵之計也三日後必見其詐矣徐盛曰三日後彼移營已定安能擊之乎遜曰吾正欲令彼移營也（此處尚不說明緣故）諸將哂笑而退過三日後會諸將於關上觀望見吳班兵已退去遜指曰殺氣起矣劉備必從山谷中出也言未畢只見蜀兵皆全裝慣束擁先主而過吳兵見了盡皆膽裂（此時方信陸遜之言）遜曰吾之不聽諸公擊班者正為此也（此句已驗眾人信之）今伏兵

已出旬日之內必破蜀矣（此句未驗衆所未信）諸將皆曰破蜀當在初時今連營五六百里相守經七八月其諸要害皆已固守安能破乎（果然信其前語未信其後語）遜曰諸公不知兵法備乃世之梟雄更多智謀其兵始集法度精專今守之久矣不得我便其疲意阻取之正在今日（至此方纔說明）諸將方纔歎服後人有詩讚曰

虎帳談兵按六韜　安排香餌釣鯨鰲

三分自是多英俊　又顯江南陸遜高

却說陸遜已定了破蜀之策遂修箋遣使奏聞孫權言指日可

以破蜀之意權覽畢大喜曰江東之復有此異人孤何憂哉諸將皆上書言其懦孤獨不信（諸將上書文在孫權口中補出省筆之法）今觀其果非懦也於是大起吳兵來接應却說先主於猇亭盡驅水軍順流而下沿江屯劄水寨深入吳境黃權諫曰水軍沿江而下進則易退則難（黃權不諫移營但諫深入亦是第二着）臣願爲前驅陛下宜在後陣庶萬無一失先主曰吳賊膽落朕長驅大進有何礙乎衆官苦諫先主不從遂分兵兩路命黃權督江北之兵以防魏寇（爲黃權投魏張本）先主自督江南諸軍夾江分立營寨以圖進取細作探知連

夜報知魏主百忙中却放下吳蜀兩邊忽敘北魏一邊筆法又周緻又飄忽言蜀兵伐吳樹柵連營縱橫七百餘里分四十餘屯皆傍山林下寨今黃權督兵在江北岸每日出哨百餘里不知何意魏主聞之仰面笑曰劉備將敗矣旁觀者清羣臣請問其故魏主曰劉玄德不曉兵法豈有連營七百里而可以拒敵者乎包原隰險阻屯兵者此兵法之大忌也玄德必敗於東吳陸遜之手旬日之內消息必至矣曹丕可謂知兵乃郎亦不輸於老子羣臣猶未信皆請撥兵備之魏主曰陸遜若勝必盡率吳兵去取西川吳兵遠去國中空虛朕虛托以兵助吳

令三路一齊進兵，東吳唾手可取也。前劉曄勸取東吳，曹丕不乘其危而取之；今反欲乘其勝而取之，詭譎之甚。衆皆拜服。魏主下令，使曹仁督一軍出濡須，曹休督一軍出洞口，曹真督一軍出南郡，三路軍馬會合日期，暗襲東吳，朕隨後自來接應。又爲後文伐吳伏線。調遣已定。不說魏兵襲吳。且說馬良至川，又放下北魏，一邊接敘吳蜀事。入見孔明，呈上圖本而言曰：「今移營夾江，橫占七百里，下四十餘屯，皆依溪傍澗，林木茂盛之處。皇上令良將圖本來與丞相觀之。」孔明看訖，拍案叫苦曰：「是何人教主上如此下寨？可斬此人！」不好說得先主，却把別人來罵。馬良曰：「皆主上

腹浦 四川

自爲非他人之謀孔明歎曰漢朝氣數休矣（妙在尚不說明）良問其故孔明曰包原隰險阻而結營此兵家之大忌倘彼用火攻何以解救（先生一向慣用火攻此正是以己度人之法）又豈有連營七百里而可拒敵乎禍不遠矣陸遜拒守不出正爲此也汝當速去見天子改屯諸營不可如此良曰倘今吳兵已勝如之奈何孔明曰陸遜不敢來追成都可保無虞（奇絕令人測摸不出）良曰遜何故不追孔明曰恐魏兵襲其後也（料事如見）主上若有失當投白帝城避之吾入川時已伏下十萬兵在魚腹浦矣（奇絕令人一發測摸不出于禁入魚罾之內陸遜亦幾葬魚腹之中關

公得一魚。孔明又幾得一鹿。良大驚曰某於魚腹浦往來數次未嘗見一卒丞相何作此詐語孔明曰後來必見不勞多問奇絕。○先主之敗。孔明不於此時知之。早于入川之時知之。真是神妙不測。馬良求了表章火速投御營來孔明自回成都調撥軍馬救應却說陸遜見蜀兵懈怠不復隄防升帳聚大小將士聽令曰吾自受命以來未嘗出戰今觀蜀兵足知動靜故欲先取江南岸一營誰敢去取言未畢韓當周泰凌統等應聲而出曰某等願往遜教皆退不用妙在不要勝。先要敗。故不用此數人。獨喚階下末將淳于丹曰吾與汝五千軍去取江南第四營蜀將傅彤所守今晚就要成功吾自提兵接應淳于丹引兵去了又喚徐盛丁奉曰汝等各領兵三千屯於寨外五里如淳于丹敗回有兵趕來當出救之却不可追去須知其敗而使之眞是人所不識二將自引軍去了却說淳于丹於黃昏時分領兵前進到蜀寨時已三更之後丹令衆軍鼓譟而入蜀營內傅彤引軍殺出挺鎗直取淳于丹丹敵不住撥馬便回忽然喊聲大震一彪軍攔住去路爲首大將趙融丹奪路而走折其兵大半正走之間山後一彪蠻兵攔住爲首番將沙摩柯丹死戰得脫背後三路軍趕來比及

離營五里吳軍徐盛丁奉二人兩下殺來蜀兵退去救了淳于丹回營丹帶箭入見陸遜請罪遜曰非汝之過也吾欲試敵人之虛實耳蜀兵虛實遜已盡知此句亦是托言不過欲驕敵之心耳破蜀之計吾已定矣奇絕徐盛丁奉曰蜀兵勢大難以破之空自損兵折將耳遜笑曰吾這條計但瞞不過諸葛亮耳天幸此人不在使我成大功也正與上文孔明之言相應遂集大小將士聽令使朱然於水路進兵來日午後東南風大作六月裏東南風更不消借得用船裝載茅草依計而行韓當引一軍攻江北岸周泰引一軍攻江南岸旱路只差二將與水軍朱然止是三路卻與周

畿音其

取赤壁十二隊相似每人手執茅草一把內藏硫黃焰硝各帶火種各執鎗刀一齊而上但到蜀營順風舉火蜀兵四十屯只燒二十屯每間一屯燒一屯周郎只是連燒陸遜却用間燒文是一樣燒法各軍預帶乾糧不許暫退晝夜追襲只擒了劉備方止衆將聽了軍令各受計而去

却說先主正在御營尋思破吳之計忽見帳前中軍旗旛無風自倒與曹操江中折旗相似乃問程畿曰此爲何兆畿曰今夜莫非吳兵來劫營先主曰昨夜殺盡安能再來驕敵極矣安得不敗畿曰倘是陸遜試敵奈何畿亦長於料事正言間人報山上遠遠望見吳兵盡沿山望

東去了。在蜀人眼中寫出吳兵埋伏之狀。妙在隱隱躍躍不知何兵何將。先主曰此是疑兵。令衆休動。命關興張苞各引五百騎出巡。黃昏時分。黃昏時。關興回奏曰江北營中火起。先是一路火起。先主急令關興往江北。張苞往江南。探看虛實。倘吳兵到時。可急回報。二將領命去了。初更時分。初更時。東南風驟起。此句寫風。只見御營左屯火發。又是一路火起。方欲救時。御營右屯又火起。寫前共是三路火起。風緊火急。樹木皆着。此句寫林木。喊聲大震。兩屯軍馬齊出。奔離御營。中御營軍自相踐踏。死者不知其數。後面吳兵殺到。又不知多少軍馬。先主急上馬。奔馮習營

馬鞍山在荊州

時習營中火光連天而起[與前共是四路火起]江南江北照耀如同白日[總寫火先一句此時已不止四路矣]馮習慌上馬引數十騎而走正逢吳將徐盛軍到敵住厮殺先主見了撥馬投西便走徐盛捨了馮習引兵追來先主正慌前面又一軍攔住乃是吳將丁奉兩下夾攻先主大驚四面無路[此處爲先主一急]忽然喊聲大震一彪軍殺入重圍乃是張苞救了先主引御林軍奔走[此處爲先主一寬]正行之間前面一軍又到乃蜀將傅彤也合兵一處而行背後吳兵追至先主前到一山名馬鞍山[兩鞍兩限間開相對]張苞傅彤請先主上的山將山

下喊聲又起陸遜大隊人馬將馬鞍山圍住又爲先主一急張苞傅彤死據山口先主遥望遍野火光不絕又總寫火光一句四十營都在其中死屍重疊塞江而下方寫帶上文帶寫江中一句妙次日吳兵又四下放火燒山此又寫第二日之火軍士亂竄先主驚慌忽然火光中一將引數騎殺上山來視之乃關興也又爲先主一寬興伏地請曰四下火光逼近不可久停陛下速奔白帝城再收軍馬可也白帝城三字又在關興口中一逗先主曰誰敢斷後傅彤奏曰臣願以死當之當日黃昏此是第二箇黃昏已燒過一夜一日矣關興在前張苞在中留傅彤斷後保着先主殺下山來吳兵

見先主奔走，皆要爭功，各引大軍，遮天蓋地，往西追趕。先主令軍士盡脫袍鎧，塞道而焚，以斷後軍。前是吳兵放火，此是蜀兵放火。以水救火者有之矣，未聞有以火救火者也。真大奇之事。正奔走間，喊聲大震，吳將朱然引一軍從江岸邊殺來，截住去路。陸遜第一路先遣朱然，今卻於末後出現。先主叫曰：「朕死於此矣！」又爲先主一急。關興、張苞縱馬衝突，亂箭射回，各帶重傷，不能殺出。背後喊聲又起，陸遜引大軍從山谷中殺來。故作嚇嚇之筆，以跌出下文子龍來。方見來得奇，來得妙也。先主正慌急之間，此時天色已微明。此是第二日天明也。燒過一日兩夜矣。只見前面喊聲震天，朱然軍紛紛落澗，滾滾投

江州今屬四川重慶府江津縣

彪軍殺入前來救駕先主大喜視之乃常山趙子龍也又爲先一覓

時趙雲在川中江州聞吳蜀交兵遂引軍出忽見東南一帶火

光冲天雲心驚遠遠探視不想先主被困雲奮勇衝殺而來前先主初出兵時便令子龍爲後應却于此處照出陸遜聞是趙雲急令軍退雲正殺之間

忽遇朱然便與交鋒不一合一鎗刺朱然於馬下殺散吳兵救

出先主望白帝城而走以前在火光中幾爲赤帝今始是白帝矣先主曰朕雖得脫

諸將士將奈何雲曰敵軍在後不可久遲陛下且入白帝城歇

息臣再引兵去救應諸將爲救吳班張本此時先主僅存百餘人入白

帝城後人有詩讚陸遜曰

持矛舉火破連營　玄德窮奔白帝城

一旦威名驚蜀魏　吳王寧不敬書生

卻說傅彤斷後被吳軍八面圍住丁奉大叫曰川將死者無數降者極多汝主劉備已被擒獲今汝力窮勢孤何不早降傅彤叱曰吾乃漢將安肯降吳狗乎（罵吳將爲狗此時却是罵狗攢鎗矣）挺鎗縱馬率蜀軍奮力死戰不下百餘合往來衝突不能得脫彤長嘆曰吾今休矣言訖口中吐血死於吳軍之中（傅彤勝黃權多矣）後人讚傅彤

詩曰、

彝陵吳蜀大交兵、　陸遜施謀用火焚、
至死猶然罵吳狗、　傅彤不愧漢將軍、

蜀祭酒程畿匹馬奔至江邊、招呼水軍赴敵、吳兵隨後追來、水軍四散奔逃、畿部將叫曰、吳兵至矣、程祭酒快走罷、畿怒曰、吾自從主上出軍、未嘗赴敵而逃。（即在程畿口中補敘生平、省筆。）言未畢、吳兵驟至、四下無路、畿拔劍自刎。（文臣亦有武將之風。惟書生能忍辱、亦惟書生不肯受辱。）後人有詩讚曰、

慷慨蜀中稱祭酒，身留一劍答君王，
臨危不改平生志，博得聲名萬古香。

時吳班張南久圍彝陵城，忽馮習到，言蜀兵敗，遂引軍來救，先主孫桓方纔得脫。（彝陵之圍自解，前已在陸遜算中。）張馮二將正行之間，前面吳兵殺來，背後孫桓從彝陵城殺出，兩下夾攻，張南馮習奮力衝突，不能得脫，死於亂軍之中。後人有詩讚曰：

馮習忠無二，張南義少雙。
沙場甘戰死，史冊共流芳。

吳班殺出重圍又遇吳兵追趕幸得趙雲接着救回白帝城去了。時有蠻王沙摩柯匹馬奔走正逢周泰戰二十餘合被泰所殺。番將能爲漢死節。亦爲漢之忠臣。蜀將杜路劉寧盡皆降吳蜀營一應糧草器仗尺寸不存蜀將川兵降者無數時孫夫人在吳聞猇亭兵敗訛傳先主死於軍中遂驅車至江邊望西遙哭投江而死當夫人悉眦吳兵之時何其壯也及覩其攜阿斗而歸疑其志不如前今覩其哭先主而死則其烈不減于昔矣。後人立廟江濱號曰梟姬祠尚論者作詩嘆之曰

先主兵歸白帝城　夫人聞難獨捐生

至今江畔遺碑在　猶著千秋烈女名

却說陸遜大獲全功引得勝之兵往西追襲前離夔關不遠遜在馬上看見前面臨山傍江一陣殺氣沖天而起與初時望山中殺氣一實一虛前後不同遂勒馬回顧衆將曰前面必有埋伏三軍不可輕進即倒退十餘里於地勢空闊處排成陣勢以禦敵軍却是見鬼即差哨馬前去探視回報並無軍屯在此遜不信下馬登高望之殺氣復起讀書至此又疑是關公顯聖遜再令人仔細探視哨馬回報前面並無一人一騎遜見日將西沉殺氣越加奇怪心中猶豫令心腹人再

往探看回報江邊止有亂石八九十堆並無人馬只此便是人馬遜大疑令尋土人問之須臾有數人到遜問曰何人將亂石作堆如何亂石堆中有殺氣沖起土人曰此處地名魚腹浦諸葛亮入川之時驅兵到此取石排成陣勢於沙灘之上自此常有氣如雲從內而起陸遜以火爲兵不若孔明以石爲兵陸遜聽罷上馬引數十騎來看石陣立馬於山坡之上但見四面八方皆有門有戶遜笑曰此乃惑人之術耳有何益焉且看仔細遂引數騎下山坡來直入石陣觀看都將曰日暮矣請都督早回遜方欲出陣忽然狂風大

呀香聲
齊音平

作奉祭一夜一霎時飛沙走石遮天蓋地但見怪石嵯峨槎枒似劍橫沙立土重疊如山江聲浪湧有如劍鼓之聲此七百里連營更是聲勢遜大驚曰吾中諸葛之計也却不道是惑人之術急欲回時無路可出正驚疑間忽見一老人立於馬前笑曰將軍欲出此陣乎奇絕遜曰願長者引出老人策杖徐徐而行徑出石陣並無所礙送至山坡之上遜問曰長者何人老人答曰老夫乃諸葛孔明之岳父黃承彥也先主二顧草廬時曾遇黃承彥二向不知下落此忽然照應出來昔小壻入川之時於此布下石陣名八陣圖反復八門按遁甲休生傷杜景死

驚開。每日每時，變化無端，可比十萬精兵。（應孔明所言十萬兵之語）臨去之時，曾分付老夫道：後有東吳大將迷於陣中，莫要引他出來。（妙）老夫適於山岩之上，見將軍從死門而入，料想不識此陣，必爲所迷。（當面嘲笑）老夫平生好善，不忍將軍陷沒於此，故特自生門引出也。（孔明明知陸遜不該死，却留個人情與丈人做）遜曰：公曾學此陣法否？黃承彥曰：變化無窮，不能學也。遜慌忙下馬，拜謝而回。（關公在華容道義釋曹操，此則是黃承彥在魚腹浦義釋陸遜矣）後杜工部有詩曰：

功蓋三分國　名成八陣圖

江流石不轉。遺恨失吞吳。

陸遜回寨嘆曰：孔明真卧龍也，吾不能及。於是下令班師。左右曰：劉備兵敗勢窮，困守一城，正好乘勢擊之。今見石陣而退，何也？遜曰：吾非懼石陣而退。吾料魏主曹丕，其奸詐與父無異，今知吾追趕蜀兵，必乘虛來襲。吾若深入西川，急難退矣。非是畏其前，却是料其後。曹丕在陸遜算中，陸遜又在孔明算中。遂令一將斷後，遜率大軍而回。退兵未及二日，三處人來飛報：魏兵曹仁出濡須，曹休出洞口，曹真出南郡，三路兵馬數十萬，星夜至境，未知何意。照應前文。遜笑曰：不出吾之所料。吾已令兵拒之矣。前文未敘其事，在陸遜口中補出，省筆之法。

正是：

雄心方欲吞西蜀，勝算還須禦北朝。

未知如何退兵，且看下文分解。

四大奇書第一種卷四十三

茂苑毛宗崗序始氏評　吳門杭永年資能氏評定

第八十五卷

劉先主遺詔托孤兒

諸葛亮安居平五路

高祖斬白帝子而創業光武起白水村而中興先主入白帝城而托孤二帝始於白一帝終於白正合李意白字之讖自桃園至此可謂一大結局矣然先主之事自此終孔

明之事又將自此始也前之取西川定漢中從草廬三顧中來後之七擒孟獲六出祁山從白帝托孤中來故此一篇在前幅則爲煞尾在後幅則又爲引頭耳

觀先主托孤之語而知其不以伐吳爲重終以伐魏爲重矣其曰君才十倍曹丕何以不曰十倍孫權乎蓋以與漢爲讐者魏耳與我爲對者曹氏耳其曰嗣子可輔則輔之不可輔則自取之猶云能討賊則輔之不能討賊則取之也重在討賊故不重在嗣位此前後出師之表所以不能

已與

先主教太子之言已知太子之無用也何也劉禪固不能爲大善亦不能爲大惡者也不能爲大善則但勉之以小善而已不能爲大惡則但戒之以小惡而已先主梟雄之才其權謀通變料非其子之所能學故曰汝父德薄不足效知子莫若父然哉然哉

或問先主令孔明自取之爲眞語乎爲假語乎曰以爲眞則是眞以爲假則亦假也欲使孔明爲曹丕之所爲則其

義之所必不敢出必不忍出者也知其必不敢必不忍而故令之聞此言則其輔太子之心愈不得不切矣且使太子聞此言則其聽孔明敬孔明之意愈不得不肅矣陶謙之讓徐州全是真不是假劉表之讓荆州半是假半是真與先主之遺命皆不可同年而語

圖事之法與奕棋同有同此一着而用之於前則妙用之於後則失者如張耳勸陳涉立六國後便是妙着酈生勸高帝立六國後便是失着先後之勢異耳劉曄先言蜀可

伐後言蜀不可伐一在曹操初破張魯之時一在魏兵晉守漢中之後也劉曄先言吳可伐後言吳不可伐一在先主初下江東之時一在陸遜大破蜀兵之後也劉曄可謂知奕矣

伊尹三聘孔明三顧孔明一伊尹也呂望釣魚孔明觀魚孔明一呂望也或謂孔明輔蜀既在乃翁手中拏班又在乃郎手中拏班似乎糊腔太甚不知不如此則師相之體不尊師相之體不尊則言不聽計不從矣嗟乎孔明豈得

已哉

曹丕以三路取吳以五路取蜀讀至此必謂有一場大厮殺在後不意三路則一戰而卽退五路則不戰而自解虎頭蛇尾可發一笑有此省力之事作者亦以省力之筆傳之三路之中兩路虛寫惟濡須之兵用實寫五路之中四路虛寫惟鄧芝之使用實寫又魏之侵吳吳之禦魏但敘曹丕不敘孫權魏之侵蜀蜀之禦魏旣敘曹丕司馬懿又敘後主孔明或詳或略各各不同尤見筆法之妙

却說章武二年夏六月東吳陸遜大破蜀兵於猇亭彝陵之地先主奔回白帝城趙雲引兵據守忽馬良至見大軍已敗懊悔不及將孔明之言奏知先主（補照前文）先主嘆曰朕早聽丞相之言不致今日之敗（又照應八十一卷中語）今有何面目復回成都見羣臣乎遂傳旨就白帝城住劄將館驛改爲永安宮人報馮習張南傅彤程畿沙摩柯等皆殁於王事先主傷感不已（又總點前文）又近臣奏稱黃權引江北之兵降魏去了（黃權下落却在先主一邊聽得妙）陛下可將彼家屬遂有司問罪先主曰黃權被吳兵隔斷在江北岸欲歸

無路不得巳而降魏是朕負權非權負朕也何必罪其家屬仍給祿米以養之。先主之待黃權勝于曹丕之待于禁。却說黃權降魏諸將引見曹丕丕曰卿今降朕欲追慕於陳韓也權泣而奏曰臣受蜀帝之恩殊遇甚厚令臣督諸軍於江北被陸遜絶斷臣歸蜀無路降吳不可此正體貼先主之意。故來投陛下敗軍之將免死爲幸安敢追慕於古人耶丕大喜遂拜黃權爲鎮南將軍權堅辭不受不受爵還有可取。忽近臣奏曰有細作人自蜀中來說蜀主將黃權家屬盡皆誅戮權曰臣與蜀主推誠相信知臣本心必不肯殺臣之家小

也。權若能死。尤爲相信之深。不然之後人有詩責黃權曰

降吳不可卻降曹　忠義安能事兩朝
堪嘆黃權惜一死　紫陽書法不輕饒

曹丕問賈詡曰朕欲一統天下先取蜀乎先取吳乎詡曰劉備雄才更兼諸葛亮善能治國東吳孫權能識虛實陸遜見屯兵於險要隔江泛湖皆難卒謀以臣觀之諸將之中皆無孫權劉備敵手不說主上而說臣下。亦是不好說得曹丕耳。雖以陛下天威臨之亦未見萬全之勢也只可持守以待二國之變賈詡可謂知己知彼。丕曰朕已遣三

路大兵伐吳安有不勝之理曹丕能料蜀兵之必敗而不能料魏兵之不勝亦只見得別人不曾見得自己尚書劉曄曰近東吳陸遜新破蜀兵七十萬上下齊心更有江湖之阻不可卒制陸遜多謀必有準備劉曄之見不在賈詡之下丕曰卿前勸朕伐吳今又諫阻何也照應前文曄曰時有不同也昔東吳累敗於蜀其勢頓挫故可擊耳今既獲全勝銳氣百倍未可攻也劉曄前後兩樣說話實有兩樣解說不似今人之首鼠兩端反覆不定也丕曰朕意已決卿勿復言遂引御林軍親往接應三路兵馬早有哨馬報說東吳已有準備令呂範引兵拒住曹休諸葛瑾引兵在南郡拒住曹真朱

桓引兵當住濡須以拒曹仁（東吳三路兵。却借探馬口中敘來省筆之法。）劉曄曰既有準備去恐無益丕不從引兵而去却說吳將朱桓年方二十七歲極有膽略孫權甚愛之時督軍於濡須聞曹仁引大軍去取羨溪桓遂盡撥軍守把羨溪去了（爲後文戰敗曹仁張本。）止留五千騎守城忽報曹仁令大將常雕同諸葛虔王雙引五萬精兵飛奔濡須城來衆軍皆有懼色桓按劍而言曰勝負在將不在兵之多寡兵法云客兵倍而主兵半者主兵尚能勝於客兵（此論主客之異。）今曹仁千里跋涉人馬疲困（此論勞逸之異。）吾與汝等共據高城南臨大江北背山險此論形勢之異以逸待勞以主制客此乃百戰百勝之勢三句分項上支雖曹丕自來尚不足憂況仁等耶預爲曹丕自來伏筆於是傳令教衆軍偃旗息鼓只作無人守把之狀桓亦能軍且說魏將先鋒常雕領精兵來取濡須城遙望城上並無軍馬雕催軍急進離城不遠一聲砲響旌旗齊豎朱桓橫刀飛馬而出直取常雕忽然有人寫得突兀戰不三合被桓一刀斬常雕於馬下吳兵乘勢衝殺一陣魏兵大敗死者無數朱桓大勝得了無數旌旗軍器戰馬是東吳勝一曹仁領兵隨後到來却被吳兵從羨溪殺出曹仁大敗而

退。是東吳再勝。○此一路交鋒。却用實寫。回見魏主細奏大敗之事。丕大驚正議之間忽探馬報曹真夏侯尚圍了南郡被陸遜伏兵於內諸葛瑾伏兵於外。內外夾攻因此大敗。此一路交鋒用虛寫妙。言未畢忽探馬又報曹休亦被呂範殺敗。此一路交鋒亦用虛寫妙。丕聽知三路兵敗乃喟然嘆曰朕不聽賈詡劉曄之言果有此敗。與先主不聽孔明大同小異。時值夏天大疫流行馬步軍十死六七遂引軍回洛陽吳魏自此不和。○吳魏不和。此大關目處。○以上按下吳魏。以下再敘西蜀。却說先主在永安宮染病不起漸漸沉重至章武三年夏四月。一病經年。先主自知病入四肢又哭關張二弟其病愈深兩目昏花厭見侍從之人乃叱退左右獨臥於龍榻之上將寫夢先寫臥將寫見鬼先寫厭見人忽然陰風驟起將燈吹搖滅而復明只見燈影之下二人侍立先主怒曰朕心緒不寧教汝等且退何故又來叱之不退先主起而視之上首乃雲長下首乃翼德也先主大驚曰二弟原來尚在宛然夢中之語雲長曰臣等非人乃鬼也上帝以臣二人平生不失信義皆勅命爲神哥哥與兄弟聚會不遠矣忽曰鬼忽曰神忽稱君臣忽稱哥弟宛然夢中所聽之語先主扯定大哭忽然驚覺二弟不見直待夢覺方知是夢寫來如畫即與從人問之時正三

更（直待知夢方始知時寫來如書）先主嘆曰朕不久於人世矣遂遣使往成都請丞相諸葛亮尚書令李嚴等星夜來永安宮聽受遺命孔明等與先主次子魯王劉永梁王劉理來永安宮見帝留太子劉禪守成都（先主在白帝而劉禪在成都與曹操在洛陽而曹丕在鄴郡臨終之時父子皆不相見彷彿相似）且說孔明到永安宮見先主病危慌忙拜伏於龍榻之上先主傳旨請孔明坐於龍榻之側（自起兵伐吳以來至此已有兩年之別）撫其背曰朕自得丞相幸成帝業何期智識淺陋不納丞相之言自取其敗悔恨成疾死在旦夕嗣子孱弱不得不以大事相托（以三顧始以托孤終三顧）

之禮爲自已下定錢，托孤之情文爲兒子下定錢。言訖淚流滿面，孔明亦涕泣曰：願陛下善保龍體，以副天下之望。先主以目遍視，只見馬良之弟馬謖在傍，先主令且退。謖退出，先主謂孔明曰：丞相觀馬謖之才何如？百忙中忽論馬謖人才，極似閒語，不知後來却是要緊語。孔明曰：此人亦當世之英才也。先主曰：不然。朕觀此人言過其實，不可大用，丞相宜深察之。早爲九十六卷伏線。分付畢，傳旨召諸臣入殿，取紙筆寫了遺詔，遞與孔明而嘆曰：朕不讀書，粗知大略，與孫權學問相似。聖人云：鳥之將死，其鳴也哀；人之將死，其言也善。朕本待與卿等同滅曹賊，共扶漢室。臨終之時。更不提起東吳。只說曹賊。則伐吳之舉。亦誨之矣。不幸中道而別。煩丞相將詔付與太子禪。令勿以爲常言。凡事更望丞相教之。既自教之。又欲孔明教之。孔明等泣拜於地曰。願陛下將息龍體。臣等盡施犬馬之勞。以報陛下知遇之恩也。先主命內侍扶起孔明。一手掩淚。一手執其手曰。朕今死矣。有心腹之言相告。鄭重其語。不即說出。文作一頓。孔明曰。有何聖諭。先主泣曰。君才十倍曹丕。必能安邦定國。終定大事。獨以曹丕比較。是以伐魏爲重也。若嗣子可輔。則輔之。如其不才。君可自爲成都之主。究似劉表讓荊州之語。人疑此語乃先主所以結孔明之心。吾謂此語。乃深知劉禪之無用也。孔明聽畢汗流遍體手足失措並拜於地曰臣安敢不竭股肱之力效忠貞之節繼之以死乎言訖叩頭流血先主又請孔明坐於榻上喚魯王劉永梁王劉理近前分付曰爾等皆記朕言朕亡之後爾兄弟三人皆以父事丞相不可怠慢（只分付二子連三子俱分付在內）言罷遂命二王同拜孔明二王拜畢孔明曰臣雖肝腦塗地安能報知遇之恩也先主謂衆官曰朕已托孤於丞相令嗣子以父事之卿等俱不可怠慢以負朕望（此處方及衆官）又囑趙雲曰朕與卿於患難之中相從到今不想於此地分別卿可想朕故交早晚

看覷吾子勿負朕言（一番保阿斗一番奪阿斗與別將不同故又特囑之）雲泣拜曰臣敢不效犬馬之勞先主又謂衆官曰卿等衆官朕不能一一分囑願皆自愛（此句又極周至看他以上歷歷分付衆官之言無一語及私與曹操不同）言畢駕崩壽六十三歲時章武三年夏四月二十四日也後杜工部有詩嘆

蜀主窺吳向三峽崩年亦在永安宮翠華想像空山外玉殿

虛無野寺中

前解首句如疾雷破山何等聲勢次句如落日掩照何等

蒼涼三處寫當年四實嘆今日也山外妄見翠華竟下却有寺中舊爲玉殿已下却無是無是有是有是無二語閃爍不定翠華玉殿又極聲勢空山野寺又極蒼涼只一句中上下忽變眞是異樣筆墨

古廟杉松巢水鶴歲時伏臘走村翁武侯祠屋長鄰近一體君臣祭祀同

後解翠華玉殿既不可見所見惟古廟存焉而昭烈故天子也以天子而有廟必也玄堂太室所謂振鷺來賓和鑾

至止者也而今乃巢水鶴耳以天子之廟而有祭祀也八佾九獻所謂羣公執爵髦士奉璋者也而今乃走村翁耳祠屋近是一樣水鶴杉松祭祀同是一樣村翁伏臘非幸其君臣一體正傷其君臣無別也◯少陵爲依嚴武而入蜀蜀主爲伐孫權而窺吳後人所經前人亦經焉後人所止前人亦止焉後人弔前人後人復弔後人不獨玉殿翠華徒勞想像抑且空山野寺亦屬虛無蜀主與武侯同盡千載莫辨君臣村翁與水鶴俱湮一時何分人物昔年自

帝托孤已作英雄往事今日蜀中懷古豈非文士空花吾於此詩得禪理矣

先主駕崩文武官僚無不哀痛孔明率衆官奉梓宮還成都太子劉禪出城迎接靈柩安於正殿之內舉哀行禮畢開讀遺詔詔曰

朕初得疾但下痢耳後轉生雜病殆不自濟朕聞人年五十不稱夭壽今朕年六十有餘死復何恨但以卿兄弟爲念耳勉之勉之勿以惡小而爲之勿以善小而不爲惟賢惟德可

以服人卿父德薄不足效也卿與丞相從事事之如父勿怠勿忘卿兄弟更求聞達至囑至囑

羣臣讀詔已畢孔明曰國不可一日無君請立嗣君以承漢統乃立太子禪即皇帝位改元建興加諸葛亮爲武鄉侯領益州牧葬先主於惠陵謚曰昭烈皇帝（昭者光也烈者武也隱然以光武比之）尊皇后吳氏爲皇太后謚甘夫人爲昭烈皇后糜夫人亦追謚爲皇后陞賞羣臣大赦天下（以上接下西蜀以下再敘魏國）早有魏軍探知此事報入中原近臣奏知魏主曹丕大喜曰劉備已亡朕無憂矣何不乘

其國中無主，起兵伐之。伐吳不克，卻想伐蜀，是諺所云：東邊不着，西邊着也。賈詡諫曰：「劉備雖亡，必托孤於諸葛亮。亮感備知遇之恩，必傾心竭力，扶持嗣主。陛下不可倉卒伐之。」與劉曄諫伐吳一般見識。正言間，忽一人從班部中奮然而出曰：「不乘此時進兵，更待何時？」衆視之，乃司馬懿也。司馬懿慣與蜀做對頭，卻于此處早伏一筆。丕大喜，遂問計於懿。懿曰：「若只起中國之兵，急難取勝。須用五路大兵，四面夾攻，令諸葛亮首尾不能救應，然後可圖。」伐吳用三路，伐蜀用五路。三路出曹丕之意，五路出司馬之謀，前後相對。丕問何五路，懿曰：「可修書一封，差使往遼東鮮卑國，見國王軻比能，賂以

牂音臧牁音歌牂牁益州與郡名越嶲今隸松潘軍民府永昌今屬建昌上庸今湖廣鄖

金帛令起遼西羌兵十萬先從旱路取西平關此一路也〇先主用沙摩柯今司馬亦欲用軻比能正與前文照應再修書遣使賫官誥賞賜直入南蠻見蠻王孟獲令起兵十萬攻打益州永昌牂牁越嶲四郡以擊西川之南此二路也〇早為後文七擒七縱張本再遣使入吳修好許以割地令孫權起兵十萬攻兩川峽口徑取涪城此三路也〇以上三路俱是客兵先言西路南路而後及東路先兵近者而後其遠者也又可差使至降將孟達處起上庸兵十萬西攻漢中此四路也〇此一路用蜀中降將雖是主兵亦屬客兵猶之以蜀攻蜀耳然後命大將軍曹真為大都督提兵十萬由京兆徑出陽平關取西

川此五路也。末一路。方用自家之將。自家之兵。共大兵五十萬。五路並進。諸葛亮便有呂望之才。安能當此乎。丕大喜。隨即密遣能言官四員爲使前去。又命曹真爲大都督。領兵十萬。徑取陽平關。此時張遼等一班舊將。皆封列侯。俱在冀徐青及合肥等處。據守關津隘口。故不復調用。百忙裏又補敘別將筆法周密。以上按下魏國。以下再按西蜀。○却說蜀漢後主劉禪自即位以來。舊臣多有病亡者。不能細說。閒閒總几點一句。一應朝廷選法錢糧詞訟等事。皆聽諸葛亮相裁處。時後主未立皇后。孔明與羣臣上言曰。故車騎將軍張飛之女甚賢。年十十歲可納爲正宮皇后後主即納之。（若論桃園結義則當是兄妹。然異姓爲婿原不得也。非若吳孟子、晉驪姬之類。）建興元年秋八月，忽有邊報說魏調五路大兵來取西川：第一路，曹真爲大都督，起兵十萬，取陽平關。（魏以此爲第五路。蜀却以此爲第一路。）第二路，乃反將孟達，起上庸兵十萬，犯漢中。（魏以此爲第四路。蜀却以此爲第二路。）第三路，乃東吳孫權，起精兵十萬，取峽口入川。（只有第三路。彼此相同。）第四路，乃蠻王孟獲，起蠻兵十萬，犯益州四郡。（魏以此爲第二路。蜀却以此爲第四路。）第五路，乃番王軻比能，起羌兵十萬，犯西平關。（魏以此爲第一路。蜀却以此爲第五路。○魏意以客兵爲助，重在客兵。蜀報以魏兵爲主，重在魏兵。故前後次序各各不同。別處敘事。或一邊實寫。一邊虛寫。此處獨兩邊皆詳敘一番。又換一樣筆法。此五路軍馬甚是利害。已先報知丞相。報後主用實寫。報孔明用虛寫。就詳敘中。又一虛一實。丞相不知爲何數日不出視事。奇絕。令人猜測不出。後主聽罷大驚。不但後主驚。讀者至此亦驚。即差近侍賫旨宣召孔明入朝。第一日差近侍宣召。使命去了半日。回報丞相府下人言。丞相染病不出。奇絕。令人猜測不出。後主轉慌。不但後主慌。讀者至此亦慌。次日又命黃門侍郎董允。諫議大夫杜瓊。去丞相卧榻前告此大事。第二日差大臣往告。董杜二人到丞相府前。皆不得入。奇絕。令人猜測不出。杜瓊曰。先帝托孤於丞相。今主上初登寶位。被曹丕五路兵犯境。軍情至急丞相何故推病不出（不說眞病竟說他推病只在不肯放入上猜出）良久門吏傳丞相令言病體稍可明早出都堂議事董杜二人嘆息而回次日多官又來丞相府前伺候（第三日多官往候）從早至晚又不見出（奇絕令人猜測不出）多官惶惶只得散去杜瓊入奏後主曰請陛下聖駕親往丞相府問計後主即引多官入宮啓奏皇太后太后大驚曰丞相何故如此有負先帝委托之意也我當自往（故作驚人之筆以顯下文孔明之奇）董允奏曰娘娘未可輕往臣料丞相必有高明之見（董允亦有見識）且待主上先往如果怠慢請娘娘於太廟中召丞相問之

未遲。請入太廟名之。是重之以先帝之靈也。昔故作驚人之筆。以顯下文孔明之奇。太后依奏次日後主車駕親至相府。第四日御駕親臨。門吏見駕到慌忙拜伏於地而迎後主問曰丞相在何處門吏曰不知在何處只有丞相鈞旨教當住百官勿得輒入後主乃下車步行。與先主親造草廬相似。獨進第三重門。過了第三日。又過三重門。與先主三顧草廬相似。見孔明獨倚竹杖在小池邊觀魚。與草廬中高卧相似。後主在後立久乃徐徐而言曰丞相安樂否。與先主階前立候相似。孔明回顧見是後主慌忙棄杖拜伏於地曰臣該萬死後主扶起問曰今曹丕分兵五路犯境甚急相父緣何不肯出府視事孔明大笑扶後主入內室坐定奏曰五路兵至臣安得不知臣非觀魚有所思也觀魚者觀兵也後主曰如之奈何孔明曰羌王軻比能蠻王孟獲反將孟達魏將曹真此四路兵臣已皆退去了也奇絕妙絕真是出人意表止有孫權這一路兵臣已有退之之計但須一能言之人為使因未得其人故熟思之陛下何必憂乎孔明之意只致意在第三路後主聽罷又驚又喜曰相父果有鬼神不測之機也願聞退兵之策孔明曰先帝以陛下付托與臣臣安敢旦夕怠慢成都眾官皆不曉兵法之妙貴在使人不測豈可泄漏於

人先言自已托病不出不與衆官議事之故老臣先知西番國王軻比能引兵犯西平關臣料馬超積祖西川人氏素得羌人之心羌人以超為神威天將軍神威天將軍名色甚奇覺宇宙大將軍之稱不足為怪矣○總中帶補馬超一邊事妙甚臣已先遣一人星夜馳檄令馬超緊守西平關伏四路奇兵每日變換以兵拒之此一路不必憂矣一向單寫子龍翼德等戰功馬超頗覺冷落于此處用之功却不小又南蠻孟獲兵犯四郡臣亦飛檄遣魏延領一軍左出右入右出左入為疑兵之計蠻兵惟憑勇力其心多疑若見疑兵必不敢進此一路又不足憂矣此處用着魏延魏延亦不冷落又知孟達引兵出漢

中達與李嚴曾結生死之交臣回成都時留李嚴守永安宮托孤時事。却于此處補出。臣已作一書只做李嚴親筆令人送與孟達達必然推病不出以慢軍心此一路又不足憂矣此處用着李嚴方知托孤時。同受遺命。不爲無謂。又知曹真引兵犯陽平關此地險峻可以保守臣已調趙雲引一軍守把關隘並不出戰曹真若見我兵不出不久自退矣。此處又用子龍。却不用戰。而用守。又是一樣用法。此四路兵俱不足憂臣尚恐不能全保又密調關興張苞二將各引兵三萬屯於緊要之處爲各路救應。又總用興苞二將布置周密。此數處調遣之事皆不曾經由成都故無人知覺。又說明衆人只有東吳這一路兵未必便動如見四路兵勝川中危急必來相攻若四路不濟安肯動乎臣料孫權想曹丕三路侵吳之怨必不肯從其言孔明意中却以孫權一路爲第五路。假以此一路爲輕。雖然如此須用一舌辯之士逕往東吳以利害說之則先退東吳其四路之兵何足憂乎孔明意中又以孫權一路爲第一路。却又以此一路爲重。但未得說吳之人臣故躊躇何勞陛下聖駕來臨後主曰太后亦欲來見相父今朕聞相父之言如夢初覺復何憂哉孔明與後主共飲數杯。連日受恐。此數杯酒只算壓驚。送後主出府衆官皆環立於門外見後主面有喜色後主別了孔明上御車回朝衆皆疑惑不定不知葫蘆裏賣甚藥孔明見衆官中一人仰天而笑面亦有喜色不曾吃酒亦有春色如此人者未可不與飲酒然惟知此人者可不與飲酒孔明視之乃義陽新野人姓鄧名芝字伯苗見爲戶部尚書漢司馬鄧禹之後孔明暗令人留住鄧芝多官皆散孔明請芝到書院中問芝曰今蜀魏吳鼎分三國欲討二國一統中與當先伐何國不用鄧芝問孔明先用孔明問鄧芝以試之妙世芝曰以愚意論之魏雖漢賊其勢甚大急難搖動當徐徐緩圖今主上初登寶位民心未安當與東吳連合結爲脣齒一洗

先帝舊怨此乃長久之計也（正合着東和孫權一語）未審丞相鈞意若何

孔明大笑曰吾思之久矣奈未得其人今日方得也芝曰丞相欲其人何爲孔明曰吾欲使人往結東吳公既能明此意必能不辱君命使乎之任非公不可（妙在待他自說出來然後教他去）芝曰愚才疏智淺恐不堪當此任孔明曰吾來日奏知天子便請伯苗一行切勿推辭芝應允而退至次日孔明奏准後主差鄧芝往說東吳芝拜辭望東吳而來正是

吳人方見干戈息

蜀使還將玉帛通

未知鄧芝此去若何且看下文分解

第八十六回

難張溫秦宓逞天辨

破曹丕徐盛用火攻

自曹丕以三路取吳而吳魏之釁生自曹丕以五路取蜀而吳蜀之交復合吳蜀之交復合而吳魏之釁乃愈生矣以前卷觀之則五路之中孔明獨以孫權一路爲緩以此

卷觀之則五路之中孔明又以孫權一路爲急蓋其於四路不過退之巳耳若孫權一路則不但退之又將用之退之使不侵蜀用之卽使侵魏也吳縱不侵魏而魏必侵吳以致吳之侵魏旣致吳之侵而吳必結我以侵魏是吳以兩路答三路之師蜀亦以兩路答五路之師也然則魏之伐吳適所以自伐而蜀之通吳乃其所以伐魏歟

孔明之遣鄧芝爲伐魏地也然爲伐魏地亦正爲吞吳地也先主嘗讐吳矣先主讐之而孔明通之豈孔明之必

於先主哉以爲不先滅魏魏則吳未可吞而不先通吳則魏未可滅魏滅而蜀與吳勢不兩存觀鄧芝天無二日之言章章可見然則孔明反先主伐吳之事實欲終先主吞吳之志耳

屈靈均作天問柳子厚作天對一問於千百載之前一對於千百載之後竊謂子厚未識靈均寄托之本意憾不再起靈均以難之若秦宓既爲天對以荅問又復爲天闘以索對殆以一人而兼靈均子厚之長矣

吳侯初以刀鋸鼎鑊待蜀使面吳使至蜀蜀豈得無答禮乎有秦宓之舌劍可以當刀斧手其懸河之口可以當油鼎之沸矣然孔明亦嘗舌戰東吳之士何以不自折之而乃用秦宓也曰師相之體固宜養重與前番入吳時又自不同故也

前有周郎赤壁之火又有陸遜猇亭之火無分毫相犯斯亦事與文之最奇者矣乃不意兩番之後又有徐盛南徐之火又與前兩番無分毫相犯如赤壁猇亭之用火甚是

南徐之用火甚速其不同者一曹操先主之兵燒之而後退曹丕之兵至於退而後燒前兩番則放火躡其後後一番則以火截其前其不同者二周郎之兵先小勝而後大勝陸遜之兵先小敗而後大勝而徐盛則止是一勝其不同者三不但此也程普不服周郎韓當周泰不服陸遜是以老成輕量少年孫韶不服徐盛是以少年輕量老成此則其同而不同者也曹操有連環之舟先主有連營之屯其連在敵徐盛有連城之勢其連在我此又其同而不同

者也孔明以草爲人用之大霧之中徐盛以草爲人見之大霧之後孔明以石爲兵禦陸遜於旣勝徐盛以木爲城惑曹丕於初來其彷彿處皆種種各別如此妙事如此妙文使今之捏造稗官者執筆而摹之豈能效其萬一耶若曹丕自守鄴都吳亦以徐盛代守荊州而令司馬懿與陸遜相拒於江淮之間其鬬智必有可觀惜未見此兩人之交手也且使攻南徐者爲曹操則龍舟之役未必如此之懲又使助徐盛者有孔明則曹丕之奔必無生還之路

矣讀書者將前後彼此相易而觀之則其人才之分數自出。

却說東吳陸遜自退魏兵之後吳王拜遜爲輔國將軍江陵侯領荆州牧自此軍權皆歸於遜張昭顧雍啟奏吳王請自改元權從之遂改爲黃武元年（魏曰黃初吳亦曰黃武皆應黃天當立之讖）忽報魏主遣使至權召入使命陳說蜀前使人求救於魏魏一時不明故發兵應之（蜀安肯求救於魏如此說謊騙孫權不信）今已大悔欲起四路兵收川東吳可來接應若得蜀土各分一半（前旣救蜀今又取蜀便是自相矛盾之語）權聞言不

能決乃問於張昭顧雍等昭曰陸伯言極有高見可問之權即召陸遜至遜奏曰曹丕坐鎮中原急不可圖今君不從必爲讐矣臣料魏與吳皆無諸葛亮之敵手今且勉強應允整軍預備只探聽四路如何若四路兵勝川中危急諸葛亮首尾不能救主上則發兵以應之先取成都深爲上策如西路兵敗別作商議。已在孔明算中。權從之乃詔魏使曰軍需未辦擇日便當起程使者拜辭而去權令人探得西番兵出西平關見了馬超不戰自退南蠻孟獲起兵攻四郡皆被魏延用疑兵計殺退回洞去了上屯孟達兵至半路忽然染病不能行曹真兵出陽平關趙子龍拒住各處險道果然一將守關萬夫莫開曹真屯兵於斜谷道不能取勝而回四路兵退却在孫權一邊聽得下向西蜀一邊敘來筆法變換却又極省筆孫權卻了此信乃謂文武曰陸伯言真神算也孤若妄動又結怨於西蜀矣怕結怨於蜀一語絕妙圓筍忽報西蜀遣鄧芝到張昭曰此又是諸葛亮退兵之計遣鄧芝為說客也權曰當何以答之昭曰先於殿前立一大鼎貯油數百斤下用炭燒待其油沸可選身長面大武士一千人各執刀在手從宮門前直擺至殿上却與芝入見

休等此人開言下說詞責以酈食其說齊故事效此例烹之看其人如何對答（如此恐嚇亦是下著）權從其言遂立油鼎命武士立於左右各執軍器召鄧芝入芝整衣冠而入行至宮門前只見兩行武士威風凜凜各持鋼刀大斧長戟短劍直列至殿上芝覽其意並無懼色昂然而行（以前能有喜色故此將能無懼色）至殿前又見鼎鑊內熱油正沸左右武士以目視之芝但微微而笑（鄧芝之直是嚇不動）近臣引至簾前鄧芝長揖不拜（妙）權令捲起珠簾大喝曰何不拜芝昂然而答曰上國天使不拜小邦之主（以硬對硬）權大怒曰汝不自

料欲掉三寸之舌，效酈生說齊乎？可速入油鼎！芝大笑曰：人皆言東吳多賢，誰想懼一儒生。（不但說自己不懼，反說東吳俱懼，妙甚。）權轉怒曰：孤何懼爾一匹夫耶？芝曰：既不懼鄧伯苗，何愁來說汝等也？權曰：爾欲爲諸葛亮作說客，來說孤絕魏向蜀，是否？芝曰：吾乃蜀中一儒生，特爲吳國利害而來。（不說爲蜀，反說爲吳，妙甚。）乃陳兵設鼎，以拒一使，何其局量之不能容物耶？（又用激法。）權聞言惶愧，即叱退武士，命芝上殿，賜坐而問曰：吳魏之利害若何？願先生教我。芝曰：大王欲與蜀和，還是欲與魏和？（妙在先問他主意。）權曰：孤正欲與蜀主講和，此句待他自說妙甚。但恐蜀主年輕識淺，不能全始全終耳。芝曰：大王乃命世之英豪，諸葛亮亦一時之俊傑。權欺後主之幼，芝乃請出孔明來對說。蜀有山川之險，吳有三江之固。上二語說吳蜀人才，此二語說吳蜀形勢。若二國連和，共為脣齒，進則可以兼吞天下，退則可以鼎足而立。此言與蜀和之利。今大王若委質稱臣於魏，魏必望大王朝覲，求太子以為內侍；如其不從，則興兵來攻，蜀亦順流而進取。妙在又用一句硬語。如此則江南之地不復為大王有矣。此言與魏和之害。若大王以愚言為不然，愚將就死於大王之前，以絕說客之名也。答還說客一句。妙甚。言訖，撩衣下殿，望油崗中便跳（此等做法却是放刁妙不可言）權急命止之請入後殿以上賓之禮相待權曰先生之言正合孤意孤今欲與蜀主連和先生肯爲我介紹乎（反使孫權求他妙不可言）芝曰適欲烹小臣者乃大王也今欲使小臣者亦大王也大王猶自狐疑未定安能取信於人（反是他作難起來妙不可言）權曰孤意已決先生勿疑（是孫權不決故撩他此一句出來）於是吳王留住鄧芝集多官問曰孤掌江南八十一州更有荊楚之地反不如西蜀偏僻之處也蜀有鄧芝不辱其主吳並無一人入蜀以達孤意（孫權亦用激法）忽一人出班奏曰臣願爲使衆視之乃

吳郡吳人姓張名温字惠恕見爲中郎將權曰恐卿到蜀見諸葛亮不能達孤之情又激他。温曰孔明亦人耳臣何畏彼哉孫權不注意後主。而注意孔明。使者之意。亦不在後主。而在孔明。權大喜重賞張温使同鄧芝入川通好以上接下東吳。以下再敘西蜀。却說孔明自鄧芝去後奏後主曰鄧芝此去其事必成吳地多賢定有人來答禮陛下當禮貌之不必用油鍋武士。令彼回吳以通盟好吳若通和魏必不敢加兵於蜀矣吳魏寧靖臣當征南平定蠻方使爲七擒孟獲張本。然後圖魏。便爲六出祁山張本。魏劍則東吳亦不能久存。仍照顧先主伐吳之意。可以復一統之基業也後主然之忽報東吳遣張溫與鄧芝入川答禮後主聚文武於丹墀令鄧芝張溫入溫自以爲得志昂然上殿見後主施禮後主賜錦墩坐於殿左設御宴待之後主但敬禮而已說不出一句話宴罷百官送張溫到館舍次日孔明設宴相待孔明謂張溫曰先帝在日與吳不睦今已宴駕當今主上深慕吳王欲捐舊忿永結盟好併力破魏望大夫善言回奏鄧芝見吳王不曾提起先主伐吳之事却於孔明對吳使補出張溫領諾酒至半酣張溫喜笑自若頗有傲慢之意孔明此日任其傲慢不與計論自是相體次日後主將金帛賜與張溫設宴於城南郵亭之上

命衆官相送孔明慇懃勸酒正飲酒間忽一人乘醉而入昂然長揖入席就坐（此人定是孔明約來）温怪之乃問孔明曰此何人也孔明答曰姓秦名宓字子勑見爲益州學士温笑曰名稱學士未知胸中曾學事否（此句笑今人則可笑秦宓則不可）宓正色而言曰蜀中三尺小童尚皆就學何況於我温曰且說公何所學宓對曰上至天文下至地理三教九流諸子百家無所不通古今興廢聖賢經傳無所不覽（此等大話我今亦聞之矣但未見眞有如秦宓者耳）温笑曰公旣出大言請卽以天爲問天有頭乎（問得詼諧）宓曰有頭（答亦詼諧）温曰頭在何方（詼諧）宓

曰在西方詩云乃眷西顧以此推之頭在西方也。便將西蜀高擡過

問天有耳乎。誠諧。宓答曰天處高而聽卑詩云鶴鳴九皋聲聞於天無耳何能聽。敏妙之極。溫又問天有足乎。誠諧。宓曰有足詩云天步艱難無足何能步。敏妙之極。溫又問天有姓乎。誠諧。宓曰豈得無姓。妙。溫曰何姓。宓答曰姓劉。妙。溫曰何以知之。宓曰天子姓劉以故知之。天子爲天之子以子之姓姓其父奇絕則天子十屢易姓則天之姓亦屢易矣。溫又問曰日生於東乎。日言君象是言君在東吳也。宓對曰雖生於東而沒於西。又將西蜀抹倒東吳此

時秦宓語言清朗答問如流滿坐皆驚張溫無語宓乃問曰先

生東吳名士既以天事下問必能深明天之理昔混沌既分陰
陽剖判輕清者上浮而為天重濁者下凝而為地至共工氏戰
敗頭觸不周山天柱折地維缺天傾西北地陷東南天既輕清
張溫之問天是誰請秦宓劫
而上浮何以傾其西北乎爲甚問起來教他如何對答又未知
此一句又問天
輕清之外還是何物之外一發難對顧先生教我張溫無言可
對乃避席而謝曰不意蜀中多出俊傑恰聞講論使僕頓開茅
塞孔明恐溫羞愧故以善言解之曰席間問難皆戲談耳足下
賺約秦宓來難倒了他
深知安邦定國之道何在樽俎之戲哉埋又自已收科孔攢頭

是妙人。温拜謝孔明又令鄧芝入吳答禮就與張温同行張鄧二人拜謝孔明望東吳而來却說吳王見張温入蜀未還乃聚文武商議忽近臣奏曰蜀遣鄧芝同張温入國答禮權召入張温拜於殿前備稱後主孔明之德願求永結盟好特遣鄧尚書又來答禮權大喜乃設宴待之權問鄧芝曰若吳蜀二國同心滅魏得天下太平二主分治豈不樂乎芝答曰天無二日。秦宓論天。鄧芝又論天。民無二王如滅魏之後未識天命所歸何人但爲君者各修其德爲臣者各盡其忠則戰爭方息耳。鄧芝到底不弱。勝張温多矣。權大笑曰君之誠款乃如是耶遂厚贈鄧芝還蜀自此吳蜀通好自此一和之後永不相伐○文是大關目處○以上按下吳蜀兩邊以下接敘魏國一邊却說魏國細作人探知此事火速報入中原魏主曹丕聽知大怒曰吳蜀連和必有圖中原之意也不若朕先伐之於是大集文武商議起兵伐吳頭醋不酸只怕二醋不辣此時大司馬曹仁太尉賈詡已亡侍中辛毗出班奏曰中原之地土闊民稀而欲用兵未見其利今日之計莫若養兵屯田十年足食足兵然後用之則吳蜀方可破也辛毗十年之說太遠與賈詡劉曄之論伐吳不同丕怒曰此迂儒之論也今吳蜀連和早晚必

壽春今壽州。廣陵今揚州府。南徐今鎮江府。

來侵境，何暇等待十年？」即傳旨起兵伐吳。司馬懿奏曰：「吳有長江之險，非船莫渡。陛下必御駕親征，可選大小戰船，從蔡潁而入淮，取壽春，至廣陵，渡江口，逕取南徐：此爲上策。」與曹操之屯兵赤壁又不同。蓋曹操旣得荊州，故赤壁之兵欲從荊州渡江。今荊州已屬孫權，故淮上之軍欲從廣陵渡江。地勢旣殊，局面亦異。丕從之。於是日夜併工，造龍舟十隻，長二十餘丈，可容二千餘人，此時好向鎮江看大龍舟也。收拾戰船三千餘隻。魏黃初五年秋八月，會聚大小將士，令曹真爲前部，張遼、張郃、文聘、徐晃等爲大將先行，許褚、呂虔爲中軍護衛，曹休爲合後，劉曄、蔣濟爲參謀官。劉曄此時何以不讀前後水陸軍馬三十餘萬剋日起兵封司馬懿爲尚書僕射留在許昌凡國政大事並皆聽懿決斷便爲司馬氏專權之兆不說魏兵起程却說東吳細作探知此事報入吳國近臣慌奏吳王曰今魏王曹丕親自乘駕龍舟提水陸大軍三十餘萬從蔡潁出淮必取廣陵渡江來下江南甚爲利害孫權大驚卽聚文武商議顧雍曰今主上既與西蜀連和可修書與諸葛孔明令起兵出漢中以分其勢爲下文趙雲取陽平關伏線一面遣一大將屯兵南徐以拒之權曰非陸伯言不可當此大任雍曰陸伯言鎮守荊州不

可輕動。丕之不取荊州。想亦爲陸遜在彼之故。權曰孤非不知奈眼前無脅力之人。孫權慣用激將法。言未盡一人從班部內應聲而出曰臣雖不才願統一軍以當魏兵若曹丕親渡大江臣必生擒以獻殿下若不渡江亦殺魏兵大半令魏兵不敢正視東吳權視之乃徐盛也守南徐恰好用着姓徐的。權大喜曰如得卿守江南一帶孤何憂哉遂封徐盛爲安東將軍總鎮都督建業南徐軍馬盛謝恩領命而退即傳令教衆官軍多置器械多設旌旗以爲守護江岸之計。其地曰徐其將曰徐其用兵亦不疾而徐忽一人挺身出曰今日大王以重任委託將軍

欲破魏兵以擒曹丕將軍何不早發軍馬渡江於淮南之地迎
敵直待曹丕兵至恐無及矣與韓當周泰不服盛視之乃吳王陸遜彷彿相似
姪孫韶也韶字公禮官授揚威將軍會在廣陵守禦年幼負氣
極有膽勇陸遜以年少人不服他韶亦以年少不肯服人○○○○○○○○○○○孫盛曰曹丕勢大更有名將
爲先鋒不可渡江迎敵待彼船皆集於北岸吾自有計破之與陸
遜候先主移營彷彿相似韶曰吾手下自有三千軍馬更兼深知廣陵路勢
吾願自去江北與曹丕決一死戰如不勝甘當軍令盛不從韶
堅執要去盛只是不肯韶再三要行盛怒曰汝如此不聽號令

吾安能制諸將乎叱武士推出斬之（如韓信之欲斬樊噲）刀斧手擁孫韶出轅門之外立起皂旗韶部將飛報孫權權聽知急上馬來救（樊噲是相國來救孫韶却是君王自救）武士恰待行刑孫權早到喝散刀斧手救了孫韶韶哭奏曰臣往年在廣陵深知地利不就那裏與曹丕廝殺直待他下了長江東吳指日休矣（孫韶有終軍宗慤之風）權遂入營來徐盛迎接入帳奏曰大王命臣爲都督提兵拒魏今揚威將軍孫韶不遵軍法違令當斬大王何故赦之權曰韶倚血氣之壯誤犯軍令萬希寬恕盛曰法非臣所立亦非大王所立乃國

家之典刑也若以親而免之何以令衆乎徐盛有穰苴孫武之風權曰韶犯法本應任將軍處治奈此子雖本姓俞氏然孤兄甚愛之賜姓孫於孤頗有勞績今若殺之負兄義矣孫權篤於兄弟與曹丕不同盛曰且看大王之面寄下死罪權令孫韶拜謝韶不肯拜厲聲而言曰據吾之見只是引軍去破曹不便死也不服你的見識可謂强項將軍徐盛變色權叱退孫韶謂徐盛曰便無此子何損於吳今後勿再用之善於調停言訖自回是夜人報徐盛說孫韶引本部三千精兵潛地過江去了盛恐有失於吳王面上不好看乃喚丁奉

援以密計引三千兵渡江接應。徐益亦得體若棄部而却識機不似便不成大將矣。

主駕龍舟至廣陵前部曹真已領兵列於大江之岸曹丕問曰

江岸有多少兵真曰隔岸遠望並不見一人亦無旌旗營寨與本相之在濡須彷彿相似。丕曰此必詭計也朕自往觀其虛實於是大開江

道放龍舟直至大江泊於江岸船上建龍鳳日月五色旌旗儀

鑾簇擁光耀射目。此等龍舟只好去汨羅江弔屈原耳。曹丕端坐舟中遙望江南

不見一人回顧劉曄蔣濟曰可渡江否曄曰兵法實實虛虛彼

見大軍至如何不作整備陛下未可造次且待三五日看其動

靜然後發先鋒渡江以探之［畢竟劉曄把細］丕曰卿言正合朕意是日天曉宿於江中當夜月黑［將寫霧先寫月］軍士皆執燈火明耀天地恰如白晝遙望江南並不見半點兒火光［連寫燈火火光正為後文火攻點染］丕問左右曰此何故也近臣奏曰想聞陛下天兵來到故望風逃竄耳丕暗笑及至天曉大霧迷漫對面不見［既寫月黑又寫霧天與曹操舞槊之月孔明借箭之霧前後間間相映］須臾風起霧散雲收望見江南一帶皆是連城城樓上鎗刀耀日遍城盡插旌旗號帶頃刻數次人來報南徐沿江一帶直至石頭城一連數百里城郭舟車連綿不絕一夜

成就如海市蜃樓之不測曹丕大驚讀者見之亦吃一驚原來徐盛束縛蘆葦爲人盡穿青衣執旌旗立於假城疑樓之上假城疑樓只用假人守把妙魏兵見城上許多人馬如何不膽寒丕歎曰魏雖有武士千羣無所用之江南人物如此未可圖也然則特地到此只當龍舟一樂正驚訝間忽然狂風大作白浪滔天江水濺濕龍袍大船將覆曹真慌令文聘撑小舟急來救駕龍舟上人立站不住文聘跳上龍舟負丕下得小舟奔入河港忽流星馬報趙雲引兵出陽平關逕取長安與曹操在赤壁時聞馬騰消息一虛一實前後又間關相映丕聽得大驚失色便教回軍衆軍

各自奔走背後吳兵追至丕傳旨教盡棄御用之物而走龍舟將次入淮忽然鼓角齊鳴喊聲大震刺斜裏一彪軍殺到爲首大將乃孫韶也魏兵不能抵當折其大半淹死者無數少年負氣未嘗慎事與近日少年不同諸將奮力救出魏主魏主渡淮河行不三十里淮河中一帶蘆葦預灌魚油盡皆火着前徐盛所授之計至此始見順風而下風勢甚急火焰漫空絕住龍舟曹操之火背後燒來曹丕之火當面截住更是着急丕大驚急下小船傍岸時龍舟上早已火着此時十隻龍舟已化作十條火龍矣丕慌忙上馬岸上一彪軍殺來爲首一將乃丁奉也張遼急拍馬來

迎。被奉一箭射中其臂。可與太史慈報讐。卻得徐晃救了。同保魏主而走。折軍無數。背後孫韶丁奉奪到馬匹車仗船隻器械不計其數。魏兵大敗而回。吳將徐盛全獲大功。吳王重加賞賜。張遼回到許昌。箭瘡迸裂而亡。曹丕厚葬之。不在話下。以上按下東吳以下再敘西蜀

卻說趙雲引兵殺出陽平關之次。忽報丞相有文書到。說益州耆帥雍闓結連蠻王孟獲。起十萬蠻兵侵掠四郡。因此宣雲回軍。令馬超堅守陽平關。丞相欲自南征。南蠻消息。卻從趙雲一邊聽得。絕妙接筍。雲乃急收兵而回。此時孔明在成都整飭軍馬。親自南征。正是

方見東吳敵北魏。又看西蜀

未知勝負如何，且看下文分解。

四大奇書第一種卷四十四

茂苑毛宗崗序始氏評　吳門杭永年資能氏評定

第八十七回

征南寇丞相大興師

抗天兵蠻王初受執

孔明通吳之後便當接以伐魏之事乃忽置中原而從事於南方者何哉曰孫權之兵曹丕所欲借以攻蜀者也孟獲之兵亦曹丕所欲借以攻蜀者也魏借孫權以攻蜀而

蜀得收之以爲我用乃魏借孟獲以攻蜀而蜀不得收之爲我用不惟不爲我用又深足爲我患則安得不以全力取之乎不以全力取之而遽欲伐魏則孟獲將乘虛而議我之後矣故凡孔明之通吳非注意於東而注意在北孔明之征南蠻亦非注意於南而注意在北也

曹操致韓遂之書妙在先與韓遂看後與馬超看孔明致雍闓之書又妙在不令雍闓看却令高定看周瑜假作張蔡之書妙在不與蔣幹看却令蔣幹偷看孔明假作朱襃

之善又妙在自與高定看更不消高定偷看曹操周郎分用之而各見其奇孔明兼用之而又各極其變

呂凱之圖善矣猶不若馬謖之説爲善也何也呂凱能繪其地未能繪其人即能繪其人未能繪其人之心也馬謖之意不在取其地取其人而在取其人之心故彼呂凱之圖能使南方無處不在孔明之目中聽馬謖之説直當使孔明無日不在南人之心中耳

用兵之家但知攻城與兵戰至於攻心心戰之論則六韜

三畧之所未及詳黄石素書孫武十三篇之所未及載也惟南巢牧野之師爲能得此意而不謂馬謖能言之然非待馬謖言之而孔明始知之孔明特因馬謖之言而愈決之耳

此卷敘孔明一擒一縱之始事也而就第一番擒縱之中已有三番擒縱之妙如鄂煥之被獲是一番擒縱也董荼二人之被獲又一番擒縱也至孟獲而三矣且其間交戰者三而用計者五若第一番用計則敵以雍闓人認爲高

定入第二番用計則又故以高定入認爲雍闓人第三番用計則又故以高定之真降認爲假降至於設伏以擒董阿設伏以擒孟獲非又用計之第四番第五番乎只一起手時而事之變化已不可方物如此豈非絕世奇文

却說諸葛丞相在於成都事無大小皆親自從公決斷兩川之民忻樂太平夜不閉戶路不拾遺又幸連年大熟老幼鼓腹謳歌凡遇差徭爭先早辦因此軍需器械應用之物無不完備米滿倉廒財盈府庫（先敘蜀中富庶以見內安而後可以外攘也）建興三年益州飛報

閭

伉康去声

蠻王孟獲大起蠻兵十萬犯境侵掠。孟獲猶是曹丕五路中之一路，此時乃去而復來。建寧太守雍闓乃漢朝什方侯雍齒之後，今結連孟獲造反。牂牁郡太守朱褒、越雋郡太守高定二人獻了城。止有永昌郡太守王伉不肯反。見今雍闓、朱褒、高定三人部下人馬皆與孟獲爲鄉導官，攻打永昌郡。今王伉與功曹呂凱會集百姓死守此城，其勢甚急。只用傳報，不用實敘，皆是省筆。孔明乃入朝奏後主曰：臣觀南蠻不服，實國家之大患也。臣當自領大軍前去征討。不伐魏而親自征蠻，爲人意外。後主曰：東有孫權，北有曹丕，今相父棄朕而去，倘吳魏來攻，如之奈何先說孫權次說曹丕且吳方連和而並言吳魏來攻便見其胸中文分畫孔明曰東吳方與我國講和料無異心若有異心李嚴在白帝城此人可當陸遜也放下東吳曹丕新敗銳氣已喪未能遠圖且有馬超守把漢中諸處關口不必憂也放下北魏臣又留關興張苞等分兩軍為救應保陛下萬無一失今臣先去掃蕩蠻方然後北伐以圖中原跡重中原征蠻正為伐魏地耳報先帝三顧之恩託孤之重後主曰朕年幼無知惟相父斟酌行之言未畢班部內一人出曰不可不可衆視之乃南陽人也姓王名連字文儀見為諫議大夫連諫曰南方不

毛之地瘴疫之鄉丞相秉鈞衡之重任而自遠征非所宜也且雍闓等乃癬疥之疾丞相只須遣一大將討之必然成功（不須南方未平不是疥癬之疾直是心腹之患）孔明曰南蠻之地離國甚遠人多不習王化收伏甚難吾當親去征之可剛可柔別有斟酌非可容易託人（七縱七擒之意于此已先定矣不消待馬謖說得）王連再三苦勸孔明不從是日孔明辭了後主令蔣琬為參軍費禕為長史董厥樊建二人為掾史趙雲魏延為大將總督軍馬王平張翼為副將并川將數十員共起川兵五十萬前望益州進發（似乎小題大做）忽有關公第三子關

索入軍來見孔明曰自荊州失陷逃難在鮑家莊養病每要赴川見先帝報讎瘡痕未合不能起行近已安痊打探得東吳讐人已皆誅戮逕來西川見帝恰在途中遇見征南之兵特來投見關索蹤跡直於此處敘出補前文所未及孔明聞之嗟訝不已一面遣人申報朝廷就令關索爲前部先鋒一同征南大隊人馬各依隊伍而行飢飡渴飲夜住曉行所經之處秋毫無犯的是王者之兵却說雍闓聽知孔明自統大軍而來即與高定朱褒商議分兵三路高定取中路雍闓在左朱褒在右三路各引兵五六萬迎敵孟獲本是一路忽先

有三路。於是高定令鄂煥爲前部先鋒。煥身長九尺，面貌醜惡，使一枝方天戟，有萬夫不當之勇，領本部兵離了大寨，來迎蜀兵。三路又先島一路。卻說孔明引大軍已到益州界，分前部先鋒魏延，副將張翼、王平，纔入界口，正遇鄂煥軍馬。兩陣對圓，魏延出馬大罵曰：「反賊早早受降！」鄂煥拍馬與魏延交鋒。戰不數合，延詐敗走，煥隨後趕來。走不數里，喊聲大震，張翼、王平兩路軍殺來，絕其後路。延復回，三員將併力拒戰，生擒鄂煥，解到大寨，入見孔明。孔明令去其縛，以酒食待之。此待孟獲之法，先將鄂煥做個引子。問曰：「汝是何人部將煥曰某是高定部將孔明曰吾知高定乃忠義之士今爲雍闓所惑以致如此吾今放汝回去令高太守早早歸降免遭大禍鄂煥拜謝而去（妙亦算一擒一縱）回見高定說孔明之德定亦感激不已次日雍闓至寨禮畢闓曰如何得鄂煥回也定曰諸葛亮以義放之闓曰此乃諸葛亮反間之計欲令我兩人不和故施此謀也（雍闓作梗與高定罪有輕重）定半信不信心中猶豫忽報蜀將搦戰闓自引三萬兵出迎戰不數合闓撥馬便走延率兵大進追殺二十餘里（三路中又寫一路）次日雍闓又起兵來迎孔明一連三

日不出至第四日雍闓高定分兵兩路來取蜀寨。三路中並寫兩路却不見朱褒一路。却說孔明令魏延等兩路伺候果然雍闓高定兩路兵來被伏兵殺傷大半生擒者無數都解到大寨來雍闓的人囚在一邊高定的人囚在一邊却令軍士謾說但是高定的人免死雍闓的人盡殺妙計。衆軍皆聞此言少時孔明令取雍闓的人到帳前問曰汝等皆是何人部從衆僞曰高定部下人也必然如此。孔明敎皆免其死與酒食賞勞令人送出界首縱放回寨先發遣雍闓的人。妙在故意認作高定的人以惑雍闓。孔明又喚高定的人問之衆皆告曰吾等實是高定部下軍士孔明亦皆免其死賜以酒食却揚言曰雍闓今日使人投降要獻汝主并朱褒首級以爲功勞吾甚不忍汝等既是高定部下軍吾放汝等回去再不可背反若再擒來決不輕恕衆皆拜謝而去[放發還高定的人又妙在許稱雍闓之約以疑高定又帶朱褒在內]回到本寨入見高定說知此事定乃密遣人去雍闓寨中探聽却有一般放回的人言說孔明之德因此雍闓部軍多有歸順高定之心雖然如此高定心中不穩又令一人來孔明寨中探聽虛實被伏路軍捉來見孔明孔明故意認做雍闓的人[前將雍闓的人

故意認作高定的人今又將高定的人故意認作雍闓的人巧妙之極喚入帳中問曰汝元帥旣約下獻高定朱褒二人首級因何悞了日期汝這厮不精細如何做得細作妙在對高定的人說雍闓的話軍士含糊答應孔明以酒食賜之修密書一封付軍士曰汝持此書付雍闓教他早早下手休得誤事妙在使高定的人致雍闓的書細作拜謝而去回見高定呈上孔明之書說雍闓如此如此定看書畢大怒曰吾以真心待之彼反欲害吾情理難容便喚鄂煥商議煥曰孔明乃仁人背之不祥孔明巳先下種我等謀反作惡皆雍闓之故不如殺闓以投孔明皆在孔定明算中

曰如何下手煥曰可設一席令人去請雍闓彼若無異心必坦然而來若其不來必有異心我主可攻其前某伏於寨後小路候之闓可擒矣高定從其言設席請雍闓闓果疑前日放回軍士之言懼而不來（與假書相合）是夜高定引兵殺投雍闓寨中原來有孔明放回免死的人皆想高定之德乘時助戰（又是孔明先下的種）雍闓軍不戰自亂闓上馬望山路而走行不二里鼓聲響處一彪軍出乃鄂煥也挺方天戟驟馬當先雍闓措手不及被煥一戟刺於馬下就梟其首級（非鄂煥殺之亦非高定殺之是孔明殺之耳）闓部下軍士皆

降高定定引兩部軍來降孔明獻雍闓首級於帳下孔明高坐
於帳上喝令左右推轉高定斬首報來讀至此令人不解其故定曰某感
丞相大恩今將雍闓首級來降何故斬也孔明大笑曰汝來詐
降敢瞞吾耶實是我瞞他反說他瞞我妙甚定曰丞相何以知吾詐降孔明於
匣中取出一緘與高定曰朱褒已使人密獻降書說你與雍闓
結生死之交豈肯一旦便殺此人吾故知汝詐也既假致雍闓之書又假作
朱褒之書一派是假定叫屈曰朱褒乃反間之計也不是朱褒反間實是孔明反間丞相
切不可信孔明曰吾亦難憑一面之詞汝若捉得朱褒方表真

心殺朱褒又只用高定殊不費力定曰丞相休疑某去擒朱褒來見丞相若何孔明曰若如此吾疑心方息也高定即引部將鄂煥并本部兵殺奔朱褒營來比及離寨約有十里山後一彪軍到乃朱褒也來得湊巧此處方寫朱褒一路褒見高定軍來慌忙與高定答話定大罵曰汝如何寫書與諸葛丞相處使反間之計害吾耶褒目瞪口呆不能回答雍闓妙在先知朱褒妙在不知忽然鄂煥於馬後轉過一戟刺朱褒於馬下定厲聲而言曰如不順者皆戮之於是衆軍一齊拜降定引兩部軍來見孔明獻朱褒首級於帳下孔明大笑曰吾故使

汝殺此二賊以表忠心（算高定於股掌之上）遂命高定爲益州太守總攝三郡令鄂煥爲牙將三路軍馬已平（以上了却三路）於是永昌太守王伉出城迎接孔明孔明入城已畢問曰誰與公守此城以保無虞伉曰某今日得此郡無危者皆賴永昌不韋人姓呂名凱字季平皆此人之力孔明遂請呂凱至凱入見禮畢孔明曰久聞公乃永昌高士多虧公保守此城今欲平蠻方公有何高見呂凱遂取一圖呈與孔明曰某自歷仕以來知南人欲反久矣故密遣人入其境察看可屯兵交戰之處畫成一圖名曰平蠻指

掌圖。蠻人已在掌中。今敢獻與明公。明公試觀之，可爲征蠻之一助也。與張松獻圖前後相對。先主無張松，不能入西川；孔明無呂凱，不能平孟獲。孔明大喜，就用呂凱爲行軍教授，兼鄉導官。於是孔明提兵大進，深入南蠻之境。正行軍之次，忽報天子差使命至。孔明請入中軍，但見一人素袍白衣而進，乃馬謖也。爲兄馬良新亡，因此掛孝。馬良之死，在此帶敘出來，省筆之法。謖曰：奉主上勅命，賜衆軍酒帛。孔明接詔已畢，依命一一給散。遂留馬謖在帳敘話。孔明問曰：吾奉天子詔，削平蠻方。久聞幼常高見，望乞賜教。足見孔明虛心，非今人所及。謖曰：愚有片言，望丞相察之。

南蠻恃其地遠山險不服久矣雖今日破之明日復叛丞相大
軍到彼必然平服但班師之日必用北伐曹丕蠻兵若知內虛
其反必速算到北魏正合孔明意中之事夫用兵之道攻心為上攻城為下心
戰為上兵戰為下此四語是兵法中之所無却是絕妙兵法文在孫吳之上願丞相但服其
心足矣的的高見孔明歎曰幼常足知吾肺腑也於是孔明遂令馬
謖為參軍即統大兵前進却說蠻王孟獲聽知孔明智破雍闓
等遂聚三洞元帥商議第一洞乃金環三結元帥第二洞乃董
荼那元帥第三洞乃阿會喃元帥平了三郡却又生出三洞來正與三郡相對三洞

元帥入見孟獲獲曰今諸葛丞相領大軍來侵我境界不得不
併力敵之汝三人可分兵三路而進如得勝者便為洞主於是
分金環三結取中路董荼那取左路阿會喃取右路各引五萬
蠻兵依令而行前三番分三路今三番亦分三路前
三路只是兩路厮殺今却一齊都出却說孔明
正在寨中議事忽哨馬飛報說三洞元帥分兵三路到來孔明
聽畢即喚趙雲魏延至却都不分付勝於分付
〇〇〇〇〇不分付却是更喚王平馬
忠至馬忠有二一為吳之馬忠一為蜀之馬囑之曰今蠻兵三
忠吳之馬忠已死此乃蜀之馬忠也
〇〇〇〇〇〇〇〇〇〇〇〇〇〇〇〇〇〇〇〇
路而來吾欲令子龍文長去此二人不識地理未敢用之孔明慣用

（激將之法）王平可往左路迎敵馬忠可往右路迎敵吾却使子龍文長隨後接應今日整頓軍馬來日平明進發二人聽令而去又喚張嶷張翼分付曰汝二人同領一軍徑中路迎敵今日整點軍馬來日與王平馬忠約會而進吾欲令子龍文長去取奈二人不識地理故未敢用之（妙在又說一句再激他一激）張嶷張翼聽令去了趙雲魏延見孔明不用各有慍色孔明曰吾非不用汝二人但恐以中年涉險爲蠻人所算失其銳氣耳（此是第三番激他）趙雲曰倘我等識地理若何孔明曰汝二人只宜小心休得妄動（妙甚之正以激）

之也。二人怏怏而退。趙雲請魏延到自已寨内商議曰：吾二人爲先鋒，却說不識地理而不肯用。今用此後輩，吾等豈不羞乎？日吾二人只今就上馬親去探之，捉住土人，便教引進，以敵蠻兵，大事可成。皆在孔明算中。雲從之，遂上馬逕取中路而來。方行不數里，遠遠望見塵頭大起。二人上山坡看時，果見數十騎蠻兵縱馬而來。二人兩路衝出。蠻兵見了大驚而走。趙雲、魏延各生擒幾人，回到本寨，以酒食待之，却細問其故。不激不肯如此。蠻兵告曰：前面是金環三結元帥大寨，正在山口。寨邊東西兩路，却通五溪洞。一箇洞名。并董荼那阿會喃各寨之後。趙雲魏延聽知此話。遂點精兵五千。教擒來蠻兵引路。比及起軍。將已是二更天氣。月明星朗。趁着月色而行。百忙中偏有閒筆。寫星寫月。剛到金環三結大寨之時。約有四更。行了兩箇更次。蠻兵方起造飯。準備天明廝殺。忽然趙雲魏延兩路殺入。蠻兵大亂。趙雲直殺入中軍。正逢金環三結元帥。交馬只一合。被雲一鎗刺落馬下。就梟其首級。餘軍潰散。魏延便分兵一半。望東路抄董荼那寨來。趙雲分兵一半。望西路抄阿會喃寨來。比及殺到蠻兵大寨之時。天已平明。又殺了一箇更次。先說魏延殺奔董荼那寨來董荼那聽知寨後有軍殺至便引兵出寨拒敵忽然寨前門一聲喊起蠻兵大亂原來王平軍馬早已到了明明是孔明教他接應魏延兩下夾攻蠻兵大敗董荼那奪路走脫魏延追趕不上却說趙雲引兵殺到阿會喃寨後之時馬忠已殺至寨前明明是孔明教他接應趙雲兩下夾攻蠻兵大敗阿會喃乘亂走脫各自收軍回見孔明孔明問曰三洞蠻兵走了兩洞之主金環三結元帥首級安在趙雲將首級獻功衆皆言曰董荼那阿會喃皆棄馬越嶺而去因此趕他不上孔明大笑曰二人吾已

擒下了奇幻之極趙魏二人并諸將皆不信少頃張嶷解董荼那到
張翼解阿會喃到妙令人不解其故眾皆驚訝孔明曰吾觀呂凱圖本
已知他各人下的寨子故以言激子龍文長之銳氣故教深入
重地先破金環三結隨即分兵左右寨後抄出以王平馬忠應
之非子龍文長不可當此任也此時却極力讚他一句真神妙不測吾料董荼那
阿會喃必從便徑往山路而走故遣張嶷張翼以伏兵待之令
關索以兵接應擒此二人至此方總說明諸將皆拜伏曰丞相機算神
鬼莫測孔明令押過董荼那阿會喃至帳下盡去其縛以酒食

衣服賜之令各自歸洞勿得助惡孔明自此以後只用此法三人泣拜各投
小路而去孔明謂諸將曰來日孟獲必然親自引兵廝殺便可
就此擒之乃喚趙雲魏延至付與計策各引五千兵去了前是暗使
此是明遣又喚王平關索同引一軍授計而去孔明分撥已畢坐於
帳上待之卻說蠻王孟獲在帳中正坐忽哨馬報來說三洞元
帥俱被孔明捉將去了部下之兵各自潰散獲大怒不大驚而大怒便見
其偏遂起蠻兵迤邐進發正遇王平軍馬兩陣對圓王平出馬
强橫刀望之只見門旗開處數百南蠻騎將兩勢擺開中間孟獲

出馬頭頂嵌寶紫金冠身披纓絡紅錦袍腰繫碾玉獅子帶脚穿鷹嘴抹綠靴騎一匹捲毛赤兎馬懸兩口松紋鑲寶劍寫得孟獲驕人。乃見擒之非易。縱之亦非易。昂然觀望回顧左右蠻將曰人每說諸葛亮善能用兵今觀此陣旌旗雜亂隊伍交錯刀鎗器械無一可能勝吾者始知前日之言謬也。在孟獲眼中寫出孔明誘敵。早知如此吾反多時矣誰敢去擒蜀將以振軍威言未盡一將應聲而出名喚忙牙長使一口截頭大刀騎一匹黃驃馬來取王平二將交鋒戰不數合王平便走明明是誘敵。孟獲驅兵大進迤邐追趕關索略戰又走。又明明是誘敵。約退二十餘里孟獲正追殺之間忽然喊聲大起左有張嶷右有張翼兩路兵殺出截斷歸路。只道此二人為伏兵。那知又有子龍支長在後。王平關索復兵殺回前後夾攻蠻兵大敗孟獲引部將死戰得脫望錦帶山而逃背後三路兵追殺將來獲正奔走之間前面喊聲大起一彪軍攔住爲首大將乃常山趙子龍也獲見了大驚慌忙奔錦帶山小路而走子龍衝殺一陣蠻兵大敗生擒者無數孟獲止與數十騎奔入山谷之中背後追兵至近前面路狹馬不能行乃棄了馬匹爬山越嶺而逃忽然山谷中一

聲鼓響乃是魏延受了孔明計策引五百步軍伏於此處孟獲
抵敵不住被魏延生擒活捉了前二張擒董阿用虛寫今魏延擒孟獲用實寫○此是一擒
從騎皆降魏延解孟獲到大寨來見孔明孔明早已殺牛宰馬
設宴在寨却教帳中擺開七重圍子手刀鎗劍戟燦若霜雪又
執御賜黄金鉞斧曲柄傘蓋前後羽葆鼓吹左右排開御林軍
布列得十分嚴整令孟獲見漢官威儀孔明端坐於帳上只見蠻兵紛紛
穰穰解到無數孔明喚到帳中盡去其縛撫諭曰汝等皆是好
百姓不幸被孟獲所拘今受驚諕吾想汝等父母兄弟妻子必

倚門而望若聽知陣敗定然割肚牽腸眼中流血吾今盡放汝等回去以安各人父母兄弟妻子之心言訖各賜酒食米糧而遣之（一路只用此法）蠻兵深感其恩泣拜而去孔明教喚武士押過孟獲來不移時前推後擁縛至帳前獲跪於帳下孔明曰先帝待汝不薄汝何敢背反獲曰兩川之地皆是他人所占地土汝主倚強奪之自稱爲帝吾世居此處汝等無禮侵我土地何爲反耶（兩川之地須不是你的）孔明曰吾今擒汝汝心服否（心字正與攻心之戰相應）獲曰山僻路狹誤遭汝手如何肯服孔明曰汝既不服吾放汝去若

何妙獲曰汝放我回去再整軍馬共決雌雄若能再擒吾吾方服也孔明即令去其縛與衣服穿了賜以酒食給與鞍馬差人送出路徑望本寨而去此是一縱正是

寇入掌中還放去　人居化外未能降

未知再來交戰若何且看下文分解

第八十八回

渡瀘水再縛番王

識詐降三擒孟獲

二擒孟獲即出師表所謂五月渡瀘者也詩云六月棲棲戎車是飭孔明之征南蠻其宣王之伐玁狁乎然深入不毛獨與薄伐玁狁至於太原者有異何哉蓋孟獲於初擒之時則有辭矣以為彼來犯境而擒之不足以相服必深入彼境而擒之乃足以相服宣王不再傳而有驪山之禍正以未盡伐之之力耳

二擒之計已在一擒之中也何也董荼那阿會喃即初擒孟獲時之所縱也不必我擒之而彼之人自擒之彼之人

自擒之而一如我之擒之孔明之不費力者在此孟獲之不肯服者亦在此

兵家有必敗之法非避之之難而犯之之難又非犯之之難而犯而避之之爲難如先主猇亭之兵屯於林木之間孔明瀘水之兵亦屯於林木之間而先主敗而孔明勝者先主以此自懸而孔明以此懸敵也則犯之之妙也至於孟優內應孟獲外攻皆被擒捉於是拔寨多走盡渡瀘水非復前日依山傍木之營則犯而避之之妙也

不獨二擒止是一擒即三擒亦止是一擒也何也二擒孟獲之時使之遍觀各營虛實正欲其來攻而中我之計也則三擒之計亦於二擒時早伏之也三擒有相連而及之勢三縱亦有相連而及之勢二擒止是一擒而孟獲不服所以有三擒三擒又止是一擒而孟獲又不服所以有三縱云

馬岱自成都來而孔明用其力馬謖自成都來而孔明用其謀用其力所以分衆人之力也用其謀所以合一已之

瀘水今川瀘綱縣

謀也知攻心之爲上是與孔明七縱之謀合知孟獲之詐降是與孔明三擒之謀合妙在皆不說明事後方見即令日讀者猜之亦不能測其玄機況當日孟獲遇之安得不中其妙計乎

却說孔明放了孟獲衆將上帳問曰孟獲乃南蠻渠魁今幸被擒南方便定丞相何故放之孔明笑曰吾擒此人如囊中取物耳掌中物又卽囊中物直須降伏其心自然平矣諸將聞言皆未肯信當日孟獲行至瀘水縣瀘水先在此處正遇手下敗殘的蠻兵皆來尋探

衆兵見了孟獲且驚且喜拜問曰大王如何能勾回來獲曰蠻人監我在帳中被我殺死十餘人乘夜黑而走正行間逢着一哨馬軍亦被我殺之奪了此馬因此得脫背地出醜之事在人前遮瞞得乾乾淨淨何近日孟獲之多也衆皆大喜擁孟獲渡了瀘水下住寨柵會集各洞酋長陸續招聚原放回的蠻兵約有十餘萬騎此時董荼那阿會喃已在洞中前三郡太守殺其二而存其一今三洞元帥殺其一而存其二孟獲使人去請二人懼怕只得也引洞兵來孟獲何等倔強二人何等疲軟獲傳令曰吾已知諸葛亮之計矣不可與戰戰則中他詭計彼川兵遠來勞苦況即

月天炎彼兵豈能久住吾等有此瀘水之險將船筏盡拘在南岸一帶皆築土城深溝高壘看諸葛亮如何施謀蠻子膽怯衆酋長從其計盡拘船筏於南岸一帶築起土城有依山傍崖之地高竪敵樓樓上多設弓弩砲石准備久處之計糧草皆是各洞供運孟獲以爲萬全之策坦然不憂蠻子膽大却說孔明提兵大進前軍已至瀘水哨馬飛報說瀘水之內並無船筏又兼水勢甚急隔岸一帶築起土城皆有蠻兵守把時值五月天氣炎熱南方之地分外炎酷軍馬衣甲皆穿不得南方屬火故也彷彿似西遊記火焰山孔明

自至瀘水邊觀畢，回到本寨，聚諸將至帳中傳令曰：今孟獲兵屯瀘水之南，深溝高壘以拒我兵。吾既提兵至此，如何空回？汝等各各引兵依山傍樹揀林木茂盛之處與我將息人馬。先主在猇亭亦屯於林木茂盛之處，但孔明不是連營耳。乃遣呂凱離瀘水百里揀陰涼之地分作兩箇寨子，使王平、張嶷、張翼、關索各守一寨，內外皆搭草棚遮蓋馬匹，將士乘涼以避暑氣。參軍蔣琬看了，入問孔明曰：某看呂凱所造之寨甚不好，正犯昔日先帝敗於東吳時之地勢矣。回顧前文。倘蠻兵偷渡瀘水前來劫寨，若用火攻，如何解救？孔明

笑曰公勿多疑吾自有妙算（可知孔明在號亭必不被燒）蔣琬等皆不曉其
意忽報蜀中差馬岱解暑藥并糧米到孔明令入岱參拜畢
面將米藥分派四寨（此時用得幾服香薷飲）孔明問曰汝將帶多少軍來
馬岱曰有三千軍孔明曰吾軍累戰疲困欲用汝軍未知肯向
前否岱曰皆是朝廷軍馬何分彼我丞相要用雖死不辭（說出箇
死字果應下文死了一半）孔明曰今孟獲拒住瀘水無路可渡吾欲先斷其
糧道令彼軍自亂岱曰如何斷得孔明曰離此一百五十里瀘
水下流沙口此處水慢可以扎筏而渡（觀呂凱圖本連水之急慢亦多曉得）汝提

本部三千軍渡水直入蠻洞先斷其糧然後會合董荼那阿會喃兩箇洞主便爲內應不可有悞（亦如前卷中之用鄧艾）馬岱欣然去了領兵前到沙口驅兵渡水因見水淺大半不下筏只裸衣而過半渡皆倒急救傍岸口鼻出血而死（彷彿西遊記通天河）馬岱大驚連夜回告孔明孔明隨喚鄉導土人問之土人曰目今炎天毒聚瀘水日間甚熱毒氣正發有人渡水必中其毒或飲此水其人必死若要渡時須待夜靜水冷毒氣不起飽食渡之方可無事（此又呂凱圖中所未及）孔明遂令土人引路又選精壯軍五六百隨着馬岱

來到瀘水沙口扎起木筏半夜渡水果然無事岱領着二千壯軍令土人引路逕取蠻洞運糧總路口夾山峪而來那夾山峪兩下是山中間一條路止容一人一馬而過與後文鄧艾渡陰平崎彷彿相似馬岱占了夾山峪分撥軍士立起寨柵洞蠻不知正解糧到被岱前後截住奪糧百餘車蠻人報入孟獲大寨中此時孟獲在寨中終日飲酒取樂不理軍務如避暑九成宮謂衆酋長曰吾若與諸葛亮對敵必中奸計今靠此瀘水之險深溝高壘以待之蜀人受不過酷熱必然退走那時吾與汝等隨後擊之便可擒諸葛

亮也言訖呵呵大笑。蠻子且慢作樂著便到也。忽然寨內一酋長曰瀘水淺倘蜀兵透漏過來深為利害當分軍守把獲笑曰汝是本處土人如何不知吾正要蜀兵來渡此水渡則必死於水中矣。土人之語。又在孟獲口中說一遍。酋長又曰倘有土人說與夜渡之法當復何如獲曰不必多疑吾境內之人安肯助敵人耶。痴蠻正言之間忽報蜀兵不知多少暗渡瀘水絕斷了夾山糧道打着平北將軍馬岱旗號。馬岱名字。妙在旗號上看出。平北將軍今作平南將軍矣。獲笑曰量此小輩何足道哉即遣副將忙牙長引三千兵投夾山峪來卻說馬岱望見蠻兵已到遂將二千軍擺在山前兩陣對圓忙牙長出馬與馬岱交鋒只一合被岱一刀斬於馬下。蠻子無用。蠻兵大敗走回來見孟獲細言其事獲喚諸將問曰誰敢去敵馬岱言未畢董荼那出曰某願往孟獲大喜遂與三千兵而去獲又恐有人再渡瀘水即遣阿會喃引三千兵去守把沙口却說董荼那引蠻兵到了夾山峪下寨馬岱引兵來迎部內軍有認得是董荼那說與馬岱如此如此。妙在部下人認得。不然馬岱如何知之。方知孔明撥與五六百軍。正爲此時用也。岱縱馬向前大罵曰無義背恩之徒吾丞相饒汝性命今又背反豈不自羞董荼那滿面慚愧無言可答不戰而退（蠻子原有良心）馬岱掩殺一陣而回董荼那回見孟獲曰馬岱英雄抵敵不住獲大怒曰吾知汝原受諸葛亮之恩今故不戰而退正是賣陣之計喝教推出斬了衆酋長再三哀告方纔免死叱武士將董荼那打了一百大棍放歸本寨（孟獲取禍之道）諸多酋長皆來告董荼那曰我等雖居蠻方未常敢犯中國中國亦不曾侵我今因孟獲勢力相逼不得已而造反想孔明神機莫測曹操孫權尚自懼之何況我等蠻方乎（是說孔明之智）況我等皆受其活命之恩無可爲報

是說孔明之仁今欲捨一死命殺孟獲去投孔明以免洞中百姓塗炭之苦勢所必然董荼那曰未知汝等心下若何內有原蒙孔明放回的人一齊同聲應曰願往於是董荼那手執鋼刀引百餘人直奔大寨而來時孟獲大醉於帳中董荼那引衆人持刀而入帳下有兩將侍立董荼那以刀指曰汝等亦受諸葛丞相活命之恩宜當報効二將曰不須將軍下手某當生擒孟獲去獻丞相昔在孔明算中於是一齊入帳將孟獲執縛已定押到瀘水邊駕船直過北岸蠻子此時卻纔過此是二擒不先使人報知孔明卻說孔明已有細

作探知此事於是密傳號令教各寨將士整頓軍器方欲爲首酋長解孟獲入來其餘皆回本寨聽候董荼那先入中軍見孔明細說其事孔明重加賞勞用好言撫慰遣董荼那引衆酋長去了然後令刀斧手推孟獲入孔明笑曰汝前者有言但再擒得便肯降服今日如何獲曰此非汝之能也乃吾手下之人自相殘害以致如此如何肯服蠻子嘴硬偏會解說孔明曰吾今再放汝去若何妙孟獲曰吾雖蠻人頗知兵法若丞相端的肯放吾回洞中吾當率兵再決勝負若丞相這番再擒得我那時傾心吐膽

歸降並不敢改移也。戲他此副老面皮。孔明曰這番生擒如又不服必無輕恕令左右去其繩索仍前賜以酒食列坐於帳上。前但賜酒令又賜坐第二番更是加厚。孔明曰吾自出茅廬戰無不勝攻無不取汝蠻邦之人何爲不服。第二番放他偏有許多說話。獲默然不答孔明酒後喚孟獲同上馬出寨看視諸營寨柵所屯糧草所積軍器。故意教他看虛實妙。孔明指謂孟獲曰汝不降吾眞愚人也吾有如此之精兵猛將糧草兵器汝安能勝吾哉汝若早降吾當奏聞天子令汝不失王位子子孫孫永鎭蠻邦意下若何獲曰某雖肯降怎奈洞中之人皆肯心服若丞相肯放回 去就當招安本部人馬同心合膽方可歸順。蠻子說謊。孔明忻然又與孟獲同到大寨飲酒至晚獲辭去孔明親自送至瀘水邊以船送獲歸寨。此是二縱孟獲來到本寨先伏刀斧手於帳下差心腹人到董荼那阿會喃寨中只推孔明有使命至將二人賺到大寨帳下盡皆殺之棄屍於澗。好狠蠻子。孟獲隨即遣親信之人守把隘口自引軍出了夾山峪要與馬岱交戰却並不見一人及問土人皆言昨夜盡搬糧草復渡瀘水歸大寨去了。孔明撤回馬岱却在孟獲一邊寫。獲再回洞中與親弟孟優商議曰如今諸葛亮之虛實吾已盡知汝可去如此如此已在孔明算中孟優領了兄計引百餘蠻兵搬載金珠寶貝象牙犀角之類渡了瀘水逕投孔明大寨而來方纔過了河時前面鼓角齊鳴一彪軍擺開爲首大將乃馬岱也此時忽然又見馬岱寫得出沒不測孟優大驚岱問了來情令在外廂差人來報孔明孔明正在帳中與馬謖呂凱蔣琬費禕等共議平蠻之事忽帳下一人報稱孟獲差弟孟優來進寶貝孔明回顧馬謖曰汝知其來意否謖曰不敢明言容某暗寫於紙上呈與丞相看合鈞意否與孔明周郎各寫火字於掌中彷彿相似

孔明從之馬謖寫訖呈與孔明孔明看畢撫掌大笑曰擒孟獲之計吾已差派下也汝之所見正與吾同（妙在不敘出所說何語令讀者自知之）遂喚趙雲入向耳畔分付如此如此又喚魏延入亦低言分付又喚王平馬忠關索入亦密密地分付各人受了計策皆依令而去（妙在不敘出所用何計待後文方見）方召孟優入帳優再拜於帳下曰家兄孟獲感丞相活命之恩無可奉獻輒具金珠寶貝若干權爲賞軍之資續後別有進貢天子禮物（前說手下人不肯降今却手下人先來明明是詐）孔明曰汝兄今在何處優曰爲感丞相天恩逕往銀坑山中（銀坑山先

在此處點出。爲後文伏線。收拾寶物去了少時便回來也孔明曰汝帶多少人來優曰不敢多帶只是隨行百餘人皆運貨物者孔明盡教入帳看時皆是青眼黑面黃髮紫鬚耳帶金環鬅頭跣足身長力大之士名爲波斯獻寶。却是夜叉作怪。孔明就令隨席而坐教諸將勸酒慇懃相待却說孟獲在帳中專望回音忽報有二人回了喚入問之具說諸葛亮受了禮物大喜將隨行之人皆喚入帳中殺牛宰馬設宴相待二大王令某密報大王今夜二更裏應外合以成大事孟獲所授之計。至此方纔叙明。孟獲聽知甚喜即點起三萬蠻兵分爲三隊獲與各洞酋長分付曰各軍盡帶火具今晚到了蜀寨時放火爲號吾當自取中軍以擒諸葛亮獠蠻子說得如此容易諸多蠻將受了計策黃昏左側各渡瀘水而來孟獲帶領心腹蠻將百餘人徑投孔明大寨於路並無一軍阻當前至寨門獲率衆將驟馬而入乃是空寨並不見一人孔明分付諸將之計亦至此方纔敘明獲撞入中軍只見帳中燈燭熒煌孟優并番兵盡皆醉倒貪嘴蠻子原來孟優被孔明教馬謖呂凱二人管待令樂人搬做雜劇慇懃勸酒酒內下藥盡皆昏倒渾如醉死之人奉答瀘水之毒孟獲入帳問之內有

醒者但指戶而已。好看。獲知中計急救了孟優等一千人却待奔回中隊前面喊聲大震火光驟起蠻兵各自逃竄一彪軍殺到乃是蜀將王平獲大驚急奔左隊時火光衝天一彪軍殺到爲首蜀將乃是魏延獲慌忙望右隊而來只見火光又起又一彪軍殺到爲首蜀將乃是趙雲三將之來寫得參差錯落。三路軍夾將攻來四下無路孟獲棄了軍士匹馬望瀘水而逃正見瀘水上數十箇蠻兵駕一小舟獲慌令近岸人馬方纔下船一聲號起將孟獲縛住此是三擒原來馬岱受了計策引本部兵扮作蠻兵撑船在此誘擒孟獲。前未敘孔明分付馬岱。却於此處補出。 於是孔明乃招安蠻兵。降者無數。孔明一一撫慰。並不加害。一路多用此法。就教救滅了餘火。須臾馬岱擒孟獲至。此是前文所有。用實寫。趙雲擒孟優至。此是前文未敘。用虛寫。魏延馬忠王平關索擒諸洞酋長至。馬忠關索於此補出。其諸洞酋長亦用虛寫。 孔明指孟獲而笑曰。汝先令汝弟以禮詐降。如何瞞得吾過。今番又被我擒。汝可服否。獲曰。此乃吾弟貪口腹之故。誤中汝毒。因此失了大事。吾若自來。弟以兵應之。必然成功。此乃天敗。非吾之不能也。如何肯服。每次不服。必有一段解說。蠻子油嘴。恰是今日低棋輸了。到底不服輸。 孔明曰。今已三夫如何不服孟獲低頭無語孔明笑曰吾再放汝回去 妙。孟獲曰丞相若肯放我弟兄回去收拾家下親丁和丞相大戰一塲那時擒得方纔死心塌地而降孔明曰再若擒住必不輕恕汝可小心在意勤攻韜略之書再整親信之士早用良策勿生後悔 十分調笑。十分作樂。遂令武士去其繩索放起孟獲并孟優及各洞酋長一齊都放孟獲等拜謝去了 此是三縱。此時蜀兵已渡瀘水孟獲等過了瀘水只見岸口陳兵列將旗幟紛紛獲到營前馬岱高坐以劍指之曰這番拏住必無輕放 前兩番賜酒賜坐今第三番又是換一樣面孔矣。

孟獲到了自己寨時，趙雲早已襲了此寨，布列兵馬，雲坐於大旗下，按劍而言曰：丞相如此相待，休忘大恩。馬岱之言純是剛，趙雲之言剛中帶寬。獲喏喏連聲而去。將出界口山坡，魏延引一千精兵擺在坡上，勒馬厲聲而言曰：吾今已深入巢穴，奪汝險要，汝尚自愚迷，抗拒大軍，這回拏住，碎屍萬段，決不輕饒。趙雲之言略寬，魏延之言又剛，真是三收三放。孟獲等抱頭鼠竄，望本洞而去。後人有詩讚曰：

五月驅兵入不毛，月明瀘水瘴烟高。
誓將雄略酬三顧，豈憚征蠻七縱勞。

却說孔明渡了瀘水下寨已畢大賞三軍聚諸將於帳下曰孟獲第二番擒來吾令遍觀各營虛實正欲令其來劫營也吾知孟獲頗曉兵法吾已兵馬糧草炫耀實令孟獲看吾破綻必用火攻彼令其弟詐降欲為內應耳吾三番擒之而不殺誠欲服其心不欲滅其類也上項事此處方纔說明。吾今明告汝等勿得辭勞可用心報國又激勸衆人是孔明妙處。衆將拜伏曰丞相智仁勇三者足備雖子牙張良不能及也孔明曰吾今安敢望古人耶皆賴汝等之力共成功業耳又獎勸衆人皆是孔明妙處。帳下諸將聽得孔明之言盡皆喜慌那裡孟獲受了三擒之氣。還虧[illegible]肚皮大。着得這許多氣。忿忿歸到銀坑洞中。即差心腹人齎金珠寶貝往八番九十三甸等處并蠻方部落。借使牌刀獠丁軍健數十萬。引出無數蠻子來了。克日齊備各隊人馬。雲堆霧擁。俱聽孟獲調用。伏路軍探知其事。來報孔明。孔明笑曰。吾正欲令蠻兵皆至。見吾之能也。遂上小車而行。正是

若非洞主威風猛。怎顯軍師手段高。

未知勝負如何。且看下文分解。

（明）羅貫中　撰

醉耕堂刊毛宗崗評本三國志演義

第一〇册

國家圖書館出版社

第一〇册目録

卷四十八

四大奇書第一種卷四十五

茂苑毛宗崗序始氏評　吳門杭永年資能氏評定

第八十九回

武鄉侯四番用計

南蠻王五次遭擒

瀘水之險不可徒涉西洱河之險不可方舟可謂險之極矣不謂又有啞泉柔泉黑泉滅泉之惡尤有甚焉南方屬火炎天如火蜀兵方苦於火而忽又苦於水真有出於意

料之外者惟南方險阻出於意料之外乃愈顯丞相功績出於意料之外耳

四擒孟獲以假棄舊寨爲欲退之勢而擒之是以退爲進也五擒孟獲以深入重地爲不可退之勢而擒之是以進爲進也五擒之難倍難於四擒則五縱之難亦倍難於四縱於四擒見孔明之智於五擒見孔明之勇於四縱五縱見孔明之仁

孔明乃先主之所謂水也而有四泉以難孔明則是以水

厄水矣又有二溪以助孔明則又以水濟水矣至於拜井出泉而水又自能生水然則蜀人之有孔明其亦如魚之得水乎

每讀封神演義滿紙仙道滿目鬼神覺姜子牙竟一無所用不若三國志中之偶一見之也如伏波顯聖山神指迷入山求草祝井出泉未嘗不仰邀神助恍遇仙翁然不可無一不容有二使盡賴鬼謀何以見人謀之善使盡仗仙术何以見人力之奇哉

文章之妙妙在極熱時寫一冷人極忙中寫一閒景如萬安隱者飄飄然有世外之風其地則栢澗松巖其人則竹冠藜杖孔明之遇之殆與先主之遇水鏡劉璝之問紫虛陳震之謁青城幾相彷彿矣然先主遇水鏡於難後孔明則求萬安於難中紫虛青城未常賴之以救敗萬安則實賴之以救死是彼雖極閒而見者之心極忙彼雖極冷而見者之心極熱又不似前三人之有意無意爲可見可不見之人也最相類又最不相類豈非絕世奇事絕世奇文

孔明之兄隱者不足奇而奇莫奇於即孟獲之兄也有四泉之懸則有二溪之美以爲之反有助虐之孟優則有助善之孟節以爲之反地旣有之人亦宜然然我謂孟獲之五擒而不服者正在此何也納孟獲之弟之詐降以誘孟獲與以孟獲誘孟獲無異也賴孟獲之兄之相救以制孟獲與以孟獲制孟獲無異也以孟獲誘孟獲而孟獲不服以孟獲制孟獲而孟獲愈不服惟以孔明勝孟獲而孟獲始服則吾得而更觀五縱之後矣

却說孔明自駕小車引數百騎前來探路前有一河名曰西洱河水勢雖慢並無一隻船筏孔明令伐木爲筏而渡其水到水皆沉東方有弱水南方亦有弱水孔明遂問呂凱凱曰聞西洱河上流有一山其山多竹大者數圍可令人伐之於河上搭起竹橋以渡軍馬孔明即調三萬人入山伐竹數十萬根順水放下於河面狹處搭起竹橋濶十餘丈渡瀘水尚可用筏渡此處只可搭橋北前又險乃調大軍於河北岸一字兒下寨便以爲壕塹以浮橋爲門壘土爲城過橋南岸一字下三箇大營以待蠻兵倚竹橋爲寨全賴筏片之力却說孟獲引數

十萬蠻兵恨怒而來將近西洱河孟獲引前部一萬刀牌獠丁直扣前寨搦戰孔明頭戴綸巾身披鶴氅手執羽扇乘駟馬車左右衆將簇擁而出（一邊忿怒一邊安閒相形之下好看煞人）孔明見孟獲身穿犀皮甲頭頂朱紅盔左手挽牌右手執刀騎赤毛牛（又是一樣打扮）口中辱罵手下萬餘洞丁各舞刀牌往來衝突孔明急令退回本寨四面緊閉不許出戰蠻兵皆裸衣赤身直到寨門前叫罵（蠻子一味蠻罵）諸將大怒皆來禀孔明某等情願出寨決一死戰孔明不許諸將再三欲戰孔明止曰蠻方之人不遵王化今此一來狂惡

正盛不可迎也且宜堅守數日待其猖獗少懈吾自有妙計破之（蠻人正使蠻性須要讓他頭勢）於是蜀兵堅守數日孔明在高阜處探之窺見蠻兵已多懈怠乃聚諸將曰汝等敢出戰否衆將欣然要出孔明先喚趙雲魏延入帳向耳畔低言分付如此如此二人受了計策先進却喚王平馬忠入帳受計去了（此兩路受計不敘明白）又喚馬岱分付曰吾今棄此三寨退過河北吾軍一退汝可便拆浮橋移於下流却渡趙雲魏延軍馬過河來接應岱受計而去又喚張翼曰吾軍退去寨中多設燈火孟獲知之必來追趕汝却

斷其後張翼受計而退此兩路受計先說明白文是一樣筆法孔明只教關[illegible]車衆軍退去寨中多設燈火蠻兵望見不敢衝突次日平明孟獲引大隊蠻兵逕到蜀寨之時只見三個大寨皆無人馬於內棄下糧草車仗數百餘輛孟優曰諸葛棄寨而走莫非有計否孟獲曰吾料諸葛亮棄輜重而去必因國中有緊急之事若非吳侵定是魏伐故虛張燈火以為疑兵棄車仗而去也看這般光景必然料到此處可速追之不可錯過於是孟獲自驅前部直到西洱河邊望見河北岸上寨中旗幟整齊如故燦若雲錦沿河一

帶又說錦城蠻兵哨見皆不敢進獲謂優曰此是諸葛亮懼吾追趕故就河北岸少住不二日必走矣（蠻子亦會猜但孔明手去太高故猜不着耳）遂將蠻兵屯於河岸又使人去山上砍竹為筏以備渡河却將敢戰之兵皆移於寨前面却不知蜀兵早已入自己之境（只一句輕輕點出方知前所囑趙雲魏延之計乃此計也）是日狂風大起四壁廂火明鼓響蜀兵殺到蠻兵蠻丁自相衝突孟獲大驚急引宗族洞丁殺開條路逕奔舊寨忽一彪軍從寨中殺出乃是趙雲（來得突兀）獲慌忙回西洱河望山僻處而走又一彪軍殺出乃是馬岱（此處方知所授馬岱之計）孟

獲只剩得數十個敗殘兵望山谷中而逃見南北西三處塵頭火光因此不敢前進此處火光是王平馬忠妙在虛寫令讀者自知只得望東奔走方纔轉過山口見一大林之前數十從人引一輛小車車上端坐孔明呵呵大笑曰蠻王孟獲天敗至此吾已等候多時也作樂得他好獲大怒回顧左右曰吾遭此人詭計受辱三次今幸得這裏相遇汝可奮力前去連人帶車砍為粉碎蠢蠻子只怕踏了空數騎蠻兵猛力向前孟獲當先吶喊搶到大林之前踐踏一聲踏了陷坑一齊塌倒大林之內轉出魏延引數百軍來一個個拖出用索

擒定○○此是四擒孔明先到寨中招安蠻兵并諸甸酋長洞丁此時大
半皆歸本鄉去了除死傷外其餘盡皆歸降孔明以酒肉相待
○○○○○○○○○到底只
以好言撫慰盡令放回用此法蠻兵皆感嘆而去少頃張翼解
○○○
孟優至擒孟優只孔明誚之曰汝兄愚迷汝當諫之今被吾擒
用虛寫
了四番有何面目再見人耶孟優羞慚滿面伏地告求免死孔
○○○○○○○○○○○
明曰吾殺汝不在今日吾且饒汝性命勸諭汝兄令武士解其
○○○○○○○○○○○先打發
繩索放起孟優孟優泣拜而去去一個不一時魏延解孟獲至孔
○○○○○○○○○○○○○○此時又是
明大怒曰你今番又被吾擒了有何理說一樣面孔獲曰吾今

帳中詐計死不瞑目孔明叱武士推出斬之此時又是一樣做法若只管賜酒食善言勸之便沒趣矣獲全無懼色回顧孔明曰若敢再放吾回去必然報四番之恨蠻子真是蠻皮孔明大笑令左右去其縛賜酒壓驚就坐於帳中先硬後軟孔明問曰吾今四次以禮相待汝尚然不服何也獲曰吾雖是化外之人不似丞相專施詭計吾如何肯服蠻子偏會強辨孔明曰吾再放汝回去復能戰乎獲曰丞相若再拏住吾吾那時傾心降服盡獻本洞之物犒軍誓不反亂蠻子偏會活脫孔明仰笑而遣之獲忻然拜謝而去此是四縱於是聚得諸洞壯丁數千人望

南迤邐而行早望見塵頭起處一隊兵到乃是兄弟孟優重整殘兵來與兄報讐兩人一猿變皮兄弟二人抱頭相哭訴說前事優曰我兵屢敗蜀兵屢勝難以抵當只可就山陰洞中退避不出蜀兵受不過暑氣自然退矣獲問曰何處可避優曰此去西南有一洞名曰禿龍洞洞主朵思大王洞名人名宛似西遊記上名色與弟甚厚可投之於是孟獲先教孟優到禿龍洞禿龍爭當陽龍見了朵思大王朵思慌引洞兵出迎孟獲入洞禮畢訴說前事朵思曰大王寬心若川兵到來令他一人一騎不得還鄉與諸葛亮皆死於此處

說得利害竟似洞中妖怪聲口。獲大喜問計於朶思朶思曰此洞中止有兩條路東北上一路就是大王所來之路地勢平坦土厚水甜人馬可行若以木石壘斷洞口雖有百萬之衆不能進也關門塞狗洞不算好妻西北上有一條路山險嶺惡道路窄狹其中雖有小路多藏毒蛇惡蝎黃昏時分烟瘴大起直至巳午時方收與瀘水可以夜渡者又不同惟未申酉三時可以往來水不可飲人馬難行此處更有四個毒泉一名啞泉其水頗甜人若飲之則不能言不過旬日必死人之嘵嘵多言者當令飲此二曰滅泉此水與湯無異人若沐浴則皮肉皆爛見骨必死今之好潔太甚者當令遇此三曰黑泉其水微清人若濺之在身則手足皆黑而死若此泉恐世人多有在心四曰柔泉其水如冰人若飲之咽喉無煖氣身軀軟弱如綿而死今之剛狠太甚者當令飲此此處蟲鳥皆無惟有漢伏波將軍曾到此處先點伏波一句爲下文孔明禱伏波伏線自此以後更無一人到此今壘斷東北大路令大王穩居敝洞若蜀兵見東路截斷必從西路而入於路無水若見此四泉定然飲水雖百萬之衆皆無歸矣何用刀兵耶孔明貫用火攻朶思卻欲以水勝孟獲大喜以手加額曰今日方有容身之地又望北指曰任諸葛神機

妙算難以施設，四泉之水，足以報敗兵之恨也。（先主以孔明為太急，却好水文過着惡水。）自此孟獲、孟優終日與朵思大王筵宴。却說孔明連日不見孟獲兵出，遂傳號令，教大軍離西洱河，望南進發。此時正當六月炎天，其熱如火。（與上文五月渡瀘相應。火字與水字正相應。）有後人咏南方苦熱詩曰：

山澤欲焦枯，火光覆太虛。

不知天地外，暑氣更何如！

又有詩曰：

赤帝施權柄　陰雲不敢生　雲蒸孤鶴喘　海熱巨鰲驚
忍捨溪邊坐　慵抛竹裏行　如何沙塞客　擐甲復長征

孔明統領大軍正行之際忽哨馬飛報孟獲退往禿龍洞中不出將洞口要路壘斷內有兵把守山惡嶺峻不能前進孔明請呂凱問之凱曰某曾聞此洞有條路實不知詳細（四泉恐亦圖中之所未詳）蔣琬曰孟獲四次遭擒既已喪膽安敢再出況今天氣炎熱軍馬疲乏征之無益不如班師回國孔明曰若如此正中孟獲之計也吾軍一退彼必乘勢追　到此安有復回之理（此時之勢）

騎虎難下能入而不能出矣。遂令王平領數百軍爲前部，却教新降蠻兵引路，尋西北小境而入。前到一泉，人馬皆渴，爭飲此水。王平探有此路，回報孔明。比及到大寨之時，皆不能言，但指口而已。與孟優等中酒毒以手指口前後相對孔明大驚，知是中毒；遂自駕小車，引數十人前來看時，見一潭清水，深不見底，水氣凜凜，軍不敢試。孔明下車，登高望之，四壁峯嶺，鳥雀不聞，心中大疑。忽望見遠遠山岡之上，有一古廟。孔明攀藤附葛而到，見一石屋之中，塑一將軍端坐，傍有石碑，乃漢伏波將軍馬援之廟：因平蠻到此，土人立廟

祀之（此處忽然遇着馬超馬岱之祖）孔明再拜曰亮受先帝託孤之重今承聖
旨到此平蠻欲待蠻方既平然後伐魏吞吳重安漢室（大主意）今
軍士不識地理誤飲毒水不能出聲萬望尊神念本朝恩義通
靈顯聖護祐三軍祈禱已畢出廟尋土人問之隱隱望見對山
一老叟扶杖而來形容甚異（來得奇與陸遜之遇黃承彥相似）孔明請老叟入
廟禮畢對坐於石上孔明問曰丈者高姓老叟曰老夫久聞大
國丞相隆名幸得拜見蠻方之人多蒙丞相活命皆感恩不淺
孔明問泉水之故老叟答曰軍所飲水乃啞泉之水也飲之難

言數日而死此泉之外又有三泉東南有一泉其水至冷人若飲之咽喉無煖氣身軀軟弱而死名曰柔泉正南有一泉人若濺之在身手足皆黑而死名曰黑泉西南有一泉沸如熱湯人若浴之皮肉盡脫而死名曰滅泉又將四泉歷敘一遍却與朵思大王所言參差前後文法甚變敵處有此四泉毒氣所聚無藥可治又烟瘴甚起惟未申酉三箇時辰可往來餘者時辰皆瘴氣密布觸之即死亦與朵思之言照應孔明曰如此則蠻方不可平矣蠻方不平安能併吞吳魏再興漢室有負先帝託孤之重生不如死也讀者至此已是水窮山盡老叟曰丞

相勿憂老夫指引一處可以解之忽然絕處逢生孔明曰老丈有何高見望乞指教老叟曰此去正西數里有一山谷入內行二十里有一溪名曰萬安溪只萬安二字便可破得四泉名色上有一高士號爲萬安隱者人以溪名乎溪以人名乎此人不出溪有數十餘年矣其草庵後有一泉名安樂泉只安樂二字又可破得四泉名色人若中毒汲其水飲之即愈有人或生疥癩或感瘴氣於萬安溪內浴之自然無事以水治水以一水治四水更兼庵前有一等草名曰薤葉芸香好名色人若口含一葉則瘴氣不染草頭郎中賽過服藥丞相可速往求之孔明拜謝問曰承丈者

如此活命之德感刻不勝願聞高姓老叟入廟曰吾乃本處山神奉伏波將軍之命特來指引言訖喝開廟後石壁而入前有關公顯聖此處有伏波顯聖關公自顯聖伏波又使山神顯聖愈出愈奇孔明驚訝不已再拜廟神尋舊路上車回到大寨次日孔明備信香禮物引王平及衆啞軍連夜望山神所言去處迤邐而進入山谷小徑約行二十餘里但見長松大栢茂竹奇花環遶一莊籬落之中有數間茅屋聞得馨香噴鼻又是一箇水鏡莊卧龍崗也孔明大喜到莊前扣戸有一小童出孔明方欲通姓名早有一人竹冠草履白袍皂縧碧眼黃髮

忻然出曰來者莫非漢丞相否（又與紫虛上人青城老叟一船風致）孔明笑曰高士何以知之隱者曰久聞丞相大纛南征安得不知遂邀孔明入草堂禮畢分賓主坐定孔明告曰亮受昭烈皇帝託孤之重今承嗣君聖旨領大軍至此欲服蠻邦使歸王化不期孟獲潛入洞中軍士誤飲啞泉之水夜來蒙伏波將軍顯聖言高士有藥泉可以治之望乞矜念賜神水以救衆兵殘生（水火不求人就知此時水亦甚貴）隱者曰量老夫山野廢人何勞丞相枉駕此泉就在庵後教取來飲於是童子引王平等一起啞軍來到溪邊汲水飲之

隨即吐出惡涎便能言語如今之服半夏者飲着生姜湯童子又引衆軍到萬安溪中沐浴隱者於菴中進栢子茶松花菜以待孔明百忙中却偏敘出隱士清冷之况令人煩襟頓滌隱者告曰此間蠻洞多毒蛇惡蝎柳花飄入溪泉之間水不可飲但掘地為泉汲水飲之方可孔明求薤葉芸香隱者令衆軍儘意採取各人口含一葉自然瘴氣不侵留香草根侑如此草之妙孔明拜求隱者姓名隱者笑曰某乃孟獲之兄孟節是也說出姓名令人一嚇孔明愕然隱者又曰丞相休疑容伸片言其一父母所生三人長即老夫孟節次孟獲又次孟優父母皆亡二

弟強惡不歸王化其屢諫不從故更名改姓隱居於此見弟之不得如此可嘆今辱弟造反歹勞丞相深入不毛之地○如此生受孟節合該萬死故先於丞相之前請罪孔明嘆曰方信盜跖下惠之事今亦有之遂與孟節曰吾申奏天子立公爲王可乎節曰爲嫌功名而逃於此豈復有貪富貴之意泰伯讓天下而逃之蠻方此蠻又讓蠻王之位而逃之深山其踪比泰伯之讓而更甚耶名之曰節貞不愧其名孔明乃具金帛贈之孟節堅辭不受孔明嗟嘆不已拜別而回後人有詩曰

高士幽棲獨閉關　武侯曾此破諸蠻

至今古木無人境　猶有寒煙鎖舊山

孔明回到大寨之中令軍士掘地取水掘下二十餘丈並無滴水凡掘十餘處皆是如此軍心驚慌又作一折令讀者再吃一驚孔明夜半焚香告天曰臣亮不才仰承大漢之福受命平蠻今途中乏水軍馬枯渴倘上天不絶大漢卽賜甘泉若氣運已終臣亮等願死於此處是夜祝罷平明視之皆得滿井甘泉與後文司馬昭祝井遥相對照後人有詩曰

爲國平蠻統大兵　心存正道合神明

耿恭拜井甘泉出　諸葛虔誠水夜生

孔明軍馬既得甘泉遂安然由小徑直入禿龍洞前下寨蠻兵探知來報孟獲曰蜀兵不染瘴疫之氣又無枯渴之患諸泉皆不應（孟獲不是失地利乃失人和耳）朶思大王聞知不信自與孟獲來高山望之只見蜀兵安然無事大桶小擔搬運水漿飲馬造飯朶思見之毛髮聳然回顧孟獲曰此乃神兵也（有此處擬為神兵便生出後文神獸來）獲曰吾兄弟二人與蜀兵決一死戰就殞於軍前安肯束手受縛朶思曰若大王兵敗吾妻子亦休矣當殺牛宰馬大賞洞丁不

避水火直衝蜀寨方可得勝於是大賞蠻兵正欲起程讀者至此必謂有一場大厮殺矣不知下文竟不消厮殺得忽報洞後迤西銀冶洞二十一洞主楊鋒引三萬兵來助戰讀者至此必謂下文又有一場助戰矣不知却是相反孟獲大喜曰鄰兵助我我必勝矣即與朶思大王出洞迎接楊鋒引兵入曰吾有精兵三萬皆披鐵甲能飛山越嶺足以敵蜀兵百萬我有五子皆武藝足備願助大王鋒令五子入拜皆彪軀虎體威風抖擻孟獲大喜遂設席相待楊鋒父子酒至半酣鋒曰軍中少樂吾隨軍有蠻姑善舞刀牌以助一笑先主與劉璋飲酒之時有諸將舞劍今楊鋒與

孟獲飲酒之時有諸蠻舞刀正復相似獲忻然從之須臾數十蠻姑皆披髮跣足從帳外舞跳而入羣蠻拍手以歌和之楊鋒令二子把盞二子舉盞詣孟獲孟優前二人接盞方欲飲酒鋒大喝一聲二子早將孟獲孟優執下座來董荼那之擒孟獲則讀者之所料也楊鋒之擒孟獲則非讀者之所料朵思大王却待要走已被楊鋒擒了蠻姑横截於帳上誰敢近前獲曰兔死狐悲物傷其類吾與汝皆是各洞之主往日無寃何故害我鋒曰吾兄弟子侄皆感諸葛丞相活命之恩無可以報又與前文放回蠻兵照應今汝反叛何不擒獻於是各洞蠻兵皆走回本鄉

楊鋒將孟獲孟優朶思等解赴孔明寨來此是五擒孔明令入楊鋒等拜於帳下曰某等子侄皆感丞相恩德故擒孟獲孟優等呈獻孔明重賞之令驅孟獲入孔明笑曰汝今番心服乎獲曰非汝之能乃吾洞中之人自相殘害以致如此要殺便殺只是不服甚矣攻心之難孔明曰汝賺吾入無水之地更以啞泉滅泉黑泉柔泉如此之毒吾軍無恙豈非天意乎汝何如此執迷獲又曰吾祖居銀坑山中有三江之險重關之固汝若就彼擒之吾當子子孫孫傾心服事縱虎歸穴然後入穴取虎更自不易孔明曰吾再放汝回去重

整兵馬與吾共決勝負如那時擒住汝再不服當痎九族叱左右去其縛放起孟獲獲再拜而去此是五縱孔明又將孟優并衆思大王皆釋其縛賜酒食壓驚二人悚懼不敢正視孔明令鞁馬送回前番先放孟優次放孟獲此又先放孟獲次放孟優正是

深臨險地非容易　更展奇謀豈偶然

未知孟獲整兵再來勝負如何且看下文分解

第九十回

驅巨獸六破蠻兵

燒藤甲七擒孟獲

天下惟猛獸最難降又惟婦人最難降降猛獸而猛漢不足憂矣降婦人而猛獸又不足憂矣木鹿大王之驅虎豹是猛漢仗猛獸之不以跋扈者也孟獲之有祝融夫人是男蠻仗女蠻之不以跋扈者也降女蠻之法妙在以我之漢將擒彼之女蠻即以彼之女蠻易我之漢將而女蠻亦爲我所用降猛獸之法妙在以我之假獸逐彼之真獸又使彼之猛漢即受逐於彼之猛獸而猛獸亦爲我所用諸

葛眞神人哉

木獸之用不可無一不容有二何也木鹿大王亦獸類也彼旣以獸驅獸我亦以獸勝獸特日其人而用之耳使盡欲不用人而用獸豈長恃之法哉齊用火牛以攻燕而勝楚用燧象以攻吳而不勝觀於往事可爲明鑒

前卷祝井出泉是孔明但邀神助此卷以扇反風是孔明自有神通每讀西遊記見孫行者之降妖讀水滸傳見公孫勝之鬬法以爲奇幻不謂三國志中已備西遊水滸之

長矣況彼以捏造之事雖層見疊出總屬虛談不若此爲眞實之事即偶有一二已足括彼全部也

七擒之中縛送者三有前二者之眞而後之一假生焉七擒之中詐降者二有前者之詐而後之詐又因焉孔明辨其眞於二擒五擒而又辨其假於六擒則知其異識其詐於二縱之後而又識其詐於七擒之前則知其同

武侯博望之火新野之火及助周郎赤壁之火皆燒之不盡不絕而獨於藤甲軍則燒之盡絕毋乃太酷乎曰此藤

甲軍之自取耳能禦金能禦水而獨不能禦火不惟不能禦火又特特引火是如身負硫黄焰硝而行於人何尤焉且既有四泉之惡又有桃花溪之惡而孔明以火治之此以火勝水也若夫南方屬火而用火於南此又以火勝火也火與火遇而火之威安得不烈耶

武侯之欲撫南蠻而即用孟獲者真深得安蠻之道哉得其土而欲守之不能不分兵分兵則不能不轉餉轉餉而輸輓徒勞不若使自守之而庇蔭之下皆吾土也得其人

而欲治之不能不設官設官則不能不用法用法而刑獄滋擾不若使自治之而函蓋之下皆吾人也不但此也殺其身不能變其心殺之不足以爲武而生其身又復奪其地則生之亦不足以爲恩不殺其人而南人不反不奪其地而南人乃愈不反耳

武侯仍以孟獲王南蠻何如立孟節以王南蠻曰孟節在蠻而超於蠻者也在蠻而超於蠻則孟節非蠻人也以非蠻治蠻豈若以蠻治蠻之爲善乎故雖使孟節肯受爵而

用節不如用獲也然則判蠻曷爲有泰伯曰泰伯聖人也孟節賢人也惟賢守節惟聖達權聖人可以治蠻而賢人不可以治蠻賢人不可以治蠻則惟聽蠻人之自相治而已矣

却說孔明放了孟獲等一千人楊鋒父子皆封官爵重賞洞兵楊鋒等拜謝而去孟獲等連夜奔回銀坑洞那洞外有三江乃是瀘水甘南水西城水三路水會合故爲三江（瀘水之外又添出二水。）其洞北近平坦二百餘里多產萬物洞西二百里有鹽井西南二百里直抵瀘甘正南三百里乃是梁都洞洞中有山環抱其洞。山上出銀礦故名爲銀坑山產銀之山而謂之坑可見錢財與糞土一般奈何今人之留此坑而不悟也山中置宮殿樓臺以爲蠻王巢穴其中建一祖廟名曰家鬼老蠻子謂之神死蠻子謂之鬼四時殺牛宰馬享祭名曰卜鬼以祭爲卜則其俗之無卜可知管輅呂範全用不着矣每年常以蜀人并外鄉之人祭之平蠻之後此風始革武侯之功不小若人患病不肯服藥只禱師巫名爲藥鬼以禱爲藥則其俗之無醫可知華陀古平全用不着矣其處無刑法但犯罪即斬倒爽利有女長成却於溪中沐浴男女自相混淆任其自配父母不禁名爲學藝問也所以可發可發一笑。年歲雨水均調則種稻穀倘若不熟殺蛇爲羹煮象爲飯食。是蠻每方隅之中上戶號曰洞主次曰酋長每月初一十五兩日皆在三江城中買賣轉易貨物其風俗如此。如此風俗何必設官理之宜孔明服蠻之後。不復設官也。○以上抵得一篇南蠻風俗誌。呂凱但能圖之。此則譜之也却說孟獲在洞中聚集宗黨千餘人謂之曰吾屢受辱於蜀兵立誓欲報之汝等有何高見言未畢一人應曰吾舉一人可破諸葛亮衆視之乃孟獲妻弟見爲八番部長名曰帶來洞主獲大喜急問何人帶來洞主曰此去西南八納洞洞主木鹿大王深通法術出則騎象能呼風喚雨常有虎豹豺狼毒蛇惡蝎跟隨直是一洞妖魔如西遊記金角銀角虎力鹿力之類手下更有三萬神兵甚是英勇又如水滸傳樊大王瑞高廉之類可修書具禮某親往求之此人若允何懼蜀兵哉獲忻然令國舅賚書而去却令朶思大王守把三江城以為前面屏障東吳以江為固南蠻亦以江為固鼎然鼎足之外又是一足却說孔明提兵直至三江城遙望見此城三面傍江一面通旱即遣魏延趙雲同領一軍於旱路打城軍到城下時城上弓弩齊發原來洞中之人多習弓弩一弩齊發十矢箭頭上皆用毒藥但有中箭者皮肉皆爛見五臟而

死。（此藥不減四泉之毒。）趙雲魏延不能取勝回見孔明言藥箭之事孔明自乘小車到軍前看了虛實回到寨中令軍退數里下寨。（所以疎敵之防。）蠻兵望見蜀兵遠退皆大笑作賀只疑蜀兵懼怯而退因此夜間安心穩睡不去哨探。（已在孔明算中。）却說孔明約軍退後即閉寨不出一連五日並無號令。（疎敵之防。）黃昏左側忽起微風孔明傳令日每軍要衣襟一幅限一更時分應點無者立斬。（奇。）諸將皆不知其意。（讀者亦不知其意。）衆軍依令預備初更時分又傳令日每軍衣襟一幅包土一包無者立斬。（奇。）衆軍亦不知其意。（讀者亦不知其意。）只得依令預備孔明又傳令曰諸軍包土俱在三江城下交割先到者有賞妙衆軍聞令皆包淨土飛奔城下孔明令積土為蹬道先上城者為頭功妙原來爲此○四番號令兩言罰兩言賞於是蜀兵千餘萬并降兵萬餘將所包之土一齊棄於城下一霎時積土成山接連城上一聲暗號蜀兵皆上城有前之退故有此之速蠻兵急放弩時大半早被執下餘者棄城而走朶思大王死於亂軍之中想朶思此時已朶了兩刀矣蜀將督軍分路勦殺孔明取了三江城所得珍寶皆賞三軍敗殘蠻兵逃回見孟獲說朶思大王身死失了三江城獲大

驚正慮之間，人報蜀兵已渡江，見在本洞中下寨。孟獲甚是慌張。忽然屏風後一人大笑而出曰：「既為男子，何無智也？我雖是一婦人，願與你出戰。」獲視之，乃妻祝融夫人也。蠻子還蠻不了，蠻婆又蠻起來，真好看煞人。夫人世居南蠻，乃祝融氏之後，南方屬火，故有此火種。然則此婦如火一般熱，如何煞得他火氣。善使飛刀，百發百中。孟獲起身稱謝。夫人忻然上馬，引宗黨猛將數百員、生力洞兵五萬，出銀坑宮闕來，與蜀兵對敵。翎蝍可當女將軍，然未嘗用兵也；孫夫人雖好兵，然未嘗以兵戰也。此處却寫有一員女將出來，三國志中真是無所不有。方纔轉過山口，一彪軍攔住，為首蜀將乃是張嶷。蠻兵見之，却早兩路擺開祝融夫人背插五口飛刀還有一口軟剪刀更利害手挺丈八長標夫人亦喜挺長標耶坐下捲毛赤兔馬夫人坐下之物又毛又赤可發一笑張嶷見之暗暗稱奇二人驟馬交鋒戰不數合夫人撥馬便走張嶷趕去空中一把飛刀落下嶷急用手隔正中左臂翻身落馬蠻兵發一聲喊將張嶷執縛去了這一張閗他不過馬忠聽得張嶷被執急出救時早被蠻兵困住望見祝融夫人挺標勒馬而立忠忿怒向前去戰坐下馬絆到亦被擒了夫人又戰倒了一箇都解入洞中來見孟獲獲設席慶賀夫人叱刀斧手推出張嶷馬忠要斬獲止曰

諸葛亮放吾五次今番若殺彼將是不義也畢竟蠻婆心狠且還是蠻子心軟
囚在洞中待擒住諸葛亮殺之未遲夫人從其言笑飲作樂却
說敗殘兵來見孔明告知其事孔明即喚馬岱趙雲魏延三人
受計各自領軍前去兩箇戰倒了又差三箇去次日蠻兵報入洞中說趙雲
搦戰祝融夫人即上馬出迎二人戰不數合雲撥馬便走夫人
恐有埋伏勒兵而回蠻婆甚乖魏延又引軍來搦戰夫人縱馬相迎
延交鋒緊急延詐敗而逃夫人只不趕又不趕來畢竟蠻婆乖似蠻子次日趙
雲又引軍來搦戰夫人領洞兵出迎二人戰不數合雲詐敗而

走夫人按標不起欲收兵回洞時魏延引軍齊聲辱罵罵得必然好聽大約是囉唣也夫人急挺標來取魏延延撥馬便走夫人忿怒趕來延驟馬奔入山僻小路忽然背後一聲響亮延回頭視之夫人仰鞍落馬仰字妙想見此時兩脚朝天甚是好看原來馬岱埋伏在此用絆馬索絆倒就裏擒縛解投大寨而來前孔明所授之計至此方敘明蠻將洞兵皆來救時趙雲一陣殺散孔明端坐於帳上馬岱解祝融夫人到孔明急令武士去其縛請在別帳賜酒壓驚遣使往告孟獲欲送夫人換張嶷馬忠二將此番變易不知誰得便宜孟獲允諾即放出張嶷馬忠

還了孔明。孔明遂送夫人入洞。夫人有洞可入。可發一笑。孟獲接入，又喜又
惱。忽報八納洞主到。孟獲出洞迎接，見其人騎着白象，身穿金
珠纓絡，腰懸兩口大刀，領着一班喂養虎豹豺狼之士，簇擁而
入。蠻婦人不濟事，又換一起蠻畜生來了。先在孟獲眼中寫木鹿聲勢。獲再拜哀告，訴說前事。
木鹿大王許以報讐。獲大喜，設宴相待。次日，木鹿大王引本洞
兵帶猛獸而出。趙雲、魏延聽知蠻兵出，遂將軍馬布成陣勢。二
將並轡立於陣前視之，只見蠻兵旗幟器械皆別，人多不穿衣
甲，盡裸身赤體，面目醜陋，身帶四把尖刀，軍中不鳴鼓角，但篩

金為號木鹿大王腰掛兩把寶刀手執蒂鍾身騎白象從大蕃中而出（又在蜀將眼中寫木鹿聲勢）趙雲見了謂魏延曰我等上陣一生未嘗見如此人物二人正沉吟之際只見木鹿大王口中不知念甚呪語手搖蒂鍾（念呪搖鍾極似今日和尚道士吾恐和尚道士之毒亦不輸與木鹿大王也）忽然狂風大作飛砂走石如同驟雨一聲畫角響虎豹豺狼毒蛇猛獸乘風而出張牙舞爪衝將過來（蠻子是禽獸禽獸亦只算是蠻子）蜀兵如何抵當往後便退蠻兵隨後追殺直趕到三江界路方回趙雲魏延收聚敗兵來孔明帳前請罪細說此事孔明笑曰非汝二人

之罪吾未出茅廬之時先知南蠻有驅虎豹之法吾在蜀中已辦下破此陣之物也與魚腹浦石陣正復相似隨軍有二十輛車俱封記在此車中是何物令人不測今日用一半留下一半後有別用早為七擒伏線遂令左右取了十輛紅油櫃車到帳下留下十輛黑油櫃車在後衆皆不知其意孔明將櫃打開皆是木刻綵畫巨獸俱用五色絨綫為毛衣鋼鐵為牙爪一箇可騎坐十人與後木牛流馬彷彿相似孔明選了精壯軍士一千餘人領了一百戶內裝煙火之物藏在車中早為燒藤甲之伏作一引子次日孔明驅兵大進布於洞口蠻兵探知入洞

報與蠻王木鹿大王自謂無敵卽與孟獲引洞兵而出孔明綸巾羽扇身衣道袍端坐於車上孟獲指曰車上坐的便是諸葛亮若擒住此人大事定矣（負心蠻子）木鹿大王口中念呪手搖蒂鍾頃刻之間狂風大作猛獸突出孔明將羽扇一搖其風便回吹彼陣中去了（又能退風）孔明能借風蜀陣中假獸擁出蠻洞眞獸見蜀陣巨獸口吐火燄鼻出黑烟身搖銅鈴張牙舞爪而來諸惡獸不敢前進皆奔回蠻洞反將蠻兵衝倒無數（不是眞破假反是假破眞奇幻之極孔）明驅兵大進鼓角齊鳴望前追殺木鹿大王死於亂軍之中（又嘗）

擂鍾召之。洞內孟獲宗黨皆棄宮闕扒山越嶺而走。孔明大軍占了

銀坑洞。次日孔明正要分兵緝擒孟獲，忽報蠻王孟獲妻弟帶

來洞主因勸孟獲歸降，獲不從，今將孟獲幷祝融夫人及宗黨

數百餘人盡皆擒來獻與丞相。前只使孟優詐降，今卻一齊都來，更不費力。孔明聽

知，即喚張嶷、馬忠分付如此如此。二將受了計，引二千精壯兵

扶於兩廊。孔明即令守門將俱放進來。帶來洞主引刀斧手解

孟獲等數百人拜於殿下。孔明大喝曰：「與吾擒下。」兩廊壯兵齊

出，二人捉一人，盡被執縛。此是六擒。孔明大笑曰：「量汝些小詭計，如

何嘗得我。汝見二次俱是本洞人擒汝來降。吾不加害。汝只道吾深信汝來詐降。欲就洞中殺吾。孟獲一邊算計，在孔明一邊敘出。却喝令武士搜其身畔。果然各帶利刀。孔明問孟獲曰。汝原說在汝家擒住方始心服。今日如何。獲曰。此是我等自來送死。非汝之能也。吾心未服。南蠻巧舌。孔明曰。吾擒汝六番。尚然不服。欲待何時耶。獲曰。汝第七次擒住。吾方傾心歸服。誓不反矣。孔明曰。巢穴已破。吾何慮哉。令武士盡去其縛。叱之曰。這番擒住。再若支吾。必不輕恕。孟獲等抱頭鼠竄而去。此是六縱。○縱法與前又異。却說敗殘蠻兵有千餘人大半中傷而逃正遇蠻王孟獲獲收了敗兵心中稍喜却與帶來洞主商議曰吾今洞府已被蜀兵所占今投何地安身帶來洞主曰止有一國可以破蜀前薦一人此又薦一國是此國之人死期至矣獲喜曰何處可去帶來洞主曰此去東南七百里有一國名烏戈國國主兀突骨身長二丈不食五穀以生蛇惡獸爲飯亦與殺蛇爲羹煮象爲飯者差不多身有鱗甲刀箭不能侵今人腹中有鱗甲亦一烏戈國也其手下軍士俱穿藤甲木鹿之兵不穿甲烏戈之兵穿藤甲愈出愈奇其軍以藤爲甲不若其主身自有鱗甲其藤生於山澗之中盤於石壁之內國人採取浸於油中半年方取出

曬之曬乾復浸凡十餘遍却纔造成鎧甲好箇引穿在身上渡江不沉經水不濕刀箭皆不能入因此號爲藤甲軍不懼水不懼金獨不能禦火耳今大王可往來之若得彼相助擒諸葛亮如利刀破竹也新知竹能破藤孟獲大喜遂投烏戈國來見兀突骨其洞無宇舍皆居土穴之內孟獲入洞再拜哀告前事兀突骨曰吾起本洞之兵與汝報讐獲欣然拜謝於是兀突骨喚兩箇領兵俘長一名土安一名奚泥起三萬兵皆穿藤甲離烏戈國望東北而來行至一江名桃花水兩岸有桃樹歷年落葉於水中若別國人飲之

盡死惟烏戈國人飲之倍添精神。桃花之名甚美而獨不宜於他國豈盡如桃花源之未許人問津者耶。兀突骨兵至桃花渡口下寨以待蜀兵却說孔明令蠻人哨探孟獲消息回報曰孟獲請烏戈國主引三萬藤甲軍見屯於桃花渡口孟獲又在各番聚集蠻兵併力拒戰此時縱服定須大戰一場以作收尾孔明聽說提兵大進直至桃花渡口隔岸望見蠻兵不類人形甚是醜惡又問土人言說即日桃葉正落水不可飲孔明退五里下寨留魏延守寨次日烏戈國主引一彪藤甲軍過河來金鼓大震魏延引兵出迎蠻兵捲地而至蜀兵以弩箭射到藤甲之上皆不能透俱落於地刀砍鎗刺亦不能入此番作怪又與木鹿大王不同蠻兵皆使利刀鋼叉蜀兵如何抵當盡皆敗走蠻兵不趕而回魏延復回趕到桃花渡口只見蠻兵帶甲渡水而去內有困乏者將甲脫下放在水面以身坐其上而渡以甲爲舟更是奇幻魏延急回大寨來稟孔明細言其事孔明請呂凱并土人問之凱曰某素聞南蠻中有一烏戈國無人倫者也有此一句覺後盡情燒殺亦不爲過更有藤甲護身急切難傷又有桃葉惡水本國人飲之反添精神別國人飲之即死如此蠻方縱使全勝有何益焉不如班師

早回借呂凱口中作一頓文勢便曲孔明笑曰吾非容易到此豈可便去吾明日自有平蠻之策還有十輛油車未曾發市於是令趙雲助魏延守寨且休輕出次日孔明令土人引路自乘小車到桃花渡口北岸山僻去處遍觀地理山險嶺峻之處車不能行孔明棄車步行忽到一山望見一谷形如長蛇皆危峭石壁並無樹木中間一條大路孔明問土人曰此谷何名土人答曰此處名爲盤蛇谷後即變作火龍洞出谷則三江城大路谷前名塔郎甸孔明大喜曰此乃天賜吾成功於此也遂回舊路上車歸寨喚馬岱分付曰與汝黑

油櫃車十輛須用竹竿千條。（以竹竿對藤甲。皆是草木門。）櫃內之物如此如此。（妙在不說明櫃中何物。）可將本部兵去把住盤蛇谷兩頭依法而行與汝半月限一切完備至期如此施設倘有走漏定按軍法馬岱受計而去又喚趙雲分付曰汝去盤蛇谷後三江大路口如此守把所用之物剋日完備（妙在不說明所用何物。）趙雲受計而去又喚魏延分付曰汝可引本部兵去桃花渡口下寨如蠻兵渡水來敵汝便棄了寨望白旗處而走。（會旗正與後文紅旗相映。）限半箇月內須要連輸十五陣棄七箇寨柵若輸十四陣也休來見我。（驕敵之計。大妙大妙。）魏延領命，心中不樂，怏怏而去。令之畏斵殺者，遇如此軍令，有何不樂。孔明又與張翼另引一軍，依所指之處築立寨柵去了。却令張嶷、馬忠引本洞所降千人，如此行之。此是用降兵以賺孟獲耳，妙在不便敘明。各人都依計而行。

却說孟獲與烏戈國主兀突骨曰：「諸葛亮多有巧計，只是埋伏。今後交戰，分付三軍，但見山谷之中，林木多處，切不可輕進。」只避林木多處，誰知却在無林木處等你。兀突骨曰：「大王說的有理。吾已知道中國人多行詭計，今後依此言行之。吾在前面厮殺，汝在背後教道。」兩人商量已定。忽報蜀兵在桃花渡口北岸立起營寨，兀突骨即差二停長引藤甲軍渡了河來。與蜀兵交戰不數合魏延敗走是第一日敗。蠻兵恐有埋伏不趕自回交日魏延又去立了營寨蠻兵背得又有衆軍渡過河來戰延出迎之不數合延敗走是第二日敗蠻兵追殺十餘里見四下並無動靜便在蜀寨中屯住棄第一箇寨次日二停長請兀突骨到寨說知此事兀突骨即引兵大進將魏延追一陣蜀兵皆棄甲拋戈而走所棄之甲。蠻兵却用不着〇是第三日敗。只見前有白旗延引敗兵急奔到白旗處早有一寨就寨中屯住兀突骨驅兵追至魏延引兵棄寨而走棄第二箇寨。蠻兵得了蜀寨矣日又望前追殺魏延回兵交戰不三合又敗是第四日敗只看白旗處而走又有一寨延就寨屯住矣日蠻兵又至延畧戰又走是第五日敗蠻兵占了蜀寨棄第三箇寨話休絮煩魏延且戰且走已敗十五陣連棄七箇營寨前逐日寫逐寨寫至此却總叙一句省筆之法蠻兵大進追殺兀突骨自在軍前破敵於路但見林木茂盛之處便不敢進却使人遠望果見樹陰之中旌旗招颭孔明疑兵在兀突骨眼中點出兀突骨謂孟獲曰果不出大王所料孟獲大笑曰諸葛亮今番被吾識破大王連日勝了他十五陣奪了七箇營寨蜀兵望風而走諸葛

亮已是計窮只此一進大事定矣當彼喪膽之後而欲驕其志爲最難既有六擒以挫之復此十五勝以驕之兀突骨大喜遂不以蜀兵爲念至第十六日魏延引敗殘兵來與藤甲軍對敵兀突骨騎象當先頭戴日月狼鬚帽身披金珠纓絡兩肋下露出生鱗甲眼目中微有光芒在魏延眼中寫兀突骨聲勢以見孔明勝之之難手指魏延大罵延撥馬便走後面蠻兵大進魏延引兵轉過了盤蛇谷望白旗而走兀突骨統引兵衆隨後追殺兀突骨望見山上並無草木料無埋伏放心追殺呆蠻子趕到谷中見數十輛黑油櫃車在當路蠻兵報曰此是蜀兵運糧

○○○○○○○○○○○○○
道路因大王兵至繖下糧車而走此糧是邊手的兀突骨大喜、催兵追
趕將出谷口、不見蜀兵、只見橫木亂石滚下、壘斷谷口兀突骨
○○○○○○○○○○○○○
令兵開路而進、忽見前面大小車輛裝載乾柴盡皆火起糧車未敢
○○○○○○○○○○○○○
草車及來兀突骨忙教退兵、只開後軍發喊報說谷口已被乾柴壘
○○○○○○○○○○○○○
閣車中原來皆是火藥一齊燒着藤甲軍身上已自各有火藥兀突骨見無
○○○○○○
草木心尚不慌藤甲軍身上已自各有草木令尋路而走、只見山上兩邊亂
○○○○○○○○○○○○○○○○○○○○○
丟火把火自上而下火把到處拋中藂不綠皆着就地飛起鐵砲火自下而
○○○○○○○○○○○○○○○○○○○○○○○○○
上滿谷中火光亂舞但逢藤甲無有不着將兀突骨并三萬藤

甲軍燒得互相擁抱死於盤蛇谷中。幾番用火都是慣燒。此番用火却是蠻着。孔明在山上往下看時只見蠻兵被火燒的伸拳舒腿大半被鐵砲打的頭臉粉碎皆死於谷中臭不可聞。真是臭蠻子。孔明垂淚而歎曰吾雖有功於社稷必損壽矣此爲後人好殺者說法耳。五丈原之殞星豈眞爲此乎。若眞爲此則新野博望前後共二十萬之兵。赤壁亦有八十三萬之兵其生還者無幾殆更多於藤甲軍也左右將士無不感嘆卻說孟獲在寨中正望蠻兵回報忽然千餘人笑拜於寨前言說烏戈國兵與蜀兵大戰將諸葛亮圍在盤蛇谷中了。特請大王前去接應我等皆是本洞之人不得已而降蜀今知大王前到特來助戰（前受計降兵於此處方纔明白）孟獲大喜即引宗黨并所聚番人連夜上馬就令蠻兵引路方到盤蛇谷時只見火光甚起臭氣難聞獲知中計急退兵時左邊張嶷右邊馬忠兩路軍殺出獲方欲抵敵一聲喊起蠻兵中大半皆是蜀兵將蠻王宗黨并聚集的番人盡皆擒了孟獲匹馬殺出重圍望山徑而走（孟獲此時不即就擒如有曲折）正走之間見山凹裡一簇人馬擁出一輛小車車中端坐一人綸巾羽扇身衣道袍乃孔明也孔明大喝曰反賊孟獲今番如何獲急回馬走（不似前番提去乃是驚弓之鳥矣）旁邊閃過一

將攔住去路乃是馬岱孟獲措手不及被馬岱生擒活捉了〔此是七擒〕此將王平張翼已引一軍趕到蠻寨中將祝融夫人并一應老小皆活捉而來〔蠻子是第七番出醜　蠻婆是第二番出醜〕孔明歸到寨中升帳而坐謂衆將曰吾今此計不得已而用之大損陰德我料敵人必算吾於林木多處埋伏吾却空設旌旗實無兵馬疑其心也〔疑其心使不進則處〕吾令魏文長連輸十五陣者堅其心也〔堅其心使專追一處〕吾見盤蛇谷止一條路兩壁廂皆是光石並無樹木下面都是沙土因令馬岱將黑油車安排於谷中車中油櫃內皆是預先造下

的火砲名曰地雷。先生能使風又能使雷。一砲中藏九砲三十步埋之中用竹竿通節以引藥線纔一發動山損石裂吾又令趙子龍預備草車安排於谷口又於山上準備大木亂石卻令魏延賺兀突骨并藤甲軍入谷放出魏延即斷其路隨後焚之此處方將上項事一一說明。吾聞利於水者必不利於火藤甲雖刀箭不能入乃油浸之物見火必着。蠻兵如此頑皮非火攻安能取勝。又說明用使計之意。烏戈國之人不留種類者是吾之大罪也大罪乃是大功。眾將拜伏曰丞相天機鬼神莫測也孔明令押過孟獲來孟獲跪於帳下孔明令去其縛，且在別帳與酒食壓驚。妙。孔明喚管酒食官至坐榻前，如此如此，分付去了。却說孟獲與祝融夫人并孟優、帶來洞主、一切宗黨在別帳飲酒。忽一人入帳謂孟獲曰：「丞相面羞，不欲與公相見。不說孟獲羞，倒說孔明羞，其羞孟獲甚矣。特令我來放公回去，再招人馬來決勝負。公今可速去。」妙。妙。勝似[illegible]勝似殺。孟獲垂淚言曰：「七擒七縱，自古未嘗有也。吾雖化外之人，頗知禮義，直如此無羞恥乎？」此時蠻子亦羞不過矣。遂同兄弟妻子宗黨人等，皆匍匐跪於帳下，肉袒謝罪曰：「丞相天威，南人不復反矣！」攻心上之法，至此方賀最勝。孔明曰：「公今服乎獲泣謝曰某子子孫孫皆感覆載生成之恩安得不服（說前畏感此說感恩恩感交至）孔明乃請孟獲上帳設宴慶賀就令永為洞主所奪之地盡皆退還孟獲宗黨及諸蠻兵無不感戴皆欣然跳躍而去（此是七縱）後人有詩讚孔明曰

羽扇綸巾擁碧幢　七擒妙策制蠻王

至今溪洞傳威德　為選高原立廟堂

長史費禕入諫曰今丞相親提士卒深入不毛收服蠻方今蠻王既已歸服何不置官吏與孟獲一同守之孔明曰如此有三

不易也若留外人則當留兵兵無所食一不易也此言留兵之難蠻人傷破父兄死亡留外人而不留兵必成禍患二不易也此言不留兵之難蠻人累有廢殺之罪自有嫌疑留外人終不相信三不易也此言設官之難今吾不留人不運糧與相安於無事而已蠻羨衆飯□可以漢人飲食之道治之不可以學藝不可以漢人男女之道治之卜鬼藥鬼不可累人以用人祭祀之道治之不可治而不治正治之以不治治之盡服於是蠻方皆感孔明恩德乃為孔明立生祠四時享祭如此人不忘此生祠要與前卷馬伏波廟正是相映皆呼之為慈父各送珍珠金寶丹漆藥材耕牛戰馬以資軍用誓不再反南方已定文勢至此一束却說孔明

犒軍已畢[illegible]令魏延引本部兵爲前鋒延引兵方至瀘
水忽然陰雲四合水面上一陣狂風驟起飛沙走石軍不能進
延退兵回報孔明孔明遂請孟獲問之正是
塞外蠻人方帖服　水邊鬼卒又猖狂
未知孟獲所言若何且看下文分解

四大奇書第一種卷四十六

茂苑毛宗崗序始氏評　吳門杭永年資能氏評定

第九十一回

祭瀘水漢將班師

伐中原武侯上表

觀伏波之顯聖而知南人之信神真有神觀瀘水之夜哭而知南人之信鬼真有鬼也雖然明於天地之理者不可惑以神怪使鬼能作祟何以猇亭七十餘萬之衆不聞爲

梟於林間以阻陸生之爲赤壁八十三萬之師不聞爲梟於江上以阻周郎之舟乎若畏其鬼而祭之則藤甲三萬人孔明亦哀之矣曷爲不祭盤蛇谷而獨祭瀘水也所以然者爲死於王事理所當䘏非動於猖獗之見畏而動於忠義之可矜耳且也曹操哭既死之典韋以勸未死之典韋武侯哭陣亡之蜀將以勸未亡之蜀將葢不獨爲死者而不得不祭亦爲生者而不得不祭云

讀武侯祭瀘水一篇而嘆兵之不可輕用也古人不得已

而用兵則有遣(音怨)戍卒之詩有勞還卒之詩必備述其情閔
綢繆室家繫戀之況至於楊柳雨雪蟏戶鹿場無不代寫
離憂爲之永嘆其待生者且然況旣死乎若爲上者不哀
之而使其人自哀之則死生契闊與子成說衛風所以悲
也轉予於恤有母尸饔祈父所以怨也誰無父母提攜捧
負恐其不壽誰無兄弟如足如手誰無妻子如賓如友嘗
覽唐人從軍行及諸塞上曲如磧裏征人三十萬一時回
首月中看又如可憐無定河邊骨猶是深閨夢裡人其詞

之痛情之傷有令人泫然泣下者今武侯秋夜奠文可以
彷彿矣
兵固不可輕用而有不得不用者迫於討賊之義也然伐
魏所以討賊平蠻豈亦以討賊乎而伐魏之師必在平蠻
之後者何也亦猶曹操之不滅呂布則未敢謀袁紹不滅
袁紹則未敢窺江南耳不然而夫差爭長於黃池句踐已
入於國苻堅投鞭於淝水慕容已襲其邦此非其明驗哉
且魏欲借蠻以攻蜀則武侯之平蠻即謂之伐魏也可乎

蠻即爲伐魏則武侯之初伐魏即謂之再伐魏也可

武侯北伐而無南顧之憂此武侯之所樂也武侯外伐而終不免於内顧之憂此則武侯之所懼也何也平蠻之後憂不在於南人而憂乃在於後主也試觀武侯出師一篇曰臨表涕泣夫伐魏即伐魏耳何用涕泣爲哉正惟此日國事實當危急存亡之際而此日嗣主方在醉生夢死之中知子莫如父惟不可輔之言固已驗矣豈知臣莫如君而自取之之語乃遂敢真蹈也於是而身提重師萬萬不

可不去而心牽鈍物又萬萬不能少寬因而切切開導勤勤叮嚀一回如嚴父一回如慈嫗益先生此日此表之深並固有甚難於嗣主者非但爲漢賊之不兩立也後日杜工部有詩云幹排雷雨猶力爭根斷泉源豈天意正是此一副眼淚矣今人但知此表爲討賊之義而不知其爲戀主之忠安得爲知武侯者耶

周禮閽人領之太宰則外庭有制內庭之體而內庭無侵外庭之權武侯之教後主者止在宮中府中一語耳使宮

中親而府中疏遂至小人近而賢人遠此桓靈之所以失也於六出祁山之前早知有後主寵黃皓之事在七擒孟獲之後猶回顧桓靈寵常侍之文後事於此伏焉前文又於此照焉三國一書當以此卷爲一大關鍵一大章法

武侯出師一表固爲前後文之伏應而馬謖反間之計亦爲前後文之伏應也何也曹操欲立曹植而問賈詡則在初稱魏王之時矣煮荳燃荳之詩則在曹丕初立之時矣三馬同槽一夢於馬騰未死之前一夢於曹操將死之日

矣而譏之行反問言曹植之當立則前文於此應也言司馬氏之欲反則後文又於此伏也不但此也好言天象者莫如譙周前稱天象以勸劉璋之出降後復稱天象以勸劉禪之出降而此卷諫武侯之語亦正與前後文相連屬矣

蜀使入吳而有徐盛南徐之後是雖吳之破魏而實蜀之以吳破魏也吳使入蜀而有趙雲陽平之兵是雖蜀之為吳伐魏而實蜀之為漢伐魏也然猶未大伸討賊之義也

綱目書云漢丞相武鄉侯諸葛亮出師伐魏則討賊之義
所由大伸者斷自武侯出師始。

却說孔明班師回國孟獲率引大小洞主酋長及諸部落羅拜相送前軍至瀘水時值九月秋天與前五月渡瀘相應忽然陰雲布合狂風驟起兵不能渡回報孔明孔明遂問孟獲獲曰此水原有猖神作禍往來者必須祭之猖神者蠻鬼也孔明曰用何物祭享獲曰舊時國中因猖神作禍用七七四十九顆人頭并黑牛白羊祭之自然風恬浪靜更兼連年豐稔假使四十九個鬼又作禍將奈何孔明曰吾今

事已平定安可妄殺一人遂自到瀘水岸邊觀看果見陰風大起波濤洶湧人馬皆驚再在武侯眼中一寫孔明甚疑即尋土人問之土人告說自丞相經過之後夜夜只聞得水邊鬼哭神號自黃昏直至天曉哭聲不絕瘴烟之內陰鬼無數又在土人口中補寫因此作禍無人敢渡孔明曰此乃我之罪愆也前者馬岱引蜀兵千餘皆死於水中照應八十八卷中事更兼殺死南人盡棄此處狂魂怨鬼不釋解以致如此往往鬼哭天陰則聞方信李華弔古戰場文不是虛語吾今晚當親自往祭土人曰須依舊例殺四十九顆人頭爲祭則怨鬼自散也若此

曰是以鬼祭鬼孔明曰本爲人死而成怨鬼豈可又殺生人耶若爲鬼殺人念而人又成鬼是鬼與鬼相怨無已時也吾自有主意喚行廚宰殺牛馬和麪爲劑塑成人頭內以牛羊等肉代之名曰饅頭是國法亦是佛法今日和尚吃饅頭恨不以此爲之當夜於瀘水岸上設香案鋪祭物列燈四十九盞揚旛招魂將饅頭等物陳設於地三更時分孔明金冠鶴氅親自臨祭令董厥讀祭文其文曰

維大漢建興三年秋九月一日武鄉侯領益州牧丞相諸葛亮謹陳祭儀享於故殁王事蜀中將校及南人亡者陰魂曰

我大漢皇帝威勝五霸明繼三王昨自遠方侵境異俗起兵縱蠆尾以興妖恣狼心而逞亂我奉王命問罪遐荒大舉貔貅悉除螻蟻雄軍雲集狂寇冰消纔聞破竹之聲便是失猿之勢但士卒兒郎盡是九州豪傑官僚將校皆爲四海英雄習武從戎投明事主莫不同申三令共展七擒齊堅奉國之誠並效忠君之志何期汝等偶失兵機緣落奸計或爲流矢所中魂掩泉臺或爲刀劍所傷魄歸長夜生則有勇死則成名今凱歌欲還獻俘將及汝等英靈尚在祈禱必聞隨我旌

旗逐我部曲同回上國各認本鄉受骨肉之蒸嘗領家人之
祭祀莫作他鄉之鬼徒爲異國之魂我當奏之天子使爾等
各家盡霑恩露年給衣糧月賜廩祿用茲酬答以慰汝心至
於本境土神南方亡鬼血食有常憑依不遠生者既凜天威
死者亦歸王化想宜寧帖毋致號啕聊表丹誠敬陳祭祀嗚
呼哀哉伏惟尚饗
讀畢祭文孔明放聲大哭極其痛切情動三軍無不下淚孟獲
等衆盡皆哭泣只見愁雲怨霧之中隱隱有數千鬼魂皆隨風

而散。想今日和尚施食。於是孔明令左右將祭物盡棄於瀘水之中。次日孔明引大軍俱到瀘水南岸。但見雲收霧散。風靜浪平。蜀兵安然盡渡瀘水。果然鞭敲金鐙響。人唱凱歌還。（絕妙好辭。）行到永昌。孔明留王伉呂凱守四郡。發付孟獲領衆自回。囑其勤政馭下。善撫居民。勿失農務。孟獲涕泣拜別而去。（蠻子原有良心。若沒良心人。雖十擒十縱亦不服也。）孔明自引大軍回成都。後主排鑾駕出郭三十里迎接。下輦立於道傍。以候孔明。（與獻帝迎曹操相類。而[illegible]之。誠僞既殊。臣之忠奸亦別。）孔明慌下車伏道而言曰。臣不能速平南方。使主上懷憂。臣之罪

叡音睿

也後主扶起孔明並車而回設太平筵會重賞三軍自此遠邦進貢來朝者二百餘處服者不但南人孔明奏准後主將歿於王事者之家一一優恤人心懽悅朝野清平以上按下蜀漢一邊以上再叙魏國一邊却說魏主曹丕在位七年即蜀漢建興四年也丕先納夫人甄氏即袁紹次子袁熙之婦前破鄴城時所得進應三十三卷中事後生一子名叡字元仲自幼聰明丕甚愛之後丕又納安平廣宗人郭永之女為貴妃甚有顏色其父嘗日吾女乃女中之王也故號為女王便有奪后之意自丕納為貴妃因甄夫人失寵郭貴妃欲謀為后却

與幸臣張韜商議時丕有疾韜乃詐稱於甄夫人宮中掘得桐木偶人上書天子年月日時爲厭鎮之事丕大怒遂將甄夫人賜死立郭貴妃爲后郭后奪嫡。亦比於曹丕之篡。因無出如此人自然絕嗣。養曹叡爲己子雖甚愛之不立爲嗣叡年至十五歲弓馬熟嫻當年春二月丕帶叡出獵行於山塢之間趕出子母二鹿丕一箭射倒母鹿回視小鹿馳於曹叡馬前丕大呼曰吾兒何不射之叡在馬上泣告曰陛下已殺其母安忍復殺其子曹操射鹿。失君臣之禮。曹叡射鹿。動母子之情。前後相對。丕聞之擲弓於地曰吾兒眞仁德之主也于是遂封叡爲平原王。夏五月，丕感寒疾，醫治不痊，乃召中軍大將軍曹真、鎮軍大將軍陳羣、撫軍大將軍司馬懿三人入寢宮。丕喚曹叡至，指謂曹真等曰：「今朕病已沉重，不能復生。此子年幼，卿等三人可善輔之，勿負朕心。」三人皆告曰：「陛下何出此言？臣等願竭力以事陛下，至千秋萬歲。」丕曰：「今年許昌城門無故自崩，乃不祥之兆，朕故自知必死也。」（許昌災異，從曹丕口中補出。）正言間，內侍奏征東大將軍曹休入宮問安。（三人召來，一個自來。）丕召入，謂曰：「卿等皆國家柱石之臣也。若能同心輔朕之子，朕死亦瞑目矣。」言訖，墮淚而

雍州凉州屬四川

壽時年四十歲在位七年於是曹真陳羣司馬懿曹休等一面舉哀一面擁立曹叡爲大魏皇帝謚父丕爲文皇帝（謚之曰文取繼體守文之意也然則造篡漢之基者斷歸之曹操矣）謚母甄氏爲文昭皇后封鍾繇爲太傅曹真爲大將軍曹休爲大司馬華歆爲大尉王朗爲司徒陳羣爲司空司馬懿爲驃騎大將軍其餘文武官僚各各封贈大赦天下時雍凉二州缺人守把司馬懿上表乞守西凉等處（司馬懿注意在西所畏者蜀也）曹叡從之遂封懿提督雍凉等處兵馬領詔去訖早有細作飛報入川（關着甚緊）孔明大驚曰曹丕已死孺子曹叡即位

餘皆不足慮司馬懿深有謀畧今督雍凉兵馬倘訓練成時必爲蜀中之大患不如先起兵伐之司馬懿患蜀蜀亦患司馬懿參軍馬謖曰今丞相平南方回軍馬疲敝只宜存恤豈可復遠征某有一計使司馬懿自死於曹叡之手未知丞相鈞意允否孔明問是何計馬謖曰司馬懿雖是魏國大臣曹叡素懷疑忌何不密遣人往洛陽鄴郡等處布散流言道此人欲反更作司馬懿告示天下榜文遍貼諸處使曹叡心疑必然殺此人也此一時反間之計耳孰知後來衆應司馬氏篡位孔明從之即遣人密行此計去了却說鄴城門上忽

一日見貼下告示一道守門者揭了來奏曹叡叡觀之其文曰
驃騎大將軍總領雍京等處兵馬事司馬懿謹以信義布告
天下昔太祖武皇帝創立基業本欲立陳思王子建爲社稷
主不幸奸讒交集歲久潛龍皇孫曹叡素無德行妄自居尊
有負太祖之遺意今吾應天順人剋日興師以慰萬民之望
告示到日各宜歸命新君如不順者當滅九族先此告聞想
宜知悉
曹叡覽畢大驚失色急問羣臣太尉華歆奏曰司馬懿上表乞

守雍凉。正爲此也。先時太祖武皇帝嘗謂臣曰。司馬懿鷹視狼顧。不可付以兵權。久必爲國家大禍。（曹孟德語。却從此處補出。）今日反情已萌。可速誅之。王朗奏曰。司馬懿深明韜畧。善曉兵機。素有大志。若不早除。久必爲禍。（又是一個趁脚跷的。）叡乃降旨。欲興兵御駕親征。忽班部中閃出大將軍曹真奏曰。不可。文皇帝托孤於臣等數人。是知司馬仲達無異志也。今事未知真假。遽爾加兵。乃逼之反耳。或者蜀吳奸細行反間之計。使我君臣自亂。彼却乘虛而擊。未可知也。陛下幸察之。（有見識。曹子丹畧。）叡曰。司馬懿若果謀反。將奈何真曰如陛下心疑可傚漢高僞遊雲夢之計御駕幸安邑司馬懿必然來迎觀其動靜就車前擒之可也此時仲達亦危矣叡從之遂命曹真監國親自領御林軍十萬徑到安邑司馬懿不知其故欲令天子知其威嚴乃整兵馬率甲士數萬來迎此仲達雖乖却着了道兒近臣奏曰司馬懿果率兵十餘萬前來抗拒實有反心矣叡慌命曹休先領兵迎之司馬懿見兵馬前來只疑車駕親至伏道而迎曹休出曰仲達受先帝托孤之重何故反耶問得出其不意懿大驚失色汗流遍體乃問其故休備言前事懿曰此吳蜀奸

細反間之計欲使我君臣自相殘害彼却乘虛而襲果若當自見天子辨之（畢竟仲達乖覺）遂急退了軍馬至叡車前俯伏泣奏曰臣受先帝托孤之重安敢有異心必是吳蜀之奸計臣請提一旅之師先破蜀後伐吳報先帝與陛下以明臣心叡疑慮未決華歆奏曰不可付之兵權可即罷歸田里（名士見識亦甚平常）叡依言將司馬懿削職回鄉（未見三馬同槽先見一馬離槽）命曹休總督雍凉軍馬曹叡駕回洛陽（以上按下魏國一邊以下再敘蜀漢一邊）却說細作探知此事報入川中孔明聞之大喜曰吾欲伐魏久矣奈有司馬懿總雍凉之兵今既中

許遣貶吾有何憂次日後主早朝大會官僚孔明出班上出師表一道表曰

臣亮言先帝創業未半而中道崩殂〔落筆更不着半句閑言語只用八字慟哭先帝早使讀者精誠發越〕今天下三分益州罷〔音疲〕敝此誠危急存亡之秋也〔筆態一伏〕然侍衛之臣不懈於內忠志之士忘身於外者蓋追先帝之殊遇欲報之於陛下也〔筆態一起一面讀其妙文一面記其口中先帝〕誠宜開張聖聽以光先帝遺德恢弘志士之氣〔此是說宜〕不宜妄自菲薄引喻失義以塞忠諫之路也〔此是說不宜宜不宜二語發起一篇○妄自菲薄是子弟大病引喻〕

夫義。又是子弟大病。此特說盡之事。宮中府中俱爲一體。此又說宜。恐其壅於宮中。己[illegible]知有[illegible][illegible]暗。陟罰臧否不宜異同。此又說不宜。若有作奸犯科及爲忠善者

宜付有司論其刑賞以昭陛下平明之治。此又說宜。不宜偏私使

內外異法也。此又說不宜。○宮中聽府中事。出師進表全爲此一段可知。侍中侍郎郭攸

之費禕音○衣董允等此皆良實志慮忠純是以先帝簡拔以遺陛

下。重之以先帝。有句不脫先帝。愚以爲宮中之事事無大小悉以咨之然

後施行必得裨補闕漏有所廣益。切囑宮中。將軍向寵性行淑均

曉暢軍事試用於昔日先帝稱之曰能。重之以先帝。是以衆議舉

寵以爲督看此處入衆議愚以爲營中之事事無大小悉以
二字嫌疑不小奇杭切囑
咨之必能使行陣和睦優劣得所也府中親賢臣遠小人此
先漢所以興隆也親小人遠賢臣此後漢所以傾頹也先帝
在時每與臣論此事未嘗不歎息痛恨於桓靈也明明鑑之言亦必
重之以先帝哀哉桓靈之寵十常侍正與後主之寵黃皓
侍中尚書陳震長史蔣琬參軍此
悉貞亮死節之臣也願陛下親之信之則漢室之隆可計日
而待也此二臣先生所進恐出師後未必用故又吩囑
臣本布衣躬耕南陽苟全性
命於亂世不求聞達於諸侯悲苦自依最
先帝不以臣卑鄙猥自

枉屈三顧臣於草廬之中諮臣以當世之事由是感激遂許先帝以驅馳（自敘最悲苦）後值傾覆受任於敗軍之際奉命於危難之間爾來二十有一年矣先帝知臣謹慎故臨崩寄臣以大事也（自敘最悲苦）受命以來夙夜憂慮恐付托不效以傷先帝之明故五月渡瀘深入不毛（自敘最悲苦）今南方已定甲兵已足當獎（音奉）帥三軍北定中原庶竭駑鈍攘除姦凶興復漢室還於舊都此臣所以報先帝而忠陛下之職分也至於斟酌損益進盡忠言則攸之禕允之任也（自敘最悲苦此非以師保推三臣蓋自既解任去而出師）

則必使之願陛下托臣以討賊興復之效不效則治臣之罪

自代耳。

以告先帝之靈若無興復一本作興德之言則責攸之禕允等之

咎以彰其慢說自出師必連三臣裨補者此表所憂不在外賊而在內蠹也哀哉陛下亦宜自

謀以諮諏善道察納雅言深追先帝遺詔要他納言亦必重之以先帝臣

不勝受恩感激今當遠離臨表涕泣不知所云非為伐魏而涕泣為後主而涕泣也

後主覽表曰相父南征遠涉艱難方始回都坐未安席今又欲

北征恐勞神思孔明曰臣受先帝托孤之重夙夜未嘗有怠今

南方已平，可無內顧之憂。（一向南征，正是爲此。）不就此時討賊恢復中原，更待何日？忽班部中太史譙周出奏曰：「臣夜觀天象，北方旺氣正盛，星曜倍明，未可圖也。」（與後文譬國論相應。）乃顧孔明曰：「丞相深明天文，何故強爲？」孔明曰：「天道變易不常，豈可拘執？吾今且駐軍馬於漢中，觀其動靜而後行。」譙周苦諫不從。於是孔明乃留郭攸之、董允、費禕等爲侍中，總攝宮中之事；（正應表中。）又留向寵爲大將，總督御林軍馬；（又應表中。）陳震爲侍中，蔣琬爲參軍，（此表中所已及。）張裔爲長史，掌丞相府事；杜瓊爲諫議大夫；杜微、楊洪爲尚書；孟光、來歆爲祭酒尹默李譔爲博士御正費詩爲秘書譙周爲太史內外文武官僚一百餘員同理蜀中之事○此又表中孔明受詔歸所未及府喚諸將聽令前督部鎮北將軍領丞相司馬涼州刺史都亭侯魏延前軍都督領扶風太守張翼牙門將裨將軍王平後軍領兵使安漢將軍領建寧太守李恢副將定遠將軍領漢中太守呂義兼管運糧左軍領兵使平北將軍陳倉侯馬岱副將飛衛將軍廖化右軍領兵使奮威將軍博陽亭侯馬忠鎮撫將軍關內侯張嶷行中軍師車騎大將軍都鄉侯劉琰中監軍揚武

將軍鄧芝○中參軍安遠將軍馬謖○前將軍都亭侯袁綝○左將軍高陽侯吳懿○右將軍玄都侯高翔○後將軍安樂侯吳班○領長史綏軍將軍楊儀○前將軍征南將軍劉巴○前護軍偏將軍漢成亭侯許允○左護軍篤信中郎將丁咸○右護軍偏將軍劉敏○後護軍典軍中郎將官雝○行參軍昭武中郎將胡濟○行參軍諫議將軍閻晏○行參軍偏將軍爨習○行參軍裨將軍杜義○武畧中郎將杜祺○綏軍都尉盛敦音○亭從事武畧中郎將樊岐○典軍書記樊建○丞相令史董厥○帳前左護衛使龍驤將軍閻典○右護衛使虎翼將軍

張苞（以上歷敘諸將官銜以出師伐魏故特書其官以予之也）以上一應官員都隨着平北大都督丞相武鄉侯領益州牧知內外事諸葛亮（大書特書）分撥已定又檄李嚴等守川口以拒東吳（周密之至）選定建興五年春三月丙寅日出師伐魏（至此方大伸討賊之義）忽帳下一老將厲聲而進曰我雖年邁尚有廉頗之勇馬援之雄此二古人皆不服老何故不用我耶衆視之乃趙雲也孔明曰吾自平南回都馬孟起病故（馬超之死在孔明口中補出省筆之法）予甚惜之以爲折一臂也今將軍年紀已高倘稍有參差動搖一世英名減却蜀中銳氣（又用激將之法）雲厲聲

曰吾自隨先帝以來臨陣不退遇敵則先大丈夫得死於疆場者幸也吾何恨焉願爲前部先鋒孔明再三苦勸不住雲曰如不教我爲先鋒就撞死於階下（寫子龍得勇之極）孔明曰將軍旣要爲先鋒須得一人同去言未盡一人應曰某雖不才願助老將軍先引一軍前去破敵孔明視之乃鄧芝也（即是不畏油鼎之人）孔明大喜即撥精兵五千副將十員隨趙雲鄧芝去訖孔明出師後主引百官送於北門外十里孔明辭了後主旌旗蔽野戈戟如林率軍望漢中進發（寫得孔明堂堂正正十分聲勢）

卻說邊庭探知此事報入

洛陽是日曹叡設朝近臣奏曰邊官報稱諸葛亮率領大兵三十餘萬出屯漢中孔明兵數在曹叡近臣口中補出妙令趙雲鄧芝爲前部先鋒引兵入境叡大驚問羣臣曰誰可爲將以退蜀兵忽一人應聲而出曰臣父死於漢中切齒之恨未嘗得報照應七十一卷中事今蜀兵犯境臣願引本部猛將更乞陛下賜關西之兵前往破蜀上爲國家効力下報父讐臣萬死不恨衆視之乃夏侯淵之子夏侯楙音茂也楙字子休其性最急又最吝乃父已負妙才之名此子却又不才之甚自幼嗣與夏侯惇爲子後夏侯淵爲黃忠所斬曹操憐之以女清河公

主招楙爲駙馬。曹操本姓夏侯。而以女與楙。則是同姓爲婚。瀆祖甚矣。因此朝中欽敬。雖掌兵權。未嘗臨陣。當時自請出征。曹叡即命爲大都督。調關西諸路軍馬前去迎敵。司徒王朗諫曰。不可。夏侯駙馬素不曾經戰。今付以大任。非其所宜。更兼諸葛亮足智多謀。深通韜畧。不可輕敵。夏侯楙叱曰。司徒莫非結連諸葛。欲爲内應耶。吾自幼從父學習韜畧。深通兵法。汝何欺我年幼。吾若不生擒諸葛亮。誓不回見天子。志大言大之人。每每無用。王朗等皆不敢言。夏侯楙辭了魏主。星夜到長安。調關西諸路軍馬二十餘萬。來敵孔明。正是

欲秉白旄麾將士　却教黃吻掌兵權

未知勝負如何且看下文分解

第九十二回

趙子龍力斬五將
諸葛亮智取三城

此卷首寫趙雲戰功所以成雲之志也曷成乎雲之志曰先主初即帝位時雲即以伐魏爲勸矣先主之伐吳以雲爲後應爲其志不在伐吳故也武侯之伐魏以雲爲先鋒

為其志在伐魏故也英雄有復讐之志者自惜其年又惜讐人之年不能及曹丕之未死而伐魏已深爲曹丕惜不更及趙雲之未死而伐魏得不爲趙雲惜哉然則雲之復讐不敢以老而自愛正以老而愈不得不奮耳

魏延子午谷之謀未嘗不善武侯以爲危計而不用蓋逆知天意之不可回而不欲行險以爭之耳知天意之不可回而行險以爭之即爭之未必勝爭之不勝而天下後世乃得以行險之失爲我咎矣惟兢兢然持一至慎之心出

於萬全之策而終不能回天意於萬一然後可以無憾於人事耳

一擒孟獲之前先取三郡一出祁山之前亦先取三郡斯則同矣而前三郡之取則俱易後三郡之取則兩易而一難前者高定眞降妙在假疑其詐今者崔諒詐降妙在假信其眞前者高定與雍闓不睦妙在使中我之計今者崔諒與楊陵同謀又妙在即用彼之計令讀者觀其前文更不能測其後文觀其後文乃始解其前文事之巧文之幻

背妙絕今古

蜀之有姜維非繼武侯而終伐魏之事者乎六出祁山之後始有九伐中原之事而一出祁山之前蚤伏一九伐中原之人將正伏之先反伏之正伏之爲蜀之姜維反伏之爲魏之姜維而此卷則猶反伏之者也觀天地古今自然之文可以悟作文者結構之法矣

却說孔明率兵前至沔陽經過馬超墳墓乃令其弟馬岱掛孝孔明親自祭之祭死的與活的看祭畢回到寨中商議進兵忽哨馬報

褒中長安俱屬陝西秦嶺山名在商州子午谷地名離秦嶺二百餘里斜谷地亦屬陝西

道魏主曹叡遣駙馬夏侯楙調關中諸路軍馬前來拒敵魏延上帳獻策曰夏侯楙乃膏粱子弟懦弱無謀（魏延之謀瞞不過司馬懿郤瞞得夏侯楙）延願得精兵五千取路出褒中循秦嶺以東當子午谷而投北不過十日可到長安夏侯楙若聞某驟至必然棄城望橫門邸閣而走某卻從東方而來丞相可大驅士馬自斜谷而進如此行之則咸陽以西一舉可定也（此亦韓信暗渡陳倉之計惜孔明之不用也）孔明笑曰此非萬全之計也汝欺中原無好人物（早爲下文姜維倘之來處伏一筆）有人進言於山僻中以兵截殺非惟五千人受害亦大傷銳氣

決不可用。武侯只是小心。不肯放膽。魏延又曰丞相兵從大路進發彼必盡[關]中之兵於路迎敵則曠日持久何時而得中原孔明曰吾從隴右取平坦大路依法進兵何憂不勝用師之名顧正出師之路亦取其正。遂不用魏延之計魏延怏怏不悅早為後文伏案孔明差人令趙雲進兵

却說夏侯楙在長安聚集諸路軍馬時有西涼大將韓德善使開山大斧有萬夫不當之勇引西羌諸路兵八萬到來見了夏侯楙楙重賞之就遣為先鋒德有四子皆精通武藝弓馬過人長子韓瑛次子韓瑤三子韓瓊四子韓琪以四小將襯出一老將。韓德帶

四子并西羌兵八萬取路至鳳鳴山正遇蜀兵兩陣對圓韓德出馬四子列於兩邊德厲聲大罵曰反國之賊安敢犯吾境界趙雲大怒挺鎗縱馬單搦韓德交戰長子韓瑛躍馬來迎戰不三合被趙雲一鎗刺死於馬下（子龍不老）次子韓瑤見之縱馬揮刀來戰趙雲施逞舊日虎威抖擻精神迎戰瑤抵敵不住（子龍真不老）三子韓瓊急挺方天戟驟馬前來夾攻雲全然不懼鎗法不亂（子龍不老）四子韓琪見二兄戰雲不下也縱馬輪兩口日月刀而來圍住趙雲雲在中央獨戰三將少時韓琪中鎗落馬（子龍着着實不老）

陣中偏將急出救去雲拖鎗便走韓瓊按戟急取弓箭射之連放三箭皆被雲用鎗撥落瓊大怒仍綽方天戟縱馬趕來却被雲一箭射中面門落馬而死。受過三箭只答一箭已當不起韓瑤縱馬舉寶刀便砍趙雲雲棄鎗於地閃過寶刀生擒韓瑤歸陣復縱馬取鎗殺過陣來子龍着實不老。趙能滅韓亦將慚愧。韓德見四子皆喪於趙雲之手肝膽皆裂先走入陣去西涼兵素知趙雲之名今見其英勇如昔誰敢交鋒趙雲馬到處陣陣倒退趙雲匹馬單鎗往來衝突如入無人之境子龍着實不老。後人有詩讚曰

憶昔常山趙子龍　年登七十建奇功

獨誅四將來衝陣　猶似當陽救主雄

鄧芝之見趙雲大勝率蜀兵掩殺西涼兵大敗而走韓德險被趙雲擒住棄甲步行而逃雲與鄧芝收軍回寨芝之賀曰將軍壽已七旬英勇如昨今日陣前力斬四將世所罕有雲曰丞相以吾年邁不肯見用吾故聊以自表耳（有得他說嘴權將少年人試我老本事）遂差人解韓瑤申報捷書以達孔明却說韓德引敗軍回見夏侯楙哭告其事（一喪其父二喪其子正是愁人說與愁人道）楙自統兵來迎趙雲探馬報入

蜀寨說夏侯楙引兵到雲上馬綽鎗引千餘軍就鳳鳴山前擺成陣勢當日夏侯楙戴金盔坐白馬手提大砍刀立在門旗之下見趙雲躍馬挺鎗往來馳騁楙欲自戰韓德曰殺吾四子之讐如何不報縱馬輪開山大斧直取趙雲雲奮怒挺鎗來迎戰不三合鎗起處韓德刺死於馬下（彼老不如此老）急撥馬直取夏侯楙楙慌忙閃入本陣鄧芝驅兵掩殺魏兵又折一陣退十餘里下寨楙連夜與衆將商議曰吾久聞趙雲之名未嘗見面今日年老英雄尚在方信當陽長坂之事（又提照四十一卷中事）似此無人可敵

昱音欲

如之奈何參軍程武乃程昱之子也進言曰某料趙雲有勇無謀不足爲慮來日都督再引兵出先伏兩軍於左右都督臨陣先退誘趙雲到伏兵處都督却登山指揮四面軍馬重疊圍住雲可擒矣（此計亦平長不過趙雲太猛故中之耳）楙從其言遂遣董禧引三萬軍伏於左薛則引三萬軍伏於右二人埋伏已定次日夏侯楙復整金鼓旗旛率兵而進趙雲鄧芝出迎芝在馬上謂趙雲曰昨夜魏兵大敗而去今日復來必有詐也老將軍防之（鄧芝甚是仔細真孔明之小心相似）子龍曰量此乳臭小兒何足道哉吾今日必當擒之便

躍馬而出魏將潘遂出迎戰不三合撥馬便走趙雲趕去魏陣中八員將一齊來迎放過夏侯楙先走八將陸續奔走趙雲乘勢追殺鄧芝引兵繼進趙雲深入重地只聽得四面喊聲大震鄧芝急收軍退回左有董禧右有薛則兩路兵殺到鄧芝兵少不能解救。然則長坂坡之解救仍賴後主之洪福。趙雲被困在垓心東衝西突魏兵越厚時雲手下止有千餘人殺到山坡之下只見夏侯楙在山上指揮三軍趙雲投東則望東指投西則望西指因此趙雲不能突圍乃引兵殺上山來半山中雷木砲石打將下來不能上山（與黄漢升之戰虒亭彷彿相似）趙雲從辰時殺至酉時不得脫走只得下馬少歇且待月明再戰却繞卸甲而坐月光方出（此處寫月忙中閒筆）忽四下火光冲天鼓聲大震矢石如雨魏兵殺到皆叫曰趙雲蚤降雲急上馬迎敵四面軍馬漸漸逼近八方弩箭交射甚急人馬皆不能向前雲仰天嘆曰吾不服老死於此地矣（故作驚人之筆跌出下文）忽東北角上喊聲大起魏兵紛紛亂竄一彪軍殺到爲首大將持丈八點鋼矛馬項下掛一顆人頭雲視之乃張苞也（來得突兀）苞見了趙雲言曰丞相恐老將軍有失特遣某引五千兵接應

開老將軍被困故殺透重圍正遇魏將薛則攔路被某殺之斬薛則在張苞口中敘出麻不費力雲大喜即與張苞殺出西北角來只見魏兵棄戈奔走一彪軍從外吶喊殺入為首大將提偃月青龍刀手挽人頭雲視之乃關興也亦來得突兀○兩顆人頭一在馬項下一在手中兩樣寫法興曰奉丞相之命恐老將軍有失特引五千兵前來接應却纔陣上逢着魏將董禧被吾一刀斬之梟首在此斬董禧在關興口中敘出麻不費力丞相隨後便到也雲曰二將軍已建奇功何不趁今日擒住夏侯楙以定大事好子龍張苞聞言遂引兵去了興曰我也幹功去遂

亦引兵去了。簡寫子龍此處又夾寫興苞。雲回顧左右曰：他兩箇是吾子姪輩，尚且爭先幹功，吾乃國家上將，朝廷舊臣，反不如此小兒耶？吾當捨老命以報先帝之恩。殺了一日，猶然如此，子龍到底不老。於是引兵來捉夏侯楙。當夜三路兵夾攻，大破魏軍一陣。鄧芝引兵接應，殺得屍橫遍野，血流成河。夏侯楙乃無謀之人，更兼年幼，不曾經戰，見軍大亂，遂引帳下驍將百餘人，望南安郡而走。曹操女婿甚是不濟。衆軍因見無主，盡皆逃竄。興、苞二將聞夏侯楙望南安郡去了，連夜趕來。楙走入城中，令緊閉城門，驅兵守禦。興、苞二人趕到，將城圍住趙雲隨後也到三面攻打少時鄧芝亦引兵到前將圍八分開令將四人分敘一連圍了十日攻打不下忽報丞相留後軍住沔陽左軍屯陽平右軍屯石城自引中軍來到趙雲鄧芝關興張苞皆來拜問孔明說連日攻城不下孔明遂乘小車親到城邊遍圍看了一遍回寨升帳而坐衆將環立聽令讀至此似已有取南安之策却偏不出付下文孔明曰此郡壕深城峻不易攻也吾正事不在此城汝等如只久攻倘魏兵分道而出以取漢中吾軍危矣讀至此文似有下欲取南安之意更猜不出下文鄧芝曰夏侯楙乃魏之駙馬若擒此人勝斬百將今

天水安定俱陷隴西

困於此豈可棄之而去（鄧芝不以南安為重却以夏侯楙為重）孔明曰吾自有計此處西連天水郡北抵安定郡二處太守不知何人（孔明不於南安用計却欲以天水安定用計奇妙）探卒答曰天水太守馬遵安定太守崔諒孔明大喜乃喚魏延受計如此如此又喚關興張苞受計如此如此又喚心腹軍士二人受計如此如此行之（妙在此處方敘明白）各將領命引兵而去孔明却在南安城外令軍運柴草堆於城下口稱燒城魏兵聞知皆大笑不懼却說安定太守崔諒在城中聞蜀兵圍了南安困住夏侯楙十分慌懼即點軍馬約共四千守住城池忽

見一人自正南而來口稱有機密事方知心腹軍士如此用法崔諒喚入問之答曰某是夏侯都督帳下心腹將裴緒今奉都督將令特來求救於天水安定二郡南安甚急每日城上縱火爲號專望二郡救兵並不見到因復差某殺出重圍來此告急可星夜起兵爲外應都督若見二郡兵到却開城門接應也此是孔明分付之語至此方纔明白諒曰有都督文書否緒貼肉取出汗已濕透畧教一視假文書不堪可看急令手下換了匹馬使出城望天水而去故作着忙之狀描得活像不二日又有報馬到說天水太守已起兵救援南安去了教安定

番番接應(此亦心腹軍士)又是一樣用法。崔諒與府官商議多官曰若不去救失了南安送了夏侯駙馬皆我兩郡之罪也只得救之諒即點起人馬離城而去只留文官守城(此失城之由)崔諒提兵向南安大路進發遥望見火光冲天催兵星夜前進離南安尚有五十餘里忽聞前後喊聲大震哨馬報道前面關興截住去路背後張苞殺來(前分付與苞之計然此方見)安定之兵四下逃竄[illegible]大驚[illegible]手下百餘人往小路死戰得脫奔回安定方到城壕邊城上亂箭射下來蜀將魏延在城上叫曰吾已取了城也何不早降(前分付魏延之)

計放此○原來魏延扮作安定軍賫夜賺開城門蜀兵盡入因此方見。○賺了安定賺包截路用實寫魏延取城用虛寫兩樣筆法崔諒慌投天水郡來行不到一程前面一彪軍擺開大旗之下一人綸巾羽扇道袍鶴氅端坐於車上諒視之乃孔明也急撥回馬走關興與張苞兩路兵追到只叫歸降崔諒見四面皆是蜀兵不得已遂降同歸大寨孔明以上賓相待孔明曰南安太守與足下交厚否諒曰此人乃楊阜之族弟楊陵也南安太守姓名在崔諒口中補出與其鄰郡交契甚厚孔明曰今欲煩足下入城說楊陵擒夏侯楙可乎諒曰丞相若令某去可暫退軍馬容某入城說之孔明從其言即時傳令教四面軍馬各退二十里下寨（崔諒假應承孔明亦假信任以假對假自有妙用）崔諒匹馬到城邊叫開城門入到府中與楊陵禮畢細言其事陵曰我等受魏王大恩安忍背之可將計就計而行（楊陵欲將計就計就知孔明又將計就計）遂引崔諒到夏侯楙處備細說知楙曰當用何計楊陵曰只推某獻城門賺蜀兵入卻就城中殺之崔諒依計而行出城見孔明說楊陵獻城門放大軍入城以擒夏侯楙楊陵本欲自捉因手下勇士不多未敢輕動（此句便知其假）孔明曰此事至易今有足

原降兵百餘人於內暗藏蜀將扮作安定軍馬帶入城去（此是真話）先伏於夏侯楙府下却暗約楊陵待半夜之時獻開城門裏應外合（此是假話）崔諒暗思若不帶蜀將去恐孔明生疑且帶入去就內先斬之舉火為號賺孔明入來殺之可也（暗寫崔諒意中之話）因此應允孔明囑曰吾遣親信將關興張苞隨足下先去（此是真話）只推救軍殺入城中以安夏侯楙之心但舉火吾當親入城去擒之（又是假話）時值黃昏關興張苞受了孔明密計（妙在不敘明白）披掛上馬各執兵器雜在安定軍中隨崔諒來到南安城下楊陵在城上撑起

懸空板倚定護心欄問曰何處軍馬崔諒曰安定救軍來到諒先射一號箭上城箭上帶着密書曰今諸葛亮先遣二將伏於城中要裏應外合且不可驚動恐泄漏計策待入府中圖之（崔諒極乖却不知已在孔明算中。）楊陵將書見了夏侯楙細言其事楙曰既然諸葛亮中計可教刀斧手百餘人伏於府中如二將隨崔太守到府下馬閉門斬之（不知者爲興苞捏一把汗）却於城上舉火賺諸葛亮入城伏兵齊出亮可擒矣（不知者又爲孔明捏一把汗。）安排已畢楊陵回到城上言曰既是安定軍馬可放入城關興跟崔諒先行張苞在後楊陵下城在門邊迎接。與手起刀落。斬楊陵於馬下。方知臨行時所受密計。却不是府中。是門邊。却不是半夜。是黃昏也。崔諒大驚。急撥馬走到弔橋邊。張苞大喝曰。賊子休走。汝等詭計。如何瞞得丞相耶。手起一鎗。刺崔諒於馬下。讀至此。方識孔明將計就計之妙。關興早到城上。放起火來。四面蜀兵齊入。夏侯楙措手不及。開南門併力殺出。一彪軍攔住。為首大將乃是王平。交馬只一合。生擒夏侯楙於馬上。丈人做盡了人。女壻却如此出醜。餘皆殺死。孔明入南安。招諭軍民。秋毫無犯。衆將各獻功。孔明將夏侯楙囚於車中。鄧芝問曰。丞相何故知崔諒詐也。讀書者至此亦欲急問其故。孔明曰：吾已知此人無降心，故意使入城，彼必盡情告與夏侯楙，欲將計就計而行。吾見來情，足知其詐，復使二將同去，以穩其心。此人若有真心，必然阻當；彼忻然同去者，恐吾疑也。他意中度二將同去，賺入城內殺之未遲；又令吾軍有託，放心而進。窺見肺肝。吾已暗囑二將，就城門下圖之。城內必無準備，吾軍隨後便到，此出其不意也。前面一派疑陣，至此方纔說明。衆將拜服。孔明曰：賺崔諒者，吾使心腹人詐作魏將裴緒也。假裴緒亦於此處敘明。吾又去賺天水郡，至今未到，不知何故。賺天水亦於此處補出。今可乘勢取之。

乃留吳懿守南安，劉琰守安定，替出魏延軍馬去取天水郡。說天水郡太守馬遵聽知夏侯楙困在南安城中，乃聚文武官商議。功曹梁緒、主簿尹賞、主記梁虔等曰：夏侯駙馬乃金枝玉葉，倘有疏虞，難逃坐視之罪。太守何不盡起本部兵以救之？若依又是

此計不消孔明賺得

馬遵正疑慮間，忽報夏侯駙馬差心腹將裴緒到。

一箇假裴緒即是前番做裴緒換湯不換藥

緒入府取公文付馬遵，說都督求南安天水兩郡之兵，星夜救應，言訖匆匆而去。次日又有報馬到稱說安定兵已先去了，教太守火急前來會合。兩箇軍士兩樣用法亦換湯不換藥

馬遵正欲起兵忽一人自外而入曰太守中諸葛亮之計矣衆視之乃天水冀人也姓姜名維字伯約（姜維於此出現父名冏又爲後文張本）昔日曾爲天水郡功曹因羌人亂没於王事維自幼博覽羣書兵法武藝無所不通奉母至孝郡人敬之後爲中郎將就參本部軍事（許敘伯約生平正爲後文伐魏註脚）當日姜維謂馬遵曰近聞諸葛亮殺敗夏侯楙困於南安水泄不通安得有人自重圍之中而出又且裴緒乃無名下將從不曾見（賺安定之假裴緒在孔明口中說明賺天水之假裴緒又在伯約口中道破）況安定報馬又無公文以此察之此人乃蜀將詐稱魏

將賺得太守出城料城中無備必然暗伏一軍於左近乘虛而取天水也（孔明賺過夏侯楙却賺不過姜維）馬遵大悟曰非伯約之言則悞中奸計矣維笑曰太守放心某有一計可擒諸葛亮解南安之危

正是

運籌又遇強中手　鬬智還逢意外人

未知其計如何且看下文分解

四大奇書第一種卷四十七

茂苑毛宗崗序始氏評　吳門杭永年資能氏評定

第九十三回

姜伯約歸降孔明
武鄉侯罵死王朗

有將計就計之孔明以破崔諒之計斯已奇矣又有將計就計之姜維以破孔明之計則更奇以假裴緒賺天水而姜維能料斯已奇矣卽以假姜維賺天水而姜維不能料

則更奇夫以孔明之計而有破之之人則其人固孔明之所深愛也以能料孔明之計之人而終有不及料之事則孔明又其人之所不得不服也縱一夏侯楙以招姜維而詐稱姜維之有書是猶在人意想之中遣一假姜維以見夏侯楙而即稱夏侯楙之有書是則出人意想之外其變幻不測疑鬼疑神今日讀之者且爲之迷心眩目況當日遇之者能不俯首屈膝哉

此卷有假姜維前乎此者有假張飛矣假張飛有二一則

張飛所以賺嚴顏一則張飛所以賺張郃而假姜維不容有二乃孔明所以困姜維試以西遊記擬之則前之假張飛是孫行者毫毛所變之假行者也後之假姜維是六耳獼猴所冒之假行者也同一假而或自假之或不自假而他人假之然則三國之幻殆不減西遊云

姜維有母而孔明即以姜維之母牽制姜維亦猶徐庶有母而曹操即以徐庶之母牽制徐庶也然曹操假其母之書以招其子孔明則不必假其母之書以招其子所以然

者欲其人之背順歸逆不得不以母子之情奪其君臣之義若使其人之背逆助順則自有君臣之義正不專恃其母子之情耳且曹操之才不足以勝徐庶而孔明之才實足以服姜維庶不爲操屈而但爲母屈維則不獨爲母屈而直爲孔明屈矣

人但知討賊者當誅其首而不知討賊者當先誅其從何也無賈充成濟則司馬氏父子不能肆其兇無華歆王朗則曹氏父子不能恣其惡故罵曹操而不罵華歆未足奪

曹操之魄罵曹丕曹叡而不罵王朗未足稱曹丕曹叡之魄也罵曹操者有陳琳之檄矣有衣帶之詔矣有漢中王進位之疏矣獨於曹丕而缺焉武侯雖有出師之表上告嗣君恨無討賊之文布告天下今觀罵王朗一篇即以此當罵曹丕即以此當布告之文可耳

兵家之有劫寨題目舊矣獨至此卷而有翻陳出新者料彼不知我劫而劫之不足奇料彼知我劫而仍劫之則奇矣待彼來劫寨而我往劫之不足奇知彼待我之往劫而

後來而我故賺其來則又奇矣不但此也以我劫寨之兵截其歸寨之兵又使彼歸寨之兵即彼殺於防我劫寨之兵其愈出愈幻至於如此每見他書所紀劫寨之事不過殺入寨中並無一人情知中計望後便走等語耳層層叠叠數見不鮮閒有以舊題而作新文若此卷之神妙者乎

却說姜維獻計於馬遵曰諸葛亮必伏兵於郡後賺我兵出城乘虛襲我某願請精兵三千伏於要路太守隨後發兵出城不可遠去止行三十里便回但看火起爲號前後夾攻可獲大勝

如諸葛亮自來必爲其所擒矣。前卷孔明用計說明在後此處姜維用計說明在前遵用其計付精兵與姜維去訖然後自與梁虔引兵出城等候只留梁緒尹賞守城原來孔明果遣趙雲引一軍埋伏於山僻之中只待天水人馬離城便乘虛襲之當日細作回報趙雲說天水太守馬遵起兵出城只留文官守城趙雲大喜又令人報與張翼高翔教於要路截殺馬遵此二處兵亦是孔明預先埋伏前卷之事補敘於此却說趙雲引五千兵逕投天水郡城下高叫曰吾乃常山趙子龍也汝知中計早獻城池免遭誅戮城上梁緒大笑曰汝中吾姜伯約之計尚然不知耶前是孔明將計就計此是姜維將計就計可謂禮無不答雲恰待攻城忽然喊聲大震四面火光沖天當先一員少年將軍挺鎗躍馬而言曰汝見天水姜伯約乎在子龍眼中寫一姜維語亦自負之甚雲挺鎗直取姜維戰不數合維精神倍長雲大驚暗忖曰誰想此處有這般人物又在子龍意中寫一姜維正戰時兩路軍夾攻來乃是馬遵梁虔引軍殺回趙雲首尾不能相顧衝開條路引敗兵奔走姜維趕來虧得張翼高翔兩路軍殺出接應回去又虧此一路接應子龍雖敗可見孔明用計之密趙雲歸見孔明說中了敵人之計孔明驚問曰此

是何人識吾玄機有南安人告曰此人姓姜名維字伯約天水冀人也事母至孝文武雙全智勇足備真當世之英傑也（又在南安人口中寫一姜維）趙雲又誇獎姜維鎗法與他人大不同（又在子龍口中寫一姜維）

孔明曰吾今欲取天水不想有此人遂起大軍前來却說姜維囘見馬遵曰趙雲敗去孔明必然自來彼料我軍必在城中今可將本郡軍馬分爲四枝某引一軍伏於城東如彼兵到則截之太守與梁虔尹賞各引一軍城外埋伏梁緒率百姓在城上守禦（寫姜維第二番用計亦用明寫）分撥已定却說孔明因慮姜維自爲前部

望天水郡進發將到城邊孔明傳令曰凡攻城池以初到之日激勵三軍鼓譟直上若遲延日久鋭氣盡隳急難破矣於是大軍逕到城下因見城上旗幟整齊未敢輕攻此非寫梁緒亦是寫姜維候至半夜忽然四下火光冲天喊聲震地正不知何處兵來只見城上亦鼓譟吶喊相應蜀兵亂竄孔明急上馬有關興張苞二將保護殺出重圍回頭看時正東上馬軍一帶火光勢若長蛇四路兵獨寫正東以三路之無用襯出一路之獨奇孔明令關興探視回報曰此姜維兵也孔明嘆曰兵不在多在人之調遣耳此人真將才也又在孔明眼中口中

邽音規

上邽冀城俱屬陝西

寫一收兵歸寨思之良久乃喚安定人問曰姜維之母現在何處姜維○從事母至孝上得來答曰維母今居冀縣孔明喚魏延分付曰汝可引一軍虛張聲勢詐取冀縣若姜維到可放入城又問此地何處緊要安定人曰天水錢糧皆在上邽若打破上邽則糧道自絕矣孔明大喜教趙雲引一軍去攻上邽○欲取天水却不於天水用計又於別處用計妙孔明離城三十里下寨早有人報入天水郡說蜀兵分為三路一軍守此郡一軍取上邽一軍取冀城姜維聞之哀告馬遵曰維母現在冀城恐母有失維乞一軍往救此城兼保老母亦如徐庶

（所云方寸亂矣。）馬遵從之，遂令姜維引三千軍去保冀城，梁虔引三千軍去保上邽。却說姜維引兵至冀城，前面一彪軍擺開，爲首蜀將乃是魏延。二將交鋒數合，延詐敗奔走。維入城閉門，率兵守護，拜見老母，並不出戰。趙雲亦放過梁虔入上邽城去了。（詳於姜維而畧於梁虔，人有輕重，故敘有詳畧。）孔明乃令人去南安郡取夏侯楙至帳下。孔明曰：汝懼死乎？楙慌，拜伏乞命。（曹家女壻如此出醜。）孔明曰：目今天水姜維現守冀城，使人持書來說：但得駙馬在，我願來降。（又用前番賺高定之法。）吾今饒汝性命，汝肯招安姜維否？楙曰：情願招安。孔明乃與衣服鞁馬不令人跟隨放之自去又用前番縱楙得脫出寨後崔諒之法尋路而走奈不知路徑正行之間逢數人奔走楙問之各曰我等是冀縣百姓今被姜維獻了城池歸降諸葛亮蜀將魏延縱火劫財我等因此棄家奔走投上邽去也此是孔明之計妙在不敘明白令讀者自知之楙又問曰今守天水城是誰土人曰天水城中乃馬太守也楙聞之縱馬望天水而行又見百姓攜男抱女遠來所說皆同妙哉計乎楙至天水城下叫門城上人認得是夏侯楙慌忙開門迎接馬遵驚拜問之楙細言姜維之事又將百姓所言說了遵嘆

曰不想姜維反投蜀矣（孔明只賺夏侯楙却借夏侯楙以賺馬遵賺一箇便是賺兩箇）梁緒曰彼意欲救都督故以此言虛降楙曰今維已降何爲虛也正躊躕間時已初更蜀兵又來攻城火光中見姜維在城下挺鎗勒馬大叫曰請夏侯都督答話（試令讀者掩卷猜之此是真姜維乎假姜維乎）夏侯楙與馬遵等皆到城上見姜維耀武揚威大叫曰我爲都督而降都督何背前言（妙極）楙曰汝受魏恩何故降蜀有何前言耶維應曰汝寫書教我降蜀何出此言汝要脫身却將我陷了（明明當面說謊却使夏侯楙聞之又疑是孔明假作楙書以賺姜維也）我今降蜀加爲上將安有還魏之理

言訖驅兵打城至曉便退若待天明便認得是假姜維矣原來夜間粧姜維者乃孔明之計令部卒形貌相似者假扮姜維攻城因火光之中不辨真偽此處方纔說明○水滸傳假秦明從此學來然不如此處曲折之妙也孔明卻引兵來攻冀城城中糧少軍食不敷姜維在城上見蜀軍大車小輛搬運糧草入魏延寨中去了維引三千兵出城逕來劫糧蜀兵盡棄了糧車尋路而走棄一駙馬以賺之又棄無數糧車以賺之是見姜維身價之重姜維奪得糧車欲要入城忽然一彪軍攔住爲首蜀將張翼也二將交鋒戰不數合王平引一軍又到兩下夾攻維力窮抵敵不住奪路

歸城。城上早揷蜀兵旗號，原來已被魏延襲了。此番却着了道兒。維殺條路，奔天水城，手下尚有十餘騎，又遇張苞殺了一陣。維止剩得匹馬單鎗，來到天水城下叫門。城上軍見是姜維，慌報馬遵。遵曰：「此是姜維來賺我城門也。」令城上亂箭射下。前把假姜維認作眞姜維，今把眞姜維認作假姜維，被孔明弄得七顛八倒。姜維回顧蜀兵至近，遂飛奔上邽城來。城上梁虔見了姜維，大罵曰：「反國之賊，安敢來賺我城池！吾已知汝降蜀矣。」遂亂箭射下。梁虔一邊知道，却用暗寫，此省筆處。姜維不能分說，仰天大嘆，兩眼淚流，撥馬望長安而走。行不數里，前至一派大樹茂林之處一聲喊起數千兵擁出爲首蜀將關興截住去路（孔明用計不在孔明一邊寫去只在姜維一邊見來異樣筆法）維人困馬乏不能抵當勒回馬便走忽然一輛小車從山坡中轉出（一輛小車抵得一隊大兵）其人頭戴綸巾身披鶴氅手搖羽扇乃孔明也孔明與姜維曰伯約此時何尚不降維尋思良久前有孔明後有關興又無去路只得下馬投降（只此一降便生出後來無數文字）孔明慌忙下車而迎執維手曰吾自出茅廬以來遍求賢者欲傳授平生之學恨未得其人今遇伯約吾願足矣（一見便有此深談此收拾英雄之法）維大喜拜謝孔明遂同姜維回寨

升帳商議取天水上邽之計維曰天水城中尹賞梁緒與某至厚嘗寫密書二封射入城中使其內亂城可得矣弄假成真孔明從之姜維寫了二封密書拴在箭上縱馬直至城下射入城中小校拾得呈與馬遵遵大疑與夏侯楙商議曰梁緒尹賞與姜維結連欲爲內應都督宜早決之楙曰可殺二人尹賞知此消息乃謂梁緒曰不如納城降蜀以圖進用又在姜維算中是夜夏侯楙數次使人請梁尹二人議話二人料知事急遂披掛上馬各執兵器引本部軍大開城門放蜀兵入夏侯楙馬遵驚慌引數百人

漢中郡名祁山

出西門棄城投羌城而去梁緒尹賞迎接孔明入城安民已畢孔明問取上邽之計梁緒曰此城乃某親弟梁虔守之願招來降（甚不費力）孔明大喜緒當日到上邽喚梁虔出城來降孔明孔明重加賞勞就令梁緒爲天水太守尹賞爲冀城令梁虔爲上邽令孔明分撥已畢整兵進發諸將問曰丞相何不去擒夏侯楙孔明曰吾放夏侯楙如放一鴨耳（輕薄）今得伯約得一鳳也（鳳雛之後又有一鳳）孔明自得三城之後威聲大震遠近州郡望風歸降孔明整頓軍馬盡提漢中之兵前出祁山（一出祁山）兵臨渭水之西細

渭水俱隔陝西

作報入洛陽（以下按過孔明再敘魏國）時魏主曹叡太和元年升殿設朝近臣奏曰夏侯駙馬已失三郡逃竄羌中去了今蜀兵已到祁山前軍臨渭水之西乞蚤發兵破敵叡大驚乃問羣臣曰誰可為朕退蜀兵耶司徒王朗出班奏曰臣觀先帝每用大將軍曹真所到必克今陛下何不拜為大都督以退蜀兵（亦强夏侯楙不多々）叡准奏乃宣曹真曰先帝托孤與卿今蜀兵入寇中原卿安忍坐視乎真奏曰臣才踈智淺不稱其職王朗曰將軍乃社稷之臣不可固辭老臣雖駑鈍願隨將軍一往（此老死期了矣）真又奏曰臣受大

恩安敢推辭但乞一人爲副將叡曰卿自舉之眞乃保太原陽曲人姓郭名淮字伯濟官封射亭侯領雍州刺史叡從之遂拜曹眞爲大都督賜節鉞命郭淮爲副都督王朗爲軍師朗時年已七十六歲矣（老而不死是爲賊）選撥東西二京軍馬二十萬與曹眞眞命宗弟曹遵爲先鋒又命盪寇將軍朱讚爲副先鋒當年十一月出師魏主曹叡親自送出西門之外方回曹眞領大軍來到長安過渭河之西下寨眞與王朗郭淮共議退兵之策朗曰來日可嚴整隊伍大展旌旗老夫自出只用一席話管教諸葛

亮拱手而降，蜀兵不戰自退。癡老兒，真在夢中，可發一笑。真大喜，是夜傳令，來日四更造飯，平明務要隊伍整齊，人馬威儀，旌旗鼓角，各按次序。當將使人先下戰書。次日，兩軍相迎，列成陣勢於祁山之前。蜀軍見魏兵甚是雄壯，與夏侯楙大不相同。在蜀兵眼中寫魏國軍容之盛。三通鼓角已罷，司徒王朗乘馬而出。上首乃都督曹真，下首乃副都督郭淮，兩箇先鋒壓住陣角。探子馬出軍前大叫曰：請對陣主將答話。只見蜀兵門旗開處，關興、張苞分左右而出，立馬於兩邊。次後一隊隊驍將分列。在魏兵眼中寫蜀漢軍容之盛。門旗影下中央一輛四輪車孔明端坐車中綸巾羽扇素衣皂絛飄然而出孔明擧目見魏陣前三個麾蓋旗上大書姓名中央白髯老者乃軍師司徒王朗孔明暗忖曰王朗必下說詞吾當隨機應之遂教推車於陣外令護軍小校傳曰漢丞相與司徒會話○○○○○○○○只一漢字可以壓倒王朗○司徒上削去魏字不予其事魏也亦不加以漢字者以不成其爲漢臣也王朗縱馬而出孔明於車上拱手朗在馬上欠身答禮朗曰久聞公之大名今幸一會公既知天命識時務何故興無名之兵孔明曰吾奉詔討○○○○○賊何謂無名不但奉後主之詔直奉先主之詔也又不但奉先主之詔直奉衣帶詔之詔也朗曰天數

有變開口便說一天神器更易而歸有德之人此自然之理也曩自桓靈以來黃巾倡亂天下爭橫應第一卷中事降至初平建安之歲董卓造逆應第九卷以前事傕汜繼虐應十三卷以前事袁術僭號於壽春應十七卷中事袁紹稱雄於鄴土應三十一卷以前事劉表占據荊州應三十九卷以前事呂布虎吞徐郡應十九卷以前事盜賊蜂起奸雄鷹揚社稷有累卵之危生靈有倒懸之急將羣雄總叙四句我太祖武皇帝掃清六合席捲八荒萬姓傾心四方仰德非以權勢取之實天命所歸也應七十八卷以前事○稱一天字以尊曹操世祖文帝神文聖武以膺大統應天合人法

堯禪舜處中國以添出一人字。以尊曹丕。萬邦豈非天心人意乎。應九十一卷以盡事之稱一天字文今公蘊大才抱大器自欲比於管樂先將孔明一揚。何乃強欲逆天理背人情而行事耶又將孔明一抑。但言逆天數則可。若云逆天理則不可。勉強將一理字換卻數字。又勉強添一人字。倍卻天字。豈不聞古人云順天者昌逆天者亡究竟只好歸到天字上去。今我大魏帶甲百萬良將千員量腐草之螢光怎及天心之皓月公可倒戈卸甲以禮來降不失封侯之位國安民樂豈不美哉孔明在車上大笑曰吾以爲漢朝大老元臣必有高論劈頭將一漢字對他天字。豈期出此鄙言吾有一言諸軍靜聽要在衆人

面前出　昔日桓靈之世漢統衰替宦官釀禍國亂歲凶四方擾

他醜

攘黃巾之後董卓傕汜等接踵而起遷刦漢帝殘暴生靈（累敘往時）

之亂鑾因廟堂之上朽木為官殿陛之間禽獸食祿狼心狗行

括不煩

之輩滾滾當朝奴顏婢膝之徒紛紛秉政以致社稷丘墟蒼生

塗炭（罵盡漢臣稽切王朗）吾素知汝所行世居東海之濱初舉孝廉入仕

理合匡君輔國安漢興劉何期反助逆賊同謀篡位罪惡深重

天地不容天下之人願食汝肉（方指名罵他）今幸天意不絕炎漢（此以）

天人理決　昭烈皇帝繼統西川吾今奉嗣君之旨興師討賊（自數出師）

尹夢

（代魏之意不但奉詔討賊亦是奉天討賊）汝既爲諂諛之臣只可潛身縮首苟圖衣食安敢在行伍之前妄稱天數耶（折倒他天數之說）皓首匹夫蒼髯老賊汝即日將歸於九泉之下何面目見二十四帝乎（又奉列聖之靈以折之連死後都罵到）老賊速退可教反臣與吾共決勝負王朗聽罷氣滿胸膛大叫一聲撞死於馬下（周瑜有三氣王朗只是一氣老兒氣不起不似少年熬得役人）有詩讚孔明曰

兵馬出西秦　雄才敵萬人
輕搖三寸舌　罵死老奸臣

孔明以扇指曹真曰吾不逼汝汝可整頓軍馬來日決戰言訖回車於是兩軍皆退曹真將王朗屍首用棺木盛貯送回長安去了（一箇軍師早完了的）副都督郭淮曰諸葛亮料吾軍中治喪今夜必來劫寨可分兵四路兩路兵從山僻小路乘虛去劫蜀寨兩路兵伏於本寨外左右擊之（算到敵人劫寨劫又去劫敵人寨其計亦巧）曹真大喜曰此計與吾相合遂傳令喚曹遵朱讚兩箇先鋒分付曰汝二人各引一萬軍抄出祁山之後但見蜀兵望吾寨而來汝可進兵去劫蜀寨如蜀兵不動便撤兵回不可輕進（若彼不劫我亦不劫其亦慎）二

人受計引兵而去。真謂淮曰。我兩箇各引一枝軍伏於寨外。寨中虛堆柴草。只留數人。如蜀兵到。放火爲號。諸將皆分左右。各自准備去了。却說孔明歸帳。先喚趙雲魏延聽令。孔明曰。汝二人各引本部兵去劫魏寨。魏延進曰。曹真深明兵法。必料我來喪劫寨。他豈不隄防。此寫魏延。孔明笑曰。吾正欲曹真知吾去劫寨也。妙極。彼必伏兵在祁山之後。待我兵過去。却來襲我寨。吾故令汝二人引兵前去。過山脚後路遠下營。任魏兵來劫吾寨。汝看火起爲號。分兵兩路。文長拒住山口。子龍引兵殺回。必遇魏兵却放彼走回汝乘勢攻之彼必自相掩殺可獲全勝妙在原不教他劫寨只教他殺劫寨之人二將引兵受計而去又喚關興張苞分付曰汝二人各引一軍伏於祁山要路放過魏兵却從魏兵來路殺奔魏寨而去這兩箇却是教他劫寨二人引兵受計去了又令馬岱王平張翼張嶷四將伏於寨外四面迎擊魏兵孔明乃虛立寨柵居中堆起柴草以備火號自引諸將退於寨後以觀動靜既防他來劫寨又要騙他來劫寨神妙之極却說魏先鋒曹遵朱讚黃昏離寨迤邐前進二更左側遙望山前隱隱有軍行動曹遵自思曰郭都督真神機妙算

且慢讚着遂催兵急進到蜀寨時將及三更曹遵先殺入寨却是空寨並無一人料知中計急撤軍回寨中火起朱讚兵到自相掩殺人馬大亂曹遵與朱讚交馬方知自相踐踏此是以魏伐魏妙妙急合兵時忽四面喊聲大震王平馬岱張翼張嶷殺到第三次分付的第一次出現曹朱二人引心腹軍百餘騎望大路奔走忽然鼓角齊鳴一彪軍截住去路為首大將乃常山趙子龍也第一次分付的第二次先是一箇出現大叫曰賊將那里去早早受死曹朱二人奪路而走忽喊聲又起魏延又引一彪軍殺到第一次分付的第三次又是一箇出現曹朱二人大

敗奪路奔回本寨守寨軍士只道蜀兵來劫寨慌忙放起號火
左邊曹真殺至右邊郭淮殺至自相掩殺又是以魏伐魏妙妙背後三路
蜀兵殺到中央魏延左邊關興右邊張苞大殺一陣第二次分付的第四次出現又妙在魏延再出現
魏兵敗走十餘里魏將死者極多孔明全獲大
勝方始收兵曹真郭淮收拾敗軍回寨商議曰今魏兵勢孤蜀
兵勢大將何策以退之淮曰勝負乃兵家常事不足為憂某有
一計使蜀兵首尾不能相顧定然自走矣正是
可憐魏將難成事

欲向西方索救兵

未知其討如何且看下文分解

第九十四回

諸葛亮乘雪破羌兵

司馬懿尅日擒孟達

讀三國者讀至此卷而知文之彼此相伏前後相因殆合十數卷而只如一篇只如一句也其相反而相因者有助漢之沙摩柯乃有抗漢之孟獲其不相反而相因者有借

羌兵之曹丕乃有借羌兵之曹真其相類而相因者有馬超在而卽去之柯比能乃有馬超死而怨來之徹里吉其不相類而相因者有六縱而不服之蠻王乃有一縱而卽服之雅丹丞相至於孟達致書於李嚴早有李嚴致書於孟達以爲之伏筆矣申儀助司馬而殺孟達早有孟達之約申儀而背劉封以爲之伏筆矣文如常山率然擊首則尾應擊尾則首應擊中則首尾皆應豈非結構之至妙者哉

此卷之內忽有一關公之神突如其來倏焉而往一救關與再救張苞可謂英靈之極矣然越吉元帥之頭何不即取之以雲中顯聖之偃月刀而必待孔明之用計而後斬之乎曰三國一書所以紀人事非以紀鬼神惟有一番籌度一番誘敵乃見相臣之勞心諸將之用命不似西遊水滸等書原非正史可以任意結構也

平蠻之後又有平羌藤甲之後又有鐵車一則在於未伐魏之始一則間於既伐魏之中一則炎天一則雪地一則

出其全力持之曠日一則施以小許定之終朝或詳或畧或長或短事不雷同文一不合掌如此妙事如此妙文真他書之所未有

司馬懿不用則孟達不死孟達不死則兩京可圖兩京可圖則曹氏可滅曹氏之不遽滅以爲司馬懿之功也然而救魏之事即爲篡魏之階魏之以懿拒漢猶之前門拒虎後戶進狼耳此卷於司馬懿起復之初便敘師昭二子之英英露爽並幷魏之亡於此敘而正魏之亡於此兆云

蜀事之壞一壞於失荊州再壞於失上庸也荊州不失則可由荊州以定襄樊上庸不失則可由上庸以取宛洛而原其所以失則有故焉當關公離荊州以伐魏之時使別遣一上將以守荊州則荊州可以不失當孟達棄上庸而奔魏之時更遣一上將以守上庸則上庸可以不失而先主不慮之孔明亦不慮之則皆天也非人也其所以失而不復者又有故焉當先主大戰猇亭之初孫權願獻荊州而先主不之拒則荊州雖失而可復當孔明初出祁山之

時孟達欲獻上庸而司馬懿未之知則上庸雖失而可復而先主必拒之司馬懿必知之則又天也非人也天不祚漢亦何咎於先主亦何咎於孟達耶

孟達不足咎而孟達之不知人則可咎也於諸葛亮之小心不之信於申儀申耽則信之矣於司馬懿之機警不之信於李輔鄧賢則信之矣不能料申儀申耽而何能料司馬懿不能識李輔鄧賢而何能識諸葛亮哉蓋惟諸葛亮能知司馬懿亦惟司馬懿能知諸葛亮耳

却說郭淮謂曹眞曰西羌之人自太祖時連年入貢文皇帝亦有恩惠加之我等今可據住險阻遣人從小路直入羌中求救許以和親羌人必起兵襲蜀兵之後（即曹丕五路中之一也）吾却以大兵擊之首尾夾攻豈不大勝眞從之即遣人星夜馳書赴羌郤說西羌國王徹里吉自曹操時年年入貢手下有一文一武文乃雅丹丞相武乃越吉元帥（亦如董荼那阿會喃等名色）時魏使賫金珠并書到國先來見雅丹丞相送了禮物具言求救之意雅丹引見國王呈上書禮徹里吉覽了書與衆商議雅丹曰我與魏國素相

往來今曹都督求救且許和親理合依允是金帛說話徹里吉從其吉即命雅丹與越吉元帥起羌兵二十五萬皆慣使弓弩鎗刀蒺藜飛鎚等器又有戰車用鐵葉裹釘裝載糧食軍器什物或用駱駝駕車或用騾馬駕車號爲鐵車兵寫得羌兵可畏以襯孔明之能二人辭了國王領兵直扣西平關守關蜀將韓禎急差人齎文報知孔明孔明聞報問衆將曰誰敢去退羌兵張苞關興應曰某等願往孔明曰汝二人要去奈途路不熟遂喚馬岱曰汝素知羌人之性久居彼處可作鄉導用馬岱可謂最得其人便起精兵五萬與興

苞二人同往典苞等引兵而去行有數日早遇羌兵關興先引百餘騎登山坡看時只見羌兵把鐵車首尾相連隨處結寨車上遍排兵器就似城池一般赤壁江中有連舟西平關外有連車連舟易破連車不易破興睹之良久無破敵之策回寨與張苞馬岱商議岱曰且待來日見陣觀其虛實另作計議馬超已死馬岱亦無如之何次早分兵三路關興在中張苞在左馬岱在右三路兵齊進羌兵陣裡越吉元帥手挽鐵鎚腰懸寶雕弓躍馬奮勇而出關興招三路兵徑進忽見羌兵分在兩邊中央放出鐵車如湧潮一般其靜也如城其動也如水弓弩

一齊驟發蜀兵大敗馬岱張苞兩軍先退關興一軍被羌兵一衆直圍入西北角上去了興在垓心左衝右突不能得脫興至此好生着急鐵車密圍就如城池蜀兵你我不能相顧興望山谷中尋路而走看看天晚但見一簇皂旗蜂擁而來一員羌將手提鐵鎚大叫曰小將休走吾乃越吉元帥也關興急走到前面儘力縱馬加鞭正遇斷澗興至此好生着急只得回馬來戰越吉興終是膽寒抵敵不住望澗中而逃被越吉趕到一鐵鎚打來興急閃過正中馬胯那馬望澗中便倒興落於水中興至此又好生着急忽聽得一

聲響處背後越吉連人帶馬平白地倒下水來與就水中挣起看時只見岸上一員大將殺退羌兵（絕處逢生。出於意外。）與提刀待砍越吉吉躍水而走（此時未便斬越吉。更妙。）關興得了越吉馬牽到岸上整頓鞍轡綽刀上馬只見那員將尚在前面追殺羌兵（讀者至此必謂不是張苞定是馬岱。）興自思此人救我性命當與相見遂拍馬趕來看看至近只見雲霧之中隱隱有一大將面如重棗眉若卧蠶綠袍金鎧提青龍刀騎赤兔馬手綽美髯分明認得是父親關公（關公又於此處顯聖。卻是意想不到。）興大驚忽見關公以手望東南指曰吾兒可速望此路去吾當護汝歸寨言訖不見關興望東南急走至半夜前是黃昏此是半夜正與斬潘璋時相似忽見一彪軍到乃張苞也關興曰你曾見二伯父否問得奇特興曰你何由知之苞曰我被鐵車軍追急忽見伯父自空而下驚退羌兵關公在張苞一邊顯聖卻用虛寫指曰汝從這條路去救吾兒因此引軍逕來尋你關興亦說前事共相嗟異二人同歸寨內馬岱接着對二人說此軍無計可退我守住寨柵你二人夫稟丞相用計破之雖有關公神助終賴諸葛奇謀於是興苞二人星夜來見孔明備說此事孔明隨命趙雲魏延各引一軍埋伏去訖然後

點三萬軍帶了姜維張翼關興張苞親自來到馬岱寨中歇定次日上高阜處觀看見鐵車連絡不絕人馬縱橫往來馳驟孔明曰此不難破也（別人難他偏不難）喚馬岱張翼分付如此如此二人去了（妙在不敘出來）乃喚姜維曰伯約知破車之法否維曰羌人惟恃一勇力豈知妙計乎（妙在不說出來）孔明笑曰汝知吾心也今彤雲密布朔風緊急天將降雪吾計可施矣（隱隱說出却是不曾說出）便令關興張苞二人引兵埋伏去訖（又是兩路伏兵）令姜維領兵出戰但有鐵車兵來退後便走寨口虛立旌旗不設軍馬準備已定是時十二月

終果然天降大雪姜維引軍出越吉引鐵車兵來姜維即退走羌兵趕到寨前姜維從寨後而去羌兵直到寨外觀看聽得寨內鼓琴之聲（當歌白雪之詩以和之）四壁皆空豎旌旗急回報越吉越吉心疑未敢輕進雅丹丞相曰此諸葛亮詭計虛設疑兵耳可以攻之越吉引兵至寨前但見孔明携琴上車（賦詩不能退敵携琴却可以誘敵）引數騎入寨望後而走羌兵搶入寨柵直趕過山口見小車隱隱轉入林中去了（以小車引出大車）雅丹謂越吉曰這等兵雖有埋伏不足爲懼遂引大兵追趕又見姜維兵俱在雪地之中奔走越

吉大怒催兵急追山路被雪漫蓋一望平坦絶妙雪景○此正句不是閒筆

趕之間忽報蜀兵自山後而出雅丹曰纔有些小伏兵何足懼哉只顧催趲兵馬往前進發忽然一聲響如山崩地陷羌兵俱落於坑塹之中所云乘雪用計乃此計也背後鐵車正行得緊溜急難收止併擁而來自相踐踏後兵急要回時左邊關興右邊張苞兩軍衝出萬弩齊發背後姜維馬岱張翼三路兵又殺到鐵車兵大亂越吉元帥望後面山谷中而逃正逢關興交馬只一合被興舉刀大喝一聲砍死於馬下若在關公顯聖時殺之便不見關興之勇又不見孔明之能矣雅

丹丞相早被馬岱活捉解投大寨來羌兵四散逃竄孔明升帳
馬岱押過雅丹來孔明叱武士去其縛賜酒壓驚用好言撫慰
又用縱孟獲之法雅丹深感其德孔明曰吾主乃大漢皇帝今命吾討
賊爾如何反助逆吾今放汝囘去說與汝主吾國與爾乃鄰邦
永結盟好勿聽反賊之言遂將所獲羌兵及車馬器械盡給還
雅丹俱放囘國衆皆拜謝而去羌人不復反矣孔明引三軍連夜投祁
山大寨而來命關興張苞引軍先行一面差人齎表奏報捷音
却說曹真連日望羌人消息忽有伏路軍來報說蜀兵拔寨收

拾起程（孔明用計却在曹真一邊寫出）郭淮大喜曰此因羌兵攻擊故爾退去遂分兩路追趕前面蜀兵亂走魏兵隨後追襲先鋒曹遵正趕之間忽然鼓聲大震一彪軍閃出為首大將乃魏延也（孔明使魏延埋伏於此寫出）大叫反賊休走曹遵大驚拍馬交鋒不三合被魏延一刀斬於馬下副先鋒朱讚引兵追趕忽然一彪軍閃出為首大將乃趙雲也（孔明使趙雲埋伏於此寫出）朱讚措手不及被雲一鎗刺死曹真郭淮見兩路先鋒有失欲收兵回背後喊聲大震鼓角齊鳴關興張苞兩路兵殺出（興苞埋伏於此寫出）圍了曹真郭淮痛殺一陣曹

郭二人引敗兵衝路走脫蜀兵全勝直追到渭水奪了魏寨曹眞折了兩箇先鋒哀傷不已只得寫本申朝乞撥援兵却說魏主曹叡設朝近臣奏曰大都督曹眞數敗於蜀折了兩箇先鋒羌兵又折了無數其勢甚急今上表求救請陛下裁處叡大驚急問退軍之策華歆奏曰須是陛下御駕親征大會諸侯人皆用命方可退也不然長安有失關中危矣也得孔明罵他一場便好太傅鍾繇奏曰凡爲將者知過於人則能制人孫子云知彼知己百戰百勝臣量曹眞雖久用兵非諸葛亮對手臣以全家良賤保舉

郡河

一人可退蜀兵未知聖意准否（自然引出這箇人來）叡曰卿乃大老元臣有何賢士可退蜀兵早召來與朕分憂鍾繇奏曰向者諸葛亮欲興師犯境但懼此人故散流言使陛下疑而去之（前疑吳蜀反問今專指蜀人）方敢長驅大進今若復用之則亮自退矣叡問何人繇曰驃騎大將軍司馬懿也（鄭重說出）叡嘆曰此事朕亦悔之今仲達現在何地繇曰近聞仲達在宛城閒住叡即降詔遣使持節復司馬懿官職加為平西都督就起南陽諸路軍馬前赴長安叡御駕親征令司馬懿尅日到彼聚會使命星夜望宛城去了（以下按過

魏國再敘孔明卻說孔明自出師以來累獲全勝心中甚喜正在祁山寨中會衆議事忽報鎮守永安宮李嚴令子李豐來見孔明只道東吳犯境心甚驚疑有此一句反襯下文之喜喚入帳中問之豐曰特來報喜孔明曰有何喜豐曰昔日孟達降魏乃不得已也彼時曹丕愛其才時以駿馬金珠賜之曾同輦出入封爲散騎常侍領新城太守鎮守上庸金城等處委以西南之任曹丕恩遇孟達卻於此處補出自丕死後曹叡即位朝中多人嫉妬孟達日夜不安常謂諸將曰我本蜀將勢逼於此今累差心腹人持書來見家父教早

兩京東京今開封府西京今河南府

代稟丞相前者五路下川之時曾有此意又將前事補炤一句今在新城聽知丞相伐魏欲起金城新城上庸三處軍馬就彼舉事逕取洛陽丞相取長安兩京大定矣此事若成豈不大妙今其引來人并累次書信呈上孔明大喜厚賞李豐等忽細作人報說魏主曹叡一面駕幸長安一面詔司馬懿復職加為平西都督起本處之兵於長安聚會孔明大驚一驚之後忽有一喜一喜之後又忽有一驚參軍馬謖曰量曹叡何足道若來長安可就而擒之丞相何故驚訝孔明曰吾豈懼曹叡耶所患者惟司馬懿一人而已今孟達欲舉大事若

遇司馬懿事必敗矣達非司馬懿對手必被所擒孟達若死中原不易得也（下文之事早於孔明口中說出）馬謖曰何不急修書令孟達隄防孔明從之即修書令來人星夜回報孟達却說孟達在新城專望心腹人回報一日心腹人到來將孔明回書呈上孟達折封視之書畧曰

近得書足知公忠義之心不忘故舊吾甚喜慰若成大事則公漢朝中興第一功臣也然極宜謹密不可輕易託人慎之戒之近聞曹叡復詔司馬懿起宛洛之兵若聞公舉事必先

至矣（管輅之卜無此奇驗）須萬全隄備勿視爲等閒也

孟達覽畢笑曰人言孔明心多今觀此事可知矣乃具回書令心腹人來答孔明孔明喚入帳中其人呈上回書孔明折封視之書曰

適承鈞教安敢少怠竊謂司馬懿之事不必懼也宛城離洛城約八百里至新城一千二百里若司馬懿聞達舉事須表奏魏主往復一月間事達城池已固諸將與三軍皆在深險之地司馬懿即來達何懼哉丞相寬懷惟聽捷報

孔明看畢擲書於地而頓足曰孟達必死於司馬懿之手矣管輅之卜無此奇驗馬謖問曰丞相何謂也孔明曰兵法云攻其不備出其不意豈容料在一月之期曹叡既委任司馬懿逢寇即除何待奏聞若知孟達反不須十日兵必到矣安能措手耶英雄所見畧同衆將皆服孔明急令來人回報曰若未舉事切莫教同事者知之知則必敗又早知二申之叛其人拜辭歸新城去了卻說司馬懿在宛城閒住聞知魏兵累敗於蜀乃仰天長嘆此老心癢難熬懿長子司馬師字子元次子司馬昭字子尚二人素有大志通曉兵書此處忽寫

（一子爲晉代魏張本。）當日侍立於側，見懿長嘆，乃問曰：「父親何爲長嘆？」懿曰：「汝輩豈知大事耶！」司馬師曰：「莫非歎魏主不用乎？」司馬昭笑曰：「早晚必來宣召父親也。」（昭更英敏。）言未已，忽報天使持節至。懿聽詔畢，遂調宛城諸路軍馬。忽又報金城太守申儀家人有機密事求見，懿喚入密室問之，其人細說孟達欲反之事；更有孟達心腹人李輔并達外甥鄧賢，隨狀出首。（方知不可容易托人之語，乃孔明金玉之言。）司馬懿聽畢，以手加額曰：「此乃皇上齊天之洪福也！諸葛亮兵在祁山，殺得內外人皆膽落；今天子不得已而幸長安，若旦夕不用吾時孟達一舉兩京休矣此時司馬懿原是魏之功臣此賊必通謀諸葛亮吾先破之諸葛亮定然心寒自退兵也長子司馬師曰父親可急寫表申奏天子懿曰若等聖旨往復一月之間事無及矣與孔明之言不謀而合仰傳令教人馬起程一日要行二日之路如遲立斬一面令參軍梁畿齎檄星夜去新城教孟達等準備征進使其不疑更是周密梁畿先行懿隨後發兵行了二日山坡下轉出一軍乃是右將軍徐晃晃下馬見懿說天子駕到長安親拒蜀兵今都督何往懿低言曰今孟達造反吾去擒之耳寫仲達機密之至

晃曰其願爲先鋒懿大喜合兵一處徐晃爲前部懿在中軍二子押後又行了二日前軍哨馬捉住孟達心腹人㨂出孔明回書來見司馬懿懿曰吾不殺汝汝從頭細說其人只得將孔明孟達往復之事一一告說懿看了孔明回書大驚曰世間能者所見皆同兩能相遇彼此皆驚吾機先被孔明識破幸得天子有福獲此消息孟達今無能爲矣遂星夜催軍前行却說孟達在新城約下金城太守申儀上庸太守申耽剋日舉事耽儀二人佯許之每日調練軍馬只待魏兵到便爲內應却報孟達軍器糧草俱

未完備不敢約期起事達信之不疑寫孟達歡慶之至。忽報參軍梁畿來到孟達迎入城中畿傳司馬懿將令曰司馬都督今奉天子詔起諸路軍以退蜀兵太守可集本部軍馬聽候調遣達問曰都督何日起程畿曰此時約離宛城望長安去了。誰知本向長安。却向上庸達暗喜曰吾大事成矣遂設宴待了梁畿送出城外即報申耽申儀知道明日舉事換上大漢旗號發諸路軍馬逕取洛陽寫孟達歡喜之至。忽報城外塵土冲天不知何處兵來孟達登城視之只見一彪軍打着右將軍徐晃旗號飛奔城下達大驚急扯起吊橋徐晃坐下馬收拾不住直來到壕邊高叫曰反賊孟達早早受降達大怒急開弓射之正中徐晃頭額魏將救去城上亂箭射下魏兵方退孟達恰待開門追趕四面旌旗蔽日司馬懿兵到（懿真可謂能）達仰天長嘆曰果不出孔明所料也（悔之晚矣）於是閉門堅守卻說徐晃被孟達射中頭額衆軍救到寨中取了箭頭令醫調治當晚身死時年五十九歲（可爲關平報讐）司馬懿令人扶柩還洛陽安葬次日孟達登城遍視只見魏兵四面圍得鐵桶相似達行坐不安驚疑未定忽見兩路兵自外殺來旗上大書申耽

申儀孟達只道是救軍到忙引本部兵大開城門殺出（爲孟達悲惜之）至耽儀大叫曰反賊休走早早受死達見事變撥馬望城中便走城上亂箭射下李輔鄧賢二人在城上大罵曰吾等已獻了城也達奪路而走申耽趕來達人困馬乏措手不及被申耽一鎗刺於馬下（可爲害劉封之報）梟其首級餘軍皆降李輔鄧賢大開城門迎接司馬懿入城撫民勞軍已畢遂遣人奏知魏主曹叡大喜教將孟達首級去洛陽城市示衆加申耽申儀官職就隨司馬懿征進命李輔鄧賢守新城上庸却說司馬懿引兵到長

安城外下寨懿入城來見魏主叡大喜曰朕一時不明誤中反間之計悔之無及今達造反非卿等制之兩京休矣（就知了司馬兩京終不姓曹）懿奏曰臣聞申儀密告反情意欲表奏陛下恐往復遲滯故不待聖旨星夜而去若待奏聞則中諸葛亮之計也（借司馬懿口中將孔明所想明白說一遍不是寫申達正是寫孔明）言罷將孔明回孟達密書奉上叡看畢大喜曰卿之學識過於孫吳矣賜金鉞斧一對後遇機密重事不必奏聞便宜行事（幾密之事孰有大於篡位者乎將來亦不必奏聞矣司馬氏謹如命）就令司馬懿出關破蜀懿奏曰臣舉一大將可爲先鋒叡曰卿舉何

人懿曰右將軍張郃可當此任。張遼徐晃已死。獨張郃尚存。一向冷落。此處却又出頭。獻笑曰朕正欲用之。遂命張郃為前部先鋒。隨司馬懿離長安來破蜀兵。正是

既有謀臣能用智　又求猛將助施威

未知勝負如何。且看下文分解。

茂苑毛宗崗序始氏評　吳門杭永年資能氏評定

第九十五回

馬謖拒諫失街亭
武侯彈琴退仲達

前卷方寫孟達不聽孔明之言而失上庸此卷便接寫馬謖不聽孔明之言而失街亭上庸失而使孔明無進取之望街亭失而幾使孔明無退足之處矣何也無街亭則陽

平關危陽平關危則不惟進無所得而且退有所失也未
失者且憂其失而既得者安能保其得於是南安不得不
棄安定不得不捐天水不得不委箕谷之兵不得不撤西
城之餉不得不收遂令向之擒夏侯斬崔諒殺楊陵取上
邽襲冀縣罵王朗破曹真者其功都付之烏有悲夫
兵家勝敗之故有異而同者有同而異者徐晃拒王平之
諫而背水以爲陣馬謖拒王平之諫而依山以爲營水與
山異而必敗之勢則同也黄忠屯兵於山而能斬夏侯淵

馬謖屯兵於山而不能退司馬懿山與山同而一勝一敗之勢則異也馬謖之所以敗者因熟記兵法之成語於胸中不過曰置之死地而後生耳不過曰憑高視下勢如劈竹耳熟知坐論則是起行則非讀書雖多致用則誤豈不重可嘆哉故善用人者不以言善用兵者不在書

請守街亭之馬謖即獻計平蠻之馬謖也又即反間司馬懿之馬謖也何以前則智而後則愚曰此非人之所能爲也天也試以前二事論之其策南人則其言果效其策司

馬則其言始效而不終效豈非天方授魏天方啟晉而人實不能與天爭乎故知一效一不盡效之故而街亭之失不必爲馬謖咎更不必爲用馬謖者咎

此卷乃司馬懿初與孔明對壘之時也而孔明利在戰司馬懿利在不戰夏侯楙曹眞皆以戰而敗司馬懿則欲以不戰而勝其守郿城箕谷者所以遏孔明之前而使不得進也其取街亭柳城者所以截孔明之後而使不得不退也使不得不退而懿於是乎可以不戰矣非不欲戰實不

敢戰畏蜀如虎蓋自此日而已然云

惟小心人不做大膽事亦唯小心人能做大膽事魏延欲出子午谷而孔明以爲危計是小心者惟孔明也坐守空城以二十軍士掃門而退司馬懿十五萬之衆是大膽者亦惟孔明也孔明若非小心於平日必不敢大膽於一時仲達不疑其大膽於一時正爲信其小心於平日耳

爲將之道不獨進兵難退兵亦難能進兵是十分本事能退兵亦是十分本事當不得不退之時而又當必不可退

之勢進將被擒退亦受執於此而權略不足以濟之欲全師而退難矣試觀孔明焚香操琴以不退爲退子龍設伏斬將又能以退爲進蜀中有如此之相如此之將而卒不能克復中原嗚呼此天不祚漢耳豈戰之罪哉

自九十二卷至此敘武侯第一次伐魏之事而始之以趙雲終之以趙雲者衝鋒陷陣唯子龍爲功首也班師整旅亦唯子龍爲功首也以連斬五將始以殺一將釋一將終覺長阪之英雄如昨漢水之膽智猶新務自伸其討魏報

漢之志真不愧先主之舊臣矣

却說魏主曹叡令張郃爲先鋒與司馬懿一同征進一面令辛毗孫禮二人領兵五萬往助曹真二人奉詔而去且說司馬懿引二十萬軍出關下寨請先鋒張郃至帳下曰諸葛亮平生謹愼未敢造次行事若是吾用兵先從子午谷逕取長安早得多時矣魏延之計早爲司馬懿所料他非無謀但怕有失不肯弄險孔明不用魏延之計又爲司馬懿所料今必出軍斜谷來取郿城若取郿城必分兵兩路一軍取箕谷矣因祁山算出郿城一路因郿城又算出箕谷一路吾已發檄文令子丹拒

守郿城。若兵來。不可出戰。此一路是不戰。令孫禮辛毗截住箕谷道口。若兵來則出奇兵擊之。此一路是戰。○以上曹眞一枝兵。孫禮辛毗一枝兵皆在司馬懿口中敘出。省筆之法。郃曰今將軍當於何處進兵懿曰吾素知秦嶺之西有一條路地名街亭傍有一城名列柳城此二處皆是漢中咽喉。前算出兩路。今又算出兩路。兩路原只重在一路。諸葛亮欺子丹無備定從此進吾與汝逕取街亭。望陽平關不遠矣亮若知吾斷其街亭要路絕其糧道則隴西一境不能安守。必然連夜奔回漢中去也。彼若回動吾提兵於小路擊之。可得全勝。料孔明必於此。是正說。若不歸時。吾卻將諸處小路盡皆壘斷俱以兵守之一月無糧蜀兵皆餓死亮必被吾擒矣料孔明必不出於此此是反說張郃大喜拜伏於地曰都督神算也懿曰雖然如此諸葛亮不比孟達將軍爲先鋒不可輕進當傳與諸將循山西路遠遠哨探如無伏兵方可前進若是怠忽必中諸葛亮之計亦以小心對小心張郃受計引軍而行却說孔明在祁山寨中忽報新城探細人來到孔明急喚入問之細作告曰司馬懿倍道而行八日已到新城孟達措手不及又被申耽申儀李輔鄧賢爲内應孟達被亂軍所殺今司馬懿撤兵到長安見

了魏主同張郃引兵出關來拒我師也不須（隱指）孔明大驚曰孟達作事不密死固當然今司馬懿出關必取街亭斷吾咽喉之路（司馬懿之計已在孔明算中）便問誰敢引兵去守街亭言未畢參軍馬謖曰某願往孔明曰街亭雖小干係甚重倘街亭有失吾大軍皆休矣汝雖深通謀略此地奈無城郭又無險阻守之極難（惟其無城郭可守。無險阻可依。所以馬謖欲屯兵山上也）謖曰某自幼熟讀兵書頗知兵法（正壞在此）豈一街亭不能守耶孔明曰司馬懿非等閒之輩更有先鋒張郃乃魏之名將恐汝不能敵之（十分疑慮）謖曰休道司馬懿張郃便是

曹叡親來有何懼哉此何便若曹叡不足懼司馬懿乃足懼耳若有差失乞斬全家
孔明曰軍中無戲言謖曰願立軍令狀孔明從之謖遂寫了軍
令狀呈上孔明曰吾與汝二萬五千精兵再撥一員上將相助
你去郎與王平分付曰吾素知汝平生謹慎故特以此重任相
託汝可小心謹守此地下寨必當要道之處此與馬謖山上屯兵相反使賊
兵急切不能偷過安營既畢便畫四至八道地理形狀圖本來
我看十分仔細凡事商議停當而行不可輕易如所守無危則是取
長安第一功也戒之戒之十分叮嚀二人拜辭引兵而去孔明尋思

恐二人有失〔十分隄防〕又喚高翔曰街亭東北上有一城名列柳城乃山僻小路此可以屯兵扎寨與汝一萬兵去此城屯劄但街亭危可引兵救之〔十分周密〕高翔引兵而去孔明又思高翔非張郃對手必得一員大將屯兵於街亭之右方可防之〔十分小心〕遂喚魏延引本部兵去街亭之後屯劄〔十分到家〕延曰某為前部理合當先破敵何故置某於安閑之地孔明曰前鋒破敵乃偏裨之事耳今令汝接應街亭當陽平關衝要道路總守漢中咽喉此乃大任也何為安閑乎汝勿以等閑視之失吾大事切宜小心在意

十分鄭重。魏延大喜，引兵而去。孔明恰纔心安，乃喚趙雲、鄧芝分付曰：「今司馬懿出兵，與舊日不同。汝二人各引一軍出箕谷，以為疑兵。如逢魏兵，或戰或不戰，以驚其心。司馬懿所算，孔明亦算到此。吾自統大軍由斜谷逕取郿城。若得郿城，長安可破矣。」街亭是算退後路，郿城是算進前路。二人受命而去。孔明令姜維作先鋒，兵出斜谷。却說馬謖、王平二人兵到街亭，看了地勢。馬謖笑曰：「丞相何故多心也？量此山僻之處，魏兵如何敢來？」孔明一團正經，却看得如此沒要緊。王平曰：「雖然魏兵不敢來，可就此五路總口下寨。」此孔明所謂要道也。却令軍士伐木為柵，以圖久計謖曰當道豈是下寨之地此處側邊一山四面皆不相連且樹木極廣此乃天賜之險也可就山上屯軍平曰參軍差矣若屯兵當道築起城垣賊兵總有十萬不能偷過今若棄此要路屯兵於山上倘魏兵驟至四面圍定將何策保之後文之事先在王平口中道破謖大笑曰汝真女子之見兵法云凭高視下勢如劈竹泥成法者不可與論兵若魏兵到來吾教他片甲不回會說大話的每每誤事平曰吾累隨丞相經陣每到之處丞相盡意指教今觀此山乃絕地也王平曾看風水寨過今日堪輿先生若魏兵斷我汲水之道軍士不戰自亂

矣。後文之事，文在王平口中道破。謖曰：汝莫亂道。孫子云：置之死地而後生。若魏兵絶我汲水之道，蜀兵豈不死戰？以一可當百也。吾素讀兵書，丞相諸事尚問於我，汝奈何相阻耶？馬謖只記得許多兵書。記得多，卻是見得少也。平曰：若參軍欲在山上下寨，可分兵與我，自於山西下一小寨，爲犄角之勢。倘魏兵至，可以相應。馬謖不聽王平，王平是大諸。王平不聽馬謖，馬謖是小心馬謖。不從。忽然山中居民成羣結隊，飛奔而來，報說魏兵已到。王平欲辭去。馬謖曰：汝既不聽吾令，與汝五千兵自去下寨。二萬五千兵，如何止撥五千。若多與之，猶不至於敗。待吾破了魏兵，到丞相面前須分不得功。王平引兵離山十里下寨畫成圖本星夜差人去禀孔明具說馬謖自於山上下寨（照應前文）却說司馬懿在城中令次子司馬昭去探前路若街亭有兵守禦卽當按兵不行司馬昭奉令探了一遍回見父曰街亭有兵守把懿嘆曰諸葛亮真乃神人吾不如也昭笑曰父親何故自墮志氣耶男料街亭易取（前寫司馬懿此處寫司馬昭）懿問曰汝安敢出此大言昭曰男親自哨見當道並無寨柵軍皆屯於山上故知可破也（見識高於馬謖）懿大喜曰若兵果在山上乃天使吾成功矣（又寫司馬懿）遂更換衣服引百餘騎親自來看是

夜天晴月朗（閒筆點染）直至山下周圍巡哨了一遍方回馬懿在山
上見之大笑曰彼若有命不來圍山（你若有命不屯在山）傳令與諸將備
兵來只看山頂上紅旗招動即四面皆下（一面寫司馬懿在山下探看一面寫馬謖
在山上傳令夾寫得妙）却說司馬懿回到寨中使人打聽是何將引兵守
街亭回報曰乃馬良之弟馬謖也懿笑曰徒有虛名乃庸才耳
（虛名是平日聽來庸才是今日看出）孔明用如此人物如何不誤事又問街亭左
右別有軍否探馬報曰離山十里有王平安營懿乃命張郃引
一軍當住王平來路（懿亦十分周密）又令申耽申儀引兩路兵圍山先

斷了汲水道路。（果應王平之言。）待蜀兵自亂。然後乘勢擊之。當夜調度已定。次日天明。張郃引兵先往背後去了。司馬懿大驅軍馬一擁而進。把山四面圍定。（竟來圍山。不怕無命。）馬謖在山上看時。只見魏兵漫山遍野。旌旗隊伍。甚是嚴整。蜀兵見之。盡皆喪膽。不敢下山。馬謖將紅旗招動。軍將你我相推。無一人敢動。（紅旗不濟事。）謖大怒。自殺二將。衆軍驚懼。只得努力下山來衝魏兵。魏兵端然不動。蜀兵又退上山去。（謖曰置之死地而後生。今則置之死地而竟死矣。）馬謖見事不諧。教軍緊守寨門。只等外應。（困守窮山。以待外應。豈亦兵書中有此策耶。）却說王平見魏兵到引軍殺來正遇張郃戰有數十餘合平力窮勢孤只得退去。更無外應了。魏兵自辰時困至戌時山上無水軍不得食寨中大亂嚷到半夜時分口枯舌乾。怕嚷不響。山南蜀兵大開寨門下山降魏馬謖禁止不住。兵法何在。司馬懿又令人於沿山放火既絕之以水。又斷之以火。山上蜀兵愈亂馬謖料守不住只得驅殘兵殺下山西逃奔。壞了。街亭失了。好箇熟讀兵書深明韜畧的。司馬懿放條大路讓過馬謖背後張郃引兵追來趕到三十餘里前面鼓角齊鳴一彪軍由放過馬謖攔住張郃視之乃魏延也。孔明用魏延本爲守街亭。誰知却是救馬謖。揮刀縱馬直取張

郃。郃回軍便走。延驅兵趕來。復奪街亭。至此爲孔明一喜。趕到五十餘
里。一聲喊起。兩邊伏兵齊出。左邊司馬懿。右邊司馬昭。却抄在
魏延背後。把延困在垓心。張郃復來。三路兵合在一處。魏延左
衝右突。不得脫身。折兵大半。至此又爲孔明一嘆。正危急間。忽一彪軍殺
入。乃王平也。孔明用王平。本爲守街亭。誰知却是救魏延。延大喜曰。吾得生矣。二將
合兵一處。大殺一陣。魏兵方退。二將慌忙奔回寨時。營中皆是
魏兵旌旗。申耽申儀從營中殺出。王平魏延逕奔列柳城來投
高翔。此時高翔聞知街亭有失。盡起列柳城之兵前來救應。接節

甚緊。正遇延平二人訴說前事。高翔曰。不如今晚去劫魏寨。再復街亭。當時三人在山坡下商議已定。三人商議。难出司馬懿所料。待天色將晚。兵分三路。魏延引兵先進。逕到街亭。不見一人。此是司馬懿之計。却在魏延一邊寫出。心中大疑。未敢輕進。且伏在路口等候。忽見高翔兵到。二人共說魏兵不知在何處。正沒理會。却不見王平兵到。虧得他還未到。忽然一聲砲響。火光沖天。鼓聲震地。魏兵齊來。把魏延高翔圍在垓心。二人往來衝突。不得脫身。忽聽得背後大喊聲若雷。一彪軍殺入。乃是王平。救了高魏二人。此王平第二次救魏延。逕奔列柳城來比及奔到城下時城邊早有一軍殺到旗上大書魏都督郭淮字樣原來郭淮與曹真商議恐司馬懿得了全功乃分淮來取街亭聞知司馬懿張郃成了此功遂引兵徑襲列柳城此是趂現正遇三將大殺一陣蜀兵傷者極多魏延恐陽平關有失成慌與王平高翔望陽平關來却說郭淮收了軍馬乃謂左右曰吾雖不得街亭却取了列柳城亦是大功且慢喜着有手長的還引兵逕到城下叫門只見城上一聲砲響旗幟皆豎當頭一面大旗上書平西都督司馬懿懿撑起懸空板倚定護心木欄干大笑曰

郭伯濟來何遲也。本是郭淮要趂現成文被司馬懿趂去了妙甚淮大驚曰仲達神機吾不及也遂入城相見已畢懿曰今街亭已失諸葛亮必走公可速與子丹星夜追之郭淮從其言出城而去懿喚張郃曰子丹伯濟恐吾全獲大功故來取此城池吾非獨欲成功乃僥倖而已吾料魏延王平馬謖高翔等輩必先去據陽平關魏延等三人商議文不出司馬懿所料吾若去取此關諸葛亮必隨後掩殺中其計矣司馬懿算計却非魏延等所料兵法云歸師勿掩窮寇莫追汝可從小路抄箕谷退兵此是孫禮辛毗所守處吾自引兵當斜谷之兵若彼敗走不可相拒

西城縣名屬陝西

只宜中途截住蜀兵輜重可盡得也（慢着且保守了自已輜重着）張郃受計引兵一半去了懿下令逕取斜谷由西城而進西城雖山僻小縣乃蜀兵屯糧之所又南安天水安定三郡總路若得此城三郡可復矣（又算出一個緊要去處）於是司馬懿留申耽申儀守列柳城自領大軍望斜谷進發（以上按下司馬懿以下再叙孔明）卻說孔明自令馬謖等守街亭去後猶豫不定忽報王平使人送圖本至孔明喚入左右呈上圖本孔明就文几上折開視之拍案大驚曰馬謖無知坑陷吾軍矣（與見街亭圖本時一樣吃諕）左右問曰丞相何故失驚孔明曰

吾觀此圖本失卻要路占山爲寨倘魏兵大至四面圍合斷汲水道路不須二日軍自亂矣先生如見若街亭有失吾等安歸長史楊儀進曰某雖不才願替馬幼常回楊儀於此處出現孔明將安營之法一一分付與楊儀正待要行忽報馬到來說街亭列柳城盡皆失了孔明跌足長嘆曰大事去矣此吾之過也孟達之失孔明有知人之明馬謖之敗孔明自引不知人之過急喚關興張苞分付曰汝二人各引三千精兵投武功山小路而行如遇魏兵不可大擊只鼓譟吶喊爲疑兵驚之彼當自走亦不可追讀者必謂此魏兵定指將來追孔明之魏兵矣不如卻反是孔明詭

走之魏兵。眞正神妙。待軍退盡便投陽平關去。先是兩箇領兵去了。又令張翼先引軍去修理劍閣以備歸路。又是一箇引兵去了。又密傳號令教大軍暗暗收拾行裝以備起程又令馬岱姜維斷後先伏於山谷中待諸軍退盡方始收兵。又是兩箇領兵去了。又差心腹人分路報與天水南安安定三郡官吏軍民皆入漢中。是棄三郡。又遣心腹人到冀縣搬取姜維老母送入漢中。更周匝之極。孔明分撥已定先引五千兵退去西城縣搬運糧草。只剩孔明一箇。忽然十餘次飛馬報到說司馬懿引大軍十五萬望西城蜂擁而來時孔明身邊別無大將止有一班文官所引五千軍已分一半先運糧草去了只剩二千五百軍在城中。以二千五百人當十五萬之衆着先生如何布置。衆官聽得這箇消息盡皆失色孔明登城望之果然塵土冲天魏兵分兩路望西城縣殺來孔明傳令教將旌旗盡皆藏匿奇絕怪絕諸軍各守城鋪如有妄行出入及高聲言語者立斬奇絕怪絕。大開四門每一門上用二十軍士扮作百姓灑掃街道奇絕怪絕。二千五百人當不得十五萬之衆。二十人却反當得十五萬之衆。妙妙。如魏兵到時不可擅動吾自有計。正不知先生將用何計。孔明乃披鶴氅戴綸巾引二小童携琴一張於城上敵樓前凭欄而坐焚香操琴奇絕妙絕弄出隆中故態只怕此時之琴有殺聲在絃中見矣却說司馬懿前軍哨到城下見了如此模樣皆不敢進急報與司馬懿懿笑而不信不唯仲達不信至今我亦不信遂止住三軍自飛馬遠遠望之果見孔明坐於城樓之上笑容可掬焚香操琴左有一童子手捧寶劍右有一童子手執麈尾城門內外有二十餘百姓低頭灑掃傍若無人懿看畢大疑作怪蹺蹊不獨仲達大疑至今我亦大疑便到中軍教後軍作前軍前軍作後軍望北山路而退妙妙仲達反號走了次子司馬昭曰莫非諸葛亮無軍故作此態父親何故便退兵司馬昭勝似其父懿曰亮平生謹慎

不曾弄險今大開城門必有埋伏我兵若進中其計也汝輩豈知宜速退正以平日信之故於此時疑之於是兩路兵盡皆退去孔明見魏軍遠去撫掌而笑衆官無不駭然乃問孔明曰司馬懿乃魏之名將今統十五萬精兵到此見了丞相便速退去何也莫非孔明彈琴時默念退兵兒語孔明曰此人料吾生平謹慎必不弄險見如此規模疑有伏兵所以退去知彼之能知己因出於彼所不及知之外以善全夫已眞正神妙吾非行險蓋因不得已而用之此日之險比于午谷更險此人必引軍投山北小路去也吾已令興苞二人在彼等候不唯自己不詭倒還要去詭人衆皆驚服曰丞

相之機神鬼莫測若某等之見必棄城而走矣孔明曰吾兵止有二千五百若棄城而走必不能遠遁得不爲司馬懿所擒乎走則不能走不走則能走後人有詩讚曰

瑤琴三尺勝雄師　諸葛西城退敵時
十五萬人回馬處　土人指點到今疑

言訖拍手大笑曰吾若爲司馬懿必不便退也使仲達爲先生將如何遂下令教西城百姓隨軍入漢中司馬懿必將復來只疑得他一時料他必然省覺於是孔明離西城望漢中而走天水安定南安三郡官吏軍

民陸續而來。却說司馬懿望武功山小路而走。忽然山坡後喊殺連天。鼓聲震地。纔聞琴聲。又聽鼓聲。懿回顧二子曰。吾若不走。必中諸葛之計矣。你今走。正中了。諸葛之計矣。只見大路上一軍殺來。旗上大書右護衛使虎翼將軍張苞。只在旗鼓上寫得聲勢。魏兵皆棄甲拋戈而走。行不到一程。山谷中喊聲震地。鼓角喧天。前面一杆大旗。上書左護衛使龍驤將軍關興。亦只在旗鼓上寫得聲勢。山谷應聲。不知蜀兵多少。更兼魏軍心疑。不敢久停。只得盡棄輜重而去。欲奪蜀兵輜重。反自棄其輜重。興苞二人。皆遵將令。不敢追襲。多得軍器糧草而歸。司馬懿見山谷中皆有蜀兵不敢出大路遂回街亭此時曹真聽知孔明退兵急引兵追趕山背後一聲砲起蜀兵漫山遍野而來爲首大將乃是姜維馬岱（二將齊出敍法與前變）真大驚急退軍時先鋒陳造已被馬岱所斬真引兵鼠竄而還（司馬懿尚不能起曹真又何能爲）蜀兵連夜皆奔回漢中却說趙雲鄧芝伏兵於箕谷道中聞孔明傳令回軍雲謂芝曰魏軍知吾兵退必然來追吾先引一軍伏於其後公却引兵打吾旗號徐徐而退吾一步步自有護送也（寫趙雲更是精神）却說郭淮提兵再回箕谷道中喚先鋒蘇顒分付曰蜀將趙

雲英勇無敵汝可小心隄防彼軍若退必有計也蘇顒欣然曰都督若肯接應某當生擒趙雲（馬謖只爲說大話壞了事今又是一箇說大話的）遂引前部三千兵奔入箕谷看看趕上蜀兵只見山坡後閃出紅旗白字上書趙雲（不知旗下卻是鄧芝）蘇顒急收兵退走（好箇說大話的見了假的便諕一跳）行不到數里喊聲大震一彪軍撞出爲首大將挺鎗躍馬大喝曰汝識趙子龍否蘇顒大驚曰如何這裏又有趙雲（竟似身外身法）措手不及被雲一鎗刺死於馬下（說大話的看樣）餘軍潰散雲遂迎前進背後又一軍到乃郭淮部將萬政也雲見魏兵追急乃勒馬挺

鎗立於路口待來將交鋒蜀兵已去三十餘里[到底渾身是膽]萬政認得是趙雲不敢前進雲等得天色黃昏方纔撥回馬緩緩而進郭淮兵到萬政言趙雲英勇如舊因此不敢近前淮傳令教軍急趕政令數百騎壯士趕來[勉強生活]行至一大林忽聽得背後大喝一聲曰趙子龍在此驚得魏兵落馬者百餘人餘者皆越嶺而去[長坂坡之先聲至此猶烈]萬政勉強來敵被雲一箭射中盔纓驚跌於澗中雲以鎗指之曰吾饒汝性命回去快教郭淮趕來[妙在不殺他教他寄信去唬郭淮]萬政脫命而回雲護送車仗人馬望漢中而去沿途

並無遺失曹真郭淮復奪三郡以爲已功（聊爲柳城遮羞）却說司馬懿分兵而進此時蜀兵盡回漢中去了懿引一軍復到西城因問遺下居民及山僻隱者皆言孔明止有二千五百軍在城中又無武將只有幾箇文官別無埋伏武功山土民告曰關興張苞只各有三千軍轉山吶喊鼓譟驚追又無別軍並不敢厮殺懿悔之不及仰天嘆曰吾不如孔明也（只好去歟嚇曹真）遂安撫了諸處官民引兵逕還長安朝見魏主叡曰今日復得隴西諸郡皆卿之功也懿奏曰今蜀兵皆在漢中未盡勦滅臣乞大兵併力收

川以報陛下叡大喜令懿即便興兵忽班内一人出奏曰臣有一計足可定蜀降吴正是

蜀中將相方歸國　魏地君臣又逞謀

未知獻計者是誰且看下文分解

第九十六回

孔明揮淚斬馬謖

周魴斷髪賺曹休

觀孔明之自貶而愈知馬謖之斬難寬也丞相旦以厲參

軍之誤而引罪參軍得不以負丞相之故而坐法乎又觀孔明之斬謖而愈知自貶之情非僞也參軍且以誤丞相之故而受誅丞相得不以辱天子之命而自責乎春秋先自治之義既不容責人而恕己尊尚書古厥愛之文又不容責己而恕人蓋孔明之治蜀以嚴而治兵之法一如其治國而已

趙括之母預知其子之必敗以其好言兵而又易言兵也先主之知馬謖亦猶此乎以戰爲戲之子玉其病在玩過

門超乘之三師其病在輕舉啙高心不固之莫救其病在驕截截善諞言之杞子其病在佞此數者皆兵家之所忌覽馬謖之事可爲用兵者鑒又可爲用人者鑒

武侯之臨表涕泣戀後主也武侯之臨刑涕泣念先帝也其出師之初一則曰先帝再則曰先帝其悔敗之餘亦一則曰先帝再則曰先帝不獨斬馬謖爲奉先帝以斬之即自貶三等亦奉先帝以貶之耳君子於街亭之自責而知武侯之盡瘁於枋頭之自諱而知桓温之不臣

樊城之役蜀方伐魏而有呂蒙襲荆州之事是吳乃漢之罪人也街亭之役魏方勝蜀而有陸遜破曹休之事是吳又漢之功臣也然非吳之能爲罪又能爲功也在乎蜀之能用之耳武侯雖善用之故終武侯之世吳不爲罪而但爲功云

黄蓋甘寧闞澤之徒復有周魴何南人之多詐與不知此非南人詐也乃南人之忠也用以欺敵則謂之詐用以報主則謂之忠不當曰南人多詐正當曰南人多忠耳有謂

南人不可爲宰相者此宋朝迂儒之論試觀東吳當日豈嘗借才於異國哉

曹操詐欲自刎而割其髮周魴亦詐欲自刎而割其髮曹操以此欺我軍所以中軍法也周魴以此欺敵國所以成戰功也世之不古乃有以父母之遺體而行詐者雖然髮如此用方爲不負此髮髮不虛生亦不虛棄不似今日之和尚無故自髡又不似今日之割髮者徒以供婦人雲髻之用也

却說獻計者乃尚書孫資也曹叡問曰卿有何妙計資奏曰昔太祖武皇帝收張魯時危而後濟常對羣臣曰南鄭之地真爲天獄（天獄二字亦奇。）中斜谷道爲五百里石穴非用武之地（補六十七卷中所未及。）今若盡起天下之兵伐蜀則東吳又將入寇不如以現在之兵分命大將據守險要養精蓄銳不過數年中國日盛吳蜀二國必自相殘害那時圖之豈非勝算乞陛下裁之（特地畫策不過是守而不戰）叡乃問司馬懿曰此論若何懿奏曰孫尚書所言極當叡從之命懿分撥諸將守把險要留郭淮張郃守長安大賞三軍駕回洛陽（接下魏國。再敘孔明。）却說孔明回到漢中，計點軍士，只少趙雲、鄧芝，心中甚憂，乃令關興、張苞各引一軍接應。二人正欲起身，忽報趙雲、鄧芝到來，並不曾折一人一騎，輜重等器亦無遺失。（此番一出便斬五將，可謂全始全終。）孔明大喜，親引諸將出迎。趙雲慌忙下馬伏地曰：「敗軍之將，何勞丞相遠接。」孔明急扶起，執手而言曰：「是吾不識賢愚，以致如此。（越是有本事人，更不瞞着短處。）各處兵將敗損，惟子龍不折一人一騎，何也？」鄧芝告曰：「某引兵先行，子龍獨自斷後，斬將立功，敵人驚怕，因此軍資什物不曾遺棄。」孔明曰：「真將軍也！」遂取金五十斤以贈趙雲又取絹一萬疋賞雲部卒敗而整旅更難於勝而班師賞之不謬雲辭曰三軍無尺寸之功某等俱各有罪若反受賞乃丞相賞罰不明也且請寄庫候今冬賜與諸軍未遲與諫先主分田意同孔明嘆曰先帝在日常稱子龍之德今果如此讚子龍亦思先帝乃倍加欽敬忽報馬謖王平魏延高翔至孔明先喚王平入帳責之曰吾令汝同馬謖守街亭汝何不諫之致使失事平曰某再三相勸要在當道築土城安營守把參軍大怒不從某因此自引五千軍離山十里下寨魏兵驟至把山四面圍合某引兵衝殺十

〇〇十餘次在背不能入次日土崩瓦解降者無數某孤軍難
餘次此補出。
並故投魏文長求救半途又被魏兵困在山谷之中某奮死殺
出比及歸寨早被魏兵占了及投列柳城時路逢高翔遂分兵
三路去劫魏寨指望克復街亭因見街亭並無伏路軍以此心
疑登高望之〇〇〇〇此何亦是補出。只見魏延高翔被魏兵圍住某即殺入重
圍救出二將就同參軍併在一處某恐失却陽平關因此急來
回守非某之不諫也將上項事訴說一遍凡載之不詳者皆於上平山中補之丞相不信可
問各部將校孔明喝退又喚馬謖入帳謖自縛跪於帳前孔明

變色曰汝自幼飽讀兵書熟諳戰法（叫笑他亦是可惜）吾累次丁寧告戒街亭是吾根本汝以全家之命領此重任汝若早聽王平之言豈有此禍今敗軍折將失地陷城皆汝之過也（西城之役連孔明亦幾乎送在他手中）若不明正軍律何以服衆汝今犯法休得怨吾汝死之後汝之家小吾按月給與祿糧汝不必掛心（此是法外之恩）叱左右推出斬之謖泣曰丞相視某如子某以丞相爲父某之死罪實已難逃願丞相思舜帝殛鯀用禹之義某雖死亦無恨於九泉言訖大哭孔明揮淚曰吾與汝義同兄弟（謖曰父子亮曰兄弟情好如此而終不免一死）

可見軍法之嚴汝之子卽吾之子也不必多囑左右推出馬謖於轅門之外將斬參軍蔣琬自成都至見武士欲斬馬謖大驚高叫留人入見孔明曰昔楚殺得臣而文公喜引一春秋故事今天下未定而戮智謀之臣豈不可惜乎孔明流涕而答曰昔孫武所以能制勝於天下者用法明也亦引一春秋故事今四方分爭兵交方始若復廢法何以討賊耶合當斬之須臾武士獻馬謖首級於堦下孔明大哭不已蔣琬問曰今幼常得罪既正軍法丞相何故哭耶孔明曰吾非爲馬謖而哭吾想先帝在白帝城臨危之時曾囑

吾曰馬謖言過其實不可大用。應八十五卷中語。今果應此言乃深恨巳之不明追思先帝之明因此痛哭耳。前賞趙雲。口口念着先帝。今殺馬謖。亦口口念着先帝。大小將士無不流涕馬謖亡年三十九歲時建興六年夏五月也後人有詩曰

失守街亭罪不輕　堪嗟馬謖枉談兵
轅門斬首嚴軍法　拭淚猶思先帝明

却說孔明斬了馬謖將首級遍示各營已畢用線縫在屍上具棺槨之自修祭文享祀將謖家小加意撫恤按月給與祿米。先盃

法。後盡情。光明正大。無一毫掩飾之意。

於是孔明自作表文令蔣琬申奏後主請自貶丞相之職。琬回成都入見後主進上孔明表章後主拆視曰、

臣本庸才叨竊非據親秉旄鉞以勵三軍不能訓章明法臨事而懼至有街亭違命之闕箕谷不戒之失咎皆在臣臣明不知人慮事多闇（不似曹操不肯認差）春秋責備罪何所逃請自貶三等以督厥咎臣不勝慚愧俯伏待命

後主覽畢曰勝負兵家常事丞相何出此言侍中費禕奏曰臣

聞治國者必以奉法爲重法若不行何以服人丞相敗績自行貶降正其宜也（丞相殺參軍天子貶丞相皆法也）後主從之乃詔貶孔明爲右將軍行丞相事照舊總督軍馬就命費禕齎詔到漢中孔明受詔貶降訖禕恐孔明羞赧乃賀曰蜀中之民知丞相初拔四縣深以爲喜（背後正言當面世事此等人今日最多）孔明變色曰是何言也得而復失與不得同公以此賀我實足使我愧赧耶（取三郡不自功）禕又曰近聞丞相得姜維天子甚喜孔明怒曰兵敗師還不曾奪得寸土此吾之大罪也量得一姜維於魏何損（收姜維亦不自功）禕又曰丞相

現統雄師數十萬可再伐魏乎孔明曰昔大軍屯於祁山箕谷之時我兵多於賊兵而不能破賊反爲賊所破此病不在兵之多寡在主將耳今欲減兵省將明罰思過較變通之道於將來如其不然雖兵多何用自今以後諸人有遠慮於國者但勤攻吾之闕責吾之短則事可定賊可滅功可翹足而待矣深戒面諛之人費禕諸將皆服其論費禕自回成都孔明在漢中惜軍愛民勵兵講武置造攻城渡水之器聚積糧草預備戰筏以爲後圖細作探知報入洛陽按過孔明再敘魏國魏主曹叡聞之即召司馬懿商議

收川之策懿曰蜀未可攻也方今天道亢炎蜀兵必不出若我軍深入其地彼守其險要急切難下（只肯爲應蜀之兵不敢爲攻蜀之兵）叡曰倘蜀兵再來入寇如之奈何懿曰臣已算定今番諸葛亮必效韓信暗度陳倉之計臣舉一人往陳倉道口築城守禦萬無一失此人身長九尺猿臂善射深有謀畧若諸葛亮入寇此人足可當之（又引出一箇人來）叡大喜問曰此何人也懿奏曰乃太原人姓郝名昭字伯道現爲雜霸將軍鎮守河西（前薦一張郃今又薦一郝昭）叡從之加郝昭爲鎮西將軍命把守陳倉道口（早爲後文孔明攻陳倉伏線）遣使持

詔夫訖忽報揚州司馬大都督曹休上表說東吳鄱陽太守周魴願以郡來降密遣人陳言七事說東吳可破乞早發兵取之敝就御床上展開與司馬懿同觀懿奏曰此言極有理吳當滅矣司馬懿此時亦猜不着臣願引一軍往助曹休忽班中一人進曰吳人之言反覆不一未可深信周魴智謀之士必不肯降此特誘兵之詭計也此人見識勝似仲達衆視之乃建威將軍賈逵也懿曰此言亦不可不聽機會亦不可錯失兩可之論魏主曰仲達可與賈逵同助曹休二人領命去訖於是曹休引大軍逕取皖城賈逵引前將

軍滿寵東皖太守胡質逕取弋陽城直向東關司馬懿引本部軍逕取江陵。按下魏國再敘東吳。却說吳主孫權在武昌東關會多官商議曰。今有鄱陽太守周魴密表。告稱魏揚州都督曹休有入寇之意。今魴詐施詭計。暗陳七事。引誘魏兵深入重地。可設伏兵擒之。讀者至此。方知仲達之見。不如賈逵。今魏兵分三道而來。諸卿有何高見。顧雍進曰。此大任非陸伯言不敢當也。權大喜。乃召陸遜封為輔國大將軍平北都元帥。統御林大兵。攝行王事。授以白旄黃鉞。文武百官皆聽約束。權親自與遜執鞭。此時陸遜寵榮之極。遜領命謝恩畢。

乃保二人爲左右都督分兵以迎三道權問何人遜曰奮威將
軍朱桓綏南將軍全琮二人可爲輔佐權從之即命朱桓爲左
都督全琮爲右都督於是陸遜總率江南八十一州并荆湖之
衆七十餘萬令朱桓在左全琮在右遜自居中三路進兵以三路對
三路朱桓獻策曰曹休以親見任非智勇之將也今聽周魴誘言
深入重地元帥以兵擊之曹休必敗敗後必走兩條路左乃夾
石右乃桂車此二條路皆山僻小徑最爲險峻某願與全子璜
各引一軍伏於山險先以柴木大石塞斷其路曹休可擒矣若

擒了曹休便長驅直進唾手而得壽春以窺許洛此萬世一時也說得高興可爲蜀中吐氣遜曰此非善策吾自有妙用於是朱桓懷不平而退遜令諸葛瑾等拒守江陵以敵司馬懿諸路俱各調撥停當却說曹休兵臨皖城周魴來迎逕到曹休帳下休問曰近得足下之書所陳七事深爲有理奏聞天子故起大軍三路進發若得江東之地足下之功不小有人言足下多謀誠恐所言不實吾料足下必不欺我周魴大哭何從得此一副急淚急掣從人所佩劒欲自刎今之欲以死詐人者大都是學周魴休急止之魴仗劍而言曰吾所陳七

事恨不能吐出心肝今反生疑必有吳人使反間之計也若聽其言吾必死矣吾之忠心惟天可表言訖又欲自刎○○○越粧越像勸愈力則粧愈甚曹休大驚慌忙抱住曰吾戲言爾足下何故如此動乃用劍割髮擲於地曰吾以忠心待公公以吾為戲吾割父母所遺之髮以表此心○○○○只怕頭髮是空心的○周動斷髮易黃蓋苦肉難以斷髮不痛而苦肉則痛也然亦覷所賺之人何如耳賺曹操不痛不信賺曹休直是不消痛得曹休乃深信之設宴相待席罷問動辭去忽報建威將軍賈逵來見休令入問曰汝此來何為逵曰某料東吳之兵必盡屯於皖城都督不可輕進待某兩下夾攻

賊兵可破矣休怒曰汝欲奪吾功耶（癡人聲口）逵曰又聞周魴截髮爲誓此乃詐也昔要離斷臂刺殺慶忌未可深信（亦引一吳中故事）休大怒曰吾正欲進兵汝何出此言以慢軍心叱左右推出斬之（若髮可當頭何不亦斷其髮以示罰）衆將告曰未及進兵先斬大將於軍不利且乞暫免休從之將賈逵兵留在寨中調用自引一軍來取東關時周魴聽知賈逵削去兵權暗喜曰曹休若用賈逵之言則東吳敗矣（若如此白做了一箇光頭）今天使我成功也即遣人密到皖城報知陸遜遜喚諸將聽令曰前面石亭雖是山路足可埋伏早先去

占石亭澗處布成陣勢以待魏軍遂令徐盛爲先鋒引兵前進
却說曹休命周魴引兵而進正行間休問曰前至何處魴曰前
面石亭也甚以屯兵休從之遂率大軍并車仗等器盡赴石亭
駐劄騙上路了次日哨馬報道前面吳兵不知多少據住山口休大
○○○○○○
驚曰周魴言無兵爲何有准備急尋魴問之人報周魴引數十
○○○○○○○
人不知何處去了有頭髮做當頭怕他則甚休大悔曰吾中賊之計矣雖然
如此亦不足懼生姜湯自燮用遂令大將張普爲先鋒引數千兵來與
吳兵交戰兩陣對圓張普出馬罵曰賊將蚤降徐盛出馬相迎

戰無數合普抵敵不住勒馬收兵回見曹休言徐盛勇不可當休曰吾當以奇兵勝之（何奇之有）就令張普引二萬軍伏於石亭之南又令薛喬引二萬軍伏於石亭之北明日吾自引一千兵搦戰却佯輸詐敗誘到北山之前放砲爲號三面夾攻必獲大勝（如此便自以爲奇兵那知都做了敗兵耶）二將受計各引二萬軍到晚埋伏去了却說陸遜喚朱桓全琮分付曰汝二人各引三萬軍從石亭山路抄到曹休寨後放火爲號吾親率大軍從中路而進可擒曹休也當日黃昏二將受計引兵而進二更時分朱桓引一軍正抄

到魏寨後迎着張普伏兵普不知是吳兵逕來問時被朱桓一刀斬於馬下魏兵便走桓令後軍放火恰好此一路伏兵遇着此一路伏兵全琮引一軍抄到魏寨後正撞在薛喬陣裡就那裡大殺一陣薛喬敗走魏兵大損奔回本寨又是一路伏兵遇着一路伏兵後面四伏相遇大家撞破魏兵吃虧朱桓全琮兩路殺來曹休寨中大亂自相衝擊休慌上馬望夾石道奔走徐盛引大隊軍馬從正路殺來魏兵死者不可勝數逃命者盡棄衣甲曹休大驚在夾石道中奮力奔走忽見一彪軍從小路衝出為首大將乃賈逵也休驚慌少息自愧曰吾不

用公言果遭此敗（周魴已揔髮短曹休自覺顏厚）逵曰都督可速出此道若被吳兵以木石塞斷吾等皆危矣於是曹休驟馬而行賈逵斷後逵於林木盛茂處及險峻小徑多設旌旗以爲疑兵（虧此得脫）及至徐盛趕到見山坡下閃出旗角疑有埋伏不敢追趕收兵而回（周魴以空頭騙了曹休賈逵又以空頭騙了徐盛）因此救了曹休司馬懿聽知休敗亦引兵退去（仲達此時亦虎頭蛇尾）却說陸遜正望捷音須臾徐盛朱桓全琮皆到所得車仗牛馬驢騾軍資器械不計其數降兵數萬餘人遜大喜即同太守周魴并諸將班師還吳吳王孫權領文武

官僚出武昌城迎接以御蓋覆遜而入陸遜此時十分榮耀年少書生固未可量諸將盡皆陞賞權見周魴無髮周魴沒髮卻弄得曹休沒法慰勞曰卿斷髮成此大事功名當書於竹帛也即封周魴為關內侯光了頭宜封他為國師大設筵會勞軍慶賀陸遜奏曰今曹休大敗魏已喪膽可修國書遣使入川教諸葛亮進兵攻之權從其言遂遣使齎書入川去正是

只因東國能施計　攻令西川又動兵

未知孔明再來伐魏勝負如何且看下文分解

（明）羅貫中　撰

醉耕堂刊毛宗崗評本三國志演義

第一一册

國家圖書館出版社

第二册目録

四大奇書第一種卷四十九

茂苑毛宗崗序始氏評　　吳門杭永年資能氏評定

第九十七回

討魏國武侯再上表
破曹兵姜維詐獻書

前出師表開導嗣君後出師表力辯衆議辨衆議亦所以開嗣君也前出師表憂在國中後出師表慮在境外慮境外亦所以憂國中也何也自失街亭斬馬謖以來議者以

爲但宜安蜀不宜伐魏武侯則以爲若不伐魏不能安蜀我不滅賊賊必滅我此不兩立之勢非不欲偏安正恐欲偏安而不能耳漢與賊不兩立則不共天地不同日月旣以義斷之而在所當奮矣賊亦與漢不兩立則如苗有莠如粟有秕不又以勢度之而在所當慮乎不兩立一語今人但見得漢一邊不曾見得賊一邊然則表中慮字將何所指是雖讀過後出師表一篇卻是未嘗讀一字也

人知武侯之智不可及不知武侯之愚不可及料其事之

必成必利而後爲之此智者之事也不能料其事之必成必利而亦爲之此愚者之心也不能料其事之必敗必鈍而蹈之此愚而愚者之事也能料其事之必敗必鈍而終必蹈之此智而愚者之心也先生未出草廬已知三分天下然則伐魏之無成出師之不利先生料之熟矣明明逆覩而乃云非所逆覩者何哉葢以智而愚者自盡老臣之責而仍以愚而愚者上杜幼主之疑耳

武侯之死尚在數卷之後而此處表中結語早下一死字

已爲五丈原伏筆矣先生不但知伐魏之無成出師之不利而又逆知其身之必死於是役也以漢賊不兩立之故而至於敗亦不惜鈍亦不惜即死亦不惜嗚呼先生眞大漢之忠臣哉文天祥正氣歌曰或爲出師表鬼神泣壯烈殆於後一篇而愈見之

武侯未出祁山而天使姜維歸漢特以備六出祁山以後之用耳然將寫其歸武侯不先寫其敵武侯不見姜維之才之妙也但寫其敵武侯於前不寫其佐武侯於後又不

見姜維之才之妙也此卷之賺曹真則其佐武侯者矣武侯未死而有佐武侯之姜維然後武侯既死而有繼武侯之姜維人但知武侯既死而後顯一能伐魏之姜維不知武侯未死而早見一能破魏之姜維然則九伐中原之事殆兆端於此乎

周魴降魏而曹休信之姜維降魏而曹真又信之其事相類而魴以書往又以身往維則不以身往但以書往曹休賺之而來曹真則賺之不來而真之部將來此則其不

相類者也孟達以蜀人歸蜀而武侯信之姜維以魏人歸魏而曹真亦信之其事相類而一則信之而是一則信之而非一則真而孟達之謀不諧一則詐而姜維之謀克遂此又其不相類者也至於天水城外有一叫門之假姜維曹真書中又有一降魏之假姜維或假而假或真而假前後無不映射成趣

卻說蜀漢建興六年秋九月魏都督曹休被東吳陸遜大破於石亭車仗馬匹軍資器械並皆罄盡休惶恐之甚氣憂成病到

洛陽疽發背而死（陸遜氣殺曹休與孔明氣殺王朗正復相似）魏主曹叡勅令厚葬司馬懿引兵還衆將接入問曰曹都督兵敗即元帥之干係何故急回耶懿曰吾料諸葛亮知吾兵敗必乘虛來取長安倘隴西緊急何人救之吾故回耳（疑其畏怯吳却是懼蜀）衆皆以爲懼怯哂笑而退却說東吳遣使致書蜀中請兵伐魏并言大破曹休之事一者顯自己威風二者通和會之好（敘事中忽斷二語直是史記筆法）後主大喜令人持書至漢中報知孔明時孔明兵强馬壯糧草豐足所用之物一切完備正要出師聽知此信即設宴大會諸臣計議出

師忽一陣大風自東北角上而起把庭前松樹吹折。正應棟梁之才將折衆皆大驚孔明就占一課曰此風主損一大將諸將未信正飲酒間忽報鎭南將軍趙雲長子趙統次子趙廣來見丞相孔明大驚擲杯於地曰子龍休矣二子入見拜哭曰某父昨夜三更病重而死。前出師以子龍始。以子龍終者以子龍於此結局也。孔明跌足而哭曰子龍身故國家損一棟梁吾去一臂也衆將無不揮涕孔明令二子入成都面君報喪後主聞雲死放聲大哭曰朕昔年幼非子龍則死於亂軍之中矣追應四十一卷中之事。即下詔追贈大將軍謚順平侯

動葬於成都錦屏山之東建立廟堂四時享祭後人有詩曰

常山有虎將　智勇匹關張　漢水功勳在　當陽姓字彰
兩番扶幼主　一念答先皇　青史書忠烈　應流百世芳

却說後主思念趙雲昔日之功祭葬甚厚封趙統爲虎賁中郎趙廣爲牙門將就令守墳二人辭謝而去忽近奏曰諸葛丞相將軍馬分撥已定即日將出師伐魏後主問在朝諸臣諸臣多言未可輕動（只因朝臣多有言不當伐魏者故先生後出師表中歷歷辨之）後主疑慮未決忽奏丞相令楊儀齎出師表至後主宣入儀呈上表章後主就御

案上拆視其表曰

先帝慮漢賊不兩立。漢賊不兩立。從來人只解得一半。但甘漢不與賊兩立。止是誓不共戴之意。其不知漢不滅賊。則賊必滅漢。賊亦不與漢兩立。此則先生之所深慮也。若第云誓不共戴。又何慮之有哉。今人俱是不曾解得慮字。王業不偏安。此句承上慮字說來。言我不討賊。則賊必滅我。是偏安不成矣。今人都認作不欲偏安。便覺上文慮字說不去。故托臣以討賊也。重以先帝之托。可見武侯不討賊。則是不忠。後上不使武侯討賊。則是不孝。以先帝之明量臣之才故知臣伐賊才弱敵強也故字作洞字解。此四句反說。以跌下文。明明自己謙遜。卻借先帝來說。然不伐賊。王業亦亡。正是不兩立註腳。惟坐而待亡。孰與伐之。是故托臣而弗疑也。此四句正說自起至此述先帝見托之意臣受命之日寢不安席食不甘味思惟北征宜先入南可見先生入南正是爲北故五月渡瀘深入不毛并日而食臣非不自惜也亦反跌一句以起下文顧王業不可偏安於蜀都不可猶言不能故冒危難以奉先帝之遺意自臣受命一句至此自敘其奉先帝之意而議者謂爲非計只因此一句生出下文六未解來今賊適疲於西指街亭之相持又務於東指石亭之戰敗兵法乘勞此進趨之時也此四句正今日伐魏主意謹陳其事如左以上作一冒高帝明並日月謀臣淵深然涉險被創危然後安今陛下未及高帝謀臣不如良平而欲以長策取勝坐定天下

此臣之未解一也此言賊不可待其自滅特借高帝爲証以破議者未可輕動之說劉繇王朗各據州郡論安言計動引聖人羣疑滿腹衆難塞胸今歲不戰明年不征使孫權坐大遂併江東此臣之未解二也此言狃於偏安之必失又借劉繇王朗爲証以破議者姑守一隅之說曹操智計殊絕於入其用兵也彷彿孫吳然困於南陽險於烏巢危於祁連偪於黎陽幾敗北山殆死潼關然後僞定一時爾況臣才弱而欲以不危而定之此臣之未解三也此借曹操之屢敗自解其街亭之敗曹操五攻昌霸不下四越巢湖不成任用李服而李服圖之委任夏侯而

夏侯敗亡先帝每稱操爲能猶有此失況臣駑下何能必勝此臣之未解四也此又借曹操用人之誤自解其用馬謖之誤自臣到漢中中間朞年耳然喪趙雲陽羣馬玉閻芝丁立白壽劉郃鄧銅等及曲長屯將七十餘人突將無前賨叟青羌散騎武騎一千餘人此皆數十年之內所糾合四方之精鋭非一州之所有若復數年則損三分之二也當何以圖敵此臣之未解五也此言舊臣代謝若不及時討賊恐將來無討賊之人今民窮兵疲而事不可息事不可息則住與行勞費正等而不及早圖之欲以一州之地與賊持

久此臣之未解六也。此言一隅難恃若不及時討賊恐蜀中非有久之也○以上六段皆用反說駁創議者之論。夫難平者事也昔先帝敗軍於楚當此時曹操拊手謂天下已定此是漢敗而賊[illegible]鈍而賊利然後先帝東連吳越西取巴蜀舉兵北征夏侯授[illegible]首此操之失計而漢事將成也此是漢敗而漢成賊鈍而漢利然後吳更違盟關羽毀敗秭歸蹉跌曹丕稱帝漢又敗而賊又成漢又鈍而賊又利凡事如是難可逆料此言往事之難料以見後事之難期臣鞠躬盡瘁死而後已至於成敗利鈍非臣之明所能料覩也。說到終篇下一死字雖云非所逆覩已預知有五丈原之事。

道縣爲陝

後主覽表甚喜即勅令孔明出師孔明受命起三十萬精兵令魏延總督前部先鋒逕奔陳倉道口而來早有細作報入洛陽

以上按下蜀漢一邊

以下再叙魏國一邊司馬懿奏知魏主大會文武商議大將軍曹真出班奏曰臣昨守隴西功微罪大不勝惶恐今乞引大軍往擒諸葛亮有曹休代吳看樣也要仔細臣近得一員大將使六十斤大刀騎千里征駝馬開兩石鐵胎弓暗藏三箇流星鎚百發百中有萬夫不當之勇乃隴西狄道人姓王名雙字子全臣保此人爲先鋒司馬懿進一郝昭曹真亦薦一王雙互相暗賽叡大喜便名王雙上殿視之身長

九尺面黑睛黃熊腰虎背（王雙之勇在曹真口中敘出王雙之形在曹叡眼中看見）叡笑曰朕得此大將有何慮哉遂賜錦袍金甲封為虎威將軍前部大先鋒（此曹叡之許褚也）曹真為大都督真謝恩出朝遂引十五萬精兵會合郭淮張郃分道守把隘口却說蜀兵前隊哨至陳倉回報孔明說陳倉口已築起一城內有大將郝昭守把（一卷之前預為此處埋伏）深溝高壘遍排鹿角十分謹嚴不如棄了此城從太白嶺鳥道出祁山甚便孔明曰陳倉正北是街亭必得此城方可進兵（六出祁山而陳倉未得則有內顧之憂故也）命魏延引兵到城下四面攻之連日不能

彼魏延復來告孔明說城難打孔明大怒欲斬魏延忽帳下一人告曰某雖無才隨丞相多年未嘗報効願去陳倉城中說郝昭來降不用張弓隻箭衆視之乃部曲鄞祥也（如李恢之請說馬超）孔明曰汝用何言以說之祥曰郝昭與某同是隴西人氏自幼交契某今到彼以利害說之必來降矣孔明即令前去鄞祥驟馬逕到城下叫曰郝伯道故人鄞祥來見城上人報知郝昭昭令開門放入登城相見昭問曰故人因何到此祥曰吾在西蜀孔明帳下參贊軍機待以上賓之禮特令某來見公有言相告昭勃

然變色曰諸葛亮乃我國讐敵也吾事魏汝事蜀各事其主昔時爲昆仲今時爲讐敵汝再不必多言便請出城（司馬懿薦人如此亦見懿之知人）郝祥又欲開言郝昭已出敵樓上了魏軍急催上馬趕出城外祥回頭覷之見昭倚定護心木欄杆祥勒馬以鞭指之曰伯道賢弟何太情薄耶昭曰魏國法度兄所知也吾受國恩但有死而已兄不必下說詞早回見諸葛亮教快來攻城吾不懼也（言非不壯惜乎事非其主耳）祥回告孔明曰郝昭未等某開言便先阻却孔明曰汝可再去見他以利害說之祥又到城下請郝昭相見

李恢見馬超。只是一次。鄭祥見郝昭。却是兩番。昭出到敵樓上。祥勒馬高叫曰。伯道賢弟聽吾忠言。汝據守一孤城。怎拒數十萬之衆。今不早降。後悔無及。且不順大漢而事奸魏。抑何不知天命。不辨清濁乎。願伯道思之。郝昭大怒。拈弓搭箭。指鄭祥而喝曰。吾前言已定。汝不必再言。可速退。吾不射汝。馬超一說便來。郝昭再說不從者。一則有人驅之於內。一則無人驅之於內也。鄭祥回見孔明。具言郝昭如此光景。孔明大怒曰。匹夫無禮太甚。豈欺吾無攻城之具耶。隨叫土人問曰。陳倉城中有多少人馬。土人告曰。雖不知的數。約有三千人。孔明笑曰。量此小城

安能禦我休等他救兵到火速攻之於是軍中起百乘雲梯一
乘上可立十數人週圍用木版遮護軍士各把短梯軟索聽軍
中擂鼓一齊上城郝昭在敵樓上望見蜀兵裝起雲梯四面而
來即令三千軍各執火箭分布四面待雲梯近城一齊射之馬謖
以三萬人而不能守街亭郝昭以三千人而能守孔明只道城
陳倉者一則無城以爲固一則有城以爲固也
中無備故大造雲梯令三軍鼓譟吶喊而進不期城上火箭齊
發雲梯盡着梯上軍士多被燒死城上矢石如雨蜀兵皆退司馬
懿能取街亭武侯不能取陳倉者孔明大怒曰汝燒吾雲梯吾
所遇之人不同所攻之地亦異耳

却用衝車之法於是連夜安排下衝車次日又四面鼓譟吶喊而進郝昭急命運石鑿眼用葛繩穿定飛打衝車皆被打折郝昭甚能孔明又令人運土填城壕教廖化引三千鍬钁軍從夜間掘地道暗入城去郝昭又於城中掘重壕橫截之能斷城外之水不能斷城內之水如此晝夜相攻二十餘日無計可破孔明不減公輸郝昭不減墨翟孔明營中憂悶忽報東邊救兵到了旗上書魏先鋒大將王雙孔明問曰誰可迎之魏延出曰某願往孔明曰汝乃先鋒大將未可輕出又問誰敢迎之裨將謝雄應聲而出孔明與三千軍去了孔

明又問曰誰敢再去稗將龔起應聲要去孔明亦與三千兵去了孔明恐城內郝昭引兵衝出乃把人馬退二十里下寨却說謝雄引軍前行正遇王雙戰不三合被雙一刀劈死有郝昭之能守又有王雙之能戰不想于此處遇着兩箇勁敵蜀兵敗走雙隨後趕來龔起接着交馬只三合亦被雙所斬此處寫王雙之勇爲後卷斬王雙伏線敗兵回報孔明孔明大驚忙令廖化王平張嶷三人出迎攻郝昭連換三樣攻法攻王雙亦連調三次人馬取一人如取一城之難兩陣對圓張嶷出馬王平廖化壓住陣角王雙縱馬來與張嶷交馬數合不分勝負雙詐敗便走嶷隨後趕去王平見

張嶷中計慌叫曰休趕畢竟王平精細嶷急回馬將王雙流星鎚早到正中其背嶷伏鞍而走雙回馬起來王平廖化截住救得張嶷回陣王雙驅兵大殺一陣蜀兵折傷甚多嶷吐血數口回見孔明說王雙英雄無敵如今將二萬兵就陳倉城外下寨四圍立起排柵築起重城深挑壕塹守禦甚嚴孔明見折二將張嶷又被打傷即喚姜維曰陳倉道口這條路不可行別求何策維曰陳倉城池堅固郝昭守禦甚密又得王雙相助實不可取不若令一大將依山傍木下寨固守再令良將守把要道以防街亭

之攻却統大軍去襲祁山恭却如此如此用計可捉曹真也妙在不敘明何計待下文自見孔明從其言即令王平李恢引二枝兵守街亭小路牽制街亭之兵魏延引一軍守陳倉口牽制陳倉之兵馬岱爲先鋒關興張苞爲前後救應使從小徑出斜谷望祁山進發此是二出祁山却說曹真因思前番被司馬懿奪了功勞因此到洛口分調郭淮孫禮東西守把又聽的陳倉告急已令王雙去救聞知王雙斬將立功大喜乃令中護軍大將費耀權攝前部總督諸將各自守把隘口忽報山谷中捉得細作來見曹真令押入跪於帳前其人

告曰小人不是奸細有機密來見都督誤被伏路軍捉來乞退左右眞乃教去其縛左右暫退其人曰小人乃姜伯約心腹人也蒙本官遣送密書（此姜維用計也妙在不向姜維一邊寫來却在曹眞一邊見得）眞曰書安在其人於貼肉衣內取出呈上眞拆視曰

罪將姜維百拜書呈大都督曹麾下維念世食魏祿忝守邊城叨竊厚恩無門補報昨日誤遭諸葛亮之計陷身於巔崖之中思念舊國何日忘之今幸蜀兵西出諸葛亮甚不相疑賴都督親提大兵而來如遇敵人可以詐敗維當在後以衆

火為號，先燒蜀人糧草，却以大兵翻身掩之，則諸葛亮可擒也。非敢立功報國，實欲自贖前罪。倘蒙照察，速須來命。周魴賺曹休書是虛敘，姜維賺曹眞書是實寫。

曹眞看畢，大喜曰：天使吾成功也！遂重賞來人，便令回報，依期會合。眞喚費耀商議曰：今姜維暗獻密書，令吾如此如此。耀曰：諸葛亮多謀，姜維智廣，或者是諸葛亮所使，恐其中有詐。此人見識殊勝曹眞。眞曰：他原是魏人，不得已而降蜀，又何疑乎？曹眞只因要奪司馬懿之功，故易于中。耀曰：都督不可輕去，只守定本寨，某願引一軍接引姜維如成功盡歸都督倘有奸計其自支當（太便宜了曹眞。可惜了費耀。）眞大喜遂令費耀引五萬兵望斜谷而進行了兩三程屯下軍馬令人探哨當日申時分回報斜口道中有蜀兵來也耀忙催兵進蜀兵未及交戰先退耀引兵追之蜀兵又來方欲對陣蜀兵又退如此者三次（省筆）俄延至次日申時分魏軍一日一夜不曾敢歇只恐蜀兵攻擊方欲屯軍造飯忽然四面喊聲大震鼓角齊鳴蜀兵漫山遍野而來（先疲之而後誘之）門旗開處閃出一輛四輪車孔明端坐其中令人請魏軍主將答話（只道曹眞自來故親自誘敵耳。不然割鷄焉用

牛刀

耀縱馬而出遥見孔明心中暗喜回顧左右曰如蜀兵掩至便退後走若見山後火起却回身殺去自有兵來相應分付畢躍馬出呼曰前者敗將今何敢又來孔明曰喚汝曹真來答話耀罵曰曹都督乃金枝玉枝安肯與反賊相見耶孔明大怒把羽扇一招左有馬岱右有張嶷兩路兵衝出魏兵便退行不到三十里望見蜀兵背後火起喊聲不絶（正合姜維之計）費耀只道號火便回身殺來蜀兵齊退耀提刀在前只望喊處追趕將次近火山路中鼓角喧天喊聲震地兩軍殺出左有關興右有張苞山

上矢石如雨往下射來魏兵大敗費耀知是中計急退軍望山谷中而走人馬困乏○○○○（為一夜不曾睡之故）背後關興引生力軍趕來魏兵自相踐踏及落澗身死者不知其數耀逃命而走正遇山坡口一彪軍乃是姜維耀大罵曰反賊無信吾不幸誤中汝奸計也維笑曰吾欲擒曹真誤賺汝矣（可惜一篇大文字却換了一個小題目）速下馬受降耀驟馬奪路望山谷中而走忽見谷口火光冲天背後追兵聚至耀自刎身死（是曹真替死鬼）餘衆盡降孔明連夜驅兵直出祁山前下寨收住軍馬重賞姜維維曰某恨不得殺曹真也孔明亦

曰可惜大計小用矣却說曹眞聽知折了費耀悔之不及遂與郭淮商議退兵之策於是孫禮辛毗星夜具表申奏魏主只得又去司馬懿來救硬要掙氣掙氣不來言蜀兵又出祁山曹眞損兵折將勢甚危急叡大驚即召司馬懿入內曰曹眞損兵折將蜀兵又出祁山卿有何策可以退之懿曰臣已有退諸葛亮之計不用魏軍揚武耀威蜀兵自然走矣正是

巳見子丹無勝術　全憑仲達有良謀

未知其計如何且看下文分解

第九十八回

追漢軍王雙受誅

襲陳倉武侯取勝

進兵有進兵之奇退兵又有退兵之奇使人不知我進而進而後我不爲敵之所防使人不知我退而退而後我不爲敵之所掩夫勝則不退不勝則退者人之所知也不勝則不退一勝則急退者則非人之所知也人不知而武侯知之我於此奇武侯武侯知之而司馬懿又知之我更於

此奇司馬

文有與前相應者觀後事益信其有前事事有與前相反者讀前文更不料其有後文如武侯之斬王雙襲陳倉是則與前相反者矣王雙之戰甚易郝昭之守甚堅三戰之而不勝而忽斬之於一朝兩說之而不降屢攻之而不下而忽取之於一夕不有所甚難於前不見其甚易於後者之為異耳

七擒孟獲之文妙在相連六出祁山之文妙在不相連於

一出祁山之後二出祁山之前忽有陸遜破魏之事以間之此間於數卷之中者也二出祁山之後三出祁山之前又有孫權稱帝之事以間之此卽間於一卷之內者也每見左丘明敘一國必旁及他國而事乃詳又見司馬遷敘一事必旁及他事而文乃曲今觀三國演義不減左丘司馬之長

三國之中惟孫權之稱帝獨後何也曰有不得不後之勢也不稱帝於曹操未死之時恐操之挾天子以伐之耳至

于曹丕稱帝其亦可以尤而效之矣而猶不敢者蜀方伐吳而吳遽帝是益其伐也吳方求援於魏而吳遽帝是絕其援也迨夫蜀既欵魏既離蜀方有事於魏魏方屢敗于蜀夫然後乘間而踐天子位焉此孫權之所以謹避于先而審處於後者也

魏僭帝吳亦僭帝則魏賊也吳亦賊也武侯伐魏而不伐吳不惟不伐又加欵焉毋乃討賊之意未全與曰原夫伏后之所以死獻帝之所以亡元惡大憝不在吳而在魏也

君子恥失其君而悼喪其親則惟討魏之是急討魏急則討吳不得不緩且吳嘗稱臣于魏而受魏之九錫矣是欲魏之助吳以攻蜀也吳旣帝而吳與魏必不復合吳與魏不復合不獨魏之勢孤而吳之勢亦孤然則武侯欵吳之計謂卽吞吳之計也可

武侯初出祁山而表一上二出祁山而表再上何至于三而表獨闕焉曰武侯之志決而言切已盡在後出師表一篇中矣志旣決則不必多言言旣切則不必更贅之以言

非獨三出祁山爲然也即至六出祁山之事亦不過死而後已一語足以槪之云

却說司馬懿奏曰臣嘗奏陛下言孔明必出陳倉故以郝昭守之今果然矣（自喜其前言之已中）彼若從陳倉入寇運糧甚便（孔明之攻陳倉正是爲此却在仲達口中說出）今幸有郝昭王雙守把不敢從此路運糧其餘小道搬運艱難臣算蜀兵行糧止有一月利在急戰我軍只宜久守（司馬懿之意只是利在不戰）陛下可降詔令曹真堅守諸路關隘不要出戰不須一月蜀兵自走（自信其後言之必中）那時乘虛而擊之諸葛亮

可擒也。（爲王雙被斬反襯一句。）叡欣然曰。卿旣有先見之明。何不自引一軍以襲之。懿曰。臣非惜身重命。實欲存下此兵。以防東吳陸遜耳。孫權不久必將僭號稱尊。（爲後文孫權稱帝伏筆。）如稱尊號。恐陛下伐之。定先入寇也。臣故欲以兵待之。正言間。忽近臣奏曰。曹都督奏報軍情。懿曰。陛下可即令人告戒曹真。凡追趕蜀兵。必須觀其虛實。不可深入重地。以中諸葛亮之計。（又爲斬王雙反襯一句。）叡即時下詔。遣太常卿韓暨持節告戒曹真。切不可戰。務在謹守。只待蜀兵退去。方纔擊之。司馬懿送韓暨于城外。囑之曰。吾以此功讓與子丹。先知曹真有爭功之意。公見子丹休言是吾所陳之意只道天子降詔教保守為上追趕之人大要仔細勿遣性急氣躁者追之。再為斬王雙反觀一句更妙。暨辭去卻說曹真正升帳議事忽報天子遣太常卿韓暨持節至真出寨接入受詔已畢退與郭淮孫禮計議淮笑曰此乃司馬仲達之見也。司馬懿能料孔明郭淮又能料司馬懿。真曰此見若何淮曰此言深識諸葛亮用兵之法久後能禦蜀兵者必仲達也。高擡仲達抑是當面抹倒曹真。真曰倘蜀兵不退又將何如淮曰可密令人去教王雙引小兵於小路巡哨彼自不敢運糧待其糧盡兵退乘勢追擊可獲全勝（說追與司馬同不說退之宜慎則不及司馬矣）孫禮曰其去祁山虛粧做運糧兵車上盡裝乾柴茆草以硫黃焰硝灌之却教人虛報隴西運糧到若蜀人無糧必然來搶待入其中放火燒車外以伏兵應之可勝矣（此計亦通但恐瞞不過武侯耳）眞喜曰此計大妙即令孫禮引兵依計而行又遣人教王雙引兵於小路上巡哨郭淮引兵提調箕谷街亭令諸路軍馬守把險要眞又令張遼子張虎爲先鋒樂進子樂綝爲副先鋒同守頭營不許出戰（以上按下曹眞一邊以下再接武侯一邊）却說孔明在祁山寨中每日令人挑戰魏兵堅

魏

守不出孔明喚姜維等商議曰魏兵堅守不出是料吾軍中無糧也〔司馬所算又在孔明算中〕今陳倉轉運不通其餘小路盤涉艱難吾算隨軍糧草不敷一月用度如之奈何正躊躇間忽報隴西魏軍運糧數千車於祁山之西運糧官乃孫禮也〔來得湊巧宜孔明之必中計矣〕孔明曰其人如何有魏人告曰此人曾隨魏王出獵於大石山忽驚起一猛虎直奔御前孫禮下馬拔劍斬之從此封為上將軍乃曹真心腹人也〔孫禮往事前文未見忽于此處補前文所未及〕孔明笑曰此是魏將料吾乏糧故用此計車上裝載者必是茅草引火之物〔孫禮所算又在〕

孔明吾平生專用火攻彼乃欲以此計誘我耶（真是班門弄斧）彼若知算中吾軍去劫糧車必來劫吾寨矣（曹真所未及卽算者已早在孔明算中）可將計就計而行遂喚馬岱分付曰汝引三千軍徑到魏兵屯糧之所不可入營但於上風頭放火（不待他放火倒替他放火妙甚）若燒着車仗魏兵必來圍吾寨（第一路是誘其劫寨之兵）又差馬忠張嶷各引五千兵在外圍住內外夾攻（第二路是敵其劫寨之兵）三人受計去了又喚關興張苞分付曰魏兵頭營接連四通之路今晚若西山火起魏兵必來劫吾營汝二人却伏于魏寨左右只等他兵出寨汝二人便可劫之（第三

路是劫彼寨之兵。又喚吳班吳懿分付曰汝二人各引一軍伏於營外如魏兵到可截其歸路。第四路是截路之兵。孔明分撥已畢自在祁山上凭高而坐魏兵探知蜀兵要來劫糧慌忙報與孫禮禮令人飛報曹眞眞遣人去頭營分付張虎樂綝看今夜山西火起蜀兵必來救應可以出軍如此如此。不出孔明所算。二將受計令人登樓專看號火却說孫禮把軍伏於山西只待蜀兵到是夜二更馬岱引三千兵來。第一路兵于此出現。人皆銜枚馬盡勒口逕到山西見許多車仗重重疊疊攢遶成營車仗虛插旌旗正值西南風起之赤壁火。

仗着東南風。此處之火。却仗着西南風。傳令軍士逕去營南放火車仗盡着火光冲天孫禮只道蜀兵到魏寨內放號火急引兵一齊掩至背後鼓角喧天兩路兵殺來乃是馬忠張嶷第二路兵于此出現。把魏軍圍在垓心孫禮大驚又聽的魏軍中喊聲起一彪軍從火光邊殺來乃是馬岱。第一路兵于此下出現。內外夾攻魏兵大敗火緊風急人馬亂竄死者無數孫禮引中傷軍突烟冒火而走却說張虎在營中望見火光大開寨門與樂綝盡引人馬殺奔蜀寨來寨中却不見一人急收軍回時吳班吳懿兩路兵殺出斷其歸路第四路兵于此出現張嶷二將急衝出重圍奔回本寨只見土城之上箭如飛蝗○○○○○○○○○○○○○原來却被關興張苞襲了營寨第三路兵于此出現○以上四路兵寫得參差錯落筆法變幻之極魏兵大敗皆投曹真寨來方欲入寨忽見一彪敗軍飛奔而來乃是孫禮遂同入寨見真各言中計之事懸人說與真聽知懸人道○○○○○○○○護守大寨更不出戰蜀兵得勝回見孔明孔明令人齎受計與魏延○○此處伏一句妙在不欲明一面教拔寨齊起○○○○○○奇絕出人意外楊儀曰今已大勝挫盡魏兵銳氣何故反欲收軍孔明曰吾兵無糧利在急戰今彼堅守不出吾受其病矣彼今雖暫時兵敗中原必有添益若

以輕騎襲吾糧道那時要歸不能今乘魏兵新敗不敢正視蜀兵便可出其不意乘機退去（巧于退兵軍師妙計）所憂者但魏延一軍在陳倉道口拒住王雙急不能脫身吾已令人授以密計教斬王雙使魏人不敢來追（此處說明一句却不說出如何斬法直待下文自見妙在隱隱躍躍）只令後隊先行當夜孔明只留金鼓守在寨中打更一夜兵已盡退只落空營却說曹真正在寨中憂悶忽報左將軍張郃領軍到（魏兵有添益果應孔明所言）郃下馬入帳謂真曰某奉聖旨特來聽調真曰曾別仲達否郃曰仲達分付云吾軍勝蜀兵必不便去若吾軍敗

蜀兵必即去矣。（能者所見略同。讀到此等處最是好看。）今吾軍失利之後都督曾往哨探蜀兵消息否。眞曰未也。于是即令人往探之。果是虛營。只揷着數十面旌旗。兵已去了二日也。（如猜拳者。遇着此等空拳。却是再猜不着。）曹眞懊悔無及。且說魏延受了密計。當夜二更拔寨急回漢中。早有細作報知王雙。雙大驅軍馬併力追趕。追到二十餘里。看看趕上。見魏延旗號在前。（旗號之下却無魏延。與前番趙雲退兵時。正是彷彿。）雙大叫曰魏延休走。蜀兵更不回頭。雙拍馬趕來。背後魏兵叫曰城外寨中火起。恐中敵人奸計。（孔明所授之計。于此始見。）雙急勒馬回時。只見一片火

光冲天慌令退軍行到山坡左側忽一騎馬從林中驟出大喝

曰魏延在此（此處忽然又有魏延寫得出色驚人）王雙大驚措手不及被延一

刀砍於馬下（殺得好）魏兵疑有埋伏四散逃走延手下止有三十

騎人馬望漢中緩緩而行（以三十騎斬一大將寫魏延正是寫武侯）後人有詩讚曰

孔明妙算勝孫龐　耿若長星照一方

進退行兵神莫測　陳倉道口斬王雙

原來魏延受了孔明密計先教存下三十騎伏於王雙營邊只

待王雙起兵趕時却去他營中放火待他回寨出其不意突出

○○此處方將上項斬之事敘明一遍魏延斬了王雙引兵回到漢中見孔明交割了人馬孔明設宴大會不在話下且說張郃追蜀兵不上回到寨中忽有陳倉城郝昭差人申報言王雙被斬曹真聞知傷感不已因此憂成疾病遂回洛陽命郭淮孫禮張郃守長安諸道以上按下魏國以下接敘東吳却說吳王孫權設朝有細作人報說蜀諸葛丞相出兵兩次攻魏都督曹真兵損將亡於是羣臣皆勸吳王興師伐魏以圖中原○○○○○○○○借興兵引出稱帝來甚有步驟權猶疑未決張昭奏曰近聞武昌東山鳳凰來儀大江之中黃龍屢現主公德配唐虞明並

文武可即皇帝位然後興兵因魏兵屢敗而吳國稱尊蜀甚奇多官皆應曰子布之言是也遂選定夏四月丙寅日築壇於武昌南郊是日羣臣請權登壇即皇帝位頗覺前番受九錫之無謂改黃武八年爲黃龍元年到底不換黃字又是黃天當立之讖謚父孫堅爲武烈皇帝母吳氏爲武烈皇后兄孫策爲長沙桓王立子孫登爲皇太子命諸葛瑾長子諸葛恪爲太子左輔張昭次子張休爲太子右弼魏有張遼樂進之子吳有諸葛瑾張昭之子一班小輩後生前後鬪鬪相對恪字元遜身長七尺極聰明善應對權甚愛之年六歲時值東吳筵會恪隨父在座權見諸葛瑾面長乃

令人牽一驢來用粉筆書其面曰諸葛子瑜衆皆大笑恪趨至前取粉筆添二字於其下曰諸葛子瑜之驢又添得二字驢滿面之長可知座之人無不驚訝權大喜遂將驢賜之又一日大宴官僚權命恪把盞巡至張昭面前昭不飲曰此非養老之禮也權謂恪曰汝能强子布飲乎恪領命乃謂昭曰昔姜尚父年九十秉旄仗鉞未嘗言老先破他老字十分調笑今臨陣之日先生在後飲酒之日先生在前何謂不養老也又破他養字又十分調笑昭無言可答只得强飲權因此愛之故命輔太子忙中忽夾此一段閒文張昭佐吳王位列三公之

上放以其子張休爲太子右弼恪以才選休以貴選又以顧雍爲丞相陸遜爲上將軍輔太子守武昌權復還建業羣臣共議伐魏之策張昭奏曰陛下初登寶位未可動兵前說先稱帝然後動兵及稱帝後又說未可動兵隨口變換方知上文闘筍之妙只宜修文偃武增設學校以安民心遣使入川與蜀同盟共分天下緩緩圖也權從其言即令使命星夜入川來見後主禮畢細奏其事後主聞知遂與羣臣商議衆議皆謂孫權僭逆宜絕其盟好此是正論但不知通變耳蔣琬曰可令人問于丞相後主即遣使到漢中問孔明孔明曰可令人齎禮物入吳作賀

乞遣陸遜興師伐魏。非愛孫權，只爲重魏。魏必命司馬懿拒之。懿若南拒東吳，我再出祁山，長安可圖也。欲以陸遜牽制司馬懿。後主依言，遂令太尉陳震將名馬玉帶金珠寶貝入吳作賀。震至東吳見了孫權，呈上國書。權大喜，設宴相待，打發回蜀。兩國使者，遨遊二帝之間。權召陸遜入告以西蜀約會興兵伐魏之事。遜曰：此乃孔明懼司馬懿之謀也。能者所見略同。讀到此等處，最是好看。既與同謀，不得不從，今却虛作起兵之勢，遥與西蜀爲應，待孔明攻魏急，吾可乘虛取中原也。此學孔明取南郡之智。又是一箇要趣現成的。即時下令教荆襄各處都要訓練人馬擇日興師、（以上按下東吳、以下再叙蜀漢、）却說陳震回到漢中、報知孔明、孔明尚憂陳倉不可輕進、先令人去哨探、回報說陳倉城中郝昭病重、孔明曰大事成矣、遂喚魏延姜維分付曰汝二人領五千兵、星夜直奔陳倉城下、如見火起、併力攻城、（正不知火自何來、令人猜摸不出、）二人俱未深信、（不獨二人不信、即我至今亦尚未信、）又來告曰何日可行、孔明曰三日都要完備、不須辭我、即便起行、（一發作怪、）二人受計去了、又喚關興張苞至、附耳低言如此如此、（正不知所言何語、又令人猜摸不出、）二人各受密計而去、且說郭淮聞郝昭病重、乃與張郃商議曰、郝昭病重、你可速去替他我自寫表申奏朝廷別行定奪張郃引着三千兵急來替郝昭此人亦不為疎虞時郝昭病危當夜正呻吟之間忽報蜀軍到城下了昭急令人上城守把時各門上火起正不知火自何來令人猜摸不出城中大亂昭聽知驚死蜀兵一擁入城却說魏延姜維領兵到陳倉城下看時並不見一面旗號又無打更之人一發作怪二人驚疑不敢攻城忽聽得城上一聲砲響四面旗幟齊竪只見一人綸巾羽扇鶴氅道袍大叫曰汝二人來的遲了二人視之乃孔明也正不知何時到此一發令人猜摸不出二人慌忙下馬拜伏於地曰

丞相真神計也孔明令放入城謂二人曰吾打探得郝昭病重吾令汝三日內領兵取城此乃穩衆人之心也[方知三日之限是假]吾卻令關興張苞只推點軍暗出漢中[方知附耳低言乃是此語]吾卽藏於軍中星夜倍道逕到城下使彼不能調兵[方知武侯來法]吾早有細作在城內放火發喊相助[方知城中起火之由]令魏兵驚疑不定兵無主將必自亂矣吾因而取之易如反掌[至此方將上項事細說一遍前半此者令人如在夢中]兵法云出其不意攻其無備正謂此也[又自下一註腳]魏延姜維拜服孔明憐郝昭之死令彼妻小扶靈柩回魏以表其忠[上文都是鬼神手段此處忽見

散關在陝西

一（菩薩心腸）孔明謂魏延姜維曰汝二人且莫卸甲可引兵去襲散關把關之人若知兵到必然驚走若稍遲便有魏兵至關即難攻矣（看過上文神機妙算無以加矣不意又有一段在後）魏延姜維受命引兵逕到散關把關之人果然盡走二人上關纔要卸甲遙見關外塵頭大起魏兵到來（先生之言其應如響）二人相謂曰丞相神算不可測度急登樓視之乃魏將張郃也二人乃分兵守住險道張郃見蜀兵把住要路遂令退軍魏延隨後追殺一陣魏兵死者無數張郃大敗而走（前若差遣姜魏二人本為取陳倉之用不知却為取散關之用）延回到關上令人報知孔

陰平邑石武都何名俱俱靠肩衡

明孔明先自領兵出陳倉斜谷取了建威後面蜀兵陸續進發後主又命大將陳式來助孔明孔明驅大兵復出祁山（此是三出祁山）安下營寨孔明聚衆言曰吾二次出祁山不得其利今又到此吾料魏人必依舊戰之地與吾相敵彼意疑我取雍郿二處必以兵拒守吾觀陰平武都二郡與漢連接若得此城亦可分魏兵之勢（舍却兩路算出兩路來）又何人敢取之姜維曰某願往王平應曰某亦願往孔明大喜遂令姜維引兵一萬取武都王平引兵一萬取陰平二人領兵去了再說張郃回到長安見郭淮孫禮說陳倉已

失郝昭已亡、散關亦被蜀兵奪了、今孔明復出祁山、分道進兵、淮大驚曰、若如此、必取郿雍矣、不出武侯所料。乃留張郃守長安、令孫禮保雍城、淮自引兵星夜來郿城守禦、一面上表入洛陽告急、

却說魏主曹叡設朝、近臣奏曰、陳倉城已失、郝昭已亡、諸葛亮又出祁山、散關亦被蜀兵奪了、叡大驚、忽又奏滿寵等有表說、東吳孫權僭稱帝號、與蜀同盟、今遣陸遜在武昌訓練人馬、聽候調用、只在旦夕必入寇矣、若在梨園劇中、當是一對婆探子。叡聞知兩處危急、舉止失措、甚是驚慌、此時曹真病未痊、即召司馬懿商議、懿

奏曰以臣愚意所料東吳必不舉兵陸遜所算已在司馬懿算中叡曰卿何以知之懿曰孔明嘗思報猇亭之讐非不欲吞吳也只恐中原乘虛擊彼故暫與東吳結盟陸遜亦知其意故假作興兵之勢以應之實是坐觀成敗耳你猜着我我猜着你兩人對手不奇三手一般則大奇矣陛下不必防吳只須防蜀放下一頭單重一頭叡曰卿真高見遂封懿為大都督總攝隴西諸路軍馬令近臣取曹真總兵將印來懿曰臣自去取之曹真之印不欲天子收之而欲令曹真自讓之善處曹真處然天子之印不待天子與之而曰臣自取之便是目無天子處遂辭帝出朝逕到曹真府下先令人入府報知懿方進見

真問病畢懿曰東吳西蜀會合興兵入寇今孔明又出祁山下寨明公知之乎真驚訝曰吾家人知我病重不令我知似此國家危急何不拜仲達爲都督以退蜀兵耶妙在待他自說出來懿曰某才薄智淺不稱其職真曰取印與仲達懿曰都督少慮吾願助一臂之力只不敢受此印也極寫司馬懿之詐真躍起曰如仲達不領此任中國必危矣吾當抱病見帝以保之又要逼出他此一句來極寫司馬懿之詐懿曰天子已有恩命但懿不敢受耳老奸猾老世事真大喜曰仲達今領此任可退蜀兵懿見真再三讓印遂受之入內辭了魏主引兵

往長安來與孔明決戰。正是

舊帥印爲新帥取。兩路兵惟一路來。

未知勝負如何。且看下文分解。

原缺

料其在祁山寨中而已在武都陰平料其在武都陰平而巳在祁山寨中料其眞退而竟是假退料其假退而竟是眞退致使一足智多謀之司馬懿而動多舛誤束手無策武侯眞神人哉

武侯一出祁山而即歸以街亭之旣失也再出祁山而又歸以陳倉之未拔也迨三出祁山而陳倉拔矣陳倉拔而糧道便矣糧道便而街亭之兵不必憂矣且蜀又屢勝魏又屢敗宜其不歸而終亦歸者復因張苞之死而致武侯

之病嗚呼天不祚漢於人乎何尤

前文連寫三次出師而兩間以吳國之事此卷將寫武侯四番出師而又間以魏國之事夫以吳事間伐魏不足奇即以魏事間伐魏則奇矣以魏之侵吳間伐魏不足奇即以魏之侵漢間伐魏則更奇矣且魏方侵漢而不得侵而去是前所間之兩事爲實而今所間之一事爲虛也魏不侵漢漢猶伐之及不侵漢漢乃不追而聽其去是有前三事與後三事之實而後間以此一事之虛也斷斷續續實

實虛虛實并妙事妙文天造地設

爲將者不可不知天時知天時而後能戰亦惟知天時而後能不戰赤壁之風南徐之霧破鐵車之雪所以助戰者也蜀道陳倉之雨所以阻戰者也知其戰而有戰之備知其不戰而亦有不戰之備乃孔明知之而禦之司馬懿亦知之而不早避之則司馬懿終遜孔明一頭

劉曄之戒漏言與王肅之請回兵同一意也何也兵爲詭道聲趨左而實趨右所謂出其不意攻其無備也事來發

而謀先泄猶恐敵人知之而備我況勞師於外曠日持久而不得進者哉用兵之法貴在密貴在速不密則不速不速則不密故曰兩人之意同

觀於魏之侵蜀而四出祁山之師愈不容緩矣漢以魏爲賊魏亦以漢爲賊漢縱忘賊賊不忘漢故曰不伐賊則王業亦亡此漢賊不兩立之言於斯益驗也我以彼爲賊而伐之不得不急至彼亦以我爲賊而我之伐之又何得不急哉

蜀漢建興七年夏四月。〔與後六月癸天相照〕孔明兵在祁山分作三寨專候魏兵。〔先寫蜀兵下寨。〕却說司馬懿引兵到長安張郃接見備言前事懿令郃為先鋒戴陵為副將引十萬兵到祁山於渭水之南下寨。〔次寫魏兵下寨。〕郭淮孫禮入寨參見懿問曰汝等曾與蜀兵對陣否二人答曰未也。〔蜀兵不戰。却借魏將口中敘出。〕懿曰蜀兵千里而來利在速戰今來此不戰必有謀也隴西諸路曾有信息否淮曰已有細作探得各郡十分用心日夜隄防並無他事只有武都陰平二處未曾回報。〔為下文虛伏一句。〕懿曰吾自差人與孔明交戰汝二人急從

小路去救二郡却掩在蜀兵之後彼必自亂矣（亦算得着但嫌遲了些）二
人受計引兵五千從隴西小路來救武都陰平就襲蜀兵之後
郭淮於路謂孫禮曰仲達比孔明如何禮曰孔明勝仲達多矣
誠如所論（兩人優劣）淮曰孔明雖勝此一計足顯仲達有過
（却在魏將口中定之）
人之智蜀兵如正攻兩郡我等從後抄到彼豈不自亂乎（襯起下文）
正言間忽哨馬來報陰平巳被王平打破了武都巳被姜維打
破了（不在姜維王平一邊寫來只在郭淮孫禮一邊聽得省筆之甚）前離蜀兵不遠禮曰蜀兵
既巳打破了城池如何陳兵於外必有詐也不如速退（前用反筆襯起）

下文此用正筆襯起下文郭淮從之方傳令教軍退時忽然一聲砲響山背後閃出一枝軍馬來旗上大書漢丞相諸葛亮中央一輛四輪車孔明端坐於上寫得孔明出色驚人先見旗次見車然後見人左有關興右有張苞孫郭二人見之大驚孔明大笑曰郭淮孫禮休走司馬懿之計安能瞞得過吾他每日令人在前交戰司馬懿在祁山一邊事又借孔明口中敘出却教汝等襲吾軍後司馬懿所算已在孔明算中武都陰平吾已取了汝二人不早來降欲驅兵與吾決戰耶郭淮孫禮聽畢大慌適纔路上間評何其閒也忽然背後喊殺連天王平姜維引兵從後殺來與苞二

將又引軍從前面殺來，兩下夾攻，魏兵大敗。郭、孫二人棄馬爬山而走。張苞望見，驟馬趕來，不期連人帶馬，跌入澗內。後軍急忙救起，頭已跌破。孔明令人送回成都養病。（令人嘆想蜀道之難。）去說郭、孫二人走脫，回見司馬懿曰：「武都、陰平二郡已失，孔明伏於要路，前後攻殺，因此大敗，棄馬步行，方得逃回。」懿曰：「非汝等之罪，孔明智在吾先。（不惟孫禮知之，司馬懿亦自知之。）可再引兵守把雍、郿二城，切勿出戰，吾自有破敵之策。」二人拜辭而去。懿又與張郃、戴凌分付曰：「今孔明得了武都、陰平，必然撫百姓以安民心，不在營中矣○只因孫郭二人路上撞見孔明故算到此汝二人各引一萬精兵今夜起身抄在蜀兵營後一齊奮勇殺將過來吾却引兵在前布陣只待蜀兵勢亂吾大驅士馬攻殺進去兩軍併力可奪蜀寨也若得此地山勢破敵何難此計大妙若以郭淮論之文道必勝孔明矣二人受諾引兵而去戴淩在左張郃在右各取小路進發深入[illegible]兵之後三更時分來到大路兩軍相遇合兵一處却從蜀[illegible]後殺來行不到三十里前軍不行張戴二人自縱馬視之[illegible]數百輛草車橫截去路○每到遇伏兵處便是一聲砲響一彪軍出文法舊矣此處不寫砲先寫車不寫敵軍忽至却寫我軍不行又換一樣變法

郃曰此必有準備可急取路而回纔傳令退軍只見滿山火光齊明鼓角大震伏兵四下皆出把二人圍住孔明在祁山上大叫曰戴凌張郃可聽吾言司馬懿料吾往武都陰平撫民不在營中故令汝二人來劫吾寨却中吾之計也不寫孔明在營中算他劫寨調遣伏兵却於此處突然而出不獨張戴二人所不料亦今日讀者所不料汝二人乃無名下將吾不殺害下馬早降郃大怒指孔明而罵曰汝乃山野村夫侵吾大國境界如何敢發此言吾若捉住汝時碎屍萬段言訖縱馬挺鎗殺上山來山上矢石如雨郃不能上山乃拍馬舞鎗衝出重圍

無人敢當蜀兵因戴凌在垓心郃殺出舊路不見戴凌即奮勇翻身又殺入重圍救出戴凌而回（極寫張郃之勇正為後文射張郃伏線）孔明在山上見郃在萬軍之中往來衝突英勇倍加乃謂左右曰嘗聞張翼德大戰張郃人皆驚懼（照應七十卷中事）吾今日見之方知其勇也若留下此人必為蜀中之害吾當除之（○○○木門道之箭已伏于此）遂收軍還營卻說司馬懿引兵布成陣勢只待蜀兵亂動一齊攻之忽見張郃戴凌狼狽而來告曰孔明先如此隄防因此大敗而歸懿大驚曰孔明真神人也不如且退即傳令教大軍盡回本寨

堅守不出。堅守不出是他看家拳。且說孔明大勝，所得器械馬匹不計其數，乃引大軍回寨，每日令魏延挑戰，魏兵不出，一連半月不曾交兵。孔明正在帳中思慮，忽報天子遣侍中費禕齎詔至。孔明接入營中，焚香禮畢，開詔讀曰：

街亭之役，咎由馬謖，而君引愆，深自貶抑，重違君意，聽順所守。前年耀師，馘斬王雙；今歲爰征，郭淮遁走；降集氐羌，復興二郡，威震凶暴，功勳顯然。方今天下騷擾，元惡未梟，君受大任，幹國之重，而久自抑損，非所以光揚洪烈也。今復君丞相君其勿辭孔明聽詔畢謂費禕曰吾國事未成安可復丞相之職堅辭不受禕曰丞相若不受職拂了天子之意又冷淡了將士之心復爵于軍中不專答丞相之動賞以鼓將士之氣宜且權受孔明方纔拜受受爵不在斬王雙之時而在破郭淮之後功如武侯猶不敢濫爵如此人奈何欲享無勞之俸耶禕辭去孔明見司馬懿不出思得一計傳令教各處皆拔寨而起孔明第一處誘敵當有細作報知司馬懿說孔明退兵了懿曰孔明必有大謀不可輕動寫仲達把細之甚張郃曰此必因糧盡而回如何不追懿曰吾料孔明上年

太收今又麥熟糧草豐足雖然轉運艱難亦可支吾半載前辭一月此算半年糧多糧少都要司馬懿代爲記帳竟似知數人一般只因畏蜀如虎故也安肯便走彼見吾連日不戰故作此計引誘可令人遠遠哨之寫仲達把細之甚軍士探知回報說孔明離此三十里下寨懿曰吾料孔明果不走且堅守寨柵不可輕進仲達第一次不趕住了旬日絕無音信並不見蜀將來戰懿再令人哨探回報說蜀兵已起營去了孔明第二次誘敵懿未信乃更換衣服雜在軍中親自來看況見蜀兵又退三十里下寨懿回營謂張郃曰此乃孔明之計也不可追趕仲達第二次又不趕又住

了句曰冉令人哨探回報說蜀兵又退三十里下寨孔明第三次詐敵

郃曰孔明用緩兵之計漸退漢中都督何故懷疑不早追之郃

願往決一戰懿曰孔明詭計極多倘有差失喪我軍之銳氣不

可輕進仲達第三次郃曰某去若敗甘當軍令懿曰既汝要去

又不欲遲

可分兵兩枝汝引一枝先行須要奮力死戰吾隨後接應以防

伏兵汝次日先進到半途駐劄後日交戰使兵力不乏凡作三番跌頓

然後趕去却又再三防隱再三分遂分兵已畢次日張郃戴凌

付寫仲達十分用密不比他人

引副將數十員精兵三萬奮勇先進到半路下寨司馬懿留下

許多車馬守寨只引五千精兵隨後進發〔以上在魏兵一面寫〕原來孔明密令人哨探見魏兵半路而歇〔以下在蜀兵一面寫〕是夜孔明喚衆將商議曰今魏兵來追必然死戰汝等須以一當十吾以伏兵截其後非智勇之將不可當此任言畢以目視魏延延低頭不語〔魏延此時不肯當先只因不聽其子午谷之計心中不悅非復前之魏延矣〕王平出曰某願當之〔激出一箇人來〕孔明曰若有失如何王平曰願當軍令孔明歎曰王平肯捨身親冒矢石真忠臣也〔讚王平正反襯魏延〕雖然如此奈魏兵分兩枝前後而來斷吾伏兵在中平縱然智勇只可當一頭豈能分身兩處

須再得一將同去爲妙。忌奈軍中再無捨死當先之人。又用激法。言未畢。一將出曰。某願往。孔明視之。乃張翼也。又激出一箇人來。孔明曰。張郤乃魏之名將。有萬夫不當之勇。汝非敵手。又用激法。翼曰。若有失事。願獻首於帳下。寫張翼亦反襯魏延。孔明曰。汝既敢去。可與王平各引一萬精兵。伏於山谷中。只待魏兵趕上。任他過盡。汝等却殺伏兵從後掩殺。若司馬懿隨後趕來。却分兵兩頭。張翼引一軍當住後隊。王平引一軍截其前隊。兩軍須要死戰。吾自有別計相助。第一起撥調。二人受計引兵而去。孔明又喚姜維廖化分付曰與汝二人一箇錦囊引三千精兵偃旗息鼓伏於前山之上如見魏兵圍住王平張翼十分危急不必去救只開錦囊看視自有解危之策（第二起調撥二人却用錦囊不是明白分付）二人受計引兵而去又令吳班吳懿馬忠張嶷四將附耳分付曰如來日魏兵到銳氣正盛不可便迎且戰且走只看關興引兵來掠陣之時汝等便回軍趕殺吾自有兵接應（第三起調撥四人又是明白分付）四將受計引兵而去又喚關興分付曰汝引五千精兵伏於山谷只看山上紅旗颭動却引兵殺出（第四起只調撥一人亦用明白分付）興受計引兵而去却

説張郃戴凌領兵前來驟如風雨馬忠張嶷吳懿吳班四將接着出馬交鋒（前第三起所撥却于第一次出現）張郃大怒驅兵追殺蜀兵且戰且走魏兵追趕約有二十餘里時值六月天氣十分炎熱人馬汗如潑水（百忙裏忽點時序與五月渡瀘遥遥相對）走到五十里外魏兵盡皆氣喘孔明在山上把紅旗一招關興引兵殺出（前第四起所撥却馬于第二次出現）忠等四將一齊引兵掩殺回來張郃戴凌死戰不退忽然喊聲大震兩路軍殺出乃王平張翼也（前第一起所撥却于第三次出現）各奮勇追殺截其後路郃大叫衆將曰汝等到此不決一死戰更待何時

魏兵奮力衝突不得脫身忽然背後鼓角喧天司馬懿自領精兵殺到懿指揮衆將把王平張翼圍在垓心已在孔明算中翼大呼曰丞相真神人也計已算定必有良謀吾等當決一死戰即分兵兩路平引一軍截住張郃戴陵翼引一軍力當司馬懿兩頭死戰叫殺連天姜維廖化在山上探望前第二起所藏到于第四次出現見魏兵勢大蜀兵力危漸漸抵當不住維謂化曰如此危急可開錦囊看計二人拆開視之內書云若司馬懿兵來圍王平張翼至急汝二人可分兵兩枝竟襲司馬懿之營懿必急退汝可乘亂攻

之營雖不得可獲全勝（觀此數語却于此處方見機審之至）二人大喜即分兵兩路逕襲司馬懿營中而去原來司馬懿亦恐中孔明之計沿途不住的令人傳報懿正催戰鬪忽流星馬飛報言蜀兵兩路竟取大寨去了（維化二人劫寨只在司馬懿耳中虛寫妙）懿大驚失色乃謂衆將曰吾料孔明有計汝等不信勉強追來却誤了大事即提兵急回軍心惶惶亂走張翼隨後掩殺魏兵大敗（第一起張翼于此再寫一番）張郃戴陵見勢孤亦望山僻小路而走蜀兵大勝背後關興引兵接應諸路（第四起關興亦再寫一番）司馬懿大敗一陣奔入寨時蜀兵已自回去

又將維化二人虛寫一筆。懿收聚敗軍責罵諸將曰汝等不知兵法只憑血氣之勇强欲出戰致有此敗今後切不許妄動再有不遵決正軍法衆皆羞慚而退這一陣魏將死者極多遺棄馬匹器械無數。又將上項事。總叙一句。卻說孔明收得勝軍馬入寨又欲起兵進取忽報有人自成都來說張苞身死。趙雲之死。在後出師表之中。張苞之死。又在後出師表之外。孔明聞知放聲大哭口中吐血昏絕於地衆人救醒孔明自此得病卧牀不起。曹操哭典韋。孔明哭張苞然曹操不病。孔明則病。哭可假。得病卻假不得。諸將無不感激後人有詩歎曰

悍勇張苞欲建功　可憐天不助英雄
武侯淚向西風灑　為念無人佐鞠躬

旬日之後孔明喚董厥樊建等入帳分付曰吾自覺昏沉不能理事不如且回漢中養病再作良圖汝等切勿走泄司馬懿若知必來攻擊遂傳號令教當夜暗暗拔寨皆回漢中孔明去了五日懿方得知乃長嘆曰孔明真有神出鬼沒之計吾不能及也於是司馬懿留諸將在寨中分兵守把各處隘口懿自班師回卻說孔明將大軍屯於漢中自回成都養病文武官僚出城

迎接送入丞相府中後主御駕自來問病命御醫調治日漸痊可建興八年秋七月魏都督曹真病可方叙武侯病可又忽叙曹真病可關節絕妙乃上表說蜀兵數次侵界屢犯中原若不勦除必為後患今時値秋涼與上文炎天相應人馬安閒正當征伐臣願與司馬懿同領大軍逕入漢中殄滅奸黨以清邊境漢不伐賊賊亦伐漢果應後出師表之言魏主大喜問侍中劉曄曰子丹勸朕伐蜀若何曄奏曰大將軍之言是也今若不勦除後必為大患陛下便可行之可見賊亦與漢不兩立叡點頭曄出內回家有衆大臣相探問曰聞天子與公計議興兵伐

蜀此事如何。𤦺應曰。無此事也。蜀有山川之險。非可易圖。空費軍馬之勞。於國無益。（忽然要瞞衆人。）衆官皆默然而出。楊暨入內奏曰。昨聞劉𤦺勸陛下伐蜀。今日與衆臣議。又云不可伐。是欺陛下也。陛下何不名而問之。叡即名劉𤦺入內問曰。卿勸朕伐蜀。今又言不可何也。𤦺曰。臣細詳之。蜀不可伐。（又在天子面前瞞衆人更妙。）叡大笑。少時楊暨出內。𤦺奏曰。臣昨日勸陛下伐蜀。乃國之大事。豈可妄泄於人。夫兵者詭道也。事未發切宜秘之。（前此只疑其模稜兩可。至此方知是深心人。）叡大悟曰。卿言是也。自此愈加敬重。旬日內司馬懿入朝魏主將曹真表奏之事逐一言之懿奏曰臣料東吳未敢動兵今日正可乘此去伐蜀叡即拜曹真爲大司馬征西大都督司馬懿爲大將軍征西副都督此時大都督印又是曹真掛了可見前番司馬懿謙讓正是老世事處劉曄爲軍師三人拜辭魏主引四十萬大兵前行至長安逕奔劍閣來取漢中其餘郭淮孫禮等各取路而行漢中人報入成都此時孔明病好多時每日操練人馬習學八陣之法盡皆精熟早爲後卷賭陣伏筆欲取中原正要討賊賊却自來受討聽得這箇消息遂喚張嶷王平分付曰汝二人先引一千兵去守陳倉古道以當魏

兵只用一千兵令人測摸不出吾却提大兵便來接應二人告曰人報魏軍四十萬許稱八十萬聲勢甚大如何只與一千兵去守隘口倘魏兵大至何以拒之不獨兩人不解即讀者亦不解孔明曰吾欲多與恐士卒辛苦耳說得沒氣力沒要緊一發令人不解疑與平面面相覷皆不敢去孔明曰若有疏失非汝等之罪不必多言可疾去二人又哀告曰丞相欲殺某二人就此請殺只不敢去不獨二人哀我亦為二人哀之孔明笑曰何其愚也吾令汝等去自有主見吾昨夜仰觀天文見畢星躔於太陰之分此月內必有大雨淋漓先生知風知霧又知雨魏兵雖有四十

兩安敢深入山險之地因此不用多軍決不受害吾將大軍皆在漢中安居一月待魏兵退那時以大兵掩之以逸待勞吾十萬之衆可勝魏兵四十萬也（此處方纔盡情說明）二人聽畢方大喜拜辭而去孔明隨統大軍出漢中傳令教各處隘口預備乾柴草料細糧俱勾一月人馬支用以防秋雨（又點秋字應上秋涼時序一毫不亂）將大軍寬限一月先給衣食侯候出征（以上敘下武侯一邊以下再敘真懿一邊）卻說曹真司馬懿同領大軍逕到陳倉城內不見一間房屋尋土人問之皆言孔明回時放火燒毀（將前事于此補出）曹真便要往陳倉道進發

懿曰。不可輕進。我夜觀天文。見畢星躔於太陰之分。此月內必有大雨。（孔明知雨。仲達知雨。但孔明知有一月之雨。仲達則未必知有一月之雨耳。）若深入重地。常勝則可。倘有疎虞。人馬受苦。要退則難。且宜在城中搭起窩鋪住扎。以防陰雨。真從其言。未及半月。天雨大降。淋漓不止。陳倉城外。平地水深三尺。軍器盡濕。人不得睡。晝夜不安。（沉竈產蛙。彷彿似晉陽當日。）大雨連降三十日。馬無草料。死者無數。軍士怨聲不絕。傳入洛陽。魏主設壇求晴不得。（此時道士亦大吃苦也。）黃門侍郎王肅上疏曰。

前志有之千里饋糧士有飢色樵蘇後爨師不宿飽此謂平塗之行軍者也先言轉餉之遠又況於深入險阻鑿路而前則其爲勞必相百也次言路徑之險今又加之以霖雨山坡峻滑衆逼而不展糧遠而難繼實行軍之大忌也次言天時之灾聞曹真發已踰月而行方半谷治道功大戰士悉作是彼偏得以逸待勞乃兵家之所憚也次言士卒之勞言之前代則武王伐紂出關而復還論之近事則武文征權臨江而不濟豈非順天知時通於權變者哉願陛下念水雨艱劇之故休息士卒此言目下必宜退兵後日有

釁乘時用之所謂悅以犯難民忘其死者也○此言他日方可進兵魏主覽表正在猶豫楊阜華歆亦上疏諫王肅表用實寫楊阜華歆表用虛寫魏主即下詔遣使詔曹真司馬懿還朝卻說曹真與司馬懿商議曰今連陰三十日軍無戰心各有思歸之意如何禁止此番一出是特地來賞雨懿曰不如且回真曰倘孔明追來怎生退之懿曰先伏兩軍斷後方可回兵正議間忽使命來召二人遂將大軍前隊作後隊後隊作前隊徐徐而退以上接下真懿一邊以下再敘武侯一邊卻說孔明計算一月秋雨天氣未晴自提一軍屯於城固又傳令教大軍會

城固赤坡俱在漢中府

於赤坡駐劄孔明升帳喚衆將言曰吾料魏兵必走魏主必詔來取曹真司馬懿兵回先生如見吾若追之必有準備不如任他且去再作良圖魏兵每爲追蜀兵而敗武侯不追大有主見忽王平令人報來說魏兵已回孔明分付來人傳與王平不可追襲吾自有破魏兵之策正是

魏兵縱使能埋伏　漢相原來不肯追

未知孔明怎生破魏且看下文分解

第一百回

漢兵劫寨破曹真

武侯鬬陣辱仲達

將寫武侯與仲達決雌雄先見仲達與子丹決雌雄其以面塗紅粉身服女衣爲賭此以贏者爲雄輸者爲雌也然以仲達子丹相較則子丹是女仲達是男若以武侯仲達相較則又武侯是男仲達是女觀後文巾幗之受其不異於面塗紅粉身服女衣者幾希矣

武侯氣王朗只是一氣氣曹真不止是一氣姜維詐降一

氣也王雙被斬二氣也秦良死而蔡又劫三氣也與三氣周瑜之事殆相彷彿矣然周瑜未死之前有兩句歌謠一封書扎周瑜既死之後又有一篇祭文獨至曹真而片紙之中一番教訓一番嘲笑一番哀憐直將歌謠書扎祭文合成一幅尤令見者解頤

甚矣爲將之不可不嚴也武侯斬陳式而不斬魏延憐其勇耳若縱苟安而反爲其所譖則寬之過也且陳式未歸之時恐未降魏而使鄧芝撫之魏延將反之日預知其背

漢而使馬岱出防之衢至苟安而武侯慮不及此又似失之於疏矣雖然此天之不欲興漢豈武侯之咎與我以此計中人而人亦以此計中我如武侯曾以反間之計退仲達而仲達亦以反間之計退武侯是也雖然物必先腐也而後蟲生之仲達雖智豈能間英明之主哉苟安不能愚後主而宦官得以愚後主又非宦官足以愚後主而後主實受愚於宦官昭烈所爲嘆息痛恨於桓靈者而其父恨焉其子蹈焉悲夫

三出祁山之師爲武侯之病而去此仲達不知其去者也四出祁山之師爲苟安之譖而去此仲達先知其必去者也不知其去則其去也易知其必去則其去也難而武侯卒不難於去者則減兵添竈之計得也孫臏以減竈誘敵之追武侯又以增竈遏敵之追是得孫臏之意而變化之可見讀古書者讀此句必是此句便是不能讀用古事者用此法必是此法便是不能用觀於武侯可以悟矣

卻說衆將聞孔明不追魏兵俱入帳告曰魏兵苦雨不能屯扎

因此回去正好乘勢追之丞相如何不追孔明曰司馬懿善能用兵今軍退必有埋伏吾若追之正中其計（不犯他人先着）不如縱他遠去吾却分兵逕出斜谷而取祁山使魏人不隄防也（此之謂攻其無備）衆將曰取長安之地別有路逕丞相只取祁山何也（吾亦欲問之）孔明曰祁山乃長安之首也隴西諸郡倘有兵來必經由此地更兼前臨渭濱後靠斜谷左出右入可以伏兵乃用武之地吾故欲先取此得地利也（前卷是仰察天文後卷是俯察地理）衆將皆拜服孔明令魏延張嶷杜瓊陳式出箕谷馬岱王平張翼馬忠出斜谷俱會

於祁山調撥已定。孔明自提大軍，令關興、廖化爲先鋒，隨後進發。以上按下武侯一邊以下再叙真懿一邊。却說曹真、司馬懿二人在後監督人馬，令一軍入陳倉古道，探視回報，說蜀兵不來。又行旬月，後面埋伏衆將皆回，說蜀兵全無音耗。真曰：「連綿秋雨，棧道斷絕，蜀人豈知吾等退軍耶？」寫曹真之愚以襯司馬之智。懿曰：「蜀兵隨後出矣。」誠如公言。真曰：「何以知之？」懿曰：「連月晴明，蜀兵不趕，料吾有伏兵也，故縱我兵遠去，待我兵過盡，他却奪祁山矣。」誠如公言。曹真不信。懿曰：「子丹如何不信？吾料孔明必從兩谷而來，吾與子丹各守一谷口，十日爲期若無蜀兵來我面塗紅粉身穿女衣來營中伏罪。此等賭法甚奇。贏的是男子。輸的是婦人。但恐今日天下婦人偏要贏着男子也。○面塗紅粉。早與後文張虎樂綝相映。身穿女衣。早與後文受巾幗相映。真曰若有蜀兵來我願將天子所賜玉帶一條御馬一匹與你。○以天子所賜爲賭。孰知後來却把一個天子輸與他家。即分兵兩路。真引兵屯於祁山之西斜谷口。懿引軍屯於祁山之東箕谷口。各下寨已畢。懿先引一枝兵伏於山谷中。其餘軍馬各於要路安營。懿更換衣粧雜在衆軍之內。賭輸了要換婦人粧束。今不曾輸。先着小卒衣裳。遍觀各營。忽到一營有一偏將仰天而怨曰。大雨淋了許多時。不肯回去。今又在這裏頓住強要賭賽却不苦了官軍（賭賽原是一時高興）懿聞言歸寨升帳聚衆將皆到帳下挨出那將來懿叱之曰朝廷養軍千日用在一時汝安敢出怨言以慢軍心其人不招懿叫出同伴之人對證那將不能抵賴懿曰吾非賭賽欲勝蜀兵（勝曹眞便是取笑勝蜀兵便是正經）令汝各人有功回朝汝乃妄出怨言自取罪戾喝令武士推出斬之（取笑弄出認眞來）須臾獻首帳下衆將悚然懿曰汝等諸將皆要盡心以防蜀兵聽吾中軍砲響四面皆進衆將受令而退（以上按下眞懿一邊以下再敘武侯一邊）却說魏延張嶷陳式杜瓊四將引二萬

兵取箕谷而進正行之間忽報糸謀鄧芝到來四將問其故芝曰丞相有令如出箕谷隄防魏兵埋伏不可輕進（司馬懿之料武侯又爲武侯所料）陳式曰丞相用兵何多疑耶吾料魏兵連遭大雨衣甲皆毁必然急歸安得又有埋伏今吾兵倍道而進可獲大勝如何又教休進芝曰丞相計無不中謀無不成汝安敢違令式笑曰丞相若果多謀不致街亭之失（照應九十五回中事）魏延想起孔明向日不聽其計亦笑曰丞相若聽吾言逕出子午谷此時休說長安連洛陽皆得矣（照應九十二回中語）今執定要出祁山有何益耶既令進

兵今又教休進何其號令不明式曰吾自有五千兵逕出箕谷先到祁山下寨看丞相羞也不羞芝再三阻當式只不聽逕自引五千兵出箕谷去了司馬懿部下一末將不服武侯部下一大將不服正是相對○陳式又是一箇馬謖鄧芝只得飛報孔明却說陳式引兵行不數里忽聽的一聲砲響四面伏兵皆出式急退時魏兵塞滿谷口圍得鐵桶相似式左衝右突不能得脫忽聞喊聲大震一彪軍殺入乃是魏延救了陳式回到谷中五千兵只剩得四五百帶傷人馬此時陳將軍羞也不羞背後魏兵趕來却得杜瓊張嶷引兵接應魏兵方退陳魏

二人方信孔明先見如神懊悔不及且說鄧芝回見孔明言魏延陳式如此無禮孔明笑曰魏延素有反相吾知彼常有不平之意因憐其勇而用之久後必生患害早爲一百五回伏筆正言間忽流星馬報到說陳式折了四千餘人止有四五百帶傷人馬屯在谷中孔明令鄧芝再來箕谷撫慰陳式防其生變周密之至一面喚馬岱王平分付曰斜谷若有魏兵守把汝二人引本部軍越山嶺夜行晝伏速出祁山之左舉火爲號又喚馬忠張翼分付曰汝等亦從山僻小路晝伏夜行逕出祁山之右舉火爲號與馬

傍王平會合共劫曹真營寨（前番調撥以此四人爲一路今又分作兩路）吾自從谷中三面攻之魏兵可破也四人領命分頭引兵去了孔明又喚關興廖化分付曰如此如此（前兩路叙明所授之計此一路不叙明所授之計待後文始見是換筆）二人受了密計引兵而去孔明自領精兵倍道而行正行間又喚吳班吳懿授與密計（又不叙明所授何計又留在末後分明亦是換筆）亦引兵先行卻說曹真心中不信蜀兵來以此怠慢縱令軍士歇息只等十日無事要羞司馬懿不覺守了七日（再熬過三日便要贏他花面矣）忽有人報谷中有些小蜀兵出來真令副將秦良引五千兵哨探不許

縱令蜀兵近界（圖欲瞞過司馬懿也。曹真之意只以賭賽為重，不以國事為重。）秦良領命引兵剛到谷口，哨見蜀兵退去，良急引兵趕來，行到五六十里不見蜀兵（此乃孔明所授密計也。）心下疑惑，教軍士下馬歇息。忽哨馬報說前面有蜀兵埋伏，良上馬看時，只見山中塵土大起，急令軍士隄防。不一時四壁廂喊聲大震，前面吳班吳懿引兵殺出（末後分付的最先出現。）背後關興廖化引兵殺來（第三起分付的出現在第二。）左右是山，皆無走路。山上蜀兵大叫：下馬投降者免死（不盡殺之而欲降之，計畫已定。）魏軍大半多降。秦良死戰，被廖化一刀斬於馬下（今番却瞞不過司馬懿也。）孔明把降卒拘於後軍。却將魏軍衣甲與蜀軍五千人穿了。扮作魏兵。不見男子扮女子。先見蜀兵扮魏兵。令關興廖化吳班吳懿四將引着。此四人重復調撥。逕奔曹真寨來。先令報馬入寨說。只有些小蜀兵。盡趕去了。妙。正合他不許近界之意。真大喜。忽報司馬都督差心腹人至。真喚入問之。其人告曰。今蜀兵用埋伏計。殺魏兵四千餘人。與陳式所折。正好相當。武侯正了本矣。司馬都督致意將軍。教休將賭賽爲念。務要用心提備。夾叙此一段筆法妙甚。真曰。吾這裏並無一箇蜀兵。還要彈嘴。遂打發來人回去。忽又報秦良引兵回來了。真自出帳迎之。比及到寨。人報前後兩把火起眞急回寨後看時關興廖化吳班吳懿四將指麾蜀軍就營前殺將進來重復調撥的于此再出現馬岱王平從後面殺來馬忠張翼亦引兵殺到第一番調撥與第二番調撥的却于末後出現魏軍措手不及各自逃生衆將保曹眞望東而走背後蜀兵趕來曹眞正奔走忽然喊聲大震一彪軍殺到眞膽戰心驚每到遇敵兵處故作驚人之筆反覷之乃司馬懿也莫非來取玉帶御馬乎懿大戰一塲蜀兵方退眞得脫羞慚無地不惟輸與孔明又輸與仲達是雙輸了安得不羞懿曰諸葛亮奪了祁山地勢吾等不可久居此處宜去渭濱安營再作良圖眞曰仲達何以知吾遭

此大敗也懿曰見來人報稱子丹說並無一箇蜀兵吾料孔明暗來劫寨因此知之故相接應今果中計（司馬懿一邊事卽在司馬懿口中補出）切莫言賭賽之事只同心報國（老奸猾老世事）曹真甚是惶恐氣成疾病臥牀不起（姓曹的如此無用安得不以大事托之司馬氏）兵屯渭濱懿恐軍心有亂不敢教真引兵却說孔明大驅士馬復出祁山（此是四出祁山）勞軍已畢魏延陳式杜瓊張嶷入帳拜伏請罪孔明曰是誰失陷了軍來延曰陳式不聽號令潛入谷口以此大敗式曰此事魏延教我行來（始而一齊扛幇繼而互相埋怨可發一笑）孔明曰他倒救你你反攀他（輕輕一句）

便將魏延拋開。將令已違，不必巧說，即叱武士推出陳式斬之。須臾懸首於帳前，以示諸將。此時孔明不殺魏延，欲留之以為後用也。接中忽結一斷語，絕妙筆法。孔明既斬了陳式，正議進兵，忽有細作報說：曹真臥病不起，現在營中治療。孔明大喜，謂諸將曰：若曹真病輕，必便回長安。今魏兵不退，必為病重，故留於軍中以安眾人之心。吾寫下一書，教秦良的降兵持與曹真，真若見之，必然死矣。與前番致書于周郎一樣局面。遂喚降兵至帳下，問曰：汝等皆是魏軍，父母妻子多在中原，不宜久居蜀中。今放汝等回家，若何？武侯眾軍泣淚拜謝孔明曰曹子丹與吾有約吾有一書汝等帶回送與子丹必有重賞武侯妙人魏軍領了書奔回本寨將孔明書呈與曹真真扶病而起拆封視之其書曰

漢丞相武鄉侯諸葛亮致書於大司馬曹子丹之前切謂夫爲將者能去能就能柔能剛能進能退能弱能强不動如山岳難知如陰陽無窮如天地充實如太倉浩渺如四海眩曜如三光預知天文之旱澇先識地理之平康察陣勢之期會揣敵人之短長嗟爾無學後輩上逆穹蒼助篡國之反賊稱

帝號於洛陽走殘兵於斜谷遭霖雨於陳倉水陸困乏人馬倡狂拋盈郊之戈甲棄滿地之刀鎗都督心崩而膽裂將軍鼠竄而狼忙無面見關中之父老何顏入相府之廳堂史官秉筆而記錄百姓衆口而傳揚仲達聞陣而惕惕子丹望風而遑遑吾軍兵強而馬壯大將虎奮以龍驤掃秦川爲平壤蕩魏國作坵荒直是一篇叶韻祭文

曹真看畢恨氣塡胸至晚死於軍中又是一箇王朗司馬懿用兵車裝載差人送赴洛陽安葬魏主聞知曹真已死即下詔催司馬懿

出戰。懿提大軍。來與孔明交鋒。隔日先下戰書。仲達此時亦是不得已。孔明謂諸將日曹眞必死矣。遂批回來日交鋒。使者去了。孔明當夜教姜維受了密計。如此而行。又喚關興分付如此如此。又不知先生用何妙計。次日孔明盡起祁山之兵。前到渭濱。一邊是河。一邊是山。中央平川曠野。好片戰場。正好擺陣要子。兩軍相迎。以弓箭射住陣角。三通鼓罷。魏陣中門旗開處。司馬懿出馬。衆將隨後而出。只見孔明端坐於四輪車上。手搖羽扇。二人向來並不曾交語。此是第二番相見。懿日。吾主上法堯禪舜。開口便說禪代。正為他日效尤張本。相傳二帝。坐鎮中原。容汝蜀吳二國者，乃吾主寬慈仁厚，恐傷百姓也。汝乃南陽一耕夫，不識天數，强要相侵，理宜殄滅。如省心改過，宜即早回，各守疆界，以成鼎足之勢，免致生靈塗炭，汝等皆得全生。孔明笑曰：吾受先帝託孤之重，安肯不傾心竭力以討賊乎？（對嗣君開口說先帝，對敵人亦開口只說先帝。）汝曹氏不久爲漢所滅。汝祖父皆爲漢臣，世食漢祿，不思報効，反助篡逆，豈不自耻？懿羞慚滿面曰：吾與汝決一雌雄。汝若能勝，吾誓不爲大將；汝若敗時，早歸故里，吾並不加害。（又是一番賭賽。）孔明曰：汝欲鬬將、鬬兵、鬬陣法？（偏有許多鬬法。）懿曰：先鬬陣法。孔明曰先布陣我看懿入中軍帳下手執黃旗招颭左右軍動排成一陣復上馬出陣問曰汝識吾陣否孔明笑曰吾軍中末將亦能布之此乃混元一氣陣也（取混一之意）懿曰汝布陣我看孔明入陣把羽扇一搖復出陣前問曰汝識我陣否懿曰量此八卦陣如何不識（一氣主合八卦主分以分破合也）孔明曰識便識了敢打我陣否懿曰既識之如何不敢打孔明曰汝只管打來司馬懿回到本陣中喚戴陵張虎樂綝三將分付曰今孔明所布之陣按休生傷杜景死驚開八門汝三人可從正東生門打入往西南休門

殺出復從正北開門殺入此陣可破汝等小心在意如黄承彦教陸遜之語。於是戴陵在中張虎在前樂綝在後各引三十騎從生門打入兩軍吶喊相助三人殺入蜀陣只見陣如連城衝突不出三人慌引騎轉過陣脚往西南衝去却被蜀兵射住衝突不出。魚腹浦前石疑是人。祁山寨前人疑是石。陣中重重疊疊都有門戶。那裏分東西南北。妙寫陣法。三將不能相顧只管亂撞但見愁雲漠漠慘霧濛濛。又加此二句。更見陣法之神奇。喊聲起處魏兵一箇箇皆被縛了。賭陣法輸了。送到中軍孔明坐於帳中左右將張虎戴陵樂綝并九十箇軍皆縛在帳下孔明笑曰吾縱然捉得汝等何足爲奇吾放汝等回見司馬懿教他再讀兵書重觀戰策那時來決雌雄未爲遲也。叫他回去讀書竟似對求試不中的秀才說。汝等性命既饒當留下軍器戰馬遂將衆人衣服脫了以墨塗面步行出陣。司馬懿與曹眞賭只賭得衣扮塗面今却搽了黑臉更是難當。司馬懿見之大怒。老羞變怒。回顧諸將曰如此挫敗銳氣有何面目回見中原大臣耶即指揮三軍奮死掠陣懿自拔劍在手引百餘驍將催督衝殺兩軍恰纔相會忽然陣後鼓角齊鳴喊聲大震一彪軍從西南上殺來乃關興也。第二次授計者出現在前。懿分後軍當之復催軍向前廝殺。忽然魏兵大亂。原來姜維引一彪軍悄地殺來。○第一次授計者出現在後。蜀兵三路夾攻。懿大驚。急忙退軍。蜀兵周圍殺到。懿引三軍望南死命衝出。魏兵十傷六七。鬪兵鬪將又輸了。司馬懿退在渭濱南岸下寨。堅守不出。孔明收得勝之兵。回到祁山時。永安城李嚴遣都尉苟安解送糧米至軍中交割。苟安好酒。於路怠慢。違限十日。孔明大怒曰。吾軍中專以糧為大事。悞了三日便該處斬。汝今悞了十日。有何理說。喝令推出斬之。與陳式正[illegible]同異。長史楊儀曰。苟安乃李嚴用人。又兼錢糧多出於西川。若殺此人後無人敢送糧也孔明乃叱武士去其縛杖八十放之不斬此人反受其悮可見好人做不得苟安被責心中懷恨連夜引親隨五六騎逕奔魏寨投降苟安不是苟竟是向矣懿喚入苟安拜告前事懿曰雖然如此孔明多謀汝言難信汝能爲我幹一件大功吾那時奏准天子保汝爲上將安曰但有甚事即當效力懿曰汝可回成都布散流言說孔明有怨上之意早晚欲稱爲帝使汝主召回孔明即是汝之功此奉荅前文馬謖反間之計彼此相對苟安允諾逕回成都見了宦官得其人矣布散流言說孔明自倚大功早晚必將篡國宦官聞知

大驚即入內奏帝細言前事。宮中府中。不宜異同。後主驚訝曰似此如之

奈何宦官曰可詔還成都削其兵權免生叛逆後主下詔宣孔

明班師回朝。親小人。遠賢人。後漢所以傾頹也。蔣琬出班奏曰丞相自出師以

來累建大功何故宣回後主曰朕有機密事必須與丞相面議

也會說謊即遣使齎詔星夜宣孔明回使命逕到祁山大寨孔明接

入受詔已畢仰天嘆曰主上年幼必有佞臣在側吾正欲建功

何故取回我如不回是欺主矣若奉命而退日後再難得此機

會也苟安之罪。上通於天。姜維問曰若大軍退司馬懿乘勢掩殺當復如

何孔明曰吾今退軍可分五路而退今日先退此營假如營內兵一千即掘二千竈今日掘三千竈明日掘四千竈每日退軍添竈而行孫臏減竈之法武侯反用之楊儀曰昔孫臏擒龐涓用添兵減竈之法今丞相退兵何故增竈孔明曰司馬懿善能用兵知吾退兵必然追趕心中疑吾有伏兵定於舊營內數竈見每日增竈兵又不知退與不退則疑而不敢追吾徐徐而退自無損兵之患［方將添竈計策解說一遍］遂傳令退軍却說司馬懿料苟安行計停當只待蜀兵退時一齊掩殺正躊躇間忽報蜀寨空虛

人馬皆去懿因孔明多謀不敢輕追自引百餘騎前來蜀營內踏看教軍士數竈（不出先生所料）仍回本寨次日又教軍士趕到那箇營內查點竈數回報說這營內之竈比前又增一分司馬懿謂諸將曰吾料孔明多謀今果添兵增竈吾若追之必中其計（誰知巳中孔明之計）不如且退再作良圖於是回軍不追孔明不折一人望成都而去次後川口土人來報司馬懿說孔明退兵之時未見添兵只見增竈懿仰天長嘆曰孔明效虞詡之法瞞過吾也其謀略吾不如之遂引大軍還洛陽

[illegible]招賢　將遇良才不敢驕

[illegible]到成都竟是郎何山不下　文分解

四大奇書第一種卷五十一

茂苑毛宗崗序始氏評　吳門杭永年資能氏評定

第一百一回

出隴上諸葛粧神
逩劍閣張郃中計

或謂武侯粧神作怪不過爲割麥之計耳乃爲人所笑予曰不然今天下之粧神作怪者大抵類此矣書符遣將禱雨祈晴使人羣相尊奉稱其道法無他故也重口食燕燒

丹鍊藥却老延年使人轉相傳述指日仙翁無他故也重口食也杖錫升座講佛談禪使人疑爲慧遠再來生公復出無他故也重口食也歌姬舞伎盡態極妍使人疑爲天上飛瓊山中神女無他故也重口食也翰墨丹青琴棋諸藝窮工鬭巧竭智悉能使人疑其筆下有神腕中有鬼無他故也重口食也星卜堪輿醫方雜術推吉論凶知生決死使人疑其胸羅陰陽心通造化無他故也重口食也推而舉之比比皆是何獨笑一武侯哉

勞師遠征動以年歲楊儀請立換班之法可謂善矣然使及期而不代此連稱管至父之所以作亂於齊也一旦大敵猝臨新軍未至不從權則無以應敵欲從權則又恐失信於我軍當此之時將何法以處之乎而武侯則更有妙術焉以爲我欲從權而人必以我爲失信惟我不失信而人乃樂於從權於是不以驅之戰者督其戰正以遣之去者鼓其戰易曰說以使民民忘其勞說以犯難民忘其死武侯其得此道也夫

君子讀書至此而嘆糧之爲累大也民以食爲天兵亦以食爲天武侯割隴上之麥迫於無糧耳司馬懿之不戰亦曰糧盡而彼自退耳郭淮之請斷劍閣又曰截其糧道則彼自亂耳前者苟安之被責而興謗不過以解糧之過期今者李嚴之遣書以相欺亦不過爲運糧之有缺嗟乎兵之需餉如此而餉之艱難又如此然則將如之何哉故國家兵未足必先足食食不足無寧去兵

嚇司馬懿則孔明之外又有孔明東西南北一人化作四

人何其多而幻也誘張郃則魏延之外止有關興與關興之
外止有魏延輪流轉換兩人只是兩人何其少而幻也非
多而幻須嚇司馬懿不得非少而窮亦誘張郃不得假張
飛兩度撮空假姜維一番竊冒假孔明四面分身前後可
稱三絕晉口川中捕一活魚魚腹捕邊放一生鹿木門道
上獲一死獐前後又可稱三絕

却說孔明用減兵添竈之法退兵到漢中司馬懿恐有埋伏不
敢追趕亦收兵回長安去了因此蜀兵不曾折了一人孔明大

賞三軍已畢回到成都入見後主奏曰老臣出了祁山欲取長安聽承陛下降詔召回不知有何大事後主無言可對（活畫一昏庸之主。）良久乃曰朕久不見丞相之面心甚思慕故特詔回別無他事（又來說謊一語道著）孔明曰此非陛下本心必有奸臣讒譖言臣有異志也〇〇〇〇〇〇〇〇〇〇〇〇後主聞言默然無語（活畫一昏庸之主。）孔明曰老臣受先帝厚恩誓以死報今若內有奸邪臣安能討賊乎後主曰朕因過聽宦官之言一時召回丞相今日茅塞方開悔之不及矣（活畫一昏庸之主。）孔明遂喚衆宦官究問方知是苟安流言急令人捕之已投魏國去了孔明將妄奏的宦官誅戮餘皆廢出宮外又深責蔣琬費禕等不能覺察奸邪規諫天子。責攸之禕允等之咎。前出師表已言之矣。二人唯唯服罪孔明拜辭後主復到漢中一面發檄令李嚴應付糧草仍運赴軍前一面再議出師楊儀曰前數興兵軍力罷弊糧又不繼今不如分兵兩班以三箇月為期且如二十萬之兵只領十萬出祁山住了三箇月却教這十萬替回循環相轉若此則兵力不乏然後徐徐而進中原可圖矣。輪流更換之法使兵不苦於遠征三年破斧之詩可以勿作矣。孔明曰此言正合我意吾伐中原非一朝一夕之事正嘗爲此長久之計（死而後已曷計其年）遂下令分兵兩班限一百日爲期循環相轉（所謂及瓜期而代）違限者按軍法處治建興九年春二月（此處忽點時序正與後文四月麥熟相應）孔明復出師伐魏時魏太和五年也（以上按過蜀漢再叙魏國）魏主曹叡知孔明又伐中原急召司馬懿商議懿曰今子丹巳亡臣願竭一人之力勦除寇賊以報陛下（賊反以漢爲賊賊者漢之賊漢者亦賊之賊也）叡大喜設宴待之次日人報蜀兵寇急（賊反以伐爲寇有巡檢爲强盜所擒而巡檢呼盜爲爺爺盜罵巡檢爲强盜者其猶此乎）叡即命司馬懿出師禦敵親排鑾駕送出城外（司馬懿漸漸與曹操相似）懿辭了魏主逕到長安大會諸路人

馬討議破蜀兵之策。張郃曰：吾願引一軍去守雍郿，以拒蜀兵。懿曰：吾前軍不能獨當孔明之衆，而又分兵爲前後，非勝算也。不如留兵守上邽，餘衆悉往祁山，公肯爲先鋒否？（懿之資張郃猶真之資王）郃曰：吾素懷忠義，欲盡心報國，惜未遇知己。今都督肯委重任，雖萬死不辭。（說出一死字爲之兆也）於是司馬懿令張郃爲先鋒，總督大軍；又令郭淮守隴西諸郡，其餘衆將各分道而進。前軍哨馬報說：孔明率大軍望祁山進發，前部先鋒王平、張嶷逕出陳倉，過劍閣，由散關望斜谷而來。（蜀兵之來却在魏兵一邊叙出）司馬懿謂張郃曰今孔明長驅大進必將割隴西小麥以資軍糧汝可結營守祁山吾與郭淮巡略天水諸郡以防賊兵割麥（謹防偷麥賊一發以漢爲賊也）郃領諸達引四萬兵守祁山懿引大軍望隴西而去（以上敘過司馬以下再敘武侯）卻說孔明兵至祁山（此是五出祁山）安營已畢見渭濱有魏軍隄備乃謂諸將曰此必是司馬懿也即今營中乏糧屢遣人催併李嚴運米應付卻只是不到（伏爲李嚴賺武侯伏筆）吾料隴上麥熟可密引兵割之於是留王平張嶷吳班吳懿四將守祁山營孔明自引姜維魏延等諸將前到鹵城鹵城太守素知孔明慌忙開

城出降先聲奪人。孔明撫慰畢問曰此時何處麥熟太守告曰隴上麥已熟孔明乃留張翼馬忠守鹵城自引諸將并三軍望隴上而來前軍回報說司馬懿引兵在此孔明驚曰此人預知吾來割麥也亦算是絕糧道即沐浴更衣讀者至此必謂又如拜井出泉故事禱之於天以求食也推過一般三輛四輪車來車上皆要一樣粧飾此車乃孔明在蜀中須先造下的與黑油車又自不同當下令姜維引一千軍護車五百軍擂鼓伏在上邽之後第一路馬岱在左魏延在右亦各引一千軍護車五百軍擂鼓第二第三路每一輛車用二十四人皂衣跣足披髮杖劍手執七星皂旛在左右推車又來作怪三人各受計引兵擁南而去孔明又令三萬軍皆執鐮刀馱繩伺候割麥原來推妖作怪只是為此却選二十四箇精壯之士各穿皂衣披髮跣足仗劍簇擁四輪車爲推車使者令關興粧束做天蓬模樣是西遊記猪八戒名色今之打劫東西者往往搽畫頭臉想亦用此法也手執七星皂旛步行於車前孔明端坐於上望魏營而來哨探軍見之大驚不知是人是鬼在衆人眼中寫一作怪蹺蹊之孔明火速報知司馬懿懿自出營視之只見孔明簪冠鶴氅手搖羽扇端坐於四輪車上左右二十四人披髮仗劍前面一人手

執皂旛隱隱似天神一般。（又像七星壇前祭風時形狀。又在司馬懿眼中寫一作怪蹺蹊之孔明。）懿曰這箇又是孔明作怪也遂撥二千人馬分付曰汝等疾去連車帶人盡情都捉來。（諸葛粧神。司馬又要捉鬼。）魏兵領命一齊追趕孔明見魏兵趕來便教回車遙望蜀營緩緩而行魏兵皆驟馬追趕（西廂曲云。馬兒慢慢行車兒緊緊隨。今却是車兒慢慢行。馬兒緊緊隨矣。）但見陰風習習冷霧漫漫儘力趕了一程追之不上（是西遊記孫行者神通。）各人大驚都勒住馬言曰奇怪我等急急趕了三十里只見在前追之不上如之奈何孔明見兵不來又令推車過來朝着魏兵歇下。（一發作怪。魏兵倒好耍子。）

猶豫良久又放馬趕來孔明復回車慢慢而行魏兵又趕了二十里只見在前不曾趕上（竟似海上三神山可望而不可即）盡皆癡呆孔明教回過車朝着魏兵推車倒行（一發作怪倒好耍子）魏兵又欲追趕後面司馬懿自引一軍到傳令曰孔明善會八門遁甲能驅六丁六甲之神此乃六甲天書內縮地之法也（借司馬懿口中下一註脚）衆軍不可追之衆軍方勒馬回時左勢下戰鼓大震一彪軍殺來懿急令兵拒之只見蜀兵隊裏二十四人披髮仗劍皂衣跣足擁出一輛四輪車車上端坐孔明簪冠鶴氅手搖羽扇（又是一箇孔明與前却是兩箇孔明）

作怪之極懿大驚曰方纔那箇車上坐着孔明趕了五十里追之不上如何這裏又有孔明怪哉怪哉不知遁甲天書中可有此等變化言未畢右勢下戰鼓又鳴一彪軍殺來四輪車上亦坐着一箇孔明左右亦有二十四人皂衣跣足披髮仗劒擁車而來敘法此前變又是一箇孔明與前卻是三箇孔明作怪之極懿心中大疑回顧諸將曰此必神兵也疑是六丁六甲變的眾軍心下大亂不敢交戰各自奔走正行之際忽然鼓聲大震又一彪軍殺來當先一輛四輪車孔明端坐於上左右前後擁車使者同前一般又是一箇孔明與前卻是四箇孔明作怪之極敘法又變魏兵無不

駭然司馬懿不知是人是鬼又不知多少蜀兵十分驚懼急急引兵奔入上邽閉門不出（一箭孔明當不起又生出無數孔明司馬懿真要嚇殺也）此時孔明早令三萬精兵將隴上小麥割盡運赴鹵城打曬去了（令人雖有吃食意智却弄不出這等神通）司馬懿在上邽城中三日不敢出城（此時麥已曬乾矣）後見蜀兵退去方敢令軍出哨於路捉得一蜀兵來見司馬懿懿問之其人告曰某乃割麥之人因走失馬匹被捉前來懿曰前者是何神兵（竟道是神兵）答曰三路伏兵皆不是孔明乃姜維馬岱魏延也（借蜀兵口中說明）每一路兵有一千軍護車五百軍擂鼓只

是先來誘陣的車上乃孔明也（又註明一句）懿仰天長嘆曰孔明有神出鬼沒之機忽報副都督郭淮入見懿接入禮畢淮曰吾聞蜀兵不多見在鹵城打麥可以擊之懿細言前事淮笑曰只瞞過一時今已識破何足道哉（只怕到底識不破）吾引一軍攻其後公引一軍攻其前鹵城可破孔明可擒矣懿從之遂分兵兩路而來（如今不掐鬼了）却說孔明引軍在鹵城打曬小麥忽喚諸將聽令曰今夜敵人必來攻城吾料鹵城東西麥田之內足可伏兵（割了麥去止剩光地正好埋兵）誰敢為我一往姜維魏延馬忠馬岱四將出曰某等願

往孔明大喜乃命姜維魏延各引二千兵伏東南西北兩處馬岱馬忠各引二千兵伏在西南東北兩處前是四衢孔明今只亦是四面埋伏聽砲響四角一齊殺來四將受計引兵去了孔明自引百餘人各帶火砲出城伏在麥田之內等候却說司馬懿引兵逕到鹵城下日已昏黑乃謂諸將曰若白日進兵城中必有準備今可乘夜晚攻之只怕夜裡有鬼此處城低壕淺可便打破遂屯兵城外一更時分郭淮亦引兵到兩下合兵一聲鼓響把鹵城圍得鐵桶相似城上萬弩齊發矢石如雨魏兵不敢前進忽然魏軍中信

砲連聲三軍大驚又不知何處兵來先聞砲聲又恐是驅使鬼神淮令人去

麥田搜時四角上火光冲天喊聲大震四路蜀兵一齊殺至圍

城四門大開城內兵殺出裏應外合大殺了一陣魏兵死者無

數○是夜天蓬元帥擊死了司馬懿引敗兵奮死突出重圍占住了山頭郭

淮亦引敗兵奔到山後扎住孔明入城令四將於四角下安營犄角之勢

郭淮告司馬懿曰今與蜀兵相持許久無策可退目下又

被殺了一陣折傷三千餘人折兵之數在郭淮口中補出若不早圖日後難

退矣懿曰當復如何淮曰可發檄文調雍涼人馬併力勦殺吾

願一軍襲劍閣截其歸路使彼糧草不通。武侯割隴上之麥所重在糧郭淮欲截劍閣之路。亦所重在糧。三軍慌亂那時乘勢擊之敵可滅矣懿從之即發檄文星夜往雍涼調撥人馬不一日大將孫禮引雍涼諸郡人馬到懿即令孫禮約會郭淮去襲劍閣。與前之襲街亭一樣算計。却說孔明在鹵城相距日久不見魏兵出戰乃喚馬岱姜維入城聽令曰今魏兵守住山險不與我戰一者料吾麥盡無糧二者令兵去襲劍閣斷吾糧道也汝二人各引一萬軍先去守住險要魏兵見有准備自然退去與前之使馬謖王平守街亭一樣算計。二人引兵去了長史楊儀入帳告曰向者丞相令大兵一百日一換今已限足漢中兵已出川口前路公文已到只待會兵交換見存八萬軍內四萬該與換班孔明曰既有令便教速行衆軍聞知各各收拾起程（軍士思家歸心如箭）忽報孫禮引雍凉人馬二十萬來助戰去襲劍閣司馬懿自引兵來攻鹵城了蜀兵無不驚駭（欲歸不得驚駭可知）楊儀入告孔明曰魏兵來得甚急丞相可將換班軍且留下退敵待新來兵到然後換之（楊儀是老實算）孔明曰不可吾用兵命將以信爲本既有令在先豈可失信且蜀兵應去者皆準備歸計其父母妻

子倘肩而望書今便有大難決不留他即傳令教應去之兵當
日便行。武侯是巧妙機權着實要他去去是着實不要他去也。衆軍聞之皆大呼曰丞相
如此施恩於衆我等願且不回各捨一命大殺魏兵以報丞相
方知武侯幾句撫慰言語賽過一紙催督公文。孔明曰爾等該還家豈可復留於此。妙在
只是打發他去却是不留之留。衆軍皆要出戰不願回家。越打發他越不肯去。孔明曰汝
等既要與我出戰可出城安營待魏兵到莫待他息喘便急攻
之此以逸待勞之法也。要去時便再三遣歸不去時便立刻要戰是見機權之妙。衆兵領命
各執兵器懽喜出城列陣而待卻說西涼人馬倍道而來走的

人馬困乏方欲下營歇息被蜀兵一擁而進人人奮勇將驍驍雍涼兵抵敵不住望後便退蜀兵奮力追殺殺得那雍涼兵屍橫遍野血流成渠以少勝衆全虧以逸待勞孔明出城收聚得勝之兵入城賞勞忽報永安李嚴有書告急孔明大驚拆封視之書云近聞東吳令人入洛陽與魏連和魏令吳取蜀幸吳尚未起兵今嚴探知消息伏望丞相早作良圖孔明覽畢甚是驚疑乃聚諸將曰若東吳興兵寇蜀吾須索速回也試令讀三國者掩卷猜之謂書中之言真乎假乎若曰真也則洛陽有此消息何不知會司馬懿而令司馬懿一邊

木門道 地名

曾不聞也即傳令教祁山大寨人馬且退回西川司馬懿知吾屯軍在此必不敢追趕於是王平張嶷吳班吳懿分兵兩路徐徐退入西川去了張郃見蜀兵退去恐有計策不敢來追乃引兵往見司馬懿曰今蜀兵退去不知何意懿曰孔明詭計極多不可輕動驚弓之鳥不如堅守待他糧盡自然退去大將魏平出曰蜀兵拔祁山之營而退正可乘勢追之都督按兵不動畏蜀如虎〇〇〇〇臥龍

木牛 臥虎

奈天下笑何懿堅執不從卻說孔明知祁山兵已回遂喚楊儀馬忠入帳授以密計令先引一萬弓弩手去劍閣木門道

兩下埋伏若魏兵追到聽吾砲響急滾下木石先截其去路兩頭一齊射之二人引兵去了。此處授計明白敘出與前卷文法不同。又喚魏延關興引兵斷後城上四面遍插旌旗城內亂堆柴草虛放烟火大兵盡望木門道而去。去得井井有條。魏營巡哨軍來報司馬懿曰蜀兵大隊已退但不知城中還有多少兵懿自往視之見城上插旗城中烟起笑曰此乃空城也令人探之果是空城懿大喜曰孔明已退誰敢追之。方知旌旗烟火非止其追正誘其追也。先鋒張郃曰吾願往懿阻曰公性急躁不可去郃曰都督出關之時命吾為先鋒今日正是立功之際（正是效死之日）却不用吾何也懿曰蜀兵退去險阻處必有埋伏須十分仔細方可追之郃曰吾已知得不必掛慮懿曰公自欲去莫要追悔郃曰大丈夫捨身報國雖萬死無恨（一說死字在他口內明明道破下文）懿曰公旣堅執要去可引五千兵先行却教魏平引二萬馬步兵後行以防埋伏吾却引三千兵隨後策應（寫仲達仔細之極）張郃領命引兵火速望前追趕行到三十餘里忽然背後一聲喊起樹林內閃出一彪軍爲首大將橫刀勒馬大叫曰賊將引兵那裏去郃回頭視之乃魏延也（不以無伏兵誘之正以有伏兵誘之）郃

大怒回馬交鋒不十合延詐敗而走○○○○使知伏兵之無用則伏兵不足畏矣郃又追趕三十餘里勒馬回顧全無伏兵○○○○總間一段無伏兵處使知伏兵之退遁則伏兵不足畏矣又策馬前追方轉過山坡忽喊聲大起一彪軍擁出爲首大將○○○○○○○○○○○○乃關興也○○○○不止設一路伏兵誘又再設一路伏兵誘橫刀勒馬大叫曰張郃休趕有吾在此郃就拍馬交鋒不十合興撥馬便走○○○○使知伏兵之皆無用郃失兵又不足畏矣郃驅兵追之趕到一密林內郃心疑令人四下哨探並無○○伏兵○○○○○再闘一段無伏兵處使知伏兵又如此之退遁則伏兵愈不足畏矣於是放心又趕不想魏○○○延卻扎在前面郃又與戰十餘合延又敗走郃奮怒追來又被○○

關興抄在前面截住去路。後所見之伏兵即前所見之伏兵使如伏兵之更無添換則伏兵愈不足畏矣。郃大怒拍馬交鋒戰有十合蜀兵盡棄衣甲什物等件塞滿道路魏兵皆下馬爭取以利誘之。延興二將輪流交戰省筆法。張郃奮勇追趕看看天晚趕到木門道口魏延撥回馬高聲大罵曰張郃逆賊吾不與汝相拒汝只顧趕來吾今與汝決一死戰郃十分忿怒挺鎗驟馬直取魏延延揮刀來迎戰不十合延大敗盡棄衣甲頭盔匹馬引敗兵望木門道中而走如此方纔引得到木門道去。張郃殺的性起又見魏延大敗而逃乃驟馬趕來此時天色昏黑一聲砲響山上火光冲天大石亂柴滚將下來阻截去路今番着了道兒郃大驚曰我中計矣急回馬時背後已被木石塞滿了歸路中間只有一段空地兩邊皆是峭壁郃進退無路忽一聲梆子響兩下萬弩齊發將張郃并百餘箇部將皆射死於木門道中此日之死早在三出祁山時伏之後人有詩曰

伏弩齊飛萬點星　木門道上射雄兵
至今劍閣行人過　猶說軍師舊日名

却說張郃已死隨後魏兵追到見塞了道路已知張郃中計衆

軍勒回馬急退讀至此必謂一篇妙文巳完不謂又有一篇妙文在後忽聽的山頭上大叫曰諸葛丞相在此衆軍仰視只見孔明立於火光之中指衆軍而言曰吾今日圍獵欲射一馬司馬之馬誤中一獐張郃之張汝各人安心而去上覆仲達早晚必爲吾所擒矣木門道射張郃是一篇敘傳續以武侯幾句言語竟是一篇論贊此段妙文更出意外魏兵回見司馬懿細告前事懿悲傷不巳仰天嘆曰張儁義身死吾之過也又是幾句論贊乃收兵回洛陽魏主聞張郃死揮淚歎息令人收其屍厚葬之却說孔明入漢中欲歸成都見後主都護李嚴妄奏後主曰臣巳辦備軍糧行將

還赴丞相軍前不知丞相何故忽然班師（兩番之人今日多有毋獨怪李嚴也）後主聞奏即命尚書費禕入漢中見孔明問班師之故禕至漢中宣後主之意孔明大驚曰李嚴發書告急說東吳將興兵寇川因此回師費禕曰李嚴奏稱軍糧已辦丞相無故回師天子因此命某來問耳孔明大怒令人訪察乃是李嚴因軍糧不濟怕丞相見罪故發書取回却又妄奏天子遮飾已過（此處方纔敘明）孔明大怒曰匹夫為一己之故廢國家大事令人召至欲斬之費禕勸曰丞相念先帝托孤之意姑且寬恕（照應八十五卷中事）孔明從之費

梓潼縣名屬四川

禕即具表啓奏後主後主覽表勃然大怒叱武士推李嚴出斬之叅軍蔣琬出班奏曰李嚴乃先帝托孤之臣先主能知馬謖而不能知李嚴可見知人之難乞望恩寬恕後主從之即謫爲庶人徙於梓潼郡閑住孔明回到成都用李嚴子李豐爲長史○○○○○○○○黜其父而用其子是孔明無成心處積草屯糧講陣論武整治軍器存恤將士三年然後出征兩川人民軍士皆仰其恩德光陰荏苒不覺三年時建興十三年春二月孔明入朝奏曰臣今存恤軍士已經三年日月逝矣歲不我與不更討賊將待何時糧草豐足軍器完備人馬雄壯可以伐魏今番若不掃清奸黨

恢復中原誓不見陛下也。已爲五丈原之讖。武侯此行果然不復見後主矣。讀書至此爲之一哭。

後主曰方今已成鼎足之勢吳魏不曾入寇相父何不安享太平孔明曰臣受先帝知遇之恩夢寐之間未嘗不設伐魏之策竭力盡忠爲陛下克復中原重興漢室臣之願也言未已班部中一人出曰丞相不可興兵衆視之乃譙周也正是

武侯盡瘁惟憂國　太史知幾又論天

未知譙周有何議論且看下文分解

第一百二回

司馬懿占北原渭橋

諸葛亮造木牛流馬

觀武侯渭橋之敗而益信魏延子午谷之計非善計也武侯不能必魏人之不防渭橋魏延安能必魏人之不防子午谷哉且燒渭橋而不克則一敗猶可以復勝若使出子午谷而不遂則一敗將不可復勝故武侯寧爲渭橋之偶有一失而必不爲子午谷之僥倖於一得耳

司馬懿之使鄭文爲內應猶孟獲之使孟優爲內應也而

孟優未嘗殺一人以取孔明之信鄭文則自殺一將以取孔明之信是司馬懿之謀巧於孟獲也孔明欲賺司馬懿而止賺一秦朗猶姜維之欲賺曹真而止殺一費耀也乃姜維則以我獻書而使彼中我之計孔明即以彼獻書而使彼自中彼之計是孔明之謀巧於姜維也兩巧相對而尤巧者勝爲眞令讀者驚心悅目

平蠻之時曾用木獸矣而驅兵之木獸止用於一將運糧之木獸可用之永久則後之獸更奇於前之獸也割麥之

特當稱神將矣而隴上之神將使人背地劃麥渭濱之神將妙在當面奪糧是後之將更奇於前之將也以木爲獸能使之活以人爲兵能使之神却不止一番偏用兩番又各各驚人各各出色若在稗官揑造不足爲怪而此獨爲正史中之所實有者豈非造物奇觀

天下事有我能爲之人亦能學之者矣而學之者終不如爲之者能如其變則學者不如爲者之智也且爲之者能使學之者之適爲我用則學者反受爲者之愚也武侯木

此時蜀漢後主全賴武侯保駕天下亦在此人身上

牛流馬不但不禁人學正欲使人學而人乃至於不敢學

妙哉技至此乎

却說譙周官居太史頗明天文見孔明又欲出師乃奏後主曰臣今職掌司天臺但有禍福不可不奏近有羣鳥數萬自南飛來投於漢水而死此不祥之兆（鳥獸之變。）臣又觀天象見奎星躔於太白之分盛氣在北不利伐魏（星辰之變。）又成都人民皆聞柏樹夜哭（草木之變。梁木其壞。主應武侯之死。）有此數般災異丞相只宜謹守不可妄動孔明曰吾受先帝托孤之重當竭力討賊豈可以虛妄之災氣而廢國家大事耶遂命有司設太牢祭於昭烈之廟（武侯自此便與昭烈之廟永別讀書至此為之一哭）潸泣拜告曰臣亮五出祁山未得寸土負罪非輕今臣復統全部再出祁山誓竭力盡心勦滅漢賊恢復中原鞠躬盡瘁死而後已（皆後主之言即以告先帝）祭畢拜辭後主星夜至漢中聚集諸將商議出師忽報關興病亡孔明放聲大哭昏倒於地半晌方甦（與哭張苞彷彿然一在將歸之在初出文各不同）眾將再三勸解孔明歎曰可憐忠義之人天不與以壽我今番出師又少一員大將也

後人有詩歎曰

生死人常理，蜉蝣一樣空。但存忠孝節，何必壽喬松。

孔明引蜀兵三十四萬，分五路而進，令姜維、魏延爲先鋒，皆出祁山取齊；令李恢先運糧草於斜谷道口伺候。以下按過武侯一邊，再叙魏國一邊。○○○○○卻說魏國因舊歲有青龍自摩陂井內而出，改爲青龍元年。青龍見御摩井爲兆，日改元之兆。此時乃青龍二年春二月也。近臣奏曰：「邊官飛報蜀兵三十餘萬，分五路復出祁山。」魏主曹叡大驚，急召司馬懿至，謂曰：「蜀人三年不曾入寇，今諸葛亮又出祁山，如之奈何？」懿奏曰：「臣夜觀天象，見中原旺氣正盛，奎星犯太白，不利於

西川吉相應[illegible]周之今孔明自負才智逆天而行乃自取敗亡也臣
托陛下洪福當柱破之但願保四人同去獻曰卿保何人懿曰
夏侯淵有四子長名霸字仲權次名威字季權三名惠字雅權
四名和字義權霸威二人弓馬熟嫺惠和二人諳知韜畧此四
人常欲為父報仇臣今保夏侯霸夏侯威為左右先鋒夏侯惠
夏侯和為行軍司馬共贊軍機以退蜀兵前所薦郝昭張郃已至今又引出四人來
獻曰向者夏侯楙駙馬違悞軍機失陷了許多人馬至今羞慙
不回郝應武侯初出祁山時事今此四人亦與楙同否懿曰此四人非比

比也。此夏侯非彼夏侯。若但以宗室親黨尊之。此子建所以有求自試之表也。叡乃從其請，即命司馬懿爲大都督，凡將士悉聽，量才委用。各處兵馬皆聽調遣。懿受命辭朝出城，叡又以手詔賜懿曰：

卿到渭濱，宜堅壁固守，勿與交鋒。蜀兵不得志，必詐退誘敵。卿慎勿追。待彼糧盡，必將自走，然後乘虛攻之，則取勝不難。亦免軍馬疲勞之苦。計莫善於此也。此詔出於司馬懿之意，乃啓令天子賜之耳。恐諸將徵戰故也。

司馬懿頓首受詔，即日到長安，聚集各處軍馬共四十萬，皆來渭濱下寨又撥九萬軍於渭水上搭起九座浮橋令先鋒夏侯霸夏侯威過渭水安營又於大營之後東原築起一城以防不虞（築城便是欲守不欲戰之意）懿正與衆將商議間忽報郭淮孫禮來見懿迎入禮畢淮曰今蜀兵現在祁山儻跨渭登原接連北山阻絕隴道大可虞也懿曰所言甚善公可就總督隴西軍馬據北原下寨深溝高壘按兵休動只待彼兵糧盡方可攻之（即曹叡手詔中語）郭淮孫禮領命引兵下寨去了却說孔明復出祁山（此是六出祁山）下五箇大寨按左右中前後自斜谷直至劍閣一連又下十四箇

大寨分屯軍馬以爲久計已有不然復返之勢力每日令人巡哨忽報郭淮孫禮領隴西之兵於北原下寨孔明謂諸將曰魏兵於北原安營者懼吾取此路阻絕隴道也吾今虛攻北原却暗取渭濱令人扎木筏百餘隻上載草把選慣熟水手五千人駕之我今夜只攻北原司馬懿必引兵來救彼若少敗我把後軍先渡過岸去然後把前軍下於筏中休要上岸順水取浮橋放火燒斷以攻其後吾自引一軍去取前營之門若得渭水之南則進兵不難矣武侯此算亦是妙着但恨爲司馬懿識破耳諸將遵令而行早有巡哨軍飛報

司馬懿懿與諸將議曰孔明如此設施其中有計彼以取北原爲名順水來燒浮橋亂吾後却攻吾前也以前往往只猜得一半此却被他全猜着即傳令與夏侯霸夏侯威曰若聽得北原發喊便提兵於渭水南山之中待蜀兵至擊之先遣一路兵是防渭濱又令張虎樂綝引二千弓弩手伏於渭水浮橋北岸若蜀兵乘木筏順水而來可一齊射之休令近橋又遣一路兵又是防渭濱又傳令郭淮孫禮曰孔明來北原暗渡渭水汝新立之營人馬不多可盡伏於半路若蜀兵於午後渡水黃昏時分必來攻汝汝詐敗而走蜀兵必趕汝等皆以

弓弩射之吾水陸並進若蜀兵大至只看吾指揮而擊之第三路兵方是防北原。各處下令已畢又令二子司馬師司馬昭引兵救應前營。第四路又是防渭濱。懿自引一軍救北原。第五路又防北原。却說孔明令魏延馬岱引兵渡渭水攻北原。孔明第一路兵是攻北原。令吳班吳懿引木筏兵去燒浮橋。第二路燒浮橋。令王平張嶷為前隊姜維馬忠為中隊廖化張翼為後隊兵分三路去攻渭水旱營。此三路俱取渭濱。是日午時人馬離大寨盡渡渭水列成陣勢緩緩而行却說魏延馬岱將近北原天色已昏先寫第一路蜀兵。孫禮哨見便棄營而走魏延知有準備急退軍聽四下喊聲大震左有司馬懿右有郭淮兩路兵殺來。兩路魏兵於此出現魏延馬岱奮力殺出蜀兵多半落於水中餘衆奔逃無路幸得吳懿兵殺來救了敗兵過岸拒住吳班分一半兵撐筏順水來燒浮橋再寫第二路蜀兵却被張虎樂綝在岸上亂箭射住又一路魏兵於此出現吳班中箭落水而死吳班死了餘軍跳水逃命木筏盡被魏兵奪去此時王平張嶷不知北原兵敗直奔到魏營又寫第三路蜀兵已有二更天氣只聽得喊聲四起王平謂張嶷曰馬軍攻打北原未知勝負渭南之寨現在面前如何不見一箇魏兵莫非司馬懿知道了先作准備也我等且看浮橋火起方可進兵（王平比衆人又加把細）二人勒住軍馬忽背後一騎馬來報說丞相教軍馬急回北原兵浮橋兵俱去了（姜維馬忠廖化張翼兩路兵已在取回之內故不復實寫用筆甚妙）王平張嶷大驚急退軍時却被魏兵抄在背後一聲砲響一齊殺來火光冲天（此司馬師司馬昭夏侯霸夏侯威也妙在不實寫其人但虛寫其兵令讀者自知）王平張嶷引兵相迎兩軍混戰一塲平嶷二人奮力殺出蜀兵折傷大半孔明回到祁山大寨收聚敗兵約折了萬餘人心中憂悶（街亭之失失在馬謖渭橋之敗敗由武侯勝敗之不可料如此用兵者可不臨事而懼耶）忽報費禕自

成都來見丞相孔明請入費禕禮畢孔明曰吾有一書正欲煩
公去東吳投遞不知肯去否禕曰丞相之命豈敢推辭孔明即
修書付費禕去了禕持書逕到建業入見吳主孫權呈上孔明
之書權折視之書畧曰
漢室不幸王綱失紀曹賊篡逆蔓延及今亮受昭烈皇帝寄
托之重敢不竭力盡忠今大兵已會於祁山狂寇將亡於渭
水伏望陛下念同盟之義命將北征共取中原同分天下書
不盡言萬希聖聽

權覽畢大喜乃謂費禕曰朕久欲興兵未得會合孔明今既有書到即日朕自親征入居巢門取魏新城再令陸遜諸葛瑾等屯兵於江夏沔口取襄陽孫韶張承等出兵廣陵取淮陽等處三處一齊進軍共三十萬尅日興師（讀書至此為之一快）費禕拜謝曰誠如此則中原不日自破矣權設宴款待費禕飲宴間權問曰丞相軍前用誰當先破敵禕曰魏延為首權笑曰此人勇有餘而心不正若一朝無孔明彼必為禍孔明豈未知耶（趙咨稱其智良然良然）禕曰陛下之言極當臣今歸去即當以此言告孔明遂拜辭孫

權回到祁山見了孔明具言吳主起大兵三十萬御駕親征兵分三路而進孔明又問曰吳主別有所言否費禕將論魏延之語告之孔明嘆曰真聰明之主也吾非不知此人爲借其勇故用之耳禕曰丞相早宜區處孔明曰吾自有法○○○○早[illegible]馬岱伏筆禕辭別孔明自回成都孔明正與諸將商議征進忽報有魏將來投降孔明喚入問之答曰某乃魏國偏將軍鄭文也近與秦朗同領人馬聽司馬懿調用不料懿徇私偏向加秦朗爲前將軍而視文如草芥因此不忿特來投降丞相願賜收錄言未已人報

秦朗引兵在寨外單搦鄭文交戰（秦朗來得快）孔明曰此人武藝比汝若何鄭文曰某當立斬之孔明曰汝若先殺秦朗吾方不疑鄭文欣然上馬出營與秦朗交鋒孔明親自出營觀之只見秦朗挺鎗大罵曰反賊盜我戰馬來此可早早還我（不責其反但索其馬明明是假）言訖直取鄭文文拍馬舞刀相迎只一合斬秦朗於馬下（又如此斬得快又明明是假）魏軍各自逃走鄭文提首級入營孔明回到帳中坐定喚鄭文至勃然大怒叱左右推出斬之（奇妙）鄭文曰小將無罪孔明曰吾向識秦朗汝今斬者並非秦朗安敢欺我（武侯實未

嘗識秦朗。哄騙得妙。文拜告曰此實秦朗之弟秦明也。一冒便說。然秦朗不是秦朗。秦明亦不是秦明。還有一半是假。孔明笑曰司馬懿令汝來詐降於中取事却如何瞞得我過若不實說必然斬汝。奇妙。鄭文只得訴告其實是詐降泣求免死。一冒文一嚇。只得盡情說出。孔明曰汝既求生可修書一封教司馬懿自來劫營。司馬懿先教鄭文斬一魏將以取信於孔明。則必不料此書之詐也。吾便饒汝性命若擒住司馬懿便是汝之功還當重用鄭文只得寫了一書呈與孔明。孔明令將鄭文監下。樊建問曰丞相何以知此人詐降孔明曰司馬懿不輕用人若加秦朗爲前將軍必武藝高強今與鄭文交馬只一合便爲文所殺必不是秦朗也以故知其詐○說曾識秦朗亦是武侯之詐。衆皆拜服孔明選一舌辨軍士附耳分付如此如此軍士領命持書逕來魏寨求見司馬懿懿喚入拆書看畢問曰汝何人也答曰某乃中原人流落蜀中鄭文與某同鄉秦朗既有兄弟鄭文如何沒有同鄉今孔明因鄭文有功用爲先鋒鄭文特托某來獻書約於明日晚間舉火爲號望乞都督盡提大軍前來劫寨鄭文在內爲應此皆孔明附耳分付之語。司馬懿反覆詰問又將來書仔細檢看果然是實書中筆跡果然是實。即賜軍士酒食分付曰本日二更馬期我自來劫寨大事若成必重用汝單士拜別回到本寨知孔明孔明仗劍步罡禱祝已畢（又來作怪）喚王平張嶷分付如如此又喚馬忠馬岱分付如此如此又喚魏延分付如此如此（此處不先敘明止用虛筆好。）孔明自引數十人坐於高山之上指揮衆軍卻說司馬懿見了鄭文之書便欲引二子提大兵來劫蜀寨長子司馬師諫曰父親何故據片紙而親入重地儻有疎虞如之奈何不如令別將先去父親為後應可也（懿之不死賴有此見）懿從之遂令秦朗引一萬兵去劫蜀寨（真秦朗來了。）懿自引兵接應是夜初更風清月朗。先寫風月。將及二更時分，忽然陰雲四合，黑氣漫空，對面不見。反襯下文。此從伏御步罡中來，令讀者自知。懿大喜曰：天使我成功也。於是人盡啣枚，馬皆勒口，長驅大進。秦朗當先，引一萬兵直殺入蜀寨中，並不見一人。朗知中計，忙叫退兵。四下火把齊明，喊聲震地，左有王平，右有馬岱，兩路兵殺來。如此如此，原來如此。秦朗死戰不能得出。背後司馬懿見蜀寨火光沖天，喊聲不絕，又不知魏兵勝負，只顧催兵接應。望火光中殺來，忽然一聲喊起，鼓角喧天，火炮震地，左有魏延，右有姜維，兩路殺出。如此如此，又原來如此。魏兵大敗十傷八九四散逃奔此時秦朗所引一萬兵都被蜀兵圍住箭如飛蝗秦朗死於亂軍之中是司馬懿替死鬼。假秦朗之死瞞不得孔明真秦朗之死。却替了仲達。司馬懿引敗兵奔入本寨三更以後天復清朗神奇之極明在山頭上鳴金收軍原來二更時陰雲暗黑乃孔明所遁甲之法後收兵已了天復清朗乃孔明驅六丁六甲掃蕩浮雲也補註明白。如此作法不曾殺得司馬懿兵算小題大做了。寫書後不即斬至得勝後方斬太有針線當下孔明得勝回寨命將鄭文斬再議取渭南之策每日令兵搦戰魏軍兵不出迎孔明自乘小車來祁山前渭水東西踏看地理忽到一谷口見其形如葫蘆之狀內中可容千餘人兩山又合一谷可容四五百人背後兩山環抱只可通一人一騎（與征蠻時盤蛇谷相彷彿）孔明看了心中大喜問鄉導官曰此處是何地名答曰此名上方谷又號葫蘆谷孔明回到帳中喚裨將杜叡胡忠二人附耳授以密計令喚集隨軍匠作一千餘人入葫蘆谷中製造木牛流馬應用（前征蠻將所用木獸早爲此時木牛流馬作一引子）又令馬岱領五百兵守住谷口孔明囑馬岱曰匠作人等不許放出外人不許放入吾還不時自來點視捉司馬懿之計只在此舉切不可走漏消息（爲後

卷伏線。

馬岱受命而去杜叡等二人在谷中監督匠作依法製造孔明每日往來指示忽一日長史楊儀入告曰即今糧米皆在劍閣人夫牛馬搬運不便如之奈何不用孔明分付楊儀先寫楊儀來禀孔明鬪筍處用逆不用順。絕妙筆法。孔明笑曰吾已運謀多時也前者所積木料并西川收買下的大木教人製造木牛流馬搬運糧米甚是便利牛馬皆不水食可以輕運晝夜不絕今有人要便宜者諺云又要馬兒不喫草又要馬兒走得好惜其未得傳孔明之法也。衆皆驚曰自古及今未聞有木牛流馬之事不知丞相有何妙法造此奇物孔明曰吾已令人依法製造尚未

完備吾今先將造木牛流馬之法尺寸方圓長短闊狹開寫明白汝等視之衆大喜孔明即手書一紙付衆觀看衆將環遶而視其造木牛之法云

方腹曲脛一腹四足頭入領中舌着於腹載多而行少獨行者數十里羣行者三十里曲者爲牛頭雙者爲牛足横者爲牛領轉者爲牛脚覆者爲牛背方者爲牛腹垂者爲牛舌曲者爲牛肋刻者爲牛齒立者爲牛角細者爲牛鞅攝者爲牛鞦軸牛御雙轅人行六尺牛行四步人不大勞牛不飲食

造流馬之法云

肋長三尺五寸廣三寸厚二寸二分左右同前軸孔分墨去頭四寸徑中二寸前脚孔分墨去頭四寸五分長一寸五分廣一寸前杠孔去前脚孔分墨二寸七分孔長二寸廣一寸後軸孔去前杠孔分墨一尺五寸大小與前同後杠孔去後脚孔分墨二寸二分後杠孔分墨四寸五分前杠長一尺八寸廣二寸厚一寸五分後杠與等板方囊二枚厚八分長二尺七寸高一尺六寸五分廣一尺六寸每枚受米二斛三斗

從上杠孔去肋下七寸前後同上杠孔去下杠孔分墨一尺三寸孔長一寸五分廣七分八孔同前後四脚廣二寸厚一寸五分形制如象靬長四寸徑面四寸三分孔徑中三脚杠長二尺一寸廣二寸五分厚一寸四分衆將看了一遍皆拜伏曰丞相真神人也（若非神人安能驅使草木）過了數日木牛流馬皆造完備宛然如活者一般上山下嶺各盡其便（不甚省力亦好耍子）衆軍見之無不欣喜孔明令右將軍高翔引一千兵駕着木牛流馬自劍閣直抵祁山大寨往來搬運糧草供給蜀

兵之用後人有詩讚曰

劍閣險峻驅流馬　斜谷崎嶇駕木牛

後世若能行此法　輸將安得使人愁

却說司馬懿正憂悶間忽哨馬報說蜀兵用木牛流馬轉運糧草人不人勞牛馬不食懿大驚曰吾所以堅守不出者爲彼糧草不能接濟欲待其自斃耳今用此法必爲久遠之計不思退矣如之奈何（畏蜀如虎虎可畏牛馬更可畏）急喚張虎樂綝二人分付曰汝二人各引五百軍從斜谷小路抄出待蜀兵驅過木牛流馬任他

過盡一齊殺出不可多搶只搶三五匹便回偷石人石馬者是笨賊搶木牛流馬者是巧賊二人依令各引五百軍扮作蜀兵夜間偷過小路伏在谷中果見高翔引兵驅木牛流馬而來將次過盡兩邊一齊鼓譟殺出蜀兵措手不及棄下數匹張虎樂綝歡喜驅回本寨爰喪其馬蜀人之憂爾牛來思魏人之喜司馬懿看了果然進退如活的一般乃大喜曰汝會用此法難道我不會用便令巧匠百餘人當面拆開分付依其尺寸長短厚薄之法一樣製造木牛流馬司馬懿善抄別人文字然依樣畫葫蘆畢竟未盡其文字中之妙也不消半月造成二千餘隻與孔明所造者一

般法則亦能奔走遂令鎮遠將軍岑威引一千軍驅駕木牛流馬去隴西搬運糧草往來不絕抄得快用得快極似今之讀時文秀才魏營軍將無不歡喜却說高翔回見孔明說魏兵搶奪木牛流馬各五六匹去了孔明笑曰吾正要他搶去我只費了幾匹木牛流馬却不欠便得軍中許多資助也故意使他抄我文字却是替我做了文字妙極諸將問曰丞相何以知之孔明曰司馬懿見了木牛流馬必然倣我法度一樣製造那時我又有計策妙在不即說明數日後人報魏兵也會造木牛流馬往隴西搬運糧草孔明大喜曰不出吾之算也便喚

王平分付曰：汝引一千兵扮作魏人，星夜偷過北原，只說是巡糧軍，混入彼運糧軍中，將護糧之人盡皆殺散，却驅木牛流馬而回，逕奔過北原來，此處必有魏兵追趕，汝便將木牛流馬口內舌頭扭轉，牛馬就不能行動。（前但說得造法，不曾說得用法；前但說得行法，不曾說得止法；却在此處補出。）汝等竟棄之而走。背後魏兵趕到，牽拽不動，扛擡不去。吾再有兵到，汝却回身再將牛馬舌扭過來，長驅大行，魏兵必疑為怪也。（真正作怪。）王平受計引兵而去。孔明又喚張嶷分付曰：汝引五百軍，都扮作六丁六甲神兵，鬼頭獸身，用五采塗面，粧作

鬼面怪異之狀一手執繡旗一手仗寶劍身掛葫蘆內藏烟火
之物伏於山傍待木牛流馬到時放起烟火一齊擁出驅牛馬
而行此前番割麥時借覺聲勢如此用兵倒好耍子魏人見之必疑是神鬼不敢來追
趕張嶷受計引兵而去孔明又喚魏延姜維分付曰汝二人同
引一萬兵去北原寨口接應木牛流馬以防交戰又喚廖化張
翼分付曰汝二人引五千兵去斷司馬懿來[illegible]馬備
分付曰汝二人引二千兵去渭南搦戰先遣一隊天將後遣三隊人兵六人各
各遵令而去且說魏將岑威引軍驅木牛流馬裝載糧米正行

之間忽報前面有兵巡糧岑威令人哨探果是魏兵人且可以兵樁神蜀何不可救魏遂放心前進兩軍合在一處忽然喊聲大震蜀兵就本隊裡殺起大呼蜀中大將王平在此魏兵措手不及被蜀兵殺死大半岑威引敗兵抵敵被王平一刀斬了餘皆潰散王平引兵盡驅木牛流馬而回司馬懿用別人文字却倒被別人用了去敗兵飛奔報入北原寨內郭淮聞軍糧被劫疾忙引軍來救王平令兵扭轉木牛流馬舌頭俱棄於道中且戰且走郭淮教且莫追只驅回木牛流馬眾軍一齊驅趕却那裡驅得動此時却似盜石人石馬矣郭淮心中疑惑

正無奈何，忽鼓角喧天，喊聲四起，兩路兵殺來，乃魏延、姜維也。王平復引兵殺回，三路夾攻，郭淮大敗而走。王平令軍士將牛馬舌頭重復扭轉，驅趕而行。（司馬懿但能學文，不能學舌。）郭淮望見，方欲回兵再追，只見山後烟雲突起，一隊神兵擁出，一箇箇手執旗劍，怪異之狀，擁護木牛流馬，如風擁而去。（粧神作怪，只爲搶糧之用，與前卷天蓬元帥正是一般。）郭淮大驚曰：「此必神助也。」衆軍見了，無不驚畏，不敢追趕。

卻說司馬懿聞北原兵敗，急自引軍來救。方到半路，忽一聲砲響，兩路兵自險峻處殺出，喊聲震地，旗上大書漢將張翼、廖化

司馬懿見了大驚魏軍着慌各自逃竄正是

路逢神將提遭劫　身遇奇兵命又危

未知司馬懿怎生抵敵且看下文分解

四大奇書第一種卷五十二

茂苑毛宗崗序始氏評　　吳門杭永年資能氏評定

第一百三回

上方谷司馬受困
五丈原諸葛禳星

二出祁山之前有魏侵吳吳破魏之事六出祁山之時又有吳侵魏魏破吳之事猶是吳也禦魏則勝攻魏則不勝何也曰無討賊之志也魏之侵吳司馬懿在壽乃轉休一

敗而司馬引歸焉慮武侯之將伐魏也吳之侵魏皆[illegible][illegible]焉乃諸葛瑾一敗而陸遜亦引歸此豈亦慮武侯之將伐吳乎本無所慮而一敗輒退使武侯之倚賴於吳者竟成畫餅悲夫

武侯一生用火攻者凡五有燒之而不必殺之者如博望之燒不必殺夏侯惇新野之燒不必殺曹仁赤壁之燒不必殺曹操是也有燒之而必欲殺之者如盤蛇谷之燒必欲殺藤甲上方谷之燒必欲殺司馬懿是也乃不欲殺之

則果無一人之見殺必欲殺之則獨有一事之不同何也人曰天之助魏予曰非天之助魏而天之助晉也天爲助晉而雨則不惟不助魏乃正所以滅魏與

或謂武侯知曹操之不死而特使關公釋之知陸遜之不死而特使黄承彦救之若獨於司馬氏三人而不能預知其不死是不智也知其不死而必欲置之於死是逆天也予曰不然華容之役不遣關將或以爲孔明咎矣魚腹之役不報猇亭或又以爲孔明咎矣以爲人之縱之而非天

之縱之也唯至於上方谷之事而殫慮竭能盡其人力然
而人不縱之而天終縱之夫然後天下後世不得以諉事
之不忠咎武侯而武侯亦得告無憾於先帝耳
因糧於敵之計善矣而敵之糧不可常恃則因糧不若運
糧之善也木牛流馬之輓輸善矣而我之糧又未可常繼
則運糧又不若屯田之善也屯田而轉餉不勞蜀之兵便
而蜀之民亦便矣三分其田而軍屯其一民屯其二兵不
妨民民不苦兵不獨蜀之民便而魏之民亦便矣後之有

事於遠征者武侯屯田渭濱之法其何可以不講乎司馬懿尅日而擒孟達未嘗受詔於曹丕受巾幗而不戰何獨受詔於曹叡知其軍中請詔之詐而臨行所受之詔亦必其容啓之魏主而求其賜之者也爲將之道貴於隨機應變便宜行事豈有既出師以後而爲將者復以欲戰之謀千里而請命者哉則又豈有未出師以前而爲上者主一不戰之說先期而預定者哉由其後之非真益可悟其前之是假

詩之刺尹氏者曰誰秉國均不自爲政蓋言大臣誤天子而大臣所用者誤大臣也武侯之自校簿書殆鑒諸此矣托馬謖而馬謖失之釋荀安而荀安負之任李嚴而李嚴又背之其猶敢以弗躬弗親而取咎與故處陳平丙吉之世可以不爲武侯而當武侯之時不得復爲陳平丙吉天下豈有壽而可借者哉若壽而可借則死亦可詛也武侯視之仲達何必不詛之武侯自視之何不取仲達而詛之也天下豈有星而可救者哉若星可救則雨亦可止也

風將借之雨獨不能止之陳倉之雨既知之而預備之上方谷之雨何以不知之而勿燒之也然則武侯之祝壽而禳星者毋乃愚乎曰武侯非爲巳請命而爲漢請命耳忠臣之事君如孝子之事父母知其親之將殞而不復爲之求醫不復爲之問卜者必非人情然則武侯之披髮步罡與金縢之秉圭植璧一而巳矣

却說司馬懿被張翼廖化一陣殺敗匹馬單鎗望密林間而走張翼收住後軍廖化當先追趕看看趕上懿着慌遶樹而轉化

一刀砍去正砍在樹上及拔出刀時懿已走出林外與馬超追曹操相似
廖化隨後趕出却不知去向但見樹林之東落下金盔一箇廖
化取盔捎在馬上一直望東追趕原來司馬懿把金盔棄於林
東却反向西走去了與孫堅之棄赤幘相似廖化追了一程不見踪跡奔
出谷口遇見姜維同回寨見孔明張嶷早驅木牛流馬到寨交
割已畢獲糧萬餘石廖化獻上金盔錄爲頭功魏延心中不悅
口出怨言孔明只做不知又爲後文伏筆且說司馬懿逃回寨中心甚
惱悶忽使命賫詔至言東吳三路入寇朝廷正議命將抵敵令

懿等堅守勿戰此則是魏主之詔矣然亦司馬懿教之於前也懿受命已畢深溝高壘堅守不出此以下接過西蜀再敘吳魏卻說曹叡聞孫權分兵三路而來亦起兵三路迎之令劉劭引兵救江夏田豫引兵救襄陽叡自與滿寵率大軍救合淝滿寵先引一軍而巢湖口望見東岸戰船無數旌旗整肅寵入軍中奏魏主曰吳人必輕我遠來未曾隄備今夜可乘虛劫其水寨必得全勝此寫魏將用計三路中只寫一路魏主曰汝言正合朕意即令驍將張球領五千兵各帶火具從湖口攻之滿寵引兵五千從東岸攻之是夜二更時分張球滿寵各引軍

悄悄至湖口進發將近水寨一齊吶喊殺入吳兵驚亂不戰而
走破魏軍四下舉火燒燬戰船糧草器具不計其數吳人兩次以火攻魏
魏今却反爲魏所燒何其憊也諸葛瑾率敗兵逃走沔口魏兵大勝而回寨屆
哨軍報知陸遜遜集諸將議曰吾當作表申奏主上請撤新城
之圍以兵斷魏軍歸路吾率衆攻其前彼首尾不敵一鼓可破
此寫吳將用計三進路中只寫兩路衆服其言陸遜即具表遣一小校密地齎
往新城小校領命齎着表文行至渡口不期被魏軍伏路的捉
住解赴軍中見魏主曹叡叡搜出陸遜表文覽畢歎曰東吳陸

遜真妙算也遂命將吳卒監下令劉劭護防孫權後兵魏將用計而吳人不知吳將用計而魏人知備亦天意也卻說諸葛瑾大敗一陣又值暑天人馬多生疾病乃修書一封令人轉達陸遜議欲撤兵還國遜看書畢謂來人曰拜上將軍吾自有主意使者回報諸葛瑾瑾問陸將軍作何舉動使者曰但見陸將軍催督衆人於營外種荳菽自與諸將在轅門射戲從容不迫頗有名士風流然不似他人之燕雀處堂也瑾大驚親自往陸遜營中與遜相見問曰今曹叡親來兵勢甚盛都督何以禦之遜曰吾前遣人奉表於主上不料爲敵人所獲機謀既洩

皷必知備與戰無益不如且退巳差人奉表約主上緩緩退兵
矣前上表用虛寫後上表用虛寫瑾曰都督既有此意即宜速退何又遲延遜
曰吾軍欲退當徐徐而動今若便退魏人必乘勢追趕此取敗
之道也足下宜先督船隻詐為拒敵之意吾悉以人馬向襄陽
而進為疑敵之計然後徐徐退歸江東魏兵自不敢近耳與武侯焚
香操琴一樣意思瑾依其計辭遜歸本營整頓船隻預備起行陸遜整
肅部伍張揚聲勢望襄陽進發以進爲退是爲善退早有細作報知魏主
說與兵已動須用隄防魏將聞之皆要出戰魏主素知陸遜之

才諭衆將曰陸遜有謀莫非用誘敵之計不可輕進衆將乃止數日後哨卒報來東吳三路兵馬皆退矣魏主未信再令人探之回報果然盡退魏主曰陸遜用兵不亞孫吳東南未可平也善進爲能善退亦爲能因勅諸將各守險要自引大軍屯合淝以伺其變以下接過吳魏事再敘武侯

却說孔明在祁山欲爲久駐之計乃令蜀兵與魏民相雜種田軍一分民二分並不侵犯魏民皆安心樂業木牛流馬進擾難便不如屯田之尤便司馬師入告其父曰蜀兵劫去我許多糧米今又令蜀兵與我民相雜屯田於渭濱以爲久計似此真爲國家

大患父親何不與孔明約期大戰一場以決雌雄懿曰吾奉旨堅守不可輕動老兒油嘴只是害怕耳正議間忽報魏延將着元帥前日所失金盔前來罵戰先以失金盔羞之後乃以送巾幗辱之衆將忿怒俱欲出戰懿笑曰聖人云小不忍則亂大謀但堅守為上今之引書中言語以掩飾其短者大率類此諸將依令不出魏延辱罵良久方回孔明見司馬懿不肯出戰乃密令馬岱造成木柵營中掘下深塹多積乾柴引火之物週圍山上多用柴草虛搭窩舖內外皆伏地雷置備停當孔明附耳囑之曰可將蘆葫谷後路塞斷暗伏兵於谷中若司

城上一箭何必店中一劍

馬懿追到任他入谷便將地雷乾柴一齊放起火來葫蘆裡却是賣火藥又令軍士晝舉七星號帶於谷口夜設七盞明燈於山上以爲暗號七星盞之火正與下文之火相應燎原之大未有不本於星星之細者也馬岱受計引兵而去孔明又喚魏延分付曰汝可引五百兵去魏寨討戰務要誘司馬懿出戰不可取勝只可詐敗懿必追趕汝却望七星旗處而入若是夜間則望七盞燈處而走只要引得司馬懿入葫蘆谷內吾自有擒之之計如孫行者以葫蘆裝人魏延受計引兵而去孔明又喚高翔分付曰汝將木牛流馬或二三十爲一羣或四五十爲

一擁各裝米糧於山路往來行走如魏兵搶去便是汝之功此文剛模不出高翔領計驅駕木牛流馬去了孔明將祁山兵一一調去只推屯田分付如別兵來戰只許詐敗若司馬懿自來方併力只攻渭南斷其歸路算到他歸路已是算無遺策孔明分撥已畢自引一軍近上方谷下營且說夏侯惠夏侯和二人入寨告司馬懿曰今蜀兵四散結營各處屯田以爲久計若不趁此時除之縱令安居日久深根固蒂難以搖動懿曰此必又是孔明之計只是不敢出頭二人曰都督若如此疑慮寇敵何時得滅我兄弟二人當奮力

決一死戰以報國恩。懿曰：既如此，汝二人可分頭出戰。自已敢出頭，却揣別人先試一試。遂令夏侯惠、夏侯和各引五千兵去訖，懿坐待回音。

却說夏侯惠、夏侯和二人分兵兩路，正行之間，忽見蜀兵驅木牛流馬而來。二人一齊殺將過去，蜀兵大敗奔走，木牛流馬盡被魏兵搶獲，解送司馬懿營中。以木牛流馬引誘司馬懿，是以牛引馬，以馬引馬也。次日又劫擄得人馬百餘，亦解赴大寨。既以流馬引馬，又以活馬引馬。懿將解到蜀兵詰審虛實，蜀兵告曰：孔明只料都督堅守不出，盡命我等四散屯田，以爲久計，不想却被擒獲。此明係武侯所教，却不叙明，令讀者自知。懿即將蜀兵盡皆放回夏侯和曰何不殺之懿曰量此小卒殺之無益放歸本寨令說魏將寬厚仁慈釋彼戰心此呂蒙取荆州之計也（照應七十五卷中事）遂傳令今後凡有擒到蜀兵俱當善遣之仍重賞有功將吏諸將皆聽令而去却說孔明令高翔佯作運糧驅駕木牛流馬往來於上方谷內夏侯惠等不時截殺半月之間連勝數陣（省筆之法）司馬懿見蜀兵屢敗心中歡喜一日又擒到蜀兵數十人懿喚至帳下問曰孔明今在何處衆告曰諸葛丞相不在祁山在上方谷西十里下營安住今每日運糧屯於上方谷

此又明係武侯所教却以不叙明令讀者自知懿備細問了即將衆人放去乃喚諸將分付曰孔明今不在祁山在上方谷安營汝等於明日可一齊併力攻取祁山大寨吾自引兵來接應令畨却騙得出頭了衆將領命各各准備出戰司馬師曰父親何故反欲攻其後懿曰祁山乃蜀人之根本若見我兵攻之各營必盡來救我却取上方谷燒其糧草使彼首尾不接必大敗也欲攻上谷先取祁山自以為妙計那知正中了别人妙計司馬師拜服懿即發兵起行令張虎樂綝各引五千兵在後救應

且說孔明正在山上望見魏兵或三五千一行或一二千一行

隊伍紛紛前後顧盼料必來取祁山大寨乃密傳令衆將若到馬懿自來汝等便往劫魏寨奪了渭南（騙他出戶便使無家）衆將各各（听）令卻說魏兵皆奔祁山寨來蜀兵四下一齊吶喊奔走虛作救應之勢司馬懿見蜀兵都去救祁山寨便引二子并中軍護衛人馬殺奔上方谷來（今番着了道兒）魏延在谷口只盼司馬懿到來一見一枝魏兵殺到延縱馬向前視之正是司馬懿（候久了）延大喝曰司馬懿休走舞刀相迎懿與延鎗接戰不上三合延撥回馬便走懿隨後趕來延只望七星旗處而走懿見魏延只一人軍馬

又少放心追之令司馬師在左司馬昭在右懿自居中一齊攻殺將來不是三馬同槽却是三馬落阱矣魏延引五百兵皆退入谷中去懿追到谷口先令人入谷中哨探亦甚把細回報谷內並無伏兵山上皆是草房懿曰此必是積糧之所也遂大驅士馬盡入谷中懿忽見草房上盡是乾柴前面魏延已不見了懿心疑謂二子曰儻有兵截斷谷口如之奈何至此方疑已是遲了言未已只聽得喊聲大震山上一齊丢下火把來燒斷谷口魏兵奔逃無路山上火箭射下地雷一齊突出草房內乾柴都着刮刮雜雜火勢冲天司馬

懿驚得手足無措乃下馬抱二子大哭曰我父子三人皆死於此處矣（讀至此爲之拍案一快）正哭之間忽然狂風大作黑氣漫空一聲霹靂響處驟雨傾盆滿谷之火盡皆澆滅地雷不震火器無功（地雷怎及天雷人火怎當霹靂火。讀至此爲之釋書一歎）司馬懿大喜曰不就此時殺出更待何時即引兵奮力衝殺張虎樂綝亦各引兵殺來接應馬懿軍少不敢追趕司馬懿父子與張虎樂綝合兵一處同歸渭南大寨不想寨柵已被蜀兵奪了（雖失其槽未喪其馬）郭淮孫禮正在浮橋上與蜀兵接戰司馬懿等引兵殺到蜀兵退去懿燒斷浮橋據住北岸。且說魏兵在祁山攻打蜀寨，聽知司馬懿大敗，失了渭南營寨，軍心慌亂，急退時，四面蜀兵衝殺將來，魏兵大敗，十傷八九，死者無數，餘衆奔過渭北逃生。孔明在山上見魏延誘司馬懿入谷，一霎時火光大起，心中甚喜，以爲司馬懿此番必死。不期天雨大降，火不能着，哨馬報說司馬懿父子俱逃去了。孔明歎曰：「謀事在人，成事在天，不可強也。」知其不可而強爲之，亦欲自盡其人事耳。若竟諉之天而不爲之謀，豈昭烈托孤之意哉。後人有詩歎曰：

谷口風狂烈焰飄　何期驟雨降青霄

武功今西安府武功縣五丈原在鳳翔府郿縣

武侯妙計如能就好安得山河屬晉朝

却說司馬懿在渭北寨內傳令曰渭南寨柵今已失了諸將如再言出戰者斬（只是不要出頭好）衆將聽令據守不出郭淮入告曰近日孔明引兵巡哨必將擇地安營懿曰孔明若出武功依山而東我等皆危矣若出渭南西止五丈原方無事也（此是欺人之語明知孔明必地五丈原故詐爲此言以安衆心耳）令人探之回報果屯五丈原司馬懿以手加額曰大魏皇帝之洪福也（老兒油嘴）遂令諸將堅守勿出彼久必自變且說孔明自引一軍屯於五丈原累令人搦戰魏兵只不

出孔明乃取巾幗并婦人縞素之服盛於大盒之內修書一封

遣人送至魏寨（既送巾幗又送縞服不唯是婦人又是寡婦矣）諸將不敢隱蔽引來使

入見司馬懿懿對衆啓盒視之內有巾幗婦人之衣并書一封

懿拆視其書畧曰

仲達既爲大將統領中原之衆不思披堅執銳以決雌雄乃

甘窟守土巢謹避刀箭與婦人又何異哉今遣人送巾幗素

衣至如不出戰可再拜而受之倘恥心未泯猶有男子胸襟

早與批迴依期赴敵

司馬懿看畢心中大怒乃佯笑曰孔明視我爲婦人耶即受之此時觸他耐得便是今日婦人亦不肯自以爲婦人而耐男子之氣也令重待來使懿問曰孔明寢食及事之煩簡若何使者曰丞相夙興夜寐罰二十以上皆親覽焉所噉之食日不過數升懿顧謂諸將曰孔明食少事煩其能久乎更無別策只好呪他死却不想受了他巾幗女衣是竟爲孔明之婦矣若呪死了他則是眞正寡婦也使者辭去回到五丈原見了孔明具說司馬懿受了巾幗女衣看了書札並不嗔怒只問丞相寢食及事之煩簡絕不提起軍旅之事某如此應對彼言食少事煩豈能長久孔明歎曰彼深

知我也。武侯亦自料其不久於人世也。主簿楊顒曰。某見丞相常自校簿書。竊以爲不必。夫爲治有體。上下不可相侵。譬之治家之道。必使僕執耕。婢典爨。私業無曠。所求皆足。其家主從容自在。高枕飲食而已。若皆身親其事。將形疲神困。終無一成。豈其智之不如婢僕哉。失爲家主之道也。是故古人稱坐而論道。謂之三公。作而行之。謂之士大夫。昔丙吉憂牛喘。而不問橫道死人。陳平不知錢穀之數。曰自有主者。陳平丙吉。當國家無事之時。豈可與武侯一例論乎。○○○○○今丞相親理細事。汗流終日。豈不勞乎。司馬懿之言。真至言也。孔明泣曰。吾非不知但受先帝托孤之重唯恐他人不似我盡心也正是鞠躬盡瘁之意衆皆垂淚自此孔明自覺神思不寧諸將因此未敢進兵却說魏將皆知孔明以巾幗女衣辱司馬懿懿受之不戰衆將不忿入帳告曰我等皆大國名將安忍受蜀人如此之辱即請出戰以決雌雄主將巳是雌了衆人雄出甚麼來懿曰吾非不敢出戰而甘心受辱也奈天子明詔令堅守勿動今若輕出有違君命矣老兒油嘴何不云將在外君命有所不受乎衆將俱忿怒不平懿曰汝等既要出戰待我奏准天子同力赴敵何如渾身是解說衆皆允諾懿乃寫表遣使直至

淝軍前奏聞魏主曹叡叡拆表覽之表略曰

臣才薄任重伏蒙明旨令臣堅守不戰以待蜀人之自敝奈今諸葛亮遺臣以巾幗待臣如婦人耻辱至甚臣謹先達聖聰旦夕將效死一戰以報朝廷之恩以雪三軍之耻臣不勝激切之至（純是假話）

叡覽訖乃謂多官曰司馬懿堅守不出今何故又上表求戰衛尉辛毗曰司馬懿本無戰心必因諸葛亮耻辱衆將忿怒之故特上此表欲更乞明旨以遏諸將之心耳（辛毗猜破仲達之詐）叡然其言

即令辛毗持節至渭北寨傳諭令勿出戰司馬懿接詔入帳辛毗宣諭曰如再有敢言出戰者即以違旨論此將不獨司馬懿爲婦人曹叡亦爲婦人矣衆將只得奉詔懿暗謂辛毗曰公真知我心也於是令軍中傳説魏主命辛毗持節傳諭司馬懿勿得出戰蜀將聞知此事報與孔明孔明笑曰此乃司馬懿安三軍之法也此法瞞不得辛毗怎瞞得武侯耶姜維曰丞相何以知之孔明曰彼本無戰心所以請戰者以示武於衆耳豈不聞將在外君命有所不受安有千里而請戰者乎若必請詔而後戰則上方谷之兵何以不聞奉詔而出也此乃司馬懿因將士忿

怒故借曹叡之主以制衆人今又播傳此言欲懈我軍心也若蜀兵懈惰懿必從出矣正論間忽報費禕到孔明請入問之禕曰魏主曹叡聞東吳三路進兵乃自引大軍至合淝令滿寵田豫劉劭分兵三路迎敵滿寵設計盡燒東吳糧草戰具吳兵多病陸遜上表於吳王約會前後夾攻不意齎表人中途被魏兵所獲因此機關洩漏吳兵無功而還孔明聽知此信長歎一聲不覺昏倒於地謀事在人成事在天觀此愈信衆將急救半晌方甦孔明歎曰吾心昏亂舊病復發恐不能生矣是夜孔明扶病出帳仰觀天文十分驚慌

入帳謂姜維曰吾命在旦夕矣維曰丞相何出此言孔明曰吾見三台星中客星倍明主星幽暗相輔列曜其光昏暗天象如此吾命可知但觀前日之雨亦不必更觀今日之星矣維曰天象雖則如此丞相何不用祈禳之法挽回之孔明曰吾素諳祈禳之法但未知天意若何汝可引甲士四十九人各執皂旗穿皂衣環繞帳外我自於帳中祈禳北斗若七日內主燈不滅吾壽可增一紀如燈滅吾必死矣閒雜人等休教放入凡一應需用之物只令二小童搬運此等禳星法是真本事不似今日道士禳星但騙齋供喫也姜維領命自去準備時值

八月中秋是夜銀河耿耿玉露零零旌旗不動刁斗無聲（寫軍中秋夜與子美暮上河陽橋之詩相彷彿）姜維在帳外引四十九人守護孔明自於帳中設香花祭物地上分布七盞大燈外布四十九盞小燈內安本命燈一盞（上方谷只有此盞此處又添出無數小燈燈與燈前後相應）孔明拜祝曰亮生於亂世甘老林泉承昭烈皇帝三顧之恩托孤之重不敢不竭犬馬之勞誓討國賊不意將星欲墜陽壽將終謹書尺素上告穹蒼伏望天慈俯垂鑒聽曲延臣算使得上報君恩下救民命克復舊物永延漢祀非敢妄祈實由情切（是非爲已請命而爲漢請命也）拜祝

舉就帳中俯伏待旦不像今之伏壇道士本無誠心一味粧模做樣也次日扶病理事吐血不止日則計議軍機夜則步罡踏斗一發食少事煩卻說司馬懿在營中堅守忽一夜仰觀天文大喜謂夏侯霸曰吾見將星失位孔明必然有病不久便死幸災樂禍只緣無可奈何耳你可引一千軍去五丈原哨探若蜀人攘亂不出接戰孔明必然患病矣吾當乘勢擊之此時何不奉天子詔霸引兵而去孔明在帳中祈禳已及六夜見主燈明亮心中甚喜姜維入帳正見孔明披髮仗劍踏罡步斗壓鎮將星忽聽得寨外吶喊方欲令人出問魏延飛步入告曰

魏兵至矣延脚步急竟將主燈撲滅。帳中之火爲大雨所撲滅帳中之火爲魏延所撲滅前後又相映。孔明棄劍而歎曰死生有命不可得而禳也。原是禳不得可破愚知之見。魏延惶恐伏地請罪姜維忿怒拔劍欲殺延正是

萬事不由人做主　一心難與命爭衡

未知魏延性命如何且看下文分解

第一百四回

隕大星漢丞相歸天
見木像魏都督喪膽

或疑武侯有靈異之術如八陣圖木牛流馬之類幾於神矣仙矣而終不免於一死者何也曰武侯非左慈李意之比也長生不死爲出世之神仙有生有死爲入世之聖賢學聖賢則不失爲眞寔學神仙則多至於妖妄武侯不以神仙之不可知者示天下以可疑正以聖賢之無不可知者示天下以可法耳

曹操司馬懿之爲相與諸葛武侯之爲相其總攬朝政相似也其獨握兵權相似也其神機妙算爲衆推服又相似

也而或則篡而或則忠者一則有私一則無私一則爲子孫計一則不爲子孫計故也操之臨終必囑曹丕懿之臨終必囑師昭而武侯不然其行丞相事則托之蔣琬費禕矣其行大將軍事則付之姜維矣而諸葛瞻諸葛尚曾不與焉自桑八百株田十五頃而外更無一事以增家慮則出將入相之孔明依然一彈琴抱膝之孔明耳原其初心本欲俟功成之後爲泛湖之范蠡辟穀之張良而無如事之未終乃卒于五丈原之役嗚呼有人如此尚得子功名

富貴中求之哉

五丈原之役所以臧死而後已之一語也而有已而不已者後事有所托則九伐中原將自此而始前事有所承則六出祁山不自此而止也又有死而不死者蜀人之思孔明皆有一未死之孔明在其心魏人之畏孔明如有一未死之孔明在其目也豈獨當日之刻像於車中，爲然哉

後世之慕義者讀出師二表無不欷歔慨想見其爲人則雖謂武侯至今未嘗死至今未嘗已焉可也

死為定數而武侯有不欲死之心何也曰念托孤之任重則不可以死念嗣君之才劣則不可以死外顧敵之未滅如內顧諸臣更無一人堪與我匹者則又不可以死不可以死而死此武侯所以不欲死也雖然人事已盡則亦可以無憾于死無憾于死則不可死者其心而可以死者其事也老泉以不可死者責管仲而獨不能以此責武侯則武侯之死殆賢於管仲多矣

發仲尊周有撥亂之風樂毅存燕有繼絕之力武侯自比

管樂特以撥亂繼絕之意自寓耳而武侯之才與品有非管樂之所能及者其用兵則年少之子牙也其輔主則異姓之公旦也至其出處大綱又與伊尹畧相彷彿如先識三分非先覺乎躬耕南陽非樂道乎三顧而出非三聘之幡然乎鞠躬盡瘁非自任以天下之重乎兄弟各事一國而天下不以為疑非猶五就湯五就桀之跡乎專國十二年而後主不以為偪非猶遷桐宮廢太甲之事乎始之不求聞達依然千駟弗視之心繼之甚願討賊無異一夫不

後之恥三代以後一人而已

却說姜維見魏延踏滅了燈心中忿怒拔劍欲殺之孔明止之曰此吾命當絕非文長之過也維乃收劍孔明吐血數口臥倒床上謂魏延曰此是司馬懿料吾有病故令人來探視虛實汝可急出迎敵把病若此料事料感如神魏延領命出帳上馬引兵殺出寨來夏侯霸見了魏延慌忙引軍退走延追趕二十餘里方回孔明令魏延自回本寨把守姜維入帳直至孔明榻前問安孔明曰吾本欲竭忠盡力恢復中原重興漢室奈天意如此吾旦夕將

死吾平生所學已著書二十四篇計十萬四千一百一十二字
○○○○○○○○○○○ 務居其一戒恐懼居其三吾遍
內有八務七戒六恐五懼之法 可見用兵之道貴在小心
觀諸將無人可授獨汝可傳我書切勿輕忽維哭拜而受孔明
○○○○○○○○○○○
又曰吾有連弩之法不曾用得其法矢長八寸一弩可發十矢
○○○○○○○○○○ 為後文射
皆畫成圖本汝可依法造用 魏兵伏線 維亦拜受孔明又曰蜀
○○○○○○○○○○○○○○
中諸道皆不必多憂唯陰平之地切須仔細此地雖險峻久必
○○○○○○○○○○○○○○○○○○○○○
有失 為後文鄧艾 入川伏線 又喚馬岱入帳附耳低言授以密計囑曰我
○○○○○○○○○ 為後文斬 ○
死之後汝可依計行之 魏延伏線 岱領計而出少頃楊儀入孔

明喚至榻前授與一錦囊密囑曰我死魏延必反待其反時汝與臨陣方開此囊那時自有斬魏延之人也（爲後文臨陣孔明見馬岱伏線）一一調度已畢便昏然而倒至晚方甦便連夜表奏後主後主聞奏大驚急命尚書李福星夜至軍中問安兼詢後事李福領命趲程赴五丈原入見孔明傳後主之命問安畢孔明流涕曰吾不幸中道喪亡虛廢國家大事得罪於天下我死後公等宜竭忠輔主國家舊制不可改易吾所用之人亦不可輕廢（周公曰厥若彝及撫事如予伊尹曰無以辯言亂舊政同此意也）吾兵法皆授與姜維他自能繼吾

之志爲國家出力爲後九伐中原伏線吾命已在旦夕當即有遺表上奏天子也李福領了言語匆匆辭去孔明强支病體令左右扶上小車出寨遍觀各營自覺秋風吹面徹骨生寒寫盡病軀如在自覺二字乃長歎曰再不能臨陣討賊矣悠悠蒼天曷此其極千古以下同此悲憤○宗澤臨終大呼過河者三文高吟出師未捷身先死歎息良久回長使英雄淚滿襟之句蓋亦以諸葛武侯自況也到帳中病轉沉重乃喚楊儀分付曰馬岱王平廖化張翼張嶷等皆忠義之士久經戰陣多負勤勞堪可委用前對李福止言蔓繼此對楊儀并及此我死之後凡事俱依舊法而行前與李福言者是國法此與楊儀言者是軍法緩人

緩緩退兵不可急驟汝深通謀畧不必多囑姜伯約智勇足備可以斷後〔囑楊儀亦重托姜維〕楊儀泣拜受命孔明令取文房四寶于臥榻上手書遺表以達後主表畧曰

伏聞生死有常難逃定數死之將至願盡愚忠臣亮賦性愚拙遭時艱難分符擁節專掌鈞衡興師北伐未獲成功何期病入膏肓命垂旦夕不及終事陛下飲恨無窮伏願陛下清心寡慾約己愛民達孝道於先皇布仁恩於宇下提拔幽隱以進賢良屏斥奸邪以厚風俗〔即親賢臣遠小人之意〕臣家有桑八百

株田五十頃子孫衣食自有餘饒至於臣在外任隨身所需悉仰於官不別治生產臣死之日不使內有餘帛外有餘財以負陛下也

孔明寫畢又囑楊儀曰吾死之後不可發喪可作一大龕將吾屍坐於龕中以米七粒放吾口內脚下用明燈一盞軍中安靜如常切勿舉哀則將星不墜吾陰魂更自起鎮之（神奇之極）司馬懿見將星不墜必然驚疑吾軍可令後寨先行然後一營一營緩緩而退若司馬懿來追汝可布成陣勢回旗返鼓等他來到卻

將我先時所雕木像安於車上推出軍前令大小將士分列左右懿見之必驚走矣（前用木牛木馬今又用木人何先生之善能驅使草木也）楊義一一領諾是夜孔明令人扶出仰觀北斗遙指一星曰此吾之將星也（奇絕）衆視之見其色昏暗搖搖欲墜孔明以劍指之口中念呪（更是神奇之極）呪畢急回帳時不省人事衆將正慌亂間忽尚書李福又至見孔明昏絕口不能言乃大哭曰我誤國家之大事也須臾孔明復醒（又奇）開目徧視見李福立於榻前孔明曰吾已知公復來之意（奇絕）福謝曰福奉天子命問丞相百年後誰可任大事者

適因匆遽失於諮請故復來耳孔明曰吾死之後可任大事者蔣公琰其宜也福曰公琰之後誰可繼之孔明曰費文偉可繼之福又問文偉之後誰當繼者孔明不荅○○○○費禕之後漢祚亦終矣先生所以不荅也衆將近前視之已薨矣時建興十二年秋八月二十三日也壽五十四歲後杜工部有詩歎曰

長星昨夜墜前營○　訃報先生此日傾○
虎帳不開施號令○　麟臺唯有著勲名○
空餘門下三千客　辜負胸中千萬兵○

好看綠陰清晝裡。於今無復逝歌聲。

白樂天亦有詩曰、

先生晦跡臥山林、三顧那逢賢主尋。
魚到南陽方得水、龍飛天外便爲霖。
託孤既盡慇懃禮、報國還傾忠義心。
前後出師遺表在、令人一覽淚沾襟。

初蜀長水校尉廖立、自謂才名宜爲孔明之副、嘗以職位閒散、怏怏不平、怨謗無已、於是孔明廢之爲庶人、徙之汶山、及聞孔明亡乃垂泣曰吾終爲左衽矣李嚴聞之亦大哭病死蓋嚴嘗望孔明復收已得自補前過度孔明死後人不能用之故也奪伯氏騈邑三百沒齒無怨言夫無怨已難矣今廢之黜之而又爲之泣爲之死孔明之得此於廖李兩人者更不易也○作中忽夾叙此二事絕有筆力

後元微之有贊孔明詩曰

撥亂扶危主　慇懃受託孤　英才過管樂　妙策勝孫吳
凜凜出師表　堂堂八陣圖　如公全盛德　應嘆古今無

是夜天愁地慘月色無光孔明奄然歸天姜維楊儀遵孔明遺命不敢舉哀依法成殮安置龕中令心腹將卒三百人守護隨

傳密令使魏延斷後各處營寨一一退去（以下按過蜀將一邊再敘魏將一邊）却說司馬懿夜觀天文見一大星赤色光芒有角（星有角大奇）自東北方流於西南方墜於蜀營內三投再起（此是孔明神通）隱隱有聲（星有聲大奇）懿驚喜曰孔明死矣（既驚又喜寫仲達忌孔明之甚）即傳令起大兵追之方出寨門忽又疑慮曰孔明善會六丁六甲之法今見我久不出戰故以此術詐死誘我出耳今若追之必中其計（既喜又疑寫仲達畏孔明之甚）遂復勒馬回寨不出只令夏侯霸暗引數十騎往五丈原山僻哨探消息（以下按過魏將再敘蜀兵）却說魏延在本寨中夜作一夢夢見

頭上忽生二角（武侯既死而其星有角魏延未死而其頭夢角亦同相對）醒來甚是疑異次日行軍司馬趙直至延請入問曰久知足下深明易理吾夜夢頭生二角不知主何吉凶煩足下爲我決之趙直想了半晌答曰此大吉之兆麒麟頭上有角蒼龍頭上有角乃變化飛騰之象也（總之要反則是生頭上出角耳）延大喜曰如應公言當有重謝直辭去行不數里正遇尚書費禕禕問何來直曰適至魏文長營中文長夢頭生角令我決其吉凶此本非吉兆但恐直言見怪因以麒麟蒼龍解之禕曰足下何以知非吉兆直曰角之字形乃刀

下用也。今頭上有角。其凶甚矣。預爲後文之張本禕曰。君且勿洩漏。直別去。費禕至魏延寨中。屏退左右。告曰。昨夜三更。丞相已辭世矣。臨終再三囑付。令將軍斷後。以當司馬懿。緩緩而退。不可發喪。今兵符在此。便可起兵。延曰。何人代理丞相之大事。此句便有不肯相下之意。禕曰。丞相一應大事。盡托與楊儀。用兵密法。皆授與姜伯約。此兵符乃楊儀之令也。聞此數語宜其不服。延曰。丞相雖亡。吾今現在。楊儀不過一長史。安能當此大任。他只宜扶柩入川安葬。我自率大兵攻司馬懿。務要成功。豈可因丞相一人而廢國家大事耶。

不說投魏只說伐魏不說不肯褘曰丞相遺令教且暫退不可聽令只說不宜回兵以漸而來有違延怒曰丞相當時若依我計取長安久矣此是不服武侯遥應初出祁山時吾今官任前將軍征西大將軍南鄭侯好貨安肯與長史斷事後此是不服楊儀褘曰將軍之言雖是然不可輕動令敵人恥笑待吾往見楊儀以利害說之令彼將兵權讓與將軍何如費褘詭詞以對極爲得體延依其言褘辭延出營急到大寨見楊儀具述魏延之語儀曰丞相臨終曾密囑我曰魏延必有異志今我以兵符往寔欲探其心耳今果應丞相之言吾自令伯約斷後可也於是楊儀

領兵扶柩先行令姜維斷後依孔明遺令徐徐而退此處楊儀魏延文分作兩邊寫魏延在寨中不見費禕來回覆心中疑惑乃令馬岱引十餘騎往探消息回報曰後軍乃姜維總督前軍大半退入谷中去了延大怒曰豎儒安敢欺我我必殺之因顧謂岱曰公肯相助否岱曰某亦素恨楊儀今願助將軍攻之此是孔明所教却不叙明令讀者自知延大喜即拔寨引本部兵望南而行以下接過蜀將一邊再叙魏營一邊却說夏侯霸引軍至五丈原看時不見一人急回報司馬懿曰蜀兵已盡退矣懿跌足曰孔明真死矣可速追之夏侯霸曰都督不

可輕追當令偏將先後是一箇怕的懿曰此番須吾自行遂引兵回

二子一齊殺奔五丈原來吶喊搖旗殺入蜀寨時果無一人好在無人處耀武揚威想因孔明死後特到營中來赫鬼淨宅耳懿顧二子曰汝急催兵趕來吾

先引軍前進於是司馬師司馬昭在後催軍懿自引軍當先追

到山腳下望見蜀兵不遠乃奮力追趕忽然山後一聲砲響喊

聲大震只見蜀兵俱回旗返鼓樹影中飄出中軍大旗上書一

行大字曰漢丞相武鄉侯諸葛亮此是銘旌耳猶認作靈旗可發一笑懿大驚失

色定睛看時只見中軍數十員上將擁出一輛四輪車來車上

端坐孔明綸巾羽扇鶴氅皂縧爲司馬懿見旗後見像嚇不小懿大驚曰孔明尚在吾輕入重地墮其計矣急勒回馬走背後姜維大叫賊將休走你中了我丞相之計也魏兵魂飛魄散棄甲丟盔拋戈撇戟各逃性命自相踐踏死者無數畏蜀如虎見死虎亦忍作生虎可發一笑馬懿奔走了五十餘里背後兩員魏將趕上扯住馬嚼環叫曰都督勿驚懿用手摸頭曰我有頭否驚極逼出趣語如無頭尚然會走則隕星安得便死二將曰都督休怕蜀兵去遠了懿喘息半晌神色方定睜目視之乃夏侯霸夏侯惠也被死人嚇怕連活人也幾乎不認得乃徐徐按轡與二

將尋小路奔歸本寨使衆將引兵四散哨探過了兩日鄉民奔
告曰蜀兵退入谷中之時哀聲震地軍中揚起白旗孔明果然
死了止留姜維引一千兵斷後前日車上之孔明乃木人也人知
孔明雖木人可當活人不懿嘆曰吾能料其生不能料其死南
似今人活人却像木人也
解嘲語然因此蜀中人諺曰死諸葛能走生仲達武侯原是如
面顏汗矣生仲達幾乎
嚇死直可謂之生
諸葛走死仲達耳後人有詩歎曰

長星半夜落天樞　奔走還疑亮未殂
關外至今人冷笑　頭顱猶問有和無

司馬懿知孔明死信已確乃復引兵追趕無阯行到赤岸坡見蜀兵已去遠乃引還顧謂衆將曰孔明已死我等皆高枕無憂矣可知以前却是夜眠不貼蓆也遂班師回一路上見孔明安營下寨之處前後左右整整有法懿嘆曰此天下奇才也又在武侯死後補寫武侯於是引兵回長安分調衆將各守隘口懿自回洛陽面君去了以下接過魏兵再叙蜀事却說楊儀姜維排成陣勢緩緩退入棧閣道口然後更衣發喪楊儀舉哀蜀軍皆撞跌而哭至有哭死者使人畏威易使人懷德難孔明何以得此於蜀軍哉蜀兵前隊正回到棧閣道口忽見前面火光冲天喊聲

震地一彪軍攔路（故作驚人之筆）衆將大驚急報楊儀正是

已見魏營諸將去　不知蜀地甚兵來

未知來者是何處軍馬且看下文分解

凡讀三國志者讀至此卒人心多不悦也惜哉惜哉

四大奇書第一種卷五十三

茂苑毛宗崗序始氏評　吳門杭永年資能氏評定

第一百五回

武侯預伏錦囊計

魏主拆取承露盤

此記武侯死後之事也前營之星方殞而魏延遂與反漢之兵則武侯之不可以死死也錦囊之計有遺而魏延終應生角之夢則武侯之實未嘗死也逆知其必叛而不於未

叛之時除之於此見武侯之仁不待其既叛而早於未叛之先防之於此見武侯之智

魏延既反不獨司馬懿一大敵也即魏延亦一大敵也當其焚棧道攻南鄭使魏人知之而回兵轉鬬則蜀之亡可翹足而待矣且有楊儀與延互相訐奏少主疑於內諸將阻於外太后憂惶而未寧廷臣聚議而未決而卒能定之俄傾易危爲安則武侯身後之功不其偉哉

武侯死而吳之君臣懼可知也曰今而後莫予援也已武

侯死而魏之君臣喜可知也曰今而後莫予毒也已惟其懼而邊境之戍於是乎增惟其喜而土木之功於是乎起然則思武侯者不獨蜀人爲然也於其戍之勞而吳之人亦不得不思武侯於其役之苦而魏之人亦不得不思武侯

凡後人之失未有不由於前人之失以爲之倡也有銅雀玉龍金鳳之臺作於前乃有總章觀青霄閣鳳凰樓之工興於後矣有曹丕之殺甄后以作之於前乃有曹叡之殺毛后以效之於後矣然曹操止於築臺而叡則更勞其民

於拆臺操止以其民克役而敵至欲以官克役毛氏比甄氏之來爲正而其被黜亦與甄氏同曹叡曾以射鹿之事諷其父而其殺毛氏則與其父等尤而效之更有甚焉則祖宗之爲法於子孫者可不懼與

却說楊儀聞報前路有軍攔截忙令人哨探回報說魏延燒絕棧道引兵攔路。魏延隱然一敵國。儀大驚曰丞相在日料此人久後必反誰想今日果然如此今斷吾歸路當復如何費禕曰此人必先揑奏天子誣吾等造反故燒絕棧道阻遏歸路魏延上表事在費禕一邊

處焉吾等亦當表奏天子陳魏延反情然後圖之姜維曰此間有
一小徑名槎山雖崎嶇險峻可以抄出棧道之後一面寫表奏
聞天子一面將人馬望槎山小道進發○費禕只算得上表姜維便算到歸路且說
後主在成都寢食不安動止不寧後作一夢夢見成都錦屏山
崩倒孔明乃蜀之屏障先王得孔明如得水後主倚孔明如倚山遂驚覺坐而待旦聚集文
武入朝圓夢譙周曰臣昨夜仰觀天文見一星赤色光芒有角
自東北落於西南主丞相有大凶之事今陛下夢山崩正應此
兆泰山其頹哲人其萎後主愈加驚怖忽報李福到後主急召入問之福

頓首泣奏丞相已亡將丞相臨終言語細述一遍後主聞言大哭曰天喪我也哭倒於龍床之上能令後主如此不是寫後主是寫武侯侍臣扶入後宮吳太后聞之亦放聲大哭不已能令太后如此不是寫太后是寫武侯多官無不哀慟百姓人人涕泣能令多官百姓如此不是寫多官百姓是寫武侯後主連自傷感不能設朝忽報魏延表奏楊儀造反不在魏延一邊寫只在後主一邊寫省筆之法羣臣大駭入宮啟奏後主時吳太后亦在宮中後主聞奏大驚命近臣讀魏延表其畧曰

征西大將軍南鄭侯臣魏延誠惶誠恐頓首上言楊儀自總

兵權率衆造反劫丞相靈柩欲引敵人入境臣先燒絕棧道以兵守禦謹此奏聞

讀畢後主曰魏延乃勇將足可拒楊儀等衆何故燒絕棧道此句頗似聰明吳太后曰嘗聞先帝有言孔明識魏延腦後有反骨每欲斬之又將五十三卷中語一提因憐其勇故姑留用今彼奏楊儀等造反未可輕信楊儀乃文人丞相委以長史之任必其人可用今日若聽此一面之詞楊儀等必投魏矣此事當深慮遠議不可造次太后亦長於料人料事衆官正商議間忽報長史楊儀有緊急表到近臣

折表讀曰

長史綏軍將軍臣楊儀誠惶誠恐頓首謹表丞相臨終將大事委於臣照依舊制不敢變更使魏延斷後姜維次之今魏延不遵丞相遺語自提本部人馬先入漢中放火燒斷棧道劫丞相靈車謀爲不軌變起倉卒謹飛章奏聞

太后聽畢問卿等所見若何蔣琬奏曰以臣愚見楊儀爲人雖稟性過急不能容物至於籌度糧草參贊軍机與丞相辦事多時今丞相臨終委以大事决非背反之人魏延平日恃功務高

人皆下之儀獨不假借延心懷恨今見儀總兵心中不服故燒棧道斷其歸路又誣奏而圖陷害臣願將全家良賤保楊儀不反實不敢保魏延一個先料楊儀次料魏延董允亦奏曰魏延自恃功高常有不平之心口出怨言向所以不即反者懼丞相耳今丞相新亡乘機爲亂勢所必然若楊儀才幹敏達爲丞相所任用必不背反一個先料魏延次料楊儀所見皆同後主曰若魏延果反當用何策禦之蔣琬曰丞相素疑此人必有遺計授與楊儀若儀無恃安能退入谷口乎延必中計矣陛下寬心蔣琬料事如見武侯薦之不謬寫蔣琬亦是寫武侯不多

時魏延又表至告稱楊儀反了正覽表之間楊儀又表到奏稱魏延背反二人接連具表各陳是非（後表俱用虛寫省却無數筆墨）忽報費禕到後主召入禕細奏魏延反情後主曰若如此且令董允假節釋勸用好言撫慰（和事天子）允奉詔而去却說魏延燒斷棧道屯兵南谷把住隘口自以為得計不想楊儀姜維星夜引兵抄到南谷之後儀恐漢中有失令先鋒何平引三千兵先行儀同姜維等引兵扶柩望漢中而來（楊儀亦可謂能）且說何平引兵逕到南谷之後擂鼓吶喊哨馬飛報魏延說楊儀令先鋒何平引兵自槎山

小路抄來擄戰延大怒急披掛上馬提刀引兵來迎兩陣對圓何平出馬大罵曰反賊魏延安在延亦罵曰汝助楊儀造反何敢罵我平叱曰丞相新亡骨肉未寒汝焉敢造反乃揚鞭指川兵曰汝等軍士皆是西川之人川中多有父母妻子兄弟親朋丞相在日不曾薄待汝等今不可助反賊宜各回家鄉聽侯賞賜衆軍聞言大喊一聲散去大半（先散其兵此必楊儀姜維所教）延大怒揮刀縱馬直取何平平挺鎗來迎戰不數合平詐敗而走延隨後趕來衆軍弓弩齊發延撥馬而回見衆軍紛紛潰散延轉怒拍馬

趕上殺了數人郤只止過不往只有馬岱所領三百人不動此受武侯之計不即叙明令讀者自知延謂岱曰公真心助我事成之後決不相負遂與馬岱追殺何平平引兵飛奔而去魏延收聚殘軍與馬岱商議曰我等投魏若何岱曰將軍之言不智甚也大丈夫何不自圖霸業乃輕屈膝於人耶吾觀將軍智勇足備兩川之士誰敢抵敵吾誓同將軍先取漢中隨後進攻西川妙岱亦善於詞令延大喜遂同馬岱引兵直取南鄭姜維在南鄭城上見魏延馬岱耀武揚威風擁而來維急令拽起弔橋延岱二人大叫早降此時馬岱

覺似同謀令人猜摸不出姜維令人請楊儀商議曰魏延勇猛更兼馬岱相助雖然軍少何計退之不是一番疑惑不見武侯遺計之妙儀曰丞相臨終遺一錦囊囑曰若魏延造反臨城對敵之時方可開拆便有斬魏延之計今當取出一看遂出錦囊拆封看時題曰待與魏延對敵馬上方許拆開妙在拆開又不見計策令人猜摸不出維大喜曰既丞相有戒約長史可收執吾先引兵出城列爲陣勢公可便來姜維披掛上馬綽鎗在手引三千軍開了城門一齊衝出鼓聲大震排成陣勢維挺鎗立馬於門旗之下高聲大罵曰反賊魏延丞相不曾

罵你今日如何背反延橫刀勒馬而言曰伯約不干你事只教楊儀來（魏延只恨一楊儀）儀在門旗影裏拆開錦囊視之如此如此（妙在到此處又不說明只是令人猜摸不出）儀大喜輕騎而出立馬陣前手指魏延而笑曰丞相在日知汝久後必反教我隄備今果應其言汝敢在馬上連叫三聲誰敢殺我便是真大丈夫吾就獻漢中城池與汝（讀者至此正不知此是甚計策）延大笑曰楊儀匹夫聽着若孔明在日吾尚懼三分他今已亡天下誰敢敵我休道連叫三聲便叫三萬聲亦有何難遂提刀安轡於馬上大叫曰誰敢殺我一聲未畢腦

後一人厲聲而應曰吾敢殺你手起刀落斬魏延於馬下（來得突兀出人意外）衆皆駭然斬魏延者乃馬岱也（先聞其聲次見其刀然後知其人總是寫得意外）原來孔明臨終之時授馬岱以密計只待魏延喊叫時便出其不意斬之當日楊儀讀罷錦囊計策已知伏下馬岱在彼故依計而行果然殺了魏延（此處方纔敘明以前却是疑陣）後人有詩曰

諸葛先機識魏延　已知日後反西川
錦囊遺計人難料　却見成功在馬前

却說董允未及到南鄭馬岱已斬了魏延與姜維合兵一處楊

儀具表星夜奏聞後主後主降旨曰既已名正其罪仍念前功賜棺槨葬之（如此待之不失爲厚）楊儀等扶孔明靈柩到成都後主引文武官僚盡皆掛孝出城二十里迎接後主放聲大哭上至公卿大夫下及山林百姓男女老幼無不痛哭哀聲震地（又寫一番哀痛）後主命扶柩入城停於丞相府中其子諸葛瞻守孝居喪後主還朝楊儀自縛請罪後主令近臣去其縛曰若非卿能依丞相遺教靈柩何日得歸魏延如何得滅大事保全皆卿之力也遂加楊儀爲中軍師馬岱有討逆之功即以魏延之爵爵之（此亦處置得停）

定軍山在漢中府褒城縣

沔陽今漢中府沔縣

當想必蔣公致所教也儀呈上孔明遺表後主覽畢大哭降旨卜地安葬費禕奏曰丞相臨終命葬於定軍山不用墻垣磚石亦不用一切祭物補前卷中所未及後主從之擇本年十月吉日後主自送靈柩至定軍山安葬為後文鍾會感神伏線後主降詔致祭謚號忠武侯令建廟於沔陽四時享祭後杜工部有詩曰

丞相祠堂何處尋錦官城外柏森森映階碧草自春色隔葉黃鸝空好音

前解咏祠堂後解咏丞相至城外然後有丞相祠堂然至

城外而見祠堂是無心於見祠堂者也。先言祠堂而後至城外是有心於弔祠堂者也有一丞相於胸中而至其地尋其廟則在錦官城外森森栢樹之中也三四兩句是但見祠堂而無丞相也。碧草春色黃鸝好音入一自字空字便凄清之極。黃鳥所以求友友曠百世而相感君子有尚友古人之思。而無如古人終不可見。如隔葉也。

三顧頻煩天下計兩朝開濟老臣心出師未捷身先死長使英雄淚滿襟

後解承三四來丞相不可見於今日矣然當時若非三顧草廬丞相并不得見於昔日也天下妙計在混一不在偏安也兩朝妙受眷於先并效忠於後也雖不能混一天下成開濟之功然老臣之計老臣之心則如是也死而後已者老臣所自矢於我者也提而後死者老臣所仰望於天者也天不可必老臣之志則可必也未字先字妙絕一似後會恢復而老臣未及身見之者體其心而爲言也當日有未了之事今日遂長留一未了之計未了之心嗟呼後

世英雄有其計與心而不獲見諸事者可勝道哉在昔日爲英雄之計英雄之心在今日皆成英雄之淚矣

又杜工部詩曰

諸葛大名垂宇宙宗臣遺像肅清高三分割據紆籌策萬古雲霄一羽毛

前解史遷疑子房以爲魁梧奇偉而狀貌乃如婦人好女二語正與此詩起二語意相似向聞其名但震其大今觀其像又嘆其高清高二字從遺像寫出入相則紫袍象簡

出將則黃鉞白旄而今其遺像羽扇綸巾一何淸高之含也加一肅字又有氣定神閒不動聲色之意三分割據英才輩出持籌挾策比肩皆是如孔明者萬古一人三是泛指衆人四是獨指諸葛也鴻漸於逵其羽可用爲儀鳳翺翔於千仞兮覽德輝而下之羽毛狀其淸雲霄狀其高也伯仲之間見伊呂指揮若定失蕭曹運移漢祚終難復志決身殲（殲音尖）軍務勞

後解萬古罕有其匹矣古人中可與爲伯仲者庶幾其伊

呂乎若蕭曹輩不足數耳然耕莘釣渭與伊呂同其清高而蕩秦滅楚不得與蕭曹同其功烈何耶此緣漢祚之已改非軍務之戎陣也運雖移而志則決身即所云鞠躬勞即所云盡瘁殲即所云死而後已終難復即所云成敗利鈍非臣逆覩也終守妙包得前後拜表六出祁山無數心力在內前解慕其大名不朽後解惜其大功不成慕是十分慕惜是十分惜

却說後主回到成都忽近臣奏曰邊庭報來東吳令全綜引兵

數萬屯於巴丘界口。未知何意。後主驚曰。丞相新亡。東吳負盟侵界。如之奈何。（不用順接。忽用逆接。閒筍甚奇。）蔣琬奏曰。臣敢保王平張嶷引兵數萬屯於永安。以防不測。陛下再命一人去東吳報喪。以探其動靜。（雖無全綜之事。亦當報喪。）後主曰。須得一舌辯之士為使。一人應聲而出曰。微臣願往。衆視之。乃南陽安衆人。姓宗名預。字德豔。官任參軍右中郎將。後主大喜。即命宗預往東吳報喪。兼探虛實。（不重在報喪。重在探虛實。）宗預領命。逕到金陵。入見吳主孫權。禮畢。只見左右人皆着素衣。（不消送帛。先自掛孝。）權作色而言曰。吳蜀已為一家。卿主何故而增白帝之守也（責問王平張嶷守永安之故）預曰臣以爲東益巴丘之戍西增白帝之守皆事勢宜然俱不足以相問也（預亦善於詞令）權笑曰卿不亞於鄧芝（照應八十六卷中事）乃謂宗預曰朕聞諸葛丞相歸天每日流涕令官僚盡皆掛孝（不是寫孫權是寫武侯）朕恐魏人乘喪取蜀故增巴丘守兵萬人以爲救援別無他意也（說明全綜守巴丘之故）預頓首拜謝權曰朕既許以同盟安有背義之理預曰天子因丞相新亡特命臣來報喪權遂取金鈚箭一枝折之設誓曰朕若負前盟子孫絕滅（前者砍案爲誓今者折箭爲誓一爲伐魏一爲和蜀）又命使賫香帛奠

儀入川致祭寘儀四色奉中奠敬宗預拜辭吳主同吳使還成都入見後主奏曰吳主因丞相新亡亦自流涕令羣臣皆掛孝其益兵巴丘者恐魏人乘虛而入別無異心今折箭爲誓並不背盟後主大喜重賞宗預厚待吳使去訖以下按過東吳專叙西蜀遂依孔明遺言加蔣琬爲丞相大將軍錄尚書事加費禕爲尚書令同理丞相事加吳懿爲車騎將軍假節督漢中姜維爲輔漢將軍平襄侯總督諸處人馬同吳懿出屯漢中以防魏兵○○○○防魏重於防吳其餘將校各依舊職楊儀自以爲年宦先於蔣琬而位出琬下且自恃功高

未有重賞口出怨言謂費禕曰昔日丞相初亡吾若將全師投魏寧當寂寞如此耶楊儀爲人亦與魏延彷彿費禕乃將此言具表密奏後主後主大怒命將楊儀下獄勘問欲斬之蔣琬奏曰儀雖有罪但日前隨丞相多立功勞未可斬也當廢爲庶人後主從之遂貶楊儀赴漢中嘉郡爲民儀羞慚自刎而死楊儀結局却與彭羕彷彿蜀漢建興十三年魏主曹叡青龍三年吳主孫權嘉禾四年三國各不興兵作一關鎖將三國總叙單說魏主封司馬懿爲太尉總督軍馬安鎮諸邊懿拜謝回洛陽去訖以下又撥下蜀吳單叙魏國魏主在許昌大興

土木建蓋宮殿[前既勝吳而歸今又聞武侯已死故安意肆志於土木也]又於洛陽造朝陽殿太極殿築總章觀俱高十丈又立崇華殿青霄閣鳳凰樓九龍池命博士馬鈞監造極其華麗雕梁畫棟碧瓦金磚光耀耀日[抵得一篇阿房宮賦]選天下巧匠三萬餘人民夫三十餘萬不分晝夜而造民力疲困怨聲不絕叡又降旨起土木於芳林園使公卿皆負土樹木於其中[公卿為棟梁今使公卿負木是棟梁負棟梁也]司徒董尋上表切諫曰

伏自建安以來野戰死亡或門殫戶盡雖有存者遺孤老弱

若今宮室狹小欲廣大之猶宜隨時不妨農務況作無益之物乎階下既尊羣臣顯以冠冕被以文繡載以華輿所以異於小人也今又使負木擔土沾體塗足毀國之光以崇無益甚無謂也役民既已不情役官更况無禮孔子云君使臣以禮臣事君以忠無忠無禮國何以立臣知言出必死而自比於牛之一毛生既無益死亦何損秉筆流涕心與世辭臣有八子臣死之後累陛下矣不勝戰慄待命之至

叡覽表怒曰董尋不怕死耶左右奏請斬之叡曰此人素有忠

義。今且廢爲庶人。做了庶人。一發該擬磚。弄瓦。爲役十八之事矣。再有妄言者必斬。時有太子舍人張茂字彥材亦上表切諫。叡命斬之。郎日召馬鈞問曰。朕建高臺峻閣。欲與神仙往來。以求長生不老之方。武侯祈緩死。患也。魏主求長生。患也。鈞奏曰。漢朝二十四帝。惟武帝享國最久。壽算極高。蓋因服天上日精月華之氣也。嘗於長安宮中建柏梁臺。臺上立一銅人。手捧一盤。名曰承露盤。接三更北斗所降沆瀣之水。其名曰天漿。又曰甘露。取此水用美玉爲屑。調和服之。可以反老還童。馬鈞是李少君一流人。叡大喜曰。汝今可引人夫星夜至長安

四大奇書第一種　卷五十三　圭

拆取銅人，移置芳林園中。鈞領命，引一萬人至長安，令遍圍搭起木架，上栢梁臺去。不移時間，五千人連繩引索，旋環而上。公卿擬木石，是公卿為役夫；今役夫升青雲，是役夫為公卿矣。那栢梁臺高二十丈，銅柱圍十圍，馬鈞教先拆銅人。多人併力拆下銅人來，只見銅人眼中潸然淚下。興廢無常，成毀頓易，鐵漢亦心酸，銅人安得不淚下。衆皆大驚。忽然臺邊一陣狂風起處，飛砂走石，急若驟雨；一聲响亮，就如天崩地裂，臺傾柱倒，壓死千餘人。不死於兵，又死於役，君求長生，民則不聊生矣。鈞取銅人及金盤回洛陽，入見魏主，獻上銅人承露盤。魏主問曰：「銅柱安在？」鈞奏曰：「柱重百萬斤不能運至㪚令將銅柱打碎運來洛陽鑄成兩箇銅人號爲翁仲列於司馬門外又鑄銅龍鳳兩箇龍高四丈鳳高三丈餘立在殿前木牛流馬却是有用銅人銅龍銅鳳却是無用又於上林苑中種奇花異木畜養珍禽怪獸少傅楊阜上表諫曰

臣聞堯尚茅茨而萬國安居禹卑宮室而天下樂業及至殷周或堂崇三尺度以九筵耳古之聖帝明王未有宮室高麗以凋弊百姓之財力者也桀作璇室象廊紂爲傾宮鹿臺致喪社稷楚靈以築章華而身受其禍秦始皇作阿房宮而殃

及其子天下背叛二世而滅夫不愛萬民之力以從耳目之
欲未有不亡者也陛下當以堯舜禹湯文武爲法以桀紂楚
秦爲誡而乃自暇自逸惟宮室是飾必有危亡之禍矣君作
元首臣爲股肱存亡一體得失同之臣雖駑怯敢忘諍臣之
義言不切至不足以感陛下謹叩棺沐浴伏候重誅
表上叡不省只催督馬鈞建造高臺安置銅人承露盤又降旨
廣選天下美女入芳林園中奇花異木珍禽怪獸猶不若此物之佳○此何便引起下文寵妃廢
肩事絕妙過接法衆官紛紛上表諫諍叡俱不聽却說曹叡之后毛氏

乃河內人也先年叡爲平原王時最相恩愛及即帝位立爲后後叡因寵郭夫人毛后失寵〔曹叡固甄后之子也獨不記甄后失寵之事耶〕郭夫人美而慧叡甚嬖之每日取樂月餘不出宮閫是歲春三月芳林園中百花爭放叡同郭夫人到園中賞翫飲酒郭夫人曰何不請皇后同樂叡曰若彼在朕涓滴不能下咽也〔其新孔嘉遂令舊者之取厭如此爲之一歎〕遂傳諭宮娥不許令毛后知道毛后見叡月餘不入正宮是日引十餘宮人來翠花樓上消遣只聽的樂聲嘹喨乃問曰何處奏樂一宮官啓曰乃聖上與郭夫人於御花園中賞花飲

酒毛后聞之心中煩惱回宮安歇却恨含情掩秋扇空懸明月待君王次日毛皇后乘小車出宮遊翫正迎見叡於曲廊之間乃笑曰陛下昨遊北園其樂不淺也叡大怒即命擒昨日侍奉諸人到叱曰昨遊北園朕禁左右不許使毛后知道何得又宣露喝令宮官與諸侍奉人盡斬之毛后大驚回車至宮叡即降詔賜毛皇后死立郭夫人爲皇后皮去毛曰鞟今去毛立郭却是光皮矣一笑朝臣莫敢諫者忽一日幽州刺史毋丘儉上表報稱遼東公孫淵造反自號爲燕王改元紹漢元年建宮殿立官職興兵入寇搖動北方叡大驚即聚

文武官僚商議起兵退淵之策正是　纔罷土木勞中國

又見干戈起外方　未知何以禦之且看下文分解

第一百六回

公孫淵兵敗死襄平

司馬懿詐病賺曹爽

孫權之欲結公孫淵以拒魏猶曹丕之欲借孟獲以侵蜀也公孫淵之斬吳使以獻曹叡猶公孫康之殺二袁以獻曹操也孟獲之叛漢者不一而公孫之奉魏者至再則魏

於公孫其亦可以怒之矣而武侯不殺孟獲司馬懿必殺公孫何仁與不仁之不同如是耶厥後懷愍二帝爲劉淵父子所戮辱前淵後淵其名不謀而合君子於此有報反之感焉

用兵之道有勢同而事不同者陳倉道口之雨足以阻侵蜀之師襄平城外之雨獨不返平遼之馬是也有勢不同而事亦不同者敵糧多而我糧少則八日而取上庸敵糧少而我糧多則百日而後拔襄平是也或退或進或速或

運隨時而易變化無常讀此可以悟兵法

武侯之平蠻難仲達之平遼易何也攻心則難攻城則易也且祁山未出之前武侯有北顧之憂而能肆志於南征則其事非人之所能及武侯既死之後仲達無西顧之患而後安意於東伐則其事猶人之所能爲故仲達雖能終在武侯之下

甚矣管輅之深於易也以不言爲要言則正使人於不言而得其所言以常談見不談則又使人於其言而得其所

未言後世之後陳陰陽廣衍象數者直謂之未嘗知易可
耳

曹操之父爲乞養之子曹丕之孫亦爲乞養之子夫以父而乞養則前之世系於此紊以孫而乞養則後之宗祀於此斬也蓋曹氏之絶不待晋之受禪而於曹芳繼立之時已爲呂秦黄楚之續矣或以芳爲任城王曹楷之所出然則宗室入繼何以不明告之大臣而乃秘而不傳使人莫知其所從來乎嗚呼曹丕之謀之如彼其艱難而螟蛉之

嗣之如此其率易後之篡臣其亦鑒於此而知沮也夫

以既死之孔明而雜一未死之孔明所以使仲達見之而懼也以不死之仲達而雜一將死之仲達所以使曹爽聞之而喜也見之而懼者不疑此日所見之車是既死而雜以不死反疑前夜所見之星是不死而雜以將死然則仲達之卧床其殆以所疑於武侯者反用之也歟

却說公孫淵乃遼東公孫度之孫公孫康之子也建安十二年曹操追袁尚未到遼東康斬尚首級獻操操封康爲襄平侯

三十三卷中事。後康死，有二子：長曰晃，次曰淵，皆幼。康弟公孫恭繼職。曹丕時封恭爲車騎將軍、襄平侯。又補叙曹丕時事，此前文所未及。太和二年，淵長大，文武兼備，性剛好鬭，奪其叔公孫恭之位。曹叡封淵爲楊烈將軍、遼東太守。又補叙曹叡時事，亦前文所未及。後孫權遣張彌、許宴賫金寶珍玉赴遼東，封淵爲燕王。淵懼中原，乃斬張、許二人，送首與曹叡。叡封淵爲大司馬、樂浪公。又補叙東吳事。以上叙公孫淵來歷，皆補前文所未及。淵心不足，與衆商議，自號爲燕王，改元紹漢元年。副將賈範諫曰：「中原待主公以上公之爵，不爲卑賤。今若背反，實爲不順。更兼司馬懿善能用兵西蜀諸葛武侯且不能取勝何况主公乎（又帶應祁山事）淵大怒叱左右縛賈範將斬之參軍倫直諫曰賈範之言是也聖人云國家將亡必有妖孽今國中屢見怪異之事近有犬戴巾幘身披紅衣上屋作人行（此是獸妖）又城南鄉民造飯飯甑之中忽有一小兒蒸死於內（此是人妖）襄平北市中地忽陷一穴湧出一塊肉週圍數尺頭面眼耳口鼻都具獨無手足刀箭不能傷不知何物（此非人非獸之妖）卜者占之曰有形不成有口不聲國家亡滅故現其形有此三者皆不祥之兆也（可當齊諧志怪之書）主公宜

避凶就吉不可輕舉妄動淵勃然大怒叱武士綁倫直并賈範同斬於市令大將軍卑衍爲元帥楊祚爲先鋒起遼兵十五萬殺奔中原來何不於武侯未死之前爲之邊官報知魏主曹叡叡大驚乃召司馬懿入朝計議懿奏曰臣部下馬步官軍四萬足可破賊以四萬當十五萬叡曰卿兵少路遠恐難收復懿曰兵不在多在能設奇用智耳臣托陛下洪福必擒公孫淵以獻陛下武侯一死懿便自負叡曰卿料公孫淵作何舉動懿曰淵若棄城預走是上計也守遼東拒大軍是中計也坐守襄平是爲下計必被臣所擒矣如勝公之料英

布叡曰此去往復幾時懿曰四千里之地往百日攻百日還百日休息六十日大約一年足矣前擒孟獲不消一月今平公孫算定一年一遲一速前後相對叡曰儻吳蜀入寇如之奈何懿曰臣已定下守禦之策陛下勿憂叡大喜即命司馬懿興師征討公孫淵懿辭朝出城令胡遵爲先鋒引前部兵先到遼東下寨哨馬飛報公孫淵淵令卑衍楊祚分八萬兵屯於遼隧此是司馬懿所算中計圍塹二十餘里環遶鹿角甚是嚴密胡遵令人報知司馬懿懿笑曰賊不與我戰欲老我兵耳我料賊衆大半在此其巢穴空虛不若棄却此處徑奔

襄平賊必往救卻於中途擊之必獲全功（欲其奔襄平是使彼出下計）於是勒兵從小路向襄平進發卻說卑衍與楊祚商議曰若魏兵來攻休與交戰彼千里而來糧草不繼難以持久糧盡必退待他退時然後出奇兵擊之司馬懿可擒也昔司馬懿與蜀兵相拒堅守渭南孔明竟卒於軍中今日正與此理相同（是抄司馬懿舊文字耳不想此處卻用不着這篇文字）二人正商議間忽報魏兵往南去了卑衍大驚曰彼知吾襄平軍少去襲老營也若襄平有失我等守此處無益矣遂拔寨隨後而起（即司馬懿取街亭守陳倉之意武侯能料之卑衍楊祚不能料之是原不曾抄

文字早有探馬飛報司馬懿懿笑曰中吾計矣乃令夏侯霸夏

北。侯威各引一軍伏於濟水之濱如遼兵到兩下齊出二人受計

而往早望見卑衍楊祚引兵前來一聲砲響兩邊鼓譟搖旗左

有夏侯霸右有夏侯威一齊殺出卑楊二人無心戀戰奪路而

走奔至首山正逢公孫淵兵到（卑楊一邊用實篤。公孫淵一邊引虛篤。）合兵一處

回馬再與魏兵交戰卑衍出馬罵曰賊將休使詭計汝敢出戰

否夏侯霸縱馬揮刀來迎戰不數合被夏侯霸一刀斬卑衍於

馬下遼兵大亂霸驅兵掩殺公孫淵引敗兵奔入襄平城去閉

門堅守不出。（此則竟出下計矣。）魏兵四面圍合。時值秋雨連綿，一月不止，平地水深三尺，運糧船自遼河口直至襄平城下。魏兵皆在水中，行坐不安。（與陳倉道之雨前後彷彿。）左都督裴景入帳告曰：「雨水不住，營中泥濘，軍不可停，請移於前面山上。」懿怒曰：「捉公孫淵只在旦夕，安可移營？如有再言移營者斬！」（與陳倉道退軍又是不同。）裴景喏喏而退。少頃，右都督仇連又來告曰：「軍士苦水，乞太尉移營高處。」懿大怒曰：「吾軍令已發，汝何敢故違！」即命推出斬之，懸首於轅門外。（武侯用兵嚴以濟寬，懿之用兵一於嚴耳。）於是軍心震懼。懿令南寨人馬暫退二

十里縱城內軍民出城樵採柴薪牧放牛馬司馬陳羣問曰前
太尉攻上庸之時兵分八路八日趕至城下遂生擒孟達而成
大功照應九十四卷中事今帶甲四萬數千里而來不令攻打城池却使
久居泥濘之中又縱賊衆樵牧某實不知太尉是何主意懿笑
曰公不知兵法耶昔孟達糧多兵少我糧少兵多故不可不速
戰出其不意突然攻之方可取勝今遼兵多我兵少賊飢我飽
何必力攻正當任彼自走然後乘機擊之我今放開一條路不
絕彼之樵牧是容彼自走也糧則以多勝少兵則以少勝多陳羣拜服於是司

馬懿遣人赴洛陽催糧魏主曹叡設朝羣臣皆奏曰近日秋雨連綿一月不止人馬疲勞可召回司馬懿權且罷兵與前王肅等之諫又相彷彿叡曰司馬太尉善能用兵臨危制變多有良謀捉公孫淵計日而待卿等何必憂也遂不聽羣臣之諫此處不聽諫者之言此前又是不同使人運糧解至司馬懿軍前懿在寨中又過數日雨止天晴是夜懿出帳外仰觀天文忽見一星其大如斗流光數丈自首山東北墜於襄平東南各營將士無不驚駭或疑是司馬懿死耳懿見之大喜乃謂衆將曰五日之後星落處必斬公孫淵矣遲則百日速則五日遲則

極遲速則極速來日可併力攻城。衆將得令。次日侵晨。引兵四面圍合。築土山。掘地道。立砲架。裝雲梯。日夜攻打不息。箭如急雨。射入城去。公孫淵在城中。糧盡。皆宰牛馬為食。至此方攻。正是待其糧盡。人人怨恨。各無守心。欲斬淵首獻城歸降。淵聞之甚是驚憂。慌令相國王建。御史大夫柳甫往魏寨請降。孟獲屢戰不降。公孫淵一戰便降。彼此不同。自城上繫下來告司馬懿曰。請太尉退二十里。我君臣自來投降。懿大怒曰。公孫淵何不自來。殊為無理。叱武士推出斬之。將首級付與從人。孟獲不降。而武侯縱之。公孫淵願降。而司馬懿不許。彼此又自不同。從人回報公孫淵大驚，又遣侍中衛演來到魏營。司馬懿升帳，聚衆將立於兩邊。演膝行而進，跪於帳下，告曰：「願太尉息雷霆之怒，尅日先送世子公孫修爲質，當然後君臣自縛來降。」懿曰：「軍事大要有五：能戰當戰，不能戰當守，不能守當走，（重在此一句。）不能走當降，不能降當死耳。何必送子爲質當！」（狠甚。）司馬懿叱衛演回報公孫淵。演抱頭鼠竄而去，歸告公孫淵。淵大驚，乃與子公孫修密議停當，選下一千人馬，當夜二更時分，開了南門，往東南而走。（不能守當走，謹如司馬之教。）淵見無人，心中暗喜。行不到十里，忽聽德山上一聲砲響鼓角齊鳴，一枝兵攔住中央，乃司馬懿也；左有司馬師，右有司馬昭，二人大叫曰：「反賊休走！」淵大驚，急撥馬尋路奔逃。早有胡遵兵到；左有夏侯霸、夏侯威，右有張虎、樂綝：四面圍得鐵桶相似。公孫淵父子只得下馬納降。不能走，當降，亦謹如司馬之教。懿在馬上顧諸將曰：「吾前夜丙寅日，見大星落於此處，今夜壬申日應矣。」衆將稱賀曰：「太尉真神機也！」懿傳令斬之。公孫淵父子對面受戮。孟獲有七擒，公孫淵只是一擒；武侯有七縱，司馬懿更不一縱：彼此又大不同。司馬懿遂勒兵來取襄平。未及到城下時，胡遵早引兵入城中。省筆。人民焚香拜迎，魏兵盡皆入城懿坐於衙上將公孫淵宗族并同謀官僚人等俱殺之計首級七十餘顆司馬懿好殺是但能攻城而不能攻心但能兵戰而不能心戰者也出榜安民人告懿曰賈範倫直苦諫淵不可反叛俱被淵所殺懿遂封其墓而榮其子孫就將庫內財物賞勞三軍封賞竟自已出司馬氏專權之漸班師回洛陽却說魏主在宮中夜至三更忽然一陣陰風吹滅燈光只見毛皇后引數十個宮人哭至座前索命纔見番兵滅了又是一陣陰兵來了叡因此得病病漸沉重命侍中光祿大夫劉放孫資掌樞密院一切事務又召文帝子燕王曹宇為大將軍佐太子曹芳

攝政。宇爲人恭儉温和。不肯當此大任。堅辭不受。叡召劉放孫資問曰。宗族之內。何人可任。二人久得曹真之恩。乃保奏曰。惟曹子丹之子曹爽可也。（宇賢於爽。今舍其賢者。用其不賢者。此曹氏之當衰也。）叡從之。二人又奏曰。欲用曹爽。當遣燕王歸國。叡然其言。二人遂請叡降詔賫出諭燕王曰。有天子手詔。命燕王歸國。限即日就行。若無詔不許入朝。燕王涕泣而去。（用一曹。必去一曹。曹氏之黨寡。而後司馬氏之黨盛矣。）遂封曹爽爲大將軍。總攝朝政。叡病漸危。急令使持節詔司馬懿還朝。懿受命。徑到許昌。入見魏主。叡曰。朕惟恐不得見卿。今日得見死無恨矣懿頓首奏曰臣在途中聞陛下聖體不安恨不肋生兩翼飛至闕下（兩翼已成矣將飛入宮廷食曹氏之子孫也）今日得覩龍顏臣之幸也叡宣太子曹芳大將軍曹爽侍中劉放孫資等皆至御榻之前叡執司馬懿之手曰昔劉玄德在白帝城病危以幼子劉禪托孤於諸葛孔明（照應八十五卷中事）孔明因此竭盡忠誠至死方休偏邦尚然如此何況大國乎（僭號之國反指正統爲偏邦此在曹叡之言則然後世修史者亦復蹈之何其謬也）朕幼子曹芳年纔八歲不堪掌理社稷幸太尉及宗兄元勳舊臣竭力相輔無負朕心又喚芳曰仲達與朕一體爾宜敬

禮之遂命懿攜芳近前芳抱懿頸不放叡曰太尉勿忘幼子今日相戀之情言訖潸然淚下懿頓首流涕魏主昏沉口不能言只以手指太子須臾而卒*曹叡好神仙何不以承露盤中天漿活之*在位十三年壽三十六歲時魏景初三年春正月下旬也當下司馬懿曹爽扶太子曹芳即皇帝位芳字蘭卿乃叡乞養之子秘在宮中人莫知其所由來*曹操奸猾曹丕篡逆就知再傳而後遂不知爲何人之子蓋不待司馬氏之篡而曹氏已早絕也*於是曹芳謚叡爲明帝葬於高平陵尊郭皇后爲皇太后改元正始元年司馬懿與曹爽輔政爽事懿甚謹一應大事必先啓

知曹爽無用爽字昭伯自幼出入宮中明帝見爽謹慎甚是愛敬爽門下有客五百人內有五人以浮華相尚亦是無用之人一是何晏字平叔一是鄧颺字玄茂乃鄧禹之後一是李勝字公昭一是丁謐音容字彥靜一是畢範字昭先此五人先敘其人品後詳其姓氏又有大司農桓範字元則頗有智謀人多稱為智囊此一人先敘其姓氏後詳其人品此數人皆爽所信任何晏告爽曰主公大權不可委托他人恐生後患爽曰司馬公與我同受先帝托孤之命安忍背之晏曰昔日先公與仲達被蜀兵之時累受此人之氣因而致死主公如何不

察也。將賭賽羞慚事了此一提照應第一百卷中。爽猛然省悟，遂與多官計議停當，入奏魏主曹芳曰：「司馬懿功高德重，可加爲太傅。」太尉掌兵，太傅不掌兵。後奪其兵權也。芳從之。自是兵權皆歸於爽。爽命弟曹羲爲中領軍，曹訓爲武衛將軍，曹彥爲散騎常侍。三曹怎敵一馬。各引三千御林軍，任其出入禁宮。又用何晏、鄧颺、丁謐爲尚書，畢範爲司隸校尉，李勝爲河南尹：此五人日夜與爽議事。於是曹爽門下賓客日盛。司馬懿推病不出，二子亦皆退職閒居。此時武侯若在，亦是伐魏一大機會。爽每日與何晏等飲酒作樂：凡用衣服器皿，與朝廷無異；各處進貢玩好珍奇之物，先取上等者入已，然後進宮。佳人美女充滿府院。黃門張當諂事曹爽，私選先帝侍妾七八人送入府中。爽又選善歌舞良家子女三四十人爲家樂。又建重樓畫閣，造金銀器皿，用巧匠數百人，晝夜工作。如此所爲，便不能成事，安能制司馬懿乎。卻說何晏聞平原管輅明數術，請與論易。時鄧颺在座，問輅曰：君自謂善易，而語不及易中詞義，何也？輅曰：夫善易者，不言易也。○○○○○○○○孔子學易，而易不在雅言之數，可見易不可以言傳。晏笑而讚之曰：可謂要言不煩。○○○○○不言易，正深於言易也，故讚之曰要言。因謂輅曰：試爲我卜一卦，可至三公否？又問連夢青蠅數十來集鼻上。此是何兆。輅曰。元愷輔舜。周公佐周。皆以和惠謙恭。享有多福。（以周公元愷爲言。）今君侯位尊勢重。而懷德者鮮。畏威者衆。殆非小心求福之道。（可謂要言。）且鼻者山也。山高而不危。所以長守貴也。（忽講相法。）今青蠅臭惡而集焉。位峻者顛。可不懼乎。願君侯裒多益寡之義。（此益卦。）非禮勿履。（此履卦之義。不言易。却是言易。）然後三公可至。青蠅可驅也。（不論數。而論理。）鄧颺怒曰。此老生之常談。輅曰。老生者見不生。常談者見不談。（玄語。隱語。亦妙語。）遂拂袖而去。二人大笑曰。眞狂士也。輅到家與舅言之。舅大驚曰。何鄧二人威權甚重汝奈何犯之輅曰吾與死人語何所畏耶（所謂老生者見不生）舅問其故輅曰鄧颺行步筋不束骨脈不制肉起立傾倚若無手足此爲鬼躁之相何晏視候魂不守宅血不華色精爽烟浮容若槁木此爲鬼幽之相（此麻衣相法之所無）二人早晚必有殺身之禍何足畏也（不決之於卜而決之於相）其舅大罵輅爲狂子而去却說曹爽嘗與何晏鄧颺等畋獵其弟曹羲諫曰兄威權太甚而好出外遊獵儻爲人所算悔之無及（預爲後文伏線）爽叱曰兵權在吾手中何懼之有司農桓範亦諫不聽（不叙所諫何語是省筆）時魏主曹芳改正始十年爲嘉

平元年曹爽一向專權不知仲達虛實適魏主除李勝爲青州刺史即令李勝往餞仲達就探消息勝徑到太傅府下早有門吏報入司馬懿謂二子曰此乃曹爽使來探吾病之虛實也乃去冠散髮上床擁被而坐又令二婢扶策方請李勝入府（曹操假病以試吉平司馬懿假病以賺李勝奸雄手段前後一轍）勝至床前拜曰一向不見太傅誰想如此病重今天子命某爲青州刺史特來拜辭懿佯荅曰并州近朔方好爲之備（詐粧耳聾妙甚）勝曰除青州刺史非并州也懿笑曰你方從并州來（妙絶活像聾子）勝曰山東青州耳懿大笑曰你從青

州來也妙絕活像聾子勝曰太傅如何病得這等了左右曰太傅耳聾

勝曰乞紙筆一用左右取紙筆與勝勝寫畢呈上懿看之笑曰

吾病的耳聾了此去保重言訖以手指口妙絕活像病人侍婢進湯懿

將口就之湯流滿襟妙絕活像病人乃作哽噎之聲曰吾今衰老病篤

死在旦夕矣二子不肖望君教之君若見大將軍千萬看覷二

子言訖倒在床上聲嘶氣喘妙絕活像病人李勝拜辭仲達回見曹爽

細言其事爽大喜曰此老若死吾無憂矣司馬懿見李勝去了

遂起身謂二子曰病得快好得快李勝此去回報消息曹爽必不忌我

矣。只待他出城畋獵之時，方可圖之。（又先爲下文虛伏一筆。）不一日，曹爽請魏主曹芳去謁高平陵祭祀先帝，大小官僚皆隨駕出城。爽引三弟并心腹人何晏等及御林軍護駕。正行，司農桓範叩馬諫曰：主公總典禁兵，不宜兄弟皆出。儻城中有變，如之奈何？（此之謂智囊。若曹爽只是酒囊飯囊耳。）爽以鞭指而叱之曰：誰敢爲變！再勿亂言。當日司馬懿見爽出城，心中大喜，即起舊日手下破敵之人并家將數千，引二子上馬，徑來謀殺曹爽。正是：

閉戶忽然有起色，驅兵自此逞雄風。

未知曹爽性命如何，且看下文分解。

茂苑毛宗崗序始氏評　吳門杭永年資能氏評定

第一百七回

魏主政歸司馬氏

姜維兵敗牛頭山

甚矣天之惡魏也繼之以不知所從來之曹芳而又相之以醉生夢死之曹爽縱令司馬懿眞病而眞死而其國亦必爲蜀吳之所并矣縱使曹爽聽桓範之言而遷駕許都

檄召外兵其勢必不勝亦必終爲司馬氏之所并矣而況同槽之三馬猝然閉城戀荳之駑馬覥然就縛哉孟德奸雄而再傳以後其苗裔之不振如此悲夫

知何晏鄧颺之附曹爽爲必死者管輅也知司馬懿之謀曹爽爲必勝者辛憲英也然管輅知之不足奇憲英知之則奇矣當曹爽之未滅而出從曹爽者辛敞也及曹爽之既滅而不背曹氏者夏侯女也然聽其姊以全我之義不足奇違其父以伸己之志則奇矣管輅以男子知人必知

之以卜與相憲英以女子知人不必知之以卜與相辛敞以男子之智賓於婦人夏侯女則以婦人之志過於男子如此二女子者殆列女傳中所僅見

不以盛衰改節此夏侯女之節一武侯佐漢之節也不以存亡易心此夏侯女之心一武侯報先帝之心也然則耳之截鼻之割即謂之張睢陽之齒顏常山之舌可也身毁而乃以全身形殘而乃以踐形是又管輅相法之所不能及者輅但知鬼躁鬼幽爲死人之相孰知截耳割鼻有完

人之目耶。

此卷叙曹氏失政爲司馬篡魏之由，而夏侯霸入蜀又爲姜維伐魏之始。然夏侯霸之心非姜維之心也。霸所欲伐者司馬，而欲借漢以存曹也；維所欲伐者曹氏，而欲借蜀以滅魏也。姜維之心則武侯之心也。武侯以先帝之心爲心，而欲終先帝之事；姜維又以武侯之心爲心，而欲終武侯之事也。霸與維事同而心則異，維與武侯心同而才則異。才異而一出即敗，君子亦以其心取之而已。

文之以前伏後者有實筆有虛筆姜維伐魏在六出祁山之後而一出祁山之前先寫一姜維此以實筆伏之者也鍾鄧入蜀在九伐中原之後而一伐中原之前先在夏侯霸口中寫一鍾會寫一鄧艾此以虛筆伏之者也且前有武侯之囑陰平葬定軍又虛中之虛此處夏侯霸之言又虛中之實敘事作文如此結構可謂匠心

却說司馬懿聞曹爽同弟曹羲曹訓曹彥并心腹何晏鄧颺丁謐畢軌李勝等及御林軍隨魏主曹芳出城謁明帝墓就去畋

徵懿大喜即到省中令司徒高柔一箇司馬懿心腹假以節鉞行大將軍事先據曹爽營又令太僕王觀又是一箇司馬懿心腹行中領軍事據曹羲營如陳平領太尉入北軍懿引舊官入後宮奏郭太后言爽背先帝託孤之恩奸邪亂國其罪當廢周勃去產祿要瞞着婦人司馬懿去曹爽正要用着婦人郭太后大驚曰天子在外如之奈何懿曰臣有奏天子之表誅奸臣之計太后勿憂太后懼怕只得從之懿急令太尉蔣濟尚書令司馬孚一同寫表又是兩箇司馬懿心腹遣黃門賫出城外逕至帝前中奏懿自引大軍據武庫早有人報知曹爽家其妻劉氏急出

廳前與守府官問曰今主公在外仲達起兵何意郭府已爲司馬懿所用劉氏幹得甚事守門將潘舉曰夫人勿驚我去問來乃引弓弩手數十人登門樓望之正見司馬懿引兵過府前舉令人亂箭射下懿不得過偏將孫謙在後止之曰太傅爲國家大事休得放箭又是一箇司馬懿心腹連止三次舉方不射司馬昭護父司馬懿而過引兵出城屯於洛河守住浮橋且說曹爽手下司馬魯芝見城中事變來與參軍辛敞商議曰今仲達如此變亂將如之何敞曰可引本部兵出城去見天子芝然其言敞急入後堂其姊辛憲英

見之，問曰：「汝有何事慌速如此？」敞告曰：「天子在外，太傅閉了城門，必將謀逆。」憲英曰：「司馬公未必謀逆，特欲殺曹將軍耳。」（善於料事。劉氏若能學之，必不使曹爽出城矣。）敞驚曰：「此事未知如何？」憲英曰：「曹將軍非司馬公之對手，必然敗矣。」（明於料人。劉氏若能學之，必不使曹爽廢仲達矣。）敞曰：「那日司馬教我同去，未知可去否？」憲英曰：「職守，人之大義也。凡人在難，猶或卹之；執鞭而棄其事，不祥莫大焉。」（忠於勸義。劉氏若能學之，必不使曹爽行縱妄之事矣。）敞從其言，乃與曾芝引數十騎斬關奪門而出。人報知司馬懿，懿恐桓範亦走，急令人召之。範與其子商議，其子曰：「車駕在外不如南門辛敞有姊桓範有兒範從其言乃上馬至平昌門城門已閉把門將乃桓範舊吏司蕃也範袖中取出一竹版曰太后有詔可即開門司蕃曰請詔驗之範叱曰汝是吾故吏何敢如此蕃只得開門放出範出的城外喚司蕃曰太傅造反汝可速隨我去後仲達殺桓範只爲此語蕃大驚追之不及人報知司馬懿懿大驚曰智囊泄矣如之奈何蔣濟曰駑馬戀棧豆必不能用也智囊怎當鈍物懿乃召許允陳泰曰又是兩箇司馬懿心腹汝去見曹爽說太傅別無他事只是削汝兄弟兵權而已恐其在外生變故誘之使歸而就死耳許陳二人去

了又召殿中校尉尹大目至令蔣濟作書與目特去見爽懿分付曰汝與爽厚可領此任（曹爽所厚者又為司馬懿心腹）汝見爽說吾與蔣濟指洛水為誓只因兵權之事別無他意（直如騙小兒）尹大目依令而去卻說曹爽正飛鷹走犬之際忽報城內有變太傅有表爽大驚幾乎落馬（太傅忽然起床曹爽自應落馬）黃門官捧表跪於[illegible]之前爽接表拆封令近臣讀之表畧曰

征西大都督太傅臣司馬懿誠惶誠恐頓首謹表臣昔從遼東還先帝詔陛下與秦王及臣等升御床把臣臂深以後事

爲念今大將軍曹爽背棄顧命敗亂國典內則僭擬外專威權以黃門張當爲都監專共交關看察至尊伺候神器離間二宮傷害骨肉天下洶洶人懷危懼此非先帝詔陛下及囑臣之本意也臣雖朽邁敢忘往言太尉臣濟尚書臣孚等皆以爽爲有無君之心兄弟不宜典兵宿衛奏永寧宮皇太后令勑臣表奏施行臣輒勑主者及黃門令罷爽羲訓吏兵以侯就第不得逗遛以稽車駕敢有稽留便以軍法從事〔此數語竟似告示不像表文司馬懿之專於此見矣〕臣輒力疾將兵屯於洛水浮橋伺察非

常謹表上聞伏干聖聽 伏干聖聽四字何不竟改想宜知悉 魏主曹芳聽畢乃喚曹爽曰太傅之言若此卿如何裁處爽手足失措回顧二弟曰爲之奈何羲曰劣弟亦曾諫兄兄執迷不聽致有今日 應前卷中語 司馬懿譎詐無比孔明尚不能勝况我兄弟乎不如自縛見之以免一死 爽兄弟三人都是駑馬懿父子三人都是駿馬三駑馬戀棧三駿馬便同槽矣 言未畢參軍辛敞司馬魯芝到爽問之二人告曰城中把得鐵桶相似太傅引兵屯於洛水浮橋勢將不可復歸宜早定大計正言間司農桓範驟馬而至謂爽曰大事已變將軍何

不請天子幸許都調外兵以討司馬懿耶。（若行此計。國中必亂。姜維得乘亂伐魏。）必得成功。爽曰吾等全家皆在城中豈可投他處求援。（果應蔣濟之料。）範曰匹夫臨難尚欲望活今主公身隨天子號令天下誰敢不應豈可自投死地乎爽聞言不決惟流涕而已。（因戀生活只是抛不下饅豆耳。）範又曰此去許都不過半宿城中糧草足支數載今主公別營兵馬近在闕南呼之即至大司馬之印某將在此主公可急行遲則休矣。（此之謂智囊。）爽曰多官勿太催逼待吾細細思之（活畫一無用之人。）少頃侍中許允尚書令陳泰至二人告曰太傅只爲將軍權重不過要削去兵權別無他意將軍可早歸城中爽默然不語（其名曰爽何其人之不爽如此）又只見殿中校尉尹大目到曰太傅指洛水爲誓並無他意（罰呪當啟吃）有蔣太尉書在此將軍可削去兵權早歸相府爽信爲良言桓範又告曰事急矣休聽外言而就死地是夜曹爽意不能決乃拔劍在手嗟嘆尋思自黃昏直流淚到曉終是孤疑不定（今之文思遲鈍者竟日不成一字姘乃與曹爽同乎）桓範入帳催之曰主公思慮一晝夜何尚不能決爽擲劍而嘆曰我不起兵情願棄官但爲富家翁足矣（曹子丹被孔明氣死蓋死尚是有羞有氣今曹爽直是不羞不氣也）範大哭出

悵曰曹子丹以智謀自矜今兄弟三人真豚犢耳痛哭不已初允陳泰令爽先納印綬與司馬懿爽令將印送去主簿楊綜扯住印綬而哭曰主公今日捨兵權自縛去降不免東市受戮也爽曰太傅必不失信於我曹氏子孫如此無用嘗使奸雄氣沮於是曹爽將印綬與許陳二人先賫與司馬懿衆軍見無將印盡皆四散爽手下只有散騎官僚到浮橋懿傳令教曹爽兄弟三人且回私宅奸雄手段妙在緩緩而來餘者發監聽候勅旨爽等入城時並無一人侍從桓範至浮橋邊懿在馬上以鞭指之曰桓大夫何故如此範低

頭不語。智囊囊。入城而去。於是司馬懿請駕撥營入洛陽。曹爽兄弟三人回家之後。懿用大鎖鎖門。令居民八百人圍守其宅。曹爽心中憂悶。羲謂爽曰。今家中乏糧。兄可作書與太傅借糧。刀在其頭猶欲借糧爲之一笑。如肯以糧借我。必無相害之心。爽乃作書。令人持去。司馬懿覽書。遂遣人送糧一百斛。運至曹爽府內。奸雄手段只是緩緩而來。爽大喜曰。司馬公本無害我之心也。遂不以爲憂。愚人愚到底。原來司馬懿先將黃門張當捉下獄中問罪。當曰。非我一人。更有何晏鄧颺李勝畢軌丁謐等五人同謀篡逆。懿取了張當供詞却捉何晏等勘問明白皆稱三月間欲反此等獄詞皆周內所成未必真其事也懿用長柳釘了城門守將司蕃告稱桓範矯詔出城口稱太傅謀反懿曰誣人反情抵罪反坐亦將桓範等皆下獄然押曹爽兄弟三人并一干人犯皆斬于市曹滅其三族拔劒等思想了一夜竟忍不到此其家產財物盡抄入庫時有曹爽從弟文叔之妻乃夏侯令女也早寡而無子其父欲改嫁之女截耳自誓及爽被誅其父復將嫁之女又斷去其鼻其家驚惶謂之曰人生世間如輕塵棲弱草何至自苦如此今日此等逢人多矣且夫家又被司馬氏誅戮

已盡守此欲誰爲哉女泣曰吾聞仁者不以盛衰改節義者不以存亡易心曹氏盛時尚欲保終況今滅亡何忍棄之此禽獸之行吾豈爲乎（辛憲英教弟以義夏侯女辭父以節同時乃有兩箇奇女子）懿聞而賢之聽使乞子自養爲曹氏後（司馬懿自受巾幗當以男子衣冠送夏侯氏）後人有詩曰

弱草微塵盡達觀　夏侯有女義如山
丈夫不及裙釵節　自顧鬚眉亦汗顏

却說司馬懿斬了曹爽太尉蔣濟曰尚有魯芝辛敞斬關奪門而出楊綜奪印不與皆不可縱懿曰彼各爲其主乃義人也遂

復各人舊職。劉毅拒乾將以智囊見忌耳。辛敞嘆曰。吾若不問於姊。失大義矣。好姐姐。我亦願爲之弟也。後人有詩贊辛憲英曰。

爲臣食祿當思報。事主臨危合盡忠。

辛氏憲英曾勸弟。故令千載頌高風。

司馬懿饒了辛敞等。仍出榜曉諭。但有曹爽門下一應人等。盡皆免死。有官者照舊復職。軍民各守家業。內外安堵。何鄧二人死於非命。果應管輅之言。應前卷中語。後人有詩贊管輅曰。

傳得聖賢真妙訣。平原管輅相通神。

鬼幽鬼躁分何鄧　未喪先知是死人

却說魏主曹芳封司馬懿爲丞相加九錫（令人追憶魏公加九錫時）懿固辭不肯受（此則賢於曹操）芳不准令父子三人同領國事懿忽然想起曹爽全家雖誅尚有夏侯霸守備雍州等處係爽親族倘驟然作亂如何隄備必當處置即下詔遣使往雍州取征西將軍夏侯霸赴洛陽議事（翦滅公室其意可知）夏侯霸聽知大驚便引本部三千兵造反有鎮守雍州刺史郭淮聽知夏侯霸反即率本部兵來與夏侯霸交戰淮出馬大罵曰汝既是大魏皇族天子又不曾虧

汝何故背反霸亦罵曰吾祖父於國家多建勳勞今司馬懿篡等入滅吾曹氏宗族又來取我早晚必思篡位吾仗義討賊何反之有夏侯霸欲討魏賊姜維即借他來共討漢賊淮大怒挺鎗驟馬直取夏侯霸霸揮刀縱馬來迎戰不十合淮敗走霸隨後趕來忽聽的後軍吶喊霸急回馬時陳泰引兵殺來郭淮復回兩路夾攻霸大敗而走折兵大半尋思無計遂投漢中來降後主孔明得姜維爲幫手姜維又得夏侯霸爲幫手有人報與姜維維心不信令人體訪得實方教入城霸拜見畢哭告前事維曰昔微子去周成萬古之名公能匡扶

漢室無愧古人也遂設晏相侍維就席問曰今司馬懿父子掌握重權有窺我國之志否霸曰老賊方圖謀逆未暇及外但魏國新有二人正在妙齡之際若使領兵馬實吳蜀之大患也預爲

數卷後決單

維問二人是誰霸告曰一人見爲秘書郎乃潁州長社人姓鍾名會字士季太傅鍾繇之子幼有胆智乃翁筆下有字乃郎胸中有字繇嘗率二子見文帝會時年七歲其兄毓年八歲毓見帝惶懼汗流滿面帝問毓曰卿面何以汗毓對曰戰戰惶惶汗出如漿帝問會曰卿何以不汗會對曰戰戰慄慄汗不敢出一人戲問曰人身上何物

不怕嚇或答曰性有汗不怕嚇人越嚇他越要出來會曰汗不敢出則是汗亦怕嚇矣爲之一笑帝獨奇之又稍長喜讀兵書深明韜畧司馬懿與蔣濟皆稱其才一人見爲掾吏乃義陽人也姓鄧名艾字士載幼年失父素有大志但見高山大澤輙窺度指畫何處可以屯兵何處可以積糧何處可以埋伏便爲渡陰平嶺張本人皆笑之獨司馬懿奇其才遂令參贊軍機艾爲人口吃每奏事必稱艾艾古之名人口吃者韓非周昌楊雄鄧艾也今有對口吃者曰既是昌家又疑非類如無雄風定有艾氣懿戲謂曰卿稱艾艾當有幾艾艾應聲曰鳳兮鳳兮故是一鳳其資性敏捷大抵如此此二人深可畏也

二人來歷。却在夏侯霸口中叙出。省筆之法。維笑曰量此孺子何足道哉於是姜維引夏侯霸至成都入見後主維奏曰司馬懿謀殺曹爽又來賺夏侯霸霸因此投降目今司馬懿父子專權曹芳懦弱魏國將危臣在漢中有年兵精糧足臣願領王師卽以霸爲鄉道官進取中原重興漢室以報陛下之恩以終丞相之志此一段言語可當姜維一篇前出師表。尚書令費禕諫曰近者蔣琬董允皆相繼而亡二人之死在費禕口中補出省筆之法。內治無人伯約只宜待時不宜輕動維曰不然人生如白駒過隙似此遷延歲月何日恢復中原乎微塵棲草。言其輕。白駒

雍州今陝西西安府

過隙是言其快一則以徇節爲不必二則以徇節當及時也辭又曰孫子云知彼知己百戰百勝我等皆不如丞相遠甚丞相尚不能恢復中原何况我等將六出祁山事於此一提維曰吾久居隴上深知羌人之心今若結羌人爲援雖未能克復中原自隴而西可斷而有也既得夏侯霸爲幫手又欲借羌人爲幫手後主曰卿既欲伐魏可盡忠竭力勿墮銳氣以負朕命於是姜維領勑辭朝同夏侯霸逕到漢中計議起兵維曰可先遣使去羌人處通盟然後出西平近雍州先築二城於麴山之下令兵守之以爲犄角之勢我等盡發糧草於川口依丞相舊制次

第進兵此是一伐中原是年秋八月先差蜀將句安李歆同引一萬五千兵往麴山前連築二城句安守東城李歆守西城早有細作報與雍州刺史郭淮淮一面申報洛陽一面遣副將陳泰引兵五萬來與蜀兵交戰句安李歆各引一軍出迎因兵少不能抵敵退入城中泰令兵四面圍住攻打又以兵斷其漢中糧道句安李歆城中糧缺郭淮自引兵亦到看了地勢忻然而喜回到寨中乃與陳泰計議曰此城山勢高阜必然水少須出城取水若斷其上流蜀兵皆渴死矣馬謖屯山上患在大道今二將屯城中亦患水道蓋蜀道山多乏水

少頃遂令軍士掘土堰斷上流城中果然無水李歆引兵出城取水雍州兵圍困甚急歆死戰不能出只得退入城去句安城中亦無水乃會了李歆引兵出城併在一處大戰良久又敗入城去。此時蜀兵甚渴其望姜維之救亦甚渴矣。軍士枯渴安與歆曰姜都督之兵至今未到不知何故街亭之危。咎在馬謖。二人之危。失在姜維。歆曰我當捨命殺出求救遂引數十騎開了城門殺將出來雍州兵四面圍合歆奮死衝突方纔得脫只落得獨自一人身帶重傷餘皆殁於亂軍之中是夜北風大起陰雲布合天降大雪因此城內蜀兵分糧花

牛頭山在漢中

雪。而。食。（蜀兵齧雪、幾似蘇武當年。○此日之雪、雖承露盤之天漿、不是過矣。）却說李歆撞出重圍、從西山小路行了兩日、正迎着姜維人馬。歆下馬伏地告曰、麴山二城皆被魏兵圍困、絕了水道、幸得天降大雪、因此化雪度日、甚是危急。維曰、吾非救遲、爲聚羌兵未到、因此悞了。（羌人悞姜維亦姜維又悞二將也。）遂令人送李歆入川養病。維問夏侯霸曰、羌兵未到、魏兵圍困麴山甚急、將軍有何高見。霸曰、若等羌兵到、麴山二城皆陷矣。吾料雍州兵必盡來麴山攻打、雍州城定然空虛。將軍可引兵逕往牛頭山、抄在雍州之後、郭淮陳泰必回救雍州、則麴山之圍自解矣（此圍魏救趙之法。）維大喜曰此計最善於是姜維引兵望牛頭山而去却說陳泰見李歆殺出城去了乃謂郭淮曰李歆若告急於姜維姜維料吾大兵皆在麴山必投牛頭山襲吾之後將軍可引一軍去取洮水斷絕蜀兵糧道吾分兵一半逕往牛頭山擊之彼若知糧道已絕必然自走矣（夏侯霸所算早在陳泰算中。）郭淮從之遂引一軍暗取洮水陳泰引一軍逕往牛頭山來却說姜維兵至牛頭山忽聽的前軍發喊報說魏兵截住去路維慌忙自到軍前視之陳泰大喝曰汝欲襲吾雍州吾已等

侯多時了句安等候多時偏等不來爲之一嘆維大怒挺鎗縱馬直取陳泰泰揮
刀而迎戰不三合泰敗走維揮兵掩殺雍州兵退回占住山頭
維收兵就牛頭山下寨維每日令兵搦戰不分勝負夏侯霸謂
姜維曰此處不是久停之所連日交戰不分勝負乃誘兵之計
耳必有異謀不如暫退再作良圖正言間忽報郭淮引一軍取
洮水斷了糧道維大驚急令夏侯霸先退維自斷後陳泰分兵
五路趕來維獨拒五路總口戰住魏兵泰勒兵上山矢石如雨
維急退到洮水之時郭淮引兵殺來維引兵往來衝突魏兵阻

其去路密如鐵桶。維奮死殺出，折兵大半。第一次出兵動只吃虧，不及武侯多矣。飛奔上陽平關來。前面又一軍殺到，爲首一員大將，縱馬横刀而出。那人生得圓面大耳，方口厚唇，左目下生箇黑瘤，瘤上生數十根黑毛。不知管輅相之，又作何語。乃司馬懿長子驃騎將軍司馬師也。維大怒曰：孺子安敢阻吾歸路！拍馬挺鎗，直來刺師。師揮刀相迎。只三合，殺敗了司馬師。維脫身逕奔陽平關來。城上人開門放入姜維。司馬師也來搶關，兩邊伏弩齊發，一弩發十矢，乃武侯臨終時所遺連弩之法也。忽將武侯臨終事一提，與一百四卷照應。正是

難支此日三軍敗　猶賴當年十矢傳

未知司馬師性命如何且看下文分解

第一百八回

丁奉雪中奮短兵

孫峻席間施密計

今人將曹操司馬懿並稱及觀司馬懿臨終之語而懿之與操則有別矣操之事皆懿之子爲之而懿則終其身未敢爲操之事也操之忌先主是欲除宗室之賢者懿之謀

曹爽是特殺宗室之不賢者至於弑主后害皇嗣僭皇號受九錫但見之於操而未見之於懿故君子於懿有恕辭焉

曹丕乘喪以伐劉禪曹芳亦乘喪以伐孫亮而前之伐則丕自主之後之伐非芳主之而司馬師主之其不同者一前之兵有五路而止一路是魏兵後之兵有三路而三路皆魏兵其不同者二前之兵不戰而自解後之兵戰而後退其不同者三前之兵四路實而一路是虛後之兵一路

敗而兩路皆走其不同者四前後更無一毫相犯豈非奇
事奇文
乘雪以誘敵者有之矣武侯之破鐵車兵是也而冒雪以
犯敵則未之有也以黑夜劫營者有之矣甘寧百騎之劫
是也而白日劫營則未之有也用短兵步卒於險峻無人
之處者有之矣鄧艾之襲陰平嶺是也用之於平川大寨
則未之有也以舟師破舟師者有之矣黃蓋之燒北船是
也而以舟師入旱寨則未之有也以前後所未有者而獨

於丁奉之戰徐塘見之真異異樣驚人異樣出色

丁奉成東興之功而諸葛恪不能奏新城之績其故何也曰魏來而我禦之則克我往攻魏則不克其明驗已見於前事矣自周郎之禦赤壁而吳一勝及孫權之攻合淝而吳不勝當曹操之攻濡須而吳再勝及張遼之拒逍遥津而吳又不勝又曹丕之攻三郡而吳三勝有徐盛之守南徐而吳四勝又曹休之取石亭而吳五勝及諸葛瑾之被燒於滿寵而吳又不勝此非其章章者哉畫江而守自顧

有餘而取人不足在孫權未死周瑜魯肅呂蒙陸遜未亡之時猶然如是而乃欲于孫亮之日進圖中原吾知其難耳

司馬懿之殺曹爽是以異姓而滅宗室孫峻之殺諸葛恪是以宗室而滅異姓恪與爽之才不才不同而其氣驕而計疏則一也外不能測張特之詐內不能燭孫峻之奸而又剛愎自矜果於殺戮聰明雖過於其父而卒以恃才取禍哀哉

却說姜維正走遇着司馬師引兵攔截原來姜維取雍州之時郭淮飛報入朝魏主與司馬懿商議停當懿遣長子司馬師引兵五萬前來雍州助戰司馬師發兵補叙在此省筆之法師聽知郭淮敵退蜀兵師料蜀兵勢弱就來半路擊之直趕到陽平關却被姜維用武侯所傳連弩法於兩邊暗伏連弩百餘張一弩發十矢皆是藥箭兩邊弩箭齊發前軍連人帶馬射死不知其數司馬師於亂軍之中逃命而回幾同上方谷之難却說麴山城中蜀將句安見援兵不至乃開門降魏姜維折兵數萬領敗兵回漢中屯扎以上按下

（蜀漢以下再叙魏國）司馬師自還洛陽至嘉平三年秋八月司馬懿染病漸漸沉重（前是詐病此是真病了）乃喚二子至榻前囑曰吾事魏歷年官授太傅人臣之位極矣人皆疑吾有異志吾嘗懷恐懼吾死之後汝二人善理國政慎之慎之（與曹操銅雀臺語相似○此時偏不耳聾偏不錯亂）言訖而亡長子司馬師次子司馬昭二人申奏魏主曹芳芳厚加祭葬優錫贈謚封師爲大將軍總領尚書機密大事昭爲驃騎上將軍（以上接下魏國以下接叙東吳）却說吳主孫權先有太子孫登乃徐夫人所生於吳赤烏四年身亡遂立次子孫和爲太子乃琅琊王夫

人所生和因與金公主不睦被公主所譖權廢之和憂恨而死又立三子孫亮爲太子乃潘夫人所生此時陸遜諸葛瑾皆亡一應大小事務皆歸於諸葛恪補敘前文所未及太和元年秋八月初一日忽起大風江海湧濤平地水深八尺吳主先陵所種松栢盡皆拔起直飛到建業城南門外倒揷於道上孫權將亡先書災異與後諸葛恪將亡亦先書災異正是相對權因此受驚成病至次年四月內病勢沉重乃召太傅諸葛恪大司馬呂岱至榻前囑以後事囑訖而薨在位二十四年壽七十一歲紫髯白矣乃蜀漢延熙十五年也後人有詩

曰、

紫髯碧眼號英雄、　能使臣僚肯盡忠、
二十四年興大業、　龍盤虎踞在江東、

孫權既亡、諸葛恪立孫亮爲帝、大赦天下、改元大興元年、謚權曰大皇帝、葬於蔣陵、早有細作探知其事、報入洛陽、司馬師聞孫權已死、遂議起兵伐吳、尚書傅嘏曰、吳有長江之險、先帝屢次征伐、皆不遂意、（照應前事。）不如各守邊疆、乃爲上策、師曰、天道三十年一變、（○○○。不但欲滅吳。亦有吞魏之意。吳將變。魏亦將變也。）豈皇帝爲鼎峙乎、吾欲伐

昶音唱

巢湖今無爲州巢縣

吳懿曰今孫權新亡孫亮幼懦其隙正可乘也遂令征南大將軍王昶引兵十萬攻南郡鎮南都督毋丘儉引兵十萬攻武昌三路進發。前曹丕用三路取吳今司馬昭亦用三路取吳正復相似文遣弟司馬昭爲大都督總領三路軍馬是年冬十月。爲雪天伏筆司馬昭兵至東吳邊界屯住人馬喚王昶胡遵毋丘儉到帳中計議曰東吳最緊要處惟東興郡也今他築起大堤左右又築兩城以防巢湖後面攻擊諸公須要仔細遂令王昶毋丘儉各引一萬兵列在左右且勿進發待取了東興郡那時一齊進兵昶儉二人受令而去昭又令胡遵爲先鋒總領三路兵前去先搭浮橋取東興大堤若奪得左右二城便是大功遵領兵來搭浮橋却說吳太傅諸葛恪聽知魏兵三路而來聚衆商議平北將軍丁奉曰東興乃東吳緊要處所若有失則南郡武昌危矣（寫丁奉能謀是老將之智）恪曰此論正合吾意公可就引三千水兵從江中去吾隨後令呂據唐咨劉纂各引一萬馬步兵分三路來接應但聽連珠砲響一齊進兵吾自引大兵後至丁奉得令即引三千水兵分作三十隻船望東興而來却說胡遵渡過浮橋屯軍於堤上差桓嘉韓綜攻

打二城左城中乃吴將全懌守把右城中乃吴將劉畧守把二城高峻堅固急切攻打不下全劉二人見魏兵勢大不敢出戰死守城池（蜀有句安李歆守二城吴亦有全懌劉畧守二城彷彿相似而勝敗不同）胡遵在徐州下寨時值嚴寒天降大雪胡遵與衆將設席高會（前卷蜀兵取雪當水此卷魏兵對雪飲酒同一雪也而憂樂大異）忽報水上有三十隻戰船來到遵出寨視之見船將次傍岸每船上約有百人遂還帳中謂諸將曰不過三千人耳何足懼哉只令部將哨探仍前飲酒（何貪盃至此）丁奉將船一字兒拋在水上乃謂部將曰大丈夫立功名正在今日遂

令衆軍脫去衣甲，卸了頭盔，不用長鎗大戰，止帶短刀。狹巷短兵相接，眞殺人如草不聞聲。此用之狹巷耳。今用之平川，則奇矣。魏兵見之大笑，更不準備。忽然連珠砲響了三聲，丁奉扯刀當先，一躍上岸。寫丁奉能戰，是老將之勇。衆軍皆掇短刀，隨奉上岸，砍入魏寨。以水兵劫旱寨，奇絕。魏兵措手不及。韓綜急拔帳前大戟迎之，早被丁奉搶入懷內，手起刀落，砍翻在地。雪天遇雪刀，兩白相照。何不便以酒賞之。桓嘉從左邊轉出，忙綽鎗刺丁奉，被奉挾住鎗。嘉棄鎗而走，奉一刀飛去，正中左肩。嘉望後便倒。以我之短勝彼之長。奉趕上，就以鎗刺之。即用彼之長，濟我之短。三千吳兵在魏寨中左衝右突胡遵急上馬奪路而走。魏兵齊奔上浮橋，浮橋已斷。大有可觀。惜此時魏兵心怯，無暇吃酒耳。大半落水而死，殺倒在雪地者不知其數。魏兵此時，可謂紅雪齊腰。車仗馬匹軍器，皆被吳兵所獲。司馬昭、王昶、毌丘儉聽知東興兵敗，亦勒兵而退。卻說諸葛恪引兵至東興，收兵賞勞了畢，乃聚諸將曰：「司馬昭兵敗北歸，正好乘勝進取中原。」遂一面遣人賫書入蜀，求姜維進兵攻其北，許以平分天下；前者石亭之勝，吳使入蜀獻捷，與此正復相似。一面起大兵二十萬來伐中原。臨行時，忽見一道白氣從地而起，遮斷三軍，對面不見。陵樹拔而孫權將死，白氣見而諸葛將亡。一般災異。蔣延曰此氣乃白虹也主喪兵之兆不止是喪兵。又應在喪身。太傅只可回朝不可伐魏。恪大怒曰汝安敢出不利之言以慢吾軍心叱武士斬之衆皆告免恪乃貶蔣延為庶人仍催兵前進丁奉曰魏以新城為總隘口若先取得此城司馬師破膽矣恪大喜即趲兵直至新城守城牙門將軍張特見吳兵大至閉門堅守恪令兵四面圍定早有流星馬報入洛陽主簿虞松告司馬師曰今諸葛恪困新城且未可與戰吳兵遠來人多糧少糧盡自走矣。與司馬懿之料蜀兵。彷彿相似。待其將走然後擊之必得全勝但恐蜀兵犯境，不可不防。鄉然其言，遂令司馬昭引一軍助郭淮防姜維，毌丘儉、胡遵拒住吳兵。却說諸葛恪連月攻打新城不下，下令衆將并力攻城，怠慢者立斬。於是諸將奮力攻打城東北角。將張特在城中定下一計，乃令一舌辯之士，齎捧冊籍赴吳寨，見諸葛恪告曰：魏國之法，若敵人困城，守城將堅守一百日而無救兵至，然後出城降敵者，家族不坐罪。今將軍圍城已九十餘日，望乞再容數日，其主將盡率軍民出城投降。今先具冊籍呈上。（曹洪之守潼關，曹操限之以十日；吳兵之攻皖城，呂蒙限之以半日，未聞有百日之約也。）恪深信之拔了軍馬遂不打城騙信了原來張特用緩兵之計哄退吳兵遂拆城中房屋於破城處修補完備乃登城大罵曰吾城中尚有半年之糧豈肯降哭狗耶儘戰無妨諸葛恪着了道兒可爲受騙者之戒恪大怒催兵打城城上亂箭射下恪額上正中一箭翻身落馬諸將救起還寨金瘡舉發衆軍皆無戰心又因天氣亢炎○○○○○○回想雪天劫寨時寒暑一更矣軍士多病恪金瘡稍可欲催兵攻城營吏告曰人人皆病安能戰乎恪大怒曰再說病者斬之衆軍聞知逃者無數忽報都督蔡林引本部軍投魏去了恪大驚自乘馬遍視各營果見軍

士面色黃腫，各帶病容。遂勒兵還吳。早有細作報知毌丘儉。儉盡起大兵隨後掩殺，吳兵大敗而歸。一勝不止，至於敗而後止，是畫蛇添足矣。恪甚羞慚，託病不朝。吳主孫亮自幸其宅問安，文武官僚皆來拜見。恪恐人議論，先搜求衆官將過失，輕則發遣邊方，重則斬首示衆。恪有死之道。於是內外官僚無不悚懼。又令心腹將張約、朱恩管御林軍，以爲牙爪。恪有死之道。却說孫峻字子遠，乃孫堅弟孫靜曾孫，孫恭之子也。孫權存日，甚愛之，命掌御林軍馬。今聞諸葛恪令張約、朱恩二人掌御林軍，奪其權，心中大怒。太常卿滕胤素與諸葛恪有隙乃乘間説峻曰諸葛恪專權恣虐殺害公卿將有不臣之心公係宗室何不早圖之峻曰我有是心久矣今當即奏天子請旨誅之於是孫峻滕胤入見吳主孫亮密奏其事亮曰朕見此人亦甚恐怖恪有死之道常欲除之未得其便今卿等果有忠義可密圖之胤曰陛下可設席召恪暗伏武士於壁衣中擲盃為號就席間殺之以絕後患亮從之却説諸葛恪自兵敗回朝托病居家心神恍惚一日偶出中堂忽見一人穿麻掛孝而入又是一道白氣恪叱問之其人大驚無措恪令拏下拷問其人

告曰某因新喪父親入城請僧追薦，初見是寺院，而入，卻不曾是太傅之府，卻怎生來到此處也。宅第化爲寺院，今日多有之矣。洛怒召守門軍士問之，軍士告曰某等數十人皆荷戈把門，未嘗暫離，並不見一人入來。孝子眼中誤見，是作怪；衆人眼中不見，更是作怪。洛大怒，盡數斬之。是夜洛睡臥不安，忽聽得正堂中聲響如霹靂，洛自出視之，見中梁折爲兩段。棟折榱崩，凶莫大焉。洛驚歸寢室，忽然一陣陰風起處，見所殺披麻人與守門軍士數十人，各提頭索命。前是人怪，此是鬼怪。洛驚倒在地，良久方甦。次早洗面，聞水甚血臭。洛叱侍婢連換數十盆，皆

梟無異輕於殺人故有血腥之怪恪正驚疑間忽報天子有使至宣太傅赴

宴恪令安排車伏方欲出府有黃犬啣住衣服嚶嚶作聲如哭

之狀君之獒不如臣之獒恪怒曰犬戲我也叱左右逐去之遂乘車出府

欲牽黃犬出東門不可得矣行不數步見車前一道白虹自地而起如白練

冲天而去又是白虹可見前之所應不止在兵敗也恪甚驚怪心腹將張約進車前

密告曰今日宮中設宴未知好歹主公不可輕入董卓入朝之時有李肅賺

之諸葛恪入朝之時有張約阻之前後相類而相反恪聽罷便令回車行不到十餘步孫

峻滕胤乘馬至車前曰太傅何故便回恪曰吾忽然腹痛不可

見天子亂曰朝廷爲太傅單回不曾而叙故待設宴相召兼議
大事太傅雖恙還當勉强一行恪從其言遂同孫峻勝亂入宮
張約亦隨入恪見吳主孫亮施禮畢就席而坐亮命進酒恪心
疑辭曰病軀不勝盃酌孫峻曰太傅府中常服藥酒可取飲乎
恪曰可也遂令從人回府取自製藥酒到恪方纔放心飲之家飲
君之酒而曰飲家中之酒以爲懷疑酒至數巡吳主孫亮託事
則懷疑極矣以爲不敬則不敬甚矣
先起孫峻下殿脫了長服着短衣內披環甲手提利刃上殿大
呼曰天子有詔誅逆賊諸葛恪大驚擲盃於地欲拔劍迎之頭

已落地。從前種種災異，於此結局。張約見峻斬恪，揮刀來迎。峻急閃過，刀尖傷其左指。峻轉身一刀，砍中張約右臂。武士一齊擁出，砍倒張約，剁為肉泥。此亦一黃犬也。孫峻一面令武士收恪家眷，一面令人將張約并諸葛恪屍首，用蘆蓆包裹，以小車載出，棄於城南門外石子崗亂塚坑內。可惜聰明人，如此結果。世之自恃聰明，妄自托大者，可不戒哉。却說諸葛恪之妻正在房中，心神恍惚，動止不寧。忽一婢女入房，恪妻問曰：汝遍身如何血臭？其婢忽然反目切齒，飛身跳躍，頭撞屋梁，口中大叫：吾乃諸葛恪也，被奸賊孫峻謀殺。前已寫過無數災異，不想又有此一段，在後。恪合家老幼驚惶號哭不一時軍馬至圍住府第將恪全家老幼俱縛至市曹斬首。前之災異。爲恪殺之兆。後之災異。又爲全家皆殺之兆。時吳大興二年冬十月也。昔諸葛瑾存日見恪聰明盡顯於外歎曰此子非保家之主也。知子莫若父。此補前文所未及。又魏光祿大夫張緝曾對司馬師曰諸葛恪不久死矣師問其故緝曰威震其主何能久乎。宣帝負芒刺於背。霍光之所以赤族也。○此亦補前文所未及。至此果中其言却說孫峻殺了諸葛恪吳主孫亮封峻爲丞相大將軍富春侯總督中外諸軍事自此權柄盡歸孫峻矣且說姜維在成都接得諸葛恪書欲

求相助伐魏前文通接遂入朝奏准後主復起大兵北伐中原正是

一度興師未奏績　兩番討賊欲成功

未知勝負如何且看下文分解

毛宗崗曰諸葛恪不久滅矣師昭其故諸曰賊竊其主可亡人矣

非保家之主也補前文所未及此文又魏光祿大夫張緝曾對司

三年今十月也昔諸葛瑾存日見恪聰明盡顯於外歎曰此子

老幼俱押至市曹斬首後人為之又為全家皆被[illegible]之北[illegible]特來大[illegible]

後將合家老幼盡皆斬訖不一時間主[illegible]

(明)羅貫中　撰

醉耕堂刊毛宗崗評本三國志演義

第一一二册

國家圖書館出版社

第一二册目録

茂苑毛宗崗序始氏評　吳門杭永年資能氏評定

第一百九回

困司馬漢將奇謀
廢曹芳魏家果報

姜維一伐中原因夏侯霸之來乘其宗黨之內變也再伐中原因諸葛恪之約乘其隣境之外侵也而前後皆無成功者前則借羌兵爲助而羌兵不至後則羌兵至而羌兵

反爲敵所用也夫武侯在日猶有鐵車之助魏武侯死後安得恃羌兵之助劉若以羌兵爲可信孰如南蠻孟獲之可信乎武侯不聞求助於蠻而姜維乃欲求助於羌此則姜維之失計者耳

姜維雖失計不得以失計咎姜維也何也牛頭山之敗陷甚於武侯之失街亭而鐵籠山之圍則不異武侯之算上方谷也無如上方谷之燒則水自天來鐵籠山之渴則水從地出街亭之水道絕天不助馬謖以泉鐵籠之水道絕

天獨助司馬昭以本天實爲之謂之何哉故曰不得以失計爲姜維咎

五月渡瀘之時武侯嘗拜井出泉矣而武侯所拜有數十井司馬昭所拜止是一井一井而有數十井之用不更奇乎赤壁鏖兵之時武侯嘗借箭曹營矣而武侯借曹操之箭以射曹操有十萬枝姜維借郭淮之箭以射郭淮止是一枝以一箭而勝十萬箭之力不更奇乎讀三國者閱至後幅愈出愈奇誰謂武侯死後無出色驚人之事

郭淮死徐質死而司馬昭不死非天之愛司馬也爲有一段絕妙排場在後欲借司馬氏演出爲後世亂臣賊子戒耳獻帝有衣帶詔曹芳亦有血詔漢有伏后之見弒魏亦有張后之見弒漢有伏完董承之事泄魏亦有張緝之事泄報報之反何無分毫之或爽耶且前人所爲後人效之必有更甚者曹操未嘗以衣帶詔而廢獻帝司馬師乃以血詔而廢曹芳則已甚矣天之假手於後人以報其前人又必有比前而更快者衣帶詔之泄露甚遲曹芳之血詔

洩露甚速則尤快矣天道好還及其還也又加倍相償[illegible]

書至此令人毛髮俱悚

甚矣造物者之巧也逆臣之報不待後世之人言之而即令其子孫當日自言之令人以司馬師比曹操而曹芳亦自以其太祖比司馬師令人以董承比張緝而曹芳亦自以其國丈比董承此是現前因果明明告世不必更聽釋氏地獄輪廻之說矣

蜀漢延熙十六年秋將軍姜維起兵二十萬令廖化張翼爲左

石營董亭俱地名

右先鋒夏侯霸為參謀張嶷為運糧使大兵出陽平關伐魏此是二伐中原維與夏侯霸商議曰向取雍州不克而還今若再出必又有準備公有何高見霸曰隴上諸郡只有南安錢糧最廣若先取之足可為本武侯第一次出兵會取南安安定天水三郡此計與前有合向者不克而還蓋因羗兵不至今可先遣人會羗人於隴右然後進兵出石營從董亭直取南安維大喜曰公言甚妙遂遣郤正為使賫金珠蜀錦入羗結好羗王羗王迷當得了禮物便起兵五萬令羗將俄何燒戈為大先鋒引兵南安來前番不肯白來今番買他便來甚矣阿堵之有用也魏

左將軍郭淮聞報，飛奏洛陽。司馬師問諸將曰：「誰敢去敵蜀兵？」輔國將軍徐質曰：「某願往。」師知徐質英勇過人，心中大喜，即令徐質爲先鋒，令司馬昭爲大都督，領兵望隴西進發。軍至董亭，正遇姜維。兩軍列成陣勢。徐質使開山大斧，出馬挑戰。蜀陣中廖化出迎，戰不數合，化拖刀敗回。張翼縱馬挺鎗而迎，戰不數合，又敗入陣。徐質驅兵掩殺，蜀兵大敗，（先寫徐質之勇，以見姜維之智。）退三十餘里。司馬昭亦收兵回，各自下寨。姜維與夏侯霸商議曰：「徐質勇甚，當以何策擒之？」霸曰：「來日詐敗，以埋伏之計勝之。」維曰司馬昭乃仲達之子豈不知兵法若見地勢掩映必不肯追司馬昭收兵不趕之故從姜維口中觀出吾見魏兵累次斷吾糧道今却用此計誘之可斬徐質矣此計殊妙遂喚廖化分付如此此如此又喚張翼分付如此如此二人領兵去了一面令軍士於路撒下鐵蒺藜寨外多排鹿角示以久計徐質連日引兵搦戰蜀兵不出哨馬報司馬昭說蜀兵在鐵籠山後役用木牛流馬搬運糧草木牛流馬文於此一提照應一百二卷中事以爲久計只待羗兵策應昭喚徐質曰昔日所以勝蜀者因斷彼糧道也今蜀兵在鐵籠山後運糧汝今夜引兵五千

斷其糧道蜀兵自退矣（不出姜維所料）徐質領令初更時分引兵望鐵籠山來果見蜀兵二百餘人驅百餘頭木牛流馬裝載糧草而行魏兵一聲喊起徐質當先攔住蜀兵盡棄糧草而走質分兵一半押送糧草回寨自引兵一半追來追不到十里前面車仗橫截去路質令軍士下馬折開車仗只見兩邊忽然火起（善學丞相火攻是好徒弟）質急勒馬回走後面山僻窄狹處亦有車仗截路火光迸起質等冒煙突火縱馬而出一聲砲響兩路軍殺來左有廖化右有張翼大殺一陣魏兵大敗徐質奮死隻身而走人困馬

之正奔走間前面一枝兵殺到乃姜維也質大驚無措被維一鎗刺倒坐下馬徐質跌下馬來被衆軍亂刀砍死質所分一半押糧兵亦被夏侯霸所擒盡降其衆霸將魏兵衣甲馬匹令蜀兵穿了就令騎坐打着魏軍旗號從小路逕奔回魏寨來魏軍見本部兵回開門放入蜀兵就寨中殺起（此處用兵直與武侯彷彿）司馬昭大驚慌忙上馬走時前面廖化殺來昭不能前進急退時姜維引兵從小路殺到昭四下無路只得勒兵上鐵籠山據守原來此山只有一條路四下皆險峻難上其上惟有一泉止彀百人

之飲。此時昭手下有六千人，被姜維絕其路口。絕其水道，可以奉答前番二城之失。山上泉水不敷，人馬枯渴。昭仰天長歎曰：「吾死於此地矣！」讀至此令人拍案一快。○上方谷苦於有火，鐵籠山苦於無水，前後相對。後人有詩曰：

妙算姜維不等閒，魏師受困鐵籠間。
龐涓始入馬陵道，項羽初圍九里山。

主簿王韜曰：「昔日耿恭受困，拜井而得甘泉；將軍何不效之？」昭從其言，遂上山頂泉邊，再拜而祝曰：「昭奉詔來退蜀兵，若昭合死，令甘泉枯竭，昭自當刎頸，教部軍盡降；如壽祿未終，願蒼天早賜甘泉以活衆命祝畢泉水湧出取之不竭因此人馬不死此天助晉非助魏也看司馬昭所祝但爲自己壽命祝耳更無一語及魏事却說姜維在山下困住魏兵謂衆將曰昔日丞相在上方谷不會提住司馬懿吾深爲恨○照應一百三卷中事今司馬昭必被吾擒矣却說郭淮聽知司馬昭困於鐵籠山上欲提兵來陳泰曰姜維會合羗兵欲先取南安今羗兵已到羗兵之來在陳泰口中虛寫省筆之法將軍若撤兵去救羗兵必乘虛襲我後也可先令人詐降羗人於中取事若退了此兵方可救鐵籠之圍郭淮從之遂令陳泰引五千兵逕到羗王寨內解甲

而入（不戰而降便是假。帶着五千兵來。一發是假。只好騙羌人。却騙蜀將不得。）泣拜曰郭淮妄自尊大常有殺泰之心故來投降郭淮軍中虛實某俱知之只今夜願引一軍前去劫寨便可成功如兵到魏寨自有內應遂當大喜遂令俄何燒戈同陳泰來劫魏寨俄何燒戈教泰降兵在後令泰引羌兵為前部是夜二更竟到魏寨寨門大開陳泰一騎馬先入俄何燒戈驟馬挺鎗入寨之時只叫得一聲苦連人帶馬跌在陷坑裏陳泰從後面殺來郭淮從左邊殺來羌兵大亂自相踐踏死者無數生者盡降俄何燒戈自刎而死（二人畧勝迷當郭淮陳泰引兵直殺到羌人寨中迷當大王急出帳上馬時被魏兵生擒活捉來見郭淮淮慌下馬親去其縛用好言撫慰曰朝廷素以公爲忠義今何故助蜀人也迷當慙愧伏罪淮乃說迷當曰公今爲前部去解鐵籠山之圍退了蜀兵吾奏准天子自有厚賜（郭淮用計亦與司馬懿彷彿）迷當從之遂引羌兵在前魏兵在後逕奔鐵籠山（維欲用羌人羌人反爲淮所用惜哉）時値三更先令人報知姜維維大喜教請入相見魏兵多半雜在羌人部内行到蜀寨前維令大兵皆寨外屯扎迷當引百餘人到中軍帳前姜維夏侯霸二人

出迎魏將不等迭當開言就從背後殺將起來維大驚急上馬而走羌魏之兵一齊殺入蜀兵四紛五落各自逃生（讀至此拍案一嘆）維手無器械腰間止有一副弓箭走得慌忙箭皆落了只有空壺維望山中而走（讀者爲姜維揑一把汗）背後郭淮引兵趕來見維手無寸鐵乃驟馬挺鎗追之看看至近維虛拽弓絃連響十餘次淮連躲數番不見箭到知維無箭乃掛住鋼鎗拈弓搭箭射之（又爲姜維揑一把汗）維急閃過順手接了就扣在弓弦上待淮追近望面門上儘力射去淮應弦落馬（得此一箭稍快人意）維勒回馬來殺郭淮魏軍

驟至維下手不及只掣得淮鎗而去魏兵不敢追趕急救淮歸寨拔出箭頭血流不止而死司馬昭下山引兵追趕半途而回夏侯霸隨後逃至與姜維一齊奔走維折了許多人馬一路收劄不住自回漢中雖然兵敗却射死郭淮殺死徐質挫動魏國之威將功補罪（以下按下蜀漢專叙魏國）却說司馬昭犒勞羗兵發遣回國去訖班師還洛陽與兄司馬師專制朝權羣臣莫敢不服魏主曹芳每見師入朝戰慄不已如針刺背（令人追想獻帝見曹操時）一日芳設朝見師掛劍上殿慌忙下榻迎之師笑曰豈有君迎臣之禮也

請陛下穩便。須臾羣臣奏事，司馬師俱自剖斷，並不啓奏魏主。少時朝退，師昂然下殿，乘車出內，前遮後擁，不下數千人馬。寫得司馬師聲勢依然曹操當年。芳退入後殿，顧左右止有三人，乃太常夏侯玄、中書令李豐、李豐有二：李嚴之子亦名豐，乃蜀之李豐也；今此李豐，則魏之李豐。光祿大夫張緝。緝乃張皇后之父，曹芳之皇丈也。令人追念欲哭。芳叱退近侍，同三人至密室商議。芳執張緝之手而哭曰：「司馬師視朕如小兒，觑百官如草芥，社稷早晚必歸此人矣。」言訖大哭。令人追念獻帝告董承之語。李豐奏曰：「陛下勿憂，臣雖不才，願以陛下之明詔，聚四方之英傑，以勦此賊夏侯玄奏曰臣兄夏侯霸降蜀因懼司馬兄弟謀害故耳（照應一百七卷中事）今若勦除此賊臣兄必回也臣乃國家舊戚安敢坐視奸賊亂國願同奉詔討之芳曰但恐不能耳三人哭奏曰臣等誓當同心討賊以報陛下（令人追念馬騰等誓詞）芳脫下龍鳳汗衫咬破指尖寫了血詔授與張緝（令人追念獻帝賜衣帶詔時）乃囑曰朕祖武皇帝誅董承蓋爲機事不密也（如此報應妙在教他子孫自說出來）卿等須謹細勿泄於外豐曰陛下何出此不利之言臣等非董承之輩司馬師安比武祖也（董芳以武祖比師便爲司馬氏簒位之兆）陛下勿疑三人辭出至

東華門左側，正見司馬師帶劍而來，從者數百人，皆持兵器。三人立於道旁。（令人追念董承遇曹操時。）師問曰：「汝三人退朝何遲？」李豐曰：「聖上在內庭觀書，我三人侍讀故耳。」師曰：「所看何書？」（乃看漢史衣帶詔故事。）豐曰：「乃夏商周三代之書也。」師曰：「上見此書，問何故事？」豐曰：「天子所問伊尹扶商、周公攝政之事，我等皆奏曰：今司馬大將軍即伊尹、周公也。」（不欲學伊尹周公，卻欲學舜禹受禪耳。）師冷笑曰：「汝等豈將吾比伊尹、周公！其心實指吾為王莽、董卓。」（何不竟說曹操。）三人皆曰：「我等皆將軍門下之人，安敢如此？」師大怒曰：「汝等乃口諛之人！適間與天子在密室中所哭何事曹芳左右都是司馬氏心腹却於司馬師口中見之三人曰實無此狀師叱曰汝三人淚眼尚紅筆有在後文追染前文者此類是也如何抵賴夏侯玄知事已泄乃厲聲大罵曰吾等所哭者爲汝威震其主將謀簒逆耳師大怒叱武士捉夏侯玄玄揎拳裸袖逕擊司馬師不是厮打的事却被武士擒住師令將各人搜檢於張緝身畔搜出一龍鳳汗衫上有血字此董承事又泄漏得快左右呈與司馬師師視之乃密詔也詔曰

司馬師弟兄共持大權將圖簒逆所行詔制皆非朕意各部

官兵將士可同仗忠義討滅賊臣匡扶社稷功成之日重加爵賞（獻帝手詔在董承眼中敘出曹芳手詔在司馬師眼中敘出文自不同）司馬師看畢勃然大怒曰原來汝等正欲謀害吾兄弟情理難容遂令將三人腰斬於市滅其三族（令人追念董承等七人遇害之時）三人罵不絕口比臨東市中牙齒盡被打落各人含糊數罵而死（令人追念吉平截指之時）師直入後宮魏主曹芳正與張皇后商議此事皇后曰內庭耳目頗多儻事泄露必累妾矣（令人追念伏后董妃語）正言間忽見師入皇后大驚師按劍謂芳曰臣父立陛下為君功德不在周

公之下。臣事陛下。亦與伊尹何別乎。（曹操自比文王。今司馬師自比伊周。前後一轍。今）反以恩為讐。以功為過。欲與二三小臣謀害臣兄弟。何也。芳曰。朕無此心。師袖中取出汗衫。撕之於地曰。此誰人所作耶。（親筆現在。如何抵賴。）芳魂飛天外。魄散九霄。戰慄而答曰。此皆為他人所逼故也。朕豈敢與此心。師曰。妄誣大臣造反。當加何罪。（自然反坐。有何理說。）芳跪告曰。朕合有罪。望大將軍恕之。（情甘罪責。所供是實。）師曰。陛下請起。（陛下二字之下。忽接請起。自有陛下以來。未有如此之沒體面者也。）國法未可廢也。（不當日國法。竟當日家法耳。）乃指張皇后曰。此是張緝之女。理當除之。芳大哭求免。師不從。

叱左右將張后捉出至東華門內用白練絞死。令人追念華歆破壁取伏后時

後人有詩曰：

當年伏后出宮門，跣足哀號別至尊。
司馬今朝依此例，天教還報在兒孫。

次日司馬師大會羣臣曰：今主上荒淫無道，褻近娼優，聽信讒言，閉塞賢路，其罪甚於漢之昌邑，不能主天下。吾謹按伊尹霍光之法，別立新君，以保社稷，以安天下，如何？此時不學曹操不學曹丕又學董卓參覺第四卷中事於此又見。衆皆應曰：大將軍行伊霍之事，所謂應天順人

高貴鄉今大名府元城縣

誰敢違命。此時更無丁原袁紹其人。師遂同多官入永寧宮。奏聞太后。太后曰。大將軍欲立何人為君。師曰。臣觀彭城王曹據聰明仁孝。可以為天下之主。太后曰。彭城王乃老身之叔。今立為君。我何以當之。今有高貴鄉公曹髦。乃文皇帝之孫。此人溫恭克讓。可以立之。卿等大臣從長計議。一人奏曰。太后之言是也。便可立之。衆視之。乃司馬師宗叔司馬孚也。師遂遣使往元城召高貴鄉公。據幼而髦長。故師利於立幼。因孚之言。勉從之耳。請太后升太極殿。召髦責之曰。汝荒淫無度。褻近娼優。不可承天下。當納下璽綬。復齊王之爵月

下起若非宣召不許入朝芳泣拜太后納了國寶乘王車大哭而去只有數員忠義之臣含淚而送後人有詩曰

昔日曹瞞相漢時　欺他寡婦與孤兒
誰知四十餘年後　寡婦孤兒亦被欺

却說高貴鄉公曹髦字彥士乃文帝之孫東海定王霖之子也（此曹芳又覺來歷明白）當日司馬師以太后命宣至文武官僚備鑾駕於西掖門外拜迎髦慌忙答禮太尉王肅曰主上不當答禮髦曰吾亦人臣也安得不答禮乎文武扶髦上輦入宮髦辭曰太后

詔命不知爲何吾安敢棄輦而入遂步行至太極東堂司馬師迎着髦先下拜（此時曹髦極其謙恭後文伏劍出宮只爲更耐不得耳）師急扶起問候已畢引見太后太后曰吾見汝年幼時有帝王之相汝今可爲天下之主務須恭儉節用布德施仁勿辱先帝也髦再三謙辭師令文武請髦出太極殿是日立爲新君改嘉平六年爲正元元年大赦天下假大將軍司馬師黃鉞入朝不趨奏事不名帶劍上殿（與曹操無異）文武百官各有封賜正元二年春正月有細作飛報說鎮東將軍毋丘儉揚州刺史文欽以廢主爲名起兵前來

司馬師大驚正是　漢臣曾有勤王志　魏將還興討賊師

未知如何迎敵且看下文分解

第一百十回

文鴦單騎退雄兵

姜維背水破大敵

今人讀董卓之廢漢帝未有不怒者也讀司馬師之廢魏主未有不喜者也今人讀曹操之弑伏后未有不怒者也讀司馬師之弑張后未有不喜者也何也爲曹氏之報宜

爾也雖然弑后廢帝不可以訓操爲漢賊師亦爲魏賊爲漢臣者當爲漢討賊爲魏臣者安得不爲魏討賊乎故毌丘儉之揮淚文起之起兵文鴦之力戰作史者皆特書以予之

魏之偪漢即以司馬氏之偪魏者報之矣若司馬氏之偪魏豈得獨無報乎日有報報之以金墉之禍報之以青衣之辱報之以犧牛之易報之以劉宋之篡也然司馬昭有後司馬師無後有後則報之於子孫無後則當報之於其

身而司馬師獨以病終將奈何曰眼珠迸出亦可以當斷戮也已

姜維三代中原在曹芳既廢司馬師既死之後夫師既死則有隙可乘芳既廢則亦有賊可討也然維之心自爲漢討賊初非爲魏討賊也而以討漢賊爲念亦不妨借討魏賊以爲名者何哉蓋人方欲討司馬我姑從其討司馬之名而天方大討曹則我自行我討曹之志耳

背水之陣徐晃以之拒漢而不勝武侯以之拒曹而勝姜

維用之則視前而爲三矣疑兵之伏武侯一以之退曹操於漢中一以之退司馬懿於祁山鄧艾用之則亦視前而爲三矣此用彼法彼用此法或不皆得或皆得各各不同讀之不厭其復

却說魏正元二年正月揚州刺史鎮東將軍領淮南軍馬毌丘儉字仲恭河南聞喜人也（以其能討賊故存其官并書其地書其字）聞司馬師擅行廢立之事心中憤怒長子毌丘甸曰父親官居方面司馬師專權廢主國家有累卵之危安可晏然自守（與馬騰父子相同）儉曰吾兒

之言是也遂請刺史文欽商議欽乃曹爽門下客（爲後尹大目追趕一段伏筆）當日聞儉相請即來拜謁儉邀入後堂禮畢說話間儉流淚不止欽問其故儉曰司馬師專權廢主天地反覆安得不傷心乎（前董承與馬騰語都用反挑今毋丘儉與文欽語只是直說）欽曰都督鎮守方面若肯仗義討賊欽願捨死相助欽中子文淑小字阿鴦有萬夫不當之勇常欲殺司馬師兄弟與曹爽報讐今可令爲先鋒（又是一箇好兒子不減馬超）儉大喜即時酹酒爲誓二人詐稱太后有密詔令淮南大小官兵將士皆入壽春城立一壇於西寺白馬歃血爲盟宣言

司馬師大逆不道今奉太后密詔令盡起淮南軍馬仗義討賊（與曹操矯詔討董卓時相似。）衆皆悅服儉提六萬兵屯於項城文欽領兵二萬在外爲遊兵往來接應儉移檄諸郡令各起兵相助却說司馬師左眼肉瘤不時痛痒（瘤者，身之贅肉也。師之視君亦如此矣。）乃命醫官割之以藥封閉連日在府養病忽聞淮南告急乃請太尉王肅商議肅曰昔關雲長威震華夏孫權令呂蒙襲取荊州撫恤將士家屬因此關公軍勢瓦解（七十五卷中事。於此一提。）今淮南將士家屬皆在中原可急撫恤更以兵斷其歸路必有土崩之勢矣師曰公言極

譙今亳州宋今歸德府永城縣

難任吾新割目瘤不能自往若使他人心又不穩中書侍郎鍾會在側此處鍾會出現進言曰淮楚兵强其勢甚銳若遣人領兵去退多是不利儻有疎虞則大事廢矣師蹶然起曰非吾自往不可破賊遂留弟司馬昭守洛陽總攝朝政師乘軟輿帶病東行令鎮東將軍諸葛誕總督豫州諸軍從安風津取壽春又令征東將軍胡遵領青州諸軍出譙宋之地絕其歸路又遣豫州刺史監軍王基領前部兵先取鎮南之地師領大軍屯於襄陽聚文武於帳下商議光祿勳鄭褎曰毋丘儉好謀而無斷文欽有

勇而無智今大將出其不意江淮之卒銳氣正盛不可輕敵只宜深溝高壘以挫其銳此趙人之長策也一箇說守監軍王基曰不可淮南之反非軍民思亂也皆因毋丘儉勢力所逼不得已而從之若大軍一臨必然瓦解一箇說戰師曰此言甚妙遂進兵於㶏水之上中軍屯於㶏橋基曰南頓極好屯兵可提兵星夜取之若遲則毋丘儉必先至矣不惟要戰又要速戰師遂令王基前部兵來南頓城下寨却說毋丘儉在項城聞知司馬師自來乃聚衆商議先鋒葛雍曰南頓之地依山傍水極好屯兵若魏兵先占難以

驛遣可速取之（葛雍所料已為王基所料）儉然其言起兵投南頓來正行之間前面流星馬報說南頓已有人馬下寨儉不信自到軍前視之果然旌旗遍野營寨齊整儉回到軍中無計可施忽哨馬飛報東吳孫峻提兵渡江襲壽春來了（孫峻之來却用虛寫）儉大驚曰壽春若失吾歸何處是夜退兵於項城司馬師見毋丘儉軍退聚多官商議尚書傅嘏曰今儉兵退者憂吳人襲壽春也必回項城分兵拒守將軍可令一軍取樂嘉城一軍取項城一軍取壽春則淮南之卒必退矣兗州刺史鄧艾足智多謀（又在傅嘏口中寫一鄧艾）若

領兵逕取樂嘉更以重兵應之破賊不難也師從之急遣使持檄文教鄧艾起兗州之兵破樂嘉城師隨後引兵到彼會合却說毋丘儉在項城不時差人去樂嘉城哨探只恐有兵來請文欽到營共議欽曰都督勿憂我與拙子文鴦只消五千兵敢保樂嘉城儉大喜欽父子引五千兵投樂嘉來前軍報說樂嘉城西皆是魏兵約有萬餘遥望中軍白旄黃鉞皂蓋朱幡簇擁虎帳內竪立一面錦繡帥字旗此必司馬師也師者帥也安立營寨尚未完備將文鴦懸鞭立於父側聞知此語乃告父曰趁彼營寨

未成可分兵兩路左右擊之可全勝也欽曰何時可去鴦曰今夜黃昏父引一千五百兵從城南殺來兒引二千五百兵從城北殺來三更時分要在魏寨會合（此之謂父子兵）欽從之當晚分兵兩路且說文鴦年方十八歲身長八尺全粧慣甲腰懸鋼鞭綽鎗上馬遥望魏寨而進是夜司馬師兵到樂嘉立下營寨等鄧艾未至師爲眼下新割肉瘤瘡口疼痛臥於帳中令數百甲士環立護衛三更時分忽然寨內喊聲大震人馬大亂師急問之人報曰一軍從寨北斬圍直入爲首一將勇不可當（文鴦之來先在衆將眼中）

師耳中。虛寫。師大驚心如火烈眼珠從肉瘤瘡口內迸出想其怒目視曹芳之時。當受此報。血流遍地疼痛難當又恐有亂軍心只咬被頭而忍被皆咬爛做逆賊有何便宜。原來文鴦軍馬先到一擁而進在寨中左衝右突所到之處人不敢當有相拒者鎗搠鞭打無不被殺此處方實寫文鴦。鴦只望父到以為外應並不見來數番殺到中軍皆被弓弩射回鴦直殺到天明只聽得北邊鼓角喧天鄧艾之來先在文鴦耳中眾軍眼中虛寫。鴦回顧從者曰父親不在南面為應卻從北至何也妙在不知是鄧艾。鴦縱馬看時只見一軍行如猛風為首一將乃鄧艾也躍馬横刀大呼曰反賊休走（此處方寫是鄧艾）鴦大怒挺鎗迎之戰有五十合不分勝敗（寫文鴦文寫鄧艾）正鬥間魏兵大進前後夾攻鴦部丁兵各自逃散只文鴦单人獨馬衝開魏兵望南而走背後數百員將抖擻精神驟馬追來將至樂嘉橋邊看看趕上鴦忽然勒回馬大喝一聲直衝入魏將陣中來鋼鞭起處紛紛落馬各各倒退鴦復緩緩而行（寫文鴦如生龍活虎）魏將聚在一處驚訝曰此人尚敢退我等之衆耶可併力追之於是魏將百員復來追趕鴦勃然大怒曰鼠輩何不惜命也提鞭撥馬殺入魏將叢中用鞭

打死數人復回馬緩轡而行文鴦之勇直與常山趙雲彷彿相似魏將連追四五番皆被文鴦一人殺退總敘一句省筆後人有詩曰

長阪當年獨拒曹　子龍從此顯英豪
樂嘉城內爭鋒處　又見文鴦膽氣高

原來文欽被山路崎嶇迷入谷中行了半夜比及尋路而出天色已曉文鴦人馬不知所向只見魏兵大勝欽不戰而退老子殊夢夢魏兵乘勢追殺欽引兵望壽春而走却說魏殿中校尉尹大目乃曹爽心腹之人因爽被司馬懿謀殺故事司馬師照應一百七卷

中事常有殺師報讐之心又素與文欽交厚今見師瘤突出不能動止乃入帳告曰文欽本無反心今被毋丘儉逼迫以致如此某去說之必然來降此是賺司馬師語師從之大目頂盔摜甲乘馬來趕文欽看看趕上乃高聲大叫曰文刺史見尹大目麼欽回頭視之大目除盔放於鞍鞽之前以鞭指曰文刺史何不忍耐數日也此是大目知師將亡故來留欽欽不解其意厲聲大罵便欲開弓射之文欽如此有粗無細幹得甚事大目大哭而回文欽收聚人馬奔壽春時已被諸葛誕引兵取了欲復回項城時胡遵王基鄧

艾三路兵皆到欽見勢危遂投東吳孫峻去了。文欽之投吳。如夏侯霸之投蜀。却說毋丘儉在項城内聽知壽春已失文欽勢敗城外三路兵到儉遂盡徹城中之兵出戰正與鄧艾相遇儉令葛雍出馬與艾交鋒不一合被艾一刀斬之引兵殺過陣來毋丘儉死戰相拒江淮兵大亂胡遵王基引兵四面夾攻毋丘儉敵不住引十餘騎奪路而走前至愼縣城下縣令宋白開門接入設席待之儉大醉被宋白令人殺了將頭獻與魏兵於是淮南平定此時文欽去了。毋丘儉死了。惟文鴦不知下落。妙在此處不即敘明留在後文始見。司馬師卧病不起喚諸葛誕入帳賜以印綬加爲征東大將軍都督楊州諸路軍馬一面班師回許昌師目痛不止每夜只見李豐張緝夏侯玄三人立於榻前與曹操臨終見伏完等二十餘人正伏相似師心神恍惚自料難保遂令人往洛陽取司馬昭到昭哭拜於床下師遺言曰吾今權重雖欲卸肩不可得也汝繼我爲之大事切不可輕託他人自取滅族之禍言訖以印綬付之淚流滿面昭急欲問時大叫一聲眼睛迸出而死兩目俱出此目無天子之報時正元二年二月也於是司馬昭發喪申奏魏主曹髦髦遣使持詔到許昌即命暫留司馬昭屯軍

許昌以防東吳昭心中猶豫未決鍾會曰大將軍新亡人心未定將軍若留守於此萬一朝廷有變悔之何及司馬昭之有鍾會猶曹操之有賈詡郭嘉耳昭從之即起兵還屯洛水之南髦聞之大驚太尉王肅奏曰昭既繼其兄掌大權陛下可封爵以安之髦遂命王肅持詔封司馬昭爲大將軍錄尚書事昭入朝謝恩畢自此中外大小事情皆歸於昭去一司馬師又來一司馬昭○以下撥下魏事再叙蜀漢卻說西蜀細作哨知此事報入成都姜維奏後主曰司馬師新亡司馬昭初握重權必不敢擅離洛陽臣請乘間伐魏以復中原後主從之遂

命姜維興師伐魏維到漢中整頓人馬征西大將軍張翼曰蜀地淺狹錢糧淺薄不宜遠征不如據險守分恤軍愛民此乃保國之計也（前文官諫今武臣亦諫）維曰不然昔丞相未出茅廬已定三分天下然且六出祁山以圖中原不幸半途而喪以致功業未成（將前事一提）今吾既受丞相遺命當盡忠報國以繼其志雖死而無恨也（亦學武侯死而後已之語）今魏有隙可乘不就此時伐之更待何時夏侯霸曰將軍之言是也（曹芳既廢夏侯玄既死霸之意在報讎故主於必戰）可將輕騎先出枹罕若得洮西南安則諸郡可定張翼曰向者不克而還皆

因軍出甚遲也兵法云攻其無備出其不意今若火速進兵使魏人不能隄防必然全勝矣張翼之意不戰則竟不戰欲戰則必速戰於是姜維引兵百萬望枹罕進發此是三伐中原兵至洮水守邊軍士報知雍州刺史王經副將軍陳泰王經先起馬步兵七萬來迎姜維分付張翼如此如此如此又分付夏侯霸如此如此二人領計去了維乃自引大軍背洮水列陣妙所謂置之死地而後生也王經引數員牙將出而問曰魏與吳蜀已成鼎足之勢汝累次入寇何也維曰司馬師無故廢主鄰邦理宜問罪二句是客此爲魏報讐乃夏侯霸之意也何況讐敵之國乎

一句是主此爲漢報讐乃姜維之意也經回顧張明花永劉達朱芳四將曰蜀兵背水爲陣敗則皆歿於水矣姜維驍勇汝四將可戰之彼若退動便可追擊四將分左右而出來戰姜維維略戰數合撥回馬望本陣中便走王經大驅士馬一齊趕來維引兵望洮西而走將次近水大呼將士曰事急矣諸將何不努力此韓信破趙之計衆將一齊奮力殺回魏兵大敗張翼夏侯霸抄在魏兵之後分兩路殺來把魏兵困在垓心方知前分付之計乃此計也維奮武揚威殺入魏軍之中左衝右突魏兵大亂自相踐踏死者大半逼入洮水者無

數斬首萬餘壘屍數里此番大勝。又當得風便轉。王經引敗兵百騎奮力殺出逕往狄道城而走奔入城中閉門保守姜維大獲全功犒軍已畢便欲進兵攻打狄道城張翼諫曰將軍功績已成威聲大震可以止矣今若前進儻不如意正如畫蛇添足也維曰不然向者兵敗尚欲進取縱橫中原今日洮水一戰魏人膽裂吾料狄道唾手可得汝勿自墮其志也本欲不勝不止。却弄出不敗不止。張翼再三勸諫維不從遂勒兵來取狄道城却說雍州征西將軍陳泰正欲起兵與王經報兵敗之讐忽兗州刺史鄧艾引兵到泰接着禮畢艾曰今奉大將軍之命特來助將軍破敵泰問計於鄧艾艾曰洮水得勝若招羌人之衆東爭關隴傳檄四郡此吾兵之大患也今彼不思如此却圖狄道城其城垣堅固急切難攻空勞兵費力耳吾今陳兵於項嶺然後進兵擊之蜀兵必敗矣鄧寫艾有謀以鳳兮自許亦殊不愧陳泰曰真妙論也遂先撥二十隊兵每隊五十人盡帶旌旗鼓角烽火之類日伏夜行去狄道城東南高山深谷之中埋伏兵待兵來一齊鳴鼓吹角為應夜則舉火放砲以驚之此武侯在漢中驚曹操之計調度已畢專候蜀兵到來於是陳泰鄧艾

各引二萬兵相繼而進卻說姜維圍住狄道城令兵八面攻之連攻數日不下心中鬱悶無計可施是日黃昏時分忽三五次流星馬報說有兩路兵來旗上明書大字一路是征西將軍陳泰一路是兖州刺史鄧艾維大驚遂請夏侯霸商議霸曰吾向嘗爲將軍言鄧艾自幼深明兵法善曉地理（應百七卷語）今領兵到頗爲勁敵維曰彼軍遠來我休容他住腳便可擊之乃留張翼攻城命夏侯霸引兵迎陳泰維自引兵來迎鄧艾行不到五里忽然東南一聲砲響鼓角震地火光沖天維縱馬看時只見遇

圍皆是魏兵旗號維大驚曰中鄧艾之計矣遂傳令教夏侯霸張翼各棄狄道而退鄧艾先聲足以奪人非鼓聲足以驚姜維因有夏侯霸之言爲之先耳於是蜀兵皆退於漢中維自斷後只聽得背後鼓聲不絕維退入劍閣之時方知火鼓二十餘處皆虛設也維收兵退屯於鍾提且說後主因姜維有洮西之功降詔封維爲大將軍維受了職上表謝恩畢再議出師伐魏之策正是

成功不必添蛇足　討賊猶思奮虎威

未知此番北伐如何且看下文分解

四大奇書第一種卷五十六

茂苑毛宗崗序始氏評　吳門杭永年資能氏評定

第一百十一回

鄧士載智敗姜伯約
諸葛誕義討司馬昭

姜維一伐中原之後間之以丁奉破魏之事二伐中原之後間之以文鴦反魏之事而三伐四伐更無他事以間之者何也牛頭山之戰全乎敗者也鐵籠山之戰初勝而終

敗者也洮西之戰則全乎勝者也不全乎勝則士氣沮全乎勝則士氣鋭鋭則可以及鋒而用焉此四伐之師所以繼三伐而即出與

鄧艾有五必出之說以料蜀姜維亦有五可勝之說以料魏彼此若合符節而料其出則果出料其勝則不必果勝則以維之所料先爲艾之所料故也故知巳而不知彼之亦足以知巳則不得謂之知巳知彼而不知彼之亦料我之知彼則不得謂之知彼

四伐之敗與一伐等蓋一伐之役句安陷爲四伐之役張嶷死爲其失固相類也然爲國討賊雖敗猶榮一伐之將未學武侯之自貶四伐之後亦學武侯之自責君子于其敢而哀其遇于其貶而憐其心

有毋丘儉之討司馬師于前又有諸葛誕之討司馬昭于後兩人皆魏之忠臣也諸葛兄弟三人分事三國人謂蜀得其龍吳得其虎魏得其狗不知狗亦不易爲矣高帝以功臣比之功狗蒯通曰桀犬吠堯亦自比于狗趙盾曰君

之勢不若臣之勢亦自比家將于狗若後世無義之徒正狗之不如耳

司馬昭之攻諸葛誕也賈充勸其挾太后天子以親征此則從前未有之事矣曹操南征北伐豈嘗挾獻帝而俱行乎其挾帝而俱行惟許田射鹿之時則有之至于挾太后而俱行則又何嘗有之乎曹操所不爲而司馬昭爲之者一恐我出而天子在內則曹芳之血詔亦曹髦之所欲發也故必挾天子而後可以無恐也又恐天子雖在外而太后

在內則太后之詔可請而城門可閉亦未必無曹爽故事也故必挾太后而後可以無恐也凡亂臣賊子欲效前人之所爲往往較前人之心又加危較前人之心又加愼嗟乎人之竊弄威福亦欲安意肆志以自娛樂耳乃防患慮禍岌岌不寧至于如此人亦何樂而爲亂臣賊子哉

却說姜維退兵屯於鍾堤魏兵屯於狄道城外王經迎接陳泰鄧艾入城拜謝解圍之事設宴相待大賞三軍泰將鄧艾之功申奏魏主曹髦髦封艾爲安西將軍假節領護東羌校尉同陳

秦屯兵於雍凉等處鄧艾上表謝恩畢陳泰設席與鄧艾拜賀曰姜維夜遁其力已竭不敢再出矣（先寫陳泰料敵不中以反襯鄧艾之智）艾笑曰吾料蜀兵其必出有五（鄧艾居然將才）泰問其故艾曰蜀兵雖退終有乘勝之勢（知彼之勢）吾兵終有弱敗之實（知己之實）其必出一也蜀兵皆是孔明教演精鋭之兵容易調遣（知彼之利）吾將不時更換軍又訓練不熟（知己之鈍）其必出二也蜀人多以船行（知彼之逸）吾軍皆在旱地（知己之勞）勞逸不同其必出三也狄道隴西南安祁山四處皆是守戰之地蜀人或聲東擊西指南攻北吾兵必須分頭守把（知己

之分而小。蜀兵合爲一處而來。以一分當我四分。耶彼之一合而大。其必出四也。若蜀兵自南安隴西。則可取羌人之穀爲食。若出祁山。則有麥可就食。知彼之粮易於我。但言知彼而知己在其中。其必出五也。陳泰嘆服曰。公料敵如神。蜀兵何足慮哉。於是陳泰與鄧艾結爲忘年之交。如侄普之服周郎。艾遂將雍涼等處之兵。每日操練。各處隘口皆立營寨。以防不測。以上按下魏國一邊。以下再敘蜀漢一邊。却說姜維在鍾堤大設筵會。集諸將商議伐魏之事。令史樊建諫曰。將軍屢出。未獲全功。今日洮西之捷。魏人既服威名。何故又欲出也。萬一不利。前功盡

棄維曰汝等只知魏國地寬人廣急不可得却不知攻魏者有
五可勝鄧艾五必出姜維五可勝彼此若合符節衆問之維荅曰彼洮西一敗挫衄
銳氣吾兵雖退不曾損折今若進兵一可勝也鄧艾所言一必出維亦算在第
一吾兵船載而進不致勞困彼兵皆從旱地來迎二可勝也艾
所言三必出維却算在第二吾兵久經訓練之衆彼皆烏合之徒不曾有法
度三可勝也鄧艾所言二必出維却算在第三吾兵自出祁山掠抄秋穀爲食
四可勝也鄧艾所言五必出維却算在第四彼兵雖各守備軍力分開吾兵一
處而去彼安能救五可勝也鄧艾所言四必出維却算在第五不在此時伐魏

更嘗何日耶夏侯霸曰艾年雖幼而機謀深遠近封為安西將軍之職必於各處准備非同往日矣維但能料其兵霸則能料其將維厲聲曰吾何畏彼哉公等休長他人銳氣滅自已威風吾意已決必先取隴西衆不敢諫維自領前部令衆將隨後而進於是蜀兵盡離鐘堤殺奔祁山來此是四伐中原哨馬報說魏兵已先在祁山立下九箇寨柵維不信引數騎凭高望之果見祁山九寨勢如長蛇首尾相顧維回顧左右曰夏侯霸之言信不誣矣此寨形勢絕妙止吾師諸葛丞相能之今觀鄧艾所為不在吾師之下在姜維眼

（中日中寫一鄧艾。然亦未見其人。但見其營。尚是虛寫。）遂回本寨。喚諸將曰。魏人既有準備。必知吾來矣。吾料鄧艾必在此間。（猜得着。）汝等可虛張吾旗號。據此谷口下寨。每日令百餘騎出哨。每出哨一迴。換一番衣甲旗號。按青黃赤白黑五方旗幟更換。（示兵之多以疑之。）吾卻提大兵偷出董亭。逕襲南安去也。（亦見好算。）遂令鮑素屯於祁山谷口。維盡率大兵望南安進發。卻說鄧艾知蜀兵出祁山。早與陳泰下寨住備。見蜀兵連日不來搦戰。一日五番哨馬出寨。或十里十五里而回。艾凭高望畢。慌入帳與陳泰曰。姜維不在此間。（一箇說鄧艾必在此間果然在此此間二箇說姜維不在此間果必取董亭襲南安去然不在此此間兩箇猜得都着是對手拳頭了。料得如見。出寨哨馬只是這幾匹更換衣甲往來哨探其馬皆困乏王將必無能者陳將軍可引一軍攻之其寨可破也破了寨訓便引兵襲董亭之路先斷姜維之後先破前寨却斷後路筭出陳泰兩路兵來吾當先引一軍救南安逕取武城山若先占此山頭姜維必取上邽上邽有一谷名曰段谷地狹山險正好埋伏彼來爭武城山吾先伏兩軍於段谷破維必矣先到武城却伏段谷。又筭出自家兩路兵來。泰曰吾守隴西二三十年未嘗如此明察地理公之所言真神筭也公可速去吾自攻此處寨柵於是鄧艾引軍星夜倍道而行遝到武城山下寨已畢蜀兵未到即令子鄧忠鄧忠於此出現與帳前校尉師纂各引五千兵先去段谷埋伏如此如此如此而行二人受計而去艾令偃旗息鼓以待蜀兵却說姜維從董亭望南安而來至武城山前謂夏侯霸曰近南安有一山名武城山若先得了可奪南安之勢只恐鄧艾多謀必先隄防你猜着我我猜着你好看殺人正疑處間忽然山上一聲砲響喊聲大震鼓角齊鳴旌旗遍豎皆是魏兵中央風飄起一黃旗大書鄧艾字樣又未見其人先見其旗又只在姜維眼中

慮寫蜀兵大驚山上數處精兵殺下勢不可當前軍大敗維急率中軍人馬去救時魏兵已退惡其維直來武城山下搦鄧艾交戰山上魏兵並不下來惡甚。但聞其聲，不見其人。維令軍士辱罵至晚方欲退軍山上鼓角齊鳴卻又不見魏兵下來惡甚。又但聞其聲，不見其人。維欲上山衝殺山上砲石甚嚴不能得進守至三更欲回山上鼓角又鳴惡甚。又但聞其聲，不見其人。維移兵下山屯紮比及令軍搬運木石方欲豎立為寨山上鼓角又來魏兵驟至三番不下來，此處卻突如其來。蜀兵大亂自相踐踏退回舊寨次日姜維令軍士運糧草車仗至武城山穿連排定欲立起寨柵以爲屯兵之計是夜二更鄧艾令五百人各執火把分兩路下山（三番不下來此處又突如其來）放火燒車仗兩兵混殺了一夜營寨又立不成維復引兵退再與夏侯霸商議曰南安未得不如先取上邽上邽乃南安屯糧之所若得上邽南安自危矣（姜維亦料到此但先爲鄧艾料去了畢竟鄧艾是先猜先着）遂留霸屯於武城山維盡引精兵猛將逕取上邽行了一宿將及天明見山勢狹峻道路崎嶇乃問鄉道官曰此處何名荅曰段谷維大驚曰其名不美段谷者斷谷也倘有人斷其谷口如之奈何（讀書至此令人一嚇幾爲落鳳坡畱

口川之續矣正躊躇未決忽前軍來報山後塵頭大起必有伏兵維急令退兵師纂鄧忠兩軍殺出維且戰且走前面喊聲大震鄧艾引兵殺到三路夾攻蜀兵大敗幸得夏侯霸引兵殺到魏兵方退救了姜維欲再往祁山霸曰祁山寨已被陳泰打破鮑素陣亡全寨人馬皆退回漢中去了陳泰打寨在夏侯霸口中虛寫省筆之法維不敢取董亭急投山僻小路而回後面鄧艾急追維令諸軍前進自爲斷後正行之際忽然山中一軍突出乃魏將陳泰也魏兵一聲喊起將姜維困在垓心維人馬困乏左衝右突不能得出盪

寇將軍張嶷聞姜維受困引數百騎殺入重圍維因乘勢殺出嶷被魏兵亂箭射死維得脫重圍復回漢中因感張嶷忠勇歿於王事乃表贈其子孫于是蜀中將士多有陣亡者皆歸罪于姜維維照武侯街亭舊例乃上表自貶爲後將軍行大將軍事抄舊文章只是不如原藁以上按下蜀漢一邊以下再叙魏國一邊却說鄧艾見蜀兵退盡乃與陳泰設宴相賀大賞三軍泰表鄧艾之功司馬昭遣使持節加艾官爵賜印綬幷封其子鄧忠爲亭侯時魏主曹髦改正元三年爲甘露元年司馬昭自爲天下兵馬大都督出入常令三千

鐵甲驍將前後簇擁以爲護衛。兗然董卓變相。一應事務不奏朝廷就於相府裁處。兗然曹操後身。自此常懷篡逆之心。有一心腹人姓賈名充字公閭。乃故建威將軍賈逵之子。爲昭府下長史。充語昭曰。今主公掌握大柄。四方人心必然未安。且當暗訪。然後徐圖大事。昭曰。吾正欲如此。汝可爲我東行。只推慰勞出征軍士爲名。以探消息。賈充領命。逕到淮南。入見鎮東大將軍諸葛誕。誕字公休。乃瑯琊南陽人。即武侯之族弟也。兄弟三人。分事三國亦大奇事向仕于魏。因武侯在蜀爲相。因此不得重用。後武侯身亡。誕在魏歷任重職，封高平侯，總攝兩淮軍馬。（補敘諸葛誕前事。）當日賈充托名勞軍，至淮南見諸葛誕。誕設宴待之。酒至半酣，充以言挑誕曰：「近來洛陽諸賢，皆以主上懦弱，不堪為君。司馬大將軍三世輔國，功德彌天，可以禪代魏統。未審鈞意若何？」誕大怒曰：「汝乃賈豫州之子，世食魏祿，安敢出此亂言！」（寫得諸葛誕義形于辭，不愧為武侯族弟。）充謝曰：「某以他人之言告公耳。」誕曰：「朝廷有難，吾當以死報之。」（說得凜凜烈烈。）充默然。次日辭歸，見司馬昭，細言其事。昭大怒曰：「鼠輩安敢如此！」充曰：「誕在淮南，深得人心，（又在賈充口中補寫諸葛誕平日。）久必為患，可速除之昭遂暗發寄書與揚州刺史樂綝一面遣使齎詔徵誕爲司空誕得了詔書已知是賈充告變遂捉來使拷問使者曰此事樂綝知之誕曰他如何得知使者曰司馬將軍已令人到揚州送寄書與樂綝矣使者口中泄漏机寄妙在要言不煩誕大怒叱左右斬了來使遂起部下兵千人殺奔揚州來將至南門城門已閉吊橋拽起誕在城下叫門城上並無一人回荅誕大怒曰樂綝匹夫安敢如此遂令將士打城手下十餘驍騎下馬渡濠飛身上城殺散軍士大開城門於是諸葛誕引兵入城乘風放火殺至綝家綝

㩆上樓避之誕提劍上樓大喝曰汝父樂進昔日受魏國大恩不思報本反欲順司馬昭耶（樂進爲曹操舊臣于此提照出來）綝未及回言爲誕所殺一面具表數司馬昭之罪使人申奏洛陽（申罪致討比毋丘儉更是烈烈）一面大聚兩淮屯田戶口十餘萬幷楊州新降兵四萬餘人積草屯糧准備進兵又令長史吳綱送子諸葛靚（音淨）入吳爲質求援務要合兵誅討司馬昭（志自可取不必以成敗論之）此時東吳丞相孫峻病亡從弟孫綝輔政綝字子通爲人強暴殺大司馬滕胤將軍呂據王惇等（順筆帶敘吳事○殺諸葛恪用詳敘殺此三人用畧敘省筆之法）因此權柄皆歸

於綝吳主孫亮雖然聰明無可奈何爲後卷孫綝廢亮張本於是吳綱將諸葛靚至石頭城入拜孫綝綝問其故綱曰諸葛誕乃蜀漢諸葛武侯之族弟也不說諸葛瑾之弟而獨說武侯者因孫峻殺諸葛瑾之子故也有針線何事魏國今見司馬昭欺君罔上廢主弄權欲興師討之而力不及故特來歸降誠恐無憑專送親子諸葛靚爲質伏望發兵相助綝從其請便遣大將全懌全端爲主將于詮爲合後朱異唐咨爲先鋒文欽爲鄉導起兵七萬分三隊而進吳綱回壽春報知諸葛誕誕大喜遂陳兵準備却說諸葛誕表文到洛陽司馬昭見

了大怒欲自往討之賈充諫曰主公乘父兄之基業恩德未及四海今棄天子而去若一朝有變悔之何及不如奏請太后及天子一同出征可保無虞（曹髦但挾天子耳賈充又教司馬昭挾太后愈出愈奇）昭喜曰此言正合吾意遂入奏太后曰諸葛誕謀反臣與文武官僚計議停當請太后同天子御駕親征以繼先帝之遺意（孫綝將請葛誕兒子作當頭司馬昭却將太后天子帶在軍中作當頭）太后畏懼只得從之次日昭請魏主曹髦起程髦曰大將軍都督天下軍馬任從調遣何必朕自行也昭曰不然昔日武祖縱橫四海文帝明帝有包括宇宙之志

併吞八荒之心。凡遇大敵。必須自行。然未聞奉母氏以行也。陛下正宜遵配先君。掃清故孽。何自畏也。髦畏威權。只得從之。昭遂下詔盡起兩都之兵二十六萬。命征南將軍王基為正先鋒。安東將軍陳騫為副先鋒。監軍石苞為左軍。兗州刺史周太為右軍。保護車駕。浩浩蕩蕩。殺奔淮南而來。東吳先鋒朱異引兵迎敵。兩軍對圓。魏軍中王基出馬。朱異來迎。戰不三合。朱異敗走。唐咨出馬。戰不三合。亦大敗而走。王基驅兵掩殺。吳兵大敗。退五十里下寨。報入壽春城中。諸葛誕自引本部銳兵。會合文欽并二子

文鴦文虎（文鴦前卷不知下落此處却與文欽會在一處）雄兵數萬來敵司馬昭正是

方見吳兵銳氣墮　又看魏將勁兵來

未知勝負如何且看下文分解

第一百十二回

救壽春于詮死節
取長城伯約鏖兵

諸葛恪之進兵于新城魏無釁之可窺若孫綝之進兵于壽春則乘魏之釁而動矣毋丘儉之討司馬師猶懼吳之

襲其後若諸葛誕之討司馬昭則吳且爲之受矣綝之事易于恪誕之事易于儉而迄無成功者是綝之才不如恪誕之才亦不如儉也然吳有不降賊之將則于詮一人爲忠臣魏有不降賊之兵則諸葛誕數百人皆義士君子謂吳之一人可以愧吳之衆人而誕之數百人愈以重誕之一人云

威克厥害爲將之道固然而用法太嚴御人太酷又必敗之理也朱異不殺則吳將不至離心文欽不誅則魏將不

至解體讀書至此可爲嚴酷者之戒

曹操築土城于潼關之西地高而無水患司馬昭築土城于淮水之南地卑而有水患無水患則城難墮有水患則城易隳也而天雨不降淮水不發與壽春相拒數月而曾不得上方谷一日之雨以淮河之勢而曾不及鐵籠山一井之漲溢此實天意豈人事哉此譙周讐國論之所以作也

譙周讐國論不過以成敗利鈍爲言耳其不作于武侯伐

魏之時而作于姜維伐魏之時者葢武侯非所逆睹一語已足以破之矣使人盡明哲孰竭愚忠使人盡知天孰盡人事故後世人臣有報國之志者願讀出師表不願讀讐國論

開魏之釁而起開吳之敗而止此姜維五伐中原之師所以一出而即返前于三伐四伐之時魏軍中早有一鄧艾爲之設謀爲之畫策而維與艾尚未識面直至此卷而又先見其子後見其父及旣見之後而又畧戰而退未及大

决雌雄其事之紆徐文之曲折如此讀書至此又樂得而觀其後矣

却說司馬昭聞諸葛誕會合吳兵前來决戰乃名散騎長史裴秀黃門侍郎鍾會商議破敵之策鍾會曰吳兵之助諸葛誕實爲利也以利誘之則必勝矣（利與義相對不爲義則必爲利爲魏討賊者義也會以吳人爲爲利則誕之義可知矣）昭從其言遂令石苞周太先引兩軍於石頭城埋伏王基陳騫領精兵在後却令偏將成倅引兵數萬先去誘敵又令陳俊引車仗牛馬驢騾裝載賞軍之物四面聚集于陣中如

敵來則棄之是日諸葛誕令吳將朱異在左文欽在右見魏陣中人馬不整誕乃大驅士馬遲進成倅退走誕驅兵掩殺見牛馬驢騾遍滿郊野南兵爭取無心戀戰（此曹操破文醜之計其解渭橋之厄亦以此）忽然一聲砲響兩路兵殺來左有石苞右有周太誕大驚急欲退時王基陳騫精兵殺到誕兵大敗司馬昭又引兵接應誕引敗兵奔入壽春閉門堅守昭令兵四面圍困併力攻城時吳兵退屯安豐魏主車駕駐于項城鍾會曰今諸葛誕雖敗壽春城中糧草尚多更有吳兵屯安豐以為犄角之勢今吾兵四面攻

圍彼緩則堅守急則死戰吳兵或乘勢夾攻吾軍無益不如三面攻之留南門大路容賊自走走而擊之可全勝也先筭諸葛誕吳兵遠來糧必不繼我引輕騎抄在其後可不戰而自破矣次筭吳兵昭撫會背曰君眞吾之子房也昔操以荀彧爲子房昭又以鍾會爲子房前後遙相照映遂令王基撤退南門之兵却說吳兵屯於安豐孫綝喚朱異責之曰量一壽春城不能救安可併吞中原如再不勝必斬一味好殺安能成功朱異乃回本寨商議于詮曰今壽春南門不圍某願領一軍從南門入去助諸葛誕守城將軍與魏兵挑戰我却從城中殺

出兩路夾攻魏兵可破矣（此計亦妙但城中增兵則糧愈少耳）巽然其言於是全懌全端文欽等皆願入城遂同于詮引兵一萬從南門而入城（本欲虛一門以待誕之走不想吳兵反從此而入出于意外）魏兵不得將令未敢輕敵任吳兵入城乃報知司馬昭昭曰此欲與朱異內外夾攻以破我軍也乃名王基陳騫分付曰汝可引五千兵截斷朱異來路從背後擊之（于詮所算又早被司馬昭所算）二人領命而去朱異正引兵來忽背後喊聲大震左有王基右有陳騫兩路軍殺來吳兵大敗朱異回見孫綝綝大怒曰累敗之將要汝何用叱武士推出斬之（一味好殺）

安能成功又責全端子全禕曰若退不得魏兵汝父子休來見我是驅之降魏於是孫綝自回建業去了鍾會與昭曰今孫綝退去外無救兵城可圍矣昭從之遂催軍攻圍全禕引兵欲入壽春見魏兵勢大尋思進退無路遂降司馬昭勢所必然昭加禕為偏將軍以一殺驅之一以賞招之禕感昭恩德乃修家書與父全端叔全懌言孫綝不仁不若降魏將書射入城中懌得禕書遂與端引數千人開門出降諸葛誕在城中憂悶謀士蔣班焦彝進言曰城中糧少兵多不能久守可率吳楚之眾與魏兵決一死戰誕大怒曰吾欲

守汝欲戰莫非有異心乎再言必斬與孫綝之令無異二人仰天長嘆曰誕將亡矣我等不如早降免至一死是夜二更時分蔣焦二人踰城降魏司馬昭重用之又以賞招之因此城中雖有敢戰之士不敢言戰誕在城中見魏兵四下築起土城以防淮水只望水泛衝倒土城驅兵擊之不想自秋至冬並無霖雨淮水不泛豈非天意城中看看糧盡文欽在小城內與二子堅守見軍士漸漸餓倒只得來告誕曰糧皆盡絕軍士餓損不如將北方之兵盡放出城以省其食去兵亦所以足食誕大怒曰汝教我盡去北軍欲謀我

耶叱左右推出斬之。又是一箇孫綝。文鴦文虎見父被殺各拔短刀立殺數十人飛身上城一躍而下越濠赴魏寨投降司馬昭恨文鴦昔自單騎退兵之讐欲斬之。照應一百十卷中事。鍾會諫曰罪在文欽今文欽已亡二子勢窮來歸若殺降將是堅城內人之心也昭從之遂召文鴦文虎入帳用好言撫慰賜駿馬錦衣加為偏將軍封關內侯。要殺則竟殺不殺則撫之慰之爵之祿之直是老猾手段。二子拜謝上馬遶城大叫曰我二人蒙大將軍赦罪賜爵汝等何不早降城內人聞言皆計議曰文鴦乃司馬氏讐人尚且重用何況我等乎。如件方侯故事於是皆欲投降諸葛誕聞之大怒日夜自來巡城以殺爲威又是一箇孫綝如此安得不敗鍾會知城中人心已變乃入帳告昭曰可乘此時攻城矣昭大喜遂激三軍四面雲集一齊攻打守將曾宣獻了北門放魏兵入城必至于此誕知魏兵已入慌引麾下數百人自城中小路突出至吊橋邊正撞着胡奮手起刀落斬誕于馬下數百人皆被縛必至于此王基引兵殺到西門正遇吳將于詮基大喝曰何不早降詮大怒曰受命而出爲人救難既不能救又降他人義所不爲也乃擲盔于地大呼曰人生在世得死于戰場

者幸耳急揮刀死戰三十餘合人困馬乏爲亂軍所殺孔曰成仁孟曰取義于詮有焉後人有詩讚曰

司馬當年圍壽春　降兵無數拜車塵

東吳雖有英雄士　誰及于詮肯殺身

司馬昭入壽春將諸葛誕老小盡皆梟首滅其三族武士將所擒諸葛誕部卒數百人縛至昭曰汝等降否衆皆大叫曰願與諸葛公同死决不降汝有卒如此可愧諸葛二字昭大怒叱武士盡縛於城外逐一問曰降者免死並無一人言降直殺至盡終無一人

降者。與張睢陽之事相似昭深加嘆息不已令皆埋之後人有詩嘆曰

忠臣矢志不偷生　諸葛公休帳下兵
薤露歌聲應未斷　遺蹤直欲繼田橫

却說吳兵大半降魏裴秀告司馬昭曰吳兵老小盡在東南江淮之地今若留之久必為變不如坑之李廣不封侯只為殺降之故何秀之不仁也鍾會曰不然古之用兵者全國為上戮其元惡而已若盡坑之是不仁也不如放歸江南以顯中國之寬大會之言與秀天淵。宜獨為夏侯霸之所稱許。昭曰此妙論也遂將吳兵盡皆放歸本國從來成大事者。必能用善言。

唐咨因懼孫綝不敢回國亦來降魏昭皆重用令分布三河之地淮南已平正欲退兵忽報西蜀姜維引兵來取長城邀截糧草○姜維此來先在司馬昭一邊聽得又是一樣筆法昭大驚與多官計議退兵之策時蜀漢延熙二十年改為景耀元年姜維在漢中選川將兩員每日操練人馬一是蔣舒一是傅僉二人頗有胆勇維甚愛之忽報淮南諸葛誕起兵討司馬昭東吳孫綝助之昭大起兩淮之兵將魏太后并魏主一同出征去了只聽得一半維大喜曰吾今番大事濟矣吾亦謂然遂表奏後主願興兵伐魏中散大夫譙周聽知

嘆曰近來朝廷溺于酒色信任中貴黃皓（黃皓事借譙周口中敘出）不理國事只圖懽樂伯約累欲征伐不恤軍士國將危矣乃作讐國論一篇寄與姜維維折封視之論曰

或問古往能以弱勝強者其術何如曰處大國無患者恒多慢處小國有憂者恒思善多慢則生亂思善則生治理之常也故周文養民以少取多勾踐恤衆以弱斃強此其術也或曰曩者楚強漢弱約分鴻溝張良以爲民志既定則難動也率兵追羽終斃項氏豈必由文王勾踐之事乎曰商周之際

王侯世尊君臣久固當此之時雖有漢祖安能仗劍取天下乎及秦罷侯置守之後民疲秦役天下土崩於是豪傑並爭今我與彼皆傳國易世矣既非秦末鼎沸之時實有六國併據之勢故可爲文王難爲漢祖時可而後動數合而後舉故湯武之師不再戰而克誠重民勞而度時審也如遂極武黷征不幸遇難雖有智者不能謀之矣

姜維看畢大怒曰此腐儒之論也擲之于地遂提川兵來取中原人問傅僉曰以公度之可出何地僉曰魏屯糧草皆在長城

今可逕取駱谷度沈嶺逕到長城先燒糧草魏兵屢次斷蜀之糧今則是蜀兵取魏之糧反而用之又變一樣文法然後直取秦川則中原指日可得矣維曰公之見與吾計暗合也即提兵逕取駱谷度沈嶺望長城而來此是五伐中原卻說長城鎮守將軍司馬望乃司馬昭之族兄也城內糧草甚多人馬卻少望聽知蜀兵到急與王真李鵬二將引兵離城二十里下寨次日蜀兵來到望引二將出陣姜維出馬指望而言曰今司馬昭遷主於軍中必有李傕郭汜之意也直應第九卷中事吾今奉朝廷明命前來問罪汝當早降若還愚迷全家誅戮

望大聲而荅曰汝等無禮敷化上國如不早退令汝片甲不歸言未畢望背後王眞挺鎗出馬蜀陣中傅僉出迎戰不十合僉賣箇破綻王眞便挺鎗來刺傅僉閃過活捉眞于馬上便回本陣李鵬大怒縱馬輪刀來救僉故意放慢等李鵬將近努力擲眞於地暗掣四楞鐵簡在手鵬趕上舉刀待砍傅僉偷身回顧向李鵬面門只一簡打得眼珠迸出死于馬下寫傅僉不惟能謀且又能勇王眞被蜀軍亂鎗刺死姜維驅兵大進司馬望棄寨入城閉門不出維下令曰軍士今夜且歇一宿以養銳氣來日須要入城

次日平明蜀兵爭先大進一擁至城下用火箭火砲打入城中城上草屋一派燒着魏兵自亂維又令人取乾柴堆滿城下一齊放火烈焰冲天幾同博望新野城已將陷魏兵在城內嚎啕痛哭聲聞四野正攻打之間忽然背後喊聲大震維勒馬回看只見魏兵鼓譟搖旗浩浩而來來得突兀維遂令後隊爲前隊自立於門旗下候之只見魏陣中一小將全裝貫帶挺鎗縱馬而出約年二十餘歲面如傅粉唇似抹硃厲聲大叫曰認得鄧將軍否小小年紀便爾油嘴維自思曰此必是鄧艾矣在姜維意中虛猜一鄧艾挺鎗縱馬而來二

人抖擻精神戰到三四十合不分勝負那小將軍鎗法無半點
放閒維心中自思不用此計安得勝乎便撥馬望左邊山路中
而走那小將驟馬追來維掛住了銅鎗暗取鵰弓羽箭射之那
小將眼乖早已見了弓弦響處把身望前一倒放過羽箭維回
頭看小將已到挺鎗來刺維閃過那鎗從肋傍邊過被維挾住
那小將棄鎗望本陣而走維嗟嘆曰可惜可惜再撥馬趕來追
至陣門前一將提刀而出曰姜維匹夫勿趕吾兒鄧艾在此在姜
維耳中實維大驚原來小將乃艾之子鄧忠也此處方纔說明
聽一鄧艾前文故意令人

不測○鍾會弟勝于兄鄧家子如其父維暗暗稱奇欲戰鄧艾然則艾艾真有兩艾鳳兮不止一鳳矣○○○○○○幸會各且收兵泰又恐馬乏乃虛指艾曰吾今日識汝父子也幸會日決戰艾見戰塲不利亦勒馬應曰既如此各自收兵暗算者非丈夫也於是兩軍皆退鄧艾據渭水下寨姜維跨兩山安營艾見蜀兵地理乃作書於司馬望曰我等切不可戰只宜固守待關中兵至將蜀兵糧草皆盡三面攻之無不勝也今遣長子鄧忠相助守城一面差人於司馬昭處求救却說姜維令人於艾寨中下戰書約來日大戰艾佯應之○○○○惡極次日五更維令三軍

造飯平明布陣等候艾營中偃旗息鼓却如無人之狀惡極維至曉方回次日又令人下戰書責以失期之罪艾以酒食待使答曰微軀小疾有悞相持明日會戰却像回債的次日維又引兵來艾仍前不出如司馬懿受巾幗時如此五六番何省筆總敘一傳僉謂維曰此必有謀也宜防之維曰此必据關中兵到三面擊我耳吾今令人持書與東吳孫綝使并力攻之忽探馬報說司馬昭攻打壽春殺了諸葛誕吳兵皆降昭班師回洛陽便欲引兵來救長城司馬昭一邊事在姜維耳中却分作兩番聽得維大驚曰今番伐魏又成畫餅矣不如且回

正是

已歎四番難奏績　又嗟五度未成功

未知如何退兵且看下文分解

直是

門變四番擲奏捷　文選五度未成功

未知如何退兵且看下文分解

茂苑毛宗崗序始氏評　吳門杭永年資能氏評定

第一百十三回

丁奉定計斬孫綝

姜維鬬陣破鄧艾

天之報惡人有報之奇者有報之正者曹丕以臣篡君而司馬師亦以臣篡君此如其事以報之者也報之奇者也孫綝以臣篡君而孫休乃以君滅臣此反其事以報之者

也報之正者也天以爲報之奇者不可訓則還以報之正者訓天下而已矣

吳之有孫綝猶魏之有曹爽也而司馬懿以異姓去宗室而政不復歸於曹丁奉亦以異姓去宗室而政仍歸於孫則何也孫峻之後有孫綝猶司馬懿之後有師昭也毋丘儉諸葛誕以起兵討師昭而不勝丁奉張布以杯酒殺孫綝而有餘則又何也曰魏之得國也以篡吳之得國也不以篡故魏之將滅天必假手於其臣而吳之將滅天不必

假手於其臣耳

獻帝謀誅權臣而一洩于國舅董承再洩于國丈伏完有兩事焉若曹芳托國丈而事洩止如漢之一事也孫亮則因國舅以及國丈而事洩是一事而合漢之兩事也且伏完爲后父而張緝亦爲后父董承受血詔而張緝亦受血詔則以魏之一人兼爲漢之兩人董承不必有父而全紀有父伏完不必有兒而全尚有兒則又以漢之兩家并爲吳之一家讀三國者讀至後幅有與前事相犯而讀之更

無一毫相犯愈出愈幻豈非今古奇觀

雍糾之妻祭仲之女也而以父殺夫非也盧蒲癸之妻慶舍之女也而以夫殺父亦非也况全尚之妻乃以兄之故而殺其夫又以兄之故而并殺其子乎然君子不責全尚之妻而責全尚何也國家之事而謀及婦人宜其敗也知其必敗不可以學雍糾即幸而不至于敗不可以學盧蒲癸

孫亮知黃門之小過而劉禪不能識黃門之大奸孫休知

隣國之是非而劉禪不能知本國之得失先主之後人不及孫權之後人遠矣作者合而敘之使人于相形之下見其短長云

吳主以蜀有內侍之亂而特使人以敵國之外患警之此絕妙鬬筍處亦絕妙伏線處何謂鬬筍姜維因外患而動則伐魏之筍于此鬬也何謂伏線姜維因內侍而歸則班師之線又于此伏也敘事作文如此結構可謂匠心

武侯以出祁山而勝姜維亦以出祁山而勝姜維能繼武

侯則姜維之六伐中原卽謂是武侯之七出祁山可也且其事多有彷彿者武侯與仲達鬬陣法姜維亦與鄧艾鬬陣法而武侯鬬陣只是一番姜維鬬陣却有兩番鄧艾之鬬陣是眞卽以鬬陣破之司馬望之鬬陣是假又不必以鬬陣破之則姜維又得武侯之意而化之矣武侯好布八門陣姜維好布長蛇陣武侯布八門陣于祁山先有魚腹浦邊之石以爲之端姜維布長蛇陣于祁山先有天水城城外之火以爲之端陸遜不遇黃承彥則必亡鄧艾不得

司馬望則必死一樣驚人一樣出色每見讀三國志者謂武侯死後便不堪寓目今試觀此篇與武侯在日豈有異哉

司馬懿用反間之計退武侯鄧艾亦用反間之計退姜維誠前後一轍矣然司馬懿即以蜀人苟安爲反間是以蜀間蜀鄧艾必使魏人党均行反間是以魏間蜀也顧使蜀中無黄皓魏即遣百党均亦何益哉然則鄧艾之計仍謂之以蜀間蜀也可

却說姜維恐救兵到，先將軍器車仗一應軍需步兵先退，然後將馬軍斷後。細作報知鄧艾，艾笑曰：姜維知大將軍兵到，故先退去，不必追之，追則中彼之計也。乃令人哨探，回報果然駱谷道狹之處，堆積柴草，準備要燒追兵。〇〇〇〇〇〇〇〇〇（積草燒追兵之計，不在姜維一邊實敘，却在探馬口中處敘。）眾皆稱艾曰：將軍真神算也。遂遣使賫表奏聞。於是司馬昭大喜，又加賞鄧艾。（此下按下蜀魏，專敘東吳。）却說東吳大將軍孫綝聽知全端、唐咨等降魏，勃然大怒，將各人家眷盡皆斬之。（與先主不殺黃權家屬，原溥相去天壤。）吳主孫亮時年方十七，見綝殺戮太過，心甚不然。一日出西苑因食生梅令黃門取蜜須吏取至見蜜內有鼠糞數塊召藏吏責之藏吏叩首曰臣封閉甚嚴安有鼠糞亮曰黃門曾向爾求蜜食否（問得聰明）藏吏曰黃門於數日前曾求蜜食臣實不敢與亮指黃門曰此必汝怒藏吏不與爾蜜故置糞于蜜中以陷之也（一語道着）黃門不服（從來偷食人極嘴強）亮曰此事易知耳若糞久在蜜中則內外皆濕若新在蜜中則外濕內燥（小智耳妙）命剖視之果然內燥黃門服罪亮之聰明大抵如此（截一小事之明以見其大事之察然無大事可敘者以大事俱歸于孫綝故耳）雖然聰明却被孫綝把持不能主張綝

之弟威遠將軍孫據入蒼龍宿衛武衛將軍孫恩偏將軍孫幹長水校尉孫闓分屯諸營（孫綝父子兄弟五人與曹爽兄弟三人正復相似）一日吳主孫亮悶坐黃門侍郎全紀在側紀乃國舅也亮因泣告曰孫綝專權妄殺欺朕太甚今不圖之必為後患（如曹芳之告張緝）紀曰陛下但有用臣處臣萬死不辭亮曰卿可只今點起禁兵與將軍劉丞各把城門朕自出殺孫綝（如曹髦之自討司馬昭）但此事切不可令卿母知之卿母乃綝之姊也倘若泄漏誤朕匪輕（一派親戚都在孫亮口中敘明）紀曰乞陛下草詔與臣臣臨行事之時將臣將詔示衆使綝手下人

皆不敢妄動亮從之即宣詔密詔付紀（密詔請而後與較曹芳之自書血詔付張緝又是不同）紀受詔歸家密告其父全尚尚知此事乃告妻曰三日內殺孫綝矣（子不告其母而夫乃告其妻可見夫妻之情密于子母也爲之一嘆）妻曰殺之是也口雖應之却私令人持書報知孫綝（不顧其夫不顧其子而但以內家爲重今之婦人多有之矣又爲之一嘆）綝大怒當夜便喚弟兄四人點起精兵先圍大內一面將全尚劉丞并其家小俱拿下比及平明吳主孫亮聽得宮門外金鼓大震內侍慌入奏曰孫綝引兵圍了內苑亮大怒指全后罵曰汝父兄悞我大事矣乃拔劍欲出全后與侍中近臣皆牽

其衣而哭不放亮出孫綝先將全尚劉丞等殺訖一箇婦人今道了老公共兒子也然後名文武于朝內下令曰主上荒淫久病昏亂無道不可以奉宗廟今當廢之汝諸文武敢有不從者以謀叛論衆皆股慄應曰願從將軍之令尚書桓懿大怒從班部中挺然而出指孫綝大罵曰今上乃聰明之主汝何敢出此亂言吾寧死不從賊臣之命全紀不得為孝子桓懿乃可為忠臣綝大怒自拔劍斬之即入內指吳主孫亮罵曰無道昏君本當誅戮以謝天下看先帝之面廢汝為會稽王吾自選有德者立之叱中書郎李崇奪其印綬令鄧

程收之亮大哭而去與司馬師廢曹芳一樣身段後人有詩嘆曰

亂賊誣伊尹　奸臣冒霍光
可憐聰明主　不得蒞朝堂

孫綝遣宗正孫楷中書郎董朝往虎林迎請瑯琊王孫休爲君休字子烈乃孫權第六子也在虎林夜夢乘龍上天回顧不見龍尾失驚而覺乘龍者應在爲君無尾應在其子之不得立也次日孫楷董朝至拜請回都行至曲阿有一老人自稱姓干名休叩頭言曰事久必變願殿下速行休謝之行至布塞亭孫恩將車駕來迎休不敢乘

綝乃坐小車而入百官拜迎道傍休慌忙下車荅禮孫綝出令扶起請入大殿升御座即天子位休再三謙讓方受玉璽文官武將朝賀已畢大赦天下改元永安元年封孫綝爲丞相荆州牧多官各有封賞又封兄之子孫皓爲烏程侯（爲後文嗣位張本。）孫綝一門五侯皆典禁兵權傾人主吳主孫休恐其內變陽示恩寵內實防之綝驕橫愈甚冬十二月綝奉牛酒入宮上壽吳主休不受綝怒乃以牛酒詣左將軍張布府中共飲酒酣乃謂布曰吾初廢會稽王時人皆勸吾爲君吾爲今上賢故立之今我上壽而見拒、是將我等閒相待、吾早晚教你看、周郎對蔣幹醉話是假、孫綝對張布醉話是真、布聞言、唯唯而已、次日布入宮、密奏孫休、休大懼、日夜不安、數日內、孫綝遣中書郎孟宗、撥與中營所管精兵一萬五千、出屯武昌、又盡將武庫內軍器與之、於是將軍魏邈、武衛士施朔二人密奏孫休曰、綝調兵在外、又搬盡武庫內軍器、早晚必爲變矣、孫休此時干休不得、休大驚、急名張布計議、布奏曰、老將丁奉計畧過人、能斷大事、可與議之、休乃名奉入內、密告其事、奉奏曰、陛下勿憂、臣有一計、爲國除害、休問何計、奉曰、來朝臘日只推大會羣臣名綝赴席臣自有調遣休大喜奉令魏邈施朔爲外事張布爲內應是夜狂風大作飛沙走石將老樹連根拔起天明風定使者奉旨來請孫綝入宮赴宴孫綝方起床平地如人推倒與諸葛恪家黃犬啣衣孝子入門之怪彷彿相似心中不悅使者十餘人簇擁入內家人止之曰一夜狂風不息今早又無故驚倒恐非吉兆不可赴會與諸葛恪入朝時彷彿相似綝曰吾弟兄共典禁兵誰敢近身倘有變動于府中放火爲號囑訖升車入內吳主孫休忙下御座迎之請綝高坐酒行數巡與諸葛恪飲酒時彷彿相似衆驚曰宮外望有火

起。此是丁奉等在外擒孫家兄弟時也妙在虛寫。綝便欲起身休止之曰丞相穩便外兵自多何必懼哉言未畢左將軍張布拔劍在手引武士三十餘人搶上殿來口中厲聲而言曰有詔擒反賊孫綝。令人追想孫峻殺葛恪時。綝急欲走時早被武士擒下綝叩頭奏曰願徙交州歸田里休叱曰爾何不徙滕胤呂據王惇耶。即以前事問之。現前果報。命推下斬之於是張布牽孫綝下殿東斬訖。前謂布云吾早曉教你從者看不想看出這局面來。皆不敢動布宣詔曰罪在孫綝一人餘皆不問眾心乃安布請孫休升五鳳樓丁奉魏邈施朔等擒孫綝兄弟至。張布一邊用實寫丁奉等一邊用虛寫。省筆之法。休命盡斬于市宗黨死者數百人滅其三族命軍士掘開孫峻墳墓戮其屍首將被害諸葛恪滕胤呂據王惇等家重建墳墓以表其忠其牽累流遠者皆赦還鄉里舊案盡翻。丁奉等重加封賞馳書報入成都後主劉禪遣使回賀吳使薛珝荅禮。使命往來。敘得簡畧。省筆之法。珝自蜀中歸吳主孫休問蜀中[illegible]何舉動珝奏曰近日中常侍黃皓用事公卿多阿附之入其朝不聞直言經其野民有菜色所謂燕雀處堂不知大厦之將焚者也西蜀事在吳使口中虛寫一番。妙在有意無意寫來。早為後文姜維回兵伏線。休歎曰若諸葛武侯在時何至如此乎於是又寫國書教人賫入成都說司馬昭不日纂魏必將侵吳蜀以示威彼此各宜準備（因其不知內憂故以外患動之）姜維聽得此信忻然上表再議出師伐魏（孫休本欲以外患動其內憂姜維乃舍內憂而圖其外患絕妙鬬筍）時蜀漢景耀元年冬大將軍姜維以廖化張翼為先鋒王含蔣斌為左軍蔣舒傅僉為右軍胡濟為合後維與夏侯霸總中軍共起蜀兵二十萬拜辭後主逕到漢中與夏侯霸商議當先攻取何地霸曰祁山乃用武之地可以進兵故丞相昔日六出祁山因他處不可出也（總照數卷以前之事）維從其言遂令三軍並

望祁山進發。此是六伐中原至谷口下寨時鄧艾正在祁山寨中整點

隴右之兵忽流星馬到報說蜀兵見下三寨于谷口艾聽知遂

登高看了回寨升帳大喜曰不出吾之所料也原來鄧艾先度

了地脉故留蜀兵下寨之地地中自祁山寨直至蜀寨早挖了

地道待蜀兵至時於中取事鄧艾一邊事却從此處補出此時姜維至谷口

分作三寨地道正在左寨之中乃王含蔣斌下寨之處鄧艾喚

子鄧忠與師纂各引一萬兵為左右衝擊却喚副將鄭倫引五

百掘子軍於當夜二更逕於地道直至左營從帳後地下擁出

以攻城之法攻營不從天降却從地出。　却說王含蔣斌因立寨未定恐魏兵來劫寨不敢解甲而寢忽聞中軍大亂急綽兵器上的馬時寨外鄧忠引兵殺到內外夾攻王蔣二將奮死抵敵不住棄寨而走姜維在帳中聽得左寨中大喊料道有內應外合之兵遂急上馬立於中軍帳前傳令曰如有妄動者斬便有敵兵到營邊休要問他只管以弓弩射之一面傳示右營亦不許妄動與張遼之守合淝彷彿相似。果然魏兵十餘次衝擊皆被射回只衝殺到天明魏兵不敢殺入此處却無地孔可鑽鄧艾收兵回寨乃嘆曰姜維深得孔明之法兵在夜而不驚將聞變而不亂真將才也次日王含蔣斌收聚敗兵伏於大寨前請罪維曰非汝等之罪乃吾不明地脉之故也（譙周以爲不知天時）又撥軍馬令二將安營訖却將傷死身屍墳於地道之中以土掩之（以地道爲蜀人之塚哀哉）令人下戰書單挑鄧艾來日交鋒艾忻然應之次日兩軍列于祁山之前維按武侯八陣之法依天地風雲鳥蛇龍虎之形分布已定鄧艾出馬維布成八卦乃亦布之左右前後門戶一般（前有武侯與仲達鬭陣令又有姜維與鄧艾鬭陣前是仲達先布各自一樣此是鄧艾後布却是學樣）維挺持鎗縱馬大叫曰汝效吾

排八陣、亦能變陣否。艾笑曰、汝道此陣只汝能布耶。吾既會布陣、豈不知變陣。艾便勒馬入陣、令執法官把旗左右招颭、變成八八六十四箇門戸。（好看）復出陣前曰、吾變法若何。維曰、雖然不差、汝敢與吾八陣相圍麼。（前武侯只是教仲達打陣。今姜維却教鄧艾圍陣。又自不同。）艾曰、有何不敢。兩軍各依隊伍而進。艾在中軍調遣。兩軍衝突、陣法不曾錯動。姜維到中間、把旗一招、忽然變成長蛇捲地陣。（鄧艾會做穿山甲。今却遇了捲地蛇。）將鄧艾困在垓心。四面喊聲大震。艾不知其陣、心中大驚。蜀兵漸漸逼近。艾引衆將衝突不出。只聽得蜀兵齊叫曰、鄧艾早降艾仰天長嘆曰我一時自逞其能中姜維之計矣（讀至此令人拍案一快）忽然西北角上一彪軍殺入艾見是魏兵遂乘勢殺出救鄧艾者乃司馬望也（出于意外令人驚書一嘆）比及救出鄧艾時祁山九寨皆被蜀兵所奪（讀至此令人又拍案一快）艾引敗兵退於渭水南下寨艾謂望曰公何以知此陣法而救出我也望曰吾幼年遊學于荊南曾與崔州平石廣元爲友講論此陣（此二人從先主三顧時敘之已久不復提矣忽于此處照應出來妙極）今日姜維所變者乃長蛇捲地陣也若他處擊之必不可破吾見其頭在西北故從西北擊之自破矣（蛇無頭而不行）

艾謝曰我雖學得陣法實不知變法公既知此法來日以此法復奪祁山寨柵如何望曰我之所學恐瞞不過姜維艾曰來日公在陣上與他鬭陣法我却引一軍暗襲祁山之後兩下混戰可奪舊寨也（不欲以鬭陣勝之却欲以詐鬭陣勝之）於是令鄭倫爲先鋒艾自引軍襲山後一面令人下戰書搦姜維來日鬭陣法（來日候教伏惟枉臨）維批回去訖乃謂衆將曰吾授武侯所傳密書此陣變法共三百六十五樣按周天之數今搦吾鬭陣法乃班門弄斧耳但中間必有詐謀公等知之乎（妙在姜維不自說出）廖化曰此必賺我鬭陣法却

引一軍襲我後也（妙在等廖化說出此意）維笑曰正令我意即令張翼廖化引一萬兵去山後埋伏次日姜維盡拔九寨之兵分布于祁山之前司馬望引兵離了渭南逕到祁山之前出馬與姜維荅語維曰汝請吾鬭陣法汝先布與我看望布成了八卦維笑曰此即吾所布八陣之法也汝今盜襲何足為奇（令人都是盜襲那箇是自巳做出來的）望曰汝亦竊他人之法耳維曰此陣凡有幾變望笑曰吾既能布豈不會變此陣有九九八十一變（此姜維學問沒有一半便要出來比試極像今日子弟畧讀幾句文字便欲出來會考也）維笑曰汝試變來望入陣變了數番復

出陣曰汝識吾變否維笑曰吾陣法按周天三百六十五變汝乃井底之蛙安知玄奧乎望自知有此變法實不曾學全乃勉強折辨曰吾不信汝試變來今日空疎之腹反不信淹博之人往往如此維曰汝教鄧艾出來吾當布陣與他看望曰鄧將軍自有良謀不好陣法維大笑曰有何良謀不過教汝賺吾在此布陣他却引兵襲吾山後耳此言洞見肺腑勝領教陣法多矣望大驚恰欲進兵混戰被維以鞭稍一指兩翼兵先出殺的那魏兵棄甲拋戈各逃性命讀至此令人又拍案一快此時蜀兵亦有長蛇捲地之勢却說鄧艾催督先鋒鄭倫來襲山後倫剛轉

過山角忽然一聲砲響鼓角喧天伏兵殺出爲首大將乃廖化也二人未及答話兩馬交處被廖化一刀斬鄭倫于馬下。陣不會鬪。將亦不經鬪。鄧艾大驚急勸兵退時張翼引一軍殺到兩下夾攻魏兵大敗艾捨命突出身被四箭。讀至此令人又拍案一快。郭淮一箭便死。鄧艾四箭不死。大是僥倖。奔到渭南寨時司馬望亦到二人商議退兵之策望曰近日蜀主劉禪寵幸中貴黃皓日夜以酒色爲樂正與吳使薛珝語相應可用反間計召回姜維此危可解如此良謀。勝鬪陣法。艾問衆謀士曰誰可入蜀交通黃皓言未畢一人應聲曰某願往艾視之乃襄陽党均也。艾大喜。即令党均賫金珠寶物。逕到成都。結連黃皓。闔人偏好金珠。正不知欲傳與何人。可發一嘆。布散流言。說姜維怨望天子。不久投魏。與苟安譖孔明事相同。於是成都人人所說皆同。黃皓奏知後主。即遣人星夜宣姜維入朝。讀至此。文令人廢書一嘆。却說姜維連日搦戰。鄧艾堅守不出。維心中甚疑。忽使命至。詔維入朝。維不知何事。只得班師回朝。鄧艾司馬望知姜維中計。遂拔渭南之兵。隨後掩殺。正是

樂毅伐齊遭間阻。　岳飛破敵被讒回。

未知勝敗如何。且看下文分解。

第一百十四回

曹髦驅車死南闕
姜維棄粮勝魏兵

有司馬師之廢曹芳于前又有司馬昭之弑曹髦于後天之報曹氏毋乃太過與曰非過也曹芳爲乞養之子則未必其爲操與丕之孫也于其非孫者報之不若于其眞爲孫者報之之爲快也且以非孫而冒孫者斬其祀又不若去一冒孫者立一是孫者而終至于奪其祀之爲奇也蒼

蒼者之巧于報反如此後世奸雄尚其鑒哉

或謂奸雄將作亂于內必先立威于外則司馬昭之弑君當在伐蜀之後或謂奸雄將定難于外必先除患于內則司馬昭之弑君又當在滅蜀之前由前之論是孫休之所慮也由後之論是賈充之所勸也然而弑君之事人因難之矣司馬昭不自弑之而使賈充弑之賈充又不自弑之而使成濟弑之所以然者誠畏弑君之名而避之耳孰知論者不歸罪于濟而歸罪于充又不獨歸罪于充而歸罪

于昭然則雖畏而欲避而何所容其避哉春秋誅亂賊必誅其首有以夫

趙盾不以趙穿之弑君爲己辜司馬孚能以昭之弑君爲己罪然則由陳泰言之有進于賈充者以充爲次由司馬孚言之又有進于昭者而昭又爲次矣故依齊南史之書法當以司馬昭爲崔杼依晉董狐之書法又當以司馬孚爲趙盾

陳泰之舅舅不如甥王經之母母如其子泰不死而其義

不朽經能死而其忠愈不朽君子以髦之死爲不足惜者所以報先世爲人臣而篡國之辜而仍以經之死爲足嘉者所以正後世爲人臣而從賊之義

曹操以周文自比司馬昭亦以周文自比然操比周文則竟比周文耳昭則自言學曹操之比周文直自比曹操也操欲學周文則篡國之意猶隱然于言外昭欲學曹操則篡國之意已顯然于言中雖同一篡賊而一前一後又有升降之異焉

蔡和蔡中實爲蔡瑁之弟猶不爲周郎之所信王瓘本非王經之族安得不爲姜維之所料乎縱使姜維信之而夏侯霸必能識之則鄧艾之計又疎于曹操矣武侯知鄭文之詐而先斬鄭文故有得而無失姜維知王瓘之詐而不先斬王瓘安能有得而無失乎粮與棧道雖王瓘焚之無異于維自焚之則姜維之智終遜于武侯矣文有後事勝于前事者不觀後事之深不知前事之淺則後文不可不讀有後事不如前事者不觀後事之疎不見前事之密則

後文又不可不讀。

却說姜維傳令退兵。廖化曰：將在外，君命有所不受。今雖有詔，未可動也。廖化之言。從君命起見。張翼曰：蜀人爲大將軍連年動兵，皆有怨望。不如乘此得勝之時，收回人馬，以安民心，再作良圖。張翼之言。却從民心起見。維曰：善。遂令各軍依法而退。命廖化、張翼斷後，以防魏兵追襲。却說鄧艾引兵追趕，只見前面蜀兵旗幟整齊，人馬徐徐而退。艾嘆曰：姜維深得武侯之法也。鄧艾每讚姜維。必讚武侯。可見文中雖無武侯。却處處有一武侯。因此不敢追趕，勒軍回祁山寨去了。且說姜維至成都入見後主問名回之故後主曰朕爲卿在邊庭久不還師恐勞軍士故詔卿回朝别無他意維曰臣已得祁山之寨正欲收功不期半途而廢此必中鄧艾反間之計矣後主默然不語（活畫一昏庸之主）姜維又奏曰臣誓討賊以報國恩陛下休聽小人之言致生疑慮後主良久乃曰朕不疑卿卿且回漢中俟魏國有變再伐之可也（極没氣力語却早爲後卷七伐中原伏線）姜維嘆息出朝自投漢中去訖（以下按下蜀漢再敘魏事）却説党均回到祁山寨中報知此事鄧艾與司馬望曰君臣不和必有內變就令党均入洛陽報知司馬昭

大喜便有圖蜀之心（早爲一百十六回伏筆）乃問中護軍賈充曰吾今伐蜀如何充曰未可伐也天子方疑主公若一旦輕出內難必作矣（鄧艾方說蜀有內變賈充却說魏有內變借伐蜀轉出弒主鬪筍甚奇）舊年黃龍兩見于寧陵井中（魏初改年號便曰黃初自以爲土德王蓋色尚黃也黃龍正應曹氏之君井中正應幽沉之象兩見者正應曹髦被弒之後又有曹奐被篡也）羣臣表賀以爲祥瑞天子曰非祥瑞也龍者君象乃上不在天下不在田而在井中是幽囚之兆也遂作潛龍詩一首詩中之意明明道着主公（曹髦作詩之事却在賈充口中寫出敘事妙品）其詩曰

傷哉龍受困不能躍深淵上不飛天漢下不見於田蟠居于

井底鰍鱔舞其前，藏牙伏爪甲，嗟我亦同然。漢少帝飛燕之詩，興也賦也。曹髦黃龍之詩，比也。不謂百卷之後，忽有其對。

司馬昭聞之大怒，謂賈充曰：此人欲效曹芳也。此人公之何人。若不早圖，彼必害我。彼者何人也。充曰：某願爲主公早晚圖之。時魏甘露五年夏四月，司馬昭帶劍上殿，髦起迎之。羣臣皆奏曰：大將軍功德巍巍，合爲晉公，加九錫。髦低頭不荅。昭厲聲曰：吾父子兄弟三人有大功於魏，今爲晉公，得毋不宜耶？曹操受九錫，尚能假意托辭。司馬昭受九錫，却是公然索取。尤而效之，殆有甚焉。髦乃應曰：敢不如命。日氣下惡。昭曰：潛龍之詩視吾等如鰍鱔是何禮也天子以文字取禍又見于此髦不能答昭冷笑下殿衆官凜然髦歸後宮名侍中王沈尚書王經散騎常侍王業三人入內計議髦泣曰司馬昭將懷簒逆人所共知朕不能坐受廢辱卿等可助朕討之不能爲勿用之潛龍欲爲有悔之亢龍矣王經奏曰不可昔魯昭公不忍季氏敗走失國今重權已歸司馬氏久矣內外公卿不顧順逆之理阿附奸賊非一人也如華歆王朗之助曹丕且陛下宿衛寡弱無用命之人陛下若不隱忍禍莫大焉且宜緩圖不可造次髦曰是可忍也孰不可忍也朕意已決便死何懼還是

（獻帝耐得）言訖即入告太后王沈王業謂王經曰事已急矣我等不可自取滅族之禍當往司馬公府下出首以免一死（人心不附曹而附昭果如王經之言）經大怒曰主憂臣辱主辱臣死敢懷二心乎（不肯輕動之人正是敢死之士）王沈王業見經不從逕自往報司馬昭去了少頃魏主曹髦出內令護衛焦伯聚集殿中宿衛蒼頭官僮三百餘人（曹操帳前虎衛軍動以萬計今何如此其憊也）鼓譟而出髦仗劍升輦叱左右逕出南闕王經伏于輦前大哭而諫曰今陛下領數百人伐昭是驅羊而入虎口耳（以龍自況王經乃比之以羊）空死無益臣非惜命實見事不可行也

髦曰吾軍已行卿勿阻當遂望龍門而來只見賈充戎服乘馬左有成倅右有成濟引數千鐵甲禁兵吶喊殺來髦仗劍大喝曰吾乃天子也（一向不成爲天子此時欲正名定分難矣）汝等突入宮庭欲弒君耶禁兵見了曹髦皆不敢動（衆人還有天子二字在肚裏）賈充呼成濟曰司馬公養你何用正爲今日之事也（賈充只有司馬二字在意中）濟乃綽戟在手回顧充曰當殺耶當縛耶（直將曹髦作一羊耳）充曰司馬公有令只要死的（只要納熟不要獻生）成濟撚戟直奔輦前髦大喝曰匹夫敢無禮乎言未訖被成濟一戟刺中前胸撞出輦來再一戟刃從背上透出

死于輦傍。（從前天子遇害，未有如此之慘者，為之一嘆。）焦伯挺鎗來迎，被成濟一刺死。眾皆逃走。王經隨後趕來，大罵賈充曰：逆賊安敢弒君耶。充大怒，叱左右縛定，報知司馬昭。昭入內，見髦已死，乃佯作大驚之狀，以頭撞輦而哭。（不知此副眼淚從何處得來，將誰欺，欺天乎。）令人報知各大臣。太傅司馬孚入內，見髦屍，首枕其股而哭曰：（此是真哭。）弒陛下者，臣之罪也。（趙穿弒其君，而春秋歸罪于趙盾，孚殆以趙盾自比矣。）遂將髦屍用棺槨盛貯，停於偏殿之西。昭入殿中，召群臣會議。群臣皆至，獨有尚書僕射陳泰不至。昭令泰之舅尚書荀顗召之。泰大哭曰：論者以泰比舅今舅實不如泰也（吳國全紀是外甥昔娘舅今乃[illegible]魏國荀顗是娘舅昔外甥）帶孝而入哭拜於靈前昭亦伴哭而問曰今日之事何法處之泰曰獨斬賈充少可以謝天下耳（曰少可以謝天下則知斬賈充亦是次着矣）昭沉吟良久又問曰再思其次（意在成濟二人）泰曰惟有進于此者不知其次（明明道着司馬昭）昭曰成濟大逆不道可剮之滅其三族濟大罵昭曰非我之罪是賈充傳汝之命昭令先割其舌濟至死叫屈不絕弟成倅亦斬于市盡滅三族（助亂賊者即爲亂賊所殺後人人亦何爲而助亂賊也）

有詩嘆曰

司馬當年命賈充、弑君南闕赭袍紅、却將成濟誅三族、只道軍民盡耳聾、

昭又使人收王經全家下獄、王經正在廷尉廳下、忽見縛其母至、經叩頭大哭曰、不孝子累及慈母矣、母大笑曰、人誰不死、正恐不得死所耳、以此棄命何恨之有、可與徐庶之母並傳、庶母欲其子之忠漢、經母喜其子之忠魏、同一意也、次日王經全家皆押赴東市、王經母子含笑受刑、滿城士庶無不垂淚、後人有詩曰、

漢初誇伏劍、漢末見王經、眞烈心無異、堅剛志更清、

節如泰華重、命似羽毛輕、母子聲名在、應同天地傾、

太傅司馬孚請以王禮葬曹髦、昭許之、賈充等勸司馬昭受魏禪、即天子位、昭曰、昔文王三分天下有其二、以服事殷、故聖人稱爲至德、曹操欲學周文王。司馬昭亦稱文王。看樣得好。魏武帝不肯受禪于漢、猶吾之不肯受禪于魏也、曹芳常以曹操比司馬師矣。今司馬昭亦以曹操自比。夫君比臣于曹操猶可言也臣亦公然自比于曹操不可言也。賈充等聞言、已知司馬昭留意于子司馬炎矣、曹操讓皇帝與曹丕做。司馬昭亦讓皇帝與司馬炎做。欲篡其子孫。而即學其祖宗之法。哀哉遂不復勸進、

是年六月、司馬昭立常道鄉公曹璜爲帝、改元景元、元年、璜改

名曹奐，字景名，乃武帝曹操之孫，燕王曹宇也。奐封昭爲丞相晉公，賜錢十萬，絹萬疋，其文武多官各有封賞。以下拔過魏事，再敘西蜀。早有細卒報入蜀中，姜維聞司馬昭弑了曹髦，立了曹奐，喜曰：吾今日伐魏，又有名矣。遂發書入吳，令起兵問司馬昭弑君之罪，一面奏准後主，起兵十五萬，車乘數千輛，皆置板箱于上。令廖化、張翼爲先鋒，化取子午谷，翼取駱谷，維自取斜谷，皆要出祁山之前取齊，三路兵並起，殺奔祁山而來。此是七伐中原。時鄧艾在祁山寨中訓練人馬，聞報蜀兵三路殺到，乃聚諸將計議。參軍王瓘曰吾有一計不可明言見寫在此謹呈將軍台覽艾接來展看畢笑曰此計雖妙只怕瞞不過姜維瓘曰某願捨命前去艾曰公志若堅必能成功遂撥五千兵與瓘瓘連夜從斜谷迎來正撞蜀兵前隊哨馬瓘叫曰我是魏國降兵可報與主帥哨軍報知姜維維令攔住餘兵只教爲首的將來見瓘拜伏於地曰某乃王經之姪王瓘也近者司馬昭弑君將叔父一門皆戮某痛恨入骨今幸將軍興師問罪故特引本部兵五千來降願從調遣勦除奸黨以報叔父之恨（與前蔡中蔡和之降吳以殺蔡瑁爲名一樣局面）

維大喜試令讀者猜之是真喜耶是假喜耶謂瓘曰汝既誠心來降吾豈不誠心相待吾軍中所患者不過糧耳今有糧車數千見在川口汝可運赴祁山吾只今去取祁山寨也讀者試猜姜伯約是何意見瓘心中大喜以爲中計忻然領諾姜維曰汝去運糧不必用五千人但引三千人去留下二千引路以打祁山妙着已算定瓘恐維疑惑乃引三千兵去了維令傅僉引二千魏兵隨征聽用忽報夏侯霸到霸曰都督何故准信王瓘之言也吾在魏雖不知備細未聞王瓘是王經之姪想是通譜宗姪耳其中多詐請將軍察之維大笑曰我已

知王瓘之詐故分其兵勢將計就計而行原來如此霸曰公試言之維曰司馬昭奸雄比于曹操既殺王經滅其三族安肯存親侄於關外領兵故知其詐也能料王瓘只是能料司馬昭耳仲權之見與我暗合於是姜維不出斜谷却令人於路暗伏以防王瓘奸細不旬日果然伏兵捉得王瓘回報鄧艾下書人來見維問了情節搜出私書書中約于八月二十日從小路運糧送歸大寨却教鄧艾遣兵于墠山谷中接應維將下書人殺了却將書中之意改作八月十五日約鄧艾自率大兵于墠山谷中接應一面令人扮

作魏軍往魏營下書來降的是眞魏兵下書的是假魏兵王瓘是以眞用假姜維是以假用假一面令人將見在糧車數百輛卸了糧米裝載乾柴茅草引火之物用青布罩之以此木換八木令傅僉引二千原降魏兵執打運糧旗號方知前留下魏兵二千大有用處維卻與夏侯霸各引一軍去山谷中埋伏令蔣舒出斜谷廖化張翼俱各進兵來取祁山前姜維本自出斜谷今卻換了蔣舒變化得妙卻說鄧艾得了王瓘書信大喜急寫回書令來人回報至八月十五日鄧艾引五萬精兵逕往壇山谷中來遠遠使人凭高眺探只見無數糧草接連不斷從山凹中而行此是傅僉扮作王瓘艾

勒馬望之果然皆是魏兵（是真魏兵）左右曰天已昏暮可速接應王瓘出谷口艾曰前面山勢掩映倘有伏兵急難退步只可在此等候鄧艾亦（甚精細）正言間忽兩騎馬驟至報曰王將軍因將糧草過界背後人馬趕來望早救應（此兩人是假魏兵）艾大驚急催兵前進時値初更月明如晝（正是八月十五日將寫火先寫月百忙中有此閒筆）只聽得山後吶喊艾只道王瓘在山後厮殺逕奔過山後時忽樹林後一彪軍撞出為首蜀將傅僉縱馬大叫曰鄧艾匹夫已中吾主將之計何不早早下馬受死（讀至此為之一快）艾大驚勒回馬便走車上火盡

着（中秋放烟火竟似正月元宵）那火便是號火（一火兩用）兩勢下蜀兵盡出殺得魏兵七斷八續但聞四下山上只叫拏住鄧艾的賞千金封萬戶侯（大是快人）諕得鄧艾棄甲丟盔撇了坐下馬雜在步軍之中爬山越嶺而逃（與曹操割鬚棄袍時彷彿相似）姜維夏侯霸只望馬上為首的逕來擒捉不想鄧艾步行走脫維領得勝兵去接王瓘糧車却說王瓘密約鄧艾先期將糧草車仗整備停當專候舉事忽有心腹人報事已洩漏鄧將軍大敗不知性命如何瓘大驚令人哨探回報三路兵圍殺將來背後又有塵頭大起四下無路瓘叱

左右令放火盡燒糧草車輛（前燒假粮此燒眞粮弄假成眞以火濟火）一霎時火光突起烈火燒空璀大叫曰事已急矣汝等宜死戰乃提兵望西殺出背後姜維三路追趕維只道王璀捨命撞回魏國不想反殺入漢中而去璀因兵少只恐追兵趕上遂將棧道并各關隘盡皆燒毀（姜維不先殺王璀亦是失着）姜維恐漢中有失遂不追鄧艾提兵連夜抄小路來追殺王璀璀被四面蜀兵攻擊投黑龍江而死（又是以水濟火）餘兵盡被姜維坑之維雖然勝了鄧艾却折了許多糧車又毀了棧道乃引兵還漢中鄧艾引部下敗兵逃回祁山寨

內上表請罷自貶其職司馬昭見艾數有大功不忍貶之復加厚賜艾將原賜財物盡分給被害將士之家昭恐蜀兵又出遂添兵五萬與艾守禦姜維連夜修了棧道又議出師正是

連修棧道兵連出　不伐中原死不休

未知勝負如何且聽下回分解

[illegible]上[illegible]評[illegible]關隘

發出背後姜維三路追趕維只道王瓘將命撤回魏國不想反焚被烈火燒空壇大半日華已燒矣彼會直死職乃提兵望西左右令放火盡燒糧草車輛（弄假成真以火濟火 前燒假糧此燒真糧）一霎時火光

四大奇書第一種卷五十八

茂苑毛宗崗序始氏評　吳門杭永年資能氏評定

第一百十五回

詔班師後主信讒

托屯田姜維避禍

姜維四伐與三伐相連而三伐勝而四伐不勝張翼所謂畫蛇添足者也今八伐亦與七伐相連而七伐勝而八伐不勝是又畫蛇添足矣而姜維之意則以爲不然蓋畫蛇

而既成則蛇固可以無足若畫蛇而未就則蛇正不可無尾耳

洮陽之出維以爲非艾之所料而艾則知其料我之不料也祁山之救維知爲艾之所料而艾則不知其料我之能料也至于後主之名回不獨維不料之艾亦不料之矣智者之智常出于智者之意外愚者之愚亦出于智者之意外讀書至此能不爲之慨然

又有讀至終篇而復與最先開卷之數行相應者如觀晉

龍見井中之兆令人思青蛇見御座之時觀曹髦咏黃龍之詩令人思漢帝咏飛燕之句斯已奇矣然當時之人猶未以前事相況也至于姜維之欲去黃皓則明明以十常侍爲比明明以靈帝爲鑒於一百十回之後忽然如睹一百十回以前之人忽然重見一百十回以前之事如此首尾連合豈非絕世奇文

武侯出師以屯田終姜維出師亦以屯田終屯沓中與屯渭濱無異耳以爲避禍而保蜀之道在焉以爲保蜀而取

魏之道亦在焉姜維未常有九伐之事而後人以沓中之役爲姜維之九伐中原夫爲取魏而屯田則雖謂之九伐焉可也

蜀之伐魏自此終而魏之伐蜀又自此始可見漢不滅賊則賊必滅漢此正武侯不兩立之說也先主將入西川先見孔明画圖一幅又得張松画圖一幅司馬昭將取西川先見鄧艾沓中画圖一本又得鍾會全蜀画圖一本前後天然相對若合符節眞奇文奇事

却說蜀漢景耀五年冬十月大將軍姜維差人連夜修了棧道整頓軍糧兵器又於漢中水路調撥船隻俱已完備上表奏後主曰臣累出戰雖未成大功已挫動魏人心膽今養兵日久不戰則懶懶則致病其語甚壯如先主髀肉復生之嘆況今軍思效死將思用命臣如不勝當受死罪數語又抵得一篇出師表後主覽表猶豫未決譙周出班奏曰臣夜觀天文見西蜀分野將星暗而不明譙周好言天文又為後文伏筆今大將軍又欲出師此行甚是不利陛下可降詔止之後主曰且看此行若何果然有失却當阻之譙周再三諫勸不從乃

歸家嘆息不已。遂推病不出。却說姜維臨興兵。乃問廖化曰。吾今出師。誓欲恢復中原。當先取何處。化曰。連年征伐。軍民不寧。兼魏有鄧艾。足智多謀。非等閒之輩。將軍強欲行強爲之事。此化所以不敢專也。廖化前番欲戰。此番不欲戰。亦與張翼之見合矣。維勃然大怒曰。昔丞相六出祁山。亦爲國也。吾今八次伐魏。豈爲一已之私哉。今當先取洮陽。如有逆吾者必斬。遂留廖化守漢中。自同諸將提兵三十萬。逕取洮陽而來。此是八伐中原。早有川口人報入祁山寨中。時鄧艾正與司馬望談兵。聞知此信。遂令人哨探。回報蜀兵盡從洮陽而出司馬望曰姜維多計莫非虛取洮陽而實來取祁山乎鄧艾曰今姜維實由洮陽也望曰公何以知之艾曰向者姜維累出吾有糧之地今洮陽無糧維必料吾只守祁山不守洮陽故逕取洮陽如得此城屯糧積草結連羌人以圖久計耳（姜維欲取洮陽之意姜維不曾說明却在鄧艾口中說出妙）望曰若此如之奈何艾曰可盡徹此處之兵分爲兩路去救洮陽離洮陽二十五里有侯河小城乃洮陽咽喉之路公引一軍伏於洮陽偃旗息鼓大開四門如此此如此此而行我却引一軍伏侯河必獲大勝也（此番又爲鄧艾所算與取）

上邽時一樣局面籌畫已定各各依計而行只留偏將師纂守祁山寨
却說姜維令夏侯霸爲前部先引一軍逕取洮陽霸提兵前進
將近洮陽望見城上並無一桿旌旗四門大開霸心下疑惑未
敢入城回顧諸將曰莫非詐乎諸將曰眼見得是空城只有些
小百姓聽知大將軍兵到盡棄城而走了霸未信自縱馬於城
南視之只見城後老小無數皆望西北而逃霸大喜曰果空城
也夏侯霸多謀此番却在鄧艾之下遂當先殺入餘衆隨後而進方到瓮城邊
忽然一聲砲響城上鼓角齊鳴旌旗遍竪拽起吊橋霸大驚曰

誤中計矣慌欲退時城上矢石如雨可憐夏侯霸同五百軍皆死於城下如曹仁在南郡射周郎府後人有詩嘆曰

大膽姜維妙筭長　誰知鄧艾暗隄防
可憐投漢夏侯霸　頃刻城邊箭下亡

司馬望從城內殺出蜀兵大敗而逃隨後姜維引接應兵到殺退司馬望就傍城下寨維聞夏侯霸射死嗟傷不已是夜二更鄧艾自侯河城內暗引一軍潛地殺入蜀寨蜀兵大亂姜維禁止不住城上鼓角喧天司馬望引兵殺出兩下夾攻蜀兵大敗

維左衝右突死戰得脫退二十餘里下寨（姜維又輸一籌）蜀兵兩番敗走之後心中搖動維與衆將曰勝敗乃兵家之常今雖損兵折將不足爲憂成敗之事在此一舉汝等始終勿改如有言退者立斬（不但天意不可回人心亦未可以強矣）張翼進言曰魏兵皆在此處祁山必然空虛將軍整兵與鄧艾交鋒攻打洮陽侯河某引一軍取祁山取了祁山九寨便驅兵向長安此爲上計（張翼之計亦自勝着惜又爲鄧艾猜破）維從之即令張翼引後軍逕取祁山維自引兵到侯河搦鄧艾交戰艾引軍出迎兩軍對圓二人交鋒數十餘合不分勝負

各收兵回寨次日姜維又引兵挑戰鄧艾按兵不出姜維令軍辱罵鄧艾尋思曰蜀人被吾大殺一陣全然不退連日反來搦戰必分兵去襲祁山寨也守寨將師纂兵少智寡必然敗矣吾當親往救之（張翼所算又在鄧艾算中）乃喚子鄧忠分付曰汝用心守把此處任他搦戰却勿輕出吾今夜引兵去祁山救應是夜二更姜維正在寨中設計忽聽得寨外喊聲震地鼓角喧天人報鄧艾引三千精兵夜戰諸將欲出維止之曰勿得妄動原來鄧艾引兵至蜀寨前哨探了一遍乘勢去救祁山（鄧艾之救祁山不用啣枚疾走却用鼓角）

喧天。借夜戰爲名。乘勢鄧忠自入城去了。姜維與諸將曰。鄧艾

而去。眞意料所不及。你猜着我。我猜、乃與傅僉

虛作夜戰之勢。必然去救祁山寨矣。着你。好看殺人。

分付曰。汝守此寨。勿輕與敵。囑畢。維自引三千兵來助張翼、兩

眞是對手。却說張翼正到祁山攻打守寨將師纂兵少支持不

敘法簡淨。

住。看看待破。忽然鄧艾兵至。衝殺了一陣。蜀兵大敗。把張翼隔

在山後。絶了歸路。正慌急之間。忽聽的喊聲大震。鼓角喧天。只

見魏兵紛紛倒退。左右報曰。大將軍姜伯約殺到。伯約之來。又

在張翼一邊

寫得

翼乘勢驅兵相應。兩下夾攻。鄧艾折了一陣。急退上祁山

突

寨不出姜維令兵四面攻圍話分兩頭却說後主在成都聽信宦官黃皓之言又溺于酒色不理朝政阿斗如此不長進時有子龍錯抱了他也大臣劉琰妻胡氏極有顏色因入宮朝見皇后后留在宮中一月方出此時宮中府中大覺一體了琰疑其妻與後主私通命婦留宮一月原無此體但後主尚道方盛此道恐未暇及此乃喚帳下軍士五百人列于前將妻綁縛令每軍以履撻其面數十幾死復甦與面何干想怒其冶容誨淫也後主聞之大怒令有司議劉琰罪有司議得卒非撻妻之人面非受刑之地命婦非入侍宮禁之人宮中亦非命婦遊翔之地君臣皆失也合當棄市遂斬劉琰自此命婦不

許入朝。然一時官僚以後主荒淫。多有疑怨者。于是賢人漸退。小人日進。親賢人。遠小人。前漢所以興隆也。親小人。遠賢人。後漢所以傾頹也。令人憶武侯之言。時有將軍閻宇身無寸功。只因阿附黃皓。遂得重爵。聞姜維統兵在祁山。乃說皓奏後主曰。姜維屢戰無功。可命閻宇代之。是欲以騎劫代樂毅也。後主從其言。遣使齎詔回姜維。維正在祁山攻打寨柵。忽一日三道詔至。宣維班師。何異岳飛金牌十二。維只得遵命。先令洮陽兵退。次後與張翼徐徐而退。鄧艾在寨中只聽得一夜鼓角喧天。不知何意。至平明。人報蜀兵盡退。止留空寨。與鄧艾救祁山時一樣方法。艾疑有詐，不敢追襲。姜維此番退兵，不獨維所不料，亦艾所不料也。姜維逕到漢中歇住人馬，自與使命入成都見後主。後主一連十日不朝，維心中疑惑。是日至東華門，遇見秘書郎郤正。維問曰：天子召維班師，公知其故否？正笑曰：大將軍何尚不知？黃皓欲使閻宇立功，奏聞朝廷，發詔取回將軍。今聞鄧艾善能用兵，因此寢其事矣。忽興忽寢，全憑一箇宦官做主，可發一笑。○早知如此，何如勿召姜維。維大怒曰：我必殺此宦豎。此將姜維欲效袁紹之殺十常侍，亦是快事。郤正止之曰：大將軍繼武侯之事，任大職重，豈可造次？倘若天子不容，反為不美矣。維謝曰：先生之言次日後主與黃皓在後園宴飲維引數人逕入早有人報知黃皓皓急避于湖山之側黃皓如此害怕原不比張讓趙忠之難除特天子不欲除之耳維至亭下拜了後主泣奏曰臣困鄧艾于祁山陛下連降三詔召臣回朝未審聖意為何後主默然不語維又奏曰黃皓奸巧專權乃靈帝時十常侍也直照應到第一卷可謂常山率然首尾相應陛下近則鑒于張讓遠則鑒于趙高又說一箇樣子與他看早殺此人朝廷自然清平中原方可恢復後主笑曰黃皓乃趨走小臣縱使專權亦無能為昔者董允每切齒恨皓朕甚怪之補前文所未及卿何必介意維叩頭奏曰

沓中在金城郡

陛下今日不殺黃皓禍不遠也後主曰愛之欲其生惡之欲其死卿何不容一宦官耶令近侍於湖山之側喚出黃皓至亭下命拜姜維伏罪和事天子黃皓哭拜維曰某早晚趨侍聖上而已並不干與國政將軍休聽外人之言欲殺某也某命係于將軍惟將軍憐之言罷叩頭流涕乞憐取姸是此輩故態其如姜維之不好男風何維忿忿而出即往見郤正備將此事告之正曰將軍禍不遠矣將軍若危國家隨滅不特爲伯約憂正爲國家憂維曰先生幸教我以保國安身之策正曰隴西有一去處名曰沓中此地極其肥壯將軍何不效武侯

屯田之事。又將屯田渭濱事一提照應一百二回中事。奏知天子，前去沓中屯田：一者得麥熟以助軍實；一是足兵。二者可以盡圖隴右諸郡；二是進取。三者魏人不敢正視漢中；三是禦敵。四者將軍在外，掌握兵權，人不能圖，可以避禍。四是自保。此乃保國安身之策也，宜早行之。三句是保國，一句是安身。維大喜，謝曰：「先生金玉之言也。」次日，姜維表奏後主，求沓中屯田，效武侯之事。後主從之。維遂還漢中，聚諸將曰：「某累出師，因糧不足，未能成功。今吾提兵八萬，往沓中種麥屯田，徐圖進取。汝等久戰勞苦，今且斂兵聚穀，退守漢中；魏兵千里運糧，經涉山嶺自然疲之疲之必退那時乘虛追襲無不勝矣（姜維意中口中只是以破魏爲事）遂令胡濟屯漢壽城王含守樂城蔣斌守漢城蔣舒傅僉同守關隘分撥已畢維自引兵八萬來沓中種麥以爲久計（以下接過蜀漢再敘魏國）却說鄧艾聞姜維在沓中屯田於路下四十餘營連絡不絕如長蛇之勢。連營亦與陣法一般。艾遂令細作相了地形畫成圖本具表申奏（先是一本畫圖）晉公司馬昭見之大怒曰姜維屢犯中原不能勦除是吾心腹之患也賈充曰姜維深得孔明傳授急難退之須得一智勇之將往刺殺之可免動兵之勞賈充是盜賊之計。從事中郎荀勗曰不然今蜀主劉禪溺于酒色信用黃皓大臣皆有避禍之心姜維在沓中屯田正避禍之計也若令大將伐之無有不勝何必用刺客乎方是堂堂正正之論。昭大笑曰此言最善吾欲伐蜀誰可為將荀勗曰鄧艾乃世之良材更得鍾會為副將大事成矣昭大喜曰此言正合吾意乃名鍾會入而問曰吾欲令汝為大將去伐東吳可乎將行刺跌出興師又將伐吳跌出伐蜀事曲而文亦曲。會曰主公之意本不欲伐吳實欲伐蜀也妙人。昭大笑曰子誠識吾心也但卿往伐蜀當用何策會曰某料主公欲伐蜀已畫圖現在此。又是一本畫圖。昭展開視之，圖中細載一路安營下寨屯糧積草之處，從何而進，從何而退，一一皆有法度。鄧艾止畫沓中之圖，鍾會又畫全蜀之圖，同一畫圖，又自各別。昭看了大喜曰：真良將也。卿與鄧艾合兵取蜀何如？會曰：蜀川道廣，非一路可進。當使鄧艾分兵各進可也。既以伐兵跌出伐蜀，又以合兵跌出分兵，曲折之甚。昭遂拜鍾會為征西將軍，假節鉞，都督關中人馬，調遣青徐兗豫荊楊等處；一面差人持節令鄧艾為征西將軍，都督關外隴上，使約期伐蜀。因遣新將，再封舊將，一新一舊，便有不相下之勢。次日，司馬昭於朝中計議此事，前將軍鄧敦曰：姜維屢犯中原我兵折傷甚多只今守禦尚自未保奈何深入山川危險之地自取禍亂耶昭怒曰吾欲與仁義之師伐無道之主汝安敢逆吾意叱武士推出斬之須臾呈鄧敦首級于階下衆皆失色弑君之後又必示威于臣伐國之前亦必示威于內奸雄作威往往如此昭曰吾自征東以來息歇六年治兵繕甲皆已完備欲伐吳蜀久矣今先定西蜀乘順流之勢水陸並進併吞東吳此滅虢取虞之道也方算伐蜀又算到伐吳自此至末卷方是一氣呵成吾料西蜀將士守成都者八九萬守邊境者不過四五萬姜維屯田者不過六七萬今吾已令鄧艾引關外隴右

之兵十餘萬絆住姜維於沓中使不得東顧遣鍾會引關中精兵二三十萬直抵駱谷三路以襲漢中此處本欲鄧艾絆住姜維鍾會潛入西川後文却是鍾會絆住姜維鄧艾潛入西川正妙在與後相反方見事之變化蜀主劉禪昏懦邊城外破士女內震其亡可必矣衆皆拜服却說鍾會受了鎮西將軍之印起兵伐蜀會恐機謀或洩却以伐吳爲名令青兗豫荆楊等五處各造大船又遣唐咨于登萊等州傍海之處拘集海船鍾會佯作伐吳即劉禪諱言伐蜀之意司馬昭不知其意遂召鍾會問之曰子從旱路收川何用造船耶會曰蜀若聞我兵大進必求救于東吳也

故先布聲勢作伐吳之狀吳必不敢妄動一年之內蜀已破船已成而伐吳豈不順乎（亦從伐蜀先算到伐吳自此至末卷方是一氣呵成）昭大喜選日出師時魏景元四年秋七月初三日鍾會出師司馬昭送之於城外十里方回西曹掾邵悌密謂司馬昭曰今主公遣鍾會領十萬兵伐蜀愚料會志大心高不可使獨掌大權（早爲鍾會謀反伏線）昭笑曰吾豈不知之悌曰主公既知何不使人同領其職昭言無數語使邵悌疑心頓釋正是

　　方當士馬驅馳日

早識將軍跋扈心

未知其言若何且看下文分解

第一百十六回

鍾會分兵漢中道

武侯顯聖定軍山

此卷記魏取蜀之事也而司馬昭主其事則非魏之能取之而晉之取之也魏之滅尚在蜀滅之後然曹芳已廢而曹髦已弒雖奐之一息尚存而已全乎其爲晉也全乎其

爲晉則不得復以魏目之猶之起兵徐州乃備之討曹而非備之犯漢兵敗當陽乃魏之攻備而非漢之伐備也前乎此者魏之攻蜀有二一發于曹丕而五路之兵不戰而自解再發于曹叡而陳倉之兵遇雨而引歸是天之不欲以魏滅漢也明矣天不欲興漢而又不欲以魏滅漢於是滅之以滅魏之晉爲而漢之滅庶可以無憾云爾

鍾會將取蜀而佯作取吳之勢其謀是詐乃未取蜀而先爲取吳之地其謀仍是眞斯亦伏線之最奇者矣而猶未

也邵悌於會之未行而預知其必勝預知其必叛則更奇司馬昭於會之未勝而預知其勝後之必叛又知其叛之必無成則尤奇以數卷之線於一卷伏之天然有此一氣呼應之文近之作稗官者雖欲執筆而效焉豈可得耶黄巾以妖邪惑衆此第一卷中之事也而師婆之妄托神言似之張讓隱匿黄巾之亂以欺靈帝亦第一卷中之事也而黄皓隱匿姜維之表又似之前有男妖後有女妖而女甚於男前有十常侍後有一常侍而一可當十文之有

章法者首必應尾尾必應首讀三國至此此篇是一部大書前後大關合處

以死諸葛走生仲達而武侯不死以死諸葛嚇生鍾會而武侯又不死然武侯能顯聖以諭魏將而不顯聖以教後主能顯聖以護百姓而不顯聖以助姜維則何也曰此天之不可強也曰非然者武侯之前關公亦嘗顯聖矣關公能顯聖以追呂蒙豈不能顯聖以追陸遜能顯聖以解戰車之圍豈不能顯聖以救猇亭之敗哉

鄧艾未入川時先得一夢鍾會於定軍山前亦得一夢入但知艾與會之夢爲夢而不知艾之以夢告卜者亦夢也會之祭武侯與武侯之托夢于會亦夢也不獨兩人之事業已成夢即三分之割據皆成夢先主孫權曹操皆夢中之人西蜀東吳北魏盡夢中之境誰是誰非誰強誰弱盡夢中之事讀三國者讀此卷述夢之文凡三國以前三國以後總當作如是觀

却說司馬昭謂西曹掾邵悌曰朝臣皆言蜀未可伐是其心怯

瓘音貫 闓音愷

若使強戰必敗之道也此不遣他人同往之意今鍾會獨建伐蜀之策是其心不怯心不怯則破蜀必矣蜀既破則蜀人心膽已裂敗軍之將不可以言勇亡國之大夫不可以圖存會即有異志蜀人安能助之乎早爲姜維助會不成伏線至若魏人得勝思歸必不從會而反叓不足慮耳又爲魏將不從鍾會伏線此言乃吾與汝知之切不可泄漏邵悌拜服却說鍾會下寨已畢升帳大集諸將聽令時有監軍衛瓘護軍胡烈大將田續龐會田章爰彭丘健夏侯咸王買皇甫闓句安等八十餘員會曰必須一大將爲先鋒逢山開路遇水

疊橋誰敢當之一人應聲曰某願往會視之乃虎將許褚之子許儀也。虎痴之勇已隔數十卷於此一提。衆皆曰非此人不可爲先鋒會喚許儀曰汝乃虎體猿班之將父子有名今衆將亦皆保汝汝可掛先鋒印領五千馬軍一千步軍逕取漢中兵分三路汝領中路出斜谷。武侯嘗從此此處去。鍾會卻從此處來。與前文相映。左軍出駱谷。姜維嘗從此處去。鍾會卻從此處來。與前文相映。右軍出子午谷。魏延欲從此處去。鍾會卻從此處來。與前文相映。此皆崎嶇山險之地當令軍填平道路修理橋梁鑿山破石勿使阻礙如違必按軍法。數語極似常套。卻爲後文伏筆。許儀受命領兵而進鍾會隨後提十萬餘衆星夜起程却說鄧艾在隴西旣受伐蜀之詔一面令司馬望往遏羌人又遣雍州刺史諸葛緒天水太守王頎隴西太守牽弘金城太守楊欣各調本部兵前來聽令先寫鍾會一番調度便接寫鄧艾一番調度各自聲勢比及軍馬雲集鄧艾夜作一夢夢見登高山望漢中忽於脚下迸出一泉水勢上湧須臾驚覺一塲大事却先述一夢起渾身汗流遂坐而待旦乃名護衛部緩問之緩素明周易艾備言其夢緩荅曰易云山上有水曰蹇蹇卦者利西南不利東北孔子云蹇利西南往有功也不利東北其道窮也不是圓夢却是起課不消更卜

夢卽是卜。將軍此行必然克蜀但可惜蹇滯不能還。早爲鄧艾被殺伏案。艾聞言愀然不樂。忽鍾會檄文至約艾起兵於漢中取齊艾遂遣雍州刺史諸葛緒引兵一萬五千先斷姜維歸路次遣天水太守王頎引兵一萬五千從左攻沓中隴西太守牽弘引一萬五千人從右攻沓中又遣金城太守楊欣引一萬五千人於甘松邀姜維之後。鍾會是三路鄧艾是四路各各不同。艾自引兵三萬往來接應却說鍾會出師之時有百官送出城外旌旗蔽日鎧甲凝霜人強馬壯威風凜然人皆稱羡惟有相國參軍劉寔微笑不語。邵悌知而言之劉寔知而不言。更有意思。太尉王祥見實冷笑。就馬上握其手而問曰。鍾鄧二人此去可平蜀乎。實曰。破蜀必矣。但恐皆不得還都耳。此處又總爲二人被殺伏線。王祥問其故。劉實但笑而不荅。是有意思人。祥遂不復問。却說魏兵既發。早有細作入沓中報知姜維。維即具表申奏後主。請降詔遣左車騎將軍張翼領兵守護陽平關。右車騎將軍廖化領兵守陰平橋。這二處最爲要緊。若失二處。漢中不保矣。鍾會三路。鄧艾四路。姜維却垂在二路。又各不同。一面當遣使入吳求救。正與鍾會之言相合。臣一而自起沓中之兵拒敵。連此亦是四路。時後主改景耀五年爲炎興元

年。插入此句。爲後二火初出語。伏筆。日與宦官黃皓在宮中遊樂忽接姜維之

表。即召黃皓問曰。今魏國遣鍾會鄧艾大起人馬分道而來如

之奈何。赤壁之戰。曾仗孔明東風之力今何不以黃皓之南風退之。皓奏曰此乃姜維欲立

功名故上此表。陛下寬心。勿生疑慮臣聞城中有一師婆供奉

一神。能知吉凶可召來問之。今日人家女子往往信此。後主從其言。於後殿

陳設香花紙燭享祭禮物。令黃皓用小車請入宮中坐於龍牀

之上。即此師婆。亦是蜀中之大奚異當與栢樹夜哭等同觀。後主焚香祝畢。師婆忽然披

髮跣足。就殿上跳躍數十遍盤旋於案上。活畫一師婆身分。皓曰。此神

讀書至此人人之心助劉之念懈

人降矣陛下可退左右親禱之後主盡退侍臣再拜祝之（卽天子拜師婆亦是朝中一大災異當與青蛇升御座同觀）師婆大叫曰吾乃西川土神也（卽師婆自稱土神亦是人中一大災異當與雌雞化為雄同觀）陛下欣樂太平何為求問他事數年之後魏國疆土亦歸陛下矣陛下切勿憂慮言訖昏倒于地半晌方甦（活畫一師婆身分）後主大喜重加賞賜自此深信師婆之說遂不聽姜維之言每日只在宮中飲宴歡樂（自李傕信師巫之後已隔百餘回忽又有其匹）姜維累申告急表文皆被黃皓隱匿因此悞了大事（與張讓隱匿黃巾消息前後一轍）却說鍾會大軍迤邐望漢中進發前軍先鋒許儀要

矣

立頭功先領兵至南鄭關儀謂部將曰過此關即漢中矣關上不多人馬我等便可奮力搶關衆將領命一齊并力向前原來守關蜀將盧遜早知魏兵將到先於關前木橋左右伏下軍士裝起武侯所遺十矢連弩又將武侯臨終之事一提與一百四回照應比及許儀兵來搶關時一聲梆子響處矢石如雨儀急退時早射倒數十騎魏兵大敗儀回報鍾會會自提帳下甲士百餘騎來看果然箭弩一齊射下會撥馬便回關上盧遜引五百軍殺下來會拍馬過橋橋上土塌陷住馬蹄爭些兒掀下馬來馬掙不起會棄馬

步行跑下橋時盧遜趕上一鎗刺來。讀者至此必謂鍾會死矣。却被魏兵中荀愷回身一箭射盧遜落馬。鍾會麾衆乘勢搶關。關上軍士因有蜀兵在關前。不敢放箭。被鍾會殺散。奪了山關。鍾會幾死復生。又奪山関。皆意外驚人之筆。即以荀愷爲護軍。以全副鞍馬鎧甲賜之。會喚許儀至帳下。責之曰。汝爲先鋒。理合逢山開路。遇水疊橋。專一修理橋梁道路。以便行軍。吾方纔到橋上。陷住馬蹄。幾乎墮橋。若非荀愷。吾已被殺矣。會之不死。寔有天幸。汝既違軍令。當按軍法。叱左右推出斬之。諸將告曰。其父許褚有功于朝廷。又將許褚前事一提。望都督恕之會怒曰軍法不明何以令衆遂令斬首示衆諸將無不駭然早爲後文諸將不從鍾會張本時蜀將王含守樂城蔣斌琬子守漢中見魏兵勢大不敢出戰只閉門自守鍾會下令曰兵貴神速不可少停魏兵利在遠戰蜀兵利在固守乃令前軍李輔圍樂城護軍荀愷圍漢城自引大兵取陽平關守關蜀將傅僉與副將蔣舒商議戰守之策舒曰魏兵甚衆勢不可當不如堅守爲上戰不如守其言是矣守不如降其理何居僉曰不然魏兵遠來必然疲困雖多不足懼我等若不下關戰時漢樂二城休矣蔣舒默然不荅不懷好意了忽報魏兵大隊已至關前蔣

傅二人至關上視之鍾會揚鞭大叫曰吾今統十萬之衆到此如早早出降各依品級陞用如執迷不降打破關隘玉石俱焚傅僉大怒令蔣舒把關自引三千兵殺下關來鍾會便走魏兵盡退僉乘勢追之魏兵復合僉欲退入關時關上已竪起魏家旗號（讀至此只道鍾會使人襲關耳孰知却是蔣舒可發一嘆）只見蔣舒叫曰吾已降了魏也僉大怒厲聲罵曰忘恩背義之賊有何面目見天下乎撥回馬復與魏兵接戰魏兵四面合來將傅僉圍在垓心僉左衝右突往來死戰不能得脫所領蜀兵十傷八九僉乃仰天嘆曰吾

生爲蜀臣死亦當爲蜀鬼如此之鬼鬼可不朽矣昔師婆乃復之說鬼話連鬼亦不是鬼也

拍馬衝殺身被數鎗血盈袍鎧坐下馬倒僉自刎而死蔣舒能無媿死

後人有詩嘆曰

一日抒忠憤　千秋仰義名
寧爲傅僉死　不作蔣舒生

鍾會得了陽平關關內所積粮草軍器極多大喜遂犒三軍是夜魏兵宿於陽安城中忽聞西南上喊聲大震鍾會慌忙出帳視之絕無動靜魏軍一夜不敢睡次夜三更西南上喊聲又起

讀者至此疑是姜維設下疑兵耳鍾會驚疑向曉使人探之回報曰遠哨十餘
里並無一人卻是作怪會驚疑不定乃自引數百騎俱全裝貫帶望
西南遶哨前至一山只見殺氣四面突起愁雲布合霧鎖山頭
讀者至此又疑是武侯所設八陣圖如魚復浦遺故事耳會勒住馬問鄉導官曰此何山也
荅曰此乃定軍山昔日夏侯淵歿於此處夏侯淵事已隔數十卷于此忽然照應
讀者至此又疑是夏侯淵陰魂作怪會聞之悵然不樂遂勒馬而回轉過山坡忽
然狂風大作背後數千騎突出隨風殺來讀者至此再猜不出會大驚引
衆縱馬而走諸將墜馬者不計其數及奔到陽安關時不曾折

一人一騎只跌損面目失了頭盔皆言曰但見陰雲中人馬殺來比及近身却不傷人只是一陣旋風而已師婆所言之神不過鬼混鍾會所見之鬼却是神奇會問降將蔣舒曰定軍山有神廟乎舒曰並無神廟惟有諸葛武侯之墓照應一百五回中事會驚曰此必武侯顯聖也定軍山顯聖與玉泉山顯聖前後遙遙相映吾當親往祭之次日鍾會備祭禮宰大牢自到武侯墳前再拜致祭祭畢狂風頓息愁雲四散忽然清風習習細雨紛紛一陣過後天色晴朗魏兵大喜皆拜謝回營是夜鍾會在帳中伏几而寢忽然一陣清風過處只見一人綸巾羽扇

身衣鶴氅素履皂縧面如冠玉唇若抹硃眉清目朗身長八尺飄飄然有神仙之槩（忽于鍾會夢中寫一諸葛孔明彷彿先主草廬初遇時）其人步入帳中會起身迎之曰公何人也其人曰今早重承見顧吾有片言相告雖漢祚已衰天命難違然兩川生靈橫罹兵革誠可憐憫汝入境之後萬勿妄殺生靈（朗朗數語迄今如聞其聲不似師婆鬼話）言訖拂袖而去會欲挽留之忽然驚醒乃是一夢會知是武侯之靈不勝驚異于是傳令前軍立一白旗上書保國安民四字所到之處如妄殺一人者償命（不是寫活鍾會正是寫死武侯）于是漢中人民盡皆出城拜

迎會一一撫慰秋毫無犯後人有詩讚曰

數萬陰兵遶定軍　致令鍾會拜靈神
生能決策扶劉氏　死尚遺言保蜀民

却說姜維在沓中聽知魏兵大至傳檄廖化張翼董厥提兵接應一面自分兵列將以待之忽報魏兵至維引兵出迎魏陣中爲首大將乃天水太守王頎也頎出馬大呼曰吾今大兵百萬上將千員分二十路而進已到成都汝不思早降猶欲抗拒何不知天命耶維大怒挺鎗縱馬直取王頎戰不三合頎大敗而

走姜維驅兵追殺至二十里只聽得金鼓齊鳴一枝兵擺開旗上大書隴西太守牽弘字㨾維笑曰此等鼠輩非吾敵手遂催兵追之又趕到十里却遇鄧艾領兵殺到兩軍混戰維抖擻精神與艾戰十有餘合不分勝負後面鑼鼓又鳴維急退時後軍報說甘松諸寨盡被金城太守楊欣燒毀了（兩路太守寔敍一路太守虛敍筆法變換）維大驚急令副將虛立旗號與鄧艾相拒維自撤後軍星夜來救甘松正遇楊欣欣不敢交戰望山路而走維隨後趕來將至山巖下巖上木石如雨維不能前進比及回到半路蜀兵已

被鄧艾殺敗魏兵大隊而來將姜維圍住維引衆騎殺出重圍奔入大寨堅守以待救兵忽流星馬到報說鍾會打破陽安關守將蔣舒歸降傅僉戰死漢中已屬魏矣（此事已寔敘在前於此再虛敘一遍）樂城守將王含漢城守將蔣斌知漢中已失亦開門而降（二人之降在前未曾寔敘特於此處虛敘出來妙）胡濟抵敵不住逃回成都求援去了（此事在前未曾寔敘特于此處補敘出來妙）維大驚即傳令拔寨是夜兵至彊川口前面一軍擺開爲首魏將乃是金城太守楊欣維大怒縱馬交鋒只一合楊欣敗走維撚弓射之連射三箭皆不中維轉怒自折其弓

挺鎗趕來戰馬前失將維跌在地上楊欣撥回馬來殺姜維讀至
此必謂姜維躍起身一鎗刺去正中楊欣馬腦又是絕
維死矣處逢生背後魏
兵驟至救欣去了維騎上從馬欲待追時忽報後面鄧艾兵到
維首尾不能相顧遂收兵要奪漢中哨馬報說雍州刺史諸葛
緒已斷了歸路諸葛緒之兵亦用虛敘維乃據山險下寨魏兵屯於陰平
橋頭維進退無路長嘆曰天喪我也副將寗隨曰魏兵雖斷陰
平橋雍州必然兵少將軍若從孔函谷逕取雍州諸葛緒必撤
陰平之兵救雍州將軍却引兵奔劍閣守之則漢中可復矣從取

劍閣反先取雍州其計亦曲。維從之，即發兵入孔函谷，詐取雍州。細作報知諸葛緒，緒大驚曰：雍州是吾合兵之地，倘有疎失，朝廷必然問罪。急撤大兵從南路去救雍州，只留一枝兵守橋頭。姜維入北道，約行三十里，料知魏兵起行，乃勒回兵，後隊作前隊，逕到橋頭。果然魏兵大隊已去，只有些小兵把橋，被維一陣殺散，盡燒其寨柵。諸葛緒聽知橋頭火起，復引兵回，姜維兵已過半日了，因此不敢追趕。絶處逢生。却說姜維引兵過了橋頭，正行之間，前面一軍來到，乃左將軍張翼、右將軍廖化也。維問之，翼曰：黃皓聽信師巫之言，不肯發兵。翼聞漢中已危，自起兵來。時陽平關已被鍾會所取，今聞將軍受困，特來接應。遂合兵一處。化曰：今四面受敵，粮道不通，不如退守劍閣，再作良圖。與寧隨之意相合。維疑慮未決，忽報鍾會、鄧艾分兵十餘路殺來。維欲與翼、化分兵迎之。化曰：白水地狹路多，非爭戰之所，不如且退去救劍閣可也。若劍閣一失，是絕路矣。維從之，遂引兵來投劍閣。將近關前，忽然鼓角齊鳴，喊聲大起，旌旗遍竪，一枝軍把住關口。故作驚人之筆，令讀者着急。正是

漢中險峻已無有　劍閣風波又忽生

未知何處之兵且看下文分解

四大奇書第一種卷五十九

茂苑毛宗崗序始氏評　吳門杭永年資能氏評定

龔記

第一百十七回

鄧士載偷度陰平

諸葛瞻戰死綿竹

有入險而能出者先生檀溪之躍後主當陽之奪孫權逍遥津之逃曹操濮陽之敗潼關之奔華容道之釋司馬懿上方谷之走皆是也然此特事之險而非地之險也又特

難之以險艱而非功之以險成也若夫造最險之謀而經最險之地犯最險之忌而成最險之功則未有如鄧艾之貫索於懸崖裹氈於峭壁持斧挾鑿以行七百里無人之境者也人郎好幽幽不至此支郎好奇奇不至此不謂讀三國者讀至終篇有此驚見駭聞之樂

南鄭橋邊之鍾會猶鐵籠山中之司馬昭也鄧艾幾死而不死會亦幾死而不死皆天意也偷渡陰平嶺之鄧艾猶欲出子午谷之魏延也武侯以延之計為危而延不得自行

其危鍾會以艾之計爲危而艾竟得自行其危亦皆天意也天意所在有非人力之所得而強耳

武侯顯聖以告鍾會而不顯聖以告鄧艾不見武侯之神也然旣顯聖於定軍山又必顯聖於陰平嶺則武侯之靈毋乃太勞乎今有不必顯聖而同於顯聖者定軍有墓武侯如在焉陰平有寨武侯亦如在焉風中隱隱有人不若石上明明有字山前一夢能保蜀人之生又不若嶺上一碣能决魏將之死愈出愈奇豈非曠古奇觀

蜀之求援甚急而吳之來援甚遲者以此咎吳而以此咎吳也何也孫休之不能援劉禪猶張魯之不能援劉璋也以漢中救成都則近以江東救緜竹則遠近且莫救遠何望乎且人事已非天命已去即使丁奉倍道而來若馬超之攻葭萌而蜀中之有黃皓甚於隴中之有楊松內亂既深雖有外助必無濟矣故君子不爲吳咎而但爲蜀咎

諸葛瞻父子受命於大事既去之後而能以一死報社稷

君子曰武侯於是乎不死矣蓋戰死綿竹之忠亦秋風五丈原之忠也使當日甘心降魏以圖苟全則於鞠躬盡瘁死而後已之家訓不其有愧乎故瞻尚生則武侯死瞻尚亡則武侯存

却說輔國大將董厥聞魏兵十餘路入境乃引二萬兵守住劍閣當日望塵頭大起疑是魏兵急引軍把住關口董厥自臨軍前視之乃姜維廖化張翼也（姜維絕處逢生却在董厥一邊敘出筆法變換）厥大喜接入關上禮畢哭訴後主黃皓之事維曰公勿憂慮若有維在必

不容魏來吞蜀也且守劍閣徐圖退敵之計廞曰此關雖然可守爭柰成都無人倘爲敵人所襲大勢瓦解矣（預爲後主出降伏線）維曰成都山險地峻非可易取不必憂也正言間忽報諸葛緒領兵殺至關下維大怒急引五千兵殺下關來直撞入魏陣中左衝右突殺得諸葛緒大敗而走退數十里下寨魏軍死者無數蜀兵搶了許多馬匹器械維收兵回關（此是燈欲滅而復明）却說鍾會離劍閣二十里下寨諸葛緒自來伏罪會怒曰吾令汝守把陰平橋頭以斷姜維歸路如何失了今又不得一告令擅自進兵以致此

敗緒曰維詭計多端詐取雍州緒恐雍州有失引兵去救維乘機走脫緒因趕至關下不想又爲所賺會大怒叱令斬之監軍衛瓘曰緒雖有罪乃鄧征西所督之人不爭將軍殺之恐傷和氣會曰吾奉天子明詔晉公鈞命特來伐蜀便是鄧艾有罪亦當斬之（會與艾不睦自此始）衆皆力勸會乃將諸葛緒用檻車載赴洛陽任晉公發落隨將緒所領之兵收在部下調遣（全不顧鄧艾體面爲鄧艾者寔難堪此）有人報與鄧艾艾大怒曰吾與汝官品一般吾久鎮邊疆於國多勞汝安敢妄自尊大耶（此時尚不是爭功不過是爭體面爭意氣耳○想卬吃人發怒

此時正不知稱多少艾艾矣。子鄧忠勸曰小不忍則亂大謀父親若與他不睦必誤國家大事望且容忍之艾從其言然畢竟心中懷怒以諸葛緒送鄧艾而送晉公。一可怒也不交還其軍。二可怒也言欲殺鄧艾。三可怒也該怒。乃引十數騎來見鍾會會聞艾至便問左右艾引多少軍來左右荅曰只有十數騎會乃令帳上帳下列武士數百人艾下馬入見會接入帳禮畢艾見軍容甚肅心中不安乃以言挑之曰將軍得了漢中乃朝廷之大幸也可定策早取劍關並不提起諸葛緒亦甚見機。會曰將軍明見若何艾再三推稱無能期期不吐是口吃模樣。會固問之艾荅曰以愚意度之可引一軍從陰平小路出漢中德陽亭用奇兵逕取成都姜維必撤兵來救將軍乘虛就取劍關可獲全功（鄧艾此計原是行險徼倖）會大喜曰將軍此計甚妙可即引兵去吾在此專候捷音（一片奸詐）二人飲酒相別會回本帳與諸將曰人皆謂鄧艾有能今日觀之乃庸材耳（方知適纔大喜荅應都是假話）衆問其故會曰陰平小路皆高山峻嶺若蜀以百餘人守其險要斷其歸路則鄧艾之兵皆餓死矣吾只以正道而行何愁蜀地不破乎遂置雲梯砲架只打劍門關却說鄧艾出轅門上馬回顧從者曰鍾會待吾若何從

者曰觀其辭色甚不以將軍之言為然但以口強應而已。在從人口中寫一鍾會。艾笑曰彼料我不能取成都我偏欲取之回到本寨師纂鄧忠一班將士接問曰今日與鍾鎮西有何高論艾曰吾以實心告彼彼以庸才視我彼今得漢中以為莫大之功若非吾在沓中絆住姜維彼安能成功耶若非鍾會在劍閣絆住姜維艾亦安能成功。吾今若取了成都勝取漢中矣當夜下令盡拔寨望陰平小路進兵離劍閣七百里下寨有人報鍾會說鄧艾要去取成都了會笑艾不智○○○。有此一笑。乃見下文之奇出於意外。却說鄧艾一面修密書遣使馳報司馬昭一面聚諸將於帳下，問曰：「吾今乘虛去取成都，與汝等立功名於不朽，汝等肯從乎？」諸將應曰：「願遵軍令，萬死不辭。」艾乃先令子鄧忠引五千精兵，不穿衣甲，各執斧鑿器具，凡遇峻危之處，鑿山開路，搭造橋閣，以便軍行。（竟似一班匠人，不是軍士。）艾選兵三萬，各帶乾糧繩索進發。約行百餘里，選下三千兵，就彼劄寨；又行百餘里，又選三千兵下寨。是年十月自陰平進兵，至於巔崖峻谷之中，凡二十餘日，行七百餘里，皆是無人之地。（謝靈運鑿山是高興，鄧士載鑿山是大題。）魏兵沿途下了數寨，只剩下二千人馬。前至一嶺，名摩

江油渡縣名今屬保寧府

天嶺馬不堪行艾步行上嶺正見鄧忠與開路壯士盡皆哭泣鍾會笑而鄧忠哭一哭一笑正是相對艾問其故忠告曰此嶺西皆是峻壁巔崖不能開鑿虛廢前勞因此哭泣不能爲靈感持炬之人將爲阮籍窮途之哭矣艾曰吾軍到此已行了七百餘里過此便是江油豈可復退乃喚諸軍曰不入虎穴焉得虎子吾與汝等來到此地若得成功富貴共之欲求生富貴須下死工夫衆皆應曰願從將軍之命艾令先將軍器攛將下去艾取氊自裹其身先滾下去副將有氊衫者裹身滾下無氊衫者各用繩索束腰攀木掛樹魚貫而進行險徼倖鄧艾鄧忠并

二千軍及開山壯士皆度了摩天嶺鳳兮鳳兮以摩天之翅飛過摩天之嶺矣方纔整頓衣甲器械而行忽見道傍有一石碣上刻丞相諸葛武侯題其文云二火初興有人越此二士爭衡不久自死二火者炎字也二火初興乃炎興元年也二士者鄧士載與鍾士季也不久自死者二人爭功而皆被殺也武侯之神至于如此則此處亦可謂之武侯再顯聖也矣艾觀訖大驚慌忙對碣再拜曰武侯真神人也艾不能以師事之惜哉後人有詩曰

陰平峻嶺與天齊　玄鶴徘徊尚怯飛

鄧艾裹氈從此下　誰知諸葛有先幾

却說鄧艾暗度陰平引兵行時又見一箇大空寨左右告曰聞武侯在日曾撥一千兵守此險隘今蜀主劉禪廢之（補敘前事又與武侯臨終之語相應）艾嗟呀不已乃謂衆人曰吾等有來路而無歸路矣前江油城中糧食足備汝等前進可活後退即死須併力攻之（置之死地而後生置之亡地而後存即韓信背水陣之意）衆皆應曰願死戰於是鄧艾步行引二千餘人星夜倍道來搶江油城却說江油守將馬邈聞東川已失雖爲准備只是隄防大路又仗着姜維全師守住劍門關遂將軍情不以爲重當日操練人馬回家與妻李氏擁爐飲酒

飲醇酒近婦人何其樂也其妻問曰屢聞邊情甚急將軍全無憂色何也邈曰大事自有姜伯約掌握干我甚事馬邈與後主正是一對有是君必有是臣其妻曰雖然如此將軍所守城池不爲不重邈曰天子聽信黃皓溺于酒色吾料禍不遠矣魏兵若到降之爲上何必慮哉立定主意其妻大怒唾邈面曰汝爲男子先懷不忠不義之心枉受國家爵祿吾有何面目與汝相見耶馬邈與李氏都不是一對有是夫不意有是妻馬邈羞慚無語忽家人慌入報曰魏將鄧艾不知從何而來引二千餘人一擁而入城矣陳後主正在宮中飲酒賦詩而韓擒虎已到馬邈之事將毋同邈大驚慌出納

降拜伏于公堂之下，泣告曰：「某有心歸降久矣。今願招城中居民及本部人馬盡降將軍。」（此等老主意，已在擁爐時筴定。）艾准其降，遂收江油軍馬於部下調遣，（一向都是步卒，此處方纔有馬。）即用馬邈爲鄉導官。忽報馬邈夫人自縊身死。（夏侯之女但知有夫婦，馬邈之妻獨知有君臣，其節義更勝夏侯女矣。）艾問其故，邈以實告。艾感其賢，令厚禮葬之，親往致祭。魏人聞者，無不嗟嘆。後人有詩讚曰：

後主昏迷漢祚顛，天差鄧艾取西川。
可憐巴蜀多名將，不及江油李氏賢。

鄧艾取了江油，遂接陰平小路諸軍，皆到江油取齊，徑來攻涪城。部將田續曰：「我軍涉險而來，甚是勞頓，且當休養數日，然後進兵。」艾大怒曰：「兵貴神速，汝敢亂我軍心耶！」喝令左右推出斬之。衆將苦告方免。（爲後文田續殺艾伏線。）艾自驅兵至涪城。城內官吏軍民疑從天降，盡皆出降。蜀人飛報入成都。後主聞知，慌召黃皓問之。皓奏曰：「此詐傳耳，神人必不肯誤陛下也。」（鄧艾如從天降，疑有神人助之。若後主則非神人之所能助矣。）後主又宣師婆問時，却不知何處去了。（土神逃走了。）此時遠近告急表文，一似雪片往來，使者聯絡不絕。（此時何不治黃皓隱

臣之後主設朝計議多官面面相覷並無一言卻正出班奏曰

罪。

事已急矣陛下可宣武侯之子商議退兵之策先主無兒。原來武侯有子。

武侯之子諸葛瞻字思遠其母黃氏卽黃承彥之女也母貌甚陋而有奇才。黃帝之有嫫母。齊王之有無鹽。得此而三。上通天文下察地理凡韜畧遁甲諸書無所不曉。武侯是天上神仙。夫人亦是天上神仙。皆不從人間來者武侯在南陽時聞其賢求以爲室武侯之學夫人多所贊助焉天下奇人必有奇配。然武侯之名彰而夫人之名不甚著者。蓋無成而有終。坤道也。婦道也。及武侯死後夫人尋逝臨終遺教惟以忠孝勉其子瞻。武侯夫人事。直至篇終補出。敘事妙品。瞻自幼聰敏尚後主女爲駙馬都尉。後主有佳兒亦有佳壻。後襲父武鄉侯之爵景耀四年遷行軍護衛將軍時爲黃皓用事故托病不出。諸葛瞻往事却于此處補出敘事妙品。當下後主從郤正之言卽時連發三詔召瞻至殿下。三節與三顧前後相映。後主泣訴曰鄧艾兵巳屯涪城成都危矣卿看先君之面救朕之命。朕字兩頭着救命二字與獻帝一般很佷。瞻亦泣奏曰臣父子蒙先帝厚恩陛下殊遇雖肝腦塗地不能補報願陛下盡發成都之兵與臣領去決一死戰。此數語亦抵得乃翁前後出師表。後主卽撥成都兵將七萬與瞻瞻辭了後主整頓軍馬聚集諸將問曰誰敢爲先鋒言未訖一少年將出曰父親既掌大權兒願爲先鋒衆視之乃瞻長子諸葛尚也尚時年一十九歲博覽兵書多習武藝（先主有孫武侯亦有孫）瞻大喜遂命尚爲先鋒是日大軍離了成都來迎魏兵

却說鄧艾得馬邈獻地理圖一本備寫涪城至成都一百六十里山川道路開狹險峻一一分明（又是一個張松令人回想前事爲之一嘆）艾看畢大驚曰若只守涪城倘被蜀人據住前山何能成功耶如遷延日久姜維兵到我軍危矣（鍾會之笑艾正爲此耳）速喚師纂并子鄧忠分付曰汝等可引一軍星夜逕去綿竹以拒蜀兵吾隨後便至切

不可怠緩。若縱他先據了險要。決斬汝首。師鄧二人引兵將至
綿竹。早遇蜀兵。兩軍各布成陣。師鄧二人勒馬於門旗下。只見
蜀兵列成八陣。三鼕鼓罷。門旗兩分。數十員將。簇擁一輛四輪
車。車上端坐一人。綸巾羽扇。鶴氅方裾。車傍展開一面黃旗。上
書漢丞相諸葛武侯。讀至此。文令人疑是武侯顯聖。諕得師鄧二人汗流遍身。
回顧軍士曰。原來孔明尚在。我等休矣。驚人之筆。出於意外。急勒兵回時。
蜀兵掩殺將來。魏兵大敗而走。蜀兵掩殺二十餘里。遇見鄧艾
援兵接應。兩家各自收兵。艾升帳而坐。與師纂鄧忠責之曰。汝

二人不戰而退何也忠曰但見蜀陣中諸葛孔明領兵困其脊還艾怒曰縱使孔明更生我何懼哉（已來到這里不得不說硬話）汝等輕退以至於敗宜速斬以正軍法衆皆苦勸艾方息怒令人哨探回說孔明之子諸葛瞻爲大將瞻之子諸葛尚爲先鋒車上坐者乃木刻孔明遺像也（至此方纔敘明又可謂死諸葛走生鄧忠矣）艾聞之謂師纂鄧忠曰成敗之機在此一舉汝二人再不取勝必當斬首師纂鄧二人又引一萬兵來戰諸葛尚匹馬單鎗抖擻精神戰退二人諸葛瞻指揮兩掖兵衝出直撞入魏陣中左衝右突往來殺有數

十番魏兵大敗死者不計其數師纂鄧忠中傷而逃瞻驟上馬隨後掩殺二十餘里劄營相拒第一番勝是武侯餘威第二番勝是瞻尚本事前是寫武侯此是寫瞻尚師纂鄧忠回見鄧艾艾見二人俱傷未便加責乃與衆將商議曰蜀有諸葛瞻善繼父志兩番殺吾萬餘人馬又在鄧艾口中寫一諸葛瞻今若不速破後必爲禍監軍丘本曰何不作一書以誘之艾從其言遂作書一封遣使送入蜀寨守門將引至帳下呈上其書瞻折封視之書曰

征西將軍鄧艾致書于行軍護衛將軍諸葛思遠麾下切觀

近代賢才未有如公之尊父也昔自出茅廬一言已分三國掃平荊益遂成霸業古今鮮有及者後六出祁山非其智力不足乃天數耳今後主昏弱王氣已終艾奉天子之命以重兵伐蜀已皆得其地矣成都危在旦夕公何不應天順人仗義來歸艾當表公爲瑯琊王以光耀祖宗決不虛言幸存照鑒

瞻看畢勃然大怒扯碎其書叱武士立斬來使令從者持首級回魏營見鄧艾（又極寫一諸葛瞻）艾大怒即欲出戰丘本諫曰將軍不

可輕出當用奇兵勝之艾從其言遂令天水太守王頎隴西太守牽弘伏兩軍於後艾自引兵而來此時諸葛瞻正欲搦戰忽報鄧艾自引兵到瞻大怒即引兵出逕殺入魏陣中鄧艾敗走瞻隨後掩殺將來忽然兩下伏兵殺出蜀兵大敗退入綿竹〔連寫諸葛瞻戰勝則鄧艾爲無用矣此處却按下諸葛瞻再寫鄧艾〕艾令圍之於是魏兵一齊吶喊將綿竹圍的鐵桶相似諸葛瞻在城中見事勢已迫乃令彭和賫書殺出往東吳求救〔連寫蜀中厮殺則東吳一邊冷落矣此處却按下綿竹再寫東吳〕和至東吳見了吳主孫休呈上告急之書吳王看罷與羣臣計議曰

既蜀中危急孤豈可坐視不救即令老將丁奉爲主帥丁封孫異爲副將率兵五萬前往救蜀丁奉領旨出師分撥丁封孫異引兵二萬向沔中而進自率兵三萬向壽春而進分兵三路來援

編日於此書吳人來援書人微之也書來援緩詞也是時漢有倒懸之急吳之救之當如救焚拯溺猶恐弗及乃僅命丁奉等向壽春沔中而已是果何益於事哉雖然吳人爲義不力行將自及悲夫

卻說諸葛瞻見救兵不至謂衆將曰久守非良圖遂留子尚與尚書張遵守城瞻自披掛上馬引三軍大開三門殺出鄧艾見兵出便撤兵退瞻奮力追殺忽然一聲砲響四面兵合把瞻困在垓心瞻引兵左衝右

突殺死數百人。再極寫諸葛瞻一句。艾令衆軍放箭射之。蜀兵四散。瞻中箭落馬。乃大呼曰。吾力竭矣。當以一死報國。遂拔劒自刎而死。此寫瞻之死忠。其子諸葛尚在城上。見父死於軍中。勃然大怒。遂披掛上馬。張遵諫曰。小將軍勿得輕出。尚歎曰。吾父子祖孫荷國厚恩。今父旣死於敵。我何用生爲。遂策馬殺出。死於陣中。此寫尚之死孝。後人有詩讚瞻尚父子曰。

不是忠臣獨少謀。蒼天有意絕炎劉。
當年諸葛留嘉胤。節義眞堪繼武侯。

鄧艾憐其忠，將父子合葬。乘虛攻打綿竹，張遵、黃崇、李球三人各引一軍殺出。蜀兵寡，魏兵衆，三人亦皆戰死。傅僉可以愧蔣舒，三人又可以愧馬邈。艾因此得了綿竹，勞軍已畢，遂來取成都。正是：

試觀後主臨危日，無異劉璋受偪時。

未知成都如何守禦，且看下文分解。

第一百十八回

哭祖廟一王死孝

入西川二士爭功

武侯有子又有孫而武侯不死先主雖無子有孫可以當于而先主亦不死使蜀之後主而以北地王爲之則是可吞魏可滅而漢亦安得遂亡哉雖然綿竹之戰臣死于君識武侯之家教成都之失子死於父見昭烈之遺風漢雖亡凜凜有生氣矣

西漢亡於孺子嬰東漢亡於獻帝皆奄奄不振矣獨至後漢之亡而劉禪雖懦幸有北地王之能死爲漢朝生色西漢亡而有王皇后之罵王莽東漢亡而有曹皇后之罵曹

丕然兩后皆未能死死則猶未見其烈矣獨至後漢之亡而北地王能死又有夫人崔氏之能死尤足爲漢朝生色

三國人才之盛不獨於男子中見之又於婦人中見之然男子有才不必其皆節而婦人無節即謂之不才故論才於男子才與節分論才與婦人必才與節合是婦人之才視男子之才而更難也惟其最難而能盛此三國有足述焉魏之才婦有五姜敘之母趙昂之妻荀敞之姊夏侯令之女王經之母是也吳之才婦有三孫策之母孫翊之妻

孫權之婦是也漢之才婦有五先主之夫人糜氏北地王之夫人崔氏武侯之夫人黃氏及徐庶之母馬邈之妻是也至於權變如貂蟬聰慧如蔡琰又其下者耳

武侯初死有楊儀魏延互相上表一叚文字成都初亡又有鍾會鄧艾互相上表一叚文字遙遙相對然鄧艾之表未嘗訐奏鍾會則鄧艾與魏延異矣魏延之表未嘗爲楊儀所更易則鍾會與楊儀異矣且一在班師之日一在克敵之初其勢既殊其事亦別令人耳目一新

鍾會之將叛司馬昭之所料也鄧艾之將叛則司馬昭之所未料也於其所未料者而變生於意外安得不於其所既料者防患於意中故使會制艾而即自將以防會防會而又恐會知之於是諱之秘之即心腹如賈充者而亦不以其意告之昭之奸雄誠不亞於曹操矣會欲伐蜀而佯作伐吳之勢昭欲收會而亦佯托收艾之名治其人而即用其法出乎爾者反乎爾其鍾士季之謂與

却說後主在成都聞鄧艾取了綿竹諸葛瞻父子已亡大驚急

名文武商議近臣奏曰城外百姓扶老携幼哭聲大震各逃生命後主驚惶無措忽哨馬報到說魏兵將近城下多官議曰兵微將寡難以迎敵不如早棄成都奔南中七郡其地險峻可以自守就借蠻兵再來克復未遲南人但能使其不復反耳若欲患難相從豈可恃乎○嗟哉後主南方不可以止此光祿大夫譙周曰不可南蠻久反之人平昔無惠今若投之必遭大禍多官又奏曰蜀吳既同盟今事急矣可以投之先主半生作客嘗依呂布矣寄袁紹矣托劉袁矣然此一時彼一時也○嗟哉後主東方以可以止此周又諫曰自古以來無寄他國為天子者○○○○○○○○○此言一國不可有兩天子臣料魏能吞吳

吳不能吞魏，若稱臣于吳，是一辱也；若吳被魏所吞，陛下再稱臣于魏，是兩番之辱矣。此言一身不可辱兩天子。不如不投吳而降魏，魏必裂土以封陛下，則上能自守宗廟，下可以保安黎民。願陛下思之。譙周前勸劉璋出降，今又勸後主出降，是勸降慣家。後主未決，退入宮中。次日衆議紛然。譙周見事急，復上疏諍之。後主從譙周之言，正欲出降，忽屏風後轉出一人，厲聲而罵周曰：偷生腐儒，豈可妄議社稷大事！自古安有降天子哉！蜀無降將軍，豈有降天子。後主視之，乃第五子北地王劉諶也。昭烈無兒，後主却有子。後主生七子：長子劉璿，次子劉瑶，三子劉琮四子劉瓚五子即北地王劉諶六子劉恂七子劉璩七子中惟諶自幼聰明英敏過人餘皆儒善（後主七子於此敘出補前文之所未及）後主謂諶曰今大臣皆議當降汝獨仗血氣之勇欲令滿城流血耶諶曰昔先帝在日譙周未嘗干預國政今妄議大事輒起亂言甚非理也臣切料成都之兵尚有數萬姜維全師皆在劍閣（提照姜維）若知魏兵犯闕必來救應內外攻擊可獲大功（此言降不如戰戰不如守）豈可聽腐儒之言輕廢先帝之基業乎（提照先帝）後主叱之曰汝小兒豈識天時諶叩頭哭曰若勢窮力極禍敗將及便當父子

雒城即涪城

君臣背城一戰同死社稷以見先帝可也柰何降乎（此言不得已則戰）後主不聽諶放聲大哭曰先帝非容易創立基業今一旦棄之吾寧死不辱也（先主不死矣）後主令近臣推出宮門遂令譙周作降書（慣修降書第一手）遣私署侍中張紹駙馬都尉鄧良同譙周齎玉璽來雒城請降時鄧艾每日令數百鐵騎來成都哨探當日見立了降旗艾大喜不一時張紹等至艾令人迎入三人拜伏於堦下呈上降款玉璽（令人追想劉璋納款之時為之一歎）艾拆降書視之大喜受下玉璽重待張紹譙周鄧良等艾作回書付三人齎回成都以安

人心三人拜辭鄧艾逕還成都入見後主呈上回書細言鄧艾相待之善後主拆封視之大喜即遣太僕蔣顯齎勅令姜維蚤降。又以降天子勅諭降將軍爲之一嘆遣尚書郎李虎送文簿與艾戶二十八萬男女九十四萬帶甲將士十萬二千有此何以不戰官吏四萬倉糧四十餘萬有此何以不守金銀二千斤錦綺絲絹各二十萬疋餘物在庫不及具數有此何不以賞戰士擇十二月初一日君臣出降北地王劉諶聞知怒氣冲天乃帶劍入宮其妻崔夫人問曰大王今日顏色異常何也諶曰魏兵將近父皇已納降款明日君臣出降社稷從此殄滅。吾欲先死。以見先帝於地下。不屈膝於他人也。（後主有此子。是蚌蟲之子。先主有此孫。是羅武之孫。）崔夫人曰。賢哉賢哉。得其死矣。妾請先死。王死未遲。（後主有佳兒。又有佳婦。）諶曰。汝何死耶。崔夫人曰。王死父。妾死夫。其義同也。夫亡妻死。何必問焉。言訖觸柱而死。（馬邈夫婦。是有婦無夫。劉諶夫婦。是有夫有婦。）諶乃自殺其三子。并割妻頭。提至昭烈廟中。伏地哭曰。臣羞見基業棄於他人。故先殺妻子。以絕罣念。後將一命報祖。祖如有靈。知孫之心。大哭一場。眼中流血。自刎而死。（凜凜烈烈。如聞其聲。如見其人。）蜀人聞知。無不哀痛。後人有詩讚曰。

君臣甘屈膝　一子獨悲傷　去矣西川事　雄哉北地王
捐身酬烈祖　搔首泣穹蒼　凛凛人如在　誰云漢已亡

後主聽知北地王自刎乃令人葬之（後主聞北地王之死不但不知愧恥亦不知痛惜真無心人哉）次日魏兵大至後主率太子諸王及羣臣六十餘人面縛輿櫬出北門十里而降鄧艾扶起後主親解其縛焚其輿櫬並車入城後人有詩嘆曰

魏兵數萬入川來　後主偷生失自裁　黃皓終存欺國意
姜維空負濟時才　全忠義士心何烈　守節王孫志可哀

昭烈經營良不易　一朝功業頓成灰

於是成都之人皆具香花迎接艾拜後主爲驃騎將軍。司馬昌
明，幸不
爲尚書左僕射面後主劉禪。鄧艾竟
竟爲驃騎將軍可發一嘆。其餘文武各隨高下拜官。擅自封
爵有死
之道。
請後主還宮出榜安民交割倉庫又令太常張峻益州
別駕張紹招安各郡軍民又令人說姜維歸降。一面遣人赴洛
陽報捷艾聞黃皓奸險欲斬之皓用金寶賂其左右因此得免。
黃皓之愛金
珠。原來爲此。
自是漢亡後人因漢之亡有追思武侯詩曰

魚鳥猶知畏簡書　風雲應爲護儲胥　徒勞上將揮神筆

終見降王走傳車　管樂有才眞不愧　關張無命欲何如
他年錦里經祠廟　梁父吟成恨有餘
且說太僕蔣顯到劍閣，入見姜維，傳後主勅命，言歸降之事。維大驚失語。帳下衆將聽知，一齊怨恨，咬牙怒目，鬚髮倒竪，拔刀砍石大呼曰：「吾等死戰，何故先降耶！」號哭之聲，聞數十里。蜀中有如此之將，如此之兵，而天子甘心面縛，可發一嘆。維見人心思漢，乃以善言撫之曰：「衆將勿憂，吾有一計，可復漢室。」衆皆求問。姜維與諸將附耳低言，說了計策。以下無數文字，皆在附耳低言之內，此處妙在不即敘明。即於劍門關遍竪降旗，令人報入鍾會寨中說姜維引張翼廖化董厥等來降會大喜令人迎接維入帳會曰伯約來何遲也維正色流涕曰國家全軍在吾今日至此猶爲速也（旣來詐降又偏說不肯便降乃是善於用詐）會甚奇之下座相拜待爲上賓維說會曰聞將軍自淮南以來算無遺策司馬氏之盛皆將軍之力維故甘心俯首如鄧士載當與決一死戰安肯降之乎（如此日氣便是姜維用許處讀者當自知之）會遂折箭爲誓與維結爲兄弟情愛甚密（爲上賓則猶疏爲兄弟則甚密矣）仍令照舊領兵維暗喜遂令蔣顯回成都去了卻說鄧艾封師纂爲益州刺史牽弘王

頎等各領州郡又於綿竹築臺以彰戰功（旣擅自封爵又築臺示功鄧艾有死之道）大會蜀中諸官飲宴艾酒至半酣乃指衆官曰汝等幸遇我故有今日耳若遇他將必皆殄滅矣（氣驕而言誇鄧艾有死之道）多官起身拜謝忽蔣顯至說姜維自降鍾鎮西了艾因此痛恨鍾會遂修書令人齎赴洛陽致晉公司馬昭昭得書視之書曰

臣艾切謂兵有先聲而後實者今因平蜀之勢以乘吳此席捲之時也然大舉之後將士疲勞不可便用宜留隴右兵二萬蜀兵二萬煮鹽興冶並造舟船預備順流之計然後發使

告以利害吳可不征而定也更以厚待劉禪以致孫休若便送禪來京吳人必疑則於向化之心不勸且權留之於蜀須來年冬月抵京今即可封禪爲扶風王錫以貲財供其左右爵其子爲公卿以顯歸命之寵則吳人畏威懷德望風而從矣書中雖以勸吳爲名實以封蜀爲主既不送禪於京又自義封爵大有專制之意此艾之所以見殺也

司馬昭覽畢深疑鄧艾有自專之心乃先發手書與衛瓘隨後降封艾詔曰

征西將軍鄧艾耀威奮武深入敵境使僭號之主係頸歸降

兵不踰時，戰不終日，雲徹席捲，蕩定巴蜀，雖白起破強楚，韓信克勁趙，不足比勳也。其以艾爲太尉，增邑二萬戶，封二子爲亭侯，各食邑千戶。（詔中但對鄧艾，並不提起封劉禪，便是不欲鄧艾專制之意。）鄧艾受詔畢，監軍衛瓘取出司馬昭手書與艾，書中說鄧艾所言之事，須候奏報，不可輒行。（詔用實寫，手書用虛寫，省筆之法。）艾曰：將出外，君命有所不受。吾既奉詔專征，如何阻當？遂又作書，令來使賫赴洛陽。時朝中皆言鄧艾必有反意，司馬昭愈加疑忌。忽使命回，呈上鄧艾之書，昭折封視之，書曰：

艾銜命西征，元惡旣服，當權宜行事，以安初附。若待國命，則往復道途，延引日月。春秋之義：大夫出疆，有可以安社稷、利國家，專之可也。（實有不臣之心，反引春秋之義，亦善於詞令。）今吳未賓，勢與蜀連，不可拘常以失事機。兵法：進不求名，退不避罪。（艾雖無古人之節，終不自嫌以損於國也。）先此申狀，見可施行。

司馬昭看畢大驚，忙與賈充計議曰：鄧艾恃功而驕，任意行事，反形露矣，如之奈何？賈充曰：主公何不封鍾會以制之？（鄧艾方忌鍾會，又使鍾會制鄧艾，此已成不兩立之勢。）昭從其議，遣使齎詔封會爲司徒，就令衛瓘監督兩路軍馬，以手書付瓘，使與會伺察鄧艾，以防其變。此處手書亦用虛寫。會接讀詔書。詔曰：

鎮西將軍鍾會，所向無敵，前無強艮，節制衆城，網羅迸逸，蜀之豪帥，面縛歸命，以收姜維爲功，愈使會之與維密也。謀無遺策，舉無廢功。其以會爲司徒，進封縣侯，增邑萬戶，封子二人亭侯，邑各千戶。

鍾會既受封，即請姜維計議曰：「鄧艾功在吾之上，又封太尉之職。今司馬公疑艾有反志，故令衛瓘爲監軍，詔吾制之。伯約有何高見？」維曰：「愚聞鄧艾出身微賤，幼爲農家養犢，明明以世家子弟推重鍾會妙。今僥倖自陰平斜徑攀木懸崖成此大功。非出良謀。實賴國家洪福耳。又與鍾會初時笑艾之意相合妙。若非將軍與維相拒於劍閣。文安能成此功耶。直以鄧艾之功為鍾會之功妙。今欲封蜀主為扶風王。乃大結蜀人之心。其反情不言可見矣。昔公疑之是也。會深喜其言。維又曰。請退左右。維有一事密告。會令左右盡退。維袖中取一圖與會曰。昔日武侯出草廬時。以此圖獻先帝。鍾會會畫一圖已呈司馬昭矣。又不若姜維之圖為詳悉也。又照應三十八卷中事。且曰益州之地沃野千里。民殷國富。可為霸業。先帝因此遂創成都。誇美西蜀以引動鍾會妙甚。今鄧艾至此安得不狂。張揚鄧艾以激惱鍾會，妙甚。會大喜，指問山川形勢。此時鍾會也動念了。維一一言之。會又問曰：「當以何策除艾？」維曰：「乘晉公疑忌之際，當急上表，言艾反狀；晉公必令將軍討之，一舉而可擒矣。」絕妙挑撥，絕妙攛掇。會依言，即遣人賫表進赴洛陽，言鄧艾專權恣肆，結好蜀人，早晚必反矣。此處鍾會表文，文用虛寫，筆法變換。於是朝中文武皆驚。會又令人於中途截了鄧艾表文，按艾筆法，改寫傲慢之辭，以實己之語。鄧艾所上之表，與鍾會所改之辭，文皆用虛寫，筆法變換。司馬昭見了鄧艾表章，大怒，即遣人到鍾會軍前，令會收艾；又遣賈充引三萬兵入斜谷，昭乃同魏主曹兵御駕親征西曹掾邵悌諫曰鍾會之兵多鄧艾六倍當令會收艾足矣何必明公自行耶昭笑曰汝忘了舊日之言耶照應一百十五卷中語。汝曾道會後必反吾今此行非爲艾實爲會耳奸雄心事。正與曹操彷彿。悌笑曰某恐明公忘之故以相問今既有此意切宜秘之不可泄漏一般都是有心人寫來真是好看。昭然其言遂提大兵起程時賈充亦疑鍾會有變密告司馬昭昭曰如遣汝吾亦疑汝耶且到長安自有明白昭聽邵悌不可泄漏之語。連對賈充亦無實話早有細作報知鍾會說昭已至長安會慌請姜維商議收艾之策正是纔看西蜀收降將，又見長安動大兵。
未知姜維以何策破爻，且看下文分解。

四大奇書第一種卷六十

茂苑毛宗崗序始氏評　吳門杭永年資能氏評選

第一百十九回

假投降巧計成虛話

再受禪依樣畫葫蘆

姜維欲先殺諸魏將然後殺鍾會而重立漢帝其計不爲不深其心不爲不苦矣且將除鄧艾而假手於會將除衛瓘而又假手於艾是謀殺諸將者姜維謀殺鄧艾者亦姜

維也謀殺鍾會者姜維謀殺衛瓘者亦姜維也然而會滅而諸將不滅艾滅而衛瓘不滅則天之未可强也論者往往以多事責姜維然則陸秀夫之航海張世傑之瓣香文天祥之崖山流滯皆得謂之多事耶李陵之不即死或猶虛諒其得當報漢之言而姜維之不即死豈得實沒其設謀報漢之志元人有詩曰諸葛未亡猶是漢天子請更下一語以對之曰姜維不死尚爲劉庶不負其苦心云

先主基業半以哭而得成送徐庶則哭而送之不哭則庶

安得有走馬之薦請諸葛亮則哭而請之不哭則亮安得有出山之心乃其父善哭而其子獨不善哭何也或曰哀歡非人之所得而教若待教而後哭便是不能哭乎曰不然先主亦嘗受人之教矣其對魯肅而哭孔明教之也其對孫夫人而哭亦孔明教之也但教之哭而哭必其人先自會哭然後能如所教耳若後主生平眼淚從來貴重其匪着於子龍懷中則喪其母而不知哭其聽北地王之自刎於廟則喪其子而亦不知哭以此二者皆不能得其眼淚

更何從得其眼泪

觀後主之不哭而司馬昭笑其不哭卻正又當哭其所笑矣不獨為卻正哭又當為孔明哭為先主哭先主有如此之子此託孤之時所以執手流泪孔明有如此之君此出師之時所以臨表涕泣也

或作高視劉禪之說曰此間樂不思蜀之言乃禪之巧於自全也若日夜流涕感憤思歸奸雄如司馬昭其能容之乎然則閉目開目之劉禪依然一青梅煮酒聞雷失筯之

劉玄德耳雖然使禪而果能如是則不至于用黃皓不至
於疑姜維亦不至於獻成都降鄧艾矣然則爲此說者夫
豈其然

司馬昭欲舍炎立攸以繼師後其與宋太宗之殺德昭而
自立其子者不啻天淵矣雖然以此爲昭之愛兒則猶未
知昭者也使攸而非昭之子而昭欲立之乃爲公耳今則
陽託立嫡之名而陰受立子之利其計不亦巧乎且炎爲
長而攸爲次若以炎爲師之子而立之更無他議耳今不

以炎嗣師而以攸嗣師使人得執立長之說以蔽其立姪之事其計不更巧乎蓋不明君臣之義者必不能篤兄弟之誼故觀曹丕之篡漢帝知其必不能愛曹植觀司馬昭之弑魏主知其必不能念司馬師

魏之亡非晉亡之而魏自亡之也何也炎之偪主一則曰我何如曹丕再則曰父何如曹操是其篡也魏教之也魏教之則謂之魏之亡魏可矣且魏之亡魏自亡之而亦漢亡之也何也炎之受禪一則曰我爲漢報讐再則曰我依

漢故事是其禪也漢教之也漢教之則謂之漢之亡魏可矣天理昭然絲毫不爽豈不運可畏哉

曹氏以再世而簒劉司馬氏歷三世而簒魏似魏之亡獨遲於漢也漢滅於魏未滅之時似漢之亡獨早於魏也而非也當曹芳之立而魏已亡及曹芳之廢而魏再亡及曹髦之弒而魏三亡矣何待於奐之見黜而後謂之亡哉然則漢之亡終在後魏之亡終在先耳

董卓聞受禪臺之言曹丕有受禪臺之事魏則取前之虛

者而實之晉又取前之實者而再實之也漢將亡有黃巾之妖魏將亡亦有黃巾之怪漢則先舉後之一黃巾而散爲衆人魏則又舉前之衆黃巾而合爲一人也受禪臺有三則兩實一虛黃巾有二則一多一寡此又一部大書前後關合處

却說鍾會請姜維計議收鄧艾之策維曰可先令監軍衛瓘收艾艾欲殺瓘反情實矣將軍却起兵討之可也姜維忌艾亦忌瓘若使艾殺瓘是爲維先去一忌也會大喜遂令衛瓘引數十人入成都收鄧艾父子瓘

部卒止之曰此是鍾司徒令鄧征西殺將軍以正反情也切不可行瓘曰吾自有計遂先發檄文二三十道其檄曰奉詔收艾其餘各無所問若蚤來歸爵賞如先敢有不出者滅三族妙在先散其羽翼衆則不可擒少則可擒隨備檻車兩乘星夜望成都而來比及雞鳴艾部將見檄文者皆來投拜于衛瓘馬前時鄧[illegible]在府中未起瓘引數十人突入大呼曰奉詔收鄧艾父子艾[illegible]滾下牀來瓘叱武士縛於車上其子鄧忠出問亦被捉下縛[illegible]上妙在事成於俄頃遲則不可擒速則可擒府中將吏大驚欲待動手搶奪蚤望見塵頭大起

哨馬報說鍾司徒大兵到了（鍾會之至却在鄧艾一邊敘來筆法變換）衆各四散奔走鍾會與姜維下馬入府見鄧艾父子已被縛會以鞭撻鄧艾之首而罵曰養犢小兒何敢如此姜維亦罵曰匹夫行險僥倖亦有今日耶艾亦大罵（一吃口怎敵得兩便口）會將艾父子送赴洛陽會入成都盡得鄧艾軍馬威聲大震乃謂姜維曰吾今日方趂平生之願矣（漸漸露出馬脚來了）維曰昔韓信不聽蒯通之說而有未央宮之禍（此句隱然勸他謀反是主句）大夫種不從范蠡於五湖卒伏劍而死（此句是陪說然却不可少）斯二子者其功名豈不赫然哉徒以利害未明而見

幾之不發也。先以危辭動之。今公大勳已就威震其主何不泛舟絕迹登峨嵋之嶺而從赤松子遊乎。再以冷語挑之○將勸其謀叛反勸其辭官妙甚惡甚。會笑曰君言差矣吾年未四旬方思進取豈能便效此退閒之事。正要鈎他此何出來。維曰若不退閒當發圖良策此則明公智力所能無煩老夫之言矣。分明教他謀反却妙在隱而不言。會撫掌大笑曰伯約知吾心也二人自此每日商議大事維密與後主書曰望陛下忍數日之辱維將使社稷危而復安日月幽而復明必不使漢室終滅也。若有此事眞是快事。縱無此事亦是快文。却說鍾會正與姜維謀反忽報司馬昭有書到會接書書中言吾恐司徒收艾不下自屯兵於長安相見在近以此先報會大驚曰吾兵多艾數倍若但要我擒艾晉公知吾獨能辦之今日自引兵來是疑我也鍾會之反姜維催之司馬昭又催之遂與姜維討議維曰君疑臣則臣必死豈不見鄧艾乎更不消引韓信文種爲喻卻以鄧艾爲喻譬如作文者只用本題不消請客會曰吾意決矣事成則得天下不成則退西蜀亦不失作劉備也不必學他人只學劉先主亦如作文者只用本題不消請客維曰近聞郭太后新亡可詐稱太后有遺詔教討司馬昭以司馬昭必挾曹奐而出恐有以天子之詔討之者正弑君之罪耳今維見曹奐在軍中便弄出郭太后遺詔來正

與司馬懿討曹爽之語相合據明公之才中原可席捲而定會曰伯約當作先鋒成事之後同享富貴維曰願效犬馬微勞但恐諸將不服耳既說倒了主帥便又算倒衆將會曰來日元宵佳節於故宮大張燈火請諸將飲宴如不從者盡殺之董承與吉平飲宴亦是元宵佳節維至此已隔九十餘卷忽然相映聞喜次日會維二人請諸將宴飲數巡後會執杯大哭鄧忠陰平嶺上之哭是真哭鍾會席間之哭是假哭諸將驚問其故會曰郭太后臨崩有遺詔在此爲司馬昭南闕弑君又將南闕事一提大逆無道蚤晚將篡魏命吾討之汝等各自僉名共成此事衆皆大驚面面相覷會拔劍出

鞫曰違令者斬衆皆恐懼只得相從畫字已畢勉强画字與甘責一般画猶不画也會乃困諸將於宮中嚴兵禁守維曰我見諸將不服請坑之會曰吾已令宮中掘一坑置大棒數千如不從者打死坑之若聽姜維之言而遂坑之何必又置大棒乎幾不登決變將作矣時有心腹將丘建在側建乃護軍胡烈部下舊人也時胡烈亦被監在宮建乃密將鍾會所言報知胡烈烈大驚泣告曰吾兒胡淵領兵在外安知會懷此心耶汝可念向日之情透一消息雖死無恨丘建只為一胡烈又因胡烈轉出一胡淵建曰恩主勿憂容某圖之遂出告會曰主公軟監諸將在內水

食不便可令一人往來傳遞會素聽丘建之言遂令丘建監臨

會分付曰吾以重事託汝休得洩漏（事之將敗所託非人）建曰主公放心

其自有緊嚴之法建輒令胡烈親信人入內烈以密書付其人

其人持書火速至胡淵營內細言其事呈上密書淵大驚遂遍

示諸營知之衆將大怒急來淵營商議曰我等雖死豈肯從反

臣耶（又因胡淵轉出衆將）淵曰正月十八日中可驟入內如此行之（妙在不即敘明）監軍衛瓘深喜胡淵之謀（又因衆將轉出衛瓘）即整頓了人馬令丘建

傳與胡烈烈報知諸將却說鍾會請姜維問曰吾夜夢大蛇數

干係唆吾主何吉凶與鄧艾水山蹇之夢維曰夢龍蛇者皆吉慶之兆也郤緩爲鄧艾圓夢是眞話姜維爲鍾會圓夢是假話會喜信其言乃謂維曰器仗已備放諸將出問之若何維曰此輩皆有不服之心久必爲害不如乘早戮之會從之即命姜維領武士往殺衆魏將維領命方欲行動忽然一陣心疼昏倒在地憑他胆大無奈心疼天命已然人謀何益左右扶起半晌方甦忽報宮外人聲沸騰會方令人探時喊聲大震四面八方無限兵到維曰此必是諸將作惡可先斬之忽報兵已入內會令閉上殿門使軍士上殿屋以瓦擊之互相殺死

數十人宮外四面火起外兵砍開殿門殺入會自掣劍立殺數
人却被亂箭射倒衆將梟其首。謀事不密又不速宜其死也。然使事縱得成維殺諸將之後又
必殺會則會固始終一死耳。維拔劍上殿往來衝突不幸心疼轉加維仰天
大叫曰吾計不成乃天命也。此時姜維即不心疼而事機已洩外兵已來亦無及矣。遂自
刎而死。噫維死矣。漢斯亡矣。時年五十九歲宮中死者數百人衛瓘曰衆
軍各歸營所以待王命魏兵爭欲報讐共剖維腹其膽大如鷄
卵。子龍一身都是胆。正不知又怎樣大。衆將又盡取姜維家屬殺之鄧艾部下之
人見鍾會姜維已死遂連夜去追刦鄧艾蚤有人報知衛瓘

曰是我捉艾今若留他我無葬身之地矣護軍田續曰昔鄧艾取江油之時欲殺續得衆官告免（提照一百十七卷中事）今日當報此恨（丘建欲報舊主之恩田續欲報舊主之恨兩人相反而相對）瓘大喜遂遣田續引五百兵趕至綿竹正遇鄧艾父子放出檻車欲還成都艾只道是本部兵到不作準備欲待問時被田續一刀斬之鄧忠亦死於亂軍之中（山水蹇之夢于此應矣）後人有詩嘆鄧艾曰

自幼能籌畫　多謀善用兵　凝眸知地理　仰面識天文
馬到山根斷　兵來石徑分　功成身被害　魂遶漢江雲

又有詩嘆鍾會曰

髫年稱蚤慧。曾作秘書郎。妙計傾司馬。當時號子房。
壽春多贊畫。劍閣顯鷹揚。不學陶朱隱。遊魂悲故鄉。

又有詩嘆姜維曰

天水誇英俊。涼州產異才。系從尚父出。術奉武侯來。
大膽應無懼。雄心誓不回。成都身死日。漢將有餘哀。

却說姜維鍾會鄧艾已死張翼等亦死於亂軍之中太子劉璿漢壽亭侯關彝皆被魏兵所殺軍民大亂互相踐踏死者不計

其數旬日後賈充先至出榜安民方始寧靖留衛瓘守成都乃遷後主赴洛陽止有尚書令樊建侍中張紹光祿大夫譙周秘書郎郤正等數人跟隨廖化董厥皆託病不起後皆憂死時魏景元五年改爲咸熙元年春三月吳將丁奉見蜀已亡遂收兵還吳（補應前卷中事）中書丞華覈奏吳主孫休曰吳蜀乃唇齒也唇亡則齒寒臣料司馬昭伐吳在即乞陛下深加防禦（爲後卷伏線）休從其言遂命陸遜子陸抗爲鎮東大將軍領荊州牧守江口左將軍孫異守南徐諸處隘口又沿江一帶屯兵數百營老將丁奉

總督之以防魏兵（不能救蜀已成滅虢舉虞之勢此時欲自守難矣）建寧太守霍弋聞成都不守素服望西大哭三日諸將皆曰既漢主失位何不速降戈泣謂曰道路隔絕未知吾主安危若何若魏主以禮待之則舉城而降未為晚也萬一危辱吾主則主辱臣死何可降乎（雖不能死與蚤降者不啻天淵）衆然其言乃使人到洛陽探聽後主消息去了

且說後主至洛陽時司馬昭已自回朝昭責後主曰公荒淫無道廢賢失政理宜誅戮（司馬昭本不欲殺後主因見他醉生夢死故意嚇他一嚇要他醒一醒耳）後主面如土色不知所為文武皆奏曰蜀主既失國紀幸早歸降

宜赦之昭乃封禪為安樂公（生于憂患而死于安樂以其不知憂患固當封以此名）賜住
宅月給請受賜絹萬疋僮婢百人子劉瑤及羣臣樊建譙周郤
正等皆封侯爵後主謝恩出內昭因黃皓蠹國害民令武士押
出市曹凌遲處死（快事快事此時後主何不乞免之）時霍弋探聽得後主受封
遂率部下軍士來降次日後主親詣司馬昭府下拜謝昭設宴
款待先以魏樂舞戲於前蜀官感傷獨後主有喜色（見魏而不思蜀已為
無情）昭令蜀人扮蜀樂於前蜀官盡皆墮淚後主嬉笑自若（見蜀而不
思蜀尤為無情）酒至半酣昭謂賈充曰人之無情乃至於此雖使諸葛

孔明在亦不能輔之久全何況姜維乎乃問後主曰頗思蜀否

後主曰此間樂不思蜀也此之謂安樂公須臾後主起身更衣郤正跟

至廂下曰陛下如何荅應不思蜀也倘彼再問可泣而荅曰先

人坟墓遠在蜀地乃心西悲無日不思晉公必放陛下歸蜀矣

要他放回後主牢記入席酒將微醉昭又問曰頗思蜀否後主

恐亦未必學舌不差兩番聞樂不

如郤正之言以對欲哭無泪遂閉其目能得泪此時

安得還筭衛他爲

有泪昭曰何乃似郤正語耶甚趣後主開目驚視曰誠如尊命得

後主且謾笑着司馬氏再傳而後

如画昭及左右皆笑之便有問蝦蟇食肉糜之主矣昭因此深

喜後主誠實並不疑慮後人有詩嘆曰

追歡作樂笑顔開　不念危亡半點哀

快樂異鄉忘故國　方知後主是庸才

却說朝中大臣因昭收川有功欲尊之爲王表奏魏主曹奐時奐名爲天子實不能主張政皆由司馬氏不敢不從遂封晉公司馬昭爲晉王（令人追想曹操封魏王時）諡父司馬懿爲宣王兄司馬師爲景王昭妻乃王肅之女生二子長曰司馬炎人物魁偉立髮垂地兩手過膝聰明英武膽量過人（此處詳敘司馬炎爲下文稱帝伏線）次曰司馬

攸情性溫和恭儉孝弟昭甚愛之因司馬師無子嗣攸以繼其後不以炎繼而以攸繼一片權詐昭常曰天下者乃吾兄之天下也公然以天下歸之司馬氏目中久已無曹氏矣既篤於兄弟之情何獨不知君臣之義於是司馬昭受封晉王欲立攸爲世子一片權詐山濤諫曰廢長立幼違禮不祥若論承嗣之禮則繼師者固當以炎繼昭者乃當以攸也賈充何曾裴秀亦諫曰長子聰明神武有超世之才人望既茂天表如此非人臣之相也昭猶豫未決惟攸與炎本皆爲昭之子故猶豫未決耳若使攸而眞爲師之所出則昭又未必然矣太尉王祥司空荀顗諫曰前代立少多致亂國願殿下思之昭遂立長子司馬炎爲世子其以

蹕

次子嗣師而不以長子嗣師者逆料諸臣必以立長爲言卽猶豫未决亦是假大臣奏稱當年襄武縣天降一人身長二丈餘脚跡長三尺二寸白髮蒼髯着黄單衣褁黄巾此時又遇一黄巾之妖與首卷遥遥相應拄藜頭杖自稱曰吾乃民王也民王二字各色甚奇與首卷大賢良師等號相似今來報汝天下換主立見太平如此在市遊行三日忽然不見此乃殿下之瑞也此非晉之符瑞乃魏之妖孽殿下可戴十二旒冠冕建天子旌旗出警入蹕乘金根車備六馬進王妃爲王后立世子爲太子聦心中暗喜回到宮中正欲飲食忽中風不語次日病危太尉王祥司徒何曾司馬荀顗及諸大

臣入宮問安。昭不能言。以手指太子司馬炎而死。司馬師臨終時有目至于無目。司馬昭臨終時有口如無口。皆以臣凌君之報。一時八月辛卯日也。何曾曰。天下大事皆在晉王。可立太子爲晉王。然後祭葬。是日司馬炎即晉王位。封何曾爲晉丞相。司馬望爲司徒。石苞爲驃騎將軍。陳騫爲車騎將軍。謚父爲文王。昭自此文王。故如其所命。安葬已畢。炎召賈充裴秀入宮問曰。曹操曾云。若天命在吾。吾其爲周文王乎。果有此事否。照應七十八卷中語。充曰。操世受漢祿。恐人議論篡逆之名。故出此言。乃明教曹丕爲天子也。得此一註腳。遂使曹操教曹丕之意。竟教了司馬炎。可發一嘆。炎曰。孤

文王比曹操何如。妙。克曰操雖功蓋華夏下民畏其威而不懷
其德。貶壞曹操。以子丕繼業差役甚重東西驅馳未有寧歲。又
讚司馬氏。衆。
壞曹丕。以後我宣王景王累建大功布恩施德天下歸心久矣
讚司馬氏。
與氏不懷文王并吞西蜀。功蓋寰宇。與東西驅又豈操之可比
德對說。馳對說。
乎見得司馬昭。不做炎曰曹丕尚絡漢統。孤豈不可絡魏統耶。
皇帝。已筭極耐得。
司馬昭明明要學曹操。司賈充裴秀二人再拜而奏曰殿下正
馬炎亦明明要學曹丕。
當法曹丕絡漢故事復築受禪臺布告天下。以即大位。此處受
禪臺。與
八十卷之受禪臺。炎大喜次日帶劍入內此時魏主曹奐連日
止是依樣葫蘆

不曾設朝心神恍惚舉止失措炎直入後宮奐慌下御榻而迎炎坐畢問曰魏之天下誰之力也奐曰皆晉王父祖之賜耳炎笑曰吾觀陛下文不能論道武不能經邦何不讓有才德者主之○明明當面欺蕭夏他義讓奐大驚口噤不能言傍有黃門侍郎張節大喝曰晉王之言差矣昔日魏武祖皇帝東蕩西除南征北討非容易得此天下今天子有德無罪何故讓與人耶炎大怒曰此社稷乃大漢之社稷也曹操挾天子以令諸侯自立魏王篡奪漢室○借司馬炎口中替漢朝出氣吾祖父三世輔魏得天下者非曹氏之能實

司馬氏之力也。四海咸知，吾今日豈不堪紹魏之天下乎？曹丕欲篡漢，卻使他人說合；司馬炎欲篡魏，竟是自家開口。節又曰：「欲行此事，是篡國之賊也！」炎大怒曰：「吾與漢家報讎，有何不可？」此是蒼蒼者之意，卻在司馬炎口中直叱出來。叱武士將張節亂瓜打死於殿下。奐泣淚跪告。獻帝尚不曾如此沒體面。炎起身下殿而去。奐謂賈充、裴秀曰：「事已急矣，如之奈何？」充曰：「大數盡矣，陛下不可逆天，當照漢獻帝故事，重修受禪臺，是祖宗做樣與別人看，曹奐只當然曹丕耳。具大禮禪位與晉王，上合天心，下順民情，陛下可保無虞矣。」奐從之，遂令賈充築受禪臺。以十二月甲子日，奐親捧傳國璽立于臺上，大會文武。後人有詩嘆曰：

魏吞漢室晉吞曹，天運循環不可逃。
張節可憐忠國死，一拳怎障泰山高。

請晉王司馬炎登壇，授與大禮。奐下壇，具公服立於班首。炎端坐於臺上，賈充、裴秀列于左右，執劍令曹奐再拜伏地聽命。充曰：「自漢建安二十五年，魏受漢禪，已經四十五年矣。」處處提出魏篡漢故事來，可見當日之事乃是賊偷賊物。今天祿永終，天命在晉。司馬氏功德彌隆，極天際地，可即皇帝正位，以紹魏統。封汝為陳留王，卽用獻帝初時名號，一發分毫不差。出就金墉城居止，當時起程，非宣詔不許入京。與華歆叱獻帝語前後一轍。奐泣謝而去。太傅司馬孚哭拜於奐前曰：「臣身爲魏臣，終不背魏也。」曹氏篡漢時，曹家宗族中卻無此人。炎見孚如此，封孚爲安平王。孚不受而退。是日文武百官再拜於臺下，山呼萬歲。炎紹魏統，國號大晉，改元爲太始元年，大赦天下。魏遂亡。後人有詩嘆曰：

晉國規模如魏王，陳留蹤跡似山陽。
重行受禪臺前事，回首當年止自傷。

晉帝司馬炎漢以炎興爲年號，恰合司馬炎之名，亦一讖也。追謚司馬懿爲宣帝，伯父司馬師爲景帝父司馬昭爲文帝立七廟以光祖宗那七廟漢征西將軍司馬鈞鈞生豫章太守司馬亮亮生潁州太守司馬儁儁生京兆尹司馬防防生宣帝司馬懿懿生景帝司馬師文帝司馬昭是爲七廟也曹丕不聞帝曹髦曹高晉則更有勝焉者大事已定每日設朝討議伐吳之策正是

漢家城郭已非舊　吳國江山將復更

未知怎生伐吳且看下文分解

第一百二十回

薦杜預老將獻新謀
降孫皓三分歸一統

此卷紀三分之終而非紀一統之始也書爲三國而作則重在三國而不重在晉也推三國之所自合而歸結於晉武猶之原三國之所從分而追本於桓靈也以虎狼之秦而吞六國則始皇不可以比湯武以篡竊之晉而并三國則武帝豈足以比高光晉之劉毅對司馬炎曰陛下可比漢之桓靈然則三國一書以桓靈起之即謂以桓靈收之

可耳

前卷晉之篡魏與魏之篡漢相對而成篇此卷炎之取吳亦與昭之取蜀相對而成篇而前卷於不相似之中偏有特特相類者見報應之不爽也此卷於極相似之中偏有特特相反者見事變之不一也如鄧艾之拒姜維悉力攻擊而羊祜之交陸抗通好饋遺則大異鍾會之忌鄧艾彼此不合而杜預之繼羊祜前後一心則大異伐蜀之議決諸將朝而伐吳之議遲之又久則大異乎蜀之役二將不

還而平吳之役全師皆返則大異此間樂不思蜀之劉禪以懦而稱臣而設此座以待陛下之孫皓以剛而屈首則又大異至於取蜀之難難在事後鄧艾專焉鍾會叛焉姜維構焉而鄧艾憂之劉實知之司馬昭亦料之矣取吳之難難在事先羊祜請焉杜預勸焉王濬張華又贊焉而馬紞沮之荀勗賈充沮之王渾胡奮亦欲緩之矣此類而觀更無分寸當同絲毫合掌凡書至終篇無處其易盡有如此之筆頭百尺愈出愈奇者哉

三國一書每至兩軍相聚兩將相持寫其勇者披堅執銳以決死生寫其智者殫慮竭思以衡巧拙幾於捫棘成林風雲眩目矣忽於此卷見一輕裘緩帶之羊祜居然文士風流又見一饋酒受藥之陸抗無異良朋贈答令人氣定神閒耳目頓易直覺儉道化爲康莊兵氣銷爲日月真夢想不到之文

或謂大夫之交不越境以羊陸二人交歡邊境如宋華元楚子反之自平於下毋乃有違君命乎予曰不然一施德

而一施暴則人盡舍暴而歸德而施暴者將爲施德者之所制矣彼以德懷我之人是欲不戰而服我也我亦以德懷彼之人是亦欲不戰而服彼也外似於相和而意實主於相敵又何譏焉

中原之兵所以難於取吳者有前事以爲之鑒也周郎有赤壁之捷陸遜有猇亭之捷徐盛有南徐之捷朱桓有江陵之捷周魴有石亭之捷丁奉有徐塘之捷斯誠未易圖矣而孰知從前之難則屢戰而不克向後之易則一戰而

成功貫索之艦斷之以刀連環之舟焚之以火吳之摧敵者有然而橫江之鎖鎔之以炬沉水之錐銜之以筏吳之受摧於敵者又有然時移勢改險不足恃凡古今成敗無常皆當以此類之

三國之興始於漢祚之衰而漢祚之衰則由於閹豎之欺君與亂臣之竊國也一部大書始之以張讓趙忠而終之以黃皓岑昏可爲閹豎之戒首篇之末結之以張飛之欲殺董卓終篇之末結之以孫皓之譏切賈充可爲亂臣之

戒。

三國以漢爲主，於漢之亡，可以終篇矣。然篡漢者魏也，漢亡而漢之讎國未亡，未足快讀者之心也。漢以魏爲讎，於魏之亡，又可以終篇矣。然能助漢者吳也，漢亡而漢之與國未亡，猶未足竟讀者之志也。故必以吳之亡爲終也。至於報報之反，未有已時，禪皓皓首於前，而懐愍亦受執於後；師昭上偪其主，而安恭亦見偪於臣；西晉以中原而并建業，東晉又以建業而棄中原；晉主以司馬而吞劉氏，宋

主又以劉氏而奪司馬則自有兩晉之史在不得更贅三國之末矣

却說吳主孫休聞司馬炎已篡魏知其必將伐吳憂慮成疾臥床不起乃召丞相濮陽興入宮中令太子孫𩅦音彎出拜吳主把興臂手指𩅦而卒興出與羣臣商議欲立太子孫𩅦爲君左典軍萬彧曰𩅦幼不能專政不若取烏程侯孫皓立之何不仍求孫亮而復立之左將軍張布亦曰皓才識明斷堪爲帝王丞相濮陽興不能決入奏朱太后太后曰吾寡婦人耳安知社稷之事卿等斟酌立

之可也興遂迎皓爲君皓字元宗大帝孫權太子孫和之子也當年七月即皇帝位改元爲元興元年封太子孫𩅦爲豫章王追諡父和爲文皇帝尊母何氏爲太后若論入繼大統便加丁不當自帝其父奉爲左右大司馬次年改爲甘露元年皓凶暴日甚酷溺酒色寵幸中常侍岑昏又是一箇中常侍與蜀之黃皓正是一對濮陽興張布諫之皓怒斬二人滅其三族第一便殺兩箇顧命定策大臣其亡可知由是廷臣緘口不敢再諫又改寶鼎元年以陸凱萬彧爲左右丞相時皓居武昌揚州百姓泝流供給甚苦之又奢侈無度公私匱乏陸凱上疏諫曰

今無災而民命盡無爲而國財空臣竊痛之昔漢室既衰三家鼎立今曹劉失道皆爲晉有此目前之明驗也臣愚但爲陛下惜國家耳武昌土城險瘠非王者之都且童謠云寧飲建業水不食武昌魚寧還建業死不止武昌居此足明民心與天意也今國無一年之蓄有露根之漸官吏爲苛擾莫之或恤大帝時後宮女不滿百景帝以來乃有千數此耗財之甚者也又左右皆非其人羣黨相挾害忠隱賢此皆蠹政病民者也願陛下省百役罷苛擾簡出宮女清選百官則天悅

民附而國安矣。

疏奏，皓不悅，又大興土木，作昭明宮，令文武各官入山採木。又有曹叡之風。又召術士尚廣，令筮蓍問取天下之事。尚對曰：「陛下筮得吉兆：庚子歲，青蓋當入洛陽。」為後文降晉之兆。劉禪誤信師婆，師婆之言不應；孫皓誤信術士，術士之言却應。皓大喜，謂中書丞華覈音核曰：「先帝納卿之言，分頭命將，沿江一帶，屯數百營，命老將丁奉總之。朕欲兼并漢土，以為蜀主復讎，當取何地為先？」既好土木，又好甲兵，其亡可知。覈諫曰：「今成都不守，社稷傾崩，司馬炎必有吞吳之心。陛下宜修德以安吳民，乃為上計；

若強動兵甲。正猶披麻救火。必致自焚也。願陛下察之。前以一吳伐一魏尚不能勝。今晉兼魏蜀。是又兩魏矣。以一吳伐兩魏。豈能勝乎。華覈之言。最是老成。皓大怒曰。朕欲乘時恢復舊業。汝出此不利之言。若不看汝舊臣之面。斬首號令。叱武士推出殿門。華覈出朝嘆曰。可惜錦繡江山。不久屬於他人矣。爲吳亡伏筆。遂隱居不出。於是皓令鎮東將軍陸抗部兵屯江口。以圖襄陽。早有消息報入洛陽。近臣奏知晉主司馬炎。晉主聞陸抗寇襄陽。與衆官商議。賈充出班奏曰。臣聞吳國孫皓。不修德政。專行無道。陛下可詔都督羊祜率兵拒之。俟其國中有變乘勢攻取東吳反掌可得也（平吳之未遣杜預而先遣羊祜猶平蜀之未遣鍾會而先遣鄧艾也）炎大喜即降詔遣使到襄陽宣諭羊祜祜奉詔整點軍馬預備迎敵自是羊祜鎮守襄陽甚得軍民之心吳人有降而欲去者皆聽之減戍邏之卒用以墾田八百餘頃（與孔明屯田渭濱姜維屯田沓中前後相似）其初到時軍無百日之糧及至末年軍中有十年之積祜在軍嘗着輕裘繫寬帶不披鎧甲帳前侍衛者不過十數人（彬彬然有儒雅之風其視羽扇綸巾亦不多讓）一日部將入帳稟祜曰哨馬來報吳兵皆懈怠可乘其無備而襲之必獲大勝祜笑曰汝衆人小覷陸抗

耶此人足智多謀日前吳主命之攻拔西陵斬了步闡及其將士數十人吾救之無及在羊祜口中補前文所未及此人爲將我等只可自守候其內有變方可圖取若不審時勢而輕進此取敗之道也自鄧艾與姜維苦戰之後又見此一段不戰之文出人意外衆將服其論只自守疆界而已

一日羊祜引諸將打獵正值陸抗亦出獵羊祜下令我軍不許過界衆將得令止於晉地打圍不犯吳境陸抗望見嘆曰羊將軍兵有紀律不可犯也日晚各退曹操與孫權書曰願與將軍會獵于吳是以獵爲戰也今觀此二人之獵何其從容不迫兩無猜忌乎祜歸至軍中察問所得禽獸被吳人先

射傷者皆送還。（更妙）吳人皆悅，來報陸抗。抗召來人入，問曰：「汝主帥能飲酒否？」來人答曰：「必得佳釀則飲之。」抗笑曰：「吾有斗酒藏之久矣，今付與汝持去。拜上都督：此酒陸某親釀自飲者，特奉一勺，以表昨日出獵之情。」（周瑜飲玄德以酒是反意，陸抗送羊祜以酒是美情。）來人領諾，攜酒而去。左右問抗曰：「將軍以酒與彼，有何主意？」抗曰：「彼既施德於我，我豈得無以酬之？」眾皆愕然。卻說來人回見羊祜，以抗所問并奉酒事，一一陳告。祜笑曰：「彼亦知吾能飲乎！」遂命開壺取飲。部將陳元曰：「其中恐有奸詐，都督且宜慢飲。」祜笑曰：「抗非毒人者也。不必疑慮。竟傾壺飲之。關公飲魯肅之酒是大膽羊祜飲陸抗之酒是推誠是使人通問。常相往來。一日抗遣人候祜。祜問曰。陸將軍安否。來人曰。主帥臥病數日未出。祜曰。料彼之病。與我相同。吾已合成熟藥在此。可送與服之。孔明識周郎之病以不藥藥之羊祜識陸抗之病卽以藥藥之一是賭智鬭巧一是開心見誠來人持藥回見抗。衆將曰。羊祜乃是吾敵也。此藥必非良藥。抗曰。豈有酖人羊叔子哉。曹操不信華陀是奸雄機智陸抗不疑羊祜是良將高懷汝衆人勿疑。遂服之。次日病愈。衆將皆拜賀。抗曰。彼專以德。我專以暴。是彼將不戰而服我也。今宜各保疆界而已。無求細利。

正是羊叔子敵手。衆將領命，忽報吳主遣使來到，抗接入問之。使曰：「天子傳諭將軍，作急進兵，勿使晉人先入。」抗曰：「汝先回，吾隨有疏章上奏。」使人辭去，抗即草疏遣人賫到建業。時吳主皓已還都建業。近臣呈上，皓拆觀其疏，疏中備言晉未可伐之狀，且勸吳主修德愼罰，以安内爲念，不當以黷武爲事。吳主覽畢，大怒曰：「朕聞抗在邊境與敵人相通，今果然矣！」遂遣使罷其兵權，降爲司馬，却令左將軍孫冀代領其軍。閻宇代姜維，蜀主但有其意；孫冀代陸抗，吳主竟有其事。羣臣皆不敢諫。吳主皓自改元建衡，至鳳凰元年，恣意妄爲，窮兵屯戍，上下無不嗟怨丞相萬彧將軍留平大司農樓玄三人見皓無道直言苦諫皆被所殺前後十餘年殺忠臣四十餘人羊祜所謂孫皓之暴過于劉禪正爲此也皓出入常帶鐵騎五萬羣臣恐怖莫敢奈何却說羊祜聞陸抗罷兵孫皓失德見吳有可乘之機乃作表遣人之洛陽請伐吳陸抗諫伐晉而羊祜請伐吳其言似異而其旨實同其略曰

夫期運雖天所授而功業必因人而成此將謀事在人成事在天二語倒轉說來孔明謂天時之不可強羊祜論人事之不可怠今江淮之險不如劒閣孫皓之暴過於劉禪吳人之困甚於巴蜀而大晉兵力盛於往時不於此

際平一四海而更阻兵相守使天下困於征戍經歷盛衰不可長久也（非好黷武正欲止武非好動兵正欲息兵蕩吴平則征戍可息也）司馬炎覩表大喜便令興師于此一繫賈充荀勗馮紞三人力言不可炎因此不行（伐吴之事于此一宕此是第一層曲折）祜聞上不允其請嘆曰天下不如意者十常八九今天與不取豈不大可惜哉（亦是至言）至咸寧四年羊祜入朝奏辭歸鄉養病炎問曰卿有何安邦之策以教寡人祜曰孫皓暴虐已甚於今可不戰而克若皓不幸而殁更立賢君則吴非陛下所能得也（陸抗未去則吴不可得孫皓既死則吴亦不可

得炎大悟曰卿今便提兵往伐若何伐吳之事于此一縈又祜曰臣年老多病不堪當此任陛下另選智勇之士可也伐吳之事又於此一寬此第二番曲折遂辭炎而歸是年十一月羊祜病危司馬炎車駕親臨其家問安炎至臥榻前祜下淚曰臣萬死不能報陛下也炎亦泣曰朕深不能用卿伐吳之策今日誰可繼卿之志祜含淚而言曰臣死矣不敢不盡愚誠右將軍杜預可任若欲伐吳須當用之鍾會與鄧艾彼此相妒羊祜與杜預前後相薦與前卷相反而相對炎曰舉善薦賢乃美事也卿何薦人於朝即自焚其奏稿不令人知耶鍾會伐國欲密羊祜薦人亦欲密伐國之

密恐其備我也蔫人之密恐其感我也祐曰拜官公朝謝恩私
恐其備我不足奇恐其感我則奇矣
門臣所不取也如此則免朝廷朋黨之疑可爲萬世人臣之法言訖而亡炎大哭同宮
勅贈太傅鉅平侯南州百姓聞羊祐死罷市而哭江南守邊將
士亦皆哭泣襄陽人思祐存日常遊於峴山遂建廟立碑四時
祭之往來人見其碑文者無不流涕故名爲墮淚碑與蜀人之思武侯南
人之思武侯彷彿相似後人有詩嘆曰

曉日登臨感晉臣　古碑零落峴山春
松間殘露頻頻滴　疑是當年墮淚人

晉主以羊祜之言拜杜預爲鎮南大將軍都督荆州事杜預爲人老成練達好學不倦最喜讀左丘明春秋傳坐臥常自攜每出入必使人持左傳於馬前時人謂之左傳癖關公好讀春秋杜預好讀左傳正復相對及奉晉主之命在襄陽撫民養兵準備伐吳此時吳國丁奉陸抗皆死吳主皓每宴羣臣皆令沈醉又置黃門郎十人爲糾彈官宴罷之後各奏過失有犯者或剝其面或鑿其眼此斷極刻心之獨夫不意讀至三國演義終篇如見封神演義首卷由是國人大懼晉益州刺史王濬上疏請伐吳其疏曰

孫皓荒淫凶逆宜速征伐若一旦皓死更立賢主則强敵也伐之當急者一臣造船七年日有朽敗伐之當伐者二臣年七十死亡無日伐之當急者三三者一乖則難圖矣願陛下無失事機孔明出師表有六不可解王濬伐吳表有三不可失孔明意在盡人事王濬意在順天時晉主覽疏遂與羣臣議曰王公之論與羊都督暗合朕意決矣伐吳之事又於此一贅侍中王渾奏曰臣聞孫皓欲北上軍伍已皆整備聲勢正盛難與爭鋒更遲一年以待其疲方可成功晉主依其奏乃降詔止兵莫動伐吳之事又于此一頓此第三層曲折退入後宮與秘書丞

張華圍棋捎遺。不用王濬緊著却用王渾緩著不依王濬[illegible]用之着却與張華着無用之着文勢至此又是一頓

近臣奏邊庭有表到晉主開視之乃杜預表也表畧云往者羊祜不博謀於朝臣而密與陛下計故令朝臣多異同之議凡事當以利害相校度此舉之利十有八九而其害止於無功耳自秋以來討賊之形頗露今若中止孫皓恐怖徙都武昌完修江南諸城遷其居民城不可攻野無所掠則明年之計亦無及矣

晉主覽表纔罷張華突然而起推却棋枰歛手奏曰陛下聖武

國富兵強吳王淫虐民憂國敝今若討之可不勞而定願勿以爲疑（棄了局中之著却助表中之著紐上與局中無異也若失此機會則一著錯滿盤差矣）晉主曰卿言洞見利害朕復何疑（羊祜之棋全賴杜預爲之終局杜預之棋又虧張華爲之幇局而孫皓之棋乃於是結局矣事又于此一繫）○伐吳之即出升殿命鎮南大將軍杜預爲大都督引兵十萬出江陵鎮東大將軍瑯琊王司伷（音宙）出滁中征東大將軍王渾出橫江建威將軍王戎出武昌平南將軍胡奮出夏口各引兵五萬皆聽預調用（以上是五路陸兵）又遣龍驤將軍王濬廣武將軍唐彬浮江東下水陸兵二十餘萬戰船數萬艘（以上是二路水兵）又

令冠南將軍楊濟出屯襄陽節制諸路人馬（如平蜀之有衛瓘監軍）蚤有消息新入東吳吳主皓大驚急名丞相張悌司徒何植司空滕修計議退兵之策悌奏曰可令車騎將軍伍延爲都督進兵江陵迎敵杜預驃騎將軍孫歆進兵拒夏口等處軍馬臣敢爲軍師領左將軍沈瑩右將軍諸葛靚（音靜）引兵十萬出兵牛渚接引諸路軍馬（吳兵只三路）皓從之遂令張悌引兵去了皓退入後宮不安憂色幸臣中常侍岑昏問其故皓曰晉兵大至諸路已有兵迎之爭奈王濬率兵數萬戰船齊備順流而下其鋒甚銳朕因此

憂也昏曰臣有一計令王濬之舟皆爲虀粉矣皓大喜遂問其計岑昏奏曰江南多鐵可打連環索百餘條長數百丈每環重二三十斤於沿江緊要去處橫截之再造鐵錐數萬長丈餘直於水中若晉船乘風而來逢錐則破豈能渡江也岑昏獻計雖是下策猶勝于黃皓之請師婆也○東吳前幾番禦敵都是用火此一番禦敵却是用金皓大喜傳令撥匠工於江邊連夜造成鐵索鐵錐設立停當却說晉都督杜預兵出江陵令牙將周旨引水手八百人乘小舟暗渡長江○○○○○○○○○○○○○○鄧艾使人偷越山嶺杜預使人暗渡長江前後彷彿相似夜襲樂鄉多立旌旗於山林之處日則放砲擂

鼓夜則各處舉火旨領命引衆渡江伏於巴山次日杜預領大軍水陸並進前哨報道吳主遣伍延出陸路陸景出水路（陸景一路又在此處補出叙法參差）孫歆爲先鋒三路來迎杜預引兵前進孫歆船蚤到兩兵初交杜預便退歆引兵上岸迤邐追時不到二十里一聲砲響四面晉兵大至吳兵急回杜預乘勢掩殺吳兵死者不計其數孫歆奔到城邊周旨八百軍混雜於中就城上舉火歆大驚曰北來諸軍乃飛渡江也○○○○○○○○（杜預巴山之兵與鄧艾陰平之兵彷彿相似）急欲退時被周旨大喝一聲斬於馬下（了却吳兵第二路）陸景在船上望見江

南岸上一片火起巴山上風飄出一面大旗上書晉鎮南大將軍杜預杜預渡江却在陸景眼中叙出倍覺聲勢陸景大驚欲上岸逃命被晉將張尚馬到斬之了却陸景伍延見各軍皆敗乃棄城走被伏兵捉住縛見杜預預曰畱之無用叱令武士斬之了却吳兵第一路遂得江陵於是沅湘一帶直抵黃州諸郡守令皆望風賫印而降省筆之法預令人持節安撫秋毫無犯遂進兵攻武昌武昌亦降杜預軍威大振遂大會諸將共議取建業之策如鄧艾之取成都胡奮曰百年之寇未可盡服方今春水泛漲難以久住可俟來春更爲大舉如田續之

凹鄧艾。○伐吳之事。又於此一覽。此第四層曲折。預曰昔樂毅濟西一戰而并强齊今兵威大震如破竹之勢數節之後皆迎刃而解無復有着手處也。○事如破竹。文亦如破竹。遂馳檄約會諸將一齊進兵攻取建業。伐吳之事。又于此一際。時龍驤將軍王濬率水兵順流而下前哨報說吳人造鐵索沿江橫截又以鐵錐置於水中爲准備濬大笑遂造大筏數十萬上縛草爲人被甲執杖立於週圍順水放下。江中草人乃孔明所以借箭者。不意此日反爲北軍所用。吳兵見之以爲活人望風先走暗錐着筏盡提而去又於筏上作大炬長十餘丈大十餘圍以麻油灌之但遇鐵索燃炬燒之須臾皆斷。東吳欲用金克木。王濬却用火克金。兩路從大江而來。所到之處無不克勝。却說東吳丞相張悌令左將軍沈瑩右將軍諸葛靚來迎晉兵。瑩謂靚曰。上流諸軍不作隄防。吾料晉軍必至此。宜盡力以敵之。若幸得勝。江南自安。今渡江與戰。不幸而敗。則大事去矣。靚曰。公言是也。言未畢。人報晉兵順流而下。勢不可當。二人大驚。慌來見張悌商議。靚謂悌曰。東吳危矣。何不遁去。方知答應沈瑩乃是勉強。悌垂泣曰。吳之將亡。賢愚共知。今若君臣皆降。無一人死於國難。不亦辱乎。此處若無死難之人。不獨吳國無氣色。即書中煞尾亦無氣色。諸葛靚亦垂泣而去。張悌與沈瑩揮兵抵敵。晉兵一齊圍之。周旨首先殺入吳營。張悌獨奮力搏戰。死於亂軍之中。沈瑩被周旨所殺。了卻吳兵第三路。吳兵四散敗走。後人有詩讚張悌曰

杜預巴山見大旗。江東張悌死忠時。
已拚王氣南中盡。不忍偷生負所知。

卻說晉兵克了牛渚。深入吳境。王濬遣人馳報捷音。晉主炎聞知大喜。賈充奏曰。吾兵久勞於外。不服水土。必生疾病。宜召軍還。再作後圖。伐吳之事。又于此一寬。此第五層曲折。以上凡作五番頓跌。出人意外。張華曰。今大

兵已入其巢吳人膽落不出一月孫皓必擒矣若輕召還前功盡廢誠可惜也（棊局可以不完兵局不可不完）晉主未及應賈充叱華曰汝不省天時地利欲妄邀功勳困弊士卒雖斬汝不足以謝天下（賈充更無他長但會相幫弑君耳）炎曰此是朕意華但與朕同耳何必爭辯忿報杜預馳表到晉主覩表亦言宜急進兵之意晉主遂不復疑竟下征進之命（伐吳之事又于此一緊）王濬等奉了晉主之命水陸並進風雷鼓動吳人望旗而降吳主皓聞之大驚失色諸臣告曰北兵日近江南軍民不戰而降將如之何皓曰何故不戰眾對曰今

日之禍皆岑昏之罪請陛下誅之臣等出城決一死戰皓曰量一中貴何能悮國衆大叫曰陛下豈不見蜀之黃皓乎姜維以黃皓比張讓吳人又以岑昏比黃皓三人正是一般遂不待吳主之命一齊擁入宮中碎割岑昏生啖其肉陶濬奏曰臣以戰船皆小願得二萬兵乘大船以戰自足破之皓從其言遂撥御林諸軍與陶濬上流迎敵前將軍張象率水兵下江迎敵二人部兵正行不想西北風大起此時東風不可復借矣吳兵旗幟皆不能立盡倒豎於舟中兵各不肯下船四散奔走只有張象數十軍待敵却說晉將王濬揚帆而行

過三山舟師曰風波甚急船不能行且待風勢少息行之濬大
怒拔劒叱之曰吾目下欲取石頭城何言住耶遂擂鼓大進若避險峻不能取蜀若畏風波何以取吳吳將張象引從軍請降濬曰若是眞降便爲
前部立功象同本船直至石頭城下叫開城門接入晉兵孫皓
聞晉兵已入城欲自刎中書令胡冲光祿勳薛瑩奏曰陛下何
不效安樂公劉禪乎皓從之亦與櫬自縛率諸文武詣王濬軍
前歸降剝面釁眼之威何處去了濬釋其縛焚其櫬以王禮待之唐人有詩
嘆曰

西晉樓船下益州，金陵王氣黯然收。千尋鐵鎖沉江底，一片降旗出石頭。人世幾回傷往事，山形依舊枕寒流。今逢四海爲家日，故壘蕭蕭蘆荻秋。

於是東吳四州四十三郡三百一十三縣戶戶五十二萬三千軍吏三萬二千兵二十三萬男女老幼二百三十萬米穀二百八十萬斛舟船五千餘艘後宮五千餘人皆歸大晉（令人追想孫策破劉繇時）大事已定出榜安民盡封府庫倉廩次日陶濬兵不戰自潰琅琊王司馬伷并王戎大兵皆至見王濬成了大功心中忻喜

次日杜預亦至大犒三軍開倉賑濟吳民於是吳民安堵惟有建平太守吾彦拒城不下聞吳亡乃降（如蜀之有霍戈）王濬上表報捷朝廷聞吳已平君臣皆賀上壽晉主執杯流涕曰此羊太傅之功也惜其不親見之耳（此杯亦是墮淚杯）驃騎將軍孫秀退朝向南而哭曰昔討逆壯年以一校尉創立基業今孫皓舉江南而棄之悠悠蒼天此何人哉（此數語抵一篇麥秀之歌）却說王濬班師遷吳主皓赴洛陽面君皓登殿稽首以見晉帝（此是青蓋入洛陽矣）帝賜坐曰朕設此座以待卿久矣皓對曰臣於南方亦設此座以待陛下（孫皓應對甚捷）

泰始

劉禪然只是南人輕薄嘴耳帝大笑賈充問皓曰聞君在南方每鑿人眼目剝人面皮此何等刑耶皓曰人臣弑君及奸回不忠者則加此刑耳明明道着下官。充默然甚愧帝封皓為歸命侯子孫封中郎隨降宰輔皆封列侯丞相張悌陣亡封其子孫封王濬為輔國大將軍其餘各加封賞自此三國歸於晉帝司馬炎為一統之基矣。

一部大書。此一句是總結此所謂天下大勢合久必分。分久必合者也。直應轉首卷起語。眞一部如一句。後來後漢皇帝劉禪亡於晉泰始七年魏主曹奐亡於太康元年吳主孫皓亡於太康四年皆善終不以司馬炎作結。仍以三

國之主作結。方是三國志煞尾。後人有古風一篇以叙其事曰

高祖提劍入咸陽炎炎紅日升扶桑光武龍興成大統金烏飛上天中央哀哉獻帝紹海宇紅輪西墜咸池傍何進無謀中貴亂凉州董卓居朝堂王允定計誅逆黨李傕郭汜興刀鎗四方盜賊如蟻聚六合奸雄皆鷹揚孫堅孫策起江左袁紹袁術興河梁劉焉父子據巴蜀劉表軍旅屯荊襄張燕張魯霸南鄭馬騰韓遂守西凉陶謙張繡公孫瓚各逞雄才占一方曹操專權居相府牢籠英俊用文武威震天子令諸侯

總領貔貅鎮中土樓桑玄德本皇孫義結關張願扶主東西奔走恨無家將寡兵微作羈旅南陽三顧情何深卧龍一見分寰宇先取荊州後取川霸業圖王在天府嗚呼三載逝升遐白帝託孤堪痛楚孔明六出祁山前願以隻手將天補何期曆數到此終長星半夜落山塢姜維獨憑氣力高九伐中原空劬勞鍾會鄧艾分兵進漢室江山盡屬曹丕叡芳髦纔及奐司馬又將天下交受禪臺前雲霧起石頭城下無波濤陳留歸命與安樂王侯公爵從根苗紛紛世事無窮盡天數

茫茫不可逃。鼎足三分已成夢。後人憑弔空牢騷。此一篇古風。將全部事蹟櫽括其中。末二語以一夢字一空字結之。正與首卷詞中之意相合。一部大書以詞起以詩收。絕妙章法。